国家出版基金项目
NATIONAL PUBLICATION FOUNDATION

高山仰止

邓小平与现代中国

【上卷】

薛庆超 著

山东人民出版社·济南
国家一级出版社 全国百佳图书出版单位

图书在版编目（CIP）数据

高山仰止：邓小平与现代中国/薛庆超著. —济南：山东人民出版社，2017. 3 (2024.6重印)

ISBN 978-7-209-10078-6

Ⅰ. ①高… Ⅱ. ①薛… Ⅲ. ①邓小平（1904-1997）—生平事迹 Ⅳ. ①A762

中国版本图书馆 CIP 数据核字(2016) 第241809 号

高山仰止

——邓小平与现代中国

薛庆超　著

主管单位　山东出版传媒股份有限公司
出版发行　山东人民出版社
社　　址　济南市市中区舜耕路517号
邮　　编　250003
电　　话　总编室（0531）82098914
　　　　　市场部（0531）82098027
网　　址　http://www. sd-book. com. cn
印　　装　山东临沂新华印刷物流集团有限责任公司
经　　销　新华书店

规　　格　16 开（169mm ×239mm）
印　　张　93. 5
字　　数　1500 千字
版　　次　2017 年 3 月第 1 版
印　　次　2024 年 6 月第 5 次
ISBN　978-7-209-10078-6
定　　价　180. 00 元（上下卷）

如有印装质量问题，请与出版社总编室联系调换。

代　序

“智者不惑，仁者无忧，勇者不惧”

——邓小平的历史特质与本书回应的热点、难点、焦点问题

薛庆超

中国优秀传统文化博大精深，滋润着中华民族生生不息、繁衍发展。中国古代著名论文《留侯论》中写道：“古之所谓豪杰之士者，必有过人之节。人情有所不能忍者，匹夫见辱，拔剑而起，挺身而斗，此不足为勇也。天下有大勇者，卒然临之而不惊，无故加之而不怒。此其所挟持者甚大，而其志甚远也。”

近现代以来，中国革命、建设和改革的具体实践与马克思主义基本原理相结合，经过中国有文字记载的五千多年历史文化的滋养和中国丰厚传统文化的长期浸润，中华民族的历史巨人层出不穷。他们的历史活动成为推动历史前进的重要动力，他们的思想、观点成为中华文化的重要组成部分。

1919 年五四运动，揭开中国新民主主义革命的序幕。20 世纪 20 年代初期，中国共产党成立，成为领导中国革命的核心力量。然而，中国革命的道路是艰难曲折的。大革命汹涌澎湃，出现陈独秀右倾错误；武装起义风起云涌，发生瞿秋白“左”倾错误；全国红军发展到数十万人，李立三“左”倾盲动；中国革命开始复兴时，王明“左”倾教条主义又在统治中央。中国革命正是在经历了多次胜利与失败、高潮与低潮、成功经验与沉痛教训以后，选择了以毛泽东为核心的中国共产党第一代中央领导集体，在总结中国革命前期丰富经验与挫折教训的基础上，开拓创新，奋勇前进，引导中国革命赢得了全国胜利。

中华人民共和国成立后，举国欢腾，普天同庆，实现从新民主主义到社会主义的转变，迅速恢复国民经济并开展有计划的经济建设，在全国绝大部分地

区基本完成对生产资料私有制的社会主义改造。历史性的辉煌胜利一个接着一个。然而，正如中共中央《关于建国以来党的若干历史问题的决议》中指出的："党在面临着工作重心转向社会主义建设这一新任务因而需要特别谨慎的时候，毛泽东同志的威望也达到高峰。他逐渐骄傲起来，逐渐脱离实际和脱离群众，主观主义和个人专断作风日益严重，日益凌驾于党中央之上，使党和国家政治生活中的集体领导原则和民主集中制不断受到削弱以至破坏。这种现象是逐渐形成的，党中央对此也应负一定的责任。从马克思主义的观点看来，这个复杂现象是一定历史条件的产物，如果仅仅归咎于某个人或若干人，就不能使全党得到深刻教训，并找出切实有效的改革步骤。在共产主义运动中，领袖人物具有十分重要的作用，这是历史已经反复证明和不容置疑的。但是国际共产主义运动史上由于没有正确解决领袖和党的关系问题而出现过的一些严重偏差，对我们党也产生了消极的影响。中国是一个封建历史很长的国家，我们党对封建主义特别是对封建土地制度和豪绅恶霸进行了最坚决最彻底的斗争，在反封建斗争中养成了优良的民主传统；但是长期封建专制主义在思想政治方面的遗毒仍然不是很容易肃清的，种种历史原因又使我们没有能把党内民主和国家政治社会生活的民主加以制度化，法律化，或者虽然制定了法律，却没有应有的权威。这就提供了一种条件，使党的权力过分集中于个人，党内个人专断和个人崇拜现象滋长起来，也就使党和国家难于防止和制止'文化大革命'的发动和发展。"

本来，有了中国革命的经验与教训，有了苏联社会主义建设的经验与教训，有了东欧一系列社会主义国家社会主义建设的经验与教训，有了中华人民共和国成立初期七年的成功经验，中国社会主义建设道路应当是平坦的。然而，谁也没有料到，中国社会主义建设道路同样是艰难曲折的。"一九六六年五月至一九七六年十月的'文化大革命'，使党、国家和人民遭到建国以来最严重的挫折和损失。"①

---

① 《关于建国以来党的若干历史问题的决议》,1981 年 6 月 27 日中国共产党第十一届中央委员会第六次全体会议一致通过。

中国古代思想家孔子说过：“智者不惑，仁者无忧，勇者不惧。”在波澜壮阔的中国革命风暴和中国社会主义建设的艰辛探索过程中，孕育、锻炼、造就和选择了邓小平这样的经历了革命、建设和改革历程，熟悉历史上的丰富经验与沉痛教训，了解中国人民和中华民族的发展愿望，明察当代世界的发展变化，面向世界、面向未来、面向现代化的“改革开放的总设计师”。我甚至认为：邓小平是“上天”在20世纪70年代后期至90年代初期专门赐予中国人民和中华民族改革开放、改天换地的“福星”。

我在从事党史研究、党史人物研究过程中，撰写了一些关于邓小平与中国近现代历史发展的著作。但本书有一些与众不同的特点：旨在全方位地描述邓小平与现代中国密不可分、息息相关的历史命运，尤其注重回应一些人们关注的热点问题、难点问题、焦点问题和有争议的问题。

一是更加全面、系统地展现邓小平的历史轨迹与突出特点。

“艰难困苦，玉汝于成。”中国革命、建设和改革的伟大事业，造就了大批具有大智大勇的民族精英。邓小平就是其中的一员。他的一生，艰难曲折，丰富多彩，壮丽辉煌。他政治生涯“三落三起”的低潮与高潮、逆境与顺境，折射出中国革命、建设、改革道路的曲折与辉煌。邓小平1979年访问美国时，在美国总统卡特的欢迎国宴上，谈笑风生，妙语连珠。当一位美国人对他个人的经历表示很感兴趣时，邓小平十分幽默地说：“如果对政治上东山再起的人设置奥林匹克奖的话，我很有资格获得该奖的金牌。”邓小平的“一落一起”发生在新民主主义革命时期，奠定了他终身反对教条主义、反对“左”倾错误倾向，坚持实事求是的思想基础。邓小平的“二落二起”发生在十年动乱时期，奠定了他结束“文化大革命”、实现安定团结的思想基础。1975年他主持全面整顿，举国拥护，奠定了粉碎“四人帮”的政治基础。邓小平的“三落三起”发生在十年动乱结束前后，奠定了探索什么是社会主义、怎样建设社会主义的思想基础。粉碎“四人帮”后，全党全国人民要求彻底否定“文化大革命”、开辟改革开放新路。这时，历史发展把邓小平推到时代潮流前列，他义无反顾地担当起解放思想、拨乱反正的重任。在邓小平等的推动、支持、领导下，全国开展思想解放运动，雷厉风行地平反冤假错案，彻底否定

“以阶级斗争为纲”，以经济建设为中心逐渐成为中国的历史潮流。从此，解放思想，实事求是，拨乱反正，改革开放，实现中华民族的伟大复兴，成为历史发展的主流。从邓小平的“三落三起”可以看出，他始终不渝地坚持实事求是，坚持独立思考，坚持独立探索，坚持开拓创新。在逆境中锻造了“柔中有刚”“绵里藏针”“钢铁公司”的刚毅性格和坚韧不拔的革命品格。他在“三落三起”中体验过人生的高潮与低潮、潮起与潮落。面对逆境，他总是坦然处之，等待新的机遇与历史召唤。

二是更加科学、准确地展现邓小平的“实事求是”与勇于担当。

“实事求是”，出自古代经典《汉书·河间献王刘德传》，“修学好古，实事求是”。“实事求是”，指从实际对象出发，探求事物的内部联系及其发展的规律性，认识事物的本质。通常指按照事物的实际情况办事。全国抗日战争时期，毛泽东在发动全党整风运动时，将“实事求是”点石成金，赋予崭新的时代内涵。他在《改造我们的学习》中指出：“实事”就是客观存在着的一切事物，“是”就是客观事物的内部联系，即规律性，“求”就是我们去研究。毛泽东阐述道，“是”就是事物的规律，“求是”就是认真追求、研究事物的发展规律，找出周围事物的内部联系，作为我们工作的向导。毛泽东指出：学习马克思主义要“有的放矢”，“的”就是中国革命，“矢”就是马克思列宁主义。中国共产党人之所以要找“矢”，就是为了要射中国革命这个“的”。这种态度就是“实事求是”的态度。毛泽东认为：“这种态度，有实事求是之意，无哗众取宠之心。这种态度，就是党性的表现，就是理论和实践统一的马克思列宁主义的作风。”因此，从延安整风运动起，“实事求是”成为中国共产党的思想路线。坚持实事求是，贯穿邓小平的整个政治生涯。20 世纪 30 年代前期，邓小平在中央革命根据地遭到过“左”倾教条主义者的政治迫害，奠定了他实事求是、勇于担当的突出政治特质。在本书中可以看到，他在 1966 年“文化大革命”爆发初期被打倒、1976 年年初“批邓、反击右倾翻案风”运动爆发后再次被打倒，都不是因为犯了错误，恰恰是由于坚持实事求是、勇于担当。而且，他每次恢复工作，担任中央党政军负责人后，绝不消极、绝不退缩，而是义无反顾、坚定前行。凡是认准了的方向，一往无前，

“虽九死其犹未悔”，“九头牛也拉不回来”。1978 年，邓小平在《解放思想，实事求是，团结一致向前看》中指出：一个党，一个国家，一个民族，如果一切从本本出发，思想僵化，迷信盛行，那它就不能前进，它的生机就停止了，就要亡党亡国。只有解放思想，坚持实事求是，一切从实际出发，理论联系实际，我们的社会主义现代化建设才能顺利进行，我们党的马列主义、毛泽东思想的理论也才能顺利发展。他在《坚持党的路线，改进工作方法》的讲话中指出：实事求是，一切从实际出发，理论联系实际，坚持实践是检验真理的标准，这就是我们党的思想路线。从邓小平开启改革开放与现代化新时期开始，《中国共产党章程》中一直明确规定，中国共产党坚持“实事求是”的思想路线。

三是更加科学、准确地展现邓小平的从容淡定与宠辱不惊。

“宠辱不惊，闲看庭前花开花落；去留无意，漫随天外云卷云舒。”邓小平以巨大的政治智慧、崇高的政治威望和开辟改革开放与现代化新时期的辉煌业绩，赢得了全国人民的信任和世界人民的高度尊重。邓小平是革命家、战略家、政治家。他的政治生涯，既波澜壮阔，又屡经磨难，他坦率承认自己是“实事求是派”和“乐观主义者”。他说：“没有别的，就是乐观主义……如果天天发愁，日子怎么过?”“文化大革命”，在政治上、思想上、家庭生活上都给邓小平带来诸多磨难。他曾经深有感触地说：“我一生最痛苦的当然是‘文化大革命’的时候。”① 每当受到错误打击、处于逆境时，邓小平从不消沉，对党对人民的事业忠贞不渝，为了党和国家的前途与命运，认真读书，深刻思考，聚集力量，迎接机遇的到来。因此，他总是能够顺应历史发展需要和时代要求，在经历逆境之后，重新担当重任，思想上有新创见，理论上有新突破，实践中有新思路，历史上有新创造。加拿大前总理特鲁多曾就应当如何应对政治风浪中的沉浮，请教邓小平。特鲁多回顾说：记得在 1979 年，我有几个月下野了，那期间我又访问了中国，去了西藏。从西藏回到北京后，我见到邓小平。我问他，我现在下野了，但希望重返政治舞台，你曾经有过这种经历，你

---

① 《邓小平文选》第 3 卷，人民出版社 1993 年版，第 54 ~ 55 页。

的秘诀是什么？邓小平干脆利落地回答：只有一个——忍耐。特鲁多便练习忍耐，果然重返政治舞台。芬兰前首相索尔萨从欧洲人的角度对“忍耐”一词所包含着的深刻哲理和政治内涵进行了诠释：我们芬兰语中有个特别的词汇——忍耐，含意是拥有崇高的信仰，对为之奋斗的事业充满信心。这个忍耐与信仰，便是邓小平的财产。邓小平在20世纪70年代从江西南昌的流放地返回北京，就托人从香港买到一套金庸小说，闲暇时阅读，借以休息。1981年邓小平接见金庸，两人握手时，他热情地说：“我们已是老朋友了。你的小说我读过，我这是第三次重出江湖啊！你书中的主角大多历经磨难才成大事，这是人生规律。”1986年9月2日，邓小平作为中国共产党中央顾问委员会主任会见美国记者迈克·华莱士。华莱士问：邓主任刚才谈到“文化大革命”，在那时候您和您的家人遭遇如何？邓小平回答：那件事，看起来是坏事，但归根到底也是好事，促使人们思考，促使人们认识我们的弊端在哪里。毛主席经常讲坏事转化为好事。善于总结“文化大革命”的经验，提出一些改革措施，从政治上、经济上改变我们的面貌，这样坏事就变成了好事。为什么我们能在七十年代末和八十年代提出了现行的一系列政策，就是总结了“文化大革命”的经验和教训。①

四是更加科学、准确地展现邓小平的世界眼光与外交智慧。

邓小平早年到欧洲，在资本主义法国勤工俭学，到社会主义苏联学习政治理论。在莫斯科中山大学留学期间，见识了苏联共产党暴风骤雨般的党内斗争。邓小平阅历丰富，目光远大，视野宽阔，是一位世界级国际政治家和国际外交家。他高屋建瓴，全局在胸，沉着冷静，深思熟虑，在处理中美关系、中苏关系、中俄关系、中日关系、中国与东南亚国家关系、中国与发展中国家关系等方面，胸有成竹，游刃有余，才华横溢，尽显风采。本书根据翔实的历史资料，讲述了这些鲜为人知的史实，使人们感受到20世纪70年代后期至90年代初期这位世界上独一无二的政治家、外交家的国际魅力与外交风采。邓小平不仅在国内政治事务中坚持实事求是、勇于担当，在国际事务中同样坚持实

---

① 《邓小平文选》第3卷，人民出版社1993年版，第172页。

事求是、勇于担当。他在访问美国期间，坚持原则，化解矛盾，赢得美国朝野的衷心赞誉。他在访问日本期间，实事求是，提出妥善应对钓鱼岛问题的高明对策，赢得日本政界和舆论界的广泛赞同。他抓住机遇，果断实现中国与苏联关系正常化。他超越意识形态的束缚，在苏联解体后，指导中国外交抢占先机，带领中国与东欧一系列刚刚成立的国家建立外交关系，彻底粉碎了台湾企图与这些国家“建立关系”的图谋。中共十一届三中全会以来，中国始终不渝地坚持独立自主的和平外交政策。在20世纪90年代初期苏联解体、东欧剧变的严峻形势下，邓小平高瞻远瞩，牢牢掌控应对国内外形势的主动权，在国内始终不渝地坚持中国共产党在社会主义初级阶段的基本路线，“以经济建设为中心，坚持四项基本原则，坚持改革开放”。在国际上，“冷静观察，稳住阵脚，沉着应付，韬光养晦，善于守拙，决不当头，立足于把我们自己的事情办好，有所作为”。于是，中国“任凭风浪起，稳坐钓鱼台”，始终不渝地坚持以经济建设为中心，发展自己。在整个人类进入21世纪后，在美国手忙脚乱地充当“国际宪兵”“国际警察”，声称要“领导世界”、实则是称霸世界的时候，惊回首，中国已经悄然成为“世界第二大经济体”。

五是更加科学、准确地展现邓小平的高屋建瓴与处理中美关系的辩证思维。

中国与美国隔着浩瀚的太平洋。中国是世界上最大的发展中国家，美国是世界上最大的发达国家。鉴于中美关系在中国对外政策中具有非常重要的地位，在毛泽东时代，中美关系一直由毛泽东直接掌握。毛泽东是中美关系正常化进程的开拓者、主导者和领导者。周恩来是毛泽东关于中美关系战略决策的实施者。1977年7月邓小平第三次复出后，中美关系一直由邓小平直接掌握并作出战略决策。每当中美关系发展的关键时刻，总是由邓小平作出一言九鼎的重要讲话，引领事物发展变化或出现新的转机。邓小平不仅是新时期当代中国改革开放的“总设计师”，也是新时期中美关系正常化和中美关系健康发展的“总设计师”。邓小平是中美建交的推进者、中美关系的引领者、中美矛盾的掌控者。1979年邓小平访问美国，奠定了中美关系长期稳定发展的坚实基础。同时，邓小平具有高度的正确处理中美关系的辩证思维。在台湾问题上，邓小平一直坚持原则，并告诫美国：别干预中国内政，中国块头大，不信邪。

与中国直接冲突，是个危险的选择。1981 年 1 月 4 日，邓小平会见美国参议院共和党副领袖西奥多·史蒂文斯和美国共和党全国少数民族委员会主席、美国总统出口委员会副主席陈香梅，阐明中国政府对发展中美关系的原则立场。邓小平指出：有一种观点，认为中国很弱很穷，装备又落后，所以中国是无足轻重的，是一个不值得重视的国家。可是我们有块头大这个好处，还有就是不信邪。对中国在世界政治中的地位发生错误判断的人，起码不会有一个正确的国际战略。1983 年 3 月 30 日，邓小平会见美国众议院代表团。在谈到中美关系时，邓小平说：用什么方式解决台湾问题这是中国的内政，别人无权干涉。我可以坦率地告诉朋友们，如果我们用和平方式解决台湾这条路走不通，怎么办？最终用武力也必须解决中国的统一问题。到那个时候，美国的选择有两个，一是不干涉，二是参战，中美直接冲突，这是一个危险的选择。1983 年 4 月 28 日，邓小平会见日本前外务大臣樱内义雄一行，谈到中美关系问题时，邓小平严肃指出：美国对外政策中有一个说法，就是美国有几个“航空母舰”，台湾就是一个。里根说台湾是老朋友。什么老朋友？我跟他们说，你们有几个“航空母舰”。所谓“航空母舰”，就是美国的战略基地。所谓老朋友，是空话，掩盖着真实的东西，就是它要霸占那个地方。1983 年 9 月 24 日，邓小平会见外宾，在谈到中美关系时说：里根竞选时讲了一些话，上台以后，实际上执行的是“两个中国”的政策。我们采取了一系列政策，在中东问题、南非问题包括南朝鲜问题上加强了对美国的批评，我们讲四个“航空母舰”也讲得多起来了。美国人说，你们为什么批评我们是霸权主义，不要这样讲，太刺耳了。我说，你这个“航空母舰”是什么东西，什么政策？《与台湾关系法》是什么政策？这不是霸权主义是什么？1981 年 6 月 13 日，邓小平在中共中央政治局常委扩大会议上讨论中美关系问题时指出：对美国一定要有最坏情况的打算。不要怕中美关系倒退，更不要怕停滞。对在停滞、倒退的情况下如何同美国交往，要认真准备。中美关系中突出的问题是台湾问题。对美国向台湾出售武器，我们不能含糊其辞。1989 年 7 月 2 日，邓小平会见美国总统特使斯考克罗夫特时指出：现在中美关系确实处在一个很微妙甚至可以说相当危险的地步。问题出在美国，美国在很大范围内直接触犯了中国的利益和尊严。我需明确告诉阁下，中国的内政决不允许任何人加以干涉，不管后果如何，中国都不会让步。中国的内政要由中国来管，什么灾难到来，中国都可以承受，决不会让步。中国领导人不会轻率采取和发表处理两国关系的行动和言论，现在不会，今后也不会，但在捍卫中国的独立、主权和国家尊严方面也决不含糊。

六是更加科学、准确地展现邓小平的战略思维与“一国两制”构想。

20 世纪 80 年代，历史发展将解决香港、澳门、台湾问题提到了中国共产党和中国政府面前。如何恰当地解决香港、澳门、台湾问题，需要考虑香港、澳门、台湾的历史与现状。邓小平经过精心思考，提出用“一国两制”的方式解决香港问题、澳门问题与台湾问题。这是一个创举。1984 年 10 月 22 日，在中共中央顾问委员会第三次全体会议上，邓小平全面阐述用“一国两制”方式解决香港问题、台湾问题：

“一国两制”是从中国的实际提出的，中国面临一个香港问题，一个台湾问题。解决问题只有两个方式：一个是谈判方式，一个是武力方式。用和平谈判的方式来解决，总要各方都能接受，香港问题就要中国和英国，加上香港居民都能接受。什么方案各方都能接受呢？就香港来说，用社会主义去改变香港，就不是各方都能接受的。所以要提出“一国两制”。两年前撒切尔夫人来谈，当时她坚持历史上的条约按国际法仍然有效，一九九七年后英国要继续管理香港。我跟她说，主权问题是不能谈判的，中国一九九七年要收回整个香港。至于用什么方式收回，我们决定谈判。我说谈判要两年，太短了不行，但是不迟于两年必须解决这个问题，到时候中国要正式宣布一九九七年收回香港。结果真的是谈了两年。开始她提出谈判的题目就是一个归属问题。我说是三个问题：第一个是主权问题，总要双方就香港归还中国达成协议；第二个是一九九七年我们恢复行使主权之后怎么样管理香港，也就是在香港实行什么样的制度的问题；第三个是十五年过渡期间的安排问题，也就是怎样为中国恢复行使主权创造条件。她同意谈这些问题。两年谈判，差不多一年多的时间是拖在归属和主权问题上，她没有让。当时我还跟她说，如果在十五年的过渡期间香港发生意外的事情，发生动乱，中英双方根本谈不拢，中国将重新考虑收回香港的时间和方式。所以，解决香港问题，我们的调子就是那时定下来的，以后实际上就是按这个调子走的。

香港问题为什么能够谈成呢？并不是我们参加谈判的人有特殊的本领，主要是我们这个国家这几年发展起来了，是个兴旺发达的国家，有力量的国家，而且是个值得信任的国家，我们是讲信用的，我们说话是算数的。粉碎“四人帮”以后，主要是党的十一届三中全会以后，五年多的时间确实发生了非常好的变化。我们国家的形象变了，国内的人民看清了这一点，国际上也看清了这一点。我们可以自豪，当然自豪同骄傲是两回事，骄傲不得，说大话也不行，毕竟我们还落后。但是，我们确实很有希望，从香港问题的解决就反映出来了。当然，香港问题能够解决好，还是由于“一国两制”的根本方针或者说战略搞对了，也是中英双方共同努力的结果。

香港问题的解决会直接影响到台湾问题。解决台湾问题要花时间，太急了不行。现在我们的方针还是以国民党当政者为谈判的对手。这一点，台湾的人有一种反映，说我们不重视台湾人民。最近国务院总理在国庆招待会上的讲话中，在“台湾当局”后面加了一句“和各界人士”，这是我加的。就是说，台湾问题接触面要宽，除了以国民党当局、以蒋经国为对手外，要广泛开展工作面。我们过去做了一些，现在更要有计划地安排。在台湾问题上，美国的政策就是把住不放，这个我们看准了。两三年来，我们一直批评美国的霸权主义，批评他把台湾当作他的一艘“永不沉没的航空母舰”。美国也有一部分人赞成台湾和我们统一，但不占主导地位。卡特在位的时候，承诺从台湾撤军，同时又通过了一个《与台湾关系法》，这个《与台湾关系法》就是干涉中国内政。所以，一个台湾方面的工作，一个美国方面的工作，都要花时间。

用“一国两制”的方式解决台湾问题，美国应该是能够接受的，台湾也应该是能够接受的。蒋经国提出用“三民主义”统一中国，这现实吗？你那个“三民主义”在中国搞了二十二年，一九二七年到一九四九年，中国搞成了什么样子？“中国人站起来了”，是什么时候站起来的？是一九四九年。使中国人站起来的，不是蒋介石，而是共产党，是社会主义。“一国两制”的方式，你不吃掉我，我不吃掉你，这不很好吗？最近一个外国人问我，解决台湾问题的政策是不是同对香港的一样？我说更宽。所谓更宽，就是除了解决香港问题的这些政策可以用于台湾以外，还允许台湾保留自己的军队。我们坚持谋求用和平的方式解决台湾问题，但是始终没有放弃非和平方式的可能性，我们不能作这样的承诺。如果台湾当局永远不同我们谈判，怎么办？难道我们能够放弃国家统一？当然，绝不能轻易使用武力，因为我们精力要花在经济建设上，统一问题晚一些解决无伤大局。但是，不能排除使用武力，我们要记住这一点，我们的下一代要记住这一点。这是一种战略考虑。①

根据邓小平“一国两制”的伟大构想，1997 年中国政府正式恢复对香港行使主权。1999 年 12 月 20 日，澳门回归祖国。这是中国政府用“一国两制”方式实现祖国统一的重要成果，标志着中华民族完成祖国统一大业的重要进展。邓小平“一国两制”的伟大构想，首先在香港，接着在澳门，已经变成活生生的现实，并将在解决台湾问题上彰显更大的威力。

七是更加科学、准确地展现邓小平的历史智慧与政治智慧。

邓小平在欧洲加入中国共产主义青年团和中国共产党，经历了中国共产党的创建时期和国共合作的中国大革命时期；邓小平在中国革命战争时期长期担任一个大战略区的主要负责人，是中华人民共和国的开国元勋之一；邓小平在社会主义革命和建设时期，是以毛泽东为核心的中国共产党第一代中央领导集体的重要成员；邓小平在改革开放和现代化建设新时期，是中国共产党第二代中央领导集体的核心。对中国共产党的历史经验与教训，邓小平刻骨铭心，最有发言权。

1985 年 8 月 28 日，邓小平刚从北戴河回到北京，就在北京人民大会堂福建厅会见了一位外国客人。出生于 1904 年 8 月 22 日的邓小平，这一天刚过了

① 《邓小平文选》第 3 卷，人民出版社 1993 年版，第 84 ~ 87 页。

81 岁生日不久。上午 9 点 40 分，邓小平身着浅灰色中山装，健步走进会见大厅。由于邓小平在北戴河经常下海游泳，他显得更加健康，走路平稳，身板笔直，气宇非凡。据当时的外交部翻译张维为回忆：正式会见外国客人前，中国外交部部长吴学谦和部长助理周觉开始给邓小平汇报。我是第一次见到部长给邓小平汇报，吴学谦和周觉两人在邓小平面前没有拘束，双方有问有答，非常自然。因为邓小平听力不好，他们有些话得讲两遍。邓小平问吴学谦外长，外国客人是不结盟运动主席吗？吴学谦说，不是，现在还是印度。邓小平说：“对，对，我搞错了。”邓小平对吴学谦外长说：“外交部送来的材料我已经看了。”邓小平当时每天工作两个小时左右，一般都安排在上午，外交部送给邓小平的材料是浓缩了的大字本。邓小平问吴学谦外长：“我上次见他是 1981 年？”吴学谦说：“对。”邓小平说：“那次见面，他有点牢骚。”1981 年那次访问时，性格倔强的外国客人当着邓小平的面表示不能理解中国对毛泽东采取的态度，对“文化大革命”遭到否定也颇有微词。邓小平给他做了详尽的解释，中国搞的不是“非毛化”，而是恢复毛泽东思想的本来面目。实际上，为了准备这次接待，我（张维为）连着几天去外交部非洲司看文件，外交部翻译室也让我阅读邓小平会见其他一些外国领导人的谈话记录，熟悉邓小平的讲话风格和遣词用句的习惯。我特别仔细地阅读了邓小平 1981 年会见这位外国客人的谈话记录。这是他第五次访华，他的国家独立前来过两次，争取中国对反对白人少数人政权的支持。独立后，第一次访华是 1980 年访问亚洲其他国家时过境北京。第二次是 1981 年的正式访问。邓小平问吴学谦外长：“他和总理谈得怎么样？”吴学谦说：“很好，但主要是谈双边关系和非洲形势，还有一些国际问题。”邓小平问：“我们给的援助用的怎么样？”这个问题也展现了邓小平务实的一面，过去中国提供给非洲许多援助，往往只算政治账，不算经济账。不少援助给腐败官员贪污了，最终效果欠佳。邓小平显然关心非洲的发展道路问题。邓小平问周觉：“白人离开了多少？”邓小平抓住了关键问题，这就是非洲在民族独立之后如何在国家建设中处理好与白人的关系这个问题。吴学谦和周觉一一作了回答。这次来华访问之前，这位外国客人刚在国内赢得大选，竞选中提出了这样的口号：“在马列主义指导下走社会主义道路，增加朝一党制方向的政治突破。"邓小平听完汇报，说了一句话："看来他头脑有点发热。我就谈谈我们自己的教训吧。"邓小平又点燃了一支烟，吸了一口，眼睛若有所思地看着大厅的另一端，显得凝重，邓小平在思考。这个形象至今在我脑海里，挥之不去。①

正是在这次会见外国客人的谈话中，邓小平系统阐述了对中华人民共和国历史的基本思考：

从中华人民共和国成立到毛泽东主席逝世这段时间，我们做了大量的工作。特别是从新民主主义革命转变到社会主义革命，搞了土改，搞了第一个五年计划的大规模工业化建设，搞了对农业、手工业和资本主义工商业的社会主义改造，事情做得非常好。一九五七年开始有一点问题了，问题出在一个"左"字上。反对资产阶级右派是必要的，但是搞过分了。"左"的思想发展导致了一九五八年的"大跃进"和人民公社化运动，这是比较大的错误，使我们受到惩罚。一九五九年到一九六一年三年困难时期，工农业减产，市场上的商品很少，人民群众吃不饱饭，积极性受到严重挫伤。那时，我们党和毛泽东主席由于长期斗争历史形成的威望很高，我们把困难的情况如实告诉了人民，"大跃进"的口号不再喊了，并且采取了比较切合实际的政策、步骤和方法，一九六二年就开始从困难的境况中恢复，一九六三年、一九六四年情况比较好。但是"左"的指导思想并没有根除。一九六五年又提出党内有走资本主义道路的当权派。以后就搞了"文化大革命"，走到了"左"的极端，极左思潮泛滥。"文化大革命"实际上从一九六五年就开始了，一九六六年正式宣布。从一九六六年到一九七六年搞了整整十年，党内的骨干差不多都被打倒了，这场"革命"的对象就是这些老干部。

粉碎"四人帮"以后，我们拨乱反正，就是要纠正极左思潮。同时我们提出还是要坚持马列主义、毛泽东思想。我们一九八一年见面时谈过

① 张维为:《邓小平印象记》,《学习时报》,2007 年 9 月 4 日,根据行文需要作了部分修改。

“四个坚持”，就是坚持社会主义道路，坚持人民民主专政，坚持共产党的领导，坚持马列主义、毛泽东思想。这是四项基本原则。如果不坚持这四项基本原则，纠正极左就会变成“纠正”马列主义，“纠正”社会主义。

我们总结了几十年搞社会主义的经验。社会主义是什么，马克思主义是什么，过去我们并没有完全搞清楚。马克思主义的另一个名词就是共产主义。我们多年奋斗就是为了共产主义，我们的信念理想就是要搞共产主义。在我们最困难的时期，共产主义的理想是我们的精神支柱，多少人牺牲就是为了实现这个理想。共产主义是没有人剥削人的制度，产品极大丰富，各尽所能，按需分配。按需分配，没有极大丰富的物质条件是不可能的。要实现共产主义，一定要完成社会主义阶段的任务。社会主义的任务很多，但根本一条就是发展生产力，在发展生产力的基础上体现出优于资本主义，为实现共产主义创造物质基础。我们在一个长时期里忽视了发展社会主义社会的生产力。从一九五七年起，我们生产力的发展非常缓慢。拿农村来说，到一九六六年的十年间，农民的收入没有增长多少。虽然有一些地区的农民生活比较宽裕，但是多数地区的农民还处在贫困状态。当然，同旧中国相比，还是进步了。如果按照社会主义的标准来要求，这是很不够的。“文化大革命”时期，情况更加困难。

我们拨乱反正，就是要在坚持四项基本原则的基础上发展生产力。为了发展生产力，必须对我国的经济体制进行改革，实行对外开放的政策。党的十一届三中全会以来，我们逐步进行改革。改革首先从农村开始。农村改革已经见效了，农村面貌发生明显变化。有了农村改革的经验，现在我们转到城市经济改革。城市经济改革就是全面的改革，从去年（1984年）下半年开始到现在有一年时间了。城市经济改革比农村经济改革复杂得多，难免出差错，冒风险。我们意识到了这一点。但是，要发展生产力，经济体制改革是必由之路，对此我们有充分的信心。不过，要证实我们城市经济改革的路子走得对不对，还需要三五年的时间。

在改革中坚持社会主义方向，这是一个很重要的问题。我们要实现工业、农业、国防和科技现代化，但在四个现代化前面有“社会主义”四个字，叫“社会主义四个现代化”。我们现在讲的对内搞活经济、对外开放是在坚持社会主义原则下开展的。社会主义有两个非常重要的方面，一是以公有制为主体，二是不搞两极分化。公有制包括全民所有制和集体所有制，现在占整个经济的百分之九十以上。同时，发展一点个体经济，吸收外国的资金和技术，欢迎中外合资合作，甚至欢迎外国独资到中国办工厂，这些都是对社会主义经济的补充。一个三资企业办起来，工人可以拿到工资，国家可以得到税收，合资合作的企业收入还有一部分归社会主义所有。更重要的是，从这些企业中，我们可以学到一些好的管理经验和先进的技术，用于发展社会主义经济。这样做不会也不可能破坏社会主义经济。我们倒是觉得现在外国投资太少，还不能满足我们的需要。至于不搞两极分化，我们在制定和执行政策时注意到了这一点。如果导致两极分化，改革就算失败了。会不会产生新的资产阶级？个别资产阶级分子可能会出现，但不会形成一个资产阶级。总之，我们的改革，坚持公有制为主体，又注意不导致两极分化，过去四年我们就是按照这个方向走的，这就是坚持社会主义。

我还要说，我们社会主义的国家机器是强有力的。一旦发现偏离社会主义方向的情况，国家机器就会出面干预，把它纠正过来。开放政策是有风险的，会带来一些资本主义的腐朽东西。但是，我们的社会主义政策和国家机器有力量去克服这些东西。所以事情并不可怕。

我们的同志编辑出版了一本小册子《建设有中国特色的社会主义》，里面是我的一些讲话，有十二大的开幕词，不知你读过没有？社会主义究竟是个什么样子，苏联搞了很多年，也并没有完全搞清楚。可能列宁的思路比较好，搞了个新经济政策，但是后来苏联的模式僵化了。中国革命取得成功，就是因为把马列主义的普遍原则用到自己的实际中去。在社会主义建设方面，我们的经验有正面的，也有反面的，正反两方面的经验都有用。要特别注意我们“左”的错误。“左”的错误带来的损失，历史已经作出结论。我们都是搞革命的，搞革命的人最容易犯急性病。我们的用心是好的，想早一点进入共产主义。这往往使我们不能冷静地分析主客观方面的情况，从而违反客观世界发展的规律。中国过去就是犯了性急的错误。我们特别希望你们注意中国不成功的经验。外国的经验可以借鉴，但是绝对不能照搬。①

中国改革开放和现代化建设新时期、中国特色社会主义道路、中国特色社会主义理论、中国特色社会主义制度，正是在总结中国社会主义革命和建设的成功经验与沉痛教训、世界上社会主义国家兴衰成败的经验与教训、世界上发展中国家的诸多经验与教训、中国改革开放和现代化建设新鲜经验的基础上，形成、发展、丰富、确立起来的。

据现场的中国外交部翻译回忆，邓小平在这次谈话中非常诚恳地对外国客人强调："在社会主义建设方面，我们的经验有正面的，也有反面的，正反两方面的经验都有用。要特别注意我们'左'的错误。"邓小平特别提醒对方注意中国走过的弯路。邓小平说："我们都是搞革命的，搞革命的人最容易犯急性病。我们的用心是好的，想早一点进入共产主义。但这往往使我们不能冷静地分析主观客观方面的情况，容易违反客观世界发展的规律。中国过去就是犯了性急的错误。我们特别希望你们注意中国不成功的经验。"好像怕对方没有听清楚。他又重复了一下："我还是这句话，希望你们多注意中国那些不成功的经验。"这时，邓小平略微停顿了一下，等翻译译完这段话，他又补充了一句："外国的经验可以借鉴，但是绝对不能照搬。"这次谈话，一个小时很快就过去了，双方都有言犹未尽的感觉。邓小平提到了一本小册子——《建设有中国特色的社会主义》，说里面有他的一些讲话，有十二大的开幕词，问对方读过没有。对方坦率地摇摇头，表示还没有读过，并说非常想看看这本书。这时，一位同志已经走了出去，大概去布置工作人员赶快去找这本小册子的英文版。据说礼宾司的一位小伙子马上要了车，赶去北京王府井的外文书店买《建设有中国特色的社会主义》英文本，却被告知书店无货。后来得知，外交部礼宾司的一位同事正好买了一本，准

① 《邓小平文选》第3卷，人民出版社1993年版，第136～140页。

备和中文版对照学英文的，还算新。礼宾司就把这本书要来，作为邓小平的“礼品”送给对方了。邓小平一生写的东西不多，发表的谈话很多，他对自己谈话整理出来的书面文稿看得很重。有一次他对外宾说，我的那个集子里对这个问题有非常准确的表述。邓小平和他讲的道理实在都是很朴素的。外国客人最后对邓小平说，“和邓主任的谈话使我坚信中国仍然在沿着社会主义道路前进”。这次谈话结束后，两人站起来握手话别。外国客人说：“我相信您一定能健康地看到香港回归。”邓小平诙谐地说：“还要看马克思能不能批准，”在场的人都笑了，邓小平又补充了一句，“可能还要和马克思谈判、谈判。”大家笑得更厉害了。大概是一讲到香港回归，邓小平自然联想到了中英之间为期一年多的谈判，联想到了和马克思也要谈判谈判。① 邓小平的朴实、诙谐和幽默给人们留下了深刻的印象。

中华民族五千年以上有文字记载的丰厚的优秀传统文化，中国革命、建设和改革开放的伟大事业，锻炼、造就了邓小平。他早年从中国到欧洲、从苏联到中国的丰富的人生经历，他在中国革命和建设时期“三落三起”跌宕起伏的政治生涯，他毅然决然发起和坚持改革开放的世界眼光，他始终不渝地坚持以经济建设为中心的坚定不移的信念，以及他丰富的政治智慧、长期的军事实践、挥洒自如的外交风采，不仅在中国近现代历史上是罕见的，在世界近现代史上也是罕见的。

学习邓小平理论、研究邓小平生平、撰写阐发邓小平非凡人生的著作，仿佛耳边总是响起邓小平的“南方谈话”：

“要坚持党的十一届三中全会以来的路线方针政策，关键是坚持‘一个中心、两个基本点’。不坚持社会主义，不改革开放，不发展经济，不改善人民生活，只能是死路一条。基本路线要管一百年，动摇不得。只有坚持这条路线，人民才会相信你，拥护你，谁要改变三中全会以来的路线方针政策，老百姓不答应，谁就会被打倒。”

---

① 张维为：《邓小平印象记》，《学习时报》，2007 年 9 月 4 日，根据行文需要作了部分修改。

“改革开放胆子要大一些，敢于试验，不能像小脚女人一样。看准了的，就大胆地试，大胆地闯。”

“改革开放迈不开步子，不敢闯，说来说去就是怕资本主义的东西多了，走了资本主义道路。要害是姓‘资’还是姓‘社’的问题。判断的标准，应该主要看是否有利于发展社会主义社会的生产力，是否有利于增强社会主义国家的综合国力，是否有利于提高人民的生活水平。”

“我坚信，世界上赞成马克思主义的人会多起来的，因为马克思主义是科学。它运用历史唯物主义揭示了人类社会发展的规律。封建社会代替奴隶社会，资本主义代替封建主义，社会主义经历一个长过程发展后必然代替资本主义。这是社会历史发展不可逆转的总趋势，但道路是曲折的。资本主义代替封建主义的几百年间，发生过多少次王朝复辟？所以，从一定意义上说，某种暂时复辟也是难以完全避免的规律性现象。一些国家出现严重曲折，社会主义好像被削弱了，但人民经受锻炼，从中吸收教训，将促使社会主义向着更加健康的方向发展。”①

---

① 《邓小平文选》第3卷，人民出版社1993年版，第370～383页。

目　录

“将军南征胆气豪,腰横秋水雁翎刀。”
逐鹿中原,强渡长江,占领南京、上海

“论文论武,邓小平都是一把好手”
“黄猫、黑猫,只要捉住老鼠就是好猫”

“现在请来一个军师,叫邓小平……当政治局委员、军委委员……我想在政治局添一个秘书长吧,你不要这个头衔,那就当总参谋长吧”

主管外事，在周恩来总理治病疗养期间，代总理主持会议和呈批主要文件。主持中央日常工作，全面整顿

“不久，我又被‘四人帮’打倒了。我是‘三落三起’。1976年四五运动，人民怀念周总理，支持我的也不少”

“粉碎了‘四人帮’，我实在高兴。我现在73岁了……现在我的身体还好，‘零件’都还健全，还可以做几年工作”

奠定中日关系、中美关系基石。“只握手,不拥抱。”“我建议利用这个机会宣布中苏关系从此实现正常化”

解放思想，拨乱反正，改革开放，开辟新路。“关于党的政治路线，就是一心一意地搞四个现代化”

“建设有中国特色的社会主义。”新老交替。经济特区。“一个国家，两种制度。”“小平，您好”

确定新时期战略方针:“我赞成就是‘积极防御’四个字。”

“中国人民解放军减少员额一百万”

“我向中央请求辞去现在担任的中共中央军事委员会主席职务”，邓小平南方谈话震撼中国、震撼世界

引　子

第二代“核心”是怎样炼成的？

中国古代著名经典《诗经》中写道：“高山仰止，景行行止。”

汉代司马迁在《史记》中写道：“‘高山仰止，景行行止。’虽不能至，然心向往之。”

20 世纪中国的革命家，指挥革命战争的军事统帅。

20 世纪中国的政治家，有力推动中国的发展与进步。

20 世纪中国的军事家，引领新时期中国军队的新军事变革。

20 世纪中国的外交家，视野开阔，扭转乾坤，重构世界战略格局。

20 世纪中国“改革开放的总设计师”，开辟中国改革开放和现代化建设道路。

这就是邓小平，中国共产党第一代中央领导集体的重要成员，中国共产党第二代中央领导集体的核心，中国改革开放和现代化建设的“总设计师”！

邓小平的历史地位，是由他在新民主主义革命时期的辉煌业绩、社会主义革命和建设时期的重大贡献、改革开放和现代化建设新时期开创中国特色社会主义道路的千秋伟业决定的。

在长期的中国革命和建设岁月里，邓小平从一个普通党员锻炼成长为人民军队一个重要方面军的统帅，中国共产党一个重要战略区域的主要负责人，中国共产党第一代中央领导集体的重要成员。他领导过武装起义和创建人民军队，从事过革命根据地的建设，经受过被“左”倾教条主义者打击排斥的磨难。像中国共产党经过长征后步入历史辉煌一样，邓小平也在长征后展示出人生的辉煌篇章，从华北到中原，从华东到西南，从边陲到中央，他的政治生涯是与中国革命、建设的发展和胜利紧紧联系在一起的。

20 世纪 50 年代初期，邓小平从西南到中央工作。从毛泽东决策调邓小平到中央工作看，他对邓小平寄托着极大信任和期望。邓小平到中央工作短短 4 年间，地位不断上升。相继担任政务院副总理兼政务院财政经济委员会副主任，后又兼任政务院交通办公室主任、财政部部长，中共中央秘书长兼中共中央组织部部长，国务院副总理、国防委员会副主席、中共中央军委委员，中共中央政治局委员等重要职务，经受了中央党政军领导工作的全面锻炼。

毛泽东的政治生涯中，对党政军高级干部中，有两种人比较信任和器重。第一种人是政治方面很强的领导干部。这种人具有较高的马克思主义理论修养，具有丰富的党务工作和其他多方面实际工作的经验，具有突出的领导多方面工作的能力，并且善于把实践经验上升到理论的高度，具有较强的理论思维能力。第二种人是军事方面很强的领导干部。这种人经历过长期革命战争的锻炼和考验，或者能够运筹于帷幄之中、决胜于千里之外；或者具有丰富的实际作战经验，从士兵到将军，披坚执锐，身经百战，具有带兵才能，能够领兵打仗，一声令下，攻无不克，战则必胜。尤其是对久经沙场的战将，往往格外器重和信任，即使有些缺点也深信不疑，在某些问题上犯过错误也可以谅解。而邓小平则德才兼备，军政兼备，上述两种人的优点和长处均兼而有之，十分突出。

就革命历史而言，邓小平是中国最早的共产主义者之一。早在中国共产党创建时期，他就在欧洲参加了中国社会主义青年团和中国共产党，是中国资格最老的青年团员和共产党员之一。在西欧经受革命活动锻炼，认识和了解了近代工业和近代科学技术。在苏联系统学习马克思主义，为终身从事革命工作奠定了坚实的马克思主义理论基础。旅欧生涯，使他对近代资本主义大工业、近代科学技术、近代资本主义的经济发展与生产管理，都有了直观感受和深刻印象。第一次国共合作实现后，中国革命急需大批干部。邓小平受中共组织派遣回国，到西安冯玉祥国民军联军任中山军事政治学校政治处处长兼政治教官，并任该校中共组织的书记，为西北地区培养了一批革命干部。西安中山军事学校的许多学员，后来成为中国共产党领导的渭华起义的骨干力量。

就地下工作而言，邓小平具有在武汉、上海中共中央机关工作的经历。“四一二”政变后，邓小平转赴武汉，在中共中央机关工作。汪精卫主政的武汉国民政府公开反共后，中国共产党被迫转入地下。在中央机关，他筹备并参加了“八七”会议。中央机关迁往上海后，1928 年至 1929 年任中央秘书长。中国共产党在莫斯科召开第六次全国代表大会期间，他协助留在国内的中共中央领导人，处理中央日常工作。当时，严酷的白色恐怖笼罩全国，他机警果断，从来没有被捕过，总是从容不迫，化险为夷。

就创建革命根据地而言，邓小平创建过左、右江革命根据地。1929 年夏天，邓小平作为中共中央代表前往广西，任中共广西前敌委员会书记，同张云逸等发动百色起义，创建红军第七军和右江革命根据地；又发动龙州起义，建立红军第八军和左江革命根据地，任红七军、红八军政治委员和前敌委员会书记。在邓小平等人领导下，4 个多月时间里，红军发展到 7000 人，红色区域扩展到 20 多个县，拥有 100 多万人口，成为较大的革命根据地之一。后来，由于党内“左”倾冒险主义错误的影响，部队作战连连受挫，经过 7000 里转战，到江西中央革命根据地同中央红军会合。其间，邓小平对“左”倾错误指挥提出过不同意见，但未被采纳。1931 年 2 月，他受前委委派，到上海向中央汇报工作。在此期间撰写了《七军工作报告》，详细叙述了红七军的情况，实事求是地总结了经验教训。

就党内斗争而言，邓小平受到过“左”倾教条主义者的严厉打击。在中央革命根据地，他担任过瑞金县委书记、会昌中心县委书记、江西省委宣传部部长。“左”倾教条主义统治的临时中央从上海迁入中央革命根据地后，邓小平同毛泽覃、谢唯俊、古柏等一直坚持从实际情况出发，执行以毛泽东为代表的正确路线、方针、政策，反对“城市中心论”，主张向敌人力量薄弱的广大农村发展；反对军事冒险主义，主张诱敌深入；反对用削弱地方武装的办法来扩大主力红军，主张两种武装力量都要发展；反对“左”的土地分配政策，主张坚持正确的土地革命路线和政策。“左”倾教条主义者将邓小平、毛泽覃、谢唯俊、古柏打成“反党集团”，对他们进行“残酷斗争、无情打击”。邓小平被撤销江西省委宣传部部长的职务，受到“党内最后严重警告”的处分，被派往边远的乐安县所属南村区委当巡视员。这是他在党内政治生活中受到的第一次错误处分。毛泽覃、谢唯俊、古柏也分别受到错误的严厉处分，被调离了领导岗位。长征途中，邓小平作为中共中央秘书长参加了具有历史意义的遵义会议。

就军事斗争而言，邓小平具有长期领导武装斗争的经验。遵义会议后，他先后任红一军团政治部宣传部部长，政治部副主任、主任等职务。全国抗日战争爆发后，任八路军政治部副主任。1938 年 1 月，任八路军一二九师政治委员，与著名战将、师长刘伯承一起率领一二九师，深入日军占领区后方，以太行山为中心，依托山区，并向平原发展，进行一系列战役、战斗，歼灭大量日军，声威大震，影响深远。随后，分兵发动群众，组织抗日武装力量，建立抗日民主政权，创建晋冀豫抗日民主根据地、冀南抗日民主根据地、太岳抗日民主根据地和冀鲁豫抗日民主根据地，沉重打击了日军在华北的统治。在“百团大战”中，邓小平与刘伯承率领所部 38 个团，进行大小战斗 500 余次，给日军和伪军以很大打击，坚持了华北抗战局面。

就坚持抗战局面而言，邓小平主持过北方局和八路军总部的工作。华北敌后抗战进入最艰苦的阶段后，邓小平兼任太行分局书记。彭德怀、刘伯承返回延安参加整风运动期间，他代理北方局书记，并主持八路军总部工作，担负起领导华北抗日民主根据地全面工作的重任。他根据形势的发展，按照面向敌占区、面向交通线、敌进我进的方针，指挥各个部队积极主动地开展抗日游击战争，多次粉碎日军的残酷“扫荡”，并领导全区进行建党、建军、建政活动，进行整风、精兵简政、减租减息和大生产运动，取得很大成绩。

就理论联系实际而言，邓小平较早提出党的事业要以毛泽东思想作指导。在艰苦的斗争中，善于从实际情况出发，及时总结经验，将实践经验上升到理论高度，再去指导新的实践。他发表一系列文章和讲话，制定华北抗日斗争的一系列具体政策和策略，提出从各方面积蓄力量、准备战略反攻的方针，指导华北抗日战争。他从实践中认识到毛泽东思想对中国革命的重要指导意义，在北方局党校整风动员会上指出，毛泽东思想即中国化的马克思列宁主义，党的事业要以毛泽东思想作指导。

就抗战胜利贡献而言，日本投降时，刘伯承和邓小平率部开创的太行、太岳、冀南、冀鲁豫等抗日民主根据地基本上连在一起，成为拥有2400万人口、30万人民军队的全国最大的解放区。中共中央决定成立晋冀鲁豫中央局和晋冀鲁豫军区，邓小平任中央局书记和军区政治委员，刘伯承任军区司令员。在中共七大上，邓小平、刘伯承均当选为中央委员。

就全国解放战争初期而言，“整个解放战争，从头到尾，二野都处在同敌人针锋相对斗争的最前面”①。全国抗日战争胜利后，国民党与共产党进行和平谈判。刘伯承和邓小平领导的晋冀鲁豫解放区，横亘中原，正堵住国民党军队向华北、东北解放区进攻的通道，是军事上的战略要地。国民党军队集结重兵，把进攻矛头首先指向晋冀鲁豫解放区。1945年9月，刘伯承和邓小平指挥部队发起上党战役，全歼侵入晋冀鲁豫解放区腹地的国民党军队，巩固了晋冀鲁豫解放区。接着，刘伯承和邓小平挥师东进，阻击沿平汉铁路北犯的国民党军队，取得邯郸战役胜利。上党战役和邯郸战役的胜利，遏制了国民党军队对解放区的进攻，加强了中国共产党在重庆谈判中的地位，对国共两党达成停战协定起了重要作用。全面内战爆发后，刘伯承和邓小平指挥晋冀鲁豫野战军，连续进行陇海、定陶、巨野等战役，歼灭大量国民党军队有生力量，极大地鼓舞了全国各个解放区军民战胜国民党军队的信心。

就中国人民解放军战略进攻而言，“战略反攻，二野挑的是重担”②。1947年5月，邓小平任中共中央中原局书记。6月，根据中共中央由战略防御转入战略进攻、将战争引向国民党统治区域的战略部署，邓小平和刘伯承率晋冀鲁豫野战军主力12万人，强渡黄河，发起鲁西南战役，歼敌5.6万余人。然后，以迅雷不及掩耳之势，长驱直入，从几十万国民党军的前堵后追中杀开一条血路，千里跃进大别山，揭开中国人民解放战争战略反攻的序幕。

---

① 《邓小平文选》第3卷,人民出版社1993年版,第336页。

② 《邓小平文选》第3卷,人民出版社1993年版,第341页。

就推进全国解放战争发展而言，刘邓大军作出重要贡献。“自古逐鹿在中原。”刘邓大军进入大别山地区后，对国民党在长江以南的广大统治区形成直接威胁，迫使国民党军队大批主力回援。在极端艰苦的斗争条件下，刘伯承和邓小平领导军民，不断粉碎国民党军队对大别山地区的重兵轮番“进剿”，在河南、湖北、安徽交界地区站住了脚，兵锋直指长江，直接威胁武汉、安庆、南京、上海等国民党统治的腹心地区。“逐鹿中原，鹿死谁手？鹿必然死于中国人民和人民军队之手！”1948 年，刘邓大军进入中原战场，同陈粟大军和陈赓集团在中原地区布成“品”字形阵势。三路大军“逐鹿中原”，牵制和吸引了国民党军南线 160 多个旅中 90 个旅的兵力，把战线由黄河流域推进到长江流域，使中原地区由国民党军队进攻解放区的重要后方变成了人民解放军夺取全国胜利的前进阵地。

就创建和发展中原解放区而言，邓小平高瞻远瞩，军政全优。“得中原者得天下。”1948 年 5 月，邓小平任辖区扩大了的中原局第一书记、中原军区和中原野战军政治委员。在开辟中原解放区的过程中，邓小平根据中共中央方针，发表了《跃进中原的胜利形势与今后的政策策略》《贯彻执行中共中央关于土改与整党工作的指示》《关于今后进入新区的几点意见》等讲话和指示，从中原解放区的实际情况出发，对整党、土改和工商业政策等问题，提出许多重要意见，受到中共中央和毛泽东的肯定和称赞。从 1948 年春天起，中原野战军与华东野战军协同作战，相继发起洛阳、宛西、宛东、豫东、襄樊等战役，粉碎国民党军队的中原防御体系，取得“逐鹿中原”的重大胜利。

就中国人民解放军与国民党军的战略决战而言，邓小平是淮海战役的总前委书记。淮海战役开始后，中共中央和中央军委决定，由刘伯承、陈毅、邓小平、粟裕、谭震林组成淮海战役总前委，邓小平任总前委书记，统一指挥中原野战军（后改称第二野战军）和华东野战军（后改称第三野战军）。淮海战役中，蒋介石先后集结近 80 万人的军队，而人民解放军参战部队只有 60 万人。中原野战军和华东野战军按照“集中优势兵力，各个歼灭敌人”的作战方针，经过 66 天作战，一共歼敌 55.5 万余人，取得淮海战役的完全胜利。中共中央和中央军委部署人民解放军进行的具有决战性质的辽沈、淮海、平津三大战役，基本上消灭了国民党政府的主要军事力量。

就中国人民解放军渡江战役而言，邓小平是渡江战役总前委书记。淮海战役胜利后，中共中央指示以邓小平为书记的淮海战役总前委改为渡江战役总前委。中共七届二中全会期间，中共中央任命邓小平兼任华东局第一书记，负责领导华东地区的党政军民工作，部署渡江战役和华东地区的接管问题。邓小平曾经回忆说：“渡江作战，部队突破江防后，我的指挥部在三野司令部，张震是参谋长。渡江战役也就是京沪杭战役的实施纲要是我起草的。”① 1949 年 4 月 21 日，毛泽东主席、朱德总司令发布《向全国进军的命令》，刘伯承、邓小平、陈毅、粟裕等指挥第二野战军和第三野战军发起京沪杭战役。人民解放军一举突破国民党军队的长江防线，解放南京、攻克上海，横扫江南，解放了江苏、安徽、浙江、江西等省广大地区。南京解放，宣告国民党统治的覆灭。毛泽东看了南京解放的捷报，挥毫赋诗——《七律·人民解放军占领南京》：钟山风雨起苍黄，百万雄师过大江。虎踞龙盘今胜昔，天翻地覆慨而慷。宜将剩勇追穷寇，不可沽名学霸王。天若有情天亦老，人间正道是沧桑。

就中华人民共和国成立后治国理政而言，邓小平曾经是主持西南地区工作的党政军主要负责人。在中国人民政治协商会议第一届全体会议上，邓小平当选为中央人民政府委员，参加了中华人民共和国开国大典。随后，刘伯承和邓小平率部进军大西南，发起西南战役，风卷残云，摧枯拉朽，迅速消灭了盘踞在云南、贵州、四川的 90 多万国民党军队，把国民党统治势力最后逐出中国大陆。西南广大人民群众“箪食壶浆，以迎王师”。西南地区解放后，邓小平任中共中央西南局第一书记、西南军政委员会副主席、西南财政经济委员会主席、第二野战军政治委员、西南军区政治委员。他和西南局第二书记、西南军政委员会主席、第二野战军司令员刘伯承，西南局第三书记、西南军政委员会副主席、西南军区司令员贺龙一起，领导西南党政军民，清剿土匪，安定社会

① 《邓小平文选》第 3 卷，人民出版社 1993 年版，第 342 页。

秩序；团结一切可以团结的人，争取一切可能争取的人，调动各方面积极因素；消除历史遗留的民族隔阂，促成各民族的团结；部署进军西藏和西藏和平解放工作，实现了祖国大陆的完全解放。在主持西南工作期间，邓小平和刘伯承、贺龙等发动和依靠人民群众，完成土地改革和其他社会改革；加强各级人民政权建设，实现人民当家做主人；恢复工农业生产，兴修成渝铁路，很快改变了西南的混乱局面，从天下大乱实现了天下大治，从此开创了西南地区稳定、发展的新局面。毛泽东评价说："不论是政治还是经济，论文论武，邓小平都是一把好手。"

就在中央领导层工作而言，邓小平具有负责多方面工作的经验。中共中央和毛泽东高度重视邓小平的才干和政绩，1952 年 7 月，调邓小平到中央工作，任政务院副总理兼财政经济委员会副主任，曾兼任政务院交通办公室主任和财政部部长。他提出要把国家财政放在经常的稳固的可靠的基础上，财政工作要有全局观念。1954 年，相继任中共中央秘书长、中共中央组织部部长、国务院副总理、国防委员会副主席。这是邓小平第三次担任中共中央秘书长。在中共七届五中全会上，邓小平被增选为中央政治局委员。中共八大前夕，毛泽东在推荐邓小平作为中共中央总书记人选时，说他比较顾全大局，比较有才干，比较周到和公道，是个厚道人。在中国共产党第八次全国代表大会上，邓小平作关于修改党的章程的报告。他提出并深刻论述了执政党加强自身建设的任务，指出党面临新的考验，必须经常警惕脱离实际和脱离群众的危险，要求全党坚持群众路线和民主集中制，健全各级党组织的集体领导，避免个人专断和个人决定等重大问题。

历史的发展与邓小平对中国革命和建设的历史性贡献，造就了邓小平的历史地位。在中共八届一中全会上，邓小平当选为中央政治局常委、中央委员会总书记，成为以毛泽东为核心的中国共产党第一代中央领导集体的重要成员。

周恩来总理评价邓小平主持工作时"举重若轻"，这是邓小平的一个重要特点。他善于抓主要矛盾，要言不烦，干脆利落，"举重若轻"地处理问题和解决问题。在工作作风方面，邓小平一贯雷厉风行，办事果断，知难而进，勇挑重担，善于开辟新的局面。他主持工作时“举重若轻”，处理问题时雷厉风行，凡此种种，给毛泽东留有深刻的印象。

邓小平到中央工作后，主持财经工作、主持中央秘书长会议、主持中央组织部、主持中共八大筹备工作中，立党为公，有功不骄，公道正派，坚持原则，不谋私利，不拉“小圈子”，坚决维护中央领导人的威信和权威，进一步赢得了中共中央和毛泽东的高度信任。而且，就年龄而言，1956 年邓小平才 52 岁，在中共第七届中央政治局委员中，是比较年轻的一位。

中共八大后，邓小平作为中共中央总书记，主持中央书记处的工作；作为国务院副总理，协助周恩来总理处理国务院的工作；作为中央政治局常委，参与中共中央最高领导核心对党和国家重大事务的决策，对中国社会主义建设道路进行了艰辛的探索。十年动乱期间，邓小平两次受到错误批判，被撤销职务，经历了革命生涯中最艰难最曲折的时期。1969 年 10 月，他被送到江西省新建县，每天到拖拉机修造厂劳动半天。粉碎林彪集团后，1973 年，邓小平恢复国务院副总理职务。毛泽东评价他“人才难得，政治思想强”。1975 年，他担任中共中央副主席、国务院副总理、中央军委副主席、中国人民解放军总参谋长，主持中央日常工作，同“四人帮”坚决斗争，对“文化大革命”混乱局面进行全面整顿，受到全国人民的衷心拥护。1976 年 4 月 5 日，天安门广场发生悼念周恩来、反对“四人帮”、拥护邓小平的群众运动，“四人帮”诬陷邓小平，他再一次被错误地撤销党内外一切职务。9 月，毛泽东逝世。10 月，粉碎“四人帮”，“文化大革命”结束。

1977 年 7 月，邓小平恢复中共中央副主席、国务院副总理、中央军委副主席、中国人民解放军总参谋长的职务。他具有战略家的远见卓识，首先推动思想路线拨乱反正。中共十一届三中全会实现社会主义时期伟大转折，形成以邓小平为核心的党的第二代领导集体。以此为起点，邓小平领导中国人民开创了中国特色社会主义道路。

邓小平非常重视组织路线问题，采取一系列措施，实行新老干部合作和交替。中共十一届六中全会通过他主持起草的《关于建国以来党的若干历史问题的决议》，他当选为中央军委主席。他在中共十二大提出“建设有中国特色的社会主义”。从此，邓小平任中央政治局常委、中央军委主席、中央顾问委员会主任。在邓小平领导下，中华民族进入前所未有的民族振兴、国家富强、人民幸福的历史发展新时期。

在中国改革开放和现代化建设伟大实践中形成的邓小平理论是马克思主义基本原理与当代中国实际和时代特征相结合的产物，是当代中国的马克思主义，是中国共产党和中国人民珍贵的精神财富，是引领中华民族振兴与发展的精神支柱。在邓小平理论指引下，中国人民在中国特色社会主义道路上胜利前进。

经历资本主义法国与社会主义苏联、秘密工作和公开工作、地下斗争与军事斗争等锻炼和考验

第一章

远涉重洋，“调研”资本主义法国与社会主义苏联

20 世纪前后的中国是一个农业国，中国革命的领导人毛泽东来自农村，中国改革开放和现代化建设的“总设计师”邓小平同样来自农村。1904 年 8 月 22 日，邓小平出生在四川省广安县协兴乡牌坊村“邓家老院子”。邓家在牌坊村是大户人家。邓小平的父亲邓绍昌，字文明，1914 年左右任过广安县团练局局长，是一个见过大世面的人物。邓小平的母亲姓淡，是广安县望溪乡人，16 岁嫁到邓家。邓小平是邓家的长子。原名邓先圣，5 岁进私塾发蒙，教书先生说“先圣”这个名字，对“孔圣人”有欠恭敬，于是给他改名邓希贤。这个名字，他用了 18 年。

邓小平读了私塾，转入新式小学读书。当时中国的旧式教育，主要讲授与背诵《三字经》《百家姓》、“四书”“五经”、《古文观止》等古代典籍，由此奠定了邓小平较为深厚的中国传统文化功底。邓小平在这里读了 5 年书，高等小学毕业后，考入广安县中学。五四运动前后，为寻求救国救民的道路，一些仁人志士倡导旅欧勤工俭学运动。当时的法国是欧洲经济、政治都比较先进的国家，蔡元培、吴玉章等人发起成立留法勤工俭学会，它的影响很快就遍及全国。1918 年，重庆总商会会长汪云松在重庆夫子祠开办了一所留法勤工俭学预备学校。

当时，邓小平正在广安读中学。他的父亲在重庆，知道这个消息后，就写信回来，要邓小平去考重庆留法勤工俭学预备学校，准备到法国勤工俭学。为此，邓家还有一场争论，邓小平的父亲极力主张他去法国勤工俭学，邓小平的母亲则舍不得儿子远离家乡，不赞成他出国。

1919 年秋天，邓小平考入重庆留法勤工俭学预备学校。9 月，从广安乘船到重庆，就读重庆留法勤工俭学预备学校。这所学校为邓小平等学生打开了眼界。在那里读书的邓小平、聂荣臻等许多人后来都投身中国革命。校长汪云

松，曾做过清朝四品道台、重庆总商会会长，是个热心人。他从筹建学校，到为学生募集资金，办理出国签证，都是亲力亲为，一心一意为家乡、为中国培养人才。新中国成立后，邓小平曾说，汪云松为中华人民共和国培养了两个副总理。重庆解放后，重庆市人民政府负责人亲自到汪云松家，告诉他，你的学生邓小平现在是中国人民解放军西南军区政治委员，请你去见面。汪云松听了很高兴。邓小平会见并请他一起吃饭后，汪云松经常给家人谈起，共产党是不忘旧情的，只要你给他做了好事，他是不会忘记的。

邓小平在重庆留法勤工俭学预备学校受五四运动影响，有了朴素的“工业救国”爱国思想，同全校同学一起参加抵制日货、声讨卖国贼的活动。1920年8月，邓小平16岁。经过在重庆留法勤工俭学预备学校近一年的学习，获得赴法勤工俭学资格。他从重庆留法勤工俭学预备学校毕业，怀着到欧洲一面做工，一面求学，学点本事回来“工业救国”的满腔抱负，决心远涉重洋，前往法国，勤工俭学。

8月27日下午，从重庆留法勤工俭学预备学校毕业的83名四川学生整队从重庆太平门出发，告别家乡，离开重庆。邓小平是其中年龄最小的一个。他们登上法商聚福洋行的“吉庆”号客轮，宿船一夜，于28日清晨起航，经上海前往法国。9月11日，他们在上海登上“盎特莱蓬”号法国邮轮。根据上海气象档案记载，法国邮轮起锚那天，上海大雨如注。从此，邓小平的父母再也没有见到过儿子。1926年邓小平的母亲去世时，他正在苏联莫斯科中山大学读书。1936年邓小平的父亲去世时，他经过长征刚在陕北落脚。

1920年10月19日，邓小平等人乘坐的“盎特莱蓬”号法国邮轮在历经39天海上航行后，终于到达法国南部城市马赛。当时法国马赛的《小马赛人报》报道说：100名中国青年人，他们的年龄在15岁到25岁之间，穿着西式和美式服装，戴着宽边帽，穿着尖皮鞋，显得彬彬有礼和温文尔雅，静悄悄地站在“盎特莱蓬”号的甲板上。

到法国不久，邓小平就和他的叔父邓绍圣一起来到法国西部诺曼底大区的巴耶中学补习法语。在法国期间，生活艰辛，苦不堪言。邓小平因生活所迫，只在中学学习过几个月，先后在克娄梭钢铁厂做过杂工，在巴黎比扬古雷诺工厂干过钳工，在火车上当过司炉，在饭馆里打过工。繁重的劳作之余，他还要挤出时间学习。

在勤工俭学的“社会实践”中，邓小平体验到生活的艰辛，体验到资本家对工人的残酷剥削。邓小平曾回忆说：“那时才16岁。当时勤工俭学，勤工就是劳动，想挣一点钱上学。但这个目标没有实现。我在法国待了5年多，其中在工厂劳动了4年，干重体力劳动。我的个子小，就是因为年轻时干了重劳动。”“这样的生活，使我接受了马克思主义。”

当时，欧洲各国由于受到俄国十月社会主义革命的影响，工人运动十分高涨，马克思主义得到空前广泛的传播。邓小平置身于这样的环境中，思想逐渐发生变化，从最初的“工业救国”思想，转为接受马克思主义，进而走上了为争取民族独立、人民解放和实现共产主义而斗争的道路。

当时，邓小平和一批先进的中国留学生一起投身中国革命。1922年他参加旅欧中国少年共产党（后改名为中国社会主义青年团旅欧支部），1924年转为中国共产党党员。从此，他走上无产阶级职业革命家的道路，成为一名共产主义战士。他担任青年团旅欧总支部领导成员和中国共产党组织里昂区特派员，还做过青年团机关刊物《赤光》杂志的编辑。这时候，他刚刚20岁，是旅欧青年中最早、最年轻的共产主义者之一。

在一幅题为“1924年摄于巴黎”的照片中，可以看到邓小平的身影。这是1924年7月出席中国社会主义青年团旅欧区第三次代表大会的代表在法国首都巴黎的合影。1925年春天，邓小平到里昂做工，中共旅欧支部任命他为派驻里昂区党的特派员，领导里昂地区中共组织的工作和青年团的工作，在当地华工中从事革命活动。这是邓小平第一次独当一面，担负党组织交给的重任。

中国共产党旅欧总支部和中国社会主义青年团旅欧总支部组织的革命活动，很快引起法国警察机构的密切注意。从1925年6月起，旅欧中国青年邓希贤的名字开始频繁出现在法国警方的档案里。他们查清了邓希贤住在布罗尼—比扬古尔市的卡斯德亚街3号，在中国共产主义者组织的各种会议上，经常发言。法国警方档案记载着：“执行警察局长的命令，今天早晨5时45分至7时，在布罗尼—比扬古尔对下列三家旅馆进行了搜查。这三家旅馆的地址是：特拉维西尔街14号、卡斯德亚街3号、朱勒费里街8号。搜查这三家旅馆的目的，是为了查找从事共产主义宣传的中国人。这些旅馆的全部房间已被搜查过，上百份中文文件都被查看过。看来这些人由于发现自己受到怀疑，因此就急忙销声匿迹了。他们的同胞采取了预防措施，丢弃了一切会引起麻烦的文件。”然而，就在法国警方采取行动的前一天晚上，邓小平已经结束在法国5 年多的勤工俭学生涯，和 19 名同志一起奔赴苏联首都莫斯科。

法国的 5 年勤工俭学生涯和革命生涯，在邓小平的人生道路上具有重要的意义。这个东方农业大国的农家子弟，远涉重洋，来到资本主义发达的欧洲，见识了资本主义大工业、近代科学技术、先进的管理方法，同时也见识了资本家对工人的剥削、资本主义对工人阶级的压迫、工人阶级对资本主义的反抗，并接触到马克思主义的真理。

邓小平是早年旅居欧洲的中国共产主义者建立的社会主义青年团组织和共产党组织中的重要成员。根据中国共产党组织的派遣，1926 年年初，邓小平离开法国，先后在苏联莫斯科东方大学和莫斯科中山大学学习。莫斯科中山大学是苏联专门为中国革命培养人才而创办的一所大学，荟萃了一大批中国现代史上的知名人物。中国共产党的著名领导人邓小平、曾经担任中华人民共和国主席的杨尚昆、20 世纪 30 年代在中国共产党内推行“左”倾教条主义的代表人物王明和博古，以及国民党领导人蒋介石的儿子蒋经国，等等，都是莫斯科中山大学的毕业生。

在俄罗斯现代史文献保管与研究中心，迄今仍然保存着邓小平进入莫斯科中山大学时，用钢笔亲笔填写的一张履历表：

1. 中文及俄名

邓希贤 доэоров

2. 生年及月日　社会出身

生于 1904 年 7 月 12 日[①]，学生，父业教育，同时又是军政界中人，同时又是一个小地主。

3. 所受教育及思想变迁

受过中等教育。至于思想的变迁亦甚简单，我 16 岁以前在中国，小

① 该日期为农历，公历是 8 月 22 日。——引者注。

孩子当然无思想可言，及到法国后，受了经济的压迫，致不得不转到工厂做工，变成了工钱劳动者。生活的痛苦，资本家的走狗——工头的辱骂，使我直接的或间接的受了很大的影响。最初两年对资本主义社会的罪恶虽略有感觉，然以生活浪费之故，不能有个深刻的觉悟，其后，一方面接受了一点关于社会主义尤其是共产主义的知识，一方面又受了已觉悟的分子的宣传，同时再加上切身受的痛苦，于是遂于1923年加入了“中国共产主义青年团旅欧区”。总上所说，我从来就未受过其他思想的浸入，一直就是相当共产主义的。

4. 何时何地入党？如入过团（应二项）（原文如此——引者注）说明时（间）与地（点）

入党——在法国“中国共产党旅欧支部”……①

入团——在法国，“中国共产主义青年团旅欧区”……

5. 在何处做何种党的工作？如入过团须说明

在法国，曾入过团，在党中曾任过组书记（旅欧支部之下）即支部候补委员，在青年团中亦曾作过相当的工作。

6. 与何俄国同志有关系？

无

7. 受拘禁否？

未。②

莫斯科中山大学录取的学生进校后，首先要学习俄语，第一学期俄语学习时间特别长，每周6天，每天4小时。俄语课把阅读《消息报》、练习语法、阅读关于俄国革命的文章作为教学的主要内容，每个学生都必须认真学习。除俄语外，英语、法语和德语课都是学生的选修课。邓小平在旅法期间打下了扎实的法语基础，所以在同学们的外语学习中，还经常做一些法语翻

① 1997年2月邓小平逝世后，《人民日报》发表《邓小平伟大光辉的一生》，确认“1922年他参加旅欧中国少年共产党（后改名为中国社会主义青年团旅欧支部），1924年转为中国共产党党员”。

② 薛衔天：《邓小平亲笔填写的一张履历表》，载中共中央党史研究室、中央档案馆编《中共党史资料》总第65辑，中共党史出版社1998年版，第178～179页。

译工作。

莫斯科中山大学开设的课程，注重对革命理论和实践的讲授，注重对国际共产主义运动和国际工人运动发展史及经验教训的总结。莫斯科中山大学的必修课为：政治经济学、历史、现代世界诸问题、俄国革命的理论与实践、民族与殖民地问题、中国的社会发展问题、语言学。具体的课程是：中国革命运动史、通史、社会发展史、哲学（辩证唯物主义与历史唯物主义）、政治经济学（以《资本论》为主）、经济地理、列宁主义。

莫斯科中山大学考虑到中国学生回国后从事革命斗争的实际需要，还特意开设了一门重要课程——军事课，由军队高级军官执教，向中国学生讲授军事理论，进行军事训练。邓小平等受训的中国革命者要学习冲锋枪、手榴弹、迫击炮等武器的结构和使用方法。同时，还被组织去参观莫斯科附近的军事院校，去附近的兵营打靶。暑假期间，所有男生都要穿上军装，到莫斯科附近的军营接受实际军事生活锻炼，参加军事演习等实战训练。

除此之外，共产国际、苏联共产党、中国共产党驻共产国际代表团的负责人，都经常到莫斯科中山大学，就国际共产主义运动和中国革命中的一些重大问题进行讲演，这使学生们受到许多深刻的马克思主义教育，进一步加深了对书本知识的理解。

莫斯科中山大学的教学方法也别具一格，注重对学生的启发式教育，注重学生对理论知识的理解与掌握。在教学中，由教授先讲课（用俄语，但有中文翻译），然后学生提问，教授解答；再由学生开讨论会，自由讨论；最后由教授作总结发言。教学基本单位是班。1926 年年初有学生 300 余人，设有 11 个班，每班 30～40 人不等。到 1927 年年初，学生已超过 500 人。

莫斯科中山大学的学生中，既有著名的共产主义运动活动家、著名的学者、教授，也有已在国内上过高中、大学的青年，还有从基层推荐来的仅有小学文化程度的工农干部。针对这一情况，学校根据学生知识水平的差异，按照学生具体情况来分班。对文化水平较低的学生设有预备班，进行初级教育。对俄语程度较高的设有翻译速成班。

邓小平文化水平较高，又有长期革命斗争的经历，被编到了人称“理论家班”的第七班。这个班里云集了当时在校的国共两党的重要学员，中国共产党方面有邓小平、傅钟、李卓然等，国民党方面则有谷正纲、谷正鼎、邓文仪，还有汪精卫的侄儿和秘书、于右任的女婿屈武等。按邓小平的说法，就是共产党和国民党的尖子人物都在一个班，因此这个班很有名。不久，邓小平就在“理论家班”崭露头角。他的实际工作经历、理论水平、出众的口才和雷厉风行的作风，都给同学们留下了深刻的印象，大家亲切地称他为“小钢炮”。

莫斯科中山大学内部，存在着复杂的情况。当时，苏联共产党内路线斗争十分激烈，各方面的代表人物都在莫斯科中山大学发表演讲，介绍自己一方的主张，并争取莫斯科中山大学学生的支持。在莫斯科中山大学的学生中，原来有一批是国民党方面派来的。随着国内阶级斗争的发展，国民党竭力破坏国内的革命统一战线，随时有可能背叛革命。莫斯科中山大学中由国民党派来的学生也产生了严重的分化，有的站在国民党左派一边，有的站在国民党右派一边。共产党员学生和国民党右派学生之间，经常发生激烈的辩论和斗争。

当时莫斯科中山大学设有中国共产党组织，支部书记是傅钟。邓小平是第七班的党小组组长。每一个共产党员学生都要在党组织内过严格的组织生活。在莫斯科中山大学中共支部的一份《党员批评计划案》中，记载了1926年6月16日中共组织对邓小平的评价：

姓名：邓希贤

俄文名：多佐罗夫

学生证号码：233

党的工作：本班党小组组长

一切行动是否合于党员的身份：一切行动合于党员的身份，无非党的倾向。

守纪律否：守纪律。

对于党的实际问题及其他一般政治问题的了解和兴趣如何，在组会中是否积极地或是消极地提议各种问题讨论，是否激动同志们讨论一切问题：对党中的纪律问题甚为注意，对一般政治问题亦很关心且有相当的认识，在组会中亦能积极参加讨论各种问题，且能激动同志讨论各种问题。

出席党的大会和组会与否：从无缺席。

党指定的工作是否执行：能切实执行。

对同志们的关系如何：密切。

对功课有无兴趣：很有兴趣。

能否为别人的榜样：努力学习，可以影响他人。

党的进步方面：对党的认识很有进步，无非党的倾向。能在团员中树立党的影响。

在国民党中是否消灭党的面目：未。

在国民党中是否能适合实行党的意见：能。

做什么工作是最适合的：能做宣传及组织工作。

这份党组织的鉴定，是研究邓小平早年思想和工作情况的一份重要文献，反映了邓小平在莫斯科中山大学时的基本情况，具有重要的史料价值。

邓小平在法国期间，就曾经认真阅读过一些马克思主义的重要著作。他所在的中国社会主义青年团旅欧支部，极为重视组织团员学习马克思主义理论，每周都要组织一次学习马克思主义的讨论会，以加深团员对马克思主义的理解。这些学习和讨论，奠定了邓小平的马克思主义基础知识。在莫斯科中山大学，邓小平有机会认真地、全面地接受马克思主义的系统教育，并了解了许多国际共产主义运动、苏联共产党和中国国内的基本情况，他的理论水平和对中国革命的认识，都大大提高了。

在莫斯科中山大学写的一份自传中，邓小平写道：

我过去在西欧团体工作时，每每感觉到能力的不足，以致往往发生错误，因此我便早有来俄学习的决心，不过因为经济的困难使我不能如愿以偿。现在我来此了，便要开始学习活动能力的工作。

我更感觉到而且大家都感觉到我对于共产主义的研究太粗浅。列宁说："没有革命的理论便没有革命的行动；要有革命的行动，才能证验出革命的理论。"由此可知革命的理论对于我们共产主义者是必须的。所以，我能留俄一天，便要努力研究一天，务使自己对于共产主义有一个相当的认识。

我还觉得我们东方的青年，自由意志颇为浓厚，而且思想行动亦很难系统化，这实于我们将来的工作大有妨碍。所以，我来俄的志愿，尤其是要来受铁的纪律的训练，共产主义的洗礼，使我的思想行动都成为一贯的共产主义化。

我来莫的时候，便已打定主意，更坚决地把我的身子交给我们的党，交给本阶级。从此以后，我愿意绝对地受党的训练，听党的指挥，始终为无产阶级的利益而争斗。①

邓小平在莫斯科中山大学学习一年。他专心读书，认真钻研马克思列宁主义理论，受到了系统的马克思列宁主义理论教育。他积极参加党组织的活动和学校组织的各项政治活动，在政治上、思想上、组织上，都得到了很大的锻炼和提高。这一年的学习，奠定了他以后从事革命和建设领导工作所必备的深厚的马克思列宁主义理论基础，使他一生中都受益很大。

① 《大型电视文献纪录片〈邓小平〉中披露的文献转载》,《党的文献》1997 年第 1 期,第 3 页。

第二章

壮怀激烈，初涉暴风骤雨

1926年的中国，大革命高潮迭起，汹涌澎湃，迅猛向前，迫切需要具有革命理论和实际工作经验的大批干部。1926年年底，受中国共产党的派遣，邓小平离开莫斯科中山大学回国。他从苏联的莫斯科出发，首先到达西伯利亚的乌兰库德。然后，经过蒙古的乌兰巴托，到达中国黄河上游宁夏的银川。一路上，他乘火车，坐汽车，骑骆驼，跨战马，风尘仆仆，万里艰辛，披星戴月，昼夜兼程，终于回到了朝思暮想的祖国，随即到冯玉祥统率的国民军联军中从事军队政治工作，投入了反帝反封建的大革命斗争。

关于邓小平回国的具体时间，邓小平在中国和美国合作出版的《简明不列颠百科全书》（中文版）“邓小平传略”条目送审稿上，作了亲笔说明：“1926年底从莫斯科动身，1927年3月到达西安，没有参加五原誓师。”

关于从苏联回国的情况，邓小平回忆道：“当时，焕章先生（冯玉祥，字焕章——作者注）要求我们党派人到西北军。我们从莫斯科一起来了二十多个人。刘伯坚同志也是那个时候到了西北军，做政治部部长。当时我们有三个人打前站，我就是其中一个，那时我才二十三岁。记得一九二六年跟李大姐（即李德全——作者注）的弟弟一起经过大沙漠，坐的是运军火的汽车，当时交通很不方便，我们在库伦待了一个多月，才回到内蒙古。”

“回到内蒙古以后，焕章先生五原誓师，李大钊同志还派人送来了作战计划。当时还检阅了部队，是马鸿逵的队伍。记得我们还和焕章先生在洪城广场一起用餐，啃馒头吃咸菜，那时候西北军的生活艰苦得很。”①

---

① 冯洪达、余华心：《亲切的勉励——记邓小平同志会见冯玉祥将军的亲属》，《文史通讯》1982年第3～4期。

1927 年春天，邓小平到达大革命在西北的中心——陕西省西安市。这时，西安处于冯玉祥统率的国民军联军（因冯玉祥的军队长期驻扎在西北地区，所以简称“西北军”）控制之下。在共产党人的影响下，冯玉祥接受了孙中山联俄、联共、扶助农工的三大政策。应冯玉祥之邀，中共组织派遣了一大批共产党员到国民军联军及其驻陕总部工作，以推动陕西的反帝反封建革命运动向前发展。

这个时期从国内外到达西安的共产党人有邓小平、刘伯坚、宣侠父、陈延年、方仲如、刘志丹、唐澍等 200 多人。邓小平很快被中共组织派往冯玉祥国民军联军所属的西安中山军事学校工作，担任学校政治处处长兼政治教官，同时担任该校中共组织的书记。这是邓小平归国后担负的第一个重要工作。

西安中山军事学校是在第一次大革命的形势推动下，在中国共产党的倡导下，由国民军联军创办的一所为国民革命培养军政干部的学校，从校长到大部分教官，都是共产党员。此外，还聘请了乌斯曼诺夫等 5 位苏联顾问任教官。全校学生有 700 多人，大多为进步青年。学校开设的课程主要有社会科学概论、帝国主义侵华史、列宁主义概论、土地问题、农民问题、军队政治工作等，军事理论和军事训练也是授课的重要内容。

邓小平除负责做政治工作外，还兼讲政治课，主要讲授《中国革命史》《三民主义》《国民党史》《布尔什维克十二条》等。年轻的邓小平，青春焕发，朝气蓬勃，知识渊博，讲课深入浅出。他经常操着浓重的四川口音，向学员讲解革命道理，语言生动活泼，风趣幽默。深奥的道理经他用历史典故和浅显的比喻讲出，学员一听就懂。

他还经常给学员讲中国大革命的形势和任务、法国大革命和俄国十月革命的经验，要求每个革命军人都应树立革命理想，明确奋斗目标，养成遵守纪律、吃苦耐劳、英勇善战的作风。

在军校任职期间，邓小平曾于 5 月 19 日应陕西青年第一届代表大会之邀，作了《苏俄之近况》的报告。他的报告内容丰富，有声有色，极富鼓动性，不时被热烈的掌声打断。最后，他有力地挥动着右臂，号召青年积极投身革命，打倒帝国主义，打倒军阀，使与会青年深受鼓舞。

6月1日，陕西省第一次农民代表大会在西安举行。邓小平代表西安中山军事学校到会祝贺并宣读贺词——“工农兵联合起来向反动势力进攻”，赢得与会者的热烈赞同。7日，他又把农民代表请进学校，举行盛大的欢迎大会，到会代表80余人。“当各代表莅会时，该校学生排队鼓掌欢迎，双方呼喊口号，声彻云霄。”“一时革命情绪充满会场。”

6月12日，陕西省立第一中学召开“非基督教同盟”成立大会，邓小平应邀到会讲演，宣传革命与科学。他把军校教学与社会宣传密切联系在一起，使学校与社会息息相通，大大提高了学员的政治素质。

总之，当时的邓小平，正值青春年少，思想活跃，思维敏捷，生气勃勃，才华横溢，讲话斩钉截铁，办事雷厉风行，处理问题干脆利落，给西安中山军事学校的师生留下了深刻的印象。

对于在西安中山军事学校工作的情况，邓小平曾经回忆道：“这个学校是当时担任国民革命军驻陕总司令的于右任办的，于当时属于国民党左派，这个学校的主要职务都是由党派人担任的。校长史可轩是党员（后牺牲），副校长是由苏联回国的李林同志（我们在法国就熟识，李后在中央苏区牺牲），我同时担任校党的书记。学校经过短期筹备，很快办起来，学生不少是党团员，除军事训练外，主要是政治教育，健全和发展党团等项工作。政治教育主要讲革命，公开讲马列主义，在西安，是一个红色的学校。这个学校在1928年成为陕西渭华暴动的基础。”

由于邓小平和该校共产党员的共同努力，西安中山军事学校为国民军联军培养了大批合格的军政干部。大革命失败后，西安中山军事学校的许多教官和毕业生，又大多成为中国共产党领导的渭华起义的骨干，有的在革命战争中锻炼成为西北红军的著名领导人，有的在革命战争中英勇牺牲。

但是，革命的道路是不平坦的。1927年春天，中国大革命的潮流从珠江流域发展到长江流域，反帝反封建的群众运动犹如暴风骤雨，席卷全国。帝国主义、封建主义和国内一切反动势力遭到沉重打击后，一致联合起来，共同镇压中国革命。4月12日蒋介石在上海发动政变，大肆屠杀共产党人和革命群众。第一次国共合作宣告结束。以国共合作为基础的统一战线彻底破裂。轰轰烈烈的中国大革命遭到失败。

这时，武汉国民政府尚处于国共合作状态。1927 年 5 月下旬，坚持孙中山先生三大政策的国民革命军总政治部主任邓演达，随武汉国民政府指挥的北伐军到达河南后，亲赴潼关，向由国民军联军改编的国民革命军第二集团军（总司令冯玉祥）政治工作人员发表演讲。邓小平和冯玉祥部队的大多数政工人员出席了会议。

邓演达不愧为著名的国民党左派领袖，讲演时慷慨激昂，旗帜鲜明，声情并茂，深刻地揭露了蒋介石背叛革命的种种倒行逆施。最后，他振臂高呼："打倒军阀蒋介石！"他在呼口号时，会场应当群起呼应，可是当时却鸦雀无声。他很不理解，回过头来，看到坐在身旁的冯玉祥脸色不大高兴，感到莫名其妙。

突然，从会场后排右角，走出一个个子不高、操四川口音的人来，他向前迈了几步，高举拳头，连续高呼三声：

"打倒蒋介石！"

"打倒蒋介石！"

"打倒蒋介石！"

真是声振屋瓦，响遏行云，义烈于色，壮士举动。

这时，冯玉祥怒形于色，立即宣布散会。

会后，冯玉祥部队的军法处立即将这个年轻人拘押。

这个年轻人就是共产党人邓小平。

邓小平被拘押后，随时会有生命危险。不少人佩服他坚持真理、刚正不阿的精神，认为他是一个血性男儿，却无力搭救。这时，担任国民革命军第二集团军政治部副部长的共产党员刘伯坚，面见冯玉祥，力陈邓小平在西安中山军事学校办学有方，成绩卓著，恳请保释。几天后，邓小平获得了自由。

6 月 10 日，冯玉祥与汪精卫等武汉国民政府的军政首领在郑州举行"郑州会议"，密谋反共。6 月 20 日至 21 日，冯玉祥又与蒋介石等南京国民党首领在徐州举行"徐州会议"，决定反苏反共，实行宁汉合作。

从 6 月中旬开始，冯玉祥即将他请到西北军中从事政治工作的共产党人全部集中起来，扣押"审查"。尔后，全部"礼送出境"。这时，邓小平由中共组织安排，离开西安前往中共中央所在地武汉，走上新的征程。

大革命失败后，中国共产党和中国人民并没有被吓倒、被征服、被杀绝。他们从地下爬起来，揩干身上的血迹，掩埋好同伴的尸首，又继续战斗了。

从苏联莫斯科中山大学回国后，投身大革命暴风骤雨的这段“激情燃烧的岁月”，给邓小平留下终生难忘的深刻印象。邓小平在离开西安中山军事学校后的日子里，仍然对该校的情况和当年志同道合、并肩战斗的共产党人的情况，表示了极大关注。1928 年 2 月，中共陕西省委书记潘自力等到上海，向中共中央作《陕西党、团组织情况》的报告。周恩来、李维汉及邓小平会见了陕西代表，研究了陕西党组织的工作，指示陕西省委要发动群众，组织武装起义，推翻国民党反动统治。

邓小平满怀深情地询问了西安中山军事学校和一些同志的情况。潘自力随即向邓小平详细汇报了军校后期的情况。邓小平边听边问，当得知军校在冯玉祥“清党”时和国民军联军驻陕总部政治保卫部合编为一个旅转战陕西蓝田、商洛一带山区，兵权仍掌握在共产党组织的手里时，高兴地说：“这是一支具有光荣传统的部队，一定要保存好这支革命力量。”

1928 年 5 月，根据中共中央指示精神，这支部队参加了中共陕西省委领导的著名的渭华起义。后来，渭华起义虽然在国民党军队重兵“围剿”下失败了，但烈士的鲜血哺育了陕西革命的一代精英，为创建红二十六军、红二十七军和陕甘边、陕北革命根据地锻炼了干部，积累了丰富的经验，造就了刘志丹、谢子长等一大批红军将领。

1988 年是渭华起义 60 周年，邓小平怀着对曾经朝夕相处过的共产党人、革命先烈和西安中山军事学校师生的无限深情，挥毫泼墨，题写了“渭华起义烈士永垂不朽”10 个大字，以志纪念。

第三章

“我们在上海做秘密工作……那是吊起脑袋在干革命”

1984 年 10 月 22 日，80 岁高龄的邓小平在中共中央顾问委员会讲话，谈到选拔青年干部的重要性时，十分风趣地说：“1927 年底我第一次当中央秘书长时 23 岁，也是大官啦。啥也不懂，也可以呀！”

1927 年 7 月，邓小平到武汉的中共中央报到后，被分配担任中央秘书。主要工作任务是：主管中央文件、交通、机要等事务，在中央的重要会议上做记录和起草一些中央文件。

7 月 12 日，根据共产国际执行委员会指示，中共中央进行改组，由张国焘、李维汉、周恩来、李立三、张太雷组成中央临时常务委员会，主持中央工作。陈独秀从此离开中共中央最高领导岗位。

7 月 15 日，汪精卫在武汉发动反革命政变，白色恐怖笼罩武汉三镇。中国共产党被迫转入地下。从这时起，为了适应秘密工作需要，邓小平的名字由原来的邓希贤，改为邓小平。

八一南昌起义，打响武装反抗国民党反动派的第一枪。8 月，为了挽救中国革命，重新聚集被打散了的党的队伍，明确大革命失败后中国革命面临的形势、前途和任务，在共产国际的帮助下，中共中央决定召开一次紧急会议。

邓小平作为中央工作人员，负责筹备中共中央决定召开的这次紧急会议，即“八七”会议。“八七”会议的会址选在位于武汉市汉口中心地段的俄租界三教街 41 号（现为鄱阳街 139 号）的一栋三层楼的公寓里。

8 月 3 日夜，邓小平被交通员秘密地带到设在汉口俄租界三教街的这幢西式公寓的二楼。作为中共中央秘书，邓小平提前 3 天来到“八七”会议会场，具体负责会议的组织工作。

会场为两个相连的房间，还有一间侧房做厨房用。这里原来是武汉国民政府从苏联政府聘请的农民问题顾问洛卓莫夫的宿舍。汪精卫发动“七一五”政变后，洛卓莫夫已在20多天前被武汉国民政府驱逐回国。

在这套设备简陋的房子里，邓小平工作了6天。他和战友们夜以继日、紧张地工作，安排各项具体的会务工作。盛夏的武汉，是全国有名的“火炉”。为了保密，房子一天到晚关着门窗，屋子里闷热得像蒸笼一般。邓小平与陆续前来参加会议的一二十名中央委员和代表们就在这样的环境中，等待着中央紧急会议的召开。大家困了就席地而卧，饿了便就着开水吃点干粮。为了中国革命的胜利，大家同甘共苦，患难与共，毫无怨言。

经过中共中央和会议工作人员的紧张筹备，1927年8月7日，中共中央紧急会议——“八七”会议在汉口召开。出席会议的有中央委员10人，候补中央委员3人，还有中央监察委员，中央军委、共青团中央、湖南、湖北的代表8人。共产国际代表和中央秘书邓小平列席会议。由于出席的中央委员不足半数，加上国民党反动派到处搜捕，环境十分险恶，这次会议只紧张地开了1天。

瞿秋白主持会议，李维汉任执行主席。邓小平负责会议记录。共产国际代表罗明纳兹首先作长篇报告，指出召开紧急会议的重要性和迫切性，说明需要讨论通过的告全党党员书草案内容。瞿秋白作报告，分析国民党反动派背叛革命后的形势，提出新形势下党的基本任务。

“八七”会议对两个报告进行了热烈讨论，尖锐地批判了陈独秀的右倾错误。毛泽东、邓中夏、蔡和森、罗亦农、任弼时等同志先后发言，严厉批判陈独秀的右倾错误，提出土地革命和武装斗争等问题，总结了大革命失败的经验教训。

毛泽东在发言中提出了枪杆子里面出政权的重要思想，指出：今后党的“上级机关应尽心听下级的报告”，“要非常注意军事，须知政权是由枪杆子中取得的”。

会议通过《中国共产党中央执行委员会告全党党员书》《最近农民斗争的议决案》《最近职工运动议决案》和《党的组织问题议决案》。这些决议和告全党党员书，在中国革命的危急关头，坚决地纠正和结束了陈独秀的右倾机会主义错误，总结了大革命失败的沉痛教训，确定了土地革命和武装反抗国民党反动派屠杀政策的总方针，并把发动农民举行秋收起义作为当前的主要任务。

这一切对动员、鼓舞全党和全国人民在革命面临失败的形势下继续坚持革命斗争，起了重大的作用。

“八七”会议选出由瞿秋白、李维汉、苏兆征等组成的临时中央政治局，执行中国共产党中央委员会的一切职责。“八七”会议在中国革命的危急关头，挽救了革命，挽救了党，为全体党员和革命人民指明了前进方向，是中国共产党历史上的一次重要会议。它作为中国革命由大革命失败到土地革命战争兴起的历史性转变的重要标志而永载史册。

“八七”会议能够在白色恐怖笼罩下的武汉顺利举行，负责会务工作的邓小平功不可没。他从会议筹备、会场安排、会议记录，到会议代表的迎接和送别，都付出了艰辛的劳动。这是邓小平第一次参加中国共产党历史转折关头举行的重要会议，给他留下了不可磨灭的深刻印象。

20 世纪 70 年代的“文化大革命”中，邓小平在遭到贬谪的岁月，于 1972 年 9 月 22 日，在写给中央办公厅的一份材料中，清晰地回忆了“八七”会议的情况：“毛主席是参加了的。还有瞿秋白、罗亦农、李维汉等人，邓中夏似乎也参加了……八七会议后参加政治局工作的有瞿秋白、罗亦农、李维汉、周恩来、张太雷等人。”同时，邓小平还写道：“写的八七会议简单回忆，如有必要，请转有关询问单位。”

邓小平恢复工作后，得知武汉市有几位同志正在北京征集有关“八七”会议的资料时，非常支持，委托在武汉工作的弟弟邓垦捎去他对“八七”会议的回忆材料和对恢复“八七”会议会址的意见。邓小平指出：“搞这个纪念馆，就是进行革命传统教育，主要是会议解决了什么问题，完成了什么历史任务，起了什么作用……要体现当时艰苦奋斗的精神。”

1980 年 5 月 20 日，邓小平为“八七”会议纪念馆亲笔题写“八七会议会址”。

历史发展到 21 世纪，中共中央文献研究室在收集原始资料的基础上，撰写《邓小平年谱》。这就需要对邓小平记录的“八七会议记录”进行甄别。有关方面通过仔细辨认和鉴别，确认“八七会议记录”是邓小平的手迹。怎么确定的呢？当年邓小平有很多记录稿，特别是“红七军工作报告”是邓小平起草的，这一点确凿无疑。将“八七会议记录”与“红七军工作报告”加以对照，两个文件的笔迹完全一样，这就确定了“八七会议记录”是邓小平记录的。

1927 年 9 月底到 10 月初，中共中央领导机关陆续迁往上海，以上海为党中央所在地统一领导全国革命斗争。11 月 9 日至 10 日，中共中央临时政治局在瞿秋白主持下，在上海召开扩大会议，原则上通过了《中国现状与共产党的任务决议案》等文件，并增选周恩来、罗亦农为中央临时政治局常委。邓小平作为中央工作人员，参与会议的筹备工作。

同年 12 月，23 岁的邓小平被任命为中共中央秘书长。中共中央从武汉迁到上海之后，为了秘密工作的需要，中央领导同志之间互不知道其他人的住处。凡是负责同志要到哪个地方去，可以到哪个地方去，不可以到哪个地方去，都要组织统一决定。因为地下状态的秘密工作，必须慎之又慎，最怕发生问题后受到牵连，造成其他同志和组织的无谓损失。

所以，年轻的中共中央秘书长邓小平肩负着重要的责任。他不仅掌握着所有中央负责同志和各处中央秘密机关的地址，而且要经常往来于各个秘密机关之间，接待来自各地的秘密交通员，处理中共地方组织上报的文件和情报，传达中共中央的指示。稍有不慎，不仅自己会有生命危险，更会危及中央机关和各级组织的安全。

因此，邓小平时刻保持高度警惕，一举一动都十分小心，一言一行都非常谨慎，就连穿着也特别注意。到上海的外国租界去的时候，就穿资本家的缎子袍子，穿马褂；到一般平民住的地方去，就穿工人服装，尽量不引人注意。

平时，邓小平的主要工作是协助中央临时政治局常委周恩来等“八七”会议后新选举出来的中央领导同志处理中央日常工作。同时，具体负责管理中央机关的文件、机要、交通、财务、各种会议安排等工作。

当时，中国革命处于低潮。革命低潮时期的路线、方针、政策和各个方面的工作，都应适应革命低潮的需要。发动群众，恢复组织，积蓄力量，以待时机，准备迎接革命高潮时期的到来。通过参与中央的会议和阅读各级地方组织的报告，邓小平认识到，大革命失败后，国内政治形势已经发生巨大逆转，国民党的势力大大超过了共产党领导的有组织的革命力量。在这种形势下，坚持

“城市中心论”，把城市工人运动的兴起看作新的革命高潮到来的决定条件的道路是走不通的。

当时的中共中央机关工作人员朱端绶曾对邓小平的女儿毛毛（邓榕）回忆说：“我们的机关在公共租界，我们这个机关一直没有被破坏，直到1931年顾顺章叛变，我和熊老板才撤离。你爸爸是中央秘书长，经常来我们这个机关，来了待半天就走，有时只待一两个钟头，办完事就走。中央政治局和政治局常委的会议都是在我们这个机关开。你爸爸管开会的议程，头一次开会定好下次开会的时间。常委会人少，在一间屋子里开。政治局扩大会人多，有时两间屋子一起开。你爸爸常在会上发言。有一次他的发言我记得最清楚，就是李立三主张先取得一省数省的胜利，你爸爸反对，说国民党有几百万军队，我们刚刚组织起来，没有武装，土枪土炮的怎么打得赢？当时的书记是向忠发，一点本事也没有，你爸爸和周恩来同志他们，到过法国和苏联，知道的东西多。”①

在上海，邓小平主持中共中央政治局秘书处的工作。上海石门一路的柏德里，是中央政治局秘书处的机关办公地。邓小平和周恩来一起在这里办公，接待同志，部署工作。

1928年4月，中共中央决定，在莫斯科召开中共六大。中共中央政治局常委决定，瞿秋白、周恩来前往苏联负责筹备中共六大，留在国内的李维汉、任弼时、邓小平等负责留守中央，领导国内的革命斗争。瞿秋白、周恩来在赴苏联以前，与李维汉、任弼时、邓小平等共同研究了国内的工作部署。李维汉曾回忆说：1928年中国共产党在莫斯科召开六大，“我和弼时受命留守中央，中央秘书长是邓小平，从1928年4月开始到同年9月新中央负责人回来的时间”。“当时，每天上午9时，我、弼时和小平碰头处理日常事务。”

在此期间，发生了中共中央临时政治局常委罗亦农在上海租界被捕事件。这是罗亦农的秘书霍家新与其夫人贺芝华（贺稚华、贺治华）策划后，向租界巡捕房告的密。当时，霍家新因为沉溺于资产阶级生活方式，不遵守党内秘密工作纪律，多次遭到罗亦农批评，心怀不满。霍家新与贺芝华商量，从事革

① 毛毛（邓榕）：《我的父亲邓小平》上卷，中央文献出版社1993年版，第172页。

命工作太苦，自己掌握着大量共产党机密，可以与租界巡捕房接洽，要求对方出高价。于是，他们与租界巡捕房一位帮办交涉，要求用他们掌握的共产党员名单和地址，换取出国、美元和护照，租界巡捕房求之不得。就这样，霍家新与贺芝华首先出卖了罗亦农的地址，罗亦农随即被捕，宁死不屈，在国民党上海龙华警备司令部英勇牺牲。

罗亦农被捕、就义后，烈士的鲜血不能白流。中共组织决定严惩叛徒。

当时的中共中央领导成员李维汉与邓小平作了详细研究和严密部署。

对此，李维汉回忆说：

他（罗亦农）的被捕主要是贺稚华（贺芝华、贺治华）出卖的。贺稚华夫妇原来在瞿秋白那儿住机关，瞿秋白住在楼上，他们住在楼下，伪装成二房东，晚上两人总是吵得很厉害，这样就把他们调到新闻路看机关了。新闻路机关弄堂外面就有巡捕，后来查清楚，贺稚华早就和巡捕房联系，预先作了布置，当时听说贺稚华出卖罗亦农的代价是3000美金和送他们出国。罗亦农去后，贺稚华就以打开水为名，叫她丈夫何家兴（霍家新）报告了巡捕，巡捕就打电话给巡捕房，说罗亦农来了。何家兴回来后就躲了起来，贺稚华在楼上。后来，来了两个懂德文的巡捕，贺稚华在德国住过，懂德文，就用德文和他们打招呼说话。巡捕当场捕走了罗亦农和山东省委书记吴××。贺稚华、何家兴没有被捕走，抽屉中党的文件也没有被抄走。后来特科的同志到他们那儿去，贺稚华说，来的巡捕懂德文，我骗他们说，我们是搞翻译的，那些材料是我们的译稿，用来卖钱的，德国人不懂中文，我就这样把他们敷衍过去了，所以没有被捕。其实，当时我们已经通过内线知道是她告的密，但装作不知道。以后，我和小平同志作出决定，要把他们干掉。在秘书处楼上我和特科同志接了头，作了布置。为了使贺稚华、何家兴相信我们对他们没有怀疑，我派人告诉他们，新闻路不能住了，要他们先搬个地方，搬到南京路去暂住。南京路上有许多大铺子，有的底下两个大铺面中间还有个小号子，楼梯上去，上面是相通的，有几个后门。我们就给他们找了这么个地方，一个小楼梯上去，上面是个客栈。我约他们在那儿见面。去之前特科作了布置，在楼上派了人，街上也派了人，万一有事，可以掩护我从后面跑掉。我到那儿，他们已经住下了，住的地方很阔气，有个大客厅。见面后我说了些应付的话，说你们受惊了，还是要躲一下，另外找个房子住，要他们在搬家后把地址告诉某某同志，还给了他们一些钱。因为是我亲自去的，他们就相信组织上没有怀疑他们，所以搬家后就把地址通知了某某同志，而这个人就是特科的人。

罗亦农被捕后，我们曾布置在上海到南京的火车上抢救，但这个计划未能实现，不久罗亦农就牺牲了。

罗亦农牺牲后，特科派人去惩治叛徒。当场把何家兴打死，贺稚华受了伤。国民党特务把她转移到医院中去治疗。我们布置人准备在医院把她打死，但特务在医院中防范得很严，没有办法下手。

“文化大革命”初，“造反派”怀疑罗亦农的牺牲是我设的圈套，是我的一个阴谋，要我交代，我把过程都讲了，以后没有再追问过。但他们进行了调查，后来告诉我贺稚华还活着。①

邓小平在上海中共中央机关工作期间，第一次收获了青春的爱情，建立了幸福的家庭，也经历了失去妻子的痛苦。邓小平任中央秘书长后，与莫斯科中山大学同学、中央机关工作人员张锡瑗在上海相遇，在工作中相知，在暴风骤雨的革命中相恋。1928 年，经过中共组织批准，24 岁的邓小平与 21 岁的张锡瑗正式结婚。一天，中央机关的同志们在上海一家四川餐馆里参加了邓小平和张锡瑗的革命化婚礼。婚礼上，大家借机热闹了一番。当时在中央机关工作的一位老人回忆说：我记得是三桌酒，在中央工作的人，无论领导人或者普通工作人员都来了。我了解了一下，这个宴会钱是邓小平自己出的。大家吃完之后，好像菜已经没了，大家还有兴趣再吃，邓小平另外又叫来菜，让大家吃。

邓小平晚年回忆说，张锡瑗是少有的漂亮。②

据老同志回忆，张锡瑗个子不高，平时一身旗袍，短发，高跟鞋，一口纯正的北京话，面目清秀，温柔大方，活泼爽快，为人热情。她与邓小平感情很

---

① 金再及整理:《李维汉等回忆罗亦农》,《百年潮》2002 年第 6 期。

② 毛毛(邓榕):《我的父亲邓小平》上卷,中央文献出版社 1993 年版,第 185 页。

好，两个人在一起时，经常有说有笑。在白色恐怖的上海，两个青年革命者过着富有战斗激情的青春生活，度过了一段美好的时光。他们很快有了爱情的果实。然而，1930 年 1 月，张锡瑗在生下孩子后，因病去世。

现在，在上海龙华革命烈士公墓，可以看到张锡瑗留下的那张永远定格在 20 岁时的青春焕发的美丽照片。墓碑上还有关于张锡瑗生平的简单介绍：张锡瑗，出生在北京附近的良乡，曾就读于直隶第二女子师范学校，十七八岁时参加学潮并加入青年团。1925 年到北京，在中共北方领导人李大钊等领导下，参加革命活动。表现突出，加入中国共产党。不久，被选送到莫斯科中山大学学习……

对于邓小平在上海中共中央机关的工作情况和邓小平与周恩来的关系，他的儿子邓朴方较为了解。邓朴方在《二十世纪真正的知己》中写到：

周恩来与邓小平都具有机敏灵活和细密果断的个性，所以党中央在上海的日子里，尽管国民党警车嘶鸣，特务满街，共产党内也经常出现叛徒，他们虽多次历险，却从未被捕过。1927 年底，父亲就跟着中央搬到了上海，做了中央秘书长。到了 1928 年初，他（周恩来）就做了中央组织局书记。这样，父亲和他又有一个非常长的时间，大概一年半的时间朝夕相处。周恩来作为中央组织局的书记，负责中央的具体事务，中央有什么大事都向他请示。父亲作为中央秘书长，处理的也是日常工作，在当时的中央机关里，几乎父亲和他是天天去，周恩来处理大事，父亲处理机关的具体事务。还有就是政治局开会的一个地方，是熊老板、朱端绶（解放以后大家都叫她老板娘）他们夫妇两个的住地，是政治局开会的地方。开政治局的会议父亲列席，也有发言权，在会上偶尔发言，父亲不是说话很多的。他们在一块共同生活，共同战斗，父亲和他（周恩来）还有半年多的时间住在一起，他（周恩来）和邓妈妈住楼上，父亲那时候已经结婚了，和张锡瑗妈妈住在楼下。解放以后蔡妈妈还说：那时候哇，经常听到楼下高高兴兴的。后来我妹妹就问父亲：那时候老听到你们那么欢笑。父亲说："那时候我们年轻嘛，当然高兴了。"

父亲和张锡瑗妈妈是在 1928 年 4 月结婚的，在婚礼上，周恩来、邓妈妈，还有其他人都参加了。当时正是白色恐怖，国民党对我们的中央也是下力气来破坏，非常艰难。父亲曾经说过，他有一次就非常危险，一个叫何家兴（霍家新）的叛变，也是在1928年，叛变了以后，他去何家兴那儿，一敲门听得声音不对，马上离开，避免了被捕。这个时候需要机智灵活，需要果断。周恩来也是，在这么艰难的条件下，就没有被捕过。

在上海的时候，他们都是地下工作，用各种身份掩护。父亲做过古董店的老板，老板娘朱妈妈就讲，那时候都是戴礼帽，穿长袍，女的要穿旗袍，装作有钱人的样子。做地下工作的，还有其他一些同志，过去陈赓在的时候，说他们怎么做特科，这都是上海中央当时的情况。

父亲和周恩来当时就这样，朝夕相处，几乎天天共同处理日常事务，为时有一年半，到了1929年的七八月间，父亲被派到广西，就算结束了这一段交往。后来1930年父亲又回到了上海，这时候张锡瑗妈妈去世，难产死了，去世时邓妈妈一块儿去送过葬。也就是在1930年这个年代，顾顺章叛变了，向忠发叛变了。这时候中央就撤离，熊老板的那个点才撤。后来父亲就要求到苏区工作，最后把父亲派到苏区去。那个时候生活环境特别残酷，牺牲的人也多，叛变的人也多。

邓小平的一生，经历了无数次的惊涛骇浪。在上海从事地下工作时期遇到的两次危险经历使他终生难忘。他曾多次回忆说：

我们在上海作秘密工作，非常的艰苦，那是吊起脑袋在干革命。我们没照过相，连电影院也没去过。我在军队那么多年没有负过伤，地下工作没有被捕过，这种情况是很少有的。但危险经过好几次。最大的危险有两次。

一次是何家兴（霍家新）叛变，出卖罗亦农。我去和罗亦农接头，办完事，我刚从后门出去，前门巡捕就进来，罗亦农被捕。我出门后看见前门特科一个扮成擦鞋子的用手悄悄一指，就知道出事了。就差不到一分钟的时间。后来罗亦农被枪毙了。

还有一次，我同周总理、邓大姐、张锡瑗住在一个房子里，那时我们特科的工作好，得知巡捕发现了周（恩来）住在什么地方，要来搜查，他们通知了周恩来，当时在家的同志就赶紧搬了。但我当时不在，没有接到通知，不晓得。里面巡捕正在搜查，我去敲门，幸好我们特科有个内线在里面，答应了一声要来开门。我一听声音不对，赶快就走，没有出事故。以后半年的时间，我们连那个弄堂都不敢走。

这是我遇到的最大的两次危险。那个时候很危险啊！半分钟都差不得！①

对于上海白色恐怖严重的情况，邓小平的胞弟邓垦有着切身的体会："我到上海去求学。临走的时候我父亲要求我，说你到上海去找找你哥哥。我到了上海就找吧。那儿情况很不熟悉，语言也不通，熟人也不多，找来找去没着落，结果我到当时的《时事新报》登了个寻人启事，就讲：邓希贤兄，我现在已到了上海，住到什么地方，希望你见报以后来找我。因为那时候，国民党特务用这种方法抓人的也有，登报用亲戚名义，结果你去找会碰到特务。后来据他们讲，他们还化装了之后，到我登报的那地方来了解，看有没有几个四川人在那里读书，其中有没有一个叫邓先修。有一天下午，我们四个青年人，都是四川我们的同乡、同学，正在一个小房子里聊天，突然之间进来一个人敲门，就问你们这儿有没有一个邓先修。当时我想，我在上海没有熟人啊，怎么会有人找我，一下子想到了我登的报，一看这个面孔还有印象，因为他走的时候我只有七八岁，隔了13年了，变化很大，还有点印象。我就看出来了，我说我就是邓先修。他说：好好好，你登了个报我们知道了。你收拾收拾跟我走，马上跟我走。之后他简单地问了一下家庭情况，那时候我母亲已经去世了，我父亲还在。简单地说明一下，我这次到上海来，是来求学的。他说：不要多说了，其他的事情以后再说，现在你赶快回去，立刻搬家，越快越好，不仅你自己要搬，而且你那三个同学都要搬，全部离开这个地方。"

---

① 毛毛（邓榕）：《我的父亲邓小平》上卷，中央文献出版社1993年版，第193～194页。

第四章

奔走南方，“于无声处听惊雷”

1928 年夏天，中国共产党在苏联莫斯科召开了第六次全国代表大会。大会通过的《政治决议案》等文件，指出中国的社会性质仍然是半殖民地半封建社会，“中国革命现在阶段的性质，是资产阶级民主革命”，当前的政治形势是处在两个革命高潮之间，党的总任务不是进攻，而是争取群众，准备暴动。大会制定了反对帝国主义和封建主义、实行土地革命、建立工农民主专政的革命纲领，并批判了“左”、右倾机会主义，特别是盲动主义的错误。大会选举了中国共产党第六届中央委员会。

根据中共六大制定的路线，中共中央于 1929 年 7 月决定派邓小平为中央代表，离开中央机关，以中央代表身份，化名邓斌，经中国香港、越南，前往中国广西，与张云逸等共产党人一起，领导广西中共组织和各族人民群众，发动武装起义，建立红军和革命根据地。

当时，广西的军政大权为地方实力派俞作柏和李明瑞所掌握。1929 年 6 月，蒋介石在打败桂系军阀之后，任命原桂系将领俞作柏为广西省政府主席、李明瑞为广西编遣特派员（后改为第四编遣分区主任）。俞作柏和李明瑞早在第一次国内革命战争时期就拥护中国共产党的主张，以后也一直与中共保持着一定的联系。

1929 年 7 月，俞作柏、李明瑞酝酿反对蒋介石。他们要求中共派干部到广西的军政机关工作。中共中央早已有利用蒋介石与桂系矛盾发展广西革命工作的计划，遂利用这一有利时机，先后从中共中央和广东省委选派了大批干部，通过各种渠道，让他们进入广西的政府机关和军队，开展工作。

邓小平就在这时被任命为中共中央代表，前往广西与俞作柏、李明瑞接洽，开展统一战线工作；同时，领导广西中共组织的全盘工作，准备发动武装起义。

这是邓小平首次独当一面、独立地领导一个大的战略区域全盘工作的开始。

邓小平接受中共中央交给的任务以后，由龚饮冰陪同，从上海到香港，听取了中共广东省委军委书记聂荣臻对广西情况的介绍（当时中共广西组织属于中共广东省委领导），然后到达南宁。当时，中共虽然可以在南宁半公开活动，但中共组织是秘密的，中共党员之间只能单线联系。邓小平中央代表的身份，党内只有少数干部知道，邓小平对中共组织作出的指示，是通过陈豪人等同志传达的，其他党员干部受陈豪人的单线领导。

在邓小平到达南宁的前后，中共中央和广东省委派遣的其他干部也先后进入广西。经俞作柏、李明瑞同意，他们根据中共组织的安排，到广西的军政机关任职。这批共产党人以公开的身份，帮助俞作柏、李明瑞工作，以秘密的身份，从事中共组织交给的工作。张云逸担任了广西教导总队副主任兼警备第四大队大队长，俞作豫担任了警备第五大队大队长，陈豪人担任了广西省政府机要秘书，龚鹤村担任了南宁市警察局局长，袁任远等人或担任教导总队的教官，或在军队中任基层军官。

邓小平到南宁以后，在中共广西组织的帮助下，积极对俞作柏、李明瑞开展工作，收到了很好的效果，为开展广西的革命工作创造了有利的条件。当他得知广西的监狱中还关押着一批“四一二”反革命政变后被捕的中共干部时，即通过关系向俞作柏、李明瑞提议，释放这批干部并加以任用。俞作柏表示同意，下令将被关押的共产党员、共青团员和进步人士统统释放，并让他们到政府机关中任职。这对广西中共组织的恢复和发展，发挥了重要作用。

邓小平还提议，清除各级国民党党部中的蒋、桂势力，换上拥护广西新政府的人。俞作柏即以省政府主席的名义，通令解散国民党各级党部，并对其中的“清党委员”和其他反动分子加以逮捕，此举沉重打击了广西的反动势力。

经过中共方面的推荐，俞作柏、李明瑞还任用了一批共产党员、共青团员和进步人士担任县长、公安局局长或省政府的科长等职务。在邓小平和中共组织的推动下，俞作柏、李明瑞开放了工农运动，支持恢复工会，成立农会，武装左江、右江的农民自卫军，并且还给韦拔群的东凤农军发了100多支步枪，组成1营农军，在南宁进行训练。中共组织以公开和半公开的方式，在广西得到恢复和发展。

邓小平在工作中，极为重视掌握武装。他把掌握和建立革命武装力量，作为在广西准备武装起义、创建革命根据地的一个关键问题，要求一定要抓紧抓好，多次指示张云逸、俞作豫在教导总队、警备第四大队和第五大队中，抓紧开展党的工作，彻底改造部队，使这几支部队牢牢掌握在中国共产党手中。

为了加强中国共产党在教导总队的力量，邓小平把中央和广东省委派来的干部中的大部分，分配到了教导总队。张云逸根据邓小平的指示，将 3 个营的营长都换成了中共派去的干部，9 个连的干部都换成了共产党员。同时，在各个连队建立起中共的秘密组织，大力发展共产党员，两个多月内吸收了 300 多名学员入党，把教导总队切实掌握到了中国共产党的手中。

广西警备第四大队由共产党人张云逸任大队长，这支队伍原来的成分却极为庞杂。邓小平指示张云逸等同志：改造这支队伍一定要彻底，先发动群众撤换营连干部，建立和发展党组织，再改造部队的成分。张云逸遂从教导总队选调了 100 多名党员和干部，分别到警备第四大队担任营、连、排干部，在连队建立了中共秘密组织，并从社会上招收基本政治素质较好的工人、农民和进步学生 1000 多人充实部队，把一些成分不好、表现差的官兵或调去教导总队学习，或调到别的部队中去。警备第四大队经过这一番脱胎换骨的改造，面貌和性质都发生了根本性的变化，成为中共掌握下的一支重要力量。

共产党员俞作豫担任大队长的警备第五大队，虽然也根据邓小平彻底改造部队的指示做了一定的工作，但由于俞作豫早年曾在该部任过职，对旧部属没有下决心撤换，改造部队的工作做得不够彻底。

1929 年六七月间，中共六届二中全会在上海举行。会议检查总结了六大以来的工作，确定继续深入开展土地革命，开展游击战争，扩大苏区，建立红军，纠正非无产阶级意识，加强公开工作和秘密工作等多项任务。为了全面传达贯彻中共六大和六届二中全会精神，邓小平指示中共广西组织于 9 月 10 日至 14 日，在南宁市津头村秘密召开了中国共产党广西省第一次代表大会。

这次大会根据中共六大和六届二中全会精神，认真总结了广西革命斗争中的经验教训，确定了新形势下广西党的政治任务和斗争策略，选举产生了广西省党的新的领导机构——中共广西特委，通过了《广西党的政治任务决议案》等文件，提出了“土地革命”“建立工农武装”“准备武装暴动夺取政权”等任务。这时，广西全省已健全的县委和特别支部有 9 个，正在恢复和健全的县委有 5 个。在南宁市已建立了轮船、汽车、机关等 10 个支部。全省共有共产党员 420 人，共青团员 130 人。广西全省的革命形势正在稳步地向前发展。

不久，广西政局发生急剧变化。9 月底，俞作柏、李明瑞在南宁通电反对蒋介石，10 月 1 日，俞、李在南宁召开大会，誓师反蒋，宣布由俞作柏任讨蒋南路军总司令，李明瑞任副总司令，出发讨蒋。10 月初，俞作柏、李明瑞的行动因部下叛变而失败。俞作柏出走香港，李明瑞率警备第五大队撤往左江的九龙。

在此情况下，邓小平和广西特委即率领由中共掌握的广西警备第四大队、教导总队等武装将近 2000 人，由南宁撤向右江，同右江工农运动结合，准备举行武装起义，建立红军和苏维埃政权。在到达百色、恩隆（今田东县）地区后，根据邓小平关于智取与强攻并用的主张，起义部队于 10 月 28 日解除了驻在这个地区的警备第三大队的武装，共俘敌 1000 多人，缴枪 700 多支。接着收缴了右江各县民团的武器，迅速控制了右江各县。

百色起义的序幕，就此拉开。

11 月初，前往上海向中共中央汇报工作、请示行动方针的龚饮冰来到百色，传达中共中央关于同意在左、右江地区举行武装起义及创建红军和革命根据地的指示精神。

中共中央批准建立中共广西前敌委员会，统一对中共组织和红军的指挥。

中共广西前敌委员会由 7 人组成，邓小平、陈豪人、张云逸 3 人为常委，邓小平为书记。

中共中央颁发了中国工农红军第七军、第八军的番号，任命了两军的领导干部。

百色起义前夕，邓小平召开前委会议，对起义工作进一步研究，会议决定：

1. 按红军建制改编部队为 3 个纵队。

2. 拟定政纲，印刷宣传品，向群众开展宣传。

3. 掌握动态，控制局势。

4. 决定在广州起义两周年纪念日即 12 月 11 日举行百色起义。

会后，龚饮冰被派往上海，向中共中央汇报百色起义行动计划。

这时，中共中央电召邓小平回上海。邓小平布置了右江地区起义工作后，于 11 月上旬启程去上海向中共中央汇报工作。途中先到龙州，又布置了左江地区的起义工作。

经过邓小平的细致工作，李明瑞毅然同意参加起义，随后加入中国共产党。

12 月上旬，邓小平离开龙州，中旬到达香港，参加中央军委召开的“对广西红军工作布置的讨论”，并作“补充报告”。邓小平着重讲了以下几个方面的问题：

关于百色起义问题。邓小平指出：“到南宁以后，我们就决定，在短时间要将我们已有工作的部队发动游击战争……但是我们为什么不在南宁动，是因为我们的力量还未准备好，且群众还没有动起来……关于暴动的问题，我们很久就注意到了，但是得到中央的指示以后使我们更坚决，不过必（须）要有准备地工作，因此时间上并不能机械地确定，直到以后军队中我们已有强固的组织，才决定广暴纪念日动。”

关于龙州起义问题。邓小平指出：“这次我来经过龙州驻了两天，会见了△△△等二十余位同志。经我告诉他们发动的策略以后，他们都表示接受，已准备发动。并已共同议定发动前的准备以及发动后的工作计划大纲，内容大致与右江相同。主要的发动群众斗争，与解决动摇不坚决的旧军官。”

关于百色、龙州起义后的发展方向问题。邓小平指出：“发展的方向是左右江取得联系，以推向湘粤边发展，以造成与朱（德）、毛（泽东）、彭（德怀）、黄（公略）会合的前途。”

1929 年 12 月 11 日，按照预定计划，在邓小平、张云逸、雷经天、韦拔群等共产党人的领导下，由中国共产党掌握的广西警备第四大队、教导总队和右江农民在百色正式宣布起义，建立中国工农红军第七军，张云逸任军长，邓小平任中共前敌委员会书记兼红七军政治委员。红七军下辖 3 个纵队、2800 余人。

接着，在恩隆县（今田东县）平马镇召开右江第一届工农兵代表会议，成立右江苏维埃政府，雷经天任主席。此后，右江地区开始分配土地，陆续建立百色、恩隆、隆安、东兰、凤山等十几个县的苏维埃政权，各县农军改编为赤卫军。经过这些工作，右江革命根据地初步建成。

百色起义因为有中共中央的具体指导，有中央代表邓小平和一大批赴广西的共产党人的周密部署，有广西中共组织建立的良好基础，并掌握了一部分正规武装力量，同时还有广西各族人民群众的大力支持，因此迅速取得胜利。

1930 年 1 月，邓小平回到上海，向中共中央汇报在广西从事统一战线、组织农民运动、发动武装起义、建立红七军的工作情况。中共中央主办的《军事通讯》1930 年第 2 期刊载的《对广西红军工作布置的讨论》，详细反映了这次汇报和讨论的情况。这一期《军事通讯》的编者按语中写道：“因为广西这个转变是在全国范围内最有组织最有意识的一次兵变，站在目前应扩大全国兵变的意义上，发表这个记录，把这次兵变所得的教训和经验传播到各地方党部是很重要的。因此我们把这个记录全面发表了。”3 月 2 日，中共中央通过广东省委转给红七军前委一份指示，其中写道：“小平同志来，对于过去广西军中工作及转变情形有详细的报告，除与小平同志详细讨论许多具体问题由他面达外，更有下面的指示——正式批准成立红七军前委，成员有邓小平、陈豪人、张云逸、李谦、韦拔群、雷经天、何世昌，邓小平为书记。同时，正式任命张云逸为红军第七军军长，邓小平为政委。”

邓小平这次到上海汇报工作有一个多月。2 月 7 日，他回到广西龙州。

2 月，邓小平、李明瑞、俞作豫等领导在中国共产党影响下的广西警备第五大队举行龙州起义，成立中国工农红军第八军，俞作豫任军长，邓小平兼任政治委员，李明瑞任红七军、红八军总指挥。随后，成立左江革命委员会。左江革命根据地开始建立。

中国共产党创建的广西右江革命根据地和左江革命根据地，统称为左右江革命根据地。

1929 年年底至 1930 年年初，百色起义和龙州起义取得成功，在中国南方的少数民族地区——广西建立中国工农红军第七军、第八军，左右江地区成为革命根据地，这是中国革命的重大胜利。

不久，红七军、红八军总指挥部决定，集中红军第七、第八两军主力攻打南宁。由上海刚刚回到龙州的邓小平得悉这一情况后，决定停止进攻。红七军未来得及停止进攻，以致连遭失利，被迫退出右江沿岸各城镇，向右江革命根据地中心地区东兰、凤山地区转移。这时，红八军也遭到国民党军队的进攻，大部分受到损失，一部分转移到右江，编入了红七军。

红七军于2月中旬退到东兰、凤山地区后，为避开国民党军队进攻和解决给养问题，军部率第一纵队、第二纵队离开右江革命根据地向东游击，留第三纵队在东兰、凤山地区坚持斗争。4月，红七军主力经河池、思恩、宜北（思、宜两县今合并为环江），进至黔桂边境，4月底攻占贵州南部的榕江县城，毙伤俘敌500余人，缴获一些武器装备，筹得了一批经费。

5月初，红七军主力因面临桂系和黔系敌军夹击的不利形势，即向右江回师。

在红七军主力离开右江期间，留在内线坚持斗争的第三纵队和赤卫军，在韦拔群领导下，积极开展游击战争，使右江革命根据地得到部分恢复。

5月中旬，李明瑞、张云逸率红七军主力从贵州回到河池。邓小平立即赶到河池与他们会面。接着，邓小平召开党员大会，传达中央指示，讨论今后行动问题。会议决定，红七军回师右江一个时期，深入开展右江土地革命及发展、改造红军，总的方向还是迅速向外发展。红七军回师右江后，收复了百色和右江沿岸各县。

此后，红七军在恩隆、奉议、思林、果化一带开展土地革命，整训巩固部队，扩大红军，进行根据地的建设。7月下旬，红七军集中平马，在邓小平和前委领导下，进行了3个月的整训。整训以后，部队政治素质和军事素质都大为提高，增加了兵员，扩建了第四纵队，全军兵强马壮，达到8000多人。

这时，在中共中央领导机关，以中央政治局常委兼中央宣传部部长李立三为代表的“左”倾冒险主义错误占据统治地位。李立三于6月11日主持召开中共中央政治局会议，通过了《新的革命高潮与一省或数省的首先胜利》的决议，对中国革命的形势、性质和任务等问题提出了一整套错误的主张。

根据对中国革命形势和红军力量脱离实际的错误估计，李立三等人又制定了以武汉为中心的全国总暴动和集中全国红军进攻中心城市的冒险计划，不切实际地幻想能够“会师武汉”“饮马长江”。

10月，贯彻李立三“左”倾冒险主义错误的中央代表来到广西，在前委会议上传达《新的革命高潮与一省或数省的首先胜利》的决议，并指令红七军立即出动，离开革命根据地，打下柳州、桂林、广州等大中城市，完成中国南方的革命任务。尽管1930年9月下旬，在中共六届三中全会上，李立三“左”倾冒险主义错误已经被纠正，集中全国红军进攻中心城市的冒险行动亦被停止，但由于路途遥远、通信不畅等，广西的中共组织并不知道。

在会上，根据敌强我弱的实际情况，邓小平等认为红七军要打下这些城市是没有把握的，提出了不同意见。但与会的多数人主张服从中央代表的指示。邓小平只得随军行动。红七军出征后，虽然广大指战员在作战中英勇顽强，前仆后继，但仍然屡遭失利，部队受到很大损失。

1931年1月2日，当红七军进占全州时，邓小平召开了前委会议。

在会上，邓小平提出：

部队在全州休整三天；

改变硬打攻坚战略；

改变单纯军事行动为沿途发动群众。

前委经过讨论，同意邓小平的意见，决定放弃攻打大城市的计划，改变硬打攻坚战略，向湘粤赣边界一带进军，到江西与中央红军会师。

会后，贯彻李立三“左”倾冒险主义错误的中央代表，以向中央汇报工作的名义，离开部队。

为了提高部队战斗力，前委对部队进行了整编。此时，兵力不足4000人。遂按照前委会议精神，向中央革命根据地方向进军。1931年2月，红七军占领江西崇义县城，并与中共赣南行动委员会（即赣南特委）取得了联系。在邓小平把红七军在崇义的工作安排好以后，前委决定派邓小平赴上海向中共中央汇报工作。随后，邓小平前往上海。

红七军进入中央革命根据地后，与红一方面军会师，随后被编入红三军团。红七军的干部和战士，由于受过正规的军事训练和政治教育，在战火中进步很快，表现了英勇顽强、不怕牺牲的精神和娴熟的军事技能，在土地革命战争、抗日战争和解放战争中都作出重要贡献。

第五章

果断纠“左”，平反冤假错案

1931 年 2 月，邓小平从日夜征战的南方回到上海，准备向中共中央汇报发动百色起义、龙州起义，创建红七军、红八军，创建左、右江革命根据地的情况。他根据中共组织的安排，住进了上海老惠中旅馆的一个小房间，撰写了《七军工作报告》，详细汇报了在广西组织武装起义和创建红军的情况，全面总结了广西工作的成功经验和沉痛教训。邓小平在报告中指出：“如果不注意用正确路线来发动群众，群众的情绪是不能保持下去且易走上失败情绪去的。”

特别值得注意的是，邓小平在《七军工作报告》中专门向中共中央报告了自己了解到的“富田事变对赣南的影响”。他根据实际情况写道：“这件事我们到赣南才知道，得到的事实是如此。过去总前委与省行委向来有冲突，如对军阀混战的分析，引敌深入的战术，开除刘士奇等问题，省行委常骂总前委是右倾，总前委常指省行委中有 AB 团的作用，故有富田事件之爆发。爆发的经过是总前委派一团长率一连将省行委、省苏维埃负责人通通捕去，后二十军一团长即率一营去救回，并杀死该团长。省行委负责人回后即公开反毛，当时有一中央巡视员曾批评他们不对。此事传到赣南后，当时赣南行委即在信丰开群众大会反毛。三十五军军委得知此事，指出赣南行委之错误，并将负责人（三人）扣留，后改随军行动，停止活动，并改组赣南临时行委。此事发生后，一般同志特别是干部非常恐慌，人人自危以致不敢开口，特别不敢批评总前委。赣南临时行委对此问题的处置是在中央未解决此问题前，与总前委、省行委均断绝关系。我到后与他们讨论到此问题，批评他们这种脱离组织的解决办法不对，仍须与两方发生固有组织关系，但声明富田事件候中央解决，目前坚决按照中央紧急通告的国际路线（我只看到一个紧急通告）来布置赣南工作，哪方面的指导合乎国际路线就服从哪边的指导。他们同意了这个意见，写信与双方面发生关系，同时指出省行委、赣南行委之严重错误。我对总前委之反 AB 团的方式亦觉有超越组织的错误，这种方法事实上引起了党的恐怖现象，同志不敢说话，另一方面，这会助长 AB 团的发展，如赣南曾发生过 AB 团的分子抓住党来枪毙忠实同志的事实，且在党内恐怖之际给了 AB 团活动之大好机会。但同时我向他们说明，反 AB 团之严重主要应从深入群众斗争的路线中来解决，当然并不是说紧急的处置不能用且必要用。赣南指导机关的同志能力甚弱，需要派一人去作中心，才能将赣南工作创造起来。”

1931 年夏天，邓小平被中共中央派往中央革命根据地工作。中央革命根据地，亦称中央苏区，是土地革命战争时期中国共产党领导的主要革命根据地之一，也是面积最大的一块革命根据地。它位于江西南部和福建西部，主要由赣南、闽西等革命根据地组成。

1931 年 7 月中旬，邓小平正式接到中共中央关于派往中央革命根据地的通知，遂由“中央特委”安排，与女共产党员金维映同行，一起前往江西。当时，为了在严酷的白色恐怖下保卫中共中央机关的安全，开辟从中共中央到各革命根据地的秘密交通线，加强中共中央与各革命根据地的联系，打入国民党特务机关掌握敌人的动向，惩治和打击对革命事业危害特别严重的特务、叛徒，及时营救被敌人逮捕的同志，配合中国工农红军和农村革命根据地的斗争，中共中央政治局常务委员会于 1928 年 11 月 24 日决定，建立中共中央特别委员会——通常简称“中央特委”（亦称“中央特科”）。从上海到中央革命根据地，就有中共中央特别委员会建立的一条秘密交通线。

8 月，在中共中央特别委员会建立的秘密交通线的护送下，邓小平到达中央革命根据地。不久，他担任中共瑞金县委书记。

随着毛泽东领导的中央革命根据地的创建和发展，瑞金逐渐成为中央革命根据地的中心区域。然而，革命道路是不平坦的。20 世纪 30 年代初期，党内错误的“肃反”——肃清“AB 团”运动和肃清“社会民主党”运动，给瑞金的党员、干部和群众带来了极大的灾难，导致瑞金革命形势出现严重危机。

“AB 团”是 1926 年冬北伐军攻克南昌后，蒋介石指使陈果夫授意段锡朋、程天放等人在南昌成立的反革命组织。“AB”是英文“反布尔什维克”

的缩写。其目的是反对共产党、夺取共产党人和国民党左派占优势的国民党江西省党部的领导权。1927年4月2日，共产党领导南昌的群众给予“AB团”严重打击。该反革命组织即行解体。从此，在中国并无“AB团”的活动。但是，从1929年开始，反“AB团”运动却在部分革命根据地和红军中逐渐展开。这场无中生有的“斗争”，是主观臆测和逼、供、信的产物，严重混淆了敌我，造成了许多冤、假、错案。

1930年8月，赣西南特委委派一位特委特派员带一个特务连到瑞金抓“AB团”。特委特派员进驻瑞金后，迅即召开由中共瑞金县委、县苏维埃政府等有关方面负责人参加的会议，宣读赣西南特委关于“肃反”的有关文件，宣布成立以特委特派员为首的瑞金县“肃反委员会”，开展反“AB团”的工作。

“肃反委员会”开始工作后，把一个被瑞金县革命群众抓获、已经在押的反动地主武装石城县靖卫团团长的联络员作为打开瑞金县“AB团”组织的“突破口”，对其进行严刑逼供、诱供。一个地主武装的团丁，哪里知道什么“AB团”，只好按照“肃反委员会”审问人员的诱导，胡咬乱供。

这个团丁首先供出的是一个名叫杨丽春的少先队员。因为他在瑞金县城双清桥被抓获时，是杨丽春负责将他押送到瑞金县苏维埃政府的。一路上多次听到别的少先队员叫杨丽春的名字，便记住了。于是，特委特派员便认定杨丽春是“AB团”分子，用刑逼其供出同伙。在严刑下，杨丽春也只好胡乱招供。

这样，依靠逼、供、信开路，张三供李四，李四供王五，供了同级供上级，供了上级供下级，很快便有党员、干部、革命群众30多人被作为“AB团”分子关押起来，其中有县工人纠察队队长等人。一个月后，28名被定为“AB团”分子的同志，惨遭杀害。就在这场无中生有、乱打乱杀的肃清“AB团”运动愈演愈烈之际，11月3日，因反动地主武装攻占瑞金县城，瑞金县委、瑞金县苏维埃政府撤离县城，特委特派员急忙率特务连离开瑞金，这场乱肃“AB团”的灾难才算结束。

然而，一波刚平一波又起。几个月后，一场比肃“AB团”更为猛烈的肃“社会民主党”运动又波及瑞金。实际上，在中国近现代的政党史上，从来没有过建立“社会民主党”的记载。也就是说，“社会民主党”在中国从未建立过，根本就不存在。1931 年年初，在闽西纪念李卜克内西、卢森堡、列宁的大会上，有战士误喊“社会民主党万岁”等口号，造成了在闽西有反革命组织“社会民主党”存在的说法和不良后果。

本来，此事不难澄清。红军战士绝大多数是青年农民，没有文化，更缺乏关于国际共产主义运动的基本知识，难以区分清楚第二国际与第三国际（共产国际）的本质区别，也不知道李卜克内西、卢森堡先是德国社会民主党和第二国际的左派领袖，以后又成为国际共产主义运动著名人物的历史发展过程。只要让红军中的政治机关多向红军指战员进行一些关于国际共产主义运动历史和现状的教育，即可很好地解决这一问题。

但是，有关方面没有这样做，而是把这一事件作为严重的政治问题来对待。中共福建省委和闽西苏区的领导人认为，这一事件可以证明，在苏区内部存在一个“社会民主党”的反革命派别。2 月 21 日，闽西苏维埃政府发出第 20 号《通告》，指示闽西各级苏维埃政府及肃反委员会，要“在整个反动政党——国际社会民主党没有全盘破获以前，各级政府应集中火力进行这一肃反工作”。

于是，闽西苏区掀起了大规模的“肃清社会民主党”运动。1931 年 3 月，中共闽粤赣边特委（后改为中共闽粤赣临时省委）派李添富到瑞金，担任中共瑞金县委书记。李添富到瑞金上任后，把肃清“社会民主党”作为头等大事来抓。首先改组、充实了瑞金县肃反委员会，并亲自担任肃反委员会主任。随后，召开有全县各区党、团书记以上干部和驻瑞金的红三十五军连以上政治委员参加的联席会议，部署肃清瑞金的“社会民主党”运动。会议期间，李添富不调查、不研究，不听取瑞金广大干部的意见，极为主观武断地认定瑞金有“社会民主党”组织。

一天晚上，李添富毫无根据地宣布原中共瑞金县委书记邓希平、县苏维埃政府主席杨舒翘是瑞金“社会民主党”的首领，予以逮捕关押，弄得瑞金县的干部、党员、群众人人自危。李添富将肃反委员会凌驾于县委、县苏维埃政府之上，对出身不好的党员、干部，有文化的党员、干部或对他的做法持怀疑态度的党员、干部，一概诬为“社会民主党分子”随意逮捕。

用这些方法，李添富硬是在没有“社会民主党”的瑞金，捏造出了一批又一批的“社会民主党”分子。1931 年 7 月，原中共瑞金县委书记邓希平、瑞金县苏维埃政府主席杨舒翘被强加上“社会民主党的瑞金首领”的帽子，惨遭杀害。接着，县苏维埃政府委员谢存信、谢在储、肖豹山先后被杀。

这些优秀的共产党员、领导干部和革命积极分子，没有死在对敌斗争的武装暴动中，没有死在硝烟弥漫的战场上，也没有死在枪林弹雨的冲锋陷阵中，却死在了“左”倾机会主义分子制造的冤、假、错案中。这种沉痛的历史教训，怎能不令人扼腕叹息啊！

“左”倾机会主义分子滥杀无辜，给瑞金的革命事业造成了严重损失，产生了极为恶劣的影响。危害之烈，莫此为甚。在革命历史文献《江西苏区中共省委工作总结报告（续二）》中，有这样的记述：“所以彼时的党团员如果没有上级来人参加，都不敢开会。”凡肃反不坚决的，都“有被扣留的可能，以致造成一切机关革命团体都自由拘留审讯、处决反革命分子，来表示自己忠实于革命，当时造成一种不能相信任何人及谁不能担保谁的倾向”。

在李添富主持的瑞金县肃清“社会民主党”运动搞了两个月之后，不用国民党军队进攻，瑞金的县、区两级党政机构已经全被搞垮了。1931 年 8 月 8 日，中共苏区中央局巡视员霍步青在瑞金实地调查了解了肃“社会民主党”运动造成的恶果后，心情极为沉重地向中央写了《三次战争形势及瑞金党的状况》① 的报告。

霍步青在报告中指出：“瑞金现已全县（除少部分）都成赤色区，但目前党及政权因打社会民主党打垮了，整个党团六百余人现究竟剩下几多人不是，简直不能考查出。现在只有县委三四人（?），区委支部小组都没有了，这样的赤色不是亲在此间看见，说来也不会使人相信的。”“左”倾错误也会断送革命事业，从瑞金肃“社会民主党”的情况可见一斑。

邓小平就是在这种特殊的情况和严峻的形势下，担任中共瑞金县委书记的。1931 年 5 月成立的中共赣东特委，负责领导宁都、瑞金、石城、广昌、宜黄、乐安、南丰等县。特委机关原来设在宁都，8 月 7 日迁至瑞金。中共赣东特委书记谢唯俊与中共苏区中央局巡视员霍步青一起到达瑞金后，很快与刚从上海到瑞

① 《三次战争形势及瑞金党的状况》，载中共江西省委党史资料征集委员会、中共江西省委党史研究室 1991 年编印《江西党史资料》第 19 辑（中央苏区第三次反“围剿”）。

金、由中共中央派赴中央苏区工作的邓小平、金维映及余泽鸿见了面。

大家聚在一起，来不及互致问候，话题便直接转到了如何挽救瑞金的危局上。出于高度的革命责任感，大家为瑞金的严峻局势所震惊，在交谈中认识一致，看法一致，解决问题的意见也十分一致，遂决定推举邓小平任中共瑞金县委书记，并先以赣东特委派往瑞金协助工作的名义进行活动。

诸葛亮在《出师表》中曾写道："先帝创业未半，而中道崩殂。今天下三分，益州疲弊，此诚危急存亡之秋也。"邓小平任中共瑞金县委书记之际，正是瑞金革命事业处于"危急存亡之秋"。

为了共产主义理想，为了中国革命的发展，为了使瑞金形势转危为安，邓小平挺身而出，迎着风浪，开始拨乱反正。他和一些同志一起，首先深入到各区、乡调查研究。

邓小平在调查研究中发现，瑞金作为中央革命根据地中心地区，本来具有雄厚的革命基础和较强的干部队伍，革命形势发展很好。

但是，自从 1931 年 1 月初在闽西革命根据地开始的错误的所谓"肃清社会民主党"运动波及赣南的瑞金后，瑞金深受其害。同年 5 月，掌握"肃反"大权的瑞金县委书记兼肃反委员会主席李添富召开全县党团活动分子会议，部署"肃清社会民主党"运动，先从县区级开始。会后，即把县苏维埃政府、县总工会 80% 的干部抓了起来，严刑逼供。数日后，又把被抓人员中包括原县委书记、县苏维埃政府主席在内的大多数人当作"社会民主党分子"，全部予以处决。

随后，掌握"肃反"大权的瑞金县委书记兼肃反委员会主席李添富公然宣布解散县苏维埃政府和县总工会。后来，"肃清社会民主党"运动又从县级蔓延到区级、乡级。大批根本不知道"社会民主党"为何物的瑞金县、区、乡干部，冤死在这场无中生有的"肃清社会民主党"运动中。"城市、桃阳两区干部被杀"，"全县被杀者在二三千人以上"。一时间，瑞金县冤案迭起，广大干部、群众惊恐不安，革命工作受到严重损害。

听了广大干部、群众的反映，邓小平深切认识到瑞金县问题的严重性。他决心采取果断有力的措施，迅速制止这场不得人心的运动，解瑞金广大干部、群众于倒悬之中。

正确的调查研究，为解决问题奠定了坚实的基础。雷厉风行的作风，是邓小平的独特风格。为立即制止李添富在瑞金县的胡作非为、制止“肃清社会民主党”运动的恶性发展，保护惨遭诬陷的广大党员、干部和群众，在中共赣东特委支持下，邓小平召开全县党员活动分子会议，要求党员、干部在肃“社会民主党”运动中要以事实为依据，严格掌握政策。

9月，邓小平再次召开全县县、区、乡三级干部会议，揭露瑞金在肃“社会民主党”运动中的严重错误。同月底，在县委书记邓小平主持下，瑞金县召开第三次工农兵代表大会，选举产生新的瑞金县苏维埃政府和负责人及瑞金县出席第一次全国苏维埃代表大会代表。

会上，邓小平以中共赣东特委的名义，宣布拘捕李添富，撤销其中共瑞金县委书记、县肃反委员会主任职务；拘捕谢在权，撤销其瑞金县苏维埃政府主席职务，选举黄正任县苏维埃政府主席。接着，大会对李添富、谢在权进行了公开审判，决定对二人予以枪决。同时，邓小平宣布：第一，立即停止杀人。第二，已被供出名字被怀疑是“社会民主党分子”的一律不抓。第三，已被关押在狱的，凡是贫农、中农，一律先放掉，让他们回原地继续参加革命斗争；凡是地主、富农，能罚钱的罚钱，然后放掉，罚不到钱的取保释放。

邓小平的这一有力举措，制止了肃“社会民主党”运动的蔓延，使300多名被关押者免遭斧钺之灾。邓小平在果断纠正肃“社会民主党”运动错误这一非常敏感的问题时，是冒着极大风险的。但他不计个人得失，不随波逐流，以革命大局为重，坚持实事求是，在短时间内使瑞金局势转危为安。

经过邓小平和中共赣东特委卓有成效的努力工作，瑞金为期4个多月的乱肃“社会民主党”运动得以结束，全县局势迅速好转。1932年4月6日《红色中华》第16期刊登的中华苏维埃共和国中央执行委员会《检查瑞金工作后的决议》指出：“在肃反问题上，一般说，对于过去的错误，如随意捕人偏信口供使用肉刑等，已有大的转变……革命秩序相当建立。”

瑞金局势稳定后，邓小平开始认真整顿区、乡两级苏维埃政权。全县各区、乡都先后召开工农兵代表大会，选举新的苏维埃政府领导机构。在普遍整顿的基础上，将大批与群众联系密切的本地干部充实到各级领导岗位上。担任瑞金县苏维埃政府妇女委员会主任的罗志才是童养媳出身，乱肃“社会民主党”时，差点被杀头，邓小平把她从李添富的刀下救了出来。

罗志才后来回忆道：“邓小平同志任职后，很关心干部队伍的成长。他经常指导我的工作。因为我没有文化，是他教我怎样去开好干部会议。有一次，我召开全县妇女生活改善委员会会议，各区的妇女指导员（均为该会委员）都参加。会前，他教我怎样开好这次会议。会议期间，他亲自到会讲话，号召劳动妇女行动起来，团结起来，积极参加革命工作。”

“他说，男同志能办得到的事，女同志也要办到。他还教我们妇女干部如何发动群众，做广泛的宣传鼓动工作，怎样组织洗衣队、担架队等组织。”“小平同志除了在会上作宣传指导外，还经常教导我要学好政治，学好军事技术，亲自教我练习马刀、手枪。我很受感动，表示一定要听邓书记的话，做好工作。在他的言传身教下，我的革命干劲更大了。”

为了培养革命事业急需的大批干部，邓小平还在县区举办干部培训班，并亲自授课。培训班的学员后来大都成为瑞金的革命骨干。由于邓小平的努力，瑞金的苏维埃政权建设取得了令人瞩目的成绩，他在各项工作中的做法成了苏区各县的榜样。

邓小平任瑞金县委书记期间，十分重视妥善解决土地分配问题。他认为，毛泽东制定的“平均分配土地”“抽多补少”“抽肥补瘦”的土地革命政策是完全正确的，应当积极贯彻执行。当时，“左”倾教条主义者提出的“地主不分田”“富农分坏田”等土地政策已经在苏区传达，但邓小平还是宣布必须维护原先的分田结果。对少数没有分田的地方，则发动贫苦农民迅速分配土地。同时特别强调不能侵犯中农利益，也不要过分打击富农，坚持了正确的土地分配原则。

对在瑞金主持工作的这段往事，邓小平充满了自豪感。1992 年的一天，邓小平在全家吃晚饭时，看到一个 6 岁的小孙子狼吞虎咽的吃相，触景生情，感叹说：“我们在瑞金工作的时候，搞土地革命，制定分地的政策。有人说小孩子不应该分地，我就对他们讲，四川俗话说，三岁小子，吃死老子！小孩子吃得也不少呀，因此也应该分地。后来他们接受了我的意见。”

第六章

“开国大典”，红色首都的市委书记

邓小平担任中共瑞金县委书记期间，采取果断措施，坚决制止错误的“肃清社会民主党”运动，深入开展土地革命，各项革命事业深入发展，改变了瑞金县被动的工作局面，使瑞金县的各项工作走上健康发展的轨道，为将瑞金作为中华苏维埃共和国首都创造了重要条件。

1931 年 9 月 28 日，毛泽东、朱德、项英、王稼祥等同志率中央革命根据地党政军的领导机关进驻瑞金县叶坪村。对瑞金，毛泽东并不陌生。两年前毛泽东率领红四军进入瑞金，人民群众奋起响应，使毛泽东为之感动，1929 年 4 月 5 日红四军《前委致中央局的信》中，赞扬“瑞金群众如火如荼地起来欢迎我们，和地主斗争非常勇敢”。毛泽东还向战友们指出：“瑞金是个好地方，一定要把这块革命根据地搞好。”在此前后，毛泽东多次到过瑞金。

毛泽东等党和红军领导人这一次到瑞金后，听取了瑞金县委书记邓小平代表中共瑞金县委所作的详细汇报。这次汇报，给毛泽东等同志留下深刻印象，也为中共苏区中央局把瑞金确定为未来中华苏维埃共和国的红色首都奠定了基础。毛泽东等同志充分肯定了瑞金县工作的突出成绩，对瑞金县委的工作表示满意。

10 月 24 日，中共苏区中央局毛泽东等致电在上海的临时中央，指出：“红军目前急切须休息，须训练，须补充，须筹款，须布置新战场，创造根据地，又因十一月七日召开一苏大会（即中华苏维埃第一次全国代表大会——作者注），中央局不能远离，遂将红军主力分布石城、长汀、于都、会昌四县工作，总部及中央局在瑞金居中指挥。除瑞金全县赤化外，石、汀、于、会四县大部尚是白色，但必是将来新战场，故四县工作还要加紧。”

以后，中共苏区中央局经过认真研究，并反复比较了邻近几个县的政治、军事、经济、地理位置和政治环境，决定把中华苏维埃第一次全国代表大会的会址定在瑞金县叶坪村；同时，确定瑞金县为中华苏维埃共和国首都，瑞金县叶坪村为中华苏维埃共和国临时中央政府的所在地。

毛泽东等领导同志暨中共苏区中央局、红一方面军总司令部进驻瑞金后，为了庆祝红军第三次反“围剿”的胜利，邓小平和瑞金县委在瑞金县城组织了5万人参加的祝捷大会。当日，全城红旗如林，标语如海，欢声震天，响遏行云，整个瑞金城乡到处洋溢着热烈的革命气氛，此景此情，实为瑞金设县以来的历史上之第一次。

对此空前盛况，邓小平多年以后仍记忆犹新，几次提及。邓小平的女儿回忆道：“父亲说过，由于当时条件十分艰苦，没有扩音设备，因此大会分设在四五个会场。父亲是大会的主持人，他曾陪同毛泽东到各个会场讲话。”“那种庆祝胜利的场面，真是红旗标语如海，口号欢呼鼎沸，整个瑞金一片革命热情高涨的盛况。”

1931年11月初，根据中共中央的指示，在瑞金县叶坪村召开了中国共产党苏区第一次代表大会（史称“赣南会议”），会议虽然就根据地问题、军事问题、土地革命路线问题展开了争论，但也基本上确定了在瑞金召开中华苏维埃第一次全国代表大会和在瑞金成立中华苏维埃共和国临时中央政府并定都瑞金的事宜。

红色首都将设在瑞金的消息传开后，邓小平和瑞金县委、瑞金广大党员、干部、人民群众欣喜异常，积极开展了迎接中华苏维埃第一次全国代表大会召开和定都瑞金的各项准备工作。在县委的统一组织领导下，布置大会会场、搭设大会检阅台等工作有条不紊地开展起来。为了保证大会的安全，做到万无一失，县委还在叶坪、洋溪、合龙、黄柏等乡挑选了60名优秀的赤卫队员，组成警卫队，配合红色警卫连，做好大会的保卫工作。同时组织了服务小组，以便届时为代表们送开水、做杂务。瑞金县委、县苏维埃政府和人民群众所做的各种卓有成效的准备工作，为中华苏维埃第一次全国代表大会的顺利召开创造了条件。

宣告中华苏维埃共和国成立的“开国大典”终于来到了！1931年11月7日至20日，中华苏维埃第一次全国代表大会在瑞金县叶坪村隆重召开。来自中央革命根据地与湘赣、湘鄂赣、赣东北、湘鄂西、琼崖等革命根据地的代表和红军各军团、各军、各独立师，中华全国总工会、海员总工会以及上海、武汉秘密工会的代表共610人出席大会。

11月7日黎明，各路代表列队来到广场，瑞金、长汀的数千名群众也打着火把涌进广场。当毛泽东、朱德等健步登上检阅台时，会场上欢声雷动，红旗招展，汇成了欢乐的海洋。7时整，阅兵典礼正式开始。中央红军各军的代表，红军随营学校和警卫部队的代表，闽赣两省附近县的赤卫军和模范少先队等，排着整齐的队伍通过检阅台，向毛泽东、朱德等致敬。“红军万岁!”“苏维埃万岁!”“共产党万岁!”这些响亮而发自肺腑的口号回荡在叶坪上空。

大会代表经过热烈讨论，通过《中华苏维埃共和国宪法大纲》《中华苏维埃共和国土地法》《中华苏维埃共和国劳动法》《中华苏维埃共和国关于经济政策的决定》和红军问题、工农检察处问题、少数民族问题、救济被难群众、为死难烈士立碑纪念等决议案。

大会选举毛泽东、项英、周恩来、朱德等63人为中华苏维埃共和国中央执行委员会委员。大会发表的《中华苏维埃共和国临时中央政府对外宣言》郑重向国内外宣告：中华苏维埃共和国临时中央政府正式成立，定都瑞金。

11月20日，大会举行授旗授勋典礼。随后，毛泽东致闭幕词。

大会执行主席曾山宣布：将瑞金县改名为瑞京市，作为中华苏维埃共和国的首都。①

中华苏维埃第一次全国代表大会圆满完成了预定的任务，胜利闭幕。

11月27日，中华苏维埃共和国中央执行委员会召开第一次会议，通过《中华苏维埃共和国选举细则》《划分行政区域暂行条例》《婚姻条例》《暂行税则》及《地方苏维埃政府暂行组织条例》等法令。

选举毛泽东为中华苏维埃共和国中央执行委员会主席，项英、张国焘为副主席；选举毛泽东为中央执行委员会人民委员会主席，项英、张国焘为副

---

① 1931年11月，中华苏维埃共和国临时中央政府宣布将瑞金县改名为瑞京市后，当时的历史文献仍按习惯把瑞京市称为瑞金县。本书亦按照当时习惯，在下文提到瑞京市时沿用瑞金县的称谓。特此说明。

主席。

11 月 25 日，正式成立中华苏维埃共和国中央革命军事委员会，指挥中国工农红军，朱德任主席，王稼祥、彭德怀任副主席。

中华苏维埃第一次全国代表大会举行期间，邓小平和瑞金县委精心组织瑞金军民在叶坪村举行提灯晚会等活动，隆重庆祝大会召开。当年的瑞金县合龙乡苏维埃政府财经委员朱开铨回忆道：

为了表达我们对大会召开的喜悦心情，乡政府决定用最隆重的方式来祝贺，并决定由我负责祝贺行动。一方面，我抓紧落实大会筹备处在我乡订购的各类食品。另一方面，加紧组织祝贺队，采买各种器材。在乡政府研究怎样才能把这次祝贺行为搞得有声有色、为大会增添光彩的会议上，大家一致认为代表大会召开是一件大事，我们要尽自己的力量把这次祝贺行动搞好，多花一点钱没关系。

因为代表大会是晚上开会，白天讨论，所以群众到大会去祝贺都定在晚上。针对这一情况，我特意去县城买来了很多铁丝，请了有名的扎花灯师傅来扎花灯和标语牌。此外，还从各家调了一百五十多盏马灯。为了使祝贺队伍整齐干净，还请了十多名裁缝师傅，为每个参加祝贺的人赶制了一套灰衣服，乡政府和保卫队的人都配了红五星和红领章。除此之外，我们还组织了铜鼓铜号队和唢呐队，并预习了几遍，直到祝贺队伍能做到整齐划一。

十一月七日，第一次全国工农兵代表大会在瑞金叶坪乡的一幢大祠堂里开幕了。周围的几个乡都派了祝贺队伍前去祝贺，我也带了四百人的祝贺队伍前去祝贺。祝贺的队伍一进入会场会议就暂停一下，代表们都站起来热烈鼓掌表示欢迎。第二天晚上我又带了一支五百人的队伍前去祝贺。到了第三天，也就是群众祝贺大会的最后一天，我准备把这天晚上的祝贺搞得更加隆重些。

那天我起得很早，还和乡政府的人在筹划这次行动，妇女会的十几名女同志冲了进来，质问我为什么前两次祝贺没有妇女去，是不是轻视妇女。我连忙解释不是轻视你们，而是妇女代表会没有提出这样的要求，如果你们要去的话就赶快作准备，今天晚上去，但是小脚的妇女就不要去了。她们一听都非常高兴，马上就回去作准备，每人做了一套灰衣服和一个扇子灯，还赶排了几支歌。

天刚黑，我带着队伍就出发了。十三里路个把钟头就到了。在会场外把队伍整顿了一下，就进入会场。我和警卫队的六十名会员走在最前面，队员们每人都背着枪，举着一块四尺多长三尺来宽的标语牌。这种标语牌是用铁丝扎成的，里面点上两盏灯，外面用彩色纸写上标语，既醒目又好看。我们之所以这样做，主要是考虑代表们来自全国各地，而瑞金话又不好懂，怕呼口号他们听不明白，所以才扎制了里面点灯的标语牌。

走在最前面的标语牌上写着“合龙乡政府庆祝大队”，后面的标语牌上写着“庆祝工农红军的伟大胜利”“庆祝工农兵代表大会开幕”“祝贺参加大会的代表身体健康”“预祝工农兵代表大会圆满成功”等等。警卫队后面是少先队，他们在铜鼓铜号的伴奏下，也是每人手举一块写有标语牌的小灯牌，迈着整齐的步伐进入会场。少先队后面是群众的锣鼓队，他们敲打着喜庆的曲子，提着一百五十多盏马灯进入会场。

八支唢呐同时吹出欢快的乐曲，会场的喜庆气氛一下子达到了高潮。特别是其中的两位名艺人，可以用鼻子吹唢呐，不停气地一吹就是好几分钟，整个会场都轰动了。最后面是妇女同志，和以前那种狂欢的节奏不同，她们每人手拿一个扇子灯，一边慢慢地走着舞步，一边唱着祝贺歌和歌唱男女平等的歌，歌是用山歌谱的曲，旋律非常优美动听，全场爆发出热烈的掌声。代表们表扬我们乡的祝贺队伍搞得好，既整齐又丰富多彩，说我们乡是富乡。①

当年的瑞金县下肖区少先队员杨志宏在《对中央苏区的片断回忆》中说：

一九三一年十一月，全国第一次工农兵代表大会在瑞金叶坪村召开，成立了中华苏维埃共和国临时中央政府。为此，瑞金人民举行了盛大的庆

① 朱开铨:《中国革命史的伟大创举——中华苏维埃共和国成立追忆》,《江西日报》1991 年 11 月 12 日。

祝活动。为了防止敌人的飞机来捣乱，庆祝会在黄昏后举行。当时大家都打着灯笼和火把参加庆祝活动，所以叫做提灯庆祝大会。其实，当时有灯笼的人很少。平时，穷人顾不上去置备这种东西，即使晚上出门，也只好摸着走。红军来后，主张破除迷信，从前的香烛店也关了门，就是有灯，也很难弄到蜡烛。但结果还算不错，因为火把比灯更亮。火把的材料是废旧竹竿和篾索等，很容易找到。另外，住在城里的人，也有临时自制一些新式灯笼的，有红色、黄色、五角星和斧头镰刀等类灯笼。灯流云集叶坪村，五花八门，很好看。

庆祝队伍进入全苏大会会场，会场布置得很壮丽，各个柱子上横挂着铁丝，铁丝上串着许多手电筒上用的小电珠，大木柱之间还挂了许多匾额。彩旗和标语在这许多发亮的小电珠照耀下特别好看。会场正中是主席台，台上站满了人，他们向台下的人们不断鼓掌、唱歌，同大家一块喊口号。我当时还不认识中央各位领导同志，后来才知道毛泽东同志、朱德同志都在台上。

队伍不断从后面拥来，我们想多停留一会儿也不行，只好照着指定的路线从左侧后门出去。这时，忽听到震耳的响声，循音看去，在会场左侧防空洞里，有个充电机正在响着，会场上的许多小电珠，就是由这个充电机发电，才发亮的。大家提着灯笼拥向广场（是一块大草坪），锣鼓、鞭炮、口号声交织在一起，震耳欲聋。火把、灯笼一排排，有如长龙起舞，非常好看。我高兴极了，不断带领喊口号，把嗓子也喊哑了。随后，我们看了各区、乡演出的文艺节目，有龙灯、茶灯、活报剧等。庆祝活动一直持续到半夜，大家才渐渐地散去。

中华苏维埃共和国诞生后，正式宣布将瑞金县改名为瑞京市，作为中华苏维埃共和国的红色首都。由此，邓小平由中共瑞金县委书记成为中华苏维埃共和国首都的瑞京市委书记。

当时，设在瑞金县的党政军领导机关主要有中华苏维埃共和国中央执行委员会、中华苏维埃共和国人民委员会等，一般通称为中华苏维埃共和国临时中央政府。

中华苏维埃共和国临时中央政府成立后，中央总务厅将瑞金县叶坪村谢氏宗祠用木板隔成15个小房间，作为中华苏维埃共和国临时中央政府外交、军事、劳动、财政、土地、教育、内务、司法、工农检察等9个人民委员部和秘书室、收发室、会议室的办公处兼工作人员卧室。

1931年9月28日，中共苏区中央局从兴国县鼎龙水头庄迁驻瑞金叶坪村。毛泽东任代理书记。周恩来从上海到达瑞金后，任中共苏区中央局书记。中共临时中央政治局从上海迁入瑞金后，驻在沙洲坝下肖村。随之中共苏区中央局亦从叶坪迁驻下肖村，与中共临时中央政治局合并，改称中共中央局。中共六届五中全会增选中央委员和候补中央委员，改选中央政治局，设立中央政治局常务委员会，博古、张闻天、周恩来、项英为常务委员会委员，博古负总责。

中华苏维埃共和国中央革命军事委员会（简称“中革军委”）驻在瑞金洋溪村。中央革命军事委员会由朱德、王稼祥、彭德怀等15人组成，统一领导指挥各个革命根据地的红军。

1933年5月，中央革命军事委员会移驻瑞金乌石垅村，任命朱德为中国工农红军总司令兼第一方面军总司令，周恩来为中国工农红军总政治委员兼第一方面军总政治委员，增加博古、项英为中央革命军事委员会委员。10月初，共产国际派来的军事顾问李德从上海来到瑞金，住在沙洲坝下肖村附近的“独立房子”。

中国共产主义青年团苏区中央局（又称“少共苏区中央局”）1931年9月进驻瑞金。

中华全国总工会苏区执行局1931年7月进驻瑞金。

从此，瑞金以“红都”闻名于全中国，闻名于全世界。

瑞金作为中华苏维埃共和国红色首都，聚集着中央党政军群领导机构，集中了中国共产党在政治、经济、军事、群众工作等各方面的领袖人物，是中华民族精英荟萃的地方。

瑞金的这种重要地位，使它成为中华苏维埃共和国临时中央政府的直辖县。因此，瑞金县委、瑞金县苏维埃政府的工作直接关系到中央党政军群领导机关的工作。邓小平带领瑞金县委一班人，深入实际，实事求是，廉洁奉公，艰苦朴素，创造了出色的成绩。

据《红色中华》报道，1932年3月，中华苏维埃共和国中央执行委员会对瑞金县的工作进行检查。检查后通过的决议对瑞金的工作作了高度评价：

> 瑞金全县工作自中央政府成立后，在某些工作上已有相当的进步：
>
> （甲）统一财政在县苏及有些区苏（特别在黄安区渡黄区……）都是相当的执行了财务条例，和统一财政训令，那种浪费和漫无限制的开支状态已大为减少了，开始在实行预算决算。
>
> （乙）在肃反问题上，一般说，对于过去的错误，如随意捕人偏信口供使用肉刑等，已有大的转变，并且对于过去政治犯在县苏已遵照第六号训令正式开庭审判，革命秩序相当建立。
>
> （丙）扩大红军工作已获得相当成绩，留红军公田已实行。
>
> …… ……

邓小平的工作，受到上级党组织和领导同志的充分肯定，得到瑞金人民的热烈拥护。广大人民群众积极响应县委的各项号召，参军参战，支援前线，发展生产，使瑞金各方面的工作迅速开创出新的局面，革命和生产都呈现出蓬蓬勃勃的兴旺景象。

对在瑞金期间的工作情况，邓小平20世纪70年代作过回忆：1931年8月间，我们到了瑞金，这时正值红军主力反对敌人三次“围剿”的时期。瑞金是中央苏区的后方，但当时被反革命分子篡夺了县的党政领导，杀了不少革命干部和革命群众，弄得全县群众不满，干部情绪低落，全县面貌是死气沉沉的。这时在红军工作的谢唯俊同志在瑞金，由上海来的余泽洪等同志也到了瑞金，大家商议推我担任瑞金县委书记（其时与上级没有联系），谢、余等都帮助我做了一段工作。我们迅速地惩办了反革命分子，为被冤屈的干部平了反，开了县苏维埃代表大会，干部（几乎全是本地农民干部）群众积极起来了，全县局面大为改观（关键在于有了大批与群众有联系的本地干部）。三次“围剿”被粉碎后，开了几万人参加的祝捷大会，热情是很高的。

第七章

“踏遍青山人未老，风景这边独好”

清平乐·会昌

东方欲晓，莫道君行早。
踏遍青山人未老，风景这边独好。
会昌城外高峰，颠连直接东溟。
战士指看南粤，更加郁郁葱葱。

1934年7月23日清晨，毛泽东登上会昌山极目远眺，随后写下《清平乐·会昌》。这是毛泽东写下的众多词篇中，唯一以县名作为题目的一首词。随着毛泽东成为中外皆知的著名人物，毛泽东诗词亦得到广泛传播，“会昌”也随着毛泽东的诗词名闻遐迩。

1932年5月，邓小平被中共江西省委调任中共会昌县委书记。不久，邓小平又被调任中共会昌中心县委（亦称会寻安中心县委）书记，全面领导会昌县、寻乌县和安远县的工作。

会昌、寻乌、安远，位于赣南南部，与福建、广东接壤，东是武夷山，南是九连山，山峦重叠，地势险要，是中央革命根据地的南部屏障。中共中央和江西省委为了加强中央革命根据地边缘区域的工作，守好南部的大门，粉碎南部从福建、广东方向经常来犯的敌人进攻，于1932年6月决定，在会昌筠门岭建立中共会昌中心县委，把中央革命根据地南部边缘地区的会昌、寻乌、安远连成整体，加强中国共产党对边缘地区的领导，发展革命工作。

1932年7月，中共会昌中心县委在筠门岭倒水湾召开了会昌、寻乌、安远3县党的活动分子大会，3县区级以上党员干部100多人参加了大会。邓小平等在会上讲了话。会上，正式宣布成立中共会昌中心县委，由邓小平任中心县委书记。中心县委机关驻在筠门岭镇。江西军区第三作战分区成立后，邓小平兼任分区政治委员。

会昌中心县委下辖会昌、寻乌、安远 3 个县委和 28 个区委、164 个支部，40 多万人口。中心县委成立以后，立即领导 3 县人民，投入到了艰巨的斗争中。

对于会昌、寻乌、安远地区的斗争形势，邓小平曾回忆："三县都是中央苏区边区，赤白对立很厉害，我们自己的武装，每县只有百几十人的独立营，人民武装（赤卫军）的枪支很少，由于'左'倾的经济政策，商店大都关了门，财政经济也很困难。"但是，困难吓不倒英雄汉。况且，邓小平是一位具有开拓精神的领导干部，勇于和善于在艰苦的环境中开创出崭新的工作局面。

在邓小平和中心县委领导下，会昌、寻乌、安远的工作很快出现新的面貌。针对 3 县军事力量薄弱的状况，各级党组织大力号召人民群众参军参战，扩大地方武装。1932 年 9 月，中共会昌中心县委书记兼江西军区第三作战分区政委邓小平在筠门岭召开军事会议，第三作战分区和红军独立三师负责人，会昌、寻乌、安远 3 县的区委书记、区苏维埃政府主席、区委军事部长等数百人出席会议。邓小平分析了战争形势，布置了各个红军部队的作战任务。会议根据上级指示，研究了红军独立三师编入红军主力部队后成立新独立三师的事宜。

随后，各县、区对会议精神进行了贯彻落实。据 1932 年 10 月统计：寻乌有红色游击队队员 721 人，模范营指战员 1239 人，模范少先队队员 635 人。安远有赤卫模范营 17 连，共 2267 人；模范少先队共 5 连，520 人；工人赤卫军 35 人；另有各区游击队整编成的游击队，下设 3 个支队，共 262 人。会昌有脱离生产的两个游击支队，共 390 人，另有赤卫军 4970 人，模范师 2529 人。军事力量得到发展以后，中心县委率领地方武装，广泛开展游击战争，积极配合主力部队作战，消灭民团残余和反革命势力，使之成为保卫革命根据地的重要力量。

以后，会昌、寻乌的赤卫队和武西游击队等地方武装成立了新独立三师。但新独立三师组建时间很短，缺乏正规训练，武器装备差，战斗力不如正规部队。11 月，当国民党广东军阀的军队向寻乌发动进攻时，新独立三师和各县游击队寡不敌众，致使寻乌县城陷入敌手。此即“寻乌事件”。

寻乌陷落后，中共会昌中心县委立即在筠门岭召开了会昌、寻乌、安远3县县委书记、县苏维埃政府主席、县委军事部长联席会议，在会昌中心县委书记邓小平主持下，研究部署下一步的军事行动和扩充地方武装等问题。会后，会昌、寻乌、安远3县县委、县苏维埃政府广泛发动群众，游击战争有了新的发展。会昌、寻乌、安远3县地方武装，自1932年12月至1933年7月，攻击靖卫团土围子数十次，并经常配合红军作战。

据《红色中华》报道，14个月来，红军和地方武装共毙敌100多人，俘敌近200人，缴获枪支350多支，其他物品甚多，巩固和发展了革命根据地，狠狠打击了广东军阀和国民党地方武装对中央革命根据地的骚扰，为粉碎国民党军队对中央革命根据地的第四次“围剿”，阻击和钳制广东军阀向中央革命根据地的进攻，保卫中央革命根据地，作出了贡献。

会昌中心县委还广泛发动群众，动员青年积极参加红军主力部队，使会昌、寻乌、安远3县出现了许多母送子、妻送郎、兄弟争着上战场的动人情景。1933年2月7日，会昌县在纪念京汉铁路工人大罢工的示威中，当场有28人报名参军；3日内，“会昌动员了一团开往前方”，“在出发前的一天晚上，中共县委、县苏以及少共县委、工会、妇女部等单位代表都致辞祝贺，城市工人和儿童表演新戏作了很热烈的政治鼓动，当场又有11个船业工人（筠门岭来的）报名加入红军”。

为了支援红军、支援战争，中心县委还组织了形式多样的拥军优属工作，建立了数万人的运输队、救护队、向导队，随时可以投入前线的战斗。与此同时，在中心县委领导下，会昌、寻乌、安远3县党的建设、苏维埃政权建设、团的工作、妇女工作也都搞得既轰轰烈烈，又扎扎实实。在此基础上，3个县的土地革命、工农业生产和经济文化等项建设以及推销公债工作，也逐步走上了轨道，按照中共中央和江西省委的指示，有步骤、有计划地向前发展。

但是，1933年1月被以王明为代表的“左”倾教条主义错误占据统治地位的“临时中央”迁到中央革命根据地以后，全盘否定以毛泽东为代表所制定的一整套建立革命根据地的路线、方针和政策，打击、排斥坚持毛泽东正确主张的一大批党政军领导干部，给中央革命根据地带来极大的危害。

2月，“左”倾教条主义错误的执行者首先指责中共福建省委“形成了以罗明同志为首的机会主义路线”，并宣布立即撤销罗明的福建省委代理书记及省委驻上杭、永定、龙岩全权代表的职务。随即，“左”倾教条主义者在福建开展反对所谓“罗明路线”的斗争。接着，又把反“罗明路线”的斗争由福建革命根据地扩展到江西革命根据地，进行所谓反“江西罗明路线”的斗争。

反“江西罗明路线”，无论在福建革命根据地还是在江西革命根据地，其矛头都是指向毛泽东和以毛泽东为代表所制定的创建和发展革命根据地的一整套被实践证明是行之有效的正确的路线、方针和政策的。

1931年1月“左”倾教条主义者在中央占据统治地位后，先后在中央革命根据地召开赣南会议和宁都会议，否定毛泽东的正确主张，排挤毛泽东对中央革命根据地党组织和红军的正确领导，撤销了毛泽东的红一方面军总政治委员职务，只分配毛泽东专做政府工作。但是，邓小平和会昌中心县委在实际工作中仍然坚持毛泽东提出的正确主张，对“左”倾教条主义错误进行了一定程度的抵制，坚持从中央革命根据地边缘地区的实际情况出发，实事求是地开展各项工作：

在粉碎国民党军队第四次“围剿”的作战方针问题上，邓小平和会昌中心县委主张，面对国民党广东军阀的进攻，不硬拼，不搞“堡垒对堡垒”“拼消耗”。仍然坚持过去反“围剿”作战中的成功经验，采用游击战和游击性的运动战，把国民党军队引到群众条件好的根据地内部来消灭。不同意向中心城市、交通要道发展根据地，而主张向国民党统治力量薄弱的地方发展。同时扫清地主阶级的“土围子”，巩固农村革命根据地，积蓄力量，和国民党进行长期斗争。

在扩大革命武装问题上，邓小平和会昌中心县委认为，会昌、寻乌、安远人民肩负着给红军补充兵员和钳制广东军阀的双重任务，所以，地方武装力量和红军主力都应不断发展，并应注意质量，反对用削弱地方武装的办法来扩大红军主力和不顾质量单求数量的要求“武装一切工农群众”的做法。

在扩大红军问题上，邓小平和会昌中心县委主张通过广泛的宣传鼓动、细致的思想工作来动员广大青年参军参战，反对强拉硬扯老百姓去凑数。

在土地革命问题上，邓小平和会昌中心县委反对“左”倾教条主义者提出的“地主不分田、富农分坏田”的“左”倾错误的土地政策，尽可能执行按照人口平均分配和“抽多补少、抽肥补瘦”等正确的土地分配原则解决土地问题，因而被“左”倾教条主义者指责为“土地问题没有彻底解决”，犯了“富农路线”错误。

正是在上述涉及革命根据地巩固和发展的一系列重大问题上，邓小平和会昌中心县委坚持把马克思主义基本原理与革命根据地边缘地区的实际情况相结合，创造性地认真贯彻执行毛泽东的正确主张，在理论上和实践中坚决抵制“左”倾教条主义错误，因此成为“左”倾教条主义者在中央革命根据地必欲整倒的一个严重障碍。

经过一段时间的准备，“左”倾教条主义者终于向以邓小平为首的会昌中心县委展开了“进攻”。而且，这种“进攻”是以突然袭击开始的。

1933 年 2 月 20 日，“左”倾教条主义者控制的中共苏区中央局机关报《斗争》第 3 期突然发表了一篇题为《什么是进攻路线》的文章，批判江西革命根据地的会昌、寻乌、安远中心县委犯了“纯粹防御路线”的错误，指责“会、寻、安长期陷在纯粹防御的泥坑中”，认为这是“产生白军团匪进据寻城的事件、使群众受到敌人的摧残”的根源，提出要“反对一切机会主义的动摇，反对机会主义逃跑和纯粹防御路线，反对对于这些路线的调和”。

中共江西省委迫于“左”倾教条主义者的巨大政治压力，不得不于 2 月 28 日发出对会昌、寻乌、安远 3 县县委的指示信，指出“会昌、寻乌、安远的党所犯的纯粹防御路线之来源，与罗明路线相同”，“防御路线的结果，必然走到罗明退却路线的前途”。

但是，“左”倾教条主义者却认为江西省委没有直接指出会昌中心县委的“纯粹防御路线”就是“罗明路线”，并且“严厉批评”江西省委犯了“严重错误”。同时，决定由中共苏区中央局直接召开会昌、寻乌、安远 3 县党的会议，开展反对会昌、寻乌、安远“纯粹防御路线”的斗争。以反会昌、寻乌、安远“纯粹防御路线”为起点，“左”倾教条主义者正式揭开了反对“江西罗明路线”的序幕。

为了否定邓小平和会昌中心县委的工作，“寻乌事件”被“左”倾教条主义者作为一件大事提了出来。寻乌失守后，为了粉碎国民党军队的进攻，会昌中心县委领导会昌、寻乌、安远地区的红军、游击队和广大人民群众，广泛开展游击战争，抓住一切机会不断袭击国民党军队，使国民党军队陷入人民战争的汪洋大海之中而无可奈何。最后，在会昌、寻乌、安远地区军民的打击下，国民党军队不得不退出寻乌城，被国民党军队进攻时占领的革命根据地区域亦得到恢复。

在当时的情况下，会昌、寻乌、安远地区属于中央革命根据地的边缘地区，地方红军和游击队的力量还没有强大到足以同优势的国民党军队打“正规战”“阵地战”的程度。在敌强我弱的形势下，会昌中心县委根据毛泽东总结的“敌进我退，敌驻我扰，敌疲我打，敌退我追”的游击战争十六字诀和游击战争的战略战术原则，开展灵活机动的游击战争与国民党军队周旋，本来是无可非议的。但是，“左”倾教条主义者却把会昌中心县委有计划地组织群众实行坚壁清野和以灵活的游击战术打击来犯的国民党军队，诬为“在敌人进攻面前惊慌失措，准备退却逃跑”，毫无道理地开展了反对“纯粹防御路线”“会、寻、安的罗明路线”的斗争，对会昌中心县委进行错误的批判和严厉的指责。

1933 年春天，邓小平已经离开了会昌中心县委书记的工作岗位，奉调担任中共江西省委宣传部部长。3 月下旬，苏区中央局在会昌筠门岭倒水湾召开会昌、寻乌、安远 3 县党的积极分子会议。中央局代表主持会议并作了政治报告和结论。会议对邓小平和会昌中心县委进行了错误的批判。

3 月 31 日，会议通过《会、寻、安三县党积极分子会议决议》（以下简称《决议》），指出：“大会认为会、寻、安三县过去在以邓小平同志为首的中心县委的领导之下，执行了纯粹的防御路线。这一路线在敌人大举进攻面前，完全表示悲观失望，对于群众的与党员同志的力量没有丝毫信心，以致一闻敌人进攻苏区的消息，立刻表示张皇失措，退却逃跑，甚至将整个寻乌县完全放弃交给广东军阀。这一路线显然同党的进攻路线丝毫没有相同的地方。这是在会、寻、安的罗明路线。说纯粹防御路线不是罗明路线的观点，是完全错误的。”

通过这个《决议》，邓小平和会昌中心县委的整个工作遭到了否定，并被错误地扣上了“会、寻、安的罗明路线”的大帽子。《决议》对江西省委也进行了严厉指责，认为会昌中心县委和会、寻、安地区过去“反纯粹防御路线的斗争的不深入，省委也应负一部分重大的责任”，批评江西省委“把这一防御路线看作是在进攻路线与罗明路线中间的东西，认为‘防御路线的结果必然会走到罗明退却路线的前途’，把这一路线主要地看作军事上的分兵把口，没有明确地指出进攻路线与纯粹防御路线的内容在哪里，对于群众力量也没有完全正确的估计，对于中心县委书记邓小平同志严重的错误没有应有的批评”。

最后，会昌、寻乌、安远3县党的积极分子会议根据中共苏区中央局的意见，决定改组会昌中心县委和会昌、寻乌、安远3县县委；并召开3县各级党代表会议，在会昌中心县委领导的范围内，普遍开展反对“会、寻、安的罗明路线”的斗争，以便为贯彻执行“进攻路线”即“左”倾教条主义路线扫清障碍。

第八章

“偶忆往事便心惊，谢古邓毛剩小平”

20 世纪 80 年代末期，邓小平在一次谈话中说：“三十年代在江西的时候，人家说我是毛派，本来没有那回事，没有什么毛派。”①

1933 年春天，在中央革命根据地内部，由中共中央的“左”倾教条主义者掀起的“反对罗明路线”的斗争愈演愈烈。他们与会昌、寻乌、安远 3 县党的积极分子会议相配合，在《斗争》第 8 期上发表了《试看邓小平同志的自我批评》和《罗明路线在江西》两篇文章，指责邓小平“仍然站在机会主义的观点上，这就是说他根本上没有能揭发纯粹防御路线的错误与实质”。这些文章还借题发挥，认为“罗明路线不但在福建的杭永岩，而且在江西”也存在，江西革命根据地的“单纯防御路线的问题，不但在会、寻、安，而且还在江西其他地区”。这些文章最后点明：江西革命根据地的“单纯防御路线，就是江西的罗明路线”。

这两篇代表“左”倾教条主义者意图的文章，通过批判邓小平和会昌中心县委，进而指出江西革命根据地也存在着“江西罗明路线”，并要求江西省委迅速在江西革命根据地开展反对“江西罗明路线”的斗争，“彻底改造各县”，“执行党的进攻路线”。这样，“左”倾教条主义者就把“反对罗明路线”的斗争，从会昌、寻乌、安远扩大到了整个江西革命根据地。

1933 年 4 月 16 日至 20 日，在“左”倾教条主义统治的中央负责人博古的主持下，江西省委召开了“江西党三个月工作总结会议”。以总结江西工作为名，开展反“江西罗明路线”的斗争。对江西革命根据地中坚持毛泽东正确主张、抵制“左”倾教条主义错误的邓小平、毛泽覃、谢唯俊、古柏等同志，进行了错误的批判、斗争和打击。

---

① 《邓小平文选》第 3 卷，人民出版社 1993 年版，第 301 页。

这次会议由中共苏区中央局派来的代表主持，并作主题报告。参加会议的一位江西省委工作人员回忆说：

当时我负责在会场上倒茶水。不知为什么，省委书记李富春坐在台下角落里，蔡畅大姐站在后面，会上宣布撤销邓小平、毛泽覃、谢唯俊、古柏等四位同志党内一切职务，还下了他们的枪，让大家上台批判。

妇女部的邓石香也上台讲邓小平怎么怎么不对，她下台后去上厕所，我跟过去说：石香，我们做妇女工作，跟他们没有工作关系，你怎么可以胡说八道，到台上去摆什么威风（用现在的话讲是出什么风头）。石香不服，一拳打过来，我们俩当场就要打起来，蔡大姐听到后，把我拉出来说，秀英，不要乱说，要杀头的。我那时年轻气盛，只觉得石香不该胡说。会议结束后，邓石香被调到中央组织局工作。但没得多久，她又回到县里去了，我在省里见过她一面，她告诉我说，有些事看不惯。以后我再也没有见到过她。

“江西党三个月工作总结会议”，实际上是一次部署批判“邓小平、毛泽覃、谢唯俊、古柏”的动员会议，并由此把反“江西罗明路线”的斗争推向了高潮。这次会议决定，把反“江西罗明路线”的斗争扩展到全省的每一个支部，“彻底肃清在实际工作中的罗明路线”，“动员全党毫不动摇地为党的进攻路线斗争到底”。

此后，会昌、寻乌、安远的县、区、乡各级党组织，普遍开展了反“江西罗明路线”的斗争。在这场错误的斗争中，凡是被戴上“江西罗明路线”帽子的领导干部，均受到“左”倾教条主义者的“残酷斗争”和“无情打击”。

而邓小平、毛泽覃、谢唯俊、古柏受到的批判尤为激烈。

毛泽覃，湖南湘潭人，毛泽东的弟弟，早年加入中国社会主义青年团和中国共产党，曾在黄埔军校和国民革命军第四军政治部工作。参加南昌起义，随朱德部队转战闽赣粤湘和上井冈山。历任赣西南特委委员、红六军政治部主任、红三军政治委员、中共苏区中央局秘书长。由于抵制“左”倾教条主义，被打成“邓、毛、谢、古集团”成员。红军主力长征后，坚持南方游击战争，在一次作战中牺牲。

谢唯俊，湖南耒阳人。早年加入中国社会主义青年团和中国共产党。曾在安源等地从事工农运动，参加湘南起义，随朱德部队上井冈山。历任红四军的营党代表和纵队政治部主任、赣东特委书记，中央革命根据地的县委书记、中心县委书记、赣西南特委委员、江西省工农民主政府委员，团政治委员、师政治委员等。因抵制“左”倾教条主义，被打成“邓、毛、谢、古集团”成员。长征后，任陕北靖边特委书记。1935 年冬天牺牲。

古柏，江西寻乌人。早年加入中国共产党，参与创建寻乌支部，领导寻乌暴动，是寻乌中共组织创始人之一。历任红军的纵队政委、寻乌县委书记、寻乌县苏维埃政府主席、红一方面军总前委秘书长、江西省工农民主政府裁判部部长兼内务部部长、中华苏维埃共和国临时中央政府劳工部秘书长、红军独立第三师师长、红十一军军长等。由于抵制“左”倾教条主义，被打成“邓、毛、谢、古集团”成员。红军主力长征后，坚持南方游击战争，在一次作战中牺牲。

老一辈无产阶级革命家林伯渠回忆“左”倾教条主义者在中央革命根据地反“邓、毛、谢、古”的历史时，曾写下一首叙事诗：

偶忆往事便心惊，谢古邓毛剩小平。
割裁无情读八股，江西路线有罗明。

1933 年春天，在中央革命根据地，根据中共中央领导机关“左”倾教条主义者的指示，相继召开了会昌、寻乌、安远 3 县党的积极分子会议和中共江西省委“江西党三个月工作总结会议”。这些会议的目的只有一个：全面贯彻“左”倾教条主义错误路线，打击坚持正确路线的干部和同志。

1933 年 5 月 4 日，中央代表来到中国工农红军学校，在党团员活动分子会议上作了关于“邓小平、毛泽覃、谢唯俊、古柏集团”坚持所谓“江西罗明路线”情况的报告。听了这种颠倒是非、混淆黑白的一面之词，不明真相的中国工农红军学校党团员活动分子会议作出了关于“江西罗明路线”的决议。

在“左”倾教条主义者的打击和压力下，邓小平、毛泽覃、谢唯俊、古柏等同志并没有放弃原则。他们在总结会和所写的声明中，以共产党人坚定的原则立场和光明磊落的态度，阐述了他们在理论上和实践中所坚持的马克思主义基本原理与中国革命具体实践相结合的正确主张。

邓小平、毛泽覃、谢唯俊、古柏等同志，都是长期坚持革命斗争的好同志，被“左”倾教条主义者打成“罗明路线在江西的创造者”“反党的派别和小组织的领袖”后，虽然遭到“残酷斗争、无情打击”，但始终坚持原则，一再申明自己坚持的马克思列宁主义观点和毛泽东的主张是正确的，是符合本地实际情况的。邓小平就曾在陈述自己观点时指出：“回顾历史，认为自己所作的一切，是对党的事业负责任的，是对中国革命负责任的……”

但是“左”倾教条主义者根本不听他们的意见，仍然对邓小平、毛泽覃、谢唯俊、古柏作出错误的组织处理，解除了他们原来分别担负的领导工作。邓小平被撤销中共江西省委宣传部部长职务，受到“党内最后严重警告”的处分，被派往边远的乐安县属的南村区委当巡视员。毛泽覃的中共永丰、吉安、泰和中心县委书记职务，谢唯俊的江西省军区政治委员职务，古柏的江西省苏维埃政府委员职务亦被解除。

邓小平曾经担负过领导工作的中共会昌中心县委及会昌县委、安远县委、寻乌县委被“左”倾教条主义者进行改组，一大批长期坚持革命斗争，坚决贯彻执行以毛泽东为代表的正确路线、方针、政策的领导干部遭到打击和撤职，受到“无情的揭发和最激烈的斗争”；大批基层干部、党员和人民群众受到株连，党的事业受到严重危害。

“左”倾教条主义者对邓小平、毛泽覃、谢唯俊、古柏等同志施行的“残酷斗争、无情打击”，在中央革命根据地形成了巨大的政治高压。

发生在中央革命根据地的反对“邓小平、毛泽覃、谢唯俊、古柏”的这场错误斗争，打击了一大批坚持正确路线的领导干部，矛头是对着毛泽东的。

对此，老一辈无产阶级革命家李维汉在回忆录中作了实事求是的回顾。李维汉首先回顾了到达中央革命根据地初期的情况。然后，回顾了反对“邓小平、毛泽覃、谢唯俊、古柏”的问题：

几天以后，碰上开会（昌）、寻（乌）、安（远）活动分子会议，他们要我参加。我在会场上才知道从二月开始，在福建已开展了反对所谓“罗明路线”的斗争；三月，又开始在江西开展反对邓（小平）、毛（泽覃）、谢（唯俊）、古（柏）的所谓“江西罗明路线”的斗争。当时罗明任福建省委代理书记；邓小平任江西省会昌、寻乌、安远中心县委书记；毛泽覃曾任苏区中央局秘书长，永丰、吉安、泰和中心县委书记；谢唯俊曾经担任过江西省军区的第二军分区司令员兼独立五师师长；古柏曾任红一方面军总前委秘书长。

罗明、邓小平、毛泽覃、谢唯俊、古柏等从实际出发，曾分别发表过一些正确的意见，抵制“左”的做法。如主张在红军弱小的情况下应向农村发展，不赞成向中心城市和交通要道发展；主张“诱敌深入”，然后集中力量各个歼灭，不赞成硬拼；主张中央红军、地方部队、群众武装都应发展，互相配合，不赞成用削弱地方武装和群众武装的办法来扩大红军；认为根据地的中心区和边界区的工作应加以区别，不能采取同样的办法；主张健全根据地的革命群众团体；坚持正确的土地革命路线和政策；主张根据地的行政、扩大红军、地方武装等工作都由政府负责，不应由党代替政府工作。

结果，这些正确主张被“左”倾领导者指责为对革命悲观失望的右倾机会主义的退却逃跑路线，被称为“罗明路线”。这时，张闻天已从福建开展反“罗明路线”的斗争后回来，也参加了这个会议，并作了反“罗明路线”的报告。这次会议的主要内容就是反对邓小平。张闻天还写了《罗明路线在江西》的文章。

会、寻、安地区是苏区的边远地区，是敌人打过来、我们打过去的游击区。但会、寻、安活动分子会议上却认为失掉了寻乌，是中心县委右倾机会主义的表现，是执行退却逃跑的防御路线的结果。毛泽东、朱德总结出来的游击战争十六字诀——“敌进我退，敌驻我扰，敌疲我打，敌退我追”，是红军最早的战略战术。后来红军和游击队的作战原则，都是在这个基础上发展起来的。解放战争时期，毛泽东又把它发展为十大军事原则。

而反“罗明路线”，实际上是批判游击战争的十六字诀。那时苏区的边远地区，完全是赤白交错对立。毛泽东曾经说过，困难的是有中间派反水的问题。因为赤白交错对立厉害，中间派中不少人反水了。抗日战争时期，在游击地区还有革命的“两面”政权，敌人来时可以应付一下。但当时在边区只有实行游击战争的十六字诀才行。在会、寻、安活动分子会议上，我没有讲话，只是听反“罗明路线”的报告。

参加会、寻、安活动分子会议后，我还是弄不清楚反“罗明路线”与毛泽东有什么关系。有一天，博古来找我说，江西省委要在宁都开扩大会议，你同我一起去。到了宁都，博古找省委负责人谈话，要我在旁边听。那时江西省委书记是李富春。博古说，毛泽覃、谢唯俊还与毛泽东通信，他们心里还不满，这是派别活动。当时他还没有提到古柏的名字。古柏是在扩大会议上展开斗争时才把他找来的。

后来，博古要到前线去，叫我留下参加江西省委扩大会议。到这时，我才知道福建反“罗明路线”、江西反邓、毛、谢、古，与毛泽东有关系。这四个人中我有两个熟人，即邓小平、毛泽覃，其他两人我当时不认识。我错误地认为王明“左”倾路线是正确的，所以我是积极参加了反“江西罗明路线”斗争的。我一次、两次、三次地要他们作检讨。其实，他们并没有真正承认“错误”。

江西省委扩大会议开完后，我回到瑞金向中央局汇报，中央局批准我写一篇文章——《为党的路线而斗争》，公开批评邓小平、毛泽覃、谢唯俊、古柏，说他们是派别活动。我写这篇文章是完全错误的。江西省委扩大会议反所谓“江西罗明路线”是完全错误的。这是我一生中犯的一个大错误。反“罗明路线”，无论在福建还是在江西，矛头都是指向毛泽东的正确路线的。然而，我当时并没有认识到这是错误的。①

李维汉的回忆，既实事求是地回顾了历史情况，又如实地总结了经验教训，使人们对这段历史有了更加清楚的认识。

---

① 李维汉:《回忆与研究》上册，中共党史出版社 1986 年版，第 335 ~ 337 页。

第九章

“邓、毛、谢、古死了 3 个人，希望邓要为党争气”

20 世纪 30 年代中共中央的“左”倾教条主义者在中央革命根据地发动的反对“邓、毛、谢、古”的错误斗争，毛泽东一直有着深刻的印象。他从总结中国共产党历史经验与教训的角度，多次讲述这段沉重的历史。

全国抗日战争时期，1941 年 9 月 10 日，毛泽东在中共中央政治局扩大会议上指出：“1933 年反邓、毛、谢、古‘右倾机会主义’的一篇文章，实际上是指鸡骂狗的。当时认为‘罗明路线’在福建，在江西，在建黎泰，整个中央苏区都弄成是‘罗明路线’。这篇反‘罗明路线’的纲领性文章，认为江西‘罗明路线’的主要错误是：（一）取消反帝运动，（二）放弃苏区，（三）富农路线，（四）官僚主义。”

在全国抗日战争时期发动的延安整风运动中，毛泽东多次要求党的高级干部回顾、学习和研究中国共产党的历史，提高识别错误路线的能力。1943 年 11 月，在中共中央政治局扩大会议上，毛泽东在谈到认真总结党的历史经验的时候，再一次谈到了 20 世纪 30 年代中央革命根据地反“邓、毛、谢、古”的错误斗争。毛泽东说：反“邓、毛、谢、古”，是指鸡骂狗；“邓、毛、谢、古”死了 3 个人，希望邓要为党争气。

中华人民共和国成立后，在社会主义革命和建设时期，毛泽东 1960 年 12 月 25 日在与工作人员的谈话中指出：“人就是要压的，像榨油一样，你不压，是出不了油的。人没有压力是不会进步的。我就受过压，得过三次大的处分，‘被开除过党籍’，撤掉过军职，不让我指挥军队，不让我参加党的领导工作。我就在一个房子里，两三年一个鬼也不上门。我也不找任何人，因为说我搞宗派主义，什么邓、毛、谢、古。其实我连邓小平同志的面也没有见过。后来说在武汉见过，但我一点印象也没有，可能见过没有谈过话吧！”

“那时，给我戴的‘帽子’就多了。说什么山上不出马列主义，他们城里才出马列主义，可是他们也不调查研究，我又不是生来在山上的，我也是先在城市里，后来才到山上来的。说实在的，我在山上搞了几年，比他们多了点在山上的经验。他们说我一贯右倾机会主义、狭隘经验主义、枪杆子主义等等。”

“那时我没有事情做，走路坐在担架上，做什么？我看书！他抬他的担架，我看我的书。他们又批评我，说我凭着《三国演义》和《孙子兵法》指挥打仗。其实《孙子兵法》当时我并没有看过；《三国演义》我看过几遍，但指挥作战时，谁还记得什么《三国演义》，统统忘了。我就反问他们：你们既然说我是按照《孙子兵法》指挥作战的，想必你们一定是熟读的了，那么请问：《孙子兵法》一共有几章？第一章开头讲的是什么？他们哑口无言。原来他们也根本没有看过！”

“文化大革命”时期，毛泽东1972年8月14日在邓小平从江西发来的一封信上批示：邓小平“在中央苏区是挨整的，即邓、毛、谢、古四个罪人之一，是所谓毛派的头子”。

20世纪30年代中期，由于受到“左”倾教条主义者的错误打击，邓小平——这位早年在欧洲从事共产主义运动时，曾因刻印《赤光》而蜚声旅欧共产主义者的“油印博士”，又一次操起了旧业。经历了“左”倾教条主义者蓄意发动的反对“邓、毛、谢、古”的斗争，然后工作岗位又几经变化，邓小平担任了红军总政治部机关报《红星》报主编。随后，他为办好《红星》报倾注了大量心血。

因《红星》报编辑人员有限，从各种新闻、文章的撰写到选稿、编辑、印刷，邓小平都亲自动手。《红星》报上许多没有署名的消息、新闻、报道乃至许多重要的文章、社论，都出自他的笔下。他倾注了自己的全部心血，十分认真地将这份小报真正办成了“红军党的工作指导员”，受到中央革命根据地军民的热烈欢迎。仅1933年，《红星》报即在中央革命根据地发行了17300份，成为占有读者最多的三大报刊之一。

“左”倾教条主义者在中央革命根据地发动的反对“邓、毛、谢、古集团”的斗争，不仅对邓小平造成严重的政治伤害，而且给他带来了婚姻解体的严重后果。

当时，“左”倾教条主义者对“邓、毛、谢、古集团”采取了“残酷斗争、无情打击”的斗争手段，邓小平不仅在政治上、思想上、精神上受到沉重打击，而且在家庭生活上出现了“婚变”。邓小平的第一次婚姻是在上海中共中央从事地下工作期间，与女共产党员张锡瑗结为夫妇，两人志同道合，风雨同舟，患难与共，在白色恐怖中为共产主义理想英勇奋斗。后来，张锡瑗因病去世。

邓小平前往中央革命根据地时，与金维映同行。金维映是浙江舟山人，1904年生，在中学时代就积极参加五四运动。1926年加入中国共产党，属于中国共产党舟山早期组织领导人之一。以后，主要从事工人运动和妇女运动，曾任中共江苏省委妇女运动委员会书记、中共江苏省委委员和常委、上海丝织业工会中共党团书记、上海工会联合行动委员会负责人等职务。她工作积极，为人热情，同志们都亲切地称呼她为“阿金”。

邓小平与金维映从上海到广东汕头后，由汕头地下交通站派的一位交通员带路，从广东经福建到江西，顺利进入中央革命根据地。一路同行，使邓小平和金维映这两个青年人进一步加深了相互了解，共同的理想和政治信念，使两个人逐步建立了革命感情。进入中央革命根据地后，邓小平和金维映结为夫妻。

金维映到达中央革命根据地后，曾任过中共于都县委书记、中共胜利县委书记，领导两县党政军民开展经济建设、扩大红军和支援前线，是一位有能力的女干部。“左”倾教条主义者发动反对“邓、毛、谢、古集团”的斗争，造成了强大的政治高压，迫使金维映不得不与邓小平离婚。这是“左”倾教条主义者错误地进行“党内斗争”而造成的严重悲剧。

鉴于长期以来人们对金维映的情况，若明若暗，知之甚少，因而众说纷纭，莫衷一是，甚至谣言四起，以假乱真，为此，特引用一些党史资料，以明真相，以正视听，恢复历史的本来面目。

关于金维映在1931年至1933年间曾先后担任中共于都县委书记和胜利县委书记的情况，中共于都县委党史办公室经过对于都党史的研究，于1982年10月25日在回复金维映家乡——岱山县县委党史资料征集小组办公室的询问时，作了这样的答复。

岱山县县委党史资料征集小组办公室：

你们写信给中共江西省委党史资料征集研究委员会，询问了解金维映同志是否在我县（苏区）工作过的问题，已转告我们回信。经我们查阅有关资料和访问有关苏区老干部，现答复如下：

金维映同志于1931年11月至1932年8月任中共于都县委书记，1932年8月至1933年5月任中共胜利县委书记。

胜利县是在1932年1月正式成立的，于1935年1月因国民党反动派卷土重来后而自然消失。

胜利县委、县苏维埃政府驻在我县银坑地区，当时管辖兴国县的樟木山、江背洞、梅窖等地和我县的桥头、平安、曲洋、汾坑、葛址、赖村、青圹、马安、仙下、车头等地（其中赖村、青圹原一直是于都县管辖，于1955年才划给宁都县管辖）。

金维映同志在苏区我县工作过是事实，但其革命活动事迹有待进一步调查。特此回信。

关于金维映从事革命活动的基本情况，在中央革命根据地时期担任中共中央组织部部长的李维汉回忆说：

金爱卿在1926年左右曾在家乡领导渔民暴动（这是据她自己说的，来信说是领导盐民暴动，可能我记错了）。暴动失败后被捕，释放后，逃到上海。她曾在中华全国总工会工作，参加女工运动。1930年，因动员闸北丝厂女工罢工被捕，关押在英（租界）巡捕房，经“济难会”营救释放。陈修良同志同她一道参加动员丝厂女工罢工运动，陈修良同志现在上海工作，可经过上海统战部找她写点材料。金爱卿在上海人称她阿金，后改名金维映。在中华全国总工会工作时，曾与该会秘书长周某（我忘记了其名）结婚，1930年周某被捕，关在龙华监狱，后病故。1931年，阿金去中央苏区，曾任江西省胜利县委书记，约在1933年下半年到中央组织部任组织科长。1934 年兼任军委动员武装部副部长，到红军长征为止。1934 年我同阿金结婚，一道参加红军长征。到陕北后，她任中央组织科长。1937 年初，改任抗大女生大队政治协理员，下半年因病休息。1937 年调任陕北公学生活指导委员会副主任。1938 年春同蔡畅同志等去苏联学习和治病。约在 1939 年或 1940 年患精神分裂症，和另一中国女同志同赴莫斯科郊区医院治疗。德国法西斯军队进攻莫斯科期间，她和另一位女同志均失踪。估计是牺牲了。

曾经长期与金维映在一起工作、战斗过的邓颖超 1982 年 8 月 11 日回忆说：

1929～1930 年左右，我是在上海白区工作的时候和金维映同志认识的。她那时参加江苏省委领导工作和上海工人运动。1932 年我和她在江西瑞金中央苏区根据地时重逢。她当时在瑞金县工作，我们常见面。1934 年，她同我都参加二万五千里长征，到陕北瓦窑堡的时候，我们同住一个院子。不久国民党军队进攻瓦窑堡，我们就转移到保安。以后，由于我们的工作机关不在一起，再没有见面。1939 年 7 月，周恩来同志右臂骨折，8 月我陪伴周恩来同志去苏联莫斯科治病，听说阿金（大家对她的称呼）已经在莫斯科郊区的休养所。当时，许多中国同志在那里休养。我曾去过两次，第一次见到金维映同志时很正常，第二次再去时，我留住休养所，记得两三天后，忽然说她病了，她表现不正常，当时不知是什么病，据说后来把她送到了精神病院……1940 年 3 月，我们离开莫斯科回国前，恩来同志看她，我在远远的门缝里看着她，她精神很不正常，两眼发直，衣服不扣，只听她说话，但听不清说什么。回国后，我在国统区工作，没有听说过她的消息。第二次世界大战爆发，希特勒军队进攻莫斯科的时候，她住的医院和国际儿童学院（我国烈士子女全在此学习）都迁离莫斯科，以后再没听说她的消息了。解放后，有同志从苏联回来也没提起过她，可能她是在医院里在敌人炮火下死去的。

邓小平的女儿毛毛在《我的父亲邓小平》中写道：

> （阿金）和父亲分离以后，她被调到中央组织部任组织科长，次年改任中央革命军事委员会武装动员部副部长。1933年10月，阿金受命担任瑞金县扩红突击队总队长，出色地完成了任务，受到中央的好评。1934年，中央红军开始长征，阿金和红一方面军的二十几位女战士一起编入中央第二纵队，也就是“红章纵队”，在地方工作部工作，任务是沿途发动群众。后来，阿金被调到中央直属的一个干部休养连担任党支部书记。在这个休养连中，大都是身患疾病的女同志和年龄较大的老同志，有董必武、徐特立、谢觉哉、蔡畅、邓颖超、康克清等老同志和老大姐。长征到达陕北后，阿金担任过中央组织部组织科长、抗日军政大学第四大队女生区队的区队长、陕北公学生活指导委员会副主任等职。长期的战争生活和艰苦环境，使许多长征过来的女同志身患疾病，阿金也是如此。因此，1938年，组织上决定送她去苏联治病。1941年，苏德战争爆发，战火很快燃烧到莫斯科，其时阿金正在莫斯科郊区的一家医院治病，不幸死于战乱之中，时年三十有七。①

从上述党史资料看，金维映为共产主义事业奋斗的一生，已经基本上清楚了。②

“文化大革命”期间，邓小平回顾历史时，谈到了自己在“左”倾教条主义统治中央时，遭到错误批判的情况：“在博古临时中央进入中央苏区不久，在1933年三四月间，我被调离了这个工作（指会昌中心县委书记），到江西省委当了一两个月的宣传部长，随即由临时中央开展了反对以邓（小平）、毛

---

① 毛毛（邓榕）：《我的父亲邓小平》上卷，中央文献出版社1993年版，第322～323页。

② 为了彻底弄清楚金维映的情况，笔者曾进行多次实地调研。其中岱山调研后，岱山县还发表了网上消息：“2014年6月30日，中央党史研究室副主任高永中、中央党史研究室宣传教育局副局长薛庆超、浙江党史研究室主任金延锋一行在市史志办主任包江雁的陪同下来岱山调研革命遗址遗迹维修保护情况和党史教育基地建设情况。先后参观金维映故居、中共地下交通联络站恒兴米行革命遗址等革命胜迹，并对岱山革命遗址遗迹的保护和党史教育基地建设工作表示肯定。县委常委、宣传部长何徐华陪同调研。”

(泽覃)、谢（唯俊)、古（柏）为代表的‘江西罗明路线’斗争后，撤销了我的省委宣传部长职务，给了我以最后严重警告的处分，派到乐安县属的南村区委当巡视员。我到乐安后不足十天，又令我回到省委（据说乐安是边区，怕出问题)，不久，即调到总政治部当秘书长。当时总政治部主任是王稼祥，副主任是贺昌。我当了两三个月秘书长后，要求另调工作。于是分配我为总政治部宣传部的干事，除一般工作，还主编总政机关报《红星》（小报）。这个工作我一直担任到长征途中遵义会议的前夕。”

第十章

揭开邓小平是否参加遵义会议的“历史之谜”

1934 年 10 月，由于“左”倾教条主义错误统治中央给各革命根据地和白区工作带来的灾难性后果，中共中央和红一方面军不得不离开中央革命根据地，开始长征。

长征中，邓小平和《红星》报一起，随红军总政治部机关被编在“红章纵队”中。在紧张的行军、战斗间隙里，每到一地，邓小平总是先编辑《红星》报，为正在浴血奋战、冲锋陷阵的红军指战员提供“精神食粮”。从长征开始到离开《红星》报前，他用手写、油印，仍编印了七八期的《红星》报。

长征的过程，实质上是党和红军从血的教训中认识“左”倾教条主义错误对中国革命的严重危害，并最终将其抛弃的过程；也是一部分曾经受过“左”倾教条主义错误影响的中央领导同志（如王稼祥、张闻天等）逐渐觉悟的过程。中央政治局在长征途中召开一系列会议，经过激烈的争论和斗争，逐渐统一到拥护以毛泽东为代表的正确路线上来。因此，从黎平会议开始，毛泽东的正确主张开始在中共中央占据主导地位。这样，就直接为遵义会议的召开创造了有利条件，奠定了可靠的政治基础。

黎平会议后，对一部分干部的工作进行了调整。曾经因毛泽东受到“左”倾教条主义者排斥而遭到过“批判”的邓小平，因毛泽东在中共中央地位的变化而理所当然地受到信任和重用，由《红星》报主编调任中共中央秘书长，再次进入中央领导机关工作，主要负责中央会议的记录、中央领导同志的生活和中央机关的警卫等工作。

1935 年 1 月，红军占领遵义。1 月 15 日至 17 日，中国共产党召开中央政治局扩大会议——遵义会议。

会议开始，博古作为中共中央的总负责人，首先作了关于反第五次“围剿”总结的主报告，把第五次反“围剿”的失败归结为敌人力量的强大等客观因素，为“左”倾教条主义错误军事路线辩护。会议认为“博古同志的报告基本上是不正确的”。接着，周恩来作了军事问题的副报告。毛泽东在会上作了重要发言。他手持发言提纲，系统地、全面地对错误的军事路线进行了切中要害的分析和义正词严的批判，指出“左”倾领导者在军事路线上的错误：先是冒险主义，继而是保守主义，然后是逃跑主义。毛泽东阐述了中国革命战争的战略问题，提出了今后前进的方向。

与会的张闻天、王稼祥等同志，坚定地站在毛泽东一边，在发言中都批评了“左”倾领导者的错误。其他同志也都批评了博古、李德的错误指挥，拥护毛泽东的正确主张。会议经过热烈讨论，认为红军第五次反“围剿”的失败以及退出中央苏区以来遭到的严重损失，其主要原因是博古和李德在军事指挥上犯了一系列严重错误。

会议肯定了毛泽东关于红军作战的基本原则，改组了中央领导机构，推选毛泽东为中央政治局常委，取消博古、李德的最高军事指挥权，决定仍由中央军委负责人“最高军事首长朱（德）、周（恩来）为军事指挥者，而恩来同志是党内委托的对于指挥军事上下最后决心的负责者”。

会后，在行军途中，根据遵义会议精神，中央政治局常委进行工作分工，由张闻天代替博古“负总责”。中央政治局讨论通过《中共中央关于反对敌人五次“围剿”的总结决议》（即《遵义会议决议》）。随后，中央革命军事委员会决定设置前敌司令部，以朱德为司令员，毛泽东为政治委员。接着，又由周恩来、毛泽东、王稼祥组成“三人团”（亦称“三人小组”“军事指挥三人小组”等，但原始文件上为“三人团”）全权负责军事行动。在当时的情况下，“三人团”实际上起着红军最高统帅部的作用。

遵义会议在中国革命的危急关头，在党和红军生死攸关的关键时刻，结束了“左”倾教条主义者在中共中央的统治，确立了以毛泽东为代表的新的中央的正确领导，挽救了党，挽救了红军，是中国共产党在民主革命时期的一个历史性转折点，是中国共产党从幼年走上成熟的重要标志。从此，党走上了把马克思主义基本原理与中国革命具体实践相结合，独立自主地解决路线、方针和政策的道路，中国革命以不可阻挡之势向前发展。

遵义会议期间，邓小平根据毛泽东的要求，主要是安排会议、组织会议、处理会务。

邓小平在遵义会议上没有发言。作为中央秘书长，筹备会议、做好会务工作、做好会议记录，是他的主要职责。根据与会者回忆，邓小平是遵义会议的记录者。

这一点可以从当时的中共中央政治局常委、中华苏维埃共和国中央革命军事委员会副主席、中国工农红军总政治委员周恩来的一次谈话中得到证明。

周恩来的谈话是这样披露出来的：1984 年，美国著名记者、作家哈里森·索尔兹伯里为撰写《长征——前所未闻的故事》一书，专程来到中国，在与他的好友谢伟思和妻子夏洛特的密切合作下，沿着当年红军长征的路线，进行实地采访。在搜集关于中国工农红军长征历史资料的过程中，经过中共中央有关方面的批准，他获得了一项“特权”——可以访问所有他愿意访问的中国还健在的长征参加者。同年 12 月 26 日，在毛泽东诞辰 91 周年这一天，当年担任红三军团政治委员的遵义会议参加者杨尚昆会见了他。

当哈里森·索尔兹伯里问到邓小平参加遵义会议的情况时，杨尚昆回答说：“50 年代末 60 年代初，我到遵义，遵义的同志问都是哪些人参加了遵义会议，我一一作了回答。他们又问邓小平同志是否参加了，我说好像不记得他参加了。回到北京，我问周总理，总理说小平同志参加了。当时担任会议记录，他是党中央秘书长。”

但遗憾的是，遵义会议已经召开很多年了，而这次会议的记录却一直没有发现。

在长征中，中共中央的重要文件都是装在几个白铁皮箱子里，或由人挑，或用马驮，随中央机关一起行动。中央主要负责人走到哪里，“挑子”就跟到哪里。

博古在遵义会议后离开中央总负责人的领导岗位，履行的交权手续，就是把“挑子”交给了代替他在中央“负总责”的张闻天——史称博古“交挑子”。曾经在遵义会议上坚持“左”倾教条主义错误的何克全，还在会后私下对博古说：“挑子不能交……”博古没有听他的话，一方面因为确实感到自己作为中央总负责人力不从心，一方面对党和红军受到的重大损失也心中有愧，最主要的是博古不计较个人得失，坚决执行遵义会议上中央的一致意见。

那么，里面装着遵义会议记录的那个“挑子”去哪里了呢？第一种可能，是在红军四渡赤水中，一次过浮桥时，驮“挑子”的马突然受惊，失蹄落水，“挑子”也就沉落赤水河中了。当时天上有敌机轰炸，四周有敌人的追兵，谁也顾不上仔细清点丢了什么东西。第二种可能，是在解放战争中，国民党胡宗南军队进攻延安之前，中央机关“坚壁清野”，把一大批中央重要文件装箱后，运于荒山野岭之处秘密掩埋了。到人民解放军收复延安时，中央机关已经迁到了河北省平山县的西柏坡。全国解放后，寻找这批文件时，因为历经战乱，几年间又有几次大雨，掩埋文件的地方留下的痕迹早已被冲刷得一干二净，谁也记不得兵荒马乱之际这批文件到底埋藏在什么地方了。

在以上两种可能中，大概前一种可能性更大些。如果在长征中遵义会议的记录没有丢失的话，在1942年开始的全党整风运动中，在毛泽东主持编辑中央秘密文件汇编《六大以前》和《六大以来》时，是会把这个重要文件选编进去的。既然《六大以来》没有把遵义会议记录编入，说明这份文件可能在长征中就已经遗失了。

中国共产党在新民主主义革命时期历史发展转折关头召开的重要会议，一共有两次：大革命失败后的“八七”会议和红军反第五次“围剿”失败后长征中召开的遵义会议。

“八七”会议在大革命失败的情况下，改组中央领导机构，重新组织起被敌人打散了的党的队伍，领导全党走上武装反抗国民党反动派的新道路，挽救了危急中的中国革命。遵义会议结束“左”倾教条主义错误在中央的统治，开始以毛泽东为代表的正确路线的领导，在中国革命的危急关头，挽救了党，挽救了红军。

邓小平参加了“八七”会议和遵义会议这两个具有历史意义的重要会议，在“八七”会议上作为中央秘书，在遵义会议上作为中央秘书长，成为中国共产党新民主主义革命时期两次历史性转折会议的筹备者、亲历者和历史见证者。这不是偶然的巧合，而是必然的历史性机遇。以后，邓小平作为中共中央副主席，主导了中国共产党社会主义时期具有历史转折意义的重要会议——十一届三中全会。

遵义会议后，毛泽东虽然在名义上还不是中共中央主要负责人，但已经成为中央领导集体主要成员之一，并且在其中发挥着核心作用。

在遵义会议后的长征中，邓小平作为中央秘书长，与毛泽东、周恩来和在中共中央“负总责”的张闻天一起行军，参加了中央政治局召开的一系列会议，认真地履行着中央秘书长的工作职责。在长征途中，情况瞬息万变，中央政治局的许多会议也就随时召开，有的留下了文字记录，有的没有留下文字记录。

对于遵义会议后这段特殊时期的中共历史，邓小平作为亲历者和当事人有着特别深刻的印象。中共中央组织起草《关于建国以来党的若干历史问题的决议》（以下简称《决议》）时，起草小组在起草过程中，为了写好对遵义会议的评价，特意查阅了有关的历史材料，并根据这些材料，在《决议》草稿中写了“遵义会议实际上确立了毛泽东同志在红军和党中央的领导地位”。

当文稿送给邓小平审阅时，他说：这个事情我清楚。因为遵义会议时我是党中央的秘书长，是到了会的。邓小平经过反复考虑，以对历史负责、对毛泽东在遵义会议后的党中央起到的重要领导核心作用的实际情况负责的实事求是精神，郑重指出：还是把“实际上”三个字勾掉好。

邓小平还强调指出：“遵义会议以后，毛泽东同志对全党起了领导作用。那个时候行军，毛泽东同志、周恩来同志、张闻天同志和我是在一起的。每天住下来，要等各个部队的电报，一直等到深夜，再根据这些电报来确定红军的行动。在重要问题上，大多是毛泽东同志出主意，其他同志同意的。尽管名义上他没有当总书记或军委主席，实际上他对军队的指挥以及重大问题上的决策，都为别的领导人所承认。朱德同志、周恩来同志、张闻天同志、王稼祥同志，他们这些同志确实照顾大局，确实有党性原则，只要毛泽东同志的意见是对的，都一致支持，坚决执行。”

根据邓小平的意见，中共十一届六中全会通过的《关于建国以来党的若干历史问题的决议》对遵义会议作了经得起历史检验的科学评价：“1935 年 1 月党中央政治局在长征途中举行的遵义会议，确立了毛泽东同志在红军和党中央的领导地位，使红军和党中央得以在极其危急的情况下保存下来，并且在这以后能够战胜张国焘的分裂主义，胜利地完成长征，打开中国革命的新局面。这在党的历史上是一个生死攸关的转折点。”

需要说明的是，由于遵义会议资料的缺乏，同时也由于邓小平很少提及他本人的这段历史，以至于在“文化大革命”以前相当长的时期内，党史著作提到遵义会议的参加者时，从来没有提到过邓小平。

遵义会议纪念馆是1955年开放的，在陈列的遵义会议参加者中，最初没有提到邓小平的名字。1958年11月，担任中共中央政治局常委、中央总书记、国务院副总理的邓小平到贵州视察并指导工作。11月3日，邓小平在中共中央书记处候补书记、中央办公厅主任杨尚昆，中央政治局委员、西南协作区主任委员、四川省委第一书记李井泉，贵州省委书记兼省长周林等同志的陪同下到遵义视察工作，听取工作汇报，进行调查研究。

在此期间，邓小平等领导同志参观了遵义会议会址。当走进阔别20多年的遵义会议会址后，邓小平触景生情，抚今追昔，感慨万千，仿佛又回到了当年那令人难忘的战争岁月。他仔细地看着楼下每一间房子，抚摸着室内陈设的物品，不时与同行者述说着当年的有关情况。随后，他踏着楼梯，走进开会的房间，看到房间里仍旧是当年摆设的样子，立刻想起了当年开会时的情景。

邓小平对随行的同志肯定地说：“会议就是在这里开的。”接着，他指着靠里边的一角说：“我就坐在那里。”走出会议室，来到走廊上，邓小平一边看着檐下柱间的拱券和柱顶用垩土堆塑的各种花卉，一边对同行的负责同志说：“这个地方原来好像很宽，有次就在这里摆一张地图，几个人研究怎样往四川走。”（邓小平的记忆十分准确，他说的这个地方后来进行过维修，同当年的原貌有所不同。）

在遵义期间，邓小平还深入街道、工厂、农村，与干部、群众进行广泛接触和交谈。陪同他调研的遵义地委书记李苏波，对邓小平讲过的一段话一直记忆犹新，难以忘怀。邓小平说：贵州是山区，山区应有山区的搞法，不能像平原那样搞。譬如，苏联有苏联的社会主义，中国要办中国的社会主义，中国不能照搬苏联的搞法。这就是遵义会议精神的精髓，即实事求是地根据各自的实情走自己的路。

这是一段迄今为止发现的最早的邓小平明确阐述关于建设中国特色社会主义基本思想的话，也是邓小平对遵义会议精神的高度概括和总结，充满了马克思主义辩证唯物主义和历史唯物主义的智慧和哲理，对研究、发掘邓小平理论的历史渊源和思想渊源，具有十分重要的理论意义和现实意义。

根据邓小平的回忆，遵义会议纪念馆对陈列内容进行了调整充实。1965年经贵州省委副书记、省长李立批准，在遵义会议会议室的说明牌上列上了邓小平的名字，并在遵义会议会议室的里壁墙上，按照中共第八届中央政治局常委排列顺序，挂出了参加遵义会议的毛泽东、刘少奇、周恩来、朱德、陈云、林彪、邓小平这7个人的照片。1966年，“文化大革命”爆发后，一些“造反组织”打着“造刘邓路线的反”的旗号，诬蔑邓小平“篡改历史，硬将自己塞进遵义会议，捞取政治资本……”于是，邓小平的名字在遵义会议会议室的说明牌上被打上了黑叉叉，邓小平的照片被从会议室的墙壁上拆了下来。

但是，邓小平对“文化大革命”中一些人在关于他是否参加了遵义会议问题上制造的混乱，始终不屑一顾，坚持以实事求是的科学态度对待历史。1973年2月，邓小平根据中共中央通知从江西返回北京，等待安排工作。有一天，一位在中国革命博物馆工作的老一辈革命家的女儿去看望他，谈话间问到参加遵义会议之事，邓小平泰然自若地说：“遵义会议，我参加了就是参加了，没有参加就是没有参加，我一生的历史，已经够光荣的了，不因没有参加遵义会议硬说参加了，来增添一份光荣……”

中共十一届三中全会后，全党开始了延安整风运动以来又一次学习和研究党史的高潮。经过一些老同志的回忆和党史工作者的研究考证，邓小平参加遵义会议一事终于成为党史学界的定论。

于是，在一些党史展览和党史著作中，当写到遵义会议参加者时，便有这样的介绍：

邓小平：《红星》报主编。

或者是：邓小平、伍修权和李德列席了会议。

或者是：邓小平先是以《红星》报主编身份列席会议，会议中被选为中央秘书长，正式参加会议。

而且这种说法，在相当长一段时间内被国内外各种书籍广泛采用，似乎已成定论。

但是，按照这种说法，在国内外一些研究者中又产生了一个疑问：《红星》报主编能够列席中共中央政治局扩大会议吗？

于是，究竟邓小平是以什么身份参加遵义会议的，在一段时间内，仿佛成了一个历史之谜（前面提到的杨尚昆答哈里森·索尔兹伯里问，在国内鲜为人知。索尔兹伯里的《长征——前所未闻的故事》1985 年 10 月在美国出版，1986 年 5 月解放军出版社才出版了中译本）。

直到 1985 年 1 月，为了纪念遵义会议召开五十周年，有关方面在遵义召开“纪念遵义会议五十周年学术讨论会”，从中央到地方的许多领导干部、老同志和党史界学者聚集一堂，根据历史资料和老同志回忆，确认邓小平是以中共中央秘书长的身份参加遵义会议的。

在这次会上，遵义会议的参加者伍修权在给大家解答问题时披露：邓小平同志自己说过，我不是会上才被选为秘书长的，1934 年年底就已担任中央秘书长了。

历史，这才终于恢复了本来面目。

遵义会议，不仅标志着中国共产党历史发展的一次具有深远意义的转折，而且也标志着邓小平革命生涯中一次具有深远意义的重大转折。随着遵义会议前夕毛泽东在中共中央地位的改善和在遵义会议上领导地位的确立，邓小平也结束了被“左”倾教条主义者打击排斥的境地，重新回到领导岗位。

对于遵义会议在中国革命历史上的重要地位和意义，邓小平在回顾和总结中国共产党历史经验时多次讲到。

1980 年 8 月 21 日，邓小平在会见意大利记者奥琳埃娜·法拉奇时说：在 1935 年我们历史上著名的长征中召开的遵义会议上，确立了毛泽东同志在党和军队的领导。相应地，我那时也第二次当党中央秘书长。

1989 年 5 月 31 日，邓小平在同两位中央负责同志的谈话中指出：“从毛刘周朱开始，中国共产党才真正形成了一个稳定的成熟的领导集体。以前的领导都是很不稳定，也很不成熟的。从陈独秀起，一直到遵义会议，没有一届是真正成熟的……我们党的历史上，真正形成成熟的领导，是从毛刘周朱这一代开始。”①

---

① 《邓小平文选》第 3 卷，人民出版社 1993 年版，第 298 页。

1989年6月16日，邓小平在同几位中央负责同志谈话时，再次强调指出：“在历史上，遵义会议以前，我们的党没有形成过一个成熟的党中央。从陈独秀、瞿秋白、向忠发、李立三到王明，都没有形成过有能力的中央。我们党的领导集体，是从遵义会议开始逐步形成的，也就是毛刘周朱和任弼时同志，弼时同志去世后，又加了陈云同志。到了党的八大，成立了由毛刘周朱陈邓六个人组成的常委会，后来又加了一个林彪。这个领导集体一直到‘文化大革命’。”①

1981年6月，在邓小平亲自主持、具体指导下起草，中共十一届六中全会通过的《关于建国以来党的若干历史问题的决议》中，专门写了第一部分“建国以前二十八年历史的回顾”，对遵义会议再次作了高度评价。

① 《邓小平文选》第3卷，人民出版社1993年版，第309页。

第十一章

“小平同志很有才干，所以调他到前方去”

1935年6月，中共中央机关率领红一方面军和红四方面军胜利会师。为加强作战部队的政治工作，主要的是在长征中保护一些重要的领导干部，同时也为了使中央机关更加精干，把许多领导干部分别派到各军团工作。刘少奇就曾被派到作战部队，先后担任红八军团、红五军团党代表和红三军团政治部主任，邓小平被调任红一方面军第一军团政治部宣传部部长。

至此，邓小平结束了革命征途上第二次担任中共中央秘书长的生涯。

接替邓小平担任中共中央秘书长一职的刘英，曾在回忆录中写道：当她前往中央机关所在的中央纵队报到时，毛泽东对她说：小平同志要上前线去，我推荐你接替他的工作。刘英担心地说：“小平同志能文能武，精明能干，我怕做不了。”毛泽东笑着说：“你做得了！”“前方需要加强，小平同志很有才干，所以调他到前方去，让他更好地发挥作用。”

红一军团的前身，是秋收起义后毛泽东领导走上井冈山的中国工农革命军。后来与朱德带上井冈山的南昌起义部队余部及湘南暴动部队合编，成为中国工农红军第四军。红四军逐渐发展壮大，扩编为红一军团，是红一方面军的主力部队之一。在长征中强渡大渡河、飞夺泸定桥、突破乌江天险的都是这支英雄部队。

红一军团军团长林彪，过去同邓小平并不熟悉。红一军团政治委员聂荣臻，是邓小平在中国社会主义青年团旅欧总支部和中国共产党旅欧总支部时的老战友。红一军团政治部副主任罗荣桓与邓小平一样，在“左”倾教条主义统治时期受过打击，与邓小平“无话不谈”。长征路上，他们并肩战斗，抓好红一军团的政治工作，为提高部队战斗力和长征胜利作出了贡献。

红一方面军和红四方面军会师后，中共中央根据新的形势，确定了北上建立川陕甘革命根据地的战略方针。但张国焘与中央方针背道而驰，主张向川康边境地区退却。中共中央与张国焘分裂主义进行了坚决斗争。邓小平到红一军团时，部队正在毛儿盖地区。这段时间的政治工作，主要是宣传党的北上抗日创建川陕甘革命根据地的路线，提高部队干部战士的政治觉悟和组织纪律性，加强行政管理，减少病号，巩固部队。同时，既要完成筹粮任务，又要遵守民族政策和群众纪律，还要特别注意搞好红一和红四两个方面军之间的团结工作。在此期间，邓小平通过开会向各师口授政治工作指示，还要求宣传部下发一些简短的油印材料，供部队进行教育。邓小平配有一匹乘马，但是经常给伤病员骑，自己走路。

为了战胜张国焘分裂主义，中共中央机关率领红一方面军脱离险境，进入甘南，相继召开了俄界会议、哈达铺会议、榜罗镇会议等中央政治局扩大会议，批判张国焘分裂主义，调整战略方针，确定落脚陕北的重大战略决策。为坚决贯彻中共中央新的战略方针，邓小平充分发挥聪明才智，利用一切行之有效的宣传手段，使中央新的方针迅速转化为红一军团指战员的自觉行动。

在邓小平组织下，红一军团编写了《会合红二十五、二十六军，在陕北创立根据地讨论大纲》；绘制了《陕甘苏区略图》；要求部队层层组织学习、传达贯彻中央精神，在红军总政治部参加编辑的《前进报》上，登载介绍陕甘苏区的系列文章。红军占领通渭县城后，红一军团宣传部组织了盛大的文艺晚会。剧团演出了精彩的文艺节目，全军团 7000 人高声同唱《国际歌》，还请叶剑英等同志登台演讲北上抗日的意义，介绍陕甘苏区的情况。通过这些活动，红一军团指战员明确了中央调整战略方针的重大意义，消除了疑虑，增强了落脚陕北和迎接新形势新任务的信心。

在长征中，为了便于指挥部队作战，掌握各方面情况，毛泽东经常和红一军团一起行军。1935 年 10 月，中共中央和红一方面军越过岷山。毛泽东回顾说：“万里长征，千回百折，顺利少于困难不知有多少倍，心情是沉郁的。过了岷山，豁然开朗，转化到了反面，柳暗花明又一村了。”

长征即将取得胜利，毛泽东的心情豁然开朗。在红一军团的一次干部大会上，毛泽东总结了长征的意义后，对大家说，我写了一首《长征》的诗，给同志们念一下。他一边说着，一边用右手从口袋里拿出了一张纸，朗声念道：

七律·长征

红军不怕远征难，万水千山只等闲。
五岭逶迤腾细浪，乌蒙磅礴走泥丸。
金沙水拍云崖暖，大渡桥横铁索寒。
更喜岷山千里雪，三军过后尽开颜。

毛泽东的《七律·长征》，给邓小平和广大红军指战员以极大的振奋和鼓舞。

1935年10月7日，毛泽东亲自指挥红一方面军，在甘肃固原县青石咀（今属宁夏），以迅雷不及掩耳之势，歼灭了尾追红军的东北军两个骑兵连，缴获一批军用物资。邓小平看到此次缴获不少，便想到了红一军团宣传部领导下的宣传队的小战士们，经过长征的长途跋涉，他们的军装都已经破烂不堪。

于是，邓小平便找到红四团政治委员杨成武说："听说你们团在青石咀一仗，缴获了敌人不少布？"

"是的，上交了不少，还留了一点儿。"杨成武一五一十地说。

"关心一下宣传队的同志，给剧团的小鬼每人做套衣服怎么样？"邓小平以商量的语气对杨成武说。

"好，照指示办！"杨成武干脆利落地对"顶头上司"说。

杨成武作为团政治委员，按照政治工作的序列，隶属红一军团政治部领导。

邓小平当时为红一军团政治部宣传部部长，他的话对杨成武来说，当然是指示啰！

1935年10月19日，中共中央机关率红一方面军胜利到达陕北保安县吴起镇，进入陕甘革命根据地。22日，中共中央政治局扩大会议指出，中共中央和红一方面军历时1年零9天的长征到此完结，今后的任务是在西北建立革命根据地，进而领导全国的抗日救亡运动。不久，中共中央机关率红一方面军与战斗在陕北的红十五军团胜利会师，结束长征。

艰苦卓绝的中国工农红军长征，进一步锻炼了中国共产党，也进一步锻炼了邓小平和每一位红军指战员，使大家更加成熟、更加坚强，满怀信心地去迎接新的形势和新的任务。

11 月 7 日，中共中央机关到达陕甘革命根据地的安定县（今子长县）瓦窑堡。21 日至 24 日，红一方面军英勇迎击国民党军队的“围剿”，打响了直罗镇战役。战斗中，邓小平和罗荣桓突遭一股敌人袭击，幸亏原红七军的 1 个连冲了上来，才解了围，国民党军队密集的子弹给邓小平的皮大衣穿了好几个洞，但没有伤着身体。红军在直罗镇战役中全歼国民党东北军第一〇九师，接着又在张家湾地区歼灭国民党东北军一〇六师一个团，彻底粉碎了国民党军队对陕甘革命根据地的第三次“围剿”，给中共中央把全国革命大本营放在西北的任务，举行了一个“奠基礼”。

1936 年 2 月，在毛泽东、彭德怀的率领和指挥下，红一方面军以“中国人民红军抗日先锋军”的名义，发起东征战役，强渡黄河，进军山西。邓小平随红一方面军渡黄河、入山西，征战两个多月后，返回陕北。这时，红一军团政治部副主任罗荣桓被选调入红军大学学习，邓小平被任命为红一军团政治部副主任。

5 月 18 日，毛泽东签发西征命令，正式组建以彭德怀为司令员兼政治委员的西方野战军。邓小平作为红一军团政治部副主任随军西征。1927 年春天，不满 23 岁的邓小平由苏联莫斯科中山大学回国时，曾经走过这一地区。如今，近 10 年过去了，当年风华正茂的青年学生已经在中国革命战争的烈火中锻炼成为身经百战的红军将领。故地重游，不能不令人感慨万千。同时，邓小平对这一地区地理情况的了解，对中央拟定宁夏战役计划起了战场调查和提供依据的作用。

红军西征的目的，是在陕甘苏区的西部创建新的根据地，争取与东北军建立抗日民族统一战线，迎接红二方面军和红四方面军北上，合力夺取宁夏，打通国际路线。对此，张国焘极力反对。毛泽东曾打电报苦口婆心地向张国焘指出：“外蒙、宁夏间是草地，有许多汽车通行路”，“邓小平同志亦亲从定远营（今巴彦浩特）汽车路走过”。“河西地区狭小不利回旋，且城坚难破”，“夺取宁夏打通苏联，不论在红军发展上，在全国统一战线，在西北新局面上都是决定的一环。在当前一瞬间阻止胡（宗南）军把一、四方面军隔开，又是决定的一环。时机迫促，稍纵即逝，千祈留意，至祷至盼”。

毛泽东强调的中心意思是，既然邓小平等同志当年能从这条路线回国，红一方面军、红二方面军、红四方面军 7 万多人打通这条国际路线自然是可行的。

从 1936 年 5 月至 7 月底，红军在陕甘宁三省交界的国民党统治力量薄弱地区，迅速开辟了纵横 200 多公里的新根据地，并与陕甘老根据地连成一片，红军和地方武装力量都得到相应的发展。这段时间第一线基本无战事，邓小平利用这个机会加强对部队的政治训练和思想教育工作。红一军团政治部主任朱瑞和副主任邓小平，在宁夏七营川一带，亲自给红一军团各级干部讲课，从政党、领袖与群众的关系讲起，阐明社会发展的历史，使许多同志由朴素的阶级觉悟逐渐向理性认识上升，确立为普天下劳苦大众的解放、为实现共产主义理想而奋斗的信念。

与此同时，遵照中共中央的部署，西征红军的主要任务是以赤化、扩红、训练为中心，并侧重建立与国民党东北军和西北军第十七路军中团以上军官的统战关系。为此，毛泽东特别向彭德怀推荐了邓小平，认为他大革命时期曾在西北工作，是开展上层统战工作的得力人选。

当时，国民党西北地区的地方实力派之一邓宝珊，率领着新一军驻防甘肃省的榆中、定西、静宁、靖远一线。由于邓小平在大革命时期即与邓宝珊比较熟悉，因此，他多次派人给邓宝珊部送信，与之建立了默契关系。为了争取东北军停止内战、一致抗日，红军政治机关在战场上多次向东北军官兵喊话，从各种渠道发展与东北军中上层军官的友好关系，直至双方暗中往来，签订停战协定。这些工作，为与东北军建立抗日民族统一战线奠定了初步基础。

1936 年 10 月，红一方面军、红二方面军、红四方面军胜利会师。之后，邓小平参加了红军在甘肃环县发起的山城堡战役。12 月 12 日，张学良、杨虎城发动西安事变。西安事变爆发后，为制止新的内战，策应张学良的东北军和杨虎城的第十七路军的行动，红军主力应张学良、杨虎城邀请南下关中地区，12 月 25 日，邓小平随红一军团南下到甘肃庆阳一带。

1936 年年底，在中国政治形势急剧变化的时候，邓小平由于长期劳累过度，竟然一下子病倒了。毛毛在《我的父亲邓小平》中写道：“12 月 12 日西安事变爆发，父亲是在生病昏迷的状态下听说的。那是因为，1936 年年底，父亲得了一场非常严重的伤寒病。”

当时与邓小平一起从事红军政治工作的杨尚昆，向毛毛回忆过邓小平的病况：“杨伯伯告诉我，那是在甘肃庆阳一带，你爸爸得了伤寒，非常厉害。他已经是昏迷不醒了，什么东西都没法吃，吃一点东西就会把肠子戳破，只好煮点米汤喂他。正好那时候张学良和我们搞统战，派他的副官来慰问红军，送来两车慰问品，有吃的，还有香烟和一些其他物资，其中有一些罐装的炼乳。聂伯伯（聂荣臻）决定，把这些炼乳全部给小平。全靠这些炼乳，救了你爸爸的命。”

当时担任红二方面军副总指挥的萧克对毛毛回忆说：“1936 年 11 月、12 月间，我们的部队走在一块儿，听说你爸爸病了，我就去看他。那时候他病得很重，用担架抬着，不省人事，很危险。”

邓小平自己对这场突如其来的大病印象极为深刻，曾经回忆说，那次病得很重，差点死掉了。西安事变爆发，在昏迷中隐隐约约听到几句，就又昏迷过去了。

幸亏红军医务人员精心治疗，加上邓小平长期坚持冷水浴，身体底子比较好，年轻力壮，抵抗力强，又有同志们的关心照顾，更重要的是张学良送来的一些罐装炼乳有力地增加了营养。邓小平终于度过危险期，恢复健康，投入到了新的战斗中。

1937 年 1 月 8 日，红一军团进至西安以北的三原、泾阳一线。西安事变和平解决后，邓小平随红军主力奉命北撤。2 月 22 日到达庆阳宫河镇一带，红一军团政治部驻扎在王家楼。此时，邓小平已接替朱瑞任红一军团政治部主任，协助军团其他首长开始了历时半年之久的整训工作和改编准备工作。西安事变的和平解决，对国共两党再次合作、团结抗日，起了重大的推动作用，成为由国内革命战争走向抗日民族解放战争的转折点。

红一军团整训工作的主要目的，是解决好广大红军指战员的思想从土地革命战争向适应新形势的抗日民族解放战争的转变问题。因此，整训工作中的最大问题是思想转化工作。西安事变后，不仅释放了蒋介石，而且红军还要改编为国民革命军，不少指战员思想不通。在邓小平的主持下，红一军团各级政治机关组织编写关于红军面临的新形势、新任务的学习材料，举办形势报告会、讨论会，教唱抗战歌曲，演出抗战剧目，利用黑板报、墙壁画等多种形式，引导红军广大指战员服从抗日大局。

上述工作，使部队中广泛存在的单纯阶级仇恨，逐步转化为强烈的整个民族的解放意识，提高了指战员的思想觉悟，加强了部队团结，为顺利进行改编奠定了坚实的思想基础。整训改编期间的另一项重要工作，就是如何处理好军民关系。为此，邓小平想了不少办法。为了密切军民关系，增强沟通了解，红一军团政治部专门宴请地方各界代表和知名人士。进餐中，邓小平向地方人士敬酒，宣传中国共产党的各项主张，交了不少朋友。

同时，红一军团政治部还帮助地方建立和发展中共组织。中共宫河支部、早胜支部、纪纲支部，都是在红一军团政治部卓有成效的工作和直接帮助下建立起来的。红一军团驻防期间纪律严明，买卖公平，官兵一致，军民平等，很快就消除了群众的疑惧。在各级有关地方组织的带领下，当地群众积极为红军运粮送草，缝衣做鞋。一大批青年还报名参加了红军。

1937 年 1 月 13 日，中共中央和中央军委等机关由保安（今志丹县）迁往延安。从此，延安成为爱国进步人士和广大青年向往的革命圣地。6 月底，邓小平被任命为中国工农红军前敌总指挥部政治部副主任，同时任中国工农红军总政治部副主任。

第十二章

与刘伯承并肩战斗在太行山区

1937年7月7日，日本帝国主义发动全面侵华战争。中国人民奋起抵抗，开始了艰苦卓绝的全国性抗日战争。7月8日，中国共产党中央委员会发出《中国共产党为日军进攻卢沟桥通电》，指出“只有全民族实行抗战，才是我们的出路”；号召全中国同胞、政府与军队团结起来，筑成民族统一战线的坚固长城，抵抗日寇的侵略。同日，毛泽东、朱德、彭德怀等中共和红军领导人致电蒋介石，表示红军将士愿意“为国效命，与敌周旋，以达保土卫国之目的”。

7月14日，中共中央军委主席团命令红军做好开赴抗日前线的准备。15日，中国共产党代表周恩来等将《中共中央为公布国共合作宣言》（以下简称《宣言》）交给蒋介石。《宣言》强调：“只有我们民族内部的团结，才能战胜日本帝国主义的侵略。”并提出发动全民族抗战、实行民主政治和改善人民生活三项基本要求。中共中央在《宣言》中郑重声明：愿为彻底实现孙中山先生的三民主义而奋斗；取消苏维埃政府，改称特区政府；取消红军番号，改编为国民革命军；在特区内实行彻底的民主制度，停止以暴力没收地主土地的政策。

7月17日，中共代表周恩来、博古、林伯渠同蒋介石等在庐山继续谈判。中共代表提出以《中共中央为公布国共合作宣言》作为第二次国共合作的政治基础，并约定由国民党“中央通讯社”公开发表。

当天，在全国人民同仇敌忾的抗日高潮压力下，蒋介石发表庐山谈话表示：“如果战端一开，那就地无分南北，人无分老幼，无论何人皆有守土抗战之责任，皆应抱定牺牲一切之决心。”

日军侵占北平、天津，进攻上海，直接威胁到国民党统治的心脏地区，也威胁到了英国、美国等国家的在华利益，也暴露了日本妄图灭亡中国、变中国为日本殖民地的狂妄野心。国民党政府不得不改弦更张，接受中共和全国人民团结一致、共同抗日的主张。

1937 年 8 月，国共双方达成将西北地区红军主力改编为国民革命军第八路军、在国民党统治区若干城市设立八路军办事处、公开出版《新华日报》等项协议。8 月 22 日，国民政府军事委员会发布命令，将红军主力改编为国民革命军第八路军。

8 月 25 日，中共中央军委发布命令：中国工农红军改编为国民革命军第八路军，总指挥朱德，副总指挥彭德怀，参谋长叶剑英，副参谋长左权，政治部主任任弼时，政治部副主任邓小平。

9 月 12 日，国民政府军事委员会又将第八路军番号改为第十八集团军，朱德任总司令，彭德怀任副总司令。9 月，陕甘宁革命根据地改称陕甘宁边区，辖 23 个县，约 150 万人口，是中共中央机关所在地。随后，根据国共谈判达成的协议，红军主力长征后，将坚持在南方的红军和游击队改编为国民革命军陆军新编第四军。

9 月 22 日，国民党“中央通讯社”发表《中共中央为公布国共合作宣言》。次日，蒋介石发表谈话，实际上承认了中国共产党的合法地位。中共中央宣言和蒋介石谈话的发表，标志着以国共两党合作为基础的抗日民族统一战线正式形成。

中国共产党代表中国人民和中华民族的根本利益，坚定地站在抗击日本帝国主义侵略的最前线。1937 年 9 月，朱德、任弼时、左权、邓小平等率领八路军总部东渡黄河，进入华北抗日前线。从 8 月下旬到 9 月底，八路军 3 个主力师陆续开往华北前线，投入对日作战。

就在这时，毛泽东给邓小平写了一封信。

原来，自 1936 年美国新闻记者埃德加·斯诺访问陕北革命根据地，当面采访了毛泽东、朱德等中共和红军领袖，收集了大量珍贵的有关中国共产主义运动的资料以后，他的夫人海伦·斯诺极为羡慕，多次要求北平的中共地下组织也为她安排一次同样的访问。1937 年 4 月，当埃德加·斯诺正在奋笔疾书《红星照耀中国》（中文版名为《西行漫记》）的时候，海伦被安排踏上了奔赴陕北的旅途。

在陕北，海伦如愿以偿，采访了毛泽东、朱德、彭德怀、徐向前、徐海东、罗炳辉、王震、何长工等中共领袖和一大批红军著名将领，还采访了蔡畅、康克清等妇女运动领袖和红军女战士，记下了86位中共和红军负责人的简历和主要斗争事迹，采访取得了圆满成功。

9月7日，海伦离开延安，踏上了赴前方采访的旅途。为了使她在沿途能够顺利地进行采访，毛泽东在此之前专门为她给八路军政治部主任任弼时和副主任邓小平写了一封信，让他们为海伦的活动提供方便和帮助。毛泽东写道：

弼时、小平同志：

斯诺夫人随部队一起赴前方，作为战地记者，向外写报道。请在工作、生活诸方面予以协助和关照。

致礼！

毛泽东

一九三七年八月十九日

当海伦拿着这封信到达原来设在云阳的八路军前方总指挥部时，任弼时、邓小平已在前一天夜里随着开赴抗日前线的八路军主力部队离开了——仅仅在八九个小时以前。

海伦为此行没有见到任弼时、邓小平和刘伯承等八路军将领而感到深深的遗憾。

一直到40多年后，邓小平应美国总统邀请，以中国政府领导人身份，于1979年年初访问美国的时候，海伦十分高兴。她立即从家乡康涅狄格州赶到华盛顿，向美国国务院提出要见一见邓小平的申请。她这一次“如愿以偿”。在华盛顿举行的庆祝中美建交的盛大招待会上，已经满头白发的海伦在美国外交官员的带领下，来到了邓小平面前。

“你好难找啊！”海伦无限感慨地说。

为了见到邓小平，她已经从一个风华正茂的美丽少妇变成了白发苍苍的老人。

“你就是斯诺夫人?”邓小平握住海伦的手，亲切地问道。

“是的!”海伦高兴地说。

“你可是大名鼎鼎的记者啊！我听说过的，听说过的，遗憾的是，我们今天才见面。”显然，邓小平对在美国见到海伦也非常高兴。

海伦拿出那封珍藏了42年的毛泽东写给邓小平的亲笔信，交给了邓小平这位收信人。

初到华北，邓小平作为八路军政治部副主任和第二战区民族革命战争战地总动员委员会八路军代表，先后在山西的太原、五台和汾孝地区，为发动群众、恢复和建立中共组织、创建晋东北和晋西南抗日根据地，进行了艰苦细致的工作。

1938年年初，因八路军第一二九师政治委员张浩返回延安治病，中央军委发布命令，任命邓小平为第一二九师政治委员。第一二九师师长刘伯承是四川开县人，与邓小平是“四川老乡”，参加过旧民主主义革命和新民主主义革命。邓小平说：“伯承早年从军，戎马一生。在辛亥革命后的护国护法战争中，他就是‘手执青锋卫共和’的一员猛将。我至今保存着他赠给的一九一五年所摄的照片，那时，他二十二岁，风华正茂，雄姿英发。就在第二年讨袁战争的四川丰都之役，他率部冲锋陷阵，头部连中两弹，失去右眼。他在大半个世纪中，指挥了无数次战役战斗，九处负伤，屡建战功，以足智多谋的‘独目将军’闻名于世。”①

刘伯承，1926年加入中国共产党。参加领导八一南昌起义，任中共前敌委员会参谋团参谋长。曾赴苏联莫斯科高级步兵学校、伏龙芝军事学院深造。历任长江局军委书记、中央革命军事委员会参谋长等。长征中，任红军总参谋长兼中央纵队司令员，协助毛泽东、周恩来领导长征。红一、红四方面军会师后，站在中共中央正确路线一边，和朱德等人一起，与张国焘分裂主义进行了坚决斗争。抗战爆发后，红军改编为八路军，任第一二九师师长。

邓小平任八路军第一二九师政治委员后，与刘伯承一起共事长达13年。

① 《邓小平文选》第3卷，人民出版社1993年版，第185页。

两人都是文武兼备、深谋远虑、立党为公、不谋私利的忠诚坦白的革命家。他们互相支持、互相配合，同舟共济、亲密无间，携手并肩、共创大业。他们从太行山麓、晋冀鲁豫、中原大地到西南边陲，率领部队，转战大半个中国，结下了真挚的战斗情谊。人们称他们为“刘邓”，他们带领的部队，人们呼之为“刘邓大军”。

对于同刘伯承在十几年革命战争枪林弹雨中结下的深厚情谊，邓小平回忆说：

> 我认识伯承，是一九三一年在中央苏区。初次见面，他就给我留下忠厚、诚挚、和蔼的深刻印象。我们一起工作，是一九三八年在八路军一二九师，一个师长，一个政治委员，以后在晋冀鲁豫野战军、中原野战军、第二野战军，前后共事十三年，两人感情非常融洽，工作非常协调。我比他小十多岁，性格爱好也不尽相同，但合作得很好。人们习惯地把“刘邓”连在一起，在我们两人心里，也觉得彼此难以分开。同伯承一起共事，一起打仗，我的心情是非常愉快的。伯承善于与同志团结共事的高尚风格，在今天仍是我们领导干部的表率。
>
> 伯承同志党性坚强，突出表现在考虑问题从党的全局出发，事事顾全大局，服从大局。为了党的整体利益，他总是毫不犹豫地牺牲个人和局部的利益，总是主动挑起最艰巨最危险的任务，兢兢业业，排除万难去圆满完成。长征开始前，他因反对军事指挥上的教条主义，被错误地撤销了总参谋长的职务，到五军团去当参谋长。他忍辱负重，积极工作。长征一开始，伯承率五军团担负了最艰巨的殿后任务，同数倍于我的敌人展开恶战，保护了中央机关的安全。后来他又担任先遣司令，率领部队斩关夺隘，为长征开辟前进道路。红军第一、四方面军会合后，他坚决拥护党中央北上抗日的方针，对张国焘另立中央、分裂党分裂红军的行为，进行了坚决的斗争。在抗日战争、解放战争时期和建国以后，他始终保持着党性坚强的高贵品质。解放战争的第二年，中央决定晋冀鲁豫十万大军挺进大别山，将战争引向国民党统治区。这是一个无后方作战的十分艰险的战略任务。当时有的干部对执行这一任务有顾虑，伯承对他们说，这个行动可

以把敌人吸引到我们身上来，减轻兄弟野战军的压力。釜底抽薪，焉能惧怕烫手，即使作出牺牲，也义无反顾。伯承这种态度，堪称执行党的各项决议和中央战略方针的典范。①

八路军第一二九师开赴华北抗日前线后，出手不凡，夜袭日军阳明堡飞机场，炸毁日军飞机24架，创造了用步兵消灭日军飞机的奇迹，名扬天下，这是继八路军第一一五师首战平型关后取得的又一次大胜利。

华北的太行山历来为兵家必争之地，自古以来就有扼太行者得天下之说。邓小平到第一二九师上任后，根据中共中央关于迅速实施战略展开，放手发动群众，壮大人民力量，开辟抗日民主根据地的指示，与刘伯承一起，率部开赴晋东南，开辟以太行山麓为中心的抗日民主根据地。

1938年2月4日至6日，邓小平在山西辽县（今左权县）主持召开八路军第一二九师团以上干部会议，研究并部署开创晋冀豫抗日民主根据地的工作。会议着重研究了抗日民主根据地创建中的武装斗争、政权建设、党的建设、群众工作等重大问题。邓小平在讲话中根据亲身经历，介绍了土地革命战争初期领导创建广西左、右江革命根据地的丰富经验，使与会同志深受教育。

3月中旬，邓小平等第一二九师负责同志组织召开了晋冀豫区开辟较早的辽县、和顺、昔阳、平定、井陉、元氏、赞皇、临城、内邱、邢台等10个县的区委以上干部会议。会议认为，共产党、八路军要在晋冀豫地区站稳脚跟，建立巩固的抗日民主根据地，必须充分发动群众，“利用自然山和建立人造山”。

这次会议对如何发动群众，加强党的领导，坚持武装斗争，扩大统一战线，搞好经济工作和接敌区工作，公开工作与秘密工作相结合等问题，确定了具体的方针和政策。会议采取“以会代训”的方法，通过会议对与会干部进行党的路线、方针、政策教育，提高了干部的思想认识和政策水平，为建立晋冀豫抗日民主根据地，迎击日军的围攻，作了思想准备和组织准备。

---

① 《邓小平文选》第3卷，人民出版社1993年版，第185～186页。

在此期间，邓小平还与中共中央北方局驻晋冀豫区代表彭真、朱瑞等同志，帮助指导晋冀豫省委恢复和建立中共地方组织，分别建立了冀晋边特委、冀豫边特委、晋东南特委、晋豫特委和太岳特委。到 1938 年 6 月，晋冀豫地区共产党员由当年 2 月的 1000 余人发展到 1 万人，大大加强了党对各项工作的领导，奠定了创建抗日民主根据地的组织基础。

第十三章

“建设独立、自由、幸福的新中国”

全国抗日战争爆发后的华北战场上，国民党军队节节退却，日本侵略军十分骄横。正当日本侵略军骄气正盛之际，邓小平和刘伯承率领八路军第一二九师一边实施战略展开，一边与进犯的日军展开激战。1938 年 2 月，为了配合“反攻”太原，八路军第一二九师截断石太路，消灭了石家庄援敌两个日军中队，并相继取得凤凰山战斗、长生口战斗的胜利。

长生口战斗结束后，朱德总司令、彭德怀副总司令命令八路军第一二九师南移，牵制晋东日军向黄河一线的进攻，配合八路军第一一五师主力和晋西北的八路军第一二〇师作战。2 月 27 日，第一二九师师部进驻辽县，在这里召开党支部书记及连以上干部会，作南移动员。3 月上旬，第一二九师部队向襄垣一带展开，拟在邯（郸）长（治）公路伺机歼敌。

邯长公路横贯太行山脉，东起邯郸，中经涉县、东阳关、黎城、潞城，直抵长治，均有日军把守，为日军的重要运输线。据第一二九师派出的侦察人员侦察，黎城守敌仅 300 余人。第一二九师师部决定，袭击该城，吸引涉县、潞城的援敌出动，相机打援。战斗部署下达后，邓小平和徐向前副师长去八路军总部汇报工作，刘伯承师长留下组织指挥战斗。结果，神头岭伏击战取得胜利，一共毙俘敌 1000 余人、骡马 600 余匹。

3 月下旬，刘伯承等同志前往八路军总部出席东路军将领会议。那时，日军正向晋南、晋西黄河沿线大举推进，后方运输十分繁忙。邯长公路上，汽车往返不断，日夜运送兵员和作战物资。国民党军队已纷纷退往黄河西岸，蒋介石却命令八路军不准一兵一卒过黄河，企图假手日军消灭八路军。针对这种严峻形势，八路军提出了“与华北共存亡”的响亮口号，坚持敌后抗日游击战争，狠狠打击日军。邓小平和徐向前副师长决定，将第一二九师部队东移，在涉县和东阳关之间，再打一个伏击战。

东移途中，细雨霏霏，道路泥泞，春寒逼人。第一二九师部队忍饥熬寒，冒雨行进，按时到达指定位置。经过缜密研究，邓小平和徐向前把第一二九师设伏的地点，选在东阳关和黎城之间的响堂铺一带，通道沿着干枯的河床延伸，南北两侧皆险山隘路，只要把东西两头一卡，日军便无路可逃。

邓小平和徐向前以第一二九师第七七一团为右翼，埋伏于宽漳、后宽漳；以第七六九团为左翼，埋伏于杨家山、江家庄一线，并以小部兵力警戒涉县方向的援敌；以第七七二团作预备队，埋伏于右后方的马家拐，并警戒东阳关方向的援敌。邓小平率师直进驻佛堂沟，徐向前的前沿指挥所设在响堂铺路北的后狄村小山坡上。战前，徐向前和陈赓及团的干部看了地形。邓小平和徐向前到第七六九团召开党的活动分子会议，作了战斗动员。

3 月 30 日午夜，第一二九师神速、秘密、隐蔽地开进伏击阵地。次日上午八时半，日军从涉县开往黎城的 100 多辆汽车，进入第一二九师的伏击圈内。第一二九师第七六九、第七七一团突然出击，打得日军晕头转向，狼奔豕突。经半日激战，日军第十四师团辎重队的森本和山田两个中队除 30 余人逃跑外，其余 400 多人全部被第一二九师歼灭。

战斗临近结束时，东阳关及黎城方向的 400 余日军赶来援应，被第七七二团一举击溃，逃回据点。敌机飞临战场上空狂轰滥炸时，第一二九师早已撤出战场。战斗结束后，邓小平和徐向前副师长向八路军总部报告了战斗经过。此次作战，共计缴获日军步枪 200 余支，轻重机枪 15 挺，炮 4 门。另有汽车 180 多辆，被第一二九师全部焚毁。

4 月，八路军第一二九师进行长乐村战斗，先后歼灭日军数千人，粉碎日军的“九路围攻”，建立晋东南抗日根据地。在这些战斗中，邓小平和师长刘伯承、副师长徐向前一起部署，精心指挥，广大指战员前仆后继，冲锋陷阵，沉重打击了日本侵略者的嚣张气焰。

邓小平担任八路军第一二九师政委后，长生口战斗首战告捷。当时的第一二九师司令部机要科科长杨国宇评价邓小平：以后打响堂铺、神头村、关家垴这一系列的战斗，他没有一次不在场，每次都在场，这样就赢得了大家对他的另眼看待，他又是四川人，大家对他特别亲热，你别看他严肃起来不说话，可一说话，就像打出一颗子弹，那你就非执行不可，虽然话不多，也不讲空话，讲一句，算一句，讲了就要办到，办不到的话他不会讲。

1938 年 4 月下旬开始，邓小平和刘伯承部署指挥第一二九师分兵挺进冀西、冀南、豫北、鲁西等平原地区。这里的人民辛勤勇敢，具有光荣的革命传统，多次在中共组织的领导下掀起轰轰烈烈的革命高潮。全国抗日战争爆发后，他们又揭竿而起，建立了人民抗日武装。第一二九师和其他部队进入这一地区后，在当地中共组织和人民群众的大力支持和配合下，开辟了冀南、冀鲁边、冀鲁豫等抗日根据地，共 110 多个县，近 2000 万人口。这几块抗日根据地在战斗中不断发展扩大，以后被统称为晋冀鲁豫抗日民主根据地。

这是全国抗日战争时期中共领导下的一块面积最大的抗日民主根据地。

八路军挺进华北敌后浴血奋战，得到广大人民群众的大力支持和衷心爱戴。正因为如此，邓小平作为第一二九师的政治委员，执法如山，决不姑息迁就任何违犯党纪军纪的行为。1938 年春天，第一二九师召开了一次非同寻常的军人大会。会场设在辽县（今左权县）城外清漳河的河滩上。会议内容是宣布处理一个奸污妇女的老战士。首先，由第一二九师政治部军法处的同志讲了这个战士的犯罪经过，并宣读了处决书。

然后，邓小平讲了话。他说，当地群众听到我们要处决这个战士的消息后，曾经来政治部说情要求轻判。但是不论群众怎么求情，我们是不能宽容这个犯罪的战士的。我们共产党领导的八路军同军阀队伍最大的区别之一，就是纪律严明，决不允许侵犯群众利益。只有做到这样，我们才能得到群众的爱戴，才能在敌后生存。

邓小平还说，老百姓历来怕当兵的，山西的统治者过去还向群众灌输过共产党红军多么可恶，多么可怕。为了让群众真正了解我们八路军的真面目，认识到它完全不同于旧军队，那就需要我们用实际模范行动来打动群众。应该说，自出师以来，我们部队的纪律是好的，已经初步得到群众的信任，但是决不能因此而懈怠。这次奸污妇女的事件，虽然是一个战士的犯罪，但一传开，就会对我军造成很坏的影响，并会破坏我们这几个月来好不容易在群众中树立的好印象。所以尽管有群众代表来部队求情，我们也决不能心软，一定要严肃地处理这件事。

最后，邓小平希望全师指战员，一定要从这件事情中吸取教训，严明群众纪律，遵守三大纪律八项注意，不愧为革命军人。

这件事，在第一二九师指战员头脑里留下了深刻的印象，几十年后，许多老同志还记忆犹新。

邓小平和刘伯承等率部坚持以太行山为依托的敌后抗战，不断给日军以沉重打击，开辟了幅员广阔的抗日根据地，引起了中外人士的高度重视。1938年7月，美国驻华大使馆参赞、美国海军陆战队军官卡尔逊上校不辞辛劳，来到冀南，要求会见抗日民主根据地的主要负责人。第一二九师政治委员邓小平、副师长徐向前会见了卡尔逊，向他介绍了敌后抗日根据地的情况。

卡尔逊在《中国的双星》一书中，详细记述了在会见中对邓小平的深刻印象：

> 我说：“我特别想知道抗日救国十大纲领，我知道这是每个八路军战士都要宣誓去履行的。”在我们谈话中，邓小平一直在吃水果。这时，他向后靠在椅背上，活跃地谈了起来。
>
> 他说：“抗日救国的十大纲领是：(1) 打倒日本帝国主义；(2) 全国军事的总动员；(3) 全国人民的总动员；(4) 改革政治机构；(5) 抗日的对外政策；(6) 战时的财政经济政策；(7) 改良人民生活；(8) 抗日的教育政策；(9) 肃清汉奸卖国贼亲日派，巩固后方；(10) 抗日的民族团结。”
>
> 他列举这些纲领时，我暗自用在山西和河北观察的事实一一对照。我看到了应用每一条纲领的实际事例。自离开晋西黄河以来，我所到之处都在强调发展统一战线。
>
> 雨季开始了，瓢泼大雨下了两天，延误了我们的行程。这也使我有更多机会与徐、邓二人交谈。
>
> 参加八路军以前（应为参加革命以前——引者注），邓是个工人。他在法国待了几年，考察那里的工人运动。他矮而胖，身体很结实，头脑像芥末一样地灵敏。一天下午，我们讨论了国际政治的整个领域，他掌握情况的广度让我吃惊。有一个新闻弄得我目瞪口呆。
>
> 他说：“去年，美国向日本人提供了他们从国外购进的武器的一半以上。”“你能肯定吗？”我问。我知道，美国人的同情是偏向受侵略的中国一

方的，我在访问的8个月中，当想到这个问题时，总是想当然地认为，美国人民会拒绝把战争物资卖给一个侵略国家的。多么极端地无知啊！

“是的！”他肯定地对我说，“消息来源是战争第一年年底美国的新闻电讯。”我很尴尬，我说：“必定是电讯搞错了。”我不相信美国人会有意地介入我在过去一年中看到的中国人遭受的屠杀和蹂躏。

徐向前走了进来，谈话转到了当地的形势……

1938年8月15日，中共中央致电邓小平，通知他回延安，参加即将召开的中共扩大的六届六中全会。9月，邓小平回到延安。9月29日，会议正式开幕。会上，刚从苏联回国的中共中央政治局委员、中国共产党驻共产国际代表王稼祥传达共产国际的决定和共产国际总书记季米特洛夫的意见，认为中共一年来建立了抗日民族统一战线，政治路线是正确的，中共在复杂的环境和困难的条件下真正运用了马克思列宁主义；认为在中共中央领导机关中要以毛泽东为首解决统一领导问题，中央领导机关要有亲密团结的空气。

毛泽东在会上作《论新阶段》的政治报告和会议总结，要求全党同志认真地负起领导抗日战争的伟大历史责任。全会通过《中共扩大的六中全会政治决议案》，批准以毛泽东为代表的中央政治局的路线。全会确定，要不断巩固和扩大抗日民族统一战线，用长期合作来支持长期战争。全会重申党的独立自主地放手组织人民进行抗日武装斗争的方针，确定把党的主要工作放在战区和敌后，大力巩固华北、发展华中。全会强调，全党必须自上而下地努力学习马克思列宁主义理论，善于把马克思列宁主义和国际经验应用于中国的具体环境，反对教条主义。

邓小平在会上作了《关于地方工作的报告》，总结华北抗战一年来的新鲜经验，对敌后抗日根据地的建党、建政、武装斗争等方面的工作进行了深刻阐述。

12月下旬，邓小平重返华北抗日前线。

1939年7月抗日战争爆发两周年之际，邓小平又一次接到中共中央通知，从前线返回延安，参加7月3日至8月25日举行的中央政治局扩大会议。会议听取了周恩来的长篇报告、博古的《南方工作报告》、张鼎丞的《关于新四军与东南党的工作报告》，讨论了中共中央为纪念抗战两周年对时局的宣言和中共中央致国民党意见书。最后，毛泽东代表中央作会议总结。

7月7日，中共中央正式发表宣言，提出“坚持抗战，反对投降；坚持团结，反对分裂；坚持进步，反对倒退”的三大政治口号，动员全党和全国人民为反对国民党的投降反共逆流，争取时局好转而斗争。当日，延安各界举行抗战两周年纪念大会，公祭阵亡将士，邓小平等同志出席大会并作讲演。

邓小平在讲演中指出：“八路军两年战斗不下数千次，千万个民族战士，为祖国流尽了最后一滴血。八路军在华北牵制住了敌人九个师，连伙夫都深明大义。所以，八路军是坚决抗敌的。八路军一定要把日寇驱逐至鸭绿江边，建设独立、自由、幸福的新中国。”

邓小平的讲演有理有据，声情并茂，慷慨激昂，表达了华北前线八路军抗日将士的心声，赢得与会者一阵又一阵的热烈掌声。

第十四章

建党、建军、建政，“威震天地”

1938年10月，全国抗日战争进入相持阶段。晋冀豫根据地是中共中央北方局和八路军前方总指挥部机关所在地。1938年12月下旬，刘伯承、邓小平率第一二九师师部、第三八六旅和先遣支队进到平汉路以东冀南平原地区。1939年1月，日伪军3万余人，分11路对冀南根据地进行大规模“扫荡”。八路军依靠广大群众，破坏铁路、公路交通，利用道沟，在广阔的平原上展开了游击战争。

八路军各部队采取游击战术，分散各处袭扰敌人，摸清日军行动规律，再集中优势兵力，出敌不意伏击围歼来敌，取胜后迅速转移，寻找新的战机。从1月至3月，共进行较大的战斗100余次，毙伤日伪军3000余人。7月初，日军驻太原第一军司令官梅津美治郎指挥日军5万余人，从同蒲、正太、平汉、道清各线先后出动，对晋冀豫根据地进行“扫荡”。

这时，第一二九师主力已从冀南返回太行山区。在八路军总部统一指挥下，各部进行反“扫荡”作战。截至8月底，共进行大小战斗70余次，歼灭日伪军2000余人，粉碎了敌军聚歼八路军主力的企图。年底，八路军又趁日军调整防务、情况不熟的时机，主动发起邯（郸）长（治）战役，毙伤日伪军700余人，收复黎城、涉县两县城，攻占一部分敌军据点，打破敌人分割太行山的企图，使太南、太北两区又连成一片。

全国抗战由战略防御转入战略相持阶段后，日军将进攻的重点转向华北敌后抗日根据地，国民党顽固派也不断制造摩擦，掀起反共高潮。中共中央北方局委员、太北（太行山以北）军政委员会书记邓小平，将全部精力投入到保卫和巩固抗日根据地的斗争中。

遵照中共中央指示，刘伯承、邓小平率领部队，前门打虎、后门拒狼，坚决反击顽固派阎锡山、石友三、朱怀冰的挑衅，为打退以山西“十二月事变”为中心内容的反共高潮作出重要贡献。

为了统一对华北抗日民主根据地的领导，1940年4月11日至26日，中共中央北方局在山西黎城召开由冀南、太行、太岳等地区领导人参加的高级干部会议——黎城会议。开会的农家房屋至今依然存在，黄土筑成的墙壁上赫然写着四个大字——“威震天地”，见证着中国共产党和八路军志存高远、一往无前的英勇气概。①

黎城会议会场设在一间农家小屋里，纯天然的黄土地上，一个木桌上面铺着一条军用绿色毯子——这就是黎城会议的主席台，地上放着几条木头板凳——这就是与会者的座位。在这样简陋的环境里，参加会议的领导干部认真学习了毛泽东的《新民主主义论》等著作。

当时，中共中央的战略部署是在坚持抗日游击战争的总任务下，粉碎日军的进攻，建立各级抗日民主政权，扩大八路军、新四军等人民军队，争取时局好转的。同时，将华北、皖南和江南的抗日民主根据地连成一片，牢牢控制西北、华北与华中之间的战略通道——晋东南地区，以此地为中心建成地域辽阔的抗日民主根据地。这时，八路军第一二九师已控制冀南、太行北部、太岳北部的广大地区。但存在一些亟待解决的问题：各抗日民主根据地的抗日民主政权不统一，在财政上各自为政；原来名义上隶属于阎锡山的山西新军——抗日决死队并入八路军序列后，需要改变过去的工作方法和工作作风；华北日军对抗日民主根据地实施的“囚笼”政策极大地阻碍着八路军各部队各个抗日民主根据地的联系；八路军已经发展到十几万人，经费问题却越来越紧张；等等。这些问题，实际上属于发展中的问题、前进中的问题，但又是亟待解决的问题。

黎城会议由中共中央北方局书记杨尚昆主持。他在会上作了《目前政治形势与统一战线中的策略问题》的报告。会议的中心议题是：根据毛泽东提出的中国共产党在抗日民族统一战线中“发展进步势力、争取中间势力、孤

---

① 2012年秋天，笔者受中共中央党史研究室委托，任中央党史研究室下基层工作队队长兼临时党支部书记，带领中央党史研究室下基层工作队，在山西长治黎城——抗日战争时期晋冀鲁豫抗日民主根据地的中心区域进行实地调研，黎城会议是调研内容之一。

立顽固势力”的方针，总结华北地区两年十个月的工作，确定今后的主要任务是建党、建军、建政，巩固抗日民主根据地。刘伯承作了《党军建设问题》的报告。新任太行军政委员会书记邓小平，就成立冀南、太行、太岳行政联合办事处和财经问题、建军问题发表重要讲话。彭德怀副总司令就巩固和扩大抗日民族统一战线问题作了报告。

邓小平在黎城会议上指出，抗日民主根据地的财政经济做到自给自足是完全可能的，这就需要发展生产，加强财政管理。比如说，政权和经济机关要在发展生产中起调剂作用，不能对生产进行包办。对于商人、富农经济，要留给他们一定的发展空间，不能把他们赶到敌占区去，因为如果把他们赶走了，就等于增加了敌人的收入。要发挥银行的作用，以刺激国民经济的发展。要统一收支，要节流，要反对贪污浪费。各项经费要由北方局统一管理，执行预算、决算制度，制定经费使用条例。要重新审查税收标准，每三个月到半年根据具体经济状况审定一次。政府除正当规定外，不准筹款。军队、游击队、党、民一个钱也不能筹。军队一定要种地，现在先种菜，以后再减菜金。

经过与会高级干部的热烈讨论，黎城会议取得一系列积极成果：

在党的建设方面，黎城会议认为，华北地区的中共组织，全国性抗战爆发以来，有了很大发展，新党员人数急剧增加，其中大部分来自农民和小资产阶级，不可避免地带有各种非无产阶级思想。需要大力进行党的知识教育，开展政治理论学习，使党员树立无产阶级思想。为了提高党的战斗力，要密切联系群众，使党员、干部注意群众生活，关心群众切身利益，反对脱离群众的作风。

在军队建设方面，黎城会议认为，八路军是在中国共产党领导下成长起来的人民武装力量，它是党的路线、策略的宣传者和执行者。军队建设要加强部队政治工作，提高部队的政治素质。要把地方性武装逐步纳入正规军，补充兵力，扩大主力部队，要加强部队的作战训练和队伍训练，制定各种条令、法规，使部队逐步实现正规化。

在政权建设方面，黎城会议认为，整个华北地区的国民党顽固势力已基本清除，因而要将着力进行抗日民主根据地的民主政权建设提到日程上来。在敌、顽、我三角斗争的形势下，只有建立根据地才能使革命生根。会议强调，地方党组织和军队要把建立巩固的根据地看成头等的重要任务，任何形势下都不能把这个问题忘记。关于政权结构，会议认为，要让赞成抗日又赞成民主的地主、资产阶级、小资产阶级和无产阶级在政权组织中各占三分之一，并按专署、县、区、乡四级政权分开的方式，而不是笼统地按全部人员进行计算。会议特别指出，目前华北地区的主要偏向是企图造成清一色政权，有一部分党员干部中存在“一党专政”的错误认识，他们在“提拔工农成分”的口号下，想让一些不识字的农民担任主要领导岗位，这是一种“左”的包办错误。

在财政经费方面，黎城会议认为，在财政经费困难的情况下，抗日根据地扩大了，抗日政权行政人员渐渐多起来，军队战士渐渐多起来，部队打仗要消费，保证这么多人每天吃上饭，就很不容易。要多方筹措资金，发展生产，勤俭节约，满足党政军机关和部队的正常开支。

黎城会议决定，根据华北抗日战争形势，成立以邓小平为书记的太行军政委员会，统一领导冀南、太行、太岳三个区域的工作，完成巩固抗日民主根据地的“建党、建军、建政”三大任务。会议要求各地做好反“扫荡”的准备工作，为发展和巩固抗日民主根据地而努力奋斗。根据邓小平在黎城会议上的提议，后来成立太行、太岳、冀南行政联合办事处，作为过渡性的临时政权机构。

黎城会议使根据地建设逐步走向正规，成为冀南、太行、太岳抗日根据地从分散领导走向统一领导的标志。它统一了冀南、太行、太岳党政军民的领导，制定和完善了各种政策，对抗日民主根据地的建设和巩固具有重要意义。特别是黎城会议提出，要保护人权、不要乱杀人等，说明中国共产党在抗日战争时期就已经高度重视人权问题。

1940 年 8 月至 12 月，八路军在华北战场，为了切断日军交通线，打破其对抗日根据地的“囚笼”政策，争取时局好转，先后出动 100 多个团，在华北长达 5000 多华里的战线，对日军发动空前规模的战役进攻——“百团大战”。

“百团大战”发起前，八路军总部左权副参谋长带着彭德怀副总司令的初步考虑，到第一二九师和邓小平、刘伯承商量。左权说：“破击的主要目标，放在正太路上，平汉、同蒲、白晋、平绥、北宁各线都要配合行动。八路军、决死队都要参加作战。”

邓小平听了以后，认为破击日军交通命脉，可以打破日军的“囚笼”政策，也可以打击国民党顽固派的阴谋，随即表示：“这个设想，我看行，可以这么干!”刘伯承考虑后，也表示同意彭德怀的设想。随后，他们就命令第一二九师提前进行战役的各项准备工作。

7月22日，彭德怀副总司令签发了《战役预备命令》，具体规定了华北地区八路军各部队在“百团大战”中的主要任务和作战目标。8月18日，邓小平和刘伯承率领前方指挥所到达石拐镇，在这里召开第一二九师参战部队指挥员会议，传达八路军总部命令，确定作战部署，分配各部队的作战任务。

刘伯承作了军事上的部署后，邓小平进行政治动员，指出：“对正太路破坏得越彻底，我们越主动。这一仗必须打好，坚决粉碎日寇的‘囚笼’政策，扩大并巩固敌后抗日民主根据地，克服投降危机，振奋全国人民的抗战信心，提高我军军威，从而对国际反法西斯的斗争也会有重大影响。”

8月20日20时，“百团大战”正式打响，在长达5000多华里的战线上，八路军指战员、民兵和人民群众，一齐出击，构成了一幅波澜壮阔的人民战争的壮丽画面。在“百团大战”最紧张的时刻，在八路军第一二九师政治部工作的张香山看到了刘伯承与邓小平并肩指挥作战的难忘情景。张香山回忆说：有一天，参谋打电话叫我到他那个地方去。一进去，看到他们两位，邓小平同志拿着洋蜡，他们在看贴在窑洞墙上一张五万分之一的地图，找地名。因为刘伯承师长一只眼睛是失明的，不大方便看东西，所以小平就拿着洋蜡。刘师长顺着洋蜡的光看地图，一个人说这是什么地方，然后两个人就商量，怎么样跳出包围圈，他们是非常亲密的、真正亲密的战友。

“百团大战”第一、第二阶段，第一二九师在刘伯承和邓小平指挥下，歼灭大量日伪军，摧毁大批日伪据点和交通线，进展顺利，成绩辉煌。“百团大战”进入第三阶段，由于日军抽调大批兵力进行反扑，形势比较严峻。

10月29日，第一二九师陈赓所部对关家垴的日军实施总攻击，激战一个上午，因日军顽强抵抗，未能攻克。刘伯承和邓小平于当天中午率领师部亲临前线督战。当晚10时，彭德怀来电，要求次日4时发起总攻，不惜一切牺牲，坚决消灭关家垴之敌。

第二天凌晨4时，战斗开始，空前激烈的场面一直持续到中午。日军以飞机狂轰滥炸，企图接应被围部队突出重围。八路军志在必得，反复冲锋，伤亡重大，仍勇往直前。

这时，旅长陈赓心痛部队伤亡太大，给刘伯承和邓小平的指挥所打电话说：因为伤亡太大，有的连队只剩下十来个人了，已经有些顶不住了……

刘伯承拿着话筒，大声喝道：“同志！无产阶级的队伍，难道我不心痛吗?”说完，刘伯承就把话筒摔到了一边。刘伯承同样也心痛部队伤亡太大……

邓小平又拿起电话，对陈赓说：“同志！全局！全局！要从全局出发！要不惜一切代价坚决拿下来！打大仗不可能无伤亡，问题是把火力组织好，一鼓作气，减少伤亡。”

陈赓听了刘伯承和邓小平的话，重新组织部队，继续发起进攻……

“百团大战”一直持续到12月5日才宣告结束。八路军第一二九师和其他参战的八路军各部队经过3个多月的浴血奋战，给日本侵略军以沉重打击，共毙伤日伪军3万余人、俘日军281人、俘伪军1400余人、伪军反正1800余人，缴获各种炮53门、各种枪5800余支和大量军用物资，摧毁大批日伪据点和交通线，极大地提高了全国人民坚持抗战到底的信心。

第十五章

"团结在以毛泽东为首的党中央的周围"

1940年年底，邓小平和刘伯承率领八路军第一二九师师部转移到河北邯郸涉县赤岸村。此后的5年时间里，涉县赤岸村逐渐成为晋冀鲁豫抗日民主根据地的心脏和首府。

1941年年初，发生了皖南事变。中共中央北方局根据中央精神召开会议，从中吸取经验教训。在中共中央北方局讨论工作时，邓小平就时局和政策问题发言。他以马克思主义的原则性，阐述了处于独立战略区域的党组织和军队与党中央、中央军委保持一致的重要性。他严肃指出，必须绝对服从党中央及中央军委的领导与指挥，中国革命长期分散的游击战争特点所养成的独立自主能力，决不能发展到不服从党中央和中央军委。

邓小平提出，一切以个人为中心不以党为中心的倾向，都是极其危险的。他号召，在严重局势下，必须整肃我党我军阵容，加强党性教育和学习，细心研究党中央、中央军委及上级的一切指示和命令，而不能把它当作参考材料或者当作小说看。否则，便可能给革命事业造成巨大的危害。邓小平的这些指示，在各级干部思想上引起很大的震动。

由于日本在华北大量增兵，加紧推行"烧光、杀光、抢光"的"三光政策"，1941年华北各抗日根据地进入最困难的时期。在严峻的形势面前，有的干部对形势缺乏正确的认识，有的满足于已有的成就，有的则悲观失望起来。为此，邓小平有针对性地发表了《反对麻木，打开太行区的严重局面》的文章，号召大家清醒地认识根据地面临的严重困难和工作中存在的问题，明确克服困难的方针和方法，增强战胜困难的勇气和信心。

争取对敌斗争胜利，是打开抗日根据地严重局面的关键所在。面对日军的"治安强化"、疯狂"扫荡"和"蚕食"进攻，邓小平和刘伯承等坚决执行

“敌进我进”的方针，派出武工队，深入敌占区，同时大力加强地方武装建设，接连粉碎日军 1941 年的连续“扫荡”，1942 年春季“扫荡”、5 月“扫荡”和秋季“扫荡”，以及 1943 年第二次 5 月“扫荡”和“铁滚大扫荡”。

实行精兵简政，是打开抗日根据地严重局面的重要政策。邓小平和刘伯承等同志一起针对精兵简政过程中出现的各种思想问题，作了大量深入细致的思想工作，妥善处理各种矛盾，使晋冀鲁豫边区的精兵简政工作走在前面，得到毛泽东的赞扬，称其“做出了精兵简政的模范例子”。

发展生产，是打开抗日根据地严重局面的根本基础。邓小平十分注重根据地的减租减息问题，注重把握好这一中心环节，领导所属地区党组织，发动农民，减租减息，以此推动根据地各项事业的开展。从 1942 年起，晋冀鲁豫边区军民连续开展大生产运动。邓小平身体力行，亲自带领机关干部开荒种地，解决经济问题。

加强文化工作，对打开抗日根据地严重局面具有重要意义。邓小平正确把握思想斗争与武装斗争的辩证关系，明确指出，必须加强对敌文化斗争，展开激烈的思想战。为此，由邓小平提议，第一二九师师部和中共晋冀豫区党委联合召开太行山文化人座谈会，着力解决文化工作者对文化工作方向、道路的认识问题，使群众性的文化活动蓬勃开展于太行山区。

为加强党的“一元化”领导，根据中共中央指示，1942 年 9 月成立以邓小平为书记的中共中央北方局太行分局，统一领导晋冀豫、冀南、太岳和晋豫等 4 个区党委的工作。中共中央北方局太行分局于 1943 年 1 月在涉县召开温村会议，邓小平作了《五年来对敌斗争的概略总结与今后对敌斗争的方针》的报告，系统总结晋冀鲁豫边区抗战以来的经验教训，深入阐述了根据地扭转困难局面的各项任务。

1943 年年底，日军再也无力对太行等华北敌后抗日根据地发动大规模的“扫荡”，华北抗日根据地扭转了困难局面，走向了再发展、再上升的新时期。此时，在太行山区领导华北敌后抗战的八路军总部和中共中央北方局负责人朱德、彭德怀及第一二九师师长刘伯承，已陆续回延安参加整风运动。

1943 年 10 月，中共中央决定北方局与太行分局合并，太行分局撤销；八路军总部与第一二九师师部合并，保留第一二九师番号。邓小平任中共中央北方局代理书记，主持北方局、八路军总部和第一二九师的工作。从此，邓小平担负起全面领导华北敌后抗战的历史重任。

邓小平在头绪纷繁的工作中，认真全面地贯彻中共中央为了克服困难，坚持抗战，巩固抗日根据地，争取抗战胜利所制定的“十大政策”，从中理出对敌斗争、大生产运动和整风运动三项中心任务。

在艰苦的条件下，邓小平根据面向敌占区、面向交通线、敌进我进的方针，领导华北抗日军民积极主动地开展游击战争，指挥部队粉碎日伪军一次又一次的残酷“扫荡”，领导全区进行建党、建军、建政活动，开展整风、精兵简政、减租减息和大生产运动，取得很大成绩。

在实际工作中，邓小平发表了《党与抗日民主政权》《一二九师文化工作的方针任务及其努力方向》《五年来对敌斗争的概略总结与今后对敌斗争的方针》《太行区的经济建设》《在北方局党校整风动员会上的讲话》等文章和讲话，提出对敌斗争的一系列具体政策和策略，提出了从各方面积蓄力量、为战略反攻和建立新中国作准备的方针。

全党整风运动开始后，邓小平在北方局党校整风动员会上深刻地指出，开展“整风的目的是要以无产阶级的马列主义的思想，去克服存在于我们同志中的非无产阶级的非马列主义的思想，使我们全党思想更加统一，意志更加集中，全体同志更能团结在以毛泽东为首的党中央的周围，一心一德地去完成中国革命的事业”①。

通过回顾党的历史，邓小平分析了“三风不正”给革命事业造成的严重危害：

> 现在,我们党有二十二年多的历史了，其间经过了三次大的革命战争，我党始终站在最前线，为着民族和人民的解放事业而英勇奋斗，我党始终引导着中国革命向前发展、向前迈进。但是我们也有好几次挫折和失败的教训，而每次的挫折或失败，都是学风、党风、文风三风不正占统治地位的领导所形成的恶果。例如，第一次大革命是我党积蓄了力量干出的一个

① 《邓小平文选》第1卷,人民出版社1994年版,第86页。

轰轰烈烈的大革命，可是被大革命后期不长时间的陈独秀机会主义领导断送了。又如党在克服陈独秀机会主义之后所积蓄起来的力量，又在李立三同志冒险主义的领导之下，遭受了很大的挫折。苏维埃后期的“左”倾机会主义统治时间更长，给予我党的损害也更大，苏区红军和白区党的基础，都在这种三风不正占统治地位的领导之下，大部弄垮了。这些教训告诉我们，当着党的领导正确的时候，我们党的工作和革命运动一定是发展的；当着三风不正占了党的统治地位的时候，就会把我们长期艰苦创造起来的基础弄垮，就会使革命遭到挫折和失败。主观主义、宗派主义、党八股的统治时间愈长，给予党和革命的损害也就愈大。这是一方面的教训。①

邓小平还指出，毛泽东思想即中国化的马克思列宁主义，党的事业要以毛泽东思想作指导。他说：

我党自从一九三五年一月遵义会议之后，在以毛泽东为首的党中央领导之下，彻底克服了党内“左”右倾机会主义，一扫主观主义、宗派主义和党八股的气氛，把党的事业完全放在中国化的马列主义，即毛泽东思想的指导之下，直到现在已经九年的时间，不但没有犯过错误，而且一直是胜利地发展着。这种事实我们大家都知道得很清楚。的确，在以毛泽东思想为指导的党中央的领导之下，我们回忆起过去机会主义领导下的惨痛教训，每个同志都会感觉到这九年是很幸福的，同时也会更加感到三风不正对我们的毒害了。凡是研究了一下党史的人，一定会深感整风的重要的。②

在整风运动中，邓小平不断给予具体指导，尤其针对部分单位审干中发生的“左”的倾向，反复强调要进行耐心细致的甄别平反工作。

---

① 《邓小平文选》第1卷，人民出版社1994年版，第87～88页。

② 《邓小平文选》第1卷，人民出版社1994年版，第88页。

1943 年 7 月 2 日，邓小平运用毛泽东的新民主主义经济思想，总结实践经验，发表《太行区的经济建设》一文，论述对敌经济斗争和根据地经济建设的关系，阐述革命就是解放生产力的马克思主义基本观点。这篇文章成为指导华北抗日民主根据地经济建设的经典文献。

1944 年的太行区，蝗虫灾情前所未有。邓小平率领根据地军民，用军事歼灭战的方式，打了一场剿灭蝗虫的人民战争。与抗灾灭蝗相辅相成，大生产运动也轰轰烈烈地开展起来。在太行区第一届群英会上，邓小平亲自为各路劳动英雄和杀敌英雄颁发重奖。

整风运动和大生产运动为夺取抗战胜利奠定了思想基础和物质基础。

1944 年 4 月，侵华日军为了打通大陆南北交通线，发动豫湘桂战役。在河南的 40 万国民党军队一触即溃，37 天丢了 38 座县城。5 月 11 日，中共中央及时作出向敌后进军、开辟河南抗日根据地的指示。

根据中共中央指示，北方局和八路军前方总指挥部指示太行军区、区党委抽调部队，组建豫西抗日支队，配备领导干部，上报北方局批准。7 月 20 日，邓小平作为中共中央北方局代理书记召开北方局会议，亲自向豫西抗日支队负责人传达中央指示，部署向河南进军的任务。他首先说，此次日军于四五月间在河南作战，国民党汤恩伯等部 40 万大军不战而退，遭到惨败，丢枪十几万支被民众缴去，日军占领了 38 座县城。现在郑州、洛阳、渑池、新安一线敌人只能占交通干线，豫西成为很大的敌后地区，我们应该去发展游击战争，开辟该地区。国民党当然不会放弃这个地方，中央、军委叫我们负责开辟这个地区，从太行、太岳、冀鲁豫同时派部队去开展工作。这次太行组织豫西抗日支队前往，决定由徐子荣同志担任党委书记兼政治委员，皮定均同志为司令员，方升普同志为副司令员，郭林祥同志为副政委兼政治部主任。你们去了以后归北方局和总部直接领导。

接着，邓小平就部队到豫西去的任务作了具体指示：这次挺进豫西，任务是繁重的，也是有困难的。但如果把这个任务完成了，对中国革命的战略意义是很大的。我们占有中原，将来发展前途很大，就现实意义来说也是现有八路军新四军地区的重要屏障……

邓小平还详细分析了开辟豫西新区应注意的各种困难和有利条件，要求要看到困难，有充分的思想准备，谨慎地工作，模范遵守纪律，正确执行政策，抓好形势教育，健全支部工作，纠正形式主义……

会后吃饭时，邓小平对豫西抗日支队负责人说：今天请你们吃饭，为你们送行，要求就是一个，到河南去，要开辟一块新的根据地。

8 月中旬，邓小平听取了豫西抗日游击第一支队副政委兼政治部主任郭林祥关于支队组建及渡黄河准备情况的汇报，对支队行动作了具体指示。他说，这次向河南发展与以前发展华北和华中的情况不同，豫西情况复杂，正确执行党的各项政策，灵活对待和处理各方面的具体情况，是成功的关键。

豫西抗日游击第一支队南下后，邓小平又先后组建了豫西抗日游击第二支队和第六支队。这些部队挺进豫西以后，与兄弟部队和河南地方党组织一起，广泛发动群众，英勇抗击日军，迅速开辟了豫西抗日根据地，解放了 3000 多万人口，建立了 6 个专署，在 20 余县建立抗日政权，抗日武装发展到 2 万多人。豫西根据地的开辟，打击和牵制了日伪军的大批兵力，沟通了陕北、华北与华中的联系，发展和壮大了共产党领导下的人民抗日力量，为争取抗战胜利发挥了重要作用。

从 1944 年春季到 1945 年夏季，在邓小平的正确部署下，华北各敌后抗日根据地军民主动出击，连续向敌伪发动攻势作战，沉重打击了日伪军，大规模地扩大了解放区。邓小平在华北前方的工作，得到中共中央和毛泽东的赞誉。毛泽东对邓小平关于太行区 10 个问题的答复报告十分满意，批转各根据地仿效学习。

1945 年 6 月，邓小平虽然身在华北前线，未能出席中国共产党第七次全国代表大会，仍当选为中央委员。在此期间，毛泽东致电邓小平，祝贺他当选为中央委员，并要他尽快安排好工作，前往延安出席中共七届一中全会。

中共七届一中全会选举毛泽东、朱德、刘少奇、周恩来、任弼时等 13 人为中央政治局委员；选举毛泽东为中央委员会主席、中央政治局主席和中央书记处主席；选举毛泽东、朱德、刘少奇、周恩来、任弼时为中央书记处书记。全会研究了全面贯彻落实中共七大制定的政治路线等问题。会后，邓小平与刘伯承等乘美军飞机从延安返回华北前线。

“将军南征胆气豪，腰横秋水雁翎刀。”
逐鹿中原，强渡长江，占领南京、上海

第十六章

“从头到尾，二野都处在同敌人针锋相对斗争的最前面”

1945 年 8 月 8 日，苏联对日本宣战。8 月 9 日，毛泽东发表《对日寇的最后一战》的声明，号召“中国人民的一切抗日力量应举行全国规模的反攻，密切而有效力地配合苏联及其他同盟国作战”。八路军和各地抗日人民武装开始对日军进行大反攻。

8 月 13 日，刘伯承、邓小平指挥的八路军晋冀鲁豫各部队和晋冀鲁豫各抗日民主根据地对日伪军进行全面反攻。根据形势发展，8 月 20 日，中共中央决定，成立晋冀鲁豫中央局，邓小平为中央局书记；成立晋冀鲁豫军区，刘伯承为司令员，邓小平为政治委员，进一步加强对晋冀鲁豫地区各抗日武装的统一指挥和领导。

这时，在延安出席中共七届一中全会和中央会议的各地党政军领导人，需要迅速奔赴前方，领导各解放区接受日军投降，巩固和扩大解放区。8 月 25 日凌晨，毛泽东决定出奇制胜，紧急使用美军驻延安观察组的一架小型运输机，首先运输一批党政军负责人去太行抗日根据地的山西黎城，然后再奔赴各地。陕西延安与山西黎城的直线距离是 300 多公里，山岭壁立，河川纵横，地势险恶，骑马需要半个多月。时间成为争取胜利的重要因素。邓小平和刘伯承就在这一批高级干部之中。当时在延安工作的黄华回忆说：

> 8 月 25 日早上 8 点钟，我到东门外机场照料美国飞机起飞的事。我看见刘伯承、邓小平、陈毅、林彪、肖（萧）劲光、滕代远、陈赓、薄一波、江华、宋时轮、陈锡联、杨得志、李天佑、张际春、王近山、邓克明、邓华、陈再道、聂鹤亭、傅秋涛等二十位高级军事领导人正忙着穿戴降落伞，他们是要乘坐这架美军观察组又小又旧的 C－46 运输机去前方

的。这时杨尚昆的夫人李伯钊大姐提议给大家照张合影留念。陈毅同志诙谐地说："要是我们摔下来了，将来就用这张照片开追悼会吧！"

我看乘客中有通晓俄语的，但没有人懂英语，而驾驶员是美国人，不懂普通话，万一遇到什么事，他们在飞机上怎么沟通呢？我当即请示尚昆同志，并毛遂自荐，由我陪他们上飞机到太行，把他们送到后立即原机返回。尚昆说："你的建议很好，那就请你走一趟吧。可是降落伞只有二十副，你没有这个，很危险啊。"我说，不至于的。于是我就登机成为第二十一名乘客。大家在机身两侧的条凳上坐好，准备起飞。

飞机腾空后一个多小时，大家忽然感到异常，飞机猛一下上升了几百米。二十名乘客都看着我，想知道是怎么回事。我赶紧问飞行员。他说："下面是同蒲路，有日本人的高射炮阵地。为了避免不测，还是升到他们的射程以外去吧。"

又飞了一个多小时，我们看见山峦环抱中有一大片平地，上面有三大堆篝火，冒着浓烟，知道是到了目的地——山西黎城县的长宁村了。飞机在临时机场顺利降落。当地的军民围上来欢迎，端出红瓤西瓜热情地招待大家。刘伯承、邓小平同志吃了块西瓜，随即骑马去三十公里外的晋冀鲁豫军区总部驻地——河北省涉县。其他乘客也立即分头出发，去他们各自的目的地——东北、山东、华中，我也要乘原机折回延安，便同正在抓紧休息时间打扑克的陈毅同志道别。他打趣地说："好，再见了，黄华同志。你坐你的洋飞机，我打我的土扑克。"①

邓小平和刘伯承从延安回到华北后，迅速统一部署八路军太行部队、太岳部队、冀鲁豫部队和冀南部队等，展开规模空前的反攻作战，收复大片国土，与全国抗日军民一道，赢得抗日战争的彻底胜利。

此时，邓小平和刘伯承等领导开创的太行、太岳、冀南、冀鲁豫等抗日民主根据地已基本连成一片，成为拥有 2400 万人口、30 万军队的全国最大的解放区。抗日战争教育了中国人民，中国人民赢得了抗战胜利。邓小平从抗战初

① 黄华：《亲历与见闻——黄华回忆录》，世界知识出版社 2007 年版，第 63 ~ 64 页。

期的八路军第一二九师政治委员逐渐锻炼成为独当一面、统揽全局、主持一个重要的大战略区党政军全面工作的重要负责人。

第二次世界大战结束和中国抗日战争胜利后，国际形势和国内形势发生了重大变化。

在国际上，经过第二次世界大战，资本主义体系中的德、意、日三个法西斯国家被打败；英、法等国的力量受到很大削弱；社会主义苏联进一步巩固；波兰、捷克斯洛伐克、匈牙利、罗马尼亚、保加利亚、南斯拉夫和阿尔巴尼亚以及德国东部、朝鲜北部和越南北部地区，开始建立人民民主制度和社会主义制度；整个亚洲兴起民族解放运动潮流，旧的殖民主义体系日趋瓦解；资本主义国家工人运动和人民斗争蓬勃发展。

在国内，经过抗日战争，中国人民经受了极大锻炼，觉悟程度和组织程度空前提高。中国共产党领导的解放区已经拥有 1 亿人口、120 万军队和 220 万民兵，共产党员人数增加到 120 万人以上，国民党统治区的民主力量也有很大发展。

但是，战后的国际国内形势十分复杂。美国作为世界头等经济和军事强国，以强大的经济和军事实力为后盾，积极向全球扩张。中国是亚洲的大国，美国认为控制了中国就巩固了其在亚洲的地位，就可以集中力量控制欧洲，称霸世界。因此，竭力支持国民党，阻挠中国革命发展。

苏联虽然同情并在一定程度上支持中国革命，但由于在第二次世界大战中作出了巨大牺牲，又受《雅尔塔协议》的约束，过高估计了美国支持的国民党的力量，过低估计了中国革命的力量，一度不赞成中国共产党领导中国人民用革命战争的方法去同美国支持的国民党进行坚决斗争。苏联的这种对华政策，既有对中国革命有利的一面，也有对中国革命不利的一面。

国民党政府在抗日战争中以大批军队退缩到西南和西北地区，日本投降后集中力量抢夺抗战胜利果实。一方面，利用陆路将西北的军队迅速向东推进，同时依靠美国将远在西南的军队空运、海运到华北、华东、华中、东北地区，并利用美国军队抢占战略要点和铁路交通线；另一方面，利用日伪军队担任守备，对人民军队收复国土进行抵抗，使受降地区出现蒋伪合流的局面。但是，由于人民力量的发展壮大和国际国内舆论强烈要求和平、反对战争，国民党要立即发动内战还有困难。因此，国民党在积极准备内战的同时，又表示愿意同中共进行和平谈判，企图欺骗人民，掩护内战准备，并诱使共产党交出军队。

因此，抗战胜利后，中国人民与美国支持下的国民党的矛盾已经上升为主要矛盾。中国共产党和中国人民要建立一个和平、民主、独立的新中国，把中国引向光明；而国民党则坚持内战、独裁、卖国政策，抢夺人民胜利果实，仍然使中国继续沦为半殖民地半封建国家，把中国引向黑暗。中国面临着两种命运、两个前途的决战。

面对复杂的国际国内形势，中国共产党依据马克思主义基本原理进行深入分析，制定了正确的指导方针和斗争策略。1945 年 8 月 11 日，中共中央在《关于日本投降后我党任务的决定》中指出，国民党正积极准备向我解放区“收复失地”，夺取抗战胜利果实，虽然国共谈判可能恢复，但对于蒋介石发动内战的危险，应有必要的精神准备。决定还部署了发展抗战胜利成果和准备制止内战、对付内战的任务。

8 月 13 日，毛泽东在延安干部会议上作了《抗日战争胜利后的时局和我们的方针》的报告。关于国内政治形势和党的任务，他指出：“从整个形势看来，抗日战争的阶段过去了，新的情况和任务是国内斗争。蒋介石说要‘建国’，今后就是建什么国的斗争。是建立一个无产阶级领导的人民大众的新民主主义的国家呢，还是建立一个大地主大资产阶级专政的半殖民地半封建的国家？这将是一场很复杂的斗争。目前这个斗争表现为蒋介石要篡夺抗战胜利果实和我们反对他的篡夺的斗争。”

关于对付国民党的方针，毛泽东提出要针锋相对。他指出，蒋介石对于人民的方针是“寸权必夺，寸利必得”，我们的方针是“针锋相对，寸土必争”。“人民得到的权利，绝不允许轻易丧失，必须用战斗来保卫。”他提醒全党，记取 1927 年大革命后期右倾投降主义的教训。要坚持自力更生的方针，依靠自己的力量，打败一切中外反动派。

毛泽东的报告，使全党在历史转折关头，对政治形势有了清醒认识，对国民党发动内战保持高度警惕，从思想上为全党迎接解放战争作了充分准备。

抗日战争胜利后，国民党在与共产党进行和平谈判的同时，不断挑起局部战争。由邓小平、刘伯承领导的晋冀鲁豫解放区，横亘中原，正堵住国民党军队向华北、东北解放区进攻的通道，是军事上的战略要地，国民党军队的进攻矛头首先就指向这个地区。

1945 年 8 月下旬，国民党军队气势汹汹，占领了晋冀鲁豫解放区的上党地区。正在重庆谈判的毛泽东密切注意着局势的发展，批准邓小平、刘伯承发起上党战役。9 月，邓小平和刘伯承指挥主力部队和地方部队 3 万余人，在 5 万民兵的配合和人民群众的支援下，向国民党军队展开自卫还击，歼敌主力 12 个师 3.5 万余人。上党大捷，大大提高了毛泽东在重庆谈判的地位，促进了《双十协定》的签订，有力地遏制了国民党军队对解放区的进攻，巩固了晋冀鲁豫解放区。

对上党战役，毛泽东有过精彩论述：“太行山、太岳山、中条山的中间，有一个脚盆，就是上党区。在那个脚盆里，有鱼有肉，阎锡山派了十三个师去抢。我们的方针也是老早定了的，就是针锋相对，寸土必争。”①

邓小平回顾说：“整个解放战争，从头到尾，二野都处在同敌人针锋相对斗争的最前面。开始在晋冀鲁豫，用刘伯承同志的话说，这里是华北解放区的大门，敌人要进攻首先就从这个口子来。果然，毛主席到重庆谈判的时候，敌人从两路来。一路是阎锡山，我们就手打了个上党战役。接着对马法五、高树勋一路，又打了个平汉战役。还要说远一点，在抗日战争时，我们就处在一个大门的地位。那时不叫二野，是二野的前身。国民党同我们搞摩擦，几个大解放区都有，但最集中的是在晋冀鲁豫。抗战胜利后，他们进攻解放区首先攻的就是这个大门，而我们守这个大门的力量并不强。阎锡山进攻上党区有三万八千多人，我们比他们还少一点，也就是三万出头，从编制上讲，一个完整的、编制充实的团都没有，而且装备很差，弹药很少，可以说是一群游击队的集合。还有就是临战前没有指挥作战的将军，那时只有李达在前线，好多将军都不在，在延安开会。我们是乘坐美军驻延安观察组的运输机回太行的，同机飞回的有伯承和我，还有陈锡联、陈再道、陈赓等。那时宋任穷留在冀南。仗已经打得热火朝天了，我们才到，一下飞机就上前线。在那样的情况下，把阎锡

① 《毛泽东选集》第 4 卷，人民出版社 1991 年版，第 1157 页。

山的进攻部队完全消灭可不容易啊，应该说是超额完成了任务。”①

1945年《双十协定》签订后，蒋介石又以割裂华北解放区、抢占平津、夺取东北为目标，调动大量军队，分4路进犯华北。其中，第十一战区的第三十军、第四十军及新八军共4万多人在副司令长官马法五、高树勋率领下，从新乡沿平汉路北进，其后续部队4个军向新乡开进，企图占领战略要点晋冀鲁豫解放区首府邯郸，打通平汉铁路。

刘伯承、邓小平闻讯后，迅速从上党战役前线赶回涉县赤岸部署作战。中共中央、毛泽东指示，必须集中全力争取平汉战役的胜利，并指出：“即将到来的新的平汉战役，是为着反对国民党主要力量的进攻，为着争取和平局面的实现，这个战役的胜负，关系全局，极为重大。”

10月20日，晋冀鲁豫中央局书记兼军区政委邓小平与军区司令员刘伯承从涉县秘密来到设在邯郸峰峰矿区的前线指挥部，根据中共中央和中央军委指示，全面分析敌情、我情，制订作战计划。

为了在军事上打击敌人，从政治上分化瓦解敌人，刘伯承、邓小平指示在高树勋的部队成立中国共产党的工作组，由共产党员王定南任组长，在刘伯承、邓小平的直接领导下工作，争取高树勋率部起义。

平汉战役打响前，刘伯承、邓小平多次听取王定南的工作汇报。邓小平指示王定南说：“为打退蒋介石的进攻，使蒋介石政治上陷于孤立，必须在国民党军队中开辟新的战线，首先要争取受蒋介石排挤、歧视的非嫡系部队，争取一切可能争取的国民党将领站到和平、民主的旗帜下来。党中央、毛主席要求在这一工作上迅速做出成绩。所以你要赶快回到新乡去，做好高（树勋）的工作。”邓小平还亲自安排申伯纯、靖任秋等同志协助王定南工作。随后，又派人到新乡附近建立联络站，同高树勋联系。

10月28日清晨，平汉战役已经开始，王定南向刘伯承、邓小平汇报说：高树勋很愿意同我军谈判，但还有些顾虑，主要是他的夫人还在徐州，担心起义后家属遭到迫害。邓小平非常重视，明确指出：“这是一个军事仗，又是一个政治仗，一定要军政双胜。”

---

① 《邓小平文选》第3卷，人民出版社1993年版，第336～337页。

邓小平还对王定南说：“高（树勋）现在起义，不仅对当前作用大，对今后的政治影响也是很大的。你转告他，时机很重要啊！”刘伯承、邓小平当即指令王定南起草电报，请中共中央电令新四军军长陈毅派人去徐州，接高树勋的夫人脱离虎口。刘伯承、邓小平还派遣参谋长李达作为代表，去河南新乡看望、慰问高树勋。

李达参谋长向高树勋谈了对第四十军、第三十军应抱的态度，又谈了 1931 年董振堂、赵博生二位西北军将领，不满蒋介石反共反人民的政策，在江西“剿共”前线举行闻名全国的宁都起义的意义。还说起大革命时期西北军得到中国共产党的帮助，改变政治方向，参加国民革命军，举行著名的“五原誓师”，受到民众欢迎和支持的往事。当双方谈到西北军这些光荣历史时，高树勋将军非常兴奋、激动，更坚定了举行起义的决心。

第十七章

“这个政治仗，我们下的本钱也不小”

1945 年 10 月下旬至 11 月初，在邓小平、刘伯承部署的强有力的政治攻势、军事攻势下，国民党政府第十一战区副司令长官兼新八军军长高树勋率新八军和河北民军共 1 万余人在邯郸以南的马头镇起义。第十一战区副司令长官兼第四十军军长马法五以下 2 万余人被迫放下武器。平汉战役大获全胜。

邓小平回忆说：

平汉战役，国民党第十一战区两个副司令长官马法五、高树勋带的三个军，还有一个乔明礼的河北民军纵队，几个部队打过来。马法五的第四十军、三十军都是强的。高树勋的新八军也有战斗力呀！锡联在马头镇拼了一次，一拼就是几百人伤亡。我们打平汉战役比打上党战役还困难。打了上党战役，虽然弹药有点补充，装备有点改善，但还是一个游击队的集合体。在疲惫不堪的情况下，又打平汉战役。队伍没有到齐，敌人进攻。我跟苏振华通电话，叫他坚持五天，等后续部队到达指定地点。那次他们那个一纵队的阻击战是打得不错的，完成了阻击任务。这样，后面的队伍才赶上。平汉战役应该说主要是政治仗打得好，争取了高树勋起义。如果硬斗硬，我们伤亡会很大。我一直遗憾的是，后来我们对高树勋处理不公道。他的功劳很大。没有他起义，敌人虽然不会胜利，但是也不会失败得那么干脆，退走的能力还是有的，至少可以跑出主力。他一起义，马法五的两个军就被我们消灭了，只跑掉三千人。这个政治仗，我们下的本钱也不小。高树勋在受汤恩伯指挥的时候，就同我们有联系。由于关系比较久，所以我们是派参谋长李达亲自到马头镇他的司令部去做工作的。这件事你们好多人可能不知道。同李达一起去的还有王定南，当时是我们的联络，我见过多次。我们确实知道高树勋倾向起义，但在犹豫当中。那时国民党要吃掉西北军，有这个矛盾。李达、王定南一到那里，看见所有的汽车、马车都是头向南，准备撤退的。他们见面后，一谈就合拍了，高树勋决定起义，并且第二天就实行起义，把部队开向西北面的解放区。起义的第二天，伯承就到马头镇去看望高树勋。这样，马法五就惊慌了，命令他的两个军南撤。结果，我们在南面，在漳河北岸，把敌人截住了，又打了一个胜仗。

所以说，抗日战争时，全国各个解放区都有摩擦战，但集中在晋冀鲁豫地区。抗战胜利后蒋介石发动进攻，首先也在这个地区。仗一打开，我们才开始真正形成野战军的格局，编成纵队。打完上党战役编了四个纵队，从东向西数，一纵杨得志、苏振华，在冀鲁豫；二纵陈再道、宋任穷，在冀南；三纵陈锡联、彭涛，在太行；四纵陈赓、谢富治，在太岳。接着，又编了六纵、七纵。①

1945 年 11 月 2 日，毛泽东、朱德给高树勋将军发来贺电。同时，中共中央决定：任命高树勋为起义部队改编的“民主建国军”总司令，下辖 3 个军。半个月后，高树勋写了入党申请书，由邓小平、薄一波为介绍人，经中共中央批准，加入中国共产党。

中共中央及时总结平汉战役军政双优的成功经验，在《一九四六年解放区工作的方针》中指出：“为着粉碎国民党的进攻，我党必须对一切准备进攻和正在进攻的国民党军队进行分化的工作。一方面，由我军对国民党军队进行公开的广大的政治宣传和政治攻势，以瓦解国民党内战军的战斗意志。另一方面，须从国民党军队内部去准备和组织起义，开展高树勋运动，使大量国民党军队在战争紧急关头，仿照高树勋榜样，站到人民方面来，反对内战，主张和平。”

为此，中共中央军委和各中央局、中央分局分别设立“国军工作部”，调派富有经验的得力干部主持这项工作，收到极大效果。在全国解放战争时期，

---

① 《邓小平文选》第 3 卷，人民出版社 1993 年版，第 337～338 页。

国民党军起义、投诚、放下武器的官兵不计其数，令蒋介石大伤脑筋。蒋介石虽然气急败坏，仍然无可奈何。

平汉战役的胜利是军事和政治并举、打仗和谈判双管齐下所取得的硕果。刘伯承、邓小平在总结平汉战役时说："此次战役，在参战兵力上，调集了太行、冀南、冀鲁豫三个军区的主力达六万余人，并有后方指挥部组织了三十余万民兵、群众直接参战与担任后勤，遂造成我军在战力上的绝对优势，奠定了战役胜利的基础。加上高树勋毅然反对内战，率新八军全部起义，更促成了战役的迅速结束和获得彻底胜利。"

在长期的革命战争中，邓小平同刘伯承密切合作，堪为楷模。邓小平年富力强，思维敏锐，胆略过人；刘伯承经验丰富，深谋远虑，沉着稳健。1946年2月下旬的一天，中共中央、毛泽东致电刘伯承、邓小平：近日马歇尔、张治中、周恩来3人小组要到新乡视察停战后的执行情况，要双方司令官前往汇报商谈，并带一份备忘录送给3人小组。

刘伯承看了电报后，说："同刘峙这个常败将军去谈判，用不着准备，我根本没把他放在眼里，担心的是这么短的时间，备忘录能否按时写出。"参谋长李达说，已经让参谋人员在写备忘录了。

吃过晚饭，邓小平和刘伯承来到作战室，看到参谋人员正在写备忘录，便问："怎么样？明天上午能拿出来吗？"参谋人员回答："比较紧张。"邓小平略加思索后说："时间不够了，我来吧！"说完，邓小平便坐下来，对参谋人员说："多拿点纸来。"他点燃一支香烟，挥毫疾书，一行行文字如高山流水，飞瀑而下。他一边写，一边念给坐在对面的刘伯承听。刘伯承不时地揉着红肿的眼睛频频点头，在一些关键问题上，大声插上几句话，谈自己对这些问题的意见和看法。

3个多小时过去了，邓小平一气呵成地完成了备忘录。接着又用10多分钟的时间，从头到尾审阅了一遍，进行斟酌修改。然后，邓小平把文稿递给刘伯承，十分尊重地说："刘老，你看看还有啥意见？"

刘伯承点了点头，笑着说："好！好！写得好！这一下我就放心了。"然后对参谋人员说："你们赶快把它抄清楚带上。"当邓小平起草文稿时，在一旁的参谋们，一边忙着给邓小平研墨、服务，一边心中暗暗佩服："邓政委主管那么大那么多的事情，而对一些具体数字却记得这样清楚，写起东西来，这么快，快得惊人，真是了不起呀!”

全面内战爆发后，刘伯承、邓小平率晋冀鲁豫野战军主力在陇海铁路南北开展运动战，大踏步进退，连续进行陇海战役、定陶战役、巨野战役等战役，歼灭国民党军大量有生力量。

1946 年 7 月初，国民党军胡宗南部 6 个旅渡过黄河，向晋冀鲁豫解放区发动进攻。8 月 10 日，刘伯承、邓小平率领部队发起陇海战役。晋冀鲁豫野战军分为左右两路军，第七纵队司令员杨勇指挥左路军，第三纵队司令员陈锡联指挥右路军，第六纵队司令员王近山率部参战。刘伯承、邓小平一声令下，各个纵队在陇海铁路开封至徐州一线，向国民党军发起猛烈进攻。

在晋冀鲁豫野战军的迅猛攻势下，河南兰封、安徽砀山等城镇、车站被攻占，野战军歼敌 5000 人，控制铁路 100 多公里。第七纵队司令员杨勇指挥部队迅速攻克砀山，部队指战员十分兴奋。就在大家庆祝胜利时，邓小平蹚着泥水来到前线，立即召开团以上干部会。邓小平说，陇海战役你们打得好，4 天消灭敌人数千人，缴获不少武器，解放了砀山。但必须指出，你们有人严重违反群众纪律，在战斗中损坏了不少群众的家具锅碗等。你们在作战中牺牲了那么多人，为的是什么？不是为了解放人民群众吗？为什么又要损害人民群众的利益？

邓小平讲话时，国民党军的飞机飞了过来，与会干部都十分担心邓小平的安全，杨勇亲自观察国民党军飞机的动向。邓小平对杨勇说：“杨勇，怕什么？有什么关系呢，敌人的飞机不是天天来吗？”接着，干部会议继续进行。邓小平说：“违反了群众纪律，就得不到人民群众的支持，没有人民群众的支持，取得胜利是不可能的！你们要认真赔偿群众的损失。”经过邓小平的严肃批评，有关领导干部当即承认错误，向群众进行赔偿。

不久，国民党军在郑州、徐州集中几十万人向冀鲁豫解放区和豫北解放区展开了进攻。刘伯承、邓小平率领晋冀鲁豫野战军发起定陶战役，连战皆捷，歼灭国民党军 1.7 万余人，活捉国民党军中将师长赵锡田。毛泽东特意来电祝贺定陶战役胜利：“庆祝你们歼灭第三师的大胜利，望传令全军嘉奖。”但是，一些部队由于连续取得胜利，开始滋长骄傲自满情绪，军民团结、官兵团结都出现了一些问题，有的部队在动用民力方面不注意群众利益。邓小平认为，这些问题具有一定的苗头性、倾向性和普遍性，必须及时解决，不能放任自流。为此，邓小平决定召开一次整顿部队纪律、增强指战员斗志的会议。9 月 10 日，中秋节，杨勇司令员、陈锡联司令员、王近山司令员接到会议通知，来到晋冀鲁豫野战军司令部所在地开会。各纵队负责人见到邓小平，纷纷敬礼，要与邓小平握手。这时，邓小平却说：“这次开的是不握手会议。”

会议一开始，邓小平就说：“今天我们把大家请来，不是欢度佳节，庆祝胜利，而是要开一个不握手的会议。我们不要以为打了两个胜仗就沾沾自喜，握手言欢，心满意足，你好我好，什么都好，要更多地想想自己的不足。邯郸出发以来，我们的工作做得怎样，群众纪律怎样？军民、官兵的团结搞得好不好？部队的指挥和战斗作风还存在哪些问题？希望大家就此发言吧。”

刘伯承司令员、李达参谋长和张际春副政委在发言中，指出了部队中存在的问题和解决问题的办法。会议一直进行到下午，尽管国民党军已经逼近，邓小平仍然没有散会的意思。会议休息时，陈锡联对杨勇说：“人贵有自知之明。今天咱俩不做自我批评，恐怕就散不了会。”杨勇亦深有体会，对陈锡联说：“一会儿我先检讨。”于是，在会上杨勇首先发言：“七纵军民、军政关系不好，仗也打得不好，所有这些我全都负责，我回去好好进行整顿，提高斗志。”接着，陈锡联检查说：“三纵发生的问题，全都由我来负责。”这时，邓小平感觉达到了预期的目的和效果，于是宣布：“会议就开到这里，现在散会。”

解放战争时期，邓小平既是晋冀鲁豫野战军、中原野战军和第二野战军政治上的掌舵人，又是刘伯承在军事上的亲密助手。每次拟制战役计划、命令时，邓小平总是敏锐地分析敌情，作出判断，提出几种可行性方案，并明确提出自己的肯定性意见。一般情况下，刘伯承都同意邓小平的意见，并根据自己的丰富经验加以具体充实和完善。

作战命令下达后、战役发起前后的一段时间里，邓小平总是主动照顾刘伯承，劝他抓紧时间休息，自己却一刻不离地坐在电话机旁，及时进行指挥。下边报上来的问题，不论巨细，都能得到及时解决。另外，邓小平亲自守着电话，对部队也是很大的鼓舞和鞭策。

而刘伯承有时则会走到村外，凭着丰富的经验，倾听前方动静，判断战役进展情况；有时则静静地坐在作战室思考问题，提醒下边注意可能遇到的一些问题。他不但能正确地指挥部队、战胜敌人，有时候还能指挥敌人听从调遣，因而许多战役都取得了很大胜利。

刘伯承、邓小平的一位老战友认为，刘伯承与邓小平属于难得的“黄金搭档”，刘伯承非常谨慎，每次制订的战役计划，总是十分周密，非常完善；邓小平善于决断，敢于下决心，能够迅速作出判断，把握战机，坚决果断，制敌先机。

1946 年 10 月，国民党军队在全面内战中连连遭到刘伯承司令员、邓小平政委率领的晋冀鲁豫野战军重创。国民党“中央通讯社”为了给自己的阵营打气，便释放出刘伯承“负伤”“被打死”的谣言，并通过国民党统治区的媒体迅速传开。为了击破国民党的造谣攻势，1946 年 10 月 11 日，中共中央在延安主办的机关报——《解放日报》在头版位置发表《蒋方捏造“负伤”“牺牲”谣言，刘伯承一笑置之》的消息。其中讲到，刘伯承将军不仅安然无恙，而且“正在创造一惊人战果”。

这篇以“新华社随刘伯承将军总部记者 7 日电”为电头发出的消息写道：刘伯承“在一幅巨大的地图前以电话指示机宜”，“将军总部浸润在紧张而冷静的气氛中，发报机的马达隆隆作响，街上电线纵横，通信设备极忙碌”。听到国民党捏造刘伯承“负伤”“被打死”的谣言时，“刘将军一笑置之，仍继续其电话指挥”。

“刘将军总部某权威人士”称：“中央社这种无耻造谣，在于掩蔽其接二连三败绩，并图以振奋其再衰三竭之士气军心。近日他们一说刘将军负伤，二说潜逃，三说牺牲，前后矛盾可笑。天才指挥刘伯承将军部队，在三个月中已歼灭蒋军十个旅（师），第三师师长赵锡田负伤被俘，第一旅旅长黄正诚被俘，三十一师师长刘铭锡、一八一师师长米文和仅以身免，微服落荒而逃。其他高级军官被击毙者更不计其数。”他说，“刘将军现在正发挥其高明的军事指挥天才，不久的将来，蒋介石军将再一次尝到刘将军的厉害”。

此后，新华社记者撰写的消息广为流传，国民党的谣言不攻自破。但“新华社随刘伯承将军总部记者”是谁，人们并不知道。新华出版社出版的

《毛泽东等老一辈革命家为新华社撰写的新闻作品》中的注释说明：由于军情紧急，这个消息是邓小平对新华社晋冀鲁豫总分社记者直接口授，由新华社向全国发布的。

执笔记录的记者吴象在《随刘邓大军采访》一文中回忆，国民党造谣“刘伯承负伤、逃遁、战死”的谣言传播开来后，新华总社要求前线记者团迅速派人访问刘伯承。当吴象在作战室院里和刘伯承讨论如何撰写稿件时，邓小平进来了。“邓政委问明了情况，没有吭气，用右手扶着含在嘴里的烟斗，在屋里来回踱步。过了三四分钟，他说话了：‘我看就这样吧！’接着便口授了一遍电讯，一句接着一句，不紧不慢，干净利索，毫无停顿，更无重复，简直像在念一篇已经写好的文稿。”

第十八章

“毛主席打了个极秘密的电报给刘邓”

1947年6月，中国人民解放战争已经进行了一年。中国人民解放军经过一年的英勇奋战，歼灭国民党军队大量有生力量，使敌我力量对比发生重大变化。中国人民解放军得到人民群众的大力支援，士气高昂，愈战愈强。国民党军队则由于人民反对，士气低落，大量被歼，兵源枯竭，后方空虚，开始走下坡路。国民党军队虽然受到很大削弱，但总兵力仍比人民解放军多出近一倍，并且从1947年3月起向山东和陕北发动“重点进攻”，将战争继续引向解放区，妄图进一步破坏和消耗解放区的人力物力。

战争，在毛泽东看来，决不是战场上一枪一刀的拼杀，而是政治的继续，是流血的政治。指导战争，把握战局，在毛泽东的头脑中，决不是单纯对某个战役、战斗的谋划，而是着眼于整个世界政治形势、解放战争全局的整体性决策。从井冈山到陕北，经过长期革命战争的锻炼，毛泽东对战争全局的驾驭早已得心应手，达到了炉火纯青、出神入化的程度。在对战争理论的阐述上，他对自克劳塞维茨、毛奇以来的近现代军事理论，特别是对马克思列宁主义军事学说，进行了多方面创造性的丰富和发展。凡是世界上著名的军事战役，胜利的一方除了军事谋略和指挥正确以外，往往还有人力、物力、火力、兵器的优势，斯大林格勒战役的反攻阶段便是如此。而人民解放战争中重大战役的胜利，特别是初期战斗、战役的胜利，靠的是小米加步枪，靠的是人民战士英勇奋战和人民群众大力支援。当然，还依靠蒋介石这个“运输大队长”源源不断地把武器、装备、人员、物资补充给人民军队。所以，毛泽东指挥的军事战役，从来不仅仅依靠火力、兵器、物资力量的对比，而主要是依靠政治上人心的向背，是在军事力量决战背后的政治力量的决战。

1947年5月，中共中央设立以邓小平为首的中原局，准备挺进中原事宜。

1947年夏天，毛泽东作为一位有远见的战略家，抓住解放战争战局刚刚有利于中国人民解放军的苗头，果断决定，立刻由战略防御转入战略进攻，以敌军兵力薄弱的中原地区为主要突击方向，实施中央突破，让人民解放军的主力打到外线去，直插敌军的战略后方，将战争引向国民党统治区，改变整个战争的态势，从根本上动摇国民党的统治，加速中国革命的胜利进程。

关于战略进攻方向的选择，毛泽东早已深思熟虑。大别山位于湖北、河南、安徽三省的交汇地区，山脉连绵起伏，西跨南北大动脉平汉铁路，东至淮南铁路，北接淮河，南临长江。人民解放军进入这一地区，可以瞰制中原，威胁南京，进逼长江，直指武汉，具有巨大的战略意义。

大别山区既是敌人战略上最敏感，也是其战略上最薄弱的地区，第二次国内革命战争时期的鄂豫皖革命根据地，是红四方面军（即晋冀鲁豫野战军和八路军一二九师的前身）的摇篮，人民群众觉悟高，有利于解放军站稳脚跟，创建大块新解放区。

但是，千里跃进大别山——这是一个派遣十几万人的大军无后方作战、孤军深入到敌人腹心地区的具有极大危险性的行动。究竟派哪一支部队去执行这个具有战略意义的重大行动呢？毛泽东经过深思熟虑，把这一重任交给了刘伯承和邓小平。

刘伯承和邓小平接到中共中央和毛泽东的指示后，坚决照办，雷厉风行。一天，邓小平把冀鲁豫边区行署主任、晋冀鲁豫军区后方战勤总指挥部司令员段君毅找去，当面交代说，刘司令员要我交给你一项任务，为渡黄河进行船只等各项准备。领受任务后，战勤总指挥部的领导成员全力以赴，立即行动起来。

经过几个月发动群众，昼夜操劳，战勤总指挥部按照刘伯承、邓小平的要求，如期赶造了120只大木船，加上征集到的其他船只，共准备大小木船300余只；还组织和训练渡河负责干部、民兵和水手3000多人。刘伯承、邓小平非常重视渡河作战的准备工作，亲自进行检查。渡河前的一天，段君毅陪同刘伯承、邓小平和李达参谋长检查渡河准备。他们先到预定晋冀鲁豫野战军司令部机关渡河的寿张县南孙口渡口，听取了一纵队司令员杨勇、政治委员苏振华的汇报，刘伯承还亲自登船检查渡船的质量。

然后，刘伯承、邓小平乘吉普车向位山行驶，途中汽车左轮忽然陷进泥里，车子翻了。段君毅和李达参谋长赶快从汽车里钻出来，将刘伯承、邓小平扶起来，幸好都没有伤着。刘伯承平静地拍拍身上的泥土，找到掉了的眼镜戴上，忙问小平同志伤着没有。邓小平一面问：“刘司令员没事吧?”一面招呼说：“大家都来推车。”后来，段君毅又找来汽车，陪同刘伯承、邓小平继续前进。事后，一些将领闻讯，无不惊叹：“好险！大军未过河，两帅就翻车，万一有啥不幸，怎么得了!”

1947 年 6 月 30 日，刘伯承、邓小平指挥晋冀鲁豫野战军主力 4 个纵队 12 万人，对敌军从山东到陕北的大哑铃形阵势，实行中央突破，在鲁西南张秋镇至临濮集间强渡黄河。经过一个白天和两个晚上，12 万大军“神兵天降”般地渡过蒋介石宣称“可抵四十万大军”的黄河天险，在黄河南岸建立了强大阵地。

段君毅在孙口渡口亲自陪刘伯承、邓小平渡河。刘伯承专门指示，要发一些酒肉，慰问帮助人民解放军强渡黄河的船工和群众。刘伯承、邓小平还签发嘉奖电，称赞帮助人民解放军渡河的船工和群众：“不顾敌人的炮火和敌机的骚扰，不顾日夜疲劳，积极协助我军渡过大反攻的第一个障碍……为祖国的独立和人民的解放，立了大功!”

自古大军远征，不可无诗。诗言志，抒豪情。因此，古人曾有“大将南征胆气豪，腰横秋水雁翎刀”等脍炙人口、千古传诵的著名诗句。在晋冀鲁豫野战军主力离开晋冀鲁豫解放区远征之际，革命老区左权县的一位民间诗人，送来一首明世宗《送毛伯温》韵的《大将南征》诗，表达老区人民对太行子弟兵的殷切期望。诗曰：

大将南征胆气豪，战士请缨励枪刀。
朝辞父老群情激，暮渡黄河浊浪高。
中原逐鹿我必胜，瓮底捉鳖敌难逃。
何期打到南京去，扬子江边洗战袍。

中国人民解放军一举突破黄河天险，极大地震动了国民党政府和国民党军队最高统帅部。

美国驻华大使惊呼：“这简直是惊人的事件！不亚于当年法国‘马其诺防线’被攻破！”

晋冀鲁豫野战军主力渡过黄河的第二天，在一间普通的农村小学教室里，刘伯承、邓小平召集各纵队司令员和政治委员研究行动方案。邓小平指着墙上的地图说：“由于一年来我军在内线作战大量歼敌的结果，蒋介石被迫放弃他的全面进攻，而在山东和陕北两翼，集中兵力进行绝望的所谓重点进攻。现在，山东敌人聚集了六十个旅，四十五万人；陕北十五个旅，十四万人。”

邓小平继续说：“正像刘司令员讲的：敌人搞的是‘哑铃战略’，把两个铁锤放在山东和陕北，我们晋冀鲁豫战场是联系东西两战场的中间地带，正像这两个哑铃的‘把’。现在党中央交给我们的任务，就是要砍断这个‘把’，把战争从解放区引到国民党统治区域里去，和全国各个战场兄弟部队一道，在党中央的统一号令下，使我军由战略防御转入战略进攻……”

这时，刘伯承说：“山东按着敌人的脑袋，陕北按着敌人的两条腿，我们拦腰砍去。”

邓小平接着说：“这一刀一定要砍好，一定要砍在敌人的要害部位。”

刘伯承又说：“一年来敌我悬殊的情况已经有了很大的改变，但敌人的力量还是很大的，我们不能低估。这就决定了我们野战军实施战略进攻的方式，不是逐城推进，而是跳跃式的。我们要大胆地把敌人甩在后面，长驱直入地跃到敌人的深远后方去。你们看，大别山这个地方，就像孩子穿的‘兜肚’，是长江向南面的一个突出部。”

刘伯承分析道：“我们跃进到大别山，就可以东胁南京，西逼武汉，南抵长江，驰骋中原。这时候北面敌人中的一部分就会被吸引到我们这边来，山东、陕北和其他战场的担子就可以减轻一些，他们不但可以在内线继续歼灭敌人，而且可以抽出更多的兵力打出外线。这样，我们的担子就会加重，困难就会增多。不论在跃进途中，还是到了大别山，我们都会遇到……”

邓小平接下去说：“革命就是困难的事。对这次行动中的困难，大家要有足够的思想准备和组织准备。这是一个严重的斗争任务。但是，我们是在全国各战场大举战略进攻的形势下，在全国人民，特别是解放区人民热烈支援下来执行党中央规定的战略任务的。在蒋介石统治区，我们的游击部队还会配合和接应我们，所以，我们的行动，决不是冒险，而是一个勇敢的行动。”

邓小平强调：“毛主席指出，我们到大别山可能有三个前途：一是付了代价站不住脚，退了回来；二是付了代价站不稳，在周围坚持斗争；三是付了代价，站稳了。我们要克服一切困难，力争第三个前途，争取为跃进到大别山，并在那里站稳脚跟而斗争。跃进大别山，解放中原，这是中央的第一步棋；下一步棋，就是以中原为阵地，再来一个跃进，打过长江，解放全国。”

邓小平说：“大家还可以反过来想一想，如果我们现在不打出去，情况将会怎样呢？当然，我们在内线还可以继续歼灭一些敌人，但解放区的人力、物力、财力却会渐渐消耗殆尽，我们很难持久地打下去，蒋介石就是希望把战争放在解放区里进行，这样来彻底摧毁解放区，达到消灭共产党和人民解放军的罪恶目的。”

最后，邓小平坚决地表示：“我们要打出去，破坏蒋介石这个恶毒的反革命计划。”

刘伯承、邓小平率领晋冀鲁豫野战军强渡黄河后，得到一个情报：驻扎在菏泽的敌军准备按照蒋介石的命令，要扒开黄河堤坝放水，妄图“以水代兵”，阻拦人民解放军的进攻。8 月 5 日深夜，刘伯承亲自给段君毅打电话，要求段君毅和冀鲁豫军区司令员王秉璋凌晨赶到司令部。他们奉命按时赶到后，只见刘伯承、邓小平的住室已被水淹，鞋子也漂了起来。见面后，邓小平立即向段君毅询问黄河水情，担心黄河决口。

段君毅捧起屋子里的积水，对邓小平说：“不会是黄河决口，如果是黄河水，定是泥汤，水会继续上涨。现在屋子里是清水，也没有上涨，说明是雨水泛滥。”邓小平表示：“你是黄河边人，有此经验，说得有道理。”即便如此，此时此刻，刘伯承、邓小平仍然心急如焚，一面指定王秉璋等乘车前往黄河堤坝探明水情，一面要李达参谋长和段君毅研究，一旦黄河决口，十余万部队的转移方案。

后经查明，当时，中共开封和郑州的地下组织——中共汴郑工作委员会，通过统一战线工作的关系，派出代表直闯敌营，严正警告敌军将领：谁如果胆敢炸开黄河堤坝，谁就是中华民族的千古罪人，谁就是战争罪犯；不管将来逃到天涯海角，中国人民也必然要将他缉拿归案，予以严惩。敌军将领慑于民族大义和中共代表的严正警告，未敢在黄河炸堤。

邓小平曾说："我这一生，这一时刻最紧张。听到黄河的水要来，我自己都听得到自己的心脏在怦怦跳动！"刘邓大军强渡黄河、挺进中原、千里跃进大别山的战略行动，关系到人民解放战争的全局，关系到中国革命的全局。因此，对于黄河是否决口的问题，身负重任的邓小平不能不表示极大的关注和重视。

刘邓大军渡过黄河后，随即发起鲁西南战役，先声夺人，大量歼敌，给敌人以极大震慑。在鲁西南战役中，最后攻打羊山集的敌第六十六师时，负责攻击的部队以为该敌已是瓮中之鳖，很快就可以歼灭，轻敌大意，准备不周，结果多次进攻都未能奏效。之后，又增加了一些部队再次发起攻击，还是未能获胜。这时，负责攻击部队的指挥员打红了眼，想用硬打死拼的办法去消灭敌人。但由于时间拖得较长，已影响了下一步的战略行动。

刘伯承、邓小平虽然心里很急，但总不愿把这种情绪轻易表露出来而责备部队。他们打电话给主攻纵队负责人说："敌人防御配系的重点在哪里弄清楚没有？突破口选择有什么问题没有？你们到前边亲自看过地形没有？"一席话问得主攻纵队的负责人哑口无言。在刘伯承、邓小平的提醒下，他们亲自到前沿阵地观察地形，找出敌人防御配系的薄弱环节，重新调整部队部署，发起总攻后，很快一举歼灭了敌人。

鲁西南战役，在约1个月的时间里，歼敌4个整编师部、9个半旅，共6万余人。

1947年7月，中共中央在陕北靖边县小河村举行扩大会议。会前，毛泽东、周恩来、任弼时分别与西北野战军负责人、陕甘宁晋绥联防军负责人、晋冀鲁豫野战军太岳纵队负责人谈话，研究和确定派遣太岳纵队强渡黄河，挺进豫西，协助晋冀鲁豫野战军主力经略中原的重大战略行动。会议总结了解放战争第一年的战绩，首次提出对蒋介石的斗争，从1946年7月算起，用5年时间来解决，但不对外宣布，还是准备长期作战，5年到10年甚至15年，不像蒋介石那样，先说几个月消灭我们，不能实现又说再过几个月，到了现在又说战争才开始。

7 月 23 日，小河会议刚刚结束，毛泽东就开始对挺进大别山这一重大战略行动精心运筹。他为中共中央军委起草了致刘伯承、邓小平，陈毅、粟裕、谭震林和华东局的电报：“刘、邓对羊山集、济宁两点之敌，判断确有迅速攻歼把握则攻歼之。否则，立即集中全军休整十天左右，除扫清过路小敌及民团外，不打陇海，不打新黄河以东，亦不打平汉路，下决心不要后方，以半个月行程，直出大别山，占领大别山为中心的数十县，肃清民团，发动群众，建立根据地，吸引敌人向我进攻打运动战。我们已令陈赓纵队并指挥太行纵队、五师、三十八军共七万余人，八月下旬出豫西，建立鄂豫陕边区根据地，吸引胡宗南一部打运动战。”

这是一个以晋冀鲁豫野战军挺进大别山，粉碎国民党军队对解放区的“重点进攻”，揭开人民解放军战略进攻序幕的重要战略计划。投入的兵力有刘伯承、邓小平率领的晋冀鲁豫野战军主力 12 万余人，陈赓集团 7 万余人，共计 20 万人左右。

对于晋冀鲁豫野战军千里挺进大别山的重大战略行动和面临的艰巨形势，邓小平回顾说：

在解放战争第一年，我们完成了中央军委规定的歼敌指标。战争开始三个月后，毛主席就说，全国战场只要每个月消灭国民党八个旅，这个仗就肯定能打胜。果然，第一年就歼敌九十七个半旅，略超过一点。就二野所在地区来说，完成了分配给自己的份额，也许还超过一点。由于圆满地完成了任务，战略反攻的时间提前了，比预定的不止提前一年两年。解放战争开始时没有提出反攻的问题，那时反攻时间还捉摸不定。从一九四六年七月开始，到一九四七年六七月，打了一年就很有把握地确定反攻。要说原因，一个是第一年歼灭了近百个旅的敌人，相应地我们的装备也有所改善。另一个原因是客观形势迫使我们要早反攻。那时国民党重点进攻山东和延安，这好比是扁担的两头。我们晋冀鲁豫在中间，虽然不是敌人重点进攻的地区，但是是一个挑扁担的地区，伯承同志讲的是“扁担战略”。我们的任务就是要把两头的敌人吸引到中间来，而我们的战略反攻，实现了中央军委、毛主席的战略意图。首先过黄河，一下消灭敌人四个师部、九个半旅，旗开得胜，那气势是很了不起的。过黄河实际上就是开始反攻。但是，反攻深入到什么程度？歼敌九个半旅，这只是一个声势，更重要的是我们怎么进一步行动？我们打电报给军委，说趁势还能够在晋冀鲁豫地区继续歼灭一些敌人，吸引和牵制更多的敌人，形势很好啊。毛主席打了个极秘密的电报给刘邓，写的是陕北"甚为困难"。当时我们二话没说，立即复电，半个月后行动，跃进到敌人后方去，直出大别山。实际上不到十天，就开始行动。[①]

---

① 《邓小平文选》第3卷，人民出版社1993年版，第338～339页。

第十九章

“小平同志就屡次讲，要‘破釜沉舟’嘛”

1947年8月7日夜间，中国人民解放军揭开战略进攻序幕。邓小平和刘伯承率领晋冀鲁豫野战军12万大军，以破釜沉舟的决心，突然行动。在国民党军队还没有弄清楚晋冀鲁豫野战军的真实战略意图时，刘邓大军便兵分三路，长驱直入，迅速跨过陇海铁路，像一把出鞘的利剑，直刺国民党统治的腹心地区——大别山区。

鲁西南与大别山区相距千里，从鲁西南到大别山区要穿越河南省的东部和东南部地区。前有黄泛区、沙河、涡河、洪河、汝河、淮河等天然障碍和敌人的守军，后有国民党军队的几十个旅穷追不舍，再加上天气炎热，部队连续作战，疲惫不堪。邓小平和政治工作者及时向指战员指出挺进大别山的目的、意义，激励指战员一定要树立起克服困难的决心和信心，开展思想互助和体力互助，战胜困难。邓小平指示政治部，发出“走到大别山就是胜利”的口号，要求各级指挥员做好战士们的思想工作，共同完成党中央交给的光荣任务，不能恋战，甩掉敌人，冲破包围，就是胜利。

8月17日，刘邓大军到达黄泛区。所谓“黄泛区”，是指1938年6月，国民党政府为阻挡日军，人为地炸开位于河南省郑州北郊的黄河花园口大堤，使滚滚黄河水肆意泛滥的豫、皖、苏3省44个县，面积达5.4万多平方公里的区域。这场“以水代兵”的计划，不仅没有阻挡得住日军的侵略，相反却造成了黄泛区1200多万人流离失所、89万多人死亡、人民财产损失难以数计的空前惨剧。

国民党河南省政府社会处撰写的《河南省黄泛区灾况纪实》披露：“泛区居民因事前毫无闻知，猝不及防，堤防骤溃，洪流踵至；财产田庐，悉付流水。当时澎湃动地，呼号震天，其悲骇惨痛之状，实有未忍溯想。间多攀树登屋，浮木乘舟，以侥幸不死，因而仅保余生，大都缺衣乏食，魄荡魂惊。其辗转外徙者，又以饥馁煎迫，疾病侵夺，往往横尸道路，填委沟壑，为数不知凡几。幸而勉能逃出，得达彼岸，亦皆九死一生，艰苦备历，不为溺鬼，尽成流民……因之卖儿鬻女，率缠号哭，难舍难分，更是司空见惯，而人市之价日跌，求售之数愈伙，于是寂寥泛区，荒凉惨苦，几疑非复人寰矣！”

1947年夏天，滔滔洪水虽然已经过去多年，但放眼望去，黄泛区没有人烟，没有道路，只有满目黄水，遍地污泥，浅则及膝，深则及脐，行走十分困难。杨国宇回忆说：在这样的情况下要到大别山。过黄泛区是很难的，陈锡联（纵队）的大炮陷在里面没法走，邓小平决心大得很。有些人哭的哭，叫的叫，走不动，前面是飞机，后面是敌人追击。他狠心一下，坚决执行上级的命令，打到大别山去。大炮炸掉，不惜一切地炸掉，汽车甩掉……

刘伯承、邓小平身先士卒，手柱棍子，脚踩污泥，冒着骄阳酷暑和敌机轰炸扫射，与普通指战员一样，在黄泛区中共同跋涉。在这种官兵一致、同甘共苦精神的鼓舞下，刘邓大军主力排除万难，通过20公里的黄泛区。

后来，邓小平十分感慨地说：“过黄泛区，真困难啊，重装备带不走了，只能丢了，所以打淮海战役的时候，二野的炮兵就很少。”①

千里跃进大别山过程中，敌情瞬息万变，险象环生。最关键、最紧张的时候莫过于强渡汝河了。蒋介石原以为刘邓大军强渡黄河后，向南进军是溃逃，是“溃不成军”。直到刘邓大军渡过黄泛区和沙河后，他才如大梦初醒，意识到刘邓大军不是什么“向南流窜”，而是有计划、有目的地向大别山地区进军。蒋介石急调1个师零1个旅的兵力3万余人，沿平汉铁路南下，企图在汝河南岸挡住刘邓大军去路，对刘邓大军来一个南北夹击。

汝河之战，是刘邓大军千里跃进大别山途中最紧张、最激烈、最关键的一次战斗，关系到整个野战军能否完成这次中央突破战略任务。汝河并不是一条很大的河，它不过是淮河的一条支流，河面不太宽，但水深流急，两岸陡峭。部队徒涉不可能，而渡口的船只早被敌人砸沉或抢走了。

刘伯承在撰写《千里跃进大别山》时回忆说：“8月23日下午，我中路先

---

① 《邓小平文选》第3卷，人民出版社1993年版，第340页。

头部队冒着敌机的轰炸扫射，架起浮桥，抢占了汝河南岸的一个桥头堡大雷岗。敌人马上从东西南三面构成一个马蹄形阵势，把这个小小的村庄围住，企图阻拦我军前进。此时我东、西两路部队已先敌越过汝河，逼近淮河，中路部队也有一个纵队先敌抢过汝河，继续南进，留在汝河北岸的只有中原局机关、野战军指挥部和一个纵队的兵力。”

“而紧跟在我背后的三个师的敌人，距离我们只有五六十里，不用一天就可以赶到。前有阻师，后有追兵，形势真是千钧一发，万分险恶。我们能否在短短几个小时内抢渡汝河，关系到整个跃进行动的成败，从而也关系到整个战局。战略跃进的光荣使命鼓舞着我们，此刻，面前即使横着刀山火海，我们也必须打过去！黄昏后，我和邓小平同志赶到了汝河北岸先头部队的指挥所，命令部队以坚决进攻的手段对付堵击的敌人。说明‘狭路相逢勇者胜！’只要我们坚决、勇敢、不怕牺牲，就一定能够打过去。”

亲历者李德生在《重建大别山根据地纪实》中回忆说：“……8 月 23 日下午敌八十五军吴绍周部终于先我赶到汝河南岸之汝南埠，将我中原局、野战军指挥部及掩护首脑机关的第六纵队截堵在汝河北岸。此时，尾我南进之敌三个师与我相距五六十里，炮声时时可闻……”

亲历者肖永银回忆说：24 日上午，汝河上空出现了敌人的红头飞机，在我先遣部队的头上扫射轰炸。中午时分，汝河南岸西边的公路上，突然烟尘滚滚，人喊马嘶，黑压压的敌军由西向东，占领了油坊店、汝南埠一带。

刘邓大军先头部队冒着敌军飞机、大炮、机枪构成的火力网，奋不顾身，扑向南岸，占据了一个村庄，架起了浮桥。夜幕降临时，敌军燃起的大火，照得汝河对岸十几公里满天通红。

刘伯承和邓小平偕参谋长李达赶到汝河边，在离渡口 100 米处的小草房里，听取第六纵队副司令员韦杰、第十六旅旅长尤太忠、第十八旅旅长肖永银的汇报。

刘伯承和邓小平严肃地问：“情况怎么样？”

“报告司令员、政委，十二点钟以后，敌八十五军吴绍周进入了油坊店、汝南埠一线，挡住了我们前进的道路。我五十二团占领了河南岸大雷岗，工兵架起了浮桥。现在敌人正集中火力轰击北岸，封锁浮桥。我旅其他各团已集结河北岸待命，其他方面情况不了解。”先头旅旅长肖永银回答。

邓小平听了前线指挥员报告后，对李达参谋长说：“打开地图，先给大家介绍一下情况。”李达参谋长指着地图说：我军过沙河后，敌人发现了我们的战略意图，开始派部队向我追击，企图拦住我军主力，在洪河、汝河之间进行决战，以打乱我军进军大别山的战略计划。现在敌人八十五军约三万人，已赶到汝河南岸，后面追击我们的敌军五十八、四十八等三个整编师，离我们只有50多里路了。

前有阻敌，后有追兵，中间横着一条汝河，战局真正到了千钧一发的时刻。大家听了李达参谋长的介绍，感到情况比预料的严重得多。

前线指挥所离河岸很近，敌人的炮弹前一个后一个地爆炸着。同志们一边听李达参谋长介绍情况，一边担心刘伯承和邓小平的安全，一再劝说他们到屋子里去。他俩似乎没有听见，只顾看地图。正在这时，一颗炮弹落在隔壁院子里，轰隆一声，炸得泥土砖瓦乱飞，浓密的烟雾腾空升起。几位同志不由分说，卷起地图，把刘伯承和邓小平拉进屋子里。

邓小平向大家扫了一眼，说：“情况就是这样，现在除了坚决打过去以外，没有别的出路。今天过不去汝河，后面敌人明天就赶到了。过不去就得分散打游击，或者转回去。这就是说，我们完不成党中央和毛主席交给我们的战略任务。在最紧急的关头，正是考验我们共产党员和革命军人的时候，我们要不惜一切牺牲，不惜一切代价，坚决打过去。”

刘伯承接着说：“狭路相逢勇者胜。从现在起，不管白天黑夜，不管敌人的飞机大炮，我们要以进攻的手段对待进攻的敌人，从这里（他用手在地图上一划）打开一条血路冲过去。只要我们坚决勇敢，不怕牺牲，就一定能够打过去。邓小平政委讲过了，这次战斗考验着我们每一个共产党员，看你这个党员够不够分量！野战军要从这里渡河！”

后来，刘伯承回忆强渡汝河的战况时说：“河是非过不可，否则无路可走。在此紧要关头，我就给部队指挥员说：‘狭路相逢勇者胜。’结果还不是打过去了！……小平同志就屡次讲，要‘破釜沉舟’嘛！”

当年亲临其境的一位老同志回忆说：南下大别山的途中，当进到汝河附近时，突然发现河南岸有敌人大部队堵住人民解放军去路。在前有堵兵后有追兵的紧急情况下，邓小平对第六纵队负责人说：“目前只有两个方案：一个方案是不惜一切代价坚决打过去；另一个方案是就地分散同敌人周旋，尔后再找机会南下。”第六纵队负责人一听就急了，坚决表示要杀开一条血路，掩护野战军领导机关安全渡过汝河。

强渡汝河的战斗开始了。纵队和旅的干部亲自下到团、营、连指挥作战。战士们英勇顽强地同数倍于自己的敌人拼杀。抢夺桥头堡的敌人被刘邓大军击退后，我后续部队陆续渡河前进。各部队冒着敌机的低空轰炸、扫射和两边敌人近距离的侧射火力，边走边打，勇往直前，终于在大小雷岗和东西王庄一带杀开了一条血路，掩护着中原局和野战军指挥部突破敌人层层拦阻，顺利地闯过了千里跃进途中的这个险关。

在刘伯承、邓小平的指挥下，广大指战员士气高昂，视死如归，迎着敌军的枪林弹雨，前仆后继，义无反顾，突破国民党军队的汝河防线，直扑大别山而去。

这时，邓小平告诉部队：“我们到大别山还有一道天险——淮河。”淮河，是介于黄河和长江之间的一个最大的河系，由西向东贯穿河南南部与安徽全境，是刘邓大军跃进大别山途中的一道天然屏障。8 月，正值雨季，淮河水上涨，水流湍急，无桥又无船，而敌人追兵与刘邓大军仅距 15 公里。

在指挥部里，刘伯承、邓小平连夜召开紧急会议，邓小平提议：“伯承、际春带司令部先行渡河，李达留下组织渡河，我在后组织部队阻击。”

“政委的话就是命令，我们分头行动吧！”刘伯承立即表示赞同。

刘伯承、邓小平握手分别后，刘伯承到了河边，除组织人员搜集船只外，还登上渡船，亲自用竹竿一点一点地测量水深，终于发现有些地方可以徒涉，又意外地发现上游有人牵马过河，遂立即让人通知李达、邓小平组织部队徒涉。刘伯承还十分严肃地指出：越是紧要关头，领导干部越是要实地侦察，粗枝大叶就要害死人！

天快亮时，河水水位又开始回落，真是天赐良机，刘邓大军立即开始徒步过河。8 月 27 日，刘邓大军后卫部队刚过完淮河，淮河水位就突然上涨，恰恰把大批敌军追击部队挡在淮河北岸。敌军指挥官带领部队追到河边，得知刘邓大军是徒步过河的，也下令部队徒涉，结果许多人马未到河心就被激流冲走了。看着刚刚远去的刘邓大军，敌军只好“望河兴叹”，徒唤奈何。

河水涨落，本是自然现象，但当地人民群众却说刘邓大军有神仙保佑。国民党军队对此也惊叹称奇不已。当时的国民党政府国防部作战厅厅长、陆军总司令部参谋长郭汝瑰，在1947年8月28日的日记中写道：追击刘伯承部各路国军均被淮水所阻。据云，刘（伯承）军渡淮河系徒涉，国军一到即涨水，可亦奇矣！

对晋冀鲁豫野战军千里挺进大别山的艰巨形势，邓小平回顾说：

> 那时搞无后方作战，困难是可想而知的啊。北方人到南方，真不容易。果然一过淮河，好多人拉肚子。中国真正的南北界线是淮河，淮河以南就叫南方，不是长江以南才叫南方。一过淮河，种水稻，走山路，都是南方的生活习惯。原来我们估计不足，只知道北方人到南方有不习惯的问题，过了淮河才知道就是原来的南方人，鄂豫皖的人，在北方过了好多年，也不那么习惯了。往南一下就走一千里，下这个决心，真了不起，从这一点也可看出毛主席战略思想的光辉。而这个担子落在二野身上，整个解放战争最困难的是挑这个担子，是挑的重担啊。不是说消灭敌人九个半旅是挑了重担，主要的是撇开一切困难，坚决地挺进一千里，挑的就是这个重担。……过淮河，天老爷帮了一个大忙，能够徒涉。过去没有人知道淮河是能够徒涉的，那一次刚涨起来的河水又落下去了，伯承亲自去踩踏，恰好就是那个时候能徒涉，这就非常顺利了。不然，我们过淮河还是能过，但会有伤亡，以后的斗争会更困难一些。当时形势相当严峻，相当险恶，但是整个地看应该说是很顺利地实现了战略反攻的任务，跃进到大别山。①

1947年8月31日，刘伯承、邓小平率领部队胜利到达河南省光山县北向店。脚踏着大别山的土地，多少干部心潮澎湃，热泪长流；多少干部在心中呼唤着“妈妈，我终于又回来了”；多少干部咬紧钢牙，在心中默念，“大别山呵，大别山！”当年的红军，鄂豫皖人民的子弟兵，如今挟着雷电、带着千军万马，终于又杀回来了！昔日横行霸道的“白狗子”们，请你们尝尝十几万人民解放军的铁拳吧！

---

① 《邓小平文选》第3卷，人民出版社1993年版，第339～340页。

从西征到长征，从鄂豫皖到川陕，从雪山草地到黄土高原，从东渡黄河到开辟晋冀鲁豫根据地，这批起源于大别山“闹红”的人民子弟兵，无时无刻不在思念着大别山，思念着大别山的亲人、战友、同志呵……

在大别山革命老区的土地上，召开了刘邓大军干部会议。在一个破旧院落的一张八仙桌前，邓小平脚踏着大别山区的土地，向身披征尘的部下发表讲话：“我们已到了大别山，完成了战略任务的第一步，把蒋介石逼退了一条线，从黄河逼到长江。党中央说我们的行动是英勇的行动。另外，我们陈赓集团已挺进陇海西线，向伏牛山前进。这样，便以大别山、伏牛山和鲁西南形成一个掎角之势，在这战略态势下，我们解放中原是有充分根据与条件的……”“重建鄂豫皖解放区的任务是十分光荣的，是中国现代史上重要的一页……”

千里跃进大别山的战略行动胜利了。起义将领、当时的国民党政府国防部作战厅厅长郭汝瑰评价说：刘伯承、邓小平他们进军大别山呀，那是纵井救人，跳到枯井里去救人，自己就是很危险的事情，所以那刘邓是最危险的了。进去（大别山），本身是个危险的事情，他敢于（进军），一进军大别山，就把整个状况都变了。（国民党军队）所有人马，大别山分一部分，徐州分一部分，华北又分一部分，济南又分一部分，国民党的部队都分散了。

就在刘邓大军胜利进入大别山时，根据毛泽东统一部署，8 月下旬，由陈赓率领的晋冀鲁豫野战军太岳兵团两个纵队又一个军，组成陈赓集团，在晋南、豫北一带强渡黄河，挺进豫西，进入中原战场。随即，陈赓集团切断陇海铁路，东逼洛阳、郑州，西慑潼关。经 3 个月作战，歼敌 4 万多人，解放县城 36 座，在 40 多个县建立了人民政权。

9 月初，由陈毅、粟裕率领的华东野战军 8 个纵队，挺进鲁西南，南越陇海铁路，恢复和发展了豫皖苏解放区，兵锋直指开封、郑州，协同刘邓大军、陈赓集团，逐鹿中原。

至此，人民解放军南线三路大军，在黄河以南、长江以北、西起汉水、东迄大海的辽阔的中原大地上，形成了以鄂豫皖、豫西、豫皖苏三大解放区为依托的“品”字形阵势，纵横驰骋，大量歼灭敌人的有生力量，极大地威胁了平汉、陇海、津浦三路之敌和郑州、开封、徐州等地，调动和吸引了国民党军南线 160 多个旅中 90 个旅的兵力，把战线由黄河南北推进到长江北岸，使中原地区由国民党军队进攻解放区的重要后方，变成了人民解放军夺取全国胜利的前进阵地。

以刘邓大军挺进大别山为开端的人民解放军战略进攻，标志着中国战争形势的根本变化：中国革命已经从长期的战略防御转入战略进攻，蒋介石的统治已经临近覆灭，中国革命新高潮已经到来，中国历史前进的车轮正在朝着有利于中国人民的方向迅猛前进。

毛泽东起草的《中国人民解放军发言人评西北大捷兼论解放军的新式整军运动》，对三路大军逐鹿中原的重大战略意义作了高度评价，指出："我刘邓、陈粟、陈谢三路野战大军，从去年夏秋起渡河南进，纵横驰骋于江淮河汉之间，歼灭大量敌人，调动和吸引蒋军南线全部兵力一百六十多个旅中约九十个旅左右于自己的周围，迫使蒋军处于被动地位，起了决定性的战略作用，获得全国人民的称赞。"①

① 《毛泽东选集》第 4 卷，人民出版社 1991 年版，第 1293 页。

第二十章

“自古以来，谁得中原谁得天下”

刘邓大军进入大别山地区后，在大别山落地生根的斗争开始了。放手发动群众，开展革命斗争，是创建和巩固解放区的重要前提。但是，刚开始时，大别山地区的群众工作却异常艰难。这一地区在土地革命战争时期和抗日战争时期就是中国共产党领导的革命根据地，但因斗争形势变化，人民军队曾经“几进几出”。

土地革命战争时期，中国共产党创建鄂豫皖革命根据地和红四方面军，这是共产党和人民军队第一次进入大别山。大别山沸腾了，到处红旗如海歌如潮。1932 年 10 月，红四方面军撤出大别山区。

全国抗日战争时期，李先念等在这里创建新四军第五师和抗日民主根据地，这是共产党和人民军队第二次进入大别山。大别山又一次沸腾了，抗日旗帜高高飘扬，抗日歌声震撼山乡。抗日战争胜利后，根据国际国内形势的要求，汇集在这一区域的新四军、八路军各部队统一改编为中原军区。全面内战爆发后，中原部队进行“中原突围”，撤离此地。

刘邓大军挺进大别山，是共产党和人民军队第三次进入大别山区。

每一次人民军队撤离大别山地区后，国民党都对当地人民群众进行惨无人道的大摧残、大镇压、大屠杀。参加过革命的男性遭到枪杀，女性被贩卖到异域他乡。“石要过刀，人要换种。”因此，人民群众尽管在内心深处对刘邓大军（刘邓大军的前身就是由鄂豫皖革命根据地的子弟组成的红四方面军）极为欢迎，但又对人民解放军这次进入大别山心存疑虑，害怕人民军队再走，担心国民党军队来了报复。

曾经在鄂豫皖革命根据地参加红四方面军，从大别山走出去，经历了长征和抗日战争，又随刘邓大军打回大别山，担任刘邓大军第二纵队教导团副团长的一位老同志回忆说：

“我是红四方面军的，让张国焘整得三过雪山、两过草地，又编到西路军翻过祁连山，闯过大戈壁，什么苦没吃过？咱红军、八路军就是苦出来的。可进了大别山，我觉得那日子比长征还苦，苦上几倍……它不光是身体上、生活上的苦，更多的是心灵上、精神上的苦。”

“进了大别山，吃没吃的，穿没穿的，饿肚子，打摆子，生疮流脓，跑肚拉稀……这都算不上苦。最苦的就是一下子离开了后方根据地，变得无依无靠，像六个月的娃子断奶死了亲娘，把人给闪了。在晋冀鲁豫打仗，无忧无虑无牵无挂，你就只管冲吧，反正伤了有人抬，死了有人埋。艰苦几天，一个胜仗下来，猪肉炖粉条尽你吃，啥苦呀累的全忘了。可在大别山，你就别想有这日子。”

“不是说大别山人民不好，而是国民党太坏，咱们自己太弱了。我就是大别山人，红安的。我知道那里的情况。红军、新四军三进二出。咱们一走，老百姓就遭殃了。国民党烧光杀光，白色恐怖呀！大别山的茅草过火，石头过刀，哪一家不死个三口五口，甚至满门抄斩啊！老百姓确实给杀惨了、杀怕了。”

“这一回我们说再也不走了，谁信你？话是你说的，可脚还长在你身上。就是他心里对你好，也不得不躲着你，怕再惹上杀身之祸。所以，老百姓一见我们就跑，整村整村地往山里跑。别说抬担架支前，就是找个人问路都困难。”

“自从北伐之后，国民党桂系部队就驻在这里，经营了二十多年，建立保甲联防、‘五家连坐’和特务组织、民团、小保队，织成了一张大网，把大别山罩得严严实实。桂系部队上到团长，下到连、排长，甚至老兵们娶的都是当地的媳妇。三姨六舅母，亲戚串亲戚，你都分不清谁是好人谁是坏人。看着一个十来岁的孩子在放牛，怪可爱的，背不住他就能甩给你一颗手榴弹。”

“当时我们有一句话，叫作‘不怕国民党，就怕小保队’。小保队是地主武装，里面土匪、地痞、流氓、红军时期的叛徒，乌七八糟什么人都有。他们还懂得游击战术，把‘敌进我退，敌驻我扰，敌疲我打，敌退我追’的一套全反用到我们身上了。”

“部队行军，指不定哪个山头就放一阵黑枪。宿营时他们摸岗哨，把你整连整排地堵在村里。伤病员遭他们残害的就更多了。等你去追，他人熟地熟情况熟，早跑得无影无踪了。我们可没少吃他们的亏。想想，在这个地区开辟根据地，无依无靠，像不像没娘的孩子？部队的战斗情绪能不受影响吗？唉，别的苦都能受，只有这种苦才真叫苦呀。”

“当然，老百姓大多数还是好的，心还是向着我们的。可那种好法也让你心里难受。有一次我们好言好语找老乡借东西，谁知他不但不借，还凶狠狠地又吵又骂，就差没把我们打出来。过后呢，他又悄悄把东西送来了，说那样吵骂是给邻居和白狗子听的。要不然，通了‘共匪’，五家连坐，非灭了他九族不可。”

“还有一次，我们要找个向导，给多少钱老乡都不去。最后一家老乡让我们求急了，就大喊大叫：‘要带路，你们把我捆起来，抓去好啦！’老乡一边喊叫，一边一个劲儿地朝我们使眼色，让我们捆起他。我们懂他的意思，他也是怕惹来杀身之祸而做给别人看的。”

曾任中国人民解放军副总参谋长、武汉军区司令员等重要职务的张才千，是湖北麻城人，地地道道的“老大别山人”，早年曾参加红四方面军，也是经过南征北战、生死搏杀又回到家乡的。在刘邓大军开辟大别山根据地时，时任中原独立旅旅长，手下的精兵强将比担任红军师长时还要多。

1947 年中秋节前夕，人困马乏的张才千在行军途中夜宿农家，却没有见到昔日大别山“闹红”时期那种房东老大娘嘘寒问暖的“军民鱼水情谊深”的动人情景。房东老大娘与一个儿子不大说话，似有难言之隐。经过张才千几番说明，是当年的红军又回来了，老大娘才用沉甸甸的语言说：“我就是怕呀！每逢八月十五我就害怕。第一次红军离开这里是八月中秋。第二次新四军走了也是中秋。你们一走……唉！”

老大娘讲的历史，对于张才千来说并不陌生。1930 年他在大别山红旗招展的时候，投身红军，任团长时随红四方面军西征，一去不返。抗日战争胜利时，他担任八路军河南军区第四军分区司令员兼政治委员，终于带着千军万马杀回了大别山区。不久，又担任中原军区第一纵队第二旅旅长、纵队参谋长。继而，在国民党军队大军压境、欲围歼中原军区所属部队于大别山区的险恶形势下，与部队一起突出重围而去。

大别山啊，大别山！对于大别山的儿子张才千来说，自从“闹红”以来已经是“二出二进”了！

除了张才千外，李德生的一些经历也很具有代表性。在繁忙的战争间隙，第十七旅旅长李德生曾抽空回河南省新县老家一趟，所见所闻，颇能说明情况。李德生骑着马刚到村边，村里人看到骑着大马的几个当兵的飞奔而来，以为是国民党军队，慌忙奔逃。李德生急忙高喊：“乡亲们不要跑，我们是八路军。”听说是八路军，又听说李德生是李家洼的，群众一下子围了上来，一边流泪，一边说，我们早盼晚盼，可算把你们盼来了，国民党压榨老百姓，我们都喘不过气来了。

李德生向大家一一问了姓名后，对他们说：“你们受苦了，我们这次回来就不走了，毛主席要我们和老百姓同生死共患难，重新建设革命根据地，我们再也不走了。”老乡们说：“这就好了，你快回村里看看吧！”李德生一行到了李家洼后，却不见人影，找到自己家却发现自己家连房子都没有了。在村头，找到一个瞎了眼的同辈，从他那里，打听到叔伯嫂子的家。嫂子一听响动，就藏到床下，李德生的警卫员满屋找，才把她从床底下请出来。

原来，村里人都被国民党军队吓得躲上山了，她没跑，远远听见马蹄声，还以为是国民党军队来了，怎么也想不到是红军打回老家了。见到李德生，她已不认识了。李德生说：“我是李德生！”她又仔细端详了一阵，才记起来，亲昵地骂了一句，接着说：“把我都吓死了！原来是你。听见骑马的声音，我还以为是中央军呢。”她很快叫来了乡亲们。

大家都围上来，拉着李德生的手，摸摸李德生穿的灰布军服，仿佛见到了久别的亲人一般。孩子们挤上来，抢着看李德生腰间挎的手枪，亲热得很。在和嫂子的交谈中，李德生才知道父亲去世的情景。他离村返部队前又去看了父亲的坟地，想到不在家时老人家遭受的苦难，不由得一阵阵心酸。因为战斗任务紧张，他只停了两个多小时，就急忙赶回了部队。

1947 年 8 月 27 日，中共中央中原局针对这种情况向部队和随军开辟新区的干部发出《创建巩固的大别山根据地》的指示：

（一）我军已胜利完成渡过淮河、进入大别山之跃进任务，敌人追击计划完全失败。今后的任务，是全心全意地义无反顾地创造巩固的大别山根据地，并与友邻兵团配合，全部控制中原。

（二）实现此历史任务，要经过一个艰难困苦的过程，发展半年以上的时间。如不大量歼灭敌人和充分发动群众，要想站稳脚跟是不可能的。因此，我们应切勿骄躁，兢兢业业，上下一心，达成每一个具体任务。

（三）应向全军说明，我们有完全胜利的把握。首先是有陈谢兵团在伏牛山、豫西、豫南广大地区及山东大军在陇海路南北的互为配合。其次是我当面敌人只有二十三个旅，兵力分散，战斗意志薄弱，此次尾我失败，战略上愈显被动。再次是大别山区有长期的革命传统，且保存有游击战争的基础，我们有许多本地干部。特别是党中央、毛主席的英明领导，全军上下一致的决心和信心，胜利是有把握的，虽有困难也是能够克服的。

（四）应向全区群众说明，我们是鄂豫皖子弟兵的大回家，他们的子弟在华北胜利了，壮大队伍了；说明蒋军必败我军必胜的条件；说明我们决不再走。我们的口号是与鄂豫皖人民共存亡，解放中原，使鄂豫皖人民获得解放。

（五）在军事上，我们在最初一个月内，不求打大仗，而是占领城镇，肃清土顽，争取打些小胜仗（一两个团一次的歼灭战）。同时，特别注意引导大家熟悉地形，习惯生活，学习山地战，为大歼灭战准备条件。但必须了解，如果我们不在半年内歼灭十个旅以上的敌人，就无法使群众相信我们不会再走而敢于起来斗争，我们也就会遇到更多的困难。因此，任何时候，全军都必须有高度的战斗意志和战斗的准备。

（六）充分发动群众及其游击战争，同我们一块斗争，是实现我们战略任务的决定条件。而我军严格三大纪律八项注意，严整军风纪，是树立良好影响，使群众敢于接近的先决条件。各级必须专门检查实现，万勿忽视。

中原局的这个指示表明了战胜敌人的坚定决心和信念，成为刘邓大军放手发动群众的强有力的思想武器。它使广大群众解除了思想顾虑，坚定了战斗胜利的信心，积极支援部队战胜困难，站稳脚跟，消灭敌人，摧毁各级反动政权，创建新的根据地。

8 月 30 日，邓小平将中原局《创建巩固的大别山根据地》的指示上报中央军委。毛泽东阅后，极为欣慰，立即批示转发彭德怀、东北局和华东局。

刘邓大军进入大别山地区后，立即派遣各部队迅速向预定地点实施战略展开。第三纵队在皖西，第二纵队和第一纵队在豫东南相继展开，第六纵队两个旅向鄂东挺进，解放了固始、光山、潢川、商城等 11 座县城。9 月初，尾追刘邓大军的国民党军队 23 个旅先后渡过淮河，进入大别山区。敌军来势凶猛，妄图乘刘邓大军在大别山立足未稳之际，把他们消灭在大别山或赶出大别山。

刘伯承和邓小平对大别山周围敌军兵力状况进行了分析，针对国民党军队的军事部署，决定避开白崇禧的桂军主力，先打较弱的滇军。9 月 5 日，刘伯承、邓小平集中第一纵队、第二纵队主力和第六纵队一个旅，在豫南商城县城以北的河凤集地区向国民党军队第五十八师发动进攻。这一仗，由于刘邓大军的基层指战员大部分是北方人，不熟悉山地特点、不善于在水网地带作战，所以未能达到有效歼敌的目的，但调动了敌军其他部队回援。

9 月 19 日，刘伯承、邓小平集中上次参战部队，在商城以西歼敌一个团，并继续引敌来援。9 月 25 日，又以第一纵队、第二纵队主力和第六纵队一个旅，在豫南光山县城附近打了第三仗，击退了敌军东援部队的进攻。通过这三次作战，将敌军的全部机动兵力调到了大别山北麓，保障了第三纵队、第六纵队在鄂东、皖西地区的顺利展开。到 9 月底，刘邓大军先后解放县城 23 座，初步打开了在大别山区的局面。

刘邓大军进入大别山，成为蒋介石的“心腹之患”。当刘邓大军迅速展开时，敌人也很快采取对策。9 月上旬，即以其尾追刘邓大军南下的 23 个旅，从北、东、西三面，对刘邓大军形成包围，并以第七师、第四十八师，进入大别山腹心地区寻找刘邓大军主力作战。

国民党军队的第七师、第四十八师是桂系的精锐部队，善于山地作战，长期在大别山地区盘踞，各地建立有谍报网，反动势力盘根错节。他们以残酷的手段胁迫群众空舍清野，使刘邓大军吃不上饭，找不到向导，给部队的生存立足带来严重的困难。敌军数倍于我，紧追不舍，企图扭住刘邓大军作战。刘邓大军占领的城市，很快又落入敌手，斗争开始反复。

刘邓大军十几万人，千里跃进，深入敌人纵深地区，远离根据地依托，所遇到的困难，非身历其境，是难以想象的。战士大多是北方人，吃不惯大米，穿不惯草鞋，痢疾、疟疾流行，造成大量减员；阴雨连绵，道路泥泞，山高路窄，重炮和大车都不便行动；山地、水网作战，大家没有经验；因无安全后方，伤员难以安置，成了指挥员打仗最大的顾虑。在困难面前，有的同志对建立大别山根据地信心不足，讲怪话、发牢骚的现象开始出现，甚至营、团指挥员也有产生右倾情绪的。

对实施战略展开过程中遇到的这些困难和部队指战员的思想状况，邓小平十分重视。他认为，部队虽然打了一些胜仗，建立了一些地方政权，但存在的问题不能忽视。因为一些部队指战员情绪低落，对建立根据地的信心不足，打仗顾虑重重，在商城、光山地区的三次作战，均打得不够理想，没有达到全歼敌军的预期目的。根据这种情况，邓小平认为有必要召开一次高级干部会议，统一思想，以及时克服部队中存在的思想问题，消除纪律松弛现象。

9 月下旬，刘邓大军在河南省光山县王大湾召开旅以上高级干部会议。会上，邓小平组织大家认真学习中共中央和毛泽东关于实行战略进攻的重要指示，并作了重要报告。他首先分析了部队进入大别山后的严峻形势及艰巨任务，总结了重建大别山根据地取得的成绩和存在的问题。然后，语重心长地说：创建大别山根据地，是我们坚定不移的任务。党中央对我们这次行动的意义，作了充分的估计。现在我们不但保存和进一步巩固了原有解放区的基本区域，而且把战争引向蒋管区，迫使蒋介石把战线由黄河移到长江。自古以来，谁得中原谁得天下。我们在大别山站稳了脚跟，蒋介石的日子就不好过了。同志们想想，党中央这步棋下得多么英明，多么有远见。可是我们有些人只看到自己的艰苦，而看不到全国战局的这种新变化，个别人甚至产生右倾情绪和违法乱纪现象，这是绝对不能允许的。

邓小平严厉地指出：“至今，我们仍然有一些干部，特别是高级干部，对重建大别山根据地的战略意义认识不够，只看到局部的困难，而看不到全国战局的变化，甚至不敢积极主动歼灭敌人，对重建大别山根据地丧失信心，思想上存在着右倾情绪。有些指挥员打起仗来，左顾右盼，顾虑重重，走起路来像小脚女人一样迟缓，错过了歼敌的好机会。”

老部下们都知道，邓小平虽然平时很严肃，不苟言笑，但很少板着面孔训人，像今天这样严厉的批评是不多见的。所以，从邓小平讲话的语气和表情上，大家已经感到问题的严重性和紧迫感。邓小平要求：“越是困难的时候，高级干部越要以身作则，鼓励战士们坚决勇敢地歼灭敌人。”“要教育干部、战士，对困难要有充分的思想准备，这样，才能想办法积极主动地克服困难。”在讲到如何解决目前部队纪律松弛的问题时，他要求所有高级指挥员都必须带头执行“三大纪律八项注意”，强调部队纪律的好坏直接关系到根据地的建立与巩固问题。

刘伯承司令员也在会上讲了话，他尖锐而深刻地指出：我们共产党员，在入党的时候，宣了誓要打倒帝国主义、封建主义和官僚资本主义，要永远忠于党、忠于人民，要为共产主义事业奋斗一生，现在我们具体地消灭蒋介石反革命，我们的手不要抖呵！每个共产党员都要称一称，你这个共产党员是否足秤！

王大湾会议结束后，各部队利用战斗间隙，对右倾思想和纪律松弛现象展开了批评教育，对广大干部、战士触动很大。刘伯承、邓小平还亲自深入部队，向广大指战员作形势报告，分析人民解放军南进以来全国的胜利形势，进一步阐述坚持大别山斗争的战略意义，严肃地批判右倾情绪，号召全体同志发扬人民解放军的光荣传统，克服暂时的困难，坚持斗争，配合人民解放军在全国各个战场的战略进攻。经过深入的思想政治工作，全军指战员逐步确立了坚持大别山斗争的勇气和信心。

1947 年 10 月 10 日，中国人民解放军总部发表《中国人民解放军宣言》，宣布中国人民解放军的也就是中国共产党的基本政策，提出“打倒蒋介石，解放全中国”的口号。中国人民解放军总部重新颁布三大纪律八项注意。经过深入的学习教育，刘邓大军各部队的政治觉悟有了进一步提高，精神面貌为之一新。

在坚持大别山斗争的艰苦岁月，刘伯承、邓小平深知“大别山的斗争，胜败不是决定在消灭了多少敌人，而是能不能够站得住脚”。要站稳脚跟，就要发动群众；而要发动群众，就必须严肃纪律。10 月 11 日，刘邓大军总部驻扎在湖北省黄冈县总路咀，邓小平发现警卫团一个副连长违反了军纪。他认为，军队纪律坏，就是政治危机的开始。经过研究，决定“挥泪斩马谡”，给予这位违纪的副连长以最严厉的纪律制裁。

消息传出后，有人认为这位副连长立过战功，这次也只是因店铺主人不在家拿了一捆花布和一捆粉条，是不是可以不杀。邓小平听到上述反映后，权衡利弊，最后还是决定要杀。当天下午就在总路咀，由李达参谋长召集总直属队军人开会，并请总路咀的小商小贩参加，当场宣布判处这位副连长死刑，立即执行。

邓小平的这一果断处置，不胫而走，很快传遍了大别山区。人民群众纷纷议论说：“这是共产党领导的真正的红军回来了。”从而解除了对刘邓大军的顾虑，恢复了军民之间的鱼水关系。直到现在，此事还经常受到当地人民群众的称颂。

这时，国民党从鄂东、皖西调来部队，与原在大别山以北地区的部队一起，企图对刘邓大军主力进行合围。大别山南麓仅留少数国民党正规军守备。根据这种情况，刘伯承、邓小平决定留少数部队伪装主力，在大别山北麓积极迷惑敌人，亲率主力共 7 个旅，突然乘虚出鄂东，连续攻击新县、黄安（今红安）及宋埠重镇，并在黄陂以东的柳子港、李家集地区歼灭敌军一部。

继皖西六安地区的张家店战斗后，刘伯承、邓小平又把部队作了适当分遣：以第一纵队向蕲春、广济地区，第二纵队向黄梅、宿松地区，第六纵队向黄冈、蕲春地区，第三纵队向潜山、桐城、庐江、望江地区，沿长江北岸展开。准备以 1 个月左右的时间，继续开辟根据地，并在这一富庶地区筹措棉花、布匹，发动部队自染自缝，解决冬衣问题。

刘邓大军乘虚连克舒城、庐江、桐城、潜山、广济、英山、望江等城和江岸重镇武穴，使蒋介石惊慌失措。他急调整编第四十师和第八十二旅经浠水向广济兼程前进，妄图攻击刘邓大军之侧背，以解人民解放军兵临长江之危。刘伯承、邓小平抓住有利战机，集中主力，积极寻机歼敌。10 月下旬，刘伯承、邓小平决心集中 11 个旅的兵力，在高山铺地区，布成袋形阵势，预伏歼敌。

高山铺位于蕲春以东，是一个 1 公里多长的峡谷，两侧山峦起伏，公路蜿蜒其间，西南有缺口，谷内阡陌相连，稻田下却是深及膝盖的淤泥。战斗方案部署以后，刘伯承、邓小平命令中原独立旅派出少数部队，佯装游击队，沿途迟滞袭扰敌军，将其诱入刘邓大军预设的包围圈内。

敌人果然中计，和中原独立旅接触后，敌人发现听到的是陈旧枪支的稀疏枪声，一反击马上逃跑，就认定这只是“土共游击队”骚扰，无足轻重，竟然在公路上排成三路、四路纵队前进。当敌军进入刘邓大军预设的伏击阵地以后，正面和左、右两侧遭到刘邓大军第一纵队的迎头痛击和包围，退路被第六纵队死死封闭，欲进无门，欲退无路，成了瓮中之鳖。经过激烈战斗，敌军斗志全失，由张牙舞爪、不可一世的“真老虎”变成了溃不成军、不堪一击的“纸老虎”。是役，刘邓大军共歼灭国民党军队第四十师和第八十二旅 1.2 万余人，缴获大量枪支弹药，击落敌机一架。

此时，胸中自有雄兵百万的毛泽东正在陕北战场上艰苦转战，收到大别山地区传来的高山铺大捷的捷报后，以战略家的远见说道：高山铺大捷的意义不仅仅在于消灭了 1 万多敌军，也不仅仅因为这一仗打得很漂亮，它的全部意义在于刘邓大军已经能够在大别山进行大兵团作战，刘邓大军已经在大别山站住了脚。

第二十一章

“这次我们再走，你就打我李先念的屁股”

刘邓大军进入大别山地区后，对国民党在长江以南的统治区形成直接威胁，迫使国民党军队调动主力回援。一时间，“围剿”大别山地区的敌军达33个旅约20万人，形势极为严峻。刘伯承、邓小平临危不惧，勇挑重担。

邓小平多次鼓励部队，越在艰难困苦的环境下，越要不怕困难，战胜敌人。他说：毛主席曾鼓励我们，只要走到大别山就是胜利。这是因为我们插入了敌人的心脏，打中了敌人的要害。我们把大量的敌人吸引过来，压力大了；我们远离后方，困难多了；但我们的兄弟部队在其他战场上就轻松一些了，可以腾出手来打胜仗了。

邓小平还形象地说：在大别山困难多，是在“啃骨头”。但在其他战场上，我们的兄弟部队开始“吃肉”了。我们啃的“骨头”越硬，兄弟部队在各大战场上消灭的敌人就越多，胜利就越大。

在敌军重兵压境的严峻形势面前，邓小平顾全大局，勇挑重担，表现了一位从解放战争全局考虑问题的战略家的伟大气魄。

在最困难的日子里，刘邓大军司令部的电台同中共中央中断联系3天，而国民党的广播电台则天天宣称他们如何在陕北“取得巨大胜利”。刘伯承、邓小平十分担心中共中央和毛泽东主席的安全。有一天，司令部找几个同志谈问题，吃饭时邓小平高兴地对大家说：我们今天破例吃杯酒，因为我们今天收到党中央的电报了，毛主席和党中央机关安然无恙，我们表示祝贺。邓小平发自内心地关心党中央和毛主席安危的一片真情，使在场的人都深受感动。

刘邓大军关心中共中央和毛泽东的安危，毛泽东更关注刘邓大军在大别山的每一项重大行动。据老同志回忆，1947年10月底，当一份记载着刘邓大军胜利的电讯传到在神泉堡的毛泽东、周恩来那里时，毛泽东欣喜异常，兴奋得一夜没有睡好觉，当晚立即发电庆贺。第二天清早，宣布放假休息，并交代秘书叶子龙，没有特急电报，不要给他看。

对于进入大别山地区以后的斗争，邓小平回顾说：

> 大别山这场斗争，主要是我们政策对头，包括军事政策。军事政策就是坚决地拿出三分之一的野战部队地方化，搞军区、军分区。因为大别山的斗争不决定于消灭好多敌人，而决定于能不能站住脚。这是毛主席的战略决策。什么叫胜利？胜利不在当时消灭多少敌人。要不要消灭敌人？要消灭，要争取打几个歼灭仗。从这一点来看，我们完成得并不好，消灭的敌人不多，除地方保安部队外，一共只消灭了几个旅。但关键是能不能站得住，站得住就是胜利，结果，我们站稳了。我们前进了一千里，直达长江，面对着武汉、南京、上海，扩大了四千五百万人口的新解放区。这是个真正的胜利，前进一千里的意义就在这里。①

高山铺战斗结束后，刘伯承、邓小平指挥部队东移至太湖县南阳河、刘家畈一带。11 月 9 日，邓小平政委和刘伯承司令员在刘家畈胡家祠堂召开了第三纵队旅以上干部和皖西人民自卫军支队以上干部会议，传达贯彻《中国人民解放军宣言》《中国土地法大纲》，研究战略战术，讨论决定皖西地区党政军组织设置等重大问题。这次会议对皖西地区的形势发展有重大意义。

从进入大别山区到 11 月，刘邓大军在两个月中，共歼敌 3 万人，解放县城 24 座，并在 33 个县建立了民主政权，创建了鄂豫解放区，对国民党长江以南的广大统治区形成了直接威胁。

刘邓大军、陈赓集团、陈粟大军在中原地区展开，使这一地区成为人民解放军夺取全国胜利的前进基地。国民党政府也不得不承认其“全盘战略形势，乃从此陷于被动”。为了争夺中原，阻止人民解放军的战略进攻，国民党政府于 11 月下旬成立“国防部九江指挥部”，由国防部部长白崇禧兼任主任，直

---

① 《邓小平文选》第 3 卷，人民出版社 1993 年版，第 340 页。

接掌管豫、皖、鄂、湘、赣5省国民党的军政大权，调集15个整编师又3个旅的兵力，以所谓“总体战”，对大别山地区的刘邓大军进行围攻。

“总体战”是国民党为挽救败局，在1947年年底至1948年年初推行的所谓军事、政治、经济三位一体的总体战略。其主要内容是：在军事上，重新划分绥靖区，实行分区防御；在政治上，加强“轮训民众，扩大地方武装”；在经济上，对解放区实行封锁。由于大别山中心区回旋余地狭窄，不便于大兵团机动作战，刘伯承、邓小平决心向敌人包围圈外实施战略展开。

刘伯承、邓小平决定，由邓小平率领3个纵队，留在大别山区坚持斗争；由刘伯承率领1个纵队，渡淮河北上，向淮西地区转移；以2个纵队越平汉路西进，在桐柏、江汉地区展开，创建新解放区，调动敌人。12月，刘伯承率领野战军领导机关和一部分部队跳出包围圈，转入外线。邓小平率领留下的部队在大别山与强大的敌军展开艰苦的反“围剿”作战。

根据大别山区的地理、地貌和敌人围攻的特点，邓小平确定了主力部队化整为零，以小部队牵制敌人大部队，以大部队寻机歼灭敌人小部队的斗争策略。他率领前方指挥部和刘伯承临行前留给他的警卫团与数倍的敌人周旋在大别山区，和战士们一样风餐露宿，踏冰卧雪，与群众一起忍饥挨饿，共渡难关。

寒冬腊月，滴水成冰，在这大别山最冷的一个冬天里，邓小平和所有的指战员一样，穿着单薄的自制布棉袄，行军时与指战员一起踏着泥泞前进，宿营时点着松明研究敌情和工作。一天，邓小平正在办公，警卫员感到院子里冷风刺骨，屋子里寒气逼人，就拿点稻草，想给首长烧堆火烤烤。邓小平说：“不用烤火。大家都过得去，我们怕什么？要知道，群众的一根草也是来之不易呀！”

面对大别山区的艰难环境，邓小平首先考虑的还是全局。当时，中央军委为缓解大别山的严重局面，命令粟裕率领华东野战军4个纵队南下，与陈赓集团会合，沿平汉铁路直迫武汉，以吸引调动一部分敌军出大别山，减轻大别山的压力。邓小平知道后，立即复电表示，再牺牲再艰苦也要坚持住，不能分散兄弟部队的力量。

1947年12月31日，邓小平和李先念、李达及鄂豫军区政治委员段君毅一起来到金寨县漆店区楼房村检查工作。见到县委书记、县长等地方领导干部后，望着这些衣衫褴褛、胡子拉碴的老部下们，邓小平十分亲切地说，先听你们讲，到大别山后做了哪些事，群众发动得怎么样，还有什么困难，都可以说。

县委书记、县长向邓小平等领导同志汇报了金寨县发动群众、建立农会、土地改革、县区武装建设、党内思想状况及剿灭土匪、铲除恶霸、消灭国民党乡保政权、打击国民党地方武装的情况。除了讲成绩以外，也讲了在分田、分浮财、打土豪的土改过程中出现过“左”的现象，现已遵照中原局的指示予以纠正。

听了县委、县政府负责人的工作汇报，李先念高兴地说，你们这一段干得很好。群众发动起来了，根据地坚持住了，蒋介石、白崇禧就拿我们没有办法了。邓政委，这下我可有本钱对房东大娘说硬话了。

对于李先念话中的“典故”，在座的地方领导干部因“不明真相”，一时如堕雾中。性子急的便问道：“李副司令员，房东大娘怎么啦？”邓小平接过话题回答说：“那天在宣化店，先念同志住在他的老房东家。那是新四军五师突围前的一位群众骨干。房东大娘见到他，泪先流出来，问的第一句话就是：‘这回进大别山，你还走不走？’先念同志怎样回答？他说：‘大娘啊，这次我们再走，你就打我李先念的屁股！’瞧，你们多么了不起，你们保住了先念同志的屁股。”

大家听了这个“典故”，不禁开怀大笑起来。待笑声落地，邓小平又郑重地对大家说：“我们已经粉碎了国民党大规模的‘围剿’，在大别山站住了。前一段，白崇禧有三十三个旅‘围剿’大别山，二陈（指陈毅、陈赓——作者注）一打平汉线，他不得不抽去十三个旅。现在还有二十个旅背在我们身上，我们艰苦一些，在大别山多背它几个旅，二陈和刘司令员他们在外线就能多歼灭一些敌人，这个账是合算的。我想，倘若今后战略需要，再抽出一些主力部队去外线作战。当然，这对你们在地方工作的同志压力更大了。你们说说，再减主力，你们能不能挺住？”地方领导干部纷纷表示说：困难会多一些，但能坚持。

“好！承认困难，不怕困难，战胜困难，这就是我们共产党人的品格。我心里有底了。”最后，邓小平着重讲了如何坚持大别山斗争的问题，强调指出：“县委是全县党的领导核心，应当有魄力统一组织各方面的力量搞好工作，坚决不允许有各自为政的现象。在当前阶级斗争比较复杂的情况下，同志们务必要注意这个问题，这是你们能否坚持大别山斗争的根本问题。”他还勉励大家，要挺住，坚持到底就是胜利。

工作汇报会结束时，已近深夜。邓小平打开收音机，示意大家注意聆听。显然，今晚有重要广播，事前邓小平已经得到中央通知。不久，中共中央主办的陕北新华广播电台的广播呼号过后，传来了春雷般叩人心扉的毛泽东的《目前形势和我们的任务》的报告。

毛泽东首先分析了中国人民解放战争的形势：

> 中国人民的革命战争，现在已经达到了一个转折点。这即是中国人民解放军已经打退了美国走狗蒋介石的数百万反动军队的进攻，并使自己转入了进攻……
>
> 这是一个历史的转折点。这是蒋介石的二十年反革命统治由发展到消灭的转折点。这是一百多年以来帝国主义在中国的统治由发展到消灭的转折点。这是一个伟大的事变。

毛泽东提出了人民解放军的十大军事原则，并强调：

> 这些方法，是人民解放军在和国内外敌人长期作战的锻炼中产生出来，并完全适合我们目前的情况的。蒋介石匪帮和美国帝国主义的在华军事人员，熟知我们的这些军事方法。蒋介石曾多次集训他的将校，将我们的军事书籍和从战争中获得的文件发给他们研究，企图寻找对付的方法。美国军事人员曾向蒋介石建议这样那样的消灭人民解放军的战略战术；并替蒋介石训练军队，接济军事装备。但是所有这些努力，都不能挽救蒋介石匪帮的失败。这是因为我们的战略战术是建立在人民战争这个基础上的，任何反人民的军队都不能利用我们的战略战术。在人民战争的基础上，在军队和人民团结一致、指挥员和战斗员团结一致以及瓦解敌军等项

原则的基础上，人民解放军建立了自己的强有力的革命的政治工作，这是我们战胜敌人的重大因素。

1947 年 12 月 31 日深夜，根据中原局和刘邓大军的统一要求，大别山区的中国人民解放军所有部队都在同一时间利用收音机或军用报话机，收听了毛泽东的这个报告。

1948 年春节过后，邓小平与李先念、李达等同志由安徽金寨翻山越岭，来到河南新县，准备从这里转出大别山。邓小平对新县的工作一直很关心，倾注了不少心血。进入大别山后，他曾两次到新县，亲自部署和指导各项工作。这次是邓小平第三次到新县。当他听到鄂豫二地委负责人汇报说，地委领导班子成员已经全部配齐，各项工作已经进一步深入展开，纳入正轨，分区部队发展到 3 个团时，十分高兴。

在鄂豫二地委全体干部会议上，邓小平作了关于全国形势和大别山区形势的报告。

邓小平首先分析了人民解放军转入反攻即战略进攻以来取得的胜利：

究竟我们反攻取得多大胜利？毛主席在《目前形势和我们的任务》报告中指出，自反攻以来，歼灭了敌人六十九万，这数字一点也不夸大。加上十二月歼灭敌人十一万，总计八十万，超过自卫战争第一年的战果。这里面有我们歼灭的十一万。我们自进到大别山以后，九月至十二月，我们并未大打，也打掉了敌人五个旅，歼敌五万，比自卫战争第一年战果大。中央分配作战任务，第二年再消灭敌人九十六个旅，每月分配我们两个旅，我们算是完成了任务。陈粟、陈谢、东北的战果就更大了。

更重要的是我们前进了一千里，创造了三大解放区，都已展开了工作，人口多了四千五百万，建立了各级政权及军区组织。大别山敌情最严重，而我们不仅战略展开了，而且战术也展开了，到处有我们的工作。我们已经在新解放区站住了脚，我们不会走，是已经明确了，这就是敌人也看得清楚。二陈（陈毅、陈赓）的情况比我们更松些。我们最后展开的江汉、桐柏两个区，因接受了我们的经验，已顺利地展开了。

第一年我们在内线打，对我们很方便，但如果继续在解放区打，便上了蒋介石的当，这样我们便来了个跃进，打破了蒋介石把战争放在解放区内打、摧毁解放区、使我们不能持久的毒计，实现了我们的计划，剥夺了蒋介石四千五百万人口，这对蒋介石是一个沉重的打击（蒋原计划在河南征兵十一万），如果再跃进一千里，便到了广东、福建，再一个六百里便到了海边。

我们的跃进，使蒋介石征兵一百万的计划只完成百分之五十，逃兵便有百分之三十至百分之七十，现在靠拉夫来凑数。这等于消灭了它一百万，形势不能不起变化。这就是敌人彻底地输了，我们胜利了，而这一反攻胜利，正在发展。

然后，邓小平介绍了人民解放军在东北战场、华北战场、华东战场、西北战场的形势：

在东北，迫使敌人缩在狭小的地区，我们增加了七百万人口，军队增加了六倍，装备很好，在数量质量上都超过了敌人，敌人不但关外部队不能应付，还在从关内调（二十四军、五十四军也已被消灭一部，五十四军还未来大别山，这次也被调到东北）。我们队伍都进了长春、沈阳城内。东北发言人已公开宣布，今年要进关。

晋察冀在收复石家庄以后，形势大大地变了，新的胜利消息就要传来。在山东，敌人只有三个机动部队，我们负担很轻，已恢复敌人重点进攻以前的状态。苏北是我们反攻出来之后才建立的新部队，现已能歼敌八千人，保持市镇四分之三，乡村十分之八，城两座，这一新起的部队，战斗力很强。

陕北我们在训练、休整，有二十七座城，延安以北到榆林已完全归我们。关中，人口、面积增加一倍，敌军占八座孤城。敌人只有十一个旅，比过去重点进攻时弱得多（敌重点进攻时三四十个旅），现已转入反攻，消灭胡宗南是有把握的。

接着，邓小平分析了国民党军队由“全面防御”转入“重点防御”后，在战略上的弱点和捉襟见肘的颓势：

现在，战略上我们是继续胜利，而敌人后退一千里转入防御。过去敌人是面的防御，现在已转到线的防御，更发展到重点防御（东北）。晋察冀、冀东是线的防御，平汉以南只是点的防御，陕北完全是点的防御，晋冀鲁豫完全是点的防御，而且点也不多了，鲁西南也是点，豫皖苏敌人只有五师、五十五师，兵很少，也是点。

蒋介石最怕“线线切断，点点包围”。我们打下石家庄、运城这两个战略据点，给敌人震动很大，使敌人看到点的防御也发生恐慌了。在东北已经不敢以一个师防御一个城，我们一个攻势，敌人以二十来个师应付。敌人本可以放弃一些点，但破了产的地主，放不下架子，这对我们很有利。

敌人过去是黄河战略，想把我们赶到黄河以北，现在则是长江——汉水战略。蒋介石唯恐我们过长江，他们内部估计，只要我们一过长江，蒋介石便完了（所谓完了，不是不打，而是缩到一个角挣扎）。蒋介石现在的人力来源只有靠湖南，其他各省都没有完成计划，两广因游击战争开展，不能征兵；云南、贵州也征不了多少，四川已出兵四百五十万，再搜刮也不多了。

如果我们再下长江，打下湘鄂赣，则蒋介石一点办法也没有。钱可向美国要，人却不行。我们一过长江便胜利了。蒋想在最后无办法时，退到云、贵、川打，这叫作马歇尔计划。我们如过了汉水便到了四川，马歇尔计划就会破产，蒋介石就断了退路。蒋要把战争扭到长江、汉水以北打这个战略是积极防御——攻势防御。如说过去蒋还有进攻性，现在则丝毫没有，敌人对大别山的进攻，是战役性的。

了解反攻意义之大，就在于使敌人改变了战略，这便是我们的胜利。去年上半年，蒋介石向我山东、陕北实行重点进攻，共计一百个旅（陕北我们只三万人，打退了敌人三十万兵力的进攻），这一次只有对我们大别山来一次进攻，而且只有三十三个旅，但二陈（陈毅、陈赓）一打，从大别山抽走了十几个旅，现在我们区只有敌人二十个旅，比刚到的时候还少三个旅。半年前一百个旅，现在拼命不过凑了三十三个旅，而一击也垮了。过去是扭着干，我们如何打它却不散，现在不行了。

最后，邓小平着重指出，国民党军队现在采取的是“攻势防御”，表面上看起来是在进攻，实质上是以进攻达到防御的目的，是一种垂死挣扎。我们既要看到敌人是垂死的，从而认识到战略进攻的胜利，增强必胜的信心；又要看到敌人在挣扎，丝毫不能松懈斗志。

鄂豫二地委干部会议会场上挤得满满的，静得鸦雀无声。会场上空只回荡着邓小平那洪亮的声音，几十位坚持大别山斗争的干部被邓小平深刻、精辟的分析紧紧地吸引住了。过去，他们只看到敌人三十三个旅对大别山区的猖狂进攻，只看到局部地区敌众我寡、敌强我弱的不利条件，感到形势紧张，困难重重。听着邓小平的报告，鄂豫二地委干部们的视野一下子由大别山扩展到了全国，仿佛拨开迷雾见到了晴天，心里一下子豁然开朗了。大家感到，正如邓政委讲的，敌人的进攻虽然气势汹汹，但那是防御性的进攻，是暂时的现象，是覆灭前的回光返照，秋后的蚂蚱蹦跶不了几天了。我们的面前虽然仍有不少困难，但曙光就在前面，胜利已经为期不远了。

第二十二章

中原局、中原军区、中原野战军总部进驻宝丰

刘邓大军挺进大别山区后，经过两个月的内外线配合作战，粉碎了敌人对大别山地区的“重点清剿”，创建了桐柏、江汉、皖西解放区。刘邓大军在大别山地区，同相继南下、进入中原战场的华东野战军、陈赓集团在中原地区摆成“品”字形阵势，牵制和吸引了敌军南线160多个旅中90个旅的兵力，使中原地区由国民党军进攻解放区的重要后方变成人民解放军夺取全国胜利的前进基地。

根据中国革命形势发展和人民解放战争的需要，1948年2月初，毛泽东以战略家的远见卓识为中共中央军委起草致刘伯承、邓小平的电报，指示刘邓野战军指挥所从大别山移至淮河、陇海、沙河、伏牛山之间，指挥刘邓大军三个纵队，华东野战军陈士榘、唐亮四个纵队，陈赓、谢富治一个半纵队，共八个半纵队，“在淮河、汉水、陇海、津浦之间集中，机动打中等的及大的歼灭战”。

毛泽东指出，这样部署，可将敌主力吸引至淮河、汉水以北，利于粟裕部机动，利于大别山、江汉等地放手发展，还因为北面有巩固的后方可为依托利于打歼灭战。

同日，毛泽东就正在进行冬季攻势的东北野战军的下一步作战行动问题，致电林彪、罗荣桓、刘亚楼并朱德、刘少奇，指出：

“你们现在打辽、鞍、本、营区域之敌很有必要。这个战役完成后，你们就可解放辽南，两个纵队增至主攻方面去。下一次作战有两个方向，一是打抚顺、铁岭、法库之敌，一是打阜新、义县、锦西、兴城、绥中、山海关、昌黎、滦州等地之敌。究竟打何地之敌为好依情况决定。但你们应准备对付敌军由东北向华北撤退之形势。”

“你们上次电报曾说锦州方向无仗可打，该方向情况究竟如何？如果我军能完全控制阜、义、兴、绥、榆、昌、滦地带，对于应付蒋军撤退是否更为有

利？对我军战略利益来说是以封闭蒋军在东北加以各个歼灭为有利。”

“如果我军尚无足够力量阻止其撤退，则撤退后的蒋军似将控制锦州、承德、北平、天津四角及其中间地区，并打通津浦北段，其给养当然会很困难，士气会更衰落，但兵力则较集中，这些可能情况亦须先预见到。当然蒋军死钉在东北不撤退的可能性也有，但除非我军强大到使其无法撤退，否则是难于设想的。”

毛泽东领导革命，把握战局，部署兵力，指挥战争，从来都是令人难以望其项背的“大手笔”。一方面部署三路大军进入中原战场，逐鹿中原；一方面部署东北野战军南下锦州，形成关门打狗之势，将敌东北重兵战略集团封闭于东北战场予以全歼。

按照中共中央军委的指示，邓小平对刘邓野战军主力转移出大别山地区的工作进行全面部署后，率领刘邓野战军前方指挥所从大别山腹心地区的河南省信阳地区新县北上，于 1948 年 2 月 24 日在豫皖交界的临泉县韦寨村，与刘伯承率领的野战军后方指挥所胜利会合。

挺进大别山和坚持大别山斗争的胜利是巨大的！

挺进大别山和坚持大别山斗争的意义是深远的！

挺进大别山和坚持大别山斗争的代价是令人难忘的！

据中国人民解放军有关资料记载，1947 年 7 月刘邓大军挺进大别山前的实力统计为：第一纵队 33357 人，第二纵队 31000 人，第三纵队 26468 人，第六纵队 26322 人，野战军直属队 6370 人，总计 123517 人。到 1947 年 11 月 29 日，正在坚持大别山斗争的刘邓野战军司令部向中共中央军委上报的实力统计为：第一纵队 23000 人，第二纵队 19000 人，第三纵队 24000 人，第六纵队 22000 人，野战军直属队 3000 人，共计 91000 人。

这个数字说明，经过 5 个月的挺进大别山和坚持大别山的作战，刘邓大军比南下以前减员 30000 人，其中包括牺牲、伤残、失踪等。刘邓大军主力转出大别山后的实力统计为：第一纵队 15363 人，第二纵队 11627 人，第三纵队 15384 人，第六纵队 14280 人，不包括野战军直属队和留在地方开展武装斗争的部队和人员，共计 56654 人。

从挺进大别山时生龙活虎、兵强马壮的 12 万人，到转移出大别山时的主力不足 6 万人。刘邓大军为中国革命、为中国人民解放战争、为人民解放军的战略进攻，承担了最艰苦的任务，付出了最大的牺牲。但是，这个代价、这个牺牲、这个付出是值得的。它扭转了整个战局，把战争从内线转移到了外线，从解放区内部转移到了国民党统治的腹心地区；它吸引了大量国民党军队的主力于大别山地区，大大有利于其他各个战场的人民解放军转入战略进攻和大量机动歼敌。这种高度的历史主动精神和勇挑重担的自我牺牲精神，只有中国共产党领导的中国人民解放军才具有。

多年以后，邓小平回首坚持大别山斗争的峥嵘岁月，依然豪情满怀：

> 大别山战略机动范围不大，容不下更多的部队，特别是我们习惯于在平原地区搞大开大合的作战，到这里感到很拘束。所以，把部队分开建立军区、军分区以后，主力就逐步向北面转移。中间还有些插曲，就是部队的同志着急，总想打个把歼灭战。我们开了个会，我讲的话，提出要避战。因为那时打不得败仗，一败就不可收拾。后来刘邓分开了。伯承率领一纵和野战军的司令部、直属队到淮河以北，指挥全局。南下大别山的两个后续部队王宏坤、张才千的十纵和十二纵，也不在大别山，向桐柏、江汉两区展开。就是我一个，先念一个，李达一个，带着几百人不到一千人的前方指挥所留在大别山，指挥其他几个纵队，方针就是避战，一切为了站稳脚。那时六纵担负的任务最多，在大别山那个丘陵地带来回穿梭，一会儿由西向东，一会儿由东向西，今天跑一趟，明天跑一趟，不知来回跑了多少趟，调动敌人，迷惑敌人。别的部队基本上不大动，适当分散，避免同敌人碰面。这样搞了两个月，我们向中央军委、毛主席报告，大别山站稳了，实现了战略任务。主力撤回北面，准备大的战斗，大的战斗还是到北面去打。大别山斗争的胜利，主要是对几个问题的判断比较准确，处置也比较正确，我们伤亡不算很大，费的劲也不算很大，但是完成了战略任务，种种艰难都克服了，站稳了脚，把战线从黄河延伸到长江。所以说，战略反攻，二野挑的是重担，还是那句老话，叫做合格。经过大别山斗争，二野受到削弱。只有秦基伟的九纵，你们那一坨，保持兴盛的旺气。主体四个纵队就削弱了，更新也困难啊，有三个纵队每个纵队仅两个旅，只有一个纵队是三个旅，就这样迎接淮海战役。当然中间还打了一些

小仗，凡是有机会取得胜利的，没有丧失过机会，该干的都干了。后来，转出大别山，以后到了豫西，成立扩大的中原局和中原军区。①

1948 年 3 月 6 日，邓小平在临泉县吴营村召开的野战军直属队干部会议上作了《关于反攻形势和整党问题的报告》，分析了南下的战略意义和取得的伟大胜利，阐述了整党的意义、方针和方法。3 月 11 日，他在第一纵队干部会上作了《关于整党和新式整军动员报告》。为了搞好部队的整党整军工作，3 月 15 日，邓小平又作了《关于部队问题的报告》。

在临泉期间，邓小平联系大别山区和豫皖苏区的实际，深入调查研究，发现有些地方有“左”的错误倾向。3 月 8 日，邓小平奋笔疾书，以对党的事业的高度责任心，给中共中央和毛泽东写了《关于进入大别山后几个策略问题》的报告，实事求是地反映了这方面的情况，认真、深刻地分析了产生“急性病”的主观和客观原因。

通过总结经验教训，邓小平集中概括出一些重要的基本观点：任何时候，不要忽视团结 90% 以上的人，中立那些可以中立的人；禁止乱杀人；注意工商业政策；在游击区停止土改等。毛泽东高度肯定这份报告，批示：“报告非常之好，立转各地仿办。”并在批语中深刻地指出，没有这种“全盘的策略观点与政策观点，中国革命是永远不能胜利的”。

1948 年春天，刘邓大军主力从大别山地区转出来，4 月进入豫西，5 月进入宝丰。从此，邓小平、刘伯承、陈毅（6 月中旬到宝丰）等率领中原局、中原军区、中原野战军总部在宝丰待了整整半年时间。宝丰成为名副其实的“红色宝丰”，成为邓小平、刘伯承、陈毅等指挥中原人民解放战争的“总指挥部”。在此期间，邓小平、刘伯承、陈毅领导中原局、中原军区、中原野战军，使中原战场顺利从战略进攻转入战略决战，完成中共中央赋予的重要战略任务。

中原局、中原军区、中原野战军总部设在宝丰前后，中原战局得到迅猛发展。中共中央建立扩大的中原局时，具有长远的战略考虑，中原局的管辖区

---

① 《邓小平文选》第 3 卷，人民出版社 1993 年版，第 340～341 页。

域、领导范围，包括了黄河以南、长江以北、秦岭以东的广阔地区。在中原局的辖区内，所有的党政军民，中央分局、省委、地委（市委）、县委（市委），中原野战军，华东野战军，各个省军区部队、县大队、区小队，各种武装力量全部归中原局领导。这样，就为人民解放军解放长江以北广大地区、决战淮海、向江南进军奠定了坚实基础。

毛泽东、邓小平考虑问题，历来具有高瞻远瞩的战略远见。邓小平曾经说过：我对问题的考虑从来都是长远的，不是就事论事。中原局在宝丰期间，开始为决战中原作准备，为部署淮海战役作准备，为渡江战役作准备，为解放江南作准备。随后，邓小平、刘伯承、陈毅从宝丰往东，指挥郑州战役；再往东，指挥淮海战役。淮海战役胜利后，中原局、中原军区、中原野战军总部、华东野战军总部进驻商丘，部署渡江战役，把中原野战军改编为第二野战军，把华东野战军改编为第三野战军，把淮海战役总前委改名为渡江战役总前委。接着发起渡江战役，解放上海、解放南京、解放江南，摧枯拉朽，一往无前。解放南京，把国民党首都占领了，标志着中国革命胜利了。

在中原战场上，从 1948 年春天开始，刘伯承、邓小平指挥的刘邓野战军与陈毅、粟裕指挥的华东野战军协同作战，相继取得一系列重大胜利。

中原解放区下辖的位于河南、湖北边界地区的桐柏军区，为进一步扩大桐柏解放区，于 1948 年 1 月发起邓县战役。邓县城位于河南省西南部，是联结河南南阳与湖北襄阳的军事重镇，分内城和外城，两个城池均有水面宽阔、蓄水较深的护城河环绕，四周筑有比较坚固的工事，城内据守着国民党军的 11 个保安团。

为此，桐柏军区集中主力和地方部队共 4 个多团的兵力。1 月 9 日，桐柏军区部队逼近城郊，以骑兵连布于城北，采取措施，迷惑守军；主攻部队从城东、城西实施钳形攻击。12 日，突破外城守军防御，炸毁护城壕东北水闸，引出壕内积水，开辟了通路。

14 日傍晚，各攻击部队攻入外城，切断外城守军逃入内城的道路，将其大部歼灭。16 日晨，内城守军开始突围，攻城部队趁机发起总攻，予以全歼。邓县战役一共歼灭国民党政府的地方武装势力约 7000 人，为安定地方、发动群众、创建桐柏解放区，奠定了重要基础。

1948 年 4 月，中原解放区下属的江汉军区，为牵制湖北省花园地区的国民党军整编第八十五师北援豫中，支援刘邓野战军一部在豫西作战，集中江汉军区独立旅等部对孤立于京山县三阳店、宋河镇地区的国民党军新编第十七旅发起进攻。一共歼灭国民党军 1 个整旅和地方武装势力 3100 余人，完成战役目的——迫使敌整编第八十五师折回西援，策应了刘邓野战军在豫西地区的作战，对巩固和发展江汉解放区具有重要意义。

随着人民解放军的胜利进军，中共中央提出召开政治协商会议。1948 年 4 月 30 日，中共中央发布《纪念“五一”劳动节口号》，根据毛泽东提议，提出：“各民主党派、各人民团体、各社会贤达迅速召开政治协商会议，讨论并实现召集人民代表大会，成立民主联合政府。”这一提议立即得到各民主党派、人民团体和无党派民主人士的热烈响应。

中共中央发布《纪念“五一”劳动节口号》，提出建立新中国，给予全党全军全国人民以极大鼓舞，进一步促进了中原人民解放战争的发展。

南阳地区（因南阳市在古代称为宛城，故南阳市简称宛）位于中原腹地，气候温和，物产丰富，人口众多，盛产粮食，尤以小麦、玉米久负盛名。近代以来，南阳西部数县，即宛西地区形成了盘根错节、实力雄厚的地方武装势力，具有一定的战斗力。1948 年 5 月初，中原野战军根据中央军委指示，为开创豫西局面，调动位于河南省平汉铁路以东的国民党军西移，策应在河南省濮阳地区整训的华东野战军第一兵团南渡黄河作战，发起宛西战役。

为此，中原野战军集中第二纵队、第四纵队和西北民主联军第三十八军（西北民主联军第三十八军，原为杨虎城任总指挥的国民党军第十七路军，参加了西安事变。杨虎城被国民党政府监禁后，第十七路军被国民党政府几次改编，缩编为第三十八军，屡遭排挤。发动起义后，成立西北民主联军第三十八军，随后编入中国人民解放军中原野战军。因此，中原野战军第三十八军与抗美援朝时期被彭德怀称为“万岁军”的第四野战军第三十八军，不是一个部队）一部、桐柏军区部队主力及华东野战军第十纵队等部队组成主作战集团，由第四纵队司令员陈赓统一指挥，负责围歼南阳以西地区国民党军。

另以 5 个纵队组成保障集团，其中华东野战军第三纵队、第八纵队配置在方城、象河关地区，中原野战军第三纵队、第六纵队配置在叶县以东地区，第九纵队配置在密县地区，执行牵制与打援任务。

5月2日至10日，主作战集团经过远程奔袭，突然发起进攻，攻克国民党军设防坚固的镇平、内乡、淅川、邓县等县城及西峡口、荆紫关等地，歼敌一部。随后对分散在各地的残敌采取军事清剿与政治攻势相结合的办法，迅速将残敌瓦解。到14日，一共歼灭国民党军整编第九师1个团和5个保安团，此外还歼灭13个保安团的大部。15日至17日，主作战集团乘胜向南扩展，攻克湖北省光化县城、老河口镇等地，歼灭国民党军两个团。第九纵队在地方部队配合下，于17日在荥阳和密县以西歼敌暂编第二十六旅1个团、整编第四十七师第一二七旅大部。第八纵队于14日攻克许昌县城，歼灭独立第二十一旅。宛西战役共歼灭国民党军2.1万余人，解放9个县城，扩大了中原解放区。

第二十三章

“整个中原有四千五百万人口,现为我控制者约两千万”

中国革命迅猛发展，历史潮流滚滚向前。1948 年 5 月 9 日，中共中央决定，加强在 1947 年 5 月成立的中共中央中原局，由邓小平任第一书记，陈毅任第二书记，邓子恢任第三书记。

同时，成立中原军区，刘邓野战军、陈赓集团改为中原野战军，刘伯承任中原军区司令员、中原野战军司令员，邓小平任中原军区政治委员、中原野战军政治委员，陈毅任中原军区第一副司令员，李先念任中原军区第二副司令员。陈毅仍兼任华东野战军司令员兼政治委员，以便于中原野战军和华东野战军协同作战，逐鹿中原。

中原局作为中共中央派出机构，领导中原地区的全部工作。党政军民学，东西南北中，党领导一切。中原局和中原军区下辖豫西、鄂豫、豫皖苏、桐柏等 7 个区党委和二级军区。中原解放战争进入新阶段。

中共中央调陈毅担任中原局第二书记，包含着由中原野战军和华东野战军协同作战、与蒋介石逐鹿中原等方面的多重因素。刘伯承曾经讲过，自古逐鹿在中原。鹿死谁手？在中原战场上，必然是鹿死中国人民之手。

中原局第三书记是邓子恢。邓子恢一直是农村工作的专家，主要负责农村工作、土地改革、建立各级人民政权。邓子恢对这些方面非常熟悉。毛泽东就讲过邓老是农业问题、农村问题专家，非常尊重他。

由此可见，中原局集中了一批中国第一代无产阶级革命精英。在中原局成员中，中华人民共和国成立后，邓小平担任了中共中央总书记，刘伯承担任了中央政治局委员、中央军委副主席，陈毅担任了中央政治局委员、国务院副总理兼外交部部长、中央军委副主席，邓子恢担任了国务院副总理兼中央农村工作部部长，刘伯承、陈毅都被授予中华人民共和国元帅军衔。中原局为新中国提供了一批重要的栋梁之材，还为中国人民提供了“改革开放的总设计师”。

所以，中原局不是一般的中央局。中原局一建立，就开始指导中原野战军和华东野战军两大野战军在中原战场的行动。从这个意义上，毛泽东讲，中原野战军和华东野战军汇集到一起，不是 1+1 等于 2，而是 1+1 等于无穷大（这是毛泽东原话的大意）。就是中原野战军和华东野战军两个力量相加之和，不是产生一倍的力量，而是产生三倍、四倍、五倍、十倍，甚至更大的力量。

所以，中原局的地位、作用、人员构成，都具有非常重要的历史意义。中原局建立后，完全实现了中央预期的战略意图。从中原局、中原军区、中原野战军总部进入宝丰到离开宝丰，这一时期中共中央和中原局在中原战场的各项战略部署、各个战略计划都得到圆满实现，没有一个落空。

中原局和中原野战军进入兵源、粮源、财源源源不断的中原战场，与国民党反动派逐鹿中原，开创了中国革命的新局面，使中原解放区在一系列政策策略方面发生了新的转变。

对中原地区政治、军事、经济形势鼓舞人心的新发展，邓小平非常高兴。他特地于 1948 年 5 月 9 日给毛泽东作了报告：

“整个中原有四千五百万人口，现为我控制者约两千万，计有豫陕鄂七百万（有政权有工作者五百万），豫皖苏九百万（能征收的人口），但仍是敌来我往的拉锯局面，江汉三百万，桐柏二百万，其余一半人口的区域，极大部分有我游击部队和政权活动。”

“大别山斗争仍极艰苦，但是我们确实已站住了脚，敌人把我们打不出来了，而四个野战纵队抽出后，减少了人民的负担，拖出了敌人三个师（十师、二十师、五十八师），加上最近策略上的讲求，更利于大别山的坚持。”

“今年麦子普遍好。夏征工作做好，就可以争取财粮供应的主动地位。豫陕鄂已确定征足一百万石至一百二十万石（十四斤斗），如果完成了此数，加上商业税收（主要是烟叶税）及银行透支（不超过发行额四分之一），即可使该区十二万人（包括党政军）全部自给，并可供给其他野战军三万人至五万人。”

“江汉、桐柏两区已可能供给野战军一两万人。豫皖苏产粮更多，如照豫陕鄂标准计算，除本身七万人外，约可供给野战军五万人到八万人。如果今年麦征、税收、银行工作做得好，即可大大减轻华北负担。我们最近不断强调争取大部分自给，提倡节约。”

1948 年 5 月下旬，为牵制位于豫中临颍地区的国民党军整编第十八军，配合并侧应华东野战军第一兵团由濮阳地区南渡黄河作战，中原野战军司令员刘伯承、政治委员邓小平根据中共中央军委的指示，发起宛东战役。

刘伯承、邓小平以中原野战军第一纵队、第三纵队、第六纵队组成东集团，一部佯攻确山，将中原野战军主力集结于确山以西，引诱整编第十八军南下，并准备迎歼由南阳东援的国民党军张轸兵团；以位于内乡等地的中原野战军第二纵队、第四纵队和华东野战军第十纵队、桐柏军区部队主力、豫西军区第七军分区部队组成西集团，准备协同东集团在赊旗镇、唐河以东地区合击张轸兵团。

另以华东野战军第三纵队、第八纵队和中原野战军第九纵队一部组成阻击集团，在郾城、漯河地区阻击整编第十八军，以保障东、西两集团围歼张轸兵团。

25 日，东集团一部进占驻马店，27 日佯攻确山。整编第十八军果然南下，阻击部队将其阻于漯河地区。张轸兵团整编第十师、第二十师、第五十八师以密集队形由南阳东援。西集团第四纵队于 28 日夜将其阻于赊旗镇以南埠口地区。东集团主力遂兼程西进，参加围歼；西集团连续 9 次击退张轸兵团的进攻。张轸见势不利，乘东集团尚未赶到，西退之路尚未完全被截断之机，于 31 日在整编第九师的接应下，突然调头向南阳撤退。

西集团当即进行追击，将其后尾整编第五十八师师部及第一八三旅大部、整编第十师一部包围在南阳以东马刘营地区。张轸兵团全力回援，遭西集团第四纵队阻击，被迫退返南阳。6 月 3 日，西集团对马刘营地区守军发起攻击，将其全歼。

在此期间，阻击部队始终将整编第十八军阻于漯河以南地区，保障了东、西集团的作战。此役共歼国民党军 1.2 万余人，给予张轸兵团以沉重打击，策应了华东野战军第一兵团南渡黄河作战。

宛西战役、宛东战役胜利后，中共中央于 1948 年 6 月 12 日发出贺电：“庆祝你们最近在宛西、宛东和江汉连续三次歼敌，并解放豫陕鄂广大地区的胜利。尚望继续努力，为消灭蒋敌，解放全中原人民而战。”

襄樊是湖北省北部襄阳和相邻的樊城的合称，两城夹汉水而居，因历史发展，逐渐合为一城。此地扼湖北、河南两省要冲，战略地位极为重要。为此，蒋介石在此设国民党军第十五“绥靖”区，以大特务头子康泽为司令官，率部驻守。

全国解放战争时期，中原野战军和中原军区部队对驻守湖北省襄阳、樊城地区的国民党军进行的进攻作战，被称为襄樊战役。

1948 年 6 月，华东野战军和中原野战军发起豫东战役，迫使国民党军从豫南、鄂北抽兵北上增援，襄樊地区仅留国民党军的第十五“绥靖”区司令官康泽率 3 个旅担任守备。

刘伯承、邓小平遂决定集中中原野战军第六纵队和中原军区所属桐柏军区与陕南军区部队共 14 个团，由桐柏军区司令员王宏坤统一指挥，发起襄樊战役，夺取川陕鄂豫四省要冲的襄阳、樊城。

7 月 2 日，第六纵队自河南省新野地区西进，袭占老河口。国民党军守军经谷城南撤，谷城守军亦随即南逃。3 日，陕南军区第十二旅于谷城以南进行截击，将第一六三旅大部歼灭；桐柏军区主力亦于茨河西北截歼其辎重营。

随后，第六纵队等部沿汉水南下，于 7 日开始襄樊外围作战，准备首先攻取襄阳。襄阳城三面环水，一面靠山，北与樊城隔汉水相对，城南有羊祜山、虎头山等制高点，地势险要，工事坚固。攻城部队于 10 日攻占了襄阳城外东西两面守军的一些阵地。樊城守军惧歼，于 11 日渡河撤入襄阳。

人民解放军攻城部队鉴于襄阳南山主要阵地不易攻占，而城东、城西守军防御薄弱等情况，遂打破历史上取襄阳必先夺南山的惯例，以一部兵力牵制南山守军，集中优势兵力，用“猛虎掏心”战术，从东西两面、重点置于西面，钳击城内守军。战至 13 日，攻城部队占领西关和东关大部。南山守军于 14 日退入襄阳城内，企图固守待援。

15 日夜，第六纵队和桐柏军区与陕南军区部队主力发起总攻，分别从西门、城东南与东北角三个方向攻入城内，并展开激烈巷战。三路部队密切协同，向心攻击，于 16 日下午合击杨家祠堂第十五“绥靖”区司令部，全歼守军。

襄樊战役，共歼灭国民党军2.1万余人，俘虏国民党守军司令官康泽。

康泽并非国民党军一般将领。此人早年曾受国民党派遣，到苏联莫斯科中山大学留学，回国后一直追随蒋介石，为蒋介石复兴社、特务机构、军事别动队、三青团的主要头子之一，掌握了蒋介石集团的大量核心机密。因此，活捉康泽是襄樊战役的一个重大收获。

中原野战军将生俘康泽的情况报告中共中央后，中共中央迅即复电：立即将康泽安全押送到华北解放区。

随后，中原野战军给康泽钉上脚镣，安置在一辆铺有棉被的大车上，派出得力干部和分队，将康泽安全押送到华北解放区，交给了中共中央情报部。

襄樊战役胜利后，中共中央致电祝贺：“庆祝你们在襄樊战役中歼敌两万余人，解放襄阳、樊城、老河口等七个城市，并活捉蒋匪法西斯特务头子康泽的伟大胜利。这一汉水中游的胜利，紧接着开封、睢杞两大胜利后，对中原战局的开展帮助甚大。尤其是活捉康泽，更给全国青年受三青团特务迫害者以极大兴奋。尚望继续努力，为彻底解放中原而战。”

宛西战役、宛东战役、豫东战役、襄樊战役的胜利，共歼敌正规军17万余人、地方团队10万余人，攻克了敌人的许多中心城市，包括设防坚固的洛阳、开封、襄阳等重要城市，粉碎了敌人的中原防御体系，解放了中原地区大片土地。

襄樊战役后，中原战场相对平静，中原局、中原军区利用这个时机，抓紧休整部队，在中原地区广泛、深入地开展了整党、整军运动。中原局在叶县郭庄召开的旅以上干部政治工作会议上，着重讨论了部队的整党、整军等问题。邓小平在会上作了关于政策问题的报告，强调正确执行政策对于夺取全国胜利的重要作用，要求每一个指挥员树立政策观念，纠正各种错误倾向。

在后来的实际工作中，邓小平发现，不仅部队中存在着一些思想问题、作风问题，中原解放区的各地方党委中也比较普遍地存在着无纪律状态和无政府状态。为此，邓小平代表中原局提出要克服无纪律无政府状态，克服领导机关的经验主义和官僚主义，纠正错误的领导方法和工作方法。

这时，随着中国革命形势的发展，大片土地和大批城市获得解放。为了铭记以往的经验教训，引为鉴戒，中共中央发出一系列正确贯彻执行中央政策、策略的指示，强调："善于把党的政策变为群众的行动，善于使我们的每一个运动，每一个斗争，不但领导干部懂得，而且广大群众都能懂得，都能掌握，这是一项马克思列宁主义的领导艺术。我们的工作犯不犯错误，其界限也在这里。当着群众还不觉悟的时候，我们要进攻，那是冒险主义。群众不愿干的事情，我们硬要领导他们去干，其结果必然失败。当着群众要求前进的时候，我们不前进，那是右倾机会主义。陈独秀机会主义的错误，就是落后于群众的觉悟程度，不能领导群众前进，而且反对群众前进。"

"必须教育干部善于分析具体情况，从不同地区、不同历史条件的具体情况出发，决定当地当时的工作任务和工作方法。必须区别城市和农村的不同，必须区别老区、半老区、接敌区和新区的不同，否则就犯错误。"

中原局、中原军区和中原野战军及中原战场各部队，坚决贯彻中共中央指示，正确掌握政策，正确制定策略，推动了形势的发展。

为了贯彻中共中央关于 1948 年土地改革和整党工作的指示，全面总结挺进中原以来的经验教训，提高广大干部的政策水平，1948 年 6 月 6 日，邓小平为中原局起草《贯彻执行中共中央关于土改与整党工作的指示》，即"六六指示"。

"六六指示"从 12 个方面分析了中原解放区土地改革工作中所犯急性病的严重教训，尤其对大别山地区的土地改革提出尖锐批评。

为了改正错误，有效地团结一切社会力量，更早地完成解放中原的任务，"六六指示"要求：全区应立即停止分土地，停止打土豪分浮财，停止乱没收，禁止一切破坏，禁止乱打人、乱捉人、乱杀人等现象。

"六六指示"还要求，中原局所属各级党委和全区部队，根据新的方针和策略步骤进行和调整各方面工作。

"六六指示"上报中央后，毛泽东十分重视。他特意致信刘少奇、朱德、周恩来等同志，指出："中原局指示可以发给中原以外各中央局、分局、前委……有了中原局这个文件，中央就不需要再发这类文件了。"

6 月 28 日，毛泽东复电中原局，完全同意中原局的"六六指示"，并增写了两段文字。

随后，中央将中原局的"六六指示"转发给各中央局、中央分局和各大野战军的前委，要求各地参照执行。

中原局和邓小平大力纠正新解放区土改中出现的“左”的错误，坚持一切从实际出发、坚持实事求是，使中原解放区的领导干部受到了一次深刻的马克思主义政策与策略教育，为中原人民解放战争的顺利发展奠定了重要的政治基础。

第二十四章

“你这个同志口气太小了，司令员都可以干嘛”

1948 年 6 月 14 日，华东野战军司令员兼政治委员陈毅，刚刚参加了中共中央一系列会议，就风尘仆仆来到中原战场，就任中原局第二书记兼中原军区副司令员和中原野战军副司令员。陈毅与同来中原战场就任中原局第三书记兼中原军区副政治委员的邓子恢，一起到达中原局、中原军区、中原野战军总部所在地——河南省宝丰县，受到邓小平、刘伯承等人的热烈欢迎。

中原野战军和华东野战军主要负责人会师中原战场，这是一件历史性的大事。陈毅来中原局，第一是就职——担任中原局第二书记、中原军区第一副司令员，第二是传达中共中央的最新精神。

根据邓小平、刘伯承的安排，从 6 月 17 日起，由陈毅向中原野战军机关和附近驻军的团以上干部传达中共中央和毛泽东自 1947 年 12 月以来的一系列指示精神和方针、政策。

陈毅在报告中说：“去年八九月我们挺进中原，转入战略进攻，从内线转入外线作战。这一伟大的军事行动，造成了中国人民解放战争伟大的转变。特别是新区里如何建立根据地，建设解放区，直到中原局的‘六六指示’，这一经验对于今后二三年内取得全国胜利非常宝贵，非常重要。”

陈毅在传达中共中央十二月会议内容时说：“十二月会议总结从 1946 年 6 月中原战争爆发，到 1947 年年底，一年又半，整个人民解放战争，提出了新的作战方针。特别是根据中原的经验，根据中原各兵团已站住脚跟，整个形势稳定，来检讨全中国的形势，提出‘打倒蒋介石，建立新中国’的纲领。毛主席亲自讲：‘我在大别山各兵团没有站住脚，我们不敢开这个会，我也不敢讲这个话，不敢写这篇文章，不敢讲伟大的转折点、蒋介石可以打倒。这篇文章要等一年半载再写。因为中原的部队站住了脚，胜利靠得住，现在我们要开会分析、估计，大胆地写文章，向全国人民号召，准备在几年内取得全国胜利。’……”

陈毅的报告连续3天，传达中共中央最新精神，高度评价中原野战军挺进中原的重要历史贡献，明确中原战场的主要任务，受到与会干部的热烈欢迎。

开封是当时的河南省会和中原战略要点，是国民党军长期设防的城市。1948年6月17日至22日，华东野战军第三纵队和第八纵队，在中原野战军第九纵队和第十一纵队以及人民解放军冀鲁豫军区部队、豫皖苏军区部队的配合下，发起开封战役。

守城国民党军有整编第二十二师的3个团、第二十八师1个团和河南保安部队7个团等。中共开封工作委员会为了配合人民解放军解放开封，克服重重困难，派地下党员积极搜集国民党军城防兵力部署、工事构筑、军政机关与重要仓库所在地以及空军调动等方面的情报。

人民解放军经过激烈战斗，解放了开封。这是解放战争中人民解放军在关内第一次攻克国民党政府的省会，意义重大，此役包括鲁西南阻击战在内共歼敌近4万人。6月26日，人民解放军主动撤出开封，挥师东进，捕捉战机，继续歼敌。（10月24日，人民解放军第二次解放开封。11月初，中共开封特别市委、开封市人民政府、开封警备司令部相继成立。）

开封战役后，人民解放军乘胜于6月27日至7月6日发起睢杞战役。华东野战军和中原野战军一部密切配合，彻底歼灭了敌区寿年兵团部、整编第七十五师及整编第七十二师一部，俘虏兵团司令官区寿年和整编第七十五师师长沈澄年。同时，歼敌黄百韬兵团3个多团，合计歼敌5.4万余人。开封战役和睢杞战役合称豫东战役。人民解放军在20天连续作战中，共歼敌9万余人，为粉碎国民党军中原防御体系发挥了重要作用。

开封解放后，中国人民解放军遵照中共中央和毛泽东的电示，坚决贯彻中国共产党的各项城市政策，赢得人民群众和各界人士的衷心赞扬。当炮火弥漫、开封战役进行时，人民解放军已经派出部队对河南大学、河南大学图书馆等文化教育单位进行妥善保护，受到河南大学教职员工及学生的好评。

河南大学具有悠久的历史和革命传统。在河南大学图书馆里，马克思的《资本论》等著作学生可以任意借阅。中国共产党地下组织在河南大学一直十分活跃，并经常得到进步教授的保护。因此，开封第一次解放，立即就有一批著名教授和大学生投身革命事业，进入中原解放区，在宝丰参加创办中原大学。

中原局之所以在宝丰建立中原大学，是形势发展的需要——中原野战军、华东野战军在中原地区每开辟一个县，要配齐一个县的县委、县人民政府和区、乡、村几级机构，急需大批地方干部。所以中原局要办中原大学。有了中原大学，才能迅速培养出一批又一批急需的地方干部。

1948 年夏天开封第一次解放时，中共开封地下组织就向有关方面反映河南大学和开封有一些教授和学生要求到解放区去的问题。当请示邓小平、刘伯承和陈毅等领导同志时，最初的回答是“欢迎”，后来又说“越多越好，河南大学都搬去我们也欢迎”。

河南大学文学院院长兼历史系主任、著名教授嵇文甫，要求全家都去解放区，问能否都去。陈毅回复：“可以带家属去，人越多越好！”当时，嵇文甫教授的态度很明确。一同参加革命行列的，还有河南大学著名教授王毅斋、罗绳武，副教授李俊甫、苏金伞、赵俪生等。

6 月 24 日下午，这一行人集中在开封市大金台旅社。华东野战军政治部宣传部部长赖少其讲话，表示欢迎。原计划经东明过黄河到邯郸，由于国民党军新五军从东面插过来，路上不安全，就把这些教授和文化教育界人士交给豫皖苏军区司令员张国华，由他派人将他们送往豫西解放区。张国华的临时指挥所设在开封禹王台门外的茶馆里，他和豫皖苏行署副主任杨一辰，亲切接见了这些河南进步人士，然后派了一个参谋带一个班战士护送他们上路。

当晚午夜动身，翌日晨来到通许城外的徐洼，遇到敌机在头上盘旋，就停下来隐蔽。这时，参加开封战役的主力部队撤下来，驻在这里休整。当这些河南大学教授和文化教育界人士拖儿带女、男女老少下车在村头的树荫下休息时，一些人民解放军指战员就围了过来，问长问短。

这一批教授和文化人，对人民解放军既崇拜又好奇，也提出许多问题来问他们。有一个四川口音的解放军战士说得眉飞色舞，头头是道。正说着，吹哨吃饭了，部队也给这一批教授和文化人安排了饭。

饭后，部队同志又集拢来，教授们就问：“刚才给我们谈话的那人是啥干部？”“我们都很佩服他，认为他讲得很好。”

部队的同志反问：“你们认为他是个啥干部？”教授们说：“起码是个政治工作人员，恐怕是个指导员吧。”

“哈哈，啥子嘛，他是个解放兵，刚从国民党部队解放过来，还不到两个星期。”部队的同志回答。教授们都大吃一惊。嵇文甫说：“咱们到解放区遇到的第一个老师就是一位解放兵。”

在这里停了一天，晚上出发到了张寺，进入黄泛区，没有村庄，就在柳林里住下来。这时豫皖苏军区司令员张国华赶到了，要大家休息一天再走，还招待大家吃了一顿丰盛的野餐，用脸盆端来了红烧肉。

这批教授和文化人继续往西走了一夜，经过扶沟、许昌来到襄县。在一个教堂里休息时，负责护送工作的秘书告诉大家：一会儿刘伯承司令员、陈毅司令员等要来看望大家。不久，刘伯承、陈毅、陈赓出现在大家面前。这时，这批教授和文化人感到非常意外，因为一般人都认为刘伯承在大别山，陈毅在山东，陈赓在南阳。

三位犹如神话人物的人民解放军高级将领突然在这里出现，不啻从天而降，大人、小孩都兴奋地争着和他们握手。刘伯承热烈欢迎河南大学的教授和文化教育界进步人士到解放区。他说，你们是一支文化大军，今天是文武两支大军汇合了。他简要地介绍了战争形势，让大家先到鲁山休息。

为了迎接这一批河南大学的教授和文化教育界进步人士，中原解放区的豫西行署成立了接待组。大家到鲁山后，被安排住在鲁山师范学校，随即以嵇文甫教授、王毅斋教授和全体人员的名义向毛主席和党中央发了致敬电。

这次到中原解放区的河南文化教育界人士，连同家属有数十人，乘坐两辆汽车，还有好几百名开封各校的学生步行，一起汇集到豫西宝丰。有的青年学生初到宝丰，情绪很不安定。有的青年学生的目的是到华北大学，不愿留在河南。

为此，陈毅专门给大家讲话，恳切要求大家留下来，共同创办中原大学。但是，仍然有人想不通。因此，陈毅讲话刚结束，就有人提问：“将来中原大学毕了业，能当县长不能？”

陈毅说：“哎呀！你这个同志口气太小了，司令员都可以干嘛！你只要能干，现在我就委任你当开封县长，你马上去上任吧！”接着，陈毅又说：“我们的县长可不是容易当的，都是匹马单枪打出来的。需要你自己去开辟！”

还有人问道：“我们不愿意干的话，想走，中不中?”陈毅爽快地回答：“来的欢迎，走的欢送。你怕热，我们还给送一顶草帽。”陈毅一边说着，一边用手从自己头上取下草帽，做出一个送草帽的姿势，与会同志不禁哈哈大笑。当时正是夏天，会场就在一个打麦场上，陈毅作报告的时候头上戴着一个农村常见的大草帽。

陈毅的一番快人快语，大家都听得真真切切，十分敬佩，无不为之叹服。于是，在大家大彻大悟之后，原来的各种疑虑，顿时烟消云散。

7月初，中原局派刘鸿文和林恒到鲁山，分别和大家谈话。最后，大家推举嵇文甫、王毅斋、郭海长和刘国明为代表，前往宝丰赵官营中原局。中原局领导同志接见时说：“河南解放，估计在今冬明春，可能还要有几个回合。凡是留在河南工作的，都要把家属送到晋城。”

邓小平立即给中共晋城地委写了一封介绍信：

晋城地委：

兹有河南文化教育界名流嵇文甫等家属数人，送你区安置，一切待遇从优，所有费用将来由华北局转中原局报销。

邓小平

1948年7月某日

河南文化教育界人士在中原局期间，与邓小平、刘伯承等有了近距离接触。中原局负责人住在宝丰县赵官营附近河村的一个地主大院里。刘伯承住的上房屋里四周墙上，全部挂满了作战地图，桌上放着俄国人写的《合同战术》一书。

其间，邓小平、刘伯承、陈毅、邓子恢在司令部宴请嵇文甫、王毅斋、郭海长和刘国明。中原局副书记李雪峰，以及孔祥祯、陈克寒、熊复、刘鸿文、林恒等出席作陪。大家互相敬酒，兴致盎然。刘伯承告诉大家，襄樊战役已经胜利结束，我们俘虏了特务头子康泽。

王毅斋教授高兴地说：“今天的宴会是我终生难忘的一次，像今天这胜利的消息，我也希望能多听几次。”他的话，道出了大家共同的心声。

嵇文甫、王毅斋、郭海长和刘国明在中原局大约一个星期。陈毅每天上午办公，下午来看望大家。他穿着一身草绿色的布军装，脚上穿着草鞋，非常朴素。大家一看，心想：这样一位名震中外的将军，竟然如此简朴！

陈毅与教授们谈笑风生，平易近人，大家感到非常亲切。陈毅和大家一起谈话，涉及的范围很广——谈起教育制度，从小学、中学说到大学，从中国说到外国。

陈毅博学多才，侃侃而谈，使大家钦佩不已。教授们连声赞叹：“我们过去对陈毅了解太少，只知道他能打仗，没有想到还这么博学多识，大有儒将风度。”

不久，新华社发表消息，一是“人心所向——开封文化教育界名流一行到达解放区”，记述开封文化教育界名流转移到中原解放区的经过；二是“中共中央中原局领导同志刘、邓、陈设宴招待开封文化教育界名流嵇王郭刘等”。后来，征得本人同意，嵇文甫、王毅斋等教授和文化教育界名流留了下来，在中原局的领导下，参加创办中原大学。

在宝丰建立中原大学，标志着党在中原地区要从革命党向执政党转变，要大批培养各级地方干部，要广泛地在中原地区建立各级人民政权。同时，中原局和中原军区还开办有中原军政大学，主要是为部队培养军政干部。

1948 年春天到夏天，中国人民解放军在中原战场上连战皆捷，凯歌阵阵。2 月份的许昌战役、漯河战役，三四月份的第一次洛阳战役和第二次洛阳战役，5 月份的宛西战役和宛东战役，7 月份的豫东战役和襄樊战役，均取得重大胜利。

7 月 25 日，中共中央委员、中原局第一书记、中原军区政治委员兼中原野战军政治委员邓小平，前往河北省平山县西柏坡村，参加中共中央的重要会议。

在此期间，邓小平根据中共中央关于各中央局和分局，由书记负责，自己动手，每两个月向中央和中央主席作一次综合报告的指示，向中央和毛泽东主席起草了一份中原解放区情况的综合报告。

在这个报告中，邓小平根据中原局和中原野战军开辟中原解放区的实践，从向新区进攻前的准备工作、占领新区后的战略展开、在新区作战的战略战术、在新区的供应工作、新区的社会政策、建立新区地方武装、新区干部队伍建设等 7 个方面，全面系统地总结了开辟中原解放区的经验与教训，为中央指导各野战军开辟新解放区提供了很好的借鉴。

整军是人民军队政治工作的重要内容之一。根据中共中央、中央军委的统一部署，1948 年夏季，中原局和中原军区对中原地区所属部队进行整军。8 月上旬，陈毅在河南省宝丰县召开的中原野战军第一纵队、第三纵队、第四纵队、第九纵队团以上干部整军会议上，详尽阐述了中原解放战争的战略方针，畅谈毛泽东军事思想与逐鹿中原、战略进攻等问题。

陈毅指出，必须首先从战略上看问题，毛主席讲："军事上的胜利是大革命胜利的标帜。"

毛主席特别指出这个胜利的重要意义。对于军事的胜利，我们的同志每每只看到缴获了多少枪炮，虏获了多少人马，甚至一些高级干部，旅长、师长，一直到纵队司令员，往往拿缴获多少来判断胜利的大小。毛主席讲：缴获多少，这是战役问题、战术问题。自然，我们党不能俘虏和缴获大批敌人、马匹、武器，便不能壮大自己。可是如果死看这一点就以为满足，不去解决战略问题，也还是要失败的。

项羽七十二仗仗无不胜，每仗俘虏人家的兵，最后一仗失败了，就整个垮了。因为楚霸王缺乏战略指导，把他的大兵团摆在荥阳，与汉高祖对立，牛抵角，打得汉高祖没有办法过荥阳河，不能超过伏牛山。可是汉高祖比项羽厉害，他实施战略迂回，收复邯郸，打到济南、临淄，韩信大军南下，项羽的屁股徐州没有保住，灵璧垓下一仗大败，项羽全军覆没，落得乌江自杀。蒋介石恐怕连项羽这点自杀的决心也没有。（全场大笑）

毛主席讲：我们歼灭了敌人 120 万人，两年我们可能歼灭敌人 250 万人（昨天广播为 272 万人）。这是我们伟大的胜利。可是只注意这点不行，更要注意到战略问题。战略问题是能否在战争中掌握主动，包括吃饭问题，战争在哪里打，把战争引向什么方向的问题。

所以毛主席讲：人民解放军最大的胜利是去年（1947 年——编者注）转入进攻。去年七八九三个月，刘邓野战军走前头，转入大别山，其次陈谢，转入豫西，陈粟，转入豫皖苏，这是带有决定意义的步骤，改变了整个战争形势，扭转了战局。这是战略的胜利。我们全党干部一定要认识这一个问题。

陈毅高度评价人民解放军转入战略进攻的重大意义，深刻阐述毛泽东战略思想。他说：

毛主席讲话非常谨慎。去年八九月间中央只讲“反攻”，不讲“进攻”。反攻的意思是反到什么地方不一定，反不过去再回来。（全场大笑）毛主席讲得非常谨慎，量力而行，毫不吹牛。一到 11 月，大别山的部队统统解决了棉衣问题，刘邓一个电报，棉衣可以解决，大别山巩固了。毛主席说可以叫“进攻”，不是“自卫战争”了，而是“人民解放战争”，人民革命战争的进攻。反攻是带有自卫的性质，人家打进解放区，你反出去。

毛主席特别奖励我们：“你们是主力部队，主力部队就要吃苦。”（大笑）挺进中原当然是主力的事，不能拿二三等的部队。你既然是主力，就应该跑去受困难：你是主力受不住，二三等的部队一去就完了。（大笑）

第二十五章

“人们常说‘老虎屁股摸不得’，我刘伯承也算一只老虎吧”

1948 年夏天，根据中共中央、中央军委的指示，在中原战场上的中原野战军和华东野战军，利用作战间隙，用诉苦（诉旧社会和反动派给予劳动人民之苦）、“三查”（查阶级、查工作、查斗志）、“三整”（整顿组织、整顿思想、整顿作风）等方法，普遍开展了新式整军运动。

华东野战军第一纵队、第四纵队和第六纵队以及两广纵队、特种兵纵队，在濮阳地区进行新式整军。中国人民解放军总司令朱德，代表中共中央和中央军委亲临濮阳视察，并向团以上干部讲话，分析形势，对部队建设和任务作了重要指示。

1948 年 7 月下旬至 8 月中旬，中原局暨中原军区在河南省宝丰县召开县、团以上军政干部会议——宝丰会议。

中原局第二书记陈毅，传达了毛泽东《目前形势和我们的任务》的报告、中共中央 1947 年 12 月以来的一系列方针政策和重要指示。陈毅还作了《部队党在整训中的任务》的报告。

中原局第三书记邓子恢作了关于党的新区政策和财经问题的报告。

刘伯承作了关于整党整军的动员报告，强调加强党的领导，坚持军民一致、上下一致、官兵一致的建军原则，进一步提高军事素质，加强部队建设。他要求，中原解放区以 1 个月的时间深入开展整党整军运动。

新式整军运动通过激发阶级觉悟，深入进行政治教育和广泛开展政治、经济、军事三大民主，极大地提高了广大指导员的革命斗志和战斗技能。

宝丰会议后，中原军区和中原野战军所属部队对会议内容和精神进行了传达、贯彻和落实。

中原局第一书记邓小平到华北参加中央“九月会议”期间，身在华北，心系中原。他于1948年9月6日在西柏坡村给刘伯承、陈毅、邓子恢等发来电报，要求中原局于最近制定一个克服党内存在的无政府无纪律状态的正式决议。中原局接到电报后，陈毅迅即向邓小平发去电报：9月6日电悉，你的建议完全赞同。

中原局第一书记邓小平在河北省平山县西柏坡村参加中央“九月会议”期间，指定由中原局第二书记陈毅代理其工作。陈毅于9月12日撰写了《中原局九月份综合报告》，上报中央。

陈毅报告说：经过夏季的连续胜利和中原局“六六指示”，军事胜利与政策转变并进，因而使中原局面开始变好。中心区已广阔无敌。大别山局面开始稳定。江汉区、桐柏区、汉水与平汉之间取得发展。市镇农村秩序，开始恢复。

陈毅分析了河南的特点，指出：我党足迹踏遍全中国，土匪恶霸之猖獗，恐无逾河南者。

陈毅的分析，具有历史原因和现实原因。从历史上看，宝丰和豫西地区是中国近代史上著名的白狼起义的重要发源地。从现实上看，中原局、中原军区、中原野战军总部驻扎在宝丰期间，就曾经出现过多起针对人民解放军指战员和中共工作人员的暗杀事件。

最为严重的一起暗杀事件，竟然指向中原军区兼中原野战军司令员刘伯承。一天晚上，刘伯承处理完军务，到村外田间散步，突然被隐藏在黑暗处的一个土匪打了黑枪，子弹擦着刘伯承的臀部而过。

邓小平政委闻讯，十分震惊，立即下令中原野战军保卫部部长，立即封锁村庄，率领警卫部队捉拿土匪。此案被迅速侦破，破案后该土匪立刻被就地枪决。

对此事，刘伯承多次十分诙谐地说：人们常说“老虎屁股摸不得”，我刘伯承也算一只老虎吧，豫西的土匪竟然敢打我的黑枪，真够厉害的了……

陈毅在报告中还强调，要认识到河南地区出兵、出粮，人民斗争性坚强，如经过政治与组织的改造与提高，革命的效果必大，可奠定最好的基础。

陈毅详细汇报了中原局贯彻中共中央指示的情况：分浮财、打土豪、开仓放粮、以粮换菜、走马点火、点火抄家等“急性土改”办法，已迅速纠正。

社会秩序的混乱，业已趋于安定。对工商业的破坏，业已停止。

同时，陈毅还汇报了中原局今后的工作方针，提出了中原解放区的六项工作部署。

1948 年 10 月，邓小平参加“九月会议”后回到豫西，在鲁山县以东 100 多里处的程村，受到参加豫西区党委扩大干部会议的领导干部们的热烈欢迎。

邓小平首先传达了中央“九月会议”精神：中共七大以来的成就，中央对国际形势的估计，中央根据国际形势和国内局势的发展提出的战略任务。然后，邓小平结合豫西区干部多、部队多、工作不够协调统一的情况，着重强调：要提高纪律性，统一全区干部思想。

中原局和中原军区通过整党和整军，贯彻中央“九月会议”精神，使各级领导干部思想上不同程度存在的“左”的倾向和错误认识得到彻底纠正，保证了各项方针政策的贯彻落实，进一步增强了各级组织和人民军队的凝聚力与战斗力。

郑州具有非常重要的战略地位。它北据黄河，南控中原，平汉铁路、陇海铁路在这里交会，是一个战略枢纽。抗日战争胜利后，蒋介石向华北解放区发动进攻，就是以郑州为基地。国民党政府先后在郑州设立过绥靖公署、陆军总司令部前进指挥所、徐州“剿总”前进指挥所。但是，随着人民解放战争的发展和国民党军中原防御体系被打碎，郑州成为一座孤城。

1948 年 9 月 25 日，中共中央和中央军委批准华东野战军关于举行淮海战役的建议，淮海决战即将展开。为此，刘伯承、邓小平命令全军，加强西线行动，配合华东野战军，为全部解放中原而战，为彻底解放中原人民而战。

10 月 9 日，刘伯承、邓小平决心集中中原野战军第一纵队、第三纵队、第四纵队、第九纵队，相机攻取南阳、郑州，或尾击东进之孙元良兵团和黄维兵团，以策应华东野战军在徐州地区的作战。

刘伯承、邓小平的决心完全符合中央军委意图。两天后，中央军委电示淮海战役作战方针，命令刘伯承、陈毅、邓小平，即速部署攻击郑州至徐州一线，牵制孙元良兵团，配合华东野战军首歼黄百韬兵团。

10 月 13 日上午，中原野战军第九纵队在禹县召开团以上干部会，司令员秦基伟和政委李成芳讲话，向大家预告上级攻取郑州的意图，并强调，彻底解放中原的时机已经成熟。当天下午，根据中原野战军部署，陈锡联司令员、杨勇司令员各自率本纵队团以上干部和侦察部队来到九纵驻地，共同研究攻打郑州的部署，初步拟定郑州战役计划。

10 月 14 日上午，陈锡联司令员主持召开中原野战军第一纵队、第三纵队、第九纵队团以上干部会议，秦基伟司令员、陈锡联司令员、杨勇司令员分别介绍郑州敌情及城防情况，阐明攻郑战术，强调执行城市政策和加强战斗团结，要求大家协同作战，解放郑州。

同日，刘伯承、陈毅、邓小平就攻取郑州问题请示中央军委时，进一步陈述了攻打郑州的企图在于“吸引孙元良全部回援甚至可能更吸住邱（清泉）兵团一部向西，以达到协助华野作战的主要目的。并同时影响南线黄维、张淦两兵团之一部北调，更为我南线部队创造战机”。

这说明，夺取郑州，不是一个孤立的战役行动，而是南线决战的有机组成部分，是中原野战军和华东野战军战略配合、战役协同的一个重要环节。

10 月 18 日，刘伯承、邓小平着眼“钳制徐州各部援敌”并关照南线第二纵队、第六纵队等部行动，定下攻郑作战决心，下达基本命令，并着陈赓、陈锡联、谢富治统一指挥郑州战役。

10 月 22 日 2 时，中原野战军第九纵队进入郑州战场，从西北方向达成既定部署，卡住了郑州守敌北逃的主要通道。这是确保郑州战役赢得全胜的关键。同时，各参战部队相继进逼郑州，第一纵队夺取城东北之祭城。豫皖苏军区部队占领郑汴间的中牟县城。大军云涌，合围在即，郑州守敌，顿陷重围。经过激烈战斗，中原野战军与华东野战军在黄河铁桥胜利会师。郑州战役以人民解放军歼敌 1 万多人的彻底胜利宣告结束。

在郑州战役中，邓小平率前线指挥部亲临郑州前线指挥作战，给部队以极大激励。

解放郑州，实际上拉开了淮海战役的序幕。人民解放军初战告捷，威震敌胆，意义深远。对这一点，因史家至今尚未论及，故特意在此写上一笔。

郑州战役，大获全胜，缴获甚丰，成果甚大，绝非偶然。被俘虏的国民党军第九十九军参谋长十分感慨地说：“贵军以精锐而驱乌合，摧枯折腐，理所当然。”

鉴于淮海大战即将开始，郑州具有重要的战略枢纽地位，毛泽东对郑州战役十分关注，10 月 22 日以《我军解放郑州》为题，写下“新华社郑州前线 22 日 24 时急电”：“我中原人民解放军于今日占领郑州。守敌向北面逃窜，被我军包围于郑州以北黄河铁桥以南地区，正歼击中。郑州为平汉、陇海两大铁路的交点，历来为军事重镇。蒋介石因徐州告急，被迫将驻郑兵团孙元良部三个军（按：国民党军从 10 月起整编师均改称为军，整编旅均改称为师）东调，郑州守兵薄弱，我军一到，拼命奔逃。现郑州东面之中牟县、北面之黄河桥均被我军切断，逃敌将迅速被歼。”

同日，新华广播电台播出“1948 年 10 月 22 日新华社郑州前线急电”的消息，详细地介绍了郑州的重要战略地位和蒋介石对郑州的重视以及中原野战军解放郑州的经过：

> 中原人民解放军 22 日占领郑州。守城蒋军向北逃窜，在郑州以北黄河铁桥以南地区，被解放军包围全部歼灭。郑州是河南境内最重要的交通要点和战略城市，清光绪三十一年辟为商埠，人口现在约有 23 万。城东有飞机场，其北 30 公里黄河铁桥长三公里余，为全国第一长桥。郑州是中国北部两条大铁路——平汉、陇海的交叉点，北经新乡、安阳、石家庄、保定通到北平，南经许昌、信阳通到汉口，西经洛阳通到西安，东经开封通到徐州和连云港。

由于这种重要的战略地位，郑州的得失，在很大程度上决定中原战局的成败。1946 年 7 月，蒋介石发动内战时，就用郑州作为他在陇海线上仅次于徐州的指挥中心，设立郑州绥署，以现任徐州“剿匪”总司令刘峙为主任，指挥鲁南和河南全境的军事。1947 年 6 月，国民党军把郑州绥署改为陆军总司令部郑州前进指挥部，以孙震为主任。

1948 年 6 月，徐州“剿总”成立，郑州仍设前进指挥部，改由孙元良为主任。9 月济南解放后，徐州吃紧，孙元良率部东调。接守郑州的第四十军及第九十九军第二六八师非常恐慌，解放军胜利大军一到，敌军就仓皇逃窜，在逃窜途中被解放军全部歼灭。

中原野战军攻克郑州后，开封守敌慑于人民解放军的声威，弃城离去。郑州、开封解放，使豫西和豫皖苏解放区连成一片，除了豫北新乡、安阳等少数残敌据点外，中原解放区和华北解放区连成一片，军事、政治、经济意义都极为深远。

郑州战役后，中原野战军缴获了堆积如山的枪械弹药。参战部队一下子“鸟枪换炮”，换上全副美械装备，神气起来。其中“中野九纵”也由此打出了名气，愈战愈强。这支诞生在太行山、转战在豫西、驰骋中原战场的年轻部队，成为中国人民解放军的一支劲旅。

抗美援朝战争中，由“中野九纵”改编的中国人民志愿军第十五军，在朝鲜上甘岭战役中与美国军队直接交锋。从此，中国人民志愿军第十五军威名远扬。从朝鲜归国后，第十五军由于在朝鲜战场上战功卓著，被中央军委改编为空降部队，成为中国人民解放军的重要战略预备队。

郑州解放后，邓小平、陈毅等率中原局、中原野战军前线指挥部进驻郑州。当天晚上，中原局第二书记、中原军区第一副司令员陈毅，中原野战军第四纵队司令员陈赓，第九纵队司令员秦基伟，轻装简从，悄悄视察了郑州市容。

其间，陈毅高兴地对秦基伟说：“九纵已经成熟了，可以打大仗了。”视察完毕，一贯性格开朗、风趣幽默的陈赓对秦基伟说：“老秦，你们纵队打了个漂亮仗，也不请我们的客?”

陈毅也说：“对头，你打了蒋委员长的土豪，我们要打你的土豪!”秦基伟说：“那好哇，我这几个伙食尾子，都共产算了。”

打了胜仗，陈毅和陈赓都很高兴，秦基伟更为高兴。三位高级将领当晚轻装简从，走上街头，但由于时间已晚，郑州大街上的饭店都关门了。三位战将敲门进了一家小餐馆，陈赓亲自下厨，做了几碗肉丝面，大家吃得非常高兴。①

---

① 秦基伟:《秦基伟回忆录》,解放军出版社 2007 年版,第 208 页。

遵照中共中央电示，中原局和中原军区于10月24日在郑州召开参战部队团以上干部会议。邓小平作淮海战役参战前的动员报告，着重讲了东进的形势与任务，提出开展新式整军、加强组织纪律性的要求。重申毛泽东关于“军队向前进，生产长一寸。加强纪律性，革命无不胜”的指示，要求到会干部深刻理解，自觉执行。

10月25日，中原野战军第九纵队一部担任郑州警备任务。人民解放军举行了气势磅礴的郑州入城式，“中野九纵”军容雄壮，斗志昂扬，使郑州各界耳目一新，交口赞扬。当时的报纸记载道：“解放军战士们身穿草黄色新棉军衣，头戴此次歼敌所缴获的深绿色崭新的钢盔，步枪刺刀闪闪发亮，无数挺轻重机枪泛着青光。雄壮整齐的部队在街上穿过，威武的炮兵行列在水泥大道上隆隆前进。战士们红光满面，精神焕发，高唱雄壮的《中国人民解放军进行曲》和《三大纪律八项注意歌》。群众极为兴奋，互为喜悦羡慕的眼光投视，并不断报以掌声与欢呼。”

“中野九纵”司令员秦基伟回忆说，邓小平同志治军严厉是人所共知的，奖罚分明，一丝不苟。我在郑州担任警备司令员期间，有两件事，对我教育很大：

> 第一件事，是因为看戏。我比较喜欢河南的豫剧，觉得豫剧唱腔，七拐八拐，很有韵味。一年四季都是作战，难得有个进城消闲的时候。没想到看一场戏闯了一个祸。记不清具体日子了，那天晚上安排好值班，我换上便衣，掖好手枪，悄悄地寻到一家剧院门口，自己掏钱买了一张票进去了。
>
> 怕出事就有事，偏巧这天晚上邓小平政委打电话找我，一听说我不在，就火了。司令部的值班参谋绝对是个忠诚的同志，明明白白地向邓政委报告：“秦司令员看戏去了。”这下还了得吗？没二话，通报全中原野战军批评。
>
> 受批评，自然不舒服，但仔细想想，这个通报批评也是该挨的。郑州刚解放，工作千头万绪，敌情仍很严重，我作为郑州警备司令员，哪能随意离开工作岗位。如果部属们也学我的样子，岂不乱了套！

第二件事是（第九）纵队后勤部长杨以山惹起的。郑州打下后，我们首先补充的是武器弹药，其他装备还未改善。纵队首长外出开会，要么骑马，要么步行，在城市里，这样的交通方式确有不便。杨以山见郑州铁路局有几部小汽车，就去向人家借。

这件事反映到邓小平政委那里，一个命令下来，撤了杨以山的职。杨以山是个工作十分勤恳的同志，就因为借一部车子被撤职，是不是处理重了点呢？小平同志不这样认为，他说，什么借？郑州是你打下来的，你是胜利之师，他铁路局虽不是党政军机关，但也是国民党的办事机构，那些人本来就对共产党心存疑惧，你明借暗要，不是抢也是抢，违犯了我党我军的城市政策，该撤职。

打下郑州后，通报批评了纵队司令员，撤了纵队后勤部长，枪打出头鸟。小平同志这一手很厉害，矫枉必过正，敲山可震虎。在非常时期，尤其需要这样，所以，我和杨以山都口服心服。

现在想来，小平同志确实是一个了不起的政治家和军事家。郑州打下来后，小平同志马上就动手抓苗头，一抓一个准。我记得就是在这前后，为了根绝进城后出现的政策问题，小平同志召开了一个干部会。大家到齐了，还不知开的是什么会，见邓政委来了都很高兴，都伸出手来想跟他握手。但没想到，邓政委却把手一甩，说，我们今天要开一个不握手的会。他问大家，我们部队中间违犯群众纪律的问题你们知道不知道？我们违反纪律的人虽然只是百分之三，但也够严重的了。但是，更严重的是我们百分之九十七的人对百分之三的人采取了自由主义。这一下，把大家镇住了，邓政委不仅批评了犯纪律的人，而且批评了对错误行为采取自由主义的人。小平政委这一手来得很过硬很及时，不然的话，形势好了，城市占了，条件改善了，如果没有坚强的纪律约束，部队就要出乱子。①

从1948年春天到秋天，邓小平、刘伯承、陈毅率领中原局、中原军区和

① 秦基伟：《秦基伟回忆录》，解放军出版社2007年版，第209～210页。

中原野战军，经过艰苦奋战，实现中原战场从战略进攻向战略决战的转变，彻底粉碎了国民党军的中原防御体系，完成了解放中原的战略任务。

随后，邓小平、刘伯承、陈毅率领中原局、中原军区和中原野战军主力东进，会同华东野战军，发起淮海战役。中原战场经历战略进攻后，开始战略决战。

第二十六章

“以破釜沉舟的决心，不惜最大牺牲，歼灭黄维兵团”

按照中共中央和中央军委的战略部署，从1948年9月至1949年1月，中国人民解放军进行具有决战性质的辽沈、淮海、平津三大战役，基本消灭蒋介石赖以维持其统治的主要军事力量。

自古逐鹿在中原，得中原者得天下。早在1948年春天，随着刘邓大军进入中原战场，中共中央、中央军委开始谋划由中原野战军和华东野战军一起，进行淮海战役，逐鹿中原。

淮海战役是在以徐州为中心，东起海州、西至商丘、北起临城（今薛城）、南达淮河的广大地区进行的。济南战役后，国民党政府在徐州周围地区大量集结兵力，企图利用在徐州交会的津浦、陇海两铁路线及密集的公路线，利于机动增援的方便，用重兵堵防的办法阻止人民解放军南下，以控制徐州，巩固江淮，屏障南京，挽回败局。

在国民党徐州“剿总”总司令刘峙、副总司令兼前进指挥部主任杜聿明指挥下，一共集结了黄百韬兵团、邱清泉兵团、李弥兵团、孙元良兵团和冯治安、李延年、刘汝明等3个绥靖区部队，连同从华中赶来增援的黄维兵团等，总计兵力近80万人。其中大多数部队是国民党军队的主力和精锐部队。

人民解放军进入淮海战场的部队，计有华东野战军16个纵队，中原野战军7个纵队，华东军区、中原军区和晋冀鲁豫军区的地方部队，共60余万人。

从数量上看，在淮海战场即将进行的这场大决战中，在敌我双方力量对比上，人民解放军并不占优势。对这次战役，国共两党都非常关注。毛泽东决心把敌徐州“剿总”所指挥的这一重兵战略集团全部歼灭在长江以北，以减少将来人民解放军强渡长江、解放江南的困难，加速中国革命胜利的进程。蒋介石强调说，徐蚌会战（国民党对淮海战役的叫法——编者注）实为我国家存亡之最大关键。

所以，淮海战役是一场国共双方均投入重兵并决定国共双方命运的空前大决战。

早在济南战役、辽沈战役进行中，毛泽东就以从整个中国革命全局考虑问题的战略远见，开始与华东野战军的陈毅、粟裕，中原野战军的刘伯承、邓小平等前线指挥员函电交驰，共商逐鹿中原推进战局的大计。经过毛主席与前线指挥员的反复思考、周密谋划，终于形成了华东野战军、中原野战军两大野战军共同携手，歼敌徐州“剿总”重兵战略集团的方案。

当时的华东野战军参谋长张震回忆说：“毛主席高瞻远瞩，制定了淮海战役的作战方针，又博采众长，使这个方针得到补充和进一步完善。战役第一阶段的进攻方向选定在徐州以东，歼灭对象是黄百韬兵团。中野主力直出徐（州）蚌（埠）线，协同华野作战。在总的战略意图下，最高统帅部和前线指挥员之间经过酝酿磋商，使战役的具体部署更加缜密。”

1948 年 10 月 11 日，中央军委发出《关于淮海战役的作战方针》。为了实施这一战略决策，必须控制陇海铁路，中原野战军发起郑州战役，夺取重要战略枢纽、国民党军队中原总兵站基地——郑州。

1948 年 10 月 24 日，邓小平与陈毅、张际春等同志在郑州原国民党绥靖公署礼堂，召开中原野战军团以上干部会议。邓小平在会议上着重讲了中原野战军东进的形势和任务，要求继续开展新式整军运动，加强组织纪律性。此时，河南省会开封守敌慑于中原野战军的声威东撤，邓小平与陈毅率中原野战军乘势东进。

10 月 31 日，邓小平等进驻河南省柘城县，在两天三夜的时间里，他与陈毅等同志讨论了关于淮海战役统一指挥的问题，修改了钳制国民党邱清泉、孙元良、刘汝明 3 个兵团的作战方案，并与刘伯承联系，共商阻止黄维兵团东进徐州的方案。

11 月 3 日，邓小平与陈毅到周围几个县检查工作，向豫皖苏三分区党政军负责干部传达了中央关于淮海战役的部署。在邓小平的指导下，豫皖苏中央分局组建了支前指挥部，在豫东永城设立了总兵站，相继解放了豫东商丘县、虞城县。19 日，邓小平又电示中原野战军交通部在商丘建立中原军区总兵站，负责转运或分运军用物资，以保证淮海战役的需要。

1948 年 11 月 4 日上午 8 时，华东野战军司令部正式发布《淮海战役攻击命令》。

11 月 6 日，华东野战军 11 个纵队以排山倒海之势、雷霆万钧之力，向徐州以东的黄百韬兵团发起攻击。其他各纵队，也像下山的猛虎，扑向各自预定的目标。

当晚，华东野战军粟裕等将战况报告给了中央军委。毛泽东于 7 日迅即复电，完全同意粟裕等 6 日电所述发起战役的部署，同时指出：“非有特别重大变化，不要改变计划，愈坚决愈能胜利。在此方针下，由你们机断专行，不要事事请示。”毛泽东的电报，表示了对前线指挥员的高度信任。

11 月 8 日，中共地下党员、国民党军第三绥靖区副司令官何基沣、张克侠在与华东野战军取得联系后，率第五十九军和第七十七军（大部）2.3 万人，举行战场起义。随即在台儿庄、枣庄地区进入山东解放区进行整训，以后分别改编为华东野战军第三十三军和第三十四军。

何基沣、张克侠率部起义，使徐州东北大门洞开，华东野战军得以顺利通过运河防线，迎头截住黄百韬兵团的退路。从 6 日到 22 日，华东野战军主力在徐州以东碾庄地区，将企图西撤徐州的黄百韬兵团全部歼灭。敌兵团司令官黄百韬走投无路，自杀毙命。

当华东野战军主力与黄百韬兵团激战时，中原野战军主力根据中央军委的命令，切断徐蚌线，攻克徐州“剿总”的重要补给基地——宿县，完成了对徐州之敌的战略合围。

这时，毛泽东敏锐地预见到，淮海大战的胜利将会对整个中国革命的全局产生重大影响。11 月 16 日，他以政治家的远见卓识、战略家的深谋远虑、革命家的雄才大略，起草了一封永载史册的致华东、中原等党政军负责人的电报：

“此战胜利，不但长江以北局面大定，即全国局面亦可基本上解决。望从这个观点出发，统筹一切。统筹的领导，由刘（伯承）、陈（毅）、邓（小平）、粟（裕）、谭（震林）五同志组成一个总前委，可能时，开五人会议讨论重要问题，经常由刘、陈、邓三人为常委，临机处置一切，小平同志为总前委书记。”

这样，毛泽东就将淮海前线两大野战军数十万大军的统率权授予了总前委和邓小平。对毛泽东的这个重大决策，邓小平几十年后仍记忆犹新。他在会见编写第二野战军战史的老同志时指出："迎接淮海战役的时候，总的形势很好。东北战场取得了胜利，这对全国鼓舞很大，西北也稳住脚，中原三足鼎立。淮海战役是二野、三野联合作战，用毛主席的话说，二野三野联合作战，不只是增加一倍两倍的力量，数量变，质量变，这是一个质的变化。淮海战役成立了总前委，由五个人组成，其中三个人是常委，我当书记。"①

从此，淮海战役总前委正式成立，行使统一指挥华东野战军和中原野战军两大野战军，领导淮海前线政治、军事和作战的全权。这是淮海战役顺利进行的重要保证。

歼灭黄百韬兵团后，淮海战役第一阶段取得胜利。第二阶段的攻击目标如何确定，是战局发展的一个关键问题。一开始中央军委命令华东野战军吸引邱清泉兵团、李弥兵团东进，寻机歼其四五个师，尔后视情况围歼邱清泉兵团、李弥兵团，或攻取徐州，或打黄维兵团。但因邱清泉兵团不敢贸然东进，始终背靠徐州，人民解放军无法将其退路切断。

淮海战役第一阶段胜利结束，在中原野战军配合下，华东野战军于碾庄全歼黄伯韬兵团。第二阶段怎么打？当时的华东野战军参谋长张震回忆说："小平同志审时度势，一看到这个情况，只有把黄维兵团歼灭，因为黄维兵团也已经走得精疲力竭了。同时他也离蚌埠比较近，那面南京的部队逼近。把南京和徐州拉开，所以决定先打黄维兵团，以后再集中中原野战军和华东野战军消灭杜聿明兵团。""黄维兵团是国民党军五大主力之一，所以中原野战军的任务是非常艰巨的。"

参加过淮海战役的国防大学原校长朱敦法说：刘邓指挥的中原野战军情况怎样呢？1947 年渡过黄河歼灭国民党军九个半旅以后，接着又千里跃进，挺进大别山。千里挺进大别山，这是在解放战争史上相当有意义的一笔，但是有一个问题，中原野战军也遭受了极大的损失。当时的非战斗减员很多。在这种情况下，要消灭黄维兵团是要下很大决心的。

邓小平等经过缜密考虑，给毛泽东主席发电，同时抄送华东野战军，建议先打黄维兵团，再打邱清泉兵团、李弥兵团。毛泽东第二天复电："（一）完全

---

① 《邓小平文选》第 3 卷，人民出版社 1993 年版，第 341 ~ 342 页。

同意先打黄维；（二）望粟（裕）陈（士榘）张（震）遵刘陈邓部署，派必要兵力参加打黄维；（三）情况紧急时机，一切由刘陈邓临机处置，不要请示。”

黄维兵团共 12 万余人，辖有第十军、第十四军、第十八军、第八十五军，一共 4 个军，是国民党军队的精锐兵团之一。其骨干部队第十八军即原整编第十一师，为陈诚一手培植，美械装备，军官都是军校毕业生，是陈诚军事集团的“老底子”，也是陈诚起家的“本钱”，系敌军“五大主力”之一。在国民党军中，陈诚集团的“土木系”之说即源于“十一”师和“十八”军。黄维兵团装备精良，训练充分，有实战经验，是一个顽敌。

11 月 25 日，中原野战军主力将黄维兵团团团包围于双堆集地区。

在歼灭黄维兵团的作战中，邓小平主动担负了战役的具体组织指挥工作。在总前委下定战役决心、拟定战役计划之后的一天上午，邓小平对同在总前委作战室办公的刘伯承、陈毅说：“两位司令员同志，我比你们小几岁，身体也比你们好一些，具体工作让我多做些，夜间值班我也多值一些，这是应该的哟！”

刘伯承和陈毅听了以后，先是爽朗地哈哈大笑，尔后，陈毅表示：“我们既要竭尽全力，恪尽职守，又要尊重政委的意见哟。”接着，刘伯承说：“在我们这把年纪里，这样的会战、决战，已不会很多啦，我们理应努力工作，拼命完成任务哟！”

邓小平很谦逊地说：“大的决策指挥，还是靠两位司令员，靠我们三个‘臭皮匠’，只是具体工作由我多做些。”然后，邓小平正式向作战科同志宣布，一般事情多找我（邓小平）请示报告，重大事情同时报刘伯承、陈毅、邓小平共同研究处理。

在歼灭黄维兵团的过程中，邓小平总是天天守在作战室里。特别是夜间，每天值班都要到深夜，甚至到下半夜，一直等到各纵队战斗情况基本上没有大的变化时，方才放心离去。刘伯承、陈毅、邓小平 3 人每天共同商定各纵队的作战任务，然后向各纵队指挥员传达和部署。

对各部队的战斗进展情况，邓小平除随时听取作战科值班员汇报外，几乎天天都亲自找各纵队领导同志听电话，一方面督促检查对作战计划、命令的执行情况，另一方面直接了解战斗进展情况，掌握第一手材料和最新战况。

邓小平在作战指挥中，既强调高度的集中统一和严格的纪律，又特别注意做部队尤其是各级干部的思想政治工作。

当时，就中原野战军的兵力、装备、弹药等各方面的实际情况看，歼灭黄维兵团无疑是付出较大的代价去啃一块“硬骨头”，其困难主要有以下几点：

一是从实力上看，敌我双方兵力均为12万人，但中原野战军不占优势。因为中原野战军第一纵队、第二纵队、第三纵队、第六纵队，经过挺进大别山和坚持大别山的斗争，各方面消耗较大，一直没有机会得到及时的休整和补充。

二是从编制上看，黄维兵团是国民党军队的主力兵团，人员编制齐装满员。中原野战军连续多年征战，远离革命老区，编制不全，兵员不充实，6个纵队除第一纵队、第四纵队是9个团外，第二纵队、第三纵队、第六纵队各只有6个团，第九纵队只有5个团。参战各纵队平均每个纵队只有1.5万多人。其中第二纵队、第十一纵队则只有一万两三千人。

三是从装备上看，黄维兵团装备精良，天上有空军配合，飞机掩护，地上有大炮、坦克、装甲车开道，是国民党军队中现代化装备较强的部队之一。中原野战军则重炮很少，弹药奇缺，真正是“小米加步枪”。

针对这种实际，邓小平从中国革命全局和解放战争的全局利益考虑，在战前中原野战军召开的纵队领导干部会议上，郑重指出：“要不惜一切代价，在华东野战军协同下，坚决完成歼灭黄维兵团的任务。”

在歼灭黄维兵团的战役过程中，特别是在第三阶段，邓小平在电话中反复向各纵队领导同志指出，要坚决贯彻党中央、毛主席关于歼灭敌重兵集团于淮河以北的指示，要同千里跃进大别山一样，服从大局，不畏艰险，不怕牺牲。

邓小平特别强调：“我们要以破釜沉舟的决心，不惜最大牺牲，歼灭黄维兵团，即使中原野战军打光了，能消灭这支王牌军也是值得的。”

新中国成立后担任过国防部部长、全国人大常委会副委员长的秦基伟回忆说，淮海战役聚歼黄维兵团，对中原野战军来说，犹如“瘦狗拉硬屎”，是非常艰苦的一仗。小平同志反复向各纵队领导讲：要服从大局，准备“烧床铺草”（南方习俗，死了人要烧床铺草，此处意即准备牺牲自己），即便把自己的部队打光了，只要能吃掉当面这坨敌人，也算是尽到了我们的历史责任。他强调，革命总有一个时候要过关。在过险关的时候，就是要不怕苦、不怕死，宁肯向最严重的方向作准备。思想上有了准备，行动上才敢于排除一切困难，压倒一切敌人，置之死地而后生。

邓小平的话极大地鼓舞和激励了中原野战军全体指战员的战斗意志。广大干部战士，在极其困难的条件下，不怕疲劳，不怕困难，不怕牺牲，连续作战，虽然伤亡较大，但士气愈战愈高，战斗力愈战愈强。战斗中干部伤亡，班长、战士、通信员、司号员、卫生员等挺身而出，自动代理连长、指导员，组织继续战斗，直到取得战斗胜利。

邓小平身为总前委书记，既要负责战役全局的决策、谋划，又要主动多承担歼灭黄维兵团作战的具体组织指挥工作，还要具体领导中原野战军的工作。凡是敌情的变化、战况的进展、通信联络的畅通、兵员的增补、部队组织的调整、武器弹药的补充、后方对部队生活的保障等，无不亲自过问，重要的则亲自处理，并组织有关部门与人员负责工作的落实。

11 月 26 日，毛泽东致电总前委：“黄维被围，有歼灭希望，极好极慰。但请你们用极大注意力对付黄维的最后挣扎。”当时的中原野战军第九纵队第二十六旅旅长、后来的南京军区司令员向守志上将回忆说：“蒋介石派出 300 多架次飞机飞临双堆集地区，从空中支援黄维兵团。”“但我军阵地与敌人阵地犬牙交错，交织在一起，在空中难以分辨，敌机既不敢扫射，也不敢投弹，只能在空中虚张声势而已。”“敌机投下的大量饼干、烧饼、罐头等食品，有许多都落在我军的阵地上，被我们的战士拿来改善生活。”

11 月 27 日拂晓，被人民解放军合围于宿县附近双堆集的黄维兵团以 4 个主力师为先导，在空军、大炮、坦克的掩护下，倾其全力企图突围。在突围中，中共地下党员、黄维兵团第一一〇师师长廖运周率部 5500 余人举行战场起义，并反戈一击，打乱了黄维兵团的突围计划。廖运周回忆说：“我向他（黄维）建议：‘4 个师齐头并进，不如用 3 个师好，把十八军的主力师留在兵团作预备队，可以随时策应。’黄维见我敢于挑担，又替他着想，很是高兴，对我进行了一番赞扬，连声说‘好同学，好同志，你要什么我就给你什么，坦克、榴弹炮随你要’。他还让兵团副参谋长韦镇福通知空军调飞机配合我们行动。”当廖运周率领第一一〇师“突围”时，人民解放军网开一面，从“包围圈”中放出第一一〇师后，重新扎紧“口袋”，紧缩了“包围圈”。

黄维兵团突围失败后，调整部署，以村落为基点，用坦克、汽车及大量器材构筑了许多掩体，形成环形防御阵地，转入固守。歼灭黄维兵团，确实是一个硬仗。其战况的激烈程度，从邓小平、张际春给中央军委的报告中可见一斑。

邓小平、张际春的报告中写道：“从十一月二十五日至十二月二日这七天，一方面是我们逐步压缩敌人，完成了严密的封锁包围阵地，一方面是敌人调整部署收缩成了纵横十华里地区极坚固的防御阵势。……在这七天中，敌人曾多次向我阵地猛攻，以二十七、二十八两天最为猛烈。二十七日敌曾以四个主力师向东南方向我六纵阵地猛攻，均被我击退，廖运周师亦乘敌出击时就势起义。”

这 7 天，是淮海前线总前委，尤其是总前委书记邓小平最紧张的 7 天。总前委常委刘伯承、陈毅、邓小平均在临淮集以北的小李家村指挥，从这里可以俯瞰通往临淮集的公路，一直展望到通过浍河的大石桥。作战室设在村中的一个大院子里，刘伯承、陈毅、邓小平住在村边一个偏僻的小院子里。

12 月 5 日，总前委下达《对黄维作战总攻击的命令》。次日下午 4 时 30 分，中原野战军和华东野战军一部，分为东集团、西集团、南集团，向敌军发动全线总攻。12 日，中原野战军司令员刘伯承、华东野战军司令员陈毅致信黄维，命令其立即放下武器，停止抵抗，向人民解放军投降。

黄维执迷不悟，继续负隅顽抗。作战至 15 日，黄维兵团 4 个军、1 个快速纵队共 12 万人全部被歼，兵团司令官黄维、副司令官兼第八十五军军长吴绍周等高级将领，亦被人民解放军生俘。

黄维回忆说：“当突围的命令下达后，各部争先恐后地逃命，有的提前就开始突围，特别是战车营，在将近黄昏时，因其停车场受到解放军的激烈炮击，以致战车纷纷移动，引起其他部队的误会，各自乱跑，而为解放军立即发觉，层层截击。所谓突围，实际上是乱跑。至此，计四个军十个师约十几万人的第十二兵团，除少数漏网者外，悉数被歼。至于国民党军师长以上干部，除副司令官胡琏，副军长谷炳奎，师长尹俊、王靖之、张用斌等逃跑之外，我和军长吴绍周、覃道善、杨伯涛，副军长王岳，师长王元直、尹钟岳、夏建勋、潘琦等均被解放军生俘。”

战后，邓小平在写给毛泽东主席的综合报告中说：“歼黄维兵团时各部均下了最大的决心，不顾任何代价，歼灭黄维兵团的意志一直贯穿到下面；故在整个作战过程中，各纵队虽经过三次到四次的火线编队，没有叫苦的，但是在总攻的时候，中野各纵伤亡达 2 万余人，气已不足，结果使用了华野两个纵队才解决了战斗。……战后各纵一致感觉中野不充实，以不能独歼黄维，增加华野过大负担为憾。”

第二十七章

“彻底粉碎了蒋介石黄河、长江之间的战略防御”

1948 年 11 月 30 日，国民党徐州“剿总”副总司令杜聿明，看到人民解放军在中原战场连战皆捷，所向无敌，自己困守徐州已朝不保夕，遂率其徐州“剿总”指挥机关和邱清泉兵团、李弥兵团、孙元良兵团等共 30 万人，弃徐州南逃。

“运筹于帷幄之中，决胜于千里之外”，毛泽东料敌如神，早在淮海战役打响前就估计到徐州之敌南逃的可能性。11 月 28 日 22 时，毛泽东曾致电刘伯承、陈毅、邓小平等指出：“黄维解决后，须估计到徐州之敌有向两淮或向武汉逃跑可能。”12 月 2 日，再次致电华东野战军负责人：“你们应以两个纵队，侧翼兼程西进，赶至敌人先头堵住，方能围击，不要单靠尾追。”

华东野战军即以 4 个纵队展开平行追击，以 3 个纵队跟踪尾追，以集结在宿县一带的 3 个纵队迎头截击，于 4 日拂晓，将敌团团包围于永城东北的陈官庄地区，并首先歼灭了孙元良兵团。由于毛泽东考虑到过早歼灭杜聿明集团，有可能引起蒋介石的惊慌，将华北的傅作义集团南撤，遂令人民解放军放缓了对敌军的围歼，一边休整一边展开政治攻势。

就在淮海战役接近结束、平津战役刚刚开始的时候，毛泽东已经开始了强渡长江、进军江南的长远考虑。12 月 12 日，他致电淮海前线总前委，指出：“黄维歼灭后，请刘、陈、邓、粟、谭五同志开一次总前委会议，商讨在邱、李歼灭后的休整计划，下一步作战计划及将来渡江作战计划，以总前委意见带来中央。”希望刘伯承能在 12 月下旬到达西柏坡会谈。在淮海战役结束后，华东野战军、中原野战军休整两个月，并大致做好渡江作战所需的物质准备，初步完成政治动员。

遵照毛泽东的电示，12 月 16 日，刘伯承、陈毅、邓小平从总前委所在地小李家村驱车前往位于肖县东南蔡洼的华东野战军司令部，与粟裕会合。华东野战军司令部的同志们听到刘伯承、陈毅、邓小平要来的消息后，都非常兴奋。粟裕专门放下手头繁重的军务，带着司令部的同志们一起到村边迎接。

刘伯承、陈毅、邓小平坐着一辆美式吉普车来到蔡洼后，粟裕等迎上前去，表示热烈欢迎。邓小平一下汽车，就十分风趣地说：“你们住那么大的村子，不怕国民党飞机把你们炸了？还是要‘怕死’一点啰。”这生动幽默的语言引得大家哈哈大笑。

华东野战军参谋长张震说：“现在蒋介石搬家都搬不赢，顾不上来炸我们了。”面对淮海战役胜利已成定局、国民党军已成强弩之末的大好形势，大家笑得更开心了。须知，这是胜利者的欢笑啊！

刘伯承与粟裕自中央革命根据地分别后，一直没有见过面。此后，刘伯承任红军总参谋长（曾兼先遣队司令员等职），在长征中斩关夺隘，无役不从；在抗战中驰骋疆场，威震华北；在解放战争初期连续指挥上党战役、邯郸战役等，皆获全胜；随后率部强渡黄河，挺进大别山，逐鹿中原，誉满中外。

粟裕在南方打了3年游击战争，艰苦卓绝，艰辛备尝；抗战中转战华中，连年征战；解放战争中，先是苏中七战七捷，接着“好戏连台”，相继指挥了宿北战役、鲁南战役、莱芜战役、孟良崮战役、沙土集战役、豫东战役、济南战役，打得蒋介石连连败北。

刘伯承与粟裕虽然多次在战略上互相配合，却难得一见。如今在淮海战役节节胜利的战场上相逢，十分激动，互致问候，共贺胜利。17日早上，谭震林亦由山东兵团赶来。

17日，淮海战役总前委举行全体会议。指挥着数十万大军进行战略决战的总前委5位成员第一次欢聚一堂，共商大计。会议整整开了一天。鉴于全歼杜聿明集团已经不成问题，会议的主要议题是研究淮海战役结束后两大野战军的渡江作战问题和部队整编方案。与会同志根据中央军委的意图和国民党军队的江防部署，对人民解放军实施渡江作战的有利条件和各种困难进行了全面分析，研究讨论了华东野战军和中原野战军两大野战军渡江作战的兵力编成和部署，以及渡江作战的时机和协同等问题。

会议休息时，总前委5位成员在院子里合影留念，为后人留下了一幅珍贵的历史记录。会议结束时，已是晚上 8 时。来不及休息，5 位总前委成员便各自奔向自己的岗位和征途。

当晚，刘伯承、陈毅连夜驱车北上，前往西柏坡，向毛泽东汇报总前委关于渡江作战的建议与部队整编方案，并请示工作。

邓小平回到小李家村，主持总前委和中原野战军的工作。谭震林返回山东兵团驻地，向许世友司令员和山东兵团传达中央和总前委的最新指示。

粟裕留在蔡洼村华东野战军司令部，指挥华东野战军加紧完成全歼杜聿明集团的各项部署，并着手认真落实渡江作战的各项准备工作。

杜聿明被包围后，蒋介石唯恐其这一精锐战略集团再遭歼灭厄运，连电杜聿明，要他不惜代价，突出重围，将数十万人马带到江南。但在人民解放军重重包围之中，想突围出去谈何容易？

12 月 17 日夜，毛泽东在西柏坡挥毫疾书，以中原人民解放军司令部和华东人民解放军司令部的名义，起草了《敦促杜聿明等投降书》。

毛泽东开篇就以泰山压顶之势指出：“你们现在已经到了山穷水尽的地步。黄维兵团已在十五日晚全军覆没，李延年兵团已掉头南逃，你们想和他们靠拢是没有希望了。你们想突围吗？四面八方都是解放军，怎么突得出去呢？”

分析了战场形势后，毛泽东敦促杜聿明等：“立即下令全军放下武器，停止抵抗，本军可以保证你们高级将领和全体官兵的生命安全。……如果你们还想打一下，那就再打一下，总归你们是要被解决的。”

毛泽东起草完文稿后，立即让电台发往淮海前线。淮海前线总前委命令人民解放军在阵地前沿架起高音喇叭，连续不断地向敌军广播。同时，派遣被俘的敌军军官，将《敦促杜聿明等投降书》直接送到杜聿明等人手中。但杜聿明拒绝投降，幻想能够突围成功。

1949 年 1 月初，东北野战军和华北人民解放军已经将傅作义集团分割包围。

杜聿明集团饥寒交迫，粮弹俱绝，军心涣散，处于苟延残喘之中。最后歼灭杜聿明集团的时机已经成熟。

1 月 2 日，毛泽东致电淮海前线负责人，同意华东野战军关于对杜聿明集团发起总攻的建议。3 日，华东野战军召开由各纵队司令员、政治委员参加的作战会议，确定了各纵队的具体攻击部署。

1 月 6 日，人民解放军对杜聿明集团发起总攻，至 10 日下午，敌 1 个“剿总”前进指挥部、2 个兵团部、8 个军部、20 个师，共计 17.6 万人全部被歼。杜聿明被俘虏，杜聿明下属的兵团司令官邱清泉被击毙，仅李弥只身逃走。

国民党徐州“剿总”副总司令杜聿明借混乱之机，换上普通军人衣服，带着亲信落荒而逃。杜聿明因腰、腿有病，渐渐落在后面。他企图自杀，被副官拼命拦住了。在人民解放军后方一个村庄附近的庄稼地里，杜聿明等十几个人见到一个老百姓，其中一人便走上前问：“老乡，附近有解放军吗?”老乡回答：“这方圆百里之内都是解放军。”那人一听连忙从口袋中掏出一枚金戒指，往老乡手中一塞，说：“你拿着吧，不要告诉别人。”这位老乡又惊又疑，迅速将此事报告给附近村里的解放军后方卫生所。

村里的几位解放军战士当机立断，在村旁摆开一个连的架势，喝令敌人投降。杜聿明一行早已成惊弓之鸟，遂乖乖放下武器。解放军后方卫生所的战士向他们问话，他们自称是解放军第十一师派往后方押送俘虏，但是却答不出解放军第十一师师长的姓名。几位解放军战士便将他们全部扣押。通过询问，这十几个人中，一个自称是“中央日报社”记者，一个说是汽车司机，一个穿着普通士兵服装的高个子自称是“军需处长”。其余都是当兵的，穿着与普通士兵不同的美式军装，拿着美式军械。

虽然杜聿明自称“高文明”，是一个“军需处长”，但人民解放军指挥员仍从其手戴高级游泳表，身上装满了美国骆驼牌高级香烟和牛肉干，随从人员对其毕恭毕敬等现象上，判断出了其不同寻常的身份——这是一个国民党军队的高级将领。

当时的华东野战军第四纵队第十一师副政委、后来的南京军区政治部顾问陈茂辉回忆说：“在我们师卫生所驻地，杜聿明等十多人被通信员樊正国、崔雪云捉住了。”此时，杜聿明谎称“军需处长”。陈茂辉审问：“你是哪个部分的?”杜聿明回答：“十三兵团的。”陈茂辉问：“干什么的?”杜聿明回答：“军需。”

陈茂辉断然地说："不对。"杜聿明应对："军需处长。"陈茂辉审问："叫什么?"杜聿明回答："高文明。"陈茂辉审问："这个名字起得不坏啊！你们十三兵团有几大处?"杜聿明回答："六大处。"陈茂辉说："你先把六大处处长的名字写一下。"陈茂辉没想到，就是这个问题，一下子把杜聿明给难住了。

此时此刻，陈茂辉非常讲究俘虏政策。他命令解放军战士将杜聿明带到一间小磨坊去，给他烧了一点马肉和马肝，让他吃饭。黄昏，关押着杜聿明的房子附近的俘虏群中突然传开一个消息："总司令死了！总司令死了!"

陈茂辉回忆道："我过去一看，原来这位'军需处长'趁看守哨兵小便的时候，拿一块小石头敲破了自己的额角。"陈茂辉说，他把自己弄得满脸是血，躺在地上。就在这时，敌军工作部门给我送来一张照片，跟面前这个人长得一模一样。

陈茂辉说："我再到卫生所去看那位'军需处长'。"陈茂辉问杜聿明："你叫什么名字?"杜聿明没精打采地说："你们都知道了，何必再问呢?"陈茂辉回忆："我再一次看了一眼手中照片的背面，上面清清楚楚地写着：国民党中央委员、国民党徐州'剿总'中将副总司令、战争罪犯杜聿明。"

震惊中外的淮海战役，以人民解放军大获全胜而宣告结束。整个淮海战役从1948年11月6日开始到1949年1月10日结束，历时66天，共歼敌55.5万余人，其中有国民党军"五大主力"之称的第五军和第十八军。至此，长江中、下游以北的大部分地区已被解放，长江以北的国民党军精锐部队被基本歼灭，国民党政府的统治中心——南京已处于人民解放军的直接威慑之下，解放全中国胜利在望。

淮海战役结束后，毛泽东主席高度评价说："淮海战役打得好，好比一锅夹生饭，还没有完全煮熟，硬是被你们一口一口吃下去了。"

1月17日，毛泽东为中共中央起草致华东、中原两野战军首长和全体同志贺电："淮海战役既然消灭了南线国民党军的主力，这就奠定了你们渡江南进夺取国民党匪巢南京，并解放江南各省的巩固的基础。"

淮海大战大获全胜后，中原野战军准备实施渡江作战。为了研究突破敌军江南防御的筑垒地域和南京、上海、杭州等重要城市的钢筋水泥防御体系，刘伯承利用战争间隙，编译了苏联的有关军事著作。在《论苏军对筑城地带的突破·编译前言》中，他精当地总结了人民解放军实行战略进攻、逐鹿中原的历程：

在全国人民解放战争的协同互助之中，我们南线解放军自 1947 年 7 月在鲁西南实施战略突破，粉碎了蒋介石钳形的重点进攻起，以迄 1949 年 1 月完成淮海战役，又粉碎了他在黄河、长江之间的战略防御为止，借用一句老话来说，这一时期的战局，可谓“中原逐鹿”而鹿竟死于南线解放军之手了。

在这一时期，南线解放军在实现战略突破之时即布成品字阵势：先头一军突入到长江北岸，依托大别山（包括江汉、桐柏山）作战；左后一军突入到豫东，依托山东作战；右后一军突入到豫西，依托伏牛山作战。这三军在布成品字阵势之后，通常互为犄角，作向心的机动，以突击敌人。其协同动作日甚密切，最后会合一个战场，完成了淮海战役。

在这一时期，自 1947 年 9 月至 1948 年 3 月，我们主要是繁殖游击战争，扩展战地面积，而配合以分遣与集结的运动战，遂奠定了品字阵势的基地。自 4 月至 7 月，我们野战军主要是宽大机动，实施分遣与集结的运动战而配合以阵地战，不断地歼灭敌人，而以开封、睢杞之捷为甚。此时曾先后攻克洛阳、开封、襄阳等重镇，使蒋介石中原重兵陷于僵局。自 1948 年 9 月至 1949 年 1 月，我们野战军主要是作阵地战而配合以运动战，从秋季攻势攻克济南、郑州直到完成整个淮海战役的大歼灭战，遂彻底粉碎了蒋介石黄河、长江之间的战略防御。

第二十八章

“和谈成功，我们就开过去；和谈失败，我们就打过去”

1949 年 1 月 8 日，在淮海战役胜利前夕，毛泽东明确提出：“平津、淮海、太原、大同诸役以后，几个大的野战军必须休整至少两个月，完成渡江南进的诸项准备工作，然后有步骤地稳健地向南方进军。”

淮海战役大获全胜后，1 月 12 日，毛泽东电令华东野战军和中原野战军：“华野、中野从 1 月 15 日起分四期休整部队，完成渡江作战的诸项准备工作，待命出动。”毛泽东强调：华东、中原两大野战军“休整两个月（分为四期，每半月为一期），并大致准备好渡江作战所需诸件（雨衣、货币、炮弹、治疗药品、汽船等）及初步完成政治动员”。“然后再以相当时间，最后完成渡江的诸项准备工作，即举行渡江作战。其时间大约在明年五月或六月。”

根据中共中央和中央军委的战略部署，邓小平率领淮海战役总前委驻在商丘，开始策划、准备渡江战役。1 月 10 日，邓小平到中原野战军政治部，指导编写《打过长江去，解放全中国》《人民军队要做遵守纪律、执行政策的模范》等材料，作为整训部队期间对中原野战军进行渡江战役教育的基本教材。

次日，邓小平向毛泽东发去《关于淮海战役期间部队思想情况的报告》。其中，汇报中原野战军渡江南下的思想动态时，指出：“一般说来，打过长江虽都知道一定要去，而且很快要去，也知道唯有打过长江才是正确的。但北方人到南方确实有恐惧心理，所以过江动员仍是一项艰巨工作。”

为此，邓小平 1 月 13 日主持制定《中野两个月整训的军事政治工作大纲》，提出中原野战军的休整、教育、训练和渡江准备计划。邓小平根据中原野战军实际情况和部分干部、战士的思想动态，“为了在政治方面完成渡江作战的政治动员，在军事上奠定正规化的初步基础，在组织上完成一切必需的准备工作”，对中原野战军进行充分的多方面的思想教育。

辽沈战役、淮海战役、平津战役结束后，国民党政府赖以进行内战和维持其统治的精锐部队基本上被消灭。长江以北的广大地区大部获得解放。若干被国民党军队控制的孤立据点，处于人民解放军的战略包围之中，陷于朝不保夕、即将土崩瓦解的境地。在长江以南的广大地区，国民党政府由于主力兵团损失殆尽，依靠临时编练的二线兵团，难以阻挡人民解放军的胜利进军。

三大战役后的中国战争形势，是一幅人民解放军百万雄师直抵长江北岸，枕戈待旦，“万马萧萧饮长江”的壮丽景象。这时，对于人民解放战争的最后胜利，中国共产党已是成竹在胸，而且连中外反动派也不能不承认了。

为了适应解放战争形势发展需要，中共中央军委于 1948 年 11 月和 1949 年 1 月先后发出统一中国人民解放军组织和部队番号的指示。据此，中国人民解放军进行了整编：

中原野战军改称第二野战军，司令员刘伯承，政治委员邓小平，下辖第三兵团、第四兵团、第五兵团，共 28 万余人。中原军区司令员刘伯承，政治委员邓小平。

华东野战军改称第三野战军，司令员兼政治委员陈毅，副司令员兼第二副政治委员粟裕，下辖第七兵团、第八兵团、第九兵团、第十兵团，共 58.1 万余人。华东军区司令员陈毅，政治委员饶漱石。

其他各大战略区的人民解放军同时整编：西北野战军改称第一野战军，司令员兼政治委员彭德怀；东北野战军改称第四野战军，司令员林彪，政治委员罗荣桓。

在人民解放军的强大攻势面前，蒋介石内外交困，一筹莫展，1949 年 1 月宣布“引退”，由“副总统”李宗仁任“代理总统”。李宗仁上台后，发动“和平攻势”，企图“划江而治”，保住东南半壁江山。蒋介石则大力编练二线兵团，伺机东山再起，卷土重来。中国共产党积 28 年长期革命斗争的丰富经验，坚持以“革命的两手对付反革命的两手”，以谈对谈，以打对打，同意与国民党进行“和平谈判”。

在中国共产党与国民党政府进行谈判的时候，人民解放军抓紧进行军事训练、政治教育和渡江的各项准备工作，随时准备完成解放全中国的大业。如果国民党政府同意在最后达成的谈判协定上签字，人民解放军将“和平过江”，接管国民党统治区的军队和政权等；一旦国民党政府拒绝在最后达成的谈判协定上签字，人民解放军将“战斗过江”，通过战斗消灭国民党政府的残余力量。

为了准备即将到来的渡江战役，邓小平1949年1月29日至2月1日在商丘古城圣公会礼堂主持召开中原局扩大会议，贯彻中央政治局1月会议精神。与会高级干部认真讨论目前形势，统一思想认识，为渡江战役作好思想准备。会议分析了渡江作战的形势和任务，提出东北野战军一部南下战略配合等问题。

为贯彻毛泽东“将革命进行到底”的战略决策，具体准备渡江作战事宜，邓小平2月9日在商丘古城圣公会礼堂主持召开淮海战役总前委扩大会议，陈毅及中原局负责同志参加会议。这是第一次专题研究渡江时间、战役部署、华东野战军和中原野战军指挥机关与部队的开进、加强军队教育以及后勤准备工作等问题。与会同志一致表示，坚决贯彻中共中央“打过长江去，解放全中国”“将革命进行到底”的战略决策，加紧调集、培训到新解放区工作的干部，整训渡江部队。

2月11日，毛泽东和中央军委批准淮海战役总前委《关于渡江作战方案和准备工作意见》及部队整训计划：“同意你们三月半出动，三月底开始渡江作战的计划，望你们按此时间准备一切。”中央电示：“此次我百万大军渡江南进，关系全局胜利所在，淮海战役总前委照旧行使领导军事及作战的职责”，“华东局和总前委均直属中央”，并指定“刘伯承、邓小平、张际春、陈赓4同志参加华东局”。

毛泽东的这封电报，宣告渡江战役总前委正式成立。

这标志着邓小平正式主持渡江战役和华东区的党政军工作。

同时，以刘伯承、邓小平、张际春、李达、陈赓等5人组成第二野战军前委，邓小平任书记。以陈毅、粟裕、谭震林、唐亮、刘瑞龙等5人组成第三野战军前委，陈毅任书记。

中央军委决定，准备参加渡江战役的部队有：第二野战军、第三野战军，共7个兵团24个军，以及第四野战军先遣兵团和其他部队，总兵力共计110万人。

2月15日，邓小平出席华东局会议，全面部署渡江战役支前工作。为加强渡江战役支前工作统一领导，决定成立中共安徽省委。

为了研究彻底摧毁国民党统治，夺取全国胜利，在新形势下党的工作重心实行战略转移等重大问题，中国共产党3月5日至13日在西柏坡举行中共七届二中全会。华东地区中央委员邓小平、饶漱石、陈毅、谭震林、曾山等从前线来到西柏坡参加会议；刘伯承、粟裕（候补中央委员）因谋划渡江战役，军务繁忙，事先请假，没有到会。

毛泽东作重要报告，根据中国革命形势重大变化，发出“打过长江去，解放全中国”的号召。与会同志对毛泽东的报告进行了热烈讨论。邓小平说，中央领导正确，领导方法很值得学习。中央领导既高度集中，又真正高度民主，好处是减少乃至避免犯错误。他提出了加强中央机构领导的意见。

会议期间，毛泽东、刘少奇、周恩来、朱德、任弼时等中央领导人，与各大战略区负责人分别谈话，调兵遣将，部署向全国进军的战略计划。

3月15日，毛泽东、周恩来等专门与邓小平和陈毅等同志具体商谈渡江作战问题。毛泽东气魄很大，豪情万丈，讲道：“和谈成功，我们就开过去；和谈失败，我们就打过去。这是任何人、任何国家不能阻挡我们的！”

毛泽东、周恩来等与邓小平、陈毅的谈话，集中围绕如何以第二野战军和第三野战军的强大阵势，一举突破国民党的“长江防线”，直捣南京，占领上海，解放华东和东南地区等问题。

毛泽东指出：打败蒋介石，不需要再费多大力气了，不要花更多的时间了，现在部队要休整一下，然后准备渡江。要研究分几路大军，如何前进。

邓小平谈了在各个战场有力配合下，打赢淮海战役后的战略部署。他说：大军渡江还需要各路野战军的有力配合。

周恩来、陈毅对美国是否会参战、是否会派军队援蒋等问题进行了分析。

毛泽东指出：就是美国人参战，最多再延长一些时间，最后的胜利还是我们的。现在蒋介石和李宗仁企图拖延时间重整军队，在100万人的基础上扩充300万人，以长江天险为界线，继续统治中国南部。我们要抢在敌人前面，打过长江去，向东南、中南和西南大进军。

最后，毛泽东对邓小平说：“渡江战役就交给你指挥了。”

中共七届二中全会闭幕后，中共中央书记处召开会议，根据解放战争发展的需要，研究各大战略区党政军领导成员人选和安排方案。

毛泽东、朱德、刘少奇、周恩来、任弼时和各大战略区负责人邓小平、陈毅、谭震林、彭德怀、高岗、聂荣臻、邓子恢、林彪等出席会议。

会上，邓小平根据中央决策，就华东战略区领导成员和管辖范围作了发言：

华东局以邓小平、刘伯承、饶漱石、陈毅、康生、张鼎丞、曾山、张云逸、谭震林、粟裕、张际春、宋任穷、陈赓、刘晓、刘长胜、曾镜冰、舒同等17人为委员。除舒同外，其他均为中央委员或候补中央委员。

以邓小平为华东局第一书记，饶漱石为第二书记，陈毅为第三书记。邓小平谦虚地解释说，我认为饶漱石为第一书记比较适当，但中央说恐妨碍上海的工作，故不提了。

以邓小平、饶漱石、陈毅、刘伯承、张鼎丞、曾山、粟裕等7人为华东局常委。除刘伯承外，其余均常驻上海，开会较方便。

邓小平说，华东局实际上只留邓小平、张鼎丞、粟裕、舒同等4人。而粟裕要管军事，舒同要管上海的宣传，因而实际上只有邓小平、张鼎丞两人管华东局的工作。在分工上，拟由张鼎丞兼任华东局组织部部长，社会部部长请中央派，统战部部长潘汉年，城工部（管10万人以上的城市）部长王尧山。财经委员会由邓小平（兼书记）、曾山、方毅、骆耕漠、刘岱峰任委员。

华东区管辖范围，除上海外，还有南京、杭州、芜湖、镇江、无锡、苏州、武进、南通、宁波，均为20万人口以上的城市，省份有山东、浙江、福建……

邓小平讲到这里，毛泽东插话："还要加上台湾。这地方很应注意。"

邓小平接着说，省份有山东、浙江、福建、台湾4省，苏南、苏北、皖南、皖北、赣东北5个区。赣东北区与华中江西的分界线，由鄱阳湖口沿抚河上溯，以东属赣东北，以西及抚河线上各城市属华中。

邓小平把华东管辖的地域说明后，特别强调说：华东还有200万军队。

上海市委以饶漱石、陈毅、刘晓、刘长胜、曾山、刘少文、陈赓、潘汉年、宋时轮、郭化若、李士英等11人为委员，饶漱石、陈毅、刘晓、刘长胜、曾山等5人为常委，饶漱石为书记。

上海市人民政府的组成为：市长陈毅，副市长曾山、潘汉年及一位非党人士。刘长胜任上海市总工会主席，不任副市长，便于工作。秘书长刘少文，公安局局长陈赓（兼，兵团职务不解除）、副局长李士英。警备司令部司令员宋时轮，政委郭化若。

上海市的宣传工作，在一定意义上讲，较华东局的尤为重要。现在只有舒同一人负责上海市委的宣传部，则华东局宣传部无人，请中央调人。

华东军区：司令员刘伯承、陈毅、粟裕，政委邓小平、饶漱石、谭震林，政治部主任张际春、唐亮、钟期光，参谋长李达、张震、周骏鸣。实际上担任军区工作的只有粟裕、唐亮、钟期光、张震、周骏鸣等 5 人。

华东军区与华东野战军的统率机构合并，中原野战军的统率机构仍保持。

南京市：军管会主任、市长兼市委书记刘伯承，副主任兼副书记宋任穷，副市长（可能兼第二副主任）段君毅——他在南下时曾任战地行政委员会主任，后任区党委书记。

张际春、李达主持中原野战军的日常工作。他俩参加南京市委。驻南京的兵团司令员任警备司令部司令员，政委任警备司令部政委，并均参加市委。

邓小平接着提出了华东局山东分局、山东省人民政府和山东军区的人事安排，之后又提出了华东局所属的其他省、区的人员名单。在安排浙江省的人事时，毛泽东插话说：“要搞一个有学问的同志去浙江。”

在谈到接管方面的一些问题时，邓小平说，国民党上海市政府有 5 万人工作，中央级机构也不少，如邮政总局、四行总行等。毛泽东插话说：“那是全国的神经中枢。”

邓小平接着说，接管的部门，至少有十几个部，而每部较之沈阳接管者为多。请调的 81 人名单，已交任弼时，请批准调来。

邓小平又说，部队一过江，首先要吃饭，故须拟出新区筹粮办法、城市筹粮办法及货币使用办法。前一个，请中央拟发，后两个，由华东局拟，中央批准实行。还有统一布告，约法几章等。

毛泽东说，这要用总部名义发布为好。

邓小平说，还有宣传要点、宣传口号、小册子，提议中央宣传部发一个目录单子，指定标准版本，我们去印发。毛主席的像，也应有所规定。还有工作布置的三个带方向性的文件，一个是游击区及城市地下党如何配合大军的指示，一个是城市工作政策的综合指示，再一个是新区农村工作如何进行。

毛泽东说，第一个文件，渡江后再由中央发；后两个，由华东局搞，中央批准。

陈毅提议，将来军队出布告，除总部以外，在华东范围内，用华东军区名义比用华东野战军、中原野战军会衔布告好。

毛泽东欣然赞成。然后他总结性地说，人事配备，现在就这样定，将来有变动再说。口号单子，由你们按你们的口气拟，中央修改后再发。

还谈到青岛问题，是否由华东野战军派一个军去把它打掉？经过充分讨论后，毛泽东说，敌人留在青岛的目的，在于使他们的海军少向我投降，接济太原，掩护上海。我们把上海、宁波一搞到手，太原攻下了，他势必走。不走，也是由华东调回部队来搞为好。到那时，还可预先非正式通知美国，让他走，不走就打。现在不搞为好。

在毛泽东召集邓小平、陈毅等同志商讨渡江作战有关问题时，毛泽东对邓小平说："就交给你指挥了。"

从此，邓小平作为渡江总战役前委书记、中原局第一书记、华东局第一书记、第二野战军政治委员，全面主持渡江战役和中原地区暨华东地区党政军工作。

这时，国民党政府一面提出愿与中共进行"和平谈判"，以图延缓解放大军渡江南进，争取喘息时间，保存残余力量，造成"划江而治"的局面；一面则企图凭借长江天险，重整军备，加强防务，待机反扑。为此，国民党政府制定了"以长江防线为外围，以京沪杭三角地带为重点，以淞沪为核心，采取持久防御，最后坚持淞沪，然后待机反攻"的作战方针。

根据这个作战方针，国民党在湖北宜昌到上海的1800余公里长江沿线，部署约70万兵力。其中京沪杭警备总司令汤恩伯部约45万人，在江西湖口到上海的地段上布防；华中军政长官公署白崇禧部约25万人，在湖口至宜昌的地段上布防。另以海军舰艇120余艘、空军飞机280多架支援作战。国民党企图依靠长江天险、海军和空军优势，阻止人民解放军渡江南进。

针对国民党军的部署，毛泽东和中央军委决定：以第二野战军、第三野战军及地方部队共100万人，首先在长江下游发起渡江作战，歼灭国民党军汤恩伯集团，一举占领以南京、上海、杭州为中心的国民党统治的心脏地区，彻底摧毁国民党的统治。同时以第四野战军一部约10万人组成先遣兵团，在平津战役结束后迅速南下，由中原军区部队配合，攻取信阳，威胁武汉，钳制国民党军白崇禧集团，策应第二野战军、第三野战军渡江。

对毛泽东渡江战役的指导思想，刘伯承1965年评价说：“毛主席的军事思想，什么时候都主张要有强大的战略、战役预备队。他主张以四倍到六倍的兵力打击敌人，就是要保持强大的预备队。渡长江时，国民党只剩残余军队一百万人，我军的力量已占了绝对优势，开头只准备第三野战军过江，后来怕力量单薄，把第二野战军也加上去，共同实施渡江战役。毛主席说：我还有大预备队没有用，就是第四野战军。这样强大的预备队，是敌人无法抗拒的。”①

① 杨国宇等编：《世纪伟人：邓小平纪事》，上海文艺出版社1997年版，第411页。

第二十九章

“渡江战役也就是京沪杭战役的实施纲要是我起草的”

1949 年 3 月 16 日，邓小平和陈毅等出席中共七届二中全会后，带着中共中央、毛泽东交给的战略任务，回到河南省商丘市张菜园村渡江战役总前委，迅速投入到渡江战役的准备工作。3 月 18 日，邓小平向毛泽东汇报了关于渡江战役的最新部署。

3 月 20 日，第二野战军、第三野战军的 7 个兵团 24 个军及地方部队共 100 余万人全部渡过淮河，到达长江北岸，严阵以待，饮马长江，准备渡江作战。

3 月 23 日，刘伯承继起草《渡江作战之研究》《敌前渡河战术指导》等渡江教材后，又下达《关于渡江战术注意事项》的指导文件，提出了实施渡江作战的 10 项重要战术原则，同时对渡江部队提出了具体、详尽的作战要求。

3 月 24 日，刘伯承、邓小平、陈毅率领渡江战役总前委由商丘出发，前往安徽。3 月 25 日，邓小平、陈毅来到驻扎在蚌埠以南的孙家圩子的第三野战军总部，召集第三野战军领导干部举行作战会议。邓小平按照毛泽东、中央军委指示，全面分析了蒋介石在美国的支持下，利用长江防线，企图拒我于长江以北，以便等待时机、卷土重来的战略图谋和主要部署。

当时，蒋介石计划，如长江防线被人民解放军突破，反击不奏效，南京东西地段之兵力即撤守上海，皖南地区之兵力撤守浙赣线，以组织新的防御。针对这一情况，邓小平指出，人民解放军渡江作战要达到如下战略目的：第一是不让沿岸敌人收缩到上海，第二是不让皖南敌人收缩到浙赣线。

邓小平要求，第三野战军部队集中研究怎样就地歼敌、不让敌人收缩到上海和今后如何消灭上海之敌的问题。为便于组织协同，邓小平还介绍了第二野战军部队的编成和渡江计划。因粟裕当时在济南养病，由第三野战军张震参谋长向邓小平汇报了第三野战军渡江作战的有关方案、部署和基本打法，得到了邓小平的赞同。

邓小平工作十分深入、细致。会议期间，他亲自找第三野战军第七、第八、第九兵团的主要领导同志谈话，了解情况，交代行动注意事项。第三野战军第十兵团在泰州地区，距离较远，没能去。

会后，邓小平要陈毅将讨论的情况整理一下，陈毅把任务交给了张震。张震作为第三野战军参谋长，多年的司令部工作使他养成了起草周密细致的作战命令的习惯。他按照会议讨论意见，起草了两个野战军渡江作战的计划、方案，主要讲的是哪个兵团、哪个军向哪个方向打，怎么打、怎么突破防线等等。

邓小平看了之后说，这个文件对组织部队作战是可以的，但上报中央军委和指导战役全盘，就显得太具体了，作为总前委，应该站得高一些，更原则一些。

为了就近部署和统一指挥渡江战役，3 月 27 日至 29 日，邓小平、饶漱石、陈毅率渡江战役总前委、华东局、华东军区机关经合肥进驻安徽省肥东县瑶岗村一个院子，直接指挥第二野战军、第三野战军，主持渡江战役的大局。

3 月 31 日，渡江战役总前委在认真研究中央军委指示和第二野战军、第三野战军具体情况的基础上，由总前委书记邓小平拟定《京沪杭战役实施纲要》：

甲、蒋军集结于上海至安庆段之兵力，计有二十四个军七十二个师，共四十四万人左右。其中直接担任江防者，计十八个军四十九个师；控制于浙赣线上杭、金、衢、徽地区者计有六个军二十三个师。可作机动使用者，有四个到五个军。

乙、我第二、第三两野战军全部，以歼灭上述全部或大部蒋军，占领苏南、皖南及浙江全省，夺取京、沪、杭，彻底摧毁国民党反动政府的政治经济中心为目的，决于四月十五日十八时，以全线渡江作战，开始进行本战役。

丙、判断于我渡江成功之后，可能产生的敌军变化是：

（一）收缩兵力于京、沪、杭三角地区和南京、芜湖地区，控制南京、上海、杭州、芜湖、镇江、无锡诸要点，并图于我东西两军相距尚远之际，集结兵力与我突进至京沪线上之东线兵团实行决战，而以芜湖以西各部退至浙赣线上，以保障其退路。

（二）向后撤收，一线在无锡、南京、芜湖及其以南地带布置防线，利用浙赣铁路迅速转运兵力控制浙赣沿线，确保南京、芜湖两要点，并求得割断我东西两军之联系，然后再视情况，或在京、沪、杭三角地区与我决战，或退在浙赣线上与我决战，或沿浙赣线作战略之撤退。

（三）主动放弃武进、镇江、南京、芜湖地段，沿江各敌全线向南退集浙赣线上和无锡、上海、杭州沿海地带，以便利用铁道和海口作顽强之抵抗，或作有秩序之撤退。

（四）在情况不利于撤退的时候，分别固守京、沪、杭诸点，以图顽抗。

（五）只要我军渡江成功，无论敌人采取何种处置，战局的发展均将发生于我有利之变化，并有可能演成敌人全部混乱的局面。

丁、我军的作战纲领：

（一）战役第一阶段，达成渡江任务，并依据下一阶段之要求，实行战役的展开；第二阶段，达成割裂和包围敌人之任务，并确实控制浙赣线一段，断敌退路；第三阶段，分别歼灭包围之敌，完成全战役。

（二）战役的准备，应以能够应付丙项第一、第二两种情况为出发点，要计算到我东线兵团渡江成功之后，可能遇到严重的战斗，故西线兵团应给以及时有力之支援。

（三）无论敌人采取何种处置，情况发生何种变化，西线之三野第七、第九两个兵团，除留必需兵力协同二野歼灭当面之敌外，主力应与东线三野之第八、第十两兵团实行东西对进，力求迅速会合。此着成功，既可使东线兵团不致孤立，使东线主力作战有必胜之把握，又可做到打乱敌人作战体系，达成割裂包围敌人之目的。故此着实为全战役之关键。

（四）如敌实行第一方案，则应集结三野四个兵团的主力甚至全力于京沪线上的决战方面，而以二野之一个兵团进至衢州及其以北以西地区，截断浙赣线，二野主力应沿江东下担任攻占芜湖及准备攻取南京之任务；

如敌实行第二方案，则可改以二野主力出浙赣线，余同第一方案。

（五）如敌实行第三方案，则以二野一部接替南京警备，主力解决浙赣线上之敌，三野全力负责解决沪、杭、无锡地带之敌。

（六）如敌实行第四方案，则以二野解决南京，三野解决沪、杭。在步骤上，宜将上海放在最后解决较为有利。

（七）如敌完全混乱，则依实际情况临机处置。

戊、战役第一阶段——渡江作战的部署：

（一）由粟裕、张震两同志率三野统率机构，直接指挥三野第八、第十两兵团之主力，共六个军及三个独立旅，由张黄港至龙稍港段及由口岸、三江营、京口段实行渡江，另以第八兵团之三十四、三十五两个军，于战役发起同时，以积极佯攻的手段，吸引和钳制两浦之敌。渡江成功后，除留部队歼灭沿江当面之敌外，应以主力迅速向京沪线上挺进，控制铁路一段，力求首先立稳脚跟，调整态势，巩固阵地，巩固后方联络线，然后扩张战果，对敌人作有后方的、有秩序的进攻。如条件许可，则应派队向西发展，截断京杭公路，如敌进攻，则求得在野战中逐步地予以歼灭，如力量不足，则继续巩固阵地，以待第七、第九兵团赶到时协同歼灭之。

（二）由谭震林同志指挥三野第七、第九两兵团，由裕溪口至姚沟段及由姚沟至枞阳镇（不含）段实行渡江。渡江成功后，除留足够兵力歼灭沿江当面之敌，并监视芜湖之敌外，主力应迅速东进，与第八、第十两兵团会合，截断京杭公路，完成对京、沪、杭地区敌人之割裂，并协同第八、第十两兵团各个歼灭之。

以上两路（四个兵团），归粟、张统一指挥。两路之具体作战部署，第七、第九两兵团之东进路线，均由三野首长另以详细命令规定之。

（三）二野由枞阳镇（含）至望江段实行渡江。渡江后除歼灭当面之敌外，应以一个兵团以最快速度迅速挺进至浙赣线衢州及其以西以北地区，确实控制浙赣铁路一段及屯溪南北公路，断敌退路。二野主力则应迅速东进，接替三野留置部队的任务，担任歼灭芜湖地区之敌，并准备攻取南京。二野各兵团之具体作战部署，由二野首长另以详细命令规定之。

（四）各部队于渡江成功后，应派队接引左右友邻兵团渡江，各部队应与友邻部队切取联络，互通情报，密切配合，并积极主动地支持友邻作战。

己、总前委使用华东局电台，与两个野战军及三野四个兵团联络。三野各兵团，凡有关作战事宜的电报，除发给粟、张外，应同时发给总前委。

庚、有关作战的战术、技术、通信联络、后勤工作诸事宜，由两野战军自行命令规定之。

辛、这是战役的基本纲要，所有规定执行事宜，及随着战役发展之各项处置，随时由总前委以单个命令规定之。

邓小平晚年回顾说："渡江战役也就是京沪杭战役的实施纲要是我起草的。"[①] 4 月 1 日，渡江战役总前委将《京沪杭战役实施纲要》上报中央军委。4 月 3 日，中央军委批复同意。

4 月 17 日，渡江战役总前委通过对国内外形势、长江沿线敌我双方态势和气候特征的研究，发出《关于渡江作战部署呈中央军委并告第二、第三野战军电》，提出：渡江作战"二十日可以开始，二十二日实行总攻"。

4 月 18 日，毛泽东为中央军委起草致总前委及二野、三野负责人的电报，指出："完全同意总前委的整个部署，即二野、三野各兵团于二十日开始攻击，二十二日实行总攻，一气打到底，完成渡江任务以后，再考虑略作停顿，采取第二步行动。请你们即按此总计划坚决地彻底地执行之。此种计划不但为军事上所必需，而且为政治上所必需，不得有任何的改变。"

毛泽东强调："此次我百万大军渡江南进，关系全局胜利极大。希望我二野、三野全体将士同心同德，在总前委及二野三野两前委领导下完成伟大任务。"

这时，第二野战军各兵团已分由阜阳、商丘、漯河地区进抵长江北岸，第三野战军也到达预定位置，作好渡江作战的充分准备。

由于国民党政府一意孤行，正式拒绝在经过双方谈判达成的《国内和平

---

① 《邓小平文选》第 3 卷，人民出版社 1993 年版，第 342 页。

协定》上签字，4 月 21 日，中国人民革命军事委员会主席毛泽东和中国人民解放军总司令朱德向中国人民解放军发布向全国进军的命令：

（一）奋勇前进，坚决、彻底、干净、全部地歼灭中国境内一切敢于抵抗的国民党反动派，解放全国人民，保卫中国领土主权的独立和完整。

（二）奋勇前进，逮捕一切怙恶不悛的战争罪犯。不管他们逃至何处，均须缉拿归案，依法惩办。特别注意缉拿匪首蒋介石。

（三）向任何国民党地方政府和地方军事集团宣布国内和平协定的最后修正案。对于凡愿停止战争、用和平方法解决问题者，你们即可照此最后修正案的大意和他们签订地方性的协定。

（四）在人民解放军包围南京之后，如果南京李宗仁政府尚未逃散，并愿意于国内和平协定上签字，我们愿意再一次给该政府以签字的机会。

第三十章

“部队突破江防后，我的指挥部在三野司令部”

1949年4月下旬，中国人民解放军第一野战军、第二野战军、第三野战军、第四野战军等部队，坚决执行毛泽东主席和朱德总司令向全国进军的命令，向华东、华南、西北、西南展开了规模空前的历史性大进军。

4月20日夜，在以邓小平为书记的渡江战役总前委的统一部署和直接指挥下，第二野战军和第三野战军发起渡江战役。渡江部队共分为3个集团。第三野战军的第八兵团、第十兵团为东集团，共8个军，35万人，担负上海以西的张黄港至南京西南的金河口渡江作战任务；第三野战军的第七兵团、第九兵团为中集团，共7个军，30万人，担负金河口至安庆东北棕阳渡江作战任务；第二野战军为西集团，共9个军，35万人，担负棕阳至九江东的湖口渡江作战任务。

从当晚8时至次日下午5时，在西起九江、东达江阴的长达1500华里的战线上，人民解放军的第二野战军、第三野战军、第四野战军（一部）百万大军，以排山倒海之势，雷霆万钧之力，向长江南岸发起猛烈进攻。江面上万炮齐鸣，千帆竞发，百舸争流，一只只满载着人民解放军突击部队的木船，在北岸强大炮火掩护下，迎着南岸敌军拦截的枪林弹雨，像一支支脱弦的利箭，直趋江南。

中集团由第三野战军副政委谭震林指挥，一马当先，于4月20日晚上8时首先发起进攻。渡江部队以一往无前的精神，迅速突破敌军鲁港至铜陵一带的防线，抢滩登陆，登上了长江南岸，将敌军长江防线拦腰斩断。随后迅速向敌军纵深地区进攻。21日，敌酋京沪杭警备总司令汤恩伯仓皇飞抵芜湖，虽亲自督战，调兵遣将，但已难以挽回败局。

西集团由第二野战军司令员刘伯承、政治委员邓小平指挥，于4月21日下午5时开始强渡长江。在渡江部队的猛烈攻击下，棕阳至望江一线的敌军丧失斗志，溃不成军，连连败退。渡江部队当夜即顺利突破敌江防阵地，于22日占领彭泽、东流等江南广大地区。

东集团由第三野战军代司令员、代政治委员粟裕，参谋长张震指挥，与西集团同时强渡长江。渡江部队迅速突破了长山、天生港、扬中一带敌军的长江防线，打退敌人3个军的多次反扑，在长江南岸建立了东西宽100多华里、纵深达20余华里的阵地。22日占领扬中、镇江、江阴一线的广大地区。

与此同时，担负着黄田港至张家港一线长江守备，配备着多种重炮的国民党江阴要塞官兵有7000余人。在中共地下组织长期、细致、艰苦工作的基础上，这些官兵在东集团发起渡江作战的关键时刻，活捉江阴要塞司令，宣布起义，并当即扭转炮口，以大炮向国民党军阵地进行猛烈轰击，为迎接东集团胜利渡江作出重要贡献。

邓小平晚年回顾说：“部队突破江防后，我的指挥部在三野司令部，张震是参谋长。”①

人民解放军突破国民党军长江防线以后，士气高涨，斗志昂扬，连战皆捷，锐不可当，进展神速。而国民党军则士气低落，全无斗志，一战即溃，望风披靡。

4月22日13时，渡江战役总前委向中央军委致电报告：人民解放军“第七、第九兵团大部过江，二野主力亦已过江，粟张东集团估计有三个军已过江，至此渡江任务业已完成”。

人民解放军百万大军渡过长江，国民党军苦心经营3个半月的长江防线彻底崩溃。看到人民解放军胜利渡江的战报后，毛泽东为新华社起草了两则关于渡江战役的消息：

（一）我三十万大军胜利南渡长江。（1949年4月22日）（新华社长江前线22日2时电）英勇的人民解放军21日已有大约三十万人渡过长江。渡江战斗于20日午夜开始，地点在芜湖、安庆之间。国民党反动派

---

① 《邓小平文选》第3卷，人民出版社1993年版，第342页。

经营了三个半月的长江防线，遇着人民解放军好似摧枯拉朽，军无斗志，纷纷溃退。长江风平浪静，我军万船齐发，直取对岸，不到二十四小时，三十万人民解放军即已突破敌阵，占领南岸广大地区，现正向繁昌、铜陵、青阳、荻港、鲁港诸城进击中。人民解放军正以自己的英雄式的战斗，坚决地执行毛主席朱总司令的命令。

（二）人民解放军百万大军横渡长江。（1949 年 4 月 22 日）（新华社长江前线 22 日 22 时电）人民解放军百万大军，从 1000 余华里的战线上，冲破敌阵，横渡长江。西起九江（不含），东至江阴，均是人民解放军的渡江区域。20 日夜起，长江北岸人民解放军中路军首先突破安庆、芜湖线，渡至繁昌、铜陵、青阳、荻港、鲁港地区，24 小时内即已渡过 30 万人。21 日下午 5 时起，我西路军开始渡江，地点在九江、安庆段。至发电时止，该路 35 万人民解放军已渡过 2/3，余部 23 日可渡完。这一路现已占领贵池、殷家汇、东流、至德、彭泽之线的广大南岸阵地，正向南扩展中。和中路军所遇敌情一样，我西路军当面之敌亦纷纷溃退，毫无斗志，我军所遇之抵抗，甚为微弱。此种情况，一方面由于人民解放军英勇善战，锐不可当；另一方面，这和国民党反动派拒绝签订和平协定，有很大关系。国民党的广大官兵一致希望和平，不想再打了，听见南京拒绝和平，都很泄气。战犯汤恩伯 21 日到芜湖督战，不起丝毫作用。汤恩伯认为南京江阴段防线是很巩固的，弱点只存在于南京九江一线。不料正是汤恩伯到芜湖的那一天，东面防线又被我军突破了。我东路 35 万大军与西路同日同时发起渡江作战。所有预定计划，都已实现。至发电时止，我东路各军已大部渡过南岸，余部 23 日可以渡完。此处敌军抵抗较为顽强，然在 21 日下午至 22 日下午的整天激战中，我已歼灭及击溃一切抵抗之敌，占领扬中、镇江、江阴诸县的广大地区，并控制江阴要塞，封锁长江。我军前锋，业已切断镇江无锡段铁路线。

4 月 23 日，第三野战军第三十五军攻占浦口地区，强渡长江，直指国民党政府首都——南京。此时的南京，早已没有了往日“六朝古都”的繁华，到处是一派汤浇蚁穴般的混乱景象。国民党政府的“总统府”已于 22 日迁往上海，国民党政府的各院、部、会亦同时逃往广州。22 日下午 4 时，国民党军队的京沪杭警备总司令汤恩伯下达全线撤退命令，数万国民党军队长江防线的残兵败卒，争先恐后地向上海、杭州方向逃窜。23 日晨，国民党政府行政院院长何应钦匆匆乘飞机逃往上海。

当天上午，国民党政府“代理总统”李宗仁看到大势已去，不得不登上飞机离开南京。飞机升空后，绕南京盘旋两周，李宗仁俯视江南大地，从浦口到下关之间的宽阔江面上，浪花飞溅，炮火如织，舟楫如梭，人民解放军的精锐之师正在强渡长江，向南京方向挺进。南京城内，败退的国民党军正在放火焚烧房屋，炸毁工厂和重要建筑物，整个南京都笼罩在浓烟烈火之中。

李宗仁乘坐飞机，从空中看到国民党军队的一派败象，少年时代读过的这首古诗不禁浮上心头：“王濬楼船下益州，金陵王气黯然收。千寻铁锁沉江底，一片降幡出石头。”他改变了飞往上海的计划，临时决定改飞桂林，准备看局势的发展变化，再作打算。

4 月 23 日下午，中国人民解放军先头部队进入南京，迅速控制了城内外战略要地。此时，美国驻中国国民党政府大使、著名的“中国通”司徒雷登尚在南京，目睹了中国人民解放军占领南京的情景。他回顾说：“共产党的先头部队渡过了长江，悄无声息地进了城，控制了首都。他们纪律严明且斗志高昂，与政府军的散漫和混乱形成了鲜明的对比。”①

从 4 月 23 日夜晚到次日上午，人民解放军主力部队源源不断地开入市区，受到南京人民热烈欢迎。同日，国民党海军第二舰队司令林遵率舰艇 25 艘，在南京东北笆斗山长江江面上宣布起义，加入中国人民解放军。与此同时，镇江江面上的国民党海军舰艇 23 艘，向人民解放军投降。

4 月 24 日凌晨，中国人民解放军占领国民党政府“总统府”，正式宣告国民党政府覆灭。

在国民党政府的“总统府”内，文件满地，纸屑纷飞，一片狼藉。国民党政府“总统办公室”内，宽大的写字台上的日历，正翻到“1949 年 4 月 23 日”这一页。1949 年 4 月 23 日正是标志着国民党 22 年统治的末日。

---

① ［美］司徒雷登：《在华五十年——司徒雷登回忆录》，李晶译，译林出版社 2015 年版，第 193 页。

国民党政府“总统府”门楼上的旗杆上，那面青天白日的国民党旗帜颓然落地。在人民解放军指战员的欢呼声中，一面代表着中国人民革命胜利的鲜艳红旗，在黎明的霞光照耀下，冉冉升起，迎风飘扬。

当天，毛泽东为新华社起草《南京国民党反动政府宣告灭亡》的消息：

在人民解放军百万大军攻击之下，千余里国民党长江防线全部崩溃，南京国民党反动卖国政府已于昨日宣告灭亡。李宗仁、何应钦及南京的国民党军队于昨日上午逃出南京。李、何等乘飞机逃往上海。国民党南京守卫部队及宪兵，沿京杭公路逃跑。浦口的国民党军，于22日撤至南京，23日一同往京杭路上奔逃。芜湖及镇江一带的国民党军，亦向同一方向乱窜。人民解放军正向南京急进，如果昨夜没有入城，则可能于今日入城。南京人民正在等候着人民解放军。在国民党军已离开南京，人民解放军尚未入城的时间，南京人民已于昨日组织治安维持委员会，并于昨日下午6时发电致毛泽东主席，欢迎人民解放军……

南京解放，全党欢腾，全军同庆。4月23日中午，邓小平与总前委同志举杯庆祝。

4月27日，渡江战役总前委进驻南京。邓小平和陈毅，这两位渡江战役的前线统帅，怀着胜利者的喜悦和自豪，来到国民党政府的“总统府”。

若干年后，邓小平与女儿有一段回顾当时情况的对话：

女儿：“你进总统府了吗？”

邓小平：“进去了，是和陈（毅）伯伯一起进去的。”

女儿：“那刘（伯承）伯伯呢？”

邓小平：“他那个时候在西线指挥。”（4月29日，刘伯承也来到了“总统府”。）

女儿：“你们在蒋介石的总统宝座上坐了坐吗？”

邓小平微笑着说：“总要坐一坐嘛！”

陈毅不仅在蒋介石办公桌旁巨大的椅子上坐着使劲颠了颠，而且豪兴大发，即席吟诗。

当天晚上，邓小平和陈毅就住在蒋介石的国民党政府“总统府”里。

中国人民解放军解放南京，全国人民欢欣鼓舞，热烈庆贺。

中共中央向第二野战军和第三野战军发来贺电：

我人民解放军第二、第三两大野战军执行人民解放军总部命令，奋勇前进，横渡长江，敌军望风披靡，南京迅获解放。国民党反动统治从此宣告灭亡，江南千百万人民迅即重见天日，全国欢腾，环球鼓舞。此皆我前线将士英勇善战，后方军民努力支援，江南民众奋起协助，其他野战军地方军一致配合行动所获的结果。当此伟大节日，中国共产党中央委员会特向你们致以热烈的祝贺。

中国各民主党派在联合贺电中，赞扬中国人民解放军：

英勇救民，所向无前；
投鞭断流，何有天堑？
未及三朝，伪都即破；
征诸自古，无此丰功。

毛泽东看了《人民日报》“南京解放”的号外后，写下了《七律·人民解放军占领南京》：

七律·人民解放军占领南京

钟山风雨起苍黄，百万雄师过大江。
虎踞龙盘今胜昔，天翻地覆慨而慷。
宜将剩勇追穷寇，不可沽名学霸王。
天若有情天亦老，人间正道是沧桑。

1949 年 4 月 20 日至 21 日，正当中国人民解放军渡江作战时，侵入中国内河长江的“紫石英”号等 4 艘英国军舰，先后驶入中国人民解放军防区，妨碍中国人民解放军渡江。

中英双方发生军事冲突。英国军舰炮击中国人民解放军长江北岸的阵地，打死打伤人民解放军指战员 252 人。

中国人民解放军炮兵奋起开炮自卫，“紫石英”号中弹起火，受到重创，被迫停泊于镇江附近江中，在桅杆上升起三面求饶的白旗。其他 3 艘英舰见势不妙，逃往上海。

消息传出，举世震动。这是自鸦片战争起，大英帝国对中国推行“炮舰政策”以来，大英帝国第一次受到中国人民用大炮给予的严厉惩罚。中国人民和海外华人，无不扬眉吐气。

当年在南京亲历“紫石英”号事件始末的美国驻中国大使司徒雷登在回忆录中写道：“长期以来，国外的军舰，尤其是英国的在这条航线上肆无忌惮地航行，现在终于遭到了沉重的报复和打击。……顺便提一下，他们陆上的火炮射击真的是十分精准。”①

司徒雷登认为，中国人民解放军开炮还击“紫石英”号，中国人有一种透露出来的隐约的民族自豪感。②

英国当局一方面虚张声势，武力恫吓；一方面不得不由其远东舰队司令布朗特经过“紫石英”号舰长同中国人民解放军代表进行谈判，要求将“紫石英”号放行。当谈判进行之际，“紫石英”号军舰 7 月 30 日夜趁“江陵解放”号客轮经过镇江下驶，强行靠近该轮与之并行，借以逃跑。当中国人民解放军警告其停驶时，“紫石英”号军舰开炮射击，撞沉木船多只，逃出长江。

4 月 26 日，英国保守党领袖丘吉尔在英国议会下院发言，把中国人民解放军炮击驶入防区的英国军舰说成是“暴行”，要求英国政府“派一两艘航空母舰到中国海上去……实行武力的报复”。同时，英国首相艾德礼在议会中宣称：“英国军舰有合法权利在长江行驶，执行和平使命，因为它们得到国民党

① ［美］司徒雷登：《在华五十年——司徒雷登回忆录》，李晶译，译林出版社 2015 年版，第 190 页。
② ［美］司徒雷登：《在华五十年——司徒雷登回忆录》，李晶译，译林出版社 2015 年版，第 190 页。

政府的许可。”他在谈到英国方面代表和中国人民解放军代表的交涉情况时，造谣说：中国人民解放军“准备让英舰‘紫石英’号开往南京，但要有一个条件，就是该舰要协助人民解放军渡江”。

4月30日，毛泽东起草《中国人民解放军总部发言人为英国军舰暴行发表的声明》，严厉“斥责战争贩子丘吉尔的狂妄声明”。毛泽东郑重指出：“中国的领土主权，中国人民必须保卫，绝对不允许外国政府来侵犯。”“要求英国、美国、法国在长江黄浦江和在中国其他各处的军舰、军用飞机、陆战队等项武装力量，迅速撤离中国的领水、领海、领土、领空，不要帮助中国人民的敌人打内战。”

暮春4月，江南草长，杂花生树，群莺乱飞。南京解放后，中国人民解放军各路劲旅挥戈南下，昼夜兼程，向南疾进，势如破竹。

中国人民解放军渡江战役的东集团和中集团，东西对进，在皖南郎溪、广德地区将从南京、芜湖、镇江向南溃逃的敌军5个军包围，一举全歼，俘敌8万余人。

5月3日，中国人民解放军解放浙江省会杭州，受到广大人民群众的热烈欢迎。

中国人民解放军渡江战役的西集团在近400华里宽的正面上，多路向南追击，截断浙赣铁路，歼敌10万余人，相继解放江西省的九江、省会南昌等名城，割断汤恩伯集团与白崇禧集团的联系，连战皆捷，所向披靡。

对于国民党政府的灭亡，美国驻中国大使司徒雷登是最后的历史见证人。他在回忆录中直言不讳地写道：“我在国民党中有很多多年的好友……但是，自从国民党执政以来，政府对官员的贪污腐败、毫无作为、搞裙带关系和派系斗争从来都不过问，导致它几乎拥有了那个被推翻的腐朽政府的一切恶习。日本投降后，为了利用军事上的优势和秘密，在警察消灭共产党的时候，这些恶习更加肆无忌惮地显现出来。民众对政府的信任和支持正在逐步丧失。共产党向长江进军的时候，那些宏伟的防御计划在政治争论、叛逃和混乱的撤退中成为泡影。但是一直以来，这个政府都受到美国多方面的援助，并且他们为大部分人的安全真诚制定出来的目标和政策，也一直是我们所信赖的。”①

对中国共产党领导的中国人民解放军解放南京后的表现，司徒雷登写道：“相比起来，共产党内毫无任何的贪污腐败，从军官到士兵都生活朴素，严格遵守军纪。从他们进入南京之后的举动可以清楚地看到这点：他们毫不侵犯百姓的正常生活，虽然随处借东西，但都会原物奉还，或是给予等价的赔偿。他们在广播中非常骄傲地宣称，在向南方进军的过程中，如何早就分批次地将物资和救护人员送到了前方，运输工作和军队的宿营等又是如何的顺利。简而言之，共产党给人的印象是，他们在如此短的时间内，培养出了千百万个他们所需要的人，而基督教的传教活动和其他文明要花费很长时间才有可能培养出几个这样的人，拥有这样的素质，包括优秀的组织能力、严格的自我约束能力、将公共事业放在个人和家庭之上、无私服务于人民、充沛的热情和对理想的忠诚。和国民党那些恶习相比，这些成就是如此光彩照人。”②

① ［美］司徒雷登：《在华五十年——司徒雷登回忆录》，李晶译，译林出版社2015年版，第197页。
② ［美］司徒雷登：《在华五十年——司徒雷登回忆录》，李晶译，译林出版社2015年版，第197页。

第三十一章

华东局第一书记、渡江战役总前委书记邓小平进驻上海

中国人民解放军第二野战军和第三野战军横渡长江后，乘胜进军，势不可当，很快兵临上海。上海是中国最大的城市和工商业中心，也是亚洲最大的城市。上海是帝国主义在华势力最集中的地方。中共中央要求，在解放上海的过程中，“既要打一场城市攻坚战，而又不能把城市打烂了，要争取把上海基本上完整地接管过来”，使其为新中国的经济建设发挥重要作用，还要准备对付帝国主义的可能的武装干涉。陈毅曾将这一要求形象地比喻为“瓷器店里捉老鼠”。

为了在充分准备的基础上实现圆满接管上海市的预定计划，华东局、邓小平、陈毅根据中共中央指示，从地方和军队抽调两万多名干部，于5月3日集中于丹阳，进行接管上海市的各项准备工作。首先认真学习中央关于接管好上海的重要指示，进行政策教育和思想纪律教育，说明严格遵守入城纪律的意义，强调入城后要全心全意依靠工人阶级和其他劳动群众，尽可能地团结和争取一切爱国民主人士。

华东局第一书记邓小平亲自给接管干部作报告，反复强调接管上海工作的好坏，对全国和全世界都将产生重大影响。他特别强调，要狠抓军纪军风，并亲自过问接管计划，要求坚决落实“入城守则”和“三大公约”，在提出军队“不入民宅”的同时，更加强调保护上海的建筑，在上海外围突破之后，“让大炮休息”；“保护上海的人民，让炸药靠边”。陈毅强调说，入城纪律是入城政策的前奏，是给上海人民的见面礼。在组织接管干部政治、业务学习的基础上，筹建了上海市军事接管委员会和军事、政务、财经、文教等四大部门，拟定了具体的接管计划和警备措施。

邓小平和华东局还通过中共上海地下组织，以上海人民团体联合会发言人

的名义发表谈话，公开揭露国民党反动派计划毁灭上海的阴谋，号召全市人民行动起来，护厂、护校、护产、维持秩序，配合人民解放军解放上海。在中共上海地下组织的领导下，上海人民秘密地组织了大批纠察队，在全市掀起了声势浩大的护厂、护校、护产和反搬迁、反破坏的群众运动，迫使国民党反动派不敢轻举妄动。

在此期间，邓小平、陈毅同来到丹阳的中共上海地下组织领导人刘晓以及刚从香港经北平来到丹阳的潘汉年、夏衍、许涤新等同志进行了深入的交谈，吸收他们参加上海的接管工作。为了保证中国共产党和人民解放军主动地有秩序地接管上海，邓小平提出人民解放军的军事行动要服从政治需要，总攻上海的时间需视接管上海的准备工作的成熟程度而定。

这一建议，得到中央军委的批准。与此同时，中国人民解放军第三野战军对解放上海的攻城部队进行了城市政策教育和纪律教育，并提出了在上海市区作战力争不使用重武器，尽量减少对城市建筑物破坏的严格要求。

为保住上海，挽救危局，等待所谓的“第三次世界大战爆发”，蒋介石不顾已经下台的“在野之身”，逐渐从幕后走向前台，于4 月 26 日从老家溪口抵达上海黄浦江上的复兴岛，分批召见国民党在上海的陆、海、空军高级将领和党、政、警、宪、特要员，面授机宜，研究部署上海的防御问题。

4 月 27 日，蒋介石又以国民党总裁身份发表文告，幻想依靠国民党残余力量，继续挣扎。他还密令汤恩伯死守 6 个月到 1 年，就是将整个上海毁灭在战火中也在所不惜。上海战役打响后，他又乘军舰到吴淞口外，一面督促把大陆上的大量黄金、白银和外汇，用军舰、飞机运往台湾；一面亲自督战，让国民党军队死守上海。

此时，国民党军队猬集在上海地区的兵力，计有正规军 8 个军、25 个师及其他部队 20 万人，另有军舰 30 余艘，飞机 120 多架，具有一定的战斗力。为了防御人民解放军的进攻，国民党军队在淞沪地区修筑了分为外围工事、主阵地和核心阵地的 3 道设防地带。在整个上海计有钢筋水泥碉堡 5000 个，美式水泥活动碉堡 3000 个，卫星工事半永久性野战掩体 1 万余处。

国民党军队声称，上海的防御“比斯大林格勒的防御设施还要坚固百分之三十”。为了扑灭中共上海地下组织的活动，国民党在上海的各个军、警、宪、特系统统一动员，对共产党人、革命志士、民主党派和革命群众进行残酷的大镇压、大逮捕、大屠杀，使整个上海笼罩在血雨腥风的白色恐怖之中。

5 月中旬，中国人民解放军第三野战军发起上海战役。5 月 12 日，第三野战军首先向上海外围之敌发起攻击，经过浴血奋战，上海外围据点——淞江、南汇、川沙、南翔、嘉定等地，相继被攻克，20 多万敌人被压缩于苏州河以北上海市区到吴淞口的狭长地带内。

这时，虽然美国海军的一些军舰仍停泊在长江口外，但是慑于中国人民解放军的强大声势，始终未敢参战助蒋、干涉中国革命。

华东局关于接管上海的准备工作基本完成后，5 月 20 日，邓小平、陈毅向中央军委报告：接管上海的准备工作业已就绪。中央军委于 5 月 20 日发布“只要军事条件许可，你们即可总攻上海”的命令。

5 月 21 日，第三野战军下达《淞沪战役攻击命令》。第三野战军攻击部队调集兵力，于 23 日夜向上海守敌发起总攻。24 日，第九兵团攻占浦东市区和虹桥、徐家汇东站，第十兵团直插吴淞、宝山。在作战中，为避免炮火对城市的毁坏，人民解放军指战员采取“快速跃进、勇猛穿插、迂回包围”的战术，以迅雷不及掩耳之势，把敌军分割包围于大街小巷，使敌人不能形成有组织的顽抗。25 日上午，苏州河以南市区已被人民解放军全部控制。

当天中午，经中共上海地下组织联系，国民党淞沪警备副司令刘昌义，表示愿意与人民解放军谈判。第三野战军第九兵团第二十七军军长聂凤智报请陈毅司令员批准后，下午同刘昌义谈判，庄严宣布陈毅司令员命令：“令刘昌义所辖部队，自苏州河至吴淞一线，限五月二十六日晨四时前，分别交出各阵地，于江湾、大场一带集合待命。对各重要建筑和仓库，不得故意破坏，所有物资设备，均原封不动交人民解放军接收。而其个人的生命财产，人民解放军完全负责妥加保护。上项命令如有不遵守者，由人民解放军解决之。”

刘昌义表示，完全服从陈毅司令员命令，并于 25 日和 26 日，率其所部第二十一军、第五十一军、第一二三军残部共 4 万余人，在真如、大场等地向人民解放军投降。

当天晚上，人民解放军向残敌发起全线总攻。敌京沪杭警备总司令部、淞沪警备司令部和许多重要据点，均被攻占，俘敌 1. 3 万余人。

5 月 27 日，解放上海的战斗基本结束。这时，市区还剩防守在杨树浦地区的敌青年军第二三〇师 8000 多人在负隅顽抗。如果用武力解决，是轻而易举的。但是，这里有供应全市的水厂和电厂，一旦被敌军破坏，将给全市的生产和人民生活带来极大的困难。怎么办？前线指战员心急如火。

这时，陈毅司令员来到第二十七军军部。他听了汇报，沉思片刻后说："若是敌第二三〇师的副师长许照在指挥的话，你们可查找蒋子英的下落，他一直住在上海，过去在国民党陆军大学担任过教授，许照是他很要好的学生，要他立一功。"

根据陈毅的指示，第二十七军立即查出蒋子英的电话号码。军长聂凤智在电话里要他劝说许照，赶快放下武器，以顺民意，戴罪立功。到傍晚，残敌为大势所迫，不得不放下武器投诚。至此，上海市宣告全部解放。

上海完整地回到人民手中，这是中外战争史上的一大奇迹。人民解放军指战员进入上海市区后，纪律严明，露宿街头，不进民房，保护外侨，严格遵守"三大纪律八项注意"，赢得广大人民群众的热烈欢迎和衷心爱戴。

上海一位民族资本家早晨出门，看到人民解放军指战员和衣露宿街头，从内心感到：国民党已经彻底失败了，共产党已经彻底胜利了，因为国民党失去了民心，而共产党赢得了民心。

中共上海地下组织积极组织和领导广大工人、学生及市民开展护厂、护校斗争和瓦解敌人工作，对解放和接管上海发挥了重要作用。

上海解放当天，中国人民解放军上海市军事管制委员会和上海市人民政府宣告成立，陈毅任军管会主任兼上海市市长，粟裕任军管会副主任。

5 月 26 日，中共中央华东局第一书记、渡江战役总前委书记、中国人民解放军第二野战军政治委员邓小平率领华东局机关及接管人员，乘车进驻上海市。在圣约翰大学，与先期到达的陈毅、张鼎丞、曾山、魏文伯等同志以及中共中央上海局刘长胜等中共地下组织的领导同志会合。

当时，上海有一所称为"三井花园"的建筑（现在的上海瑞金宾馆），原来是国民党青年组织——三青团上海分团部，又名"励志社"。1949 年 5 月 28 日，中共中央华东局迁入"三井花园"办公。华东局第一书记邓小平和上海市市长陈毅的家搬到上海后，两家人就合住在里面。邓小平一家和陈毅一家在

“三井花园”住了一个月后，又搬入湖南路上的一个院落，合住了三个月。陈毅的大儿子陈昊苏曾回忆说：我们两家的关系特别密切。小平同志当时和我们家住在一起，住在湖南路一个公馆式的建筑里面。我们两家人还在一起留下过合影……那时候他们都还很年轻。

从谋划淮海战役、渡江战役到解放上海，邓小平操劳过度，显得非常疲惫。他实在是太累了。邓小平的大女儿邓林回忆说：解放上海以后，我爸爸大病了一场。因为淮海战役，又渡长江，然后再解放上海，一连轴的打仗，身体上消耗非常大。而且在打仗的时候，就是在参谋部盯着电话、战报啊……所以整个大概消耗太多，等到上海一解放，一进了上海，一下子大病一场。

邓小平主持华东局工作期间，日夜听取关于上海接管工作的汇报。遵循毛泽东主席关于“四面八方”的政策，同陈毅、潘汉年等拜会知名人士宋庆龄、颜惠庆、张元济等，访问各界人士，征询他们关于接管上海的种种意见，进一步完善上海解放后的接管工作。

5 月 28 日，在上海完全解放的第二天，中国人民解放军上海市军事管制委员会正式接管国民党上海市政府。按照邓小平、陈毅的意见，这一天作为历史的记录，在市长办公室举行接管国民党上海市政府仪式，由国民党上海市代理市长赵祖康向上海市人民政府陈毅市长移交旧上海市政府的印信。

为了体现中国共产党的政策，上海市人民政府随后任用赵祖康为工务局局长、上海市副市长，从而极大地安定了曾经在原国民党上海市政府供过职的许多工程技术、医务卫生和市政管理等方面的专家和人才。

邓小平后来说：国民党的旧机构的工作人员绝大部分不走，把机关、学校、科学研究机构保护得很好，使接管工作减少了很多困难。

由于华东局和邓小平等领导同志卓越地执行了党的路线、方针和政策，上海的接管工作和市政建设很快打开了局面。中共中央、毛泽东主席关于解放上海要取得军政全胜的指示，得到圆满实现。

从强渡长江到解放上海，在 30 多天的时间里，人民解放军第二野战军、第三野战军在总前委的指挥下，首先以强大兵力突破敌人的长江防线，继而占领南京，攻克上海，连续解放杭州、南昌、九江等 120 座城市，共歼敌 11 个军部、46 个整师、43 万余人，解放了苏南、皖南、浙江广大地区和江苏、湖北、福建的部分地区，彻底粉碎了国民党政府妄图“划江而治”，保住东南半壁江山，苟延残喘，以图卷土重来的计划，为向东南沿海和华南、西南地区进军奠定了胜利基础。

渡江战役的胜利，包含着人民群众的巨大贡献。山东、苏北、皖北等解放区民工支前达320万人次，苏北、皖北筹运军粮3.4亿斤，山东人民赶制军鞋200万双。在江南城市和农村进行地下斗争的中共组织和从事游击战争的人民武装，积极开展多种形式的斗争，团结人民，分化敌人，搜集情报，策动起义，提供向导，迎接大军，协助接管，作出了重大的贡献。

1949年9月8日，出席新政治协商会议筹备会的邓小平向与会代表报告人民解放军第二野战军、第三野战军从渡江到占领上海后的情况和工作。

关于渡江战役战况和敌我双方伤亡情况，邓小平报告说：

> 渡江作战是从四月二十日夜里发起的。因为反动的南京政府拒绝了人民的八项和平条件，人民解放军一部，即由刘伯承同志领导的第二野战军和由陈毅同志领导的第三野战军，奉命渡江作战。在漫长的一千多里的战线上，所有部队都无例外地顺利地完成了渡江任务。我们发动战斗以前，曾经给过反动的南京国民党政府最后考虑的时间。当他们不愿接受人民的极其宽大的和平条件的时候，我们只有给他们再一次的教训和打击。我们发起渡江作战后遇到的抵抗可以说很小。在一千多里的战线上，国民党军队摆在湖口至上海段的有四十五万人（包括宜昌至湖口段的共有七十万人）。四十五万人不能阻挡人民解放军渡江。我们在任何地方都没有遭遇到大的抵抗。我们采取宽正面的渡江方法，分了几十个点渡江，绝大部分都没有遭遇到强大的抵抗。假若有人问，你们渡江花了多少时间？我们肯定地回答，先头船只最快的一刻钟。我们从四月二十日夜里开始，二十四小时内大体上三十万人全部过了江。队伍一过江，敌人就混乱了，他们的想法只有一个，就是如何逃出我们的包围。他们一齐向南溃退，人民解放军立即实行宽正面的追击。在这过程中，南京在四月二十三日占领。到五月初，半个月的时间完成了追击。从渡江到追击最远的地方，即福建的北部、江西的东北部，前进一千五百里。在这么短的时间要

走这么多里路，并且还遇到小的战斗和下雨，能有这种惊人成绩，是靠指战员奋不顾身的英勇精神，这种英勇精神过去表现在战场上，这次主要表现在脚上。敌人在这样的追击下，没有可能整理队伍。甚至我们的第一梯队已过去五六百里，第二第三梯队还要消灭被第一梯队甩在后面的敌人。五月初完成追击，占领杭州、温州、蒋介石的故乡奉化、宁波，一直到闽北、赣东北这条线。此后，部队就准备进攻上海。上海有二十万敌人，并且由蒋介石亲自指挥。经过一个星期的战斗，我们在五月二十七日占领了上海。这次作战中央命名为"京沪杭战役"。从渡江到占领上海，总计用了一个月零七天，消灭敌人四十余万。我方伤亡二万五千人，其中在占领上海时伤亡一万七千人，在渡江时遭敌机轰炸等共伤亡八千人。我们曾有一个兵团俘虏了敌人六万，自己损失一千一百人，比较起来我们的代价花得很少。①

对人民解放军为什么能突破长江，迅速完成京沪杭作战任务，并把预计的时间缩短一半，邓小平认为，除了中国人民革命军事委员会及毛泽东主席的正确领导外，主要原因还有：

第一，我们军事准备充分，指战员英勇。在渡江前，蒋介石集团以为我们给他们宽大是表示人民的软弱，以为长江天险不可突破，他们就押这个宝。但是，人民解放军已经有了必胜信心。这信心不单是建立在政治的信念上，而且是建立在实际的准备上。举一个例子说，我们渡江需要船，原有的船被国民党全部拉到江南去了，我们的船停靠在长江以北的内湖和内河里（每船可载八至十二人，大者五十人，最大者一百人），但是内河的出口当时被敌人封锁了，因此船不能从内河入江。对这样的困难，有些所谓军事家认为不可克服，然而我们克服了。渡江的时候，敌人不明白我们的船是从什么地方来的。其实，我们的船不是从水路出去的，而是从旱路出去的。我们的办法叫做掘渠。我们是把船拖出去的。有时为疏通一条

① 《邓小平文选》第1卷，人民出版社1994年版，第135～136页。

渠道使船出去，要掘几十里（最长的有六十里）的小河沟。为了掘渠翻坝，曾使用了两千一百万个人工。这样巨大的工程是在一个半月的准备时间中完成的，是我们几十万士兵、指挥员包括师长、团长亲自参加这个劳作，以及几十万民工劳作才完成的。渡江使用的船有一万只左右，所以我百万大军能够渡过长江。再就是我们的人是北方人，北方人怕水。曹操吃亏就在这个地方。为了在水中不发晕，为了能应付各种情况，我们在巢湖北部做了多方面的准备，白天夜晚进行演习。在水中习惯了，有把握了，又考虑到船在江心中弹怎么办？许多战士想出了用草圈作救生圈的办法。草圈比橡皮圈好，橡皮圈一打就破了，草圈不怕打。虽然实际过江时没有用着，这准备是“浪费”了。最后我们在内河演习。我们认为长江并不比黄河厉害。这些信心都是建筑在实际的军事准备上，更不用谈我们的政治信念了。从实际体验中，我们知道了渡江并不困难。

第二，群众支援，地下党和游击队之配合。有的游击区我们过去有过工作，有些地方过去没有过，但人民都一致支援我们。掘渠翻坝有一半是人民的劳作。在渡江准备的过程里，我们集结主要兵力在芜湖至安庆这个地方，所需粮食一亿五千万斤，其中百分之八十是沿江的人民拿出来的。他们把家里的粮食尽量拿出来，并且表示只要渡江，饿着肚子也不要紧。为解决烧柴困难，人民甚至无怨言地拆房子给我们当柴烧。其他的战勤工作都很繁重，如修路，运粮，找船工。船工一半来自民间，一半是临时训练的战士。江南地下党、游击队配合了渡江作战。我们曾开过江去一支部队，埋伏了十天，敌人还不知道。

第三，敌人的脆弱。我们对敌人估计太高，实际上敌人的抵抗是脆弱的。这从渡江后的追击上可以知道。我们能迅速渡江完成京沪杭作战的任务，原因就在这里。①

邓小平指出了渡江战役的伟大意义：渡江作战无疑是一个伟大的胜利，这胜利表示了敌人在长江以南的一支最大的、最有组织的力量的覆灭。经过了东

---

① 《邓小平文选》第1卷，人民出版社1994年版，第136～138页。

北的辽沈战役、华东的淮海战役、华北的平津战役，国民党反动派剩下的最大的军队就是放在长江以南这一战线上的军队，他们再没有比这更大的有组织的军队了。渡江歼灭了敌人40多万，就表示国民党再没有有力的抵抗了。这个胜利在政治上标志着反动的南京政府的灭亡。人民解放军在军事上将不会再遭遇到更严重的抵抗了，肃清残余敌人的时间不远了，最后解放全国的时间也不远了。

邓小平汇报了人民解放军进军江南的城市接管工作：军事占领后，各城市均先后进行了接管工作。从渡江作战到我离开上海，约三个月的时间，接收工作大体告一段落。一般说来工作做得还好。所以顺利的原因有：

第一，中共中央有一套明确的政策，使各城市接收人员有所遵循，并有先解放地区的经验，如长春、沈阳、北平、天津、济南、潍坊、石家庄、郑州、开封、徐州等的经验教训，对解放江南有很大的帮助，使我们少走了许多弯路。第二，各界人民支持。渡江后我们看到，人民对国民党反动统治十分厌恶，对共产党各种政策表示热烈欢迎，尤其是工人、学生表现了高度的革命的积极性。如果没有工人、学生高度的热心和积极性，我们会遇到许多困难。不仅是工人、学生，还有工商界、文化界、科学界都采取了与我们合作的态度。如南京的工商界、文化界、科学界，自愿帮助接收上海，参加部队等。第三，大势所趋，谁都看到国民党反动统治再也扶不起来了，即便对国民党曾有幻想的人，都觉得要重新考虑自己的事情了。谁都觉得人民的胜利是肯定的了。尽管还有台湾及蒋介石所吹嘘的二万万人口，但国民党四十多万军队瓦解了，军事组织混乱了。这是大势所趋。许多人都必须重新考虑自己的态度，这表现在国民党的旧机构的工作人员绝大部分不走。因为他们不走，把机关、学院、科学研究机构保护得较好，甚至在渡江以前许多人就为保护机构做了很多事情，使接收工作减少了很多困难。这种情形，各城市大致相同。帝国主义、反动派由于大势所趋，人民拥护我们，反对他们，在强大的人民力量面前不得不低下头来。司徒雷登也只能如此，不敢以对国民党之态度来对人民政府，不敢以在国民党统治时期对人民的态度来对我解放区的人民。即便其态度是含有阴谋的，但在形式上还是把表面的凶焰收起来了。第四，主观方面的努力工作。如前面所说，我们在主观上为渡江接收事先做了准备工作，包括政治的组织的准备。我们从华东调来的两万多干部都或多或少地经过了政策的教育。进入一个地区后，遵循了毛主席“四面八方”的政策，与各方联系，开了许多会议。虽不完全周到，特别是上海情况复杂，但是主观上是遵循着这个方向来与各界人士通力合作的。在上海，陈毅同志几乎每天参加一个会，甚至两个会，来说明我们的态度和政策，要求通力合作。像这样的态度，这样的工作，更增加了各方面的支持。这是接管工作做得好的原因之一。①

邓小平关于渡江战役和进军江南的生动报告，受到新政治协商会议筹备会代表们的热烈欢迎和高度赞扬。

① 《邓小平文选》第1卷，人民出版社1994年版，第139～140页。

第三十二章

“二野亦应准备于两个月后以主力或以全军向西进军”

中国人民解放军强渡长江后，势如破竹，战局发展极为迅速。毛泽东审时度势，于1949年5月23日以中央军委名义致电渡江战役总前委并第一、第二、第三、第四野战军负责人，部署向全国进军的战略计划。其中对解放西南，作了详尽指示：

“二野亦应准备于两个月后以主力或以全军向西进军，经营川、黔、康。二野目前任务是准备协助三野对付可能的美国军事干涉，此项准备是必需的，有此准备即可制止美国的干涉野心，使美国有所畏，而不出兵干涉。

“一野……一路由贺率领，经营川北，以便与二野协作解决贵州、四川、西康三省。

“如果上海、福州、青岛等地区迅速顺利解决，美国出兵干涉的可能性业已消失，则二野应争取年底或年底以前，占领贵阳、重庆及长江上游一带，并打通长江水路。

“胡宗南全军正向四川撤退，并有向昆明撤退消息，蒋介石、何应钦及桂系正在做建都重庆、割据西南的梦，而欲消灭胡军及川、康诸敌，非从南面进军断其退路不可。”

毛泽东关于派遣第二野战军向西南地区进军的战略决策，有天时、地利、人和多方面因素，极为英明。

首先，第二野战军司令员刘伯承、政治委员邓小平皆为四川人，对四川的历史、文化、经济、军事、民情、风俗，都十分熟悉。

其次，第二野战军的前身为红四方面军，而红四方面军曾经于20世纪30年代进军四川，建立过川陕革命根据地，并吸收大批四川籍的中共地下党员、干部和进步青年及人民群众参加红军，因此在第二野战军的指战员中有相当一部分是四川人。

最后，渡江战役结束后，在没有出现帝国主义国家派军队直接干涉中国革命的情况下，第二野战军是中央军委掌握的一支最大的战略机动部队，宜于执行进军大西南的战略任务。派刘伯承、邓小平率领第二野战军进军西南，人地相宜。第二野战军有许多其他部队所没有的便利条件。

7 月 17 日，第二野战军前委在南京召开扩大会议，讨论执行进军西南的任务和加紧各项准备工作。7 月 18 日，第二野战军前委发出进军西南的指示。

在此期间，第二野战军政治部门在南京召开了组织工作会议，讨论关于干部的培养、选拔和使用及加强各级党委和基层党支部建设等问题。这次会议以及其他政治工作为第二野战军进军西南作了组织上、思想上、政策上的准备。

进军大西南，军事上不成问题，有刘伯承、邓小平这样人地两熟、身经百战的第二野战军统帅，有从晋冀鲁豫地区一直打到江南地区的几十万精兵强将，扫荡西南地区的国民党残余势力，必然如疾风扫落叶一般。接收、管理西南广大地区，最重要的是要有一大批懂政治、懂经济、懂工业、懂农业、懂文教等各个方面且又善于管理的具有一定领导能力的干部。

对此，邓小平棋高一着，早有考虑，提前从太行根据地和太岳根据地挑选了一批干部，准备用于第二野战军解放西南各省后的接管和管理工作。但是，这批革命老区的干部到了南京后，华东方面有的负责同志向邓小平提出，福建缺少干部，要求把从太行、太岳带来的这批干部全部调给福建。

邓小平考虑问题、处理工作，总是从党的全局出发，顾全大局，服从大局。他很痛快地答应了华东方面的要求，说：可以，西南需要的干部我们再另想办法。

这时，邓小平作为中共中央华东局第一书记、第二野战军政委，要同时兼顾和考虑华东和未来西南的工作。他高瞻远瞩地指出：干部是完成党的任务的决定性力量，没有大量的干部，要在大西南地区开展工作，特别是在少数民族地区开展工作是不可思议的。但由于形势发展很快，需要的干部量特别大，从哪里才能找到这么多的干部呢？再请中央从老解放区大批抽调干部显然已经非常困难。

怎么办？邓小平指出，要在新解放的南京、上海、苏州、无锡、常州等大中城市，通过中共地方组织的帮助，在广大青年中选拔一些学生以及工程技术人员等知识分子，组成中国人民解放军西南服务团，跟随第二野战军进军大西南，以适应今后经营西南的需要。为保证把干部选好，邓小平指定第二野战军副政委、南京市军管会副主任宋任穷任西南服务团团长，具体负责此项工作。历史证明，这是一个英明决策。

按照邓小平的指示，宋任穷率领第二野战军政治部的同志，在上海、南京等地人民政府和青年团市委、学生联合会的积极配合下，很快便以在校的高中学生和初中学生为主体，招收了政治素质较好的 2 万余名团员。7 月，这批新招收的人员先后到达南京集中。

邓小平十分善于从实际中发现问题、解决问题。在接管苏南、皖南的过程中，他发现，文化较低、知识面窄、缺乏专业技术的干部很难适应新区政权建设和经济文化建设的需要。为了使进军大西南的干部结构更趋合理，邓小平请中央特地从老解放区抽调了一部分公安、新闻、广播、邮政等专业骨干，这批干部于 7 月到达南京集中。

大量青年学生进入西南服务团后，脱下学生装，换上了人民解放军的军装。但换思想不像换服装那样简单。邓小平深知这一转换的艰巨性，指示西南服务团对青年学生加紧进行培训。为了加强对青年学生的思想教育，他多次到团里作报告，讲政治理论，讲胜利形势，讲党的政策，讲斗争任务，讲思想改造等。

1949 年 8 月 21 日，邓小平在一次报告中指出：党中央命令第二野战军到西南去，任务很重。革命不是为了自己，而是为了后代。你们这两万多学生，必须好好学习，加强锻炼，早日成为革命的有用之才。

他在一次讲话中还专门讲了参加革命的动机问题。他说，你们两万多名团员，是抱着不同动机参加解放军西南服务团的。他风趣地把西南服务团成员的思想分为“革命团、吃饭团、恋爱团、回乡团、游山逛水团和升官发财团”6 种类型，用具体而生动的事例，对每个“分团”都作了分析解剖，教育大家端正入伍动机，改造非无产阶级思想意识，树立革命的人生观和世界观。他说：“要把六个分团合流成一个革命团，团结起来，为解放大西南、建设新西南而努力奋斗。”

9 月 20 日，邓小平又亲临西南服务团驻地，并发表讲话。他说，这次第二野战军进军西南是 8000 里路的小长征，概括起来就是 8 个字：“前途很大，困难很多。”对每一个困难，都要从实际出发，采取具体有效的办法，而只要搞好以下 3 件事，克服困难就有了基础。一是会好师，搞好内部团结。这次到西南去的是来自四面八方的同志，如果内部团结不好，就会给我们的工作带来很大影响，干部们要互相学习，取长补短，不准搞小山头。团结搞好了，工作也就好搞了。二是团结依靠西南人民。我们为西南解放后准备的 2 万名干部，力量还不强，人数还不够。这次去西南，人人都要抱着为西南服务的态度去工作，不是去当统治者，不应以解放者自居。人民的解放主要靠人民自己的力量。我们干部不够，要从本地想办法，要依靠当地地下党。特别是云南，有 9000 名地下党员，2 万多名游击队员，解放区人口 300 多万，建立了专区、县级革命政权二三十个。所以，到云南的部队更要依靠当地游击部队，与当地人民建立血肉关系，共同搞好工作。三是把统一战线搞好。把小资产阶级、民族资产阶级团结好，不要树敌过多。

9 月 21 日下午，邓小平又来到原中央大学（现南京大学）广场，给西南服务团的全体同志作报告。没有讲台，也没有扩音设备，广场中央摆着一张课桌，在热烈的掌声中，他以特有的浓郁的四川口音，开门见山地说：今天，我讲话的题目是“老实”。一个革命者，是不是忠于党、忠于人民，就看他是不是老实，是不是实事求是。对党要老实，对群众要老实，老老实实说话，老老实实办事，老老实实学习，一辈子老老实实为人民服务。邓小平正讲着，国民党的飞机来袭扰，四周响起一阵又一阵的警报声，广场上听报告的人群中有人惊动起来。

可是，邓小平却全然不顾国民党飞机袭扰，诙谐地说：“一回生，二回熟，三回就是老朋友，敌人的飞机经常来，已成‘老朋友’了，哪有怕‘老朋友’之理。”说罢，他又镇定自若地继续侃侃而谈：“知识青年刚刚参加革命时，往往背着各式各样的包袱，你们各人摸摸背上，有没有包袱?”大家面面相觑，哄一下笑了起来。

邓小平继续说：“没有吗？不见得。我看，有些人可以因为自己聪明能干而看不起老年人，年龄变成了包袱；有些人可以因为其家庭出身不好，有自卑感而背上包袱。”“其实，家庭出身不好和犯错误这二者之间并没有必然的联系。”他还特别提醒青年学生：“你们要尊重老解放区来的干部。他们的文化水平可能不高，但实际工作能力比你们强。要承认他们比自己强，才会团结一致。因为有一点知识而骄傲，而轻视工农干部，也是青年容易背的一个包袱啊！所以，知识青年参加革命，一定要丢掉这个包袱。”

在邓小平的具体指导下，1949 年 9 月，中国人民解放军西南服务团完成组建工作，为进军大西南、建设大西南作好了充分的干部准备。以后，西南服务团的同志在城市接管、建设人民政权、剿匪反霸、土地改革、社会主义革命和建设事业中作出不可磨灭的贡献。

1949 年 8 月 19 日，刘伯承司令员、邓小平政治委员发布第二野战军向川黔进军作战的基本命令。9 月初，第二野战军第三兵团由芜湖、南京等地向常德、江陵地区进军，第五兵团由上饶经湘潭向邵阳地区进军，第四兵团于 9 月下旬由吉安向广东方向进军，配合第四野战军解放广州。

1949 年 9 月，邓小平在中国人民政治协商会议第一届全体会议上当选为中央人民政府委员会委员。10 月 1 日，邓小平与中国人民解放军各野战军司令员、政治委员一起，在北京天安门城楼出席中华人民共和国中央人民政府成立庆典。10 月 19 日，在中央人民政府委员会第三次会议上，邓小平被任命为人民革命军事委员会委员。

根据中共中央、中央军委的战略部署，解放大西南的任务由第二野战军、第十八兵团和第四野战军一部承担。

10 月 20 日，第二野战军领导机关乘火车离开南京。10 月 22 日到达徐州，与出席中国人民政治协商会议第一届全体会议归来的刘伯承司令员、邓小平政治委员会合。23 日，专列到达郑州，此日正是第二野战军解放郑州一周年，郑州市召开了欢迎刘伯承、邓小平及第二野战军的群众大会，刘伯承、邓小平与郑州各界人民见面，刘伯承司令员在大会上讲话。

当天晚上作了新闻报道，佯示第二野战军将由郑州西进由陕西进入四川。从此日起到第二野战军进入四川前，为隐蔽第二野战军作战的主攻方向，保证对西南地区的敌人采取大迂回大包围的突然性，刘伯承、邓小平和第二野战军领导机关的行动，没有公开报道。

这是一次中央军委统一部署的成功的战略佯动。第二野战军进军西南前，位于陕西的第一野战军第十八兵团曾对胡宗南集团发动攻势，活动于陕南和鄂西北之第十九军也实行佯动，以示人民解放军的主攻方向将是由陕入川，同时第四野战军进行的衡宝战役和广东战役也掩护了第二野战军的进军和在湘西的集结。这些行动都造成了敌人的错觉，为第二野战军主力从川黔边突然以大迂回的动作进军到敌人后方创造了有利条件。

11 月 1 日，人民解放军发起进军西南作战，到 16 日，相继解放湖北、湖南、四川、贵州 4 省 41 座县城。在进军大西南的过程中，贵州省的解放与接管由第二野战军第五兵团承担。随军行动准备到贵州建立省、地（市）、县、区政权，并担负地方领导工作的是一批从北方解放区南下的地方干部。

进入西南地区后，这批北方干部不断了解到贵州在国民党统治下的一些具体情况：兵燹匪祸，疠疫灾荒，经济凋敝，民不聊生，形形色色的“土皇帝”、豪绅地主、官僚军阀，敲骨吸髓，为所欲为，贵州各族人民过着食不果腹、衣不蔽体的生活。贵州地处边陲，交通闭塞，经济文化落后，“天无三日晴，地无三里平，人无三分银”等。这些情况，不免使这批北方干部对于赴贵州担负解放、接管工作产生一些畏难情绪。有的干部甚至要求更换地方，有的干部流露出不愿到贵州的思想。

邓小平了解到这些情况后，非常重视。在军政要务十分繁忙的情况下，他抽出时间对这些干部做耐心细致的思想工作。他语重心长地对西进支队负责同志说：贵州同样是中国的土地，贵州人民同样是中国人民，他们同样处在水深火热之中，同样需要解放。必须按全国的战略部署，随军南下的干部一定要随军西进贵州，尤其是区以上的干部更要去，越是艰苦的地方越是要去。

在邓小平严肃认真的开导下，西进干部义无反顾地踏上进军贵州的征程，勇敢地担负起解放和接管贵州的重任，为贵州的社会主义革命和建设事业，献出了青春、智慧和金色的年华。

在第二野战军第五兵团急速西进、贵州解放在即之时，11 月 12 日，邓小平为第二野战军前委起草了给第五兵团杨勇、苏振华、徐运北的电报《贵州新区工作的策略》，对接管贵州的工作作了重要指示。

邓小平明确提出“在进入新区后，一开始就要注意团结一切可能团结的人，中立一切可能中立的人，分化敌人营垒中一切可能分化的人”的团结多数、打击少数的方针。对部队进入城市后将会遇到的许多问题，如城市中的货币、物价、工资问题，农村中的粮食、治安问题，邓小平指出，要尽早召开各界代表会议解决，这比仅在党内解决好。对地方各种杂色武装的处理问题，邓小平要求：要依据不同对象，权衡利弊，审慎处理，要有策略、有步骤、有方法地达到全部的改编和掌握。对所接收的国民党机构和人员，邓小平指示要按照中央的明确规定把他们全部收容起来，一个也不能遣散。

这份电报，对于解放贵州、接管贵州，稳定贵州局势，解决各方面所面临的问题，指明了方向，提出了切实可行的具体办法，受到中共中央高度评价。中共中央认为这份关于贵州新区工作策略问题的电报很值得注意，对新区工作有普遍重要意义，转发给了各中央局。

11 月 15 日，贵州省城贵阳解放，揭开解放大西南的序幕。同时，也标志着国民党在贵州统治的彻底覆灭。从此，贵州各族人民挣脱了被奴役、被剥削的枷锁，成为新中国的主人。

第三十三章

解放军进军西南，蒋介石逃往台湾

政治攻势与军事打击相结合，是中国共产党领导人民军队克敌制胜的重要法宝之一。解放大西南，也必须采取政治攻势与军事打击相结合的方法。

第二野战军对大西南地区实施军事进攻时，刘伯承司令员、邓小平政治委员于1949年11月21日向四川、贵州、云南、西康4省国民党军政人员指出："国民党残余力量经我人民解放军在华东、华中、华南、西北各地给予接连不断的歼灭打击后，现已接近最后覆灭之期。"对西南国民党军政人员提出四项忠告："(1）国民党军队应即停止抵抗，停止破坏，听候改编。(2）国民党政府机关人员，听候接收，分别录用或适当安置。(3）国民党特务人员，应即痛改前非，停止作恶。(4）乡保人员，应即在解放军指示下，维持地方秩序，为人民解放军办差事。"对上述四种人员均规定"有功者奖，有罪者罚"。

11月23日，中共中央西南局在常德成立，邓小平为第一书记，刘伯承为第二书记，贺龙为第三书记，宋任穷为副书记。

贵阳解放后，人民解放军第二野战军继续疾进，于11月下旬在重庆南部的南川地区歼灭国民党军队宋希濂集团5个师和罗广文兵团。蒋介石曾经幻想保住西南一隅之地，以便等待国际形势变化，卷土重来。因此，当人民解放军兵锋指向重庆和四川时，蒋介石收到"行政院"和一些"立法委员"请他"赴渝坐镇挽救危局"的电报后，于11月14日从台北飞到重庆，妄图挽救危局。

蒋介石原想依靠宋希濂集团扼守川东。结果宋希濂集团很快被消灭大部，最后溃不成军，宋希濂率领残部拼命向川西逃去。蒋介石想依靠罗广文兵团扼守重庆以南，不料，罗广文兵团也被人民解放军大部分歼灭在南川一带。蒋介石调胡宗南的第一军来增援重庆，结果亦无济于事。最后形势十分危急，蒋介石困守愁城，昼夜绕室徘徊，终无回天之力。

11 月 29 日，国民党“行政院”逃往成都。重庆市内的国民党军政人员人心惶惶，无处可逃，社会秩序大乱。

对于这一天的情况，蒋经国在《危急存亡之秋》中作了较为详细的记述，从中不难看到蒋介石穷途末路的困境实况。蒋经国写道：

父亲乃决心于明晚撤守沿江北岸之指挥部署。午间召开军事会议，决定新的作战计划，对第一军之后撤准备，亦有详细指示。但前方已传匪部在江津上游二十里之处渡江矣。

前方战况猛烈，情势危急，重庆已受包围。而父亲迟迟不肯离渝……下午十时（指晚上十时，编者注），林园后面已枪声大作，我只好向父亲报告实情，希望早离此危险地区。同时罗广文自前线回来报告，知其军力已被匪部击散。而周围之兵工厂爆炸之声又四起，连续不绝。

此时山洞林园前，汽车拥挤，路不通行，混乱嘈杂，前所未有。故不能再事稽延，乃决定赴机场宿营。途中为车辆阻塞者三次，无法前进。父亲不得已，乃下车步行，通过后改乘吉普车前进，午夜始达机场，即登“中美”号专机夜宿。

据说：当依复恩驾驶的“中美”号专机临空之际，由江口过江的解放军，距白市驿机场仅十公里，战时陪都，半小时后失陷。

这就是蒋经国在《危急存亡之秋》中记述的真实历史。

蒋经国将蒋介石的这一段岁月称为“危急存亡之秋”，倒是非常贴切。

11 月 29 日，在人民解放军的隆隆炮声中，蒋介石仓皇逃往成都。30 日，重庆宣告解放。重庆解放前夕，蒋介石曾下令对囚禁在重庆歌乐山“白公馆”“渣滓洞”等监狱的共产党人、革命志士进行血腥的大屠杀。数百名中华民族的优秀儿女在黎明前的黑暗中英勇就义。

12 月 1 日，中国人民解放军第二野战军在重庆举行隆重入城式，受到各界人民群众热烈欢迎。同日，中国人民解放军重庆市军事管制委员会宣告成立，张际春任主任，陈锡联任副主任。同时，重庆市人民政府宣告成立，陈锡联任市长，曹荻秋任副市长。

12 月 2 日，西南军政委员会成立，刘伯承任主席，邓小平等任副主席。

第二野战军解放重庆后，刘伯承、邓小平找陈锡联谈话，派他担任中共重庆市委第一书记、重庆市市长。陈锡联是第二野战军第三兵团司令员，能征惯战，擅长打仗。陈锡联说，我不会也不懂地方工作，还是让别的同志干吧！邓小平说，打仗是为人民，当市长也是为人民，不会可以学嘛！

陈锡联按照刘伯承、邓小平的安排，立即投入紧张的地方工作。重庆曾经是国民党政府在抗战时的“陪都”，蒋介石逃走前，又想把重庆作为“临时首都”，因此重庆的社会情况极为复杂。刘伯承、邓小平任命一位著名战将、擅长打仗的兵团司令员担任重庆市市长，能够起到震慑敌人、鼓舞人民的作用。这是经过深思熟虑的，也是非常有远见的。

在人民解放军疾风扫落叶般的强大攻势和中国共产党政策的感召下，12 月 9 日，国民党云南省主席兼云南绥靖公署主任卢汉，在昆明通电起义，表示“听取中央人民政府暨人民革命军事委员会的命令，并竭诚欢迎解放大军早日入滇接管”。云南和平解放。

随后，第二野战军挺进云南，发起滇南战役，肃清了云南的国民党军队。

在云南和平解放的同日，国民党西康省主席刘文辉，西南军政长官公署副长官邓锡侯、潘文华，分别在雅安、彭县等地发表起义通电，宣布“竭诚服从中央人民政府毛主席、朱总司令与中国人民解放军第二野战军刘司令员、邓政治委员之领导”。西康和平解放。

蒋介石从重庆逃到成都后，人民解放军很快大军压境，成都已陷入四面楚歌的境地。在成都期间，蒋介石不甘心坐以待毙，但束手无策，把脑袋拍遍，却无计可施，只有强打精神，勉强应对。

第一个举措：蒋介石在成都召开紧急军事会议，表示要坚守成都的决心，并组成川西决战总指挥部，任命胡宗南为总指挥。但是，胡宗南对坚守成都并无任何信心，而是主张先退到西康。由于人民解放军迅速逼近成都，蒋介石的川西决战计划完全破灭。

第二个举措：蒋介石委任胡宗南为西南军政长官公署副长官，全权指挥川康地区的国民党军队，把军队指挥权交给胡宗南。

第三个举措：蒋介石决定将国民党“政府”迁往别处。先是考虑迁到西昌，又觉得仍然十分危险，一直犹豫到12月8日，才下决心将国民党“政府”迁往台北。

第四个举措：蒋介石在逃走之前，竭力争取川康将领为其卖命。12月7日，蒋介石召见刘文辉、邓锡侯等川康将领面谈，但他们都避而不见。对于蒋介石来说，这又是一个危险的信号。此时成都已十分危险，市内秩序很乱，时有枪声，侍卫人员劝蒋介石赶快逃走。蒋介石无可奈何，只得于12月10日坐飞机逃离成都。

这一天正是云南卢汉，西康、四川刘文辉、邓锡侯、潘文华四将军通电起义之第二天，蒋介石的电台当天截获了卢汉发给刘文辉、邓锡侯、潘文华的电报，要他们在成都扣留蒋介石，称此举“可成为人民第一功臣”。

蒋经国当天的日记中提到此时的危险情形时说：“此次身入虎穴，比西安事变时尤为危险，祸福之间不容一夜，记之心有余悸也。”

重庆解放后，第二野战军迅速向成都进军。根据中央军委指示，位于川陕边界地区的人民解放军第十八兵团，由贺龙率领，越过秦岭，兼程入川。其战略目标是形成对成都地区的合围，将胡宗南集团和其他国民党军队聚歼于成都地区。

12月10日，刚刚从重庆逃到成都不久的蒋介石惊魂未定，见势不妙，慌忙把指挥权交给胡宗南，仓皇逃往台湾。

四十年来家国，三千里地山河，
凤阁龙楼连霄汉，玉树琼枝作烟萝，
几曾识干戈？

一旦归为臣虏，沈腰潘鬓消磨，
最是仓皇辞庙日，教坊犹奏别离歌，
垂泪对宫娥。

南唐李煜的这首词，就是蒋介石此时此刻心境的真实写照。

12 月上旬，在人民解放军的追击和迂回包围下，胡宗南集团和四川境内的国民党军残部，纷纷猬集于成都地区。第二野战军各路大军击破国民党军队在涪江、沱江和岷江沿岸的抵抗后，15 日攻占简阳、仁寿，16 日攻占乐山，17 日攻占眉山、彭县，19 日第二野战军第五兵团第十六军在峨眉县西南之金口河，俘敌川湘鄂边绥署主任宋希濂。

12 月 20 日，第二野战军攻占蒲江、邛崃、大邑等城，完全截断胡宗南集团之退路，并从西、南、东三面对成都地区形成钳形包围。各部队为迅速断敌退路，会同第十八兵团等部聚歼胡宗南集团于成都盆地，遵照刘伯承司令员、邓小平政治委员关于不停地向成都方向追击的命令，虽经连续 40 天的行军作战，仍不顾疲劳日夜兼程前进，决心把胡宗南集团彻底全歼。

12 月 21 日，刘伯承、邓小平发出《关于围歼胡宗南的作战给第三、五兵团的指示》。指出：胡宗南向康滇逃窜之路业已截断，势必依靠成都周围做困兽之斗。我军追击作战已告结束，当前应尽全力准备最后完成成都战役，但仍须严防轻敌妄动。今后的作战方式，仍用先打弱敌，集中力量割裂敌人，以一口一口吃的战术各个歼灭敌人，进行有准备有把握的战斗。并指定由杨勇、杜义德负责统一指挥，第三、第五兵团迅速作出作战方案。

在成都前线，由于人民解放军摧枯拉朽，势如破竹，四面包围，军事进攻和政治攻势双管齐下，国民党军队预感到难逃覆灭的命运。胡宗南在蒋介石逃跑后，早已五心不定，亦在作逃跑的准备，看到人民解放军大军压境，亦效法蒋介石，“三十六计，走为上计”，丢下部队给国民党军队第五兵团司令李文指挥，自己于 12 月 23 日坐飞机逃往海南岛的海口。

这时，处在四面包围中的国民党军队更加恐慌动摇，一些国民党军队将领纷纷通电响应《约法八章》和刘邓首长的《四项忠告》，举行起义或投诚。12 月 21 日董宗珩率国民党军队第十六兵团在广汉起义，24 日罗广文率国民党军队第十五兵团、陈克非率第二十兵团在彭县起义，25 日国民党军队第十七兵团裴昌会率部在德阳起义。

国民党军队第五兵团李文执迷不悟，企图垂死挣扎，指挥所辖 7 个军分路向雅安方向突围，被人民解放军堵截和分割包围于邛崃、大邑、新津和蒲江地区之间20公里地区内。26日，人民解放军发起全线攻击，向国民党军阵地纵深猛插猛打，战至黄昏，该敌除少数向西昌逃窜外，全部被歼灭，生俘敌第五兵团司令李文以下5万余人。

12月27日，国民党军队第十八兵团李振率部在简阳以西地区起义。至此，被人民解放军合围后猬集在成都地区的胡宗南集团及其他国民党军队30万人除起义、投诚的以外，全部被歼，成都战役胜利结束。

同日，人民解放军解放成都。12月30日，人民解放军举行成都入城仪式。贺龙率中国人民解放军第十八兵团进驻成都，受到各界人民热烈欢迎。中国人民解放军成都市军事管制委员会宣告成立，李井泉任主任，周士第任副主任。

由陈赓率领的第二野战军第四兵团于10月下旬在广东阳春、阳江消灭国民党军队余汉谋集团4万余人，12月间在广西的博白、陆川、廉江地区歼敌第三兵团及第十三兵团大部，粉碎国民党军队从雷州半岛向海上逃跑的计划，12月6日解放钦州，全歼白崇禧集团主力。以后，陈赓兵团仍归第二野战军指挥。

1950年1月，陈赓兵团和第四野战军一部由百色地区向云南进军，在长期坚持游击战争的人民解放军桂滇黔边纵队的有力配合下，先后在滇南蒙自、个旧、元江、南峤（今勐海）等地歼灭企图向境外逃跑的国民党军队第二十六军和第八军大部，生俘国民党陆军副总司令兼第八兵团司令官汤尧。

2月20日，陈赓兵团和桂黔滇边纵队在昆明举行入城仪式，受到各界人民热烈欢迎。同时，人民解放军昆明市军事管制委员会宣告成立，陈赓任主任、周保中任副主任。

3月中旬至4月初，西南军区（即原第二野战军）一部发起西昌战役，全歼国民党军1万余人。至此，盘踞在西南地区的国民党军全部被歼。

邓小平与刘伯承率领中国人民解放军第二野战军进军西南的作战，历时5个多月，共歼灭国民党正规军及地方武装部队93万余人，解放西南地区的云南、贵州、四川、西康4省，彻底粉碎了国民党企图割据西南、待机反攻的图谋。

“论文论武，邓小平都是一把好手”

“黄猫、黑猫，只要捉住老鼠就是好猫”

第三十四章

胜利之师，法纪从严

中国人民解放军第二野战军解放大西南的伟大胜利，邓小平、刘伯承将其归功于毛泽东和中央军委。刘伯承司令员在给第三兵团《西南进军作战经验汇集》的题词中，对西南战役的胜利原因作了精辟概括："西南进军是在毛主席的战役指导下，在全国胜利的局面上进行的。在部署上为出敌不意，突然拊其侧背，断其逃路。在行动上，则猛打猛追，使敌人无喘息余地，更来不及变动原有部署，被动作战。在政策上，尤本军委布告的八项切实执行，收效很大。"①

为了尽快实现祖国的领土完整和统一，根据中共中央、中央军委的战略部署，邓小平、刘伯承运筹帷幄，精心谋划。1950 年年初，西南局、西南军区开始准备进军西藏，为此调集兵力，配备必要的物资，成立了以张国华为书记、谭冠三为副书记的中共西藏工作委员会，决定中国人民解放军第十八军为进军西藏的主力部队。

当时的中国人民解放军第十八军参谋长李觉回忆说：小平同志曾经有过这样的话，就是解放西藏的问题，主要是个政治问题，有军事问题，但是如果政治和军事来比较的话，还是政治是主要的。当时的第十八军第五十二师副政委阴法唐说：毛主席规定了进军西藏不吃地方，接着呢，小平同志提出来，政治重于军事，补给重于战斗。而且讲到进藏靠政策走路，靠政策吃饭。我们为了消除民族隔阂，争取藏族同胞，没有饭再饿着绝不能够吃老百姓的东西，在风雪天气没房子住，也绝不住喇嘛寺庙。李觉还说：部队是很好的。藏民话不懂，事他可以懂，你给他把水弄到他的水缸里，他总认为是对的吧，你把地给他扫一扫，扫干净总是对的吧，就是语言不通，行动来表现。阴法唐说：（藏

① 中共中央党史资料征集委员会:《中共党史资料》第 26 辑，中共党史出版社 1988 年版，第 213 页。

族）群众一看，这个部队太好了，原来听说江东来了解放军很好，现在实际看到了，那个时候就说新汉人、菩萨兵。

1950 年 10 月，中国人民解放军第十八军发起昌都战役，经过 20 天战斗，取得昌都大捷，打开进军西藏的大门。1951 年 5 月 23 日，中央人民政府和西藏地方政府在北京签订《关于和平解放西藏办法的协议》，宣告西藏和平解放。10 月 16 日，中国人民解放军进驻拉萨。中华人民共和国国旗五星红旗在号称“世界屋脊”的西藏高原上迎风飘扬。至此，除台湾省、香港、澳门及少数沿海岛屿外，实现了全国各地各民族的大统一和大团结。

邓小平在回顾第二野战军历史时指出：“进军西南，同胡宗南那一仗打得很容易，同宋希濂也没有打多少仗。真正打了一场的是剿匪战斗，打得很漂亮。到西南后，西南局规定的一九五〇年的任务概括为几个数字：九十万，九十万，六千万，六十万。什么叫九十万、九十万呀？头一个九十万，就是起义、投诚、俘虏的国民党官兵有九十万，怎么消化，怎么安置，怎么教育改造，这是个大难题，需要解决。还有一个九十万，就是土匪，要把他们消灭。这个完成得很顺利。打土匪本来是很困难的事情，我们声威雄壮啊，把他们打怕了，费劲也不大。六千万就是西南地区人口中百分之九十的基本群众，要把他们发动起来，搞土改闹翻身。还有一个是要提高我们部队六十万干部战士的质量，以担当起新的繁重的工作任务。这四项任务都完成得不错。这时二野还增加了一个十八兵团，十八兵团原先也是晋冀鲁豫的部队。”①

中国人民解放军第二野战军胜利完成解放大西南的历史性任务，全军振奋，欢欣鼓舞。邓小平认为，因为形势和环境发生了很大变化，第二野战军和接管西南的各级领导干部能否戒骄戒躁，避免李闯王进京所犯的那样的历史性错误，是一个重大的原则问题。历史教训，必须牢牢吸取，绝对不能重蹈历史覆辙。

1950 年元旦过后，邓小平在成都战役总结大会上，针对干部中正在发展的享乐思想，一针见血地问道：西南的仗到底打完了没有？他如实分析了改造 90 万国民党军队、发动 6000 万基本群众、提高 60 万人民解放军指战员素质的

---

① 《邓小平文选》第 3 卷，人民出版社 1993 年版，第 342 ~ 343 页。

艰巨任务，十分动情地警示与会者，在这样严峻的形势面前，有些同志却认为仗已经打完了，该享乐了，这是何等的危险与可怕！

邓小平强调，所谓享乐思想，实际上是团级以上干部的思想。不愿住乡村，不愿到小城市，不愿住无电灯的房子，也是团级以上干部的思想。而各高级首长能否以身作则，关系尤大。邓小平非常严厉地批评了重庆闹房子不够住的现象，说这简直是要搞“华尔街”。为此专门由有关部门发出通知，明令不设私人公馆，房子挤着住，集体办伙食，严防铺张浪费，同时要求特别注意下级干部及战士在制度规定范围内的福利。

随后，邓小平又督促成立各级党的纪律检查委员会，专司监督之责，以便随时揭露与清除干部中的腐败现象。邓小平率先垂范，廉洁俭朴，不搞特殊化，自己全家与刘伯承全家挤在一起住，使别人无话可说。他的这些要求与举措，实际上是在历史发展转折关头发出的动员令，在解放初期的西南地区党政军民中，产生了巨大而深远的影响，起到了鞭策落伍，转变风气，弘扬艰苦奋斗的优良传统，保持人民军队政治本色的历史推动作用。

自古以来，胜利之师因为胜利而骄傲自满，腐化堕落，纪律松弛，导致失败的前车之鉴史不绝书。饱读史书的邓小平对此极为重视，特别注意狠抓苗头性、倾向性问题不放。后来，邓小平很快觉察到，进城以后，在干部队伍中个别人身上，逐渐滋生出贪图享受、腐化堕落、要求离婚、家庭“改组”等现象，甚至越来越严重。于是，他在西南军区一次地师级干部会上，十分尖锐地指出：当前，我们干部队伍中享乐腐化思想在蔓延，社会上反映强烈……突出表现在男女关系上，到处闹“婚姻改组”。有个市委 9 个委员有 7 个闹离婚……有一天，邓小平在乘车回曾家岩的路上，看到一位北方农村妇女一手牵着一个女孩，一手拿着一封信，站在接待室前倾诉着什么。他立即让随行人员下去看看是什么事情。原来是贵州省绥阳县县长李民的妻子带着女儿来上访，控告李民遗弃她们母女，在绥阳另娶新欢。邓小平让工作人员收下她的诉状，将母女两人送到西南妇联，请廖苏华主任处理。经过调查，向邓小平递交诉状的妇女叫丁华，是华东老解放区山东省肥城县的一名乡干部，1948 年与寿张县干部李民结婚，生下一个女儿。不久，济南战役、淮海战役，一个接着一个，山东各地掀起支前热潮。李民随南下大军出发，进军西南，被派到贵州省绥阳县，任县长兼法院院长。当一些干部出现婚姻“改组”的情况时，李民也与一个年轻漂亮的女教师谈起了“恋爱”。为了达到离婚的目的，李民利用自己县长兼法院院长的职权，从绥阳县法院开具证明和公函，骗取山东省肥城县法院开出同意李民与丁华离婚的证明。但是，没想到丁华带着女儿，不顾路途遥远，来到贵州省绥阳县，了解事情真相。当丁华得知李民已与年轻的女教师结婚时，当即气昏过去。李民不但不认丁华母女，反而污蔑丁华是“精神病”，让法院的法警将丁华母女押出县城。丁华寻机摆脱监视，带着女儿直奔重庆，要求西南局秉公处理。邓小平和西南局抓住这一典型案件，严肃处理。1953 年 1 月 2 日最高人民法院西南分院对李民重婚犯罪案进行公开判决——依法判处李民有期徒刑 5 年。这一举措，有力地维护了国法，严厉打击了“改组家庭”的风气。《新华日报》根据邓小平的指示作了连续报道，并发表《从李民事件记取教训》的社论，对西南党员和干部进行了一场生动的教育。

1950 年 5 月 18 日，第二野战军司令员刘伯承、政治委员邓小平、副政治委员兼政治部主任张际春、参谋长李达向中央军委写出报告，汇报第二野战军进军西南的基本经验：一是准备充分，二是任务明确，三是不畏艰险，四是进军神速，五是政策正确，六是纪律严明。

在中华人民共和国中央人民政府委员会第六次会议上，邓小平作为中央人民政府委员会委员，作《关于西南工作情况的报告》。他对进军大西南作了概括：人民解放军第一、第二、第四野战军的部队，从 11 月初开始进军西南的战役。我第二、第四野战军部队首先在湘鄂川边以神速突然的动作一举歼灭国民党军宋希濂部主力，乘胜猛追，沿途歼灭国民党军增援部队，并以平均每天百里以上的速度直逼长江南岸，宽正面地抢过长江。蒋介石 11 月 29 日张皇逃走。我第四、第二野战军各一部于 30 日同时进入重庆市区。

毫无疑问，在中共中央的领导下，在刘伯承、邓小平的指挥下，从解放战争开始到挺进大别山，逐鹿中原，决战淮海，强渡长江，占领南京，横扫大西南，第二野战军为中国人民解放战争建立了不朽功勋。在革命战争胜利后，胜利应当归于谁，这确实是一个胜利之师应当正确对待的问题。对此，第二野战军刘伯承司令员、邓小平政治委员一直保持着无产阶级政治家冷静清醒的头脑，有着深邃的智慧，以宽广的眼光看待这个问题。他们始终认为，胜利应当归于党中央的领导、归于人民群众的大力支援、归于兄弟部队的有力配合。

为此，在人民解放战争取得决定性胜利后，刘伯承、邓小平率第二野战军全体同志发出《感谢电》，向第二野战军曾经战斗过的地区的党政军民，特别是向并肩作战的兄弟般的第三野战军、第一野战军、第四野战军表示衷心感谢。

1949 年 12 月底，第二野战军领导人在一起研究工作，邓小平首先说，我们西南区解放较晚，现在正值新年，大家都在庆祝解放战争的伟大胜利。这个胜利来之不易，首先是我们坚持执行了毛泽东主席、中央军委的战略方针和各项政策，再就是我们全体指战员战胜各种困难、英勇作战得来的，同时也是与各战略区党政军民的大力支援分不开的。中央在新年要发表告前线将士和全国同胞书，向全国军民祝贺胜利。

邓小平提议，我们应该给各战略区发个感谢支援的电报。刘伯承司令员和其他领导同志都非常赞成。张际春副政治委员兼政治部主任提出由政治部起草办理此事。邓小平当即说："我自己写吧，这样快些。"第一天说完，第二天就写好了《第二野战军首长率全体同志致各战略区感谢支援电》（以下简称《感谢电》），由第二野战军新华分社发出。

这篇文稿，邓小平用毛笔写就，字迹流畅刚健，共 1300 字左右，全文一气呵成，没有一处修改。通篇充分表达了第二野战军对各战略区的真挚感情和深切谢意，其基本思想是教育部队指战员应把胜利的荣誉归功于党，归功于人民。

对华东地区党组织、政府、人民和第三野战军的支援，《感谢电》指出：

> 我们从解放战争第一天起，就和三野兄弟们一直亲密和谐地并肩战斗着，从淮海战役起，就在华东区同华东人民一块奋斗着。在此期间，华东区的党、政府、人民和三野兄弟部队，给了我们热情的帮助和鼓舞，在待遇上往往超过三野的标准和财政的可能。当我们准备向西南进军的时候，在你们的帮助下，我们没有感到丝毫物质的困难。而在兵员

和干部上，更使我们增强了进军西南的信心。一直到现在，我们还在你们的财政援助下，减少了不少的困难。

对西北地区党组织、政府、人民和第一野战军的支援，《感谢电》指出：

西南战役之能如此迅速地完成，尤其是西南敌人主力胡宗南部之能如此迅速地被歼灭，其主要原因之一，是一野十八兵团在贺龙同志率领下前进的神速。此次西北党政、人民和一野兄弟们在协助西南解放和干部的援助上，尽了极大的努力。

对华中地区党组织、政府、人民和第四野战军的支援，《感谢电》指出：

我们在向西南的进军中，几乎通过了华中的全部地区，在四野兄弟们和华中党政和人民殷切招待下，我们没有碰到任何的困难。党政机关支前工作的周到，沿途人民的欢迎和鼓励，四野兄弟部队的谦逊的态度，友好的精神和模范的纪律，都深深地感动了我们每一个人。我们知道四野部队很苦，而对二野部队则超过了可能的宽待。这也使我们感到一些不安。而在整个西南进军中，两个野战军的配合作战也是很好的。四野的四十七军、五十军、四十二军，湖北省军区独立师及工兵部队，在协同入川入黔的作战中，表现了吃苦耐劳英勇奋斗和守纪律的模范。

第三十五章

抓捕大批特务，稳定社会秩序

四川省成都市武侯祠和河南省南阳市卧龙岗都有一副著名的古代对联，评价古代著名政治家诸葛亮治理蜀国的得失：

能攻心则反侧自消，从古知兵非好战；
不审势即宽严皆误，后来治蜀要深思。

中国人民解放军解放西南地区后，中共中央西南局、西南军政委员会、中国人民解放军西南军区是西南地区的最高党政军领导机关。西南局第一书记、西南军政委员会副主席、西南军区政治委员邓小平，办事果断，务实多谋，作风干练，西南局两个月一次向中央的综合报告，多出自他手。这些综合报告，篇幅不长，重点突出，言简意赅。

邓小平和西南局第二书记、西南军政委员会主席刘伯承，西南局第三书记、西南军区司令员贺龙，团结一致，和衷共济，在领导西南地区的建设中，团结一切可以团结的人，分化原来敌人营垒中一切可能分化的人，谨慎稳妥地消除历史遗留下来的民族隔阂，促成各民族团结，广泛发动群众，顺利地进行各项社会改革，恢复和发展工农业生产，加强了各级政权的民主建设，在西南地区创造了稳定繁荣的新局面。

西南是多民族聚居地区，地域辽阔，人口众多，国境线长达数千公里，交通不便，民族关系复杂。西南地区是国民党的大后方，重庆是抗战时期国民党政府的“陪都”，是蒋介石苦心经营多年的大本营。新中国成立前，国民党在这里集结了 90 多万军队，散兵游勇很多，土匪特务活动猖獗，封建势力根深蒂固，社会情况复杂，经济萧条，人民生活痛苦不堪。由于西南地区是国民党最后撤离的地区，新中国成立后面临着复杂的社会情况，国民党留下来的特务组织很多，国民党和三青团在重庆留下来的区分部书记以上的骨干就达到9000多人，其中很大一部分转化为潜伏特务。

中国人民解放军发起渡江战役后，国民党看到败局已定，在西南地区开办形形色色的“游击骨干训练班”，集中培训各种特务、政治土匪、反革命分子以暗杀、爆破等特务技能，图谋对抗新生人民政权。国民党在贵州省举办“自卫干部训练团”，给学员配发武器和电台，让他们渗透到工矿、企业、学校，伺机制造混乱。云南是西南地区最后解放的省份之一，成了各地特务头子的落脚点，国民党的三大特务系统——军统、中统和国防部二厅驻川、康、黔、湘、鄂、苏、赣、渝、平等省、市的特务骨干，携带武器、电台等特工器材设备纷纷落脚云南等地。

西南地区解放后，各类国民党特务有的散布谣言，要爆发第三次世界大战，蒋介石即将反攻大陆，以惑乱人心；有的盗窃情报，组织暗杀，进行抢劫，破坏生产，以扰乱社会秩序；有的甚至组织土匪，攻占若干县城，发动武装暴乱，企图颠覆各级人民政权。

一位曾在西南地区从事公安工作的老同志回忆说：

> 蒋军溃退时，留下了8万名职业特务，制订了“应变计划”，布置了15个“游击根据地”，纠集组织土匪游击武装先后达百余万人。他们在“反征粮”“反收税”“打开县城做县长”等口号下，到处攻打城镇，抢劫杀人，肆意破坏公路、水运。1950年上半年，西南全区解放后又被匪特攻打、攻陷的县城有100座，贵阳市被土匪特务武装进攻5次，雅安市被匪特包围7天，区、乡政府遭攻打的更多。全境公路沿线匪特为患，我第十二军运粮要40辆卡车同时行驶，每车都配上机枪。水上从重庆到泸州，一离开大渡口，两面就有土匪打枪，航路也不通。虽然到1950年6月，全区剿灭数十万土匪，可是匪特与封建势力勾结，反革命活动一直很猖獗。特别是朝鲜战争爆发，由派遣和潜伏的匪特为领导，以反动封建势力为基础的反革命武装，采取分散、隐蔽、小股活动，向我全面进攻。据1950年全年统计，特务、土匪、恶霸、反动会道门和其他反革命分子所

组织的阴谋暴乱，破坏工厂和仓库、暗杀、放毒、纵火、窃密等案件达5100余件（其中阴谋暴乱案占75%以上），杀害干部和群众积极分子1.4万余人，中毒6000余人，被抢、毁公粮数亿斤。……①

一贯道在城乡到处破坏，潜伏在重庆市二十一兵工厂的一贯道头子以“避灾免难”等诱骗落后工人，先后发展了大批道徒。8月，被政府明令取缔后，又改头换面向市郊工厂扩展。在云南边境则挤入大批派遣特务及蒋匪残余，勾结土司武装，并在境外建立据点，企图待机侵扰。这一切都说明反革命的活动在西南是很疯狂的。

为了稳定社会秩序，保障广大人民群众安居乐业，邓小平以极大的精力狠抓了公安工作。1950年，西南军政委员会公安部筹备出版内部刊物《西南公安通讯》，主要宗旨是贯彻中央公安保卫工作方针、政策，进行业务指导，交流公安保卫工作经验，提高干部政策水平和业务水平。邓小平作为西南局第一书记，热情支持这个刊物，并为《西南公安通讯》创刊题词：“加强隐蔽斗争，肃清匪特，是今后长期而艰巨的任务。这不但需要我们公安工作同志的机智和有办法，更重要的还在于依靠群众和掌握政策。”西南局第二书记、西南军政委员会主席刘伯承题词：“调查研究，从实际出发，掌握政策，保卫治安，使生产建设获得保障。”西南局第一书记和第二书记的题词，有力地教育和鼓舞了西南地区广大公安干部。1951年1月，邓小平就进一步加强隐蔽斗争、依靠群众的问题，在重庆《新华日报》新年题词中强调：“一九五一年，我们应在清除美国毒素的思想战线上，在土地改革的斗争中，在经济建设的事业中，在肃清匪特、特别是在反对隐蔽敌人的斗争中，进一步团结工人阶级、农民阶级、小资产阶级、民族资产阶级和其他民主爱国分子，做出更多的成绩。”

为了彻底肃清西南地区的特务、土匪、反革命分子和国民党残余势力，西南军政委员会公安部于1951年1月召开西南地区第一届公安会议，云南省、贵州省、西康省、川东区、川西区、川南区、川北区、重庆市的公安部门负责

---

① 潘嘉钊：《小平同志与西南公安工作》，《人民公安》2000年第16期。

人参加会议。邓小平和西南局第三书记、西南军区司令员贺龙出席会议并讲话。西南人民检察院、人民法院的负责同志到会旁听。

邓小平针对西南地区的敌情，强调：

西南反革命基础大，封建势力、帝国主义势力、官僚资本主义势力还没有完全打倒，间谍、特务仍在阴谋活动。解放后我们还在做工作，可短短几个月，一贯道在重庆二十一厂的7000名工人中就发展了900人，说明封建势力在各方面钻空子，找我们的漏洞，利用群众落后的一面。

一年来，一切工作都有成绩，可就一条，镇压不够。我们有些同志，自以为“稳重”，不出乱子，实际出了个大乱子——群众发动不起来；有的总怕犯错误，实际上犯了个大错误——纵容了反革命。事实证明，凡是群众起来的地方，都是镇压了反革命的。一定要知道，不严惩反动头子、恶霸、会门头子……群众就起不来；严惩了，群众无所顾忌。

西南镇反，一是严惩少了，二是办得不及时。镇压反革命不够这一点必须纠正。该杀的就杀，该关的、该管的坚决要关、要管。杀人问题，要准、稳、狠。第一要准，不要杀错。第二要稳，杀人要有计划，不能乱，要分区、分时间。保证了准，保证了稳，既准又稳，就保证了不会错，就狠。狠也包括及时。三者是密切联系的，准、稳是基础，在这个基础上要狠。我们镇压反革命不仅要有计划、有步骤、有秩序，坚决地进行，还要有策略，要及时。

前一时期，重庆捉了几个一贯道头子，我主张严办，这是新东西，毛主席说它是“第二大党”，除了共产党，就是它大，为什么不打痛它。一贯道是集反动之大成搞的，以迷信面目出现，实际上搞反革命。正因为群众对它看不清，我们严惩，可使群众看清它的真面目，擦亮眼睛，划清界限，觉悟到一贯道干不得，更进一步，一切秘密的事情干不得。严惩一贯道头子，有利于人民，有利于革命。①

---

① 潘嘉钊:《小平同志与西南公安工作》,《人民公安》2000年第16期。

邓小平的这次讲话，抓住要害，有的放矢，高屋建瓴，势如破竹。到会同志思想受到震动，斗志得到激励，方向更加明确。

一位从太行山到大西南一直在邓小平领导下从事公安、保卫工作的老同志回忆说：

进军西南到达重庆后，我奉派参加重庆市的公安接管工作，在新的条件下，聆听邓政委在各种大小会议上的讲话指示的机会，比战争年代更多一些。由于重庆在抗战时期曾是国民党政府的陪都，属于解放较晚的地区，国民党的各类残渣余孽，军警宪特分子，大量逃窜麇集于此，加之从1949年年初开始，国民党特务机关就有计划地布置潜伏和游击组织，敌情是十分严重的。

为了有效地打击敌特和反革命分子的现行破坏活动和欺压群众罪大恶极的“东霸天”“南霸天”，发动群众同反革命作斗争，邓政委当时对公安工作曾多次作过及时的指示和具体的指导……

1950年10月的一天，邓政委把西南公安部的周兴、刘秉琳、赵苍壁三位部长和市公安局的正副局长刘明辉、段大明和我找到他的住处的客厅里，研究贯彻执行中央“双十指示”，开展镇反运动的有关问题，特别强调了要掌握政策。根据中央、西南局关于镇反肃特工作的指示精神，我们在调查研究的基础上组织了1950年1月18日、5月19日和1951年3月13日三次大逮捕行动。在1950年1月18日，大逮捕前夕，西南公安部周兴部长和赵苍壁副部长都曾到老街“慈居”市局政保处具体指导。周兴部长传达了邓政委关于在大逮捕行动中一定要贯彻落实“首恶必办，胁从不问，立功受奖”的政策精神的指示。

这次大逮捕行动共逮捕特务、反革命分子等1315人，在大逮捕的震慑下，在11天里就有1736名特务分子前来自首登记。同时根据立功表现情况，从宽处理了包括保密局西南特区中将副区长李修凯等150名自首特务，达到了打击敌特嚣张气焰，分化瓦解敌人，扩大战果，发现更多敌特线索的目的。

在这段时间里，对一些大要案件和事关统战对象的事，邓政委都亲自过问。如保密局西南特区中校专员冉益智，解放前曾是地下党中共重庆市委副书记，主管学运。1948年4月被国民党特务逮捕后即叛变，供出了市委的领导班子和沙磁区、北碚、南岸和城区学运特支书记和党员20多人，并带领特务到下川东万县等地，指认逮捕了江竹筠（江姐）等11人。重庆解放后，冉冒充“脱险同志”到临江路介中公寓的“脱险同志登记处”登记，当场被人揭穿后，才被迫到市公安局十九分局（北碚）登记自首。这是一个罪大恶极的反革命分子。

1950年9月1日，邓政委在关于冉益智的处理报告上作了批示，10月27日市公安局将冉逮捕押审。11月的一天，西康省委书记廖志高同志（抗战初期曾任川东特委书记）来重庆参加西南局的会议，得知冉益智还没有（被）处决，便到邓政委处提出意见。23日，西南局电话传达邓政委关于处决冉益智的口头指示。24日西南公安部赵苍璧副部长批示“以反革命杀人罪，不以叛徒罪处决”。1951年1月19日，人民法院判处冉益智等4名叛徒、特务死刑。

又如在“三一三”大逮捕中，由于第五分局对举报材料核查不认真，误将李杜（曾任东北抗日联军司令）以一贯道首领上报市局，造成错捕，（被）关入石板坡监狱。第二天即接到邓政委的秘书打来电话，指示我们立即纠正并作好善后工作，当即由西南公安部情报处处长于炳然同志（曾任东北抗日联军的政治部副主任）带领政保处科长郝涌昌同志专程赶往监狱，向李杜道歉后将其接出送回到南岸清水溪家中，有关责任人作了书面检查。

再如1951年11月23日，西南公安展览在大田湾广场展出，展出的前一天，请邓政委、贺司令员来审查展览内容。邓、贺首长看得很仔细认真，当看到一块展板上的照片说明词中，写有“龙云部××反水叛乱”的语句时，邓政委当即严肃指出，龙云先生是爱国民主人士，旧部反水叛乱，同他没有什么关系，要将这种有严重错误的词句立即改正。

再如第一届全国政协委员、西南军政委员会委员、民生轮船公司实业家卢作孚先生于1952年2月8日晚，在新华路家中卧室内于睡眠中突然死去，邓政委接到报告后，十分震惊，当即指示西南公安部周兴部长彻查情况。周部长指定由西南公安部经保处处长李俊成同志和我具体负责，抽调得力干部组织专门力量进行彻查工作。

经过一段工作，将情况弄清。当时在镇反运动中派到民生公司的有关负责干部，对运动掌握不当搞出了一个失实的青年党案件，株连公司不少高级职员，造成混乱情况，问题虽未直接弄到卢先生头上，对他却造成压力，他对此很有意见，但又不便提出。以后又开始了“五反”运动，随着这个运动的日益升温，在私营工商业者中形成十分紧张的气氛。

鉴于当时重庆已有工商业者由于对运动不理解，发生自杀现象，邓政委批示了对西南地区工商业者的保护对象有200多人，其中重庆市的有38人。此时民生公司的“五反”运动也在逐渐展开，一天军代表定要卢先生参加第二天的公司职工大会，却没有向他交底说明情况，造成错觉，卢平时家里备有安眠药阿米妥钠，以便失眠时使用，当晚就吞服了过量安眠药去世。我们将这一调查结果报告周兴部长转报邓政委，并得到认可。①

在镇压反革命运动中，重庆经过严密侦查展开3次大逮捕。成都随后跟进，统一行动，逮捕特务和反革命分子1000余人。1951年4月在昆明公开审判参与杀害爱国将领杨虎城将军、杀害爱国民主人士李公朴和闻一多及镇压学生爱国运动的特务分子。国民党保密局云南站站长沈醉起义后，协助抓捕了徐远举、周养浩等特务头子，收缴保密局在云南各地的电台，摧毁了其活动据点。对撤退到云南的各地特务分子和云南特务组织，限期登记。对煽动民族地区叛乱、妄图分裂边疆的特务，一律严惩不贷。西南地区的特务组织和潜伏特务，遭到毁灭性打击，社会环境得到有力的净化。

---

① 张若千:《从太行到重庆》,《重庆党史研究资料》1997年第3期。

第三十六章

“论文论武，邓小平都是一把好手”

西南地区解放后，邓小平主持西南工作期间，担任西南局第一书记、西南军政委员会副主席、中国人民解放军西南军区政治委员等党政军重要职务之外，还有一个非常重要的兼职——西南军政委员会财政经济委员会（亦称西南财政经济委员会或西南局财政经济委员会）主任。

财政经济委员会名义上属西南军政委员会，因受邓小平领导，实际上是西南局的财委。财委听起来似乎只管财政经济工作，实际上，经济工作是一切工作的基础，关系到方方面面。会上讨论的问题，不仅是财经问题，政治、文教、人事都有所涉及。实际上，财委是军政委员会中总揽了除军事工作外其他一切工作的一个综合性大区行政领导机关。

邓小平主持西南财委工作期间的领导作风和领导方法，尤其是在财委会议上听取汇报、处理问题时的独特风格和特有魄力，令同志们无不为之折服。对此，一位亲历者作了精彩回顾：

（每周一次的西南财委会议）会议地点开始是在（重庆）曾家岩对过的财委会办事处举行，后来移到西南局内邓小平家中。一间小小的办公室，长方形周围摆了十几把椅子，靠四周墙边有些沙发。邓小平的座位在长方形办公桌一侧中间的椅子上，他的左、右侧和对面坐着财经各部委负责人。

小平同志似乎从不做笔记（有专人记录）。会议开始他总是不经意地指一位同志：“你开始吧！”汇报开始了。他静静地坐在那里，一动也不动，活像一尊塑像，有时还闭上眼睛。可以看得出来，他是一面听一面在思索，思索着解决问题的方案。

…… ……

邓小平就这样一动不动地坐在那里，耳边响着各种各样的困难、不安、困惑、烦恼。他靠在椅背上，有时忽然查问一两句，然后又陷入深深的沉思。

会开了一半，他宣布休息，走进隔壁的台球房打起台球来。……片刻休息活动之后，邓小平精神焕发，重新入座，向与会者一一问过讲完没有，还有什么要说的，如有补充，再说。一直到大家的话都说完了，邓小平的压轴戏这才开始登场。

只见他不慌不忙，对刚才每一个同志提出的问题都作了回答，而且提出了一系列的解决办法，斩钉截铁，快刀斩乱麻，不拖泥带水，不优柔寡断，这时真令人惊讶不已。

如果会议前一段，他主要运用耳朵，那么会议后一段，他主要是用嘴进行一场说服人的战斗。他头脑中那些不做笔记的笔记，都被整理得有条不紊；他在闭眼似睡非睡之间的苦苦思索，最后被他成熟了的思想泉水般喷放出来。

这是人间少见的领导艺术，这是他在长期战争中养成的迅速果决、多谋善断的领导才能。他深具民主的涵养，听取大家的意见。他又在战争中“游泳”多年，深谙运用集中权力的战术。民主与集中，在他身上达到了完美的统一。

他讲完了，再问大家还有什么意见，没有了，散会。①

中华人民共和国诞生后，1950 年 2 月调任西南军政委员会财政经济委员会副主任兼工业部部长的段君毅，曾长期直接在邓小平领导下工作，多次聆听邓小平对发展西南地区城市工作和工业生产的指示。他回顾说：

邓小平非常注意从实际出发，明确指示我们：“生产中主要一条方针是不要乱动。”“调整工商业，主要是城市。我们的政策是调节劳资，两利兼顾，否则对整个国民经济不利。我们要扶助有益于国计民生的私营工商业，鼓励私

① 甘惜分:《会议桌前的邓小平同志》,《党的建设》1993 年第 1 期。

人生产的积极性。”“调整工商业涉及三个方面的问题，一资、二劳、三公，一切都要引导到发展生产力。共产党就是为发展社会生产力的，否则就违背了马克思主义理论。”

邓小平在解放初期提出的这些观点和做法，表现出从实际出发、发展社会主义经济的理论建树，学习这些观点，仍然具有现实意义。

1950 年 12 月，西南局召开城市工作会议。邓小平按照毛泽东在中共七届二中全会上的指示，明确提出：各级领导机关“必须以较多的注意力加强对城市工作的领导”，“必须全心全意地依靠工人阶级”。他说：如何依靠呢？“必须从思想上认识工人阶级的作用，不依靠工人就无法搞好工业生产，就不可能发展到社会主义。”“必须把工人的最大多数组织到工会中去，并依靠工会去教育工人，启发其阶级觉悟，发挥其生产积极性。”“依靠工人阶级必须成为党的指导思想，必须贯彻到各部门中去。”

邓小平还提出“依靠工人，团结职员，搞好生产”，“这是管好工厂的关键”。他说：“城市工作同志的任务是一步一步地学会管理城市和建设城市，恢复和发展城市中的生产事业，用全力去学习生产的技术和管理生产的方法，学习和生产有密切联系的商业工作、银行工作和其他工作。”他强调：城市工作中最薄弱的环节，“是最中心的生产管理问题”，“因为不搞好生产事业，特别是不搞好工厂管理，就不可能把消费城市变为生产城市，把农业国变为工业国，由新民主主义发展到社会主义”。

邓小平依据中共七届二中全会精神阐述的这些重要思想，成为西南地区经济建设的指导方针。

自古以来，人人皆云蜀道难。唐代大诗人李白深有感触，曾为此写过一首《蜀道难》的名诗。诗中将神话传奇与自然景色、历史与现实融为一体，既酣畅淋漓地描绘了蜀道艰险奇丽的山川风光，又将行路艰难的感受与人生艰难、世事艰难的感慨隐喻其中，具有深刻的感情色彩和浓郁丰厚的感染力。

“蜀道之难，难于上青天。”蜀道虽难，共产党人的意志更坚。“精诚所至，金石为开”，在 20 世纪 50 年代，使大诗人李白望而却步的蜀道，终于变成坦途。

邓小平对西南经济建设倾注极大精力，代表广大人民群众的迫切愿望，作出修建成渝铁路的重大决策。新中国刚刚成立，中央人民政府就批准了西南局关于修建成渝铁路的报告。1950 年 5 月的一天，邓小平在住地召开会议。他说：经济生活和市场有了很大好转，但尚未根本好转。我们还面临着很大困难。我们只能集中力量办一两件事情，绝不能百废俱兴。现在中央批准我们修成渝铁路了，这对西南特别是四川人民来说，是一件大事，政治上和经济上具有重大意义。成渝铁路一开工，不但可以带动四川的经济建设，而且可以争取人心，稳定人心，给人民带来希望。四川人民渴望了 40 多年的愿望就可以实现了！

新中国第一条铁路——成渝铁路的建设，揭开中华人民共和国第一次筑路高潮的序幕。修建成渝铁路是四川人民多年的梦想。1904 年，清王朝在四川设立川汉铁路公司，以筑路为名强行集股，几年中搜刮川民资金 1600 多万两白银。由于清王朝腐败无能，加之后来的历任军阀和国民党政府对川汉铁路建设置之不顾，直到新中国成立，仍然没有见到铁路的影子。

当大西南刚刚解放、百废待举之际，作为西南局第一书记，邓小平以战略家的眼光敏锐地意识到，祖国的大西南是资源宝库，抓紧建设成渝铁路，是医治战争创伤、启动四川经济、带动西南地区发展、促进新中国建设的一项重要举措，具有重大政治意义和经济意义。他豪迈地说：“我们共产党有决心、有信心，让成渝铁路在我们手里建成。”因此，他主持西南工作期间作出的重大决策之一，就是和刘伯承、贺龙等同志一道，报请毛泽东主席、周恩来总理批准马上动工修建成渝铁路。

1950 年 6 月 15 日，西南领导机关在西南军区大操场隆重举行成渝铁路开工典礼。邓小平在会上以高亢的声音、热情的话语，鼓励大家去进行新的战斗。他说：我们进军西南，一开始就下定决心，要把西南建设好，而建设西南首先要从交通建设抓起。今天开工修筑铁路，是在经济十分困难的条件下进行的。为把事情办好，我们调出一部分军队参加修路，同志们是开路先锋！他号召大家要学会修路技术，尊重技术人员，一定要把成渝铁路修好。

在修建成渝铁路过程中，邓小平亲自审定设计方案，解决所需物资的生产和运输问题，并选调得力干部接收国民党在重庆的交通机构，组织筹建成渝铁路领导机构。当时西南地区财政十分困难，为了解决建设资金问题，邓小平明确指示：财政要保证重点，成渝铁路要修，其他的可以缓办。要大力提倡增产节约，千方百计增加税收，铁路建设要保证。

在邓小平领导下，经过西南地区10万军民两年日夜紧张奋战，全长503公里的成渝铁路于1952年7月1日正式通车。邓小平当即在《新华日报》题词："庆祝成渝铁路通车。"邓小平同西南军民一起，开创了西南地区经济建设的新纪元。成渝铁路的建成，结束了四川没有铁路的历史，使国民党和帝国主义诋毁"共产党只会打仗，不会搞建设"的论调不攻自灭。邓小平到中央工作后，仍然经常关注西南地区的铁路建设。20世纪60年代，他到成昆铁路建设工地视察时，曾为关村坝车站题词，极大地鼓舞了广大勘测设计和施工人员的斗志。

尊重知识，尊重人才；重视教育，重视人才培养，是邓小平的一贯思想。革命战争年代如此，建设时期更是如此。中华人民共和国诞生初期，百废待兴。西南局第一书记邓小平，在负责领导西南地区的政权建设、社会改造和经济恢复等各项工作的同时，十分关心和重视西南地区的教育工作。1950年4月，邓小平和刘伯承主持创办西南人民革命大学，主要招收学生、进步青年和各种革命分子，对他们进行政治教育，并将其作为补充西南地区干部队伍的重要来源。

邓小平对该校情况十分关心，将该校视为西南干部队伍的"摇篮"，经常抽时间到西南人民革命大学与师生和校领导座谈，了解情况。该校第一期学员毕业时，邓小平应邀出席毕业典礼，并作了《到实际工作中去接受考验》的报告，号召学员们在实际工作中接受锻炼和考验。在第二期学员开学典礼上，他又作了《目前的形势和任务》的报告，鼓励学员们为"建立强大的经济力量"而努力学习。

邓小平还要求西南局领导同志关心和支持西南人民革命大学的工作，把到西南人民革命大学讲课当作一项政治任务，要认真准备，不能推诿。在他的带动下，西南局许多身经百战，具有丰富政治工作经验、军事工作经验和经济工作经验的领导同志，纷纷应邀到西南人民革命大学讲课或作报告。邓小平还亲自过问西南人民革命大学的日常工作和教学计划，要求针对新中国成立后大规模经济建设的需要培养干部和专业人员。

根据这一意见，西南局决定将西南人民革命大学向正规化大学过渡，邓小平亲自审定了实施计划的方案。1953年10月以后，西南人民革命大学进行调整，成立了西南政法学院、西南俄文专科学校，有的系被并入西南党校、四川财经学院。西南人民革命大学及其 6 所分校在 1950 ~ 1953 年间共培训学员近 10 万人，为西南地区党政机关和社会团体输送了大批急需的干部。这些同志在实践中逐步锻炼成长，成为西南地区干部队伍中的重要组成部分和社会主义建设的骨干力量，在西南地区各项工作中发挥了重要作用。

领导教育工作，既要加强党对教育工作的领导，又要了解和掌握教育工作的规律，充分发挥知识分子的积极性、主动性和创造性，使之为社会主义建设贡献聪明才智。在这方面，邓小平确实体现出了一位独当一面的无产阶级政治家应当具有的胆略、气魄和水平。在西南地区贯彻中央关于对旧有教育事业接管和改造的工作方针的过程中，邓小平始终强调党对教育事业的领导。

1950 年，在听取青年团西南工委工作汇报时，邓小平指出：现在全党对城市经济工作、工厂工作的重要性已经普遍认识到了，但对学校工作的重要性还缺乏认识。如果继续忽视学校工作，我们就会犯历史性的错误。他尖锐地提出，不重视教育工作，中国的建设 20 年后靠谁?

在西南局第一次宣传工作会议上，邓小平指出：“学校教育工作搞不好，关系重大。”他要求领导机关一定要建立对学校教育的领导，党的各级组织都要重视学校教育工作。针对当时学校中存在的某些不信任、不尊重教师和知识分子的倾向，邓小平指出：办好学校，关键要依靠教师，充分相信、团结、依靠和尊重绝大多数教师和知识分子，调动他们的积极性。

当他看到一份青年团内部刊物中有“依靠学生，团结教师，办好学校”的提法后，立即严肃地指出，这个提法是错误的，学生在学校中处于受教育、学知识的地位，而且在完成学业后就要离开学校，与工人在工厂中的地位与作用不同，不能简单地套用“依靠工人，团结职员”的口号。正确的提法应当是“依靠教师，办好学校”。

针对有些学校出现“左”的倾向的情况，邓小平指示西南局的同志“对教授、科学家及高级知识分子，应采取保护的政策”，“禁止采用简单粗暴的方法”，充分体现了他在领导教育工作中高度的政治水平和实事求是的作风，有力地推动了西南地区教育事业的恢复和发展。

1951 年春天，根据毛泽东“到南方去看看土改”的建议，梁漱溟和章乃器等率领的土改分团来到四川。在重庆，梁漱溟听了邓小平对四川情况的报告和在土改分团会议上的讲话，参观了土地改革后的四川农村，认为邓小平精明能干，水平很高，人又年轻。

回到北京后，梁漱溟向毛泽东汇报说："四川搞得很不错。四川解放不过两年，那里就开始安定下来。解放前我在四川好多年，那是一个很乱很复杂的地方，如今变化那么快，是我没有料到的。这一局面的取得，首先得推刘伯承、邓小平治川有方。特别是邓小平，精明能干，有才华，有水平，年纪轻轻，深得人心。"

毛泽东听后，不禁哈哈大笑，高兴地说："梁先生看得蛮清，无论是政治还是军事，论文论武，邓小平都是一把好手！"

古人曾经感叹过治理四川问题的难度：天下未乱蜀先乱，天下已治蜀后治。

在中国共产党的领导下，这句话应改为：天下已定蜀亦定，天下已治蜀亦治。

第三十七章

“举重若轻”，任中央秘书长兼中央组织部部长

1950 年中共七届三中全会期间，周恩来在考虑一个问题时，若有所思。于是，他问一位领导同志：你在晋冀鲁豫解放区跟刘伯承、邓小平共事多年，对他们二位的工作怎么看？

这位领导同志说：一个司令员，一个政治委员，各尽职责，我学到的东西不少，他们在工作上配合得很好。

周恩来摇了摇头，说：我不是讲他们的配合，而是问你，对他们的工作方法有什么看法。这位领导同志说：总理，你是老领导，那就请总理讲讲吧。

周恩来说：根据我多年观察，他们两人的工作方法大不相同。邓小平是“举重若轻”，刘伯承则是“举轻若重”。你看是不是这样？这位领导同志说：完全对，这八个字概括得很准确。

接着，周恩来又问：那么，这两种工作方法，你比较喜欢哪一种？没有等对方回答，周恩来总理就讲了自己的看法：从愿望上说，我更欣赏邓小平的“举重若轻”，但说句实在的话，我做不到，我同刘伯承同志一样，在工作上都是“举轻若重”。

邓小平长期主持一个重要战略区域工作中“举重若轻”的领导艺术，在老一辈无产阶级革命家中传为美谈，也得到民主人士和民主党派的肯定。他领导西南地区经济、政治、军事、财政、文化、教育等各方面工作的丰富经验，为担负更重要的工作责任奠定了坚实基础。

1952 年，邓小平 48 岁，精力充沛，经验丰富，年富力强，意志坚定，正当盛年。经历了第一次大革命、土地革命战争、抗日战争、解放战争战火的考验和锻炼，经历了新中国成立后主政大西南、领导经济恢复与经济建设的考验和锻炼，邓小平在军事、政治、经济、财政等诸方面的经验更加

丰富。

毛泽东以信任的目光注视着这位文武兼备、军政全才的西南局第一书记，决心委之以更加重要的工作。1952 年 7 月，邓小平作为中央人民政府委员会委员、人民革命军事委员会委员，被调到中央工作。在熟悉了一段中共中央和中央人民政府的工作情况后，8 月 7 日，邓小平被任命为政务院副总理兼财政经济委员会副主任，还兼任过政务院交通办公室主任和财政部部长。

新中国成立初期，财政经济工作是一项极为重要的工作，在中共七届三中全会上，毛泽东的重要报告，就是《为争取国家财政经济状况的基本好转而斗争》。主持全国财政经济工作的中央人民政府政务院财政经济委员会主任，是中共老资格领导人之一、中共中央政治局委员、政务院副总理陈云。财政经济工作在新中国成立之初的重要地位由此可见一斑。

主管财政经济，对邓小平来说，是一项比较熟悉的工作。抗日战争时期在晋冀鲁豫抗日根据地，解放战争时期在中原解放区，财政经济工作始终是他主管的重要工作之一。早在 1943 年 7 月，他就在延安《解放日报》上发表的《太行区的经济建设》中，对抓好敌后抗日根据地经济工作的重要性进行过深刻论述。他指出："敌后的经济战线，包含了两个不能分离的环节：一是对敌展开经济斗争，一是在根据地展开经济建设。没有对敌斗争，谈不上根据地建设，没有根据地建设，更谈不上对敌斗争。我们各种具体的经济政策，都是照顾了这两个方面而订出的。抗战初期，我党中央和毛泽东同志就提出了'自给自足、自力更生'的经济建设方向，六年来我们就在这个方向下进行我们的建设的工作。经过了无数曲折，遇到过不少的困难，到现在，我们才探索出了一条道路。这条道路使我们不仅保障了抗战的需要，保护了人民的利益，打击了敌人的掠夺计划，而且为反攻和战后建设做了不少的准备。"他总结了抗战以来太行敌后抗日根据地在经济战线所做的主要工作、取得的基本经验和教训，提出"发展生产是经济建设的基础，也是打破敌人封锁、建设自给自足经济的基础，而发展农业和手工业，则是生产的重心"等重要的思想观点。

同时，邓小平主政西南两年多的丰富经验，尤其是主持西南财经工作两年多的丰富经验，为到中央主持财政工作奠定了坚实的基础。

财政部原副部长戎子和回忆说，邓小平一到财政部就问，毛主席、党中央对财政工作有些什么具体指示，我们就给他讲。比如说，我们讲到毛主席讲过这样的话，讲过关于编预算、收入要打足，支出要打紧，留有余地。他听见这几句话说好，就按这三句话编咱们 1954 年的预算呀，就按这个方针来办。

在兼任财政部部长期间，邓小平对全国财政收支状况进行了详细调查研究，于 1954 年 1 月在中央财政部召开的全国财政厅（局）长会议上，提出著名的财政工作六条方针：第一，预算归口管理；第二，支出包干使用；第三，自留预备费，结余留用不上交；第四，精减行政人员，严格控制人员编制；第五，动用国家总预备费须经中央批准；第六，加强财政监察。

邓小平还简要地论述了实行财政工作六条方针的原因：第一，六条方针有一个重大的政治目的，就是要把国家财政放在经常的、稳固的、可靠的基础上；第二，只有集中财力，国家财政才能集中力量保证社会主义工业化和社会主义改造的需要；第三，为了把国家财政放在稳固的基础上，保证社会主义工业建设，必须节减一切可以节减的开支，克服浪费。

总结讲话中，邓小平在强调地方财政工作要有全局观念时指出：“我们的一切工作都会涉及全局与局部的关系、中央与地方的关系、集中统一与因地制宜的关系。”在这些关系中，二者缺一不可。但是，“大道理与小道理必须弄清楚”。在处理这些关系时，一定要以中央、全局、集中统一为主导。如果两者之间发生矛盾，地方应服从中央，局部应服从全局，因地制宜应服从集中统一。

邓小平在主持财政部工作中提出的上述财政工作方针和基本指导思想，很快在实践中收到了良好效果，迅速扭转了国家财政状况的被动局面，保证经济建设的顺利进行。以 1954 年为例，这一年国家预算执行情况收支相抵，结余 16.05 亿元。

邓小平兼任财政部部长的时间并不长，从 1953 年 9 月到 1954 年 9 月仅仅一年，但他在“理财”期间表现出来的魄力、胆识和政绩，已足以载入史册。

1954 年 4 月 27 日，中共中央为了加强对全国各大区、各省（市）的集中统一领导，经中央政治局扩大会议决定，撤销全国大区一级党政机构。同时，中共中央增设东北地区工作部、华北地区工作部、华东地区工作部、中南地区工作部、西北地区工作部和西南地区工作部，建立中央秘书长办公制度。

6月19日，中央人民政府第三十二次会议作出《关于撤销大区一级行政机构和合并若干省、市建制的决定》。至此，从全国解放战争时期到新中国成立初期陆续设立的东北、华北、西北、西南、华东、中南各大区及中共中央的派出机构——各大区中央局，中央人民政府的派出机构——各大区行政委员会（初期为军政委员会），一并撤销。

同年12月，中共中央军委召开扩大会议，通过全国各大军区的划分方案，将原来的东北、华北、西北、华东、西南、中南6个大军区，改划为沈阳、北京、济南、南京、广州、武汉、成都、昆明、兰州、新疆、内蒙古、西藏12个大军区（以后又有撤销、增设等变动）。

1954年4月27日，中共中央决定，任命邓小平为中央秘书长兼中央组织部部长。中共中央秘书长一职，邓小平已经担任过两次。这一次是他投身中国革命以来第三次担任这个既重要又关键的职务。

回溯历史，邓小平第一次担任中央秘书长是在1927年年底到1929年夏天，第二次担任中央秘书长是在长征途中的遵义会议前后，第三次担任中央秘书长是在1954年4月到1956年9月中共八大。

邓小平第三次担任中央秘书长，与前两次担任中央秘书长，具有完全不同的性质。前两次担任中央秘书长，是作为中央机关工作人员，处理事务性具体工作，为中央领导机关决策提供服务。邓小平第三次担任中央秘书长，则是作为中央领导人和中央书记处（当时的中央书记处即中共八大以后的中央政治局常务委员会）下设的负责处理中央日常工作的“中央秘书长会议”负责人，直接处理中央日常工作。

中共中央在任命邓小平为中央秘书长的同时，决定在中央设立由中央秘书长、副秘书长（《建国以来毛泽东文稿》第5册中收入的毛泽东1955年10月的一个批示中，曾提到中央副秘书长共有8位）组成的中央秘书长会议，代中央处理日常事务，以减轻中央书记处的工作负担。

中央秘书长会议的成员有：

邓小平，主持中央秘书长会议，中央秘书长兼中央组织部部长、政务院副总理，同年9月，任国务院副总理、国防委员会副主席，1955年4月，任中央政治局委员；

杨尚昆，中央副秘书长、中央办公厅主任；

谭震林，中央副秘书长、中央书记处第二办公室主任、中央华东地区工作部部长；

胡乔木，中央副秘书长、中央宣传部副部长、中共中央主席秘书；

宋任穷，中央副秘书长、中国人民解放军总干部部副部长、中央西南地区工作部部长；

马明方，中央副秘书长、中央财贸部部长、中央西北地区工作部部长；

刘澜涛，中央副秘书长、中央监察委员会副书记、中央华北地区工作部部长；

林枫，中央副秘书长、国务院文教办公室主任、中央东北地区工作部部长；

李雪峰，中央副秘书长、中央书记处第三办公室主任、中央中南地区工作部部长。

中央秘书长会议制度建立后，中央副秘书长的组成人员曾有所变动，例如增加了李富春等人事变动。

当时的中共中央书记处书记为：毛泽东、朱德、刘少奇、周恩来、陈云。这一届中央书记处是1945年6月19日由中共七届一中全会选举产生的，成员为：毛泽东、朱德、刘少奇、周恩来、任弼时。陈云于1945年8月任中央书记处候补书记，1950年6月任中央书记处代理书记。1950年10月，任弼时病逝，陈云正式任中央书记处书记。

这时的中央书记处与中共八大以后的中央书记处具有完全不同的性质，中央书记处的构成和职能类似于中共中央政治局常务委员会。在中华人民共和国成立初期，说得更远一些，是从1945年中共七大至1956年中共八大，中共中央的最高领导核心为中央政治局和中央书记处。

20世纪50年代，百废待兴，百业待举，全党全国面临空前繁重的政治、经济、军事、外交等方面的重大问题，中央关于各方面的路线、方针和政策需要制定，各项重大日常工作亟待处理。这些繁重的重大决策，最后都集中到日理万机的中央书记处。

为了减轻中央书记处和中央领导人的日常工作事务，1954 年，中央决定建立秘书长制度。在中央政治局和中央书记处之下，设立经常性的中央秘书长会议，主要任务是：负责协助中央政治局和中央书记处研究和处理党和群众工作方面的日常事务，办理中央政治局和中央书记处交议或交办的其他工作。

同时，在中央政治局和中央书记处之下，重新设立中国共产党中央军事委员会，负责对全党全国军事工作的领导。在政府系统，则建立国务院全体会议或常务会议，决定国家日常事务。

这样做的好处很多，中央政治局和中央书记处，可以通过中央秘书长会议、国务院国务会议、中共中央军委，来行使对党、国家和军队的领导，处理大量政治、经济、军事、外交等方面的日常工作。

这些重大举措和工作制度，有效减轻了中央政治局和中央书记处的工作负担，为中央主要负责同志集中精力考虑、研究和制定一些关系到党和国家长远发展问题的重大路线、方针、政策及理论问题等，创造了有利的条件。

从 1954 年 4 月起，在中共中央政治局和书记处之下设立中央秘书长会议，代中央处理日常事务，一直延续到 1956 年 9 月中国共产党第八次全国代表大会为止。

中共八大通过的党章规定：中央设政治局、政治局常委和书记处，书记处在中央政治局和中央政治局常务委员会的领导下，处理中央日常工作。

中央秘书长会议制度建立之初，毛泽东专门召集了一次秘书长会议，对大家说：调你们来是叫你们做事。邓小平同志做中央秘书长，大区来的同志做副秘书长。中央的事由你们做，对外一律用中央名义，不用秘书长、副秘书长名义。毛泽东的这些话，表示了他对中央秘书长、副秘书长的高度信任和对这项工作的重视。

邓小平曾对中央秘书长会议成员讲：毛主席说，把你们摆在这里我们放心，你们分管的地方工作部也叫“放心部”。我们主要管协调，你们要把这方面的工作抓好。

有关同志注意到，邓小平抓工作主要抓布局、抓章法。

陈云也对中央秘书长会议的工作提过希望。他说，把握大局也要靠在座各位的工作，拜托大家了。

邓小平在中央秘书长会议负责抓总。他主持每次的中央秘书长会议，各位副秘书长参加，共同研究处理中央交办的工作。邓小平常说：“我们的主要任务是抓党”，主要抓党中央的日常工作和党的建设。

在邓小平任中共中央秘书长兼中共中央组织部部长期间，除了处理中央日常工作外，还处理了大量党务工作和历史遗留问题。1953 年年初，在福建“三反”和整党运动结束后，中共福建省委开始对 1948 年发生在福建的“城工部事件”进行审查。所谓“城工部事件”，是原中共闽浙赣区党委因怀疑所属城市工作部为国民党特务所控制，从而错杀了一批城工部同志，并解散了城工部及其领导的整个组织系统。

这是一起不幸的严重事件。经过近一年的审查工作，中共福建省委认为“原闽浙赣区党委对城工部案件的处理是完全错误的”，决定为“城工部事件”及有关人员平反。1954 年年初，中共福建省委派出干部赴京汇报。

邓小平、杨尚昆、谭震林、安子文等和有关方面领导同志在中南海听取了福建省委的汇报。邓小平作为中共中央秘书长、中共中央组织部部长，十分重视此事。在会上，他听得很认真，发言很慎重。

会上，邓小平指示福建省委的同志，把福建省委结论报告及 22 件专案附件，全部翻印，分送中央书记处诸同志；并决定由张鼎丞（后因病改由马明方参加）、谭震林、安子文 3 人具体审理此案并提出意见，最后结论由书记处讨论后决定。邓小平严谨细致的工作作风，深深感染了福建参与办案的同志。

1954 年 2 月 21 日，谭震林传达中央领导同志的意见：福建省委的结论报告只解决了城工部问题的翻案与处理。中央书记处讨论时，刘少奇、周恩来、邓小平提出，此案平反后，城工部的千余人站起来说话，被诬害的上百人的家属也会说话；向全党公布后，当全党干部知道后也要提出问题。因此，对原区党委的错误不作出结论是不行的。

福建参与办案的同志深深地感到，中央领导同志的这一指示，对顺利解决“城工部事件”历史遗留问题十分重要。他们对邓小平和中央领导同志心系党员、干部、人民群众，站在党内外群众的立场、角度，提出问题、看待问题，深受教育。

在邓小平等中央领导同志的具体关心、指导下，“城工部事件”的历史遗留问题，后来终于得到解决。这种实事求是、有错必纠的精神在福建产生了积极影响。

邓小平具有才思敏捷、办事果断、雷厉风行、富有创造性等特点。周恩来总理曾颇为感慨地评价说，小平同志是举重若轻，而他自己则是属于举轻若重。这虽然是周恩来的谦虚之词，但也说出了邓小平的若干特征。

邓小平到中央后的工作情况，得到中共中央和毛泽东的充分肯定。这从以下事实可以证明：

1954 年 9 月，在中华人民共和国第一届全国人民代表大会上，根据周恩来总理的提名，决定陈云、彭德怀、邓小平等 10 人为中华人民共和国国务院副总理。根据毛泽东主席的提名，决定朱德、彭德怀、邓小平等 15 人为国防委员会副主席。

同年 9 月 28 日，中共中央政治局作出决议，成立中共中央军事委员会，担负整个军事工作的领导。并决定由毛泽东、朱德、彭德怀、林彪、刘伯承、贺龙、陈毅、邓小平、罗荣桓、徐向前、聂荣臻、叶剑英组成中共中央军事委员会，毛泽东任主席，彭德怀主持中央军委的日常工作。

第三十八章

"他比较周到,比较公道,是个厚道人"

1955 年 3 月，毛泽东在中国共产党全国代表会议上正式宣布：中央决定，1956 年下半年召开党的第八次全国代表大会。有三个议事日程：（一）中央委员会的工作报告；（二）修改党章；（三）选举新的中央委员会。毛泽东号召全党："为在 1956 年胜利地召开党的第八次全国代表大会而斗争！"

中共八大的筹备工作在毛泽东、刘少奇的领导下进行。邓小平作为中央秘书长，具体负责各项准备工作和部分会议文件的起草工作。经过多方考虑，邓小平于 1955 年 4 月 21 日拟出了中共八大政治报告起草委员会、中共八大修改党章和修改党章报告起草委员会名单。中共八大政治报告起草委员会由刘少奇、陈云、邓小平、王稼祥、胡乔木、陈伯达、陆定一组成。中共八大修改党章和修改党章报告起草委员会由邓小平、杨尚昆、安子文、刘澜涛、宋任穷、李雪峰、胡乔木、马明方、谭震林组成。

上述两个起草委员会的名单，经周恩来、朱德、彭德怀、彭真、康生 5 人审阅后，刘少奇作了批示："如政治局同意，即照此办理，交邓小平处理。"中共中央政治局讨论并通过了邓小平提出的上述两个起草委员会的人选。以后，中共中央的政治报告由刘少奇主持起草、修改工作，新党章和关于修改党章的报告由邓小平主持起草、修改工作。

对党章的修改工作，邓小平一直抓得很紧。党章初稿完成后，邓小平就批示分发给有关同志再进行修改。1956 年 2 月，他出国参加苏联共产党第二十次全国代表大会前夕，还在中南海西楼会议室主持讨论修改党章报告问题。4 月初，邓小平又多次主持会议，讨论修改党章问题。

当各种意见讨论得差不多时，毛泽东于 4 月下旬主持召开了中共中央政治局会议，对党章进行讨论修改。党章修改工作虽然很费力，但是参与此项工作的同志思想上没有顾虑，畅所欲言，可以提出任何意见，气氛很活跃。总的来说，在邓小平的主持下，进行得比较顺利。

关于修改党章的报告，邓小平也十分重视。有关同志曾前往北戴河，参加邓小平主持召开的讨论修改党章报告的会议。毛泽东曾经向邓小平建议，把党章修改报告写得短些。邓小平说，就 3 万字吧，不再压了。由于大家的努力，修改党章报告完成得比较早，后来邓小平又将精力集中到起草政治报告上。

在邓小平的主持下，中共八大的筹备工作既紧张繁忙，又很注意发扬民主，坚持集体领导，走群众路线。筹备工作中最早的工作是提出第八届中央委员候选人名单，由邓小平和一些老同志负责，先从六个大区和军队的领导同志中推选，大家可以随便提名，提出了约 400 人的候选人名单，比较全面，考虑到了各个方面的代表性人物。

中共八大文件的起草，是一项极为重要、艰巨、繁重的工作。现存的中共八大政治报告的各种修改稿有 80 多份，党章草案修改本有 50 多份。其中的许多文稿是由毛泽东、刘少奇、周恩来等中央书记处书记亲自修改定稿的。邓小平在起草文件中付出的辛劳就更多了。任何一份中共八大重要文件，都要经过他的反复审阅、修改，进行逐页、逐段、逐句、逐字的精心思考和推敲，然后报送中央书记处书记修改、定稿。

在这一时期的毛泽东文稿中，多次出现毛泽东对邓小平报送的中共八大重要文件修改稿的批示和修改意见等，以及阅后交邓小平处理的批语。

10 月 4 日至 11 日，中共七届六中全会（扩大）在北京举行。出席会议的有中央委员 38 人，候补中央委员 25 人。列席会议的有中共中央上海局，各省、市、自治区党委和各地区委员会的书记，中共中央各部、委和中央国家机关各部门党组的负责同志，共 388 人。毛泽东主持了这次全会。从与会同志之多、范围之大和地委书记亦参加扩大会议来看，这确实是新中国成立以来历次中央全会中的一次空前盛会，明确预示着这次会议将要解决事关全党的重大问题。

中共七届六中全会有两项议程：一、讨论和通过《关于农业合作化问题的决议》；二、讨论和通过《关于召开党的第八次全国代表大会的决议》。

毛泽东主持第一天的会议。全会首先听取了中央政治局关于农业合作化问题的决议草案的说明，随后听取了邓小平代表中央政治局所作的关于召开党的八大的决议草案的说明。

邓小平在关于召开中共八大的决议草案的说明中，着重对八大未能早开的原因、八大的主要议程、代表的选举及召开的时间等作了阐述。

邓小平说明，党的第七次全国代表大会是在 1945 年召开的，到 1956 年召开八大，相距 11 年。应当说，相距的时间是很长的。但是，必须指出，党的八大迟未召开是有原因的。1945 年到 1949 年这 4 年，我们正处在急风暴雨的革命战争中；1950 年到 1952 年这 3 年，我们全力贯注地进行了完成民主改革、恢复国民经济和巩固人民民主专政这些极为繁重的巨大的工作，并且紧张地进行了抗美援朝斗争。在这 7 年中间没有召开党代表大会，是完全可以理解的。

邓小平指出，1953 年我们国家开始了第一个五年计划的建设。1952 年年底，中央政治局和书记处在考虑召开全国人民代表大会的同时，就曾考虑到召开党的第八次全国代表大会的问题，当时决定先召开一次党的全国代表会议。接着在 1953 年下半年，经过全国财经会议和全国组织工作会议，党中央察觉了高饶事件，于是先后通过 1954 年 2 月党的七届四中全会和 1956 年 3 月党的全国代表会议，对这个事件作了严肃的处理。显然地，在解决了高饶事件之后，再来考虑召开党的八大问题，无疑是更为适当的。

邓小平认为，在这几年中，党规定了过渡时期的总路线，全国人民代表大会通过并公布了宪法，在社会主义建设和社会主义改造及其他各方面的工作中，有了更多宝贵的经验；同时，经过整党建党、审干、总路线宣传和社会主义建设、社会主义改造一系列实际斗争教育，党的组织更加团结和巩固，党员的政治觉悟有所提高。所有这些，实际上对党的八大作了更为充分的政治准备和组织准备。今天看来，党的八大开迟了几年固然是个缺陷，但无论从政治上或组织上说，1956 年召开中共八大将会开得更为完满一些。

会议围绕两项议题进行了热烈讨论。刘少奇、周恩来、朱德、陈云、彭德怀、彭真、邓小平等 80 人发言。还有 167 人作书面发言，并印发与会代表。

全会通过了《关于农业合作化问题的决议》《关于召开党的第八次全国代表大会的决议》《关于党的第八次全国代表大会代表名额和选举办法的规定》。全会认为，自 1953 年以来，整党、建党、审查干部、总路线宣传、社会主义改造……这一切都为召开党的八大作了充分的政治准备和组织准备。全会完全同意 1956 年下半年召开党的第八次全国代表大会。

中共八大的筹备工作，除了文件起草工作外，还包括中共八大代表的选举与代表资格的审查，第八届中央委员、候补中央委员候选人的产生与审查，中共八大主要议题、日程安排、大会发言人选的确定，其他国家共产党和工人党代表团的邀请与接待等等。

为了使中共八大开成以经济建设为中心的会议，邓小平做了多方面工作。在中共七届七中全会第一次会议上谈到八大的议题与大会发言安排时，邓小平提出，要在大会上多组织、安排一些关于经济建设方面的发言，使大会形成以讨论经济建设为重点的气氛。他的这一提议，得到毛泽东的赞同。

在筹备中共八大期间，邓小平胸怀全局，统筹兼顾，纲举目张，日理万机，圆满完成预定的各项准备工作和组织工作。

1956 年 8 月 30 日至 9 月 12 日，在中共八大开幕前，举行了预备会议。

在预备会议第一次会议上，毛泽东提出党的八大的目的和宗旨："就是总结七大以来的经验，团结全党，团结国内外一切可以团结的力量，为建设伟大的社会主义中国而奋斗。"

在谈到选举新的中央委员会时，毛泽东强调，要坚持七大的正确方针，也要选那些有代表性的犯有错误的同志为中央委员。

随后，邓小平代表中央政治局作报告，主要说明以下事项：第一，关于大会的日程；第二，关于大会的规则；第三，关于预备会议期间的工作安排；第四，关于七届七中全会对八届中央委员会选举工作的建议；第五，关于代表团团长、副团长候选人的提名；第六，关于代表资格审查委员会候选人的提名。会议一致同意邓小平对上述各项问题提出的意见。

在预备会议第二次会议上，毛泽东回顾了党的历史经验，希望在建设社会主义时期，不要像民主革命时期犯那么多错误和那么长时间的错误。他还提出，要造就大批知识分子，以适应社会主义建设的需要。他希望在不久的将来，中央委员会能有许多工程师和科学家。

9 月 13 日，毛泽东在中共八大预备会议期间召开的中共七届七中全会第三次会议上，详细谈到在中共八大上准备设立中共中央副主席和总书记的问题。毛泽东指出：

中央准备设四位副主席，就是少奇同志，恩来同志，朱德同志，陈云同志。另外还准备设一个书记处。书记处的名单还没有定，但总书记准备推举邓小平同志。四位副主席和总书记的人选是不是恰当？当然，这是中央委员会的责任，由中央委员会去选举。但是要使代表们与闻，请你们去征求征求意见，好不好？对于我们这样的大党，这样的大国，为了国家的安全、党的安全，恐怕还是多几个人好。

党章上现在准备修改，叫作“设副主席若干人”。首先倡议设四位副主席的是少奇同志。一个主席、一个副主席，少奇同志感到孤单，我也感到孤单。一个主席，又有四个副主席，还有一个总书记，我这个“防风林”就有几道。“天有不测风云，人有旦夕祸福”，这样就比较好办。除非一个原子弹下来，我们几个恰恰在一堆，那就要另外选举了。如果只是个别受损害，或者因病，或者因故，要提前见马克思，那末总还有人顶着，我们这个国家也不会受影响，不像苏联那样斯大林一死就不得下地了。我们就是要预备那一手。同时多几个人工作上也有好处。

设总书记完全有必要。我说我们这些人，包括我一个，总司令一个，少奇同志半个（不包括恩来同志、陈云同志跟邓小平同志，他们是少壮派），就是做“跑龙套”工作的。我们不能登台演主角，没有那个资格了，只能维持维持，帮助帮助，起这么一个作用。

你们不要以为我现在在打“退堂鼓”，想不干事了，的确是身体、年龄、精力各方面都不如别人了。我是属于现状维持派，靠老资格吃饭。老资格也有好处，因为他资格老。但能力就不行了，比如写文章，登台演说，就不行了。同志们也很关心我们这些人，说工作堆多了恐怕不好，这种舆论是正确的。

那末，什么人当主席、副主席呢？就是原来书记处的几个同志。这并不是说别的同志不可以当主席、副主席，同志们也可以另外提名，但是按照习惯，暂时就是一个主席、四个副主席。我是准备了的，就是到适当的时候就不当主席了，请求同志们委我一个名誉主席。名誉主席是不是不干事呢？照样干事，只要能够干的都干。

毛泽东在讲话中，特别就预定的中央总书记人选——邓小平的情况，向中央委员们作了介绍：

至于秘书长改为总书记，那只是中国话变成外国话。（邓小平：我还是比较安于担任秘书长这个职务。）他愿意当中国的秘书长，不愿意当外国的总书记。其实，外国的总书记就相当于中国的秘书长，中国的秘书长就相当于外国的总书记。他说不顺，我可以宣传宣传，大家如果都赞成，就顺了。

我看邓小平这个人比较公道，他跟我一样，不是没有缺点，但是比较公道。他比较有才干，比较能办事。你说他样样事情都办得好吗？不是，他跟我一样，有许多事情办错了，也有的话说错了；但比较起来，他会办事。他比较周到，比较公道，是个厚道人，使人不那么怕。我今天给他宣传几句。他说他不行，我看行。顺不顺要看大家的舆论如何，我观察是比较顺的。

不满意他的人也会有的，像有人不满意我一样。有些人是不满意我的，我是得罪过许多人的，我想起来就不舒服，今天这些人选我，是为了顾全大局。你说邓小平没有得罪过人？我不相信，但大体说来，这个人比较顾全大局，比较厚道，处理问题比较公正，他犯了错误对自己很严格。他说他有点诚惶诚恐，他是在党内经过斗争的。

毛泽东在讲话中还评价了陈云：我看他这个人是个好人，他比较公道、能干，比较稳当，他看问题有眼光。

接着，毛泽东又对中央委员们说：

请你们在代表里头酝酿一下，因为政治局委员、书记处书记、主席、副主席要一道提出一个整个的名单，要一道选。至于常委，准备就由主席、副主席和总书记组成。这不是说别的人不可以当常委，别人也可以，因为要提一个就可以有第二个，还可以有第三个，所以暂时用这么一种办法。这就是把过去的书记处变成常委，只是比过去多了一个总书记。还要设一个书记处，书记处的人数可能要多几个，书记、候补书记可以有十几个人。很多事情要在那里处理，在那里提出议案。政治局委员的名额也要扩大，不是十三个，要扩大到二十人左右。因为我们的中央委员会是一百七十人……①

① 毛泽东:《在中共七届七中全会第三次会议上的讲话》,《党的文献》2006 年第 1 期,第 3 ~ 7 页。

第三十九章

“主席，我看就这样定了吧”

从1945年中共七大到1956年，中国革命取得了伟大胜利，中国社会主义建设取得了历史性成就。在这样的大好形势下，1956年9月15日至27日，中国共产党第八次全国代表大会在北京正式开幕。出席大会的代表有1026名，代表着全国1073万名党员。

世界上55个国家的共产党、工人党、劳动党和人民革命党的代表团，中国各民主党派的领导人和无党派民主人士，中共中央直属机关、中央国家机关、人民解放军和各人民团体的负责人，应邀列席中国共产党第八次全国代表大会。

本来，预定参加中国共产党第八次全国代表大会的各国共产党、工人党代表团为56个。但是，由于日本政府的无理阻挠，日本共产党代表团没能来中国列席这次空前盛会。

从中国共产党建党到1956年8月，召开过七次全国代表大会。中共一大在上海举行。会议中间，突然遭到暗探的侦察，不得不中途休会。代表们离开不久，就有外国巡捕和密探冲进会场，进行搜查。中共一大最后一天的会议，是转移到浙江嘉兴南湖的游船上举行的。中共一大代表有13名，代表着50多名党员。中共二大在上海举行，因地点隐蔽，毛泽东竟因没有找到会议地点而未能参加会议。中共二大代表有12名，代表着195名党员。中共三大在广州举行。中共三大代表有30多名，代表着420名党员。中共四大在上海举行。中共四大代表有20名，代表着994名党员。中共五大在武汉国民政府控制下的武汉举行。中共五大代表有80名，代表着57900多名党员。中共六大在苏联莫斯科举行。因为路途遥远，一些党的负责人如毛泽东等未能与会。中共六大代表有142名，其中正式代表84名，代表着13万余名党员。中共七大在陕北延安举行。大会召开时先在大礼堂集中，分组讨论就在山坡上的窑洞里进行。中共七大正式代表547名，候补代表208名，代表着121万名党员。从中共一大到中共八大，中国共产党走过了漫长的道路，取得了辉煌的胜利。

在中共八大上，毛泽东致开幕词：

> 在七次大会以来的十一年中，我们在一个地广人多、情况复杂的大国里，彻底地完成了资产阶级民主革命，又取得了社会主义革命的决定性的胜利。在两个革命的实践中，证明了从七大到现在，党中央委员会的路线是正确的，我们的党是一个政治上成熟的伟大的马克思列宁主义的政党。我们的党现在比过去任何时期都更加团结，更加巩固了。我们的党已经成了团结全国人民进行社会主义建设的核心力量。
>
> 我国的革命和建设的胜利，都是马克思列宁主义的胜利。把马克思列宁主义的理论和中国革命的实践密切地联系起来，这是我们党的一贯的思想原则。
>
> 要把一个落后的农业的中国改变成为一个先进的工业化的中国，我们面前的工作是很艰苦的，我们的经验是很不够的。因此，必须善于学习。……即使我们的工作得到了极其伟大的成绩，也没有任何值得骄傲自大的理由。虚心使人进步，骄傲使人落后，我们应当永远记住这个真理。

然后，选举大会主席团、大会秘书处和大会代表资格审查委员会。

邓小平当选为大会主席团委员、主席团常务委员，大会秘书长。他既要参加中央政治局会议，又要参加中共八大主席团、主席团常委会议，还要主持中共八大秘书处的工作，研究、组织代表们的大会发言，安排其他国家共产党和工人党代表团向大会致辞，协调中国各民主党派和无党派人士代表向大会致辞，讨论关于第八届中央委员候选人的预选选举问题，主持、组织、协调一系列会务工作……

邓小平胸有全局，精力充沛，处事果断，有条不紊，在大会主席团领导下，精心主持大会秘书处各项工作，保证了大会顺利进行。

大会上有三大报告和若干发言：

刘少奇作《中国共产党中央委员会向第八次全国代表大会的政治报告》。

周恩来作《关于发展国民经济的第二个五年计划的建议的报告》。

邓小平作《关于修改党的章程的报告》。

朱德、陈云、董必武等作重要发言。

邓小平在报告中，首先充分肯定了中共七大以来的11年间，在以毛泽东为首的中国共产党中央委员会的领导下，全党全国人民取得的各项巨大的历史性胜利；高度评价了中共七大所制定的党的政治路线、组织路线和中共中央七大以来的政治领导和组织领导的正确性。

接着，邓小平就中共八大对党章进行修改的情况进行了详细论述，着重阐述了加强执政党建设的重要意义：第一要坚持理论联系实际、实事求是的思想路线，反对主观主义；第二要坚持党的群众路线，反对官僚主义；第三要坚持党的民主集中制和集体领导与个人负责的原则，不断扩大党内民主，反对个人专断和个人崇拜；第四要坚持不懈地巩固党的团结和统一，反对宗派主义；第五要为提高共产党员的标准而斗争，并且把这项任务作为当前党的重要的政治任务之一。

尤其值得注意的是，邓小平依据马克思主义关于阶级、政党、领袖相互关系的基本原理，以辩证唯物主义和历史唯物主义的科学态度，在认真总结国际共产主义运动史上的经验教训，特别是认真总结苏联共产党经验教训的基础上，结合中国的实际情况，在《关于修改党的章程的报告》中，深刻论述了正确对待无产阶级革命领袖和反对个人崇拜的问题。

邓小平指出：

在这里，我想谈一下领袖对于党的作用。马克思主义在承认历史是人民群众所创造的时候，从来没有否认杰出的个人在历史上所起的作用；马克思主义只是指出，个人的作用归根结底是以一定的社会条件为转移的。同样，马克思主义也从来没有否认领袖人物对于政党的作用。按照列宁的著名的说法，领袖是“最有威信、最有影响、最有经验”的人们，毫无疑问，他们的这种威信、影响和经验乃是党、阶级和人民的宝贵的财富。对于这一点，我们中国共产党人从自己的切身经验中，是感到特别亲切的。当然这种领袖是在群众斗争中自然而然地产生的，而不能是自封的。同过去剥削阶级的领袖相反，工人阶级政党的领袖，不是在群众之上，而是在群众之中，不是在党之上，而是在党之中。正因为这样，工人阶级政党的领袖，必须是密切联系群众的模范，必须是服从党的组织、遵守党的纪律的模范。对于领袖的爱护——本质上是表现对于党的利益、阶级的利益、人民的利益的爱护，而不是对于个人的神化。苏联共产党第二十次代表大会的一个重要的功绩，就是告诉我们，把个人神化会造成多么严重的恶果。我们党从来认为，任何政党和任何个人在自己的活动中，都不会没有缺点和错误，这一点，现在已经写在我们的党章草案的总纲里去了。因为这样，我们党也厌弃对于个人的神化。当人民革命在全国胜利的前夕，在一九四九年三月的七届二中全会上，党中央根据毛泽东同志的提议，决定禁止给党的领导者祝寿，禁止用党的领导者的名字作地名、街名、企业的名字，这对于制止歌功颂德，起了很有益的作用。党中央历来也反对向领导者发致敬电和报捷电，反对在文学艺术作品中夸大领导者的作用。当然，个人崇拜是一种有长远历史的社会现象，这种现象，也不会不在我们党的生活和社会生活中，有它的某些反映。我们的任务是，继续坚决地执行中央反对把个人突出、反对对个人歌功颂德的方针，真正巩固领导者同群众的联系，使党的民主原则和群众路线，在一切方面都得到贯彻执行。①

中共八大期间，中央经常召开政治局常委会，研究一些重大问题。刘少奇的秘书刘振德回忆说，大会期间，有一次政治局常委开碰头会。为了方便少奇同志随时要文件，就坐在会议室门口，常委们里面说话，我都听得清楚，内容是动员小平同志出任党中央总书记。当时小平同志的声音比较大，一再推辞："我不行，我不行，我的威望和能力都不行，只怕难以胜任。""我们好比医生，书记处是护士，你就是护士长，还是我们的助手嘛。"毛主席那浓重的湖南口音传到门外。接着是周总理的声音："毛主席比喻得很形象。"其他几位常委也帮着动员小平同志。这时，我听见少奇同志说话了："主席，我看就这

① 《邓小平文选》第1卷，人民出版社1994年版，第234～235页。

样定了吧。”“好。定了。”毛主席一锤定音，其他常委也异口同声地说：“定了。”小平同志再也没有推辞。①

中国共产党第八次全国代表大会选举产生了中国共产党第八届中央委员会。毛泽东、刘少奇、林伯渠、邓小平、朱德、周恩来、董必武、陈云等97人当选为中央委员，杨献珍、王恩茂、杨得志等73人当选为候补中央委员。

9月28日，中共第八届中央委员会举行第一次全体会议（八届一中全会），选举结果如下：

中央委员会主席：毛泽东

副主席：刘少奇、周恩来、朱德、陈云

总书记：邓小平

政治局委员：毛泽东、刘少奇、周恩来、朱德、陈云、邓小平、林彪、林伯渠、董必武、彭真、罗荣桓、陈毅、李富春、彭德怀、刘伯承、贺龙、李先念

政治局候补委员：乌兰夫、张闻天、陆定一、陈伯达、康生、薄一波

政治局常务委员会委员：毛泽东、刘少奇、周恩来、朱德、陈云、邓小平

中央书记处书记：邓小平、彭真、王稼祥、谭震林、谭政、黄克诚、李雪峰

候补书记：刘澜涛、杨尚昆、胡乔木

中央监察委员会书记：董必武

副书记：刘澜涛、肖华、王从吾、钱瑛、刘锡五

在中共八大上，邓小平当选为中央委员。在中共八届一中全会上，邓小平当选为中央政治局常委、中央委员会总书记，成为以毛泽东为核心的第一代中央领导集体的重要成员。

由此看来，毛泽东在中共七届七中全会上的讲话是一次十分重要的讲话，

---

① 刘振德：《中国共产党八大前后的刘少奇》，《老年教育》2010年第4期。

不仅提出了中共八大即将建立的中央最高领导机构的设想和成员人选，而且其中对邓小平的评价具有明确的意图：第一，使中央委员们了解邓小平，为在中共八大上推选邓小平担任中央总书记作宣传、“造舆论”；第二，高度评价邓小平，为邓小平进入中央政治局常务委员会作宣传、“造舆论”；第三，通过与会的中央委员，向参加中共八大预备会议的代表宣传邓小平；第四，作为中央主席，郑重向与会同志推荐邓小平为未来的中央政治局常委、中央总书记。

从中国共产党的历史看，毛泽东对高级干部历来要求十分严格，很少赞扬，偶尔评价几句，说某人“是个老实人”，某人“比较忠厚”，就是很高的赞语了。而毛泽东对邓小平的评价，却非同寻常。他多次称赞邓小平“这个人比较公道”，“他比较有才干，比较能办事”，“他比较周到，比较公道，是个厚道人”，他任总书记“我观察是比较顺的”，“这个人比较顾全大局，比较厚道，处理问题比较公正”……在高级干部中能够获此殊荣的人，确实为数不多。这表明，毛泽东对邓小平有着很好的印象。

第四十章

中国共产党第一代中央领导集体的重要成员

在中国共产党第八次全国代表大会和中共八届一中全会上，邓小平当选为中共中央委员、中共中央政治局委员、中共中央政治局常委，成为第一代中央领导集体中的重要成员。

中共八届一中全会选举产生新的中央领导机构——中共中央书记处。邓小平作为中共中央政治局常委、中央委员会总书记，主持中共中央书记处工作。

在中共中央研究决定邓小平任中央委员会总书记时，邓小平向毛泽东提出，中央书记处还是作为中央政治局的办事机构，负责对国务院和军队的文件呈送。毛泽东不同意。

毛泽东强调，中央书记处是中央的办事机构，什么事都要管，中央的事都由中央书记处做，发文用中央的名义。这实际上是赋予中央书记处以重要责任，也是对邓小平的高度信任。中共八大以后，中央书记处的工作，以及承办国务院和军队的文件，一般按照邓小平的意见转出去。

中共中央书记处第一次开会，国务院总理周恩来参加会议，邓小平让周恩来主持会议，周恩来表示，我不宜主持中央书记处的会议。由于中央书记处要管党政军各方面的工作，工作面很宽，随后又增补了国务院有关领导同志和军队的有关领导同志，例如国务院副总理李先念和中国人民解放军总参谋长罗瑞卿等领导同志。

在探索中国建设社会主义道路的历史上，中共八大有着极为重要的意义，是一个重要的里程碑。大会指出：社会主义制度在我国已经基本上建立起来；我们还必须为解放台湾、为彻底完成社会主义改造、最后消灭剥削制度和继续肃清反革命残余势力而斗争，但是国内主要矛盾已经不再是工人阶级和资产阶级的矛盾，而是人民对于经济文化迅速发展的需要同当前经济文化不能满足人民需要的状况之间的矛盾；全国人民的主要任务是集中力量发展社会生产力，实现国家工业化，逐步满足人民日益增长的物质和文化需要；虽然还有阶级斗争，还要加强人民民主专政，但其根本任务已经是在新的生产关系下保护和发展生产力。大会坚持了1956年5月党中央提出的既反保守又反冒进，即在综合平衡中稳步前进的经济建设方针。大会着重提出了执政党的建设问题，强调要坚持民主集中制和集体领导制度，反对个人崇拜，发展党内民主和人民民主，加强党和群众的联系。中共八大的路线是正确的，它为新时期社会主义事业的发展和党的建设指明了方向。

邓小平曾经评价说："一九五六年召开的党的第八次全国代表大会，分析了生产资料私有制的社会主义改造基本完成以后的形势，提出了全面开展社会主义建设的任务。八大的路线是正确的。但是，由于当时党对于全面建设社会主义的思想准备不足，八大提出的路线和许多正确意见没有能够在实践中坚持下去。八大以后，我们取得了社会主义建设的许多成就，同时也遭到了严重挫折。"①

中国共产党第八次全国代表大会闭幕后，邓小平作为中共中央总书记，主持中央书记处的工作；作为国务院副总理，协助周恩来总理处理国务院的工作；作为中央政治局常委，参与中共最高领导核心对党和国家重大事务的决策。

同时，邓小平还主管关于国际共产主义运动重大问题的决策，工作范围不断扩大。1957年，毛泽东率领中共中央代表团访问苏联时的俄文翻译李越然回忆说，在莫斯科的时候，他（毛泽东）对赫鲁晓夫讲：我不想当主席了。赫鲁晓夫就问他：谁来接班呢？有这样的人吗？有！主席讲得很清楚，有！我们党内有好几位同志完全可以，都不比我差。接着就一个一个地点名，说第一个是刘少奇，第二是邓小平，谈到邓小平的时候，毛泽东讲，这个人既有原则性，又有灵活性，是我们党内难得的一个领导人才。赫鲁晓夫说，是啊，这个人可厉害，我跟他打过交道，1956年他来了，你可别看他个子低一点，他的智慧、思想水平很高。

1959年4月，中共八届八中全会在上海举行。毛泽东作了工作方法十六条的讲话，在讲到权力要集中在中央政治局常委会和中央书记处时，富有深意

---

① 《邓小平文选》第3卷，人民出版社1993年版，第2页。

地说：我这个人的名字叫毛泽东，我挂正帅，就是大元帅，邓小平为副总司令，副元帅，我们两个人，一正一副。他还对邓小平说：你是总书记嘛！邓小平，你挂帅了，一朝权在手，就把令来行，你敢不敢呀？你是书记处的总书记，你也是常委的总书记，你也是政治局的总书记，你也是中央委员会的总书记，你也是我的总书记。

1959年后，中共中央的工作分为第一线和第二线。毛泽东退居第二线，刘少奇、邓小平主持中共中央第一线的工作。刘少奇主持中共中央政治局和中央政治局常委会议，对党和国家的重大问题进行决策。邓小平主持中共中央书记处会议，对繁重的党政军日常工作进行决策和处理。邓小平同时还是中国共产党中央军事委员会常务委员。

中华人民共和国成立以来，周恩来一直主持政务院、国务院的工作，邓小平担任副总理时，协助周恩来工作，在周恩来出国时代替周恩来主持国务院的工作。中共八大以后，邓小平担任中共中央总书记，主持中央书记处的日常工作，依然同周恩来合作得很好。虽然两人风格不同，但配合默契，肝胆相照。邓小平一直非常尊重周恩来，周恩来对邓小平也是另眼看待。特别是邓小平作为总书记，主持中央书记处日常工作，周恩来主持国务院日常工作，中央书记处的工作与国务院的工作合作得最好。他们俩互相信任，也互相理解，尽管两个人的性格、思考问题的方式和处理问题的办法不同。邓小平举重若轻，处理事情比较果断，非常善于抓大事，而不去管一些小事；周恩来则是举轻若重，细心周密，特别是主持外事工作，认为外事无小事，各方面问题都处理得非常细致，两个人合作得非常好。

邓小平主持中央书记处的工作长达十年。这是中国开始全面建设社会主义的十年。中国共产党领导全国人民在社会主义经济建设和文化建设中取得很大成就，积累了重要经验。邓小平一直处在中央领导工作的第一线，参加党和国家的重要决策，在许多方面提出过重要的正确主张。这是他工作最繁忙的十年。他积极贯彻中共八大路线，指出今后的主要任务是搞建设，共产党要接受监督。1958年，“大跃进”和人民公社化运动发动起来以后，“左”的错误严重泛滥开来，接着是国民经济困难时期。为了总结经验教训，恢复国民经济的正常发展，他到农村调查研究，在公共食堂、供给制等问题上提出了纠正错误的意见。他主持制定了《国营工业企业工作条例（草案）》，这个条例对恢复和建立必要的规章制度及正常的生产秩序，改进和加强企业管理，起了重大作用。他还主持制定了《教育部直属高等学校暂行工作条例（草案）》。1962 年 2 月，为了总结经验，统一认识，加强团结，进一步纠正“大跃进”以来的错误，中共中央召开了有七千人参加的扩大的中央工作会议。邓小平在大会上发表讲话强调，要坚持民主集中制，健全党的民主生活，恢复和发扬党的优良传统。同年 5 月，他提出要做好对受到错误处理的干部的甄别平反工作，用“一揽子解决”的办法，一次解决。“大跃进”和人民公社化运动使农村集体经济遭到严重破坏。1962 年，许多农村的干部和群众要求实行包产到户。针对这种情况，邓小平在 1962 年 7 月提出一个原则：哪种生产关系的形式在哪个地方能够比较容易、比较快地恢复和发展农业生产，就采取哪种形式；群众愿意采取哪种形式，就应该采取哪种形式。

邓小平担任中共中央总书记期间，同各国共产党领导人广泛接触。他曾多次率领代表团去莫斯科同苏联共产党进行谈判，坚决维护中国共产党独立自主的原则立场。

但是，随着刘少奇、邓小平为了恢复在“大跃进”中伤了元气的国民经济而采取的一系列措施的陆续出台（这些措施以后被证明是完全正确的、完全必要的），随着刘少奇、邓小平在实际工作中对“大跃进”以来社会主义建设中一系列“左”倾错误指导方针的纠正，随着刘少奇、邓小平在探索中国社会主义建设道路问题上认识的深化，他们与退居第二线的毛泽东之间不可避免地出现了分歧。正如《关于建国以来党的若干历史问题的决议》中指出的：“这个期间，毛泽东同志在关于社会主义社会阶级斗争的理论和实践上的错误发展得越来越严重，他的个人专断作风逐步损害党的民主集中制，个人崇拜现象逐步发展。党中央未能及时纠正这些错误。林彪、江青、康生这些野心家又别有用心地利用和助长了这些错误。这就导致了‘文化大革命’的发动。”①

① 《关于建国以来党的若干历史问题的决议》，1981 年 6 月 27 日中国共产党第十一届中央委员会第六次全体会议一致通过。

第四十一章

中央总书记亲自出马到大学作报告

20 世纪 50 年代，世界上存在着以苏联为首的社会主义阵营。1956 年 2 月，苏联共产党中央委员会第一书记赫鲁晓夫，在苏联共产党第二十次代表大会上作了《个人迷信及其后果》的“秘密报告”，在世界上引起了持续很长时间的轩然大波。

从辩证唯物主义和历史唯物主义的立场、观点和方法出发，毛泽东认为，对于赫鲁晓夫的这个报告，可以“一分为二”地看：一是揭了“盖子”，二是捅了“漏子”。所谓“揭了‘盖子’”，是指赫鲁晓夫的这个报告，破除了对斯大林的“个人崇拜”，揭露了他的错误，这是应该的，对国际共产主义运动有积极意义；所谓“捅了‘漏子’”，是指这个报告否定斯大林，会在国际共产主义运动中引起思想混乱，同时也会给帝国主义国家以可乘之机。正确的做法应当是，按照辩证唯物主义和历史唯物主义基本原理，对斯大林的历史功过作出实事求是的全面评价，总结经验和教训。

赫鲁晓夫的“秘密报告”在世界上传播开来后，东欧局势出现动荡，发生了波兰事件和匈牙利事件。在这种情况下，一些人包括一些青年学生产生了思想困惑：“马克思列宁主义还灵不灵?”“社会主义制度到底有没有优越性?”许多人迫切希望能够得到有说服力的回答，并从中受到启迪，以消除头脑中的困惑和疑虑。

清华大学党委了解到清华大学师生的思想情况后，向邓小平作了汇报，并邀请总书记到清华大学给师生们作一次报告。邓小平经过思考，认为这是一个面对面做思想政治工作的好机会，于是同意了清华大学党委的邀请。

1957 年 1 月 12 日下午，清华大学 1 万多名师生分别坐在可以容纳 1200 人的大礼堂和十几个大大小小的分会场里。下午 2 时，邓小平准时来到清华大学。

在清华大学师生的热烈掌声中，邓小平面带微笑，开始讲话：

“一个多月前，波兰、匈牙利的问题出来以后，你们学校的青年团组织要我来讲一讲，我当时没有来。现在，《人民日报》的《再论无产阶级专政的历史经验》这篇文章出来了，我觉得可以讲了，因为问题清楚了。”邓小平的报告，一开始就引起广大师生高度注意。大家全神贯注，会场上只有做笔记的声音。

“过去，我们部队有的战士不爱听报告，屁股坐不住，讲怪话：‘不怕飞机大炮，就怕政委作报告。’今天，我这个政委来给你们作报告，你们怕不怕呀?”生动风趣的话语，一下子拉近了总书记与清华大学师生的距离，全场响起欢快的笑声和热烈的掌声。

然后，邓小平围绕师生们关心的苏联共产党第二十次全国代表大会后世界共产主义运动中发生的一系列重大问题，从俄国十月革命的历史到社会主义的发展，从无产阶级专政的历史经验到完善社会主义民主制度，从波兰、匈牙利事件到中国共产党的立场和态度，侃侃而谈，鞭辟入里。他的报告，主题鲜明，内容丰富，既具体又生动，深深吸引了大家。

《再论无产阶级专政的历史经验》是根据中共中央政治局扩大会议的讨论写的。邓小平说：“苏共二十大以后，特别是匈牙利事件以后，世界共产主义运动中一些人有灰溜溜的味道，这篇文章起了振奋（人心）的作用，加强了我们的信心。”《再论无产阶级专政的历史经验》这篇文章是我们对国际问题说话，对共产主义运动中争论的问题发言。但我们中国的共产主义者、社会主义者、中国人民来看这篇文章，重要的是从国际事件中总结教训。我们文章中很强调的一点，就是我们的事业是很年轻的，马克思主义到现在才100年出头，俄国革命才40年，也就是40岁，东欧才11岁，我国才7岁，年轻得很嘛！在这种情况下，在共产主义运动中，不出一点乱子是不可能的。想不出乱子，那是空想家。这次出了，以后还可能出。但是不管出多少乱子，马克思列宁主义的阵地总会要逐渐巩固，我们的事业、国际共产主义运动总会要向前发展。认识这个总趋势很重要，只有这样才不致因为某一个时期的挫折现象而悲观失望。用不着灰溜溜的，重要的是要吸取教训。

邓小平讲话中蕴涵的对共产主义事业的坚定信念，使清华大学师生受到了生动的马克思主义教育。大家从邓小平的讲话中，体会到用马克思主义的辩证唯物主义和历史唯物主义的世界观、方法论来认识世界、分析形势的立场、观点和方法。

邓小平继续讲道："正因为我们年轻，经验不足，我们的制度还是不完善的，我们要坚持那些对的，纠正那些错的，补充那些不够的。""文章指出，我们的基本制度是好的，但应该对制度的某些环节随时注意调整。苏联的基本制度是好的，但斯大林对应该调整的地方没有调整，比如阶级已经基本消灭了，再强调阶级斗争日益尖锐，就不能这样看。"

在谈到社会主义基本制度时，邓小平指出：究竟我们的制度好不好呢？文章说了，判断一种社会制度好坏的标准，主要是看生产力是不是向前发展，发展得快还是慢。我们的生产力是发展了，证明我们的制度是合适的，尽管它还有缺陷。我们应该看到我们的制度是好的，比美国的资本主义制度优越。从生产力看我们现在还是落后的，但我们会赶上它。没有社会主义制度，我们发展不了这么快，不论是经济还是文化，这一点连美国人也不能不承认。

邓小平阐述了共产主义运动、社会主义事业的基本经验。他说：匈牙利事件最本质的教训，就是没有建设成一个好的党，党处于瘫痪状态。它为什么瓦解得那样快，就是因为党瓦解了。他针对世界共产主义运动出现的严重教训，强调说：《再论无产阶级专政的历史经验》这篇文章中总结十月革命五条普遍真理的头一条就是党，其余四条都是要在党的领导下实现的。没有党的领导，社会主义就不能胜利。这不是决定于党员人数的多少，而是决定于党的思想的纯洁性，决定于党的政策和党与广大群众的联系，决定于党能不能团结大多数人与少数人进行斗争和进行建设。

在报告中，邓小平还就清华大学师生普遍关心的民主问题、艰苦奋斗优良传统问题，以及怎样对待群众的一些个人要求问题等，进行了精辟论述。

关于民主问题，邓小平说：究竟什么是民主？要看是无产阶级的民主还是资产阶级的民主。无产阶级、资产阶级都有专政，也都有民主，但无产阶级专政比资产阶级专政更民主。从基础上讲，资产阶级是少数人的专政，无产阶级总是多数人的专政，社会基础要大得多。总的趋势是我们要逐步发展和扩大民主，否则要犯错误。但发展民主要看基础和条件，我们现在一些民主制度在逐步健全，就是因为前几年巩固无产阶级专政打下了良好的基础。大民主可以用，那是用来对付敌人的，对人民内部不能用大民主。像匈牙利那样，大民主搞得国家伤了元气，企业破坏，生产下降，损失很大，不知何时才能恢复，结果哪个吃亏呢？吃亏的是人民。我们不赞成这种大民主，因为它对无产阶级和劳动人民是不利的。人民内部问题，不能采用大民主，党内斗争也是这样。用大民主似乎一个时期可以见效，打倒一批人，扶起一批人，但后患无穷。此风一起，影响很坏。既然这一批人可以起来打倒另一批人，那么另一批人难道就不可能起来打倒这一批人？中国革命历史上曾有过这种情况，一批人起来打倒一批人，取而代之，自以为胜利了，但结果却是团结破坏，革命队伍涣散。以为大民主就那么好，小民主就那么不过瘾，这种思想是错误的。

在讲话中，邓小平针对有人赞赏资本主义国家“新闻自由”的观点，进行了有理有据的分析。他说，有人说“我们报纸登的消息少，外国报纸比我们民主”。我们的消息是少些，但外国报纸什么消息都登吗？不见得，要看是什么消息，这里有个立场问题。任何报纸，都是为政治服务的，对消息都有所选择。要是世界上所有的消息都登，这要办多大的报纸？资产阶级的报纸对不损害他们利益的消息才登，伤害他们利益的就不登。

关于艰苦奋斗问题，邓小平说，艰苦奋斗是我们党的传统。我们的革命是怎么搞起来的？靠的是发扬艰苦奋斗的精神。今天我们搞建设，同样需要艰苦奋斗。有人说，现在的青年人比老年人聪明，老一代是“傻瓜”。在他们看来，先辈们，以往的青年们，他们在革命战争中冲锋陷阵，一批批倒下去，都是“傻瓜”。刘胡兰面对屠刀，英勇就义，也是“傻瓜”。我劝这些年轻人，要学过去的老人，学过去的青年，甘于当“傻瓜”。太“聪明”了是不行的，“聪明”过头了，脑筋只想到个人这一方面，就没有国家的工业化，就没有社会主义，也就没有个人的前途，这是很危险的。

在谈到对群众的一些要求应当如何看待时，邓小平说，应该解决的要解决，需要解释的要解释。有的要求事实上现在满足不了，就要讲明形势，说清道理。现在有股不好的风，似乎个人要求总是感到不满足。当然，个人要求总是要有的，但还应该有另一个要求，就是国家的强盛。

最后，邓小平殷切希望清华大学师生："为了国家的繁荣昌盛，为了后代的幸福，我希望大家把眼光放远一些，学革命先辈，学过去的青年，艰苦奋斗，顾全大局，建设社会主义。"

一个下午过去了，夜幕悄然降临，清华大学大礼堂和各个分会场内，依然洋溢着喜悦的气氛。中共中央总书记阐述的道理和殷切期望深深打动了清华师生的心，会场内外不时爆发出一阵又一阵的热烈掌声。清华大学广大师生认为，邓小平的报告坦率、深刻，不回避当前存在的问题。这不仅说明党和人民是坦诚相见的，更说明我们党有充分的自信和能力面对和解决这些问题。在暴风雨般的热烈掌声中，邓小平结束了长达5个小时的报告。

邓小平到清华大学作报告，不仅给清华大学师生留下了深刻的印象，而且在全国省、市、自治区党委书记会议上受到毛泽东的赞扬。毛泽东说："工、农、商、学、兵、政、党，都要加强政治思想工作，现在我们的总书记邓小平同志，亲自出马到清华大学作报告，也请你们都出马。中央和省、市、自治区党委的领导同志，都要亲自出马做政治思想工作。"从此，领导干部亲自做大学师生的思想政治工作，成为中国共产党的一个优良传统。

第四十二章

“学习世界上一切先进的经验，世界各国包括美国在内”

进入全面建设社会主义时期后，如何正确认识和处理人民内部矛盾是中国共产党面临的一个重要问题。在广泛调查研究和深入思考的基础上，1957 年 2 月 27 日，毛泽东在最高国务会议第十一次（扩大）会议上发表了《关于正确处理人民内部矛盾的问题》的重要讲话。他全面地分析了社会主义社会的矛盾，指出：在社会主义制度下，人民的根本利益是一致的，但人民内部还存在着各种矛盾，必须严格区分和正确处理敌我矛盾和人民内部矛盾。

毛泽东提出，人民内部要在政治上实行“团结—批评—团结”，在共产党和民主党派的关系上实行“长期共存，互相监督”，在科学文化工作中实行“百花齐放，百家争鸣”，在经济工作中实行对全国城乡各阶层统筹安排和“兼顾国家利益、集体利益和个人利益”等一系列正确方针。

毛泽东还指出，现在我国的情况是，“革命时期的大规模的急风暴雨式的群众阶级斗争基本结束，但是阶级斗争还没有完全结束”。今后的主要任务是正确处理人民内部矛盾，以便团结全国各族人民进行一场新的战争——向自然界开战，发展我们的经济和文化，建设我们的新国家。

3 月 6 日，中共中央召开有党外人士参加的全国宣传工作会议，传达和讨论毛泽东《关于正确处理人民内部矛盾的问题》的讲话。3 月 12 日，毛泽东在会上发表讲话，着重讲了知识分子问题、准备整风问题和加强党的思想工作问题，强调要继续贯彻执行“百花齐放，百家争鸣”的方针。

毛泽东《关于正确处理人民内部矛盾的问题》的重要讲话，系统地分析和阐明了新的历史条件下正确处理各方面人民内部矛盾的方针和方法，在全国人民中引起强烈反响。直接聆听了毛泽东讲话的许多著名知识分子，有一种如沐春雨的感觉，恰如《春夜喜雨》所言——“好雨知时节，当春乃发生。随风潜入夜，润物细无声”。

随后，中共中央总书记邓小平和其他中央领导同志，分头到各地传达贯彻毛泽东的讲话精神。3 月中旬，邓小平离开北京，来到山西。到太原后，邓小平认真听取了中共山西省委的工作汇报，仔细研读了反映厂矿、学校和机关干部、群众思想动态的材料。在此基础上，分别给太原市中等以上学校部分师生、厂矿企业和省、市机关部分干部作了两场报告。

报告的主旨是解决人民与领导者之间的矛盾：一方面是教育担任领导职务的共产党员、政府工作人员、经济和文化部门工作人员，认真听取群众的批评意见，努力克服脱离实际、脱离群众的主观主义、宗派主义、官僚主义作风；另一方面是教育群众提高觉悟，树立以集体利益和个人利益相结合为原则的社会主义精神。

在给教师和学生所作的报告中，邓小平首先透彻地分析了国际形势。针对波兰波兹南事件和匈牙利事件导致部分群众对社会主义产生的模糊认识，他对比了社会主义和资本主义两大阵营的政治经济状况，阐述了社会主义的优越性，坚定了大家对社会主义的信念。同时，也以实事求是的精神坦率地指出，我们要学习世界上一切好的东西，包括美国好的东西，但是，关键性的东西，我们从美国是学不到的。

在谈到国内供需紧张时，邓小平指出，出现这类问题的根源在于经验不足，一股热心，建设搞快了，产生了错误。但这是前进中的错误。成绩是主要的，缺点是次要的。错误在所难免，重要的是善于从错误中吸取教训。邓小平要求报纸通过有理有据、有说服力的宣传，把人们的思想引导到健康的道路上来。

邓小平还向师生们阐述了肃反、民主集中制、青年的前途和党的领导等具体问题。他强调，我们国家应该经常注意民主，加强民主生活，使人民有提意见的地方、有说话的地方，对于群众闹事，我们要站在人民之中，当作人民内部的问题来处理。那些少数根本不讲道理的人，最后总是要被孤立的。

关于政治思想工作，邓小平认为，近一段时期，我们放松了政治思想工作，没有能够适应和解决社会发展中出现的新问题；政治思想工作是非常艰苦的，“任何时候都不能放松，任何时候都不能动摇”。

在报告中，邓小平希望山西青年继承和发扬光荣的革命传统，要树立远大理想，要有为实现共产主义理想而艰苦奋斗、不怕困难的信心和勇气，要有集体主义精神和守纪律的高贵品质。他强调：“没有那些具有远大理想，具有高贵品质的年轻的甘于当‘傻瓜’的人，过去不可能搞成革命，现在不可能搞成建设。”

在给厂矿企业和省、市直属机关干部所作的报告中，邓小平着重谈了四个方面的问题：

关于党的领导问题。党的领导好坏，关键在于我们能否依靠群众，能否克服主观主义、官僚主义、宗派主义，从思想上经常洗脸、扫地。讲到这里，他深情地回忆了抗日战争时期开辟和坚持太行山革命根据地的艰苦岁月。他指出，那时生活条件和环境都十分艰苦，却没有人闹待遇、闹等级，现在条件好了，反而闹起来了。“过去叫死也可以去死，而现在拿山西话来说，就‘挑肥拣瘦’。如果叫去雁北工作，那就认为是‘对他人格的侮辱’。”这种变化的背后，就是脱离群众。现在群众原谅我们脱离群众的现象，这是因为党在群众中有崇高的威信。但仅仅依靠党的威信，总有一天会靠不住的。他语重心长地告诫大家，要“面对群众，发现问题，依靠群众，解决问题，要天天看到人民群众，不要天天看领导，我们全党如果都是这样，我们党就不会灭亡”。

关于群众闹事问题。要正确区分两类不同性质的矛盾，绝不能用阶级斗争的办法解决人民内部矛盾。对于群众闹事能否避免的问题，邓小平回答，只要坚持群众路线和经常的政治思想工作，群众闹事的现象是可以避免的。

关于工厂管理中的民主集中制问题。邓小平着重论述了职工代表大会的权力和重要作用。

最后，邓小平重申了共产党与其他民主党派“长期共存，互相监督”的相处原则和科学文化工作中贯彻“百花齐放，百家争鸣”的重要方针。

邓小平的两个报告，深入浅出，比喻生动，蕴含着中央领导同志分析形势的高瞻远瞩和解决问题的真知灼见，富有很强的说服力和感染力，在山西广大干部和群众中引起强烈反响，起到了教育干部、教育群众的重要作用，有力地推动了山西各项工作的健康发展。

随后，邓小平离开太原，沿同蒲铁路南下。路经太谷时，他特意把中共太谷县委第一书记请上专列。原来，对社会主义改造任务完成以后，怎样进一步调动广大群众的积极性，发展生产，繁荣经济，山西省委进行了认真的研究和积极的探索，认为要使城乡经济活跃起来，首先要沟通流通渠道，在充分发挥国营商业骨干作用的同时，也要注意协调发挥供销合作商业的补充作用，允许保留并发挥个体小商贩的积极性，注重发展集市贸易。农民在完成国家的统购任务后，允许其把剩余的农副产品拿到自由市场上出卖，以调动农民从事商品生产的积极性。出于这个目的，山西省委确定在太谷进行商业体制改革试点。

关于太谷县商业体制改革试点的情况，山西省委向邓小平汇报山西工作时曾经作过介绍，给邓小平留下较深的印象，他要直接听一听太谷县委负责人的"说法"。太谷县委领导同志向邓小平汇报说，太谷通过商业体制改革，搞好了集市贸易，活跃了城乡经济，促进了多种经营的发展，农民手里有钱了，县里也有钱了。县里修戏院，铺马路，建自来水站，用的就是这部分钱。听完汇报后，邓小平立即指示山西省委负责人："你们的这个经验很好，应该推广到农村搞试点。"

邓小平抵达洪洞后，由晋南地委、洪洞县委领导同志陪同，参观了新中国北方第一座农村小型水电站——明姜水电站和广胜寺、曾经关押过苏三的明代监狱等名胜古迹。在县委机关大院，邓小平与参加县委召开的县、乡、村三级干部会议的全体同志合影留念。在这张合影中，既有中共中央总书记，也有省、地、县、乡党委书记，还有来自最基层的村一级党支部书记。洪洞县委负责人向邓小平汇报了洪洞县实施《1956～1967 年农业发展纲要》的情况后，邓小平指出，要充分利用洪洞的水利优势，发展水电站，搞好管理，提高效益。以后，洪洞人民按照邓小平的殷切期望，使洪洞的水利、电力事业有了较快发展。

离开洪洞，邓小平又来到临汾。当他看到利用龙祠泉水种植的反季节蔬菜——黄韭芽长势喜人时，非常高兴地说，要进一步开发龙祠水资源，把绿化搞上去。

在山西期间，邓小平听取了省、地、县领导同志的工作汇报，参观了一些名胜古迹。邓小平曾在山西工作过、战斗过，对山西的大好河山和悠久的历史文化充满了真挚感情。在参观中，他多次嘱咐有关人员，这些文物都是老祖宗留下的文化瑰宝，是我们民族的骄傲，要好好保护它们、利用它们，充分发挥其应有价值。

3 月下旬，邓小平来到陕西，调研第一个五年计划的执行情况，总结社会主义建设的经验。在“一五”计划期间，陕西是国家投资建设的重点省份之一。在苏联援建中国的 156 项大中型建设项目中，建在陕西的就有 24 项，包括军事工业项目和民用工业项目，涉及航空、航天、兵器、电子、电器、电力、光学仪器和煤炭开采等多个领域。

邓小平注重实效，特意告诉中共陕西省委和有关方面，此行轻车简从，不报道，不张扬。在陕西期间，邓小平视察了属于 156 项工程的昆仑机械厂、红旗机械厂、庆安机械厂等大型航空军工企业，乘飞机鸟瞰了西安市区。

在陕西省、西安市和各地区领导干部会议上，邓小平就陕西的经济建设和西安的城市建设发表了《今后的主要任务是搞建设》《共产党要接受监督》的重要讲话。

邓小平说，这次来西安看到城市建设比 1952 年来时变化大，感到很高兴。不能否认，我们国家发展得确实很快，气象一新，不看到这一点是不对的。但是，切不可过分夸大我们的成就。

针对陕西省、西安市以及其他省、市执行第一个五年计划取得的成就和存在的问题，邓小平特别强调，我们的干部对建设中出现的问题要“认真地研究”，“不要照抄、照搬”，要“一切从实际出发”。他针对一些建设项目一味追求“贪大求全”，“气魄大，牌子大”，浪费现象严重，钱花得不适当，“公子少爷的味道足”的现象，提出了尖锐批评。他指出：“我们的国家还是一个贫穷的国家、落后的国家”，要把我们这么一个贫穷落后的国家建设成为一个社会主义的先进的工业国家，需要“长期的刻苦努力”，需要“勤俭建国”的精神。他还深有感慨地说：“中国的民族资本家很多都是艰苦奋斗出来的，他们办企业比我们高明。”他说，上海“有些企业确实是艰苦奋斗出来的，搞得既经济又实用”。他建议陕西省委、西安市委组织国营企业的同志去上海看一看，参观后可以改变一下观念。

邓小平提出，各级领导干部要学习科学、学会建设的本领。他指出：我们党的干部懂得改造自然、搞建设的人才是很少的，很不够的，我们的科学技术水平是很低的，要善于接受苏联的经验教训，学习世界上一切先进的经验，世界各国包括美国在内。他同时指出，我们自己也有了一些建设的经验，我们搞建设已有 7 年多一点的时间，这几年的经验也很重要，不要小看，这是我们自己走出来的路，真正总结起来，对我们来说，益处更大。

通过在陕西视察期间的调研和思考，邓小平对如何处理好社会主义建设中“骨头”（重工业）和“肉”（轻工业）的关系提出了新的看法。他强调：“过去我们在城市规划中对‘肉’重视不够，应该办商店、理发馆等服务性行业，没有注意办，这是事实。现在这个问题必须解决，不解决不妥当，这是一个制度问题。但是应当着重指出，过去在这方面花的钱并不少，就是用得不适当。”对中央来说，“是对于‘肉’的问题注意得不够”，恐怕对地方来说，“对于钱用得不适当的问题应该引起注意”。“城市规划中的问题不少。西安的电影院戏院并不少，但是在工业区一个也没有，要看戏的人找不到戏院，有戏院的地方没有多少人去看戏，这个布局显然是不适当的。”

在陕西期间，陕西省委安排邓小平参观了西安城隍庙一带。该庙地处古城繁华的西大街中段，自明代以来有数百年的历史，以庙设店，富有特色，一直是西安市的一个商业中心，日用商品琳琅满目，应有尽有，商贾摊贩、市民游客终日摩肩接踵，川流不息。邓小平一边参观一边思索，回到住地后对省委领导同志说，西安的城隍庙，有很多简易的商店，工业区为什么不多搞几个“城隍庙”呢？要多办一些购物商店、理发馆、学校，修建文化娱乐场所，满足群众的需要。他还说：“我们国家大，搞一点富丽堂皇的东西，以表示我们的新气象，我不完全反对，但是不应该搞得太多。”今后搞一些简陋的东西，“肉”的问题是可以解决的。我们在建设方面的指导思想应该是，面对国家现实，面对群众的需要，解决好“骨头”和“肉”的关系问题。

在陕西期间，邓小平多次强调，建设中要加强党的领导，党要接受监督。他指出，过去革命问题解决得好不好，关键在于党的领导；现在建设问题解决得好不好，关键也在于党的领导；关键在于党是不是善于学习，关键在于党能否依靠群众不断克服自己队伍中的主观主义、官僚主义和宗派主义，特别是教条主义。为此，他强调，党要接受监督，要接受来自党内，来自群众，来自民主党派和无党派人士这三个方面的监督。

4月4日至6日，邓小平前往甘肃调研，到达甘肃的第二天，在兰州向出席甘肃省领导干部会议的同志作了关于形势问题的报告。针对中国经济发展中出现的一些新情况、新问题，邓小平阐述了解决问题的原则，强调充分发挥民主，加强和改进党的领导，积极进行切实有效的思想政治工作，搞好经济建设。

他指出，阶级斗争这门科学，我们的党，我们的干部是学会了。但在建设方面，对我们党来说，对我们的干部来说，或者是不懂，或者是懂得太少了。他提醒说，如果不好好学习，不总结经验，我们也会在建设问题上栽大跟头，犯大错误。最后，他强调要充分认识“长期共存，互相监督”“百花齐放，百家争鸣”的重要意义。加强党的领导，关键是加强党与群众的联系，调动一切社会力量，把我们的国家建设成为一个真正富强的社会主义国家。

在甘肃期间，邓小平听取了中共甘肃省委、兰州市委的工作汇报，视察了正在建设中的兰州炼油厂工地，参观了兰州市有关文化设施。兰州炼油厂工人、干部、技术人员坚持勤俭办一切事业的做法给他留下了深刻印象。他称赞说：这符合我们勤俭建国的精神。离开甘肃后，他又在一次讲话中说：“我在兰州见到一个工厂，设备极简陋，厂长的办公室很朴素，一切都很简单，但是生产出来的产品并不差。”“在兰州我看到很多简易的东西，戏院还可以放电影，座位也不错，这样的戏院盖起来只花十万元，有的花钱更少就解决问题。”

邓小平到清华大学作报告，到山西、陕西、甘肃进行调查研究，是中国共产党第八次全国代表大会后，中共中央以苏联的经验教训为鉴戒，积极探索中国社会主义建设道路的重要组成部分。他在这期间提出的许多重要的思想、观点，反映了第一代中央领导集体对中国社会主义建设道路问题的思考和前瞻，具有重要的理论价值和实践价值。

第四十三章

“吃食堂是社会主义，不吃食堂也是社会主义”

一九五八年，党的八大二次会议通过的社会主义建设总路线及其基本点，其正确的一面是反映了广大人民群众迫切要求改变我国经济文化落后状况的普遍愿望，其缺点是忽视了客观的经济规律。在这次会议前后，全党同志和全国各族人民在生产建设中发挥了高度的社会主义积极性和创造精神，并取得了一定的成果。但是，由于对社会主义建设经验不足，对经济发展规律和中国经济基本情况认识不足，更由于毛泽东同志、中央和地方不少领导同志在胜利面前滋长了骄傲自满情绪，急于求成，夸大了主观意志和主观努力的作用，没有经过认真的调查研究和试点，就在总路线提出后轻率地发动了“大跃进”运动和农村人民公社化运动，使得以高指标、瞎指挥、浮夸风和“共产风”为主要标志的左倾错误严重地泛滥开来。①

1959年2月，中国共产党第一代中央领导集体的重要成员邓小平，第一次作为中共中央总书记视察上海。他深入基层，调查研究，专程来到上海第三钢铁厂向干部、群众了解情况。

上海第三钢铁厂原厂长陈大同回忆说：小平同志，还有彭真同志、李富春同志，他们一起乘着汽艇，就从黄浦江这边过来，就在这边上来。这里路还很泥泞，还比较湿。他们上来以后，我们都准备了很多长筒套鞋，他们一个个把套鞋穿起来以后就往厂区去了。当时的上钢三厂主要生产异型钢材，由于生产工艺落后，经济效益不高。我们陪着小平同志就从这边过来，那边原来就是老

① 《关于建国以来党的若干历史问题的决议》，1981年6月27日中国共产党第十一届中央委员会第六次全体会议一致通过。

转炉，然后就到这个轧一车间，他就顺着这样的一条路进去。他特别关心的，就是对工人的一些技术革新。同好几个老工人一起交流，小平同志鼓励他们，还要继续搞技术革新。他告诉我们，要很好地总结这些经验，依靠工人要同工程师结合起来，这样的话，多改进，改进设备，改进工艺，改进操作，提高产品的质量。陈大同认为，当时邓小平一再强调产品质量，强调工人一定要同工程师相结合，邓小平提出的这个要求在那个年代是十分难能可贵的。

1959 年 4 月 2 日至 5 日，中国共产党八届七中全会在上海举行。会上，邓小平代表中央就经济工作等问题作了说明。他手持毛泽东在前一天午夜亲自批示“很好”的说明要点，作了重点发言。邓小平认为：“经过了第一季度的实践，看来我们原来规定的某些生产指标大了一点，基建项目多了一点，如果不实事求是地加以变动，势必在原材料和设备不能如量、如质、如期保证的情况下，使本来不多的原材料更加分散使用，结果引起连锁反应，各方面都完成得不好，重点不能得到保证，一般也不能不受影响。”

邓小平强调：“我们都想多搞一点，这是可以理解的，这种热情是宝贵的，但是，如果我们过分夸大人的能动性，制订一个人们难于实现的计划，那我们也会犯主观主义的错误，同样不利于事业的发展。”这说明，邓小平对当时的经济形势具有十分清醒的估计和认识。

“从一九五八年底到一九五九年七月中央政治局庐山会议前期，毛泽东同志和党中央曾经努力领导全党纠正已经觉察到的错误。但是，庐山会议后期，毛泽东同志错误地发动了对彭德怀同志的批判，进而在全党错误地开展了‘反右倾’斗争。八届八中全会关于所谓‘彭德怀、黄克诚、张闻天、周小舟反党集团’的决议是完全错误的。这场斗争在政治上使党内从中央到基层的民主生活遭到严重损害，在经济上打断了纠正左倾错误的进程，使错误延续了更长时间。主要由于‘大跃进’和‘反右倾’的错误，加上当时的自然灾害和苏联政府背信弃义地撕毁合同，我国国民经济在一九五九年到一九六一年发生严重困难，国家和人民遭到重大损失。”①

---

① 《关于建国以来党的若干历史问题的决议》，1981 年 6 月 27 日中国共产党第十一届中央委员会第六次全体会议一致通过。

1960 年 6 月 10 日，邓小平出席刘少奇主持召开的全国各大区和省、直辖市、自治区以及中央一些部门负责人参加的座谈会，听取薄一波、谭震林、李先念、李富春的汇报。邓小平直言不讳地说：老实说，主要当家的就是我们在座的。作为领导者，我们应该不要忘记除了九个指头以外一个指头甚至于少于一个指头的问题。领导者头脑要热，但是更要冷。我们热这方面是够的，但是冷一点是不是还有一部分同志不够？最近一个时期出现的现象，如果我们不注意，哪怕不到一个指头，它可以发展到一个指头，甚至多于一个指头。到那个时候再来提醒，再来检讨，我们就要受损失。我们一定要估计到，有这样一部分同志，相当程度地丧失了我们党的实事求是的优良传统。考虑后三年计划，我建议还是“右倾机会主义”好一点，留有余地才能多快好省。

1960 年冬天，中共中央和毛泽东开始纠正农村工作中的“左”倾错误，并且决定对国民经济实行“调整、巩固、充实、提高”的方针，随即在刘少奇、周恩来、陈云、邓小平等同志的主持下，制定和执行一系列正确政策和果断措施，这是这个历史阶段的重要转变。

1961 年 1 月，在中共八届九中全会上，毛泽东提出，要恢复党的实事求是的优良传统，大兴调查研究之风，为克服困难而斗争。他带头作自我批评，说近几年来不大了解情况，大概是官做大了，摸不了底。我这个人就是官大了，从前在江西那样的调查研究，现在做得少了。他还说搞社会主义建设不能那么急，十分急搞不成，要波浪式前进。明后年，搞几年慢腾腾，搞扎实一些，然后再上去，指标不要搞那么高，把质量搞上去……要使 1961 年成为实事求是年。

会后，邓小平于 4 月 7 日至 21 日来到北京郊区顺义、怀柔，进行农村调查。

在了解农村实际和干部、群众的情况时，邓小平和随行的工作人员以蹲点、开座谈会、访问等形式为主。一些干部、群众过去对“一平二调”等问题提出过批评，在反“右倾”斗争中被当作攻击总路线、“大跃进”、人民公社“三面红旗”受到批判，因而吞吞吐吐不敢直言。邓小平坦诚地说：“一平二调”搞得大家都没劲头了，要尽快制定“三包一奖惩”（包工、包产、包成本，超产奖励、减产惩罚）和“四固定”（将土地、劳动力、耕畜、农具固定到生产队使用）责任制。现在包产过大的单位应当适当划小。包产单位小一些，便于互相比较生产条件，你瞒不过我，我也瞒不过你，包产指标就容易落实了，要让他们在同等条件下搞生产竞赛。定生产指标要力求合理，还要留有10%的余地，照顾到有产可超，这样他就会有奔头了，就拼命去干了。

谈到要克服分配中的平均主义时，邓小平说：要认真执行“按劳分配、多劳多得”的分配原则，承包单位之间、人民公社社员之间无论如何不能拉平，要克服分配上的平均主义，这样才能调动起社员的积极性。评工记分必须搞得严密一些，死分死计、死分活记都不能很好地体现同工同酬，还是初级社时的老办法。比如二等劳力干一等劳力的活，还记二等工分，这就存在着平均主义，就会打击二等劳力的积极性，这种不合理现象必须克服。一定要实行定额包工，多劳多得是天经地义的事，是社会主义分配原则。

对执行按劳分配中可能出现的问题，邓小平指出：现在农民脑子里想的是多产多吃，但是生产下降了，吃不到300斤口粮，就不能吃300斤。小灾少吃点，中灾再少吃点，大灾更要少吃。自然灾害是这样，人为灾害更应该是这样。即使某个承包单位减产很多，确需调剂口粮，也只能补够最低标准（保命数）。总之不要拉平，人与人之间劳动有强弱，干活也有好坏，出勤多少也不一样，为了奖勤罚懒，不仅在劳动报酬的工分上有差别，口粮差别也要相当明显，这样就能克服平均主义，农民就放心了，就能刺激生产者搞好生产和克服各种自然灾害的积极性。同时，邓小平又特别指出：集体对五保户要照顾，对困难户要给予补助。

上辇村在粮食分配时采取40%卖给国家，剩余60%的一半按工分分配，一半的20%作为大队机动粮，10%按人头分，10%奖励给劳动好的社员。同时，生产小队开荒“十边地”的粮食归小队积累，拿出一部分按工分分配，得到社员一致拥护，1959年粮食单产540多斤，比1958年提高60多斤，副业收入3万多元，社员生活水平明显提高。

邓小平听了汇报后，赞赏说：上辇村的余粮分配办法很好，很有道理，国家、集体、个人几方面都照顾到了，就应该是这样，定好超产部分，几成卖给国家，多为国家作点贡献，而且群众心中也有了底，生产积极性就会高，生产就能搞上去。县委要搞几个这样的好典型，总结推广下去。后来，中共北京市委和顺义县委进一步总结、完善和推广了上辇村的经验，收到很好的效果。

在北小营，邓小平召开了由上辇大队、北小营大队、仇家店大队支部书记、生产队长参加的座谈会。他反复询问干部：公共食堂是好吃，还是不好吃？在1958年“大跃进”中兴起的公共食堂本来是“浮夸风”的产物，是“共产风”“平调风”的表现，也是人民公社初期的一个突出问题。当时提出“吃饭不要钱”的所谓“共产主义生活”，实际上脱离了社会发展阶段，违背了经济发展规律。

广大干部、群众虽然心里不满意公共食堂，但由于公共食堂被认为是“共产主义因素”的体现，谁也不敢碰。因此，多数人都不敢说不吃公共食堂好，相反，却违心地拼凑公共食堂也不错的理由。邓小平听了，根据对农村实际情况的了解，知道一部分基层干部没有讲真话，严肃地说：公共食堂是个大问题，现在群众议论很多，要注意一下。

在公社书记座谈会上，当听到公共食堂存在着占用人员多等问题时，邓小平说：把原粮加工成熟食，增加成本50%多，这样贵，群众当然不会赞成。一个50户左右的食堂，占用十几个劳动力太多了，食堂人员超过吃饭劳动力的10%就不合算，粮食加工应该做到半机械化，这样既可以节省成本，又可以节省劳动力。食堂要种好菜，养好猪，搞好家底。

当听到有些群众愿意办农忙季节食堂，冬闲时自己回家吃饭时，邓小平说：这样也可以，农闲时回家自己吃饭，还可以解决冬天烧炕取暖的问题，能节省一些煤。当他了解到木林公社上辇村由食堂分粮食，社员自己回家做饭的情况后，高兴地说：你们村的干部对“共产风”“平调风”顶得好，锅、碗、瓢、盆没有被刮跑，锁没有砸，门没有拆，是很好的事。吃食堂光荣，不吃食堂也光荣。吃不吃食堂要由群众决定。他还特意对县委领导同志讲，关于这个问题《六十条》写得很灵活，从办到不办，形式是允许多样的。

在牛山公社白庙村考察公共食堂时，邓小平看到公共食堂停火，了解到当地社员没有吃的，觉得问题严重。在桑园村召开的社队干部会上，他明确指出：吃食堂是社会主义，不吃食堂也是社会主义。以前不管是中央哪个文件上说的，也不管是哪个领导说的，都以我现在说的为准。根据群众的意见，决定食堂的去留。邓小平的话，说出了大家心里想说而又不敢说的话，使公共食堂这一长期困扰农村干部、群众的大问题终于得到了彻底解决。

在考察顺义城镇集市和庙会时，邓小平看到农贸市场萧条，供应紧张。当他了解到大批手工业和家庭副业消失，严重影响群众的生产和生活后，心情特别沉重。他对随行的县委及公社领导同志说：你们要把手工业及家庭副业都发展起来，增加市场上买卖的品种和数量，把农村集市繁荣起来，满足生产和生活需要，增加农民收入。在供销社干部座谈会上，邓小平具体讲道：要先把有劳力、有原料、社会生活和生产急需的苇编、柳编、荆编、烧石灰、打木具的传统手工业发展起来。

邓小平在调查研究中，特别强调，社员的家庭副业不能丢，应该是六畜兴旺，尤其是养猪很重要。你们县是一个传统的养猪县，社员喜欢养猪，而且有丰富的经验。若是把这个传统丢了很可惜。一头猪不仅能赚 20 多元钱，肥料还能养二三亩地，不施化肥，也能增产，社会效益就高了。你们县土地、水利条件比较好，就是肥料问题制约了粮食生产的发展。多养猪、养好猪，社员的收入增加了，粮食生产也搞上去了。你们要抓住春天这个大好时机，尽快地把养猪事业发展起来，既满足城乡人民的生活需要，又能增加农民的收入，这是件好事。

在顺义调查结束时，邓小平针对北京市生猪饲养量下降和市场猪肉短缺的情况，再次向县委负责同志提出：你们要大力发展养猪，北京市要尽快做到每年向市场提供 100 万头肥猪。根据邓小平的指示，北京市和顺义县都一直把养猪作为重点。北京市实行“公养私养并举，以私养为主”的方针，加强保养措施；1962 年又制定了养猪奖励和收购肥猪的购留比例，调动了农民养猪的积极性，使养猪生产较快地得到恢复和发展。

邓小平通过对北京郊区顺义县、怀柔县的实地调查，掌握了大量关于农村实际情况和农民真实愿望的第一手材料。例如，公共食堂问题，北京郊区比较复杂，居住分散的生产队不办，常年公共食堂一般主张不办。至于农忙食堂，群众意见很不一致。北京市各县、区向群众宣布三条：吃食堂、不吃食堂都完全根据自愿；吃食堂、不吃食堂都好，都光荣；吃食堂、不吃食堂都给予便利。结果，北京远郊区的农村公共食堂大部分都散了。对于这些调研到的真实情况，邓小平与后来同行的彭真一起，联名向毛泽东写信作了报告。

邓小平和中央领导同志深入调查研究，掌握农村等各个方面的实际情况，为正确决策奠定了坚实的基础。1961 年 5 月 21 日至 6 月 12 日，中共中央召开工作会议，在中央和各地党委负责人调查研究的基础上，对《农村人民公社工作条例（草案）》进行了修改，制定了《农村人民公社工作条例（修正草案）》，取消了原草案中关于公共食堂和供给制的规定，“生产队办不办食堂，完全由社员讨论决定”。在农村持续两年多的公共食堂，在农民群众的要求下终于解散了。

第四十四章

“‘大跃进’过了头，违反了客观规律”

1961年，邓小平为进一步摸清农村的真实情况，专门带领调查组到北京郊区的顺义、怀柔等县进行调查研究。随后，又要求中央书记处、国家计划委员会、国家经济委员会、中央政治研究室等，派出11个工作组，分赴北京、上海、天津、太原等大中城市的工矿企业进行调查。通过调查研究，邓小平进一步了解到工业、农业等各方面存在的严重问题。

8月11日至14日，在邓小平主持下，中央书记处在北戴河连日举行会议，对已经过多次修改的《国营工业企业管理工作条例（草案）》稿逐条讨论，边议边改，形成了条例草案稿，即“工业七十条”。随后，由邓小平、彭真、李富春、薄一波联名报送毛泽东和其他中央政治局常委，请中央讨论修改后下发。在调查研究基础上产生的这个文件，对新中国成立后工业企业管理方面的主要经验，特别是“大跃进”以来正反两方面的经验教训作了初步总结，对改变“大跃进”以来工业系统的混乱状态十分有益。

为了迅速扭转国民经济的严重局面，中共中央决定，8月23日至9月16日在庐山召开中央工作会议，讨论工业、粮食、财贸、教育等问题及国民经济调整问题。

经过“大跃进”的失误和遇到挫折后的深刻反思，毛泽东从实践中认识到社会主义建设的长期性、艰巨性和复杂性。8月23日，毛泽东在庐山会议开幕式上说，讲到社会主义，不甚了了。（农业）“六十条”都是社会主义，这个问题究竟如何，你们说有一套，我还不大相信。对社会主义，我们现在有些了解，但不甚了了。我们搞社会主义是边建设边学习。搞社会主义，才有社会主义经验，“未有学养子而后嫁者也”。现在搞了“六十条”，不要认为一切问题就解决了。搞社会主义，我们没有一套，没有把握。[1]

---

① 董边、镡德山、曾自：《毛泽东和他的秘书田家英》，中央文献出版社1989年版，第58页。

庐山会议开幕后，邓小平根据中央安排，留在北京主持中央日常工作。会议开始四五天后，毛泽东和周恩来考虑到即将讨论的几个条例和文件，是由邓小平在做了大量调查研究工作的基础上主持起草的，他对情况更为熟悉和了解，所以临时通知他上山参加会议。

8 月下旬，邓小平匆匆赶往庐山，顾不得欣赏金秋庐山的壮丽雄姿，立刻投入繁重的工作之中。这次中央工作会议的会场仍然设在庐山人民剧院，这个剧院也是中国近现代历史的见证。1934 年该剧院建成时命名为庐山大礼堂，新中国成立后改名为庐山人民剧院。1959 年的庐山会议就是在这里举行的，虽然那场反对“右倾机会主义”、批判彭德怀的电闪雷鸣般的斗争已经过去两年了，但是上次庐山会议批判彭德怀、黄克诚、张闻天、周小舟的阴影，依然让许多与会者挥之不去，心有余悸。

当有关同志与邓小平谈起这方面的顾虑时，他淡淡地一笑，说，主席上山前说了，这次要开一个心情舒畅的会，大家都要实事求是嘛。再说，共产党人就是要讲真话，该说的还是要说。“大跃进”就是过了头，违反了客观规律嘛！邓小平的一席话，让担心讲真话会挨批判的同志心里踏实下来。

9 月 5 日，邓小平在会议上发言。他首先谈了当前国民经济比例严重失调的严峻形势，谈了贯彻调整方针的迫切性。接着指出，“大跃进”过了头，违反了客观规律。过了头要退下来，退到这次调整的目标为止。退要退够，调整要抓重点，工业集中力量加强煤炭（生产），农业主要是粮、棉。要按照《工业七十条》，一个一个地抓，一个一个地整顿好。工业调整和整顿是为了前进，不能失去前进的信心。邓小平的讲话，得到毛泽东的肯定与支持。

会议期间，邓小平还就农业上的浮夸风、不切实际的高产指标，提出看法。他提出，农业是国家的基础，粮食是关系国计民生的重大问题，只有把人民的生活安排好了，才能集中精力进行经济建设。现在农业进行调整，首先要把高的指标降下来，但究竟退到什么程度呢？过高、过低都不好。过高，达不到；过低，影响农业的发展和人民生活。他结合了解到的情况，经过反复思考，确定了“粮食指标只能退到长江，不能退过黄河”的思路。

庐山会议作出《关于当前工业问题的指示》，指出“调整、巩固、充实、提高”的八字方针。虽然已经提出一年多，但是，由于情况不明、认识不足、经验不够，一直没有按照实际情况降低指标，以致调整工作不能有效地进行。我们已经丧失了一年多的时机。现在再不能犹豫了，必须当机立断，该退的就坚决退下来，必须退够。

《关于当前工业问题的指示》还指出，所有工业部门在今后相当长的一个时期内，“都必须毫不动摇地切实地贯彻执行‘调整、巩固、充实、提高’的方针”。“在今后三年内，执行这个方针，必须以调整为中心。”中共中央认为，“只有经过一系列的调整，才能建立新的平衡，才能逐步地巩固、充实和提高，为工业和整个国民经济的进一步发展做好准备”。

毛泽东在讲话中，分析了当时的经济形势，认为问题暴露出来了，将走向反面，现在是退到山谷了，形势到了今天，是一天天向上升了。

庐山会议讨论了由邓小平等主持修改定稿的《国营工业企业工作条例（草案）》。9 月 16 日，中共中央将《国营工业企业工作条例（草案）》（简称《工业七十条》）发给各地各部门讨论和试行。《工业七十条》除总则外，一共十章七十条，系统地总结了新中国成立以来，特别是 1958 年“大跃进”以来在工业企业管理工作中的经验教训，根据实际情况提出了中国社会主义工业企业管理工作的一些指导原则。例如，整顿国营工业企业，改进和加强企业管理工作等。

《工业七十条》的主要内容：加强企业的计划管理；建立健全各种责任制；实行职工代表大会制，加强对企业的民主管理和监督；严格企业的技术管理、规章制度；加强企业的经济核算和财务管理；规定职工工资和奖惩制度等。这个条例对贯彻执行“调整、巩固、充实、提高”方针、提高工业企业管理水平、改变工业企业管理中的混乱状况，起了非常重大的作用，使 1964 年、1965 年中国工业重新出现欣欣向荣的局面。

毛泽东对《工业七十条》很满意，很赞赏。他说，我们终究搞出一些章法来了。但是，随着城市“四清”运动的大规模开展，以阶级斗争为纲成为全党一切工作的指针，《工业七十条》实际上被抛到了一边。

“文化大革命”中，《工业七十条》又被诬蔑为“一棵修正主义的大毒草”“瓦解社会主义、复辟资本主义的黑纲领”。指导《工业七十条》起草工作的邓小平，也因此受到许多毫无道理的攻击。

后来，邓小平多次告诉参与主持《工业七十条》起草工作的一位领导同志，毛泽东直到临终时，还把《工业七十条》的文件摆在枕边，始终没有提出过批评。

庐山会议还讨论了邓小平主持修改定稿的《教育部直属高等学校暂行工作条例（草案）》。9 月 15 日，中共中央批准执行《教育部直属高等学校暂行工作条例（草案）》（简称《高教六十条》）。这个条例，规定了高等学校的方针、任务和有关政策。指出，高等学校的基本任务是，贯彻党的教育方针，培养社会主义建设所需要的各种专门人才。条例规定：高等学校必须以教学为主，努力提高教学质量，对参加社会活动和生产劳动应作适当的安排，但不宜过多；在教学中，必须发挥教师的主导作用；科学研究工作，必须坚持“双百”方针；高等学校实行党委领导下的以校长为首的校务委员会负责制等。

会后，中共中央发出《关于农村基本核算单位问题给各中央局，各省、市、区党委的指示》，要求各级党委就此问题认真调查研究，以便党中央作出决定。翌年 2 月，中共中央发出《关于改变农村人民公社基本核算单位问题的指示》，决定农村人民公社一般以生产队为基本核算单位。这样，便将组织生产和进行分配的单位统一起来了，从而在一定程度上解决了自 1956 年高级社以来即已存在、在人民公社成立后更趋严重的生产队之间的平均主义问题。

庐山会议前后中央采取的一系列重大决策和举措，标志着经历经济困难的严重挫折后，党对社会主义建设的规律有了新认识。这是刘少奇、邓小平主持中央第一线工作期间的重要贡献。

在 1961 年庐山会议前后，根据中共中央决策，由邓小平主持中央书记处具体组织领导，系统总结中华人民共和国成立后，特别是“大跃进”以来的经验教训，制定了一系列规范各个系统指导思想、工作方针、主要任务、领导体制的工作条例草案。除了前面提到的，还出台了《关于改进商业工作的若干规定（试行草案）》（简称《商业四十条》），《关于城乡手工业若干政策问题的规定（试行草案）》（简称《手工业三十五条》），《关于自然科学研究机构当前工作的十四条意见（草案）》（简称《科研十四条》），《关于当前文学艺术工作若干问题的意见（草案）》（简称《文艺八条》），《全日制小学暂行工作条例（草案）》（简称《小学教育四十条》）和《全日制中学暂行工作条例（草案）》（简称《中学教育五十条》）。

20 世纪 60 年代初期，中共中央在调整国民经济过程中陆续制定的农村人民公社工作条例草案和有关工业、商业、教育、科学、文艺等方面的工作条例草案，比较系统地总结了社会主义建设的经验，分别规定了适合当时情况的各项具体政策，至今仍然有重要的借鉴作用。

1961 年 12 月，为了更好地总结 1958 年以来的经验教训，统一全党的认识，中共中央决定召开一次扩大的中央工作会议。1961 年 12 月 20 日至 1962 年 1 月 10 日，中共中央召开中央工作会议，着重讨论刘少奇准备在扩大的中央工作会议上所作的书面报告第一稿及其他重要文件稿。

自苏联共产党第二十二次代表大会以后，中国共产党与苏联共产党的关系进一步恶化。毛泽东认为：我们坚持的是马克思主义立场，站在 95% 以上的人民一边，是不会孤立的，天塌不下来。但是，这几年我们在工作中犯了错误，心情比较沉闷，一定要有紧迫感，做好工作，摆脱困境。1961 年 12 月 20 日晚上，毛泽东同邓小平谈话，流露出了这种心情。

12 月 21 日，邓小平在中央工作会议上说：毛主席去年、前年心情不那么愉快，今年很高兴，因为具体政策都见效了。过去几年，包括“大跃进”三年，总的来说，我们办的好事是基本的，也出了些毛病，也有缺点错误。这些缺点错误，我们要把它总结起来，好的、成功的、错误的统统总结起来，变成财富，使我们的工作一天一天走上轨道。

邓小平传达说，毛主席在无锡找华东几个省的同志也谈了，明年（1962 年——编者注）要抓工、农、兵、学、商、政、党七个字，要大抓一年，这几个方面都要理出一个头绪来。毛主席还说，明年这一年的工作很重要，这次会议要好好议一下过去的经验教训，要有个统一的看法，要步调一致，以便在这个基础上前进。

第四十五章

"我们宁肯把这个问题估计得重一点,使全党有所警惕"

中共中央经过充分准备，于1962年1月11日至2月7日在北京举行扩大的中央工作会议。参加会议的有中央、各中央局、各省（直辖市、自治区）党委负责干部，以及地委、县委、重要厂矿企业和部队的负责干部七千多人，因此又称为“七千人大会”。主要议题是：总结经验，统一认识，加强党的民主集中制，切实贯彻调整国民经济的方针。

1月11日，“七千人大会”正式开幕。当时的新华社社长兼《人民日报》总编辑吴冷西回忆说：“小平同志在‘七千人大会’中呢，他的位置很特殊啊，起的作用也很特殊。开始的会这个基调怎么定呢？那是小平同志主持书记处会议检查1958年以来中共中央所发的所有文件。后来形成一个形势报告，而且在这个报告里面，一个正视困难，一个作自我批评，一个总结经验教训，一个全力进行调整。那么这个基调，在这个报告里面就定了。在整个会议过程中间，他跟少奇同志合作得非常好，是他跟少奇同志一起，起草大会的主旨报告，讲的过去四年犯的错误，提出集中力量搞调整，争取两年里面恢复国民经济。”

按照“七千人大会”的议程安排，从1月11日到29日上午，主要是围绕刘少奇代表中央所作的书面报告进行分组讨论，提出修改意见。刘少奇的书面报告第一稿写出来之后，尚未经中央政治局讨论，毛泽东即提议直接印发大会代表，和大家见面。毛泽东认为：参加会议的有各方面人员，多数接近实际和基层，能够从各个角度提出意见来，能更好地集思广益。

在大会分组讨论时，由刘少奇组织了一个由中央政治局成员、各中央局第一书记参加的报告起草委员会，对报告进行更加深入的讨论和研究。当时，对1958年以来的经验教训如何认识、如何看待、如何总结，中央内部有不同看法。

在 1 月 18 日的报告起草委员会会议上，中央政治局委员、中央书记处书记、全国人大常委会副委员长、北京市委第一书记兼北京市市长彭真指出：我们的错误，首先是中央书记处负责，包括不包括主席、少奇和中央常委的同志？该包括就包括，有多少错误就是多少错误，毛主席也不是什么错误都没有。三五年过渡问题和办食堂，都是毛主席批的。

当彭真讲到这里时，邓小平插话说：我们到主席那儿去，主席说，你们的报告把我写成圣人，圣人是没有的，缺点错误都有，只是占多少的问题。不怕讲我的缺点，革命不是陈独秀、王明搞的，是我和大家一起搞的。

邓小平讲完后，彭真接着说：毛主席的威信不是珠穆朗玛峰，也是泰山，拿走几吨土，还是那么高；是东海的水（拉走几车，还有那么多）。现在党内有一种倾向，不敢提意见，不敢检讨错误。一检讨就垮台。如果毛主席的百分之一、千分之一的错误不检讨，将给我们党留下恶劣影响。省、市要不要把责任都担起来？担起来对下面没有好处，得不到教训。各有各的账，从毛主席直到支部书记。

1 月 19 日，中央政治局候补委员、中央政治研究室主任、毛泽东的政治秘书陈伯达发言说：彭真同志昨天关于毛主席的话，值得研究。我们做了许多乱七八糟的事情，是不是要毛主席负责？是不是要检查毛主席的工作？

对于陈伯达的质疑，彭真不得不进行解释：关于毛主席的问题，要说清楚。似乎彭真讲毛主席可以批评，是不得人心的。我的意思是不要给人一个印象：别人都可以批评，就是毛主席不能批评，这不好。

刘少奇的书面报告第一稿经过修改后，形成第二稿。毛泽东审阅后，与刘少奇、邓小平谈话，表示“赞成这个方向”。随后，刘少奇主持中央政治局扩大会议，对书面报告第二稿进行讨论。与会同志表示基本赞成，同意提交大会。

1 月 27 日，毛泽东主持召开全体大会。会前，将刘少奇书面报告第二稿发给了与会同志。书面报告对几年来所犯的错误进行了详细的分析，初步总结出“十六条”基本的经验教训。刘少奇在与会同志阅读、讨论书面报告的基础上，从国内形势问题、加强民主集中制问题、加强集中统一问题和党的问题等方面，对书面报告作了进一步的说明和阐发。

1958年以来出现严重困难局面，过去总是归咎于或者主要归咎于自然灾害，不敢从主观上、从领导工作中找原因。1961年5月，刘少奇从回到家乡——湖南省宁乡县花明楼乡进行的农村调查中，得出“三分天灾，七分人祸”的结论，认为困难主要是由“人祸”造成的。所谓“人祸”，就是工作中的失误。

从湖南回北京后，刘少奇于1961年5月31日在中央工作会议上直言不讳地指出：“这里提出一个问题，这几年发生的问题，到底主要是由于天灾呢，还是由于我们工作中间的缺点错误呢？湖南农民有一句话，他们说是‘三分天灾，七分人祸’。我也问了几个省委干部。我问过陶鲁笳同志：在你们山西，到底天灾是主要的，还是工作中的缺点错误是主要的？他说，工作中的缺点错误是造成目前困难的主要原因。河北、山东、河南的同志也是这样说的。其他一些省我没有问。总起来，是不是可以这样讲：从全国范围来讲，有些地方，天灾是主要原因，但这恐怕不是大多数；在大多数地方，我们工作中间的缺点错误是主要原因。”①

在“七千人大会”上的讲话中，刘少奇重申了上述观点，认为困难形势的出现，就全国总的情况来说，“是由于我们工作中的作风上的缺点和错误所引起的”。他说：“过去我们经常把缺点、错误和成绩，比之于一个指头和九个指头的关系。现在恐怕不能到处这样套。有一部分地区还可以这样讲。在那些地方虽然也有缺点和错误，可能只是一个指头，而成绩是九个指头。可是，全国总起来讲，缺点和成绩的关系，就不能说是一个指头和九个指头的关系，恐怕是三个指头和七个指头的关系。还有些地区，缺点和错误不止是三个指头。如果说这些地方的缺点和错误只是三个指头，成绩还有七个指头，这是不符合实际情况的，是不能说服人的。我到湖南的一个地方，农民说是‘三分天灾，七分人祸’。你不承认，人家就不服。全国有一部分地区可以说缺点和错误是主要的，成绩不是主要的。”②

---

① 《刘少奇选集》下卷，人民出版社1985年版，第337页。

② 《刘少奇选集》下卷，人民出版社1985年版，第421页。

对刘少奇这种实事求是的马克思主义精神，当时身临其境的国务院副总理薄一波在回忆录中评价道：在当时“左”的思想还根深蒂固的情况下，在多数同志对1958年“大跃进”严重失误的原因还没有根本认识的情况下，少奇同志敢于根据一些群众和一些省、市负责干部的反映，提出“三分天灾，七分人祸”的估计，指出在分析错误和成绩时，不能用“一个指头和九个指头的关系”“到处这样套”，应该说是难能可贵的。没有大无畏的革命勇气，不可能提出这种实事求是的意见来。马克思主义的活的灵魂就是具体情况具体分析。具体情况具体分析，也就是实事求是。全国这么大，情况千差万别，各个地方的成绩与缺点错误的情况，不可能一样；在不同的时期，由于指导思想、方针政策的正确与否不同，成绩与缺点错误的情况也不可能一样，怎么能够用一个比喻、一个公式到处套用呢？如果那样，还有什么实事求是精神可言？还有什么马克思主义的唯物辩证法可言？形势好，不可能绝对的好，一点缺点错误也没有，也要看到存在的问题和不足；形势不好，发生了严重失误，也不可能是绝对的坏，也要看到取得的成绩，成绩有多大就肯定多大。但更要承认失误，失误有多大也要承认多大，以利于采取纠正措施。这才是马克思主义的科学态度，才是对党、对人民、对历史高度负责的态度。这一点对于参与制定决策和指挥全局的各级主要领导同志来说，极为重要。

“七千人大会”开到1月29日的时候，按照预定议程，再开两天就要结束，与会同志1月31日晚上就可以离京回各地过春节。可是，1月29日下午，许多与会同志反映，话还没有说完，还憋着一肚子气。有的小组反映，会上还有人压制民主，不让讲话。毛泽东和中央政治局常委商量，决心让大家把要讲的话都讲出来。

于是，中央提议延长会期，在北京过一个革命化的春节。毛泽东说：这次用这么个方式，在北京开这么个会，要解决问题。现在，要解决的一个中心问题是，有些同志的一些话没有讲出来，觉得不大好讲。这就不那么好了。要让人家讲话，要给人家机会批评自己。你自己不批评自己，也可以，得让人家批评你。最好的办法还是自己来批评自己！有许多地方的同志是作了准备的，而且有的作检讨作了几年了——一九五九年、一九六〇年、一九六一年。有好几个省，从一九五九年起就作自我批评，不止一次、两次、三次、四次，而是五次、六次。自我批评的结果，人家就不爱听了，说："请你不要再讲了，老讲那一套！"这个时候你就可以不讲了，这才取得了主动。我看是不是在这次会议上就解决这个问题。县、地、省都有同志在这里，不要等回去了再解决。

毛泽东还说：为什么一定要回到你们家里过春节才算舒服？为什么我们在北京七千人一道过一个春节不好？我主张集体在北京过一个春节。有这么几天，我相信能够解决上下通气的问题。有一个省的办法是，白天"出气"，晚上看戏，两干一稀，大家满意。我建议让人家"出气"。不"出气"，统一不起来。没有民主，就不可能有正确的集中。因为"气"都没有出嘛！积极性怎么调动起来？到中央开会，还不敢讲话，回到地方就更不敢讲话。我们常委几个同志商量了一下，希望解决"出气"的问题。有什么"气"出什么"气"，有多少"气"出多少"气"，不管正确之"气"，还是错误之"气"，不挂账，不打击，不报复。

当天晚上，各个中央局迅速召开会议，研究部署如何开好"出气会"。次日上午，各省召开动员会，号召大家打消顾虑，趁热打铁，把"气"出完，重点是对省委的工作提出批评。

1 月 30 日，毛泽东在会上讲话，着重指出必须健全党的民主集中制，必须在总结正反两个方面经验的基础上，加深对社会主义建设规律的认识，并作了自我批评。毛泽东说："去年 6 月 12 号，在中央北京工作会议的最后一天，我讲了自己的缺点和错误。我说，请同志们传达到各省、各地方去。事后知道，许多地方没有传达。似乎我的错误就可以隐瞒，而且应当隐瞒。同志们，不能隐瞒。凡是中央犯的错误，直接的归我负责，间接的我也有份，因为我是中央主席。我不是要别人推卸责任，其他一些同志也有责任，但是，第一个负责的应当是我。"

毛泽东指出：人们对客观世界的认识，要有一个过程。中国的民主革命就经历了 24 年后才有了比较正确的认识。如果有谁说，在一开始的时候，就完全认识了中国革命的规律，那是吹牛，你们切记不要信，没有那回事。现在进行社会主义建设，也必须要经过一个很长的过程，要翻过筋斗，碰了钉子，有了成功和失败的比较，才能比较主动、比较自由。恰恰在这个问题上，我们还缺乏经验。

毛泽东说：“在社会主义建设上，我们还有很大的盲目性。社会主义经济，对于我们来说，还有许多未被认识的必然王国。拿我来说，经济建设工作中间的许多问题，还不懂得。工业、商业，我就不大懂。别人比我懂，少奇同志比我懂，恩来同志比我懂，小平同志比我懂。陈云同志，特别是他，懂得较多。……对于农业，我懂得一点。但是也只是比较地懂得，还是懂得不多……我注意得较多的是制度方面的问题，生产关系方面的问题，至于生产力方面，我的知识很少。社会主义建设，从我们全党来说，知识都非常不够。我们应当在今后一段时间内，积累经验，努力学习，在实践中间逐步地加深对它的认识，弄清楚它的规律。”

对毛泽东的讲话，邓小平评价说：“看起来，这时候毛泽东同志还是认真纠正‘左’倾错误的。他在‘七千人大会’上的讲话也是好的。”

1 月 31 日至 2 月 7 日，主要是召开小组会议，对省委、中央局、国家机关、中央机关及负责同志提出批评意见；这些负责同志在会上发言，对这几年工作中的失误进行了认真检讨和自我批评。

2 月 4 日，毛泽东和与会同志一起看戏。2 月 5 日，进行春节团拜活动，毛泽东和与会同志一起过春节。

然而，在全党认真总结经验教训的时候，1958 年 5 月被增选为中共中央委员会副主席的林彪，却显得与众不同。林彪在关于党的工作和军事工作的发言中认为，毛主席的优点是多方面的，不是一方面的。我个人几十年来体会到，毛主席最突出的特点是实际。他总比人家实际一些，总是八九不离十的。我们的工作搞得好一些的时候，是毛主席的思想能够顺利贯彻的时候，毛主席的思想不受干扰的时候，如果毛主席的意见受不到尊重，或受到很大的干扰的时候，事情就要出毛病。我们党几十年的历史，就是这么一个历史。林彪还说：事实证明，现在这些困难，恰恰是由于我们没有照着毛主席的指示、毛主席的警告、毛主席的思想去做。林彪讲的这些话，根本不是在总结经验教训，而是怀着个人野心进行政治投机，与整个“七千人大会”的主题和气氛极不协调。

2 月 6 日，邓小平在“七千人大会”上作重要讲话。作为中共中央总书记，他主要讲党的建设问题，重点讲如何恢复党的优良传统和健全党内生活，包括坚持民主集中制、建立经常工作、培养和选择干部、学习马克思主义理论和毛泽东著作等四个方面的内容。

邓小平指出：“应该指出，最近几年，我们党的领导，党的工作，是有严重缺点的。特别重要的是党的优良传统受到了削弱。有些地方有很大的削弱，严重的削弱；有些地方好些。就全党来说，有相当程度的削弱。我们宁肯把这个问题估计得重一点，使全党有所警惕。”①

为什么我们党的优良传统受到了削弱呢？邓小平分析说，原因是多种的：

> ……首先是，……这几年来，我们不大注意调查研究，因而所提的一些任务往往不是实事求是的，所提的一些口号，也有许多不是切合实际的。指标过高，要求过急，还有一些不适当的“大办”，这就使得我们的许多好传统受到了冲击。而许多好的传统的削弱，又反过来加重了工作中的缺点和错误。
>
> 其次，在这几年的党内斗争中发生了一些偏差。无论反“左”的，反右的，都有这种情况。这次会议讨论中，同志们也提出了这个问题。在几次运动中，确实发生了一些偏差，伤害了一大批党内外干部。……由于这些偏差的影响，我们党的许多好的传统受到了削弱。例如，实事求是，说老实话，本来是我们党的传统，但是，由于没有贯彻实行民主集中制、运动中斗争过火等种种原因，这几年在我们党内滋长了一种不如实反映情况，不讲老实话，怕讲老实话的坏风气。有意弄虚作假，是不好的；怕讲老实话，虽然原因是多方面的，不同于弄虚作假，但也是不好的。②

邓小平指出：近几年来，我们不少同志对党的优良传统坚持不够，特别是对于实事求是的传统、群众路线的传统、民主集中制的传统这三个方面的忽视和损伤，给我们的工作带来了很大的危害。这是值得全党严重注意的。他强

---

① 《邓小平文选》第1卷，人民出版社1994年版，第301页。
② 《邓小平文选》第1卷，人民出版社1994年版，第302页。

调：现在，我们必须把党的优良传统恢复起来，加强起来，发扬起来。今天的问题，并不是要建立什么新章程的问题，章程早就有了。

邓小平提醒与会同志：如果搞得不好，特别是民主集中制执行得不好，党是可以变质的，国家也是可以变质的，社会主义也是可以变质的。干部可以变质，个人也可以变质。……不要以为有了权就好办事，有了权就可以为所欲为，那样就非弄坏事情不可。①

在邓小平讲话过程中，毛泽东有 10 次插话，对邓小平讲话的内容进行补充、深化，表示赞同。

会议期间，周恩来代表国务院在大会上讲话，对于 1958 年以来计划工作的失误作了自我批评，并着重分析了国民经济存在的困难和克服困难的办法。

朱德在山东组全体会上讲话，陈云在陕西省全体干部会上讲话，重点都是讲党内民主生活。

2 月 7 日，“七千人大会”正式结束。关于会议精神的传达和贯彻，毛泽东在 1 月 30 日提出了明确要求，他指出：同志们回去后，一定要把民主集中制健全起来。要发扬民主，采取主动，作自我批评。有什么就检讨什么，倾箱倒箧而出。白天“出气”，晚上不看戏，白天晚上都请你们批评。让人讲话，采取主动好，天不会塌下来，自己也不会垮台。不让人讲话呢？那就难免有一天要垮台。

邓小平代表中央书记处，要求各地负责同志回去后，个别的也可以开“出气”大会，这几年工作搞得不好的领导同志要进行自我批评，检讨一次不够就检讨几次。2 月 8 日，邓小平在中央会议上讲了“七千人大会”精神传达和文件阅读的问题。2 月中旬，中央书记处作出决定：中央和国家机关 17 级以上、司（局）长级以下的干部，根据《报告》传达讨论；司（局）长级以上的干部除了传达《报告》内容外，还传达毛泽东和中央政治局其他常委同志的讲话。

根据中央书记处的要求和规定，各省、直辖市、自治区党委在春节后的一段时间里，对“七千人大会”精神进行了传达、讨论和贯彻，通过在各级党

---

① 《邓小平文选》第 1 卷，人民出版社 1994 年版，第 302 ~ 304 页。

组织内发扬民主，开展批评和自我批评，总结社会主义建设问题上的经验教训。

这次有七千人参加的扩大的中央工作会议，发扬民主，初步总结“大跃进”中的经验教训，开展批评和自我批评，强调要恢复党的实事求是、群众路线的优良作风，健全党内民主生活，加强集中统一，意义深远。这次大会，虽然在对形势的分析和对造成困难的主要原因的认识上，对工作中的成绩和缺点的估计等问题上，中央领导核心中的分歧并未解决，但在坚决贯彻执行“调整、巩固、充实、提高”方针、促进国民经济恢复和发展问题上，对统一全党认识起了积极作用。这次会议前后又为“反右倾”运动中被错误批判的大多数同志进行了甄别平反。此外，还给被划为“右派分子”的大多数人摘掉了“右派分子”的帽子。由于采取了这些经济上和政治上的措施，从 1962 年到 1966 年国民经济得到了比较顺利的恢复和发展。

第四十六章

“黄猫、黑猫，只要捉住老鼠就是好猫”

作为一位著名政治家，邓小平政治生涯最突出的特点，就是始终不渝地坚持实事求是的原则。凡是违反经济发展的客观规律，就必然会受到客观规律的惩罚。“大跃进”使国家的各项建设事业遭受重大挫折。对“大跃进”这段历史，头脑冷静的邓小平说：“按照马克思主义的说法，我们就是超越了阶段。一切都要按社会主义原则办事，不要再照顾过去说过的话、办过的事，那是照顾不住的”，“不管原来是哪个人说的，站不住就改。顾面子是顾不住的，今天顾不住，明天也顾不住”。

1962年年初的“七千人大会”之后，中共中央根据“七千人大会”精神，迅速采取了一系列积极措施，调整国民经济和各个方面的关系。刘少奇、周恩来、陈云、邓小平站在中央领导工作第一线，呕心沥血，做了大量工作。

在“七千人大会”精神的贯彻落实中，邓小平以极大的精力主持了甄别平反工作。4月27日，中共中央《关于加速进行党员、干部甄别工作的通知》指出：自从1961年6月，中央指示对最近几年来受过批判和处分的党员、干部实事求是地进行甄别工作以来，目前还有一些地区或部门贯彻中央指示不力，进度很慢。中央认为，甄别平反工作要加强领导，加速进行。“凡是在拔白旗、反右倾、整风整社、民主革命补课运动中批判和处分完全错了和基本错了的党员、干部，应当采取简便的办法，认真地、迅速地加以甄别平反。”

对此，广大干部、群众拍手称快，衷心感谢中央“有错必纠”的精神。但是，也有一些人对甄别平反工作不积极、不认真，总想一拖了之。为了使这项利国利民的工作善始善终地进行下去，负责甄别平反的邓小平抓住不放，一抓到底。

在5月中央工作会议上，邓小平指出：最近中央发了一个关于甄别平反工作的文件，请大家注意。干部的甄别平反，对于调动干部的积极性，特别是调动县以下农村干部和群众的积极性很重要。所谓甄别平反，主要对象是干部，可是每一个干部都联系着群众，实际上影响到大量的群众。这个工作军队搞得最早，也安定得最早。对地方来说，有些地方也搞得比较好。谭震林同志在山东看到干部的生产积极性、人民的精神面貌比河南好一些。经过研究，原因很多，其中一条就是后期伤害的人比较少，并且对他们采取“一揽子”甄别平反的方法，所以工作比较主动。四川也是采取这个办法。

邓小平强调：“现在，大家都赞成这个办法，就是全国县以下，首先是农村，来个一揽子解决。就是说，过去搞错了的，或者基本搞错了的，统统摘掉帽子，不留尾巴，一次解决。因为县以下都是一些基层干部，问题只有那么多，右倾也只是右倾到那个程度，‘左’倾也只是‘左’倾到那个程度。他们又是直接联系群众的，亲戚朋友、各方面的人听到这些事，人心不安。大家情绪不安定，是不利的。”

邓小平提出：“现在我们不是要抓生产队吗？为了把基层干部和群众的积极性调动起来，甄别平反是一个很重要的工作，不要轻视这个工作。上面的领导同志，要下去帮助承担责任，这样搞可以快一些。这件工作，请各中央局告诉各省、市、自治区党委，凡是开始做了的，继续做，没有做的，迅速做。其结果一定要向群众当面公布。这实际上是我们承认一个错误，承认我们过去搞得不对。”①

在邓小平的有力领导和严厉督促下，有关地区和部门按照中央文件规定的内容和范围，“来个一揽子解决”。结果，全国有600多万名干部、群众得到甄别平反。

这种大刀阔斧、雷厉风行、心系干部、想着群众的胆略和魄力，在邓小平的领导生涯中多次显现出来。愈是转折关头，愈是关键时刻，他那种政治家的超凡魄力就体现得愈突出、愈明显，在历史上留下的痕迹也就愈加光彩照人、愈加辉煌夺目。

20世纪60年代初，刘少奇、邓小平在主持中央第一线工作期间，以很大

---

① 《邓小平文选》第1卷，人民出版社1994年版，第319页。

的努力纠正经济建设方面急躁冒进的失误，并取得了一定成效。但是，由于毛泽东在纠正失误时，并没有从指导思想上解决问题，因此不可避免地出现了刘少奇、邓小平与毛泽东之间的意见分歧。《关于建国以来党的若干历史问题的决议》指出：“‘左’倾错误在经济工作的指导思想上并未得到彻底纠正，而在政治和思想文化方面还有发展。”

为了尽快地恢复和发展农业生产，20 世纪 60 年代初，安徽省等地的农村干部、群众自发地兴起了“包产到户”的做法。1961 年 3 月 6 日，中共安徽省委根据农民群众的要求和实践的呼唤，决定试行“定产到田，责任到人”的田间管理责任制，深受农村干部、群众的欢迎。到秋末，安徽全省 85.4% 的生产队都实行了这种办法。与此同时，全国各地农村有 20% 以上的地区实行了类似“包产到户”的办法。在此期间，安徽省委曾于 3 月 20 日、4 月 27 日、7 月 24 日三次向中央、毛泽东作了书面报告，并取得毛泽东的同意。

但是，1961 年年底，毛泽东向安徽省委第一书记表示，要改变对“责任田”的看法，他认为有了以生产队为基本核算单位就不要再搞“责任田”了。但是，部分农村仍在实行“包产到户”。公开的不让干，就秘密地干。国务院负责农村工作的邓子恢副总理下乡做实地调查后，于 1962 年 5 月再次提出实行这种责任制的建议。7 月 2 日，在中央书记处会议上，邓小平表示支持“责任田”的做法。他说，不管黄猫黑猫，哪一种方法有利于恢复生产，就用哪一种方法。我赞成认真研究一下“包产到户”。群众要求，总有道理。

1962 年 7 月 7 日，邓小平在接见出席中国共产主义青年团三届七中全会的全体同志时，具体地谈了对恢复和发展农业问题的基本思想、观点。他说：

> 农业本身的问题，现在看来，主要还得从生产关系上解决。这就是要调动农民的积极性。现在全国也还有个别的农村人民公社实行公社所有制，群众不愿意拆散，能够保持的就让它保持好啦，也有以生产大队为核算单位的，比较多的是以生产队为核算单位。有些以生产队为核算单位的地方，现在出现了一些新的情况，如实行“包产到户”、“责任到田”、“五统一”等等。以各种形式包产到户的恐怕不只是百分之二十，这是一个很大的问题。怎么解答这个问题，中央准备在八月会议上研究一下。现

在“百家争鸣”。这样的问题应该“百家争鸣”，大家出主意，最后找出个办法来。

生产关系究竟以什么形式为最好，恐怕要采取这样一种态度，就是哪种形式在哪个地方能够比较容易比较快地恢复和发展农业生产，就采取哪种形式；群众愿意采取哪种形式，就应该采取哪种形式，不合法的使它合法起来。这都是些初步意见，还没有作最后决定，以后可能不算数。刘伯承同志经常讲一句四川话：“黄猫、黑猫，只要捉住老鼠就是好猫。”这是说的打仗。我们之所以能够打败蒋介石，就是不讲老规矩，不按老路子走，一切看情况，打赢算数。现在要恢复农业生产，也要看情况，就是在生产关系上不能完全采取一种固定不变的形式，看用哪种形式能够调动群众的积极性就采用哪种形式。①

邓小平敢于这样讲，虽然要冒一定风险，但也不是没有根据。在中共中央政治局常委中，支持农村干部、群众试行“包产到户”的领导同志，除邓小平外，还有刘少奇、陈云等中央领导同志。

当时的中国共产主义青年团中央书记处书记胡克实回忆说：“我记得好像是第二天的晚上，不知道是看表演还是看赛球了，正在这当中，就来了电话找胡耀邦，接完电话以后，他就回到那个地方。回到那个地方，他（胡耀邦）就跟我说，小平同志来电话了，说他昨天讲的有两句话不要传达。就说主席在北戴河召集他们几个人谈了谈，小平同志也参加了，主席就讲，现在，有一股分田到户、包产到户的风。”

虽然邓小平特意交代胡耀邦不要传达他关于“黄猫、黑猫，只要捉住老鼠就是好猫”的讲话，但是，这个体现马克思主义实事求是精髓的唯物主义讲话，还是以它鲜明、贴切、通俗的特点，在华夏大地上广为流传，以致达到无人不晓的程度。

从 20 世纪 50 年代末期开始，当国民经济遇到严重困难，全党全国人民团

---

① 《邓小平文选》第 1 卷，人民出版社 1994 年版，第 323 页。

结一致、克服困难、共渡难关的时候，新中国成立后长期养病的林彪，却逐步在中国政治生活中活跃起来。在1959年庐山会议上，林彪开始执掌中央军委日常工作大权。

这时，林彪认为时机已到，逐步从幕后走向前台，从韬晦走向迎合，别有用心地大肆鼓吹个人崇拜，宣扬“活学活用”，抢占“高举”“紧跟”的制高点，开始了名曰树别人、实际上树自己的现代造神运动。

1959年9月，林彪刚刚主持中央军委工作，便在中央军委扩大会议上讲了自己“创造”的学习“捷径”和“窍门”。他说：“我们学习马克思列宁主义怎样学呢？我向同志们提议，主要是学习毛泽东同志的著作。这是学习马列主义的捷径。”“学习毛主席著作，这是捷径。这并不是捧场，不是吹毛主席的。这是告诉你们一个学习的简便的窍门。”

在1960年2月中央军委讨论战略方针问题的广州会议上，林彪提出学习毛泽东著作用不着系统地学，主要是背若干警句，“我们不要背那么多，背上那么几十句，就差不多了”。

中国共产党历来提倡和坚持理论联系实际的马克思主义学风，号召学习马克思主义的科学体系，掌握马克思主义的立场、观点和方法，用以解决中国革命和建设中出现的各种新情况、新问题，并在新的实践中继承和发展马克思主义，把马克思主义不断推向前进。

而林彪宣扬的这一套“走捷径”“找窍门”“背警句”，完全不顾革命导师论述问题的历史条件和客观环境，提倡“照抄照搬”，割裂、曲解了马克思主义，对马克思主义造成了极大的危害。但是，林彪在推行这一套实用主义做法时又打着“高举”“紧跟”的旗帜，一时迷惑了不少人，就是对林彪这一套持不同意见的领导同志，也不便明确地提出反对意见。

邓小平较早地发现了林彪这一套对党的事业的严重危害。他挺身而出，对林彪的做法提出批评。在1960年3月中共中央召开的天津会议上，邓小平在讲话中专门用较长的篇幅讲了要“正确地宣传毛泽东思想”的问题。邓小平指出：

对毛泽东思想的宣传问题，我曾经在山东、天津谈过，后来在中央也议了。昨天在毛主席那里还谈了这个问题，他赞成这个意见：第一，现在的主要问题是把毛泽东思想用得庸俗了，什么东西都说成是毛泽东思想。例如，一个商店的营业额多一点就说是毛泽东思想发展了，打乒乓球也说是运用了毛泽东思想。第二，马克思列宁主义很少讲了。这种情况，不少报纸都不同程度地存在。为什么要提出这个问题呢？因为按照我们对毛泽东思想的正确理解，一个是要坚持马克思列宁主义，保卫马克思列宁主义；一个是要发展马克思列宁主义。毛泽东思想同马克思列宁主义是一回事。毛泽东思想坚持了马克思列宁主义的普遍真理，并且在马克思列宁主义的宝库里面增添了很多新的内容。所以，不要把毛泽东思想同马克思列宁主义割裂开来，好像它是另外一个东西。我们在宣传毛泽东思想的时候，一定要按照中央的指示，把“学习马克思列宁主义”和“学习毛泽东同志的著作”并提。当然，也可以单独提毛泽东思想，但是一定不要忘记了马克思列宁主义，不要丢掉这个最根本的东西。

……对待毛泽东思想是一个很严肃的原则性的问题，不要庸俗化，庸俗化对我们不利，对国际共产主义运动也不利。

关于毛泽东思想的宣传，中央已经发了一个指示，准备还要搞点材料，再发个指示。一定要把毛泽东思想这个旗帜掌握得好。光讲毛泽东思想，不提马克思列宁主义，看起来好像是把毛泽东思想抬高了，实际上是把毛泽东思想的作用降低了。

还有一个集体领导问题，也要在适当的会议上说一说。我们党是集体领导，毛泽东同志是这个集体领导的代表人，是我们党的领袖，他的地位和作用同一般的集体领导成员是不同的。但是，切不可因此把毛泽东同志和党中央分开，应该把毛泽东同志看作是党的集体领导中的一个成员，把他在我们党里头的作用说得合乎实际。毛泽东同志是尊重集体领导的。他昨天讲，提法要合乎实际，不合实际就站不住脚。我们应该本着这种精神，去做好毛泽东思想的宣传工作。①

① 《邓小平文选》第1卷，人民出版社1994年版，第283～284页。

邓小平的讲话，充满了马克思主义的辩证唯物主义和历史唯物主义精神，澄清了在学习毛泽东著作问题上马克思主义学风与林彪的实用主义做法的根本区别，对遏制林彪蓄意制造个人崇拜具有积极的意义。

第四十七章

“干好了是你们的，干错了是我们书记处的”

中国虽然是一个亚洲大国，却长期缺乏石油。一些西方著名地质学者研究了中国的地质构造后，得出了“中国贫油论”的结论。这种“权威”看法，在国内外都有一定影响。中华人民共和国成立初期，石油工业十分薄弱，全国只有西北和西南地区建有几个小型油气田，在东北地区建有几个小型人造油厂，原油年产量仅12万吨。这种状况，与中国这样一个大国很不相称。

中国发展国民经济的第一个五年计划结束时，石油工业虽有很大发展，但原油年产量仅为145万吨，国民经济建设和国防用油大部分依靠进口。这时，中国石油工业能不能发展、有没有希望，引起中共中央、国务院高度重视。中共八大以后，邓小平作为中央政治局常委、中央委员会总书记，主持中央书记处工作。同时，还具体主管若干领域的工作，石油工业就是其中之一。他代表中共中央、国务院，为发展石油工业作出一系列重大战略决策，进行了具体部署。

领导石油工业，首先要掌握石油工业的基本情况，只有做到心中有数、胸有成竹，才能高屋建瓴、总览全局。为此，1957年4月6日，邓小平风尘仆仆，视察了祁连山下的玉门油矿。他不顾长途跋涉和海拔较高带来的身体不适，跨沟越梁，察看钻井井场、采油井、油气分离站和炼油厂，走一路问一路。当天晚上，邓小平又参加了职工文娱晚会，同全矿科以上干部见面，号召广大职工为国家生产更多的石油，给广大石油职工以极大的鼓舞。玉门油矿当年生产原油75.5万吨，比1956年增长41.7%，以优异的成绩回答了邓小平对石油职工的关心。

1958年2月，邓小平视察了四川石油勘探局川南矿区。在黄瓜山气矿，邓小平听取了勘探情况汇报，兴致勃勃地察看了黄五井的天然气放喷情况。他说，天然气能生产化肥，化肥又能增产粮食，还可用来发电，可作多种化工原料。他勉励大家，多打井，多产油气，为国家建设多做贡献。

当黄瓜山气矿负责同志将两小瓶石油原油样品送给邓小平时，他高兴地说：“总算看到四川有了石油了。”在隆昌气矿产量最高的隆十井，邓小平观看了气井放喷，察看了炭黑生产设施。在炭黑试验室里，邓小平仔细询问了试验课题和设备条件。在得知生产的炭黑质量可同美国、苏联的同类产品媲美时，他高兴地说：“这很好！应该有个雄心壮志，赶超国际先进水平。世界先进水平也不是高不可攀的。炭黑质量关系到橡胶质量和其他产品质量。你们一定要在产品质量上创名牌，要在国际上争先进。”直到下午6时，邓小平仍然兴致勃勃地和气矿职工交谈，并赞赏草棚屋顶的试验室说：“草棚也可以出科学，出先进水平。”

回北京后，邓小平在中南海召集即将到石油部任部长的余秋里和石油部原部长李聚奎，以及石油部勘探司司长唐克等同志，连续听取了他们的汇报。邓小平有时提问，有时插话，全面阐述了中国石油工业的指导思想、发展方向和战略布局。与会同志感到，邓小平具有总览全局的非凡胆识、不同凡响的战略思维、高瞻远瞩的世界眼光，他的话对大家鼓舞很大。

当时，石油工业内部对搞天然石油还是搞人造石油存在不同的见解。主张发展人造石油的同志认为，中国有相当数量的油页岩资源，搞人造石油风险小，把握大，应重点发展。多数主张发展天然石油的同志认为，人造石油成本高，难以大规模发展。而中国地域辽阔，沉积岩分布广泛，只要加强勘探，一定能够找到丰富的天然石油，应以搞天然石油为主。

邓小平在听取汇报中，明确指出：“听说石油部门有一个搞天然油还是搞人造油的争论。石油工业怎么发展？我看人造油是要搞的，并且要下决心搞，但是中国这样大的国家，要有更多的石油，当然要靠天然油。”实践证明，邓小平的果断决策非常富有远见，对中国原油产量的迅速增长起了决定性作用。据20世纪90年代进行的新一轮石油、天然气资源评价，按现有的技术水平和世界通用的储量标准计算，中国最终石油可采资源量约为140亿吨，天然气可采资源量约为10.5万亿立方米，分别在世界上居第9位和第10位。中国32个省、直辖市、自治区中，已有24个发现了油气资源。“中国贫油论”的说法已经一去不复返了。

政治家就是战略家，要决策战略重点和战略布局问题。长期以来，中国石油勘探的重点主要集中在西部地区，东部地区勘探工作做得较少，大量地区甚至是一片空白。因此，尽快在东部地区找到石油，就近就地解决东部经济发达地区的用油需要显得十分紧迫。针对这种情况，邓小平反复阐述石油勘探的战略重点和战略布局问题。他指出：石油勘探工作应当从战略方面来考虑问题。战略、战役、战术总是要三者相结合的。总的来说，第一个问题是选择勘探突击方向。找油就和打仗一样，过分分散就不利。要分别轻重缓急，排出一个先后次序。全国这么大，二三十个地方总是有的，应该选择重要的地方先突击勘探，不要十个指头一般齐。不然的话，就会浪费一些时间。

战略家就要思考和决策战略发展问题。对如何展开石油勘探布局问题，邓小平强调，要在经济比较发达、交通条件好的地区加快石油勘探工作。他指出：对松辽、华北、华东、四川、鄂尔多斯五个地区，要花一些精力，好好研究一番。在第二个五年计划期间，如果能在东北地区找出油来，那就很好。就经济价值来说，华北和松辽是一样的，主要看哪个地方先搞出油来。苏北要增加勘探工作量，这个地方如果搞出油来，那对沿海一带很有好处。苏北如果找到油，年产 100 万吨，就值得大搞。由此类推，东北如何促进，四川如何促进，都应该考虑。在真正有希望的地方，如东北、苏北、四川这三块搞出油来，就很好。什么时候搞成，要提出一个方案来。

按照邓小平关于石油工业要实施战略展开的指示，石油部连续召开五次党组会议和两次部务会议，坚决调整部署，将石油勘探重点从西部地区向东部地区转移，很快打开了新局面。1959 年国庆节前夕，东北松辽盆地发现大庆油田，经过三年多的艰苦会战，初步建成中国第一个大型油田。

此后，渤海湾地区相继发现和建成胜利油田、辽河油田、华北油田、中原油田、大港油田、河南油田、冀东油田等油田，使这一地区成为中国一个重要的产油区。邓小平十分关注的苏北地区也发现和建成江苏油田，并在 1995 年实现了邓小平预期的“年产一百万吨”的要求。

大庆油田会战是改变中国石油工业落后面貌的决定性一仗。邓小平直接进行具体决策。1959 年 9 月，石油部松辽石油勘探局在黑龙江省安达县大同镇附近钻探的松基三井喷出优质原油。这一喜讯迅速传到北京。在中央书记处会议上，石油部一位副部长汇报，明年一季度拟在松辽盆地摸出样子，上半年见个分晓，三年内拿下松辽等油田。这时，邓小平坚定地表示：“这样搞完全正确。要集中力量，不要把力量分散。”

1960 年 2 月，石油部党组决心从全国石油系统调集力量，采取集中兵力打歼灭战的办法，在松辽盆地组织一场石油大会战。石油部部长余秋里和副部长李人俊向邓小平汇报了这一打算，邓小平当即表示同意，并让石油部党组正式向中央写出报告。过了 7 天，中央就作出批示，并转发有关部门和省、市，同意石油部抽调各方面力量进行一次大会战。

这时，国家计划的投资和物资已经分配完毕，而且国民经济出现严重困难，对石油会战需要的大批资金和物资，国家计划委员会、国家经济委员会都无法在自己权限内平衡解决。邓小平问明情况后，果断地表示同意解决。事后，由国务院一位副总理主持，确定增拨资金 2 亿元，并要求有关部门和省、市迅速调剂钢材、发电机组、汽车、拖拉机、油井水等物资。

1961 年 1 月，石油部部长余秋里向中央财经小组汇报石油工业生产建设和大庆石油会战的情况时，邓小平指示：“大庆会战，石油部要抓二十年，不要抓一年。双重领导，以石油部为主。”这一决策，保证了大庆油田的可持续发展。

此后，对大庆石油会战和油田的发展情况，邓小平一直十分关心。20 世纪 60 年代，邓小平多次视察大庆油田，足迹遍及生产、科研、后勤、农副业单位。在第一次视察中，得知大庆油田探明的含油面积和地质储量后，他说：“现在七亿吨（石油储量）是肯定了，你们要搞到十亿吨，有了十亿吨，一年就可以生产三千万吨。”

邓小平对尽快探明大庆油田 10 亿吨储量特别关心，先后 4 次讲到这个问题。在察看北 1－58 井时，他对油井使用多少毫米油嘴、日产多少原油等生产数据一一询问。离开后，在汽车上仍不停地计算一口油井一天的产量和全年的产量。在第二次视察大庆油田时，他又到了北 1－58 井，当看到采油装置喷出原油时，高兴地说：“你们管理得真好，我看了两次，出油都很好，你们要为社会出大力气，为国家争光。”

每次视察大庆油田，邓小平都十分关心科技工作，询问油田的注水和技术试验等情况，勉励油田技术人员要积极学习借鉴国外先进技术，鼓励油田科技工作者在地质理论研究上“百家争鸣”。

大庆石油会战正值经济困难时期，会战地区又是茫茫荒原，广大职工的工作、生活条件十分艰苦。针对这种情况，邓小平指出：这个地方靠着铁路，有火车站，草原很平，汽车可以到处跑。土地肥，到处能种地，这个地方太好了。你们要好好种地，成立专业队，实行单独核算。专业队是集体所有制，不要和企业混在一起。你们要争取做到蔬菜、副食品自给。这里养猪的条件也很好，要好好养猪。你们也可以办个牧场，养点乳牛、菜牛，养点羊。

当看到大庆油田因地制宜建起的“干打垒”房子后，邓小平关切地问：“干打垒搞了多少？每平方米多少钱？”大庆油田领导干部一一作了回答。他对大庆油田干部、职工立足现有条件，坚持自力更生、艰苦奋斗的精神表示赞扬。

在中共中央、国务院的有力领导和邓小平的亲切关怀下，大庆油田的开发建设创造了世界同类油田开发建设的先进水平。同时，依托大庆油田的发展，在昔日的茫茫荒原上，逐渐建立起楼房林立、道路纵横、社会功能齐全的现代化石油城市，这就是遐迩皆知、举世闻名的黑龙江省大庆市。

中国核工业是邓小平主管的又一个工业系统。中国核武器研制、核电站建设、核科技工业体系的建立与发展凝聚着邓小平等中国领导人的心血和智慧。中国核工业创建于 1955 年，邓小平一开始就参与对这项工作的领导——先是作为中共中央秘书长，以后作为中共中央政治局常委、中共中央总书记、国务院副总理，对核工业的创建与发展，始终给予亲切关怀和巨大支持。

1955 年 1 月 15 日，毛泽东主持召开中央书记处扩大会议，作出发展原子能事业的战略决策。邓小平出席会议并参与了这一重大决策。1958 年中共八大二次会议期间，邓小平按照毛泽东的批示，印发了毛泽东对第二机械工业部党组关于同苏联专家关系的报告的批示。毛泽东在批示中指出：“四海之内皆兄弟”，要“尊重苏联同志，刻苦虚心学习。但又一定要破除迷信，打倒贾桂（即奴才）！贾桂是谁也看不起的”。随后，他代表中央批准核工业建设首批项目的选址方案。

当年8月，邓小平在北戴河陪同毛泽东听取了第二机械工业部领导同志关于发展原子能事业的方针和规划的汇报。他强调指出：“当着国内粮食、钢铁和机械的生产问题获得解决和国际形势紧张的情况下，发展原子能尖端科学和工业，已经成为可能和必需的事情，今后应该加速发展。”邓小平的讲话，为刚刚起步的中国核工业建设注入强大动力，使核工业职工群情振奋、斗志昂扬，核工业出现快速发展的局面。

1960年夏天，正当中国核工业建设全面向前推进的时候，苏联政府突然撤走在华工作的全部专家，停止对中国的一切技术援助，给中国核工业建设带来严重困难。面对严峻形势，毛泽东坚定地指出：“要下决心搞尖端技术。赫鲁晓夫不给我们尖端技术，极好！如果给了，这个账是很难还的。”

为了独立自主、自力更生，突破原子能技术，加强原子能工业建设，中央认为有必要进一步缩短战线，集中力量，加强各有关方面对原子能工业建设的支援。1961年7月16日，邓小平签发《中共中央关于加强原子能工业建设若干问题的决定》，决定自力更生，组织力量，突破原子能技术。要求有关部门从技术和领导力量调配、专用设备制造能力配置、医疗卫生设施保障和物资运输等方面，支援核工业建设。

全国有关部门认真贯彻中央决定，发扬共产主义风格和社会主义大协作精神，要人给人，要物资给物资，全力以赴，满足核工业建设需要，有力地保证了中国核工业建设在自力更生的轨道上继续前进。

经过两年的自力更生、艰苦奋斗，中国的核工业建设取得了相当程度的进展。在此基础上，第二机械工业部党组提出争取1964年、至迟1965年上半年爆炸第一颗原子弹的规划目标。毛泽东很快批准了这个规划目标，号召各有关方面“大力协同做好这件工作”。邓小平更是满腔热情地鼓励科技人员努力攻关，大胆试验。

1963年4月2日，邓小平陪同毛泽东、周恩来等中央领导同志接见第二机械工业部在京单位的部分科技骨干和专业会议代表。他对核武器研究所的代表说：“研制原子弹的计划，党中央和毛主席已经批准了，路线、方针、政策已经确定，现在就是你们去执行。你们大胆去干，干好了是你们的，干错了是我们书记处的。”这个讲话使核武器研究所的领导干部和科技人员受到极大鼓舞，大家下定决心，一定要按计划、保证高质量地把原子弹搞出来。

1964 年年初，与原子弹设计和制造的进展相适应，核燃料生产线技术攻关也取得了进展，有关工厂第一次生产出合格产品。毛泽东看到第二机械工业部党组的报告后，欣然批示：“很好。”4 月 12 日，邓小平、彭真等中央领导同志风尘仆仆，来到西北，特意视察有关工厂，仔细询问建厂过程和技术攻关情况。邓小平对该厂负责同志说：“你们辛苦了。这个工厂建得不容易啊，你们为人民立了大功！”视察结束后，他同该厂负责同志和工程技术骨干合影留念。

邓小平的亲切慰问和热情鼓励，给该厂干部、技术人员和工人以极大的激励，当年 7 月，该厂全面建成投产。

1964 年 10 月 16 日，中国第一颗原子弹爆炸成功。1965 年 5 月 14 日，中国成功地爆炸了第一颗核航弹。为了表示庆贺，周恩来、邓小平等领导同志于 1965 年 5 月 30 日在北京人民大会堂接见并宴请了参与核武器研制和试验的科学家、工程技术专家、领导干部和空军有关机组代表。

邓小平十分关心和支持核工业第一套科研、生产基地的建设，还审定了核工业在三线地区的新基地建设厂址。1965 年 11 月 2 日，邓小平和李富春等同志在成都听取了第二机械工业部负责同志关于三线建设选址情况的汇报。当时对某厂的厂址定点有不同意见，厂里认为原定地址布局分散、水温不宜，主张另选新点进行建设。

邓小平听了很重视，亲自到新点踏勘地形，调查环境。考虑到核工业三线建设既要贯彻分散、隐蔽的原则，又要从工艺技术特点的实际出发，他认为新点好，背靠大山，地形隐蔽；面临大河，水温适宜，能满足工艺要求；场地平坦，有利于厂房合理布置，决定同意改在新点建设。

邓小平这种深入实际、调查研究、尊重科学、实事求是的领导作风和决策方法，给大家以十分深刻的教育。实践证明，该厂改在新点建设是必要的和正确的。

“文化大革命”全面爆发前夕，邓小平仍然关心着中国核工业建设。1966 年 3 月，在氢弹攻关的关键时刻，邓小平与李富春等同志一起，先后到西北的原子能联合企业和核武器研制基地视察。

在原子能联合企业视察时，邓小平看到现场科技人员都很年轻，频频点头，说：“多数都是青年，有活力，好嘛!”邓小平具有远见地向该厂负责同志提出，要多培养一些干部，为下一步的发展作准备。

在核武器研制基地视察时，邓小平勉励核工业系统广大干部和群众，不断进取，努力创新，为攀登原子能科学技术高峰和推进核工业建设而奋斗。1967年6月17日，中国成功地爆炸了第一颗氢弹。这是中国核武器研制的一次飞跃，在世界上引起巨大反响。

邓小平的这次西北之行，是他在“文化大革命”之前最后一次到外地视察——受中共中央委托，视察西北地区的三线建设，到现场解决实际问题。其间，他再一次来到陕西，足迹遍及许多国防工业单位。

西北地区的陕西省，位于中国腹地，战略位置十分重要，中共中央、国务院把陕西作为发展现代化国防科技工业的重要地区之一，那里属于全国三线建设的重要项目有117项之多。邓小平一行到陕西后，不顾劳累，连日奔波，深入科研院、所，调查研究，解决问题。

邓小平一行视察了第三机械工业部第六研究院的第八研究所、第十二研究所和第三十研究所，又视察了庆安机械厂等军工企业。

在陕西期间，邓小平主持召开了由国务院三线建设负责人李富春，国务院部分部、委负责人，西北三线建设负责人，中共中央西北局、中共陕西省委负责同志参加的会议，具体研究了西北地区，特别是陕西的航空、航天等国防工业和三线建设发展问题，解决了一些存在的实际问题，指明了今后的发展方向。此后，国家的一批火箭发动机制造、卫星测控中心等国防企业和科研单位，相继迁建陕西地区，使陕西的航空、航天工业进入新的发展时期。

邓小平一直十分重视中国的高科技发展，特别关心国防尖端技术的发展。改革开放后，他说：“过去也好，今天也好，将来也好，中国必须发展自己的高科技，在世界高科技领域占有一席之地。如果（20世纪）60年代以来中国没有原子弹、氢弹，没有发射卫星，中国就不能叫有重要影响的大国，就没有现在这样的国际地位。这些东西反映一个民族的能力，也是一个民族、一个国家兴旺发达的标志。”

“现在请来一个军师，叫邓小平……当政治局委员、军委委员……我想在政治局添一个秘书长吧，你不要这个头衔，那就当总参谋长吧”

第四十八章

“我一生最痛苦的当然是‘文化大革命’的时候”

邓小平曾坦诚地说过：“我一生最痛苦的当然是‘文化大革命’的时候。”①

世界上没有直路，任何事物都要经历曲折发展的道路，才能达到胜利的目的。中国革命的道路不是一帆风顺的，革命的兴起与失败，革命的高潮与低谷，曾经多次出现，一直到遵义会议和长征胜利，在总结过去经验教训的基础上，中国革命才进入快车道。

在中国社会主义革命和建设时期，出现了“文化大革命”这样的严重挫折，邓小平同全国人民一样经历了“文化大革命”的“炼狱”。

20 世纪 50 年代后期到 60 年代，中国社会主义建设道路呈现曲折发展的轨迹。对此，中国共产党中央委员会作了历史评价：

> 在一九六二年九月的八届十中全会上，毛泽东同志把社会主义社会中一定范围内存在的阶级斗争扩大化和绝对化，发展了他在一九五七年反右派斗争以后提出的无产阶级同资产阶级的矛盾仍然是我国社会的主要矛盾的观点，进一步断言在整个社会主义历史阶段资产阶级都将存在和企图复辟，并成为党内产生修正主义的根源。一九六三年至一九六五年间，在部分农村和少数城市基层开展的社会主义教育运动，虽然对于解决干部作风和经济管理等方面的问题起了一定作用，但由于把这些不同性质的问题都认为是阶级斗争或者是阶级斗争在党内的反映，在一九六四年下半年使不少基层干部受到不应有的打击，在一九六五年初又错误地提出了运动的重点是整所谓“党内走资本主义道路的当权派”。在意识形态领域，也对一

① 《邓小平文选》第 3 卷，人民出版社 1993 年版，第 54 ~ 55 页。

些文艺作品、学术观点和文艺界学术界的一些代表人物进行了错误的、过火的政治批判，在对待知识分子问题、教育科学文化问题上发生了愈来愈严重的左的偏差，并且在后来发展成为“文化大革命”的导火线。不过，这些错误当时还没有达到支配全局的程度。①

20世纪60年代后期，当中国刚刚从“大跃进”造成的巨大困难中恢复过来，社会主义经济建设和各项事业都呈现勃勃生机的时候，“文化大革命”爆发了。它犹如狂风暴雨，打断了中国社会主义建设的正常进程。

“文化大革命”的爆发，有其深刻的历史原因。对此，邓小平进行了深刻分析：

总起来说，一九五七年以前，毛泽东同志的领导是正确的，一九五七年反右派斗争以后，错误就越来越多了。《论十大关系》是好的。《关于正确处理人民内部矛盾的问题》也是好的。《一九五七年夏季的形势》中还说，必须在我国建立一个现代化的工业基础和现代化的农业基础，这样，我们的社会主义的经济制度和政治制度，才能获得自己的比较充分的物质基础；为了建成社会主义，工人阶级必须有自己的技术干部队伍，必须有自己的教授、教员、科学家、新闻记者、文学家、艺术家和马克思主义理论家的队伍，这是一个宏大的队伍，人少了是不成的；要造成一个又有集中又有民主，又有纪律又有自由，又有统一意志、又有个人心情舒畅、生动活泼，那样一种政治局面。两次郑州会议也开得及时。一九五九年上半年，是在纠正“左”的错误。庐山会议前期还讨论经济工作。彭德怀同志的信一发下来，就转变风向了。彭德怀同志的意见是正确的，作为政治局委员，向政治局主席写信，也是正常的。尽管彭德怀同志也有缺点，但对彭德怀同志的处理是完全错误的。接着就是困难时期。一九六一年书记处主持搞工业七十条，还搞了一个工业问题的决定。当时毛泽东同

① 《关于建国以来党的若干历史问题的决议》,1981年6月27日中国共产党第十一届中央委员会第六次全体会议一致通过。

志对工业七十条很满意，很赞赏。他说，我们终究搞出一些章法来了。在这以前，还搞了农业十二条，人民公社六十条。看起来，这时候毛泽东同志还是认真纠正“左”倾错误的。他在七千人大会上的讲话也是好的。可是到一九六二年七、八月北戴河会议，又转回去了，重提阶级斗争，提得更高了。当然，毛泽东同志在八届十中全会的讲话中说，不要因为提阶级斗争又干扰经济调整工作的进行。这是起了好的作用的。但是，十中全会以后，他自己又去抓阶级斗争，搞“四清”了。然后就是两个文艺批示，江青那一套陆续出来了。到一九六四年底、一九六五年初讨论“四清”，不仅提出走资本主义道路的当权派，还提出北京有两个独立王国。从一九六一年到一九六六年形势的发展可以看出来，调整工作取得了很好的成绩，经济政治形势很好，社会秩序很好……①

邓小平在会见东欧国家一位党的总书记时，通过总结“文化大革命”的沉痛教训，得出了“‘文化大革命’整整耽误了我们十年时间”“‘左’的极端是‘文化大革命’”的结论。邓小平深刻指出：

“文化大革命”整整耽误了我们十年时间。说深一点，社会主义时期我们的失误主要来自“左”的方面，而“左”的事情从一九五七年就开始了。

…… ……

中国共产党在不断纠正“左”的和右的错误之后，取得了人民革命在全国的胜利，建立了中华人民共和国，开始了社会主义建设。建国后的头八年，也就是从一九四九年到一九五七年上半年，我们的发展是健康的，政策是恰当的。一九五七年下半年，我们在政治上开展了反右派斗争，当时反右是必要的，但扩大化了，打击面太大了，这是错误的。接着就是一九五八年的“大跃进”和人民公社运动，完全违背客观实际情况，头脑发热，想超高速发展。从一九五七年下半年开始，实际上违背了八大的路线，这一“左”，直到一九七六年，时间之长，差不多整整二十年。

① 《邓小平文选》第2卷，人民出版社1994年版，第294～296页。

“左”的极端是“文化大革命”。[1]

从邓小平的上述谈话可以看出，“文化大革命”并不是当代中国经济、政治发展的必然结果，而是1957年以后“左”的错误发展的逻辑产物。如果没有“文化大革命”的干扰破坏，中国社会主义建设将会取得更大的成就，中国社会主义事业将会得到更加迅速的发展。

“文化大革命”初期，邓小平就被打成“党内第二号走资本主义道路的当权派”。

1966年5月16日，中共中央政治局扩大会议通过的《中国共产党中央委员会通知》（即“五一六通知”），标志着“文化大革命”正式开始。当时，谁也没有想到，这一场名曰“文化大革命”实则是“政治大革命”实质上是十年动乱的政治运动，竟然以空前的规模整整持续了10年。

“文化大革命”开始后，在“文化大革命”的领导机构——江青把持的“中央文化革命小组”（简称“中央文革小组”或者“中央文革”）和他们操纵的媒体的煽动下，北京大学突然张贴大字报，矛头所向，直接攻击北京大学党委和中共北京市委。

这是中华人民共和国成立后，从来没有发生过的严重事件。刘少奇、周恩来、邓小平迅速召集会议，对一些媒体的反常举动和北京大学出现的混乱局面进行研究，并决定向人民日报社和北京大学派遣工作组，调查研究，掌控局势，领导这些单位的工作，最后达到稳定局势的目的。

然而，江青和“中央文化革命小组”就是要通过煽动“内乱”、挑起“内乱”、制造“内乱”，在全国形成“打倒一切、全面内战”的局面，以便“浑水摸鱼”“乱中夺权”。因此，江青和“中央文化革命小组”竭力反对向一些单位派遣工作组领导运动。于是，围绕着派遣还是撤走工作组的问题，刘少奇、邓小平等与江青以及“中央文化革命小组”之间展开了激烈的争论。最后工作组被迫撤回，刘少奇、邓小平在“文化大革命”爆发初期的这次抗争

① 《邓小平文选》第3卷，人民出版社1993年版，第253～254页。

以严重受挫而告终。

1966 年 10 月 23 日，在中央工作会议上，毛泽东对邓小平表示了一种特殊的不满。毛泽东说：“他这个人耳朵聋，听不见，开会坐得离我很远，对我是敬鬼神而远之。”“一九五九年起，六年来从来不找我。”

中共中央文献研究室认为：“毛泽东的话，反映了一段时间以来邓小平与毛泽东之间关系的某种疏远。这种疏远的原因之一，是他们对一些重大问题认识上有分歧。”“特别是，在毛泽东发动‘文化大革命’的过程中，邓小平表现得‘很不积极’，还屡次坚持派工作组‘阻碍运动’。另外一个原因是，党中央领导人在八大以后分为一线、二线，毛泽东退居二线，邓小平作为在一线主持工作的中央领导人之一，在处理经常性工作中向毛泽东直接汇报少了。”

1967 年 4 月 1 日，“中央文化革命小组”控制的《人民日报》发表“中央文化革命小组”成员戚本禹的署名文章，不点名地批判邓小平，称他为“党内另一个最大的走资本主义道路的当权派”。邓小平看到这篇文章后非常震惊。“中央文化革命小组”利用《人民日报》发表这样的文章，意味着对邓小平的批判已经公开并且大大升级了，问题很可能由此“定性”。

4 月 3 日，邓小平致信毛泽东：“主席：从一月十二日起（在家中受到中南海造反派围攻批判——编者注），我一直再想见见你，向你求教。只是觉得在群众激烈批判我们的反动路线及其恶果的时候，求见主席是否适宜，所以一直忧虑着。近日看了戚本禹同志的文章，觉得我所犯错误的性质，似已确定。在这种情况下，我求见主席，当面聆听教益的心情，是很迫切的。如果主席认为适当，请随时通知我去。静候你的指示。”

对邓小平的这封信，毛泽东没有立即回复。一直到 5 月的一天，中共中央办公厅主任汪东兴来到邓小平家里，对邓小平说，毛主席最近刚回北京，让他来看看邓小平。汪东兴还告诉邓小平，毛泽东让他转告三点：第一，要忍，不要着急；第二，刘、邓可以分开；第三，有事可以给他（毛泽东）写信。

中共中央文献研究室认为：毛泽东让邓小平有事给他写信，一方面是想看到邓小平的思想“转变”，一方面是对邓小平的一种保护。毛泽东对邓小平的态度，使邓小平避免了遭受刘少奇一样的厄运，而且还为他在政治上东山再起保留了余地。

1968 年 5 月，邓小平写信给汪东兴，要求见毛泽东。毛泽东看到这封信后说，在“中央文革”碰头会上读一下，议一下，征求大家的意见是否与邓小平谈话。江青、陈伯达、康生等极力反对毛泽东见邓小平。

当年六七月间，邓小平又先后两次致信汪东兴，希望见汪东兴或是能够得到毛泽东的指示。他在信中说：“我的最大的希望就是留在党内，做一个普通党员。我请求在可能的时候分配我一个小小的工作，参加一些力所能及的劳动，给我补过自新的机会。”

中共中央文献研究室认为：“邓小平深知，只要能保留党籍，继续留在党内，他的问题就不会无法解决。此外，他也想通过这种频繁写信的方式，维系同毛泽东的关系。”

1968 年 10 月，中共八届十二中全会在北京举行。这次全会的主要议题是批准“刘少奇专案组”对刘少奇问题的“审查报告”。在全会开幕式上，毛泽东谈到邓小平时，说：“邓小平这个人，我总是替他说一句话，就是鉴于他在抗日战争跟解放战争中间都是打了敌人的，又没有查出他的别的历史问题来，什么叛变哪、自首呀，这些问题。”

毛泽东还说：“他（邓小平）的意思要求保留党籍，不要开除党籍，最好嘛还能够做点工作。一讲到做工作，许多同志都摇头。我说，现在很大的工作也难做，叫他做点室内的整理材料，这样的工作，总是可以嘛。”

1969 年 3 月，苏联军队 4 次侵入中国黑龙江省珍宝岛地区，打死打伤中国人民解放军边防部队指战员，制造严重流血事件。中国边防部队被迫还击。中国外交部 3 次向苏联政府提出强烈抗议。这一边境武装冲突事件，加重了党内存在的关于国际形势日益严重，世界大战不可避免的估计。3 月 15 日，毛泽东在“中央文革小组”碰头会上着重谈了准备打仗的问题。①

10 月 17 日，根据毛泽东关于国际形势有可能突然恶化的估计，林彪作出《关于加强战备，防止敌人突然袭击的紧急指示》，要求全军进入紧急战备状态，抓紧武器的生产，指挥班子进入战时指挥位置等。10 月 18 日，担任中国人民解放军总参谋长的黄永胜等以“林副主席第一个号令”正式下达这个

① 中共中央党史研究室:《中国共产党历史大事记》,人民出版社 1991 年版,第 294 页。

“紧急指示”，引起了各方面的极大震动。①

中央决定，为配合战备需要，把一些人员从北京疏散到外地。其中既包括毛泽东等中央领导同志，老一辈革命家，一些“文化大革命”中受批判、“靠边站”的原中央领导同志；也包括一些“文化大革命”中被打成“走资本主义道路的当权派”或被扣上其他罪名的领导同志。在老一辈革命家中，朱德、董必武被疏散到广东，叶剑英被疏散到湖南，陈云、王震等被疏散到江西，聂荣臻、陈毅等被疏散到河北。

“文化大革命”初期被打成“党内头号走资本主义道路的当权派”的刘少奇重病在身，被用担架抬上飞机，送到河南开封一个森严壁垒的地方监禁起来，并有一个排的武装部队看押。

“文化大革命”初期被打成“党内第二号走资本主义道路的当权派”的邓小平，被送往江西南昌，参加劳动。

“文化大革命”初期被打成“党内第三号走资本主义道路的当权派”的陶铸被送到安徽合肥，进行监禁。

当时的中央办公厅主任汪东兴回忆，在中央作出上述决定后，毛泽东曾对他指示，“要把陈云、王震他们放在交通沿线，来去方便”。毛泽东还说，“万一打起仗来，要找的时候，我还离不了这些人呢。这些人还用得着，我还要他们呢”。在紧张的战备气氛中，要准备打仗，中央安排疏散，毛泽东也要到外地去。周恩来报告毛泽东，想让汪东兴留下，帮助做疏散工作。毛泽东批准汪东兴留下 10 天。

于是，邓小平被送往江西南昌前，代表中央和邓小平等人谈话的工作，就落到了汪东兴身上。10 月的一天，汪东兴带着中央办公厅一位副主任来到邓小平家，一是对此前邓小平写信希望见他的回应，二是把准备疏散邓小平到江西的安排通知本人。汪东兴告诉邓小平，由于战备需要，中央决定将一些人员疏散到外地，邓小平夫妇被安排去江西，去江西后还准备安排去工厂劳动锻炼。

刚听到要疏散去江西的消息，邓小平感到比较突然，他想了一下，向汪东兴提出，自己的继母夏伯根自从被撵出中南海后，一直住在外面，现在年纪大

---

① 中共中央党史研究室:《中国共产党历史大事记》,人民出版社 1991 年版,第 296 页。

了，独自一人，无人照看，想带她一起去江西。对这个要求，汪东兴当即表示同意。最后，邓小平说，以前主席说过，有事情找你，到江西后是不是还可以给你写信？汪东兴表示可以。

虽然邓小平对被疏散到江西一事感到突然，但汪东兴亲自来谈此事，减轻了他的不安。汪东兴承诺以后有事还可以找他，这一点非常重要。也就是说，即使去到千里之遥的外地，也能够保持和中央的联系。汪东兴在几天后又一次来看邓小平时还表示，你们要带什么都可以，带不走的可以留在这里，这个院子不会动的，以后你们回来还可以住这里。①

汪东兴的承诺当然不是他自己的权力所能掌控的，必然是毛泽东有这样的考虑，汪东兴才敢于干脆利落地向邓小平明确表态。人们都知道，汪东兴是长期在毛泽东身边工作的人，他虽然权力极大，但十分谨慎，都是按照毛泽东的意见办事。

“文化大革命”初期，毛泽东曾交代邓小平有事找汪东兴，以后也一直让汪东兴直接主管邓小平的有关事情。这次汪东兴来见邓小平，不但态度很好，而且承诺以后回北京还可以住在原处，这些都富有积极的意义。汪东兴的谈话，使邓小平明白，疏散离开北京，不单单是对邓小平的行动。到了江西后，他们还可以去工厂劳动。不管是学习性质也好，改造性质也好，总算是结束了在北京这种完全隔离的软禁生活，应该是好事而不是坏事。见了汪东兴之后，邓小平心里踏实了，加紧准备离京事宜。

中央决定把邓小平、陈云、王震等老同志疏散到江西后，周恩来总理于1969年10月18日上午亲自给江西省革命委员会党的核心小组办公室打电话，找江西省党政军主要负责人通话。江西方面回答：江西省革命委员会主任和江西省军区司令员均不在南昌。

周恩来对江西方面的办公室主任说：“有件事，你们先告诉一下黄先同志（当时任江西省革命委员会副主任、中共江西省革命委员会核心小组成员），同时向程世清同志（当时任江西省革命委员会主任、中共江西省革命委员会核心小组组长、江西省军区第一政委）报告。中央决定：中央首长要到下面

---

① 毛毛：《我的父亲邓小平“文革”岁月》，中央文献出版社2000年版，第122～123页。

去蹲蹲点，接触实际，适当参加些劳动，向群众学习。到江西的有：陈云同志，有一个秘书和警卫员跟随他；王震同志是夫妇两人，他是全家去。王震不是去过你们那里吗？他和你们比较熟悉。你们那里有个五七干校，还可以到干校玩玩，年纪大了，劳动也不行了。”

周恩来又在电话中询问了江西冬天是否有暖气等问题。然后说：“因为从北方一下子到南方不习惯，希望你们适当注意他们的生活，当然吃是他们自己的，他们要花自己的钱，房费不要太贵了。他们住到你们那里要很好地帮助他们，向群众解释一下。他们除了到农村看看，还可以适当参加劳动。不过他们都是60多岁的人了，身体都不好，尤其是王震同志更差一些。我还告诉他们也可以到工厂学习、看看，接触一下群众，接触一下实际，总之，你们核心小组要帮助他们。”

周恩来作完上述指示后，郑重地说：“邓小平夫妇二人也到你们那里去。……毛主席不是在九大说过吗？邓小平的问题和别人不同，他下去是到农村锻炼。当然这些人也不能当全劳动力了，也是60多岁了，身体也不太好。收房费也适当照顾一点。黄先同志在家，你可向他汇报一下，具体到什么地方去，什么时候去，请黄先同志给办公厅打个电话再定下来。”

周恩来再三强调：这些同志下去，你们要多帮助，要有人照顾他们。最后，周恩来加重语气说：“你向程世清政委报告一下，要研究一个具体意见。”

江西的同志明确表示：立即向程世清政委报告。江西接电话的办公室主任雷厉风行，立即将周恩来的指示整理成文，分送在南昌的江西省党政军负责人。然后，乘车前往婺源，向程世清当面汇报。

程世清在婺源听了办公室主任的汇报，看了周恩来的来电记录，让办公室主任向周恩来汇报：“我们坚决拥护中央决定，坚决执行总理指示，对陈云、王震同志以及邓小平夫妇来江西，我们表示欢迎，我的想法是，他们什么时候来都可以，来后三人先安排在滨江招待所，打算把江西的情况分几次向他们作些汇报与介绍，然后把邓小平夫妇安置在赣州。至于陈云、王震住在什么地方，同他俩具体商量后再定。只要他们同意去的地方，暖气我们给装。周总理对老同志生活上那么关心，对我们是个很大的教育。我们打算他们三个人来后，每人给他们配小车一辆，下一段活动以及今后看文件、生活上的问题，我们都作好具体的安排，我们保证陈云、王震同志及邓小平夫妇的绝对安全，不准造反派和红卫兵冲击他们。但有两个问题要请示：一是邓小平夫妇来后他们住在一起是否合适？二是陈云、王震同志确定来江西前，我们想派人去接他们是否可以？”办公室主任返回江西省革命委员会，立即用保密电话将程世清的意见向周恩来作了汇报。

周恩来原则上同意程世清的安排，但指出赣州离南昌较远，交通不便，而且又是山区，条件较差，将邓小平安排在赣州不妥，应在南昌市郊为宜。邓小平住的房子应该是一栋两层楼的楼房，楼上他们夫妇住，楼下工作人员住，最好是独家独院，既能散散步，又比较安全。

根据周恩来的指示和具体要求，江西省革命委员会决定：

（一）将邓小平安排在南昌市郊的新建县拖拉机修造厂“劳动”，住在位于该厂附近的望城岗原福州军区南昌步兵学校少将校长的房子里，即“将军楼”。

（二）将陈云安排在南昌市青云谱江西省军区干部休养所住，选择就近的江西石油化工机械厂“蹲点”调查研究。

（三）将王震安排在红星垦殖场招待所住，就在该场“蹲点”调查研究。

第四十九章

“‘文化大革命’把许多老干部打倒了，关进了‘牛棚’”

1985 年 4 月 15 日，新华社报道了中共中央顾问委员会主任邓小平会见非洲国家一位副总统的谈话。邓小平说：“上一次你是 1973 年秋来中国的，我那年 2 月从江西回到北京，‘文化大革命’把许多老干部打倒了，关进了‘牛棚’，我也在江西待了几年。”

1969 年 10 月，在北京的老干部全部战备疏散。22 日，邓小平夫妇与继母一行 3 人，乘一架专门押送他们的飞机，从北京直达江西。邓小平临行赴江西前一天，给汪东兴写信：“我保证在自己的余年中，努力在工作和力所能及的劳动中，好好地学习毛泽东思想，向工农兵学习，好好地用毛泽东思想改造自己的世界观，从头做起，重新做人。”

邓小平期望用“写信”这种特殊的方式，保持与毛泽东的联系。毛泽东圈阅了这封信。

邓小平夫妇与继母到南昌后，先被带到一个招待所，江西省革命委员会兼江西省军区一位负责人奉命行事，叫他们“老老实实接受改造”。几天后，他们被送到居住的地方——江西省新建县望城岗原福州军区南昌步兵学校院内。在这里的“将军楼”，他们一直住了 3 年多。

在江西期间，邓小平夫妇被安排到新建县拖拉机修造厂参加劳动，每天上午到工厂劳动半天。邓小平被分配做钳工，这是他青年时代在法国勤工俭学时干过的“老本行”，没想到几十年后又派上了用场。重操旧业，他干得仍然十分认真，非常熟练。卓琳则被分配做拆洗线圈的工作。邓小平因为是“党内第二号最大的走资本主义道路的当权派”，所以，每天上班、下班都有人持枪押送，在工厂也是实行监督劳动，“不许乱说乱动”。

尽管如此，对邓小平夫妇来说，总算在长期与世隔绝后，得到了一个与外界、与社会、与群众接触的机会。开始的时候，工厂里的工人们怀着好奇的心理观察他们的一举一动。时间一久，他们的言行举止、劳动态度以及为人，深深地感动了工人们。工人们与这个“大走资派”的隔阂逐渐消除了。在共同的劳动、工作中，工人们与邓小平夫妇建立了深厚的情谊。

中国的普通人民群众是最纯朴、最善良的，他们并不认为“文化大革命”中下放劳动的“走资本主义道路的当权派”有多么坏，而是把这样的人看作“奸臣误国”时的“好人”。邓小平夫妇在该厂劳动改造的3年中，工人们在力所能及的情况下给予他们的关心和爱护，使他们永远难忘。

新建县拖拉机修造厂的后面本来没有路，工人们为了邓小平的安全和上下班方便，特意从工厂围墙上开了个口子装上门，便于邓小平和夫人卓琳上下班时从这里通过。天长日久，邓小平夫妇竟然在这里走出了一条小路。不过，这是一条土路，晴天走起来还可以，遇到雨雪天，地上都是泥泞，路就难走了。

有一天，大雪纷飞，邓小平照样循着这条小路到厂里劳动。快走进厂区时，脚下一滑，跌了一跤。工人们得知这一消息，主动拿起锄头、铁锹，挑着煤渣，冒着刺骨的风雪，连夜把这条小路修好了。这条小路，改革开放后被称为“邓小平小道”，已经成为到南昌开会、办事、旅游的人们一个必去的“景点”。

有一天，邓小平在工厂劳动中突然昏倒，工人们连忙抢救，按照卓琳介绍的方法，冲了一大茶缸白糖水喂到邓小平口中，使他转危为安，然后又用拖拉机把他送回住地。当时在场的新建县拖拉机修造厂工人程红杏说：有一次在车间里，半途的时候他突然晕倒。晕倒以后，我们这些人都慌了，不知道他犯的什么病。后来卓琳找到我，她说，小程、小程，你家里有白糖吗？她讲他吃了白糖一下子就会好的。我就直接跑到家里，泡了一杯白糖水，他喝了以后，就用拖拉机送到步校去了。

在工厂劳动期间，劳动本身锻炼了邓小平的体魄；和工人们的接触，使他更多地了解到人民群众和社会状况；工人们的关心和爱护，使他感受到了最好的精神安慰和支持。3年之中，无论刮风下雨，无论酷暑严寒，邓小平去工厂上班从不间断。多年后，卓琳代表全家给新建县拖拉机厂的工人们写了一封信，真诚感谢工人师傅们在3年中对他们夫妇的关心和照顾。

邓小平在江西期间的待遇，与刘少奇在河南开封、陶铸在安徽合肥的待遇有明显区别。刘少奇、陶铸都失去了人身自由，遭到武装看押，虽未正式逮捕，实际上等同于“犯人”。刘少奇病入膏肓，危在旦夕，却被斥责为“装病”。陶铸被关押起来后，称呼看押战士一声“小同志”，立即遭到一顿劈头盖脸的斥责：“谁跟你是同志，你这个大叛徒！”……当然，武装看押刘少奇也好，值勤战士斥责陶铸也好，与执行人员是无关的，他们只是按照上面下达的“指示”奉命行事而已。

而邓小平的待遇与刘少奇、陶铸不同，他在南昌步兵学校有一栋小楼安家，在院子里可以享有充分的人身自由（但不能随便出院子），每天可以到工厂劳动锻炼，接触工厂、接触社会、接触实际、接触工人。这无疑是毛泽东、周恩来关心、保护的结果。

但是，江西省革命委员会中有的人却不大理解毛泽东、周恩来的长远战略部署，认为邓小平既然是“党内第二号走资本主义道路的当权派”，就理所当然地应该经常向他们汇报思想。11 月 23 日，奉江西省革命委员会指派、负责邓小平一家生活的一名工作人员，按照江西省革命委员会某位负责人的要求，让邓小平对到江西一个月来的劳动和学习情况写出“心得、体会”。

邓小平不卑不亢、十分沉稳地回答说：“有事我会给毛主席、党中央写报告的。”这说明，毛泽东对邓小平的看法，邓小平心中还是有一定把握的，不然不会明确拒绝江西省革命委员会的这一要求。

到江西一个多月后，邓小平于 11 月 26 日致信汪东兴。在信中，邓小平首先介绍了到江西后的生活情况：“我们 10 月 22 日离开北京，当日到南昌，住军区招待所 4 天，26 日移到新居，房子很好。移住后，安排了几天家务，买了些做饭的和日用的家具。11 月 9 日，我和卓琳就开始到工厂劳动。每天上午 6 时半起床，7 时 35 分由家动身，二十几分钟就走到工厂，在厂劳动大约 3 小时半，11 时半由厂回家，吃午饭后睡睡午觉，起来后读毛选（每天力求读 1 小时以上）和看报纸、夜间听广播，还参加一些家务劳动，时间也过得很快。我们是自己做饭（主要由我的继母做，我和卓琳帮帮厨）。我们过得非常愉快。”

接着，邓小平又介绍了到江西后的劳动情况：“我们是在新建县（南昌市属，距南昌二十余里）县办的一个拖拉机修造厂劳动。这个厂原是县里的拖拉机修理站，现扩大为修理兼制造的厂，全厂八十余人，除劳动外，还参加了两次整党会议和一次大干年终四十天的动员大会。厂里职工同志对我们很热情，很照顾，我们参加的劳动也不重，只是卓琳心脏病较前增剧，血压增高到低一百高二百，吃力一点，但她尽力每天上班。”

在信中，邓小平还表示，决不辜负主席和党的关怀，决不做不利于党和社会主义祖国的事情，努力保持晚节。最后，邓小平写道：“因为要熟悉一下，所以过了一个月零四天才给你写第一封信，以后当隔一段时间向你作一次报告。如有必要，请将上述情形报主席、副主席和党中央。”①

邓小平采取写信这样的特殊方法，在江西期间与中共中央和毛泽东保持着固定的联系。除了这封信外，邓小平还在附函中提出：“来江西时，因飞机超重，只带了一半东西来，还有一些衣物和书籍没有来，书籍差不多全未来，原说由火车托运，至今未到。如可能，请令有关同志查查，最好能运来，如决定留在北京，也请方便时告诉我们。”②

汪东兴收到邓小平的来信后，立即送周恩来、陈伯达和康生传阅。并将邓小平附函中所提到的未到的行李等事务，交中央办公厅一位副主任办理，不久，邓小平在信中提到的所有行李和书籍全部运到了江西。这样，邓小平明确地感受到，自己写给中央的信，没有人敢截留，汪东兴已经收到了。既然汪东兴收到了这封信，就必然会转报中央。这证明，通过汪东兴向中央报告情况的渠道是畅通的。邓小平心里踏实了许多。

书籍是增进人类智慧的阶梯，书籍是增强人类精神力量的源泉，书籍是启发人们思想的钥匙。邓小平本是一个喜欢读书的人，有了从北京运来的一大批书籍，邓小平的流放生活又增添了新的内容。他的藏书，文学、历史、哲学、经济学俱全。中国历史方面有“二十四史”、《资治通鉴》等；中国文学方面有《红楼梦》《三国演义》《水浒传》《西游记》、“三言”“二拍”、《儒林外史》《镜花缘》《西厢记》《牡丹亭》《桃花扇》和《诗经》、唐诗、宋词、元曲，以及现代作家鲁迅、巴金、老舍的作品等；外国文学方面有托尔斯泰、果戈理、契诃夫、陀思妥耶夫斯基、巴尔扎克、雨果、罗曼·罗兰、大仲马、莫

① 毛毛：《我的父亲邓小平“文革”岁月》，中央文献出版社2000年版，第148～149页。
② 毛毛：《我的父亲邓小平“文革”岁月》，中央文献出版社2000年版，第149页。

里哀、萧伯纳、泰戈尔、海明威等著名作家的诸多作品；还有许多外国历史、回忆录、传记、哲学等方面的书；当然，还有许多马克思列宁主义书籍。这些书籍是宝贵的精神食粮，特别是在邓小平处于流放江西这样的特定历史环境中，它们伴随邓小平度过寂寞难耐的岁月，使邓小平的思想迸发出新的智慧的火花，并与邓小平一起迎接春天的到来。

关于邓小平在江西期间的情况，他的女儿毛毛在《在江西的日子里》一文中，曾有过文笔流畅的生动记述：

> 时间过得真快，转眼严冬已过。一阵绵绵不断、下得人心烦意乱的春雨过后，南方的春天一下子就来了！青草从红土中刚刚钻出，瞬间便连成了一片。那满山的山桃花也都蕾绽花开。从窗中望去，在起伏的山丘上，一团团，一片片，如云如烟。梧桐新叶初发，很快便浓荫遮路。雪白的栀子花沿路皆是，馨香四溢。政治的风暴可以扫荡人们的生活，可以冲击人们的心灵，但挡不住自然界这一片盎然春意。
>
> 春光不可负，春时不能误。在我们的院子里，3位老人乘着春雨浸润的土地，拓出了一片不小的菜地，种上了白菜、胡豆、辣椒、丝瓜、苦瓜等各色菜蔬。自有了这一片菜地，父亲每日总要抓紧时间在园中劳作，挖土、施肥、浇水、锄草，常常干得大汗淋漓。随之而来的是江西素有“火炉”之称的盛夏，真是烈日炎炎，酷热难当。但在3位老人的精心耕耘下，在砂石地上开出的菜园竟然郁郁葱葱、果实累累，使人采之不尽。
>
> 在楼房后面，祖母还养了几只鸡。这几只小小的生灵特别招人喜爱，善解人意。父亲在院中散步时，它们常常结队而行，跟在人后咕咕作声，使小院里增添了不少的生机。那时因“走资派”的罪名，父母的工资早被扣发，每月仅给他们发一点生活费。他们自己省吃俭用，还要节省一些钱以供当时插队的我和弟弟作为探家路费之用。在经济拮据的时候，养鸡种菜，也的确补充了一些生活所需。
>
> 按监管规定，他们3人平时不得随意外出，不得与外人接触。在这个不大的活动天地里，他们的生活倒也很有规律。父母两人每日上午到工厂劳动，下午3人在园中耕作。晚饭后，清扫完毕，3人便围坐在一起听新

> 闻广播。然后父母亲读书看报，祖母就做一些针线补缀之事。父亲和母亲非常热爱看书。离开北京时，经过批准，他们带来了几乎全部的藏书。
>
> 在那谪居的日子里，父母抓住时机，勤于攻读。特别是父亲，每日都读到深夜。那几年之中，他们读了大量的马列著作，读了“二十四史”以及古今中外的其他书籍。对他们来说，能有如此时间坐下来读书，的确也是难得的机会。我们到江西探亲时，父亲常给我们讲一些历史典故，有时还出题考我们。母亲也时常给我们讲述、议论一些书中精辟之处。
>
> 在读书中，他们抚古思今，受益匪浅。我父亲为人性格内向，沉稳寡言，50多年的革命生涯，使他们养成了临危不惧、遇喜不亢的作风，特别是在对待个人命运上，相当达观。在逆境之中，他善于用乐观主义精神对待一切，并用一些实际的工作来调节生活，从不感到空虚与彷徨。在江西那段时间，他就主要用劳动和读书来充实生活，陶冶精神。①

在毛毛的回忆中，还有一个颇为令人深思的生活细节，那就是邓小平的散步：在江西的这一段时间里，父亲有一个习惯，每天黄昏落日之前，总是十分规律地围着我们那个小小的院子散步。他沉思不语，步伐很快，就这样一圈一圈地走着。日复一日，月复一月，年复一年，那红色的砂石地上，被他踏出了一条白色的小路。我时常看着父亲，看着他永远那样认真、永远那样沉静的神情，看着他向前迈出的快速而稳健的步伐。我想，就在这一步一步之中，他的思想、他的信念、他的意志，随着前进的每一步而更加明确，更加坚定起来。这些思想的孕育成熟，是否已为日后更加激烈的斗争做好了最充分的准备呢？

在毛毛如诗如画的叙述中，一位身处逆境而“不坠青云之志”，毫无悲观丧气态度，对生活、对人生、对命运、对前景充满了昂扬之志的政治家的形象，跃然纸上。

淡泊明志，宁静致远。邓小平在江西期间，读书、劳动、思考成为生活的主要内容，他那充满政治智慧的大脑一直在敏锐地关注着中国政治局势的发展和世界政治的风云变幻。

---

① 毛毛：《在江西的日子里》，《人民日报》1984年8月22日第4版。

第五十章

古之立大事者，不惟有超世之才，亦必有坚韧不拔之志

1986年9月2日，中国共产党中央顾问委员会主任邓小平，在中南海会见了来自太平洋彼岸的美国哥伦比亚广播公司《60分钟》节目记者迈克·华莱士，回答了他提出的问题：

华莱士提问：邓主任刚才谈到“文化大革命”，在那时候您和您的家人遭遇如何？

邓小平回答：那件事，看起来是坏事，但归根到底也是好事，促使人们思考，促使人们认识我们的弊端在哪里。毛主席经常讲坏事转化为好事。善于总结“文化大革命”的经验，提出一些改革措施，从政治上、经济上改变我们的面貌，这样坏事就变成了好事。为什么我们能在七十年代末和八十年代提出了现行的一系列政策，就是总结了“文化大革命”的经验和教训。①

邓小平是一位经验异常丰富的政治家，面对“文化大革命”这样的惊涛骇浪，面临在江西劳动改造这样的逆境，他总是从容镇定、坚忍不拔，耐心地等待着新的时机的到来。

根据中共中央文献研究室编纂的《邓小平年谱》记载，邓小平在江西被监管、劳动改造期间，给毛泽东和中共中央办公厅主任汪东兴一共写了9封信，以此来保持同毛泽东和中央的联系。在这些信中，他汇报思想，作政治表态，谈论自己的家事，并强调希望出来工作的意愿。林彪事件发生后，邓小平在江西写给毛泽东的两封信，对促成邓小平复出发挥了关键性的作用。

---

① 《邓小平文选》第3卷，人民出版社1993年版，第172页。

对1971年发生的“九一三”事件，全国所有干部、党员和群众都极为震惊。随后，中共中央关于“九一三”事件的文件，按照先高层、后基层，先党内、后党外的规定，逐级传达。

在江西省南昌市郊新建县拖拉机修造厂“劳动改造”的邓小平和工人们一起，听了工厂负责人传达关于林彪事件的中央文件。当时的新建县拖拉机修造厂党总支书记罗朋说：我进去（会场）的时候，传达文件以前，看他坐得比较远一点，这件事对他来说很重要，我就说坐前面点、坐前面点，你耳朵不好坐前面点，他就坐到前面来。他聚精会神地听，他听完以后还记不清楚，就要求把文件拿回去看一看。看了以后，那天晚上他们一家都很兴奋，在楼上气氛都不一样，可能就是那个时候发出的一个声音：“林彪不亡，天理难容。”

这是邓小平自被打倒后，第一次享受听中央文件传达的“政治待遇”。在两个半小时的听文件过程中，他神情专注，一言不发。听了中央文件后，工厂以车间为单位组织讨论，邓小平静静地听着工人们的讨论，没有讲一句话。作为一个长期在政治风浪中纵横驰骋的政治家，在听到林彪自我爆炸的消息后，他的内心正在涌起翻江倒海般的巨澜。直到回家以后，他才十分兴奋和激动地说了一句令家人一直难忘的话：“林彪不亡，天理难容。”

对于“九一三”事件，邓小平和全国人民一样感到震惊。在工厂听了中央文件后，邓小平又将中央文件借到手中，拿回住地反复阅读了好几遍。他敏锐地感到，随着林彪集团的败亡，历史发展将会出现重大转折，这对自己的政治命运，也必然产生深刻影响。

1971年发生的“九一三”事件对中国政治形势产生重大影响，也促使毛泽东对“文化大革命”中的某些问题进行深刻反思。1972年中国人民解放军建军节前夕，老一辈革命家陈云、王震、滕代远，以及“文化大革命”初期被打倒的老干部陈再道等，出席了中华人民共和国国防部举行的招待会。这件事对邓小平是一个很大的触动。他敏锐地看到了毛泽东释放出的要解放一批老干部的政治信号。

劳动之余，邓小平抓紧时间，两次给中共中央和毛泽东写信，坚决拥护中共中央粉碎林彪集团政变阴谋的各项重要决策，愤怒声讨林彪集团的罪行。作为一名共产党员，他要在大是大非面前和一系列重大原则问题上表明自己的鲜明态度和严正立场。同时，邓小平表示了希望为党重新工作的愿望。他在1972年8月3日致毛泽东的信中就明确写道："我觉得自己身体很好，虽然已经六十八岁了，还可以做些技术性质的工作，还可以为党、为人民做七八年的工作，以求补过。我没有别的要求，我静候主席和中央的指示。"

"九一三"事件后，邓小平写给中共中央和毛泽东的信，经过中共江西省委，发往北京中南海。中共中央办公厅收到后，立刻报给了毛泽东。正是邓小平写给中共中央和毛泽东的这封信，成为毛泽东批准邓小平复出、恢复工作的重要契机。

苏轼在《晁错论》中写道："古之立大事者，不惟有超世之才，亦必有坚忍不拔之志。"邓小平陷入逆境的时候，时机不到就耐心等待，机遇出现就立刻抓住，同时自己主动创造机遇，终于造就了改变自己命运的千载难逢的奇迹。

在江西的逆境中，邓小平一边劳动，一边读书，一边思考，一边锻炼身体。为了抵御江西寒冷的冬天，他每天都坚持进行"冷水浴"，用这种特殊的方法，在政治生涯的"低潮"中，为政治生涯"高潮"的到来，砥砺意志，深思熟虑，积蓄力量，准备着新的奋起，迎接历史机遇的到来。

"落潮总有涨潮时。"这不仅是自然界的一般规律，也是政治生活和社会生活中的一般规律。在美国总统尼克松访问中国时，周恩来总理曾针对他在政坛上的几起几落，对尼克松说：逆境是良师。尼克松深有同感，完全同意周恩来的话，并且指出，竞选失败的痛苦确实比在战争中负伤的痛苦还要大。后者只伤害了身体，前者却伤害了精神。但是，竞选失败有助于发展力量和增强性格，这对未来的战斗是必不可少的。尼克松提到戴高乐不掌权时所度过的12年有助于铸造他的性格时，周恩来表示同意，并说：在整个人生道路上一帆风顺的人都不会增长才干。一个伟大的领袖只有逆流而上，而不是随波逐流才能增长才干。

"九一三"事件后，通过中国政治局势的重大变化，政治家邓小平已经看到了有利于自己形势发展的曙光，他敏锐地看到改变自己政治命运的重要转机即将到来。他沉着冷静，心平气和，等待着"命运的敲门"，等待着毛泽东的

“最新指示”，等待着历史的召唤。

这时邓小平的情况，李井泉（曾任中共中央西南局第一书记、成都军区第一政治委员，“文化大革命”初期被打倒，1975 年任全国人大常委会副委员长）的儿子申再望的回忆，很能说明问题。他回忆说：

1972 年元旦前夕，我和妹妹大蓉、二蓉从江西省临川县到南昌市去看望邓小平伯伯。我记得那是一个阴冷的冬天，苍茫的赣江上有一层薄雾，不见船影，远处的山峦灰蒙蒙的，江边的草木一片凋零，在瑟瑟的寒风中颤抖。

我们来到赣江边的省委招待所，这是指定的见面地点。听说邓伯伯和家人来到江西后，住在南昌步兵学校的一幢小楼里，楼里没有暖气、热水，想洗澡的时候，老人家必须在楼下把洗澡水烧好，一桶一桶提到楼上的卫生间去，很不方便，况且老人在冬天洗澡很容易患感冒。这个问题拖了很久，原江西省委老干部黄知真得知此事，才作了安排，让邓伯伯一家人每个周末到省委招待所洗个热水澡，我来到招待所时，邓小平伯伯一家恰好在这里洗澡。

在招待所的二楼客厅，我们先见到卓琳阿姨和邓林、毛毛，她们刚洗完澡，正在梳头。邓伯伯让她们先洗，自己后洗。见到卓琳阿姨，我和妹妹心潮难平，热泪盈眶。卓琳阿姨和我母亲肖里在延安时期就是好友，往来很多。

邓伯伯洗完澡出来，见到我们来了，非常高兴，可能是因为刚洗完澡，他的脸红彤彤的，神采奕奕。他讲四川话，我们也讲四川话，因为我们从小在成都长大，一口乡音。看望邓伯伯，一直是我们的心愿。我们家和邓伯伯家关系很好，两家的孩子又是一起长大的。我们先报告了江西省革命委员会副主任刘俊秀，他抗日战争时期曾和我父亲李井泉同在晋绥军区工作，通过刘叔叔和邓伯伯家联系，我们的愿望才得以实现。

邓伯伯关切地问起我们的工作与生活，我告诉他，我和妹妹 1969 年来到江西，落户在父亲的老家临川县唱凯公社务农，完全靠挣工分养活自己。说到这里，我和妹妹拿出从家乡带来的两条鱼，这是乡亲帮忙从我们水塘里捕捞的，还有一些攒下来的鸡蛋。

我告诉邓伯伯，这些都是劳动成果，请一定收下，让全家人尝尝。见时候不早了，我们准备告辞，邓伯伯一听，马上说："今天不要走了，到我们家去住几天。"在邓伯伯家过年？江西省革命委员会可能不同意，我也怕给邓伯伯一家带来麻烦。"怕啥子，你们都是些小娃娃，明天就要过年了，咋个能走嘛？"邓伯伯说。卓琳阿姨也说："你们大老远地赶来，话还没说完呢，跟我们回家去，一块儿过个年。别担心，我去给他们说一下，家里能住下。"

就这样，我们坐着车，来到南昌市郊区的步兵学校。邓伯伯住的小楼，就在校园里的一个小坡上，四周都是空地，种着庄稼，还有一些树木。院子的围墙很高，两扇大门紧闭。小楼红砖灰瓦，外观陈旧。院里有一株桂花树，还有一些常绿植物。楼房的底层有一个较大的过厅，当中放着一个乒乓球桌，邓伯伯的小儿子飞飞最喜欢在这里打乒乓球，底层还有管理人员的住房，几间客房，一间很小的用餐房间、厨房。

在小楼后面有一座平房，是堆放柴火和煤块的地方。邓伯伯的子女没来江西前，劈柴和砸碎煤块的体力活儿，都是邓伯伯自己干。客厅的右边有上楼的楼梯，邓伯伯住在二楼靠前的套房，外间是起居室，里间是卧室。起居室里有一个长藤椅，还有若干椅子，平时一家人喜欢坐在这里聊天，做一些手工活儿，比如织毛衣、缝缝补补。

邓伯伯的儿女也住在楼上，我们去的时候，朴方在北京住院治病，楠楠在外地工作，家里只有邓林、毛毛和飞飞。楼上还有一间房子，放了很多书。毛毛对我说："这可是咱家的宝库，足够我们看了。"邓伯伯每天要花很多时间看书，还要看报纸，卓琳阿姨说，她读了"二十四史"，正在读《资治通鉴》。通常，邓伯伯在晚饭前后听家人聊天，他不爱说话，只是听别人讲。我和妹妹刚刚在小楼里安顿下来，毛毛就来打招呼。卓琳阿姨问我们住下来没有，被子暖不暖，有没有热水瓶，我们说一切都很好，比我们乡下的家好多了。

邓伯伯说："你们三个孩子在招待所的时候，好多话没有说，现在回家了，给我们摆一下。"过了一会儿，他站起身来："我今天给你们做饭吃。”正如毛毛在她的回忆录《我的父亲邓小平》中所写到的：“父母尽可能把家里好吃的东西都拿出来招待这些孩子们。父亲还亲自到厨房生火炒菜，给他们做米粉肉和醪糟鸡蛋吃。”我以前根本不知道邓伯伯会炒菜。而且炒的菜那么香，那么好吃。

那天晚上，我们很晚才吃饭，因为邓伯伯坚持要多做几个菜给我们吃。那天他蒸了一盆孩子们爱吃的糯米饭，是用小脸盆蒸的，分量很多，邓伯伯说：“你们尽管吃，今天吃不完，明天还可以吃嘛。”邓伯伯知道我们爱吃四川菜，还特意炒了放辣椒的回锅肉，说是四川人要吃回锅肉才算打牙祭。

在饭桌上，邓林姐姐打开了话匣子，她的话非常幽默，特别是她学的四川腔，声调悠长，很有味道。邓伯伯一家人的欢笑，好像一阵春风，吹散了笼罩在我们心中的悲楚，他们的乐观精神，给了我们极大的鼓舞。这顿饭，让我们深深感到回家的温暖。

每逢佳节倍思亲。邓伯伯一家最思念的亲人，莫过于朴方。提到他，大家又开始担心和挂念。卓琳阿姨说，朴方在北京医院治腿，看样子是没法再走路了。我们告诉邓伯伯和卓琳阿姨，朴方哥哥1965年到四川农村参加社教运动时，住在峨眉山附近的乡下。母亲听说后，担心他冬天受冻，特意买了一床棉絮给他送去，父亲视察三线建设到峨眉山时，几次把朴方接到招待所吃饭。

邓伯伯曾说过“朴方大有我风”，朴方聪明好学，为人厚道，磊落大方。在朴方身上，邓伯伯和卓琳阿姨寄托了多少希望啊。后来，邓伯伯还向我打听了一些江西农村的情况。刚好在此之前，我写过一份江西农村考察报告，我便把文章的主要内容讲给邓伯伯听。

这份报告主要以唱凯公社为调查对象，叙述了新中国成立后土地的分配和使用，农村阶层的变化，农村人口的增长，农业生产方式的改变，农民生活存在的困难。邓伯伯认为，了解农民的真实想法很重要，农村要进步，还是要靠提高生产力，改善农民生活。他还说，农村的基础教育很重要，首先要从娃娃抓起。

我们在邓伯伯家住了五天，该回去了。离别的时候，我们真舍不得走。卓琳阿姨拉着我们的手，一再叮嘱说：“你们要注意身体，千万不要累坏了。”她还说：“以后来南昌，到家里来啊。”我们的眼圈都红了，自从和父母别离后，好多年了，我们都没有听到过这样亲切的话语。我们多想有个家，一个温情的家，是邓伯伯和卓琳阿姨，在我们最孤单、最困难的时候，给了我们家庭般的温暖和安慰，令我们终生难忘。①

1971年，震撼中国政坛的“九一三”事件发生后，中共中央调整了江西省委领导成员，任命了新的江西省委负责人，邓小平所处的政治环境随即有了转机，生活待遇也逐步好转。一天，江西省委一位负责人来到南昌步兵学校，看望邓小平，传达中共中央恢复邓小平的党组织生活的通知。

政治家都有高度政治智慧的头脑。邓小平立即敏锐地感到，这是一个实质性的变化，表示了政治生命的恢复。“我将来还会出来工作的！”从被打倒的那天起，邓小平始终不渝地保持着这一政治信念。因为他坚信，通过自己投身共产主义运动几十年来的实践，毛泽东了解他、中国共产党了解他、中国人民了解他。因此，不论环境多么险恶，他从未对未来丧失过信心，而总是以一个经过千锤百炼的共产主义战士的达观、乐观的态度思考问题，增长智慧，以待时机，等待着历史的召唤。

实践证明，“九一三”事件和林彪集团的灭亡，客观上宣告了“文化大革命”的理论和实践的破产。“文化大革命”本来是以“反修防修”为目的而发动的，在这场“史无前例”的运动中，打倒了刘少奇、邓小平、陶铸、彭真、罗瑞卿、陆定一、杨尚昆、彭德怀、贺龙等一大批党政军高级领导人和大批久经考验的领导干部，提拔、重用了林彪、黄永胜、吴法宪、叶群、李作鹏、邱会作等“文革新贵”，并在党章上明确确立了林彪的“接班人”地位。

然而，林彪集团却阴谋发动武装政变，准备用轰炸机、火焰喷射器、炸药置党的领袖于死地，以篡夺党和国家的最高权力。人们在震惊之余，有理由指出，如果不是“文化大革命”推翻党的一系列基本原则，如果不是“文化大革命”制造的混乱局面，如果不是“文化大革命”打倒了一大批坚持原则的

① 申再望:《南昌探望邓小平》,《学习时报》2007年12月3日第9版。

领导干部，就根本不可能有林彪地位的上升，根本不可能确立林彪的“接班人”地位，根本不可能有林彪集团产生的条件和土壤，也根本不可能发生“九一三”事件这种震撼中国和世界的严重事件。

“九一三”事件就像晴天霹雳，引起全党全国人民对“文化大革命”的深刻反思。历史发展已经用铁一般的事实证明，妄图篡夺党和国家领导权力的，根本不是所谓“以刘少奇、邓小平为首的资产阶级司令部”，根本不是在“文化大革命”中遭到批判的一大批无产阶级革命家，而正是林彪集团。表面上，他们是“语录不离手，万岁不离口”；实际上，他们是“当面说好话，背后下毒手”。

第五十一章

“他协助刘伯承同志打仗是得力的，有战功”

邓小平曾经指出：“我们根本否定‘文化大革命’，但应该说‘文化大革命’也有一‘功’，它提供了反面教训。没有‘文化大革命’的教训，就不可能制定十一届三中全会以来的思想、政治、组织路线和一系列政策。”①

邓小平在“文化大革命”初期被打成“党内第二号走资本主义道路的当权派”，是他投身共产主义运动后政治生涯中第二次严重“挫折”。他遭受“挫折”的真正原因，不是因为犯了什么“错误”或工作中有什么重大过失，而恰恰是因为坚持马克思主义基本原理与中国社会主义建设具体实践相结合的正确原则，坚持一切从中国基本国情出发，实事求是地制定和执行符合中国实际的社会主义建设路线、方针和政策。

“疾风知劲草，板荡识诚臣。”1971 年发生“九一三”事件后，毛泽东从中吸取了某些教训，在周恩来的协助下，亲自抓落实干部政策的工作，使“文化大革命”中被批判、遭迫害、靠边站的一大批领导干部的命运出现了转机。

1972 年 1 月初，毛泽东对周恩来、叶剑英说：“二月逆流”经过时间的考验，根本没有这个事。不要再讲“二月逆流”了。毛泽东还说，现在我有事，请你们去向陈毅同志传达一下。

为了慎重起见，周恩来、叶剑英当时核对记录后，又念给毛泽东听了一遍。毛泽东说：对。

这时，在“文化大革命”中长期遭到批判、炮轰、“靠边站”的国务院副总理兼外交部部长、中央军委副主席陈毅，因身患绝症，已经在医院住了一年。

1 月 6 日，陈毅已经处于弥留之际。下午 4 时 20 分，中央军委副主席叶剑

① 《邓小平文选》第 3 卷，人民出版社 1993 年版，第 272 页。

英赶到陈毅的病房，将记录着毛泽东为“二月逆流”平反的一段话，原原本本地向陈毅作了传达。

陈毅临终之际，是否神志清醒，是否能够听到毛泽东为“二月逆流”平反的一段话，是否能够放下“二月逆流重要成员”这个沉重的“政治包袱”，已经无法考证。当天深夜，陈毅溘然长逝。

陈毅逝世后，毛泽东突然决定，亲自参加陈毅追悼会，表示对这位老战友的真挚感情，并对陈毅的一生作了高度评价。同时，这也意味着对陈毅在“文化大革命”中蒙受屈辱的彻底平反。

参加陈毅追悼会，对毛泽东来说，不是一个偶然的举动，而是一种政治行为、政治表态。这一点，仅从毛泽东在是否参加陈毅追悼会的问题上反复思考即可证明。显然，毛泽东参加陈毅追悼会，是深思熟虑的结果。

毛泽东的这个行动，向全党全军全国人民表示，一是为在“文化大革命”中蒙受屈辱的党内老同志陈毅恢复名誉；二是说明像陈毅这样的在“文化大革命”中曾经受到过批判的老同志，是忠于党、忠于人民的，是值得信赖的。

正是在陈毅追悼会上，毛泽东在谈话中，又一次提到邓小平，并且把邓小平和当时的中央政治局委员、中央军委副主席刘伯承并列在一起，说邓是人民内部矛盾。

毛泽东认为邓小平是人民内部矛盾，这表明他对在“文化大革命”中被打成“党内第二号走资本主义道路的当权派”的邓小平的看法，有了根本性的变化。在“文化大革命”中被打倒的老干部，只要“定性”为人民内部矛盾，便可以过党的组织生活，可以出来工作，可以担任领导职务，可以进入中国共产党中央委员会。这样的例子已不在少数。

于是，周恩来便当场示意陈毅的子女，把毛泽东对邓小平所作的“邓是人民内部矛盾”的“评价”传出去，以便为邓小平早日出来工作创造条件。

“文化大革命”初期邓小平被打倒，他从来都不是只考虑自己和家人的问题，中国共产党的前途和国家的命运在他心中始终占据着中心位置。在江西期间，他一直坚持读书学习，坚持听广播，思考的是国家的大事情。通过和工人群众的朝夕相处，他直接了解到基层群众的艰苦生活和各种社会情况。

恩格斯说过：“伟大的阶级，正如伟大的民族一样，无论从哪方面学习都不如从自己所犯错误的后果中学习来得快。”① 对“文化大革命”造成的社会动荡、生产受损、人民生活下降等方面的情况，邓小平在江西期间、在离开江西之前两次外出实地考察期间，有了更加深刻的体验和感受，进一步加深了对什么是社会主义、怎样建设社会主义的思考。同时，邓小平密切关注国际风云变幻。这些都体现了他在人生波澜起伏的过程中的政治智慧和远见卓识，体现了他作为一个政治家的广阔胸怀和宏伟气度。所以他一复出，对世情、国情的判断和分析就非常准确。

1972 年年底，经中共中央批准，邓小平先后到井冈山、赣南、景德镇等地进行社会调查。这是周恩来的精心安排，目的在于逐步为邓小平复出创造条件。

1972 年 11 月，邓小平经樟树、吉安、永新、宁冈来到井冈山。在宁冈，他对当地干部说：“井冈山精神是宝贵的，应当发扬。”他还一字一句地说道：“我们的党是好的，是有希望的；我们的人民是好的，是有希望的；我们的国家是好的，是有希望的。”

在井冈山，邓小平参观了黄洋界、八面山、双马石、砂冲、桐木岭 5 大哨所，参观了大井、小井、黄坳、茨坪，参观了井冈山博物馆、工艺美术厂。

邓小平虽然早就对井冈山斗争的历史十分熟悉，但一直没有机会到井冈山实地考察。如今多年夙愿得以了却，心情格外激动。

离开井冈山，邓小平又来到泰和县考察农业机械化。他询问了小型拖拉机的生产情况，观看了农用水田插秧机操作表演，认为“农业机械化是个方向”。

井冈山之行后不久，邓小平的心又飞到了曾经战斗和生活过的赣南中央苏区。1972 年 12 月，邓小平驱车向南，经赣州、兴国、于都到会昌、瑞金、宁都、广昌，重温革命战争年代往事，关注老区人民生活，把对赣南老区人民几十年的深情厚谊播洒在这片红色土地上。

---

① 《马克思恩格斯选集》第 4 卷，人民出版社 1972 年版，第 285 页。

根据中共中央办公厅通知，1973 年 2 月 19 日，邓小平从南昌乘车到鹰潭，次日转乘福州至北京的特快列车，离开江西，前往北京。在这一次奇迹般的复出前，这位 68 岁的老人，留给患难与共的江西人民一句知心话：“我还可以干二十年!”

毫无疑问，“文化大革命”时期的动乱岁月，在政治上、思想上、家庭生活上给邓小平造成的诸多磨难和思考，在邓小平的头脑中留下了不可磨灭的印象。但是，当受到错误打击、处于逆境时，邓小平从不消沉，总是对党对人民的事业忠贞不渝，为党和国家的前途、命运而进行更加深刻的思考，准备着要有新的更大的作为。因此，他才能顺应历史发展的需要和时代的要求，在经历逆境之后，重新担当党和人民赋予的重任，在思想上有新的创见，在理论上有新的突破，在实践中有新的前进，在历史上有新的创造。

有一次，加拿大前总理特鲁多曾就自己应当如何应对在政治风浪中的沉浮，请教过邓小平。

特鲁多回顾说：记得在 1979 年，我有几个月下野了，那期间我又访问了中国，去了西藏。从西藏回到北京后，我见到邓小平。我问他，我现在下野了，但希望重返政治舞台，你曾经有过这种经历，你的秘诀是什么?

邓小平干脆利落地回答：只有一个——忍耐。

特鲁多便练习忍耐，以后果然重返政治舞台。

芬兰前首相索尔萨，从欧洲人的角度对“忍耐”一词所包含的深刻哲理和政治内涵进行了诠释。他说：我们芬兰语中有个特别的词汇——忍耐，含意是拥有崇高的信仰，对为之奋斗的事业充满信心。这个忍耐与信仰，便是邓小平的财产。

在江西的 3 年多，是邓小平政治生涯中的第二个“低潮”时期，在此期间，他经历了极大的磨难。正是这些来自磨难中的思考，这些来自对中国十几年来社会主义建设正反两个方面经验和教训的深刻总结，开启了邓小平头脑中理论思维和思想智慧的闸门，萌生出建设中国特色社会主义理论的胚芽，奠定了中国在 1975 年“全面整顿”，在中共十一届三中全会后开辟改革开放和社会主义现代化建设新道路的思想基石。

在毛泽东的政治生涯中，领导新民主主义革命、建立中华人民共和国，这些震撼世界、天翻地覆的历史性变动，他都得心应手，一气呵成，可谓功盖寰宇，千古第一。

然而，新中国成立、社会主义革命完成后，1958 年发动“大跃进”运动，1959 年庐山会议拒绝彭德怀的正确意见，1966 年发动“文化大革命”，又把林彪提拔到高位，确定为自己的“接班人”，造成严重后果。正是林彪这个“接班人”，迫不及待地“抢班夺权”，阴谋发动武装政变，欲置毛泽东于死地。这个令人震惊的事实，对毛泽东是一个巨大的心理打击。

铁的事实摆在毛泽东面前，“文化大革命”中被打倒的大批老干部，恰恰真诚地拥护毛泽东；而“文化大革命”中选拔的“亲密战友和接班人”林彪，恰恰要背叛毛泽东，谋害毛泽东。

“九一三”事件后，毛泽东的身体明显地衰老了，体质明显地下降了。也许是巨大的精神打击，也许是繁重的工作压力，也许二者兼而有之，总之，“九一三”事件后的 1971 年秋天，毛泽东大病一场。

经过“九一三”事件，毛泽东深思熟虑后，果断采取了一系列重大措施。

委托周恩来主持中共中央日常工作。在毛泽东的信任和支持下，周恩来受命于危难之际，抱多病之躯，以超人毅力，为克服“文化大革命”在经济、政治、组织、外交等领域的影响和恶果，作了坚持不懈的努力，使各方面工作有了转机。

委托叶剑英主持中央军委日常工作。1971 年 9 月 29 日，毛泽东批示“同意”，中共中央发出通知：“中央鉴于黄永胜、吴法宪、李作鹏、邱会作四同志参加林、陈反党集团的宗派活动，陷入很深，实难继续现任工作，已令他们离职反省，彻底交代。军委日常工作，中央已决定由军委副主席叶剑英同志主持，并筹组军委办公会议，进行集体领导。”10 月 3 日，中共中央通知：“中央决定，撤销军委办事组。军委办公会议由军委副主席叶剑英同志主持，并由叶剑英、谢富治、张春桥、李先念、李德生、纪登奎、汪东兴、陈士榘、张才千、刘贤权十同志组成，即日工作，在中央军委领导下负责军委日常工作。”

为被打成“二月逆流”的老同志平反。1971 年 11 月 14 日，毛泽东接见参加成都地区座谈会的同志时，亲自为被打成“二月逆流”的老同志平反。当叶剑英进入会场时，毛泽东说：你们再不要讲他“二月逆流”了。“二月逆流”是什么性质？是他们对付林彪、陈伯达，王、关、戚。那个王、关、戚，“五一六”，要打倒一切，包括总理、老帅。老帅们就有气嘛，发点牢骚。他们是在党的会议上，是公开的，大闹怀仁堂嘛！缺点是有的。你们吵一下也是可以的。同我来讲就好了。毛泽东的这番话，为过去被诬指为“二月逆流”的谭震林、陈毅、叶剑英、李富春、李先念、徐向前、聂荣臻等老一辈革命家平了反，使他们得以恢复政治名誉，陆续出来工作。

亲自出席陈毅追悼会。毛泽东出席陈毅追悼会，显然是一种政治表态。毛泽东在与张茜的谈话中，高度评价了陈毅为共产主义事业奋斗的一生。周恩来总理为陈毅亲致悼词，大大提高了陈毅追悼会的规格。凡此种种，在全中国、全世界都引起强烈反响。

…… ……

毛泽东作出的这一系列重大决策，表明在一定程度上已经意识到“文化大革命”的某些错误，并在逐步采取一些措施，纠正他所认识到的那一部分错误。正是毛泽东的这些决策，为邓小平的复出创造了极为有利的条件。

1972 年 8 月 14 日，毛泽东阅读了邓小平从江西写给他的信后，作了一个重要批示：

“请总理阅后，交汪主任（指中共中央办公厅主任汪东兴——作者注）印发各同志。邓小平同志所犯错误是严重的。但应与刘少奇加以区别。（一）他在中央苏区是挨整的，即邓、毛、谢、古（指邓小平、毛泽覃、谢唯俊、古柏——作者注）四个罪人之一，是所谓毛派的头子。整他的材料见两条路线、六大以来两书。出面整他的人是张闻天。（二）他没有历史问题，即没有投降过敌人。（三）他协助刘伯承同志打仗是得力的，有战功。除此之外，进城以后，也不是一件好事都没有做的。例如率领代表团到莫斯科谈判，他没有屈服于苏修。这些事我过去讲过多次，现在再说一遍。”

毛泽东的批示，虽然着墨不多，但言简意赅，十分精当地评价了邓小平的革命历史：一是在中央苏区时期，他站在以毛泽东为代表的正确路线一边，受到“左”倾教条主义者的排斥和打击，“他在中央苏区是挨整的；即邓、毛、谢、古四个罪人之一，是所谓毛派的头子”。二是在历史上，他没有投降过敌人。三是在抗日战争时期，他与刘伯承等同志一起，率部开辟晋冀鲁豫抗日根据地，坚持华北抗战局面，屡挫强敌。四是在解放战争中，他与刘伯承等同志一道，勇挑重担，率部挺进大别山，逐鹿中原，决战淮海，渡江作战，最后进军大西南，为新中国的诞生立下巨大功劳，“他协助刘伯承同志打仗是得力的，有战功”。五是中华人民共和国成立后，“也不是一件好事都没有做的”，例如多次率领中共代表团前往莫斯科，同苏联进行坚决斗争，“他没有屈服于苏修”。

毛泽东对邓小平的这一评价是很高的。毛泽东的批示，向全党发出了一个强有力的、确凿无疑的信号——毛泽东已经下定决心，要重新起用邓小平。

中共中央文献研究室认为：“促使毛泽东这个时候来解决邓小平问题的另一个重要因素是，邓小平在被打倒之后，始终没有消极应对，而是积极地频繁地用书信的方式保持着与他的联系。在这些书信中，邓小平数度含蓄、婉转地向毛泽东作了检讨，承认自己所犯的‘严重错误’，并多次诚恳地表达了重新出来工作的愿望。”

第五十二章

“恢复他的国务院副总理的职务”

1973 年，在邓小平恢复工作的问题上，毫无疑问，“原动力”只能来自毛泽东。毛泽东决策后，周恩来抓住不放，迅速落实，发挥了关键作用。周恩来与邓小平的革命情谊，长达半个多世纪。20 世纪初期，在欧洲勤工俭学时，两人便一同走上了为共产主义事业奋斗的道路，在中国旅欧共产主义者的各种集会和活动中，常常可以看到他们并肩战斗的英姿。邓小平 1980 年 8 月会见意大利女记者奥琳埃娜·法拉奇时，曾无限深情地回忆：“我们认识很早，在法国勤工俭学时就住在一起。对我来说，他始终是一个兄长。我们差不多同时期走上了革命的道路。他是同志们和人民很尊敬的人。”

邓小平的女儿毛毛曾问邓小平：“在留法的人中间，你与哪个人的关系最为密切？”邓小平沉思了一下，答道：“还是周总理，我一直把他看成兄长，我们在一起工作的时间也最长。”毛毛写道：“是的，在法国的两年，在 20 年代末到 30 年代初在上海做地下工作的岁月，在江西中央苏区，在长征路上，在革命战争中，在建国后的党和国家最高机关中，直到周总理为党、为国、为人民鞠躬尽瘁，吐出最后一息，父亲在长达半个多世纪的岁月中，一直是周恩来的得力助手和忠诚战友……”①

特别是在中共八大至“文化大革命”前的 10 年里，周恩来作为国务院总理，出席中共中央总书记邓小平主持的中央书记处会议；邓小平作为中共中央总书记、国务院副总理出席周恩来主持的国务院会议，始终处在中共中央和国务院领导工作的第一线，“运筹帷幄之中，决胜千里之外”，为中国的社会主义建设事业，为中华民族的崛起，同心协力，互相支持，结下了真挚情谊。

“文化大革命”中邓小平被打倒，使周恩来失去了一只有力的臂膀。他千

---

① 毛毛：《我的父亲邓小平“文革”岁月》，中央文献出版社 2000 年版。

方百计保护邓小平，并一直在等待着、思考着使邓小平早日出来工作的最佳时机。

邓小平下放江西劳动时，周恩来亲自打电话给江西省革命委员会，要求江西省妥善安排好邓小平的居住、生活、劳动和学习，绝对保证邓小平的安全。

中共九届二中全会期间，由于林彪提出设立国家主席问题和“天才论”问题，一时间“大有炸平庐山，停止地球转动之势”。毛泽东写了《我的一点意见》，点名批判了陈伯达，又采取果断措施，粉碎了林彪集团的图谋。周恩来在协助毛泽东处理这一重大事件的过程中异常繁忙。在紧张工作之余，周恩来有一天对保健医生说：“这里现在有我两个熟人呢！一个是你的同行，她叫郑淑云（周恩来的一个保健护士，当时在卫生部江西‘五七’干校——作者注）；另一个是我的同行，叫邓小平，现在南昌附近住。一个郑，一个邓，两个‘耳刀’嘛!”过了一会儿，周恩来又轻轻叹息一声，惋惜地说：“我告诉你，邓小平同志就在山下，本来这一次他是可以上山来的，现在看来又不行了。”

1972 年 1 月 10 日，在陈毅追悼会上，当周恩来听到毛泽东在谈话中把邓小平“定性”为人民内部矛盾时，立即敏锐地抓住这一千载难逢的有利时机，示意陈毅的子女将毛泽东谈到邓小平时讲的话传出去，为邓小平复出制造舆论、创造条件。

同年 1 月下旬，周恩来在接见一个会议的代表时，明确指出：在揭批林彪的过程中，一定不能混淆两类不同性质的矛盾；林彪这伙人就是要把邓小平搞成敌我矛盾，这是不符合主席的意思的。

当毛泽东作出对邓小平复出问题的重要批示后，周恩来立即抓住时机，雷厉风行，迅速行动。

周恩来首先派人将毛泽东的批示和邓小平的信印制若干份，分送中共中央政治局成员传阅，并以中央名义通知中共江西省委，对邓小平立即解除监督劳动，恢复党的组织生活。

1972 年 12 月 18 日，周恩来写信给中央政治局候补委员纪登奎，中央政治局候补委员、中央办公厅主任汪东兴，再次提出让邓小平出来工作的问题：

登奎、东兴同志：

昨晚主席面示，谭震林同志虽有一时错误（现在看来，当时大闹怀仁堂是林彪故意造成打倒一切老同志的局势所激成的），但还是好同志，应该让他回来。

此事请你们二人商办。他在桂林摔伤了骨头，曾请韦国清同志（当时任广西壮族自治区党委第一书记、革命委员会主任——作者注）注意帮他治好。王良恩同志（当时任中共中央办公厅副主任兼政治部主任——作者注）了解其情况，可问他关于震林同志一家的近情。

邓小平同志一家曾要求做点工作，请你们也考虑一下，主席也曾提过几次。

周恩来

一九七二年十二月十八日

根据毛泽东的批示，经过周恩来的努力，1973 年 2 月，中共中央正式通知邓小平回北京。接到中共江西省委转来的通知后，邓小平立即收拾行装，告别了度过 3 年多时光的新建县。

1973 年 2 月 22 日，邓小平一家从江西回到阔别 3 年多的北京。当天晚上，中共中央办公厅主任汪东兴到邓小平的住地看望。邓小平表示，感谢他几年来的关照。汪东兴说："我是按毛主席的意思办的。"

邓小平回到北京的第二天晚上，第二野战军时期的老战友和老部下李达、苏振华、尤太忠一起去看望了邓小平。邓小平任第二野战军政治委员期间，李达任第二野战军参谋长等职务，苏振华任第二野战军第五兵团政治委员等职务，尤太忠任第二野战军旅长等职务。所以，李达属于邓小平的老战友，苏振华和尤太忠则属于邓小平的老部下。他们一起去看望邓小平，无可厚非。

尤太忠是赴中国人民解放军总医院——301 医院看望李达时，得知邓小平回京的消息的。

当时任北京军区副司令员的尤太忠回忆说：

李达问：“你知道不知道邓政委回来了？”尤太忠：“我不知道。”

李达又问：“你去看他不？”尤太忠：“我不知道他住哪里呀，怎么去看？”

李达再问：“你愿意不愿意去？”尤太忠：“当然愿意去，多少年没见面了。”

李达最后问：“那你去坐我的车，或者坐苏振华的车。”尤太忠：“我就坐你的车。”

邓小平住在西山的一个院子里。值班守门的正好我认识，原来是27军一个参谋，调到那里当连长。他看到我来，给我敬了个礼，让我们进去了。我进去后，看到小平同志，立正给他敬了个礼，握握手。他看到我来有点惊讶，说：“啊呀，你怎么也来了，你也敢来看我吗？”我说：“你是我的老政委啊。”尤太忠说：“当时，我口袋里就装着带嘴的中华烟。由于动作慢了些，小平先给我递烟，我只好接过来吸了，光板烟……那烟差得很。结果，我自己口袋里带嘴的中华烟，怎么也不好意思拿出来了。”

老部下尤太忠看到邓小平的境况，心里很不是滋味。从西山返回时，没有回家，而是直驱京西宾馆，找到在小卖部当经理的一位老部下，问：“有没有好烟？”老部下答：“有，中华烟。”当时中华烟是最紧俏的高档商品，需要凭票购买或按级别分配。尤太忠说：“给我买几条。”老部下问：“你买那么好的烟谁抽？”尤太忠说：“送人。”

尤太忠买了5条烟，立即驱车回到邓小平住处。门开了，邓小平奇怪地问：“你怎么又来了？”尤太忠说：“给你拿几条好烟来。”邓小平立马拆开一包烟，抽出一支，掏出火柴点上，深深地吸了一口，说：“啊——好多年没吸这么好的烟了。”①

邓小平回到北京后，主持中央日常工作的周恩来十分高兴，一方面让中央办公厅迅速安排好邓小平在北京的住所，同时让中央办公厅通知在北京的中央政治局委员开会，讨论落实毛泽东的重要批示，让邓小平恢复工作的问题。

---

① 根据吴东峰采访整理：《战将风骨尤太忠》，《同舟共进》2012年第12期。

从2月下旬到3月初，在周恩来的主持下，中央政治局连续召开会议，专门讨论邓小平出来工作的问题。中央政治局通过了同意让邓小平重新工作的决议。

1973年3月9日，周恩来致信毛泽东，汇报中央政治局讨论恢复邓小平党的组织生活和国务院副总理职务的情况。信中写道："关于恢复邓小平同志的国务院副总理职务问题，政治局几次讨论过，并在主席处开会时报告过"，"政治局认为需要中央作出一个决定，一直发到县团级党委"，以便各级党委向党内外群众解释。同时，向毛泽东报告：现在小平同志已回北京。

毛泽东阅信后，当即批示：同意。

随后，周恩来即批告中共中央办公厅主任汪东兴，将中央关于邓小平复职的文件及其附件送邓小平本人阅看，并对有关内容提出意见，汪东兴立即照办。

1973年3月10日，中共中央向全党发出关于恢复邓小平同志的党的组织生活和国务院副总理的职务的决定。指出：中央政治局认真讨论了毛主席的批示和邓小平同志的问题……遵照毛主席批示的精神，中央决定：恢复邓小平同志的党的组织生活，恢复他的国务院副总理的职务，由国务院分配他担任适当工作。各级党组织要认真学习毛主席有关正确对待犯错误干部的一系列指示，对犯错误的同志实事求是地作出结论，进一步落实党的干部政策。

这个决定，虽然限于"文化大革命"时期特定的历史环境，还存在一定的历史局限性，带有那个特殊时期的特定历史烙印，但是，它毕竟作为中共中央的正式文件，庄重地向全党宣布了恢复邓小平的党的组织生活和国务院副总理的职务的决定，具有重要的历史意义。

中共中央的这个决定，先发至全国县团级党的组织，然后被迅速地传达到全体共产党员、广大干部和人民群众。"邓小平出来工作了！"这个消息很快传遍了全国城乡，达到家喻户晓的程度。

中共中央关于恢复邓小平工作的文件发出后，周恩来向中央政治局请假，要求病休两周，中央的日常工作由叶剑英主持。周恩来太劳累了。"文化大革命"开始以来，他的战友和得力助手一个个被"打倒"，只有他还在独自苦撑危局。"九一三"事件发生后，他更是夜以继日地超负荷工作，终于疲劳过度，积劳成疾。他多么需要一个武能安邦，文能治国，才思敏捷，办事干练的得力助手分担一下肩上的重负啊！如今，经过毛泽东批准和中央政治局决定，邓小平恢复工作成为现实，周恩来终于松了一口气，如释重负，可以安心休息几天了。

3月中下旬，周恩来由邓颖超陪同在北京西郊玉泉山对身体做全面检查和治疗。在此期间，他委托邓颖超前往看望回到北京的邓小平和卓琳，表示对老战友的关切之情，同时向邓小平夫妇通报自己的病情。

几天以后，周恩来身体稍有好转，便恢复了工作。他与中共中央政治局委员、国务院副总理李先念等一道，于3月28日会见了邓小平。两位几十年患难与共、生死相依、风雨同舟、心心相印的老战友、老同志、老革命家，在经过数年“文化大革命”的风风雨雨以后，终于又见面了。两双扭转乾坤的巨手紧紧地握在一起，久久没有分开。这是周恩来在邓小平恢复国务院副总理职务后第一次与邓小平进行工作谈话。

3月29日晚上，周恩来约邓小平到毛泽东处开会。会议开始前，在毛泽东的书房里，直接决策、亲笔批示让邓小平重新工作的毛泽东与邓小平见了面。

毛泽东见到邓小平后，问他这些年是怎么过来的。邓小平回答了两个字：“等待”。

望着几年不见已经明显苍老的毛泽东，邓小平百感交集，决心努力工作，不辜负毛泽东的信任和厚望。

然后，根据毛泽东的意见，周恩来主持中共中央政治局会议，议定：邓小平“正式参加国务院业务组的工作，并以国务院副总理身份参加对外活动；有关重要政策问题，小平同志列席政治局会议参加讨论”。会议还研究了筹备召开中国共产党第十次全国代表大会的问题。

会后，周恩来写信向毛泽东报告了议定的事项，毛泽东批示“同意”。

这次会议后，邓小平正式恢复国务院副总理的工作。

4月9日，北京西郊玉泉山春光明媚，百花争艳。周恩来、邓颖超在这里与邓小平、卓琳夫妇会面，并在一起进行了长时间谈话。多年后，邓小平回忆当年的情况，仍然记忆犹新。他说：“我们去看总理，看到他瘦得不成样子。我们相对无言。”

周恩来开始谈话后，首先没有谈自己的病情，也没有谈今后的工作，而是直截了当地指出：“张春桥是叛徒。”①

同时，周恩来要求邓小平要选好保健医生。这是重病在身的周恩来在向邓小平作政治交代，要求他认清江青集团的真实面目，保重自己的身体，坚持顽强韧性的战斗，为了党和人民的最高利益，同江青集团斗争到底。

1973 年 4 月 12 日晚上，北京天安门广场华灯齐放，富丽堂皇的人民大会堂灯火辉煌。19 时 30 分，周恩来总理满面春风、神采飞扬，在人民大会堂宴会厅主持举行盛大宴会，热烈欢迎刚刚结束对柬埔寨解放区视察返回北京的柬埔寨国家元首、柬埔寨民族解放阵线主席诺罗敦·西哈努克亲王和夫人一行。

在这次宴会上，让各国驻华使节和驻华记者感到最为惊讶的是，邓小平作为国务院副总理出席宴会。这是邓小平恢复工作后，第一次在重大外事场合露面。顿时，邓小平成为宴会中最引人注目的人物。

对邓小平的这次露面，当时在场的匈牙利驻华记者巴拉奇·代内什作为亲历者，在他所著的《邓小平》一书中，作了详细的描述：

> 那是 1973 年 4 月，在北京举行的一次宴会上，我第一次见到了他。他孤独一人站在大厅里。他个子明显矮小，但体肩宽阔，显得刚毅有力。身着深色的毛式干部服，但袜子是白颜色的。此刻，他当然知道，从远处，从人民大会堂大厅里的许多圆桌旁边，数百双眼睛正好奇地注视着他，因为他是在消失之后又从被遗忘的角落里突然出现在人们眼前的。在那些 7 年前被“伟大的无产阶级文化大革命”这一政治地震压倒在地、尔后又恢复名誉、重新出台的人中间，他是地位最高的一个。
>
> 在那次离奇而又预示着危险的“革命”开始时，他被称作“中国第二号走资派”。“头号走资派”是前国家主席刘少奇。邓小平重新出来的时候，刘少奇早已成为故人，但当时人们并不知道……

① 毛毛:《我的父亲邓小平“文革”岁月》,中央文献出版社 2000 年版,第 275 页。

在那次令人难忘的招待会上，等待着宴会开始的中国领导人，正在三五成群地寒暄交谈，而他却孤身只影，缄默无声。然而，他那两只大而近似欧洲人式的眼睛，正扫射着所有在场的人，似乎这孤独丝毫没有使他感到难堪不安，相反他正在察看地势，端详同伴，准备迎接新的任务和斗争。

眼前的景象是：这边站着“文化大革命”的一些英雄，他们不久前剥夺了他的一切权力；那边是政治牺牲者。但他现在又站在权力的大厅里，是副总理之一。此时此刻，他们能相互揣度些什么呢？……很快，乐队奏起了柔和悦耳的迎宾曲。这次宴会的贵宾西哈努克亲王同中国领导人一起，在用鲜花组成的图案装饰起来的主宾桌旁就座。这天是 1973 年 4 月 12 日。根据不成文的礼仪规定，国务院在人民大会堂举行宴会时，被邀请的外交官和记者只能在宴会结束时离开席位，无论会上发表了什么讲话，记者和外交官只能在事后报道消息或书写报告……可是，4 月的这天晚上，筵席未散就抢先急匆匆地走下楼梯的却不是外交官，而是各国的新闻记者。他们直奔近处的邮电总局，向全世界传播一件重大新闻：邓小平复出！①

第二天，邓小平复出的消息，作为世界各大新闻媒体报道的重大新闻，很快传遍了整个世界。从此，邓小平作为中华人民共和国国务院副总理，开始履行自己的职责，频繁地出现在中国和国际政治舞台上。

① ［匈牙利］巴拉奇·代内什：《邓小平》，阚思静、季叶译，解放军出版社 1988 年版，《前言》。

第五十三章

“现在请来一个军师，叫邓小平”

1973 年 8 月 24 日至 28 日，中国共产党第十次全国代表大会在北京举行。按照党章规定的五年期限，这次代表大会是提前一年召开的。中共十大的主要议程是：第一，周恩来代表中共中央作政治报告；第二，王洪文代表中共中央作关于修改党章的报告，并向大会提出《中国共产党章程草案》；第三，选举中国共产党第十届中央委员会。

大会选举了 148 位代表组成的主席团，毛泽东为主席团主席，周恩来、王洪文、康生、叶剑英、李德生为主席团副主席，张春桥为主席团秘书长。

大会一致通过政治报告、关于修改党章的报告和新的《中国共产党章程》，选举产生了中国共产党第十届中央委员会，195 人当选为中央委员，124 人当选为候补中央委员。一批久经考验、众望所归，在“文化大革命”中受到排斥和打击的老同志，如邓小平、王稼祥、乌兰夫、李井泉、谭震林、廖承志等，被选为中央委员。

参加中共十大的一位女性中央委员回忆说：在中共十大上，我与邓小平分在一个小组，当讨论大会提出的第十届中央委员候选人名单时，我在小组发言中不同意大会提名自己为中央委员候选人。邓小平也是第十届中央委员候选人之一。邓小平发言时，认真地说：“我不反对大会提名我为中央委员候选人。”

邓小平的话，表现了一位久经政治风浪考验的政治家光明磊落的气魄。在重大原则问题上，他总是以中国共产党的根本利益、国家的根本利益、中华民族的根本利益为出发点，考虑问题，作出决定，进行决策。

在这次大会上，由于中国共产党粉碎了林彪集团，所以林彪集团的骨干成员都被清除出中央委员会。但是，江青集团的一大批骨干分子却以“文化大革命”中涌现出来的“新生力量”的名义，进入了中央委员会。

中共十大继续了中共九大的“左”倾错误，大会通过的由张春桥、姚文元、王洪文等负责起草的政治报告，没有正确地分析林彪事件发生的原因，没有正确地总结经验教训，反而肯定“九大的政治路线和组织路线都是正确的”；号召全党“坚持无产阶级专政下继续革命”，坚持“无产阶级文化大革命”；还把“天下大乱，达到天下大治；过七八年又来一次”认定为“客观规律”，预言“党内两条路线斗争将长期存在，还会出现十次、二十次、三十次”，把批判林彪的“极右实质”列为首要任务。在这样的“左”倾错误方针指导下，“文化大革命”只能愈拖愈久，破坏性的后果愈来愈严重。

在中共十大上，靠“文化大革命”起家的“文革新贵”“上海工人造反派代表人物”王洪文当选为中央副主席，张春桥当选为中央政治局常委，江青、姚文元当选为中央政治局委员，长期充当江青集团“顾问”的康生当选为中央副主席，江青集团的势力得到加强。中共十大后，江青、张春桥、姚文元、王洪文在中央政治局结成“四人帮”，进行篡党夺权活动。但是，全党全国人民已经从林彪事件中提高了政治觉悟和辨别是非的能力。因此，一场更加激烈的否定还是肯定“文化大革命”的斗争正在逐渐酝酿和形成。

在中共十大的宣传材料中，有这样一段话：党的第十届中央委员会的组成，既有建党初期的老同志，又有经过长期革命战争考验的中年同志，还有在“文化大革命”中涌现出来的“新生力量”，“这充分反映了我们党的事业兴旺发达，后继有人”。这个“兴旺发达，后继有人”，指的就是身着一套簇新军装，看起来年轻少壮，年仅 38 岁的新任中共中央副主席王洪文。

这是毛泽东在选择林彪为接班人之后，重新选择的一位接班人。

在 1969 年 4 月 14 日的中共九大全体会议上，毛泽东、林彪讲话后，王洪文作为工人代表第 5 个发言，成为引人注目的“新闻人物”。在中共九届一中全会上，王洪文当选为中央委员。

粉碎林彪集团不久，1972 年 9 月，王洪文由上海调到中央工作，列席中央政治局会议、国务院会议、中央军委会议。实际上，从这时起，毛泽东已经开始把王洪文作为新的“接班人”来进行“考察”了。

1973 年 5 月，中共中央在北京举行工作会议，主要是为召开中共十大作准备。根据毛泽东的意见，会议宣布解放谭震林、李井泉、乌兰夫等13名老干部，又决定王洪文、华国锋、吴德列席中央政治局会议并参加中央政治局的工作。

会议还决定：由王洪文与张春桥、姚文元一起负责起草中共十大的政治报告；由王洪文负责党章修改小组，起草《关于修改党章的报告》，向中共十大提出新的《中国共产党章程草案》。

8月20日，在“中共十大选举准备委员会”会议上，周恩来宣布，根据毛泽东的意见，王洪文任“中共十大选举准备委员会”主任，周恩来、康生、叶剑英、江青、张春桥、李德生任副主任。此时，毛泽东选择王洪文为“接班人”的意向已经十分明确。

在中共十大上，王洪文担任大会主席团副主席；在中共十届一中全会上，王洪文当选为中共中央副主席。至此，王洪文已经在实际上正式成为毛泽东的“接班人”。毛泽东虽然在中共十大上破格提拔了王洪文，却又部分地接受了在中共九大上选择林彪为接班人的沉痛教训，没有在《中国共产党章程》中用明确的语言写出来。

王洪文担任中共中央副主席后，毛泽东曾经对其寄予厚望。从1973年9月12日到1974年5月29日，毛泽东先后16次让王洪文陪同，会见来访的外国国家元首和政府首脑，以便在各种场合树立他的形象，提高他的知名度，增加他的政治活动经验。

王洪文——这个在“文化大革命”中发迹、在中共十大上腾飞的“政治明星”引人注目的崛起，引起了中外人士的广泛关注和评论。然而，继选择林彪为接班人之后，毛泽东又一次选错了接班人。

毛泽东终身学习，孜孜不倦。他学识渊博，手不释卷，经史子集、诗词歌赋、马列经典、国际政治，无不了然于胸，融会贯通。他博古通今，学贯中西，既是革命家，又是政治家、理论家、哲学家、战略家、思想家。而王洪文擅长的则是“冲冲杀杀”这一套“造反派”的本领。靠“造反”夺权，登上领导岗位后，平日里不读书、不看报、不学习文件，经常和一班造反派兄弟为伍，过着呼朋唤友、吃喝玩乐的逍遥自在日子。初到北京时，还能规规矩矩几天。登上高位后，哪里过得惯整天开会、谈话、批阅文件、一熬就是一个通宵的苦日子？天长日久，便耐不住寂寞，露出了“庐山真面目”。

中共十大后，王洪文主持过一段时间的中央工作。实践证明，他缺乏作为一位中共中央副主席应有的基本素质，根本没有能力治国安邦，根本不能担当如此大任。不久，毛泽东仍然让周恩来主持中央日常工作。

王洪文担任中共中央副主席后的言行，不能不引起毛泽东的注意，不能不引起毛泽东的深思——王洪文根本就不具备担任党和国家领导人的基本素质，根本就不是一个合适的接班人。这时，毛泽东已经是80岁高龄的老人了。在与外国政治家的会见中，毛泽东虽然仍以惯常的幽默和机敏开着玩笑，但幽默的话语里亦不无几分无奈。

“马克思的请帖我已经收到了！”这是毛泽东多次谈到的一个话题。

毛泽东在自己的暮年，是多么急于找到一位合适的接班人啊！

80岁高龄的老人不能不考虑自己的后事啊！

时间不等人。毛泽东决心重新选择接班人。

毛泽东经过反复思考、反复比较、反复权衡，想到了邓小平。邓小平现任中共中央委员、国务院副总理，能治国、能安邦、会打仗、善外交，具有长期指挥革命战争的丰富经验；具有“文化大革命”前连续10年担任中共中央总书记、国务院副总理，主持中共中央第一线工作的丰富经验；具有在国际舞台上同苏联作斗争的丰富经验。他文能治国、武能安邦，内政外交，无不精通。并且办事果断、雷厉风行，思想敏锐、性格刚毅，立党为公、不搞帮派，处事沉稳、深孚众望。早在20世纪50年代，毛泽东就对邓小平寄予厚望，只是由于“文化大革命”爆发，才打断了事物发展的正常进程。因此，毛泽东下定决心，对邓小平委以重任。

1973年11月，中央政治局连续开会，研究有关问题。在毛泽东晚年，每当自己不出席中央政治局会议时，便通过两个渠道了解会议情况，一个渠道是主持中央政治局会议的领导人的汇报，一个渠道是列席会议的王海容、唐闻生的汇报。这次也不例外。会议中间，毛泽东问前来汇报会议情况的王海容和唐闻生：“邓小平发言了没有？”

这时邓小平刚刚恢复工作，尚未进入中央政治局，作为列席者，在会上一直沉默，没有发言。在所有与会的人差不多都发言之后，邓小平才发言，重点是讲怎样看待国际战略形势。邓小平分析了世界战略格局，论述了中美、中苏、美苏之间错综复杂的战略关系，指出看待国际关系和国家与国家关系，不能凭一次谈判和某一句话来进行判断，关键要看大的形势。

邓小平认为，目前来看，要讲打仗，大家都还没有准备好，特别是美国、苏联自己没有准备好。但是，如果真打起仗来也不可怕，以前用小米加步枪我们打败了日本侵略者，今天就是用小米加步枪，也能打赢。邓小平从世界战略格局出发论述国际关系大势的滔滔宏论，引起了大家的高度重视。

听了王海容、唐闻生关于邓小平发言情况的报告，毛泽东十分高兴，说："我知道他会发言的，不用交代也会发言的。"兴奋之余，毛泽东问谁知道邓小平的住处，要马上把邓小平找来。因为已经深夜，一时没能将邓小平立即找来。但这一事情说明毛泽东在对邓小平进行认真观察，而观察的目的则是赋予邓小平更大的责任。

1973 年 12 月，毛泽东多次主持召开中共中央政治局会议，与政治局有关同志和一些大军区司令员谈话，提议大军区司令员进行对调，提议让邓小平担任军队的重要领导工作。

12 月 12 日，毛泽东在中央政治局会议上的讲话中说：

我和叶剑英同志请邓小平同志当军委委员，是不是当政治局委员，以后开二中全会再追认。政治局要议政，军委要议军，不但议军，而且还要议政。……

我主张找各大军区司令员来议，议什么事？要议军。我提议，议一个军事问题，全国各大军区司令员要互相调动。你（指叶剑英）是赞成的，我代表你讲话。我是找了总理……的，他们也赞成。

毛泽东在政治局会议上提议大家唱《三大纪律八项注意歌》，说：步调要一致，不一致不行……

12 月 13 日、14 日，毛泽东在同中央政治局几位同志谈话中说：大军区司令员调动问题，你们商量了吗？看有没有这个必要？一个人在一个地方太久了就不太好了……我看要招呼各地的政委要欢迎，机关干部找 300 人，不要太多，军事机关、地方都要欢迎，不然就会冷冷清清凄凄惨惨。开个军长、政委，师长、政委见面的会吧，要互相介绍一下吧！

毛泽东又说：现在请来一个军师，叫邓小平。发个通知，当政治局委员、军委委员。政治局是管全部的，党、政、军、民、学，东、西、南、北、中，党是领导一切的。我想在政治局添一个秘书长吧，你（指邓小平）不要这个头衔，那就当总参谋长吧。

毛泽东还两次提议唱《三大纪律八项注意歌》。

12 月 15 日，毛泽东在同中央政治局有关同志和大军区负责人的谈话中说：

互相调动这个办法是河南人发起的，这个军分区待不下去了，就调到远一点去，那个军分区就欢迎。

我们现在请了一位总参谋长（指邓小平）。他呢，有些人怕他，但他办事比较果断。他一生大概是三七开。你们的老上司，我请回来了，政治局请回来了，不是我一个人请回来的。你呢（指邓小平），人家有点怕你，我送你两句话：柔中有刚，绵里藏针。外面和气一点，内部是钢铁公司。过去的缺点，慢慢地改一改吧。不做工作，就不会犯错误；一做工作，总难免要犯错误。不做工作本身也是一个错误，那就只能当老百姓。

12 月 18 日，周恩来主持中共中央政治局会议，传达毛泽东关于各大军区司令员对调问题的讲话。政治局会议赞成毛泽东的提议，由邓小平担任中央政治局委员、中央军委委员的职务。

12 月 21 日，毛泽东接见参加中央军委会议的同志时，在讲话中说：你（指许世友）现在也看《红楼梦》了吗？要看五遍才有发言权。他那是把真事隐去，是假语村言写出来的，那里面有两个人，一个叫甄士隐，一个叫贾雨村，真事不能说，实际就是政治斗争。“吊膀子”这些是掩盖其政治内容的。第四回里边有一张“护官符”，那上面说：贾不假，白玉为堂金作马；阿房宫，三百里，住不下金陵一个史；东海缺少白玉床，龙王来请金陵王；丰年好大雪，珍珠如土金如铁。中国古代小说写得好的是这一部，最好的一部，创造了许多文学语言。你就只讲打仗，以后搞点文学吧。《晋书 · 刘元海传》中说：“常鄙随陆无武，绛灌无文。”随、陆就是汉朝随何、陆贾，绛、灌是周勃、灌婴。我把那个“鄙”字改为“恨”字吧，“常恨随陆无武，绛灌无文”。

那个周勃呢，能打仗，有战功，可厚重少文。你能够看懂《红楼梦》吗？要看五遍。还有那个《水浒》，也要看。《水浒》不反皇帝，专门反对贪官。后来接受了招安，当了投降派。如果中国出了修正主义，大家要注意啊！出了修正主义怎么办？（许世友说：不怕，把他们消灭就是了。）不怕啊！你就做周勃嘛。你还是去读《红楼梦》吧……

毛泽东在 12 月的一系列讲话和谈话中，还再次讲到：朱德是“红司令”。

毛泽东作自我批评说：“我看贺龙同志搞错了。我要负责呢。”“要翻案呢，不然少了贺龙不好呢。杨、余、傅也要翻案呢，都是林彪搞的。我是听了林彪一面之词，所以我犯了错误。小平讲在上海的时候，对罗瑞卿搞突然袭击，他不满意。我赞成他。也是听了林彪的话，整了罗瑞卿呢。”“有几次听一面之词，就是不好呢。向同志们作点自我批评呢。”

从毛泽东这一系列讲话和谈话中可以看出，毛泽东对邓小平予以高度评价，寄予了深切的期望，表示了高度的信任，目的是为邓小平担任更重要的党内职务和军队职务制造舆论，创造条件。例如：

毛泽东提议让邓小平担任中央政治局委员、中央军委委员，说：现在请来一个军师，叫邓小平。发个通知，当政治局委员、军委委员……

毛泽东提议让邓小平担任中国人民解放军总参谋长，说：我想在政治局添一个秘书长，你不要这个头衔，那就当总参谋长吧。我们请了一个总参谋长叫邓小平，有些人怕他，他办事比较果断……

毛泽东向中央领导同志和大军区司令员表示对邓小平的高度信任，说：你们的老上司我请回来了，是政治局请回来的……

毛泽东向与会同志表示对邓小平的高度评价，说：人家有点怕你，我欢迎你，我送你两句话：柔中有刚，绵里藏针，外面和气一点，内部是钢铁公司……

毛泽东在这些讲话和谈话中，还为八大军区司令员互相对调作了充分动员，多次倡导要唱《三大纪律八项注意歌》，强调要遵守三大纪律八项注意，一切行动听指挥，步调一致才能取得胜利。

根据毛泽东的意见和中央政治局决定，1973 年 12 月 22 日，中共中央发出关于邓小平任职的通知：

各省、市、自治区党委，各大军区、省军区、各野战军党委，军委各总部，各军、兵种党委，中央、国家机关各部、委领导小组或党的核心小组：

遵照毛主席的提议，中央决定：邓小平同志为中央政治局委员，参加中央领导工作，待十届二中全会时请予追认；邓小平同志为中央军事委员会委员，参加军委领导工作。

特此通知

中共中央

一九七三年十二月二十二日

这样，邓小平在复出9个多月后，就由毛泽东亲自提议，被赋予了领导党政军的重任，担任了中央政治局委员、国务院副总理、中央军委委员。邓小平同时集中央党政军重要领导职务于一身，重新成为党和国家重要领导人。

毛泽东提议让邓小平担任军队领导职务，得到叶剑英的赞同和大力支持，得到大军区司令员和政治委员的坚决拥护。本来，邓小平就是一位既具有长期军队工作历史的政治家，又具有长期戎马生涯的军队高级领导人。他与刘伯承指挥所属部队，坚持华北抗战，开辟晋冀鲁豫抗日民主根据地；挺进大别山，逐鹿中原。他与总前委统率第二野战军和第三野战军，决战淮海，强渡长江，占领南京，攻克上海，解放江南。他与刘伯承率部解放大西南，实现祖国大陆统一。这些卓越战绩，在人民军队发展史上写下了光辉篇章，具有重要地位。

从此，在中央领导层，形成了新的领导格局：毛泽东总览全局，由周恩来、邓小平主持国务院日常工作，由叶剑英、邓小平主持中共中央军事委员会日常工作。

第五十四章

“邓小平同志出国是我的意见，你不要反对为好”

1973 年毛泽东决定邓小平复出后，先后赋予他国务院副总理、中共中央政治局委员参加中央领导工作、中央军事委员会委员参加军委领导工作等重要责任。经过一段时间的观察和考察，毛泽东对邓小平的工作十分满意，多次在讲话和谈话中称赞邓小平“政治思想强”“人才难得”。在中央领导层和军队领导层，高级领导干部普遍认为邓小平是“文武全才，不可多得”。

毛泽东对邓小平的信任，引起江青集团的严重不安，他们把邓小平视为进一步篡党夺权的巨大障碍，千方百计，妄图阻止毛泽东对邓小平的进一步重用。

1974 年 3 月，在中共中央政治局会议上，江青第一次直接向邓小平发难，但遭到惨败。这次斗争是围绕着邓小平的联合国之行展开的。

1974 年 4 月，联合国大会将举行第六届特别会议。此前，中共中央政治局于 3 月间讨论，派谁率中国代表团出席联合国大会第六届特别会议。外交部根据毛泽东、周恩来的意见，提出了派邓小平为团长率领中国政府代表团前往联合国，并代表中国政府作大会发言的建议。江青却公开将矛头指向邓小平，提出种种理由，不同意邓小平出席联合国的会议。

3 月 20 日，外交部向毛泽东报送了关于中国政府派代表团出席联合国大会第六届特别会议的请示报告，并就代表团团长的拟定人选问题请示毛泽东。毛泽东阅后建议由邓小平担任中国代表团团长。毛泽东认为：周恩来病情严重，不可能出国。应当由邓小平率领中国政府代表团出席联大特别会议。这是中国恢复在联合国的合法权利后，中国政府重要领导人首次参加联大会议，并将在会议上向全世界全面阐明中国的外交政策和纲领。

委派邓小平出席联合国的重要会议，是毛泽东深思熟虑的结果。首先是邓小平在“文化大革命”前曾多次代表中国共产党和中国政府参加与苏联等社会主义国家的谈判和与苏联霸权主义的斗争，具有国际活动和外交斗争的丰富经验。其次是在这个重要国际会议上，应该让一个将在未来中国政治生活中担任重要角色的人选，代表中国向全世界讲话。

在毛泽东的战略布局中，未来中国将由邓小平代替生病的周恩来，主持中国政府的对外事务和各方面的重要工作。

但是，毛泽东又表示，由邓小平担任中国代表团团长这件事，不要讲是他的意见，让外交部写报告正式提出来，由中央政治局讨论后决定为好。

根据毛泽东的指示，外交部于 3 月 22 日向中央报送了关于中国政府出席联合国大会第六届特别会议代表团人选的请示报告。3 月 24 日，毛泽东和周恩来作出批示，由中共中央政治局讨论决定。

江青为了阻止邓小平担任中国代表团团长出使联合国，于 3 月 24 日晚上在钓鱼台国宾馆召见主持起草外交部请示报告的外交部副部长王海容、外交部美洲大洋洲司副司长唐闻生，强令她们立即撤回外交部给中央的请示报告。王海容、唐闻生表示：外交部关于由邓小平担任中国代表团团长出席联合国大会第六届特别会议的请示报告已经上报毛泽东圈阅，外交部无法撤回。

3 月 25 日下午，周恩来向王洪文提议，关于邓小平出国问题，共同请示毛泽东，由毛泽东最后定夺。毛泽东让秘书传话给周恩来、王洪文：关于邓小平出国一事，我是个人意见，如果政治局大家都不同意，那就算了。周恩来当即表示：将于明日向政治局传达，并对有关同志做工作。

在此期间，由于阻止邓小平出国的目的未能达到，江青仍不死心，竟然连续 4 次分别给王海容和唐闻生打电话，企图迫使她们出面撤回外交部给中央的请示报告，大有不达目的誓不罢休的劲头。

王海容、唐闻生一直得到毛泽东的信任，并不惧怕江青的巨大压力，她们直接向中南海毛泽东处打电话请示：“毛主席是否仍旧主张邓小平率团与会?”“我们是否将毛主席提议让邓小平当团长的意见说出去?”

毛泽东的秘书请示毛泽东后，复述了已经向周恩来、王洪文传达的毛泽东的意见，又特别补充了一句：“毛主席说，如果实在不行，也可以说明，让邓小平当团长是他提议的。”

3 月 26 日，中共中央政治局在人民大会堂东大厅举行会议，专题研究中国政府派代表团出席联合国大会第六届特别会议事宜。会议中间，江青又节外生枝，派人通知王海容、唐闻生来参加会议。

当王海容、唐闻生来到东大厅时，江青厉声质问道："让邓小平率团与会究竟是毛主席的意见，还是外交部的意见?""报告是外交部写的?"

王海容、唐闻生胸有成竹、沉着稳重，不卑不亢、坦然自若。看到她们如此神态，江青又改变态度说："不是我江青反对邓小平参加联合国会议。中央军委要开会解决李德生的问题，邓小平必须参加!"，"现在要搞好根据地，国外的事相对来讲是次要的"。

但是，不论江青大声呵斥也好，轻声解释也罢，王海容和唐闻生始终一言不发，不予置理，冷眼静观，看着江青"表演"下去。江青见再多说也无用，只得作罢。

出席会议的大多数中共中央政治局委员获悉由邓小平任中国代表团团长出席联合国大会第六届特别会议是毛泽东的意见后，纷纷表示赞同。会议结束后，中央政治局把讨论情况报告了毛泽东，王海容和唐闻生也把江青的态度等有关情况向毛泽东作了反映。

3 月 27 日，毛泽东致信江青：

江青：

邓小平同志出国是我的意见，你不要反对为好。小心谨慎，不要反对我的意见。

毛泽东

三月二十七日

江青接到中央办公厅转来的毛泽东的来信后，不再坚持己见了。

毛泽东的深谋远虑，对未来中国的战略布局，江青一无所知。毛泽东致信江青，彻底打破了江青企图阻挠邓小平出席联合国大会第六届特别会议的图谋。

第五十五章

首赴联合国，访问法兰西

1974 年 3 月，中共中央政治局作出决定，由邓小平率领中国政府代表团出席联合国大会第六届特别会议。随后，开始各项准备工作。中国外交部负责人乔冠华请示邓小平：准备工作应当如何进行？邓小平只说了一句话：“重要的是要有一篇好的发言稿。”

20 世纪 60 年代，邓小平多次率领中国共产党代表团同苏联共产党进行谈判，有着丰富的国际斗争经验，因此要言不烦，一语中的，一下子就抓住了要害，提出了准备工作的要旨。有关方面集中精力，准备这篇发言稿。中国代表团集体讨论时，觉得这篇发言除支持第三世界关于建立国际经济新秩序的各项主张外，还应当向国际社会阐述中国政府对国际形势的新看法，即毛泽东关于“三个世界”划分的战略思想。

中国代表团把上述想法向邓小平请示时，立即得到邓小平的首肯。他还反复强调，要根据毛泽东历次关于外交政策的讲话来写发言稿，要通过这次会议把毛泽东关于“三个世界”划分的战略思想向全世界作详尽的阐述。然后，大家就具体分工，起草发言稿。初稿写成后，邓小平和大家一起，花了一整天的时间，在人民大会堂一段一段地详细讨论。

中午，就在讨论场所用餐，邓小平和大家一样，每人分得一份午餐。吃完后，靠在沙发椅上稍事休息，就继续讨论。当时，邓小平已近 70 岁高龄，还和大家一起讨论，一点不觉得辛苦，一点也不觉得疲倦。这应当归功于在江西 3 年的劳动锻炼，为他铸造了能够承受繁重工作的体魄。

在集体讨论中，邓小平认真听取了每个同志的发言，不时表示：你们提的这个意见很好。这种不是高高在上的指挥，而是和大家一道工作的精神，使大家非常感动。讨论到最后一段结束语时，邓小平说，应该讲这样几句话，就是："中国现在不是，将来也不做超级大国。……如果中国有朝一日，变了颜色，变成一个超级大国，也在世界上称王称霸，到处欺负人家，侵略人家，剥削人家，那么，世界人民就应当给中国戴上一顶社会帝国主义的帽子，就应当揭露它，反对它，并且同中国人民一道，打倒它。"

当参与起草的同志记下这几句话后，邓小平说，"你就这样写，不必改"。这将是中国领导人第一次在联合国讲坛上，对国际社会表达中国永远不称霸的决心，特别是最后一句"（全世界人民）同中国人民一道，打倒它"，是在其他场合都没有讲过的。这段话，充分显示出中国人民同世界人民利益的一致性，郑重地划清了社会主义国家同社会帝国主义国家的界限。

邓小平预备在联合国大会第六届特别会议上的发言稿，报经中共中央政治局讨论时，顺利通过。报送毛泽东定夺时，毛泽东于 4 月 4 日批示："好，赞同。"

中国领导人第一次出席联合国会议，是一件大事。就在邓小平全力准备在联合国会议发言稿的时候，心细如发的周恩来不顾重病在身，亲自为邓小平的出行作周密安排。他召集外交部和民航总局负责人开会，研究欢送礼仪和代表团专机的飞行安全，并对民航总局领导同志说："邓小平同志代表中华人民共和国出席联合国大会，我们要为他圆满完成任务打通道路，增添光彩。"

为了确保航线畅通，周恩来建议民航机组安排东西两线同时试飞，如果遇到特殊情况，仍然可以确保顺利飞行。当时中国完全处于对外封闭状态，没有通往西方国家的飞行航线，为了邓小平出席联大会议，周恩来特别批准中国民航飞机申请航线，完成一次特殊的飞行任务。

1974 年 4 月 6 日，邓小平率中国代表团赴纽约参加联大特别会议。根据毛泽东的指示，周恩来率领在京的中共中央政治局委员和中央党政军等方面负责人前往机场，与数千群众一起，为中国代表团举行隆重的欢送仪式。邓小平临行前，面容消瘦的周恩来和精神矍铄的邓小平紧紧握手，给人们留下难以忘怀的深刻印象。

在纽约举行的联合国大会第六届特别会议，是联合国成立以来第一次专门讨论反对帝国主义剥削和掠夺，谋求改革国际经济关系的盛会，主题是原料和发展问题。这次大会能够召开，充分反映了发展中国家为反对帝国主义和超级大国的剥削垄断、为建立新的国际经济秩序而进行的成功斗争，也充分反映了第三世界觉醒和团结的强大力量。这是广大亚非拉国家为改变经济不平等地位，要求与发达国家建立经济平等关系的一次重大尝试。

这次会议的宗旨和口号是“建立国际经济新秩序”。由于有 130 多个国家参加会议，一时间，纽约冠盖如云，各国政要云集。一共有 8 个国家的总统、总理，78 位外交部部长和其他部长率团与会并将发言，充分体现了第三世界在国际事务中的崛起和不可忽视的力量。

4 月的纽约，虽然不似中国江南风光那样“莺飞草长，杂花生树”，但也草木青翠，春意盎然，鲜花盛开，风景宜人。当载着中国政府代表团的专机徐徐降落在纽约肯尼迪机场后，邓小平身着深灰色中山装，首先健步走下飞机，神采奕奕，容光焕发，与黄华大使、陈楚大使热烈握手。一群华侨女青年向邓小平献上了一束开得正盛的鲜花。

当晚，邓小平不顾长途跋涉的疲劳，召集中国政府代表团二等秘书以上外交官开会研究工作。他首先仔细听取了有关领导同志的汇报，然后说：这次会议将要载入史册；亚非拉国家受人欺侮那么多年，今天提出要建立经济平等关系，这可是划时代的事件，我们中国要支持；我们要配合他们通过一个好的文件和好的行动纲领；大家要据此精神分头做工作；我自己也来做工作，会见一些外长，这方面请乔冠华同志安排。

邓小平说完，以亲切的目光注视着大家，问乔冠华、黄华：还有没有什么意见？大家回答，没有意见。

邓小平风趣地说，如果没有别的意见，会就开到这里。我这个人喜欢早睡、早起，早睡早起身体好。

4 月 10 日上午，联合国大会议厅座无虚席，旁听席位上坐满了来自美国各州的华侨。他们说，今天要听听祖国一位亲人、一位重要领导人邓小平先生的发言。我们虽收入不多，但为了听亲人发言，无论如何也要想办法买张机票赶来旁听。回去以后，心里温暖啊！

在联合国担任中文同声传译的华人雇员，从工作间不断向中国代表团座位上张望，有的干脆跑下来问：邓先生什么时候到？有的说，今天邓先生来这里，我们心里好高兴啊，他可是一位有大功劳的人。各国代表不断向中国代表团询问邓小平发言的内容，表示邓小平副总理发言后他们要立即报回国内。

美国、英国、法国等国家的代表对中国代表团工作人员说，今天又是中国代表团的光荣时刻，1971 年联合国大会通过 2758 号恢复中国合法席位决议，中国享受了无上的殊荣，我们敢肯定今天邓小平副总理发言后，中国将享受一次更大的殊荣。

9 时整，邓小平副总理由时任外交部副部长乔冠华等陪同，在联合国礼宾司司长的带领下步入会场。许多国家的代表上前和邓小平热烈握手，祝贺他作为团长率团出席联合国大会第六届特别会议。

邓小平健步登上联合国大会讲台，用凝重的语言代表中国政府发言。他首先指出：联合国成立二十九年来，举行专门会议讨论反对帝国主义剥削和掠夺、改革国际经济关系的重大问题，还是第一次。这反映了国际局势的深刻变化。讲到这里，许多亚非拉国家代表热烈鼓掌，表示赞同。

邓小平强调："国与国之间的政治和经济关系应当建立在和平共处五项原则基础之上，国际经济关系事务不应由少数国家垄断，广大发展中国家有权参与决定贸易、货币、航运等方面的大事，对发展中国家提供的贷款应该是无息和低息的。"

在发言中，邓小平提出了在国际政治、经济关系上的六项主张，其中包括各国事务应由各国人民自己来管；国家不论大小、不论贫富，应该一律平等，不应由一两个超级大国来垄断；国际贸易应该平等互利、互通有无；对发展中国家的技术转让必须实用有效、廉价、方便，等等。

在为时 30 分钟的发言中，邓小平重点阐述毛泽东关于"三个世界"划分的战略思想，论述中国的对外政策。他指出：中国是一个社会主义国家，也是一个发展中国家，中国属于第三世界。中国同大多数第三世界国家具有相似的苦难经历，面临共同的问题和任务。中国把坚决同第三世界其他国家一起为反对帝国主义、霸权主义和殖民主义而斗争，看作自己神圣的国际义务。中国坚决站在第三世界国家一边，中国永远不称霸。

在联合国这个世界讲坛，邓小平根据毛泽东的国际战略思想，代表中国政府向全世界庄严声明，中国永远不做超级大国，永远不对别国进行侵略、干涉、控制、颠覆和掠夺，永远不谋求世界霸权。这种平等待人、光明磊落的风范，赢得了广大第三世界国家的赞扬。

邓小平的发言，多次被与会代表的热烈掌声所打断。邓小平发言结束后，会场再次爆发出热烈的掌声。许多国家的代表来到中国代表团席位，同邓小平热烈握手，祝贺他作了一个非常精彩、内容新鲜、观点鲜明的发言；称赞邓小平的发言透彻地揭露和批判了帝国主义的剥削和掠夺，为第三世界出了气，鼓舞斗志，令人振奋；普遍赞赏邓小平揭露霸权主义的“有限主权论”和“国际分工论”，认为邓小平的发言使他们大受启发。

有些国家代表说，邓小平副总理站得高，处处为第三世界巩固政治独立和发展经济着想。虽然大家都知道，中国在援助第三世界国家方面成果显著，但邓小平副总理对此却只字不提，而苏联没有为第三世界做什么事，却大肆吹嘘，为自己评功摆好。

东南亚一些国家的代表表示，邓小平副总理关于永远不做超级大国的一段话，确实说明中国领导人高瞻远瞩，具有大国的宏伟气魄和胆识，相信今后中国强大了，也会同亚洲各国友好相处，对亚洲的和平有更大的贡献。

邓小平在联合国的发言，赢得了绝大多数与会国家代表的热烈欢迎。毛泽东关于“三个世界”划分的战略思想，经过邓小平的全面阐述，在国际上产生了深刻而持久的影响，大大提高了中国在国际舞台上的地位和声望。

这次特别联大经过激烈辩论，1974 年 5 月 1 日通过了有利于第三世界的宣言和行动纲领。

出席联合国会议期间，邓小平会见了美国国务卿亨利·基辛格和几十个国家出席联合国会议的代表，用言简意赅的语言阐述中国的外交政策，给许多国家的代表留下了深刻印象。亨利·基辛格在回忆与邓小平会见这段往事时说：“说实话，我那时不知道他是谁，因为他在中国的‘文化大革命’中受到迫害。所以，我们那时认为他是中国代表团的一名顾问，甚至不知道他是中国代表团的团长。但他处理事情的果断能力以及对事物的洞察力给我留下了深刻印象。”

当基辛格与邓小平谈到实现中美关系正常化这一重大问题时，基辛格说：“我们美国政府正致力于两国关系正常化的努力，研究如何实现一个中国的设想，但一时想不出办法来。”实际上，由于美国总统尼克松被“水门事件”所缠绕，已经没有精力实现在他的任期内解决中美关系正常化这一预定目标了。对于尼克松政府此时面临的困境，邓小平十分清楚。因此，他冷静地表示："中国政府希望这个问题能较快地解决，但也不着急。我们能够体谅美国政府的困难。"

邓小平回国前，在联合国副秘书长唐明照等陪同下，利用一个风和日丽的星期天，到纽约郊区游览。在散步中邓小平说，一定要出来看看，才能了解外面的世界；美国这个国家建国历史不长，对它的发展我们要好好研究。这说明，即使在"文化大革命"造成"闭关锁国"的情况下，邓小平依然在考虑如何借鉴国外建设经验这一重大问题，充分体现出他的远见卓识和思想之深邃。

会议期间，邓小平住在中国常驻联合国代表团大楼内。有一次吃饭的时候，他突然问周围的同志："我这次出差，公家给我的零用钱可以买些什么?"有的同志回答，那点儿钱折合成美元买不了什么像样的东西。

邓小平说："那么，买几个克拉松（法式月牙形油酥面包）行吗?"黄华同志说："那倒可以买好多个。不过把面包从纽约带到北京就不好吃了。是不是打个电报给曾涛同志（中国驻法国大使），请他买 100 个刚烤好的，在专机经过巴黎时装上飞机，到北京时还能保持新鲜，这样好吗?"

邓小平点了点头表示同意，说："我年轻的时候在法国雷诺汽车工厂做工，早上只给一杯咖啡和一个克拉松，多一个都不给。所以，我觉得克拉松是世界上最好吃的东西，我要带一些给周总理和蔡畅大姐。"

"青山遮不住，毕竟东流去。"邓小平代表中华人民共和国出席联合国大会发表演说、从联合国载誉归来，根据毛泽东的决定，周恩来和中央党政军领导人在首都机场举行了盛大的欢迎仪式。

邓小平从美国回国后的一天，参加中央军委的会议。中央军委办公厅负责会务的同志见到邓小平凯旋，"呼"地一下子全部站了起来，向邓小平行注目礼，表示热烈祝贺。邓小平在会议室刚坐下，叶剑英就进来了，两人一见，分外高兴，叶剑英大声说："这些天全世界都注意你呢。"邓小平笑着摆摆手，谦逊地大声说："全世界注意的是主席的'三个世界'的提法哟。"

此后，毛泽东对邓小平更为倚重。每当外国国家元首、政府首脑或政治活动家来访，总可以看到邓小平陪同周恩来会见的身影。每当毛泽东会见重要的外国客人，也总是邓小平陪同在场。

邓小平已经成为20世纪70年代中国政治舞台和外交舞台上的重要人物。

5月11日，毛泽东会见巴基斯坦总理布托，由周恩来、王洪文、邓小平陪同。

5月18日，毛泽东会见塞浦路斯总统，由周恩来、王洪文、邓小平陪同。

5月25日，毛泽东会见英国前首相希思，由周恩来、王洪文、邓小平陪同。

凡是毛泽东的一言一行，都包含着东方哲人深邃的政治智慧。从毛泽东会见外宾可以看出，毛泽东是刻意让新提拔的王洪文和刚刚复出的邓小平参加重大的外事活动，并通过这些活动，一方面培养毫无外交经验的王洪文，一方面更进一步地观察邓小平。通过实践检验，毛泽东对王洪文日益失望，而对邓小平则日渐倚重。毛泽东高兴地认为，让邓小平复出的决定是正确的，是经得起实践检验的。

邓小平出席联合国大会，发表演讲，举世瞩目，极大地提高了国际知名度。1974年7月，法国方面向中国驻法国大使提出，希望周恩来总理或邓小平副总理访问法国。此后，法国驻中国大使向中国外交部副部长乔冠华正式提出法国政府的这一邀请。中国外交部起草了《关于拟原则同意邓副总理应邀访法的请示》上报中央。

中共中央政治局鉴于法国是西欧的重心，对西欧局势影响很大，决定同意邓小平访问法国。

1975年5月12日上午，邓小平飞往法国进行正式访问，到达巴黎时，受到法国总理希拉克的热烈欢迎。法国总理希拉克前往机场迎接并致欢迎词，邓小平致答词。法国总统德斯坦邀请邓小平下榻国宾馆。下午，邓小平与希拉克总理举行会谈。希拉克总理提前特意作了准备，出其不意，赠送邓小平一件特殊礼物——20世纪20年代初期邓小平在法国勤工俭学期间，法国工厂留存的邓小平工作档案。晚上，邓小平出席法国总理希拉克举行的欢迎宴会并讲话。他指出：展望中法两国关系的前景，我们是很有信心的，因为我们之间有许多共同点。

5 月 13 日上午，邓小平参观凡尔赛宫。下午，邓小平同法国总统德斯坦举行正式会谈，就国际形势、美国与欧洲的关系等问题交换意见。晚上，邓小平出席法国总统德斯坦举行的欢迎宴会并讲话。他指出：中法两国社会制度不同，但是我们都愿意在相互尊重主权和领土完整、互不侵犯、互不干涉内政、平等互利、和平共处五项原则的基础上发展两国关系。在国际上，我们都反对超级大国垄断世界事务。中国政府一贯主张，国家不论大小，都应一律平等。各国的事情应由各国人民自己来管，任何国家都无权对别国进行侵略、控制和干涉。中国坚决支持西欧联合。法国政府和欧洲人民可以相信，在他们维护独立和加强联合的事业中，总是能够得到中国人民的支持的。正是根据这种精神，最近中国政府同欧洲经济共同体建立了关系。我们希望联合的欧洲将在世界事务中发挥更积极的作用。①

在此期间，邓小平两次与法国总统德斯坦举行会谈，会见了法国国民议会议长，参观了里昂的工厂、农村。回国前，邓小平提出购买一批法国面包。他要带给当年共同在法国勤工俭学、走上共产主义道路的周恩来、聂荣臻、李富春、蔡畅等同志。

5 月 17 日，邓小平圆满结束对法国的访问，乘专机离开巴黎回国。途中，在伊朗首都德黑兰作短暂停留。

---

① 中共中央文献研究室编：《邓小平年谱》1975 ~ 1997（上），中央文献出版社 2004 年版，第 44 页。

第五十六章

“由邓小平任国务院第一副总理，主持国务院的日常工作”

从1966年开始的旷日持久的“文化大革命”，极大地损害了周恩来的身体健康。1974年5月下旬，周恩来的病情再次加重。5月27日下午，邓小平等中央领导人与周恩来医疗组一起，研究周恩来的治疗方案。6月1日，周恩来因操劳过度，长期患病，特别是“文化大革命”以来忍辱负重，支撑危局，终于心力交瘁，告别居住25年的北京中南海西花厅，住进中国人民解放军305医院，开始度过生命中的最后岁月。这一年零六个月，成为他政治生涯中最悲壮的岁月。他用最后的力量，代表党和人民的最高利益，与疾病和比疾病更凶恶的江青集团进行着最后的斗争。

在毛泽东和周恩来的坚决支持下，邓小平在中央党政军日常工作中所起的重要作用和分量日益显现出来。为了顺利实现由邓小平主持中央日常工作的想法，1974年7月17日，毛泽东亲自主持召开了一次中央政治局会议，重点批评野心勃勃、四处插手、颐指气使、眼高手低，动不动就训人的江青。

毛泽东在会上说：江青同志你要注意呢！别人对你有意见，又不好当面对你讲，你也不知道。

毛泽东批评江青：不要设两个工厂，一个叫钢铁工厂，一个叫帽子工厂，动不动就给人戴大帽子，不好呢！你那个工厂不要了吧。

江青连忙表示接受毛泽东的意见：不要了，钢铁工厂送给小平同志吧！

毛泽东问：当众说的？

江青答道：说了算！

毛泽东对与会的中央政治局委员们说：孔老二讲的，言必信，行必果。听到没有，她并不代表我，她代表她自己……

毛泽东接着批评江青：此人一触即跳。

最后，毛泽东指着江青说道：她算上海帮呢！你们要注意呢，不要搞成四人小宗派呢！

这是毛泽东第一次明确地在中央政治局会议上提出“上海帮”的问题，同时严肃告诫江青、张春桥、姚文元、王洪文四个人“不要搞成四人小宗派”。从毛泽东把王洪文视为“四人小宗派”成员看，在他的心目中，已经对这个在中共十大上选择的接班人彻底失望了。

会后，毛泽东离开北京，前往武汉。因为他近段时间一直感到视力下降，看东西模糊、吃力，决定外出休息。在武汉住了一段时间，经医生们会诊，确诊毛泽东眼睛患的是“老年性白内障”。会诊结束后，医生们建议毛泽东先休养一段时间，到来年夏季“白内障”病情成熟了，再采取手术措施。毛泽东表示同意。10 月 13 日凌晨，毛泽东乘专列抵达长沙，住在湖南省委九所 6 号楼，在湖南休养了 114 天。

毛泽东离京后，中共中央政治局开始着手第四届全国人民代表大会的筹备工作。其实，这项工作在中共十大闭幕后已经开始，现在则进入了实质性阶段。围绕四届人大的筹备工作，周恩来、邓小平等老一辈无产阶级革命家同江青为首的“四人帮”进行了坚决的毫不妥协的斗争。

江青为首的“四人帮”要利用四届人大，攫取更多的权力，为最终篡夺党和国家领导权开辟道路。

周恩来、邓小平等老一辈无产阶级革命家，已经通过 8 年的“文化大革命”，彻底认清了“四人帮”一伙野心家、阴谋家篡党夺权的真实面目，坚决捍卫党的正确原则，努力使党和国家的各级领导权掌握在真正的马克思主义者手里，不许“四人帮”通过四届人大篡夺更多的权力。

10 月 4 日，正在武汉的毛泽东，让机要秘书打电话给在北京主持中央日常工作的副主席王洪文，告诉他，毛泽东提议：

由邓小平任国务院第一副总理，主持国务院的日常工作。

王洪文亲笔把毛泽东的指示记在笔记本上：“谁当第一副总理？邓。”

王洪文接到这个电话后，大为吃惊，受到极大的震动。他没有按照毛泽东的指示马上转告周恩来，而是在当天晚上，把毛泽东的指示首先告诉了江青、张春桥、姚文元。江青听了，气得破口大骂：“这不是主席的意见，这是总理的主意。”原来，江青想在这次四届人大的筹备工作中，当“后台老板”，按照她个人的意图“组阁”，把“四人帮”的成员安排到国务院的重要领导位置上去。毛泽东提议邓小平任国务院第一副总理，大大出乎江青集团的预料，完全打破了江青由来已久的图谋。

江青集团看着邓小平复出工作，看着邓小平的职位越来越高，看着邓小平主管的工作领域越来越宽，看着邓小平经常会见外国政要，看着邓小平还能因为陪外宾经常见到毛泽东主席，他们早就又恨又怕了。这次毛泽东又要让邓小平出任第一副总理主持国务院工作，这不就等于说，将来周恩来一旦辞世，邓小平就可以接周恩来的班吗？

对于江青集团来说，邓小平担任国务院第一副总理，将会对他们极为不利。但是，毛泽东亲自作出的决定，不传达也不行。王洪文拖了两天以后，才极不情愿地将毛泽东的这一指示告诉了中央政治局和周恩来。

周恩来听到毛泽东的这一决定，非常高兴。10 月 6 日，他特意约邓小平谈话。周恩来希望把自己未竟的事业全都托付给邓小平。

10 月 6 日晚上，江青找周恩来谈话，提出了她关于四届人大人事安排的意见和中国人民解放军总参谋长人选的意见。

江青要竭力阻止邓小平任第一副总理。

10 月 11 日，中共中央发出关于召开四届人大的通知。通知向全党、全国提出了迎接四届人大召开的任务，部署了筹备四届人大的具体事宜，并传达了毛泽东的重要指示：“无产阶级文化大革命，已经八年。现在，以安定为好。全党全军要团结。”这个文件明确说明：第一，四届人大的筹备工作全面开始；第二，毛泽东要求全党全军安定团结，不希望再出现“文化大革命”初期那种“打倒一切，全面内战”的混乱局面了。

10 月 17 日晚，中共中央政治局举行会议。江青有预谋地在会上发难，借口所谓“风庆轮事件”，向邓小平挑衅。所谓“风庆轮事件”是这样的：上海江南造船厂制造了一艘万吨轮船“风庆号”。交通部远洋局担心船上安装的国产主机、雷达等“五大件”质量达不到跑远洋的要求，规定该轮跑近洋。在“批林批孔”运动中，江南造船厂工人和“风庆轮”海员贴出大字报，提出

“我们要革命，风庆轮要远航”，要求交通部批准“风庆轮”远航。在远航中，交通部派去协助“风庆轮”首次远航欧洲工作的李国堂、顾文广，在船上抵制按照“四人帮”的意见批判所谓造船买船问题上的“崇洋媚外”“卖国主义”，因而受到攻击，被诬为“代表了一条修正主义的路线”，远航后遭到批斗，并被定为“反革命政治事件”。上海的报纸，曾以《红灯指航向，踏破万层浪》《乘风破浪，胜利前进》等为题，大量发表评论文章，其目的显然是借题发挥，滋事生非。

江青在看了《国内动态清样》上关于“风庆轮事件”的报道后，认为可以大加利用，攻击国务院和周恩来、邓小平。于是，她给中央政治局写了一封信，说：看了关于“风庆轮事件”的报道，“引起了我满腔的无产阶级义愤。试问，交通部是不是毛主席、党中央领导的中华人民共和国的一个部？国务院是无产阶级专政的国家机关，但是交通部却有人崇洋媚外，买办资产阶级思想的人专了我们的政。……政治局对这个问题应该有个表态，而且应该采取必要的措施”。张春桥、姚文元、王洪文都批了与江青相同的意见。

10 月 17 日晚上的中央政治局会议，原定的议题是研究四届人大的筹备工作，周恩来专程抱病参加会议。但会议一开始，江青就气势汹汹地打断了会议的议程，有预谋地在中央政治局会议上挑起事端，提出“风庆轮事件”是“崇洋媚外”和“卖国”的问题，逼着与会的中央政治局委员当场表态。她有恃无恐，大闹政治局，要揪“买办资产阶级”的总后台。

江青还手持一份关于“风庆轮事件”的材料，逼邓小平对此事表示态度，挑衅性地问邓小平：你对这个问题是什么态度？面对这一突然袭击，邓小平从容地回答：我已经圈阅了。并表示，对这个材料还要调查一下。江青见邓小平胆敢对抗，便进一步逼问邓小平对批判“洋奴哲学”是什么态度。邓小平先是置之不理，但江青并不罢休，一味胡搅蛮缠继续追逼邓小平表态。

在忍无可忍的情况下，邓小平进行了反击，强硬地对江青说，政治局开会讨论问题，要平等嘛，不能用这样的态度对人呀。邓小平继续说，这样政治局还能合作？强加于人，一定要写出赞成你的意见吗？

江青一向骄横跋扈惯了，邓小平竟然在全体政治局委员面前顶她，她不禁为之一愣，接着便大叫大闹起来。看见江青如此蛮不讲理，邓小平站了起来，严肃而气愤地说，问题还没有了解清楚，就戴了这么大的帽子，这会怎么开！说罢拂袖而去。

邓小平用这样的方式给江青以狠狠的回击。

邓小平走后，张春桥恶狠狠地说：“邓小平又跳出来了。”

当天晚上，江青在北京钓鱼台17号楼，私下召集王洪文、张春桥、姚文元密谋，派人第二天飞到长沙向毛泽东告状。

江青说，邓小平之所以这样吵架，就是对“文化大革命”不满意，反对“文化大革命”。

张春桥说，邓小平之所以跳出来，可能是与四届人大人事安排及对总参谋长的提名有关，这是一次总爆发。

王洪文说，邓小平对“文化大革命”不满意，有气，不支持新生事物。

姚文元则在日记中写道：“斗争形势突然地变化了！邓小平同志在昨天会议结束时站起来骂江青同志”，“已有庐山会议气息！”

江青与王洪文、张春桥、姚文元一直研究到午夜，决定抓住这一“事件”，精心组织说词，迅速派王洪文去长沙向毛泽东告状。

“四人帮”告状之所以如此急如星火，是因为邓小平10月20日要陪同来访的丹麦首相哈特林夫妇飞往长沙，接受毛泽东的会见。他们要赶在邓小平的前面去见毛泽东，以便“恶人先告状”，争取主动。

据1980年11月24日上午王洪文在特别法庭受审时供认：1974年10月17日晚上，在钓鱼台17号楼，江青召集我和张春桥、姚文元一起，主要是密谋告邓小平的状，议论邓小平对“文化大革命”不满意，不支持新生事物，说邓小平对四届人大提名人选可能有不同意见。还议论了姚文元提出的“北京大有庐山会议的味道”。……去长沙，实际上是一场阴谋活动，是背着周恩来总理和政治局去的。江青提出要赶在毛泽东主席接见外宾之前去，是怕邓小平陪同外宾先到毛主席那里说明事实真相。

“四人帮”议定派人赴长沙后，王洪文主动提出赴长沙面见毛泽东。“四人帮”确定，就由王洪文赴长沙，面见毛泽东，反映“四人帮”的意见。

其实，此事的主谋是江青，应当由她去长沙。但江青此时心中颇有些“自知之明”，她知道毛泽东近一段很反感她，不愿见她。

还是在3月20日，毛泽东曾致信江青："不见还好些。过去多次同你谈的，你有好些不执行，多见何益？有马列书在，有我的书在，你就是不研究。我重病在身，81岁了，也不体谅。你有特权，我死了，看你怎么办？你也是个大事不讨论，小事天天送的人。请你考虑。"

毛泽东的这些言辞，一看便知，充满了对江青的严厉批评，所以江青不敢轻易提出去见毛泽东的要求。

第五十七章

“小平同志政治上强,会打仗呢”

1974 年 10 月 18 日，王洪文肩负“四人帮”的使命，从北京乘专机飞到长沙。毛泽东的机要秘书张玉凤向毛泽东作了报告。随后，毛泽东派办公室主任张耀祠把王洪文接到长沙的住地。下午 2 时，王洪文身着一套灰色毛料中山装，来到 6 号楼毛泽东的会客室。

王洪文首先问候了一下毛泽东的身体情况，然后便转入此行的主题。

当时在场的毛泽东的机要秘书张玉凤回忆说：“四人帮”早在四届人大之前就阴谋篡党夺权。四届人大前夕他们感到形势不妙，很孤立，便企图先发制人，把周总理、叶剑英同志等搞掉，把权夺到手。1974 年 10 月，王洪文背着周总理和政治局，到湖南毛主席驻地，向毛主席告周总理和其他中央领导同志的状。王洪文把周总理等同志比作在九届二中全会上的林彪一伙要抢班夺权，他说：“北京现在大有庐山会议的味道。我来湖南没有告诉周总理和政治局其他同志。我们四个人（王、张、江、姚）开了一夜会，商定派我来汇报，趁周总理休息的时候就走。我是冒着危险来的。”王洪文别有用心地说：“周总理虽然有重病，但昼夜都‘忙着’找人谈话，经常去总理家的有邓小平、叶剑英、李先念等同志。”王洪文到湖南的目的，实际上是“四人帮”阴谋要搞掉周总理，向毛主席要权。并在毛主席面前吹捧张春桥怎样有能力，姚文元又怎样读书，对江青也作了一番吹捧。毛主席当即严厉批评了王洪文，主席说，有意见当面谈，这么搞不好。你要注意江青，不要跟她搞在一起。你回去后找总理、剑英同志谈谈。

在这次谈话中，王洪文还狠狠告了邓小平一状。诬陷邓小平：“在昨天政治局会议上，为了‘风庆轮’这件事，江青同志与邓小平同志发生争吵，吵得很厉害。”并将江青和邓小平当时说的一些话重复了一遍，说：“看来邓还是搞过去造船不如买船，买船不如租船那一套。”然后，王洪文蓄意借题发挥，诬蔑邓小平：“邓有那样大的情绪，是与最近在酝酿总参谋长人选一事有关。”

毛泽东听了王洪文攻击邓小平的话，很不高兴。他对王洪文说，有意见当面谈，这么搞不好，要跟小平同志搞好团结。小平同志政治上强，会打仗呢。

毛泽东还对王洪文说：“你回去，要多找总理和剑英同志谈，不要跟江青搞在一起，你要注意她。”

当王洪文于1980年被押上历史的审判台后，6月27日写下了关于长沙之行的供词：到长沙的“目的就是在毛主席面前搞臭邓小平同志，使他不能工作，当然更不想让他当第一副总理了……这次去长沙告状……主要是恶人先告状，抢在邓小平同志陪外宾去前，目的是要毛主席了解吵架的所谓‘真相’，也就是了解邓小平的所谓问题……实际上是诬蔑陷害邓小平同志的一次阴谋活动……”

当天晚上，王洪文从长沙飞回北京后，早已将毛泽东在长沙告诫他的“你们不要搞上海帮”等指示忘得干干净净，回到钓鱼台，就立即与江青、张春桥、姚文元紧紧地勾结在一起。1980年11月26日，特别法庭审问王洪文时，问：“你从长沙回到北京以后，都向谁传达了去长沙的情况？”王洪文答道：“回来后即向江青、张春桥、姚文元谈了去长沙的情况。在传达过程中，江青又通知了王海容和唐闻生来参加。”王洪文还说，长沙之行“实际上是阻挠邓小平出来担任国务院第一副总理”。

就在王洪文飞往长沙告状的同一天中午，江青为了使告状一事“双保险”，双管齐下，又在北京钓鱼台约见了王海容和唐闻生。王海容和唐闻生当时都在外交部工作，王海容任副部长，唐闻生任副司长。毛泽东每次会见外宾，大多由她们两个人陪同，她们同毛泽东接触较多，深受毛泽东的信任。毛泽东晚年行动不便，就让王海容、唐闻生两人列席中央政治局会议，然后直接将会议情况向毛泽东报告。毛泽东有一些指示，也随时让她俩向中央政治局或中央、国务院的有关部门转达。因此，她们两人是在毛泽东面前说话有分量的人物。

江青找来王海容、唐闻生，对她们说：主席不久将在外地会见外宾，你们也要参加有关工作，有个重要情况请你们在陪同外宾去的时候向主席报告。10

月 17 日晚上政治局讨论“风庆轮”问题的会上，小平和我发生争吵，然后扬长而去，使得政治局的会议开不下去了。国务院的领导同志经常借谈工作搞串联。总理在医院也很忙，并不全是在养病。小平和总理、叶帅都是在一起的，总理是后台。

大概是觉得自己一人谈的分量还不够，江青又说：“这件事我讲不清楚，等晚上我找洪文、春桥、文元一起来，再进一步向你们介绍。”

晚上，江青果然又在钓鱼台约见王海容、唐闻生。除江青外，张春桥、姚文元和刚从长沙飞回来的王洪文均在座。

江青老调重弹后，张春桥对周恩来主持的国务院的工作进行了一番诋毁和攻击，矛头显然是指向周恩来；又借“风庆轮”问题诬蔑了邓小平一番；并把 17 日的政治局会议说成是“二月逆流”。姚文元则说北京有“庐山会议”的味道。

王海容、唐闻生听了以后，感到事态严重，第二天向周恩来作了详细汇报。周恩来冷静地对王海容、唐闻生说：我所了解的情况并不像江青说的那样，而是他们 4 个人事先计划好要整邓小平，他们已多次这样搞过小平同志，小平同志已忍了他们很久。

10 月 20 日，外交部王海容副部长、唐闻生副司长陪同丹麦首相哈特林夫妇飞往长沙。毛泽东会见外国客人以后，王海容、唐闻生将北京近几天发生的情况原原本本向毛泽东作了反映。毛泽东听后，气愤地说：“‘风庆轮’的问题本来是一件小事，而且先念同志已在解决，但江青还这么闹。”

毛泽东从江青的闹事联系到王洪文飞来长沙告状，已经意识到江青是想插手四届人大的人事安排。于是，毛泽东讲了离开北京以来深思熟虑的两项重大决策，并让王海容、唐闻生回北京后，立即将他的意见转达周恩来、王洪文。这两项重大决策是：

一、总理还是总理。四届人大的筹备工作和人事安排问题要总理和王洪文一起管。

二、建议邓小平任国务院第一副总理兼中国人民解放军总参谋长。

此外，毛泽东还要求王海容、唐闻生回京后转告王洪文、张春桥、姚文元，让他们不要跟在江青后面批东西。

王海容、唐闻生回北京后，立即将毛泽东的指示向有关人员作了传达。

已经重病在身的周恩来，听到毛泽东的决策，极为振奋。他深深地感到了毛泽东对自己的高度信任。同时，也为邓小平能够出任中央党政军重要负责人而感到由衷的高兴。让邓小平担任国务院第一副总理，代自己承担起主持国务院日常工作的重任，这正是周恩来患病以来的夙愿。

为了使党和国家的领导权不致落到“四人帮”手里，为了使党和国家的领导权掌握在真正的共产党人手中，周恩来遵照毛泽东的委托，不顾自己做过两次大手术后急需休息、静养的病躯，毅然承担起主持四届人大筹备工作和人事安排的重任。

于是，从10月下旬到11月上旬，周恩来连续十几天在医院分别与邓小平、叶剑英、李先念以及王洪文、江青谈话，并约中央政治局成员分三批开会，传达毛泽东的指示，解决“风庆轮事件”问题，研究四届人大的筹备工作。

11月6日，周恩来写信给毛泽东，表示了自己坚决拥护毛泽东的重要决策，积极支持邓小平担负党政军重要领导职务的明确态度。主要内容有以下三点：

一、“积极支持主席提议的小平同志为第一副总理，还兼总参谋长”。

二、“我的身体情况比7月17日见主席时好多了。只是弱了些，如果12月能开人大，定能吃消”。

三、“最希望主席健康日好，这一过渡时期，只有主席在，才能领导好”。

11月6日，毛泽东又在长沙会见了特立尼达和多巴哥总理威廉斯博士及其随行人员。会见以后，毛泽东留陪同外国客人来长沙的李先念副总理谈话。李先念向毛泽东汇报了全国工交系统和国家财政方面的情况。由于1974年年初开始的“批林批孔”运动的影响，整个国民经济呈现下降的态势，全国财政收入也比1973年同期下降，而财政支出却比去年同期大大增加。

实践证明，频繁地搞政治运动，不仅不能促进生产、不能促进国民经济的发展，而且会大大影响和阻碍国民经济的正常、健康发展。

听完李先念的汇报，毛泽东感到经济形势严峻，丝毫不容乐观。他久久沉默不语，陷入深思。最后，毛泽东指示：

“要把国民经济搞上去。”

李先念回北京后，迅速在中央政治局会议上传达了毛泽东的指示。

11 月 12 日，邓小平陪同也门民主人民共和国总统委员会主席率领的代表团飞抵长沙。毛泽东会见外国客人以后，与邓小平进行了亲切的谈话，支持邓小平在中央政治局会议上对江青的有力抵制和斗争，鼓励邓小平承担起党政军工作的重任。

在毛泽东与邓小平谈话后，王海容、唐闻生交给毛泽东一封信。这是她们离开北京时，江青托她们带给毛泽东的信。

江青在信中，就四届人大的人事安排问题，再次向毛泽东提出她的主张：由谢静宜任全国人大常委会副委员长，迟群当教育部部长，乔冠华当国务院副总理，毛远新、迟群、谢静宜、金祖敏列席中央政治局会议，作为“接班人”来培养。

江青在这封信里野心毕露，妄图由她来“组阁”的面目暴露无遗。

当天，毛泽东在江青的这封信上批示：

> 不要多露面，不要批文件，不要由你组阁（当后台老板），你积怨甚多，要团结多数。至嘱。
>
> 人贵有自知之明。又及。
>
> 毛泽东
>
> 十一月十二日

看了毛泽东措辞严厉的批评，江青不能不有所表示，11 月 19 日，她又给毛泽东写了一封信：

> 我愧对主席的期望，因为我缺乏自知之明，自我欣赏，头脑昏昏，对客观现实不能唯物地正确对待，对自己也就不能恰当地一分为二地分析。一些咄咄怪事，触目惊心，使我悚然惊悟。
>
> 自九大以后，我基本上是闲人，没有分配我什么工作，目前更甚。
>
> 江青
>
> 一九七四年十一月十九日

江青的这封信，表面上似乎是表示接受毛泽东的批评，目的却是向毛泽东伸手要权。毛泽东洞悉江青的企图，于11月20日回信一封：

江青：

可读李固给黄琼书。就思想文章而论，都是一篇好文章，你的职务就是研究国内外动态，这已经是大任务了。此事我对你说了多次，不要说没有工作，此嘱。

毛泽东

一九七四年十一月二十日

毛泽东要江青读李固给黄琼书，其意思十分明白，批评江青正像李固给黄琼书中说的那样，是“盛名之下，其实难副”。教育她不要总是自以为是，自以为了不起，缺乏自知之明，欲壑难填。

然而，江青却不顾毛泽东的多次批评、告诫、教育，仍然一意孤行，在四届人大人事安排进入最后阶段时，又要让王海容和唐闻生为她向毛泽东转达意见：让王洪文任全国人大常委会副委员长，排在朱德、董必武同志之后。

王海容、唐闻生1976年10月17日揭发说：1974年11月、12月（12月23日之前），中央酝酿四届人大的人事安排期间，江青把我们两人叫到钓鱼台十楼，要我们去长沙时向主席转达她的意见，由王洪文任副委员长，排在朱德、董必武同志之后。我们向主席报告后，主席对我们说：“江青有野心。她是想叫王洪文做委员长，她自己做党的主席。”

毛泽东的话，一针见血，击中了江青围绕四届人大筹备问题进行一系列频繁活动的真正目的。毛泽东还让王海容、唐闻生转告周恩来：全国人大常委会，朱德、董必武之后要安排宋庆龄，邓小平、张春桥、李先念等任国务院副总理。其他人事由周恩来主持安排。

主管外事，在周恩来总理治病疗养期间，代总理主持会议和呈批主要文件。主持中央日常工作，全面整顿

第五十八章

毛泽东提出：由邓小平担任中共中央副主席

毛泽东晚年，虽然体弱多病，但始终牢牢掌控着中央党政军最高权力。1974 年年底，毛泽东远离北京，身在长沙，对于北京的情况却明察秋毫。他对江青的多次严厉批评，使江青蓄谋已久的利用四届人大“组阁”的图谋，未能得逞。中共中央领导层排除了江青的干扰以后，在周恩来的主持下，使四届人大的各项筹备工作顺利进行。

根据毛泽东的委托，周恩来身在医院，心系天下，就像一部高速运转的“发动机”，不知疲倦地超负荷日夜工作着。在审阅了四届人大各界代表的名额分配名单后，他致信中央政治局，要求增加老干部的名额。

在毛泽东和周恩来的指示下，决定由邓小平主持起草周恩来在四届人大的《政府工作报告》。1974 年 11 月下旬，邓小平组织写作班子，抓紧起草工作。为了使周恩来能够顺利完成作《政府工作报告》的重任，邓小平建议，并报毛泽东同意，决定把《政府工作报告》限定在 5000 字以内。邓小平亲自草拟了三段，每一段一千几百个字，讲的都是实际内容，虚的东西能少能免的尽量减。

多年后，邓小平回忆起这段往事时，十分感慨地说：“总理的讲话是我亲自起草的，不能超过五千字。总理身体那么差，写多了他也念不下去。那个时候，我经常去见总理。”周恩来以他一贯的事必躬亲，逐字逐句审阅了《政府工作报告》草稿，并提出了详细的修改意见。

对于四届人大的人事安排问题，由于事关党和国家的领导权掌握在哪些人手里，周恩来更是反复考虑，煞费苦心。针对江青、张春桥等人竭力要将他们的亲信安插在文化部、教育部、国家体育运动委员会等部、委的情况，周恩来与邓小平、李先念等人多次研究，交换意见，认为教育部关系到为国家培养什么样的人才，关系到国家的未来和民族的前途，坚决不能让“四人帮”推荐的人选担任教育部部长。

江青的意图是让八三四一部队干部、率领“首都工人、解放军毛泽东思想宣传队”占领上层建筑领域的迟群担任教育部部长。迟群这时已经担任清华大学党委书记、革命委员会主任，坐镇清华大学，遥控教育系统，贯彻落实江青集团的各项“指示”不遗余力，对教育系统造成极大危害。

周恩来与邓小平、李先念等人最后确定，让曾经担任过国务院秘书长的周荣鑫担任教育部部长。而对于文化部部长、国家体育运动委员会主任的领导人选，则可作一些让步。

当四届人大的人事安排问题形成初步意见后，周恩来在医院分批召集中央政治局成员开会，议定了第四届全国人民代表大会常务委员会委员长、副委员长和国务院副总理候选人名单的三个方案。

12 月 18 日，中共中央副主席、中央军委副主席叶剑英致信毛泽东，汇报预定的中国人民解放军总参谋部负责人选。叶剑英在信中写道：“今晚政治局会议上讨论并通过了总参谋部领导班子的名单，仅呈如下，请予批示”，“总参谋长邓小平同志，副总参谋长杨成武、张才千、向仲华、彭绍辉、李达、王尚荣、胡炜、何正文八位同志”。

毛泽东收到叶剑英的请示后，进行了圈阅——即在来文的“毛泽东”三个字上画一个圆圈，中央在公文处理中，称之为“圈阅”，表示“同意”的意思。

在四届人大筹备工作基本就绪和人事安排问题基本成熟后，12 月 23 日，周恩来、王洪文先后飞往长沙，向毛泽东汇报四届人大筹备工作和人事安排方案。

当天，毛泽东会见了他们。

12 月 24 日，毛泽东与周恩来、王洪文继续谈话。

毛泽东说：你们两位在这里，让邓小平在北京管事。

周恩来表示，拥护毛泽东意见，由邓小平担任国务院第一副总理、中央军委副主席兼总参谋长。

这时，毛泽东又提出：由邓小平担任中共中央副主席。

在这次谈话中，毛泽东又一次严肃地批评了江青、张春桥、姚文元、王洪文。

毛泽东对王洪文说："你不要搞'四人帮'，搞宗派是要摔跤的。摔了跤，能爬起来就好。"并讲了党的历史上的例子，教育王洪文不要与其他3人搞小宗派。

王洪文当即表示："以后不搞了。"

毛泽东还要求王洪文就近段时间工作中所犯主要错误写一份检讨。王洪文于第二天写了一份，但不知为何没有交给毛泽东，却带回了北京。直到粉碎"四人帮"以后，这份检讨才被人们看到。

12月25日，毛泽东与周恩来、王洪文再次谈话。

12月26日，是毛泽东81岁诞辰。这天，毛泽东让王洪文到韶山看一看。中午，毛泽东吃了一点长寿面，喝了一口家乡的"芙蓉酒"。晚上，毛泽东与周恩来单独长谈。毛泽东主要谈了关于无产阶级专政理论问题：

列宁为什么说对资产阶级专政，要写文章。要告诉春桥、文元把列宁著作中好几处提到这个问题的找出来，印大字本送我。大家先读，然后写文章。要春桥写这类文章。这个问题不搞清楚，就会变修正主义。要使全国知道。

我国现在实行的是商品制度，工资制度也不平等，有八级工资制，等等。这只能在无产阶级专政下加以限制。

所以，林彪一类如上台，搞资本主义制度很容易。因此，要多看点马列主义的书。

列宁说："小生产是经常地、每日每时地、自发地和大批地产生着资本主义和资产阶级的。"工人阶级一部分，党员一部分，也有这个情况。

无产阶级中，机关工作人员中，都有发生资产阶级生活作风的。①

毛泽东上述谈话和10月20日会见丹麦首相哈特林的谈话，具有同样的理论意义。当时毛泽东谈道："总而言之，中国属于社会主义国家。解放前跟资本主义差不多。现在还实行八级工资制，按劳分配，货币交换，这些跟旧社会

---

① 中共中央党史研究室:《中国共产党历史大事记》,中共党史出版社2006年版,第276页。

没有什么差别。所不同的是所有制变更了。”①

毛泽东的这些谈话，构成毛泽东晚年关于无产阶级专政理论问题的重要指示，全党全军全国进行了广泛传达、学习和贯彻。这表明，毛泽东这位81岁的革命家，尽管年老体衰，重病在身，仍在孜孜不倦地为达到他理想中完美的社会制度进行着艰辛的理论探索。

在这次彻夜长谈中，毛泽东与周恩来还谈到了党和国家的前途命运问题，对现任中央每位负责人的优缺点的分析评价等重大问题。在谈话中，周恩来反映了江青、张春桥两人历史上均有严重政治问题。毛泽东表示已经知道了。

毛泽东与周恩来，这两位伟大的革命家促膝长谈，不觉东方之既白。

…… ……

周恩来、王洪文在长沙停留的5天中，毛泽东多次与他们谈话。

在谈到国际形势和中苏关系时，毛泽东提出了明确的看法。

12月27日，周恩来、王洪文在长沙停留了5天后，飞回北京。

毛泽东在长沙一直住到1975年2月3日，共在长沙休养114天。

毛泽东和周恩来在长沙的一系列谈话，在中国共产党历史上有着重要意义。

1974年12月的长沙之行，完全实现周恩来的预期愿望和目的，使周恩来心情极为愉快。

周恩来从长沙飞回北京后，立即按照毛泽东的意见，紧张工作，全面落实毛泽东的各项决策。

12月28日，周恩来召开由王洪文、叶剑英、邓小平、张春桥等参加的中共中央政治局常委会，研究贯彻落实毛泽东长沙谈话的问题。

这是邓小平复出后第一次出席中共中央政治局常委会议。

虽然尚未履行正式手续，但毛泽东说了让邓小平担任中共中央政治局常委，邓小平就可以出席中共中央政治局常委会议。

这次会后，周恩来批告王洪文，将毛泽东审定的四届人大常委会委员长、

---

① 中共中央党史研究室:《中国共产党历史大事记》,中共党史出版社2006年版,第276页。

副委员长和国务院副总理两份名单（草案）印发中央政治局全体委员。

12 月 29 日，周恩来主持召开中共中央政治局会议，传达毛泽东长沙谈话内容和毛泽东的各项指示。到会的中央政治局委员一致拥护毛泽东的意见，并通过了经毛泽东审阅批准的四届人大常委会委员长、副委员长和国务院副总理的预定人选名单。

1975 年 1 月 1 日，周恩来同邓小平和李先念谈话。同日，周恩来在人民大会堂主持召开中共中央政治局会议，通过了由邓小平代表中央起草的关于国务院的部、委设置和各部部长、委员会主任、最高人民法院院长人选的报告。

1 月 3 日，周恩来主持由王洪文、叶剑英、邓小平、张春桥参加的中共中央政治局常委会，研究十届二中全会的各项准备工作及在会上传达毛泽东的指示等问题。

1 月 4 日，周恩来和王洪文联名向毛泽东报告中共中央政治局会议情况，并送去讨论通过的人事安排方案。

根据毛泽东在长沙的决策，经过周恩来的精心运筹，依靠党和人民的力量，“众志成城”，中共中央政治局挫败了“四人帮”妄图阻挠中央任命邓小平担任党政军重要领导职务的图谋。

1975 年一开始，中共中央 1 月 5 日发出 1 号文件，通知全党，任命邓小平为中共中央军委副主席兼中国人民解放军总参谋长。

在“文化大革命”的特殊时期，毛泽东选择邓小平任中共中央军委副主席兼中国人民解放军总参谋长，是一项重大的战略决策，意义深远，非同寻常。

这说明，毛泽东对此事具有深谋远虑，具有郑重考虑，具有长远战略思维。

1975 年 1 月 8 日至 10 日，中共十届二中全会在北京召开。周恩来主持了这次会议，毛泽东因在长沙养病，没有出席。这次会议实际上是一次研究四届人大准备工作的会议。全会讨论了关于四届人大的筹备情况，决定将《中华人民共和国宪法修改草案》《关于修改宪法的报告》《政府工作报告》和全国人民代表大会常务委员会、国务院成员的候选人名单，提请四届人大讨论。

全会根据毛泽东的提议，追认邓小平为中共中央政治局委员，选举邓小平为中共中央政治局常委、中共中央副主席。这标志着邓小平在离开中共第一代中央领导集体8年多以后，不仅重新成为中共第一代中央领导集体的重要成员，而且从原来的中共中央政治局常委、中共中央总书记上升为中央委员会副主席，在第一代中央领导集体中将发挥更大的影响和更加重要的作用。

全会还批准了李德生关于免除他所担任的中共中央副主席、中共中央政治局常委的请求。

会议期间，传达了毛泽东的最新指示："还是安定团结为好。"

第五十九章

“我身体不行了，今后国务院的工作由小平同志主持”

“春风又绿江南岸，明月何时照我还。”1975 年 1 月 13 日至 17 日，第四届全国人民代表大会第一次会议在北京举行。这是第三届全国人民代表大会举行整整 10 年后，才举行的又一次全国人民代表大会。在此期间，中国人民和中华民族经历了“文化大革命”的暴风骤雨。因此，第四届全国人民代表大会第一次会议的召开，具有特殊的意义。一位出席四届人大的代表回忆说：

> 第四届全国人民代表大会是一次秘密会议，事前没有公布会议召开的消息，会议的各项活动也是在保密的情况下进行的，只在会后各新闻单位才予以公布。这是前所未有的。大会的代表预先接到了将要出席大会的通知，但何时出发却不知道，通知的人只强调要严守秘密，甚至连自己的妻子也不能告知。
>
> 1 月 2 日，被送上去北京的军用飞机。经过几小时的飞行，在夜幕降临的时候，抵达北京南苑军用机场，然后又转乘军用汽车去下榻的饭店。车上的工作人员早已把窗帘放下，汽车风驰电掣般跑着，路灯若明若暗，看不清街上的景色，也不知道是向何方驶去。下车后才知道，代表们住的是北京西苑饭店，它的门口竖着两块很大的竹排栅，上面写着“修理期间，暂不接待”八个大字。而事实上，在饭店内先后住进了 1000 多位代表。到了客房，发现桌上摆有一份《大会代表须知》，规定在会议期间不准与外界通电话，不准外出访亲友，不准亲友来访等。众人不禁想道：“此次会议，非同寻常！”
>
> 1 月 5 日晚上，在人民大会堂召开预备会议。当夕阳西下、暮色苍茫的时候，大会工作人员通知，按地区代表团分乘大客车赴会。几十部车分

批陆续到达某宾馆集中，大家纷纷下车，由人引导步行进入了一条隧道。走过灯光不甚明亮的一条长长而弯曲的隧道和一道道的闸门，不论男女老少都像夜行军一样，一个跟着一个，有时跟不上，还得跑步前进。经过颇长的一段路，代表们到达全国人大常委会地下室，拾级而上，才进入人民大会堂。

通过上面这段亲身体验的四届人大代表的回忆，不难理解当时中国的政治局势了。

第四届全国人民代表大会的主要议程是：第一，修改宪法；第二，审议《政府工作报告》；第三，选举和任命国家领导工作人员。在 1 月 13 日的大会上，朱德主持会议，张春桥代表中共中央作《关于修改宪法的报告》，周恩来代表国务院作《政府工作报告》。

为了照顾周恩来的身体，在他强撑病躯作《政府工作报告》时，只念开头部分和结尾部分，其余部分由工作人员代念。这一次的《政府工作报告》由邓小平主持起草。他充分发挥集体智慧，组织起草小组反复研究，决定把周恩来关于四个现代化建设的一贯思想作为重点来写，与周恩来在第三届全国人民代表大会上所作的《政府工作报告》中的有关内容相衔接。

当周恩来最后念到“我们再用二十多年的时间，一定能够在本世纪内把我国建设成为社会主义的现代化强国”“团结起来，争取更大的胜利”时，与会的人民代表一阵又一阵地热烈鼓掌，许多人民代表的眼里迸出激动的泪花。经过“文化大革命”造成的长期内乱后，实现安定团结，进行工业现代化、农业现代化、国防现代化和科学技术现代化建设，已经是人心所向，成为全国人民的共同愿望和要求。

在 1 月 17 日的大会上，全体代表一致通过新的《中华人民共和国宪法》和《关于修改宪法的报告》；一致通过关于政府工作报告的决议，批准《政府工作报告》。大会用无记名投票方式，选出第四届全国人大常委会委员长、副委员长、委员，任命了国务院总理、副总理、各部部长、各委员会主任。

朱德当选为第四届全国人大常委会委员长。董必武等 22 人当选为副委员长。

周恩来被任命为国务院总理。邓小平、张春桥、李先念、陈锡联、纪登奎、华国锋、陈永贵、吴桂贤（女）、王震、余秋里、谷牧、孙健等12人被任命为副总理。

选择邓小平任国务院第一副总理，被国际舆论和全国人民普遍认为是以周恩来为代表的老一辈革命家和人民力量的重大胜利，是江青集团的重大挫折。

这表明，在国务院总理周恩来病重期间，将非常自然地由国务院第一副总理邓小平主持国务院日常工作，从而保证国务院各项工作的正常运转。

至此，由周恩来具体筹备，毛泽东最后批准的四届人大人事安排方案得到圆满实现。

在四届人大筹备过程中，江青虽然多方活动，但连遭挫败，“组阁”图谋完全落空，推荐人选被排除在外。看到四届人大顺利闭幕，她气急败坏，又把王海容、唐闻生召去，破口大骂一通，发泄怒气，一吐为快。

王海容、唐闻生在1976年10月17日写的一份材料中，作了如下叙述：

1975年年初，四届人大之后，江青又把我们找去，情绪十分激动地把几乎所有的政治局委员都大骂了一遍，并一定要我们把她的意见报告毛主席。我们报告毛主席说，江青对几乎所有的政治局委员都很有意见。毛主席听了以后说：“她看得起的人没有几个，只有一个，她自己。”我们又问：您呢？主席说：“不在她眼里。”主席又说：“将来她会跟所有的人闹翻。现在人家也是敷衍她。我死了以后，她会闹事。”

邓小平从1973年3月10日恢复国务院副总理职务，经过中共十大当选为中央委员；到12月22日中共中央遵照毛泽东的提议，决定邓小平任中央政治局委员、中央军委委员，参加军委领导工作；再到1975年1月，邓小平任中央军委副主席兼中国人民解放军总参谋长，十届二中全会上当选为中共中央副主席，四届人大一次会议上被任命为国务院第一副总理。在不到两年的时间里，邓小平再次跃升为中央党政军的重要负责人。

这一切，完全来源于毛泽东的亲自决策，得力于周恩来的鼎力支持。

在新中国的中央领导人中，能被毛泽东同时如此集中地授予中共中央、国务院、中央军委和中国人民解放军总参谋部的重要领导职务，除了邓小平外，没有第二个人。

刘少奇被确立为毛泽东的接班人时，最高职务是中共中央副主席、中华人民共和国主席，在国务院、中央军委和中国人民解放军中没有任何职务（新中国成立前，刘少奇曾兼任过军委副主席、总政治部主任）。

林彪被确立为毛泽东的接班人时，最高职务是中共中央副主席、中央军委副主席、国务院副总理兼国防部部长。正是由于中国人民解放军总参谋长的位置十分重要，所以“文化大革命”一开始，中国人民解放军的两任总参谋长罗瑞卿和杨成武都相继被打倒。接着，由黄永胜担任总参谋长，上任3年多时间，因为“九一三”事件下台。

“九一三”事件后，由中央军委副主席叶剑英兼任中国人民解放军总参谋长（叶剑英兼任总参谋长的职务，对外没有公布）。

经过毛泽东在八大军区司令员对调时亲自“点将”，邓小平于1975年1月正式兼任中国人民解放军总参谋长。

综观邓小平从复出到走上中央党政军重要领导岗位的过程，可以清楚地看到，每一步都离不开毛泽东的精心筹划。

第一步是让邓小平恢复工作，熟悉情况，树立威信。毛泽东亲自提议让邓小平恢复工作，又在邓小平的信上作了十分重要的批示，充分肯定邓小平在中央苏区时站在以毛泽东为代表的正确路线一边“是挨整的”，“没有历史问题”；在抗日战争和解放战争中“协助刘伯承同志打仗是得力的，有战功”；新中国成立后在反对苏联霸权主义的斗争中“没有屈服于苏修”。这使邓小平能够顺利走出“文化大革命”中扣在他头上的“党内第二号走资派”的阴影，参加国务院的领导工作，在中共十大上当选为中央委员。

第二步是让邓小平出席联合国大会，在国际舞台上“公开亮相”。1974年4月举行的联合国大会第六届特别会议，是一次不同寻常的会议，与会的均为各国重要政治活动家和政府首脑。中国政府代表团团长作为中国人民的代表与会，全面阐述中国政府的对外政策，必然引起全世界的关注，必将大大提高在国际政治舞台上的威信。江青集团正是看到了这一点，竭力阻止派邓小平赴联合国出席这次会议。但江青没有料到，派邓小平前往联合国的决策来自毛泽东。于是，她只好收敛起反对的锋芒。实践证明，正如毛泽东所期望的那样，邓小平的联合国之行取得空前成功。绝大多数国家和国际舆论对邓小平阐述的毛泽东关于“三个世界”划分的战略思想给予高度评价，亚洲、非洲、拉丁美洲的第三世界国家认为中国站在他们一边，更是给予热烈赞扬。就是被划为第二世界的发达国家，也不反对“三个世界”的划法。只有被划为第一世界的苏联霸权主义对“三个世界”的划分进行了猛烈攻击。许多新闻媒体在评论邓小平的联合国之行时指出，邓小平不仅代表着新中国的形象，而且无疑也是周恩来总理的一位“最好的代理人”。

第三步是让邓小平任中共中央政治局委员、中央军委委员，参加军委领导工作，任中国人民解放军总参谋长，让邓小平进入中央领导核心和军队领导核心。为此，毛泽东亲自在 1973 年 12 月的中央政治局会议、军委扩大会议上推荐邓小平，为邓小平大造舆论，称赞邓小平“办事比较果断”，“柔中有刚，绵里藏针，外面和气一点，内部是钢铁公司”，等等。以毛泽东在全党全军全国的最高权威，对邓小平作如此高的赞誉，意图十分明显：在自己和周恩来都身患重病的情况下，尽量打破常规，扫清可能出现的一切障碍，尽快把邓小平推上中央党政军的重要领导岗位，使中国共产党开创的社会主义事业有一个可靠的接班人。

第四步是完成组织手续和法律程序，使邓小平正式承担起中央党政军重要领导工作的重任。毛泽东经历过长期革命战争和长期政治斗争，作为党和国家主要领导人，在作出重大决策之前，往往要反复思考，反复推敲，甚至离开北京，避开繁忙的国事，静下心来考虑问题。而一旦经过深思熟虑，下定决心，便坚决进行到底，任何人也休想阻挡，直至达到预期的目的。对于选择邓小平承担中央党政军主要领导工作，毛泽东在武汉、长沙考虑了 5 个多月。然后，通过 1975 年的中共中央 1 号文件、中共十届二中全会、第四届全国人民代表大会，迅速完成组织手续和法律程序，使邓小平担任了中共中央副主席、国务院第一副总理、中央军委副主席兼中国人民解放军总参谋长。

毛泽东的晚年，虽然在全局上仍然坚持“文化大革命”的错误，并使这种错误在党和国家占据着主导地位，但是，在一些具体问题上，在一些具体工作中，他也采取了一些措施，纠正自己意识到的那一部分“文化大革命”的错误。例如，解放了一大批老干部，不允许“文化大革命”初期那种“打倒一切，全面内战”的混乱局面重演，把各种“运动”置于各级党委领导之下，等等。这反映出毛泽东在“文化大革命”初期“大乱”之后，迫切希望达到“天下大治”，使党和国家的政治生活重新走上正常轨道。在自己重病在身、周恩来也重病在身的情况下，毛泽东希望有一个人能够大刀阔斧，雷厉风行，把自己领导中国人民开创的社会主义事业继承下来，推向前进，能够足以托付治国安邦的重任。

毛泽东选择了邓小平，将治国安邦的重任，将中国的前途和希望，寄托在邓小平身上。这样，就又一次把邓小平推到了中国历史发展的潮头上，又一次把邓小平推到了中央党政军领导工作的第一线上。至此，由邓小平接班的政治格局已经基本确定。

邓小平——这位虽然经历了几起几落，但仍然始终不渝地为中国人民的幸福和中华民族的强盛而奋斗的政治家，自中共八大以后，第二次被毛泽东选为接班人。

第四届全国人民代表大会闭幕后，以周恩来、邓小平为核心的国务院领导集体开始工作。1975 年 1 月底，周恩来抱病在医院主持中共中央政治局常委会议，研究国务院领导集体的分工问题。2 月 1 日，他嘱咐国务院办公室主任吴庆彤，请邓小平将国务院各位副总理的分工列出，说：有些话小平同志不好讲，由我来讲。

2 月 1 日下午，周恩来在人民大会堂主持召开四届人大产生的国务院领导集体第一次常务会议，审定国务院 12 位副总理的分工。邓小平等副总理出席会议。

会议确定，邓小平“主管外事，在周恩来总理治病疗养期间，代总理主持会议和呈批主要文件”。

会议还确定，李先念、纪登奎、华国锋 3 名常务副总理“负责处理国务院日常事务”。

会上，周恩来对大家说：“我身体不行了，今后国务院的工作由小平同志主持。”又说：“医院是不想放我出来的，但我还是想争取每个星期来和大家见一面。”

随后，周恩来主持国务院各部、委负责人参加的国务院全体会议。

周恩来动情地说：今天没有什么议事，就是同大家见一见。根据毛主席的指示和中央的决定，我们从今天开始来完成四届人大以后的工作，把国务院的组织健全起来。今天是开始，恐怕我也只能够完成这个开始的任务。

周恩来在讲话中，向大家传达了毛泽东在四届人大筹备期间所作的关于人事问题和理论问题的重要指示，重申了毛泽东关于邓小平“人才难得”“政治思想强”的评价。

他强调：现在我病了，“今后这样的会议，请邓小平同志主持”，“希望新的国务院成立以后，出现新气象，争取今年第四个五年计划能够完成并且超额完成”。

1975 年 2 月 2 日，周恩来给毛泽东报送《关于国务院各副总理分工问题的请示报告》，明确提出：由邓小平副总理“主管外事，在周恩来总理治病疗养期间，代总理主持会议和呈批主要文件”。毛泽东批准了这个报告。

从此，在毛泽东和周恩来的支持下，邓小平作为中共中央副主席、国务院第一副总理、中央军委副主席兼中国人民解放军总参谋长，实际上开始主持中央日常工作。

第六十章

“我不谈政治，由他来跟你谈。此人叫邓小平，他会打仗”

1975年邓小平主持中央工作，并非一帆风顺。在中央内部，一开始就充满着尖锐复杂的斗争。以邓小平为代表的老一辈革命家，根据全党全国人民的愿望，要恢复中共八大的正确路线，实际上否定“文化大革命”的错误，通过全面整顿使各项工作走上健康发展的正常轨道。邓小平的正确主张，一开始曾得到毛泽东的有力支持，并一直得到周恩来的充分肯定。

然而，由江青、张春桥、姚文元、王洪文组成的“四人帮”及其帮派体系，完全是依靠“文化大革命”造成的混乱，乱中夺权，谋取私利，获得高官，登上高位，成为“文革新贵”和“政治暴发户”的。没有“文化大革命”，他们连一天日子也混不下去。更何况，他们还要继续依靠“文化大革命”的错误和由此而造成的混乱局面，篡党夺权，谋取更高的地位和更大的利益呢！所以，对于“四人帮”及其帮派体系来说，进行全面整顿，纠正“文化大革命”的错误，等于断了他们的前程。他们要竭力反对全面整顿、反对纠正“文化大革命”的错误。

1975年年初，“四人帮”在四届人大“组阁”问题上遭到惨败后，不甘心失败，四届人大闭幕不久，就大肆鼓吹要以“反经验主义为纲”，居心叵测地把矛头指向老一辈革命家，指向大批具有丰富革命和建设经验的老干部，妄图制造新的混乱。邓小平洞悉其奸，予以坚决斗争，粉碎了“四人帮”的图谋。

古人说得好：“树欲静而风不止。”邓小平要搞全面整顿，要实现中国的安定团结，就必须同“四人帮”进行坚决斗争。后来，邓小平会见意大利记者奥琳埃娜·法拉奇时曾指出：“‘四人帮’这个词是毛主席在逝世前一两年提出来的。一九七四年、一九七五年，我们同‘四人帮’进行了两年的斗争。”①

---

① 《邓小平文选》第2卷，人民出版社1994年版，第349页。

1975年3月1日，张春桥以中国人民解放军总政治部主任的身份，在全军各大单位政治部主任座谈会上，提出了所谓“反经验主义”问题。他声称“对经验主义的危险，恐怕还是要警惕”。他还别有用心地说：“很多问题理论上不搞清楚，政策上就要发生错误，思想上的错误就会变成政治上的错误，使资本主义大泛滥。”

同日，姚文元在《红旗》杂志第3期上发表《论林彪集团的社会基础》，其中提到“现在，主要危险是经验主义”，借批判林彪集团，进一步掀起对所谓“经验主义”的批判。3月21日，“四人帮”指使《人民日报》发表《领导干部要带头学好》的社论，说“十多年来的事实证明，经验主义是修正主义的助手”，宣扬反对“经验主义”。4月1日，张春桥发表《论对资产阶级的全面专政》，提出要打“土围子”。

4月4日和5日，江青在两次讲话中也大讲“党现在的最大的危险不是教条主义而是经验主义”，“经验主义是修正主义的帮凶，是当前的大敌”。她还在一次中央政治局会议上正式提出这个问题。在“四人帮”的指使下，《人民日报》《光明日报》《文汇报》等一些报刊大量发表“反经验主义”的文章。“四人帮”的目的，显然是“醉翁之意不在酒”，假借“反经验主义”为名，攻击老一辈革命家，打击大批具有丰富革命和建设实践经验的领导干部，尤其是一大批刚刚恢复工作的老干部。

邓小平及时识破了“四人帮”的图谋。4月中旬，在一次中央政治局会议上，当江青再次提出“反经验主义”问题，要求中央政治局讨论时，邓小平坚决抵制了江青的要求。4月18日，毛泽东在北京会见前来中国访问的朝鲜劳动党中央委员会总书记、朝鲜民主主义人民共和国主席金日成时说：“董必武同志去世了，总理生病，康生同志、刘伯承同志也害病，我也生病。我今年八十二岁了，快不行了。靠你们了。”

毛泽东一边说话、一边指着参加会见的邓小平说：“我不谈政治，由他来跟你谈。此人叫邓小平，他会打仗，还会反修正主义，红卫兵整他，现在无事了。那个时候打倒了好几年，现在又起来了，我们要他。”

这次会见结束后，邓小平向毛泽东反映了最近一段时间江青、张春桥等人大反“经验主义”的问题，并就江青、张春桥等人宣扬的当前工作应以“反经验主义为纲”的问题向毛泽东请教，坦率地谈了自己对这个问题的看法。邓小平的反映，引起了毛泽东对“四人帮”宣扬“反经验主义”问题的高度重视。

4月23日，姚文元向中央上报的《关于报道学习无产阶级专政理论问题的请示报告》送到了毛泽东的案头。这个报告中说：“特别要注意宣传各级干部通过学习，认识和批判经验主义的危害，自觉克服经验主义。”

对此，毛泽东作了重要批示：“提法似应提反对修正主义，包括反对经验主义和教条主义，二者都是修正马列主义的，不要只提一项，放过另一项。各地情况不同，都是由于马列水平不高而来的。不论何者都应教育，应以多年时间逐渐提高马列为好。”

毛泽东批评江青等人：“我党真懂马列的不多，有些人自以为懂了，其实不大懂，自以为是，动不动就训人，这也是不懂马列的一种表现。”

毛泽东要求：“此问题请政治局一议。”

根据毛泽东的提议，中央政治局于4月27日召开会议，批评江青等人。

会上，叶剑英、邓小平等在发言中，严词批评江青、张春桥等人宣扬“反经验主义”的错误，并对江青在1973年12月中央政治局扩大会议上提出所谓“第十一次路线斗争”、在“批林批孔”运动中以个人名义送材料和“四人帮”进行其他宗派活动的问题提出了尖锐质问。

因为有毛泽东的指示作为“尚方宝剑”，江青不得不在会上作了自我批评。

至此，江青、张春桥、姚文元、王洪文策动的“反经验主义”闹剧，便无声无息地收场了。这次斗争，虽然以江青不得不作自我批评而告结束，但实际上以邓小平等老一辈革命家为一方和以“四人帮”为一方的围绕着否定还是继续坚持“文化大革命”的斗争，已经拉开帷幕，并将长期斗争下去。

周恩来虽然身在医院，但对中央政治局会议情况十分关心。4月29日和30日，他先后同邓小平、华国锋、吴德、陈锡联、王洪文等谈话，了解27日中央政治局会议的详细情况。叶剑英、邓小平等人也深知，事情并没有就此完结，他们做好了和江青集团进行更加激烈的斗争的思想准备。江青集团虽然受到一次重大挫折，但决不会自行退出历史舞台，仍在寻找新的时机，随时准备反扑过来。

4 月 27 日的中央政治局会议以后，江青集团不甘心受挫，通过分析形势，认为王洪文是中共中央副主席，在毛泽东那里说话会有一定分量，便策划由王洪文给毛泽东写信，曲解会议情况，攻击周恩来、叶剑英和邓小平。随后，王洪文致信毛泽东，诬告周恩来、叶剑英和邓小平，说他们总是把形势说得一团漆黑，支持、纵容社会上最凶的谣言，并称：“这场争论，实际上是总理想说而不好说的话，由叶、邓说出来，目的是翻前年十二月会议的案。”毛泽东收到这封信后，一看便知又是江青在暗中策划，决定亲自出面，阐述最近一个时期关于“以安定团结为好”的指导思想。

1975 年 5 月 3 日，毛泽东亲自主持召开了一次中央政治局会议。自 1974 年 7 月 17 日主持中央政治局会议批评“四人帮”为“四人小宗派”后，毛泽东即赴武汉、长沙、杭州休养，直到 1975 年年初才返回北京。这是毛泽东 10 个月来，第一次主持中央政治局会议，第一次同全体在京的中央政治局委员会面。在这次会议上，毛泽东提出了批评“四人帮”的问题。

第六十一章

“政治局要注意，不搞掉派性不行”

在1975年5月3日的中共中央政治局会议上，毛泽东提出批评“四人帮”问题。当时，毛泽东的话，就是全党全军全国都必须立即照办的“最高指示”。5月4日，即毛泽东召开中共中央政治局会议的第二天，周恩来抱病从医院来到北京人民大会堂，主持由王洪文、叶剑英、邓小平、张春桥参加的中央政治局常委会会议，讨论贯彻毛泽东5月3日讲话精神问题。

会后，周恩来亲自主持起草学习毛泽东理论问题的指示和中共中央政治局工作等问题的意见稿。周恩来坚决拥护毛泽东对江青集团的批评，说：“有错误的，要有自我批评。”他表示“同意小平同志的意见”，“愿自我批评的就说，说多少都可以，不说也可以，不要强人所难”。

5月8日，周恩来再次在人民大会堂主持由王洪文、叶剑英、邓小平、张春桥参加的中央政治局常委会会议，继续研究中央政治局贯彻毛泽东5月3日讲话一事。会上商定：等邓小平出访法国回来之后，再召开中央政治局全体会议。并确定，由王洪文向中央政治局通知此事。

5月13日，中共中央政治局召开会议，王洪文正式通知中央政治局，讨论贯彻毛泽东5月3日讲话的全体会议待邓小平访问法国回国后再择日举行。5月14日晚上，周恩来不顾连日头痛兼会见客人的疲惫，打电话给王洪文，详细询问中央政治局会议情况，并于15日写报告给毛泽东。

5月12日至17日，邓小平应邀访问法国，大获成功，进一步确立了国际政治家的形象。

邓小平访问法国回国后，毛泽东与周恩来商定，改由邓小平主持中央政治局会议，并主持中央日常工作。这是一个极为重要的决定。

这说明，毛泽东经过对邓小平重新工作以来较长时间的考察和了解，进一步加强了对邓小平的信任和期望。在自己年迈、周恩来病重、对王洪文失望的情况下，毛泽东已经把领导党和国家的重任、把对党和国家未来的希望放到了邓小平身上。

按照周恩来5月8日主持召开的中央政治局常委会会议的决定，中央政治局将要开会，贯彻毛泽东5月3日召开的中央政治局会议精神，对江青集团挑起事端、掀起批判所谓“经验主义”进行批评。为了开好这次会议，5月21日，周恩来就5月4日和8日两次中央政治局常委会会议讨论传达毛泽东4月23日批示和5月3日讲话一事，致信全体中央政治局成员，在介绍中央政治局常务委员会所商定意见后，着重对“反经验主义”的有关情况作出说明。

周恩来在信中指出：姚文元文章中提到“现在，主要危险是经验主义”。之后，《解放军报》《人民日报》的两篇社论也是引用姚文的。而小平同志向毛主席反映的，是指3月1日张春桥在总政召开的各大单位主任座谈会上的讲话（邓小平阅后在此处注：“当时还提到江青同志在政治局会议正式提出了反经验主义问题”），这在各大军区政治部向总政反映讨论情况的三四月份的电报中可以看出。现在政治局即开正式会讨论主席批示和指示，特补写如上说明，如大家同意，亦请将此信转主席一阅。

5月22日，张春桥在传阅件上批示：“总理的信，有些话不确切。但我不反对报主席。”江青、姚文元也在批语中称，对一些情况“不了解”。周恩来阅后，致信张春桥，驳回张春桥所谓“不确切”的说法。在重述张春桥于批林整风中就已有批判“经验主义”的思想后，指出：“这次，主席指示要把列宁为什么说对资产阶级专政这个问题要搞清楚，才会防止变修正主义，如果不把资产阶级法权加以阐明和限制，林彪一类如上台，搞资本主义制度就很容易。因此，要多看点马列的书，还要你写文章。因此，你联系到十多年的思想，经验主义者由于不多读书，难于总结经验，易于上反党集团的当，甚至陷进去，故你在3月1日总政召开的各大单位主任座谈会上片面地强调经验主义的危险，这在三四月中各政治部向总政来电反映讨论情况，也可看出。”

周恩来还强调：“我这段回忆的文字，不知是否较为确切。如果仍不确切，请你以同志的坦率勾掉重改或者批回重写，我决不会介意，因为我们是遵守主席实事求是和‘三要三不要’的教导的。”（“三要三不要”是毛泽东的一段话：要搞马克思主义，不要搞修正主义；要团结，不要分裂；要光明正大，不要搞阴谋诡计。——作者注）同日，张春桥阅后写道："不再改了。"在接到退件后，周恩来将二十一日信的原件送毛泽东阅批。[①]

周恩来写给中央政治局成员的这封信，旨在说明关于张春桥在全军各大单位政治部主任会议上宣扬"经验主义是当前的主要危险"一事，邓小平曾经向毛泽东进行了汇报。具有卓越政治智慧的周恩来，要通过这封信，向中央政治局委员交底：此次会议讨论的有关问题，是邓小平当面向毛泽东请示并得到毛泽东支持的。

5 月 27 日和 6 月 3 日，根据毛泽东的意见，邓小平两次主持召开中央政治局会议，学习贯彻毛泽东 5 月 3 日在中央政治局会议上的讲话精神，对"四人帮"进行批评。

在 5 月 27 日的会议上，邓小平针对江青集团搞所谓"第十一次路线斗争""批林批孔又批走后门""反经验主义"等三个问题，对他们提出质问和批评。邓小平首先指出，5 月 3 日主席在政治局的讲话，提到了党内生活的很多原则，这是告诫政治局这个党的核心机构的。这对于我们的党是非常重要的。政治局的同志首先要安定团结，"三要三不要"，这样，才能给全党做出榜样。

接着，邓小平尖锐地批评江青集团说，4 月 23 日，主席批示后，27 日政治局就讨论。有的同志说这次会议上讲话过了头，也有同志说是突然袭击、围攻。我认为谈不上突然袭击和过头。百分之四十的问题都没有讲，讲了有没有百分之二十也难讲。（前年的会）批评周恩来、叶剑英，（江青）却说成是党内十一次路线斗争，这不是主席的意思，后来由主席纠正了。批林批孔，又提出要批走后门，当面点了很多人的名；学习无产阶级专政的理论、反修防修，却又提出主要危险来自经验主义，并且来势凶猛。别的事情都不那么雷厉风行，批经验主义却是雷厉风行。主席提出了三个大问题，但是却钻出来这么三件事，倒是要提一个问题，问一问这是为什么。

最后，邓小平强调指出，"三要三不要"是总结历史经验得出来的，政治

① 中共中央文献研究室编：《周恩来年谱》1949～1976（下），中央文献出版社 1997 年版，第 1451～1452 页。

局要注意，不搞掉派性不行。看不到宗派主义、“四人帮”，这值得警惕。

邓小平的发言，有理有据，实际上是对“四人帮”的一次总清算。他以毛泽东的指示为依据，揭露了江青拉大旗做虎皮，攻击老一辈革命家、处处抬高自己的真相，沉重打击了“四人帮”不可一世的气焰。

6 月 3 日，中央政治局继续举行会议，继续 5 月 3 日的议题。

但会议一开始就遇到冷场。张春桥的记录本上写着：“沉默、沉默、再沉默。”

这时，叶剑英挺身而出，根据 5 月 3 日提出的会议议题，作了批评“四人帮”的长篇发言。

叶剑英在发言中主要讲了三个问题：第一要学习马列主义；第二要团结，不要分裂；第三要请示报告，严守纪律。在讲这三个问题时，叶剑英一一列举了“四人帮”违背毛泽东的指示，私自另搞一套的严重错误，严厉批评他们，用“反经验主义”代替“反对修正主义”，大搞“四人帮”。几乎重大的问题都不请示，搞所谓“第十一次路线斗争”，事先未请示；“批走后门”，也是事先未请示；“批经验主义”，又是事先不请示，要主席来纠正。

叶剑英强调指出，要正确对待个人和组织的关系问题，严守纪律。以后凡是重大问题，都要提交政治局讨论。过去的错误，要引起严重注意。

叶剑英的发言，有理有据，正气凛然。

中央政治局其他一些委员也作了批判“四人帮”的发言。

王洪文迫于形势，不得不在 6 月 3 日的会议上作了一点很不深刻的“自我批评”，但在实质问题上，在一些重大原则问题上，仍然是坚持错误，为自己和江青开脱。

在 6 月 3 日的会议上，迫于毛泽东的指示，迫于会议上形成的批评“四人帮”错误的强大压力，江青也不得不在会议上作了一点名曰“自我批评”、实际上是为自己进行辩解的发言。江青说，自己在 4 月 27 日的中央政治局会议上自我批评不够，又有新的不恰当的地方，还要加深认识。上次会，有体会。我得消化一下。还得看一点东西，再作进一步检讨。

最后，邓小平宣布会议结束，讲多少算多少，向主席报告。

这次中央政治局会议后，王洪文主持中央日常工作的空名也就结束了。

毛泽东支持邓小平批评江青，具有深刻的历史背景。久乱思治，在“天下大乱”了几年以后，毛泽东认为：无产阶级文化大革命，已经八年，现在以安定为好，全党全军要团结。这是毛泽东1974年下半年到1975年上半年思考的全国大局和战略部署。江青集团无视毛泽东的这个考虑，多次制造政治动乱，干扰了毛泽东的全国大局和战略部署，这是毛泽东所不能允许的。所以，他支持邓小平主持中央政治局会议，打击江青集团无法无天的气焰，为实现“安定团结”的政治局面创造良好的基础。

5月27日和6月3日，邓小平主持召开的两次中央政治局会议，是两次非常成功的会议。以批评“四人帮”为中心议题，中央政治局委员当面对他们进行批评和质问，这不仅是“四人帮”进入中央政治局以来所从未有过的事情，而且也是“文化大革命”以来前所未有的事情；沉重打击了“四人帮”的气焰，使他们昔日的威风扫地以尽；在几个重大原则问题上，批评了“四人帮”的严重错误，使他们不得不低首检讨，作“自我批评”。这是以邓小平、叶剑英为代表的中央政治局委员对“四人帮”倒行逆施的一次有力反击，维护了党内政治生活的正确原则。

在毛泽东的多次严厉批评和中央政治局会议的集体批评下，江青不得不向毛泽东和中央政治局写出了书面检讨：

主席、在京的政治局各位同志：

我在四月二十七日政治局会议上的自我批评是不够的。经几次政治局会议上同志们的批评、帮助，思想触动很大，但是思想上一时转不过来。经过思想斗争，我认为会议基本上开的（得）好，政治局比过去团结了。

当我认识到“四人帮”是个客观存在，我才认识到有发展成分裂党中央的宗派主义的可能，我才认识到为什么主席从去年讲到今年，达三四次之多，原来是一个重大原则问题，主席在原则问题上是从不让步的。

江青

一九七五年六月二十八日

中央政治局5月27日、6月3日两次会议开过后，毛泽东很快知悉了详细内容，听说会议批评了江青，毛泽东十分高兴。

当邓小平向毛泽东汇报5月27日、6月3日两次中央政治局会议情况时，毛泽东对邓小平敢于坚持原则、批评“四人帮”的做法给予了充分肯定，进行了鼓励和赞扬。

不久，江青迫于毛泽东让她找邓小平谈谈的指示和压力，不得不亲自到邓小平家登门拜访。

其实，邓小平和江青都明白，他们之间的分歧是原则性的分歧，不是通过一次谈话就可以解决的。因此，围绕着否定“文化大革命”、实现安定团结，还是坚持“文化大革命”、继续制造国内动乱的问题，我们党与“四人帮”的斗争还将继续进行下去。

第六十二章

“立即进行整顿，迅速扭转局面”

1975 年 1 月，周恩来在第四届全国人大第一次会议上的《政府工作报告》中，重申了第三届全国人大《政府工作报告》中提出的“两步设想”：“第一步，用十五年时间，即在 1980 年以前，建立一个独立的比较完整的工业体系和国民经济体系；第二步，在本世纪内，全面实现农业、工业、国防和科学技术的现代化，使我国国民经济走在世界的前列。”这个宏伟目标，受到全国人民的热烈欢迎。“早日实现四个现代化”，成为全国人民的一致呼声。

第四届全国人大第一次会议的召开，标志着毛泽东希望在经过“文化大革命”的“天下大乱”后，逐步走向“天下大治”，使党和国家的政治生活走上正常轨道。第四届全国人大确定的以周恩来、邓小平为核心的国务院领导机构，使全国人民看到了“天下大治”的希望。

1975 年 2 月 9 日，《人民日报》发表社论，传达毛泽东关于理论问题的指示。18 日，中共中央发出学习毛泽东对理论问题指示的通知。指出：“毛主席的指示极为重要，弄清楚这个问题，对于反修防修，巩固无产阶级专政，防止资本主义复辟，坚定地执行党的基本路线，坚持无产阶级专政下的继续革命，具有极其重要的现实意义和深远的历史意义。”通知要求将毛泽东关于理论问题的指示发至基层党支部，口头传达到广大群众。

邓小平主持中央工作后，采取了以毛泽东晚年提出的正确指示去纠正“文化大革命”的错误的方法。他很快把毛泽东关于理论问题的指示，在中共十届二中全会期间提出的关于“还是安定团结为好”的指示，在长沙听取李先念汇报经济工作时提出的“把国民经济搞上去”的指示，汇集、整合、概括在一起，加以提炼，提出了“学习理论、反修防修，安定团结和把国民经济搞上去”的“三项指示为纲”的指导方针。

在 1975 年 5 月 29 日的钢铁工业座谈会和 7 月 4 日对中央读书班第 4 期学员的讲话中，邓小平都强调指出：“前一个时期，毛泽东同志有三条重要指示：第一，要学习理论，反修防修；第二，要安定团结；第三，要把国民经济搞上去。这三条指示互相联系，是个整体，不能丢掉任何一条，这是我们这一时期工作的纲。”①

邓小平还指出：“毛泽东同志去年就讲过，文化大革命已经八年了，以安定为好。现在加一年，九年了，要团结起来，安定起来。我们有好多事要办。国际方面的斗争，事情很多。国内也有许多事情要做，特别是要把国民经济搞上去。”②

在“文化大革命”的特定历史环境下，邓小平提出“三项指示为纲”，从顺序上看，不能不把“学习理论，反修防修”放在第一项，但实际上，却是对“文化大革命”中坚持“以阶级斗争为纲”的彻底否定。“三项指示为纲”，最核心、最本质的问题是“以把国民经济搞上去为纲”。从邓小平 1975 年大力坚持“以三项指示为纲”来全面推动全国各个方面的工作来看，在“三项指示为纲”的方针中，实质上已经具备了中共十一届三中全会后提出的“以经济建设为中心”的基本路线的雏形。因此，“三项指示为纲”实质上也就是“把国民经济搞上去为纲”，即“以经济建设为中心为纲”。

当时，最紧迫的任务就是尽快“把国民经济搞上去”。长期的“文化大革命”，尤其是 1974 年的“批林批孔”运动，极大地冲击了工业、农业、交通运输、科学技术等各个方面的工作，使整个国民经济陷入严重混乱状态。中国已陷入“文化大革命”造成的政治、经济的全面危机。摆在邓小平面前的，是一个千疮百孔的乱摊子。当时的国务院生产组副组长袁宝华（后来曾任国家经济委员会主任）说：当时国务院成立了一个计划组，一个生产组。我就做生产组的副组长。生产组的组长是国家计划委员会军代表。一天到晚就是搞生产调度。什么叫生产调度？就是救火队，哪个地方铁路断了，你赶紧想办法把铁路搞通。哪个地方没煤炭了，赶紧运煤去。上海电厂马上要“断炊”了，

① 《邓小平文选》第 2 卷，人民出版社 1994 年版，第 12 页。
② 《邓小平文选》第 2 卷，人民出版社 1994 年版，第 12 页。

你赶紧在黄浦江口截一条油船，装原油到南京去炼油的，把它截过来拿到上海电厂去烧油，一天到晚，干的就是这些事情。所以别人就讲，你这件事情，是个泥瓦匠的工作，拆东墙补西墙。

邓小平面对“文化大革命”尤其是“批林批孔”运动造成的生产下降、铁路不通、问题成堆、积重难返的重重困难，忧心如焚。他按照四届人大提出的要把中国建设成为具有四个现代化的社会主义强国的宏伟目标和发展国民经济的正确方针，以毛泽东的“三项指示为纲”，以“不怕第二次被打倒”的大无畏精神，以一个彻底唯物主义者的勇气，果断地采取了一系列有力措施，努力排除江青集团的干扰，召开了解决交通、工业、农业、科技等方面问题的会议和军委扩大会议，义无反顾、奋不顾身地着手对各个方面的工作进行全面整顿，大刀阔斧、雷厉风行地纠正“文化大革命”的错误，使全国形势明显好转，在较短的时间里，收到了极大成效。

1975 年的全面整顿，首先是从铁路开始的。“文化大革命”以来，特别是“批林批孔”运动以来，“四人帮”在铁路系统帮派势力的破坏，造成徐州、南京、南昌、太原等地铁路长期堵塞，阻碍津浦、京广、陇海、浙赣四条铁路干线的畅通，并影响其他铁路干线的运输。到 1975 年 2 月，全国铁路日装车量降为 42900 车，比计划欠装 5000 车，距实际需要相差 12000 多车，严重危及工业生产和一些城市的人民生活。据谷牧回忆，有一天，国务院召开常务会议进行研究。主持会议的邓小平进会场的时候，边走边愤慨地说，铁路问题太严重，不抓不行了。他坐下后，与会同志便纷纷反映徐州等几个铁路局严重阻塞，影响津浦、京广几条大干线运输的紧迫情况。经过一番讨论，邓小平迅速拍板：立即进行整顿，迅速扭转局面，为把国民经济搞上去创造条件。谷牧负责分管工业交通，被指定组织起草文件，准备召开会议，进行部署。

受命于危难之时的邓小平，面对“文化大革命”以来造成的严重混乱局面，决心把铁路系统作为突破口，立即对各项工作进行全面整顿，努力恢复正常的生产秩序和工作秩序。针对铁路系统许多地方派性严重、领导瘫痪、线路堵塞、货物积压、安全不稳、运输指挥不灵的状况，邓小平指示，要用最快的速度、最有力的措施，迅速改变铁路面貌，并点将请铁道部部长万里挂帅，深入到第一线，重点解决徐州、南昌、长沙、昆明、郑州等铁路系统“重灾区”

的问题。

1975 年 1 月 28 日，万里上任刚刚 10 天，邓小平就约见万里，听取情况汇报，说：“你了解的情况怎么样？谈一谈。”万里汇报了“文化大革命”特别是“批林批孔”运动给铁路系统造成的严重破坏情况：一是运输生产下降；二是事故惊人；三是机车车辆损失严重；四是一些铁路枢纽、重点站段经常发生堵塞，致使大部分列车不能正点运行，徐州、郑州两个铁路局问题尤为严重。

邓小平听了，立即就铁路的体制问题、干部管理问题、建立规章制度问题、保证安全正点问题，作了明确指示。万里当即表示，铁路问题复杂，派性问题严重，争取半年解决问题。

邓小平说：“不行，不能拖，不能等，要用最快的速度，最坚决的措施，迅速扭转形势，改变面貌。”万里回铁道部后，立即主持铁道部党委临时领导小组会议，传达邓小平的意见。与会同志经过学习讨论，一致赞成邓小平的意见。

2 月 6 日，邓小平再次约见万里。邓小平强调指出：“要用最快的速度、最有力的措施，迅速改变铁路面貌。”并要求铁道部代中央起草一份关于解决铁路问题的文件，对文件如何起草提出了明确思路。

万里回去后，立即与国家计划委员会房维中一起，组织起草《中共中央关于加强铁路工作的决定》。初稿完成后，送邓小平审定。邓小平亲自加上一段话：所有铁路职工，都要做好本职工作，个人服从组织，下级服从上级，一切行动听指挥。领导干部、共产党员和共青团员要成为遵守纪律的模范。对在抓革命、促生产中表现好的职工和单位，要给予表扬。表现不好的，要进行批评教育。对于少数资产阶级派性严重、经过批评和教育仍不改正的领导干部和头头，应该及时调离，不宜拖延不决，妨害大局。对严重违法乱纪的要给予处分。

显然，邓小平如此重视铁路的整顿工作，就是要抓住铁路这个“麻雀”予以解剖，从中取得经验，以点带面，推动全局，搞好整个工交系统和全国各个领域的全面整顿。

经过认真筹备，2 月 25 日至 3 月 8 日，中共中央召开全国各省、自治区、直辖市党委主管工业的书记会议。3 月 5 日，邓小平到会讲话。许多会议代表听说邓小平要来参加会议并作重要讲话，非常激动，很早就来到会场，以十分兴奋的心情，期待着邓小平的到来。

邓小平准时来到会场，向与会代表点头致意。有一些省、自治区和直辖市党委主管工业的书记走上来，聚集在邓小平周围，纷纷要与邓小平握手。邓小平却迅速举起左手摇了摇，严肃地说：今天不握手了，因为工业形势很不好，等你们的工作搞上去再握手吧。听了邓小平的话，大家受到极大的震撼。这时，邓小平心情沉重地对大家说：一个国家，没有物质基础，形势不好啊。

会上，邓小平作了《全党讲大局，把国民经济搞上去》的重要讲话。他开门见山，直奔主题，首先指出："现在有一个大局，全党要多讲。大局是什么？三届人大和四届人大的政府工作报告，都讲了发展我国国民经济的两步设想：第一步到一九八〇年，建成一个独立的比较完整的工业体系和国民经济体系；第二步到二十世纪末，也就是说，从现在算起还有二十五年时间，把我国建设成为具有现代农业、现代工业、现代国防和现代科学技术的社会主义强国。全党全国都要为实现这个伟大目标而奋斗。这就是大局。"

"文化大革命"中，动辄批判"唯生产力论"的所谓"革命大批判"，把一些领导干部给整怕了，他们认为"抓革命保险，抓生产危险"，因而出现了只敢抓革命、不敢抓生产的怪现象。邓小平有针对性地强调，要认真抓好生产。他说：毛主席讲，要抓革命，促生产，促工作，促战备。听说现在有的同志只敢抓革命、不敢抓生产，说什么"抓革命保险，抓生产危险"。这是大错特错的。目前生产的形势怎么样？农业还比较好一点，但是，粮食产量按全国人口平均每人只有 609 斤，储备粮也不多，农民的收入就那么一点。工业方面，那就确实值得引起严重注重。现在的生产能力没有发挥出来。去年（指 1974 年——编者注）一年，工业生产情况是不好的。今年是第四个五年计划的最后一年，生产再搞不好，势必影响第五个五年计划的实行。我们必须预见到这种形势，认真抓这个问题。

邓小平强调：怎样才能把国民经济搞上去？分析的结果，当前的薄弱环节是铁路。铁路运输的问题不解决，生产部署统统打乱，整个计划都会落空。所以中央下决心要解决这个问题。

关于解决铁路问题的办法，邓小平提出三条措施：“还是要加强集中统一”；“建立必要的规章制度，增强组织纪律性”；“反对派性”，铁道部门的人事调动，由铁道部统一管理。他指出：

解决铁路问题的办法，还是要加强集中统一。对铁路工作，中央从来是强调集中统一的，但是近几年这方面实际上大大削弱了。这些年铁路职工和机车、车辆、线路等装备都有增加，可是由于削弱了集中统一领导，铁路运输总是上不去。现在每天只装四万多车。据有的同志讲，按现有的实际能力装五万五千车是没有问题的。所以中央的决定是根据铁路的特性，重申集中统一。当然，地方的责任并没有减轻。铁道部门的工作没有各地的支持是做不好的。因此铁道部门与地方之间应当加强协作，采取一致的步调。

建立必要的规章制度，增强组织性纪律性，这也是中央的决定上讲的。现在铁路事故惊人，去年一年发生行车重大事故和大事故七百五十五件，比事故最少的一九六四年的八十八件增加好多倍。这中间有许多是责任事故，包括机车车辆维修方面的责任事故。这说明没有章程了，也没有纪律了。现在有些规章制度要重申。火车司机不能下车吃饭，要带饭盒在车上吃，这是老章程，是有道理的。现在随便下车吃饭，经常误点。值班不准喝酒，这是历来的规矩，现在也不严格执行了。喝醉了酒扳错道岔，就会造成火车相撞的重大事故。所以必要的规章制度一定要恢复和健全，组织性纪律性一定要加强。这个问题不光是铁道部门存在，其他地方和部门也同样存在。

中央的决定还讲到反对派性。现在闹派性已经严重地妨害我们的大局。要把这个问题摆到全体职工面前，要讲清楚这是大是大非问题。这个问题不解决，光解决具体问题不行。对闹派性的人要再教育，要反对闹派性的头头。大概有这样两种情况：一种是被派性迷了心窍的人，打几年派仗打昏了头，马克思主义不见了，毛泽东思想不见了，共产党也不见了。要对他们进行教育，教育过来，既往不咎，再不转变，严肃处理。另外一种是少数坏人，各行各业、各个省市都有那么一些，他们利用派性混水摸鱼，破坏社会主义秩序，破坏国家经济建设，在混乱中搞投机倒把，升官发财。对这样的人，不处理不行。比如，徐州那个闹事的头头“本事”可大啦，实际上是他在那个地方专政。对这种人不及时处理，等到哪一年呀？我说，只等他一个月，等到三月底。如果再不转变，顽固地同无产阶级对立，那样性质就变了。①

① 《邓小平文选》第2卷，人民出版社1994年版，第4~6页。

第六十三章

“要从大局出发，解决问题不能拖”

邓小平主持中央日常工作，立即显示出政治家的胆略和魄力。1975 年 2 月 25 日至 3 月 8 日，中共中央召开全国各省、自治区、直辖市党委主管工业的书记会议。邓小平在《全党讲大局，把国民经济搞上去》的重要讲话中，讲到反对资产阶级派性问题时，讲得非常严厉，在全国产生很大影响。他强调：

铁路系统里闹派性的人同地方上闹派性的人是有联系的，反对派性，要把他们之间的联系切断。他们这些人懂得抓要害，把铁路一堵，事情就闹到北京来了。南昌铁路局的问题，省里就有人支持。一定要把铁路上搞派性活动的里外联系割断。这次确定，铁道部门的人事调动，还是由铁道部统一管理。铁道部有这个权。铁路上的派性问题，地方解决不了的，由铁道部解决。要把闹派性的人从原单位调开。当然是调头头。调动后又钻出个新的头头怎么办？钻出来再调。调两次、三次，总可以解决了吧。我们也不捉人，当然反革命的除外。闹派性的头头不服从调动怎么办？不服从调动不发工资。你的“行业”是闹派性，何必到我们这里来拿工资？总之，解决问题要有一点办法。

对中央的决定是赞成的多还是反对的多？请大家估计一下。有百分之八十的人拥护，中央的决定就能行得通。我想绝大多数人是拥护这个决定的。中国铁路工人是中国工人阶级最先进、最有组织的一部分。集中统一赞成不赞成？组织性纪律性赞成不赞成？必要的规章制度赞成不赞成？闹派性要不要反对？对闹派性的头头要不要调开？把这些问题讲清楚，理所当然地会得到绝大多数铁路职工的拥护。所以，三月份的动员要很深入，包括对职工家属、铁路沿线的农民，都要做到家喻户晓。

解决铁路问题的经验，对其他工业部门会有帮助。对于当前存在的问题，要有明确的政策。要从大局出发，解决问题不能拖。拖到哪一年呢？搞社会主义怎么能等呢？①

当时在国家计划委员会工作的房维中回忆说：小平同志这个讲话，从全国的大局讲到了铁路，进而讲到了解决铁路问题必须加强集中统一，必须建立必要的规章制度，必须强调组织性、纪律性，必须坚决反对派性。可以说，这次讲话是小平同志第一次向闹派性的头头发起了征讨。

3 月 5 日，经邓小平亲自改定，中共中央政治局讨论通过，毛泽东“圈阅”同意，《中共中央关于加强铁路工作的决定》以中共中央 9 号文件的形式，迅速发往全党。文件规定：全国铁路由铁道部统一管理，在铁路系统大力恢复和健全各项必要的规章制度。这是全国开始全面整顿的第一份文件，不仅对 1975 年的铁路整顿，而且对整个工交系统、对全国各行各业的整顿都起了重要作用。

全国各省、自治区、直辖市党委主管工业的书记会议结束后，铁道部采取果断措施，调整、充实、加强各铁路局、铁路分局的领导班子，调离、撤职、逮捕了一小撮破坏铁路运输、专搞资产阶级派性的坏头头，初步稳定了铁路运输秩序。

以邓小平讲话和中共中央 9 号文件为依据，万里主持铁道部对铁路系统进行整顿。他以《中共中央关于加强铁路工作的决定》为“尚方宝剑”，在铁路工作中强调，要把中央 9 号文件作为铁路工作的纲，“不换节目，不改镜头”，一抓到底。他响亮地提出：

不唱天，不唱地，只唱 9 号文件这出戏。
千条理，万条理，不安定团结没有理。

---

① 《邓小平文选》第 2 卷，人民出版社 1994 年版，第 6 ~ 7 页。

徐州，是津浦、陇海两条铁路主干线的中枢。“文化大革命”中，造反派夺了铁路分局的领导权，把市委也赶到了郊区。两个造反派组织互相争斗，使两条铁路陷于半瘫痪状态。3 月 9 日，万里前往徐州，传达中央 9 号文件，动员党员、干部，整顿领导班子，反对资产阶级派性，落实党的政策。在徐州铁路分局期间，万里深入调查研究，广泛听取干部、工人、技术人员的意见，发表了反对派性、限期解决徐州铁路分局问题的一系列讲话。他指出：要把国民经济搞上去，必须首先从解决铁路运输问题抓起，中央下决心要解决这个问题。这不仅是因为铁路运输在发展国民经济中具有重要战略地位，而且因为它又是当前国民经济中的一个突出薄弱环节。这个问题不解决，国民经济就难以发展。

铁路运输是国民经济中的一个突出薄弱环节，主要表现在以下几个方面：一是生产下降。这些年来，全路的职工增加很多，机车、车辆、线路等装备也都有增加，可是生产反而大幅度下降。按现有的实际运输能力，日均装车可达 5.5 万辆以上，现在每天装车只有 4 万辆左右，有时还不到此数。二是事故惊人。去年一年全路共发生行车重大事故和大事故 750 多起，为 10 年前（1964 年）的 88 起的 8 倍多。三是规章制度不严，劳动纪律松弛。许多责任事故（包括由于机车车辆维修方面的问题而发生的事故）是由不遵守规章制度引起的。去年全国铁路的机车完好率不到 70%，大部分机车不能按期维修，不少是带病作业。四是堵塞严重，大部分列车不能正点行驶。

徐州地处京沪、陇海两条铁路大干线的交会点，战略地位十分重要，问题也十分突出。这里堵塞直接导致华东以至全国铁路干线不能畅通，已经到了非解决不可的时候了。

徐州铁路分局的问题主要是派性严重，已经严重到破坏生产，使一些单位处于停产、半停产状态的程度，在经济上、政治上都造成了极为恶劣的影响。徐州的这个问题，在全路乃至在全国都带有普遍性。如何解决呢？首先要把这个问题摆在全体职工面前，使大家对派性及其危害有个充分认识。派性同无产阶级党性是对立的。要结合实际揭露批判派性给革命和生产造成的危害，提高广大干部和职工的思想认识。

从徐州的情况来看，闹派性的人，概括起来有两种情况：一种是被派性迷住心窍的人，打了几年派仗昏了头，红了眼，什么马克思主义、毛泽东思想、无产阶级党性，统统甩到一边去了。对这些人要进行教育，教育过来，既往不咎，教育不过来，有的就撤下来，有的就调出去，调一次不行，就调两次三次，直到解决问题为止。另一种是少数坏人，他们利用派性浑水摸鱼，搞瘫党委，控制大权，破坏安定团结，破坏社会主义秩序，破坏经济建设。对这种人必须坚决打击，不能手软。

总之，各级领导必须旗帜鲜明地反对派性。要敢字当头，对闹派性的人，该调的就调，该批的就批，该撤的就撤，该斗的就斗，不能姑息，不能迁就，不能再等待了。同时，还要号召群众，发动群众起来共同反对派性。有些坚持闹派性的人，他谁都不怕，可就是怕群众，怕群众起来。所以要充分发动群众，起来同他们斗。

中央号召：所有铁路职工，都要做好本职工作，个人服从组织，下级服从上级，切实加强组织纪律性，一切行动听指挥。领导干部、共产党员和共青团员，要成为遵守纪律的模范。对在抓革命、促生产中表现好的职工和单位，要给予表扬。表现不好的，要进行批评教育。

铁路是国民经济的大动脉，跨越省、区、市，贯通全国，各个环节紧密联系。铁路又是国防建设的重要组成部分，带有半军事性质。我们党对铁路运输工作的领导，历来是强调集中统一的。现在中央重申：全国铁路必须由铁道部统一调配，铁路的政治工作和运输指挥工作必须统一起来。这次中央确定，铁道部门的人事调动，还是由铁道部统一管理。

在反对派性的同时，必须加强领导班子建设，整顿铁路运输秩序，同各种破坏行为进行斗争。铁路运输是否畅通，关系到发展国民经济和加强战备的全局。任何人都不准以任何借口妨碍正在进行指挥、调度和各种勤务的工作人员的正常工作。阻拦火车、中断运输、损坏列车和铁路设施，都是违法的，必须坚决制止。情节严重的，要严肃处理。

对少数职工利用职权，内外勾结，贪污盗窃，破坏运输的行为，必须坚决反对，严肃批判。要警惕阶级敌人的破坏活动。对制造事故、杀人、抢劫、煽动停工停产、煽动哄抢物资、盗窃铁路器材的现行反革命分子和坏分子，要坚决打击，依法惩办。各地党委要认真掌握党的政策，严格区分和正确处理两类不同性质的矛盾。要充分发动群众，并组织当地驻军、公安机关和铁路联防组织，维护铁路运输秩序，保障运输安全畅通。

毛主席讲，“文化大革命”已经八年了，还是安定团结为好；要把国民经济搞上去。派性问题不解决，安全团结实现不了，国民经济就搞不上去。中国铁路工人是中国工人阶级最先进、最有组织性和纪律性的一部分。中央关于加强铁路工作的决定中指出的，反对闹派性，加强集中统一领导，加强组织纪律，健全规章制度等，这些要求理所当然会得到绝大多数职工的拥护。

搞好铁路整顿工作，必须抓紧时间。小平同志指出，要从大局出发，解决问题不能拖，徐州的问题要限期在3月底以前解决。

经过万里雷厉风行的整顿，10天之后，长期动乱不已、铁路堵塞的徐州铁路分局面貌一新，津浦、陇海两大干线的徐州枢纽畅通无阻。

徐州铁路分局原党委书记任若奎说：当时说要整顿，我们都怀疑。怎么整顿？现在造反派头头在徐州市革命委员会、铁路分局革命委员会都当了主要领导，怎么整顿法？产生了怀疑。可是没想到，（铁道部）万里部长带着中央9号文件来到了徐州。就在我们分局开了一个大会，原来想也就是两三千人，结果1万多人都去参加。宣布了9号文件，特别是邓小平同志的讲话，大家热烈鼓掌，非常拥护。就在这个时候，又宣布逮捕造反派头头，大家更是振奋人心。经过一段整顿，很快就把津浦、陇海这两条大的干线恢复了通车。

1975年4月初，铁道部派出工作组到昆明铁路局帮助工作。6月中下旬，万里亲自到昆明铁路局落实中央部署和邓小平的指示，指导整顿。通过整顿，调整了昆明铁路局领导班子，对于闹派性的头头，进行了适当的组织处理。通过认真贯彻邓小平的指示和中央决定，排除派性干扰，云南的铁路整顿工作初见成效。4月份昆明铁路局完成的货运量比3月份增长32.2%，扭转了该路局连续31个月未能完成国家运输任务的被动局面。这次整顿，深得云南各族人民的拥护，在“文化大革命”风云变幻的时期，云南人民同全国人民一道，从中看到了结束动乱、恢复安定的希望。

接着，万里前往江西，解决南昌铁路局的问题。调整领导班子，反对资产阶级派性。前往湖南，解决铁道部株洲机车车辆工厂的“老大难”问题。三下河南，解决郑州铁路局的问题。派出以铁道部政治部主任为组长的工作组前往甘肃，解决兰州铁路局的问题。

在解决以上问题中，郑州铁路局是一场“硬仗”。“文化大革命”中，郑州铁路局的突出问题是派性头头掌握了领导权。万里在深入调查研究的基础上，于6月10日召开郑州铁路局干部会议。他发表长篇讲话，历数派性对郑州铁路局的危害和郑州铁路局问题严重的症结所在，当场宣布对郑州铁路局领导班子进行调整：

免去郑州铁路局党委书记、革命委员会主任的一切领导职务，调离郑州铁路局，由河南省和中央组织部另行安排工作。由苏华同志代理郑州铁路局党委第一书记职务，主持党委工作；由胡逸平同志负责郑州铁路局革命委员会的工作。

万里抓住主要矛盾，直取要害，采取一系列果断措施，很快解决了郑州铁路局的问题。

经过万里对铁路系统的有力整顿，铁路——这个国民经济的大动脉，终于被疏通了，很快达到中央要求：畅通无阻，四通八达，安全正点，当好先行。对万里整顿铁路系统的魄力和成绩，来自人民群众的评价最真实、最有说服力、最能反映事物的本质：“万里，万里，日行万里！”“铁路畅通万里行！”这就是广大铁路系统干部、职工对万里1975年整顿铁路的评价。语言虽然朴实，却蕴含着人民群众对万里整顿铁路的充分肯定和高度评价。

铁道部在全国铁路系统大张旗鼓地学习、宣传、贯彻中央9号文件和邓小平讲话精神。尤其是邓小平的讲话，立场坚定，旗帜鲜明，观点明确，措施得力，言辞犀利，针对性强，受到铁路系统广大党员、干部、职工群众的热烈欢迎，在全国引起强烈反响。

经过贯彻落实中央9号文件和邓小平讲话精神，全国铁路系统广大领导干部挺起了腰杆，说话响了，胆气足了，魄力大了，敢抓敢管了；广大职工群众气顺了，心齐了，干劲大了，大干社会主义的积极性被充分调动起来了。到4月份，原来严重堵塞的几个铁路局都疏通了；全国20个铁路局，有19个超额完成装车计划；剩下的南昌铁路局虽然没有完成计划，但情况也有好转；全国铁路日装车平均达到53700车，煤炭日装车达到17900车，是5年来第一次完成和超额完成计划；列车安全正点率也大大提高。全国铁路货物运输量，由上年的下降变为增长。

“全面整顿”，一抓就灵，首战告捷，铁路先行。在铁路整顿过程中，邓小平经常听取铁道部的工作汇报，给予具体指示。铁路运输秩序得到有效治理和整顿后，他及时推广铁路系统的经验，以铁路促钢铁、促全国各项工作，在各个领域纠正“文化大革命”以来的混乱局面。

第六十四章

“在干部中有一个主要问题，就是怕，不敢摸老虎屁股”

抓好典型，取得经验，以点带面，全面推开。“全面整顿”在全国铁路系统取得成效后，邓小平迅速推广铁路系统的整顿经验，以钢铁工业为重点，狠抓对整个工业生产的整顿。在“文化大革命”的动乱岁月，钢铁工业是一个“重灾区”，受到的破坏特别严重。这是由于大型钢铁企业实力雄厚，人数众多，在当地大都处于举足轻重的地位，是“文化大革命”中各派群众组织都竭力争夺的地方，因而“内战”不断，硝烟四起，折腾得格外厉害，几乎没有一个大钢厂不曾发生武斗。

1974 年的情况尤为严重，鞍钢、武钢、包钢、太钢频频告急。包钢 4 座焦炉仅有一座带“病”生产。武钢本来经过一年多的落实政策，狠抓管理，情况大有好转，冶金部专门在武汉召开现场会推广武钢经验，国务院还批发了这次会议报告，人称武钢“一年巨变”。可是“四人帮”大搞“批林批孔”运动，又使武钢形势急转直下，结果，1974 年钢产量由上年的 182.8 万吨，一下子跌到 74.8 万吨。其他企业的情况也大体相同，生产秩序被搞乱，设备遭到严重破坏，职工情绪非常低落。

全面整顿开始后，钢铁工业在整顿初期行动迟缓，4 月份全国欠产钢 200 万吨。钢铁工业的这种状况，严重地拖了整个国民经济的后腿。1975 年 4 月，邓小平在狠抓军队整顿、铁路整顿之后，开始抓钢铁工业的整顿。5 月 21 日，主持召开国务院办公会议，专门讨论钢铁工业问题。针对钢铁工业的严重混乱局面，他斩钉截铁地指出：这种情况继续下去，是破坏！现在是到了下决心解决钢铁问题的时候了。

根据邓小平的意见，5 月 8 日至 29 日，中共中央在北京召开钢铁工业座谈会，国务院有关部委、17 个省、市和 11 个大钢厂的负责同志参加会议。在详细了解和掌握钢铁工业的情况和存在的问题后，邓小平、叶剑英、李先念、谷牧等领导同志一起，接见了会议代表。铁道部部长万里介绍了铁路整顿的经验。中央在会上提出了整顿钢铁工业的任务，要求欠产比较多的几个大企业限期扭转生产下降的局势。

5 月 29 日，邓小平在会上作了《当前钢铁工业必须解决的几个问题》的讲话，一开始就态度鲜明地指出：“当前，钢铁工业重点要解决四个问题”：

第一，必须建立一个坚强的领导班子。

现在钢铁生产上不去，主要是包钢、武钢、鞍钢、太钢等大钢厂的生产上不去。特别是鞍钢，它的产量要是上不去，一天掉下来两三千吨，别的厂是没有办法补起来的。当然，中小钢厂也有一些差的。钢铁生产搞不好，关键是领导班子问题，是领导班子软、懒、散。冶金部的领导班子就是软的，当然还不能说是懒的、散的。软，就要加强一下。各个工厂企业领导班子的情况不完全相同。有的单位领导班子散，与闹派性有关。现在，在干部中有一个主要问题，就是怕，不敢摸老虎屁股。一个部门、一个企业的领导，不能怕这怕那。要找一些不怕打倒的人进领导班子，条件是中央支持他们，省委支持他们。没有这一条，扭转不过来。领导班子就是作战指挥部。搞生产也好，搞科研也好，反派性也好，都是作战。指挥部不强，作战就没有力量。冶金部作战就没有力量嘛。有些公司、钢厂的领导班子作战也没有力量。领导班子问题，是关系到党的路线能不能贯彻执行的问题。如果这个问题解决得不好，不要说带领群众前进，就是开步走都困难。因此，我们首先强调要把领导班子的问题解决好。不光是冶金部，各个公司、厂矿、车间的领导班子，包括职能机构，都要加强。要使领导班子一不软，二不懒，三不散，说了话大家都能听，都能指挥得动，都能领导起来。

第二，必须坚决同派性作斗争。

中央关于加强铁路工作的决定下达以后，对各行各业都有很大的影响和推动。煤炭工业生产上得很快，就是一个明显的例子。他们的经验，就是敢于同派性进行坚决的斗争。太钢也是解决了这个问题，生产才上去的。铁道部门在这方面做得就更突出了，徐州的经验比较典型。这些经验都值得大家很好学习。

对于派性，领导上要有个明确的态度，就是要坚决反对。有的人把党的事业闹得乌天黑地，你还等他觉悟，你能等得及吗？要敢字当头，对坚持闹派性的人，该调的就调，该批的就批，该斗的就斗，不能慢吞吞的，总是等待。对于派性，还要号召群众、发动群众起来共同反对。那种坚持闹派性的人，中央他怕吗？省委他怕吗？市委以及公司、厂矿的领导，对他来说就更不在话下。可是他最怕群众，怕群众起来。所以治那种人的办法，就是发动群众同他斗，寸步不让，而且要有一个声势，不能冷冷清清。我们要相信群众，拿中央文件跟群众直接见面，使中央精神真正做到家喻户晓，婆姨娃娃都知道，把广大群众同派性作斗争的积极性都调动起来。各地经验证明，百分之九十五以上的群众是拥护中央精神的。当然，并不是说没有人反对。今年三月我在全国工业书记会议上的讲话，就有人说是“复辟纲领”。这种人是有的，你不要怕。只要我们有了明确的态度，有了正确的方针，事情就好办了。

现在还在那里闹派性的是少数人。其中，有的是敌人，他们利用派性来闹事；有的是为了争个人名利而打派仗；有的是打了几年派仗，被派性迷住了心窍。根据铁道部门的经验，徐州和其他地区的经验，在同派性作斗争中，所要打击的也就是那么少数几个人。徐州闹得那么厉害，最后被打击的只有三个人。绝大多数人，包括被派性迷了心窍的人，都可以挽救过来。所以，实际搞的结果，打击面极小，教育面极大。我们一定要下决心搞好反派性的斗争。

第三，必须认真落实政策。

从解决铁路问题、徐州问题的经验来看，落实政策是一个很重要的问题。清查“五一六”，徐州市搞了六千多人，这是很吓人的数字。搞了那么多人，不给他们落实政策，能把群众的积极性调动起来吗？

我们讲落实政策，不仅要解决戴上帽子的那些人的问题，而且要解决他们周围受到牵连的人的问题。徐州市搞了六千多人，如果按五口之家来算，再加上他们的亲戚朋友等社会关系，涉及的面就有好几万人。必须使他们很快把包袱放下来。

在落实政策时，还要注意这样的情况：有些人虽然没有戴帽子，但是批评或者斗争过他们，伤了感情；有的地区虽然没有清查“五一六”，但是也干了一些类似的事情。这些问题都要妥善解决。

在落实政策时，还要特别注意那些老工人、技术骨干、老劳模，要把这一部分人的积极性调动起来。有些该回领导岗位的要调回来，摆到适当位置上。当然不是说统统都回到原来的岗位。

第四，必须建立必要的规章制度。

上面几件事情认真做好以后，紧接着就要发动群众把必要的规章制度建立、健全起来。这也是加强组织性纪律性的问题。过去一个时期，根本谈不上什么规章制度，出了不少问题。最近武钢就发生了一天跑两次钢水的大事故。有些事故发生了，还分不清是谁的责任。因此，一定要建立和健全必要的规章制度。有的工厂纪律很松弛，职工可以上班，也可以不上班，制度可以执行，也可以不执行。要讲清楚，对这些现象，过去的还可以原谅，现在就不允许再存在了。哪能随便不上班，马马虎虎呢？不上班就不发工资，不干工作就叫他离开嘛！你既然不愿意工作，国家为什么还要照发工资呢？执行规章制度宁可要求严一些，不严就建立不起来。过去有些规章制度比较繁琐，应该改革。我们要总结正反两方面的经验，把必要的规章制度恢复或建立起来。①

邓小平最后指出：“总之，把钢铁生产搞上去有很多工作要做。我看，抓住以上这四条最重要。”②

邓小平的这个讲话，全面总结、概括了铁路整顿的基本经验，明确提出了钢铁工业整顿（亦即整个工业整顿）的指导思想和基本方针。讲话振聋发聩，掷地有声，字里行间凝聚着对党对人民事业高度负责的精神，使与会者受到极大震动，在全国引起巨大反响。会议确定，1975 年计划生产 2600 万吨钢的指

① 《邓小平文选》第 2 卷，人民出版社 1994 年版，第 8 ~ 11 页。

② 《邓小平文选》第 2 卷，人民出版社 1994 年版，第 11 页。

标不能动，欠产要补上；几个大钢厂要限期扭转局势。

6月4日，中共中央作出《关于努力完成今年钢铁生产计划的批示》，并转发了冶金部党的核心小组《关于迅速把钢铁工业搞上去的报告》。文件要求，钢铁工业要“认真落实党的政策，调动一切积极因素，坚决把国民经济搞上去”。同时指出，中央相信“钢铁战线上的共产党员、共青团员及广大工人、干部和技术人员，一定能够加强组织纪律性，自力更生，艰苦奋斗，努力增产，厉行节约，全面完成国家的钢铁生产任务”。

邓小平对钢铁工业大刀阔斧的整顿，立刻收到显著成效。6月份全国钢的平均日产量为72400吨，超过了全年2600万吨钢计划的平均日产水平；鞍钢、武钢、太钢等重点企业的生产经营形势，也有了喜人变化。这种发展势头一直持续到1975年第四季度。

鞍山钢铁公司是邓小平十分关注的一个具有悠久历史的老厂，也是中国钢铁工业的摇篮。从20世纪50年代到70年代，邓小平先后多次到鞍钢视察指导工作，对鞍钢的生产建设作出了一系列重要指示，特别是强调鞍钢要不断进行技术改造。遵照邓小平的指示，鞍钢取得了不间断的技术进步，逐渐成为中国老企业改造的样板。

“文化大革命”中，鞍山钢铁公司这个闻名全国的全国特大型钢铁企业，受害尤甚。一大批老干部和工程技术人员甚至一些无辜的工人横遭迫害，鞍山钢铁公司和党委领导机构被“彻底砸烂”，不复存在。生产指挥系统瘫痪，主体厂矿几乎全面停产，生产建设遭到严重破坏。1967年8月对鞍钢实行军管，由被称为“鞍钢指挥部”的临时机构组织生产。1969年3月，鞍山钢铁公司的建制被撤销，取而代之的是鞍山市革命委员会第一工交组。由于生产指挥系统失灵，一大批有经验、懂管理的领导干部被打倒，几十年形成的一整套行之有效的企业制度被废除，鞍钢的生产建设大幅度滑坡，陷入前所未有的混乱之中。

1975年9月15日，邓小平在国务院常务会议上，专门针对鞍钢的情况十分尖锐地说：“鞍钢这么大的企业，有管理问题，也有体制问题。整个生产过程，是从上到下一环扣一环的，要有一个强有力的生产指挥机构，现在由市委直接管厂子的办法，不是管生产的好办法。事实上，市委是抓不过来的，因为忙于其他多于抓生产。市委第一书记可以兼公司第一书记，但是公司必须单独有个班子（指恢复鞍钢党委及恢复鞍山钢铁公司的建制），不是管油、盐、酱、醋、菜，而是指挥生产，成为一个完整系统。鞍钢干部有的是，有许多好干部，可以大量提拔嘛！”“领导鞍钢这么大的企业，那么复杂，没有懂行人，没有强有力的指挥机构，不打败仗才怪呢！”

邓小平关于鞍钢问题的重要讲话，一针见血，语重心长，对于恢复鞍山钢铁公司建制，整顿鞍钢的生产与管理，具有决定性的作用。同时，也抓住了整顿鞍钢、解决鞍钢问题的要害，受到鞍钢广大干部、工人的热烈欢迎和坚决拥护。9月19日，鞍山市委上报《关于成立鞍山钢铁公司，建立鞍钢党委的请示报告》，由辽宁省委转报中央。

可是，辽宁省紧跟“四人帮”又掌握大权的个别人却对邓小平的讲话置若罔闻，不赞成。他们不仅在辽宁反对恢复鞍钢建制，而且向中央表示反对恢复鞍钢建制。10月中旬，中共中央委托主管工业生产的谷牧在北京前门饭店，专门召集辽宁省委和鞍山市委领导同志研究这个问题，省委和市委的意见却出现明显分歧。辽宁省委负责人按照毛远新的意见反对恢复鞍山钢铁公司，还说：“鞍钢一些老家伙积极主张成立鞍山钢铁公司，他们连做梦也想着再当经理或副经理，过那个官瘾。”

前门饭店座谈会结束时，谷牧说：“看来省、市委对此问题有不同看法，今晚政治局开会，我向中央汇报，最后再由中央决定。”邓小平听了谷牧向中央汇报的情况后，非常坚决地坚持原来的意见。毛远新得知中央和邓小平等领导同志坚持要恢复鞍山钢铁公司和鞍钢党委后，又听从某些人的主意，主张把鞍山钢铁公司一分为三，建立三个公司、三个党委。为此，鞍山市委建议组织联合调查组慎重研究这个问题。市委多次召开会议，反复听取调查组和各方面意见后，一致认为，鞍钢是一个联合生产的大企业，又集中在鞍山一个地区，生产联系非常密切，应当成立一个公司、一个党委为宜。

11月18日，中央发出《关于成立鞍山钢铁公司，建立鞍钢党委问题的批复》。批复指出：“中央同意成立鞍山钢铁公司，并建立鞍钢党委和革委会。鞍钢党委和革委会归鞍山市委和市革委会领导。鞍山市的主要精力要放在鞍钢，切实地把鞍钢的工作抓好。”还说：“鞍钢是我国重要的钢铁基地，所处地位非常重要，毛主席党中央十分关心。希望你们继续认真贯彻执行毛主席三项重要指示，加强各级领导班子建设，切实落实党的政策，充分调动广大工人群众的积极性，发挥技术人员的作用，整顿好企业管理，把鞍钢的革命和生产搞好，为发展国民经济，加强战备，作出新的贡献。”

中央文件中标明，这个批复由谷牧批示，经过邓小平、李先念等中央领导同志共同圈阅。毛远新等人看了批复后，再也没有什么话可讲了。

随后，鞍山市委发出文件，宣布撤销鞍山市革命委员会第一工业交通组及工交会战指挥部，恢复鞍山钢铁公司的建制。鞍山钢铁公司重新成立和鞍钢党委重新组建，在鞍山和鞍钢的发展史上都起到十分重要的作用。鞍钢党委成立后，在混乱的情况下，重新组建了各级党委，提拔任命了一大批有经验的干部，进一步落实了干部政策及技术人员政策，对加强基层党的组织工作和政治思想工作，发挥了重要作用。在十年动乱“四人帮”严重破坏时期，鞍钢工人阶级特别是老工人和老干部，以及厂矿的各级领导同志，在十分困难的情况下，坚持生产，坚守岗位，使鞍钢的生产免于瘫痪。

11 月，中共中央决定结束“三支两军”工作，撤出在鞍钢的支左部队。在全国，这项工作首先从鞍山、鞍钢开始，这是中央为建立正常生产秩序而采取的重要决策。

武汉钢铁公司是新中国诞生后兴建的第一个大型钢铁联合企业，邓小平同样十分关注。1973 年 10 月，邓小平恢复国务院副总理职务不久，协助周恩来总理主持国务院的工作。他对筹建中的武钢一米七轧机工程非常关心，顶着“四人帮”的干扰，挤出时间，到武钢了解生产和筹建情况。他听取了武钢生产和筹建情况的汇报后，兴致勃勃地视察了初轧厂、大型厂、轧板厂和炼铁厂。高大雄伟的武钢四号高炉，是中国工人阶级自己设计、自己制造、自己施工安装的中国最大的高炉之一，年产生铁 150 万吨，是全国冶金行业著名的红旗高炉。在四号高炉前，邓小平看着奔波的铁水，满意地笑了。他边看边听汇报，不时地提出一些问题。当听到四号高炉从破土动工到出第一炉铁水只用了 137 天，恰好与淮海战役的时间同样长时，这位淮海战役的总前委书记脱口而出说：“好！又一个淮海战役，是钢铁战线的淮海战役。钢铁工业要搞大兵团作战，但是一定要科学组织，合理施工。希望你们再打一个团结协作的漂亮仗。”邓小平还说：“武钢是新中国兴建的大钢都，地理条件优越，很有发展前途，现在搞400万吨，我看将来可以搞1000万吨！”

1975年9月28日，邓小平和国务院4位副总理共同签发了关于武钢一米七连轧机组问题的批示，指出：“我们对于武钢一米七连轧机组能否按时投产和充分发挥生产能力十分关心，也十分担心……加强对建设基地的领导，协调各部门之间工作，逐步做到备品备件自给，特别是立即在基地指挥部内建立生产准备指挥系统，做到按时投产，并且能保证持续生产。要通过这个基地的建设和生产实践培养出一支无产阶级政治挂帅的具有更高水平的骨干队伍，使今后国内也能制造并发展这类机组。”

这个批示，对一米七轧机工程的建设和顺利投产起了重要作用。在武钢一米七轧机工程建设过程中，武钢的工人、干部没有理会“崇洋媚外”的吓人帽子，顶住了“四人帮”的干扰破坏。为了保证项目按计划投产，落实国务院关于“按时投产、顺利投产、持续生产”的指示，热轧厂工人、干部和技术人员，日夜奋战在轧机旁，刻苦学习，掌握过硬的本领。在试轧这一天，厂里给每个工人包括来帮助工作的每个日本技术人员送了一条白手绢。对此，日本技术人员感到费解。结果，试轧第一天就轧出6块钢坯，都是一次成卷。一米七轧机一次试轧成功，使所有在场的干部、工人和技术人员激动得热泪盈眶。大家纷纷掏出白手绢，连连擦着眼眶中不时涌出的成功泪水。

铁道系统和钢铁工业整顿的成功经验，为全面整顿树立了典型，邓小平将其向全国推开，抓了对整个工业的整顿。

为了尽快改变“文化大革命”造成的国防工业混乱局面，为人民解放军提供较好的武器装备和技术装备，形成强大的国防力量，中共中央于1975年7月召开国防工业重点企业会议，研究对国防工业的整顿问题。

8月3日，邓小平到会讲话。他首先指出，几个月来，中央连续发了关于解决铁路问题、钢铁生产问题等几个文件，方针政策都明确了。这次会议要我讲几句话，还是些老话。

然后，邓小平以干脆利落的讲话风格，提出了整顿国防工业的三条措施：

第一，一定要建立敢字当头的领导班子。现在看起来，这个问题多数工厂企业已经解决了，还有少数没有解决。“老大难”单位，无非是这么个问题。你要斗派性，没有敢字当头的领导班子就根本不可能；要建立必要的规章制度，要落实政策，没有这样的领导班子也搞不成。有的人就是一个怕字。过去怕，还有点道理，不能说过去怕的人都不好。

作为一个共产党员，过去怕也不对，但是还可以原谅，因为有当时的情况。现在中央支持地方，上级支持下级，再怕就只能怪自己，怪自己革命意志衰退，怪自己革命干劲差。只能得出这个结论。怕字当头，不干工作，小病大养，无病呻吟，这样的领导干部，索性请他好好休息……

领导班子问题一定要抓紧解决，要找一些能够办事、敢于办事的同志来负责。这件事不要拖，特别是省里管工业的书记要注意。解决领导班子的问题，主要是配备好一、二把手，一、二把手敢字当头，就可以把队伍带起来。要选一些比较有实际经验的稍微年轻一点的干部进领导班子，五十岁的、四十岁的，能有更年轻一点的就更好。这样的人总是会有的，本厂可以找，本厂有困难，外厂也可以找，本地区也可以找，哪里会找不到人！要选有能力的人，选到了要好好培养。

第二，一定要坚持质量第一。这个问题很重要，特别是军工产品。在战场上关键时刻有几发炮弹打不响，就可能影响整个战斗。现在的军工产品是现代化的武器，更要注意这个问题。我最近看到一些材料，说有多少国防工厂完成产值多少，产品质量好的和比较好的达到百分之九十五以上。你们切不可满足于这些数目字，这个话以后少讲为好。说产品质量大多数是好的，这不解决问题，有时恰恰在百分之一甚至百分之零点五里面，关键产品、关键零件出了问题。国防工办要注意这个问题。

现在飞行事故多，当然这里面有部队训练不好、飞行员素质差、地面指挥水平低等问题，但是也要研究飞机质量方面的问题。有相当一部分事故，是由于那个百分之一甚至百分之零点五里头的零部件出了问题。在检查的时候，就是那个百分之零点五没有检查到。我们有几次科学试验没有成功，经过检查，并不是技术没有过关，而是那百分之一甚至百分之零点五的零部件质量没有过关，就是那么一点点没有达到要求。

质量问题与建立规章制度有关。没有必要的责任制度，质量难以保证，这方面要很好地整顿。同时，也要请管国防工业的同志把科研工作抓紧，因为现在确实有好多军工产品，由于技术没有过关而不能正常生产。要发挥科技人员的积极性，要搞三结合，科技人员不要灰溜溜的。不是把科技人员叫“老九”吗？毛主席说，“老九不能走”。这就是说，科技人员应当受到重视。他们有缺点，要帮助他们，鼓励他们。要给他们创造比较好的条件，使他们能够专心致志地研究一些东西。这对于我们事业的发展将会是很有意义的。

第三，一定要关心群众生活。这个问题不是说一句话就可以解决的，要做许多踏踏实实的工作。比如钢铁工人的劳动那样重，而蔬菜少、肉类缺，基本条件都保证不了，这样的问题就必须具体地去研究解决。这一点在工业多的城市要特别注意。有些干部不是喜欢养鸡、养兔、养鸭吗？如果把自己关心自己的这个积极性转到关心群众生活方面来，我想问题就容易解决了。

还有在山区的三线工厂，那里的商业工作也要改进。我是四川人，经常听到家乡的工人反映，蔬菜少，肉类缺。不仅是四川，还有好多地方都有这个缺乏副食品的问题，应该采取一些措施。比如重庆附近，可以专门划出一部分地种菜，生产的蔬菜首先供应工厂，还可以供应市民。工人有点菜吃，有点肉吃，农民也可以增加一些收入，这对于改善工农关系也有好处。

我们正在考虑，是不是调点粮食给一些城市的郊区养点猪，比如调五亿斤粮食，养五百万头猪。这些粮食不是全国到处分配，而是搞几个点，专粮专用。甚至还可以考虑用现代化的办法搞些养鸡场。这个问题要研究，最主要的是养猪。发展养猪，既可以使农民增加经济收入，又可以增加肥料，增产粮食。现在搞重体力劳动还很艰苦，不搞好职工生活不行。群众对生活方面的议论是相当多的，不要以为都是讲怪话。我们党和国家一定要关心群众生活，现在应该提出这个问题了。①

① 《邓小平文选》第2卷，人民出版社1994年版，第25～27页。

邓小平的讲话，言简意赅，干脆利落，解决了长期以来困扰国防工业发展的几个关键问题，抓住了国防工业整顿的关键，牵住了解决国防工业问题的“牛鼻子”。他突出地强调工业企业整顿要抓好的几个重要环节，标志着对工业整顿问题的思考更加深入，更加成熟，更加具体。

叶剑英讲话中，着重批判了帮派势力的活动。

李先念指出，企业要建立和健全总工程师、总会计师责任制，保证企业的正常生产秩序。

邓小平、叶剑英、李先念的讲话得到深入贯彻后，国防工业系统很快有了较大改变。

对工业系统的大力整顿，很快收到显著成效。7 月 17 日中共中央转发国务院《关于今年上半年工业生产情况的报告》指出：“三月以来，工业生产和交通运输一月比一月好，原油、原煤、发电量、化肥、水泥、内燃机、低级纸制品、铁路货运量等，五六月份创造了历史上月产量的最高水平。军工生产的情况也比较好。”

铁的事实说明，对于世间任何事物，抓与不抓，大不一样。一抓到底，就是胜利。全面整顿的事实证明，对工业和各行各业，整顿与不整顿大不一样。只要进行全面整顿，就能够收到风正气顺的显著成效。

第六十五章

“对于那些‘老大难’单位，要敢于摸一摸‘老虎屁股’”

中华人民共和国成立后，长期实施“以农业为基础”的方针。1975 年 9 月，中共中央决定召开全国农业学大寨会议。毛泽东对这次会议十分重视。他提议：凡能去的中央政治局委员，都要参加这次会议，并委托邓小平代表中央作重要报告。

参加会议的代表共 3845 人。会议分两个阶段进行：9 月 15 日至 28 日在山西省晋中市昔阳县，参观大寨大队等先进单位，听取经验介绍；9 月 29 日到北京，参加国庆活动，继续开会，10 月 12 日结束。

会议前夕，邓小平乘火车到达山西省阳泉火车站，中共山西省委第一书记等党政军领导同志在车站迎接。邓小平下车后，感叹车站的古旧，听了山西省委第一书记的工作汇报后，说：“不要怕别人说什么，重要的是要把领导班子整顿好，关键是用好人！”

9 月 15 日上午，全国农业学大寨会议在昔阳县拖拉机厂新厂房正式开幕。中共中央政治局委员、国务院副总理华国锋主持会议，陈永贵致开幕词，陈锡联、江青、吴桂贤、姚文元也参加了会议。

当邓小平代表中共中央、国务院作重要讲话时，会场上立即爆发出暴风雨般的掌声，许多与会的老干部流下了激动的热泪。如此热烈的场面、如此动人的真情，使邓小平非常感动，他干脆没用主席台上放置的讲话稿，开始了即席讲演。早已在他头脑中思考成熟的思想、观点，像滚滚波涛，倾泻而出。

邓小平首先论述了搞好农业在四个现代化中的重要意义，指出：实现四个现代化，关键是农业现代化，如果农业搞得不好，很可能拖了我们国家建设的后腿。他强调，要有农业这个基础的发展，才能推动工业、国防和科学技术另外三个现代化的前进。

讲到这里，邓小平深有感慨地说：“毛主席提出‘深挖洞，广积粮，不称霸’，我们现在积了多少粮？”

邓小平在讲话中，提出了各方面都要进行整顿的问题，实际上是要系统地纠正“文化大革命”的错误。他强调：“毛主席讲过，军队要整顿，地方要整顿。工业要整顿，农业要整顿，商业也要整顿，我们的文化教育也要整顿，科学技术队伍也要整顿。文艺，毛主席叫调整，实际上调整也就是整顿。”

邓小平一口气讲了八个方面的整顿。实际上是指向“四人帮”的宣战书，是纠正“文化大革命”错误的动员令，是向四个现代化进军的冲锋号。他说出了广大人民群众的心里话，在全党全军全国引起强烈反响，广大人民群众觉得他讲得痛快淋漓，拍手称快。

全国农业学大寨会议代表贾长志回忆说：小平同志那一次讲话，大家反映非常好。我感受最深的，一直到现在我的脑子里感受很深的，就是有两点，一个是他讲话讲到要强调农业基础的地位问题。他讲，四个现代化，农业现代化是基础，农业这个基础发展了，就会推动另外三个现代化前进。他又讲，现在全国部分的县、地区粮食的产量还赶不上解放初期。当时江青就立即插话，说那是个别地方。小平同志当时斩钉截铁地讲，个别地方也不行，说这是个很值得注意的事。当时小平同志讲得很严肃。另外呢，还有讲到政策上的问题，小平同志讲要退，退过去搞“共产风”的什么东西。江青当时也讲，那是值得研究的，就表示不赞成。那次小平同志讲话，江青几次插话，干扰。

全国农业学大寨会议闭幕后，各级党组织大张旗鼓地贯彻落实会议精神，各地抽调上百万干部到农村整顿后进社队。中央专门发出文件，强调不能把社员正当的家庭副业当作资本主义来批判。经过整顿，1975 年全国农业总产值比上年增长 4.6%。粮食产量达到 5690 亿斤，比上年增产 185 亿斤。绝大多数主要农产品的产量，都有所增长。

与此同时，科学、教育、文艺领域也进行了整顿。在“文化大革命”中被破坏得混乱不堪的科研机构、大中小学校、文艺团体开始展现出新的生机，长期被诬蔑为“臭老九”“臭知识分子”“改造对象”的广大知识分子，从全面整顿中看到了希望，看到了前途。尤其是邓小平传达的毛泽东“老九不能走”的讲话贯彻以后，广大知识分子欢欣鼓舞，奔走相告，各项工作开始逐步走上轨道。

1975年9月27日和10月4日，在全面整顿大见成效的形势下，邓小平在农村工作座谈会上作了《各方面都要整顿》的重要讲话，阐述了全面整顿的基本思想，并谈到毛泽东对全面整顿的赞成和支持。

邓小平认为，“文化大革命”以来积累的问题很多，只有通过整顿才能解决这些问题。当前，各方面都存在一个整顿的问题。

邓小平特别强调了毛泽东对整顿工作的支持，指出：我在政治局讲了几个方面的整顿，向毛泽东同志报告了，毛泽东同志赞成。

邓小平号召各级领导干部，在抓整顿中，“要敢字当头，横下一条心”。对于那些“老大难”单位，要敢于摸一摸“老虎屁股”。他指出：现在问题相当多，要解决，没有一股劲不行。要“敢”字当头，横下一条心。这半年来，我讲了多次话，中心是讲“敢”字当头。有个“老大难”单位，过去就是老虎屁股摸不得。后来下了决心，管你是谁，六十岁的老虎屁股也好，四十岁的老虎屁股也好，二三十岁的老虎屁股也好，都得摸，一摸，就见效了。

邓小平要求，在整顿中要把整党作为中心环节，只有抓住了这个主要矛盾，整顿工作才能真正搞好。整党的重点是整顿各级领导班子，要通过整党把农村、工厂、科研单位直至生产队、车间、研究室一级的领导班子整顿好。他指出：整顿的核心是党的整顿。只要抓住整党这个中心环节，各个方面的整顿就不难。这次座谈会要议议整党这个题目，这是毛泽东同志同意的。整党怎么搞？办法肯定应当不同于过去。请各省根据自己的特点，搞出个规划来。整党主要放在整顿各级领导班子上，农村包括公社、大队一级的，工厂包括车间一级的，科研机构包括研究室一级的，这样解决问题比较快。领导班子整顿好了，党员的问题就容易解决了。

邓小平提出，要通过整党挑选干部，特别要选好基层组织的主要负责人；要建立强有力的县委，配备精干的县委书记；培养青年干部要经过各个台阶的锻炼；挑选领导干部，要看是否肯干，能否带头吃大苦耐大劳，是否有头脑。他指出：要在整党的基础上挑选干部。一个大队，一个公社，一个县，选好了一、二把手，整个领导班子就带起来了。特别要抓好县委一级，建立一个强有力的县委可是重要啊！当好一个县委书记并不容易，要有全面的领导经验，对东西南北中、党政军民学各方面的工作都能抓得起来。这跟当个厂长只管一个工厂情况不同。县委书记当好了，到地委、省委工作就比较容易，比较顺手。现在有些省提拔个省委书记都感到困难，我看不会那样难吧，县委书记、地委书记一大堆，为什么连个省委书记都找不出来？我想问题恐怕是没有注意或者注意不够。当然，这些人有的不是没有错误，犯了错误，作了自我批评，就有了正反两方面的经验嘛。对这些人不能忽略，忽略了是个损失。挑选领导干部，不管老中青，都要看他是不是肯干，是不是能带头吃大苦耐大劳。这是第一条。当然还要有头脑。老中青，现在要着重注意中。这里所说的中，就是现在四十岁多一点的干部，这些人至少有一二十年的工作经验，有些还有上十年的领导工作经验。发现一个好苗子，要让他一个台阶一个台阶地上来，每个台阶可以快一点，比如搞个年把子再上来。这种培养方法好，是对干部真正的爱护。

邓小平对于加强马克思主义理论建设极为重视，提出了全面准确地学习、宣传、贯彻毛泽东思想问题，指出：

我总觉得现在有一个很大的问题，就是怎样宣传毛泽东思想。林彪把毛泽东思想庸俗化的那套做法，罗荣桓同志首先表示不同意，说学习毛主席著作要学精神实质。当时书记处讨论，赞成罗荣桓同志的这个意见。林彪主张就学“老三篇”（后来加成“老五篇”），是割裂毛泽东思想。毛泽东思想有丰富的内容，是完整的一套，怎么能够只把“老三篇”、“老五篇”叫做毛泽东思想，而把毛泽东同志的其他著作都抛开呢？怎么能够抓住一两句话，一两个观点，就片面地进行宣传呢？割裂毛泽东思想这个问题，现在实际上并没有解决。比如文艺方针，毛泽东同志说，要古为今用，洋为中用，百花齐放，推陈出新。这是很完整的。可是，现在百花齐放不提了，没有了，这就是割裂。现在相当多的学校学生不读书，这也不符合毛泽东思想。毛泽东同志反对的是教育脱离实际、脱离群众、脱离劳动，并不是不要读书，而是要读得更好。毛泽东同志给少年儿童的题词是“好好学习，天天向上”嘛。还有，毛泽东同志讲了四个现代化，还讲过阶级斗争、生产斗争、科学实验是三项基本社会实践，现在却把科学实验割裂出来了，而且讲都怕讲，讲了就是罪，这怎么行呢？恐怕有相当多的领域里，都存在怎样全面学习、宣传、贯彻毛泽东思想的问题。毛泽东思想紧密联系着各个领域的实践，紧密联系着各个方面工作的方针、政策和方法，我们一定要全面地学习、宣传和实行，不能听到风就是雨。[①]

“文化大革命”初期，“打倒一切、全面内战”，“踢开党委闹革命”，冲垮了省、地（市）、县以及学校、工厂和各个单位的党组织，使全国陷入混乱状态。各级临时权力机构——革命委员会建立后，混乱局面有所控制。以后又相继在各级革命委员会内部建立了党的核心小组，在“整党、建党”中建立了各级党委和党的基层组织。但是，直到1975年，在“四人帮”及其帮派体系的严重干扰下，“相当一部分地方党的领导没有建立起来，党的领导削弱了。各级都有这个问题”。

对于这种状况，邓小平极为忧虑，多次指出，没有党的领导怎么行？党讲话不大灵怎么行？他认为，解决这个问题，关键是建立省委一级的领导，许多事情都拿到中央来解决是不行的。他在接见中央读书班第四期学员时说：在座的许多同志参加省里的工作，希望你们经过学习，通过自己的工作，把省委的领导建立起来，使省委说话有人听，能够担负起领导责任，做到一不是软，二不是懒，三不是散。

在这次讲话中，邓小平提出了要切实解决一部分领导班子中的“软”“懒”“散”问题。他抓住这个问题不放，在全面整顿中，一直把“软”“懒”“散”问题是否真正得到解决，是否形成了坚强的党委领导核心，作为加强党的领导、加强领导班子建设的一个突出问题，并为此调整了一批省级领导班子，把那些具有丰富领导经验和党性原则，立场坚定，旗帜鲜明地反对派性，敢于负责的领导干部放到了主要负责人的岗位上。

在全面整顿中，邓小平强调，要恢复和发扬理论联系实际、密切联系群众、批评和自我批评的优良作风。他说：“党员要按照党的章程办事，遵守党的纪律，不能搞宗派主义，树山头、垒山头，或者站到这个山头、那个山头。

① 《邓小平文选》第2卷，人民出版社1994年版，第36～37页。

如果这样，党就分裂了，就没有战斗力了。延安整风就是解决这些问题，在思想一致的基础上，把全党团结起来。”

邓小平指出，全面整顿，解决各地区、各部门的问题，都要从反对派性、增强党性入手。他说：“过去在革命战争年代，各方面的红军，各个革命根据地的干部，形成各个山头，那是自然形成的。如果说文化大革命初期的两派也是自然形成的话，那么，现在还搞两派，性质就不同了。毛泽东同志讲，要安定团结。让少数人继续在那里闹，能安定团结吗？”

讲到这里，邓小平举了一个派性猖獗的实例：徐州有那么几个人，就把共产党的市委打入“地下”，这是什么专政？是派性专政。这根本谈不上什么安定团结。实际上，那些坚持搞派性的只是少数几个人，百分之九十五以上的人，包括跟着闹派性的群众，是厌恶派性的。只要把问题讲清楚，群众觉悟了，看清了那些坚持闹派性的人的真面目，就不会跟他们走了。闹派性的人大部分是可以教育过来的。我们要按照毛泽东同志提出的“团结——批评——团结”的公式，来解决群众中的派性问题，从团结的愿望出发，经过批评，达到团结的目的。当然，这中间要有必要的斗争。

在全面整顿中，邓小平特别强调，加强党的领导，反对派性，把毛泽东同志树立的优良作风发扬起来。这个问题，全党同志要注意，特别是中央委员、高级干部，更要注意。①

“文化大革命”搞乱了党的组织，一些地方出现了严重的组织不纯、党员不纯、干部不纯的状况。针对这些情况，邓小平提出了组织整顿的任务。1975年7月17日，中共中央批准中共浙江省委的报告，肯定了他们对突击入党、突击提干的一些人，抓紧教育，严肃处理的做法。中共中央批语指出，在全国范围“对党组织从思想上组织上进行一次整顿是十分必要的”。根据中央精神，各部门和各地区对各级领导班子进行整顿，对“文化大革命”中“造资产阶级反动路线的反”“斗走资本主义道路当权派”“夺走资本主义道路当权派的权”的火线上“突击入党”“突击提干”的一些党员和干部，进行了教育和慎重处理。

---

① 《邓小平文选》第2卷，人民出版社1994年版，第13～14页。

邓小平非常关心西南边陲云南省领导班子的整顿，支持云南省委纠正“文化大革命”中的错误。在邓小平直接关心下，中央批准《中共云南省委常委扩大会议向中央的报告》。这个报告，第一次提出纠正云南发生的“划线站队”等一系列错误，认真落实党的政策。后来因邓小平再度被错误打倒，贯彻这一文件的工作受到挫折，但封冻多年的坚冰毕竟被打破了，中共十一届三中全会后，这个文件的基本精神继续得到贯彻落实。

第六十六章

“我本想替邓小平代签……他现在正在谈判”

“文化大革命”时期被打倒的大批领导干部是党和国家的中坚力量。“文化大革命”时期惨遭迫害的大批知识分子是党和国家的宝贵财富。“文化大革命”时期被打成“反动学术权威”的大批专家、学者是党和国家的科学技术骨干。在1975年的全面整顿中，邓小平对于恢复“文化大革命”中受到批判、遭到迫害的老干部的名誉和工作都极为重视，为发挥广大知识分子、专家学者建设社会主义的积极性进行了积极努力。

邓小平主持工作期间，中央提出要进一步落实党的干部政策和知识分子政策，对一大批尚未“解放”和尚未安排工作的干部进行“解放”，使之重新走上领导岗位，为大批专家、教授和知识分子恢复工作，对“文化大革命”中造成的冤假错案进行平反。

1975年7月，毛泽东在中央军委关于贺诚（总后勤部原副部长）任职的报告上批示：“贺诚无罪，当然应予分配工作。”毛泽东在一个批示中指出：“周扬一案，似可以从宽处理，分配工作，有病的养起来并治病。”根据毛泽东指示精神，在邓小平主持下，一批老干部从监禁中被释放出来、治病或分配工作，重新获得了政治上的解放和工作的权利。

在1975年平反冤假错案工作中，影响最大的是为第八届中共中央政治局委员、国务院原副总理、中央军委原副主席贺龙举行骨灰安放仪式，并通过这一举动，再次为贺龙平反昭雪、恢复名誉。

贺龙冤案，是“文化大革命”制造的重大冤案之一。“文化大革命”刚刚开始，就把斗争矛头指向中央军委副主席贺龙，批判贺龙主持中央军委工作期间大力倡导的全军军事训练工作和军事训练汇报表演（即“大比武”），制造了贺龙“篡军反党”、搞“二月兵变”的弥天大谎，然后又捏造贺龙有“历史问题”的材料，置贺龙于死地。

在中共历史上，毛泽东对贺龙一直是信任的。1927 年 9 月，毛泽东领导湘赣边界秋收起义，起义受挫，率领起义部队退至三湾，进行著名的“三湾改编”，准备向井冈山进军。这时，毛泽东为鼓舞士气，向部队作动员。他说：贺龙两把菜刀起家，现在带了一军人。我们有两营人，还怕干不起来吗？你们都是起义出来的，一个可以当敌人十个，十个可以当他一百。没有挫折和失败，就不会有成功。毛泽东的话，极大地激发了部队指战员夺取革命胜利的勇气和信心。几十年后，许多参加过“三湾改编”的人民解放军高级将领还在革命回忆录中谈到这些使他们记忆犹新的往事。

1937 年冬天，毛泽东在延安对贺龙作了“忠于党，忠于人民，对敌斗争狠，能联系群众”的高度评价。

1966 年“文化大革命”爆发后，空军司令员吴法宪写信给中央，诬陷贺龙是“黑线人物”，“要篡党夺权”。毛泽东于 9 月 5 日把贺龙召到中南海，拿出吴法宪的信给贺龙看，对贺龙说：“我对你是了解的。我对你还是过去的三条：忠于党，忠于人民，对敌斗争狠，能联系群众。”

贺龙看了吴法宪的信后，问毛泽东：“是不是找他们谈谈？”

毛泽东说：“有什么好谈的？”并说：“你不要怕，我当你的保皇派。”

12 月 28 日，贺龙出席中共中央政治局会议，毛泽东特意让贺龙坐到身边，以示信任。

“文化大革命”煽动的反对贺龙的风潮起来后，贺龙住地不断遭到政治学院和国家体委“造反组织”的冲击，保密室中的机密文件也被抢走。贺龙不得不改变居住地点，仍然无济于事，万般无奈，只好到中南海周恩来的家中暂时住下来。

1967 年 1 月 19 日，周恩来和李富春正式与贺龙谈话。周恩来说：“本来这次谈话的还有江青同志，但她临时说有事不来了。”周恩来告诉贺龙：林彪说你在背后散布他历史上有问题，说你在总参、海军、空军、装甲兵、通信兵到处伸手，不宣传毛泽东思想，毛主席百年之后他不放心。还有，关于洪湖肃反扩大化问题，你、夏曦、关向应都有责任。

贺龙想向周恩来说明：这些都是对自己的陷害。但周恩来紧接着说：“你不要再说了。毛主席不是保你嘛。我也是保你的。给你找个地方，先去休息一下，等秋天我去接你回来。”

周恩来还对贺龙说：“要活到老，学到老，改造到老。”第二天凌晨4时，周恩来派人将贺龙夫妇送到北京郊区香山附近象鼻子沟的一个地方，保护起来。

1967年8月1日凌晨，周恩来在接见一个群众组织的代表时说：“贺（龙）在历史上有功劳，南昌起义失败后坚持革命，在二方面军推动张国焘北上也是一功……”周恩来苦心积虑，依然想保护贺龙。

但是，对贺龙进行隔离审查后，康生等人严密控制着贺龙专案组。凡是对贺龙有利的材料，一律扣压起来，不予上报。凡是对贺龙不利的诬陷材料，一律上报。并不断制造伪证，捏造各种假材料诬陷贺龙。1967年11月，贺龙专案组在《关于贺龙专案开展工作的设想》中，诬蔑“贺龙与刘、邓黑司令部结成死党，大伸黑手，阴谋篡军夺权，罪行如山”，强调要把无中生有的所谓贺龙的“叛变投敌”问题，作为“贺龙专案”的“要害”和“突破口”。

然而，历史事实却给贺龙专案组一记响亮的耳光。1968年，贺龙专案组在中央档案馆查阅历史档案时，查到了那份由贺龙、夏曦、关向应写给中央的《湘鄂西中央分局来信》，信中对蒋介石派遣熊贡卿到湘鄂边诱降，被贺龙枪决一事有清清楚楚的报告。

仅凭这一铁证，便可将一切诬陷贺龙“投敌叛变”的罪名全部推翻。但是，贺龙专案组隐匿不报，蓄意将贺龙置于死地。1969年6月9日，一代名将贺龙，含恨辞世。贺龙去世后，贺龙专案组继续诬陷贺龙，在关于贺龙的审查报告中，诬蔑贺龙是“篡军夺权的阴谋家”。

1973年春天，贺龙一案出现转机。2月底，毛泽东在中南海与张春桥等人的谈话中，深有感触地说：“我看贺龙没有问题，策反的人，贺把他杀了。我有缺点，听一面之词。”

毛泽东关于为贺龙平反的指示，被张春桥所封锁。他既不向中共中央政治局传达，也不贯彻落实毛泽东的指示，致使为贺龙恢复名誉一事迟迟得不到解决。

同年12月21日，毛泽东在中央军委常委扩大会议上的谈话中说：“我看贺龙同志搞错了。我要负责呢。当时我对他讲，你是一个方面军的旗帜，要保护你。总理也保护他。要翻案呢，不然少了贺龙不好呢。”

但是，毛泽东关于为贺龙平反的指示，仍然得不到有力的落实。

一直到邓小平逐步负责主持中央党政军工作期间，为贺龙平反昭雪的工作才有了突破性的进展。

在中共早期历史上，邓小平与贺龙没有任何交往。红军三大主力长征到达陕甘地区会师后，邓小平才与贺龙有所接触。20世纪50年代初期，西南地区解放后，邓小平才与贺龙一起共事。

当时，中共中央为西南地区配备了阵容强大的领导力量：

中共中央西南局第一书记、西南军政委员会副主席、西南军区政委邓小平；

中共中央西南局第二书记、西南军政委员会主席刘伯承；

中共中央西南局第三书记、西南军政委员会副主席、西南军区司令员贺龙。

在西南地区的领导集体中，邓小平高瞻远瞩，政治意识很强，负责总览全局，协调各方，是一位“党代表”。他对于中共中央的指示精神，坚决照办，雷厉风行，显示出西南地区“总设计师”的卓越才能。

刘伯承在西南地区人脉广泛，影响深远。他作为西南军政委员会主席，团结、沟通社会各界，主持第二野战军的军事工作。

贺龙主持西南军区工作，性格豪爽，威名远扬。他广泛接触起义部队将领，进行安抚、教育、团结、改造。同时，建立各级人民武装部门，指挥部队，追剿土匪，安定地方。

古人言：“三人一条心，黄土变成金。”邓小平、刘伯承、贺龙三人主政西南，虽然经历不同、阅历不同、性格不同、分工不同，但是，齐心协力，团结一致，建党、建政、整军，消灭匪患，发展生产，恢复经济，创造了西南地区安居乐业的“黄金时代”。

在此期间，邓小平、刘伯承、贺龙和三家的妻子、儿女，朝夕相处，患难与共，结下了深厚的同志情谊和个人友谊。

贺龙和夫人薛明，一直称呼邓小平为“邓政委”。

邓小平一般称贺龙为“贺司令员”。

由于贺龙长期留着漂亮的胡子，有时候邓小平也亲切地称呼贺龙为“贺胡子”。

闲暇时光，贺龙一直对体育事业情有独钟，全身心地投入。邓小平则是一位“业余体育爱好者”，打桥牌、打台球，非常在行。尤其欣赏足球比赛，是一位“铁杆粉丝”。他们在一起“休闲”时，仿佛有说不完的话题。

所以，邓小平对于贺龙具有深刻的了解。当他进入中央党政军领导集体后，立即以极大的精力来推动为贺龙平反昭雪的工作。

1974 年 9 月 4 日，邓小平在武昌陪同毛泽东会见外宾。

然后，邓小平同毛泽东谈话。其间，向毛泽东请示一些问题。

毛泽东说：贺龙要恢复名誉，不要核对材料了……①

回到北京后，邓小平立即在中共中央政治局会议上传达了毛泽东的谈话内容。②

这时，周恩来已经身患重病。他亲自调阅贺龙的材料，重新审查，推翻了“贺龙专案组”用“逼、供、信”方法捏造的所谓“证据”。

在邓小平的推动下，1974 年 9 月上中旬，由中央政治局委员华国锋、纪登奎代中共中央起草了为贺龙恢复名誉的通知稿。这个通知稿，经周恩来、叶剑英、邓小平、聂荣臻修改，并送其他中央政治局委员传阅后，报毛泽东审定。③

在毛泽东的直接关注下，经过周恩来、邓小平的不懈努力和积极推动，经中共中央批准，终于给贺龙恢复了名誉。

1974 年 9 月 29 日，中共中央正式发出《关于为贺龙同志恢复名誉的通知》：

---

① 中共中央文献研究室编：《邓小平年谱》1904～1974（下），中央文献出版社 2009 年版，第 2045 页。

② 中共中央文献研究室编：《邓小平年谱》1904～1974（下），中央文献出版社 2009 年版，第 2046 页。

③ 中共中央文献研究室编：《邓小平年谱》1904～1974（下），中央文献出版社 2009 年版，第 2047 页。

贺龙同志原任党的八届中央政治局委员、中央军委副主席、国务院副总理。林彪要整贺龙同志蓄意已久，早在1966年就向中央提出，贺龙同志历史上曾向国民党反动派“请求收编”和“阴谋篡军反党”等问题，要进行审查。中央当时认为，把贺龙同志的问题搞清楚也是必要的，于1967年9月予以同意。在“九·一三”林彪事件发生以前，对贺龙同志问题的审查，一直为林彪、黄永胜、吴法宪、叶群、李作鹏等人所把持。他们捏造事实，隐瞒真相，以欺骗和封锁中央，诬陷贺龙同志历史上“通敌”和“篡夺军权”。“九·一三”以后，中央直接对贺龙同志的问题进行了审查。毛主席多次指示，要抓紧给贺龙同志作出结论，予以平反，恢复名誉。经中央查证甄别：

一、所谓“通敌”问题，完全是颠倒历史，蓄意陷害。事实是：1933年12月，蒋介石曾派反动政客熊贡卿“游说”贺龙同志，企图“收编”。贺龙同志发觉后，报告了湘鄂西中央分局，经分局决定，将熊贡卿处决，并于1934年3月17日，将此事经过报告了中央。

二、所谓“阴谋篡夺军权”和支持军队一些单位的人“篡夺军权”的问题，经过调查，并无此事。

三、关于所谓贺龙同志搞“二月兵变”的问题，纯系讹传。

贺龙同志已于1969年6月9日病故。

贺龙同志是一个好同志，在毛主席、党中央的领导下，几十年来为党为人民的革命事业曾作出重大的贡献。在他的一生中，无论在战争年代，或在全国解放以后，他是忠于党、忠于毛主席革命路线、忠于社会主义事业的。

因此，中央决定，对贺龙同志予以平反，恢复名誉。

中央的这个通知，印发到县团级，并口头传达到党内外群众。

中共中央为贺龙平反后，由于“四人帮”的干扰和阻挠，一直没有为贺龙召开追悼会。1975年6月，是贺龙逝世6周年。这时，邓小平作为中共中央副主席、国务院副总理、中央军委副主席兼中国人民解放军总参谋长，主持中央工作。“四人帮”多次受到毛泽东批评，处境不佳。

6月6日，中共中央政治局决定：为贺龙举行骨灰安放仪式，由中共中央副主席、中央军委副主席叶剑英主持。

6月7日，贺龙长女贺捷生致信毛泽东，说6月6日接到通知，中央军委将举行贺龙骨灰安放仪式，要求对外“保密，不治丧，不致悼词，不献花圈，不报道，不宣传”，等等。贺捷生认为这样做不符合1974年中央为贺龙恢复名誉的通知精神，故请求补行葬仪，挽回影响。

贺捷生同时写信给周恩来，表示如果照原来方案办理，将不参加这一仪式。周恩来当即致信毛泽东：今年6月9日为贺龙同志开逝世6周年纪念会事，我也知道，后因我3月开刀治疗，未再过问。此事系6月6日政治局决定，今得贺捷生同志此信，特送上，如主席另有指示，当与政治局设法补救。6月9日，毛泽东批复：“照总理意见办理。”

周恩来随即委托国务院办公室转告贺捷生，顾全大局，一定参加贺龙骨灰安放仪式。贺捷生表示听总理的话。

6月9日下午举行贺龙骨灰安放仪式时，周恩来抱病赶到现场。进入悼念大厅后，首先走到签到桌前，拿起一支毛笔，饱蘸墨汁，在“签到簿”上签名。但是，长期的重病又使他力不从心，他的手臂微微颤抖着，“周恩来”3个字的签名也失去了往日的潇洒和飘逸。

周恩来动情地说：“我不行了。我本想替邓小平代签，不行，签不动了。他现在正在谈判，把这个（签到簿）送去，叫他签，纪念。留作纪念……”

周恩来走进休息室后，在“文化大革命”中始终陪伴着贺龙，经历了九死一生的薛明一下子扑到周恩来身上，满腹的痛楚、辛酸、委屈再也压抑不住，痛哭失声。周恩来热泪盈眶，扶着薛明的肩膀，声音颤抖地说：“薛明，我没有保护好老总啊……”

在与薛明及贺龙子女的会面中，周恩来向他们表示深切的慰问，对“文化大革命”中未能保住贺龙，贺龙去世后骨灰未能移至八宝山革命公墓，深表内疚。

贺龙的一个女儿走过来，握着周恩来的手，说：“周伯伯，你要保重身体呀!”

周恩来缓缓地说：“我的时间也不长了！”顿时，整个休息室里哭声一片。

周恩来对薛明和贺龙的子女们说：“你们先在这里休息，我出去商量商量。”

当周恩来又返回休息室时，首先问叶剑英：“叶帅，你那个讲话稿呢？”

叶剑英从口袋里掏出讲话稿说：“在这里。”

周恩来接过讲话稿，说：“给我，我来讲。”一边说着，一边看讲话稿的内容，并亲笔在讲话稿上作着修改。

周恩来的这一举措，使贺龙骨灰安放仪式上的致悼词者，由中共中央副主席、中央军委副主席变成了中共中央副主席、国务院总理，进一步提高了为贺龙治丧的规格，由军队元老一级升格为党和国家领导人一级。

这一非同寻常的举动是周恩来深思熟虑的结果。当时，“四人帮”仍在一侧虎视眈眈。周恩来只有通过提高为贺龙治丧的规格这一举动来进一步表达对老战友的深切悼念之情了。

下午4时，“贺龙同志骨灰安放仪式”正式开始。周恩来代表中共中央，为贺龙亲致悼词：贺龙同志是一个好同志，在毛主席、党中央的领导下，几十年来为党为人民的革命事业曾作出重大的贡献。在他的一生中，无论是在战争年代，或在全国解放以后，他是忠于党、忠于毛主席革命路线、忠于社会主义事业的。

周恩来简短的悼词，既饱含着中共中央对贺龙的高度评价，也饱含着自己对老战友的无限深情。极度的悲痛，使周恩来几次哽咽失声，几乎讲不下去。周恩来怎能忘记：大革命失败后，自己受中共中央委派，亲临南昌，任中共前委书记，组织南昌暴动。国民革命军第二十军军长贺龙，还不是共产党员。他听了周恩来关于组织武装暴动的计划后，毫不犹豫地说：“我完全听共产党的话，要我怎样干就怎样干。”他受命担任起义军总指挥，率部参加南昌起义。起义部队南下途中，加入中国共产党。从此，把自己的一切全部献给了共产主义事业。

致悼词前，全场向贺龙的骨灰和遗像三鞠躬。周恩来一连鞠了八次躬，向这位忠诚的共产主义战士，表示深切的悼念和敬意。这是周恩来最后一次出席老一辈革命家的追悼会。

举行“贺龙同志骨灰安放仪式”前后，邓小平正在负责接待菲律宾总统，并同其进行连续会谈，因此，没有时间出席“贺龙同志骨灰安放仪式”。但是，正是邓小平在主持中央党政军日常工作期间，在较短的时间内，排除干扰，冲破阻力，雷厉风行，干脆利落，为贺龙恢复了名誉。

九泉之下，当年西南军区的“贺司令员”，朋友相处中的“贺胡子”，国务院的“贺副总理”，国家体育运动委员会的“贺主任”，中央军委的“贺龙副主席”，终于可以安息了。

第六十七章

“军队膨胀起来，不精干，打起仗来就不行”

1973 年 12 月 22 日，中共中央决定：邓小平为中共中央政治局委员，参加中央领导工作；邓小平为中央军事委员会委员，参加军委领导工作。同时，邓小平是由叶剑英、邓小平、陈锡联、苏振华、王洪文、张春桥组成的主持中央军委日常工作的“军委六人小组”成员之一。

中央军委办事机构工作人员每周向“军委六人小组”口头汇报一次工作。邓小平工作繁重，时间观念最强，开会来得最早，走得最快。1974 年“军委六人小组”听取军委办事机构或军队各大单位负责人的汇报，一般安排在下午或晚上。每次开会，第一个进入会场的总是邓小平，他夹着文件包，昂着头，大步流星地进入会议室后，直奔自己的座位而去。入座后，先向坐在对面的工作人员点点头，然后便一言不发地坐在那儿，左手夹着一支烟，或低头翻阅文件，或静心思考问题。

“军委六人小组”其他五位小组成员都到齐后，主持会议的叶剑英说“开会吧”或“请他们汇报”，会议便正式开始。两个多小时后，会议结束，叶剑英宣布“今天的会就开到这里”。他话音一落，邓小平就从沙发上站起来，夹上公文包，向大家点点头，直奔会议室大门而去。

邓小平身居要职，开会如此守时按点，一方面表明他时间观念很强；另一方面也说明他对参会人员十分尊重，不让大家等他，也不占用大家的时间。

“军委六人小组”研究问题时，邓小平的讲话，往往单刀直入，句句一针见血，切中要害。1974 年 2 月 8 日至 3 月 18 日，“军委六人小组”为了了解军委直属队各大单位的情况、领导的态度和各级党委掌握政策的情况，每隔两天就开一次会，让各大单位负责人等到军委办公厅所在地三座门来汇报。

各大单位负责人汇报中，“军委六人小组”或者提问，或者插话，或者作指示，或者提要求，会议气氛十分活跃，有时又略显紧张，原因是王洪文、张春桥发言时，往往阴阳怪气，调子很高，动辄点名批评一些大单位的负责人。与会人员虽然有一些看法，但考虑到王洪文是毛泽东选的接班人，张春桥也颇受毛泽东重用，那种想法只能藏在心里，或者“腹诽”，绝对不敢说，也不能随便说。

邓小平在“军委六人小组”会上的讲话风格，却完全是另一种样子——开门见山，直截了当，切中要害，痛快淋漓。有一次，“军委六人小组”开会，听取空军汇报时，当空军司令员汇报到，与林彪阴谋活动有牵连的一个高级干部对群众的揭批搞反扑时，邓小平只说了一句话：“停职。”非常果断、坚决。又有一次，“军委六人小组”听取总参谋部、总政治部、总后勤部领导同志的工作汇报时，王洪文、张春桥都讲了很长一段话，邓小平同志只讲了一句话，却既讲了怎样做，又讲了为什么要这样做，让听者很得要领。

在“军委六人小组”会上，邓小平的批评很讲分寸，不给问题定性，更不以势压人。有一天，军委办事机构的同志在“军委六人小组”会议上汇报筹建《解放军报》临时领导小组的情况。当汇报说，《解放军报》报社的大多数群众认为一把手应当从外面调一个来时，邓小平马上说：“不要总是从外面调人。”他一锤定音。会后，有关部门便从《解放军报》报社内部选择了一把手。

军委办事机构的同志汇报说，有一位从野战军调来《解放军报》工作的领导同志，办事果断，政治上很强，因为工作方法生硬一些，《解放军报》报社部分群众对他有些意见。听到这里，邓小平立即插话：“群众关系紧张的人不要进报社的班子。”按照邓小平的要求，《解放军报》领导班子配齐后，将这位领导同志调回野战军分配了工作。

经毛泽东批准，《解放军报》临时领导小组成立后，“军委六人小组”接见军报临时领导小组全体成员。临时领导小组组长汇报工作打算说：我们一定把运动和办报都抓起来，首先要继续揭批与林彪反党集团阴谋活动有牵连的人和事。邓小平听到这里，坚定地说：“就是要批几个人。”当他汇报到有些犯错误的干部精神不振时，邓小平插话说：“犯了错误检讨以后，取得群众谅解，就可以工作嘛。”当他汇报到下一步要配好处一级领导班子时，邓小平强调说：“两派中有错误的人，检讨了都要用。”

在“军委六人小组”会议上，对参加汇报的军队各大单位领导同志，邓小平十分尊重，很少有声色俱厉的批评，偶尔批评也是善意的，不让人难堪、下不了台。①

1974年的“批林批孔”运动中，江青多次以个人名义给中国人民解放军高级领导机关和基层单位写信、送材料，妄图在部队培植“个人威信”，篡夺军队领导权。

1974年1月，江青以个人名义致信全军指战员：相当长的时间了，从许多材料看来，全国范围内的批林整风运动的发展是很不平衡的，批孔则更是深入不下去，而林彪的思想体系和孔老二的关系，更是不清楚。北京大学、清华大学搞的《林彪与孔孟之道》和《名词简释》是可以帮助同志们解决这个问题的。因此我特请谢静宜、迟群二位同志向全军指战员宣读中央的通知。他们已下过连队蹲点，取得经验，可能对全军有所帮助。批林批孔是全党、全军、全国人民的大事，这是使国内外帝修反惊恐的事，全国党、政、军、民、学通过这个学习，会取得更大的团结和胜利！

江青写道：现送上《林彪与孔孟之道》《名词简释》各两百份，《五四以来反动派、地主资产阶级学者尊孔复古言论辑录》二十份，《鲁迅批判孔孟的言论摘录》和《反动阶级的圣人——孔子》各一份，供同志们参考。文件、文章的份数是不足的，但是可以翻印。有什么问题报中央，我们也要和同志们一起学习，我们将努力解释同志们提出的问题。

江青表示：我相信同志们会努力学习，保持我军优良传统，破除迷信，解放思想，知难而进，没有攻不克的堡垒。只要坚决执行毛主席的革命路线，将批林批孔的斗争进行到底，胜利一定是属于我们的。任务是很艰巨的，但也是光荣的！

江青最后写道：毛主席说要能文能武，常恨隋陆无武、绛灌无文。中国人民解放军是我国无产阶级专政的柱石，学得文武全才，方能完成毛主席、党中央交给我们的任务。

---

① 邓小平在“军委六人小组”的情况，根据张崇发回忆文章《1974年：我所接触的邓小平》（《人民政协报》2012年4月20日）整理。

从这封信中看，江青俨然以党和国家领导人自居，摆出一副居高临下的姿态，把个人放在中央军委之上，妄想对军队发号施令，领导军队的“批林批孔”运动了。在“批林批孔”运动中，江青多次派人到海军、空军等单位“放火烧荒”“点火放炮”，制造动乱。王洪文、张春桥也多次攻击总参谋部领导“右倾手软”，右得不能再右了；对总政治部“可以夺权”；总后勤部“垮得越彻底越好”，煽动一些人在部队“放火烧荒”。“四人帮”的目的，就是借“批林批孔”运动之机，在部队煽起动乱，乱中取利、乱中夺权。

1975 年，在中共中央副主席、中央军委副主席叶剑英、邓小平主持下，开始了军队的整顿工作。军队整顿，主要解决“文化大革命”和“批林批孔”运动给军队建设带来的严重问题，解决军队建设中存在的其他问题，消除林彪集团、江青集团在军队的影响，将军队的领导权牢牢掌握在中共中央、中央军委和真正的马克思主义者手里。

1975 年 1 月 25 日，四届人大刚刚闭会一周，中共中央副主席、国务院副总理、中共中央军事委员会副主席兼中国人民解放军总参谋长邓小平，就在总参谋部机关团以上干部会上，作了《军队要整顿》的讲话，提出了“军队要整顿”问题。

邓小平首先指出军队中存在的问题，传达毛泽东关于军队要整顿的指示。他指出：

我们这个军队有好传统。从井冈山起，毛泽东同志就为我军建立了非常好的制度，树立了非常好的作风。我们这个军队是党指挥枪，不是枪指挥党。经过长期反对军阀主义的斗争，军队内部很团结，联系群众也很好。可是从一九五九年林彪主管军队工作起，特别是在他主管的后期，军队被搞得相当乱。现在，好多优良传统丢掉了，军队臃肿不堪。军队的人数增加很多，军费开支占国家预算的比重增大，把很多钱花费在人员的穿衣吃饭上面。更主要的是，军队膨胀起来，不精干，打起仗来就不行。我想军队绝大多数同志是不满意这种现状的。所以毛泽东同志提出军队要整顿。军队的总人数要减少，编外干部太多要处理；优良传统要恢复。这就有大量的工作要做。总参谋部、总政治部、总后勤部的责任更大，三个总部本身首先要整顿。①

邓小平提出，军队整顿的任务：“一个是要提高党性，消除派性；一个是要加强纪律性”，“还有一些问题也要解决，如落实政策”等等。邓小平指出：

我们要遵照毛泽东同志关于安定团结的指示，整顿军队。这些年来，我们军队出现了一个新的大问题，就是闹派性，有的单位派性还很严重，这个问题主要在干部。我们军队的干部绝大多数是好的，但是确有少数人热衷于搞派性。他们在军队内部搞，到地方去也搞。要安定团结，就必须消除派性，增强党性。

我们军队在历史上曾经有过许多山头，那是由于长期处在分散的农村游击战争环境而自然形成的。长征到了陕北，在抗日战争时期，毛泽东同志向全党全军提出要克服山头主义倾向。经过延安整风，反对宗派主义，全党达到了新的团结。这是我们打胜抗日战争、打胜解放战争的根本保证。

最近这个时期，又钻出了一个派性，这一点我们一定要注意。不消除派性，安定团结不起来，军队战斗力也一定会削弱。每个干部都要把党性放在第一位。原来喜欢搞派性的，要觉悟，要改正，改正了就好。今后军队干部的使用、提升，一条重要的原则，就是不能重用派性严重的人，不能重用坚持派性不肯改正的人。

再一个问题是军队的纪律很差。为什么毛泽东同志提出要唱《三大纪律八项注意》歌，而且专门唱那一条，叫做“一切行动听指挥”呢？就是强调纪律嘛。军队要像军队的样子。现在提出加强纪律性，首先要从我们北京的机关、部队做起。不抓怎么行？所以，军队的整顿，一个是要提高党性，消除派性；一个是要加强纪律性。

还有一些问题也要解决，如落实政策。现在有好多政策没有落实。各个单位要认真研究，把政策落实好，这样才有利于调动积极性，有利于安

① 《邓小平文选》第2卷，人民出版社1994年版，第1页。

定团结。①

邓小平说：我们总参谋部，顾名思义，就是要给党中央、中央军委当好参谋，给我们军队的统帅毛主席当好参谋。毛泽东同志过去批评总参不参，这个状况要改变。有一系列工作要做。现在是问题成堆。我们总参谋部一定要按照毛泽东同志制定的军事路线、建军原则，好好地清理一下，使我们真正起到参谋的作用。

邓小平还说：今天就是同大家见个面。军队究竟怎么搞法，这个问题以后还要议。但是我想，刚才说的军队要整顿，要安定团结，要落实政策，这些原则是不会错的。为了做到这些，我们要增强党性，消除派性，加强纪律性，提高工作效率。希望我们总参谋部所有的干部，本着这样的精神团结起来，把工作做好。②

这是邓小平第一次提出军队要整顿的问题，也是邓小平抓全面整顿的开端。

邓小平讲话时，坐在台下的军队领导干部和机关干部，亲耳聆听了邓小平富有勇气、胆略和魄力的长篇讲话。他们倾听着邓小平气势不凡、风格凌厉的讲话，感到非常过瘾、非常钦佩。一个“靠边站”多年的老人，重新得到毛泽东的信任之后，丢掉一切顾虑，不怕抓辫子，不怕再一次被打倒，勇往直前，大刀阔斧，这是多么难能可贵的品格啊。

与会同志深刻认识到，邓小平关于“军队要整顿”的讲话，吹响了人民解放军整顿、转型的号角。要通过整顿，调整软、懒、散的军队领导班子；要通过整顿，处理派性思想严重的人；要通过整顿，削减军队数量，提高军队质量；要通过整顿，落实干部政策，在军队高层增配一批“解放”出来的老干部。

---

① 《邓小平文选》第2卷，人民出版社1994年版，第1~2页。

② 《邓小平文选》第2卷，人民出版社1994年版，第2~3页。

第六十八章

“军队总的形势是好的。现在是有点肿、散、骄、奢、惰”

1975 年 6 月 24 日至 7 月 15 日，经过毛泽东同意，为了全面部署对中国人民解放军的整顿工作，由中共中央副主席、中央军委副主席、国防部部长叶剑英，中共中央副主席、中央军委副主席兼中国人民解放军总参谋长邓小平主持，召开了中央军委扩大会议。

这次中央军委扩大会议的主题是：以毛泽东提出的“军队要统一”“军队要整顿”为指导方针，讨论解决军队的整顿问题，即改正不正之风和压缩军队定额、调整编制体制、安排超编干部的问题。与会同志围绕会议主题，进行了热烈讨论。

7 月 14 日，中共中央副主席、中央军委副主席邓小平在军委扩大会议上作了《军队整顿的任务》的重要讲话。他以一贯的敢于揭露矛盾，敢于正视问题，敢于批评错误东西的独特风格，讲了五个方面的问题：

一、我们军队的状况；

二、军队要整顿；

三、军委的工作；

四、整编中的干部问题；

五、高级干部的责任。

在“我们军队的状况”中，邓小平充分肯定“我们的军队不管是建国以前，还是建国以后到现在，总的状况是好的，是经得起考验的”。在这个前提下，着重讲了军队建设中存在的问题。他说：

> 今天，我想着重讲一讲军队还有什么问题。我的意思是，因为军队受的赞扬太多了，所以不能只报喜不报忧。由于林彪一伙的破坏，军队建设

中确实存在不少问题，在座的许多同志也有这个感觉。我想了一下，有五个字：肿、散、骄、奢、惰。当然，全军总的面貌不是这样。但是从部分单位来说，从部分同志来说，是存在这五个字的。

一是有点肿。这次会议研究精简整编，就是解决肿的问题。不能说每一个师的部队都是肿的，但整个军队确实有点肿。

二是有点散。主要表现在有派性和组织纪律性差这两个方面。我们的军队历史上是由各个山头、五湖四海集中起来的。过去，有三个方面军，每个方面军又是由好多山头结合起来的，这就自然地不同程度地产生了山头主义。毛泽东同志在延安整风时，号召反对宗派主义，解决全党和各个地区特别是军队里的山头主义。

经过整风，从一九四一年算起，差不多三四年时间就解决了。整风后，不管是军队干部，还是地方干部，拧成一股劲，力量多大呀！所以把仗打胜了。以后，军队里就再没有提出反对宗派主义的问题。那么，现在为什么又要提出这个问题呢？这是军队在支左当中出现的新问题。军队支左，许多人也卷到派性里面去了。一些人卷到这一派里，另一些人卷到那一派里。军队的权力大得很，变成了派的后台，以后把派性带回到军队，在军队内部不少单位也分成了两派。

现在，文化大革命已经九年了，军队还有相当一部分人没有摆脱派性，这一点影响了我们军队本身的团结。派性在军队里存在是很危险的，说严重一点，这种现象是不能容忍、也不应该容忍的。现在，军队里总有少数人喜欢垒点山头，喜欢搞那么一个小圈子，喜欢那些吹捧自己的人、听自己话的人，任人唯亲。其实，那些常常吹捧人的人是特别值得打个问号的。但是，我们有的同志就喜欢别人吹自己、捧自己，不善于搞五湖四海，不善于团结不同意见的同志。山头就是这样不自觉地垒起来了。

在北京，有的单位就有这样的同志，有的甚至还是高级领导干部，他们就喜欢这样搞，经过“艰苦奋斗”，把和自己意见不同的同志弄走，找一些听他话的人，搞这样的班子。这不是垒山头吗？这不是搞宗派吗？讲落实政策，讲了多少年，好多政策不能落实，闹派性是一个重要的原因。有些部队的派性回过来又影响到地方，使地方的派性问题也不能解决。支左部队撤出地方，人走了，影响还在。所以我们说，地方的问题与军队有关。

有许多同志感到，现在军队组织纪律性差，什么下级服从上级呀，个人服从组织呀，都不管了。过去军队组织纪律性是很强的，命令一下，二话不说就行动嘛。现在不行，不只是个人，甚至有的单位也违抗命令。组织纪律性差同派性有关。他们考虑的不是革命整体的利益，而是他们那一派的利益，个人利益、小宗派利益高于一切，要名，要利，要地位，不满足就不高兴，甚至不服从调动。现在，要调动一个人可不容易。许多人都喜欢留在大城市，特别是喜欢在北京，要调到别的地方去，很困难，说什么身体不好，调到外地心脏病肯定要复发，可是在北京，心脏病就好了。总之，理由多得很。

现在不只是组织纪律差，政治纪律也差。比如，中央说要落实政策，他就是不干。这是什么问题？这就是政治纪律问题。又如，要军队同志帮助地方消除派性，使群众团结起来，可是有些同志就是不执行这个方针。这是组织纪律问题，又是政治纪律问题。

最近，中央连续发了几个文件，都提出要解决领导班子问题。领导班子软懒散的问题，地方有，军队也有。军队有相当多的散班子，也有相当多的懒班子，恐怕软班子占得更多。这段时间，地方上对这些问题解决得比较好，比较快，军队慢了一点。

三是有点骄。骄的问题我们军队历来就有。战争年代军队出力大，牌子硬，名誉好，就容易骄。这种情况，经过多年纠正，比较好了。但是应当指出，在文化大革命中又出现了新的情况。军队支左，权力大得很。大权在握，加上其他一些原因，在军队一部分人中，滋长了骄气。有的甚至不只是骄气，而是骄横。有的人喜欢指手画脚，把群众路线的优良传统也丢掉了。现在，军队的团结，军政、军民的团结，都存在不少问题。有的部队内部相互之间的关系相当紧张，军政之间、军民之间的关系也相当紧张。

过去军队同志坐公共汽车，向来是给老人、带娃娃的妇女让座位的，现在有的不让了。有个战士坐车，一位妇女抱着娃娃，他不让座，娃娃哭了他也不理。旁边有位老人说，雷锋叔叔不在了。从这个事情上是可以看出问题的。我们军队在这方面本来有很好的传统。现在，不讲团结，不讲纪律，三大纪律八项注意至少有某种程度的丧失。有的人发展到追求资产阶级生活方式，艰苦奋斗的传统作风丢掉了。这方面的例子多得很。如果认为这些都无关重要，没有警觉，那是很危险的。

四是有点奢。上面讲到有的人追求资产阶级生活方式。他们有的闹享受，闹待遇，一切都向高级发展，住房子越多越好。有的甚至公私不分，没有什么界限了。有的部队请客送礼，修建楼堂馆所。这些现象相当厉害，而且还在发展，并没有刹住。军队搞奢侈，有好多的事是违反政策的。有些人从地方上随便拿东西，或者低价购买。有的拿了东西连个手续都没有。

军队执行毛泽东同志的五七指示，办了不少农场、企业，这是好事。但是提醒同志们注意，必须真正执行五七指示的精神。现在有的农场、企业赚了钱，随便开支，有的领导干部还互相争批条子的权力。这种情况要整顿。地方的房屋、土地，军队占得太多，地方很有意见，该还的就应该还嘛。有的房屋、土地，因为过去地方没有用，军队就拿过来了，但也有是霸占的。关于奢的例子，我想哪一位同志的脑子里都装了一大堆，我就不多讲了。

五是有点惰。惰性，不只是在一些人身上存在，甚至有些机关也不同程度地存在。有些高级干部革命意志衰退，追求个人利益，不注意保持革命晚节。有的人小病大养，无病呻吟，官僚主义，工作不努力，不踏实，不深入基层，不亲自动手，不动脑筋，靠秘书办事，讲五分钟话都要人家写成稿子照着念，有时还念错了。这是思想懒惰。

有的人怕字当头，不敢办事，不敢讲话，怕讲错了挨批。共产党员为什么怕？为什么不敢讲话？为什么不敢负责任？这样，难道自己就没有责任？写出来照着稿子念就没有错误？我看起码是文风不好。写的稿子都是照着报纸抄的，那不是八股？这些问题的产生，除了个人的思想原因之外，组织上支持帮助不够也是一个原因。所谓帮助，也包括批评，批评也是帮助。中央有责任帮助各省，军委有责任帮助各军区、各军兵种。要敢于负责，不要怕。错误难免，有错误应该批评，改了就好。

总之，军队总的形势是好的。现在是有点肿、散、骄、奢、惰。尽管是部分的，但是不可忽略。①

对上述问题，邓小平逐一进行深入分析，尖锐地提出批评，指出解决问题的办法。在“军队要整顿”中，邓小平指出主要就是整“肿、散、骄、奢、惰”。还要解决领导班子软、懒、散的问题，增强党性，反对派性，发扬人民解放军的优良传统和作风。他指出：

军队整顿什么？就是整上面讲的那五个字。这次会议我们搞编制，就是整肿字。但不只是整肿，同时还要注意散、骄、奢、惰，要联系起来解决。解决肿的问题，搞好军队的编制整顿、体制整顿，可以适当解决军队的其他问题。比如，这次整编，要配备、健全各级领导班子，就要同时注意克服散字、惰字，解决软班子、懒班子、散班子的问题。

这一次编制要严格搞，要切实遵守编制。可以说编制就是法律。总不能像过去那样随便要战士为自己服务吧！规定配一个秘书，就不要用多了嘛。秘书少一点有好处，自己亲自动手，勤恳一点，多动一点脑子，对自己好处多啊！加强各级领导班子，选人要选得对，要好好了解。这次整编，一直到连的干部都要选得比较好，更不用说营团以上的干部了。军队整顿当中，还要加强干部学习，增强党性，反对派性，加强纪律性，发扬艰苦奋斗的传统作风。②

在“军委的工作”中，邓小平强调，根据中央军委常务委员会的研究，军队工作的纲就是抓好“军队要整顿”“要准备打仗”。以此为纲，推动军队各项工作的全面发展。他指出：

① 《邓小平文选》第2卷，人民出版社1994年版，第15～19页。

② 《邓小平文选》第2卷，人民出版社1994年版，第20页。

军委常委的同志已经商量过，军委工作实际上就是两件事：第一件是“军队要整顿”；第二件是“要准备打仗”。这两件事都是毛泽东同志讲的，我们军队工作的纲就是这个。我们抓了编制，接着就抓装备，装备也要抓好。国家正在考虑下一个五年计划、十年计划，军队装备也要有规划。科研要走在前面。不单是尖端武器、常规武器有科研问题，就是减轻战士身上带的东西的重量，同样有科研问题。现在一个战士要背几十公斤，怎么打仗呀？到时候，非战斗减员不知有多少呢！这不是小事，也是装备问题，也要研究、定型。总后勤部要订出规划，要有一些人专门管这个事情。

抓编制，抓装备，还要抓战略，要按次序来抓。我们作战，有个战场问题，还有遇到什么情况怎么打法的问题，这些都要设想到。战略要研究的问题，不仅是作战问题，还包括训练。要把训练放在战略问题的一个重要位置上。现在是合成军队作战，空中也有，地面也有，水里也有，不是过去的小米加步枪了。

现在当个连长，同过去的连长可不一样了。过去的连长，驳壳枪一举，就是“冲啊”！现在连长的知识要求比过去多得多，更不用说连以上的干部了。打起仗来，给你配几辆坦克，配一个炮兵连，还要进行对空联络，你怎么指挥啊？这就要求提高干部的指挥水平。对我们指挥作战的水平不能估计高了。如果不注意军队训练，至少在战争初期要相当倒霉就是了。

还要提高干部的管理水平。现在我们的干部不大会管理部队。比如，连队的伙食普遍不好，花钱很多，吃得很差，这就是管理问题，管理问题还多得很。为了提高干部的指挥水平、管理水平，增加他们的知识，要好好办学校，包括各总部、各军兵种、各级的学校，都要办好。不打仗，除了搞演习以外，办一点学校，这总是一个办法。

很多同志提出，希望开一个政治工作会议，我看这个意见很好，是需要开一个全军政治工作会议，研究加强军队党的工作和政治工作。要加强军队党委的集体领导，要加强政治机关，提高政治机关的威信。在配备政治工作干部时要注意质量，政治干部要能起模范作用。现在军队里的干部问题很值得注意。怎样按照选拔干部的条件去做，这很重要。加强政治机关，特别要注意加强管干部的部门。

政治机关的干部，特别是管干部的干部，要很公道，很正派，不信邪，不怕得罪人；也要有耐心，能熟悉干部，联系干部。我们的传统历来是政治机关管干部，首长总要经过政治机关去考核、审查干部，这才符合组织原则。要把这个好的传统继承起来。要特别注意加强连队政治工作。连队干部，尤其是指导员要会做工作。可以考虑连队指导员的年龄稍微大一点，任职时间稍微长一点。如果只干两三年就换了，经验就积累不起来，就不会做思想工作。另外，军队内部的团结问题，军队和地方的团结问题，军民关系问题，都要研究。①

在“整编中的干部问题”中，邓小平提出：要“首先自上而下地调整好各级领导班子。我们解决地方问题，包括企业单位的问题，就是首先解决好领导班子”。他要求“领导班子要有威信，敢字当头，能很好地执行党的方针政策，能很好地工作”。他强调，在配备领导班子的时候，“首先要把一、二把手选准，要选党性好、作风好、团结好”、能艰苦奋斗的同志担任领导班子的一、二把手。为此，他指出：

现在整编中的干部问题是两个：一是在军队内部的处理问题，一是在地方的安置问题。有几十万干部转到地方，地方要承担起来，把他们安置好。这也是我们军队自己的事情，所以军队对地方要支持，要帮忙。现在地方上干部也多，安排不容易，有些同志遇到问题可能回军队告状。这个问题大家都要注意，军队要采取支持地方的态度。在军队内部的问题，就是谁留谁去，谁在职谁不在职。

支左回来的干部，文化大革命初期靠边站的干部，现在都有一个分配工作的问题，应该通盘考虑。留在军队的师以上干部，谁在职，谁不在职，谁当顾问，解决好这些问题不容易，工作量很大，要妥善处理。刚才

---

① 《邓小平文选》第2卷，人民出版社1994年版，第20～22页。

我讲的要连带解决的那几个字，跟安排干部问题有关，也要很好考虑。

还有一个干部调整、交流问题。毛泽东同志讲了，除八大军区司令员对调外，省军区和有些部门的干部也要交流一下，在一个地方呆久了不好。有的在地方卷入了派性，妨碍地方的工作，总要调换一下嘛。如果有了山头，一定要去掉，要把山头平一平，把干部交流一下，不要挤到一堆。有些人适当调动一下地方有好处，主要是换一个地方可以多接触一些人，多了解一些情况，遇事也会谨慎一些。总之，在一个地方呆久了不好。对干部要教育，要把这个问题讲清楚。

在步骤上，我建议首先自上而下地调整好各级领导班子。我们解决地方问题，包括企业单位的问题，就是首先解决领导班子。领导班子要有威信，敢字当头，能很好地执行党的方针政策，能很好地工作。否则有些工作没有人去做，都要中央派人，或省、市、自治区派人，那怎么行啊？

军队也一样。配备班子的时候，首先要把一、二把手选准，要选党性好、作风好、团结好的。现在强调一下艰苦奋斗的作风特别重要，有了这一点，好多事情都会变化，都会好起来。所以现在选干部，特别是选高级干部，要选艰苦奋斗或者比较艰苦奋斗的。

讲一讲顾问问题。设顾问是一个新事物，是我们军队现在状况下提出的一个好办法。设顾问，第一关是谁当顾问；第二关是当了顾问怎么办。谁去谁留的问题，不可能统统那么公道。毛泽东同志说，当了中央委员，不一定就比别人强，没有当中央委员也不一定就比有的中央委员差。

所有的同志，特别是当顾问的同志，都要以大局为重，服从组织的安排。对顾问，组织上要关怀，这个关怀有物质待遇问题，但是特别要注意对他们政治思想方面的关怀。要使他们能够看到文件，听到报告，同级党委里面有些事要让他们知道。顾问组的组长，不参加党委，可以列席党委会，好同顾问组通气。其他待遇不变，但是配汽车、秘书要变一变。这要讲清楚，因为工作不需要，并不是降格了。

当顾问的同志也要自觉。下去检查工作的时候，不要人家请客，不要办酒席。下去到处跑，到处请客，而且都是老上级，不请客就说不尊重，就不高兴，那还得了！下去检查工作要有计划，不然下面受不了。顾问也有权，就是建议权。顾问要会当，要超脱。不然，遇事都过问，同级党委吃不消。设了顾问，究竟会有什么问题，等搞年把子再来总结经验。[1]

在“高级干部的责任”中，邓小平强调，军队高级干部的责任，是要把几十年来人民军队形成的优良传统传下去，使之得到继承和发扬。他说：搞好军队的责任首先在我们到会的同志，扩大一点，到军以上的主要成员。我们这些人把军队带好了，我们党的一套优良传统就能保持好，军队就会非常团结、非常有战斗力。如果我们这些人搞得不好，就会把军队带得很不好，存在的一些问题就会发展。现在确实有些值得注意的现象，我们都担忧啊！

过去几十年，军队总的是很好的，我们是出了力的，功劳是有份的。现在军队一些不好的现象能不能克服，几十年的优良传统能不能继承和发扬，主要靠我们这些老同志的传帮带。只要大家带头努力，做到毛泽东同志说的八个字，团结、紧张、严肃、活泼，我看，军队的问题是不难解决的，党的路线、方针、政策是可以贯彻好的。[2]

7 月 15 日，中共中央副主席、中央军委副主席叶剑英在军委扩大会议上作总结，对于军队整顿问题作了具体部署。

邓小平、叶剑英的重要讲话，为军队整顿指明了方向，是中国人民解放军建设史上具有重要指导意义的历史文献。王洪文、张春桥虽然也出席了这次军委扩大会议，但是知道自己没有什么市场，整个会议期间，一言未发，平时那种气焰完全被会议的凛然正气所压倒。

---

① 《邓小平文选》第 2 卷，人民出版社 1994 年版，第 22 ~ 24 页。

② 《邓小平文选》第 2 卷，人民出版社 1994 年版，第 24 页。

第六十九章

“当前的任务，就是要保住党对空军的领导权不被野心家夺去”

1975 年的中央军委扩大会议，是中国人民解放军发展史上一次具有重大意义的会议，对于保持人民军队的纯洁和稳定，党和人民顺利地粉碎“四人帮”，结束十年动乱的混乱局面，都起了非常重要的作用。

当时的中国人民解放军副总参谋长杨成武回顾说：

会上，邓小平同志发表了《军队要整顿》的重要讲话，对“四人帮”做了坚决有力的回击。叶剑英同志针对“四人帮”煽动派性，把全国搞得乌烟瘴气的问题，作了重要的发言，叶帅尖锐地指出：“现在搞资产阶级派性，就是搞资本主义，搞修正主义。”又说：“军队要高度的集中统一，决不允许有资产阶级派性存在。要使广大干部战士认识资产阶级派性的反动性和危害性，警惕阶级敌人浑水摸鱼，乘机进行反革命破坏。”

叶帅在发言中，还非常气愤地脱稿讲话，揭露了江青插手军队，妄图把军队搞乱的阴谋诡计。他对大家说：你们要注意，现在有的人到处送书、送材料、写信，把部队思想搞乱了。你们要抵制。以后没有军委的同意，任何人不得这么做。会上，徐帅、聂帅也都作了重要的讲话，一致同意小平同志、剑英同志的意见。

接着，叶帅亲自给各大军区、军种的领导同志打招呼，他一个军区一个军区、一个军种一个军种地分别找司令员、政委谈话，传达毛泽东同志的指示。他对同志们说：毛主席说现在有个“上海帮”，你们要注意警惕，稳定部队，把部队掌握好。①

---

① 杨成武：《丹心向党　功炳千秋》，《光明日报》1986 年 11 月 5 日。

1975 年 7 月 19 日，经毛泽东批准，中共中央向全党转发中央军委《关于压缩军队定额、调整编制和安排超编干部的报告》《叶剑英同志在军委扩大会议上的总结讲话》《邓小平同志在军委扩大会议上的讲话》。在全军进行传达贯彻过程中，广大指战员坚决拥护、热烈欢迎。军队工作迅速走上全面整顿的轨道。

在贯彻军委扩大会议精神过程中，中央军委对军队各大单位的领导班子进行了调整，把一批追随“四人帮”搞乱军队、大搞资产阶级派性的人调整了下去；同时要求军队一些负责同志警惕“四人帮”。落实干部政策方面，也取得很大进展，解放一大批“文化大革命”中受到迫害的高级领导干部，恢复了他们的工作。

在这方面，叶剑英做出了突出贡献。他在全力贯彻军委扩大会议精神中，亲自抓好的一项重要工作，就是根据毛泽东、邓小平和中央军委的部署，调整、配备全军各大单位的领导班子，这是为防止“四人帮”插手军队、粉碎“四人帮”而采取的强有力的组织措施。

为此，叶剑英亲自确定了调整军队各大单位领导班子的“六人小组”成员，亲任组长，亲笔写了这个名单向毛泽东报告。毛泽东批准后，叶剑英就带领“六人小组”，紧张地进行工作，很快地对各大单位的领导班子进行了调整。

叶剑英 1977 年在谈到这段历史时说：正是这次军委扩大会议的召开和贯彻会议精神，对于我们后来顶住“四人帮”的篡党夺权阴谋起了极为重要的作用。

昆明军区的防区地处祖国西南部边疆，担负着重要的国防任务，面对东南亚国家，一举一动都有一定的国际影响。十年动乱中，这里也成为“打倒一切、全面内战”所造成的“重灾区”。中央军委为了加强对昆明军区的领导，1975 年 8 月调整了昆明军区领导班子，并从北京派刘志坚到昆明军区主持政治工作。

当时的昆明军区政治委员刘志坚回忆说：

“文化大革命”中，我受林彪、江青反革命集团迫害而被错误关押、批斗7年零9个月。1974年9月下旬，解除关押的第三天，小平同志就找我谈话，谈对我的工作安排问题。在这之前，小平同志已经批示过："志坚同志到总政到哪里都可以。"叶剑英元帅也两次找我谈工作安排问题。说实话，经过那么一场劫难，自己有很多想法。

在"文化大革命"初期，我是总政治部第一副主任，当了7个多月的中央文化革命小组第三副组长，4个多月的全军文化革命小组组长。那是一个是非颠倒、黑白混淆的年代，面对瞬息万变、云谲波诡的形势，我努力协助几位老帅做稳定部队的工作。因此，江青、康生一伙把我看成是眼中钉，给我扣上所谓"刘邓资产阶级反动路线在军队的代表""中央文革的奸细"等等莫须有的"罪名"，关押审查，残酷迫害。

这次受尽折磨，大难不死，乍一解放出来，不禁冒出过一点消极想法，不愿再任领导职务，只想做点研究工作。当我把这些想法向小平同志讲了后，小平同志笑了笑，用犀利的目光看着我说："哦，想逃避，逃得了吗，我就逃不掉嘛！"一句话，点到了我思想深处。

是啊，小平同志几落几起，"文化大革命"中更经历了他革命生涯中最艰难、最曲折的时期。但他坚忍不拔，斗志弥坚。这次复出后，依然一往无前，力挽狂澜，冒着再一次被打倒的风险，同"四人帮"进行了针锋相对的斗争，对"文化大革命"以来所造成的严重混乱局面，进行了大刀阔斧的整顿，为了国家和人民的利益，置个人荣辱安危于度外。他给全党树立的榜样，使我顿觉勇气倍增，头脑里闪现过的消极想法一扫而光。

小平同志最后说，已经决定你去军事科学院任政治委员。我到军事科学院工作不足3个月，一天，小平同志又找我谈话。他说，经过"文化大革命"的折腾，昆明军区比较乱，决定你去当政委，要抓紧对部队进行整顿。

我知道小平同志是个深思熟虑的人，叫我去当政委是小平同志的信任，只是感到有点突然，对昆明军区派性问题也早有所闻，对怎么下手收拾那里的混乱局面，心中无数。正在犹豫时，小平同志显然看出了我的心思，指点我说："你去要注意三点：第一，首先把军队的事办好；第二，军队不搞派性；第三，军队与地方派性脱钩。”

简单、短洁的三条，言简意赅，切中要害，为我到昆明军区做好工作指出了方向。我知道，只要照小平同志的指示去做，肯定奏效。到昆明后，我认真贯彻落实小平同志的三条指示，短短的几个月就稳住了阵脚，使昆明军区的工作走上了正轨。

凡是长期与邓小平有过接触的同志都有一个共同的感觉：就是邓小平在谈话中善于洞察一切、善于了解事物的本质、善于敏锐地抓住事物的关键拨云见日。无论多么纷繁复杂的事情，在谈话中经过他抓住要害的三言两语一谈，立即感到茅塞顿开，豁然开朗，神清气爽，使人永远难以忘怀。

中共中央军事委员会原副主席张震上将回忆当时的情况时说：

“文化大革命”期间，小平同志受到错误的批判和斗争，离开了党和国家的领导岗位。那时，我也被“造反派”关起来了。1971 年“九·一三”事件后，我恢复了工作，到武汉军区当副司令员，但随即在葛洲坝工程搞了两年，从 1973 年起重新接触军队工作。看到部队由于受林彪、“四人帮”的干扰破坏，一些非常好的制度、传统和作风丢掉了，训练也很少有人抓了，军政素质下降的情况，内心感到非常焦急和忧虑。

就在这时，小平同志出任军委领导职务，明确提出“军队要整顿”“要把训练放在战略问题的一个重要位置上”。小平同志的指示抓住了整军治军的关键环节，使我们这些同志的精神为之一振。有了小平同志的支持，大家把训练作为一项重要工作来抓，大办教导队，很快取得了明显的成效，有力地推动了部队各项工作的协调发展。

1975 年 7 月，我接到军委的通知，来北京后，粟裕同志代表军委与我谈了话。他说军委决定我到总后勤部工作。我感到很突然，表示自己没有做过后勤工作，怕做不好。粟裕同志讲，这次工作调动是小平同志点的将。因为现代条件下作战，后勤问题越来越重要了，你长期从事军事工作，到总后勤部正可以发挥你的长处。

他还介绍了当时周恩来总理病重、毛泽东主席批评“四人帮”以及“四人帮”加紧夺权的政治形势。我表示在小平同志领导下，一定要干好工作，同时也对时局深感忧虑。

1975 年夏秋之交，是党、军队、国家至关重要的历史时期。在这关系到党、军队、国家命运的严重时刻，邓小平交给张廷发一项保住党对空军领导权不被野心家夺去的重要任务。

当时，党和国家的政治形势非常紧张。毛泽东主席病重，周恩来总理病危。江青等人加紧进行篡党、篡军、篡国的阴谋。争夺军队，成为同“四人帮”斗争的一个焦点。

空军有几十万人，那么多作战飞机，部队遍布全国，是解放军的重要组成部分，所以也是“四人帮”要争夺的一个重要目标。

1974 年江青给空军写信、送材料、派联络员，煽动军队“放火烧荒”，搞“三箭齐发”，点名攻击军队领导机关。毛泽东主席及时发现了江青一伙的阴谋，严肃批评了他们，材料不学了，联络员撤销了，但被江青指定在空军当联络员的那个人，原先就是空军司令部的干部，联络员的名分虽没有了，但这个人还在空军做业务工作。空军领导人的一言一行，都在他的视线之内，他随时可以向江青报告。

这时，邓小平担任了中共中央副主席、中央军委副主席兼总参谋长。他采取一系列措施，消除江青一伙的流毒和影响，特别是他和叶剑英副主席一起共同主持召开了 1975 年 7 月的中央军委扩大会议，两位副主席旗帜鲜明地提出军队要整顿。邓小平以他一贯的抓本质、抓主流的作风，在整顿中抓住影响全局的中心环节。

7 月 14 日，邓小平在军委扩大会议上讲话，以无产阶级革命家的大无畏精神，顶住江青一伙的压力，坚定地说：“在步骤上，我建议首先自上而下地调整好各级领导班子。”会后，经毛泽东主席批准，邓小平和叶帅一起迅速地调整了军队一些大单位的领导班子，把一些追随江青、坚持派性的人调下去，把那些党性好、作风好、团结好、能艰苦奋斗的人选进了领导班子。

8 月，中央军委根据邓小平在军委扩大会议上的讲话精神，调整和加强了空军的领导班子。在空军领导班子中增加了被林彪、“四人帮”打成“杨余傅”反党集团的余立金，任命余立金为空军第二政治委员兼民航总局政治委员。10月1日，中央军委又任命张廷发为空军政治委员、空军党委第一书记。

中央军委对张廷发的任命下达之初，邓小平把张廷发找去，对张廷发说的第一句话就是：军队要整顿，当前你的首要任务，就是要保住党对空军的领导权。当年见面的情形，张廷发一直记忆犹新。

当时，张廷发任中国人民解放军空军政治委员、空军党委第一书记。那天，张廷发正在北京南苑机场，同部队同志一起研究机场建设和飞机噪音扰民问题。

邓小平办公室的电话打到机场找张廷发，说：“小平同志请你来一下。”

当天下午，张廷发来到邓小平住处。

在客厅里，张廷发向邓小平敬了发自内心的崇敬的军礼，深情地凝视着革命战争年代的老领导。这是邓小平自“文化大革命”中被打倒又复出后，张廷发第一次到邓小平家里去见他。经过那场暴风骤雨式的磨难，邓小平的身体看起来依然那样结实，目光犀利，神采奕奕。邓小平没有客套话，这是他几十年来的习惯，说话谈问题，总是开门见山，抓住要害。

邓小平对张廷发说：“你现在是空军主要负责人，你对当前空军的工作有什么打算？”

张廷发简要地汇报了空军工作的情况和问题之后，胸有成竹、毫不犹豫地说：“我们准备从整顿入手，对空军的工作进行全面整顿，改变面貌，开创新局面。”邓小平在1975年1月总参干部会上和后来召开的军委扩大会上，都提出军队要整顿。从1975年2月开始，他大刀阔斧地对工交战线和其他部门进行整顿，取得了有目共睹的成效，得到了全国人民的拥护。空军要改变面貌，也只有从整顿入手。

邓小平听了，表示满意。他说：“好，就照这么干。部队要整顿，还是全面整顿好，今天我找你来，我问这件事。你当前的任务，就是要保住党对空军的领导权不被野心家夺去，保证每个空军部队的领导权不被野心家抓走。”

简短的谈话，使张廷发想起30多年前在八路军第一二九师，在刘邓首长身边工作时，参谋人员都知道邓小平政委的特点：办事简单明了，没有多余的话。这次谈话，同当年一样，又一次体现了邓小平善于从千头万绪中抓根本，从战略高度把握大局的领导艺术。

不久，张廷发又见到叶剑英。叶剑英对张廷发讲的第一句话，也是讲领导权问题。他说："廷发同志，空军的事情，就交给你了。"

叶剑英同张廷发谈话时，特意关上门，把收音机的音量拧得最大。他双手做了一个合围的手势，示意只有把野心家抓起来，党和国家才有安宁之日。

归纳中央军委邓小平副主席和叶剑英副主席的谈话，就是两句话：一是保住党对空军的领导权，二是军队要整顿。这两句话，也是两项千斤重担般的任务。张廷发听了中央军委两位领导人这样简短明确、严肃郑重的交代，深深感到形势严峻，责任重大。

此时，张廷发思绪万千，联想到 1974 年，江青一伙那么猖狂，那么嚣张；联想到 1975 年军委扩大会议后期，叶副主席和邓副主席向部分大单位领导同志传达了毛泽东主席对"四人帮"的批评，并严肃指出，决不容许野心家插手军队，搞阴谋活动。

邓小平的伟大之处，就在于及时洞察"四人帮"的阴谋，在关键时刻，发挥人民解放军在国家政治生活中的坚强柱石作用。稳定军队，关键又在稳定军队各级领导班子，特别是稳定军队大单位的领导班子。部队稳定了，掌握在听党的话的可靠的人手里，就有利于中央一级领导同志同"四人帮"作斗争。这正是小平同志善于把握大局，抓住关键，高人一筹之处。他以战略家的眼光，把握住这场斗争的总体，争取了主动。

1975 年年末和 1976 年年初，邓小平已经很难工作了。江青一伙猖狂劲又上来了，以为天下是他们的了，要成功了。张廷发参加了 1976 年 1 月的那次中央打招呼会议，江青在会上公开点了空军的名，要空军负责人"转弯子"，这是拉拢空军负责人。

拉拢不成，江青、王洪文就一再发难，时不时来个什么"批示"，制造个什么"事件"，扔来一大堆帽子，什么"反党""反革命""分裂中央"等等，要空军负责人按他们的口径来"讨论"，并把"讨论"结果报告他们。最紧张的时候，"四人帮"公开把手伸到部队，一面派人到部队暗中"调查"，一面由王洪文出面把空军党委常委找去"谈话"。

空军党委常委的大多数同志政治立场是坚定的。大家始终抱定一条，军队应该接受党的绝对领导，坚决听党中央指挥，听中央军委指挥，决不能违背原则按照“四人帮”的路线另搞一套。空军党委常委的大多数同志横下一条心，对“四人帮”批下来的材料，能顶则顶，能拖则拖，实在不行，应付几句。

7 月唐山大地震，空军抢险救灾任务很重，空军党委常委一面调动大批飞机和人员抢险救灾，一面遵照邓小平的谆谆教导，密切注视空军部队的稳定，不断提醒部队，一切行动听中央军委的。那段时间，张廷发等人的脑子绷得紧紧的，真是食不甘味，寝不安席。

在最困难的日子里，张廷发等空军党委常委始终牢记邓小平的指示：要保住党对空军的领导权不被野心家夺去，保证空军部队领导权不被野心家抓走。再艰难，张廷发也决不丧失一个老共产党员的党性，决不屈服于江青一伙的压力。

粉碎“四人帮”前，张廷发正在空军总医院住院。叶剑英派办公室主任来医院打招呼。《叶剑英传》记载：“叶副主席特意派办公室主任到空军总医院看望张廷发，打招呼，病要治，部队也要管。张当天出院，到空军作战值班室坐镇，加强对飞行训练的具体领导。”

第七十章

“不要叫顾问了，打算成立一个政治研究室”

政治家的重大决策，足以使整个国家改变面貌。1975 年夏天，邓小平主持的全面整顿以排山倒海之势、雷霆万钧之力，在全国各个领域全面展开。全党全军全国人民顺势而为，欢欣鼓舞，干劲倍增，国民经济的发展呈现出热气腾腾的喜人景象。这是“文化大革命”爆发以来第一次出现的真正的“大好形势”。

但是，这时的宣传舆论阵地还掌握在“四人帮”的舆论总管姚文元手里，整个宣传、理论、思想工作被“四人帮”操纵。“文化大革命”爆发后，负责主管宣传、理论、舆论工作的中共中央宣传部，首当其冲，被打成“阎王殿”彻底砸烂。意识形态领域的领导权落到了“中央文革小组”江青、张春桥、姚文元的手里。

中共九大后，“中央文革小组”自行消亡。中共九届二中全会后，1970 年 11 月 6 日，中共中央作出《关于成立中央组织宣传组的决定》。规定：中央组织宣传组管辖中央组织部、中央党校、人民日报社、《红旗》杂志社、新华总社、中央广播事业局、光明日报社、中央马恩列斯著作编译局的工作，工会、青年团、妇女联合会中央一级机构和它们的“五七”干校，以及中央划归该组管辖的单位的工作。原中共中央宣传部、中央政治研究室均取消。

中央组织宣传组以康生为组长，组员为江青、张春桥、姚文元、纪登奎、李德生。康生在中共九届二中全会后即称病不出，李德生以后因调任沈阳军区司令员前往东北，中央组织宣传方面的大权遂为江青、张春桥、姚文元所掌握。他们凭借窃取的这一部分权力，呼风唤雨，兴风作浪，搞乱了理论，搞乱了思想，把意识形态领域折腾得不像个样子。

全面整顿的深入发展，必然要求在意识形态领域拨乱反正，正本清源，把被“四人帮”颠倒了的理论是非、思想是非重新颠倒过来，把被“四人帮”篡夺的宣传理论工作领导权重新夺回来，使之真正掌握在代表党和人民根本利益的人手里。

1975年六七月间，根据邓小平提议，经过中共中央批准，正式成立国务院政治研究室。在酝酿成立这一机构时，名称是叫政治研究室还是政策研究室，邓小平就反复考虑了很久，再三斟酌。如果叫政策研究室，顾名思义是研究党的路线、方针、政策，那就很可能会被“四人帮”找个借口，置于他们控制的中央组织宣传组之下。

最后，思之再三，邓小平决定叫政治研究室，作为国务院一个下属机构，由国务院直接领导。由此可见，邓小平对成立国务院政治研究室的高度重视。

成立国务院政治研究室，是邓小平由来已久的一个想法。“文化大革命”以前的中共中央政治研究室，在调查研究，制定党的路线、方针、政策，起草中央文件，整理中央领导同志讲话，组织起草重要理论文章等方面，都发挥了积极作用。

所以，1975年1月，邓小平就曾约胡乔木谈过一次话，要胡乔木找一些像他那样的老人马，出任国务院顾问，像过去北京钓鱼台的写作班子那样，写一些重要理论文章，例如：三个世界的划分、苏联的社会性质、战争与和平问题、资本主义世界经济危机问题，等等。

邓小平强调说：这些都是国内外广大群众迫切需要系统地解答的。从“九评”以后，就很少有那样系统地解答问题的文章了。现在的一般文章，总之一句话，就是没有论证……

邓小平要求胡乔木：要写这些文章，要多找一些人，多带一些“徒弟”，组织一个写作班子。6月份，邓小平第二次同胡乔木谈话时，说：不要叫顾问了，打算成立一个政治研究室，名单由你提议，邓力群和你一起工作。

国务院政治研究室正式成立后，由胡乔木、吴冷西、胡绳、熊复、李鑫、于光远、邓力群担任领导小组的负责人。这确实正如邓小平要求的那样，是一批像胡乔木一样长期从事中共宣传、思想、理论、新闻等意识形态领域工作的“老人马”。

胡乔木从1941年开始任毛泽东的秘书，一直到“文化大革命”爆发。

1954年起，任中共中央副秘书长、中央书记处候补书记。参与起草过《关于若干历史问题的决议》《中华人民共和国宪法》《再论无产阶级专政的历史经验》等中共重要文献，参加了《毛泽东选集》第1~4卷的编辑工作。“文化大革命”爆发，受到冲击，长期“靠边站”。邓小平主持中央工作后，才得以复出，主持国务院政治研究室工作。

胡乔木长期担任毛泽东的秘书，起草、参与起草、主持起草过许多著名中共文献，有“党内一支笔”的美誉，是著名理论家，熟悉意识形态工作，具有领导这方面工作的丰富经验。他主持国务院政治研究室工作后，和领导小组其他同志一道，带领政治研究室，全力以赴地投入到工作中去，根据邓小平全面整顿的要求，调查研究，起草文件，撰写理论文章，成为全面整顿的“智囊团”。

根据邓小平进行全面整顿的要求，国务院政治研究室在意识形态领域冲锋陷阵，并与有关方面负责人一起，起草、修改、形成了三篇重要文献：《关于加快工业发展的若干问题》《科学院工作汇报提纲》《论全党全国各项工作的总纲》。

这是被“四人帮”诬蔑为“三棵大毒草”的文献。

这是被广大党员、干部和人民群众称之为“三株大香花”的文献。

根据邓小平的指示，国务院政治研究室参加了《毛泽东选集》第5卷和其他毛泽东文稿（如毛泽东读苏联《政治经济学教科书》的谈话）的整理、编纂工作。

《论十大关系》是毛泽东1956年4月25日在中共中央政治局扩大会议上的讲话。当时，苏联在社会主义建设问题上的一些教训和缺点已经暴露出来。毛泽东在《论十大关系》中，以苏联的经验和教训为鉴戒，总结了中国社会主义革命和建设的经验，全面论述了中国社会主义革命和建设中的十大关系，提出了适合中国国情的建设社会主义基本思想。

毛泽东在《论十大关系》中指出：

最近几个月，中央政治局听了中央工业、农业、运输业、商业、财政等三十四个部门的工作汇报，从中看到一些有关社会主义建设和社会主义改造的问题。综合起来，一共有十个问题，也就是十大关系。

提出这十个问题，都是围绕着一个基本方针，就是要把国内外一切积极因素调动起来，为社会主义事业服务。过去为了结束帝国主义、封建主义和官僚资本主义的统治，为了人民民主革命的胜利，我们就实行了调动一切积极因素的方针。现在为了进行社会主义革命，建设社会主义国家，同样也实行这个方针。但是，我们工作中间还有些问题需要谈一谈。特别值得注意的是，最近苏联方面暴露了他们在建设社会主义过程中的一些缺点和错误，他们走过的弯路，你还想走？过去我们就是鉴于他们的经验教训，少走了一些弯路，现在当然更要引以为戒。

《论十大关系》是预定选入《毛泽东选集》第 5 卷的一篇重要文章。邓小平对整理这篇文章极为重视。国务院政治研究室参与《毛泽东选集》第 5 卷的整理、编辑工作后，邓小平指定由胡乔木亲自整理这篇重要文章，以便早日公开发表，纠正在“文化大革命”中被“四人帮”搞乱了的理论是非，为全面整顿提供重要理论武器。

1975 年 7 月上旬，邓小平主持的全面整顿在全国各个领域进行到关键时刻。《论十大关系》由胡乔木主持整理，基本形成送审稿。

邓小平立即给毛泽东写信说：“这篇东西太重要了，对当前和以后，都有很大的针对性和理论指导意义”，“希望早日定稿，定稿后即予公开发表，并作为全国学理论的重要文献”。

毛泽东表示同意，但又提出暂时不要公开。

尽管如此，《论十大关系》的文稿还是在高级干部中进行了传阅，在广大干部、群众中也不胫而走，迅速传播开来，产生了一定影响，对 1975 年全面整顿起到一定的积极作用。

整顿一抓，大见成效。1975 年 6 月中旬，铁路做到“四通八达，安全正点”，钢铁生产达到完成年计划要求的日产水平。这时，根据邓小平的指示，由李先念召开国务院计划工作务虚会，总结整顿工作经验，系统研究实现四个现代化的方针、政策和重要措施。

1975年6月16日至8月11日，国务院召开计划工作务虚会，国务院副总理李先念、陈锡联、纪登奎、华国锋、吴桂贤、王震、谷牧、孙健，以及国务院各经济部门负责人、国务院政治研究室的同志参加会议。

计划工作务虚会的主题，是研究经济工作的路线、方针和政策问题，为编制第五个五年计划和十年长远规划作准备。会议提出，要搞一个关于工业整顿的文件，认真总结铁路整顿、钢铁工业整顿的成功经验，对整个工业系统中存在的问题提出切实的解决办法，作出一些必要的规定。

为了使整个工业整顿像“文化大革命”以前的《工业七十条》一样有章可循，邓小平指示国家计划委员会，起草《关于加快工业发展的若干问题》的文件。谷牧立即组织国家计划委员会讨论，起草这个文件。起草班子一边讨论，一边撰写，很快拿出了第一个草稿。

第一稿一共有14条，提出以实现四个现代化为工作总纲；加强党的领导，反对资产阶级派性；重申全心全意依靠工人阶级，认真落实党的各项政策；健全规章制度，加强生产指挥调度；以农业为基础，把农业放在第一位；积极挖潜、革新，加强企业技术改造；基本建设分清轻重缓急，打歼灭战；坚持按劳分配，改善职工生活等。

这份草稿突出纠“左”治乱的主题精神，尖锐地写道：“资产阶级派性活动头头争权夺利，搞山头、搞分裂、破坏革命、破坏生产，把党的好干部、把先进模范人物和先进集体打下去”，“闹得企业不得安宁，地方不得安宁，党不得安宁”，“要坚决向资产阶级派性作斗争，针锋相对，寸步不让”。

邓小平十分关心此事，多次听取汇报，审阅了这份草稿，予以基本肯定。

为了尽快配合整个工业系统的整顿工作，在邓小平主持下，由国务院政治研究室协助国家计划委员会，修改《关于加快工业发展的若干问题》，使之成为一个对整个工业发展具有现实指导意义的成熟文件。

8月8日，邓小平同国务院政治研究室胡乔木等同志谈企业领导体制和企业管理问题时，指出：现在需要解决企业的体制问题。如果将来工代会的制度健全后，革命委员会是否还存在？那时恐怕还是要实行党委领导下的厂长负责制。

邓小平还提出：事事都集中到党委也不行，必须还要有各种职能机构和指挥系统。

这次谈话后，邓小平要求国务院政治研究室参加《关于加快工业发展的若干问题》的修改工作。

8 月 18 日，国务院召开会议，讨论《关于加快工业发展的若干问题》。

邓小平指出：国家计划委员会起草的文件提出了相当多的问题。需要有这样一个文件。毛泽东同志历来主张要有章程。有章程才能体现党的方针、政策。过去的《工业七十条》，基本上是好的，是修改的问题，不是要废除。文件修改后，可以先拿出来讨论。

邓小平还系统谈了对整个工业整顿和发展的基本思想，提出了许多整顿和发展工业的重要意见：

一、确立以农业为基础、为农业服务的思想。工业支援农业，促进农业现代化，是工业的重大任务。工业区、工业城市要带动附近农村，帮助农村发展小型工业，搞好农业生产，并且把这一点纳入自己的计划。许多三线的工厂，分散在农村，也应当帮助附近的社队搞好农业生产。一个大厂就可以带动周围一片。这样还有一个好处：附近的社员就会爱护工厂，不去厂里随便拿东西。农业现代化不单单是机械化，还包括应用和发展科学技术等。城市可以帮助农村搞一些机械化的养鸡场、养猪场，这一方面能增加农民的收入，另一方面能改善城市的副食品供应。要是工人没有菜吃，没有肉吃，工业怎么能搞得好？工业支援农业，农业反过来又支援工业，这是个加强工农联盟的问题。我给四川的同志写过信，告诉他们工业越发展，越要把农业放在第一位。

二、引进新技术、新设备，扩大进出口。外国都很重视引进国外的新技术、新设备。把他们的产品拆开一看，好多零部件也是别的国家制造的。有一些原材料，我们一时解决不了、必须进口的，还是要进口一些。如化纤厂搞起来了，缺少某些化工原料就不能生产，不进口怎么行？要进口，就要多出口点东西。这里有一个出口政策问题。出口什么？要大力开采石油，尽可能出口一些。工艺美术品等传统出口产品，要千方百计地增加出口。化工产品要考虑出口。煤炭也要考虑出口，还可以考虑同外国签订长期合同，引进他们的技术装备开采煤矿，用煤炭偿付。这样做好处很多：一可增加出口，二可带动煤炭工业技术改造，三可容纳劳动力。这是一个大政策，等中央批准了再办。总之，要争取多出口一点东西，换点高、精、尖的技术和设备回来，加速工业技术改造，提高劳动生产率。

三、加强企业的科学研究工作。这是多快好省地发展工业的一个重要途径。随着工业的发展，企业的科技人员数量应当越来越多，在全部职工中所占的比例应当越来越大。大厂要有自己独立的科研机构；小厂的科研可以由市里综合办，也可以由几个厂联合在一起搞。现在有一些知识分子用非所学，原来学的技能没有发挥出来，要改进这方面的工作。科研的课题很多，不说别的，光是出口商品的包装问题，我看就要好好研究一下。部队装备如何减轻重量，也很值得研究。有些装备光靠总后勤部自己搞不行，要有几个研究机构配合来搞。

四、整顿企业管理秩序。看来企业里面问题不少，其中带普遍性的问题是企业管理秩序不好，设备完好率差。特别是重工业，问题更突出。要考虑今年十一、十二两个月集中整顿一下企业管理秩序，加强设备维修，为明年的生产打好基础。设备失修严重的企业，重点应放在维修上面。宁可少生产一些，也一定要把设备维修好。不然欲速则不达，越催生产越上不去。企业里浪费惊人，也是普遍现象，要好好整顿，争取利润多上缴一点。企业管理是一件大事，一定要认真搞好。

五、抓好产品质量。质量第一是个重大政策。这也包括品种、规格在内。提高产品质量是最大的节约。在一定意义上说，质量好就等于数量多。质量好了，才能打开出口渠道或者扩大出口。要想在国际市场上有竞争能力，必须在产品质量上狠下功夫。

六、恢复和健全规章制度。关键是建立责任制。现在许多地方都存在无人负责的现象，积重难返，非突出地抓一下不可。执行规章制度要严一点。要有一点精神，不要怕挨批判，不要怕犯错误。你不严，规章制度就恢复不起来，企业的混乱情况就无法改变。南京无线电厂有一位老工人讲了严格执行规章制度的必要，这个材料可发给大家看看。

七、坚持按劳分配原则。这在社会主义建设中始终是一个很大的问题，大家都要动脑筋想一想。所谓物质鼓励，过去并不多。人的贡献不同，在待遇上是否应当有差别？同样是工人，但有的技术水平比别人高，要不要提高他的级别、待遇？技术人员的待遇是否也要提高？如果不管贡献大小、技术高低、能力强弱、劳动轻重，工资都是四五十块钱，表面上看来似乎大家是平等的，但实际上是不符合按劳分配原则的，这怎么能调动人们的积极性？我看高温、高空、井下、有毒的工种，待遇应当跟一般的工种有所不同。工资政策是个很复杂的问题，要研究。①

邓小平的讲话，简明扼要，思路明确，现实性、针对性都很强，显然是经过较长时间深思熟虑的结果，反映了对整顿和发展中国工业的基本思路和总体看法。其中的许多思想、观点，在当时的历史条件下提出来是要冒一定风险的。如果没有大无畏的精神和总览全局的战略眼光，是难以提出来的。讲话不仅对于指导文件起草工作具有重要意义，而且对于整个中国工业的整顿和发展也具有重要现实意义和长远指导意义。

国务院政治研究室的同志参加了国务院讨论《关于加快工业发展的若干问题》的会议。会后，进一步的修改工作在胡乔木等人的主持下进行。他们根据邓小平谈话的基本精神，对文件作了较大修改，将原稿中的 14 条增加到 18 条。

特别是增加了邓小平谈话中指出的以农业为基础，采用先进技术，增加工矿产品出口，按劳分配等内容；对原稿中的整顿企业管理，加强责任制，严格管理制度等条，也按照邓小平谈话作了进一步充实。

在“整顿企业管理”这一条，根据邓小平谈话的要求，作了明确有力、旗帜鲜明的规定：“在党委统一领导下，建立和健全强有力的能够独立工作的生产管理指挥系统和精干的职能机构，同群众管理相结合，搞好计划管理、技术管理、劳动管理、物资管理、财务管理。党委的集体领导，不应当妨碍负责生产的领导干部行使职权，相反，一定要反对无人负责，反对无政府状态。”

第二稿定稿后，曾经请在北京出席 20 个企业座谈会的各地企业负责人进

① 《邓小平文选》第 2 卷，人民出版社 1994 年版，第 28～31 页。

行多次座谈讨论，并在出席农村工作座谈会的12个省、市委书记中征求意见，受到与会者充分肯定。同时，根据一些同志的意见，对部分内容做了修改和补充，使文件的内容达到20条。

因此，这个文件被简称为《工业二十条》。

在《工业二十条》讨论、修改过程中，胡乔木强调，要把《关于加快工业发展的若干问题》搞成带有思想性、理论性的文件，提出了一系列修改中应当注意的重要问题。

10月29日国务院开会讨论该文件后，胡乔木根据会上提出的意见，亲自动手修改，使《工业二十条》成为一个能够反映中央对工业整顿和发展基本要求的定稿。

《关于加快工业发展的若干问题》论述了加快中国工业发展的带有根本性的20个问题：一、加快工业发展是全党全国人民的迫切任务；二、深入进行党的基本路线教育；三、加强党的领导；四、依靠工人阶级；五、整顿企业管理；六、工业学大庆；七、统一计划；八、发挥两个积极性；九、以农业为基础；十、以钢为纲；十一、立足于挖潜、革新、改造；十二、把质量、品种、规格放在第一位；十三、增加积累，厉行节约；十四、基本建设要打歼灭战；十五、加强社会主义协作；十六、尽量采用先进技术；十七、又红又专；十八、各尽所能，按劳分配；十九、关心职工生活；二十、工作方法。

它全面、系统、深入地论述了整顿和发展被“文化大革命”搞乱了的工业所迫切需要解决的一系列重大问题。从理论与实践的结合上提出了解决问题的办法，旗帜鲜明地提出了对整个工业进行全面整顿的任务。

它提出了对企业领导班子进行坚决整顿，把被“四人帮”帮派体系篡夺走了的那一部分权力夺回来的任务。指出，要“调整那些没有得到改造的小知识分子和‘勇敢分子’（即造反组织头头）当权的领导班子”。“这些人政治上一窍不通，生产上毫无经验，却指手画脚一味整人，只唱高调，不干实事，动不动给人扣上‘复旧’‘倒退’‘保守势力’‘只拉车不看路’一类帽子，压制广大干部和群众的积极性。”要“把坏人篡夺了的权力夺回来”。

它严厉揭露了“四人帮”帮派体系破坏生产、胡作非为的种种行为。指出：有些企业“坏人掌权”，“他们利用窃取的权力，胡作非为，一方面拉拢腐蚀一部分人，培植自己的势力，另一方面打击、陷害好的革命干部和工人”，“特别要警惕少数坏人利用‘造反’和‘反潮流’的名义，搞破坏活动”。

它强调了发展社会生产力对于巩固社会主义制度的重要意义。指出：“没有社会主义生产力的强大发展，社会主义是不能充分巩固的，决不能把在革命统帅下搞好生产，当做‘唯生产力论’和‘业务挂帅’来批判。”

它提出了恢复和建立企业规章制度的问题。指出：“生产管理和规章制度什么时候都需要，一万年也需要”，“一概反对企业管理，反对规章制度，势必造成无政府状态”。

它强调了制订统一计划的重要性。指出：“不搞统一计划，或者破坏统一计划，就会出现盲目性，就会给资本主义泛滥造成可乘之机，其结果，是瓦解和破坏社会主义经济。”

它正确论述了自力更生与学习外国的辩证关系。指出：“我们要坚持独立自主、自力更生，反对洋奴哲学、爬行主义，但是不能夜郎自大，闭关自守，拒绝学习外国的好东西。”

它对坚持按劳分配原则、关心群众生活等问题也进行了论述。

从《关于加快工业发展的若干问题》的主要内容和基本精神中，可以清楚地看到，它集中了邓小平主持中央工作、进行全面整顿以来一系列重要讲话精神，概括了国务院务虚会讨论的主要内容，总结了铁路、钢铁等领域进行整顿的成功经验，批判了“文化大革命”中提出的一系列破坏社会生产力发展的谬论，鲜明地提出了整顿企业、加快工业发展的方针、政策和措施，是一个纠正“文化大革命”的错误，对中国工业进行全面整顿、加快工业发展的纲领。

对《关于加快工业发展的若干问题》进行修改、补充和完善后，原来准备提交全国计划会议讨论，报中共中央政治局批准，下达执行。后来，由于“反击右倾翻案风”运动爆发，未能作为正式文件下发。但其主要精神，通过在各种形式的座谈会上征求意见，已经在工业系统乃至全国广泛传播开来，对1975 年全面整顿，产生了非常积极的推动作用。

第七十一章

“整顿中国科学院，加强领导”

在1975年邓小平主持的全面整顿中，中国科学院的整顿、科学技术工作的整顿，是其中一个重要方面。经叶剑英和邓小平推荐，胡耀邦被中共中央派到中国科学院主持领导工作。

“文化大革命”时期的中国科学院，由中国科学院、国家科学技术委员会、中国科学技术协会三个单位合并而成。邓小平的意图，是希望通过胡耀邦等对中国最高科学研究机构——中国科学院的整顿，带动、促进对整个中国科技界的整顿。

邓小平简洁地说：“整顿中国科学院，加强领导。”

1975年7月，中共中央批准国务院关于中国科学院要整顿、要加强领导的报告。中旬，中央决定派胡耀邦到中国科学院任党的核心小组负责人，主持中国科学院工作，并要求尽快就中国科学院的整顿问题提出意见。

胡耀邦等进入中国科学院后，首先整顿领导班子，调刘华清、王屏，增补武衡、胡克实进入领导班子。当时，郭沫若院长兼党的核心小组组长，但年老多病。中央决定由胡耀邦任核心小组第一副组长，主持科学院日常工作，李昌任核心小组副组长，协助胡耀邦工作。核心小组改组后，改变了原核心小组政治、业务“一把抓”的现象，把行政业务和党的工作分开，专门建立行政办公会议，分工专人抓业务。科学院工作的领导权基本上集中在核心小组，干部的审查、任命，科研方针的确定等重大事项都由核心小组讨论决定。

胡耀邦办事雷厉风行，到任后立即深入院属各单位，找各级领导干部、科研工作者、知识分子促膝谈心，广泛听取来自群众的反映和呼声。

“文化大革命”爆发以来，中国科学界遭受了一场空前浩劫。在异常艰难的环境中，广大科学工作者怀着强烈的责任心和追求真理的热忱，怀着对

“四人帮”倒行逆施的强烈愤慨，坚持利用一切可能的机会进行研究工作。上海冶金研究所有两位科学工作者，在被批判和监督劳动期间，每天晚上坚持整理资料和过去的实验数据，编写出半导体材料在中国发展的建议和近 4 万字的量子化学论文。

数学研究所的陈景润，克服重重困难，从未间断研究“哥德巴赫猜想”问题，取得可喜成就。像这样的科学工作者，其他各个研究所也有，尤其是许多理论工作者，始终没有放弃自己的研究。正是他们的努力，才使中国的科学工作在“文化大革命”这一非常时期得以延续。在这动乱的岁月里，他们多么盼望“科学的春天”尽快到来啊！

就在这时，人们听到消息：“党中央派一个老红军到科学院主持工作来了！”“胡耀邦到中国科学院来了！”这个令人振奋的消息不胫而走，像春风一样很快传遍中国科学院各个单位。

为了掌握中国科学院的情况，胡耀邦多次召开院和所属单位各种类型的座谈会、调查会，深入调查研究。同时，大力贯彻中央关于全面整顿的精神，强调“四个现代化，科学技术现代化是关键”，要花大力气全面落实党的知识分子政策和干部政策，受到广大科技人员的热烈欢迎。

针对“文化大革命”搞得科研单位不敢搞科研，知识分子无法搞科研，科研工作处于停顿、半停顿状态的情况，胡耀邦大声疾呼：“科研机构不搞科研怎么成?”“科学院就是搞科学研究，这个风要吹起来”，“刮八级不行，得刮十二级台风”。

他多次强调：“我们搞了 54 年。28 年搞了一个事情，推翻三座大山。解放后 26 年打下了一个社会主义的基础，保证江山不改变颜色。现在搞第三个伟大目标，沿着社会主义方向，在本世纪末实现四个现代化。”“实现四个现代化”就是“我们伟大的新长征”。

胡耀邦不但抓大事，也抓许多人不屑于抓的“小事”，重视关心和解决科技人员的实际生活困难，如住房、托儿所、煤气罐等。这些事例，在广大科技工作者中传为美谈。

1975 年 8 月，胡耀邦主持召开科学技术规划座谈会。参加会议的有各个有关方面的负责人。与会者强调：要把国民经济搞上去，科技工作必须走在前面；要充分发挥科技人员的作用，划清发挥科技人员的作用与“专家路线”和为革命钻研业务与“技术挂帅”等政策的界限。呼吁恢复国家科委，希望有一个全国性的强有力的科技管理机构。

这时，与“文化大革命”初期相比，对科学技术的需求高涨了一些。但是，经过“文化大革命”对“白专道路”“资产阶级反动学术权威”近10年的“大批判”后，究竟如何看待科学技术、如何开展科学研究？人们的思想已经被搞得异常混乱，多数人感到无所适从。

因此，胡耀邦等人到中国科学院后面临的紧迫任务是：在半个月内完成一个向中央，至少向国务院提出的关于科学工作的几条主导性意见，以便取得中央政治局，至少是国务院领导的同意。

对中国科学院的“全面整顿”，胡耀邦等特别注重抓好组织整顿、落实政策。整顿开始后，胡耀邦等人旗帜鲜明地反对派性，落实政策，复查在“文化大革命”中对受审查者所作的结论，对于没有安排工作的科技人员，尽量给予安排。为了使更多的科技人员发挥所长，胡耀邦不失时机地进行调查，发掘人才。

8月19日，胡耀邦与部分科学家座谈时，十分诚恳地说：“拜托大家帮助我一下。”这种久违了的礼贤下士的态度，使与会的科学家们十分感动。胡耀邦举了一位毕业于英国牛津大学搞植物生态研究的科学家回国后于1970年被下放的事例，问大家：“就你们所知，还有没有一些有成就的人，现在在农村，或是分配工作不当而不能发挥作用的？请你们给我开个名单，有一个就写一个，有两个就写两个……写好了寄到我这里来。”经过调查研究和积极工作，中国科学院在4个月的整顿中，被落实政策的科研人员和干部达800多人。

在全面整顿中，胡耀邦等狠抓思想整顿。8月15日，胡耀邦在一次座谈会上，宣布整顿工作主要是全院各级领导班子的组织整顿和思想作风的整顿，而思想作风方面的整顿时间可能更长，任务更艰巨。在很长时间内，一度提出科研工作要“三个面向”的口号，即面向工厂，面向农村，面向学校。1971年，又提出科研要“三急”，即急战备之所急，急工农兵之所急，急工农业生产之所急。以后“三急”又简化为“开门办所”的方针。

这些口号无论怎么变化，均不是以发展科研为前提，而是以“改造科研工作者”为目的。中国科学院的方向到底是什么？这是广大科技人员和领导干部反映强烈的问题之一。有一次，胡耀邦与几位科技人员交谈，大家告诉他，这些年除了接受工人、农民的“再教育”，就是搞生产，与白菜、土豆打交道。有些研究所每周搞业务的时间不足20个小时。这些问题使胡耀邦感到非解决不可，已刻不容缓。

为了把科研工作搞上去，胡耀邦经常和李昌等商讨、切磋、琢磨。他非常尊重李昌，认为李昌在自然科学方面是内行。10月11日，在古脊椎研究所的一次大会上，他说：“李昌同志比我好，他学习得好，自然科学的基础比我雄厚。”他在大会小会上都明确回答：“科学院是科学院，不是生产院、教育院、白菜院、土豆院，科学院就是搞科学的，是搞自然科学的。”

中共中央、国务院任命胡耀邦等同志到中国科学院主持工作时，要求尽快提出整顿中国科学院工作的意见。胡耀邦等同志上任后，深入调查研究，广泛征求意见，开始组织起草《关于科技工作的几个问题（汇报提纲）》（以下简称《汇报提纲》），准备向中央汇报科技问题。

8月8日，邓小平同国务院政治研究室的同志谈话时，曾谈到科技与人才等问题。邓小平指出，现在许多专门人才都有后继无人的现象，北京大学有个搞半导体的专家，现在学校让他改行了，很可惜。

通过抓好中国科学院的整顿，来指导和推动对全国科学技术系统、教育系统、文化系统的整顿全局，是邓小平深思熟虑的重要战略部署。因此，他对中国科学院的整顿和《汇报提纲》极为重视。

8月17日，中国科学院《关于科技工作的几个问题（汇报提纲）》，由胡耀邦等署名上报。一共分为六个部分：一、关于肯定科技战线上的成绩问题；二、关于科技工作的组织领导问题；三、关于力求弄通毛主席提出的科技战线的具体路线问题；四、关于科技战线知识分子政策问题；五、关于科技十年规划轮廓的初步设想问题；六、关于中国科学院院部和直属单位的整顿问题。

在“力求弄通毛主席提出的科技战线的具体路线问题”这个部分中，《汇报提纲》用分析情况和澄清思想的方法，讲了六个问题：“政治与业务的关系”“生产斗争和科学实验的关系”“专业队伍与群众运动的关系”“自力更生和学习外国长处的关系”“理论研究和应用研究的关系”“百花齐放、百家争鸣方针”。

在分析“生产斗争和科学实验的关系”时，《汇报提纲》指出：“科学来源于生产，又指导生产、促进生产。怎么才能多快好省发展生产？决定的因素是人，一靠人们的高度政治觉悟、革命干劲，二靠掌握先进的科学技术。科学技术也是生产力。科研要走在前面，推动生产向前发展。”

邓小平接到《汇报提纲》后，十分关注。8 月 26 日，邓小平约见胡乔木，专门谈了如何修改中国科学院《汇报提纲》的指导思想和具体意见。

邓小平说：《汇报提纲》的稿子，涉及问题太多，不必要的太锋利，站不稳。这个文件很重要，要加强思想性，多说道理。但不要太尖锐，道理要站得住，攻不倒。

邓小平指示，由胡乔木同胡耀邦等同志一起讨论一下修改问题，并要求胡乔木亲自动手修改。根据邓小平的指示，胡乔木与胡耀邦等中国科学院的负责同志商定修改方案后，以邓小平关于科技整顿的基本思想为主题，很快在原《汇报提纲》的基础上，修改出了新的文稿，并命名为《科学院工作汇报提纲》（以下亦简称《汇报提纲》）。

修改后的《汇报提纲》把原来的六个部分进一步集中、概括，调整为三个部分：

在第一部分中国科学院科研工作的方向任务中，对中国科学院建立以来，在科学研究中取得的成就，作了充分的肯定，认为“取得了很大成绩”。关于中国科学院今后十年的根本任务，提出了三个方面：一是协同各有关部门，积极承担国民经济和国防建设中若干重大的科研任务，二是开辟一批新兴的科学技术领域，三是大力发展基础科学研究。其目标是使中国科学院真正成为中国自然科学研究的综合性中心，带动整个中国科学技术工作的蓬勃发展。

在第二部分坚决地、全面地贯彻执行毛主席的革命科技路线中，着重从理论上正本清源，拨乱反正。文稿从十个方面引述毛泽东关于科学技术工作的一系列指示，第一个方面是“阶级斗争、生产斗争和科学实验，是建设社会主义强大国家的三项伟大革命运动”；第二个方面是我国科学技术“一定要在不远的将来，赶上和超过世界先进水平”；第三个方面是工人阶级必须有宏大的科学技术专家队伍；第四个方面是知识分子同工农群众结合；第五个方面是政治和技术的统一；第六个方面是理论和实际的统一；第七个方面是独立自主，自力更生和学习外国；第八个方面是百花齐放，百家争鸣；第九个方面是世界观的转变；第十个方面是党的领导，全党学习科学知识。

其中第二个方面的全文是：我国科学技术“一定要在不远的将来，赶上和超过世界先进水平”。“我们不能走世界各国技术发展的老路，跟在别人后面一步一步地爬行。我们必须打破常规，尽量采用先进技术。”“科学技术是生产力。”“科学技术这一仗一定要打，而且必须打好。不搞科学技术，生产力无法提高。”

在第六个方面论述理论和实践的关系时，引用了“要加强理论研究，要有专人搞，不搞理论是不行的”。

这样写的目的，在于以毛泽东正确的指示，作为中国科学院和整个科学技术工作的指导方针，纠正“文化大革命”的错误及其对科学技术工作的干扰和破坏。

《汇报提纲》在这一部分中，深入地分析了政治与业务、群众路线与专业队伍、理论与实际、对知识分子的教育与使用、哲学与自然科学等五个方面的辩证关系，提出必须全面理解和贯彻落实毛主席的革命科技路线。

《汇报提纲》在第三部分关于中国科学院的整顿问题中，提出了根据中央要求，对中国科学院进行整顿的五项内容：一是结合实际，认识学习，揭露矛盾，开展批评和自我批评；二是认真落实党的知识分子政策和干部政策；三是增强无产阶级党性，批判和消除资产阶级派性；四是调整和健全领导班子；五是整顿机构。

邓小平看了修改后的《汇报提纲》指出：这个文件很重要，不单管科学，而且可以适用于文化教育各部门。

提到教育问题时，邓小平不无忧虑地说，教育方面存在不少问题，现在教师积极性不高，学生也不用心学，教学质量低，这样下去怎么能实现四个现代化？

邓小平首肯后，《汇报提纲》即被印发，送有关同志征求意见。在国务院正式讨论前夕，邓小平又让胡乔木整理一份毛泽东和马克思、恩格斯、列宁关于哲学与自然科学关系的论述的语录，作为《汇报提纲》的附件。国务院政治研究室随即编印了《必须用哲学指导自然科学的研究，但不是用哲学代替自然科学》的材料，作为《汇报提纲》的附件。

第七十二章

“由国务院批准，用这个充分发动群众”

邓小平非常重视中国科学技术事业的发展和中国科学院系统的全面整顿工作。1975 年 9 月 26 日下午，邓小平主持国务院会议，主要听取胡耀邦汇报中国科学院的整顿工作。

会议开始后，中国科学院负责人胡耀邦手持《科学院工作汇报提纲》（以下简称《汇报提纲》），一边汇报，一边结合实际情况加以具体说明。国务院政治研究室负责同志也参加了会议。

《汇报提纲》主要提出和回答了六个科学界迫切需要解决的问题：

一是关于肯定科技工作的成绩问题。提纲肯定“经过三大革命斗争实践的锻炼，绝大多数人是拥护党、拥护社会主义、愿意为人民服务的，并且为独立自主地解决经济建设和国防建设中的一些重大科学技术问题作出了贡献……二十多年来，科技战线上的绝大多数领导干部、科技人员和广大职工，辛勤努力，成绩是主要的”。

二是关于科技工作的组织领导问题。中国科学院和国家科学技术委员会合并后，中国科学院承担的任务十分复杂和繁重，为此专设了“科技办公室”，承担原国家科委的部分工作。但这种形式并不适应需要。《汇报提纲》提出“为了集中精力搞好中国科学院这支专业队伍的工作，我们是赞成把原科委工作划出的”。

三是关于力求弄通毛泽东提出的科技战线的具体路线问题，提出了六个关系。

政治与业务的关系。政治是统帅，思想统一了，才能有统一的行动。对科技工作，一定要有坚强的政治领导，又有切实具体的业务领导。

生产斗争与科学实验的关系。提出“科学技术是生产力”，“不打这一仗，生产力无法提高”。科研要走在前面。

专业队伍与群众运动的关系。发展科学技术要靠两支队伍，一支是专业队伍，一支是群众队伍。两条腿走路，发挥两个积极性。《汇报提纲》强调“决不能否定和取消实验室的研究工作。不能不加区别地要求任何科学研究工作都要实行‘以工厂、农村为基地’的三结合。不宜笼统地、绝对地、不加具体分析地提‘开门办科研’这样的口号”。

自力更生与学习外国长处的关系。主张自力更生，既要反对崇洋媚外、盲目照搬，又要反对排外主义、闭关自守。必须经常地密切注意和调查研究国际上科学技术发展的最新动向，有必要从国外引进一些先进技术、先进设备，必须积极开展同国际科学界间的友好活动。

理论与实际、基础与应用的关系。要正确地贯彻理论联系实际的方针。要以大部分科技力量积极地认真地去解决经济建设和国防建设的实际问题。但是，又不能忽视自然科学的理论研究和基础性工作。

党的绝对领导与百家争鸣的关系。党对科学技术的领导就是路线、方针、政策的领导，就是用计划来领导。自然科学学术问题上不同意见的争论是好事不是坏事。必须实行百花齐放、百家争鸣的方针，通过学术讨论的办法，通过科学实践来解决，不能用行政命令办法，支持一派，压制一派。更不能以多数还是少数，青年还是老年，政治表现如何来作为衡量学术是非的标准。

四是关于科技系统知识分子政策问题。对现有的400万科技人员的基本估计是：“总的说来，他们在基本政治立场上是拥护党、拥护社会主义、愿意为人民服务的，反党反社会主义分子只是极少数”，“绝大多数是好的或比较好的，做了大量的工作，许多人已经成为政治上、业务上的骨干”。

五是关于科技十年规划轮廓的初步设想问题。规划立足于对今后一二十年中国科学技术发展的战略设想，提出了五个方面：

组织钢铁和粮食两次科学技术大会战。

各部门、各行业都要集中力量解决本部门、本行业的关键科学技术问题，发展新技术、新装备、新工艺、新设计的研究。

配合国防科技部门，研究提供“两弹”、卫星、飞船、核潜艇所需的各项新材料、新装备等，并探索新技术。

狠抓四项新兴技术：计算机与自动化技术，激光技术，遥感技术和仿生技术。

加强基础科学的理论研究。为此要解决队伍、投资与经费、实验装备等条件。

六是关于中国科学院院部和直属单位的整顿问题。整顿内容包括：整顿机构，健全和调整领导班子，加快落实党的政策，整顿思想作风和关心群众生活。①

会上，邓小平在听取胡耀邦汇报时，对于整顿和发展中国科技事业，提出一系列既有鲜明的现实针对性、又有长远指导意义的重要思想。

当胡耀邦汇报到科技工作的现状和科研人员的情况时，邓小平说：

> 我在学大寨会上说，农业搞不好就要拖工业的后腿。如果我们的科学研究工作不走在前面，就要拖整个国家建设的后腿。科学研究是一件大事，要好好议一下。
>
> 现在科研队伍大大削弱了，接不上了。搞科研要靠老人，也要靠年轻人，年轻人脑子灵活，记忆力强。大学毕业二十多岁，经过十年三十多岁，应该是出成果的年龄。这一段时间一些科研人员打派仗，不务正业，少务正业，搞科研的很少。少数人秘密搞，像犯罪一样。陈景润就是秘密搞的。
>
> 这些人还有点成绩，这究竟算是红专还是白专？像这样一些世界上公认有水平的人，中国有一千个就了不得。说什么“白专”，只要对中华人民共和国有好处，比闹派性、拉后腿的人好得多。现在连红专也不敢讲，实际上是不敢讲“专”字。中央表扬了这样的人，对他们应该爱护和赞扬。②

当胡耀邦汇报到大量科研人员学非所用时，邓小平当即提出了一个浪费人

---

① 《中国科学院》(上)，当代中国出版社 1994 年版，第 163 ~ 165 页。

② 《邓小平文选》第 2 卷，人民出版社 1994 年版，第 32 页。

才的例子，并讲了一段影响全国的振聋发聩的话：有位老科学家，搞半导体的，北京大学叫他改行教别的，他不会，科学院半导体所请他作学术报告，反响很好。他说这是业余研究的。这种用非所学的人是大量的，应当发挥他们的作用，不然对国家是最大的浪费。他是学部委员、全国知名的人，就这么个遭遇。为什么不叫他搞本行？北大不用他，可以调到半导体所当所长，给他配党委书记，配后勤人员。①

中国科学院院士黄昆当时在北京大学工作，他回忆说：我的专长是搞半导体物理基础研究和理论教学的。在“文化大革命”的后期，要我到车间里带学生搞半导体生产，这当然完全没有可能发挥我的专长。这时候，科学院正好在搞整顿，他们邀我去作一次学术报告，我作报告后，听说反映不错。后来我才听说，小平同志对这件事很关心，在听科学院汇报提纲时拍了桌子。他说，你们有个搞半导体的，叫黄昆，是个老科学家，北大叫他改行，教别的。周荣鑫你查一查，我是三天前知道的。全国知名的人，就这么个遭遇。为什么不叫他搞本行？北大不用他，可分配到科学院半导体所当所长，给他配党委书记，配后勤人员。后来在 1977 年我就被中央调到半导体所工作了。

当胡耀邦汇报到有的领导班子被那些一不懂行、二不热心科研、三有派性的人所把持的时候，邓小平十分重视，极为干脆地表示：

> 科研工作能不能搞起来，归根到底是领导班子问题，不把领导班子弄好，谁来执行政策？领导班子，特别要注意提拔有发展前途的人。对于那些一不懂行、二不热心、三有派性的人，为什么还让他们留在领导班子里？科研人员中有水平有知识的为什么不可以当所长？
>
> 现在的工作，主要是依靠四十多岁的人来搞。好的可以管党务工作，管后勤工作。后勤工作很重要，它要为研究工作创造条件，保护和管理好资料、材料、仪器、机器。不是忠心耿耿的人，不懂科学知识的人，是搞不起来的。这也是科研工作中的政治工作。党的、科研的、后勤的工作，三个部分，没有后勤，科研搞不起来。不能叫科研人员还去搞后勤，整天

① 《邓小平文选》第 2 卷，人民出版社 1994 年版，第 32 ~ 33 页。

东跑西跑。要让党性好的组织能力强的人搞后勤。[①]

当胡耀邦汇报到选拔、培养青年科技人员的重要性时，邓小平说：我们还要把那些比较好的、有培养前途的科技人员记下来，建立科技人员档案，帮助他们创造条件，不管他们资格老不老。一九五七年我去苏联，尤金说，苏联的原子弹，是三个三四十岁的年轻人搞出来的。这样的人我们就没有啊？总之，要给有培养前途的科技人员创造条件，关心他们，支持他们，包括一些有怪脾气的人。首先要解决这些人的房子问题，家庭有困难的也要帮助解决。[②]

当胡耀邦汇报到科技界后继乏人时，邓小平十分重视这个问题。由此引发的讲话迅速传遍全国科技界、教育界、知识界等各个方面。“反击右倾翻案风”运动中，这些话成为邓小平大刮“右倾翻案风”的“典型语言”。他说：

要后继有人，这是对教育部门提出的问题。大学究竟起什么作用？培养什么人？有些大学只是中等技术学校水平，何必办成大学？

科学院要把科技大学办好，选数理化好的高中毕业生入学，不照顾干部子弟。

这样做要是犯错误，我首先检讨。这不是复旧！一点外语知识、数理化知识也没有，还攀什么高峰？中峰也不行，低峰还有问题。

我们有个危机，可能发生在教育部门，把整个现代化水平拖住了。比如我们提高工厂自动化水平，要增加科技人员，这就要靠教育。提高自动化水平，减少体力劳动，世界上发达国家不管是什么社会制度都是走这个道路。科技人员是不是劳动者？科学技术叫生产力，科技人员就是劳动者！[③]

当胡耀邦汇报到教师地位低下，经常受批判挨骂时，邓小平说：要解决教师地位问题。几百万教员，只是挨骂，怎么调动他们的积极性？毛主席讲消极

---

① 《邓小平文选》第2卷，人民出版社1994年版，第33页。
② 《邓小平文选》第2卷，人民出版社1994年版，第33页。
③ 《邓小平文选》第2卷，人民出版社1994年版，第33～34页。

因素还要转化为积极因素嘛！教育战线也要调动人的积极性。①

在邓小平讲话过程中，当邓小平讲到“科学技术叫生产力，科技人员就是劳动者”的时候，胡乔木插了一句话：“马克思说过生产力首先是科学。”

当时随着《汇报提纲》，还报送了一本材料，注明《汇报提纲》第二部分所引毛主席语录的出处，在注明“科学技术是生产力”的出处的时候，又附了一个注，就是胡乔木引用的马克思的那句话，来源于马克思《政治经济学批判大纲》（草稿）：“社会的劳动生产力作为资本所固有的属性而体现在固定资本里面；这所谓社会的劳动生产力，首先是科学的力量，其次是在生产过程内部联合起来的社会力量，最后是从直接劳动转移到机器、转移到死的生产力上面去的技巧。”

对于胡耀邦关于中国科学院工作的汇报，邓小平十分满意，最后说：“《汇报提纲》先送主席，请主席批准，印发政治局传一下，由国务院批准。用这个充分发动群众。”

邓小平听取胡耀邦汇报时的讲话，虽然没有通过中共中央文件向下印发、传达，却不胫而走，在科技界、教育界和城乡广大知识分子、知识青年中广泛流传、广泛抄录。许多干部、知识分子和青年学生，从邓小平的这个讲话中，进一步认识了邓小平，进一步认识了全面整顿的实质，从而在“文化大革命”造成的内乱中看到了中国的希望。

会后，根据邓小平提出的意见，胡耀邦等对《科学院工作汇报提纲》进行了修改。9 月 28 日，邓小平将《科学院工作汇报提纲》报送毛泽东。后来由于“反击右倾翻案风”运动爆发，《科学院工作汇报提纲》没有以中央文件形式公开下发，但是它在科技界、教育界引起的巨大反响却是不容置疑的。

从《科学院工作汇报提纲》的形成过程看，自始至终倾注着邓小平的大量心血。从文稿的起草、汇报、反复修改，到最后定稿，邓小平与胡耀邦、胡乔木等人谈话、在会议上听取汇报、对修改《汇报提纲》提出具体意见，就有 10 多次。他确确实实对整顿、振兴、发展中国科学技术事业充满关切之情，并且把科学技术发展与否，作为中国能否实现四个现代化的大问题，作为全面

① 《邓小平文选》第 2 卷，人民出版社 1994 年版，第 34 页。

整顿的关键环节去认认真真抓紧抓好。

后来，邓小平进一步深化、发挥、发展了“科学技术是生产力”的观点。1988 年 9 月 5 日邓小平提出一个全新的观点：科学技术是第一生产力。对此，著名理论家龚育之说：小平同志在跟捷克总统谈话中提出了“科学技术是第一生产力”。他说，科学技术是生产力，这是马克思讲的，这完全对，但是，这还不够，依我看是第一生产力。这样就把科学技术是生产力的性质确定了，在生产力发展中的地位更加突出了，提出了第一生产力这个命题。这是新命题，不仅仅重申马克思的观点，又发展了他的观点。我想除了研究马克思以后的科学发展，研究了二次大战以后的发展，还有一个很大的背景，就是研究了我们国家科技的发展与世界科技发展的差距拉开的背景。把科学技术摆在第一生产力这样一个地位上，是对现代生产力新的观察和概括，也是对现代社会主义的一个新的观察和新的概括。我们讲社会主义，在当代条件下讲社会主义，如果把社会主义的发展和科学技术的发展这两种时代潮流不能很好地结合起来的话，那么就不可能把社会主义的优越性充分发挥出来。

1975 年 9 月，《科学院工作汇报提纲》和邓小平听取汇报时的重要指示，很快在整个科技界和教育界传开了，广大科技工作者、教育工作者和知识分子欣喜若狂，奔走相告，互相传诵，一致认为，邓小平的重要指示和胡耀邦的《汇报提纲》，说出了大家想说而不敢说的心里话，听了真是大快人心。现在科技界、教育界有希望了，我们终于可以放心大胆地挺起腰杆来，搞科研、搞教育，干“四化”了。

著名科学家钱三强在一篇文章中说：“耀邦同志在 1975 年以后来到中国科学院担任党的核心小组第一副组长，在邓小平同志领导下，对受‘四人帮’破坏严重的中国科学院进行调查研究，他和李昌同志对各研究所都摸了底，特别是亲自与广大科技人员进行座谈，从而提出了《关于科技工作的几个问题（汇报提纲）》，对于科技战线的成绩估价、组织领导、知识分子政策等重大问题，提出了符合实际的见解，反映了广大科技人员的心声，得到邓小平等领导同志的首肯。”

在胡耀邦等同志的大力整顿下，中国科学院和科技界的工作开始展现出新的面貌。自从“文化大革命”爆发以来，整整9年了，中国科学院的知识分子们，一个个被扣上了“资产阶级反动学术权威”“走白专道路”“叛徒”“特务”的大帽子，饱尝遭批判、被斗争、受迫害的滋味，学问荒废，斯文扫地，报国无门。如今，胡耀邦受中共中央、国务院的委派，主持科学院工作，亲临寒舍，促膝谈心，这怎能不使他们感到如沐春雨、如坐春风呢？

在国际国内享有盛誉的著名数学家华罗庚，深情地回忆过胡耀邦看望他的动人情景：

那是一个深秋的夜晚。会客室里两个人在倾谈。在一张方桌的两边，随着谈话的深入，两人越来越凑近到桌子的一个角上。孙儿女们也知趣，提前睡觉去了。

“你可否谈谈这几年来到乌蒙山区，大渡河畔，白山黑水，把数学应用于实际的情况和体会?”客人的诚挚、关心、支持、细致入微的态度感动了我。我觉得有千言万语要讲，但又不知从何说起。

对我自己来说，这曾是做梦都想不到的事。书斋和教室是我的田地，特别是一个单科独进、自学出身的人，数学总算学了一点，而其他学识可以说一无所有。我羡慕那些受过正规教育的人，数理化、天地生都有起码的常识。所以对我来说，这是不容易跨出的一步呀！但事实上也不是想象中的那样困难。因为这是大家共同关心的事，与群众有了共同语言、共同心愿，众擎易举、众志成城，何况还有像今天和我坐在一起促膝谈心，关怀我、鼓励我、支持我、指引我的人呢！不正是他们爬雪山，过草地，靠小米加步枪解放了全中国吗？难道这一点困难，我们就无法克服？难道学术权威的浮名，反而妨碍了为人民服务的宏愿？能力有大小，莫以善小而不为！做一点算一点嘛。

当然这不是我当时所谈的原话，而是当时谈经历时涉及的实际原则。客人在静听着，不时提出问题。我们的心在共鸣，脑在同想，越谈越深。他突然提到了一个问题：今后你的打算是什么？我因思虑已久，脱口而出，提出了12个字：“大统筹，广优选，联运输，大平衡。”客人沉默了片刻，看得出他在用心思索。

“我赞成你的方向和到实际中去找课题的道路。但是你所提到的12个字，能不能改动一下?”他态度平易近人，用的是商量的口吻，并且从人类社会发展的原则性方面来帮我思考，启发我自己修改自己的提法，这比听起来滔滔不绝教育人和简单地批评“头脑僵化”的效果要好多少呀!

当时我真是见树不见林，以为我们国家正遭遇到由于不平衡所造成的损失和困难，眼前的现象蒙蔽了我，因而忘记了不断发展是社会进步的正道。于是，我想到把“大平衡”改为“策发展”是否好些，他点头了。后来在实际中经过反复考验，数学理论深刻推演，也确实证明计划经济中“策发展”比“大平衡”确切得多，积极得多。

夜深了，秋凉如水，可敬的客人留下了理论上的指点、方向性的引导，使我朦胧地认识到科学与社会与哲学的关系。我送了他一程又一程，但终于赶不上他快捷而安详的步伐，不得不停了下来以目相送。西风紧，霜花浓，不戴帽子，不围围巾，背影在朦胧的月色中消失了……

华罗庚先生文章中所写的那位他充满了尊敬的“客人”，就是中国科学院党的核心小组第一副组长、主持中国科学院工作的胡耀邦。

第七十三章

“我这个人像维吾尔族的姑娘，就是辫子多”

在邓小平主持的“全面整顿”中，中国人民解放军国防科学技术委员会主任张爱萍是一位著名人物。“文化大革命”初期，中国人民解放军副总参谋长张爱萍被加上“莫须有”的罪名，长期监禁。1975 年，主持中央军委工作的叶剑英、邓小平，决定任命张爱萍为中国人民解放军国防科学技术委员会（简称：国防科委）主任，整顿因为“文化大革命”造成的国防科技工业系统混乱不堪的状态，研制国防建设急需的新型战略武器。

叶剑英、邓小平分别代表中共中央、中央军委，与张爱萍谈话。随后，张爱萍立即行动，找一些熟悉国防科委情况的领导干部和科学家，调查研究，了解国防科委“文化大革命”中的情况和现状。

一位著名导弹与运载火箭专家回忆说：“我向他汇报了七机部几年来派性猖獗、人心混乱、科学家们受气而无奈的处境。我特别讲道：现在是‘有事没人干，有人没事干，有人有事没法干’。看得出，张爱萍将军对我这几句话很感兴趣，问我：为什么呢？我说：您于 1965 年领导我们规划的‘八年四弹’的任务，时间超过了两年，可任务没完成一半。去年进行了三次洲际导弹的试验，连一发也没有打成。而这一急需攻关的事情没有人组织你干，你想干也不让你干，这不是有事没人干吗？”

这位著名专家还对张爱萍说：“七机部人才、专家有的是，大部分人员只有参加政治学习、接受批斗、参加两派活动的义务，没有参加研制核武器的权利和任务；你要钻研核武器理论，就批你走‘白专’道路；你要积极投入研制工作，就批判你‘唯生产力论’或‘为错误路线生产’；你要按照规章制度去检查各零部件的质量，就批判你‘搞资产阶级的关卡压’‘只顾低头拉车不抬头看路’等等，这些‘帽子’‘棍子’等着，你还能干什么呢？这不是‘有人没事干、有人有事没法干’吗？幸亏周恩来总理亲自指示要保护正在投身返回式人造卫星的专家们安全，以保证早日发射成功，我才得以免遭批斗……”

一位著名核物理学家回忆说：“我当时向爱萍同志讲了许多科学家的悲惨遭遇。在美国留过学的被冠以‘美国特务’，在苏联进过修的被打成‘苏修特务’，在英国读过书的被确定为‘英国特务’，没在国外留过学进过修的则被扣以‘国民党特务’，到处批斗、游街，下放劳动，有的甚至被折磨凌辱而死……”

听了这些情况，张爱萍又气又急。他为千辛万苦建立起来的国防科研队伍竟被弄得如此凋零，国防科研工作竟被弄得如此破败不堪而义愤填膺，为面临美国、苏联两个“超级大国”核威胁情况下中国的国防科研和核武器研制的滞后而感到着急。

1975 年 3 月，中共中央军委发布命令，任命张爱萍为中国人民解放军国防科委主任。当天，张爱萍就率领工作组来到第七机械工业部（航空航天工业部）。在七机部下属单位中，张爱萍首先到七机部第一研究院（中国运载火箭技术研究院）实地调研。然后，张爱萍率领工作组来到 230 厂和第十三研究所——这是生产运输火箭的动力平衡要件陀螺仪及平台的重要国防工厂。

经过调研，张爱萍对“文化大革命”造成的混乱局面有锥心般的感受，他在各种会议上列举亲眼见到的“败家子”事例，痛斥“文化大革命”对国防科研事业造成的严重危害：“各楼层垃圾成堆，在永定路（指设在这里的 230 厂）和南苑（指七机部第一研究院），汽车进去都在垃圾上跑来跑去。”“南苑那里把马路都挖断了，你修好，他又挖断，他要从工厂里接暖气到猪圈里去，说养猪需要暖气。”“厕所的水从五楼淌到一楼，无人管无人问。”“把搞尖端、搞导弹战略武器的钢材随便成吨地倒卖出去，或拿来做私人的东西。”“食堂搞得乱七八糟，许多食堂的桌子、凳子都搞光了。”“托儿所卖牛奶掺水，长期没人管没人问。”“精密仪器不精密，量具 54.3% 的不合格，有些工厂的维修扳子、钳子生锈。”“诸如此类只是看见的，至于没有看见的更多更严重。”“这里闻名全国的，还有八九二三部队，以后又叫八二〇〇部队。我开始没搞明白，这工厂、科研单位什么时候改编成部队了呢？后来翻工人同志的字典，才知道是指上午八点钟上班九点钟下班，下午二点钟上班三点钟下班，就叫八九二三部队；以后发展成上班点个卯就走，就成了八二〇〇部队了。”“我原来认为上班总比不上班好，但工人师傅告诉我：上班比不上班更坏。我说，那不很奇怪吗？不上班坐吃山空，上班总可干点事嘛。他说不上班在家里损坏不了公家的财产，一上班就把公家搞导弹的东西拿来做自己的东西。”……

对于这种状况，广大干部、工人看在眼里，急在心里。但是，他们无权无势，无人撑腰，没有后盾，只能眼睁睁看着“群众组织”在那里打派仗、瞎折腾。

在张爱萍主持召开的一个干部、工人座谈会上，一位工人一针见血地指出：“这几年我们是在吃社会主义。”张爱萍问：“怎么叫吃社会主义？”“拿着国家给的工资，不干活，有的对公家的东西想拿就拿想砸就砸，这在哪个社会能行？这不是吃社会主义吗？”这位值得尊敬的工人直言不讳，一吐为快。“好！讲得好！”张爱萍当场表扬了这种敢讲真话的精神。

经过深入调查研究，座谈了解，分析问题，张爱萍终于弄清了七机部这个由原国防部第五研究院发展起来的战略武器研制、生产部门混乱不堪的症结所在——这就是在“文化大革命”中形成并愈演愈烈的派性。派性猖獗，必然带来歪风盛行；正气不振，更遑论国防科研了。

于是，张爱萍以强烈的事业心和高度的责任感，狠抓对各方面的整顿。他首先从国防科研系统的重灾区第七机械工业部入手，把消除派性作为重点，对派性做了坚决的、毫不留情的批判，强调指出“搞什么我这一派正确，你那一派不正确！什么左派右派！这是极少数派头头为了达到他们不可告人的目的所搞的阴谋！他们用派性掩盖自己做坏事，而派性也确实对他们起了掩护作用。最后造成恶性循环！在这里，我要用毛主席的话大喝一声：同志，该猛醒了”。

张爱萍提出“一定要消除派性，不整顿好绝不罢休”，号召“就是要讲党性，讲大局，讲团结，讲组织纪律”。3 月 25 日，张爱萍在第七机械工业部干部会议上指出：“必须要整顿，要进行政治上的整顿、技术上的整顿、生产规范的整顿、财务上的整顿……全面的整顿。……首先从政治上，从干部开始整顿！什么‘你管不着’‘我管不着’！不按党性、不按国家和人民的利益办事，什么人我都要管！如果说你是玉皇大帝，我们请孙悟空把你搬下来。我就不怕牛鬼蛇神、小丑跳梁。他们闹不成什么气候！那些伎俩，哼，说句老话：何足道哉！”

3 月 27 日，张爱萍在第七机械工业部所属的厂、所、部、站以上干部会上作了《坚定不移地反对资产阶级派性》的讲话，开宗明义、旗帜鲜明地阐述第七机械工业部必须反对派性、全面整顿。张爱萍每讲一段话，都要被会场上群情振奋的长时间热烈掌声所打断。

张爱萍的讲话震动了七机部，震动了国防科技工业系统，受到广大干部、职工的热烈欢迎，在国防科委和七机部系统吹响了反对派性、全面整顿的号角；但是也受到“四人帮”帮派体系的反对，他们暗中组织人马，贴出大字报，诬蔑张爱萍是搞“复辟”“复辟狂”等等。

“全面整顿”两个月，七机部的混乱局面得到有效整顿，工作秩序和科研秩序得到恢复。在此基础上，组织研究制定了国防科研的近期和远期规划，向中共中央、毛泽东呈报了战略武器研制方案；对科研机构和组织进行了调整，以洲际导弹为中心的科研生产开始走上正常轨道。

5 月 19 日，中共中央副主席、中央军委副主席叶剑英、邓小平，中央军委副主席聂荣臻，中央军委常委陈锡联等中央和中央军委领导同志，听取张爱萍等国防科委和七机部领导同志的工作汇报。

“听说爱萍去七机部还有大字报？”一开始，邓小平就十分关切地问道。

“不光有赶我走的大字报，还有攻击我们的匿名信哪！”张爱萍回答。

“你们要勇敢地干工作，不要怕说错话。说错话，有错误，这不要紧，做工作没有错误不可能，错了就改嘛，你们要大胆工作，错了我们负责，我和叶帅负责……”邓小平一边讲话，一边看了看主席台上的叶剑英。

“我完全同意。我们支持你们的工作，军委的同志都支持你们的工作。”叶剑英十分坚定地表示了态度。

邓小平接着说：“大字报一万张都不怕。”他鼓励张爱萍：“你还在七机部吧！没有被撵跑吧！要待下去，不要怕抓小辫子。”

随后，邓小平又对与会者说：“我这个人像维吾尔族的姑娘，就是辫子多。”

邓小平幽默风趣又深具政治含意的讲话，引起了与会领导同志的会心微笑。

很快，邓小平这句“我这个人像维吾尔族的姑娘，就是辫子多”，随着全面整顿传遍了中国大地，甚至达到家喻户晓、几乎人人皆知的程度。

著名科学家、国防科委负责人之一钱学森，汇报了前不久形成的国防科研、试验规划方案，特别强调1977年拿下射程8000公里的洲际导弹的任务，以及1978年、1980年所要实现的目标。

叶剑英、邓小平、聂荣臻、陈锡联等中央和中央军委领导同志对国防科委的工作汇报表示赞成，充分肯定国防科委和七机部抓整顿的工作和成绩，分别作了重要指示。

邓小平指出，按照你们的计划没有多少天了，对那些继续搞派性的人不能等了。我们决不能用党和国家的利益去等那么几个人。

邓小平还说：万里在铁路系统定了一个月的时间，一个月改了的，可以教育的，留下工作；一个月不改的，坚决调开。你们也限定个时间，7月1日好不好？

“好！就定在党的生日这一天。”张爱萍得到邓小平坚定有力的支持，拿到了“尚方宝剑”。

“行，就这么定了。”邓小平讲话要言不烦，干脆利落。

在邓小平等中央和军委领导同志接见后，张爱萍迅速在七机部及所属单位传达、贯彻、落实邓小平的讲话精神，分别召开了增强党性、反对派性、争做七一派，向七一献礼誓师动员大会，在七机部系统掀起“要做七一派，不当两面派”的热潮。

对于张爱萍在七机部的全面整顿，邓小平坚决支持。他指出“现在再搞派性，就是顽固的资产阶级派性”，“凡继续搞派性的，坚决调走”。1975年7月中共中央下发文件，调整七机部人事和组织机构，巩固发展已取得的整顿成果。

第七机械工业部经过半年整顿，有了较大改观。1975年中央军委扩大会议后，张爱萍主持召开国防科委党委常委扩大会议，贯彻军委扩大会议精神，调整各级领导班子，调整科研队伍，把军委扩大会议精神落到实处。

通过对国防科委机关和科研、试验单位的整顿，国防科委系统逐渐走上发展轨道。10 月 27 日，张爱萍组织指挥在戈壁深处进行地下核试验。11 月 29 日，在张爱萍组织领导下，中国回收式卫星发射、回收圆满成功。卫星按时返回地面，舱体完好地降落在贵州关岭。

张爱萍对国防科研系统的整顿成效显著。从 1972 年到 1974 年的 3 年间，由于“文化大革命”干扰破坏，国防科研系统仅发射一颗人造卫星，且以失败告终；1975 年通过全面整顿，国防科研系统一年内成功发射三颗卫星，返回式卫星发射试验成功。这是张爱萍坚定不移地贯彻邓小平全面整顿精神的丰硕成果。

在邓小平主持的全面整顿中，教育部部长周荣鑫作出突出贡献。周荣鑫曾任国务院秘书长，是周恩来总理的得力助手。第四届全国人大第一次会议召开前，中共中央政治局研究教育部部长人选时，江青集团竭力想把自己人——清华大学党委书记、革命委员会主任迟群，安排为教育部部长，由“四人帮”独霸教育系统。周恩来总理识破了“四人帮”的阴谋，在教育部部长人选问题上寸步不让，经与邓小平副总理、李先念副总理等反复研究，毅然决定派熟悉教育事业的周荣鑫任教育部部长。

“文化大革命”中，教育系统深受江青集团之害，被糟蹋得不像个样子。全国所有的大中小学校，学校停课，校舍破旧，门窗砸烂，校园荒芜，野草遮地，门可罗雀，斯文扫地，“左派”横行。大批学校被解散、关闭、迁移，校舍被挪作他用。无论大学、中学、小学的领导干部，一律被打成“走资本主义道路的当权派”，受到批斗、迫害。大批学有专长、有事业心、有责任感的骨干教师，被打成“修正主义教育黑线的黑干将”，扫地出门。领导干部不敢管理，教师不敢进行教学，学生不能进行学习……

在这样的情况下，周荣鑫肩负着周恩来总理、邓小平副总理交给的整顿教育事业的重任，到教育部上任了。他首先调查研究，听取各方面对改变教育界现状的意见，多次召开教育部和部属单位、大专院校干部、教师座谈会、汇报会，深入了解教育界亟待解决的严重问题，提出解决问题的正确主张。在调查研究中，他深深感到“文化大革命”对教育界的危害太严重了，必须从根本上予以整顿。

于是，周荣鑫发表一系列讲话，对“文化大革命”在教育系统的危害进行严厉批判。

周荣鑫批驳了张春桥《论对资产阶级的全面专政》对教育界和整个上层建筑领域的诬蔑。他说：“到底在上层建筑对资产阶级全面专政怎么专法？专对了没有？为什么提出这个问题？”

周荣鑫大力为教育事业鸣不平：“教育与经济基础，哪些相适应，哪些不相适应？现在一讲教育，好像一文不值了，成不成？”

周荣鑫严厉痛斥“四人帮”对中国知识分子的诬蔑，说：“不能一提知识分子就骂一通，这样符合不符合主席的方针？”

周荣鑫否定中国知识分子是“资产阶级知识分子”的政治定性，说：“毛主席当时讲的500万，是指旧社会来的知识分子。现在我国有2500万知识分子……是否大多数都是资产阶级知识分子？”

周荣鑫认为：“办学校就是要培养干部和各种专业技术人才，不然办大学干什么？”

周荣鑫主张工农兵学员，不必“从哪里来，毕业仍然回到哪里去”。他说：“工农兵学员上了大学就不能当技术员，不能当干部，只能回去当工人农民，这样成不成？”

周荣鑫要求恢复学校培养干部的基本职能。他说：“我们现在学校有没有培养干部的任务，不培养干部办大学干什么？”

周荣鑫尖锐抨击“文化大革命”把抓教学质量全盘否定为“智育第一”的错误做法，说：“根本不要文化，就讲培养有社会主义觉悟的劳动者，行吗？”

周荣鑫提出学校就是要抓好教学质量：“老说过去是‘智育第一’，根本不是”，“贫下中农为革命种田，工人为革命做工，学校为什么就不能提为革命读书呢？”

周荣鑫针对“文化大革命”中批判“知识分子是知识私有”等谬论说：“有知识的是私有，没有知识的就公有？那不要学校好了！”

周荣鑫旗帜鲜明地质问“四人帮”在教育界的帮派骨干分子：“总理的讲话（指周恩来总理关于加强基础理论研究的指示）他们为什么不贯彻?”

在深入调查研究的基础上，7 月 19 日至 8 月 15 日，周荣鑫主持召开在国务院研究长远规划的务虚会上成立的文教规划务虚小组会议，按照实现“四个现代化”的任务，研究文化教育长远规划的方针、政策、综合平衡、奋斗目标，以及应采取的重大措施等重要问题。大家在整顿教育问题上取得比较一致的意见：要从指导思想等方面，解决不少单位不敢提智育、文化，在科学研究和教学工作中忽视基础科学，以及只顾当前、不顾长远等倾向。

1975 年 9 月，邓小平在全国农业学大寨会议上提出要在全国各个领域进行全面整顿，“我们的文化教育也要整顿”。9 月 26 日，邓小平在听取胡耀邦关于中国科学院工作汇报时指出：科技事业要后继有人，中心是办好教育，我们有个危机，可能发生在教育部门，把整个现代化水平拉住了。又说：要解决教师地位问题。只挨骂，几百万教员怎么能调动积极性？邓小平提出：要选数理化好的高中生，直接入科技大学。

邓小平的重要指示，对周荣鑫和教育界震动很大，对于加快教育界整顿是一个有力推动。10 月份，在周荣鑫主持下，教育部针对“文化大革命”以来教育界存在的严重问题，开始起草《教育工作汇报提纲》，准备向国务院汇报后，经过中央批准，发向全国，大刀阔斧地对教育界进行彻底整顿。

通过对教育界进行整顿，大学恢复讲授基础课与专业课，中学、小学开始按照德育、智育、体育全面发展的教育方针进行教学，外语等被取消了的课程又恢复起来。教学秩序逐步走向正规，校园里又响起琅琅的读书声。

第七十四章

“三项指示为纲”“我们今后一个时期各项工作的纲”

在“文化大革命”的特殊时期，邓小平主持中央工作，进行全面整顿，必须具有非常高超的政治智慧和十分巧妙的政治策略。为此，他采用了以毛泽东正确的指示来纠正“文化大革命”的错误的方法。在1975年5月29日的钢铁工业座谈会上、7月4日对中央读书班第四期学员的讲话中，邓小平提出，把毛泽东学习理论、防修反修，安定团结，把国民经济搞上去这三项指示作为“我们今后一个时期各项工作的纲”。

这就是邓小平1975年主持中央日常工作期间提出的著名的“三项指示为纲”。

邓小平提出的“三项指示为纲”，1975年在全国可以说是家喻户晓。“三项指示为纲”的核心是纠正“文化大革命”的错误，以“把国民经济搞上去”为纲，即以经济建设为中心，来推动对各个领域的全面整顿，恢复中共八大路线，使党和国家各项工作走上正常轨道。

“理论必须阐述才能深入人心。”为了深入阐述邓小平全面整顿的指导思想和基本方针，贯彻落实邓小平“三项指示为纲”的指导方针和全面整顿的战略部署，胡乔木感到有必要写一篇长篇理论文章，全面阐述三项重要指示。

特别是邓小平在“全国农业学大寨会议”开幕式上，明确提出对全国各个领域进行全面整顿后，胡乔木更感到写一篇全面宣传三项重要指示文章的迫切性和重要性。

1975年9月18日，胡乔木把写这篇文章的任务交给了国务院政治研究室的另一位负责人，并谈了写这篇文章的基本设想：要把邓小平关于贯彻落实三项重要指示的重要讲话收集研究一下，把邓小平的基本思想反映到文章中去，要从理论与实际的结合上讲清毛泽东每一项指示的意义，三项指示之间的相互关系，最后落实到全面贯彻三项指示，集中精力进行全面整顿，促进安定团结，把国民经济搞上去。

9月19日，胡乔木把关于组织写一篇全面宣传三项指示文章的目的、主题和基本思想，向邓小平作了汇报。邓小平表示支持，说：文章很重要，要抓紧写出来。如果文章写得好，可以约几位副总理研究一下，再送毛主席审阅。毛主席同意了，可以作为《人民日报》社论发表。

9月20日，胡乔木把邓小平赞成写这篇文章的意见告诉了国务院政治研究室的几位负责人。国务院政治研究室承担了阐述“三项指示为纲”的任务后，立即组织人员，起草提纲，调查研究、搜集资料，投入紧张的工作。

为了充分体现邓小平“三项指示为纲”全面整顿的思想，充分体现中共中央、国务院1975年发出的一系列全面整顿的文件精神，国务院政治研究室认真研究了邓小平1975年的一系列重要讲话，主要有：

1975年3月5日邓小平在各省、自治区、直辖市党委主管工业的书记会议上关于整顿铁路工作的讲话；

1975年5月29日邓小平在钢铁工业座谈会上的讲话；

1975年7月4日邓小平对中央读书班第四期学员的讲话；

1975年7月14日邓小平在中央军委扩大会议上的讲话；

1975年8月3日邓小平在国防工业重点企业会议上的讲话；

1975年9月15日邓小平在全国农业学大寨会议开幕式上的讲话；

以及邓小平在中央召开的其他一系列会议上的讲话，中共中央、国务院在1975年发出的一系列重要文件。

在做好充分思想准备、理论准备和资料准备的基础上，10月7日，国务院政治研究室起草出了这篇文章的初稿，定名为《论全党全国各项工作的总纲》（以下简称《论总纲》）。

《论总纲》以四届人大提出的在20世纪末实现我国四个现代化的宏伟目标为出发点和归宿，把毛泽东的三项指示作为实现四个现代化的纲领，对其中每一项指示赋予了新的含义，深入系统地阐述了进行全面整顿、促进安定团结、把国民经济搞上去等重要问题，深入批判了“四人帮”及其帮派体系在制造“动乱”中提出的各种谬论，矛头直指“四人帮”。

一开始，即以高屋建瓴之势，论述毛泽东三项重要指示对全党全国各项工作的重要指导意义。指出："毛主席的这三项重要指示，不仅是当前全党、全军和全国各项工作的总纲，而且也是实现今后二十五年宏伟目标的整个奋斗过程中的工作总纲。"

《论总纲》指出："必须用三项指示这个工作总纲和各项政策来指导各方面的工作、整顿各方面的工作。工业要整顿，农业要整顿，交通运输要整顿，财政贸易要整顿，科学技术要整顿，文化教育卫生要整顿，文学艺术要整顿，军队要整顿，党也要整顿。""在各方面的整顿中，党的整顿、党的工作的整顿最重要。"

对于被"四人帮"搞乱了的思想理论是非，《论总纲》进行了澄清："我们要遵循毛主席的教导，辩证地理解政治和经济的对立统一关系，既要认识政治的统帅作用，又要认识政治工作是完成经济工作的保证，是为经济基础服务的。可是我们一些同志至今还是用形而上学来对待政治和经济、革命和生产的关系，总是把政治和经济互相割裂开来，把革命和生产互相割裂开来，只讲政治，不讲经济，只讲革命，不讲生产，一听到要抓好生产，搞好经济建设，就给人家戴上'唯生产力论'的帽子，说人家搞修正主义。这种观点是根本站不住脚的。"

"四人帮"及其帮派体系，惯于打着"革命"的旗号，肆意制造动乱。《论总纲》尖锐地揭露了他们的行径："这些反马克思主义的阶级敌人，继承林彪的衣钵，总是把我们的革命口号搞过去，加以歪曲，加以割裂，塞进私货，来混淆黑白，颠倒是非，把我们一些同志、一些群众的思想搞乱，把一些地方、一些单位的党组织搞乱，分裂党，分裂工人阶级，分裂群众队伍。他们打着反修正主义的旗号搞修正主义，打着反复辟的旗号搞复辟，把党的好干部和先进模范人物打下台，篡夺一些地方和一些单位的领导权，在这些地方和单位实行资产阶级专政。"

《论总纲》正气凛然，文笔犀利，如匕首，似投枪，直刺"四人帮"及其帮派体系的要害，将他们在"文化大革命"中长期赖以存身的伪善面具撕得粉碎，把他们妄图篡党夺权的真实面目，暴露在光天化日之下。

马克思主义一贯认为，"革命就是解放生产力"，"革命就是促进生产力的发展”。这本来是马克思主义的基本观点。“文化大革命”时期，却把发展生产力诋毁为“唯生产力论”，大加挞伐。《论总纲》指出：“列宁说过：‘政治教育的成果，只有用经济状况的改善来衡量。’毛主席也说过：‘中国一切政党的政策及其实践在中国人民中所表现的作用的好坏、大小，归根到底，看它对于中国人民的生产力是否有帮助及其帮助之大小，看它是束缚生产力的，还是解放生产力的。’区别真马克思主义和假马克思主义，区别正确路线和错误路线，区别真干革命和假干革命，区别真干社会主义和假干社会主义，区别干部所做工作的成绩是好是坏，是大是小，归根结底，只能也只应按照列宁和毛主席所提出的这个标准来衡量。”

“文化大革命”时期经常宣扬：“只要革命搞好了，生产自然而然就上去了。”对于这种荒唐论调，《论总纲》辛辣地予以有力批驳：“一个地方、一个单位的生产搞得很坏，而硬说革命搞得很好，那是骗人的鬼话。那种认为抓好革命，生产自然会上去，用不着花气力去抓生产的看法，只有沉醉在点石成金一类童话中的人才会相信。”

《论总纲》强调：“只要我们以毛主席的三项重要指示为纲，做好各方面的整顿工作，继续坚持独立自主、自力更生的方针，我们就一定能够实现在本世纪内把我国建设成为一个社会主义强国的宏伟目标。”

根据胡乔木的意见，对《论总纲》进行了多次修改，准备首先在以中国科学院哲学社会科学部名义创办的思想理论刊物——《思想战线》创刊号上发表。

当时，全国的主要理论宣传阵地大多控制在“四人帮”手里，创办《思想战线》是与“四人帮”争夺理论宣传阵地的一个重要斗争。胡乔木在谈到创办《思想战线》时明确指出：现在，主席的指示在刊物上得不到反映，这是个严重的问题。我们的刊物就要反映。这个刊物无论从任务和内容上说，都不单单是学部的刊物，它是面向全国、面向广大群众的刊物。这是中央交给我们的任务，要尽一切努力把它办好。

随着“反击右倾翻案风”运动开始，《思想战线》没能创办，《论全党全国各项工作的总纲》也未能发表。广大干部、群众真正看到它的强烈的战斗性和锐利的思想锋芒，是在“反击右倾翻案风”运动中，作为“批判材料”

见到的。它不仅没有受到广大干部、群众的批判，反而得到广大干部、群众的高度评价。

虽然胡乔木组织起草《论全党全国各项工作的总纲》的创议和基本设想，邓小平表示过坚决支持，但他并没有来得及看到这篇文稿。1977 年，邓小平在一次谈话中说："'三株大毒草'中的《论总纲》确实最近才看到。文章写得好，针锋相对，很尖锐，是个香花，不是毒草。"

1975 年在全面整顿中形成的《关于加快工业发展的若干问题》《科学院工作汇报提纲》《论全党全国各项工作的总纲》，是三篇集中概括、反映邓小平决心纠正"文化大革命"的错误，对全国各行各业实行全面整顿，恢复和发展中共八大路线的重要文献，虽然未能作为中共中央文件下达或发表，但在全面整顿中所起的巨大作用是不可估量的。

这三篇文稿的内容，击中了"四人帮"的要害，触到了"四人帮"的痛处，"四人帮"掀起"反击右倾翻案风"运动后，集中几乎所有舆论工具，对这三篇文稿大加讨伐。"四人帮"的写作班子集中火力，口诛笔伐，把三篇文稿称为"三棵大毒草"，进行系统的"批判"。

《论全党全国各项工作的总纲》被诬蔑为"兜售'三项指示为纲'的修正主义纲领"，"复辟资本主义的宣言书"。

《科学院工作汇报提纲》被诬蔑为"《二月提纲》在新形势下的变种"，是"反对无产阶级在整个上层建筑对资产阶级实行全面专政"的"一个修正主义标本"。

《关于加快工业发展的若干问题》被诬蔑为"工业战线上复辟资本主义的黑纲领"，"是洋奴买办的经济思想和一整套修正主义办企业路线的写照，名为加快工业发展，实为加快资本主义复辟"。

北京大学、清华大学大批判组专门编辑了《评〈论全党全国各项工作的总纲〉》《评〈关于加快工业发展的若干问题〉》《评〈关于科技工作的几个问题〉（即〈科学院工作汇报提纲〉）》三本小册子，由人民出版社出版，大量印刷，向全国广泛发行，掀起全国范围的对三篇文稿的"大批判"，为"反击右倾翻案风"运动服务。

然而，事物的发展总是与那些逆历史潮流而动的人的主观愿望相反。三篇重要文稿一经与广大干部、群众见面，立即引起人们极大的兴趣。

广大干部、群众在“反击右倾翻案风”运动中，阅读了作为“革命大批判材料”下发的《论全党全国各项工作的总纲》《关于加快工业发展的若干问题》《科学院工作汇报提纲》三篇文稿后，纷纷提出质疑。

有的干部说：“这些文章不是写得很好吗？为什么要进行批判？”

有的群众说：“这三篇文章真是说出了‘文化大革命’以来，长期压在人们心头想说而不敢说的心里话。”

一些知识分子更是广泛传播《论全党全国各项工作的总纲》《关于加快工业发展的若干问题》《科学院工作汇报提纲》三篇文稿，认为切中时弊，拍手称快。

第七十五章

“你这一年干得很好，比我强得多……”

1975年的中国，以举世瞩目的邓小平主持中央日常工作为重要开端，以开展全面整顿、全国形势普遍好转为主要特点，以“四人帮”反扑、形势逐渐逆转而结束。当时的国务院副总理谷牧认为：这段整顿是非常必要的。实际上就是把“四人帮”搞乱了的思想、搞乱了的生产秩序、搞乱了的管理系统，把它恢复起来。没有明讲，实际上就是跟“四人帮”对着干。整顿的效果是很好的。要没有这个，后来的对外开放，开放什么？

推出邓小平主持中央日常工作、开展全面整顿，最初是来自毛泽东的提议。

邓小平主持中央日常工作，大刀阔斧，雷厉风行，曾得到毛泽东的大力支持。

对此，最有力的证据是，毛泽东对邓小平主持中央日常工作的态度：

邓小平任中共中央副主席、国务院第一副总理、中央军委副主席、中国人民解放军总参谋长，同时一身而兼四项中央党政军重要领导职务，均为毛泽东亲自提议，中共中央决定。

邓小平主持国务院工作后，毛泽东亲自主持中央政治局会议，对“四人帮”进行严厉批评。然后，又让邓小平主持召开中央政治局会议，批评江青、批评“四人帮”，为邓小平主持中央工作创造条件、奠定基础。

邓小平主持中央日常工作，既然是毛泽东亲自作出的决策，他对邓小平在全国各个领域进行全面整顿，最初也是赞成的。邓小平1975年9月27日在一次讲话中曾讲过：“当前，各方面都存在一个整顿的问题。农业要整顿，工业要整顿，文艺政策要调整，调整其实也是整顿。要通过整顿，解决农村的问题，解决工厂的问题，解决科学技术方面的问题，解决各方面的问题。我在政治局讲了几个方面的整顿，向毛泽东同志报告了，毛泽东同志赞成。”

周恩来对于邓小平主持中央日常工作、进行全面整顿，非常关注。对于邓小平主持中央日常工作期间表现出来的胆识、魄力、才干和政绩，一直表示充分的肯定和有力的支持。

周恩来积劳成疾，久患重病，一直带病坚持工作，一方面是出于对党和人民事业高度负责的精神，一方面也是担心住院后党和国家重要权力落到“四人帮”手里。

为了党和国家的最高利益，周恩来全力落实毛泽东关于让邓小平恢复工作的指示，保证了毛泽东让邓小平任国务院第一副总理的预定计划圆满实现。一直到邓小平真正担负起国务院的领导重任后，周恩来才放心地住进医院。

1975 年 9 月 7 日，周恩来不顾病情严重恶化和医务人员的再三劝阻，坚持会见由罗马尼亚共产党中央执行委员会委员、中央书记维尔德茨率领的罗马尼亚党政代表团。

一见面，宾主首先互致问候，周恩来谈到自己的身体情况时，以一位彻底唯物主义者的态度，坦率地说：“马克思的请帖，我已经收到了。这没有什么，这是不以人的意志为转移的自然法则。”

接着，周恩来无限感慨地说：“时间过得真快！才只有十年，就在十年前，我到布加勒斯特去参加乔治乌·德治同志的葬礼，大衣也没穿，步行走了四个多钟头。现在，我可以告诉你，就连四分钟也走不了了！”

回顾访问罗马尼亚的往事时，周恩来充满深情地说：“我再也不能看到漂亮的布加勒斯特了。但是，我还可以从电影上、从照片上、从图画上看到它。”

在谈话中，周恩来谈到了中国的接班人问题。他请维尔德茨转告罗马尼亚共产党中央委员会总书记、罗马尼亚社会主义共和国总统：“经过半个多世纪毛泽东思想培育的中国共产党，是有许多有才干、有能力的领导人的。现在，第一副总理已经全面负起责任来了。”

这时，陪同周恩来会见外宾的一位中共中央政治局委员、国务院副总理解释说：这就是邓小平同志。

周恩来表情十分严肃地说：“具有五十多年光荣历史的中国共产党，是敢于斗争的！”

虽然，周恩来已经知道自己患的是不治之症，但是亲眼看到邓小平主持中央工作，各项工作呈现出新的气象，他为此感到由衷的喜悦。

“现在，第一副总理已经全面负起责任来了。”这关键性的一句话，周恩来一字一顿，掷地有声，坚定而有力量。因为，他从邓小平作为“第一副总理”“已经全面负起责任来了”中，看到了中国的前途和希望，从而对未来充满了美好的寄托和坚定不移的信心。

这是周恩来最后一次会见外国客人，实际上也是以生命的最后力量，向国际社会表示对邓小平寄予的厚望和坚定不移的支持。

几天之后，周恩来又一次进行大手术，一些中共中央政治局委员去看望他，周恩来用锐利的目光直视着张春桥，说：你和洪文同志要好好帮助小平同志工作。

9 月下旬，医院再次对周恩来进行手术。临进入手术室前，周恩来已经躺在了手推车上，又询问：小平同志来了没有？当邓小平走到手推车旁，俯身问候时，周恩来紧紧握着邓小平的手，感情真挚地用力说：“你这一年干得很好，比我强得多……”

北京医院原副院长吴蔚然亲身经历了当时的情景。他详细回忆说：1975 年下半年，9 月份的时候，周总理在 305 医院进行最后一次比较大的手术，虽然不是为了根治他的疾病，目的是减轻他的痛苦。那天手术，在总理已经用了麻醉前镇静药躺在平车上，我们把他慢慢地从走廊推到手术室去的过程中，当时中央领导同志，包括小平同志，都在走廊里头目送总理到手术室去。在平车将要到达手术室门口距离很近的时候，总理突然问：小平同志在吗？当时我们就赶快把这个话轻轻向后传过去。小平同志就过来，上半身俯卧在总理的头旁。总理就紧握着小平同志的手，很激动而且声音很大，出乎我们的意料，声音讲得很高，说过去一年多的工作，说“你比我强得多”。

对此，周恩来身边的工作人员回忆说：在去手术室的走廊里，周总理问：“小平同志来了吗？”邓小平、叶剑英，还有张春桥闻声由休息室走出来。邓小平来到平车前，总理紧握着他的手，高声说，更确切地说他是高声地喊：“小平同志，你这一年干得比我强得多。”当然，这话不是小平一人听到，不只是对小平同志讲的，是让在场的人都听到，表达周恩来对邓小平的支持和信任。今天想起来，总理这话是有目的的。当时，以江青为首的“四人帮”正在掀起对邓小平的攻击，邓小平主持中央工作困难重重。面对党内复杂的斗争，周总理在手术前明确了自己的态度：支持邓小平。①

周恩来自始至终对邓小平充满无限信任，并通过各种方式对邓小平主持中央工作给予有力的支持。但是，“四人帮”不甘心在一系列问题上的挫败，大肆进行活动，处心积虑地寻找机会，伺机反扑。

在国务院一些部委进行的整顿中，在一些省、市、自治区进行的整顿中，都曾遇到过在“四人帮”支持下的帮派体系的反对、阻挠、干扰和破坏。他们或者秘密串联，召开“派性会议”，商量对策；或者向上写诬告信，诬蔑陷害坚决进行整顿的领导干部；或者利用他们在领导班子中窃取的那一部分权力，为派性张目，给整顿设置重重障碍。

更有甚者，“四人帮”支持下的一些帮派体系贴出大字报、大标语，攻击、谩骂、诽谤勇于搞整顿、敢于捅“马蜂窝”的领导干部，把为进行整顿而采取的各种措施诬蔑为“复辟”“倒退”，是“翻‘文化大革命’的案，算‘文化大革命’的账”，是“否定‘文化大革命’中的新生事物”，如此等等，不一而足。各种“文化大革命”中常用的方式、方法，无所不用其极。目的只有一个，抵制全面整顿，继续“文化大革命”所造成的混乱局面。

“四人帮”还直接上阵，对邓小平主持的全面整顿进行攻击。1975 年 6 月 10 日，邓小平陪同菲律宾总统马科斯到上海参观访问。王洪文秘密打电话给上海市委书记马天水（张春桥、姚文元、王洪文不在上海时，由马天水主持上海市委工作），布置说：“邓小平到上海，你要注意。”

邓小平在上海期间，考虑到马天水是革命战争年代参加革命的老干部，又是长期在上海负责工业和交通工作的老人，出于对马天水的教育和挽救，根据毛泽东对“四人帮”的批评和中央政治局批评“四人帮”会议的内容，向马天水传达了毛泽东对“四人帮”的多次批评精神。

邓小平诚恳地告诫马天水，不要把什么都当成“资产阶级法权”来批判，要维护各级党委的领导，不要弄得各级党委的话没人听。最后，还告诉他，以

---

① 高振普：《周恩来卫士回忆录》，上海人民出版社 2000 年版，第 141 页。

后到北京还可以再谈谈。

但是，马天水在“文化大革命”中，经过“四人帮”的先打后拉，早已上了“四人帮”的战车，心甘情愿地跟随了“四人帮”。听了邓小平教育、挽救的谈话后，他不仅毫无悔改之意，反而鬼迷心窍，将邓小平谈话的内容密报王洪文和姚文元。

王洪文和姚文元得知后，让马天水将邓小平谈话的内容整成材料，用大字抄写，报给毛泽东，并附上王洪文的话，诬蔑这次谈话是一次“策反”的谈话，在政治上、组织上都是错误的。

“四人帮”企图通过这件事，诬告邓小平，制造毛泽东对邓小平的不信任，离间毛泽东与邓小平的关系。王洪文、姚文元的用心，是极其险恶的。

由叶剑英、邓小平主持，在 1975 年夏天召开的中央军委扩大会议，根据毛泽东关于“军队要统一”“军队要整顿”的指示精神，全面部署了对军队的整顿工作。中共中央副主席、中央军委副主席叶剑英、邓小平代表中共中央、中央军委在会上的重要讲话，在全党全军全国都产生了很大影响。

王洪文作为中央军委常委、张春桥作为中央军委常委兼中国人民解放军总政治部主任，均参加了这次会议，他们在会上一言不发，没有提出任何不同意见。会后，他们却大肆制造谣言，攻击军委扩大会议“问题多着呢”，“要批判的不只是这两个讲话”，诬蔑军队各大单位经过调整组成的领导班子是“复辟班子”，等等。

王洪文还利用权力，调阅会议记录和有关文件，准备“秋后算账”。1975 年秋天，王洪文又采用瞒天过海的手法，向毛泽东诬告说：七、八、九三个月，谣言一大堆，集中在江青同志，谣言来自北京。他公然把人民群众中流传的毛泽东和中央政治局对“四人帮”的批评情况，诬蔑为“谣言”，并加以歪曲，欺骗毛泽东。

1975 年 8 月以后，“四人帮”利用评论《水浒》，进行反扑。他们假借评论《水浒》的名义，借古喻今，把矛头指向周恩来、邓小平等老一辈革命家和重新恢复工作的领导干部，层层批“宋江”，揪所谓“投降派”，企图制造新的政治动乱。事情是这样的：

毛泽东晚年，眼睛因患白内障，看书很困难，这对于每天都手不释卷的这位伟人来说，实在是太不方便了。须知，读书，对于毛泽东来说，是像吃饭、睡觉一样，具有同等重要的意义的。有时候，读书甚至比吃饭、睡觉还重要。

为了解决毛泽东的读书问题，中共中央办公厅从北京大学中文系选了一位女教师，专门给毛泽东读书。每次女教师读完书后，毛泽东一般也谈谈看法，对书中的内容作一些评论。

8 月 13 日深夜（也可说是 8 月 14 日凌晨），女教师在读书之后，请教毛泽东对中国几部古典小说的评价问题。因为在此之前，女教师听到一些与对中国几部古典小说的传统评价不大一样的新的评价。

毛泽东在谈到《水浒》这部古典小说时，评论道：

《水浒》这部书，好就好在投降。做反面教材，使人民都知道投降派。

《水浒》只反贪官，不反皇帝。摒晁盖于一百零八人之外。宋江投降，搞修正主义，把晁的聚义厅改为忠义堂，让人招安了。宋江同高俅的斗争，是地主阶级内部这一派反对那一派的斗争。宋江投降了，就去打方腊。

这支农民起义队伍的领袖不好，投降。李逵、吴用、阮小二、阮小五、阮小七是好的，不愿意投降。

鲁迅评《水浒》评得好。他说：“一部《水浒》，说得很分明：因为不反对天子，所以大军一到，便受招安，替国家打别的强盗——不‘替天行道’的强盗去了。终于是奴才。”（见《三闲集·流氓的变迁》）

金圣叹把《水浒》砍掉了二十多回。砍掉了，不真实。鲁迅非常不满意金圣叹，专写了一篇评论金圣叹的文章《谈金圣叹》（见《南腔北调集》）。

《水浒》百回本、百二十回本和七十一回本，三种都要出。把鲁迅的那段评语印在前面。

女教师一边听着毛泽东这一番独出新意、不同凡响的谈话，一边迅速记录了下来。

事后，毛泽东的机要秘书让女教师把毛泽东关于评论《水浒》的谈话记录整理出来，交给了中央办公厅。

当时掌握意识形态大权的姚文元，见到毛泽东评《水浒》的谈话后，立即意识到大有文章可做。他闻风而动，给毛泽东写信说：评论《水浒》，“对于中国共产党人、中国无产阶级、贫下中农和一切革命群众，在现在和将来，在本世纪和下世纪坚持马克思主义，反对修正主义，把毛主席的革命路线坚持下去，都有重大的、深刻的意义。应该充分发挥这个‘反面教材’的作用”。

姚文元向毛泽东提议：为了执行毛主席提出的任务，拟办以下几件事：

一、将主席批示印发政治局在京同志，增发出版局、《人民日报》《红旗》《光明日报》及北京批判组谢静宜同志、上海市委写作组。附此信。

二、找出版局、人民文学出版社同志传达落实主席指示，做好三种版本印刷和评论的工作。我还看到一种专供儿童、青年读的《水浒》，是根据七十一回本改的六十五回本，也要改写前言，增印鲁迅的话，否则流毒青少年。

三、在《红旗》上发表鲁迅评《水浒》的段落，并组织或转载评论文章，《人民日报》《光明日报》订个计划。

毛泽东见到姚文元的请示后，在上面批示“同意”。

从此，在姚文元的“导演”下，《红旗》杂志、《人民日报》等各大报刊，连篇累牍地发表评论《水浒》的各种社论、评论和理论文章，在全国掀起了一个评《水浒》的高潮。

评论《水浒》运动开始后，在 1975 年 5 月 3 日和 5 月 27 日、6 月 3 日三次中央政治局会议上，分别受到毛泽东和中央政治局委员批评，向毛泽东和中央政治局写过书面检讨，一度消沉的江青，借评论《水浒》之机，故态复萌，重新活跃起来。

第七十六章

“这个人不懂事，没有多少人信她的”

古人言：“醉翁之意不在酒。”“四人帮”热心评论《水浒》的目的，完全是别有用心。1975 年 8 月下旬，“四人帮”中的江青首先别有用心地对文化部部长于会泳等人说：“主席对《水浒》的批示有现实意义。评论《水浒》的要害是架空晁盖，现在政治局有些人要架空主席。”

9 月 12 日，江青在山西省昔阳县大寨人民公社大寨大队召开的一次群众大会上，借着评论《水浒》“要联系实际”的问题，借题发挥，含沙射影，无中生有，制造事端。

9 月 17 日，江青又在大寨召集北京电影制片厂、长春电影制片厂、新闻纪录电影制片厂、新华社、人民日报社、法家著作注释组、北京大学清华大学大批判组等单位的 100 多人进行谈话。在谈话中，江青攻击别人，美化自己，蓄意滋事生非。她说：

“评《水浒》就是有所指的。宋江架空晁盖，现在有没有人架空主席呀？我看是有的。”

“三十三条语录政治局一遍都没有学完。”

“他们反对学理论，反对限制资产阶级法权。”

“党内有温和派，有左派，左派领袖就是鄙人。”

“最近，有那么一些人，把主席批评我的一封信，江某人向政治局传达的，政治局没有讨论，给传出去了。”

“我这个人天天挨骂，修正主义骂我，共产党员还怕挨骂吗？”

“在北京我跟他们斗了半年多了。”

江青在大寨的两次讲话，根本不是评论《水浒》，分明是在借古喻今，指桑骂槐，影射周恩来、邓小平等老一辈革命家，发泄对中央政治局会议批评她的不满情绪，蓄意把评论《水浒》的矛头指向现实政治生活，为“四人帮”篡党夺权制造舆论。

“四人帮”控制下的舆论工具，也按照“四人帮”的意图，极尽影射之能事，锋芒所向，“司马昭之心，路人皆知”。

8 月 28 日，《红旗》杂志第 9 期发表《重视对〈水浒〉的评论》一文。文章说：“充分开展对《水浒》这部书的批判，充分发挥这个反面教材的作用，使人民群众都知道投降派的真面目。”

8 月 31 日，《人民日报》发表《评〈水浒〉》的长篇文章，说：“在社会主义历史阶段，要反修防修，坚持无产阶级专政下的继续革命，就必须知道投降派，识别投降派，反对投降派。”

9 月 4 日，《人民日报》发表《开展对〈水浒〉的评论》的社论。社论中把毛泽东评论《水浒》的谈话用黑体字排印出来，公开发表，并强调：评论《水浒》“是我国政治思想战线上的又一次重大斗争，是贯彻执行毛主席关于学习理论、反修防修重要指示的组成部分”……

在江青集团借着评论《水浒》“要联系实际”，批判“党内的投降派”的时候，身患癌症的周恩来，对江青集团的险恶用心十分清楚。早在四届人大闭幕后，“四人帮”由于“组阁”的图谋被彻底挫败，气急败坏，就把周恩来视为篡夺党和国家领导权的最大障碍，多次挑起事端，利用各种机会，进行攻击。

周恩来始终以大局为重，以党和人民的根本利益为重，坚持党的原则，不给“四人帮”篡权夺权以丝毫可乘之机。但是，他也确实考虑过同“四人帮”进行坚决的斗争，可能会出现的各种后果。

“文化大革命”以来，江青集团惯于利用批判一本书来掀起一场政治运动。

1965 年，江青秘密策划，背着中共中央主持一线工作的负责人，私自在上海布置姚文元撰写长篇文章《评新编历史剧〈海瑞罢官〉》，在上海《文汇报》发表，由此揭开“文化大革命”的序幕。《海瑞罢官》作者、著名历史学家、北京市副市长吴晗因此而受到批判，被迫害致死。

1967 年，中央文革小组成员戚本禹撰写《爱国主义，还是卖国主义？——

评反动影片〈清宫秘史〉》的长篇文章，在《人民日报》上发表，不点名地对刘少奇进行攻击、诬蔑。不久，刘少奇即被作为“中国的赫鲁晓夫”“党内头号走资本主义道路的当权派”受到公开批判，被彻底打倒，殒命开封。

1967年9月8日，《人民日报》公开发表中央文革小组成员姚文元撰写的长篇文章《评陶铸的两本书》，对陶铸肆意诬蔑，并用牵强附会、捕风捉影、穿凿附会等手法，对陶铸过去出版的两本书进行“无限上纲”的批判。陶铸很快由“党内最大的保皇派”上升为“大叛徒”，遭到关押监禁，死于合肥。

1975年“四人帮”又企图利用评论《水浒》，故伎重演，含沙射影，把矛头指向周恩来、邓小平等老一辈革命家；指向粉碎林彪集团后，恢复工作，重新走上领导岗位的大批领导干部；指向四届人大新任命的国务院和大多数部委负责人。已经在9年来的“文化大革命”中看穿了“四人帮”实质的中国人民，对“四人帮”的这一行径表示了极大义愤。

江青在大寨发表评论《水浒》的讲话时，在场的新华社记者听了，感到非常气愤，甘冒风险，将江青的讲话记录整理，上报给了新华社负责人。

当时的国务院政治研究室负责人之一吴冷西回忆说：

“1975年9月，华国锋在昔阳主持召开全国农业学大寨会议。邓小平同志按照党中央的安排，在会议上发表了讲话。谁知江青却赶到会议上大放厥词，口口声声地说她‘代表毛主席向大家问好’，并且露骨地宣扬《水浒》中‘宋江架空晁盖’，以此影射邓小平同志。”

“正在会议上采访的新华社记者，听了江青的论调后，十分气愤，立即将她的言论写成材料交到了时任新华社副社长的穆青的手中。”

“穆青分析着这份材料，感到事关重大，便立即打电话给我，说有要事希望与我个别商量。我即乘轿车从中南海北门出来，绕到新华社的后门，将正在路边悄悄等候的穆青接上车来。”

“在车上，穆青把江青的那份讲话材料交给了我。我和穆青都感到江的矛头是对准小平同志，事态非常严重。”

“于是，我立即把材料交给胡乔木同志。乔木看后便和我一道来到邓小平的家中。小平提出，由我们设法把材料报告给毛主席，向毛主席揭露江青的政治阴谋。”

“乔木要我用车把穆青从新华社后门悄悄接出来。我们在车上仔细地商量如何才能经过唐（闻生）、王（海容）两小姐，直接把材料送到毛主席手中。这时，穆青建议，由他找新华社负责中央领导人活动报道的记者李琴想办法。我同意了这一方案。”

“穆青找到李琴，向她讲述了上书给毛主席的重要政治意义。李琴满口答应完成任务。穆青和当时任新华社社长的朱穆之又联名给毛主席写了一封信。他们知道，在‘四人帮’肆虐的政治高压下，写这样的信，需要承担巨大的政治风险。”

无私无畏的新华社记者李琴，也在穆青和朱穆之联名写给毛泽东的信上签了名。然后，将这封联名反映江青问题的“告状信”和反映江青大寨讲话的材料交给了王海容和唐闻生，请她们在陪同毛泽东接见外宾时，面交毛泽东。

王海容和唐闻生干脆利落地同意向毛泽东转交这些材料。

但是，很快政治风云突变，向毛泽东转交这些材料已经不合时宜。王海容和唐闻生又将这些材料退给李琴，由李琴退给了朱穆之等人。

1975 年 9 月 24 日下午，毛泽东在中南海会见越南民主共和国党政代表团。

送走客人后，邓小平向毛泽东汇报了江青在大寨讲话的情况。毛泽东听了以后，对江青的大寨讲话极为愤怒，说：“放屁，文不对题。那是学大寨，她搞评《水浒》。这个人不懂事，没有多少人信她的，政治局也没有多少人信她的。”

由于毛泽东明确否定了江青的大寨讲话，使邓小平排除了“四人帮”的干扰，继续推进全面整顿。

全国农业学大寨会议期间，江青向主持大会的中央政治局委员、国务院副总理华国锋提出，在大会上播发她 9 月 12 日在大寨大队群众大会上评论《水浒》的讲话录音。华国锋不敢做主，请示毛泽东。毛泽东当即批评江青的讲话是“放屁，文不对题”，又说，“稿子不要发，录音不要放，讲话不要印”。

毛泽东的严厉斥责，使江青集团利用评论《水浒》制造政治动乱的图谋未能得逞。

粉碎“四人帮”后，当年为毛泽东读书的北京大学中文系那位女教师回忆，毛泽东评《水浒》的谈话，本意就是回答女教师提出的关于如何评价中国几部古典小说的问题，根本没有包含其他意思。女教师回忆说：

“主席一向关心历史、哲学史和文学史的研究工作，重视对作家作品的评论。当时，他老人家虽在病中，日理万机之余，仍是手不释卷；尤其爱读鲁迅的文章，读时，常常发出赞许的笑声。偶或，他也让我提些问题，然后，通过解答，亲切慈祥地给我讲点历史、文学史和鲁迅。

“我曾向他请教过关于一些作家作品的评价问题。（1975 年）8 月 13 日，我又请教了关于他提到过的那几部古典小说的评价问题。他先讲了《三国演义》《红楼梦》等几部书的问题，然后谈到了《水浒》。

“关于《水浒》，学术界的基本评价，向来是很高的，甚至有的说，这是一部千古不朽的农民运动的史诗。但到 1974 年，《北京日报》到北大中文系约写一篇批判《水浒》的文章时，却透露说《水浒》是只反贪官，不反皇帝。由于不是正式消息，对精神实质理解不一，学术界在讨论时，分歧又很大，这篇文章没有发表。

“因此，当谈到《水浒》时，我顺便向主席请教了这件事。主席说，那两句话是他在一次政治局扩大会议上讲的。接着我又请教他：既然如此，那么《水浒》一书的好处在哪里？应当怎样读它？”

从这段回忆中，可以清楚地看到，毛泽东纯粹是为了答复女教师的“请教”，才谈了关于如何评价《水浒》那一番话的。而“四人帮”所搞的评《水浒》运动，则完全是借题发挥，蓄意利用评论《水浒》，发起一场政治运动，旨在制造新的动乱。

第七十七章

“说毛主席为首的中央搞了个修正主义路线，这个话不好说”

邓小平从1975年1月主持中央党政军日常工作起，就把平反“文化大革命”期间制造的大量冤假错案作为一项重要的工作内容，并为此做了大量卓有成效的工作。

1月24日，邓小平在胥光义要求分配工作的信上批示：“请先念、登奎同志考虑，胥是能工作的，或到哪个部，或到科学院都可以。”5月，胥光义被任命为中国人民解放军国防科学技术委员会副主任。

2月下旬，邓小平收到陈丕显汇报身体情况，要求进京体检，并请中央领导人接见的信。4月上旬，邓小平捎信给陈丕显，让他就有关情况写个材料。18日，邓小平借陪同毛泽东会见外宾的机会，将陈丕显的信送交毛泽东。夏天，陈丕显夫妇来到北京。7月1日，陈丕显恢复党的组织生活和原工资待遇，9月任上海市革命委员会副主任。9月29日，邓小平致信毛泽东：“陈丕显同志曾多次提出到北京治病，未予置理。最近上海市委安排他为市革命委员会副主任。我的意见，他还年轻（不到60岁），也有能力，是否可以考虑：先调来北京，然后分配到哪个省去工作。”9月30日毛泽东批示同意。10月上旬，陈丕显调到北京，10月14日，邓小平会见陈丕显。1977年2月，陈任中共云南省委书记、云南省革命委员会主任。

3月10日，邓小平在中央军委第五次常委会议结束时，说李天焕的女儿给我写信，说现在只准她每周和李天焕见一面。李天焕为什么还关着？要先放出来，回来或到医院治病，不要再叫二炮管，由总政来处理，生活上也由总政管起来。军队还有没有像李天焕这样不属于林彪问题还关着的人？总政要清理一下，一块儿解决。

9月28日，邓小平收到汪东兴报送的毛泽东对文年生夫人苏枫来信的批语“请汪转小平、春桥酌处。可能是冤案”，汪东兴建议将“毛批示和原信印发在京的中央政治局委员、中央军委常委，抄广东省委、总政等有关单位”。邓小平批示：“同意东兴同志意见，总政应追究查处此事，如属冤案，应予平反。”次日，邓小平又批示：“请东兴同志批印后，交总政办理。”

10月14日，邓小平对《人民来信摘报》反映孙新世认为没有查出她的姐姐孙维世参与特务活动的证据，要求开追悼会给予彻底平反一事，作出批示：“此事请吴庆彤同志查明处理。如孙无问题，可将骨灰放到八宝山，不必搞正式追悼会，有亲友参加即可。”1977年6月，孙维世冤案得到平反。

10月14日，邓小平指示空军负责人，刘善本同志的骨灰盒要放在八宝山革命公墓一室，对他的亲属子女要照顾好，空军党委要做一个决定发给部队。把平反昭雪工作抓紧，要快搞，不要拖。

10月15日，邓小平审阅国家煤炭工业部10月11日向中共中央、国务院报送的《关于为张霖之同志恢复名誉问题的请示》报告并批示：“应该恢复名誉。”还在拟“举行一个骨灰安放仪式”和“家属还提出请邓副主席和苏振华同志参加”旁，分别批示“不登报”，“届时我有时间，一定参加”。28日，邓小平出席张霖之骨灰安放仪式。1979年1月24日，邓小平主持张霖之等追悼会。

10月18日，邓小平同意吴庆彤关于拟将冼星海骨灰从苏联莫斯科一火葬场移回中国国内的报告。[①]

“文化大革命”期间，围绕着肯定还是否定“文化大革命”的斗争，始终没有停止过，甚至贯穿着“文化大革命”十年的全过程。1975年秋天“四人帮”利用评论《水浒》发动一场政治动乱的图谋，暂时未能得逞。但是，随着邓小平主持的全面整顿深入发展，毛泽东和邓小平之间在如何对待“文化大革命”问题上却出现了明显分歧。

---

① 中共中央文献研究室编：《邓小平年谱》1975～1997（上），中央文献出版社2004年版，第107～119页。

毛泽东最初是信任邓小平、坚决支持邓小平主持中央工作的。对于邓小平的魄力、能力、才干和工作作风尤为看重。所以，亲自提议把邓小平放在中央党政军重要领导岗位上，亲自批准邓小平主持中央党政军日常工作，亲自主持中央政治局会议批评“四人帮”，亲自把邓小平作为自己选择的接班人，寄予无限希望，授予极大权力，赋予极重责任，给予高度评价。

1975年，从赋予邓小平重要权力到赋予邓小平主持中央日常工作，甚至一直到9月份，毛泽东对于邓小平进行全面整顿，保持着支持态度，把邓小平作为周恩来的接班人及他本人身后主政的人选之一。9月24日，毛泽东在会见越南劳动党第一书记时说，现在天下最穷的不是你们，而是我们。我们有8亿人口。我们现在有领导危机。总理身体不好，一年开过四次刀，危险。康生身体不好，叶剑英身体也不好。我82岁了，我也有病。

毛泽东一边说一边用手指着陪同会见的邓小平说，只有他算一个壮丁。

但是，邓小平对全国各个方面的全面整顿，不能不否定“文化大革命”中所实行的许多错误政策，不能不逐渐发展成为对“文化大革命”错误的系统纠正。而“文化大革命”又恰恰是毛泽东晚年极为重视的一件事。他已经知道对这件事拥护的人少，反对的人多，也在“九一三”事件后逐渐纠正了一些他所意识到的“文化大革命”的错误，多次表示对于“文化大革命”中的“打倒一切，全面内战”很不赞成。

但总的来说，毛泽东一直没有能够从总体上、从全局上、从根本上认识到“文化大革命”的错误，并且一直在全局上对“文化大革命”持肯定态度。而1975年全面整顿给全国各行各业带来的显著变化，在事实上却是对“文化大革命”的有力否定。

邓小平主持的全面整顿，从实质上说，发展下去，将是从理论到实践对“文化大革命”的彻底否定。因此，全面整顿遭到依靠“文化大革命”飞黄腾达，窃据党政要职，并企图继续依靠“文化大革命”篡党夺权的“四人帮”的强烈反对。同时，彻底否定“文化大革命”的这种发展前景也是毛泽东所不能容许的。

1975年下半年，根据毛泽东的意见，鉴于他行动、说话已经十分困难，将毛泽东的大弟弟、革命烈士毛泽民的儿子毛远新，调到中央工作，担任毛泽东和中共中央政治局之间的联络员。毛远新毕业于哈尔滨军事工程学院，参加了东北地区“文化大革命”，在“三结合”中被任命为辽宁省革命委员会副主任，逐渐担任中共辽宁省委书记、中国人民解放军沈阳军区政治委员等重要职务，成为东北地区说一不二的重要人物。

毛远新到中央给毛泽东当联络员后，思想上、行动上与“四人帮”，特别是江青十分接近。对此，邓小平看得十分清楚，保持了应有警惕。10 月 31 日，邓小平给毛泽东写了一封信，提出：“我有事需要向主席当面谈谈并取得主席的指示和教诲。明日下午或晚上都可以。如蒙许可，请随时通知。”11 月 1 日晚上，毛泽东把邓小平找去谈话。在这次谈话中，毛泽东批评了邓小平为刘冰等人转信之事。邓小平向毛泽东询问，这一段时期以来中央工作的方针、政策正确与否。毛泽东肯定地说：“对。”

从 1975 年 9 月底至 11 月初，毛远新先后几次同毛泽东谈话，以汇报工作、反映情况为名，攻击邓小平主持的全面整顿工作。

毛远新于 1975 年 9 月底至 11 月初向毛泽东反映的主要有以下几个方面的内容：

> 今年以来，在省里工作，感觉到一股风，主要是对“文化大革命”。
>
> 1. “文化大革命”怎么看？主流、支流，十个指头，三七还是倒三七，肯定还是否定？
>
> 2. 批林批孔运动怎么看？主流、支流，似乎迟群、小谢讲了走后门的错话干扰，就不讲批林批孔的成绩了。口头上也说两句，但阴暗面讲得一大堆。
>
> 3. 刘少奇、林彪的路线还需不需要继续批？刘少奇的路线似乎也不大提了。
>
> 工业现代化主要强调加强企业管理、规章制度，但工交战线主要矛盾是什么？
>
> 农业、财贸战线也有类似问题，教育革命主流、成绩是什么？……文艺革命主流支流等等，总之，“文化大革命”中批判了刘少奇、林彪的路线，批判了 17 年中各条战线的修正主义路线还应不应该坚持下去？

对“文化大革命”，有股风，似乎比1972年批“极左”还凶些。

我很注意小平同志的讲话，我感到一个问题，他很少讲“文化大革命”的成绩，很少提批刘少奇的修正主义路线。

“三项指示为纲”，其实只剩下一项指示，即生产上去了。

担心中央，怕出反复。

粉碎“四人帮”后，在审判“四人帮”及其主要成员的法庭上，毛远新如实交代了担任毛泽东和中央政治局的联络员期间，在发动“反击右倾翻案风”运动、诬陷邓小平问题上所起的作用：“我在中央当毛主席联络员这一段，说我向毛主席诬陷邓小平，我不服气。因为邓小平当时就是要纠正‘文化大革命’的错误，主席思想上虽然有对邓小平不满意的地方，但要不是我首先提出有一股风，就不能造成后来在全国的‘反击右倾翻案风’运动。当时江青他们4个人是挨了主席批评的，日子不好过。从这个意思上讲，我起了江青反革命集团起不到的作用，我起的作用超过了他们，我在1975年、1976年对党和国家犯了大罪，这是我的真心话。在京西宾馆向马天水等人诬陷邓小平，那些话是张春桥讲的，他们一讲我就接受了，而且还有发挥，如在辽宁讲邓小平是邓‘纳吉’，这些话是我说的，这是诬陷。”

1975年10月中旬，中共中央副主席康生，重病在身，自知将不久于人世，强撑病体，面见毛泽东，告了邓小平一状。康生在党内长期以“极左”面目出现，20世纪40年代在延安整风运动中，因制造“抢救”运动而犯过严重错误，“文化大革命”中以“理论权威”和“中央文革小组顾问”身份，与“四人帮”合谋，干了大量整人、害人的坏事。

此前，当毛泽东让邓小平主持中央工作、多次批评“四人帮”时，康生还委托两个能够接近毛泽东的青年干部传话，揭发江青是叛徒。

康生的这种做法，叫作“双保险”—— 邓小平主持中央工作，如果将来邓小平接班了，江青垮台了，康生早就揭发过江青是叛徒，立了大功，属于反对“四人帮”的“大功臣”。后来，看到毛泽东对于邓小平的全面整顿有意见了，江青又要得势了，康生早就反映过邓小平要否定“文化大革命”，仍然立了大功，依然属于“大功臣”。

毛远新因为是毛泽东的侄子，在“文化大革命”中“经风雨，见世面”，经历了东北地区“文化大革命”的全过程，被吹捧为“无产阶级革命事业的可靠接班人”，是毛泽东晚年非常信任的人。

康生早年在共产国际工作过，曾任中国共产党驻共产国际代表团副团长（团长为王明），归国后任中共中央书记处书记、中央情报部部长和中央社会部部长，号称“马克思主义理论家”“中国的捷尔任斯基”“光荣的反修战士”，主持写过“九评”，又担任第十届中共中央副主席，也是毛泽东比较重视的人物。

毛远新和康生，恰巧是一少一老，一个青年人、一个老年人，都具有一定的代表性。这两个人对于邓小平的看法，引起了毛泽东的注意和重视。

毛泽东是一个在重大政治原则问题上决不让步的人。一旦他认为邓小平要否定“文化大革命”，要否定他晚年所从事的“无产阶级专政下继续革命”的理论和实践，要否定“文化大革命中涌现出来的各种新生事物”，对邓小平的态度立即发生了根本性变化。

毛泽东说：“有两种态度，一是对‘文化大革命’不满意。二是要算账，算‘文化大革命’的账。”

毛泽东让毛远新去找邓小平、陈锡联、汪东兴开会，把意见全讲出来。毛远新照办了。在 11 月 2 日召开的会议上，毛远新谈了否定全面整顿的意见。邓小平听了，却明确表示，不能同意毛远新关于“中央搞了个修正主义路线”的意见，不能同意毛远新对中共中央 9 号文件下发后全国形势的看法。

邓小平十分坦率地说：“这个问题还可以再想一下，你的描述，中央整个是执行了修正主义路线，而且是在所有领域里都没有执行主席的路线。说毛主席为首的中央搞了个修正主义路线，这个话不好说。”

邓小平对过去的主要工作和讲话作了简略的回顾，指出：“我是从今年 3 月 9 号文件开始抓工作，主持中央工作是 7 月。9 号文件以后是什么路线，我主持中央工作三个多月是什么路线，可以考虑嘛，算我的账，要从 9 号文件开始算起。从 9 号文件以后全国的形势是好一点，还是坏一点，这可以想想嘛。对 9 号文件以后的评价，远新同志的看法是不同的。是好是坏实践可以证明。”

最后，邓小平向与会者强调：“昨天晚上，我问了主席，这一段工作的方针政策是怎样？主席说，对。”

11 月 4 日，毛远新向毛泽东汇报了 11 月 2 日晚上的会议情况。听完毛远新的汇报，毛泽东不禁对邓小平的态度有些失望。毛泽东对邓小平是寄予信任和希望的，本来是想让邓小平作点自我批评，没有料到邓小平却是这种坚持真理无所畏惧的坚定态度。因此，毛泽东指示毛远新：继续开会，范围扩大一点，让李先念、纪登奎、华国锋、张春桥也参加，8 个人先行讨论。

毛泽东说：“对‘文化大革命’，总的看法：基本正确，有所不足。”总的评价是“三七开，七分成绩，三分错误”。毛泽东还说：“‘文化大革命’犯了两个错误，1. 打倒一切，2. 全面内战。”

毛泽东要求开 8 人会议时，要抓住当前两条路线斗争，集中讨论“文化大革命”问题，要以他对“文化大革命”的结论为基础，对“文化大革命”做个决议。

按照毛泽东的要求，召开了有邓小平、陈锡联、汪东兴、李先念、纪登奎、华国锋、张春桥和毛远新 8 人参加的会议。会后，毛远新向毛泽东汇报了召开 8 人会议的情况。毛泽东听完后说：“对‘文化大革命’，总的看法：基本正确，有所不足。现在要研究的是在有所不足方面，看法不见得一致。”

毛远新问毛泽东：“这次会议争取在对‘文化大革命’这个问题上能初步统一认识，对团结有利。目的是通过讨论，团结起来，搞好工作。是这样吧?”

毛泽东肯定地回答：“对。”

毛泽东还特别对毛远新说：“这个不要告诉江青，什么也不讲。”

这时，毛泽东仍想把事情限定在数量有限的几个中央政治局委员范围内，通过一定范围的内部方式解决问题，不想让江青插手，把事情闹大，从中生事。由此可见，毛泽东还在尽力维护他从 1974 年下半年开始努力实现的“安定团结的政治局面”。

第七十八章

周恩来问："态度会不会变?"邓小平回答："永远不会!"

1975 年邓小平主持中央日常工作、进行全面整顿，有力地鼓舞了广大干部、群众与"四人帮"斗争的决心和信心。8 月 13 日，清华大学党委副书记刘冰、惠宪钧、柳一安和党委常委吕方正给毛泽东写信，请"小平同志转呈主席"，反映清华大学党委书记、革命委员会主任迟群的问题，揭露迟群"没有自知之明，也没有知人之明，思想和作风上起了严重变化，官做大了个人野心也大了，飞扬跋扈，毫无党的观念，搞一言堂，搞家长制，资产阶级生活作风越来越严重，背离了主席接班人五项条件的要求"。

刘冰等人写的这封信，由邓小平转给了毛泽东后，暂时没有得到回音。这其实预示着毛泽东对这件事的态度。实际上，毛泽东让机要秘书将其置之案头，在思考着怎么应对这件事。

1975 年 10 月 13 日，刘冰等人再次上书，又写了第二封给毛泽东的信，请"邓副主席并呈毛主席"，进一步揭发、反映迟群、谢静宜的问题。

在刘冰等人上书毛泽东的第一封信中，只揭发、反映了迟群的一些严重问题。在他们上书毛泽东的第二封信中，则不仅进一步大胆揭发、反映了迟群在中共十大和四届人大后，由于没有当上中共中央委员和教育部部长，对毛泽东主席和周恩来总理极端不满，公开攻击中共中央和中央领导同志，在群众中造成恶劣影响等新的事实，而且反映了谢静宜的问题。他们真有一股子"舍得一身剐，敢把皇帝拉下马"的精神。

刘冰等人上书毛泽东的第二封信，仍由邓小平转给了毛泽东。

迟群原为中央警卫部队八三四一部队宣传科副科长，谢静宜原为中央办公厅机要干部。1968 年夏天，北京各大专院校的"造反组织"，"一不斗、二不批、三不改"——即不按"文化大革命"的战略部署搞"斗、批、改"，专门闹派性、搞武斗，闹得首都很不得安宁。

为了制止武斗，毛泽东派出忠诚的八三四一部队和3万多名首都工人，组成“首都工人、解放军毛泽东思想宣传队”，开进派性斗争最激烈的清华大学，整顿秩序，制止武斗。到8月底，“首都工人、解放军毛泽东思想宣传队”全部进驻北京的59所大专院校，接管了这些学校的领导权。

迟群、谢静宜就是这样受命作为进驻清华大学的“首都工人、解放军毛泽东思想宣传队”成员，于1968年7月进入清华大学的。迟群由于善于紧跟“形势”，能言善辩，头脑灵活，逐渐成为“首都工人、解放军驻清华大学毛泽东思想宣传队”负责人，当上了清华大学革命委员会主任、清华大学党委书记。

谢静宜长期在中央办公厅从事机要工作，深受上级信任，也是“首都工人、解放军驻清华大学毛泽东思想宣传队”成员，逐渐担任了清华大学革命委员会副主任、清华大学党委副书记、中共北京市委书记等领导职务。

在批林批孔运动中，迟群、谢静宜曾多次被江青派为“信使”，到部队、工厂、农村、机关传送江青写给一些单位的信和送给这些单位的批林批孔资料，中共中央文件上频繁提到“迟群、谢静宜”的名字，因而成为全国闻名的人物。有的工人、农民，甚至知识分子，不知道他们之间的“政治关系”，还传播一些“小道消息”，以为他们是一家人，所以才经常一起出去呢。这些“小道消息”，成为当时茶余饭后的“笑谈”。

在迟群、谢静宜控制下的北京大学、清华大学大批判组，“批林批孔”运动中撰写了大量为“四人帮”篡党夺权服务、攻击老一辈革命家的“理论文章”，成为在“文化大革命”中为江青充当“笔杆子”“炮队”的一支骨干力量。在“文化大革命”中相当长的一段时间内，由北京大学、清华大学大批判组或由这个“大批判组”化名的“梁效”的文章，左右中国的舆论界和理论界，成为中国意识形态领域的“主导力量”。

“梁效”的文章所透露的政治信息，成为人们观察中国政治风云变化的“晴雨表”。在全国形成了“小报抄大报，大报抄梁效”的很不正常的怪现象。特别是在“文化大革命”的中期和后期，“四人帮”每发动一场新的政治运动或想打倒某个人，必然先由“梁效”发起“舆论攻势”，用大块大块、整版整版的"理论文章"作为"重型炮弹"，进行"火力袭击"，极尽造谣、诬蔑之能事。在"批林批孔"运动中是如此，在"评法批儒"运动中是如此，在"评《水浒》"运动中是如此，在"反击右倾翻案风"运动中更是如此。

对于迟群，毛泽东并不熟悉，也无好感，因为八三四一部队在毛泽东身边工作的同志经常在毛泽东那里反映迟群的恶劣行为。毛泽东曾说过，迟群是北京的一霸，不能当部长。

对于谢静宜，毛泽东比较熟悉，因她在中央办公厅工作，时常完成一些毛泽东交办的任务，故毛泽东总是称她为"小谢"。

刘冰等人揭发、反映迟群、谢静宜问题的两封信，由邓小平转给毛泽东后，引起了毛泽东的深思。毛泽东把这两封信与社会上否定"文化大革命"的呼声，与邓小平在全面整顿中对"文化大革命"理论与实践的否定，联系到了一起，作为一个重大政治问题来进行考虑、进行处理。

于是，毛泽东在刘冰等人来信上作了批示："清华大学刘冰等人来信告迟群和小谢，我看信的动机不纯，想打倒迟群和小谢。他们信中的矛头是对着我的。我在北京，写信为什么不直接写给我，还要经小平转。小平偏袒刘冰。清华大学所涉及的问题不是孤立的，是当前两条路线斗争的反映。"

从毛泽东的批示看，意见是很明确的，不仅认为刘冰等人写信反映迟群和谢静宜的问题"矛头是对着我的"，而且把转信的邓小平也牵连了进去。他认为邓小平转了刘冰等人的信，就是偏袒、支持刘冰，并且把刘冰上书这件事上升到"两条路线斗争"的高度，认为"清华大学所涉及的问题不是孤立的，是当前两条路线斗争的反映"。

其实，就是邓小平不转刘冰的信，"反击右倾翻案风"运动也必然会爆发，不过是以其他的方式爆发罢了。刘冰上书问题的性质骤然严重了。

11 月 3 日，中共中央政治局委员、全国人大常委会副委员长、中共北京市委第一书记吴德来到清华大学，在党委扩大会议上传达毛泽东在刘冰等人两封来信上的批示。

"反击右倾翻案风"运动，就从毛泽东对刘冰来信的批示这样的特殊形式开始了。

以此为起点，"反击右倾翻案风"运动拉开帷幕。在"四人帮"的干将迟群的操纵下，清华大学先后召开1000多人参加的党委扩大会议和全校大会，揭发、批判刘冰和教育部部长周荣鑫，指斥他们“否定教育革命，翻‘文化大革命’的案”。实质上是明批刘冰、周荣鑫，矛头暗指邓小平。

会后，清华大学、北京大学在“四人帮”帮派体系策划下，贴出大批大字报，进行“教育革命大辩论”，开展“反击右倾翻案风”运动，点名批判刘冰、周荣鑫等人。消息很快传开，各地一些在全面整顿中受到批判的“帮派人物”，纷纷到清华大学、北京大学“看大字报”“取经”。一些在全面整顿中已经“安定团结”的地方，又纷纷乱了起来，一场新的政治动乱骤然而起，大有从北京波及全国之势。

11月20日，根据毛泽东的意见，中央政治局举行会议，讨论对“文化大革命”的评价问题，对邓小平作了错误的批评。尽管如此，毛泽东仍然希望在“文化大革命”问题上统一认识，提出由邓小平主持作一个肯定“文化大革命”的决议，总的评价是“三分缺点，七分成绩”。邓小平说：由我主持写这个决议不合适，我是桃花源中人，“不知有汉，无论魏晋”。实际上他仍然坚持对“文化大革命”的否定性看法。

随后，对邓小平的批评逐步升级。“四人帮”借机兴风作浪，要求中央政治局停止邓小平的工作。毛泽东仍对邓小平寄予一定程度的希望，让邓小平“专管外事”。

11月下旬，根据毛泽东的指示，中央政治局要在北京召开有130多名党政军领导机关负责的老同志参加的打招呼会议，并在会上传达经过毛泽东批准的《打招呼的讲话要点》。

这次会议的目的，是向党政军高级领导人传达毛泽东对刘冰等人的信的批示及有关指示。因为邓小平仍在主持中央工作，所以在召开“打招呼会”的会前，邓小平将中央草拟的《打招呼的讲话要点》报送毛泽东审定，并于11月21日写信将开会的方式向毛泽东作了报告：“遵照主席指示，向一些同志打个招呼，免犯错误。现拟了一个一百三十六人名单，并拟了一个打招呼的谈话要点，都是由政治局会议讨论修改了的，现送上，请审阅批示。打招呼的办法是，把大家召集到一块谈，政治局同志都出席。政治局商量，准备把谈话要点发给各大军区司令员和政委，以及省、市委第一书记，也给他们打个招呼，此点也请主席批准。"

毛泽东收到邓小平的报告后，批示："很好。但不仅只是老同志，要有中年、青年各一人同听同议。如同此次十七人会议那样。即也要对青年人打招呼，否则青年人也会犯错误。请政治局再议一次，或者分两次开，或者先分后合。"次日，毛泽东又给邓小平写信："还是你们议的好，先给老同志打招呼。青年问题暂缓。因有的还未结合，有的在打派仗（如七机部），有的貌合神离（如清华），召集不起来。"

11 月 24 日，中央"打招呼会"在北京举行。参加会议的有全体在京的中共中央政治局委员、中央党政军机关一些负责的老同志，共 130 余人。邓小平主持会议。他首先指出会议的主题："今天开的是打招呼的会议。在北京的政治局委员都到了，还请了 100 多人。先念一念毛主席批准的政治局的《打招呼的讲话要点》。"

然后，邓小平宣读毛泽东批准的《打招呼的讲话要点》：一、清华大学党委副书记刘冰等诬告迟群、谢静宜，矛头实际上对着毛主席。根据毛主席指示，清华大学党委召开常委扩大会议，就刘冰等同志的信展开了大辩论，并已扩大至全校师生。二、毛主席指出：刘冰等人来信告迟群和小谢，"动机不纯，想打倒迟群和小谢，他们信中的矛头是对着我的"。毛主席的指示非常重要，清华大学出现的问题绝不是孤立的，是当前两个阶级、两条道路、两条路线斗争的反映。这是一股右倾翻案风。有些人总是对"文化大革命"不满意，总是要算"文化大革命"的账，总是要翻案。通过辩论，弄清思想，团结同志，是完全必要的。三、毛主席指示，要向一些同志打个招呼，以免这些同志犯新的错误。

毛泽东要求邓小平传达《打招呼的讲话要点》和毛泽东的有关指示精神，实际上是包含着对邓小平的一番良苦用心。他希望邓小平能够认识"错误"，并在传达的时候有所表示，同时要给老同志们"打个招呼"，让大家都知道毛泽东的态度，使老同志不要再犯否定"文化大革命"的错误。

11 月 26 日，中共中央发出《关于转发〈打招呼的讲话要点〉的通知》，向各省、市、自治区党委第一书记、各大军区党委第一书记、中央和国家机关各部委党的负责人、军委各总部和各军兵种党委第一书记，通报了"打招呼会议"

情况，转发了《打招呼的讲话要点》，要求在上述党委的常委中传达讨论。

《打招呼的讲话要点》传达了毛泽东在刘冰等人信上的批示，明确提出："清华大学出现的问题绝不是孤立的，是当前两个阶级、两条道路、两条路线斗争的反映。"并认为这是一股右倾翻案风。尽管党的九大、十大对无产阶级"文化大革命"已经作了总结，有些人总是对这次"文化大革命"不满意，总是要算"文化大革命"的账，总是要翻案，进行"教育革命大辩论""是完全必要的"，还强调"清华大学的这场大辩论必然影响全国"。这就正式向全党提出了"反击右倾翻案风"问题。

从此，"反击右倾翻案风"运动拔地而起，从清华大学波及全国，引起了一场新的全国规模的内乱。

在邓小平主持中央工作期间，周恩来对邓小平一直坚决支持。看到"反击右倾翻案风"运动的矛头直指邓小平、否定全面整顿，周恩来十分愤慨。12月8日，周恩来在医院与王洪文的谈话中，告诫王洪文要记住毛泽东1974年在长沙谈话时关于"江青有野心"的指示。

当周恩来看到"反击右倾翻案风"愈来愈猛烈时，一方面担忧中国的前途命运，一方面也担心邓小平能否承受这样巨大的政治压力。

有一天，周恩来特意派人把邓小平找到医院。

一见面，周恩来就直截了当地问道："态度会不会变？"

邓小平斩钉截铁，明确答复："永远不会！"

周恩来说："那我就放心了！"

1975年12月，中央政治局连续开会。这些会议仍由邓小平主持。

邓小平后来形容说："我主持会，也就是开始时说声'开会'，结束时说一句'散会'。"

12月20日，邓小平在中共中央政治局会议上发言：

> 九号文件以前一段时间，看到相当部分工业生产上不去，事故比较多，不少地方派性比较严重，确实很着急。二三月间铁路运输问题很多，影响到各方面的生产，所以我提出首先从铁路着手解决问题。在这个问题

上，除了在管理体制上提出强调集中统一以外，特别强调了放手发动群众，批判资产阶级派性，强调了抢时间，企图迅速解决问题。

因此，在方法上强调对少数坚持打派仗的头头，采取坚决调离的办法。徐州问题的解决，铁路上的面貌很快改观，我当时觉得，用这种方法的结果，打击面极小，教育面极大，见效也最快，同时我觉得江苏运用铁路的经验解决了全省其他问题，也得到较快较显著的效果，所以我认为这个方法可以用之于其他方面。

紧接着，把这样的方法用之于钢铁，用之于七机部，用之于某些地区、某些省，用之于整顿科学院的工作。在这次会议之前，我还自以为这些方法是对头的，所以，当有同志对这些方针和方法提出批评的时候，我还觉得有些突然，有些抵触情绪。①

邓小平还谈了对派性，对工业生产，对文教系统，对老、中、青三结合，对新生事物，特别是对"文化大革命"的态度，认为最主要、最根本的原因，是对"文化大革命"的态度问题。他说，"桃花源中人"，八年未工作，不是主要原因。主要原因是思想认识问题。②

邓小平讲的，都是真话。他主持中央工作、进行全面整顿，其目的就是要否定"文化大革命"、消除"文化大革命"造成的混乱状态，全力以赴把国民经济搞上去，为实现中国现代化而奋斗。这样做的效果十分显著，功过是非，历史自有评说。

---

① 中共中央文献研究室编:《邓小平年谱》1975～1997(上)，中央文献出版社2004年版，第136～137页。

② 中共中央文献研究室编:《邓小平年谱》1975～1997(上)，中央文献出版社2004年版，第137页。

“不久，我又被‘四人帮’打倒了。我是‘三落三起’。1976年四五运动，人民怀念周总理，支持我的也不少”

第七十九章

“四人帮”掀起“反击右倾翻案风”运动

历史总是在曲折中发展，人类总是在探索中前行。1975 年邓小平主持中央日常工作，全力以赴推进全面整顿，实际上是对“文化大革命”的否定、对如何建设社会主义的探索。中共中央文献研究室主任冷溶认为：可以说，1975 年的整顿，是我们后来进行拨乱反正和改革开放的一次大胆尝试。小平同志在 1975 年就已经批判了“四人帮”鼓吹的“贫穷的社会主义”的谬论，坚决主张全党讲大局，把国民经济搞上去。这实际上就是他后来明确提出的社会主义的根本任务是发展生产力、要以经济建设为全党的中心任务的思想。他当时还提出一些对外开放的思想，比如说他提出要学习和引进国外先进的科学技术和先进的管理方法，要引进国外先进的科技设备；他当时还提出科学技术是生产力，科技人员是劳动者。这样看来他建设有中国特色社会主义理论中的一些思想观点和改革的一些重要措施，1975 年就已经在酝酿了。所以小平同志自己讲拨乱反正在 1975 年就开始了，改革也在 1975 年试验过一段时间，只不过当时的名称叫做“整顿”。

邓小平主持的全面整顿，实质上是否定“文化大革命”的理论与实践。全国各个领域通过全面整顿初见成效，更说明“文化大革命”是造成国民经济落后的根源。这种发展趋势是“四人帮”所不能容忍的。

“反击右倾翻案风”运动开始后，“四人帮”故态复萌，策动帮派体系，制造“天下大乱”局面。“反击右倾翻案风”运动迅速从北京扩大到全国，从第四届全国人民代表大会开始逐渐走上正常轨道的党和国家政治生活，再次被打乱。全面整顿被迫中断。

随着“反击右倾翻案风”运动的深入和扩大，从不点名地批判邓小平，最后发展到公开点名批判邓小平。广大干部、党员和人民群众对来之不易的大好局面遭到破坏、“安定团结”毁于一旦，无不痛心疾首，扼腕叹息。

而“四人帮”对于“反击右倾翻案风”却是蓄谋已久。早在1975年10月，王洪文在上海，就与上海市革命委员会负责人，以及文化部副部长刘庆棠等人多次密谈。

王洪文叮嘱这些“四人帮”党羽：“要密切注意清华、北大动向，那里有大事。”

他要求这些人，“要讲究策略”，要“振奋精神，准备斗争”。

王洪文回到北京后，又将上海的党羽召到北京打招呼。

他说：“邓小平是还乡团的总团长，华国锋、叶剑英、李先念等是还乡团的分团长。”

所以，“反击右倾翻案风”一开始，“四人帮”及其帮派势力就呼风唤雨，兴风作浪，或策划于密室，或点火于基层，唯恐天下不乱。中华大地，再度出现类似“文化大革命”初期的混乱局面。

1975年12月30日，张春桥以中共中央政治局常委、国务院副总理身份会见阿尔巴尼亚来华访问的客人。在谈到中国正在进行的教育革命大辩论情况时，这个“四人帮”的主要成员大放厥词。

张春桥介绍说：“现在争论的头一个问题，是对‘文化大革命’以前17年教育怎样估计。”

张春桥认为：这17年是“资产阶级专了我们的政”。“但是，有人说，这17年很好，那个时候倒是马列主义的，相反，‘文化大革命’以来，学校反而不好了，教育质量降低了，在课堂上课少了。大学生不如以前中学生读书多。”

张春桥在谈话中，对于一心一意抓好教育整顿，为恢复正常的教学秩序、提高教学质量做出极大成绩的教育部部长周荣鑫，极为不满。他借机诬蔑说：“我们的教育部长也有问题。”

12月1日，经过“四人帮”精心策划，北京大学、清华大学大批判组撰写的第一篇“反击右倾翻案风”重头文章——《教育革命的方向不容篡改》，在《红旗》杂志1975年第12期公开发表。这是“四人帮”公开发起“反击右倾翻案风”舆论攻势的“第一炮”。

从这篇文章的题目就可以看出，背景很深，根子很硬，口气很大，来势凶猛，咄咄逼人，大有“炸平庐山，停止地球转动之势”。它是“四人帮”射向全面整顿、射向纠正“文化大革命”错误的广大干部和群众的一发“重磅炮弹”。

12 月 4 日，《人民日报》和其他报刊全文转载《教育革命的方向不容篡改》。

同时，中央人民广播电台在《新闻联播》节目中将《教育革命的方向不容篡改》向全国进行广播。

许多经历过那段岁月的人至今对当时的情景记忆犹新——新的一场内乱开始了。

《教育革命的方向不容篡改》首先用“文化大革命”的语言，概括地集中描述了“文化大革命”给教育战线带来“教育革命”的一派“大好形势”：

> 当前，全国人民认真学习并贯彻执行毛主席关于理论问题等一系列重要指示，进一步推动了各项工作。同全国一样，教育战线的形势也一派大好。从上海“七·二一”工人大学到辽宁朝阳农学院，从江西共产主义劳动大学到大寨学校，大江南北，长城内外，朵朵教育革命的鲜花竞相开放。崭新的无产阶级教育制度通过各种试验，正在逐步建立和巩固起来。从 1968 年 7 月 27 日工人、解放军宣传队进驻学校以来，清华大学、北京大学在毛主席革命路线指引下，无产阶级教育革命蓬勃发展，广大工农兵学员迅速成长，知识分子队伍发生了深刻变化。

然后，笔锋一转，对在全面整顿中进行的教育整顿大加挞伐：

> 在大好形势下，必须看到教育领域里的阶级斗争、路线斗争仍然是尖锐、复杂的。最近，教育界有一种奇谈怪论，说什么“文化大革命”以来，教育革命这也不行，那也不行，教育革命的方向“总没有解决好”，因而“就是要扭”。这无非是说，教育革命搞过头了，搞糟了，要把教育革命的方向“扭”回去。问题很明显，当前争论的焦点在于：是坚持教育要革命的方向，把无产阶级教育革命进行到底，还是为修正主义教育路线翻案，复辟资产阶级知识分子统治我们学校的旧教育制度？我们必须抓住问题的实质，批判否定教育革命的错误思潮，分清路线上的大是大非，

继续巩固和发展教育革命的成果，加强无产阶级在上层建筑领域对资产阶级的全面专政。

接着，用典型的“文化大革命笔法”——歌颂“文化大革命”给教育界带来的“巨大变化”，历数“教育革命”取得的“巨大成就”。然后，批驳“否定无产阶级教育革命的奇谈怪论”。

12 月 14 日，中共中央转发《清华大学关于教育革命大辩论的情况报告》(以下简称《报告》)。《报告》系统介绍了清华大学以刘冰等人上书毛泽东的两封信为“靶子”，在全校开展“教育革命大辩论”的情况，认为刘冰等人“诬告”迟群和谢静宜，有深刻的政治背景和社会原因。

《报告》还说：“今年七、八、九三个月，社会上政治谣言四起，攻击和分裂以毛主席为首的党中央，否定无产阶级文化大革命，翻‘文化大革命’的案，算‘文化大革命’的账。这是一股右倾翻案风。”

《报告》对教育部部长周荣鑫在教育系统的全面整顿进行了点名攻击，说：“教育部周荣鑫同志到处讲话，制造和散布种种否定教育革命的奇谈怪论，反对毛主席的教育路线，篡改教育革命的方向，并且直接插手刘冰等人的诬告信。”

《报告》认为：“这场斗争，绝不是孤立的，而是当前两个阶级、两条道路、两条路线斗争的反映，是无产阶级文化大革命的继续和深入。”

这个《报告》的基本内容和极“左”语言，成为“反击右倾翻案风”运动的基调。

以《教育革命的方向不容篡改》的发表和《清华大学关于教育革命大辩论的情况报告》被转发为标志，全国性的“反击右倾翻案风”运动正式爆发。铺天盖地的大字报又贴满了党政机关、学校、工厂和部队领导机关。各级党政领导干部被作为“不肯改悔的走资本主义道路的当权派”再度遭到揪斗，铁路运输重新瘫痪，大批工厂停工停产。许多省、地（市）领导机关不断遭到冲击，被弄得开不成会，办不成公。许多领导干部不断遭到围攻和无理纠缠，被弄得吃不好饭，睡不好觉，无法履行工作职责。

“四人帮”利用权力，滋事生非，把中共中央、国务院和中央军委在全面整顿中发出的大批机密文件，把中共中央、国务院、中央军委领导同志在1975年全面整顿中的讲话、报告、指示、批示，断章取义，歪曲篡改，印成没有文件标志、没有印发机关的“白头材料”，向全国广泛散发，供各地帮派体系进行批判。

“四人帮”信口雌黄，指鹿为马，全面否定邓小平主持全面整顿的成果，把邓小平主持中央工作期间为治理“文化大革命”的混乱局面而采取的路线、方针、政策、措施，一概诬蔑为“右倾翻案风”；把邓小平主持下对全国各个领域进行的全面整顿，一律诬蔑为是“复辟”“倒退”“开历史的倒车”；把反对“派性”，整顿、调整各级领导班子，一律诬蔑为“翻‘文化大革命’的案，算‘文化大革命’的账，否定‘文化大革命’的胜利成果，否定‘文化大革命’中涌现出来的新生事物”。

“四人帮”颠倒是非，混淆黑白，把国家计划委员会、中国科学院、国务院政治研究室起草的《论全党全国各项工作的总纲》《科学院工作汇报提纲》《关于加快工业发展的若干问题》三篇文稿，诬蔑为“三株大毒草”，组织开展全国性的“革命大批判”。

总之，凡是全面整顿中邓小平主持的、支持的，广大干部和人民群众赞成的事物，“四人帮”一概全盘否定，口诛笔伐，必欲“批倒批臭，打翻在地，再踏上一只脚”而后快。凡是全面整顿中邓小平批评的、反对的，广大干部和人民群众深恶痛绝的东西，“四人帮”一律加以支持、吹捧和赞扬。他们把这种做法称为“对着干”。

在全面整顿中，大批党政领导干部不辞辛劳，日夜奔忙，“反击右倾翻案风”中无一例外地被戴上“邓小平的黑干将”“还在走的走资派”“还乡团头子”的帽子，受到无休止的批判斗争。

万里、胡耀邦、张爱萍、周荣鑫等在全面整顿中呕心沥血、冲锋陷阵，为铁路整顿、科技界整顿、国防科技和国防工业整顿、教育界整顿立下了大功的先锋人物，被“四人帮”诬为“邓小平的黑干将”“右倾翻案的急先锋”“大刮右倾翻案风的四条汉子”，受到点名批判，停止领导工作，成为“革命群众”随时批判的“靠边站”人物。

第八十章

“悼词由邓小平来做最合适，请小平同志来做”

中华民族的“图腾”是龙。1976 年恰恰是中国农历的龙年。1976 年 1 月 1 日，中国中央媒体中最具权威性的《人民日报》、《红旗》杂志、《解放军报》发表《世上无难事，只要肯登攀》的元旦社论。“文化大革命”期间，运用“两报一刊”社论指导历次政治运动的方向，成为一个不成文的惯例。无论是中国人还是外国人，都已经习惯于从“两报一刊”社论中判断中国政治形势的基本走向，从中得出自己的看法，并确定自己的政治态度和政治立场。

1976 年的“元旦社论”公开发表了毛泽东对“三项指示为纲”的指责：什么“三项指示为纲”，“安定团结不是不要阶级斗争，阶级斗争是纲，其余都是目”。这表明，在元旦社论“指引”下，针对邓小平主持的全面整顿的“反击右倾翻案风”运动将以更加迅猛的势头发展。

就在这时，周恩来的生命逐渐到了尽头。在“文化大革命”的艰难岁月里，周恩来在非常困难的条件下，通过各种方式和方法，为尽量减少“文化大革命”所造成的损失，为保护大批的党内外干部，为在实际工作中纠正“文化大革命”的错误，为粉碎林彪集团，为使党和国家领导权不落到“四人帮”手里，为保持国民经济的正常发展，费尽了心血，耗尽了全部精力。1970 年 10 月 19 日，周恩来在会见美国友好人士埃德加·斯诺及其夫人时的谈话中，真挚地说：“在身体方面，‘文化大革命’把我打败了，所以要打球蛋白了。因为睡得少，所以使我健康减弱了，近 4 年心脏有毛病，年纪已近 73（岁）了。”

周恩来在生命的最后阶段，一方面以超过常人的毅力忍受着疾病的折磨，一方面又敏锐地注视着国内政治风云的变幻。他关心着党和国家的前途和命运，也关心着邓小平的前途和命运。因为，他已经从中国政治风云变幻中，敏锐地察觉到：一场关系到中国向何处去的历史性决战即将来临。

1976 年一开始，《人民日报》就公开发表了毛泽东的两首词，第一首是《水调歌头·重上井冈山》，第二首是《念奴娇·鸟儿问答》。

这当然不仅是公开发表毛泽东两首词的问题，而且具有指导中国未来走向的重要意义。

已经处于病危之际的周恩来，从中央人民广播电台中倾听了毛泽东的两首词，敏锐地意识到了其表达的深刻政治内涵。他在清醒的时候，多次让工作人员朗读，一再悉心体会，精心琢磨，细心品味。

从遵义会议确立毛泽东在中共中央领导地位以来，周恩来忠心耿耿，甘为辅弼，与毛泽东风雨同舟，患难与共。周恩来太了解毛泽东了。

“文化大革命”中，周恩来忍辱负重，苦撑危局，以“我不入地狱谁入地狱”的精神，直面内乱，力挽狂澜，保证了中央党政军领导核心和中枢工作的正常运转。

四届人大前夕，周恩来飞往长沙，与毛泽东彻夜长谈，共商国是，议定由邓小平任中共中央副主席、国务院第一副总理、中央军委副主席兼中国人民解放军总参谋长，主持中央党政军日常工作的大计。

如今，毛泽东与周恩来都重病在身，久卧病榻，难以相见。毛泽东最后一位机要秘书回忆说：“他们的病榻相距并不远，却被一堵红墙和西安门大街的柏油马路无情地隔开了。一个在北海西岸 305 医院内，一个在中南海西岸的游泳池旁，他们情有所往，不忍相见，无力相见，也永远不能相见了。”

在周恩来生命的最后时刻，邓小平多次到医院看望。叶剑英、李先念等也都相继到医院看望。周恩来同叶剑英见面时，最后交代，要注意斗争方法，无论如何不能把权落到“四人帮”手里。

邓小平在接受批判的同时，时刻注意着周恩来的病情和要求。

1975 年 12 月 20 日清晨 7 时，周恩来要找中共中央调查部①部长罗青长，谈谈台湾问题。

---

① 中共中央调查部，抗日战争时期在延安成立。中国实行改革开放后，改组为中华人民共和国安全部。

医务人员用电话请示邓小平。邓小平沉重地说：“总理病成这个样，他要找谁就找谁。”

12 月 22 日下午 1 时半，邓小平与其他中央领导人听取了周恩来医疗组的紧急汇报。

12 月 28 日午夜，周恩来再次病危，医疗组对周恩来进行抢救，邓小平被从睡梦中叫起，和其他 5 位中央负责人赶到 305 医院，陪同邓颖超一起守候在周恩来的病榻边，直到看见周恩来的病情有所回转后，才离开医院。

1976 年 1 月 5 日，医生们为周恩来做最后一次手术。

邓小平等在京的中共中央政治局委员一直在医院守候着。

1976 年 1 月 8 日，周恩来因患膀胱癌，长期医治无效，在北京逝世。

对于邓小平来说，周恩来逝世不仅使自己在中央领导核心失去了最坚定最有力的支持者，而且也失去了最值得信赖的同志、战友和兄长。他在回答外国记者提问时，说：“周总理是一生勤勤恳恳、任劳任怨工作的人。他一天的工作时间总超过十二小时，有时在十六小时以上，一生如此。我们认识很早，在法国勤工俭学时就住在一起。对我来说，他始终是一个兄长。我们差不多同时期走上了革命的道路，他是同志们和人民很尊敬的人。‘文化大革命’时，我们这些人都下去了，幸好保住了他。在‘文化大革命’中，他所处的地位十分困难，也说了好多违心的话，做了好多违心的事，但人民原谅他。因为他不做这些事，不说这些话，他自己也保不住，也不能在其中起中和作用，起减少损失的作用。他保护了相当一批人。”①

周恩来逝世当日，中国共产党中央委员会、中华人民共和国全国人民代表大会常务委员会、国务院发出讣告。

周恩来逝世，使“反击右倾翻案风”运动中批判邓小平的会议无形中被“冲”掉了。

这时，邓小平在名义上还主持着中央的日常工作，他忍受着巨大悲痛，全力以赴，力求妥善安排好周恩来的丧事。

周恩来逝世后，邓小平给毛泽东写信报告：中央政治局专门讨论了周恩来

---

① 《邓小平文选》第 2 卷，人民出版社 1994 年版，第 348 页。

同志的丧事问题，议定了三个内容：一是向毛主席的请示报告，二是关于周恩来逝世的讣告，三是周恩来治丧委员会名单。

邓小平请示：第二、第三项“均须于今晚广播，现送请审批，退汪东兴办理”。

毛泽东9日批示：“同意。”

次日，邓小平再因周恩来丧事，写信请示毛泽东：“总理逝世消息发表后，不少国家要求派代表团或代表来参加葬礼。其中：

阿尔巴尼亚劳动党中央政治局委员、阿尔巴尼亚部长会议主席（即政府总理）谢胡，阿尔巴尼亚劳动党中央政治局委员、中央书记阿利雅，明晨动身；

日本自由民主党总裁、日本内阁总理大臣三木武夫，明晨动身；

斯里兰卡共和国总理班达拉奈克夫人，今晚动身。”

邓小平写道：“政治局对此作了专门讨论，决定仍按主席的批准方案（一律不请）执行。由政治局发一个正式公告，现送上请批示，以便发表。退汪东兴办。”

邓小平提出，由自己约见阿尔巴尼亚驻中国大使，乔冠华约见日本驻中国大使，韩念龙约见斯里兰卡驻中国大使。毛泽东批准了这一方案。

1月9日，由毛泽东、王洪文、叶剑英、邓小平、朱德等107人组成的周恩来治丧委员会正式成立。首都天安门、新华门、劳动人民文化宫、外交部等地，下半旗志哀。

1月10～11日，党和国家领导人及各界代表1万多人来到北京医院，向周恩来的遗体告别。朱德委员长郑重地举起右手，向周恩来致以最后的敬礼。

叶剑英、邓小平、宋庆龄、李先念等向周恩来沉痛志哀，作最后的诀别。北京医院门前，自发赶来大批干部、群众，不断擦拭着长流的眼泪，希望能够看看周恩来的遗容，表达对周恩来的哀思和崇高敬意。

周恩来虽死犹荣，“四人帮”极为嫉恨，当新华社请示周恩来逝世报道等有关事宜时，姚文元下令，不许组织悼念报道。在“四人帮”的控制下，周恩来逝世后的6天里，只发了两条有关消息。

在周恩来遗体告别仪式上，所有的人都神情悲痛，而江青不但不行脱帽礼，反而故作姿态，左顾右盼，东张西望。全国民众从电视中看到江青的“表演”后，都极为愤怒。

在举国哀悼的日子里，“四人帮”下令，不准广大干部、群众戴黑纱，不准送花圈，不准设灵堂，不准开追悼会，不准挂周恩来遗像。

“四人帮”的党羽——文化部部长于会泳竟然强迫文艺单位照常演出，还通知公安部门追查群众打来的抗议电话。“四人帮”倒行逆施，实际上是与人民为敌，自掘坟墓。

周恩来逝世，中国人民无限悲痛。1 月 11 日下午，当周恩来的遗体被送往八宝山火化时，首都人民顶着凛冽的寒风，自发地从四面八方涌上北京街头，向周恩来作最后的告别。载着周恩来遗体的灵车经过十里长街时，百万首都人民，有的热泪盈眶，有的泪洒衣襟，有的大放悲声。

追悼周恩来，最关键最重要的是要起草一篇具有政治性、历史性，能够永垂千古的悼词。当时起草周恩来逝世《讣告》和追悼大会《悼词》的中共中央办公厅秘书局局长周启才，在回忆文章中披露了围绕两篇文稿审定，邓小平与“四人帮”的坚决斗争：

> 一九七五年十一月中旬，汪东兴和纪登奎在人民大会堂福建厅召开小范围会议，透露最近一段时间，中央领导同志多次听取总理医疗组的汇报。经过几次大的手术，目前周恩来总理的身体非常虚弱，已不能下床，生命处于垂危之中。
>
> 根据总理目前病情的发展趋势，中央领导同志商定，先在很小的知密范围内，指定少数同志对周恩来总理的后事预做准备。要准备的有：一是起草讣告和悼词，这是必须提前准备好的，一旦出现不幸事件，临时撰写就要耽误事。二是拟定治丧委员会名单和遗体告别、吊唁活动、追悼大会等初步方案。讣告和悼词由周启才执笔拟出初稿，治丧委员会名单和遗体告别等事项，由中央组织部部长郭玉峰和副部长郑屏年拟出初步方案。完成时间暂定十天。
>
> 周恩来总理住进 305 医院后，病情严格保密。这次听了汪东兴、纪登奎的讲话，我才知道总理病得如此严重。这使我忧心忡忡，哀伤不已。根

据当时中办秘书局的工作性质和我担负的工作任务，我只能安排每天凌晨一点至四点来完成中央交办的这项重大政治任务。完成了讣告和悼词起草工作后，我报告了汪东兴，他指示：“两件文稿由你亲自封存和保管，什么时候用，等通知。”

一九七六年一月八日九时五十七分，周恩来同志与世长辞。上午十时许，汪东兴电话通知了我，要我携带讣告和悼词初稿，到中南海西楼大厅同李鑫同志一起进行修改。李鑫对个别语句做了一点修改和补充，对基本内容、段落结构表示赞同。

下午三时，中央政治局会议在人民大会堂东大厅召开，会议由邓小平同志主持。我将讣告打印件分发给到会成员。经过讨论，中央政治局一致通过了这个文件。周总理讣告和治丧委员会名单，报经毛主席批准后，一月九日在全国各大报纸头版整版登出，当日中央人民广播电台开始反复进行广播。举国上下顿时陷入了极度的悲痛之中。

一月十二日下午三时，由邓小平主持在人民大会堂东大厅召开政治局会议，讨论周总理悼词和追悼大会的有关事项。会议开始，邓小平就先声夺人，他说：“总理悼词文稿，会前已经发给大家，为节省时间会上就不读了，请大家发表意见。”

又说：“这篇悼词我仔细看过多遍，我以为写得是不错的。对总理一生的评价，对总理的革命简历，对以总理为榜样，号召全党、全军、全国人民向总理学习的几段话，都符合总理的实际。我同意这篇悼词，认为可以用。大家有什么修改、补充意见，请讲。”短短数语，对悼词给予了充分肯定，也等于给多数政治局成员交了底。

接着，叶剑英、李先念、汪东兴、纪登奎、吴德、陈锡联等相继发言，表示同意悼词文稿。

江青在会上，以所谓“路线问题”对周总理进行恶毒攻击和诬蔑，妄图贬低周总理的伟大形象和丰功伟绩。但她只是放空炮，除王洪文、姚文元跟着帮腔外，其他与会人员对她的“发言”不予理睬。

当讨论悼词即将结束时，邓小平再次发言。他说：“大家讲得差不多了，对悼词文稿大多数同志表示赞成，会上没人提出具体修改或补充意见。我提一点具体补充意见，加一个字，印件中一九二二年总理担任中国共产主义青年团旅欧支部书记，应是总支部书记，加上个‘总’字，符合实际。大家没有新的意见，悼词文稿就讨论到这里，政治局通过。个别文字修改后，报请毛主席审批。”并指示我们改后先送邓大姐过目，看邓大姐还有什么意见。

散会后，我和李鑫走到大会堂北门口，张春桥从后面赶上来对我们说：“悼词号召向总理学习的那部分，不必那样展开写，不必写得那样实，你们改一改，压缩一下，笼统地写几句虚的话就行了。”

我们听后一愣，没有马上回答。

他又说：“你们听清我的话了吗?”

我们心里十分愤怒，但又不能把愤怒表现出来，只好不软不硬地说：“听清了。我们是做具体工作的，悼词政治局已经讨论通过，我们无权做任何改动。您的意见也没在政治局会上提出，现在要我们做这样重大的改动，我们不能够做。如果您认为必要的话，可以将您的修改意见向政治局提出，政治局如果同意，我们就按政治局的意见改。”

张春桥听后，无言以对，怒气冲冲地走了。

事后，我们把此事报告给汪东兴，汪东兴说：“张春桥反对总理，反对悼词中这几段话，不敢在会上提出来，在下面向你们施压，你们把他顶回去，做得对，我支持。”

会后，李鑫和我遵照会议指示，对悼词的个别文字进行了修改，并请邓大姐过目。

这时，我和李鑫又通读了一遍悼词，一个两天来一直挥之不去的想法涌上了我们心头。“四人帮”在政治局会上讨论悼词时，曾恶毒攻击和诬蔑周总理不捍卫毛主席的无产阶级革命路线。我们考虑应该在悼词中加上一句“坚决捍卫毛主席的无产阶级革命路线”。

考虑再三，我们把这个想法报告了汪东兴，得到了他的支持。

我们驱车赶到小平同志家中，汇报了我们的建议。

小平同志看了一遍改好的悼词印件，亲自提笔在“他衷心爱戴和崇敬伟大领袖毛主席”这句话的后面，加上了“坚决捍卫毛主席的无产阶级革命路线”这句话。

他并在悼词首页写上“请主席审批”，签上了自己的名字和时间。

毛主席于一月十四日圈阅同意了这份重要文件。①

为举行周恩来追悼会一事，邓小平1月12日致函毛泽东：“悼词是由政治局会议审定的。现送上，请审阅批示。”

毛泽东批示“同意”。

但是，由谁来为周恩来致悼词，又成为一个大问题。

虽然“反击右倾翻案风”爆发以来，邓小平已经成为“批判对象”，但还没有被打倒，在名义上还主持中央工作。因此，让邓小平为周恩来致悼词最为适宜。

中央讨论周恩来追悼大会议程时，张春桥提出，由叶剑英致悼词。

叶剑英说，我不能做，悼词由邓小平来做最合适，请小平同志来做。

江青、张春桥反问道，那合适吗？

叶剑英说，我看不出来有什么不合适，他是中央委员会副主席、中央军委副主席，他又是周恩来总理的亲密战友，代理总理的工作，为什么邓小平同志不合适？我做不合适，只有小平做合适。

叶剑英的话，说得非常坚决。

由于叶剑英是中共中央副主席、中央军委副主席、国防部部长，在中央领导集体的职务和位置排列，都居于江青、张春桥之上，所以，叶剑英坚持由邓小平代表中央在周恩来追悼大会上致悼词，“四人帮”也就没有办法再反对了。

举行周恩来追悼大会的议程确定下来后，邓小平全力以赴，投入到准备周恩来丧事活动和完成周恩来遗愿的紧张工作中。

1月14日，邓小平写信给中共中央政治局委员：“东兴同志就总理骨灰撒散地点事与邓大姐商议。据查玉泉山已无水流，他们商定改用安-2型飞机撒

① 周启才：《周总理的讣告和悼词起草前后》，《世纪》2003年第11期。根据行文需要做了部分修改。

到江河山地，邓大姐本人只送到机场，由工作人员上机撒散。以上办法比较于撒在固定一地好，应予同意，东兴同志已按此准备。”

在这封信的传阅过程中，14 位中共中央政治局委员表示同意。

至此，邓小平为周恩来丧事活动安排的大事，基本上确定下来。

1 月 15 日，中共中央、全国人大常委会、国务院以及各界群众代表 5000 多人，在人民大会堂隆重举行“周恩来同志追悼大会”。邓小平致悼词，全面论述周恩来在中国共产党创建和发展的各个时期，在南昌起义、长征、和平解决西安事变、指挥中国人民解放战争和新中国成立后等重要关头，为中国革命和建设事业立下的丰功伟绩，高度评价周恩来为中国人民解放事业和共产主义事业作出的历史性贡献，以及在国际事务中的重大贡献。

在周恩来晚年，“四人帮”一再无中生有，含沙射影，对周恩来攻击和诽谤，使周恩来极为悲愤。他在病重和临终之前，确实担心离世后，“四人帮”制造事端，诬蔑自己的政治历史。如今，由邓小平主持起草，中共中央政治局讨论通过，毛泽东亲自审定圈阅，邓小平代表中共中央所致的《悼词》，对周恩来为共产主义事业奋斗的一生作了全面、准确、公正的评价。周恩来九泉有知，可以安息了。

第八十一章

毛泽东亲自选择华国锋出任国务院代总理

中华人民共和国成立后，一直由周恩来担任政务院总理和国务院总理。担负治理国家重任的国务院总理周恩来辞世后，由谁来接任国务院总理？不仅全党全国十分关注，全世界也非常关注。

如果按照四届人大对国务院负责人的安排顺序，国务院总理周恩来辞世后，应当由国务院第一副总理邓小平接任国务院总理，主持国务院的工作。

但是，国务院总理周恩来辞世前后，铺天盖地的“反击右倾翻案风”运动已经开始。这次运动的矛头所向，目的之一，就是阻止邓小平接任国务院总理职务。

这时，邓小平提出的“三项指示为纲”已经受到严厉批判，邓小平正面临着空前严重的险恶处境。

同样，如果按照四届人大对于国务院负责人的安排顺序，张春桥是国务院第二副总理，既然邓小平不能接任国务院总理了，张春桥是否能够接任国务院总理呢？

人们拭目以待。

实际上，“文化大革命”以来，张春桥一直就在觊觎着国务院总理的职位。

“文化大革命”十年来，张春桥追随江青，费尽心机。特别是近年来，他攻击周恩来，策动“反击右倾翻案风”运动，把斗争矛头指向国务院第一副总理邓小平，目的之一就是谋求国务院总理职务，篡党夺权。

然而，张春桥却打错了“算盘”。1976 年 1 月 21 日和 28 日，毛泽东先后提议，由华国锋任国务院代总理，主持中央日常工作。

中共中央政治局经过讨论，一致通过毛泽东的提议。

1976年2月2日，中共中央发出1976年1号文件——中共中央通知，正式向全党通报：

经伟大领袖毛主席提议，中央政治局一致通过，由华国锋同志任国务院代总理。

经伟大领袖毛主席提议，中央政治局一致通过，在叶剑英同志生病期间，由陈锡联同志负责主持中央军委工作。

这是一个重要信号，它表明毛泽东已经决心用新的接班人华国锋，来取代他自1973年以来委以重任，寄予信任，重点培养的接班人邓小平。

自中共中央通知发出之日起，中国领导层静悄悄地发生三项重大变化：

1. 华国锋代替邓小平主持中共中央日常工作和国务院领导工作。

2. 邓小平实际上被停止中央的日常领导工作。

3. 叶剑英实际上被停止中央军委的日常领导工作。

按照毛泽东的这一重大决策，国务院总理的职务虽然没有交给全党全国人民寄予厚望的邓小平，但是也没有交给“四人帮”。

这就为历史发展留下了机会，使党和人民粉碎“四人帮”的斗争能够较为顺利地进行。

华国锋是一个典型的“三八式”干部，全国抗日战争时期投身中国革命。全国抗日战争和全国解放战争中，在山西任县委书记兼县大队政治委员等职务。中国人民解放军渡江南下，向华南进军时，中国共产党从华北解放区抽调大批干部，组成县委、地委（市委）、省委领导班子，随军南下，以便接管新解放区，迅速建立各级人民政权。华国锋是“南下干部”之一。

新中国成立后，华国锋历任中共湘阴县县委书记兼县人民武装部政治委员、湘潭县县委书记兼县人民武装部政治委员、湘潭地委副书记兼湘潭行政公署专员、湘潭地委书记。由于湘潭是毛泽东的家乡，因此华国锋的工作情况受到毛泽东的注意。以后，华国锋任湖南省委统战部部长等职务。

在1959年的庐山会议上，中共湖南省委第一书记周小舟被打成“彭德怀、黄克诚、张闻天、周小舟反党集团”成员，遭到撤职。湖南省委因此而进行重大改组。经毛泽东提名，华国锋任湖南省委书记处书记、湖南省人民政府副省长。

20 世纪五六十年代，毛泽东多次到湖南视察工作。华国锋或汇报工作，或陪同视察，与毛泽东的接触日益增多，在毛泽东头脑里留下了较好的印象。

“文化大革命”初期，华国锋一度受到冲击。1968 年湖南省革命委员会成立时，他作为“革命领导干部代表”参加“三结合”，任湖南省革命委员会副主任。中共九大上，华国锋被选为中央委员。以后，相继任湖南省革命委员会代主任、主任，中共湖南省委第一书记，兼任广州军区政治委员和湖南省军区第一政治委员，集湖南省党政军主要领导职务于一身，是湖南省名副其实的“第一把手”。

1970 年庐山会议后，林彪集团加紧篡党夺权活动。1971 年毛泽东为粉碎林彪集团作准备，视察大江南北，在长沙对华国锋谈过林彪的问题，表示了对华国锋的极大信任。湖南以外的中国人和外国人第一次知道华国锋的名字，主要始于毛泽东 1970 年 12 月 18 日同美国新闻记者埃德加·斯诺的一次谈话。

毛泽东在谈到家乡湖南的情况时说：“湖南省的人物也出来几个了。第一个是湖南省委现在的第一书记华国锋，是老人。”毛泽东在这里说的“老人”，是指“文化大革命”以前华国锋就是湖南省委负责人之一，是过去湖南省委的“老人”的意思。

当斯诺把同毛泽东的谈话内容整理成文章，在美国《生活》杂志发表后，因其中谈到中美关系和尼克松访华等极为敏感的国际问题，在全世界引起了极大反响和震动。华国锋的名字亦开始被外国人所注意。

粉碎林彪集团后，国内开展批林整风运动，先后下发几批内部文件，向党内外广大群众传达。《毛主席会见美国友好人士斯诺的谈话纪要》即为其中之一。于是，中国人也从中知道了华国锋的名字。

“九一三”事件后，经毛泽东提议，华国锋调入中央工作，任国务院业务组副组长、组长。1973 年 5 月，经毛泽东提议，中共中央政治局通过，中央工作会议决定：华国锋和王洪文、吴德一起列席中央政治局会议，并参加中央政治局的工作。在中共十大上，华国锋当选为中央政治局委员。在四届人大上，他被任命为国务院副总理兼公安部部长。

毛泽东亲自选择华国锋为国务院代总理，一下子堵住了张春桥觊觎已久的国务院总理的“路子”。张春桥眼睁睁地看着朝思暮想、日夜盼望的国务院总理职务一下子落到了华国锋手里，气急败坏，又无可奈何。

从 1976 年中共中央 1 号文件任命华国锋为国务院代总理，联想到 1975 年中共中央 1 号文件任命邓小平为中共中央军委副主席兼中国人民解放军总参谋长，张春桥气不打一处来，十分愤怒地在笔记本上写下了一则《一九七六年二月三日有感》：

又是一个一号文件。

去年发了一个一号文件。

真是得志更猖狂。

来得快，来得凶，垮得也快。

错误路线总是行不通的。可以得意于一时，似乎天下就是他的了，要开始一个什么新“时代”了。他们总是过高地估计自己的力量。

人民是决定的因素。

代表人民的利益，为大多数人谋利益，在任何情况下，都站在人民群众一边，站在先进分子一边，就是胜利，反之，必然失败。正是：

爆竹声中一岁除，春风送暖入屠苏。

千门万户曈曈日，总把新桃换旧符。

一九七六年二月三日有感

张春桥通过这则《一九七六年二月三日有感》，发泄对毛泽东的重要决策、对 1975 年中央 1 号文件任命邓小平为中共中央军委副主席兼中国人民解放军总参谋长、对 1976 年中央 1 号文件决定由华国锋任国务院代总理的强烈不满。

张春桥在《一九七六年二月三日有感》中，把自己打扮成一副“代表人民的利益，为大多数人谋利益，在任何情况下，都站在人民群众一边”的样子。实际上，张春桥“文化大革命”十年来的所作所为，丝毫没有代表人民的利益，丝毫没有为大多数人谋利益，丝毫没有站在人民群众的一边。相反，他始终代表着“四人帮”的利益，为“四人帮”谋利益，在任何情况下，都站在“四人帮”一边，为篡夺党和国家权力，为制造“文化大革命”的动乱局面，或出谋划策，或下达指令，或直接指挥，是“四人帮”的重要军师。

第八十二章

“我实在搞不明白，这个思想弯子不容易转过来”

1976年1月周恩来逝世后，善良的人们曾希望，“反击右倾翻案风”运动就此被打断。

然而，“四人帮”却倒行逆施，逆民心而动，紧紧抓住“反击右倾翻案风”运动不放。

1月13日，“四人帮”中掌握宣传工作大权的姚文元，为了冲淡人民群众悼念周恩来的悲痛气氛，连续三次给新华社等中央媒体下达指示：“不要因为刊登悼念总理的活动把日常抓革命促生产的报道挤掉了。”

姚文元指责说：“这几天报纸登唁电数量太多，太集中。”

姚文元具体要求，以后唁电版面要往后放。

举行“周恩来同志追悼大会”的前一天，由姚文元策划，在《人民日报》第一版以通栏标题刊登《大辩论带来大变化——清华大学教育革命和各项工作出现新面貌》的长篇文章，里面说：“近来，全国人民都关心清华大学关于教育革命的大辩论。”公然信口雌黄，伪造民意。

举行“周恩来同志追悼大会”这一天，“四人帮”控制的《人民日报》不去反映中国人民的悲痛心情，却发表“梁效”的《教育革命与无产阶级专政》，提出“树欲静而风不止，斗争并没有止息”。

2月13日，《光明日报》第一版刊登《孔丘之忧》的文章，里面写道：“让旧制度的‘哭丧妇’抱着孔丘的骷髅去忧心如焚，呼天号地吧。我们伟大的祖国‘到处莺歌燕舞’，无产阶级教育革命正在胜利前进！”人们认为，这篇文章影射周恩来，把悼念周恩来的中国人民诬蔑为“哭丧妇”。所以，该文激起了广大人民群众的强烈愤慨。

2月份，《红旗》杂志第2期发表北京大学、清华大学大批判组的《回击科技界的右倾翻案风》，《人民日报》发表《无产阶级文化大革命的继续和深入》等“反击右倾翻案风”的重点文章。

以此为起点，“反击右倾翻案风”运动掀起新的“浪潮”。批判1975年全面整顿，矛头对着邓小平的“反击右倾翻案风”文章，在报刊上连篇累牍。

“反击右倾翻案风”运动再度“升级”。

2月5日，中共中央通知，将《打招呼的讲话要点》扩大传达范围，传达到党内外群众。

次日，中共中央批转中央军委关于停止学习和贯彻执行1975年7月邓小平、叶剑英在军委扩大会议上讲话的文件。

2月25日，中共中央召开各省、市、自治区和各大军区负责人参加的会议，传达毛泽东1975年10月至1976年1月的多次谈话——题目为《毛主席重要指示》。

这份《毛主席重要指示》，是由毛泽东的联络员毛远新整理的。

在这次会议上，主持中共中央日常工作的华国锋，2月25日代表中央在会上讲话。

这次会议，实际上是一次“转弯子”会议，目的在于通过学习《毛主席重要指示》，首先排除在党政军高级领导干部中间对于“批邓”的阻力，解决大家的思想问题，排除思想上的“障碍”，转好关于“批邓”的思想弯子。

会议期间，张春桥多次攻击邓小平是“垄断资产阶级”“买办资产阶级”“对内搞修正主义，对外搞投降主义”。

3月2日，江青擅自召集12省、自治区领导干部会议，发表长篇讲话。

她拉开架势，信口开河，大放厥词，集中攻击邓小平。同时，吹捧武则天，吹捧吕后，借古喻今，为自己篡党夺权制造舆论。江青说：

> 邓小平这种事，恐怕很多同志不知道内幕，当然我知道的也不太多。不过，我是一个首当其冲的人物。他在去年4月底，不请示主席，擅自斗争一个政治局委员，4月底一直斗到6月。邓小平是谣言公司的总经理，他的谣言散布得很多……
>
> 首先打我。因为他知道我是一个过了河的卒子。在捍卫主席革命路线

上，我是一个过了河的卒子，我很光荣。我这个过了河的卒子，能够吃掉他那个反革命老帅，所以他首先打我……

他1975年1月出来，刚刚只有一年多嘛。不过我对他一直有警惕，有这么一个问号。这个人出来以后，从来不说一句无产阶级“文化大革命”有什么伟大的成果……

据这次揭发，他家的常客是什么人呢？李井泉、胡乔木、胡耀邦，还有王海容、唐闻生，还有什么人，我就搞不清了，那都是无话不说，交代任务的……

邓小平说我是个勇敢分子。现在看来，全国的谣言都是邓小平弄的。说我一切职务撤销，下放劳动啊，说我已经自杀了。其他的，人家不给我看，说怕我看了生气……

别人造谣我是武则天。我说，在阶级问题上，我比她先进，但在才干上，我不及她。

有人写信给林彪说我是武则天，有人又说是吕后。我也不胜荣幸之至。吕后是没有戴帽子的皇帝，实际上政权掌握在她手里。她是执行法家路线的。……

江青的讲话，不仅肆意攻击邓小平，而且为自己1975年春天多次受到毛泽东的批评翻案，为自己1975年5月和6月间受到中央政治局的批评翻案。

有人把江青的讲话内容汇报给了毛泽东，引起毛泽东极大震怒，斥责说：“江青干涉太多了，单独召开十二省讲话。”

3月3日，中共中央发出关于学习《毛主席重要指示》的通知，转发毛泽东1975年10月至1976年1月关于“反击右倾翻案风”的多次谈话。同时，中共中央还转发了华国锋在各省、市、自治区和各大军区负责同志会议上的讲话。从此，“批邓”问题在党内公开了。

中央召开会议期间，“四人帮”控制的主要媒体“反击右倾翻案风”的势头更加猛烈。2月29日，《人民日报》发表“梁效”“任明”的《评“三项指示为纲”》。这篇文章说：

“三项指示为纲”是一个否定以阶级斗争为纲的、彻头彻尾的修正主义纲领。这个纲领的要害，是复辟资本主义。

“三项指示为纲”是党内那个坚持刘少奇、林彪修正主义路线的不肯改悔的走资派……提出来的。

“三项指示为纲”，是直接反对无产阶级文化大革命运动和批林批孔运动的。

从此，“不肯改悔的走资派”，就成了“反击右倾翻案风”运动中报刊上的一个“专有名词”——专门用来指邓小平，成为一种“不点名”的“点名批判”。

这篇文章全盘否定1975年的全面整顿，说：

一个纲领“是一面公开树立起来的旗帜”。“三项指示为纲”的杏黄旗一举，右倾翻案势力就迅速地聚集在这面修正主义旗帜下，大搞复辟活动。他们攻击无产阶级文化大革命的大好形势是什么“今不如昔”呀，“问题相当多”呀，“积重难返”呀，把自己打扮成救世主，要由他们来扭转局势，大有“当今之世，舍我其谁”之相。

党内那个不肯改悔的走资派，同当年的孔老二一样，公然以复辟派自居，说什么“无非有人讲‘还乡团’回来了，复辟了”，“不管它那一套，他说他的”。于是，一股右倾翻案风就刮了起来，越刮越凶。有些人奔走串联，弹冠相庆，或作演说，或拟提纲，或写黑信，或造谣言，教育界、科技界以及其他方面的种种修正主义奇谈怪论甚嚣尘上，其矛头对着无产阶级“文化大革命”和批林批孔运动……

难道这些都是孤立的偶然的现象吗？现在人们明白了：这股右倾翻案风，是党内那个不肯改悔的走资派从上边刮下来的，是存在着一个“三项指示为纲”的反动纲领……追根溯源，概出于此。

这篇文章中还提出了一系列理论观点，为“反击右倾翻案风”制造理论根据：

当前“反击右倾翻案风”的斗争，是在无产阶级文化大革命和批林批孔运动取得伟大胜利的新形势下，两个阶级、两条道路、两条路线的大搏斗，是无产阶级文化大革命的继续和深入。

当前这场斗争告诉人们，走资派还在走。我们同走资派的斗争是长期的、反复的，这是社会主义时期无产阶级同资产阶级斗争的一个最重要的内容和特点。在社会主义时期，有些人不知道资产阶级在哪里。究竟在哪里呢？当然要看到社会上还存在资产阶级，但更重要的是要看到，资产阶级就在共产党内，党内走资本主义道路的当权派。他们是无产阶级专政条件下革命的主要对象。

这些人代表资产阶级的利益，也代表那些为资产阶级服务的知识分子的利益，代表那些要求扩大资产阶级法权、走资本主义道路的人们的利益。他们中间有些人，在民主革命时是乐意参加的，但到了社会主义时期，思想还停留在资产阶级民主革命阶段，对社会主义革命不理解，有抵触，自己不愿意革命，而且反对革命……

对于“反击右倾翻案风”运动步步升级，广大党员、干部和人民群众极为不满。当时的中国人民解放军总后勤部副部长张震回忆说：我到总后勤部工作不久，“四人帮”就发起了“批邓、反击右倾翻案风”，小平同志领导的各项整顿被迫中断，形势发生了逆转。在这期间中央召开的一次会议上，我看到了小平同志，他虽然沉默寡言，但表情依然十分坚毅。我问他身体好吗？他说，还好。我说，你多保重，留得青山在，不怕没柴烧。小平同志沉思着，没有吭声。我想，他一定明白了我话中的意思。

对于“四人帮”在《评“三项指示为纲”》中提出的歪理邪说，广大干部、群众公开表示反对。在全国政协直属学习组的一次会议上，为李宗仁先生归国作出了贡献并与李宗仁先生一起归国的程思远，发言就很有代表性。

程思远说：“这些日子，有一个多月了，对新近开展的批‘三项指示为纲’‘反击右倾翻案风’，我处于非常困惑、思想紊乱的状态。有理论问题、认识问题，更有实际问题，我都迷惑不解。在理论上，有个问题我感到糊涂。根据毛主席的教导，党内有思想斗争，这毫不为怪。但党内思想斗争是否会一下子扩大到篡改党的路线，复辟资本主义呢？是依据哪些条件而由思想斗争上升到阶级斗争的呢？

“一个人思想认识上有错误，提‘三项指示为纲’，而没有提‘阶级斗争为纲’，这个人是否就一下子上升为敌我矛盾，成为无产阶级的敌人呢？我实在弄不清楚。

“第二个问题，‘三项指示为纲’里的三项指示都是毛主席的话，我过去认为很好，现在的‘文件’‘社论’又告诉我，‘三项指示为纲’错了，而且是严重的方向性的政治错误，但是‘三项指示为纲’的错误其要害究竟是什么？我实在搞不明白，这个思想弯子不容易转过来。

“第三，毛主席、周总理在去年四届全国人大，对国家领导机构已做了人事交替的安排，这是一件大事。但是不到一年的时间，国内政治局面仍不安定，特别是自周总理病逝至今，明确开展了这场‘反击右倾翻案风’运动，全国风起云涌，再度陷入混乱。

“像我这种不了解内情、心中有事放不下、神经又脆弱的人，真是经受不了啊，我的血压也由原来长期正常的130/80，升到160/90，那是夜不能寐的恶果啊！我家小孩子从外边抄回来的‘党内那个不肯改悔的最大走资派《一百例》’，说是反革命修正主义的纲领，我看了又看，就是看不懂，理解不了，何以它成了反革命的纲领？

“我还听来人讲，最近四川省大字报上街，炮轰中共四川省委，公开点了四川省委主要负责人的名，而且指名邓小平是后台，提出再度打倒邓小平。我听到这些消息，很不理解，心里非常难过！”

程思远讲到这里，情不自禁，热泪长流。他是忧国忧民，尤其是为邓小平鸣不平啊。

可以说，广大干部、群众都是赞成“三项指示为纲”、拥护全面整顿的。他们对于批判“三项指示为纲”根本不屑一顾。

但是“四人帮”仍然全力开动各种宣传机器，与《评“三项指示为纲”》的文章相呼应，接连推出一大批长篇理论文章。

3月1日，经姚文元审定，《红旗》杂志第3期发表署名“池恒”的文章《从资产阶级民主派到走资派》，《人民日报》全文转载。

在同期的《红旗》杂志上，发表署名“初澜”的文章《坚持文艺革命，反击右倾翻案风》。

3月3日，《人民日报》发表《批判党内那个不肯改悔的走资派》的文章。

4月1日，《红旗》杂志第4期发表署名“苗雨”的文章《反击卫生战线的右倾翻案风》。

同期《红旗》杂志发表“程越”的文章《一个复辟资本主义的总纲——〈论全党全国各项工作的总纲〉剖析》。

在这些文章中，“四人帮”诬蔑邓小平是“不肯改悔的走资派”、否定“文化大革命的伟大成果”“算文化大革命的账，翻文化大革命的案”，诬蔑全面整顿是“复辟、倒退”。这些文章提出了“老干部就是民主派，民主派就是走资派”的公式，根据江青关于“民主派发展到走资派是客观的必然规律”的旨意，公然论证：“从资产阶级民主派到走资本主义道路的当权派，从民主革命时期党的同路人到社会主义时期的反对派、复辟派，这不正是不肯改悔的走资派所走过的道路吗?”

“四人帮”还宣扬，“现在革命的对象，就是旧社会吃过糠，抗日战争负过伤，解放战争扛过枪，抗美援朝渡过江的民主派”，“现在要打倒的就是爬雪山、过草地的‘走资派’，戴红领章、红帽徽的‘走资派’”。“四人帮”妄图在“反击右倾翻案风”运动中，打倒从中央到地方的大批党政军领导干部，篡夺党和国家各级领导权。

第八十三章

“欲悲闻鬼叫，我哭豺狼笑。洒泪祭雄杰，扬眉剑出鞘”

根据马克思主义的辩证唯物主义原理，任何事物都要接受社会实践的检验。“文化大革命”运动是如此。“反击右倾翻案风”运动更是如此。辩证法威力无穷，任何事物概莫能外。

“文化大革命”十年来，江青集团打着“群众运动”的幌子，其实一天到晚在“运动群众”；打着“文化大革命”的旗号，肆意毁灭中华文化；高喊最“革命”的口号，“借革命以营私”。到1976年，江青集团的本来面目和“文化大革命”的实质，在人民群众面前已经暴露无遗。

因此，面对不得人心的“反击右倾翻案风”运动，中国人民勇敢地发出了正义的呐喊。1976年4月，以首都北京天安门广场为中心，中国人民掀起声势浩大的悼念周恩来、拥护邓小平、实现现代化、反对“四人帮”的群众运动。

周恩来逝世后，中国人民无限悲痛，希望能在报刊上多读到一些反映周恩来生平业绩的悼念文章，慰藉忠魂，表达哀思。“四人帮”却一手遮天，强奸民意，不仅不刊登悼念周恩来的文章，反而变本加厉，连篇累牍地刊登《大辩论带来大变化》《孔丘之忧》之类的文章，继续把攻击矛头指向邓小平和周恩来。

3月25日，上海《文汇报》发表的《走资派还在走，我们就要同他斗》的报道中，出现了这样一段话：“孔老二要‘兴灭国，继绝世，举逸民’，党内那个走资派要把被打倒的至今不肯改悔的走资派扶上台。”人们认为，这是把矛头指向周恩来，含沙射影，诬蔑周恩来是“党内走资派”。

“蓄之愈久，发之愈速。”于是，中国人民积蓄已久的悼念周恩来、拥护邓小平、声讨“四人帮”的情绪，像火山一样爆发了。

3月28日，南京大学青年学生和教师走上街头，抬着周恩来的大幅遗像和寄托哀思的花圈，高呼“保卫周恩来”等口号，浩浩荡荡，前往周恩来战斗过的梅园新村和雨花台烈士纪念碑，向周恩来表达深切的敬意。

成千上万的工人、学生、教师继之而起。南京形成了悼念周恩来、声讨“四人帮”的高潮。3 月 29 日，南京大学师生贴出“警惕赫鲁晓夫式的个人野心家、阴谋家篡夺党和国家的最高领导权”的大标语。

同时，他们走上街头、火车站，贴出“打倒张春桥”等声讨“四人帮”的大标语。3 月 30 日，当南京大学师生得知写在开往上海列车上的大标语在进入上海市区前被全部冲刷后，又用柏油和白色油漆在开往上海等方向的列车上书写了许多大幅标语：

“揪出《文汇报》的黑后台！”“谁反对周总理就打倒谁！”“警惕赫鲁晓夫式的人物上台！”这些大幅标语，随着列车飞往四面八方，把南京人民的斗争迅速传向祖国各地。

面对南京人民的正义斗争，“四人帮”惊恐万状。他们盗用中央的名义，于 4 月 1 日发出关于南京大字报问题的电话通知：

（一）据了解，最近几天，南京出现了矛头指向中央领导同志的大字报、大标语，这是分裂以毛主席为首的党中央，转移批邓大方向的政治事件。你们必须立即采取有效措施，全部覆盖这类大字报、大标语。对有关群众要做好思想工作。要警惕别有用心的人借机扩大事态，进行捣乱、破坏。

（二）对这次政治事件的幕后策划人，要彻底追查。

（三）所谓总理遗言，完全是反革命谣言，必须辟谣，并追查谣言制造者。

（四）任何人不准冲击铁路。

南京人民的正义斗争，遭到镇压。但是，长期以来深藏于广大人民群众心中的对“四人帮”倒行逆施的满腔怒火，是压不住、扑不灭的。一场伟大的群众性反对“四人帮”浪潮正在酝酿之中。

从 3 月 19 日开始，以北京天安门广场为中心，出现更大规模的悼念周恩来、拥护邓小平、声讨“四人帮”的群众运动。无数青年、学生、工人、机关干部、知识分子和社会各界人士，排着整齐的队伍，扶老携幼，自发地聚集到天安门广场，在人民英雄纪念碑前敬献花圈、花篮，张贴传单、标语，朗诵诗词，发表演说，表达对周恩来的深切悼念，对邓小平全面整顿的大力支持，对实现中国现代化的强烈渴望，对“四人帮”祸国殃民的严厉谴责。

与此同时，杭州、郑州、太原等地也爆发了人民群众自发悼念周恩来、反对“四人帮”的群众运动。

清明节前后，首都人民悼念周恩来、声讨“四人帮”的活动，像大海的波涛一样达到高潮。

4 月 1 日，天安门广场上人山人海，人民英雄纪念碑和附近的松树上出现了大量悼念周恩来、怒斥“四人帮”的文章和诗词。

崇文区化学纤维厂职工写的悼念周恩来的文章中，明确提出：“国内那些被打倒的阶级敌人和资产阶级野心家、阴谋家，在企图篡夺党和国家的领导权，妄图改变国家的颜色……对于这种危险性，我们必须密切地注视它，决不能松懈革命的警惕性……披着假马克思主义外衣（实际上是资产阶级的奇装异服）的党内资产阶级代表人物，在……革命人民面前，必定原形毕露，自取灭亡。”

在天安门广场出现的诗词中，充满了号召人民群众奋起反对“四人帮”的锋芒。其中一首写道：“昔日悼总理，悲痛若断肠。今朝想总理，浑身是力量。豺狼何所惧，虎豹咱敢降。识破假马列，怒斥妖婆娘。”

从 4 月 2 日上午起，北京市各单位都传达了关于南京事件的电话通知和北京市委的电话通知：“南京事件是反革命事件”，“天安门有反革命捣乱”，“清明节送花圈是旧习惯，应当破四旧”，“清明节是鬼节”等，要求人们不要去天安门广场。

“抽刀断水水更流”，天安门广场的人潮有增无减。4 月 2 日清晨，中国科学院 109 厂的职工，抬着精心制作的巨大花圈，高举写着诗文的诗牌，排着整齐的队伍，沿着王府井大街、东长安街等繁华街道，来到天安门广场。在人民英雄纪念碑前，把花圈献给周恩来、陈毅、杨开慧和革命先烈。

然后，在人民英雄纪念碑前竖立起四块巨幅诗牌，上面用大字写着：“红心已结胜利果，碧血再开革命花。倘若魔怪喷毒火，自有擒妖打鬼人。”引人注目，发人深思，催人猛醒，使人振奋。

4 月 3 日，从清晨开始，无数人流冲破禁令，从四面八方汇集到天安门广场。

北京广播器材厂的 1000 多名干部、职工、家属，抬着花圈和“敬爱的周总理，我们永远怀念您”的花匾，来到天安门广场……

北京878厂的1000多名职工，抬着花圈和“敬爱的周总理，我们永远怀念您”的大匾，来到天安门广场……

中国科学院半导体研究所的近千名知识分子、干部和职工，抬着花圈，来到天安门广场……

来自北京其他单位的悼念队伍，一队接一队来到天安门广场……

这一天，人民群众放在人民英雄纪念碑前悼念周恩来和革命先烈的花圈，达到数千个。在纪念碑周围的柏树上，人民群众献上的白花层层叠叠，仿佛万朵玉兰傲霜怒放。

天安门广场成为花的海洋，人的浪潮，诗的怒涛。

一首以“江桥摇”暗指江青、张春桥、姚文元“眼看要垮掉”的诗格外引人注目。该诗以《向总理请示》为题目，全文是：黄浦江上有座桥，江桥腐朽已动摇。江桥摇，眼看要垮掉，请指示，是拆还是烧？

4月4日是清明节，是中国历史传统中悼念先烈的日子。这一天恰逢星期天。北京天安门广场悼念周恩来、反对“四人帮”的活动达到高潮。

上午8时开始，北京曙光电机厂的3000余名职工和北京青云仪器厂的1000余名职工，分别排着整整齐齐的队伍，高举“深切悼念敬爱的周恩来总理”的巨大横标和精心制作的花圈，来到天安门广场。数不尽的人群，从四面八方涌向天安门广场。

有1400多个单位的职工，在人民英雄纪念碑四周摆放了2073个花圈，悼念周恩来。自发参加纪念活动的200多万人民群众，用数不清的白花、花圈、花篮、花环、诗词、文章、条幅、标语，把天安门广场装点成了名副其实的“花山诗海”。

上午10时，一位青年工人在人民英雄纪念碑前向大家展示了自己以血明志、在一块白绸上写下的血书：“敬爱的周总理，我们将用鲜血和生命誓死保卫您！”

一位青年还高声宣读了一份《告全国人民书》：“要社会主义的中国……要四个现代化的中国，不要乱糟糟的中国。”

上午11时，首都钢铁公司一位青年工人登上天安门广场北面用来照相的木台，作了《怀念敬爱的周总理》的演讲。

这一天，人民群众自发地张贴在天安门广场的悼念周恩来、拥护邓小平、声讨“四人帮”的诗词中，有一首《清明悼总理》的长诗，感情真挚，爱憎分明，深切地表达了人民群众对周恩来的悼念，愤怒地斥责“四人帮”，同时表达了人民群众要求实现中国现代化的愿望。其中写道：

中国已不是过去的中国，人民也不是愚不可及，
秦皇的封建社会已一去不返了，我们信仰马列主义。
让那些阉割马列主义的秀才们，见鬼去吧！
我们要的是真正的马列主义。

当天晚上，天安门广场人山人海。在人民英雄纪念碑西南角的汉白玉栏杆上，出现了一篇短文：

第十一次路线斗争大事记

一、1974 年 1 月，江青扭转批林批孔运动的大方向，企图把斗争矛头对准我们敬爱的周总理。

二、1974 年 12 月，江青背着中央接见外国传记记者，诬蔑中央领导同志，并企图在四届人大争当总理。

三、1975 年 1 月，毛主席识破了江青的野心……召开了四届人大，邓小平同志重新回到了中央工作，取得了斗争的初步胜利，全国人民欢欣鼓舞。

四、1975 年 7 月，毛主席严厉地批评了江青，停止其在中央的工作。在周总理养病期间，中央的工作由邓小平同志主持，斗争取得了决定性的胜利，全国人民大快人心。

五、最近的所谓反右倾斗争，是一小撮野心家的垂死的翻案活动。他们已经成了不得中国大多数人心的过街老鼠。

这篇短文的作者，显然比较了解毛泽东多次批评“四人帮”的内情，所述事实基本符合实际。天安门广场上的群众发现这篇短文后，纷纷诵读、传抄，使夜幕下的天安门广场出现了新的高潮。

在清明节前后的悼念活动期间，一位青年工人曾在巍峨的人民英雄纪念碑上，贴出了一首五言诗，一直被人们广泛传抄和背诵。这首诗的全文是：

欲悲闻鬼叫，我哭豺狼笑。
洒泪祭雄杰，扬眉剑出鞘。

在首都人民奋起悼念周恩来、反对“四人帮”的日子里，中国人民的心飞向了天安门广场，广大干部的心连着天安门广场。虽然限于特殊原因，他们不能亲自来到天安门广场，但他们的心在关注着天安门广场上的伟大斗争。

中共中央副主席、中央军委副主席叶剑英，就非常关注天安门广场上的群众运动。4 月 1 日，他从工作人员那里看到从天安门广场抄回来的“欲悲闻鬼叫，我哭豺狼笑。洒泪祭雄杰，扬眉剑出鞘”这首诗后，非常欣赏，反复吟诵，连声称赞：“好诗，好诗！”并打听作者的姓名，表示了极大的关心。

4 月 2 日，北京、南京都在采取措施，阻止人民群众悼念周恩来、反对“四人帮”的活动。叶剑英预感到一场大的政治风暴即将来临，为党和国家的前途命运担忧，决心砥柱中流，挽狂澜于既倒。这一天，他在住地情不自禁地用俄语轻声朗诵起高尔基写的名篇《海燕》：

在苍茫的大海上，狂风卷集着乌云。在乌云和大海之间，海燕像黑色的闪电，在高傲地飞翔。……——暴风雨！暴风雨就要来啦！这是勇敢的海燕，在怒吼的大海上，在闪电中间，高傲地飞翔；这是胜利的预言家在叫喊：——让暴风雨来得更猛烈些吧！

4 月 3 日，叶剑英听了工作人员讲述天安门群众运动的场面，非常激动，表示一定要亲自去天安门广场看一看，但被工作人员阻止了。清明节前这几天，叶剑英经常让工作人员和孩子们把从天安门广场抄来的诗词一首一首读给他听，听了以后，还要人抄给他看。他常常边读边赞：“这些诗词情真意切，爱憎分明，大气磅礴，真是难得的好诗啊！”

清明节傍晚，叶剑英再也忍不住了，悄悄乘车，来到天安门广场，一定要亲眼看看人民群众的空前壮举。汽车在天安门广场上缓缓行驶，叶剑英的心与广场上的花山诗海融为一体，与天安门广场上数不尽的人民群众融为一体。

叶剑英以深情的目光注视着天安门广场上的壮观场面，那高大的花圈和洁白的花朵，是人民群众献给周恩来的心香；那要求实现中国现代化的充满激情的词章，是人民群众拥护邓小平全面整顿的呐喊；那犹如匕首、投枪般锐利的诗词，是人民群众反对“四人帮”的怒吼。

在天安门广场的这个晚上，在中国人民内心深处真挚感情爆发的地方，叶剑英的心被深深地震撼了！也许，就在这个时候，叶剑英已经下定了决心——坚决粉碎“四人帮”，上慰忠魂，下顺民心，写出中华民族历史新的篇章。

人民，只有人民，才是推动中华民族走向21世纪的主人！发生在天安门广场的群众运动，是一场充分反映中国人民高度政治自觉和历史主动精神的大规模群众运动。它虽然被镇压下去了，但它所产生的震天撼地的巨大政治影响，却是任何人都消除不了的。这场意义深远的群众运动，为党和人民粉碎“四人帮”奠定了伟大的群众基础。

第八十四章

“不久，我又被‘四人帮’打倒了。我是‘三落三起’”

1976 年清明节前后以天安门广场为中心的大规模群众运动，使“四人帮”胆战心惊。“文化大革命”以来，总是他们在那里盗用“群众运动”的名义，“运动”别人。如今觉醒了的人民群众，用“群众运动”的方式起来反对他们了，这怎能不令他们惊慌失措呢？

从 1976 年 3 月 30 日至 4 月 26 日，王洪文、张春桥、江青、姚文元先后给《人民日报》总编辑打了 24 次电话：一是给广大群众悼念周恩来的活动定性为反革命性质；二是诬陷邓小平和中央其他领导同志；三是打击敢于起来与“四人帮”作斗争的群众；四是出谋划策，加紧制造舆论。

3 月 30 日，王洪文在电话中问道：你们在南京有记者吗？

《人民日报》总编辑回答：有记者。

王洪文说：叫他们反映重要情况。南京大街贴出打倒张春桥的大字报，那些贴大字报的是为反革命复辟造舆论。南京事件是因为省委有走资派，它的性质是对着中央的。

4 月 2 日 15 时 40 分，姚文元在电话中布置：要分析一下这股反革命逆流，看来有个司令部。报纸要继续“反击右倾翻案风”，掌握斗争大方向。这股反革命逆流这样猖狂，是没落阶级的表现，是不得人心的。因为有个资产阶级，他们是要跳的。

4 月 3 日，姚文元又打电话具体策划：

是否可以写这样一篇社论，题目是《牢牢掌握斗争大方向》。首先讲，当前“反击右倾翻案风”的斗争形势大好，取得了很大胜利，党内那个不肯改悔的走资派已很孤立，工农业生产有很大发展。在这种形势下，我们要牢牢掌握斗争大方向。

第二段，要讲阶级斗争是很激烈的，要提防阶级敌人的破坏，要追查谣言等。

最后，要批邓，警惕转移斗争大方向，多讲几句。要写得短，气要足。

4 月 4 日，姚文元再次打电话，部署反击人民群众的纪念活动：天安门人民英雄纪念碑前的活动，是反革命性质。一要抓紧批邓，二要打击反革命。你们内部要继续讨论这种活动的性质，认清性质。要继续批邓，不要听信谣言，听到要追查。

4 月 5 日，王洪文亲自到天安门广场坐镇小楼，用电话指挥《人民日报》记者：跟着最坏的，离开天安门再抓。4 月抓了 3 个。你们盯住，不仅社会上的，要盯党内资产阶级，民兵要参加对党内资产阶级的斗争。

早在人民群众开始往天安门广场送花圈时，追随“四人帮”的北京市公安局局长刘传新（粉碎“四人帮”后畏罪自杀）就布置，对送花圈的单位、人数和花圈数进行登记上报。以后，他又布置人员到广场监视人民群众的活动，照相取证，撕毁诗词，并拘捕了几十个人。

4 月 2 日，正式成立首都工人民兵、公安局、卫戍区联合指挥部，抽调 3000 余人组成机动力量，随时准备出动。“四人帮”还采用各种卑劣手段，歪曲事实，隐瞒事实真相，欺骗中共中央和毛泽东。

4 月 3 日凌晨 4 时 40 分，在黎明前的黑暗的掩护下，王洪文由便衣人员保护，来到天安门广场，打着手电筒，查看人民群众放在人民英雄纪念碑四周的花圈和诗词。然后，给在公安部的亲信打电话：“你还在睡觉呵，我刚到天安门去看了一下，那些反动诗词你们拍下来没有？不拍下来怎么行呢？将来都要破案的呀！否则到哪里去找这些人呢？你们应该组织人去把它拍下来，要考虑到将来破案嘛。”

王洪文的亲信立即行动，布置人员，照相取证，在夜深人静时毁坏花圈，撕毁诗词。

4 月 4 日晚上，中共中央政治局召开会议，主持中央政治局工作的华国锋主持会议，研究天安门广场连日来发生的大规模群众活动的情况。在江青等人的左右下，会议认为，天安门前聚集那么多人，公开发表“反革命”演说，这“是反革命煽动群众借此反对主席、反对中央，干扰、破坏斗争的大方向”。

江青从姚文元那里得知《第十一次路线斗争大事记》的内容后，气急败坏，点着北京市委、北京军区负责人的名字说：“中央的安全还有没有保障？为什么攻击中央的人不抓？抓不着要拿你们是问。”

关于这次会议，毛远新向毛泽东作了报告：政治局分析了当时北京的情况，认为多数人是悼念总理，少部分有影射攻击中央的，个别是非常恶毒的。政治局认为，“这次是反革命性质的反扑”，“看出来存在一个地下的‘裴多菲俱乐部’，有计划地在组织活动”。并且决定，从当晚（4 日）开始，清理花圈、标语和抓“反革命”。这个报告得到毛泽东批准。

4 月 5 日，广大人民群众继续涌向天安门广场，在“还我花圈，还我战友”的口号下，采取抗议行动。晚上 6 时半，由中共北京市委第一书记吴德出面，发表广播讲话：

> 这几天来，正当我们学习伟大领袖毛主席的重要指示，“反击右倾翻案风”，抓革命、促生产之际，极少数别有用心的坏人利用清明节，蓄意制造政治事件，把矛头直接指向毛主席，指向党中央，妄图扭转批判不肯改悔的走资派邓小平的修正主义路线，“反击右倾翻案风”的大方向。我们要认清这一政治事件的反动性，戳穿他们的阴谋诡计，提高革命警惕，不要上当。
>
> 全市广大革命群众和革命干部，要以阶级斗争为纲，立即行动起来，以实际行动保卫毛主席，保卫党中央，保卫毛主席的无产阶级革命路线，保卫我们社会主义祖国的伟大首都，坚决打击反革命破坏活动，进一步加强和巩固无产阶级专政，发展大好形势。让我们团结在以毛主席为首的党中央周围，争取更大的胜利！
>
> 今天，在天安门广场有坏人进行破坏捣乱，进行反革命破坏活动，革命群众应立即离开广场，不要受他们的蒙蔽。

晚上 9 时 30 分，出动 1 万名民兵、3000 名警察和 5 个营的卫戍部队，带着木棍，封锁了天安门广场，对留在广场的群众进行殴打，并逮捕了一些人。[1]

4月6日凌晨，中央政治局召开会议，部分在京的中央政治局委员听取北京市委关于天安门事件的汇报，认为群众的行动是“反革命暴乱性质”，并决定继续组织3万名民兵集中在天安门广场附近待命，派出9个营的卫戍部队在市区内随时机动。会议还建议北京市委将天安门事件写成材料通报全国，以便各地了解情况，有所准备。毛远新向毛泽东书面报告了政治局会议的决定，毛泽东表示同意。[2]

4月7日早晨7时，姚文元在人民大会堂召见《人民日报》总编辑，让他组织人马，以《人民日报》工农兵通讯员和《人民日报》记者名义撰写“现场报告”《天安门广场的反革命政治事件》，为“四人帮”镇压广大群众的悼念活动制造借口，大造“反击右倾翻案风”的舆论。当时在现场的北京人民大会堂服务员吴小平说：在1976年4月7号的上午，王洪文、江青和张春桥，接见了姚文元带来的一帮子人。据说嘛，这帮子人就是“天安门广场事件”的写作班子。他们来了之后呢，江青、王洪文和张春桥特别高兴。江青呢，当时就叫了，说我们胜利了。王洪文接着就说，拿茅台酒来！

在“四人帮”的指使下，《天安门广场的反革命政治事件》这篇文章颠倒是非，混淆黑白，捏造事实，罗织罪名，对人民群众悼念周恩来、声讨“四人帮”的正义行动进行肆意诬蔑。撰稿过程中，王洪文、张春桥、姚文元进行具体策划。张春桥说：“这帮家伙写那些反动诗，就是要推出邓小平当匈牙利反革命事件的头子纳吉。”姚文元布置说：“要鲜明地点出邓小平”，“还要把‘由邓小平主持中央工作，斗争取得决定性胜利，全国人心大快’这些话引进去，这样更有力量”，要把“有预谋、有组织、有计划地制造的反革命政治事件”这句话写上去。

4月7日，毛远新两次向毛泽东报告情况。毛泽东同意公开发表《人民日

---

① 中共中央文献研究室：《〈关于建国以来党的若干历史问题的决议〉注释本》，人民出版社1985年版，第429页。

② 中共中央文献研究室：《〈关于建国以来党的若干历史问题的决议〉注释本》，人民出版社1985年版，第429页。

报》记者关于天安门事件的“现场报告”和 4 月 5 日晚上北京市委第一书记在天安门广场的“广播讲话”。姚文元组织撰写的“现场报告”，诬陷人民群众悼念周恩来是“反革命活动”，天安门广场发生的事件是“反革命政治事件”，“妄图扭转当前批邓和‘反击右倾翻案风’的大方向”。①

毛泽东表示：据此开除邓的一切职务，保留党籍，以观后效。以上待三中全会审议批准。并说：由中央政治局作决议、登报。这次，一、首都，二、天安门，三、烧、打，这三件好。性质变了。②

毛泽东还提出：华国锋任总理。③

关于当时邓小平的情况，邓小平的女儿毛毛（邓榕）回忆说：4 月 7 日下午，中央政治局在人民大会堂的江西厅召开会议，讨论毛泽东关于“天安门事件”的最新指示。“四人帮”一口咬定父亲就是天安门事件的总后台，说父亲曾坐着汽车到天安门广场亲自进行指挥。江青和张春桥说，要做好思想准备，“可能有‘群众’要去冲击邓小平，把邓小平抓起来”。华国锋主持会议，他说：“应该去向邓小平本人问一下，以便核实。”对华国锋的意见，“四人帮”本不想理睬，但华国锋是由毛泽东指定主持中央工作的，又不得不重视。经过讨论，江青说：“让汪东兴去问吧！”汪东兴认为事关重大，从人民大会堂出来后，并没有去找父亲谈话，而是车子一拐，进了中南海，向毛泽东汇报了情况。毛泽东说：“不能再冲击，不能抓走。”并问汪东兴有没有办法。汪东兴建议：“可以把邓小平转移到东交民巷那个房子里去。”毛泽东说：“可以。”汪东兴立即把中央办公厅警卫局参谋滕和松叫来，让他负责将父亲转移。下午 3 点多钟，中央办公厅警卫局的人来了。邓楠灵机一动，在最后的一刻，往父亲的中山服口袋里放进了一副扑克牌。看着汽车开出大门，邓林按捺不住心中的悲痛哭了起来。我对邓林说：“哭什么？越在这个时候越不能哭！”父亲走后，大约 5 点钟，中央办公厅警卫局又派人将母亲接了过去。在东交民

① 中共中央文献研究室:《〈关于建国以来党的若干历史问题的决议〉注释本》,人民出版社 1985 年版,第 429 页。

② 中共中央文献研究室:《〈关于建国以来党的若干历史问题的决议〉注释本》,人民出版社 1985 年版,第 429 页。

③ 中共中央文献研究室:《〈关于建国以来党的若干历史问题的决议〉注释本》,人民出版社 1985 年版,第 429 页。

巷，汪东兴将有关情况告诉了父亲，问他是否曾坐车到天安门进行“指挥”。父亲说，他只有一次坐车去北京饭店理发，根本不是什么“指挥”。汪东兴离开东交民巷，又回到中南海向毛泽东作了汇报，然后返回人民大会堂继续开会。江青等人问汪东兴：“你和邓小平谈得如何？”汪东兴照实回答：“邓小平只是去北京饭店理发。”张春桥不满意，他让汪东兴写个谈话记录。汪东兴火了，说：“让你们去，你们都不去。记录我不写。以后也别让我去了，下次你们自己去问吧。”①

4 月 7 日下午，毛远新向毛泽东汇报了中共中央政治局讨论他上午指示的执行情况，并请示晚上广播中共中央根据毛泽东指示作出的两个决议问题。

在谈到中共中央作出的第一个决议是任命华国锋为国务院总理的时候，毛泽东补充说：还要任党的第一副主席，并写在决议上。

晚上，中央政治局开会，一致通过根据毛泽东指示作出的两个决议：

（一）中共中央关于华国锋同志任中共中央第一副主席、国务院总理的决议

根据伟大领袖毛主席提议，中共中央政治局一致通过，华国锋同志任中国共产党中央委员会第一副主席，中华人民共和国国务院总理。

（二）中共中央关于撤销邓小平党内外一切职务的决议

中共中央政治局讨论了发生在天安门广场的反革命事件和邓小平最近的表现，认为邓小平问题的性质已经变为对抗性的矛盾。根据伟大领袖毛主席提议，政治局一致通过，撤销邓小平党内外一切职务，保留党籍，以观后效。

上述两个决议通过后，立即以异乎寻常的速度，由中央人民广播电台向全国进行全文广播。第二天，《人民日报》第一版用大字标题，全文公布了这两个决议。

粉碎“四人帮”后，一位当年在毛泽东身边工作的同志回忆说：

① 毛毛（邓榕）：《我的父亲邓小平“文革”岁月》，中央文献出版社 2000 年版。

“1976年清明前后，首都人民在天安门广场悼念周总理。当时，主席对外面情况一点都不知道，他病重动不了，连讲话的气力也没有，根本不知道外边发生了什么事。那些日子，毛远新时常来。他说政治局的同志连夜开会，认为天安门前发生的事件不是孤立的，是一次匈牙利事件在中国的重演，还说邓纳吉之类的话。主席也无力细问，只能点头表示知道了。

“4月5日，毛主席正重病卧床。江青说有事要同主席谈。她走到主席床前对主席说：‘我来之前，特意到天安门广场绕了一圈，一路上硝烟弥漫，一伙人烧房子，烧汽车，这是以死人压活人。邓小平是他们的总后台。我要控诉。我建议开除邓小平的党籍。’又说：‘政治局已经开了会，作了安排，你放心，过一会儿毛远新还要来向你报告开会的详细情况。’

“不多时，毛远新带着政治局关于四五的决议让主席表态。主席听了汇报后用红笔在另纸上写了‘同意，要保留党籍，以观后效’。后来《人民日报》发表的《天安门广场的反革命政治事件》和社论，主席没有看过。”

这时，毛泽东最终确定华国锋为接班人。毛泽东已经82岁，身体日益衰弱，急于托付后事。毛泽东最初提议由华国锋任国务院代总理，没有提高华国锋在中共中央的地位，华国锋只是以中央政治局委员代理国务院总理。这表明，毛泽东对华国锋还要进行考察和考验。

华国锋任国务院代总理、主持中央工作的两个月间，在一系列重大问题上，坚决贯彻执行毛泽东制定的路线、方针、政策。毛泽东怎么指示，华国锋就怎样照办。毛泽东感到华国锋办事可靠，十分放心。

经历天安门广场事件后，毛泽东下定决心，将华国锋作为接班人。为了巩固华国锋的接班人地位，毛泽东采取了中国共产党历史上从无前例的举措，提名华国锋任国务院总理，中共中央形成决议后，又提议“还要任党的第一副主席”——任命华国锋为“中国共产党中央委员会第一副主席，中华人民共和国国务院总理”，由中共中央形成决议，立即公开发表。

当时，毛泽东是中共中央主席，华国锋任第一副主席、国务院总理，成为毛泽东之下的中国共产党中央委员会第二号人物、国务院“第一把手”。

在中国共产党历史上，从来没有设过中共中央第一副主席。刘少奇从中共七大一直到中共八届十一中全会之前，长达21年居于中共中央第二号人物的地位，是毛泽东选择的第一个接班人。但刘少奇从1956年到1966年担任中共中央副主席整整10年，从来没有被提议在副主席前边加上“第一”两个字。

毛泽东希望，通过任命华国锋为中共中央第一副主席、国务院总理，向国内外明确表示，已经选择华国锋作为接班人。并通过这种异乎寻常的做法，引起人们对华国锋的注意，迅速提高华国锋的威信，很快巩固华国锋的地位，不断增强华国锋的声望，使华国锋具有法定的身份和特殊的地位，能够顺利接班。毛泽东的深谋远虑和良苦用心，由此可见一斑。

邓小平在全面整顿、对待“文化大革命”等一系列问题上，与毛泽东有不同的看法。根据毛泽东提议通过的中共中央决议，标志着邓小平作为毛泽东接班人的地位又一次被排除了。但是，毛泽东对邓小平始终留有余地。

天安门事件后，作出中共中央4月7日决议之前，毛泽东提议“撤销邓的一切职务”时，提出要“保留党籍，以观后效”。这表明，毛泽东虽然认为邓小平在对待“文化大革命”问题上与自己不一致，但并不是反对自己。因此，他总是希望邓小平能够“改正错误”，统一对“文化大革命”的认识。

毛泽东晚年，始终未能认识到“文化大革命”的错误，在理论和实践上坚持和维护“文化大革命”。由此产生了一系列严重后果：谁反对“文化大革命”，谁否定“文化大革命”的理论和实践，谁在实际工作中触及“文化大革命”这个“禁区”，谁就会被认为是反对毛泽东晚年的“无产阶级专政下继续革命”，被认为是“否定‘文化大革命’的伟大成果”，因而也就被认为是反对和否定毛泽东晚年的理论和实践。

在毛泽东看来，“在路线问题上，没有调和的余地”。谁如果被认为是反对或否定“文化大革命”，那就必然会轻则受批判，重则被打倒。邓小平正是因为在全面整顿中，实际上否定“文化大革命”，导致了“文革”中“第二次被打倒”的命运。

在毛泽东与邓小平之间，不存在任何“权力之争”，也不存在任何“个人恩怨”。唯一存在于他们之间的矛盾是：一个要坚持和维护“文化大革命”的理论和实践，一个要否定“文化大革命”的理论和实践。唯此而已。

对1975年的全面整顿，邓小平作了高度评价：“说到改革，其实在一九七四年到一九七五年我们已经实验过一段。一九七三年周恩来总理病重，把我从江西‘牛棚’接回来，开始时我代替周总理管一部分国务院的工作，一九七五年我主持中央常务工作。那时的改革，用的名称是整顿，强调把国民经济搞上去，首先是恢复生产秩序。凡是这样做的地方都见效。不久，我又被‘四人帮’打倒了。我是‘三落三起’。”①

① 《邓小平文选》第3卷,人民出版社1993年版,第255页。

第八十五章

“1976年四五运动，人民怀念周总理，支持我的也不少”

以1976年4月7日“两个决议”为标志，邓小平再次落难。邓小平的女儿毛毛（邓榕）回忆说：

> 4月7日晚8时，中央人民广播电台向全国广播了由中共中央政治局通过的“两个决议”。“决议”的第一个内容是，任命华国锋为中共中央第一副主席、中华人民共和国国务院总理。第二个内容是撤销父亲的党内外一切职务，保留党籍，以观后效。“两个决议”广播后，4月8日，父亲给汪东兴写信，向党中央和毛泽东表示：第一，拥护华国锋担任党的第一副主席和国务院总理。第二，对继续保留他的党籍表示感谢。在东交民巷17号这个并不陌生的环境里，在与家人子女完全音信隔绝的状态下，父亲和母亲两人相依为命。
>
> 一开始，他们自己打扫环境和洗衣做饭，负责警卫工作的滕和松帮助买些粮菜。几天后，滕和松经过请示，找来原来在我们家做过厨师的李师傅。此后，李师傅每日来东交民巷，帮助做午晚两餐。父母亲生活负担便轻松了许多。在东交民巷，虽然身处逆境，但父亲尽量保持每日起居规律，用心灵上的镇定，对待枯燥的禁锢生活。“批邓”的浪潮一天高过一天，翻开报纸、打开收音机，统统都是“批邓”的叫嚣。父亲以坦荡之心对之，完全不予理会。
>
> 转眼快到4月底了，二老想起来，4月30日是小孙子萌萌的两周岁生日。二老商量，要给孙子送点东西，算是爷爷奶奶的一片心意。母亲试着问滕和松，滕和松说可以。二老很高兴。让人帮忙买了一点东西，母亲写了一张字条，请滕和松给家里送去。我们正在因没有父母亲的消息而发

愁，突然收到他们送来的东西，着实令我们激动了半天。我们打开母亲写的字条，上面写着："小萌子明天的生日，给他点水果及两个罐头，两个小瓶子玩，还有一大块糖。希望他不要调皮，和眠眠姐姐平分礼物。奶奶。"从送来的东西和字条推断，父母亲虽然被关着，但禁闭得不算森严，生活应该没有问题。

父母亲在东交民巷相依为命的状况没有持续很久，母亲的眼病复发了。母亲住进了301 医院，东交民巷只剩下父亲一人。对于父亲来说，政治上的大风大浪不算什么，最难忍受的，就是孤独。特别是习惯了我们这种热闹而又温暖的大家庭生活，孤独就显得更加难耐。实在没事可做，父亲就拿出扑克牌，一个人在桌子上摆牌、开牌。到了后来，邓楠在父亲临走时塞给他的这副扑克牌，已被用得很旧很旧，牌角都磨白了。母亲住在301 医院外科病房。一天，给母亲看病的唐医生来看她，悄悄告诉她，毛主席病危，中央发通知了。

正在这时，滕和松派一个警卫人员来看她。她立即给父亲写了一个字条："千万不要离开你现在住的地方，不管什么人让你出去，都不要离开，我争取尽快出院。"母亲知道，看到这个字条，父亲虽然不会知道究竟发生了什么事情，但一定会提高警惕。父亲收到了字条，意识到一定是母亲在医院听到了风声，可能会有事情发生。母亲让他千万不要离开这里，但他却想，不能再继续一个人待在这里了，要争取和家人团聚。6 月12 日，父亲给汪东兴写信报转毛泽东并中央，请求与家人团聚。6 月30日，父母亲接到通知，经毛泽东批准，他们可以搬回宽街和家人团聚。①

对 1976 年的四五运动，邓小平作了高度评价："一九七六年四五运动，人民怀念周总理，支持我的也不少。这证明，一九七四年到一九七五年的改革是很得人心的，反映了人民的愿望。"②

"实践是检验真理的唯一标准。"实践也是检验 1976 年天安门事件的唯一

① 毛毛（邓榕）：《我的父亲邓小平"文革"岁月》，中央文献出版社 2000 年版。

② 《邓小平文选》第 3 卷，人民出版社 1993 年版，第 255 页。

标准。中共十一届六中全会对天安门事件作了正确评价：1975 年，周恩来同志病重，邓小平同志在毛泽东同志支持下主持中央日常工作，对许多方面进行整顿，使形势有了明显好转。但是毛泽东同志不能容忍邓小平同志系统地纠正“文化大革命”的错误，又发动了所谓“批邓、反击右倾翻案风”运动，全国再度陷入混乱。周恩来同志逝世后，在全国范围内掀起以“天安门事件”为代表的悼念周总理、反对“四人帮”的强大抗议运动，实质上是拥护以邓小平同志为代表的党的正确领导，为粉碎江青反革命集团奠定了伟大的群众基础。①

四五运动是中国人民集体意志和集体力量的具体体现，是中国现代史上惊天动地的伟大壮举。历史发展证明，人民群众的集体意志和集体力量是任何人、任何力量也扼杀不了的。它将永远作为中华民族的宝贵精神财富，永载史册，永垂青史。

四五运动是中国人民历史主动精神的具体体现。四五运动是一场人民群众悼念周恩来、拥护邓小平、声讨“四人帮”的群众运动，反映了经过十年“文化大革命”，饱经忧患和饱受动乱之苦的人民大众的真正觉醒，反映了中华民族的真正成熟。四五运动所代表的中国人民的历史主动精神，是结束十年动乱、实现中国现代化的重要基础。

四五运动是中国人民高度政治自觉的具体体现。这是一场伟大的真正的实实在在的群众运动，不掺假、不兑水、不假冒。四五运动敲响了“四人帮”的丧钟，为党和人民彻底粉碎“四人帮”奠定了坚实而强大的群众基础。

四五运动是中国人民彻底否定“文化大革命”的具体体现。正是这场伟大的群众运动，最早对“文化大革命”进行了彻底否定，为“真理标准问题讨论”进行了充分的舆论准备，为中国现代史上空前伟大的思想解放运动奠定了思想基础。

四五运动是中国人民坚决拥护邓小平的具体体现。正是这场伟大的群众运动，高度评价邓小平 1975 年主持中央工作的功绩，坚决拥护邓小平对全国各

① 《关于建国以来党的若干历史问题的决议》，1981 年 6 月 27 日中国共产党第十一届中央委员会第六次全体会议一致通过。

个领域的全面整顿，反映了民心所向、党心所向、人心所向，代表了广大人民群众的愿望和要求，体现了全国人民的呼声，为粉碎“四人帮”后邓小平迅速复出，作了充分而又强有力的舆论准备和思想准备。

四五运动是中国人民推动历史前进的具体体现。正是这场伟大的群众运动，表达了中国人民要求早日实现中国现代化的迫切要求和强烈愿望，为中国共产党十一届三中全会果断停止使用“以阶级斗争为纲”这个不适用于社会主义社会的口号，作出把工作重点转移到社会主义现代化建设上来的战略决策，为中共十一届三中全会后始终不渝地坚持以经济建设为中心，坚持四项基本原则，坚持改革开放，一心一意进行社会主义现代化建设，作出了历史性贡献。

1976 年天安门事件后，“四人帮”在全国掀起一场更大规模的“反击右倾翻案风”运动。同时，“四人帮”对以天安门群众运动为中心的全国性悼念周恩来、拥护邓小平、声讨“四人帮”的群众性浪潮进行镇压。全国上下，党内党外、军内军外，机关、学校、工厂，到处追查“政治谣言”，收缴“反动诗词”，隔离审查、逮捕关押参与过反对“四人帮”活动的人民群众。

在北京，从 1976 年清明节前后到 6 月 17 日，经过“四人帮”在北京市的全力追查，共搜集诗词、悼文原件 583 件；强迫群众交出的诗词、悼文照片和现场照片 108000 多件；从中选出重点 600 余件编成《天安门广场反革命事件罪证集》，加上其他“重点线索”，总计立案追查的共 1984 件。连同天安门事件在内，一共拘捕群众 388 人。

北京全市以隔离、办学习班、谈话等方式审查的人员，数量更大。整个北京市被触及的群众数以万计。“四人帮”一方面借追查“天安门事件的黑后台”，向中央各党政军机关，各省、直辖市和自治区施加压力；一方面借追查“天安门事件的黑后台”，加紧把手伸进军队，打击拥护邓小平的军队高级干部。

“四人帮”以清查天安门事件中的人和事的名义，派工作组进驻战略导弹部队——第二炮兵（现改称“火箭军”）领导机关。张春桥在高级干部会上说：“二炮送的花圈最早、最大，挂得最高，是影响最坏的一支部队！”要求清查“黑后台”，逼迫第二炮兵司令员和政治委员下令抓人。张春桥还质问第二炮兵司令员：“你们二炮为什么送花圈？为什么不抓人？你们为什么不批邓？”

第二炮兵司令员巧妙回答说：“周总理逝世的时候，正当第二炮兵司令部、政治部、后勤部、技术部机关多数同志都在外地拉练，未能参加周总理的遗体告别仪式和悼念仪式，大家回到北京后，趁清明节编送了花圈，表示隆重的悼念！清明节又是我们民族的传统祭祀日。”

在严峻的形势下，第二炮兵的领导同志顶住了压力，保护了同志，使“四人帮”大为恼火。此前，第二炮兵司令员3月下旬在通信部的一次讲话中，重申军队存在“肿、散、骄、奢、惰”问题、领导班子存在“软、懒、散”问题，重申仍要贯彻军委扩大会议精神，并要秘书拿来叶剑英、邓小平的讲话，继续学习。

这件事被一些人反映上去后，成了第二炮兵司令员抵制“批邓、反击右倾翻案风”运动、搞“复辟、倒退”的“罪证”。“四人帮”借机把第二炮兵的领导同志说成是“复辟势力”“还乡团头子”，上上下下搞得乌烟瘴气。为此，第二炮兵的领导同志遭到批斗，本来贯彻军委扩大会议精神出现的新局面，也急剧恶化起来。

1976年天安门事件后“四人帮”掀起的“批邓、反击右倾翻案风”虽然甚嚣尘上，但是广大工人、农民、人民解放军指战员、知识分子和各级领导干部并不买账。大家通过各种方式，毅然表示对邓小平主持的全面整顿的坚决支持。

全国政协的杨东莼就是其中一位具有代表性的人物。他1921年参加北京马克思学说研究会，是中国最早接触并研究马克思主义的学者之一，长期从事教育、宣传和工会工作。中华人民共和国成立后，历任广西大学校长、华中师范学院院长、国务院副秘书长、全国人大常委会委员和全国政协常委等职。

杨东莼对“批邓、反击右倾翻案风”很不理解，就在5月间的一次全国政协学习领导小组会议上发表了看法。他提出：“当前的这场学习运动，是中央提出的，我们应该执行，要想点办法把学习搞好，使参加者真的有所收益。而要做到这一点，就有必要在学习中发现问题，提出问题，并经过认真的学习、讨论，解决这些问题。”

他说："最近以来，我认真阅读了各种文件和报刊上的大文章，发现了一个问题，即'批判唯生产力论'中的'唯'字究竟从何而来？我自知才疏学浅，但学习、研究马克思主义却是自年轻时代至今一直没有间断。据我的记忆，马克思主义经典著作中没有这个'唯'字。如果有，这是一个大发现，应该给发现者记一大功；如果没有，那就有可能是那一位写文章的秀才杜撰的。"

杨东莼认为："如果是杜撰，那是很不严肃的，是对马克思主义经典著作的不尊重，会造成理论上和思想上的混乱。对这个问题，我今天只是提出来表示质疑，我还没有认真去查阅浩如烟海的马克思主义经典著作。但我既然提出这个问题，就打算认认真真去研究。我还十分愿意求教于在座的诸位和各学习组的学友们。"

当会议主持者问杨东莼，能否作一番准备，到联组讨论会上作专题发言时，杨东莼毫不犹豫地答应："好，我接受这项任务。"

7 月中旬，杨东莼经过充分准备后，作了专题发言。他首先讲了 5 月间在学习领导小组会上对问题的提出，然后转入长篇论述。他的发言内容集中到一点，就是：所有坚持马克思主义学说的无产阶级革命领袖，无论在理论上，还是在实践上，都无例外地高度重视"生产力论"，把发展生产力看成一切社会变革的主要依据和原动力。

杨东莼极为认真地说："我为了查阅这些经典著作，费了两个月的时间，可以说是夜以继日，废寝忘食。我的水平、能力和努力，也就到此为止，但仍无法证实那个'唯生产力论'的'唯'字是出自马克思主义经典著作。我也进一步推论，是否是现在犯了严重错误或者已成了'敌人'的前党中央领导人有过这种'唯生产力论'的提法？回答是否定的。"

杨东莼进而论证："这是因为：第一，我本人为此也查阅了许多有关文件和讲话，还询问过若干老同志；第二，翻遍所有报刊批判'唯生产力论'的大文章，均不见指明这'唯生产力论'的出处，这也反证不是诸如刘少奇、邓小平等人的创造发明。如果是他们，恐怕早已用大号字标出，而用不着打这个哑谜，让我这个书呆子去花这番苦功夫了。"

最后杨东莼得出结论："由此可见，至少到今天为止，我仍认为这'唯生产力论’，是某一位写文章的秀才自己的‘发明创造’。而这种‘发明创造’其目的何在，我不想多加推论。但我认为，即便是写文章，搞研究，这也是乱设命题，制造混乱，以假乱真，是任何一个正直的做学问的人所不齿的。”

杨东莼的这番话，引经据典，以革命导师马克思、恩格斯、列宁、斯大林、毛泽东的一系列论述为依据，具有严密的逻辑力量，体现了一位知识分子在重大原则问题上决不随声附和的浩然正气，说出了广大与会者的心里话，反映了全国广大干部、群众的共同心声，得到听众的热烈赞同。

天安门事件后邓小平虽然第二次被“四人帮”打倒了，但是，公道自在人心。在广大人民群众的心目中，邓小平是打不倒的。真正代表人民利益，全心全意为人民谋利益的人，是永远不会被打倒的。历史的发展虽然会走过曲折的道路，但历史前进的总趋势却犹如黄河九曲，终归大海一样，是任何力量也抗拒不了的……

中共十一届三中全会郑重指出：“1975年，邓小平同志受毛泽东同志委托主持中央工作期间，各方面工作取得很大成绩，全党全军和全国人民是满意的。邓小平同志和中央其他领导同志一道，按照毛泽东同志的指示，对‘四人帮’的干扰破坏进行了针锋相对的斗争。‘四人帮’硬把1975年的政治路线和工作成就说成是所谓‘右倾翻案风’，这个颠倒了的历史必须重新颠倒过来。”①

对于第二次被“四人帮”打倒，邓小平在主持中央工作之初就有这个思想准备。他曾经号召在各个领域主持工作的同志，要有“不怕第二次被打倒”的精神。

关于“第二次被打倒”后邓小平的思想状况，与邓小平朝夕相处的毛毛（邓榕）回忆说：

父亲的最高德行是“善于忍耐”。越王勾践铸造的剑中间柔韧、两侧锋利，柔韧锋利兼具的剑是为战胜对手。同时，刚强韧性兼具是为应付险境。父亲的品德在这两方面尤为突出。

① 《中国共产党第十一届中央委员会第三次全体会议公报》，1978年12月22日通过。

国外有人评价我父亲：他拥有一个最高的德行——善于忍耐。在非常年代里，父亲被打倒的时候，除了忍耐，他能做什么呢？一个人在不能有所作为的时候最好是忍耐。有时要忍受你不能忍受的东西。

忍耐是一个人获得精神平衡的基础。他第一个妻子难产死亡，孩子也夭折；第二个妻子在他最困难的时候离开了他；政治上他经历三落三起，晚年大儿子因他致残，他都忍受过来了。

毛泽东曾让汪东兴转达给父亲一些话，其中就有：要忍，不要着急。病中周恩来也曾问他："态度会不会变？"父亲坚定、明确地回答："永远不会。"这是他们置个人荣辱乃至生命于不顾的一次政治盟誓。

上至官宦，下至黎民，在人身不由己的时候，只能忍耐。现在我理解了他在著作中说的"制度不好可以使好人无法充分做好事，甚至会走向反面"。还有他在历经磨难后说的"永不翻案"。

他能跟毛泽东保持联系6年（1966～1972年），就为实现复出这一愿望。他第二次复出了，但又被打倒，这次他视为人生最后一搏，置个人生死、家庭于不顾，对他认定正确的事情死不悔改。

坚韧确实是他的最高德行。要说明的是，父亲不是天生就善于忍耐。党内斗争的激烈、国家和个人命运的坎坷，改变了父亲的天性。曾听邓妈妈（邓颖超）说，你爸爸年轻时可不是这样的，爱说爱笑，他最大的变化是不爱讲话了。

大革命时期，上海公共租界的一幢房子里，周伯伯、邓妈妈住楼上，父亲、张锡瑗妈妈住楼下，邓妈妈说，经常听到这对小夫妻高声谈笑，在白色恐怖的上海滩上，巡捕森严的租界地里，这笑声给人盼头。刘英妈妈也证实父亲年轻时的活跃。李富春唤爱说爱笑的父亲"小弟弟"。

不议国事，父亲的习惯。"老爷子，聊聊天呀。"我们有时跟他套近乎。"有什么好聊的。"他就这样回绝我们。他从不对我们说他过去的事，问他，往往是："有什么好说的。"他一星期也没几句话。

我妈妈跟他相反，活跃开朗笑口常开。我们的性格像我妈妈。我常常想，俗话说：江山易改，禀性难移。像父亲这样的性格大转变，是非常环境扭曲了他，特别是"文化大革命"。

抗日战争、解放战争、新中国成立后长期在邓小平领导下工作的一位老同志回忆说：

小平同志具有坚定的信念和坚强的性格，坚持实事求是，百折不挠地为真理而斗争，表现了大无畏的政治勇气。他“几落几起”，在党内不止一次受到过错误批判和不公正处理，曾被指责为所谓“错误路线的头子”“党内第二号走资本主义道路的当权派”“右倾翻案风的代表人物”等，甚至受到错误处分。但是，小平同志坚持真理，坚信真理终究是会胜利的，保留自己的正确意见，同时忍辱负重，遵守组织纪律。

1976年在小平同志蒙冤后还没有恢复工作的时候，我到他的住处去看望他。在谈到前两年的工作时，他说：针对当时国民经济的混乱状况，坚决采取各项措施进行全面整顿，尽快把国民经济搞上去的做法是没有错的，我在这样做的时候已经作了再一次被打倒的准备。小平同志为了党和人民的利益置个人安危于不顾的博大胸怀，确实令人钦佩。

第八十六章

“政治局大多数同志一致的意见是要对付‘四人帮’”

中共中央在《关于建国以来党的若干历史问题的决议》中指出：1976 年“4 月间，在全国范围掀起了以天安门事件为代表的悼念周总理、反对‘四人帮’的强大抗议运动。这个运动实质上是拥护以邓小平同志为代表的党的正确领导，它为后来粉碎江青反革命集团奠定了伟大的群众基础”。

在“批邓、反击右倾翻案风”中，毛泽东最后选择了华国锋任中共中央第一副主席、国务院总理，作为自己的接班人。这是毛泽东政治生涯中最后一次选择接班人。

1976 年 4 月 30 日晚上，毛泽东由中共中央第一副主席、国务院总理华国锋等陪同，在北京中南海放满了中国历代古籍的书房里，会见新西兰总理马尔登。

按照毛泽东晚年的惯例，会见外国贵宾、送走外国客人后，要由陪同接见的中央领导人向他汇报一下近期的主要工作。担当这一重要任务的人选，最初主要是周恩来。中共十大后，是周恩来和新选出来的中共中央副主席王洪文。周恩来病重住院后，是主持中央日常工作的邓小平。

周恩来逝世，邓小平在“反击右倾翻案风”中受到批判，担当这一任务的主要人选便换成了中共中央第一副主席、国务院总理华国锋。

毛泽东会见新西兰总理马尔登后，华国锋抓紧时间，简明扼要地向毛泽东汇报了近段时间中央的主要工作和全国的形势。最后，华国锋概括说：全国总的形势很好，也有几个省的形势不大好……

毛泽东一边认真地听着华国锋的工作汇报，一边认真地思考着。这时，毛泽东的病情已经十分严重，没有工作人员的搀扶，甚至不能自己站起来。在华国锋汇报完工作后，毛泽东为了表示对华国锋的信任和支持，拿起放在沙发旁小茶几上的铅笔，十分费力地用劲在白纸上写下了几行字：

慢慢来，不要着急；
照过去方针办；
你办事，我放心。

写罢，毛泽东把白纸交给了华国锋。毛泽东写下的这三句话，虽然铅笔字写得不太清楚，但是熟悉毛泽东笔法的人，只要稍加辨认，便不难看出，这是千真万确、独具一格的“毛体”。一位年近83岁的久病老人，能够克服身体不便的困难，写下这三行字，已经很不容易了。毛泽东用亲笔写给华国锋的这三句话，表示了对华国锋的无限信任和有力支持。

华国锋深深体会到毛泽东写给自己的这三句话具有重如泰山一般的分量和含义，立即在中共中央政治局会议上，向在京的全体中央政治局委员做了传达。与会的中央政治局委员都在自己的笔记本上做了亲笔记录。

1976年9月8日晚上，北京人民大会堂灯火辉煌，即将结束对中国访问的西萨摩亚国家元首正在举行访华答谢宴会，宴请中国领导人，对此次访华取得圆满成功和受到的盛情款待表示谢意。正当宴会进行到高潮时，一阵急促的电话铃声传来了毛泽东病危的消息。

华国锋作为中共中央第一副主席、国务院总理，是这场宴会的主宾。接了电话后，华国锋匆匆讲完话，没有等宴会结束，便向主人告别，驱车迅速赶到中南海。当他走进毛泽东住地时，毛泽东已经停止了呼吸。心电图上显示出心脏已经停止跳动的一条直线。

1976年9月9日，毛泽东与世长辞。在毛泽东逝世、江青集团加紧篡夺党和国家最高领导权的形势下，彻底粉碎“四人帮”，从根本上结束十年动乱，实现中国安定团结，全力以赴建设社会主义现代化强大国家，尽快追赶世界发展潮流，是全党全军全国人民的共同愿望，也是中共中央政治局大多数同志的共同愿望。

“文化大革命”的历史充分证明，江青集团是一个毫无任何党性，毫无任何原则，毫无任何纪律，毫无任何信义，只会以捣乱、破坏为能事的祸国殃民的阴谋集团。

粉碎“四人帮”，就是代表中国共产党的根本利益，就是代表中国人民的根本利益，就是代表中华民族的根本利益。

1976年10月初，一场酝酿已久的关系到中国光明与黑暗、前进与倒退的历史性决战进入实施之中。在这关系到中国共产党、中国社会主义事业和中华民族前途命运的紧急关头，华国锋、叶剑英根据长期积累的丰富的政治经验，精心思虑，果断决策，与汪东兴商定了粉碎“四人帮”的周密部署：10月6日晚上8时，以在北京中南海怀仁堂召开中共中央政治局常委会议，研究审议《毛泽东选集》第5卷的清样、研究毛泽东纪念堂的方案等事宜的名义，采取果断措施，对王洪文、张春桥、江青、姚文元隔离审查，将“四人帮”的问题彻底解决。

10月6日晚上7时多，华国锋、叶剑英提前来到中南海怀仁堂正厅。汪东兴指挥经过精心挑选的八三四一部队指战员担任会议“警卫任务”。

晚上8时左右，王洪文第一个来到怀仁堂。他刚走到东侧门，就被事先准备好的八三四一部队指战员一把扭住，然后推到坐在怀仁堂正厅的华国锋、叶剑英面前。华国锋宣布：王洪文，你犯下了反党反社会主义的罪行。我代表党中央宣布，对你进行隔离审查。随后，八三四一部队指战员将王洪文押了下去。

第二个来到怀仁堂的是张春桥。他刚走到怀仁堂门口就发现气氛有些异常，还没来得及反应过来，八三四一部队指战员就一拥而上，抓住张春桥推到了怀仁堂正厅华国锋、叶剑英的面前。华国锋当即代表中共中央宣布了对张春桥隔离审查的决定。八三四一部队指战员也将张春桥押了下去。

第三个来到怀仁堂的是姚文元。本来，召开中共中央政治局常委会议，姚文元并没有资格参加。为了让姚文元“到会”，中央办公厅在向他发出会议通知时，专门强调由于会议要讨论研究《毛泽东选集》第5卷的清样，请他列席会议。当姚文元来到怀仁堂时，八三四一部队指战员迅速把他抓了起来。一位中央办公厅干部受华国锋委托，当即宣布了中共中央对姚文元隔离审查的决定。然后，也把他押了下去。

与此同时，由中央办公厅副主任张耀祠带领的一个小组，前往中南海江青的住地，根据汪东兴交给的“中央研究决定，粉碎‘四人帮’”的命令，执行逮捕江青、毛远新的任务。

张耀祠一行首先来到毛远新住地，宣布了中央对他进行“保护审查”的决定，要求他把文件柜钥匙和手枪交出来。毛远新骄横地说：“主席尸骨未寒，你们就……”他拒不交出钥匙和手枪。八三四一部队一位干部上前收缴了他的手枪和钥匙。随即，八三四一部队指战员把他押了下去。

然后，张耀祠一行来到江青的住地。当张耀祠走进江青办公室时，江青正坐在沙发上。张耀祠向江青宣布：“江青，我接华国锋总理电话指示，你现在还进行分裂党中央的活动，党中央决定对你实行隔离审查，马上执行。你到另外一个地方，要老实向党坦白交代你的罪行，要遵守纪律。你把文件柜的钥匙交出来。”①

张耀祠宣布中央决定时，江青双目怒视，一动不动，一言未发，既没有大吵大闹，也没有在地上打滚。她拖延了一会儿时间，似乎再也无计可施，知道已经“无可奈何花落去”，只好慢慢地站起来，坐在办公桌旁的椅子上，解下系在腰间的一串保险柜钥匙，装进一个大信封里，在上面写了“华国锋同志亲启”几个字，又用“密封条”将大信封的两端密封好，交给了张耀祠。随后，八三四一部队指战员将江青押了出去。

中共中央在《关于建国以来党的若干历史问题的决议》中指出：1976 年 9 月毛泽东同志逝世，江青反革命集团加紧夺取党和国家最高领导权的阴谋活动。同年 10 月上旬，中央政治局执行党和人民的意志，毅然粉碎了江青反革命集团，结束了“文化大革命”这场灾难。这是全党、全军和全国各族人民长期斗争取得的伟大胜利。在粉碎江青反革命集团的斗争中，华国锋、叶剑英、李先念等同志起了重要作用。②

1976 年 10 月 6 日晚上，根据中共中央、中央军委命令，中共北京市委和中国人民解放军北京卫戍区采取行动，逮捕了迟群、谢静宜。中共中央对外联络部部长耿飚等接管了中央广播事业局和中央人民广播电台等单位的领导权。次日，北京军区副政治委员迟浩田等，接管了《人民日报》的领导权……自从“文化大革命”开始后被江青集团把持了十年之久的宣传舆论阵地，终于又回到了党

① 《张耀祠回忆毛泽东》，中共中央党校出版社 1996 年版，第 162 页。

② 《关于建国以来党的若干历史问题的决议》，1981 年 6 月 27 日中国共产党第十一届中央委员会第六次全体会议一致通过。

和人民的手中。叶剑英十分兴奋地说："现在，终于该轮到我们说话了！"

耿飚回忆受命接管中央广播事业局和中央人民广播电台等单位领导权的情况说：

6日晚上8点来钟，我家中的红机子电话铃响了。我拿起话筒，听得很真切，是华国锋本人的声音。他要我坐自己的汽车，迅速赶到中南海怀仁堂。

一进中南海西门，我见到岗哨比平时增多了，感到有一种紧张的气氛。走进怀仁堂，看见华国锋、叶剑英同志正与北京卫戍区司令员吴忠等人交谈。这时我才知道，华国锋和叶剑英在征得中央政治局多数同志同意后，已在今晚执行党和人民的意志，对江青、张春桥、王洪文、姚文元及其在北京的帮派骨干实行隔离审查，一举粉碎了祸国殃民的"四人帮"。

华国锋同志立即向我交代任务："你和邱巍高（北京卫戍区副司令员）到中央广播事业局去，要迅速控制住广播电台和电视台，不能出任何差错，否则后果不堪设想。"

叶帅郑重嘱咐我："要防止发生混乱，防止泄密，注意安全。"

华国锋同志问我："你要不要带支手枪？"

"手枪不必带了。"我说，"但是需要有你的手令。"

他说："好！"当即提笔在一张白纸上给当时的广播事业局局长邓岗写了一道手令：

邓岗同志：

为了加强对广播、电视的领导，中央决定，派耿飚、邱巍高同志去，请你们接受他俩的领导，有事直接向他们请示。

华国锋

十月六日

我接过手令之后问邱巍高："广播事业局是哪个警备师守卫的？"

"光我们两个去还不行。"我说，"请你把这个师的副师长找来，和我们一起去。"

出发前，华国锋同志对我说："究竟怎样搞法，如何控制住电台、电视台，来不及细想，一切交给你去办了。总的原则是可以采取处理林彪事件的办法（指林彪自我爆炸后，中央暂不对外公布此事），内部已发生了变化，但外面不要让人看出异常来。”

我们领受任务后，就驱车去广播事业局。后来有的文章说，耿飚带了多少军队去占领电台。这是误传。当时广播事业局虽然和其他新闻单位一样被“四人帮”所控制，但是广大干部、群众是听从党的领导的，而且守护中央人民广播电台和中央电视台的警备部队有很高的政治觉悟，因此，根本不需要我带领部队去进行军事占领，也不必用别的部队去替换原来的部队。守护电台、电视台的还是原来那班人员。虽然在我去之前，警备一师已增派了一些战士去电台，但这是他们为加强警卫力量而作的内部兵力调配，与“带领军队去占领电台”完全是两码事。事实上我只是同邱巍高和警备一师副师长王甫三个人前往广播事业局去进行一场特殊的战斗。

我们到达广播大楼时已将近晚上10点钟了。我们在警备部队中挑选了20名战士。我带着10名战士直奔局长邓岗的办公室。他还没有下班，但像是准备睡一会儿的样子，因为他来开门时衣服扣子没有扣好。他大概是因为这么晚了，忽然来了这些不速之客，显得有些紧张。为了说明来意，我把华国锋的手令拿给他看。他看完手令，好久不说话。我见他在思索犹豫，就对他说：“你如果想给姚文元打电话请示，也可以。”他似乎明白了我话中的含义，连忙说：“没必要了。”我接着说：“那好，请你把领导班子的人统统找到你办公室来，就说有事要商量。”

在邓岗打电话召集人的同时，我请邱巍高和王甫带着另外10名战士去掌握电台的播音室。他们立即在直播室和机房门前加强了岗哨。

邓岗召集来的广播局核心小组成员有11位，在这个会议上，我把华国锋手令念了一遍，要求大家遵照党中央的指示，把工作做好。23点40分，邓岗又召集各部门领导人的紧急会议，传达了中央的指示。

接着，我给华国锋同志打电话报告：“已经控制住了，领导人都在我这里，你放心。”

我考虑，光靠我和邱巍高、王甫三个人，工作难于运转，因此对邱巍高说：“应该再调一些人来。”他同意我的意见，并说：“要找人，我们那里只有武的，没有文的，还是从中联部找人吧！”我觉得这个主意好，立即打电话到中联部，把张香山和冯铉两位副部长请来，还找了其他一些同志。他们的任务主要是和电台的同志一道审查播出前的节目胶带，包括文字节目和歌曲、音乐节目。我告诉他们，主要掌握两点：一是播出中不能泄露有关粉碎“四人帮”的消息；二是凡节目中提到或涉及“按既定方针办”的，一律删去，还要撤换一些不妥的节目。

我对邓岗说：“我们得住在这里，你也不要回家了。”于是，就在邓岗的办公室内架了几张行军床。头三天我们睡觉不脱衣、不脱鞋，连吃饭、喝水都不离开办公室，由警卫战士送来，完全是一种战斗生活，准备随时应付突发情况。特别是第一天晚上，没有那么多床，我和邱巍高轮流睡一张床，我睡一会儿，再换他睡一会儿。所谓“睡”，不过是躺一躺，放松一下筋骨，眼睛却瞪得大大的，脑袋里在翻江倒海，考虑还有什么漏洞没有？还有不周全的地方没有？还会出现什么突然发生的情况吗？应当采取什么防范措施？“四人帮”虽然被抓起来了，但还要防止他们的余党、死党狗急跳墙。新闻舆论阵地长期受“四人帮”严密控制，他们经营了十来年，会不会跳出几个亡命之徒来？我个人的安危生死事小，万一电台、电视台出了事，其传播速度和范围比报纸要快、要远，就将迅速波及全国、影响到国外，从而打乱党中央的战略部署。这种影响比我当年指挥的任何一个战役的影响都要大……越想越感到责任重大，越想越难于入睡，索性起来继续伏案工作。

据邱巍高同志后来告诉我，他当时作了四项布置：第一是控制电台的要害部位，如直播室、机房、制高点等，加强了岗哨和验证；第二是保持电台秩序的稳定，内紧外松，不要让别人看出异常来；第三是保证所有进驻人员的安全；第四是对警备部队进行教育。

10 月 6 日晚上的事，第二天在广播事业局内部一传十、十传百，很快就全知道了。广大干部和群众对粉碎“四人帮”的行动是衷心拥护和非常高兴的。个别人思想上比较紧张，但表面上也很正常。在党中央解决“四人帮”问题的过程中，我们奉命到中央广播事业局，夺回在这个重要宣传阵地的领导权，总的来说比较顺利，没有出现什么大的问题，取得了这场特殊战斗的重大胜利。①

10 月 6 日的北京夜晚，大地无声，平静如常，星汉灿烂。为了全国人民的安宁，中共中央政治局代表全党全国人民的最高利益，一枪未发，兵不血刃，粉碎“四人帮”集团。其惊心动魄，正如叶剑英 5 个月后在中央工作会议上讲的那样：“无限风光在险峰！”

中共中央对“四人帮”实行隔离审查的果断措施后，华国锋、叶剑英等立刻驱车前往位于北京西郊的玉泉山。10 月 6 日深夜，中共中央政治局会议在这里举行。会前，华国锋与叶剑英商定了会议的主要议程：

一、由华国锋代表中共中央向中央政治局通报，中央已采取断然措施，对王洪文、张春桥、江青、姚文元实行隔离审查。

二、确定中国共产党中央委员会主席和中国共产党中央军事委员会主席的人选。

当谈到第二项议程时，叶剑英对华国锋说，主席生前已经有交代，你应当担此重任。华国锋说，我提议，还是由叶帅主持中央工作。叶剑英说，你是主席生前指定的接班人。我们提交会议讨论决定吧。

在此期间，在北京的中共中央政治局委员和候补委员李先念、汪东兴、陈锡联、苏振华、纪登奎、吴德、倪志福、陈永贵和吴桂贤等陆续来到玉泉山 9 号楼会议室。当出席中共中央政治局会议的中央政治局委员和候补委员全部到齐后，华国锋和叶剑英携手并肩走进会议室，在主席台就座。

中共中央第一副主席华国锋主持中央政治局会议。这次中央政治局会议从 10 月 6 日深夜一直开到 10 月 7 日早晨。会上，中央政治局作出关于华国锋任中国共产党中央委员会主席、中国共产党中央军事委员会主席的决议：根据伟大的领袖和导师毛泽东主席生前的安排，中共中央政治局一致通过，华国锋同志任中国共产党中央委员会主席、中国共产党中央军事委员会主席，将来提请中央全会追认。会议结束后，汪东兴向外地的中央政治局委员和候补委员李德生（沈阳军区司令员）、韦国清（中共广东省委第一书记、广州军区第一政治委员）、许

① 《耿飚回忆录》(1949～1992)，江苏人民出版社 1998 年版，第 291～296 页。

世友（广州军区司令员）、赛福鼎（中共新疆维吾尔自治区委员会第一书记）等打电话，通报中央政治局粉碎“四人帮”的决策和华国锋任中共中央主席、中央军委主席的决议。他们都表示，坚决拥护中央政治局的上述决定。

粉碎“四人帮”，标志着历时10年的“文化大革命”正式结束。邓小平在接受意大利记者奥琳埃娜·法拉奇的采访时，用辩证唯物主义和历史唯物主义的观点，对人民群众和集体力量在粉碎“四人帮”中的巨大作用作了深刻阐述。奥琳埃娜·法拉奇问：“很显然，只有在毛主席逝世以后才能逮捕‘四人帮’，到底是谁组织的，是谁提出把‘四人帮’抓起来的?”邓小平答：“这是集体的力量。我认为首先有四五运动的群众基础。‘四人帮’这个词是毛主席在逝世前一两年提出来的。一九七四年、一九七五年，我们同‘四人帮’进行了两年的斗争。‘四人帮’的面貌，人们已经看得很清楚。尽管毛主席指定了接班人，但‘四人帮’是不服的。毛主席去世以后，‘四人帮’利用这个时机拼命抢权，形势逼人。‘四人帮’那时很厉害，要打倒新的领导。在这样的情况下，政治局大多数同志一致的意见是要对付‘四人帮’。要干这件事，一个人、两个人的力量是办不到的。”①

① 《邓小平文选》第2卷，人民出版社1994年版，第349～350页。

“粉碎了‘四人帮’，我实在高兴。我现在 73 岁了……现在我的身体还好，‘零件’都还健全，还可以做几年工作”

第八十七章

“让邓小平同志重新参加党中央的领导工作……”

1966年至1976年发生在中华大地上的“文化大革命”的历史证明，“文化大革命”不是也不可能是任何意义上的革命或社会进步。它根本不是“乱了敌人”而只是乱了自己，因而始终没有也不可能由“天下大乱”达到“天下大治”。在中国，在人民民主专政的国家政权建立以后，尤其是社会主义改造基本完成、剥削阶级作为阶级已经消灭以后，虽然社会主义革命的任务还没有最后完成，但是革命的内容和方法已经同过去根本不同。对于党和国家肌体中确实存在的某些阴暗面，当然需要作出恰当的估计并运用符合宪法、法律和党章的正确措施加以解决，但决不应该采取“文化大革命”的理论和方法。在社会主义条件下进行所谓“一个阶级推翻一个阶级”的政治大革命，既没有经济基础，也没有政治基础。它必然提不出任何建设性的纲领，而只能造成严重的混乱、破坏和倒退。历史已经判明，“文化大革命”是一场由领导者错误发动，被反革命集团利用，给党、国家和各族人民带来严重灾难的内乱。①

中共中央粉碎“四人帮”时，由于“批邓、反击右倾翻案风”运动而再次被打倒的邓小平尚处于软禁之中。粉碎“四人帮”的第二天——1976年10月7日上午，中央军委召开中国人民解放军各总部、各军种、各兵种领导干部紧急会议，中央政治局委员、主持中央军委工作的陈锡联代表中共中央和中央军委，首先向高级干部传达粉碎“四人帮”的情况。

中国人民解放军铁道兵政治委员吕正操出席了这次会议。中午，吕正操回到家中，情不自禁，分外高兴。女儿吕彤岩见状，问道：什么事情这样高兴？吕正操回答：“四人帮”已经被抓起来了。当天下午，叶剑英的侄子叶选基来

---

① 《关于建国以来党的若干历史问题的决议》,1981年6月27日中国共产党第十一届中央委员会第六次全体会议一致通过。

到吕正操家，与吕彤岩等谈了粉碎“四人帮”的情况。他们觉得这个消息应当尽快告诉邓小平。由于担心邓家电话受到监听，吕彤岩于是乘公共汽车来到位于和平里的邓小平女婿贺平家里，将中央已经粉碎“四人帮”的消息告诉了贺平。贺平听到中央粉碎“四人帮”的重大消息，欣喜异常，立即蹬上自行车，飞奔到位于宽街的邓小平家里。

邓小平的女儿毛毛（邓榕）回忆道：他一进屋，就连声说：“快来！快来！”全家人一看他满头大汗兴奋不已的样子，就知道一定有大事发生。在那个时候，我们怕家中装有窃听器，因此凡有重要的事情，都会用一些防窃听的方式悄悄地说。我们大家——父亲、母亲和当时在家的邓琳、邓楠，还有我——一起走到厕所里面，关上门，再大大地开开洗澡盆的水龙头。在哗哗的流水声中，我们围着贺平，听他讲中央粉碎“四人帮”的经过。父亲耳朵不好，流水声音又太大，经常因为没听清而再问一句……震惊、疑惑、紧张、狂喜，一时之间，喜怒哀乐之情全部涌上心头。父亲十分激动，他手中的烟火轻微地颤动着，我们全家人，就在这间厕所里面，在哗哗作响的流水声中，问着，说着，议论着，轻声地欢呼着，解气地怒骂着，好像用什么样的方式都无法表达心中的振奋和喜悦。①

邓小平和全国人民一样，热烈欢呼中国共产党代表全国人民的根本利益粉碎“四人帮”的伟大胜利。1976 年 10 月 10 日，粉碎“四人帮”的第 4 天，邓小平就写信给中共中央表达喜悦的心情。他在信中写道：“最近这场反对野心家、阴谋家篡党夺权的斗争，是在伟大领袖毛主席逝世后这样一个关键时刻紧接着发生的。”“这是巩固党的伟大事业的胜利。”“我同全国人民一样，对这个伟大斗争的胜利，由衷地感到万分的喜悦。”②

当时，叶剑英、李先念等老一辈无产阶级革命家对邓小平的处境极为关注，多次提出让邓小平重新出来工作的问题。以后，叶剑英、李先念等又多次提出。叶剑英说：小平同志具有治党治国的全面经验，是我们党内难得的人才。毛主席、周总理多次赞扬过他。现在，党内、军内的绝大多数同志和全国

① 毛毛（邓榕）：《我的父亲邓小平“文革”岁月》，中央文献出版社 2000 年版，第 523 页。
② 中共中央文献研究室编：《邓小平年谱》1975～1997（上），中央文献出版社 2004 年版，第 152 页。

人民，都强烈要求让小平同志出来工作。我们应该尽快把小平同志请出来。

粉碎“四人帮”后，叶剑英一直惦念着邓小平。根据有关知情人回忆，叶剑英曾派人悄悄把邓小平接到自己住地，把粉碎“四人帮”的特大喜讯，告诉了这位老战友。邓小平听了，兴奋之情难以言表，两双扭转乾坤的老革命家的手，紧紧握在了一起。此时此刻，真是千言万语也难以表述他们激动万分的心情。叶剑英向邓小平详细介绍了粉碎“四人帮”的决策情况和经过，传达了刚刚开过的中央政治局会议精神。他并安排工作人员，迅速解决邓小平阅读中央文件等问题。他要大力创造一切有利条件，准备请邓小平早日“出山”，恢复工作。

1976 年 12 月 14 日，中共中央决定恢复邓小平看中央文件的权利。随后，经过叶剑英周密安排，邓小平搬到北京郊区西山。一天，叶剑英对办公室主任传达中央指示：邓小平要住到西山，为了他今后工作的方便，想给他一套文件，中央确定了由你直接给他送，其他人不要进去了，住在哪个地方，其他人也不要告诉。中央办公厅直接写你的名字，你把这套文件直接转给他。这个楼是 25 号。此后，叶剑英办公室主任就把中央办公厅秘书局发给自己的每套文件，送给邓小平阅读。叶剑英的这一举动，为邓小平及时了解和掌握国际国内动态，密切注视国内形势的发展，随时出来工作，提供了方便。

1977 年 1 月的一天晚上，中共中央办公厅将邓小平接到北京西郊的玉泉山——中共中央领导同志开会、休息，中央组织起草文件的地方。中共中央主席华国锋、副主席叶剑英、政治局委员李先念和汪东兴，一起与邓小平“集体谈话”，向邓小平介绍中央粉碎“四人帮”的决策、经过和各方面情况。中央领导同志与被打倒后、准备恢复工作的领导干部“集体谈话”是“文化大革命”时期的一种惯常做法。由于邓小平不是一般人物，所以由中共中央主席、副主席、负责经济工作的政治局委员、负责组织工作与干部工作的政治局委员，一起与邓小平“集体谈话”。这也是粉碎“四人帮”后，华国锋第一次与邓小平见面。这次最高规格的中央级“集体谈话”，标志着对邓小平软禁的结束，同时也标志着邓小平即将恢复工作。

就在老一辈无产阶级革命家和广大人民群众迫切要求纠正“文化大革命”的错误，恢复邓小平工作的形势下，却出现了“两个凡是”的错误方针。

1977 年 2 月 7 日，《人民日报》、《红旗》杂志、《解放军报》发表社论《学好文件抓住纲》，向全党、全军、全国人民正式提出：“凡是毛主席作出的决策，我们都坚决维护；凡是毛主席的指示，我们都始终不渝地遵循。”这就是“两个凡是”的错误方针。

“两个凡是”的错误方针公开发表后，立即受到强烈要求纠正“文化大革命”的严重错误、强烈要求为“天安门事件”彻底平反、强烈要求让邓小平早日恢复工作的老一辈无产阶级革命家和广大人民群众的抵制和反对。

1977 年春的一天，沈阳军区司令员李德生到北京西山看望叶剑英。叶剑英对李德生说：“你去看看你们的老政委。”李德生来到邓小平的住地，见到邓小平虽然面容有点消瘦，但自信、达观、刚毅，有一种坚不可摧的气度。

在会面中，邓小平侃侃而谈。他说，历史是人民创造的，群众运动力量很大，个人是微不足道的。邓小平阐述了马克思主义关于人民群众是推动历史前进的决定性力量的基本原理：人民的革命潮流是不可抗拒的，没有全国亿万人民的力量，就不会有“四五”天安门悼念活动，就不会有粉碎“四人帮”的伟大胜利。

2 月 18 日，春节，邓小平尚未恢复工作，但已经呼之欲出。这一天，邓小平家中宾客如云。叶剑英、李先念、王震、胡耀邦、万里等，纷纷到邓小平家里拜年。大家表达着一个共同的心愿——期望着邓小平早日恢复工作。邓小平——这位早在青年时代就献身共产主义事业的著名共产党人，虽然在革命的征途上几起几落，却犹如火中的凤凰，愈加展现出锐利的思想锋芒和一往无前的拼搏精神。他要在有生之年，为中华民族的振兴和新的腾飞，为中国人民的幸福欢乐，为中国社会主义事业的蓬勃兴旺，作出新的贡献。

1977 年 3 月，中央工作会议在北京召开。叶剑英、陈云等老一辈无产阶级革命家为了党和人民的利益，公开提议让邓小平出来工作，为天安门事件平反，受到许多与会同志的热烈赞同。

萧劲光在回忆录（续集）中，回顾了“两个凡是”提出后，老一辈无产阶级革命家的普遍看法：

1977 年初，人们从粉碎“四人帮”后的兴奋之中渐渐冷静下来，热烈地企盼华国锋同志为首的党中央能够拨乱反正，拿出治国大纲，迅速扭转形势。国家百废待举，究竟什么是扭转形势的最根本枢纽，不仅群众不明白，党亦在一个探索的过程中。2月7日，《人民日报》、《红旗》杂志、《解放军报》两报一刊社论提出“凡是毛主席作出的决策，我们都坚决维护；凡是毛主席的指示，我们都始终不渝地遵循”的方针，这个方针在当时看起来似乎是继承毛主席遗志的，是理所当然的，却实际上是拨乱反正的障碍。

按照“两个凡是”，当时两个大家最关心的问题就无法解决。一个是“批邓、反击右倾翻案风”不能改，一个是“天安门事件”的案不能翻。对此我是不赞成的，我和陈云同志谈过，和王震、王诤、耿飚等一些老同志也谈过。我认为邓小平同志是受“四人帮”打击迫害的，说他是天安门事件的总后台完全是莫须有的罪名。邓小平同志1975年整顿是正确的，工作有魄力、有成绩，应尽早恢复工作。而毛泽东同志在晚年有些事情是错误的，不能以凡是毛主席说过的就一成不变。对天安门事件，我们老同志也有所议论，认为不能说是“反革命事件”。

大家在一起议一议，谈一谈，感到大多数老同志的心都是相通的，所见也基本相同，思想上也越来越感到这两件事的解决势在必行。经过一段时间的考虑，陈云同志决定向中央上书，直言自己的意见，我们这些老同志自然十分赞同，又十分高兴，因为陈云同志德高望重，推举陈云同志挑头，代表大家向中央陈述这些意见，也正是这段时期大家在酝酿之中的事情。

中央工作会议即将召开的前夕，记不清具体是哪一天了，王震同志打电话邀我去商量要事。同去的还有王诤、耿飚等同志，大家在一起议论的中心议题还是那两件事。过了一会儿，陈云同志也来了，陈云同志发表了意见，大意是说中央工作会议要召开了，他写了一个书面意见，准备在会上做个书面发言。他对坐在旁边的我说：“请劲光同志给大家念念吧。”这篇书面发言，主要内容就是现在收集在《陈云文选》第三卷中《粉碎“四人帮”后面临的两件大事》。①

① 《萧劲光回忆录》(续集)，解放军出版社1989年版，第356～357页。

在这次中央工作会议上，陈云、王震等老同志郑重提议，要求让邓小平出来工作，为天安门事件平反。3 月 13 日，陈云在中央工作会议的书面发言中指出：

粉碎“四人帮”反革命集团，这是我们党的一个伟大胜利，对中国革命具有伟大的历史意义。

我对天安门事件的看法：（一）当时绝大多数群众是为了悼念周总理。（二）尤其关心周恩来同志逝世后党的接班人是谁。（三）至于混在群众中的坏人是极少数。（四）需要查一查“四人帮”是否插手，是否有诡计。

因为天安门事件是群众关心的事，而且当时在全国也有类似事件。

邓小平同志与天安门事件是无关的。为了中国革命和中国共产党的需要，听说中央有些同志提出让邓小平同志重新参加党中央的领导工作，是完全正确、完全必要的，我完全拥护。

我国目前总的形势是好的。虽然有些困难，但这是暂时的困难。只要全党团结在党中央周围，共同商量，同心同德，经过努力，这些困难是一定会克服的，我们的前途是光明的。①

陈云旗帜鲜明的书面发言，说出了大家的心声，反映了许多与会同志的共同心愿，引起强烈反响。由于有的人坚持“两个凡是”的错误方针，陈云这个深受许多与会同志拥护的书面发言未能在会议简报上刊登。

但是，原来坚持的“继续批邓”“天安门事件是反革命事件”的意见，由于陈云、王震、萧劲光等同志在会上旗帜鲜明地提出了反对意见，引起了与会同志对这两个问题的深入思考。老一辈革命家坚持原则的斗争，得到了大部分与会同志的热烈赞同。

这次中央工作会议，尽管还没有解决粉碎“四人帮”后面临的这两件大事，但在中央工作会议上能够将这两个重大问题提上议事日程，改变了一言堂

① 《陈云文选》第 3 卷，人民出版社 1995 年版，第 230 ~ 231 页。

的局面，毕竟是一大进步。

1977 年 3 月召开的中央工作会议，初步总结了粉碎“四人帮”以来的工作，部署了 1977 年的工作任务。3 月 14 日，华国锋在中央工作会议全体会议上的讲话中表示：群众到天安门悼念周总理，是合乎情理的。

华国锋还表示：经过调查，邓小平同志根本没有插手天安门事件。邓小平同志的问题应当解决，但是要有步骤，要有一个过程，只能在适当的时机让邓小平同志出来工作。中央政治局的意见是，经过党的十届三中全会和党的第十一次全国代表大会，正式作出决定，让邓小平同志出来工作，这样做比较适当。①

3 月 14 日，邓小平同前来探望的胡耀邦谈话，就粉碎“四人帮”后应该抓落实干部政策，平反冤假错案问题交换了意见。

---

① 中共中央文献研究室编:《邓小平年谱》1975 ~ 1997(上),中央文献出版社 2004 年版,第 156 页。

第八十八章

“我还是那一套，无非是第四次被打倒”

在艰苦的革命战争年代，邓小平身体一直很好，只要条件允许，他每天早晨坚持进行“冷水浴”，既锻炼了身体，也锻炼了意志。从1959年开始，他每天上午、下午在自己家的院子里散步各一小时，风雨无阻，几十年如一日，从不间断。

但是，凡是人，都会生病。邓小平偶尔患病，非常配合医生的治疗，所以恢复很快。1976年12月初，邓小平的前列腺病发作。中国人民解放军总医院——301医院得知后，派医生为邓小平做了简单的治疗处理……

叶剑英得悉后，随即向301医院负责人了解情况，促使301医院向中央上报了邓小平需要住院手术治疗的报告，叶剑英立即作出指示：“精心护理、精心治疗、严格保密、注意安全。”

12月10日晚上，邓小平住进301医院治疗。据叶剑英办公室《值班室电话记录》记载：12月10日24时，蒲副院长专门向叶（剑英）报告落实指示、安排邓（小平）住院的情况，包括转达叶（剑英）嘱咐邓（小平）安心治疗的关切。因为叶（剑英）的批示，301（医院）把南楼五层全层腾出来为邓（小平）专用。

对此，叶剑英的侄子叶选基在《叶帅在十一届三中全会前后》一文中回忆说：邓（小平）手术后康复，（叶）选宁兄奉叶帅之命前往探视，我有幸陪同。我与（叶）选宁兄和邓（小平）及邓榕合影照相，邓（小平）趁此接见了全体医务人员并合影留念……

叶选基还说：（叶）选宁兄与邓（小平）的谈话中，我印象最深刻的是他遵父亲指示传话，嘱咐邓（小平）养好身体，准备出来工作。邓（小平）那时的谦和情景我至今仍记忆犹新，我知道那是出于对叶（剑英）的敬意。

中国人民解放军总医院——301 医院的李炎唐主任医师，曾长期从事中央领导人和高级干部的医疗保健工作。他对 1976 年 12 月在 301 医院为邓小平做手术前后的情况进行了回忆，其中有许多值得注意的鲜为人知的历史细节，也澄清了许多人们不了解的问题。李炎唐医生说：

（为邓小平做）手术前天晚上，基本上万事俱备。我就进行手术前最后一次例行查房。那是晚上八点左右，首长（即邓小平，下同）跟他夫人坐在沙发椅上，邓楠坐在靠近办公桌的椅子上。见我去了，首长跟卓秘书（邓小平夫人卓琳，长期担任中央军委办公厅秘书，工作人员称呼她“卓秘书”）都让我“坐”着查房。

卓秘书先问我：“你看手术后可能会有什么问题啊?”首长接过话茬说：“你不懂，不要问。”后来他就跟我讲：“我，相信你们医院，相信你会尽最大努力来治病，天下没有绝对的事情，万一出了问题，由我跟我的全家负责。”说完后，邓楠马上说：“对，我爸说得对！你尽管放心，我们全家负责，你放心好了！”首长又说：“今天晚上你好好睡觉，不要有顾虑。”听了这句话，我心里面真是特别感动……

我从 1956 年当医生到此，不管是以前的军委领导或者是一般老百姓，还没人说过这样的话。所以说首长非常理智，非常懂心理学。因为他明白，他这样高级身份的领导，谁都不敢马虎，所以他让你精神上、思想上放松。这就跟打乒乓球一样，你要是紧张了，就不能发挥好技术。

第二天，天气特好，经过办公室的看台望去，阳光特别明媚。我心情很好，问首长睡得好不好。他说“很好”。我们就请首长一块进手术室。手术室护士请首长躺在手术室接病人的车上，卓秘书、邓楠、毛毛和我一起陪着进入手术室。首长自己从车上挪到手术台上，曾诚富主任和宋运琴测试了血压，在结果一切正常后，让靳主任开始打麻药。

为了避免进去的人太多，污染空气，当时家属都在外面的休息室等候，手术室里面只有蒲副院长、吴阶平院长、许殿乙主任、曾诚富、赵毅刚、靳冰、宋运琴，还有护士、护士长及我们几个手术医生。这是手术室的人马。手术室外还有一支队伍。院里组织了有力的后勤工作，包括电源、供氧等，保证绝不突然停电和缺氧。他们不知为谁做手术，只管保证完成好任务。

注射麻醉药之后，药已见效，手术部位已没有痛感，但他脑子很清醒，见吴院长、许主任和我在身边，他再一次给我们减轻压力："我没事，你们放心做！"手术由我主刀，周柏铭、陆堆善积极配合。大家有条不紊，配合出奇得美妙。许多同志在电影上见过一些手术镜头，实际中那可不是演戏，手术室里就是那种心领神会，无言的默契。在手术室大家都戴着口罩，说话不方便，有时是一个动作，有时是一个眼神，有时"嗯"一声，大家总是能像执行命令一样完成自己的动作。我很喜欢这样感觉，一到这时，我也进入了一种忘我的境界……

吴院长和许主任始终站在我们后面，给我们精神和力量，也几乎是用无声的语言在进行指导。由于两位恩师手术风格、习惯和特点我比较了解，他们对我主刀也比较放心。所以，他们总是保持着让我最佳状态的操作，只是到了关键处，才靠近观察一下，或小声提醒一下。

手术很顺利，一个多小时，出血很少，没有输血。因为判断准确，情况与我们在做膀胱造影看到的一样。一切都是按预案进行，切除最后一刀时，我说了一句话："好了！"大家才松了一口气。接着，我们把取出来的东西交给吴院长给首长看，有一小苹果那么大。首长看了笑着说："哦！这么大！"

首长不愿全麻，也不愿意睡觉，手术一半，麻醉科靳主任怕他紧张，问他要不要用点药睡觉，他说："不要紧！我不用药，没事。"一句"没事"，让大家肃然起敬。作为医生都知道，只要动手术，患者都不会好受。许多重要人物在手术时都要使医生紧张一阵，但我感到唯物主义者的意志的确不一样。据说，毛主席手术时还听着"满江红"的音乐，周总理手术还谈着工作，著名的老帅刘伯承在做眼部手术时，麻药也没有用。可见伟人的意志的确与常人有不同之处。

看到首长这么坚定和镇定，连吭都没吭一声，我们心里更加敬重。等到缝针快关腹时，我们突然听到首长问了一句话："现在缝哪呢？"我马上反应式地说："现在缝膀胱了。"他又说："哦！还有3层。"奇怪！他怎么知道还有几层呢？这是医学专业问题啊！我问首长你怎么知道缝到膀胱还有3层呢？首长说：“周总理做手术的时候，我在旁边看。”首长虽不学医，但很细致，而且记忆力特别强，也说明小平同志对周总理是那么关心！几乎就在他问我答之间，我们就顺利做完了。

手术后，回到病房，他只能或坐或躺着，估计他不好受。可他一针止痛针一片止痛片都没用。翻身活动自如，又是一奇迹。我想让首长早日康复，开始让他吃半流，喝牛奶，首长进食很好，恢复非常快。手术两天，就听说首长想吃肉，还要肥一点。卓秘书怕他血脂、血压高，不好表态，后来我们就说反正就这么几天，“开斋”两周吧！首长偶尔吃一点没关系。结果，他见了红烧肉就说香，吃得也高兴……

手术前，我们交代过首长不能抽烟，因为做手术，不能抽烟。我问：行不行？首长说：行！我说：“首长！别人说戒烟是不是要吃点糖呀，要不控制不住呀？”首长说：“不用，那是自己糊弄自己，戒烟还吃什么糖？主要还是不想戒。”首长说不抽就不抽，从手术前几天，到出院，一点也没抽。这是毅力，手术中一点也不喊痛，麻醉药劲过了也不打止痛针，而且手术后第三天就要起来。

那天，护士突然叫我：主任，首长要起床！手术后才3天怎么能起来呢？我去了，问他是不是不舒服？他说没事。当时还有两根导管，一根引流，一根导尿，都还没有拔，原想给首长拔了再下床，但他还是坚持要下床。自己要起来，我们就扶他，他说：“不用你们扶，我自己会。”他只挪动身子，转动体位，先将两腿放在床下，身子躺在床上，待小腿放下床后，自己“嗬”一下就坐在床边。这时护士去扶他，他说还是坚持自己起来，而且一下就起来了！他开始在房间里走一走，躺一躺，再坐一坐。第四天，他就试着到走廊里走几趟，他挂着引流瓶，护士提着跟他一起走。后来，毛毛每天来，她提着引流瓶跟着首长散步说：我们这是放羊！

手术后几天，陆陆续续地有人来看他。先是家人。我印象较深的是那个小儿子，就是邓质方，像个小姑娘似的，很腼腆。他打开邓小平同志的门看了看，笑笑，也不说话。后来他走后听卓琳同志讲：小儿子还在念书，从来不参加家里事，饿了到厨房拿点东西吃，吃完了就到楼上看书，自学英语、俄语、德语。

邓朴方来过一两次，他来了同首长进行一些交谈，一问一答。我和邓朴方早就认识。那是1969年他在骨科病房，排不出尿，发高烧，骨科请我去会诊。我一看就知道这是截瘫病人容易引发排尿障碍的尿路感染，肾脏功能受损，并造成的严重尿潴留。我和周柏铭立即给他做了引流，引流后体温逐渐降了下来，病情明显好转。从此之后，我们就熟悉了，并时常有一些来往。

3个女儿轮流来。大女儿邓林是个画家，她说我爸不爱说话，我也不爱说话。我们看见的也是这样：首长看东西，她坐在旁边做毛活或两人一块看书。最热闹的就是邓楠、邓榕（毛毛）。卓琳说，邓楠是我们家的管家，周总理到我们家说：我是国家的总理，邓楠是你们家的总理。总理夸邓楠很能干。毛毛和邓楠他们两个一起来更热闹，跟首长说话，有时也开玩笑。病房里经常欢声笑语。

当时，可能是邓林生了个孩子叫萌萌，那个小不点是早产。卓秘书说这个孩子是林巧稚用暖箱把她养大的。我见了小家伙，虽然很瘦，但很活泼，聪明可爱。邓楠那个小女儿眠眠比较大一点，所以每天都上班似的轮流来，有时候一起来，为邓小平同志带来不少欢乐。

首长很喜欢这两个孩子。那一阵，平常晚上7点我们给他加餐，给酸牛奶。我们发现首长不动，我们说首长怎么不吃呢？首长说给小不点吃。见首长还给小不点儿省一份酸牛奶，我感到很惊诧："不用首长省啊！我们再给弄一份。""不要，我不用吃，我让小不点来以后，一人包一瓶酸牛奶比赛。"邓小平同志态度很坚决。卓秘书也说不用，我们也只好作罢。从这一点看，首长爱孩子，但很注意节俭。按理讲，怎么也不用这么大领导去给孩子省一份奶啊！

邓楠、邓榕也喜欢孩子，抱小不点到床上跟首长玩。有时小不点敲敲首长的肚子，我说别敲，别把首长搞痛了。他们亲亲首长脸，首长特别高兴，乐呵呵地跟小孩玩。看到这天伦之乐，我们都希望首长早日康复，及时出来让千家万户也享受天伦之乐。

邓小平同志手术后，起初一切正常。中间也出现了一次意外插曲。那是手术后第三天，首长告诉我们说他浑身起红疹子，越来越多。于是，我们请著名内科权威张孝骞老教授来确诊，这位教授是个老实人，那天来了……这使我想起1975年冬《人民日报》的一篇署他名字批判邓小平的文章……但还没等他说话，首长就说：“张老！你不要有任何包袱，知道你是不会干这事的，一定是别人干的，我们非常相信你，你不会干这事。”……后来了解，他实际上是清白的，是别人利用他的名字来反对邓小平的……所以说邓小平同志对人判断分析非常正确，而且不把历史旧账当事。后来我记得邓小平做过指示：以后不管哪个领导有什么问题，不要把医生牵涉进去，否则就没人敢给我们看病了……

张教授和大家初步确诊为药物过敏，我们便决定停用一切抗生素和所有可以引起过敏的药物。又一个奇迹出现了！首长从第四天起什么抗生素消炎药都不用，没有任何一个部位出现炎症和感染……

平时首长很少说话，许多部下说首长很厉害，很严肃。开始，我们医护人员都不敢主动说话。慢慢我看首长就是不爱说话，但是非常慈祥。他从来不提什么特殊要求，同大家很随和。所以大家都是他房里的常客了！

首长一天到晚多看书，而且看得很快。有一次他看中央送的关于揭批“四人帮”的材料，很快就翻完了。首长看完以后，我问了一下：“江青那些事，是不是那么回事，包括1975年大寨的事？”他有问必答：“基本上是事实。”

平时，偶尔我也跟首长聊天。有一次我问：“首长！在江西的时候谁做饭呀？”他说：“我做饭，卓秘书不做，她不会，她就是买菜、洗菜。”当我追问他怎么会做饭时，他说：“在法国勤工俭学学过。”“首长，”我和护士接着多聊了几句，“以后再不能搞‘大锅饭’。‘大锅饭’，干不干，一斤半，助长了懒人，打击了好人，这样影响大家积极性呢！”他很干脆地回答说：“对！”

我还问过首长遵义会议他是否参加过的事情。他谦虚地说：“我不够资格，是毛主席让列席，我才参加。”他回忆了当时与毛主席的交往，毛主席那时对他很重视，他一直对毛主席充满感情。他还讲到万里和赵紫阳都是好干部，抗日战争时期他们两个都是模范县长。我们聊天都是断断续续，后来许多首长经常来看他，我们都自觉地回避，这是规矩。

我记得领导同志最先来看他的是余秋里。余秋里那天找上门来，进门时直嚷嚷：谁说不能探望，我偏来怎么样！他来了后邓小平同志很高兴，他们好像讲粉碎“四人帮”的事情。我们回避了。

中间毛毛他们来了，一本正经地讲了一件事：“江青他们被抓了以后，大家都高兴鼓掌，就一个领导同志不鼓掌，你猜是谁呀?”邓小平和余秋里都很重视，马上问是谁？结果毛毛乐了，指着余秋里说：“就是您呀!”邓小平和余秋里也乐了。余秋里反应很快，他举着一支独臂说：“我没鼓掌，但我一只手敲了桌子呀!”

在这之后，徐向前、聂荣臻元帅陆续来看了首长。叶帅没来，女儿来了！叶帅的女儿叶向真跟我很熟，因为“文化大革命”那会儿，她被江青迫害，本来她是电影学院导演系的，后来改行学医，1976 年以前在我科里实习过。那时，她姐姐叶楚梅还叮嘱我：“她从小是在蜜罐里长大，你要多帮助!”1977 年 10 月 20 日，我为病人做第一例尸体肾移植，她帮了很大忙，帮我架电话线进行联络，缩短了肾脏的缺血时间。在工作中，她很能吃苦，差点把眼睛烧坏了。所以，她入党时，我当了她的介绍人。

她来看首长时碰到我：“噢，我以为是哪个老教授给小平同志做手术呢，原来还是你!”我同她一起与首长聊天。其间，我发现她还有话说，我就回避了。后来，她跟叶帅的儿子两个经常来。但主要是叶向真来得多，经常到首长那里去。显然他们是代表叶帅转达情况，那会儿叶帅的身份也不便于来……

其他还有不少人来看首长。这一方面说明政治气候越来越好，但也引发出一个问题，就是有些过去反对过首长，现在见风向转了，来“借东风”。这就有一个首长想见不想见的问题。为此，我们根据院领导指示和上级要求，对凡来看首长的人，必须先从外面打电话进来，我再跟首长请示，首长同意开门才放行。谁都是这样，这是规矩。据我所知，也有个别人，跟别的首长屁股后面硬挤就挤进来了。这事我给首长讲过，首长说：要来就来嘛！他的胸怀就是这样宽阔！

逐渐看到首长的环境在变化，我们都特别高兴。但在政治学习时，文件中又不时反映出上层的斗争。关于“天安门事件”平反，开始确有不同意见，听说中央政治局里有几个人总是坚持说天安门事件不能平反。难怪，我院有位中层领导一天遇到我说：“听说邓小平的手术是你做的，可得小心呀！”为此我们又焦急又担忧。直到首长带着刀口去参加了一次会议，我们才感受到盼望的日子快来临了。

那是手术后不久，接到通知让首长去开会。因为那时手术后还不到3个礼拜，我怕万一出什么问题不好交代，就让赵毅刚请示一下，是不是给派个护士跟着去，但请示上面的答复是谁都不准去，只让首长一个人去。我们就嘀咕了，我跟老赵说，先看看是怎么回事？首长是晚上7点多钟吃完饭走的，10点多回来后我们都迎上去，看见首长很高兴。他一进屋就跟卓琳说话，我们也就出来了。我跟赵说：首长高兴，估计也就差不多了。

此时“两个凡是”已经不得人心，“四人帮”虽然打倒了，但工农业没有上去，受迫害的同志没有得到解放，而人心思稳、人心思进，希望邓小平出来工作已经是历史潮流无法阻挡，包括我周围也都这样急切盼望着这一天……

我们估计差不多了，就跟首长开点玩笑。我说：“首长以后你出来，怎么领导我们干呀？”首长只简单地说了很重要的几个字：“我还是那一套，无非是第四次被打倒！”①

① 李炎唐：《我给邓小平做手术》，《新晚报》2003年7月6日。

第八十九章

“外国通讯社讲我七十四岁，给我加了一岁，实际是七十三岁”

邓小平曾经说过：人们都说我是“两落两起”，实际上我是“三落三起”。我在二十几岁的时候担负着重要的工作，在党中央当秘书长，还领导了广西百色起义。那时红军的队伍很少。在江西根据地，王明路线夺了毛主席对红军、对苏区的领导权，还反对什么邓毛谢古路线。我算一个头头，叫“毛派头头”。这件事一般人不大知道。我能在被打倒后的极其困难的情况下坚持下来，没有什么秘诀，因为我是共产主义者，也是乐观主义者。就我个人来说，对个人安全是放心的。“四人帮”非要打倒我不可，打倒还不算，还要把我整死。我的职务是撤掉了，但毛主席还保留了我的党籍。毛主席指定专人、专门的部队保护我的安全，并明确交代别人不准插手干预，也就是不准“四人帮”干预。①

粉碎“四人帮”后，全党全国人民和老一辈无产阶级革命家迫切要求恢复邓小平的中央领导职务。这是由邓小平对中国革命和中国社会主义事业所起的重要作用决定的。邓小平的政治生涯与中国革命和建设事业的发展、与中国社会主义事业的前途和命运血肉相连、息息相关。因此，全党全国人民把拨乱反正的希望，把开辟中国改革开放和社会主义现代化建设新路的希望寄托在邓小平身上。

对此，叶剑英的一次谈话很能说明问题。粉碎“四人帮”后，叶剑英迎来了八十寿辰。中国人民解放军的高级将帅不约而同地相聚在叶帅家中。当时的叶剑英办公室主任王守江回忆说：大伙儿都来了。首先来的是小平同志，小平同志

---

① 中共中央文献研究室编：《邓小平年谱》1975～1997(上)，中央文献出版社 2004 年版，第 201 页。

带着家属、儿女、第三代孙子孙女都来了。聂帅来了，杨成武来了，后来徐帅也来了。小平同志讲，老帅们都来了。叶帅就讲，那你是我们老帅的领班。

在粉碎“四人帮”后的拨乱反正和各项工作中，邓小平等老一辈革命家发挥了中流砥柱的重要作用。

1977 年 4 月 10 日，邓小平还没有恢复工作，就对“两个凡是”的错误方针提出了批评。他在写给中共中央的信中提出：“我们必须世世代代地用准确的完整的毛泽东思想来指导我们全党、全军和全国人民，把党和社会主义的事业，把国际共产主义运动的事业，胜利地推向前进。”5 月 3 日，中共中央向全党转发了邓小平的这封信，肯定了邓小平的正确意见。邓小平对“两个凡是”的批评，开了全国思想解放运动的先河。

5 月 24 日，邓小平在同中央两位同志的谈话中指出，“两个凡是”不符合马克思主义。他说：

> 前些日子，中央办公厅两位负责同志来看我，我对他们讲，“两个凡是”不行。按照“两个凡是”，就说不通为我平反的问题，也说不通肯定一九七六年广大群众在天安门广场的活动“合乎情理”的问题。把毛泽东同志在这个问题上讲的移到另外的问题上，在这个地点讲的移到另外的地点，在这个时间讲的移到另外的时间，在这个条件下讲的移到另外的条件下，这样做，不行嘛！毛泽东同志自己多次说过，他有些话讲错了。他说，一个人只要做工作，没有不犯错误的。又说，马恩列斯都犯过错误，如果不犯错误，为什么他们的手稿常常改了又改呢？改了又改就是因为原来有些观点不完全正确，不那么完备、准确嘛。毛泽东同志说，他自己也犯过错误。一个人讲的每句话都对，一个人绝对正确，没有这回事情。他说：一个人能够“三七开”就很好了，很不错了，我死了，如果后人能够给我以“三七开”的估计，我就很高兴、很满意了。这是个重要的理论问题，是个是否坚持历史唯物主义的问题。彻底的唯物主义者，应该像毛泽东同志说的那样对待这个问题。马克思、恩格斯没有说过“凡是”，列宁、斯大林没有说过“凡是”，毛泽东同志自己也没有说过“凡是”。我对那两位同志说：今年四月十日我给中央写信，提出“我们必须世世

代代地用准确的完整的毛泽东思想来指导我们全党、全军和全国人民，把党和社会主义的事业，把国际共产主义运动的事业，胜利地推向前进”，这是经过反复考虑的。毛泽东思想是个思想体系。我和罗荣桓同志曾经同林彪作过斗争，批评他把毛泽东思想庸俗化，而不是把毛泽东思想当作体系来看待。我们要高举旗帜，就是要学习和运用这个思想体系。①

粉碎“四人帮”9个月后，在全党全军全国人民强烈要求恢复邓小平工作的情况下，在叶剑英、李先念、陈云等老一辈无产阶级革命家的大力推动下，中国共产党第十届中央委员会第三次全体会议于1977年7月16日至21日在北京举行。

全会一致通过《关于追认华国锋同志任中国共产党中央委员会主席、中国共产党中央军事委员会主席的决议》《关于恢复邓小平同志职务的决议》和《关于王洪文、张春桥、江青、姚文元反党集团的决议》。

中共十届三中全会巩固和发展了粉碎“四人帮”的胜利成果，从政治上、思想上和组织上为召开中共第十一次全国代表大会作了充分准备。

邓小平在会上作了重要讲话，阐述了一系列经过深思熟虑的重要思想。

邓小平首先表示：“全会决定恢复我的工作，作为一名老共产党员，还能在不多的余年里为党为国家为人民做一点力所能及的事情，在我个人来说是高兴的，我感谢全会的信任。

“粉碎了‘四人帮’，我实在高兴。我现在七十三岁了，想再活二十年到三十年，但自然规律不以人们的意志为转移。外国通讯社讲我七十四岁，给我加了一岁，实际是七十三岁。现在我的身体还好，‘零件’都还健全，还可以做几年工作。

“坦率地说，我自己也考虑了一下，出来工作，可以有两种态度，一个是做官，一个是做点工作。我想，谁叫你当共产党人呢，既然当了，就不能够做官，不能够有私心杂念，不能够有别的选择，应该老老实实地履行党员的责任，听从党的安排。”

---

① 《邓小平文选》第2卷，人民出版社1994年版，第38～39页。

邓小平着重指出，要用准确的、完整的毛泽东思想指导党的事业。他说：

我们可以看到，毛泽东同志在这一个时间，这一个条件，对某一个问题所讲的话是正确的，在另外一个时间，另外一个条件，对同样的问题讲的话也是正确的；但是在不同的时间、条件对同样的问题讲的话，有时分寸不同，着重点不同，甚至一些提法也不同。所以我们不能够只从个别词句来理解毛泽东思想，而必须从毛泽东思想的整个体系去获得正确的理解。“四人帮”，特别是所谓理论家张春桥，歪曲、篡改毛泽东思想。他们引用毛泽东同志的某些片言只语来骗人、吓唬人。我们要真正地领会毛泽东思想。就一个领域、一个方面的问题来说，也要准确地完整地理解毛泽东思想。

比如说，关于知识分子问题，这是一个领域的问题。毛泽东同志历来重视知识分子的作用，同时也非常注意知识分子要好好地改造世界观。这是从爱护出发，是为了更好地调动他们的积极性，发挥他们的作用，使他们能够好好地为社会主义事业服务。“四人帮”把知识分子一概称为“臭老九”，并且还说这是毛主席说的。应该承认，毛泽东同志曾经把他们看作是资产阶级的一部分。这样的话我们现在不能继续讲。但是从整个革命和建设过程来看，毛泽东同志是重视知识分子的作用的。他在一九七五年，还针对“四人帮”的诬蔑，提出“老九不能走”。我们要准确地完整地理解毛泽东同志关于知识分子问题的思想和政策。

又比如说，关于领袖和群众的关系问题，毛泽东思想历来认为推动历史前进的力量是人民。作为伟大的马克思主义者，毛泽东同志多次反对对他本人的一些不适当不科学的评价，经常教育我们正确理解人民与领导人或领袖的关系。毛泽东思想不是在个别的方面，而是在许多领域发展了马克思列宁主义。毛泽东思想是个体系，是发展了的马克思主义。所以我建议，除了做好毛泽东著作的整理出版工作之外，做理论工作的同志，要花相当多的功夫，从各个领域阐明毛泽东思想的体系。要用毛泽东思想的体系来教育我们的党，来引导我们前进。①

① 《邓小平文选》第2卷，人民出版社1994年版，第42～44页。

邓小平强调，要形成“党内生气勃勃，生动活泼”的政治局面，群众路线和实事求是这两条是最根本的东西，“关键是要搞好党风”。

邓小平认为：“现在我们全党、全军和全国人民的觉悟水平，对是非的识别能力，大大地提高了。人们动脑筋，想问题，关心国家，关心党。‘四人帮’在那里危害党的时候，绝大多数人，可以说百分之九十九的干部、党员和人民，都是十分担心，忧心忡忡。我们有这样好的干部，这样好的党员，这样好的人民，他们觉悟程度很高，对党的事业无限信任，这是我们战胜一切困难，在各方面取得伟大胜利的最可靠的保障，是非常可贵的。”①

邓小平重新走上党和国家重要领导人岗位后，在指导和推动全党拨乱反正，重新确立马克思主义思想路线、政治路线和组织路线过程中发挥了重要作用。

尤其值得注意的是，国际舆论和中国人民一样，极为关注邓小平的又一次复出。法国、英国、美国、日本的主流新闻媒体，都对邓小平复出进行了及时报道和深度评论。

国际舆论和主要新闻媒体对于邓小平又一次复出的态度，说明无论中国还是外国，在对待邓小平复出问题上，都是人同此心，心同此理。

法新社 7 月 22 日报道说：在宣布邓小平复职之后的几分钟内，全北京市就爆竹齐鸣，表示庆祝。在正式宣布这件事之前几分钟，所有的公共建筑物上成千上万支电灯一下子都亮了起来，市中心、紫禁城附近的天安门广场一片欢腾。

在这湿热的夏夜，人们都走出家门，涌上街头。在横贯首都的宽阔的长安街上设立了街头临时厕所，大概是为周末举行盛大的游行作准备。街道上和火车站发出一阵阵的汽车喇叭声和汽笛声，以示欢迎恢复邓小平的职务和把江青的“四人帮”开除出党的消息。有些地区放了烟火。

7 月 22 日晚 8 时半，中国首都、很可能全中国都一样，在为邓小平重新上台而欢欣鼓舞。一长串载着游行者的卡车沿着宽阔的长安街向前行进。游行

---

① 《邓小平文选》第 2 卷，人民出版社 1994 年版，第 47 页。

者手里拿着无数红旗，还放鞭炮。街道马上就挤满了游行的队伍，乐队敲锣打鼓。中国首都各界人民对邓小平复职感到的欢乐，表现得越来越热烈。

全城到处都是赞扬邓小平、华国锋和中国共产党的欢呼声，声音来自从全市各地集中到市中心特别是天安门广场的数不清的游行队伍。北京有很长一段时间没有见到过在发生一件政治大事以后这么快就形成这样大的示威了。甚至1976年10月打倒“四人帮”以后也没有马上出现这样自发的游行。

路透社7月22日发出的急电说：有组织的、成群结队的中国人今天挥动着小旗在首都的大街上游行，欢呼前副总理邓小平复职和把“四人帮”开除出共产党。第一支队伍是全国妇联的人，他们从紫禁城出发，敲锣打鼓，高呼“打倒四人帮”。①

美国《新闻周刊》8月6日这一期提前出版，并发表一篇评论《邓的复职》，指出：北京的长安街可一点也不安静。上星期五（22日）晚上20时过后不久，中国首都这条大街上的大喇叭开始大声播放革命乐曲。欢欣鼓舞的中国人一下子就从四面八方涌到这条大街上来。人们有节奏地敲打着钹和鼓，爆竹声刺破郁闷的夜空。几分钟之内，人数就猛增到几十万。在将近4个小时的时间里，庆祝的人群纵情欢笑。

甚至在变化多端的中国政治舞台上，这也是令人难以置信的情景。仅仅15个月之前，当时的副总理、武装部队总参谋长邓小平被剥夺了一切官衔，戴上了“不肯改悔的走资派”的帽子，但是在上周，在一个引起群众纷纷上街游行的公告中，北京电台和新华社证实了党的中央委员会已经恢复了态度强硬、现年73岁的邓小平的一切职务，使他上升为中国新的三人统治集团的成员。

从7月16日到21日秘密举行的中央委员会会议还确认华国锋为党的主席，宣布要在1977年晚些时候召开第十一次党代表大会，并且正式把江青和所谓“四人帮”的其他成员“永远”开除出党。但是，重大新闻显然是邓小平引人注目地返回政治生活一事。公众的游行一直继续到周末，并且蔓延到上海和其他城市，这对一位恢复名誉的领导人来说是前所未有的。

---

① 《参考消息》1977年7月23日。

更为重要的是，邓小平自己出席了中央委员会会议。他很有信心地坐在华国锋的右边，并且受到了代表们的热烈欢迎。他几乎是理所当然地成了党的头号对外事务专家——或者至少是最富有经验的人。在经济事务方面，预计他将逐渐发挥关键作用。①

1977 年 7 月 30 日晚上，一直酷爱欣赏足球比赛的邓小平，出席在北京工人体育场举行的北京国际足球友好邀请赛闭幕式，观看香港足球队同中国青年足球队的比赛。

这是邓小平复出后，第一次公开在大规模群众聚会场合露面，受到首都人民的热烈欢呼。

密切关注邓小平一举一动的日本新闻媒体，从一个独特的视角报道了邓小平复出的消息。7 月 31 日，日本共同社以《邓先生观看国际足球赛》为题，深度报道说：

邓小平副主席 30 日晚上观看了在工人体育场举行的北京国际足球友好邀请赛的决赛并出席闭幕式，受到观众的鼓掌。邓副主席出席了三中全会，发表了讲话，但在群众面前露面则是 1976 年 1 月在周恩来总理追悼大会上致悼词以来的第一次。

邓先生坐在工人体育场正面的贵宾席上，在其右侧就座的是北京市革命委员会主任吴德，左侧坐着李先念和陈永贵两位副总理。以不断吸烟闻名的邓先生一就座便点烟，同吴德谈笑。当香港队在前半场 30 分左右先得一分的时候，他亲自鼓掌，从容自若。其后，中国青年队为扳回失利而射门得分时，他赶紧将香烟放在烟灰缸上，起身鼓掌，又露出了明快的表情向吴德搭话。

比赛中间休息 10 分钟，邓先生一度退席。但当他又出席观看后半场比赛的时候，10 万名观众撇开比赛，霎时都站立起来，向他报以狂热的掌声。

对于观众来说，这是一个不仅观看比赛，而且也是注视约隔一年半之后在公众面前露面的邓先生一举一动的繁忙之夜。②

---

① 《参考消息》1977 年 7 月 27 日。

② 《参考消息》1977 年 8 月 1 日。

法国新闻媒体对邓小平复出后的第一次公开露面同样重视。

法新社报道说：中国新复职的副总理30日在北京工人体育场露面，观看中国青年队对香港队的一场足球赛时，引起这里足球迷们的轰动和欢迎。邓先生在主席台就座时，8万名群众热烈鼓掌。自从他在本月早些时候复职以来，这是外国人在公众场合第一次看到他。邓先生似乎并没有由于他1976年受到贬辱而有什么改变，看上去他比他的实际年龄要年轻10岁。①

邓小平恢复工作后，许多在“批邓”“反击右倾翻案风”运动中，由于形势所迫，不得不随大流，违心地表态的领导干部、老同志、知识分子，总感觉自己愧对邓小平，总想当面向邓小平表示一下歉意。其实，邓小平并不计较这些同志当时的表态。

当时担任全国人民代表大会常务委员会副委员长的阿沛·阿旺晋美回忆说：“在‘批邓，反击右倾翻案风’时，有关部门军管小组的一位负责人召集民主党派的一些负责人和无党派民主人士开会，我也被叫去参加了会议。这次会议的主题是批判邓小平。当时我和与会的一些人表态说，我们对邓小平的问题不了解，不好批判。主持会议的人一再说不批不行，一定要批。我只好表示要同邓小平划清界限，讲了几句空洞的批判语言，应付了过去。但是这件事老是像一块石头压在我心上，感到歉疚不安。

“党的十一届三中全会以后，小平同志成为党中央第二代领导集体的核心，我心中十分高兴。有一次在首都体育馆观看大型文艺演出，小平同志、卓琳同志和我都坐在主宾席上，我挨着卓琳同志。我把这件事告诉了卓琳同志，说明我一直为这件事内心不安，感到愧疚。卓琳同志说这不能怪你，在那种气氛下你是被迫的。

“小平同志喜爱打桥牌，而且牌艺高超，他曾多次约我去打桥牌。在一次打牌时，他笑着对我说：‘卓琳把那件事告诉了我，她说得对，那件事完全不能怪你，你是无辜的，你也是受害者，强迫你去做违心的事，也是一种迫害嘛。你不要放在心上。我们的友谊长存。’”

---

① 《参考消息》1977年8月1日。

第九十章

“艰难困苦，玉汝于成。”当选第五届全国政协主席

中国古代先哲认为：“艰难困苦，玉汝于成。”中国革命的道路是艰难曲折的，中国社会主义建设的道路同样是艰难曲折的。邓小平“三落三起”的来龙去脉和创造的历史辉煌，折射出中国革命和建设道路的曲折与辉煌。

邓小平的“一落一起”发生在新民主主义革命时期，奠定了他终身反对教条主义、反“左”、坚持实事求是的思想基础。邓小平的“二落二起”发生在十年动乱的初期和后期，奠定了他反思中国如何结束十年动乱、实现安定团结的思想基础。1975 年主持全面整顿，举国拥护，奠定了粉碎“四人帮”的政治基础。邓小平的“三落三起”发生在十年动乱结束前后，奠定了他探索什么是社会主义、怎样建设社会主义的思想基础。1976 年十年动乱已成强弩之末，“文化大革命”的理论与实践已经搞得天怒人怨，“无产阶级专政下的继续革命”已经难以自圆其说。粉碎“四人帮”后，邓小平奋起主导拨乱反正，号召解放思想，实行改革开放，实现中华民族的伟大复兴。

从邓小平的“三落三起”可以看到，他始终不渝地坚持实事求是，坚持独立思考，坚持独立探索，在逆境中锻造了“柔中有刚”“百折不挠”的刚毅性格和坚韧不拔的革命品格。他在“三落三起”中体验过人生的高潮与低潮，潮起与潮落。面对逆境，他总是坦然处之，等待新的机遇与历史召唤。

根据粉碎“四人帮”后形势发展的需要，中国共产党第十一次全国代表大会于 1977 年 8 月 12 日至 18 日在北京隆重举行。出席大会的代表共 1510 名，代表全党 3500 多万名党员。华国锋主持大会。这次大会有三项议程：（一）华国锋代表中央委员会作政治报告，（二）修改《中国共产党章程》和《关于修改党的章程的报告》，（三）选举中央委员会。

华国锋的政治报告阐述了中国共产党粉碎“四人帮”的斗争历程。郑重

宣布：现在，“四人帮”打倒了，我们可以根据毛主席的指示，实现安定团结，达到天下大治了。这样，历时 10 年的“文化大革命”，就以粉碎“四人帮”为标志，宣告胜利结束了。

华国锋阐明了全党抓纲治国的八项主要任务：一定要把揭批“四人帮”的伟大斗争进行到底；一定要搞好整党整风，加强党的建设；一定要把党的各级领导班子整顿好、建设好；一定要抓革命促生产，把国民经济搞上去；一定要搞好文化教育领域的革命，大力发展社会主义的文化教育事业；一定要强化人民的国家机器；一定要发扬民主，健全民主集中制；一定要贯彻执行统筹兼顾、全面安排的方针，调动一切积极力量，建设社会主义。他说，我们要进一步放手发动群众，大打一场深入揭批“四人帮”及其在各方面表现的人民战争。清查同“四人帮”篡党夺权阴谋活动有牵连的人和事，是揭批“四人帮”的重要组成部分，一定要充分发动群众查清楚。同时运动越深入，越要注意党的政策，团结百分之九十五以上的干部和群众，最大限度地孤立和集中打击“四人帮”及其一小撮罪行严重而又不肯悔改的死党。

叶剑英作《关于修改党的章程的报告》，从八个方面作了重要说明。

8 月 18 日，邓小平致闭幕词，强调：

要恢复和发扬毛主席为我们党树立的群众路线的优良传统和作风，真正相信和依靠群众，细心倾听群众的呼声，关心群众疾苦，一刻也不脱离群众。

要恢复和发扬毛主席为我们党树立的实事求是的优良传统和作风，做老实人，说老实话，办老实事，这是一个共产党员的起码标准。

要恢复和发扬毛主席为我们党树立的批评和自我批评的优良传统和作风，在党内和整个人民内部，认真实行“知无不言，言无不尽”，“言者无罪，闻者足戒”的原则，实行“团结——批评——团结”的方针。

要恢复和发扬毛主席为我们党树立的谦虚谨慎，戒骄戒躁，艰苦奋斗的优良传统和作风，全心全意地为中国人民和世界人民服务。

要恢复和发扬毛主席为我们党树立的民主集中制的优良传统和作风，在全党、全军、全国努力造成一个又有集中又有民主，又有纪律又有自由，又有统一意志、又有个人心情舒畅、生动活泼，那样一种政治局面。

大会完全赞同中共中央为粉碎“四人帮”所采取的一系列措施，完全赞同十届三中全会关于王洪文、张春桥、江青、姚文元反党集团的决议，表示一定要把揭批“四人帮”的斗争进行到底。

大会通过了《关于政治报告的决议》《中国共产党章程》和《关于修改党的章程的报告》。

大会选出了中国共产党第十一届中央委员会，中央委员 201 人，候补中央委员 132 人。

8 月 19 日，中国共产党第十一届中央委员会举行第一次全体会议，选举结果如下：

华国锋为中央委员会主席，叶剑英、邓小平、李先念、汪东兴为中央委员会副主席，华国锋、叶剑英、邓小平、李先念、汪东兴为中央政治局常务委员会委员。

8 月 25 日，中国共产党中央委员会发出通知，公布中国共产党中央军事委员会组成名单：

中央军事委员会主席：华国锋。

中央军事委员会副主席：叶剑英、邓小平、刘伯承、徐向前、聂荣臻。

9 月 9 日，在“毛主席纪念堂”落成典礼上，华国锋把中共十一大路线概括为：高举毛主席的伟大旗帜，坚持党的基本路线，抓纲治国，继续革命，为建设社会主义的现代化强国而奋斗。

中共十一大后，叶剑英、陈云、聂荣臻、徐向前和一大批老同志，亲自出面宣传中国共产党实事求是的优良作风。9 月 28 日，陈云在《人民日报》发表《坚持实事求是的革命作风》，强调指出：“实事求是，这不是一个普通的作风问题，这是马克思主义的根本思想路线问题。所以，是否坚持实事求是的革命作风，在实际上是区别真假马列主义、毛泽东思想的根本标志之一。”

在这些老同志的带动下，开始了中国共产党在思想上、理论上的大规模拨乱反正。10 月，在胡耀邦和党内一大批老同志的支持和帮助下，《人民日报》

发表《把“四人帮”颠倒了的干部路线是非纠正过来》的文章，为干部路线上的拨乱反正和解放干部大造舆论。以此为开端，在平反冤假错案、落实党的政策方面，开始出现新的局面。

1978 年 2 月 18 日至 23 日，中国共产党十一届二中全会在北京举行。全会通过了准备提交第五届全国人大第一次会议审议的《政府工作报告》《1976 年至 1985 年发展国民经济十年规划纲要（草案）》《中华人民共和国宪法修改草案》和《关于修改宪法的报告》。

1978 年 2 月 26 日至 3 月 5 日，中华人民共和国第五届全国人民代表大会第一次会议在北京召开。出席会议的代表共 3497 人。这次会议的主题是：动员全国各族人民团结起来，为建设社会主义的现代化强国而奋斗。

会议选举叶剑英为第五届全国人民代表大会常务委员会委员长，宋庆龄、聂荣臻、刘伯承、乌兰夫等 20 人为副委员长。

根据中共中央提议，选举华国锋为国务院总理，选举江华为最高人民法院院长，选举黄火青为最高人民检察院检察长。

根据国务院总理的提议，决定邓小平、李先念、徐向前等 13 人为国务院副总理。

毛泽东逝世后，叶剑英与中共中央政治局多数同志一起，粉碎了江青集团。叶剑英在特殊历史时期的特殊历史贡献永载史册。因此，叶剑英当选为第五届全国人民代表大会常务委员会委员长，既是人民代表的郑重选择，也是中国人民意志的必然选择。

粉碎“四人帮”后，人民政协开始了新的发展时期。中国的统一战线进一步扩大，发展成为由全体社会主义劳动者、社会主义事业的建设者、拥护社会主义的爱国者和拥护祖国统一的爱国者组成的最广泛的爱国统一战线，人民政协发展成为包括以上各个方面的、由各党派团体和各族各界代表人士组成的爱国统一战线组织。政协全国委员会由中国共产党、各民主党派、无党派人士、人民团体、各少数民族和各界的代表，香港同胞、澳门同胞、台湾同胞和归国侨胞的代表以及特别邀请的人士组成。

中国人民政治协商会议第五届全国委员会第一次会议于1978年2月24日至3月8日在北京召开，共有委员1988人。这次会议是全国政协会议因“文化大革命”而停开13年后首次召开的会议。会议选举邓小平为政协第五届全国委员会主席。

邓小平高度重视人民政协工作。他任全国政协主席期间，主持了对全国政协章程的修改工作，成立了以邓小平为主任委员的全国政协章程修改委员会。在这个委员会第一次会议的讲话中，邓小平明确指出，人民政协是巩固和扩大中国爱国统一战线的重要组织，也是中国政治体制中发扬社会主义民主和实行互相监督的重要形式。

在关于修改政协章程的一个批示中，邓小平指出：在修改章程中，不要把政协搞成一个权力机构。政协可以讨论，提出批评和建议，但对政府没有监督权，它的职能不同于人大，此点请注意。

邓小平的这一批示，是一个极为重要的指示，关系到人民政协的地位和作用，也关系到中国的整个政治体制。修改政协章程，如果不按照这一指示精神，就有可能发生原则性的问题。因为在征询关于修改章程意见的过程中，的确有一些人提出政协对政府应当有监督权的看法。假如采纳这种看法，那么，中国的政治体制就将不是单独由人民代表大会行使国家权力，而政协也将变成行使国家权力的机关，政府将同时既接受全国人大的监督，也接受全国政协的监督。全国政协章程修改委员会严格遵循邓小平指示精神工作，在反复研究讨论的过程中进行了宣传解释，终于取得圆满一致的认识，于1982年年底通过并公布了新的全国政协章程。新的全国政协章程，为政协工作提供了重要的基本观点和基本政策：一是明确政协是工人阶级领导的、以工农联盟为基础的社会主义劳动者、拥护社会主义的爱国者和拥护祖国统一的爱国者的最广泛的统一战线组织和政治联盟。二是明确政协的基本职能是政治协商，民主监督。这些基本原则为明确人民政协职能、发挥人民政协作用起到了重要的指导作用。

在新的历史时期，人民政协围绕推进改革开放、推进现代化建设和推进祖国统一大业，积极议政建言，维护社会安定团结，加强同香港、澳门、台湾同胞和海外侨胞的联系，增进同各国和各国人民的相互了解和交流合作，在国家政治、经济、文化和社会生活中发挥了重要作用。

第九十一章

“现在就要办，今年就要下决心恢复高考”

“十年树木，百年树人。”中华人民共和国成立后，按照国家经济建设需要和教育发展规律，于20世纪50年代初期确立了高等学校招生全国统一考试制度。实践证明，这是一个完全符合中国国情、适应社会主义教育发展规律的行之有效的制度。

“文化大革命”开始后，这一制度受到“中央文化革命小组”煽动起来的一些所谓“革命造反派”的致命冲击。在“文化大革命”造成的极左思潮的强大压力下，中共中央、国务院于1966年6月发出《关于改革高等学校招生考试办法的通知》（以下简称《通知》），指出：高等学校招生考试办法“基本上没有跳出资产阶级考试制度的框框，不利于贯彻执行党中央和毛主席提出的教育方针，不利于更多地招收工农兵革命青年进入高等学校，这种考试制度，必须进行改革”。《通知》还决定将1966年高校招收新生的工作推迟半年进行。

7月24日，中共中央、国务院又发出《关于改革高等学校招生工作的通知》，规定从当年起高校招生取消考试制度，采取推荐和选拔相结合的办法。但实际上因为“文化大革命”已经闹得全国“天下大乱”，这个《通知》并未执行。随着“文化大革命”的发展，高等院校不仅停止上课、停止招生，而且全部停办。中国的高等教育发展进程就此中断。

1970年6月27日，中共中央批转《北京大学、清华大学关于招生（试点）的请示报告》（以下简称《报告》）。《报告》认为，经过3年来的“文化大革命”，北京大学、清华大学已具备了招生条件，为此计划1970年下半年开始招生，招生实行群众推荐、领导批准和学校复审相结合的办法。

这个文件规定的所招学生应具备的条件是：政治思想好，身体健康，具有

3 年以上实践经验，年龄在 20 岁左右，有相当于初中文化程度以上的工人、贫下中农、解放军战士和青年干部，有丰富实践经验的工人、贫下中农，不受年龄和文化程度的限制，还要注意招收上山下乡和回乡知识青年。

10 月 15 日，国务院发出通知：1970 年高等学校招生工作按上述《报告》提出的意见进行。

按照《报告》和《通知》的精神，一部分高等学校 1970 年试招工农兵学员 4 万余人。

1971 年 4 月至 7 月，全国教育工作会议在北京举行。这次会议形成的《全国教育工作会议纪要》，作出了“两个估计”：解放后 17 年“毛主席的无产阶级教育路线基本上没有得到贯彻执行”，“资产阶级专了无产阶级的政”；大多数教师和解放后培养的大批学生的“世界观基本上是资产阶级的”。这就是著名的“两个估计”。

从这“两个估计”出发，全国教育工作会议确定和重申了一整套政策，包括“工人宣传队”长期领导学校；让大多数知识分子到工农兵中接受再教育；选拔工农兵上大学、管大学、改造大学；缩短大学学制，将多数高等院校交由地方领导；等等。

这个《全国教育工作会议纪要》，由姚文元修改，张春桥定稿，毛泽东批示“同意”后，以中共中央名义批转各地。

这次会议决定，大部分高等院校恢复招生：

招生对象为“具有二年至三年以上实践经验的优秀的工农兵”，不招收应届高中毕业生。

文化条件规定为：“应有相应于初中以上文化程度。”

在招生办法上，采用“自愿报名，群众推荐，领导批准，学校复审”的办法。

废除文化课考试。

“文化大革命”期间，大学停止直接招生，打断了青少年学习的正常发展规律，造成各行各业人才短缺、青黄不接，攀登科学技术高峰更无从谈起。而采取从工农兵中推荐上大学的方法，招生数量很小，弊端很大。

这些弊端主要表现为：

一是新生的文化程度难以保证。入学新生有的是高中文化程度，有的是初中文化程度，有的是小学文化程度，水平参差不齐，教师难以统一施教。

二是取消文化课考试后，新生入学失去了有效的检验标准，为“走后门”打开了方便之门，使不正之风大为猖獗，严重败坏了社会风气，引起广大人民群众的强烈不满。

对于“文化大革命”中废除原来的高考制度，周恩来是有不同看法的。1972年10月14日，他在会见美籍物理学家李政道教授时说，学校学生应“以学习为主”，“对学习社会科学理论或自然科学理论有发展前途的青年，中学毕业后，不需要专门劳动两年，可以直接上大学，边学习、边劳动”，这样才能保证我们的教育质量和科研质量。

但是，在“文化大革命”造成的内乱岁月里，周恩来的指示不仅没有得到贯彻执行，反而多次受到“四人帮”的批判。

对于恢复高等院校正常的招生制度、恢复高等院校正常的考试制度，邓小平在1975年就有过这方面的设想，以后由于“四人帮”发动“反击右倾翻案风”运动，大肆批判教育领域的“黑线回潮”而未能实现。

但是，邓小平从中华民族的长远利益和国家的长远发展考虑，对于此事一直念念不忘。1977年5月24日，邓小平尚未恢复工作，就在同中央两位同志的谈话中明确提出了“尊重知识，尊重人才”的重要思想。

邓小平说：“我们要实现现代化，关键是科学技术要能上去。发展科学技术，不抓教育不行。靠空讲不能实现现代化，必须有知识，有人才。没有知识，没有人才，怎么上得去？科学技术这么落后怎么行？要承认落后，承认落后就有希望了。现在看来，同发达国家相比，我们的科学技术和教育整整落后了二十年。科研人员美国有一百二十万，苏联九十万，我们只有二十多万，还包括老弱病残，真正顶用的不很多。日本人从明治维新就开始注意科技，注意教育，花了很大力量。明治维新是新兴资产阶级干的现代化，我们是无产阶级，应该也可能干得比他们好。”①

邓小平指出：抓科技必须同时抓教育。从小学抓起，一直到中学、大学。

---

① 《邓小平文选》第2卷，人民出版社1994年版，第40页。

我希望从现在开始做起，五年小见成效，十年中见成效，十五年二十年大见成效。办教育要两条腿走路，既注意普及，又注意提高。要办重点小学、重点中学、重点大学。要经过严格考试，把最优秀的人集中在重点中学和大学。①

邓小平强调：要从科技系统中挑选出几千名尖子人才。这些人挑选出来之后，就为他们创造条件，让他们专心致志地做研究工作。生活有困难的，可以给津贴补助。现在有的人家里有老人孩子，一个月工资几十元，很多时间用于料理生活，晚上找个安静地方读书都办不到，这怎么行呢？对这些人的政治要求要适当。他们在政治上要爱国，爱社会主义，接受党的领导。他们做好研究工作，出了成果，就对政治有利，对中华人民共和国有好处。②

邓小平认为：一定要在党内造成一种空气：尊重知识，尊重人才。要反对不尊重知识分子的错误思想。不论脑力劳动，体力劳动，都是劳动。从事脑力劳动的人也是劳动者。将来，脑力劳动和体力劳动更分不开来。发达的资本主义国家有许多工人的工作就是按电钮，一站好几小时，这既是紧张的、聚精会神的脑力劳动，也是辛苦的体力劳动。要重视知识，重视从事脑力劳动的人，要承认这些人是劳动者。③

邓小平还说：在军队中，科研和教育也要一起抓，进行现代战争没有现代战争知识怎么行？要使军队领导干部自己有知识而且尊重知识。要办各级学校，经过训练，使军队领导干部掌握现代科学文化知识和现代战争知识；同时使我们的部队干部年轻化。六十岁的人当军长是不行的。他指出：科技和教育，各行各业都要抓。④

1977 年 6 月 29 日至 7 月 15 日，粉碎“四人帮”后的第一次全国高等学校招生工作座谈会在山西太原召开。与会代表通过揭发和批判“四人帮”破坏教育事业的罪行，开始认识到“文化大革命”中实行的高校招生制度的弊端。

但因为“两个凡是”的精神枷锁还未打破，“两个估计”还未否定，因此

---

① 《邓小平文选》第 2 卷，人民出版社 1994 年版，第 40 页。

② 《邓小平文选》第 2 卷，人民出版社 1994 年版，第 40 ~ 41 页。

③ 《邓小平文选》第 2 卷，人民出版社 1994 年版，第 41 页。

④ 《邓小平文选》第 2 卷，人民出版社 1994 年版，第 41 页。

教育部有关负责人在会议上的报告中强调，高校招生仍然沿用“文化大革命”期间的那一套办法。这个报告结束后，会内会外议论纷纷，许多人表示，高校招生的推荐选拔制度再也不能继续下去了。但是，受到“两个凡是”严重束缚的教育部没有勇气提出恢复过去的高考招生制度。

8月4日，教育部向国务院报送太原会议形成的《关于1977年高等学校招生工作的意见》，其中规定：

“高等学校招生的主要对象是选拔具有二年以上实践经验的优秀工农兵入学，同时也要招收有研究才能、钻研有成绩的应届高中毕业生直接上大学。”

“试招人数约占今年招生人数的2%～5%（约4000人至10000人），试招学生的办法同招收工农兵学员一样，仍是自愿报名，群众推荐，领导批准，学校复审。”

意见还规定：“从今年起，高等学校普通班招收学生，要逐步提高文化要求，一般要有高中毕业或相当于高中毕业的文化水平。”

就在广大人民群众迫切要求改革“文化大革命”中形成的不合理的高校招生制度，社会主义建设迫切需要改变人才匮乏的状况，教育主管部门已经意识到时代的要求和人民群众改革的呼声，教育系统拨乱反正步履维艰之际，中国政治形势发生重大变化。

1977年7月，邓小平恢复中共中央副主席、国务院副总理等重要职务。

邓小平恢复工作后，自告奋勇，抓科教工作。这一特大喜讯，恰似一声响彻云霄的春雷，猛烈地震撼着神州大地。

从此，教育系统的拨乱反正在邓小平直接领导下，犹如大河飞瀑，一泻千里，波翻浪涌，奔腾向前，冲击着“文化大革命”残留下来的层层障碍，荡涤着“文化大革命”留下的污泥浊水，汇入了思想解放的时代洪流之中。

7月29日，邓小平指示教育部召开一次科学和教育工作座谈会。这是他复出后抓的第一件大事。邓小平说：要找一些敢说话有见解的，不打棍子，不戴帽子，不是行政人员，在自然科学方面有才华的教学人员参加座谈会，而且这些人与“四人帮”没有牵连。

邓小平指出：是否废除高中毕业生一定要劳动两年才能上大学？在中学、小学到工厂去，到农村去劳动，在中小学完成了劳动任务，为什么还要集中搞两年劳动？要坚持考试，尤其是重点学校一定要坚持，不合格的要留级，要有鲜明的态度。

根据邓小平的指示，教育部分别邀请了中国科学院和全国部分著名大学处于科学、教育工作第一线的知名专家学者吴文俊、马大猷、钱人元、邹承鲁、沈克琦、唐敖庆、杨石先、王大珩、严东生、金善宝、黄家驷、苏步青、查全性、潘际銮、温元凯等老、中、青科教工作者33人，出席邓小平主持的科学和教育座谈会。

这个名单，包括了大部分科学、教育各个领域的“中华英才”。

这次座谈会，堪称是一次群英荟萃、群贤毕至的历史性盛会。中国科学院、教育部、国务院政治研究室的负责人也参加了会议。

8月4日，科学和教育座谈会开始。邓小平主持这次座谈会。他说：“召开这次科学和教育座谈会的目的，就是请大家一起来研究和讨论科学研究怎样搞得更好些更快些，教育怎样才能适应我国四个现代化建设的要求，适应赶超世界水平的要求。”

会议期间，邓小平自始至终，参加讨论，听取发言，表示了高度重视。由于这次座谈会由邓小平主持，与会的科教工作者再也不用担心有人“抓辫子、打棍子、戴帽子”了，大家心情舒畅，精神振奋，畅所欲言，一吐为快。一方面，他们充分肯定了“文化大革命”以前教育系统取得的巨大成绩，批判了“文化大革命”“大革文化的命”对教育系统造成的严重危害，指出“两个估计”完全颠倒了历史事实，反映绝大多数教育工作者对“两个估计”想不通，感到泄气，认为这是套在知识分子身上的一大枷锁，应当破除。另一方面，鉴于“文化大革命”中形成的高校招生制度使人才匮乏现象愈益突出，他们对废除文化考试、靠“推荐上大学”这种做法十分不满，认为它不利于选拔人才和培养人才，违背了人才成长的正常规律。

8月5日，中国科学院生物物理研究所邹承鲁，在发言中率先指出，“文化大革命”中形成的高校招生制度有极大弊端。他提出：“高校招生的16字方针应当修改，‘群众推荐’往往只是形式，而‘领导批准’实际上成为走后门的合法根据，今后一定要有考试考查制度。”

在座谈会上，有的教育工作者谈到清华大学的教育质量时，极为忧虑地说：现在很多人小学毕业程度，补习了8个月就学大学的课程，读3年大学，毕业生的质量根本无法保证。

邓小平听了，很不满意这种情况，寓意深刻地尖锐指出：那就应当称“清华中学”“清华小学”。

8月6日，武汉大学教师查全性在发言中十分明确地指出：必须改进大学招生办法。他认为：“招生是保证大学教育质量的第一关，它的作用好像工厂原材料的检验一样，不合格的原材料，就不可能生产出合格的产品。大学新生质量没有保证，其原因之一是中小学的质量不高，二是招生制度有问题，主要矛盾还是招生制度。不是没有合格人才可以招收，而是现行制度招不到合格的人才。”

讲到这里，查全性慷慨激昂，大胆痛陈“文化大革命”中形成的高校招生制度有四个严重弊端：

“第一，埋没了人才，大批热爱科学、有培养前途的青年选不上来，而某些不想读书、文化程度又不高的人却占据了招生名额。”

“第二，现行招生制度卡了工农子弟上大学。群众里流传着‘十七年（指‘文化大革命’前的十七年）上大学靠分，现在靠权’。”

“第三，坏了社会风气，而且愈演愈烈。据我所知，今年的招生还没开始，已经有人在请客、送礼、走后门了。如果招生制度不改革，走后门的不正之风就刹不住。”

“第四，严重影响了中小学生和教师们教与学的积极性，现在甚至小学生都知道，今后上大学不需要学文化，只要有个好爸爸……”

为此，查全性强烈呼吁采取坚决措施，从今年开始就改进招生办法，切实保证招收新生的质量。

查全性建议说，一定要当机立断，只争朝夕，今年能办的事就不要拖到明年去办。

查全性的发言，触及了全社会关注的“热点”问题，也是这次座谈会要解决的“焦点”问题，实际上也是教育部正面临的“难点”问题，说出了广大人民群众和与会科学、教育工作者的心里话。

这一番大胆建言，真是高屋建瓴，气贯长虹，痛快淋漓，大得人心，大快人心，引起与会代表的强烈共鸣，随即成为当天下午会议讨论的主题。

著名科学家吴文俊、王大珩等同志均在插话中表示赞同查全性的意见，建议党中央、国务院下大决心，对“文化大革命”中形成的高校招生制度来一个大的改革，宁可今年招生晚两个月，不然，又招来20多万人，好多不合格的，浪费损失可就大了。

伟大的政治家并非生而知之的天才，他们之所以伟大就在于特别善于倾听人民的呼声，特别注意来自实践的要求，特别善于按照历史发展的规律和时代的呼唤办事。

邓小平在座谈会上，听了科学、教育工作者群情激昂的发言，明显感受到广大科教工作者恢复高考制度的急迫心情，果断做出了在中国教育史上具有划时代意义的伟大决策。

邓小平当即指示：“既然大家要求，那就改过来。”

接着，邓小平问在场的教育部部长：“关于今年高校招生的报告送出去没有？”

“今天上午刚送出去。”教育部部长回答。

“那还来得及追回来。”邓小平的话，字字如金石珠玉，掷地有声。

邓小平语气十分坚决地指示：现在就要办，今年就要下决心恢复高考，教育部原来规定，今年招收5%的应届高中毕业生，这个比例要提高，教育部立刻执行。

邓小平话音刚落，全场立刻响起经久不息的热烈掌声。与会的科学工作者、教育工作者、科教系统的领导干部，甚至为座谈会服务的青年服务员们，都不约而同地热烈鼓掌。这是声震寰宇的掌声呵！

与会者听了邓小平的话，感到真是久旱逢甘雨，句句入心田啊！

1977年8月8日，邓小平在科学和教育工作座谈会上发表重要讲话。

邓小平说：这次召开科学和教育工作座谈会，主要是想听听大家的意见，向大家学习。外行管内行，总得要学才行。我自告奋勇管科教方面的工作，中央也同意了。我们国家要赶上世界先进水平，从何着手呢？我想，要从科学和教育着手。科学当然包括社会科学，虽然这次会议因为时间匆促没有邀请社会科学家。通过这次座谈会，我了解了一些情况，也开始了解了当前应该首先解决的一些问题。有些问题大家可能没有全讲出来，或者没有时间完全讲清楚，好在以后还有机会讲。下面我讲几点个人的意见。

邓小平指出，关于对新中国成立后教育系统17年的估计问题，要作出“主导方面是红线”的结论：

对新中国成立以后的17年怎样估计，这是大家很关心的问题。这个问题在科研方面基本上得到了解答，大家不满意的是在教育方面。这是一个应当回答的问题。

我个人认为，毛泽东同志在“文化大革命”以前的大部分时间里，对科学研究工作、文化教育工作的一系列指示，基本精神是鼓励，是提倡，是估计到我们知识分子中的绝大多数是好的，是为社会主义服务或者愿意为社会主义服务的。在1957年以后讲过一些过头话，但在60年代初期，他还是支持科学十四条、高等学校六十条这些的。我们要把毛泽东同志在教育方面的主导思想，在知识分子问题上的主导思想讲清楚。毛泽东思想是我们一切领域的指导思想，应当从总体方面完整地准确地表达出来。这是很重要的。对全国教育战线17年的工作怎样估计？我看，主导方面是红线。应当肯定，17年中，绝大多数知识分子，不管是科学工作者还是教育工作者，在毛泽东思想的光辉照耀下，在党的正确领导下，辛勤劳动，努力工作，取得了很大成绩。特别是教育工作者，他们的劳动更辛苦。现在差不多各条战线的骨干力量，大都是建国以后我们自己培养的，特别是前十几年培养出来的。如果对17年不作这样的估计，就无法解释我们所取得的一切成就了。

就知识分子的世界观改造方面来说，应该怎样估计呢？世界观的重要表现是为谁服务。我国的知识分子绝大多数是自觉自愿地为社会主义服务的。反对社会主义的是极少数，对社会主义不那么热心的也只是一小部分。当然，历史不断前进，人们的思想也要不断改造。不仅从旧社会过来的知识分子要改造，就是建国以后培养出来的知识分子也要继续改造。不仅是知识分子的思想要继续改造，工人农民和共产党员的思想也要继续改造。这是毛泽东同志早就说过了的。

在谈到调动科学和教育工作者的积极性问题时，邓小平批驳了那种认为脑力劳动不算劳动、只有体力劳动才算劳动的谬论：

解决了对17年的估计问题，恐怕至少在精神上可以使大家放下包袱。就今天的现状来说，要特别注意调动教育工作者的积极性，要强调尊重教师。我国科学研究的希望，在于它的队伍有来源。科研是靠教育输送人才的，一定要把教育办好。我们要把从事教育工作的与从事科研工作的放到同等重要的地位，使他们受到同样的尊重，同样的重视。一个小学教师，把全部精力放到教育事业上，就是很可贵的。要当好一个小学教师，付出的劳动并不比一个大学教师少，因此小学教师同大学教师一样光荣。对于终身为教育事业服务的人，应当鼓励。我建议，明年开个全国教育大会，总结交流办学经验，奖励有成就的大学、中学、小学教师。这样的会多年没有开了。

无论是从事科研工作的，还是从事教育工作的，都是劳动者。不是讲脑力劳动、体力劳动吗？科研工作、教育工作是脑力劳动，脑力劳动也是劳动嘛。有位科学家反映，现在在农业科学院种庄稼不算劳动，要到农村种庄稼才算劳动。这真是怪事。好多农业院校自己培育品种，自己种田，怎么不是劳动？科学实验也是劳动。一定要用锄头才算劳动？一定要开车床才算劳动？自动化的生产，就是整天站在那里看仪表。这也是劳动。这种劳动同样是费力的，而且不能出一点差错。要把这类问题讲清楚，因为它同调动知识分子的积极性有关。

在谈到“要尊重劳动，尊重人才”时，邓小平指出：

毛泽东同志不赞成“天才论”，但不是反对尊重人才。他对我评价时就讲过“人才难得”。扪心自问，这个评价过高。但这句话也说明人才是重要的，毛泽东同志是尊重人才的。你们讲科研机构要出成果、出人才，教育战线也应该这样。中小学教师中也有人才，好的教师就是人才。要珍视劳动，珍视人才，人才难得呀！要发挥知识分子的专长，用非所学不好。有人建议，对改了行的，如果有水平，有培养前途，可以设法收一批回来。这个意见是好的。“四人帮”创造了一个名词叫“臭老九”。“老九”并不坏，《智取威虎山》里的“老九”杨子荣是好人嘛！错就错在那个“臭”字上。毛泽东同志说，“老九”不能走。这就对了。知识分子的名誉要恢复。

有的同志提出，应当有奖惩制度，这个意见也对。但是要补充一点，就是重在鼓励，重点在奖。有的人在科学研究上很有成就，为我们国家作出了贡献，这样的人要不要鼓励？我看要。有的人一头钻到科研里面埋头苦干，应当鼓励。如果这也成了一条罪状，那怎么行？他们可能有些缺点，领导工作者要经常同他们谈谈心，政治上思想上帮助帮助。不要求全责备。毛泽东同志说过，要打破“金要足赤，人要完人”的形而上学思想。这是马克思主义者的态度，是彻底的唯物主义者的态度。对于犯了错误的人，有的需要有适当的惩处。但不要强调惩处，要强调帮助，满腔热情地帮助他们改正错误，帮助他们进步。

对知识分子除了精神上的鼓励，还要采取其他一些鼓励措施，包括改善他们的物质待遇。教育工作者的待遇应当同科研人员相同。假如科研人员兼任教师，待遇还应当提高一点，因为付出的劳动更多嘛。讲按劳分配，无非是多劳多得，少劳少得，不劳不得。这个问题从理论到实践，有好多具体问题要研究解决。这不仅是科学界、教育界的问题，而且是整个国家的重大政策问题。

在谈到科教体制、机构问题时，邓小平指出：

座谈中反应比较强烈的，是要求有一个统管科学工作的机构。教育有教育部管，科学方面大家提出要恢复国家科委。应当肯定，过去国家科委的工作方针是正确的，是1963年毛泽东同志听了聂荣臻同志的汇报后批准了的。就在那次汇报会上，毛泽东同志讲到要打科学技术这一仗，不打好这一仗，生产力无法提高。……我国现在科研人员少，队伍小，比不上那些发达的大国，这点我们要承认。美国科研队伍有120万人，苏联前年的资料是90万人，现在又增加了。我们是20多万人。但是，正像有的同志说的，只要我们充分发挥社会主义制度的优越性，把力量统一地合理地组织起来，人数少，也可以比资本主义国家同等数量的人办更多的事，取得更大的成就。这次科学院起草了一个发展科学技术的八年规划，也许还要按照大家意见补充，但是有总比没有好。这个规划中央打算先不批发，由科学院发下去试行。

在谈到科研部门、教育部门都有一个调整问题时，邓小平强调：

调整当中，具体问题很多，第一位的是配备好领导班子。我提出一个单位有三个人要选得好。党委统一领导，书记很重要，一定要选好，这是第一个人。第二个是领导科研或教学的人，要内行，至少是接近内行或者比较接近内行的外行。还有一个管后勤的，应当是勤勤恳恳、扎扎实实、甘当无名英雄的人。有了这样的三把手，事情就比较好办了，下面单位的调整，计划的执行等等，就可以比较顺利地进行了。

在谈到要保证科研时间，使科研工作者能把最大的精力放到科研上去时，邓小平说：

会上提出一周要有六分之五的时间搞科研，我加了“至少”两个字，你们又加上“必须”两个字。好！科学院文件下发时就加上这四个字。我看，有人一头钻到科研里面，应当允许。有人七天七夜搞科研，为什么不可以？

在谈到教育制度和教育质量问题时，邓小平指出：

今年就要下决心恢复从高中毕业生中直接招考学生，不要再搞群众推荐。从高中直接招生，我看可能是早出人才、早出成果的一个好办法。[①]

① 《邓小平文选》第2卷，人民出版社1994年版，第48～55页。

邓小平旗帜鲜明的讲话，一下子解决了科教系统多年来想解决而未能解决的问题，受到科学界和教育界的热烈欢迎，受到全国人民的热烈欢迎。

真理的声音是超越时空的。邓小平在科学和教育工作座谈会上发表的重要讲话，不用中央文件逐级下达，无须领导干部层层传达，迅速通过口口相传，从中央到基层，从城市到农村，华夏大地，人尽皆知，举国上下，万众欢腾，青年才俊，报国有门。①

① 本书作者薛庆超先生是1977年恢复高考后的第一届大学生。关于1977年恢复高等院校招生考试制度后，考生积极应考的详细情况，本书作者在附录五中做了详细的描述。

第九十二章

“拨乱反正，语言要明确，含糊其词不行，解决不了问题”

为了贯彻落实1977年8月8日邓小平在科学和教育工作座谈会上的重要讲话，8月13日，教育部在北京召开1977年第二次全国招生工作会议。由于招生制度的改革必然会改变1000多万名上山下乡知识青年和大批回乡青年的前途命运，必然会改变600万名应届高中毕业生的前途命运，必然会改变社会各界广大青年的前途命运，因而成为一件牵一发而动全身的大事。

但是，由于政治上的“两个凡是”和教育系统的“两个估计”仍然束缚着教育部一些人的头脑和思想，所以第二次全国招生工作会议虽然开了很长时间，但是不仅没有坚决果断、大刀阔斧、雷厉风行地全面贯彻落实邓小平的“八八”讲话精神，不仅没有完成形势发展赋予的改革不合理的高校招生制度的历史任务，不仅没有在教育系统的拨乱反正问题上率先突破，反而大有仍然照搬“文化大革命”已经形成的、被实践检验是落后于历史前进步伐的高校招生制度的趋势。第二次全国招生工作会议开成这个样子，引起了许多要求改革的与会者的强烈不满。

这种情况说明，改革，每前进一步都是多么的艰难啊。在会议的领导层中，勇于理论创新和实践创新的人并不多，而习惯于传统思维和传统做法的人却并不少。针对第二次全国招生工作会议上的情况，焦虑的人们写下了这样的诗句：招生会议两度开，众说纷纭难编排。虽说东风强有力，玉门紧闭吹不开。玉者，育也；玉门，即恢复高校招生考试制度之门也。

当时，《人民日报》是勇敢地站在时代大潮前列，为思想解放、拨乱反正、改革开放而冲锋陷阵、所向披靡的人民喉舌。《人民日报》记者往往得风气之先，思想敏锐，善于抓住人民群众关心的焦点问题。出席第二次全国招生工作会议的一位《人民日报》记者发现了这次招生工作会议的不正常情况，向教育部负责人反映了大家的看法，并要求把不同的意见向上反映。教育部负责人同意了他的要求。

9 月 3 日，这位记者邀请6 位曾经出席过1971 年全国教育工作会议，比较了解“两个估计”出笼经过，并坚决拥护邓小平“八八”讲话的省部级科教部门负责人进行座谈。在座谈中，大家普遍认为：不推翻“两个估计”，这次招生会议就难以达到预期的目的。“两个估计”严重挫伤了广大教育工作者的积极性，伤害了他们的感情，是阻碍肃清教育系统“四人帮”流毒、实现适应形势发展需要的历史性转变的症结所在。

座谈会结束后，这位记者连夜赶写了一份反映座谈会上大家意见的内参稿，又征求了《人民日报》另一位记者的意见，交给《人民日报》以《意见汇编·特刊》的形式上报中央。

真理总是在历史发展的关键时刻出现。

伟大人物之所以伟大，就在于总是站在历史潮流的前列，代表着人民的意愿和历史发展的正确方向。邓小平看到《人民日报》记者上报的这份反映第二次全国招生工作会议情况的材料后，立即毫不迟疑地作出了敏锐的反应。

1977 年9 月19 日——这是一个应当载入中华人民共和国教育史册的日子，邓小平召见教育部主要负责同志，作了具有里程碑意义的重要谈话，严肃阐述教育系统的拨乱反正问题，尖锐指出教育部在教育系统拨乱反正问题上的顾虑重重和裹足不前，大力强调教育系统必须解放思想，拨乱反正。

正是在这次谈话中，邓小平第一次鲜明地提出了“拨乱反正”的命题。

邓小平一开头就直截了当地否定了套在教育系统的精神枷锁——“两个估计”。他指出：

> 最近《人民日报》记者找了六位参加过一九七一年全国教育工作会议的同志座谈，写了一份材料，讲了《全国教育工作会议纪要》（以下简称《纪要》——作者注）产生的经过，很可以看看。《纪要》是姚文元修改、张春桥定稿的。当时不少人对这个《纪要》有意见。《人民日报》记者写的这份材料说明了问题的真相。
>
> 《纪要》里讲了所谓“两个估计”，即“文化大革命”前十七年教育

战线是资产阶级专了无产阶级的政，是“黑线专政”；知识分子的大多数世界观基本上是资产阶级的，是资产阶级知识分子。这个问题究竟怎么看？建国后的十七年，各条战线，包括知识分子比较集中的战线，都是以毛泽东同志为代表的路线占主导地位，唯独你们教育战线不是这样，能说得通吗？《纪要》是毛泽东同志画了圈的。毛泽东同志画了圈，不等于说里面就没有是非问题了。我们不能简单地处理。一九七六年天安门事件中关于我的问题的决议，毛泽东同志也是画了圈的。天安门事件涉及那么多人，说是反革命事件，不行嘛！说我是天安门事件的后台，其实，当时我已经不能同外界接触了。《纪要》引用了毛泽东同志的一些话，有许多是断章取义的。《纪要》里还塞进了不少“四人帮”的东西。对这个《纪要》要进行批判，划清是非界限。我们要准确地完整地理解毛泽东思想的体系。我提出这个问题，可有人反对哩！大家知道，对马克思列宁主义，应该准确地完整地理解它的体系。对毛泽东思想就不这样？也应该如此嘛，否则非犯错误不可。毛泽东同志在延安为中央党校题词，就是“实事求是”四个大字，这是毛泽东哲学思想的精髓。

邓小平严厉批评教育部主管教育却“不为广大知识分子说话”。他说：

“两个估计”是不符合实际的。怎么能把几百万、上千万知识分子一棍子打死呢？我们现在的人才，大部分还不是十七年培养出来的？原子弹是一九六四年搞成功的。氢弹虽然是一九六七年爆炸的，但也不是一下子就搞出来的。这些都是聂荣臻同志抓那个一九五六年制订的十二年科学规划打下的基础。你们的思想没有解放出来。你们管教育的不为广大知识分子说话，还背着“两个估计”的包袱，将来要摔筋斗的。现在教育工作者对你们教育部有议论，你们要心中有数。要敢于大胆讲话。我在八月八日科学和教育工作座谈会上的那篇讲话，是个大胆的讲话，当然也照顾了一点现实。对我的讲话，有人反对，这不要紧。一个方针政策，总会有人反对和不同意的。他们敢讲出来就好，可以开展辩论嘛！

邓小平提出“不能中断学习的连续性”，要“采取直接招生的办法”。他说：

一九七一年全教会（全国教育工作会议——作者注）时，周恩来同志处境很困难。一九七二年，他和一位美籍中国物理学家谈话时，讲要从应届高中毕业生中直接招收大学生。在当时的情况下，提出这个问题是很勇敢的。这是要教育部门转弯子，但是教育部门没有转过来。为什么要直接招生呢？道理很简单，就是不能中断学习的连续性。十八岁到二十岁正是学习的最好时期。过去我和外宾也讲过，中学毕业后劳动两年如何如何好。实践证明，劳动两年以后，原来学的东西丢掉了一半，浪费了时间。采取直接招生的办法，并不是不要劳动，劳动可以在中小学就注意。从青少年起教育他们热爱劳动有好处。到大学以后，重点是结合学习搞对口劳动。到农村劳动也可以搞一点，但不能太多。

毛泽东同志的七二一指示要正确地去理解。七二一大学、共产主义劳动大学，各省自己去搞，办法由他们自己定，毕业生不属国家统一分配范围。但是清华大学、北京大学恐怕不能这样办，并不是所有大学都要走上海机床厂的道路。毛泽东同志一贯强调要提高科学文化水平，从来没有讲过大学不要保证教育质量，不要提高科学文化水平，不要出人才。

邓小平对教育部的工作问题、工人宣传队问题、军队支左干部问题、重点大学问题、大学学制问题，作了明确指示。他说：

教育部要争取主动。你们还没有取得主动，至少说明你们胆子小，怕又跟着我犯“错误”。我知道科学、教育是难搞的，但是我自告奋勇来抓。不抓科学、教育，四个现代化就没有希望，就成为一句空话。抓，要有具体政策、具体措施，解决具体的思想问题和实际问题。你们要放手去抓，大胆去抓，要独立思考，不要东看看，西看看。把问题弄清楚，该怎么办就怎么办。该自己解决的问题，自己解决；解决不了的，报告中央。教育方面的问题成堆，必须理出个头绪来。现在群众劲头起来了，教育部不要成为阻力。教育部首要的问题是要思想一致。赞成中央方针的，就干；不赞成的，就改行。

要健全教育部的机构。要找一些四十岁左右的人，天天到学校里去跑。搞四十个人，至少搞二十个人专门下去跑。要像下连队当兵一样，下去当“学生”，到班里听听课，了解情况，监督计划、政策等的执行，然后回来报告。这样才能使情况反映得快，问题解决得快。可以首先跑重点大学，跑重点中学、小学。这些就是具体措施，不能只讲空话。

工宣队问题要解决，他们留在学校也不安心。军队支左的，无例外地都要撤出来。学校里这些问题不解决，扯皮就扯得没完没了。

重点大学搞多少，谁管，体制怎么定？我看，重点大学教育部要管起来。教育部直属重点大学，双重领导，以教育部为主。教育部要直接抓好几个学校，搞点示范。学校每周学习时间多少，政治活动时间不能超过多少等等，这些都要具体化，教育部要干预。人民大学是要办的，主要培养财贸、经济管理干部和马列主义理论工作者。师范大学要办好。省、市管的师范院校，教育部也要经常派人去检查。不办好师范教育，教师就没有来源。

大学学制本科一般定为四年，这个问题认识基本一致了。医科不同，可以长一些。还有个别专业也可以长些。所谓四年，基础课恐怕要两三年。基础打得不好，搞科研是有困难的。我看了你们编的外国教材情况简报。看来，教材非从中小学抓起不可，教书非教最先进的内容不可，当然，也不能脱离我国的实际情况。

邓小平批评了教育部上报的大学招生文件，亲自作了修改。他说：

你们起草的招生文件写得很难懂，太繁琐。关于招生的条件，我改了一下。政审，主要看本人的政治表现。政治历史清楚，热爱社会主义，热爱劳动，遵守纪律，决心为革命学习，有这几条，就可以了。

总之，招生主要抓两条：第一是本人表现好，第二是择优录取。

邓小平要求大学要恢复职称，“要出人才、出成果”。他说：

科学研究机构已经确定实行党委领导下的所长负责制，并决定恢复科研人员的职称。这是很大的决策，解决了很多重要的问题，会引起震动，会影响到教育、工业等方面。教育部门要紧紧跟上。大专院校也应该恢复教授、讲师、助教等职称。多年来，许多同志考虑恢复职称的问题，这次中央在召开全国科学大会的通知中把这个问题解决了。

科研、教育的后勤部门，工作量大，政策性强，十分重要。大学里应当有一批热爱本职工作、勤勤恳恳为教学和科研服务的人，把这方面的工作管起来，使教学和科研人员能够集中精力做好业务工作，不要让他们为了设备和工作条件问题到处奔跑。

要加强学校的教师队伍，科研系统有的人可以调出来搞教育，支援教育。搞教育是很光荣的，要鼓励大家热心教育事业。对科研系统抽出来支援教育的那些同志，教育部要在政治上、物质上安排好。今后我们要很好地研究科研和教育如何协调、人员如何经常交流的问题。人员不流动，思想就会僵化。外国科研机构很注意更新科研队伍，经常补充年轻的、思想灵活的人进来。我们也要逐步实行科研人员流动、更新的制度。要注意发现人才。现在有些人的成就外国人都公认，我们反而不了解，说明我们的一些制度有缺陷，不能发现人才，要认真改进。

教育要狠狠地抓一下，一直抓它十年八年。我是要一直抓下去的。我的抓法就是抓头头，抓方针。重要的政策、措施，也是方针性的东西，这些我是要管的。教育方面有好多问题，归根到底是要出人才、出成果。

最后，邓小平强调：“总之，教育部要思想解放，争取主动。过去讲错了的，再讲一下，改过来。拨乱反正，语言要明确，含糊其词不行，解决不了问题。办事要快，不要拖。”①

邓小平的“九一九谈话”，一言九鼎，字字千钧，是中国教育系统粉碎

① 《邓小平文选》第2卷，人民出版社1994年版，第66～71页。

“四人帮”后拨乱反正的一个纲领性文献。

这篇谈话，通篇贯穿着马克思主义的实事求是精神和令人信服的逻辑力量，迸射出具有强烈震撼性的科学真理的光芒。

对于邓小平的“九一九谈话”，教育部负责人立即向出席1977年全国第二次招生工作会议的代表作了传达。与会代表听了以后，热泪盈眶，激动万分。大家的直接感触是：邓小平的“九一九谈话”，犹如春雷滚滚，惊天动地，完全讲到了大家的心坎里。

与会代表一个个欣喜若狂，或者连夜往本省教育厅（局）打电话报告喜讯，或者千方百计找来文件传抄原文，或者写信详述招生制度的根本性转折，或者告诉亲戚、朋友、学生赶快复习功课、准备参加高考。

伟大政治家的讲话确实不同凡响。邓小平的这个讲话，以其直指时弊的雄才大略和勇于拨乱反正的政治家气魄，震撼了整个教育系统，也震撼了整个中华大地。

根据邓小平的“九一九谈话”精神，第二次全国招生工作会议圆满结束，恢复高考的有关政策和规章制度得到了明确规定。

10月5日，中共中央政治局讨论了教育部上报的新的高等学校招生工作文件。

随后，叶剑英、邓小平和其他中央领导同志接见了出席全国第二次招生工作会议的代表。这一行动，向全党全国明确表示：恢复高等学校招生考试，是中共中央的一致意见。

10月12日，国务院批转了教育部第二次招生工作会议形成的《关于1977年高等学校招生工作的意见》。文件规定：凡是工人、农民、上山下乡和回乡知识青年、复员军人、干部和应届高中毕业生均可报考。对于实践经验比较丰富，并钻研有成绩或确有专长的，年龄可放宽到30岁，婚否不限，要注意招收1966年、1967年两届毕业生。新的招生制度实行德、智、体全面衡量，择优录取的原则，采取自愿报名，统一考试（省、市、自治区拟题，县、区统一组织考试），地、市初选，学校录取，省、市、自治区批准的办法。

恢复高考的消息通过中央人民广播电台和《人民日报》传遍祖国大地后，

犹如一声春雷，极大地震撼了每个有志青年的心灵。他们从劳作的田间、地头、工厂、矿山……一遍又一遍地倾听广播电台里的声音，又找来报纸一遍又一遍地琢磨其中可能改变自己命运的深刻内涵。他们的心情是那样激动，一个个热泪盈眶而不能自已。

许多人听到这一消息的瞬间，竟然犹如梦中一般。久违了的各种高中课本，被重新从床下的废物堆中翻了出来，琅琅的读书声一下子取代了“读书无用论”的歪理邪说。各个图书馆、新华书店里人头攒动，成为最拥挤、最热闹的地方。蒙满了尘土的旧课本，一时间“洛阳纸贵”。社会上出现了各种各样的高考辅导班、补习班。

然而，就在很多青年人紧张复习的同时，也有人心有余悸，他们担心难以通过政治审查（政审）这一关，再一次被大学拒之门外。

当时参加起草招生文件的一位同志回顾说：强调考试了，会不会冲淡政治？会不会让人说你只重视智育，不重视德育？怕人家扣这个“大帽子”，所以对政审的规定都写得非常详细，什么拥护共产党，走社会主义道路，参加集体劳动，讲究卫生……把能想到的都写上了。这个稿子当时送给小平同志了，小平同志看了非常气愤，他连说了三个“烦琐、烦琐、烦琐”，而且把这一段全都划掉，现在招生条例上写的政审条件基本上就是小平同志修改的。

经过邓小平亲自修改的政审条件，几乎使所有人获得了平等的权利，实际上开始了对“以阶级斗争为纲”的拨乱反正。共产党本来是以解放整个人类为己任的胸怀最广阔的工人阶级政党，可是“文化大革命”中“四人帮”却以每个人的家庭出身、社会关系的不同，硬是把人分成了不同的等级，这是从根本上对工人阶级政党宗旨的歪曲和背叛。

恢复高考，使1966年至1976年整整积压了10年的高中毕业生重新获得了上大学读书、深造的机会。组织如此大规模的考试，需要一笔很大的费用。国家几乎动员了全社会的力量来支持这场考试。

教育部的同志回顾说：“我们觉得如果要考试，比方要印卷子，要评卷子，总要一部分钱，全靠国家拿也是很困难的。我们希望报名费能够定在一块钱。当时中央政治局讨论说，不要增加群众的负担，收五毛钱就行了，这都是中央政治局讨论决定的。”

“都讨论完了，好像什么问题都没有了，但最后出了一个问题，没有纸张，这么多人要考试，上哪儿弄纸啊？当时纸张很缺。最后为这么一件事还请示中央，中央决定，可以运用印刷《毛泽东选集》第 5 卷的纸来印高考试卷。”

1977 年冬天，被“文化大革命”这场历时 10 年的“内乱”关闭了 10 年之久的高考考场大门终于面向莘莘学子重新敞开。570 万名考生走进了考场，加上 1978 年夏季的考生，共有 1160 万人参加了这场公平竞争的高考。

就当时而言，这是一次世界考试史上考生最多的“奥林匹克纪录”。它将永远作为历史的一页、历史的见证，留给后人以深深的启迪和思索。

1978 年春天，沐浴着时代的春风，数十万名恢复高考后“跃入龙门”的新录取的大学生昂首挺胸，扬眉吐气，充满自豪感地走进了大学校园。经历了 10 余年人世间的风风雨雨，经历了 10 余年“文化大革命”的冲冲杀杀，经历了 10 余年艰苦岁月的锤打和磨炼，经历了 10 余年对美好生活的憧憬和期待，他们终于觉醒了，他们终于成熟了。他们犹如经历了风吹雨打的大树、淬火的钢铁，将很快地成为国家新时期的栋梁之材。

邓小平果断恢复高考的战略决策，顺民意，得民心，改变了整个中国的面貌和整整一代甚至几代中国青年的命运。自恢复高考以后，中国一共有数千万人参加了高考，其中大部分人已经完成学业，走上工作岗位。在此期间，中国还培养出大量博士生和几十万名硕士生。这些大学毕业生、硕士和博士，正在作为党和国家各个部门、各个领域、各个行业的中坚力量和栋梁之材，为中国的改革开放和社会主义现代化建设的蓬勃发展，展示着骄人的才华，贡献着无尽的力量。

改革开放和社会主义现代化建设，需要大批懂得和掌握世界上最新科学技术的专业人才。为此，邓小平 1978 年 6 月 23 日在听取国务院和教育部负责同志汇报工作时，又提出了加快派遣留学生工作步伐的重要战略思想。邓小平指出：

> 我赞成增大派遣留学生的数量，派出去主要学习自然科学。对留学生的管理方法也要注意，不能那么死。现在怕他们同社会接触，这样既不利

于学好外文，也不利于了解社会。跟人家搞到一块，才能学到东西。

不要怕出问题，留学生绝大多数是好的，个别人出一点问题也没什么了不起。即使一千人跑掉一百个，也只占十分之一，还剩九百个。要成千上万地派，不是只派十个八个。

请教育部研究一下，在这方面多花些钱，是值得的。我们要从外语基础好的高中毕业生中选派一批到外国进大学，今年派三四千人，明年派万把人。这是五年内快见成效、提高我国科教水平的重要方法之一。

请方毅同志主持，搞一个规划。进一些什么学校，学什么，教育部要研究。数学竞赛中考得好的可以选一些出去。数学是学好自然科学的基础。物理、化学也可以搞竞赛，把考得好的派出去学习。挑选竞赛中优秀的十五六岁的青少年出国学习五年，二十来岁时回来就可以起作用。出国以前要用一年或一年半的时间先学好外语。

现在我们迈的步子太小，要千方百计加快步伐，路子要越走越宽。我们一方面要努力提高自己的大学的水平，一方面派人出去学习，这样可以有一个比较，看看我们自己的大学究竟办得如何。今年至少先派三千人出去，算一下要花多少钱。当然，出国留学的钱要贵一点。假定每人按五千美金计算，三千人，才一千五百万美金。

留学生管理制度也要改变一下，不要看得死死的。留学生可以住在学校，也可以住在外国朋友的家里。暑假还可以让他们回来一下，两年一次，了解国内情况。使馆有时开开会，也要注意不多占他们的时间。教育部要有一个专管留学生的班子，可以到留学生较多的国家去看看，经常了解留学生的状况和需要解决的问题。①

根据邓小平的决策，国务院和教育部拟定了相应的政策和措施，中国向其他国家派遣留学生的工作有了长足的发展。大批留学生学成归国后，为中国的改革开放、经济建设和科学技术赶超世界先进水平，作出了积极贡献。

---

① 中共中央文献研究室编:《邓小平年谱》1975～1997(上),中央文献出版社2004年版,第331页。

第九十三章

知识分子的绝大多数“已经是工人阶级自己的一部分”

马克思主义认为，人类社会发展的历史，首先是生产力发展的历史，科学技术的发展则对生产力的发展具有巨大的推动作用。从20世纪50年代左右开始，现代科学技术经历着一场伟大的革命。而且，现代科学技术不只是在个别的科学理论上、个别的生产技术上获得了发展，也不只是有了一般意义上的进步和改革，而是几乎各门科学技术领域都发生了深刻的变化，出现了新的飞跃，产生了并且正在继续产生一系列新兴科学技术，极大地改变着整个世界的面貌。

现代科学为生产技术的进步开辟道路，决定它的发展方向。许多新的生产工具、新的工艺，首先在科学实验室里被创造出来。一系列新兴的工业，如高分子合成工业、原子能工业、电子计算机工业、半导体工业、宇航工业、激光工业等，都是建立在新兴科学基础上的。当然，不论是现在或者今后，还会有许多理论研究，人们暂时还看不到它的应用前景。但是，大量的历史事实已经说明：理论研究一旦获得重大突破，迟早会给生产和技术带来极其巨大的进步。

当代自然科学正以空前的规模和速度应用于生产，使社会物质生产的各个领域面貌一新。特别是电子计算机、控制论和自动化技术的发展，正在迅速提高生产自动化的程度。同样数量的劳动力，在同样的劳动时间里，可以生产出比过去多几十倍几百倍的产品。社会生产力有这样巨大的发展，劳动生产率有这样大幅度的提高，靠的是什么？最主要的是靠科学的力量、技术的力量。

中华人民共和国成立后，中国科学技术事业有了很大的发展，在经济建设和国防建设中发挥了重大作用。然而，经过十年动乱，人们清醒地看到，中国科学技术水平同世界先进水平的差距被拉得更大了，科学技术力量更加薄弱，远远不能适应现代化建设的需要。人们痛切地认识到，由于十年动乱，中国耽误了整整10年时间。

邓小平认为，我们祖先的成就，只能用来坚定我们赶超世界先进水平的信心，而不能用来安慰我们现实的落后。我们现在在科学技术方面的创造，同我们这样一个社会主义国家的地位是很不相称的。他指出：“我们现在的生产技术水平是什么状况？几亿人口搞饭吃，粮食问题还没有真正过关。我们钢铁工业的劳动生产率只有国外先进水平的几十分之一。新兴工业的差距就更大了。在这方面不用说落后一二十年，即使落后八年十年，甚至三年五年，都是很大的差距。”①

邓小平恢复工作后，立即把科教工作放到重要位置。1977年8月，在邓小平主持召开的科学和教育工作座谈会上，他郑重指出，新中国成立后的17年，教育战线同科研战线一样，主导方面是红线。我国的知识分子绝大多数是自觉自愿地为社会主义服务的，是劳动者。

9月19日，邓小平在同教育部主要负责人的谈话中，彻底否定了“四人帮”捏造的关于教育工作的“两个估计”，即“文化大革命前17年教育战线是资产阶级专了无产阶级的政，是‘黑线专政’；大多数知识分子的世界观基本上是资产阶级的，是资产阶级知识分子”。

粉碎“四人帮”后，广大科学技术工作者获得了“第二次解放”，各方面的积极性一下子迸发出来，大家齐心协力，奋力攻关，于1978年1月成功发射中国第八颗人造地球卫星。世界舆论对中国这一颗人造卫星发射成功，进行了广泛评论。

英国路透社报道说：中国发射了将近14个月来的第一颗地球卫星，这颗卫星在完成了科学实验任务后已成功地返回了地面。这颗卫星是1月26日发射的，但是新华社没有透露是什么时候和如何返回地面的。卫星运行情况良好，已按预定计划完成了科学实验任务，并成功地返回了地面。新华社没有表明这颗卫星的大小、重量、其轨道以及所进行的实验。一些观察家说，这次发射看来与着重强调需要发展科学技术是相一致的。他们还指出，中国于去年

① 《邓小平文选》第2卷，人民出版社1994年版，第90页。

（1977）11 月宣布，它的第一个本国制造的数字卫星通信地面站已经投入运转，既可用于通信，也可用于军事。他们表示，中国肯定会感兴趣的一个方面将是在通信卫星方面，以改进这个幅员辽阔的国家的通信状况。

法国法新社报道说：中国于 1 月 26 日发射了它的第八颗卫星，并成功地予以回收。这是中国科学家回收的第三颗卫星，在此以前，1975 年 12 月和 1976 年 12 月进行了成功的实验。新华社没有发表这颗卫星的特点、轨道及其科学目的的详细情况。这家官方通讯社还强调中国领导人们决心加速科学技术的现代化，特别是在空间方面。新华社用一条异常短的电信，宣布了中国发射第 8 颗卫星的消息。这是邓小平副总理复职后发射的第一颗卫星，邓小平是热情支持科学研究和发展先进技术工业的。观察家们说，这次发射表明，中国比过去任何时候都更决心“弥补损失的时间”，实施一项空间计划，以使中国的导弹现代化，同时加强其国防力量。

在 20 世纪全面实现中国农业、工业、国防和科学技术现代化，把中国建设成为社会主义现代化强国，是中国人民的根本利益所在。要实现这一宏伟目标，关键是科学技术的现代化。没有现代科学技术，就不可能建设现代农业、现代工业、现代国防。没有科学技术的高速发展，也就不可能有国民经济的高速度发展。

为此，中共中央决定 1978 年春天召开全国科学大会，动员全党全国重视科学技术，制定规划，表彰先进，研究加速发展科学技术的措施。随后，中共中央向全党全国发出《关于召开全国科学大会的通知》。

在审定中共中央通知时，邓小平特意加写了一句话：“小学、中学、大专学校是培养科学技术人才的重要基础，而大专学校又是科学研究一个重要的方面军。”然后批示：“我看可以，改了几处。”①

邓小平极为重视中国科学技术发展，既有历史因素，也有现实因素。从历史上看，邓小平与周恩来、李富春、陈毅、聂荣臻等老一辈革命家，之所以远

① 中共中央文献研究室编：《邓小平年谱》1975～1977（上），中央文献出版社 2004 年版，第 201～202 页。

涉重洋，到欧洲勤工俭学或留学，就是因为近代中国积贫积弱，落后挨打。为此，他们胸怀“科学救国”“教育救国”“工业救国”“实业救国”等壮志豪情，前往欧洲。

这些胸怀壮志的青年人，在欧洲接受了马克思主义后，认识到只有首先实现中华民族的独立与中国人民的解放，才能发展中国科学、发展中国教育、发展中国工业，从根本上振兴中华，实现中国的现代化。所以，他们相继走上了革命道路。

中华人民共和国成立后，他们高度重视发展科学技术。粉碎“四人帮”后，邓小平更加认识到，实现中国现代化，关键是实现科学技术现代化。他恢复工作后，再三强调：“我自告奋勇，管科教方面的工作……”

为了全面总结中国科学技术发展的历史经验，深刻反思历史教训，确立科学技术发展的指导思想，部署中国面向现代化的科学技术发展长远规划，中华人民共和国成立后的第一次全国科学大会于 1978 年 3 月 18 日至 31 日在北京举行。

出席全国科学大会的，有来自全国各个领域的优秀科学技术工作者、技术革新能手、科学种田的模范、忠诚党的科学事业的领导干部。他们为中国的科学技术进步，长期奋斗，辛勤劳动，作出了卓越贡献。华国锋作了《提高整个中华民族的科学文化水平》的报告。

邓小平发表重要讲话，强调科学技术是生产力，“四化”的关键是科学技术的现代化，中国知识分子的绝大多数已经是工人阶级的一部分，是党的一支依靠力量，要在中国造就更宏大的科学技术队伍。

邓小平着重阐述了一系列在“文化大革命”中被“四人帮”搞乱了的问题，义正词严地作出了马克思主义的鲜明回答。

关于对科学技术是生产力的认识问题，“四人帮”曾经制造混乱，颠倒是非，搞乱了人们的思想。邓小平指出：科学技术是生产力，这是马克思主义历来的观点。早在一百多年以前，马克思就说过：机器生产的发展要求自觉地应用自然科学。并且指出：“生产力中也包括科学。”现代科学技术的发展，使科学与生产的关系越来越密切了。科学技术作为生产力，越来越显示出巨大的作用。

关于知识分子的阶级属性问题，邓小平明确指出，他们的绝大多数已经是工人阶级和劳动人民自己的知识分子，已经是工人阶级自己的一部分。他说：

> 大家知道，生产力的基本因素是生产资料和劳动力。科学技术同生产资料和劳动力是什么关系呢？历史上的生产资料，都是同一定的科学技术相结合的；同样，历史上的劳动力，也都是掌握了一定的科学技术知识的劳动力。我们常说，人是生产力中最活跃的因素。这里讲的人，是指有一定的科学知识、生产经验和劳动技能来使用生产工具、实现物质资料生产的人。石器时代，青铜器时代，铁器时代，十七世纪，十八世纪，十九世纪，人们使用的生产工具，掌握的科学知识、生产经验和劳动技能，都大不相同。今天，由于现代科学技术的日新月异，生产设备的更新，生产工艺的变革，都非常迅速。许多产品，往往不要几年的时间就有新一代的产品来代替。劳动者只有具备较高的科学文化水平，丰富的生产经验，先进的劳动技能，才能在现代化的生产中发挥更大的作用。在我们的社会里，广大劳动者有高度的政治觉悟，他们自觉地刻苦钻研，提高科学文化水平，从而必将在生产中创造出比资本主义更高的劳动生产率。
>
> ……怎么看待科学研究这种脑力劳动？……从事科学技术工作的人是不是劳动者呢？
>
> 在剥削阶级统治的社会里，有各种各样的脑力劳动者。有些人是完全为反动统治阶级服务的，他们同从事体力劳动的劳动者处在对立的地位。但就在那个时候，也有很多从事科学技术工作的知识分子，如同列宁所说，尽管浸透了资产阶级偏见，但是他们本人并不是资本家，而是学者。他们的劳动成果为剥削者所利用，这一般是社会制度决定的，并不是出于他们的自由选择。他们同那些绞尽脑汁直接为反动统治阶级出谋划策的政客是截然不同的。马克思曾经指出，一般的工程技术人员也参与创造剩余价值。这就是说，他们也是受资本家剥削的。
>
> 在社会主义社会里，工人阶级自己培养的脑力劳动者，与历史上的剥削社会中的知识分子不同了。在我国社会主义改造的过程中，毛泽东同志曾经指出过，从旧社会过来的知识分子，有一个依附在哪张“皮”上的

问题。在社会主义历史时期中，只要还存在着阶级矛盾和阶级斗争，知识分子就需要注意解决是否坚持工人阶级立场的问题。但总的说来，他们的绝大多数已经是工人阶级和劳动人民自己的知识分子，因此也可以说，已经是工人阶级自己的一部分。他们与体力劳动者的区别，只是社会分工的不同。从事体力劳动的，从事脑力劳动的，都是社会主义社会的劳动者。随着现代科学技术的发展，随着四个现代化的进展，大量繁重的体力劳动将逐步被机器所代替，直接从事生产的劳动者，体力劳动会不断减少，脑力劳动会不断增加，并且，越来越要求有更多的人从事科学研究工作，造就更宏大的科学技术队伍。“四人帮”把今天我们社会里的脑力劳动与体力劳动的分工歪曲成为阶级对立，正是为了打击迫害知识分子，破坏工人、农民和知识分子的联盟，破坏社会生产力，破坏我们的社会主义革命和社会主义建设。

关于科学技术人员应当把最大的精力放到科学技术工作上的问题，邓小平指出：

我们说至少必须保证六分之五的时间搞业务，也就是说这是最低的限度，能有更多的时间更好。如果为了科学上和生产上的需要，有人连续奋战七天七晚，那正是他们热爱社会主义事业的忘我精神的崇高表现，我们对于他们只能够学习、表扬和鼓励。无数的事实说明，只有把全副身心投入进去，专心致志，精益求精，不畏劳苦，百折不回，才有可能攀登科学高峰。我们不能要求科学技术工作者，至少是绝大多数科学技术工作者，读很多政治理论书籍，参加很多社会活动，开很多与业务无关的会议。林彪、“四人帮”动不动就用“脱离政治”的罪名来打击科学技术人员，谁要是努力钻研业务，就会被扣上“白专”帽子。白是一个政治概念。只有政治上反动，反党反社会主义的，才能说是白。怎么能把努力钻研业务和白扯到一起呢！即使是思想上作风上有这样那样毛病的科学技术人员，只要不是反党反社会主义的，就不能称为白。我们的科学技术人员，为社会主义的科学事业辛勤劳动，怎么是脱离政治呢？社会主义事业是有分工的。各行各业的同志在坚持社会主义的政治立场的条件下，努力做好自己的岗位工作，这不但不是脱离政治，而且正是有社会主义觉悟的表现。前几年，林彪、“四人帮”搞得工人不能做工，农民不能种地，解放军不能练兵，学生不能学习，科学技术人员不能钻研业务，给我们的社会主义事业造成多么重大的损失！这个教训难道还不深刻吗？

关于大力培养新的科学技术人才问题，邓小平指出：

由于林彪、“四人帮”的破坏，我们的科学技术队伍发生了青黄不接的现象，这就使加速培养年轻一代的科学技术人才的任务更加迫切了。

我们培养、选拔人才，有广阔的源泉，有巨大的潜力。最近，高等学校招生制度改革之后，发现了一批勤奋努力的、有才华的优秀青少年。看到他们的优异成绩，我们都感到高兴。尽管“四人帮”猖獗一时，但是，他们没有能够扑灭广大青少年的学习热情，没有能够扼杀广大教师为党为人民精心培育下一代的革命积极性。今天，党中央这样关注科学和教育事业，这样着力于培养选拔人才，我们可以预见，一个人才辈出、群星灿烂的新时代必将很快到来。科学的未来在于青年。青年一代的成长，正是我们事业必定要兴旺发达的希望所在。

科学技术人才的培养，基础在教育。我们要全面地正确地执行党的教育方针，端正方向，真正搞好教育改革，使教育事业有一个大的发展，大的提高。教育事业，决不只是教育部门的事，各级党委要认真地作为大事来抓。各行各业都要来支持教育事业，大力兴办教育事业。人民教师是培养革命后代的园丁。他们的创造性劳动，应该受到党和人民的尊重。要确实保证教师的教学活动时间，要关心他们的政治生活、工作条件和业务学习。对于在教学工作中作出突出贡献的教师，应该给予表扬和奖励。

在人才的问题上，要特别强调一下，必须打破常规去发现、选拔和培养杰出的人才。这是被“四人帮”搞乱了的一个重大问题。他们把有贡献的科学家、教授、工程师诬蔑为资产阶级学术权威，把我们党和国家培养成长的优秀中年青年科学技术人员，诬蔑为修正主义苗子。我们要彻底清除“四人帮”的流毒，把尽快地培养出一批具有世界第一流水平的科学技术专家，作为我们科学、教育战线的重要任务。毛泽东同志在抗日战争初期就说过：如果我们党有一百个至二百个系统地而不是零碎地、实际地而不是空洞地学会了马克思列宁主义的同志，就会大大地提高我们党的战斗力量，并加速我们战胜日本帝国主义的工作。革命事业需要有一批杰出的革命家，科学事业同样需要有一批杰出的科学家。我们工人阶级的杰出人才，是来自人民的，又是为人民服务的。在广泛的群众基础上，才能不断涌现出杰出人才。也只有有了成批的杰出人才，才能带动我们整个中华民族科学文化水平的提高。

我们的科学家、教师发现人才，培养人才，本身就是一种成就，就是对国家的贡献。在科学史上可以看到，发现一个真正有才能的人，对科学事业可以起多么大的作用！世界上有的科学家，把发现和培养新的人才，看作是自己毕生科学工作中的最大成就。这种看法是很有道理的。我们国家现在一些杰出的数学家，也是在他们年轻的时候，被老一辈数学家发现和帮助他们成长起来的。尽管有些新人在科学成就上超过了老师，他们老师的功绩还是不可磨灭的。

关于在科学研究机构实现党委领导下的所长负责制问题，邓小平指出：

能不能把我国的科学技术尽快地搞上去，关键在于我们党是不是善于领导科学技术工作。我们的国家进入了新的发展时期，我们党的工作重点、工作作风都应该有相应的转变。各级党委要真正做到阶级斗争、生产斗争和科学实验一起抓。要广泛开展群众性的科学实验活动，做到在技术上、生产上不断有新创造和新纪录。全国有几十万个企业、几十万个生产大队，只有每个企业和生产大队都来大搞技术改造，大搞科学实验，先进的科学技术才能广泛地在工农业中得到应用，才能多快好省地发展生产。同时，又要大力抓好专业科学研究机构的工作。专业的科学研究队伍，是科学工作的骨干力量。没有一支强大的高水平的专业科学研究队伍，就难以攀登现代科学技术的高峰，群众性的科学实验活动，也难以持久深入地一浪高过一浪地向前发展。我们一定要把专业队伍同群众队伍结合起来。

中央规定，科学研究机构要建立技术责任制，实行党委领导下的所长负责制。这是重要的组织措施。它既有利于加强党委的领导，又有利于充分发挥专家的作用。

科学研究机构的基本任务是出成果出人才，要出又多又好的科学技术成果，出又红又专的科学技术人才。衡量一个科学研究机构党委的工作好坏的主要标准，也应当是看它能不能很好地完成这个基本任务。只有很好地完成这个基本任务，才是为巩固无产阶级专政、建设社会主义真正尽了自己的责任。

要完成这个基本任务，有许许多多的工作要做。不可能所有这些事情都由党委去抓，都由党委去解决。应当老老实实地承认，在科学技术工作中，我们有许多东西还不懂。即使懂得，也不能事事都由党委来办。要有分工负责，要从上到下建立岗位责任制。这样，工作才能有秩序，有效率，才能职责分清，赏罚分明，不致拖延推诿，互相妨碍。

党委的领导，主要是政治上的领导，保证正确的政治方向，保证党的路线、方针、政策的贯彻，调动各个方面的积极性。同时，是通过计划来领导，要抓好科学研究计划，要知人善任，把力量组织好。为了实现科学研究计划，为了把科学研究工作搞上去，还必须做好后勤保证工作，为科学技术人员创造必要的工作条件，这也是党委的工作内容。我愿意当大家的后勤部长，愿意同各级党委的领导同志一起，做好这方面的工作。

科学技术的业务领导工作，应当放手让所长、副所长分工去做。不论是党内的还是党外的专家，担负了行政职务，党委就应当支持他们的工作，充分发挥他们的作用，使他们真正做到有职有权有责。他们同样也是党和国家的干部，决不应该见外。党委应该了解和检查他们的工作，但是不能包办代替。

许多事情，比如对学术论文的评价，科学技术人员业务水平的考核，研究计划的制订，研究成果的鉴定，等等，都应该充分发扬民主，走群众路线，广泛倾听有关科学技术人员的意见。对于学术上的不同意见，必须坚持百家争鸣的方针，展开自由的讨论。在科学技术工作中，认真听取专家的意见，充分发挥专家的作用，是使我们少犯错误、做好工作所必需的。这是我们科学研究机构党委实行群众路线的一个重要方面。①

邓小平的重要讲话，解放思想，拨乱反正，主题鲜明，气势磅礴，震撼人心，鼓舞人心，激荡着每个与会者的心灵，受到与会代表和中国科技界的热烈欢迎。

全国科学大会的召开，邓小平的重要讲话，科技工作的拨乱反正，令中国科学界欢欣鼓舞。中国科学院院长郭沫若在会上激情澎湃，放声高歌——“科学的春天来到了”。

《科学的春天》是郭沫若在全国科学大会闭幕会上的讲话。因为郭沫若身体虚弱，由中央人民广播电台播音员代为宣读。这个讲话，内容非常精彩，感情充沛高昂，宣读者饱含真情，极富感染力。与会代表群情振奋，掌声不断。

全国科学大会就是这样在经久不息的热烈掌声中胜利闭幕。

全国科学大会制定了《1978—1985 年全国科学技术发展纲要（草案）》，表彰了先进工作者和先进集体，号召大家树雄心，立壮志，向科学技术现代化进军，获得圆满成功。从此，科教兴国成为中国的重要长远发展战略之一。

这次全国科学大会，受到全国人民的强烈关注。中共中央能够举行这样一个中国科学史上的空前盛会，清楚地说明：“四人帮”肆意摧残科学事业、迫害知识分子的那种情景，一去不复返了。科学技术工作受到全党和全国人民前所未有的重视和关怀的时代，正在到来。广大科学技术工作者和人民群众积极开展科学实验活动，将会受到党和政府的高度重视。中国青少年热爱科学、学习科学的新风尚，即将到来。

在整个中国，一个向科学技术现代化进军的热潮正在迅猛兴起。

这一切，为中国科学技术事业的发展，展现了光明灿烂的前景。

对于中国第一次全国科学大会，世界舆论进行了多方面的评论。

英国路透社评论说：中国副总理方毅向一个全国性的大会提出了一个雄心

---

① 《邓小平文选》第 2 卷，人民出版社 1994 年版，第 87 ~ 98 页。

勃勃的科学发展八年规划，同时指出中国在许多方面落后于世界水平 15 年至 20 年。这位主管中国科学和技术委员会的副总理提出了一系列从现在到 1985 年的重点项目。摆在最前列的是农业、能源、材料、电子计算机、激光、空间、高能物理和遗传工程。这个规划的目的是要使中国的“部分重要科学技术领域”接近或达到 70 年代的世界先进水平，把专业科学研究人员增加到 80 万人，建立一批现代化的科学基地，建成全国科学技术研究体系。方毅对大会说：“八年规划纲要，对自然资源、农业、工业、国防、交通运输、海洋、环境保护、医药、财贸、文教等 27 个领域和基础科学、技术科学两大门类的科学技术研究任务，作了全面安排，从中确定了 108 个项目作为全国科学技术研究的重点。”这个国家的领导人说过，他们的目的是要到本世纪末赶上或超过世界水平。

法国法新社评论说：中国将在今后 8 年内进行雄心勃勃的空间研究——其中包括对发射空间实验室与宇宙探测器的研究和研制、发射多种科学卫星与应用卫星。方毅副总理在向正在北京举行的全国科学大会作的报告中宣布了这个计划。中国的科学研究工作被分为 27 个领域并对之作了全面安排。摆在第一位的是农业，要以农学方面的研究来使中国的农业生产现代化。

日本《东京新闻》发表《对中国的科学大会有感》的社论评论说：新中国成立后首次全国科学大会正在举行。最近，中国倾注于发展科学技术的热情和干劲极高。中国是世界上发明纸张、火药、指南针、印刷术的始祖。进入现代也出现了很多世界上著名的科学家，获得诺贝尔物理学奖金的杨振宁、火箭权威钱学森等。

新中国成立后，也取得了令人瞩目的成果，发射人造卫星、发现人工胰岛素等。可以说，科学技术本来就是中国人拿手的领域。可是，最近 10 年由于“四人帮”的干扰，中国的科学技术水平停滞以至连续后退。

大概是由于政治过度地介入了本来应当是自由的学术和科学技术研究的领域。令人感到尤其是轻视知识分子，过了头的实用主义，是科学技术停滞发展的决定性原因。

这篇社论还说：中国知识分子的抵抗力和批判精神自古以来是旺盛的。可是抵抗“四人帮”的政治压迫使很多知识分子受到迫害，不少人在混乱中死亡。被“四人帮”扣上具有资产阶级意识形态的帽子，被定为同地主、富农、反革命、特务相并列的第九号坏人（臭老九），这对中国知识分子来说是不幸的。

这篇社论认为：“文化大革命”中的教育，过于重视实用主义，而极端忽视纯粹的理论，其结果，据说使大学的纯粹科学、应用科学的水平下降到“文化大革命”前工业专科学校的水平。“劳动人民知识化、知识分子劳动化”的号召，终于未能实现，只带来了知识分子水平的下降。

第九十四章

教育部“不要背着‘两个估计’的包袱”

1978 年 6 月 20 日，英国《每日邮报》发表驻北京记者维得发来的一篇文章。该文开头写道：“中国的儿童现正受着这种教育，即英国是一个悲惨的国家，有着专横的老板、残忍的教师和剥削童工的阴暗的工厂。”该文还写道：在中国东北辽宁省一本为十几岁儿童编写的英语教科书中说，“一个住在伦敦的可怜的英国女孩”，遭受着“像狄更斯时代那样的贫穷和压迫的苦难”。该文引用了这本英语教科书中一篇课文的内容：“安娜的父母都是工人。他们现在都失业了，安娜是一个小学生，她不得不在放学后在一个黑暗的车间里干很长时间的活。”“她没有时间复习功课，因为她干活后总是非常疲乏。教师布朗先生不喜欢她，他经常只是因为她穷而惩罚她。安娜热爱劳动，但是她恨这个工厂和资本家。她热爱学习，但是她恨这个学校和布朗先生。”“今天，在资本主义国家里有很多穷苦的孩子像安娜一样。他们都过着痛苦的生活。”8 月 1 日，邓小平看到中国教育部转载的英国《每日邮报》这篇文章后，立即批示：“此类材料，在英国社会成为笑话。这是编者和出版社对外国无知的反映。请教育部调查一下，采取办法加以改正。”①

当时的这种情况，真实地反映了改革开放前长期闭关锁国对人们思想的禁锢。这是改革开放前中国教育系统的真实写照。

“文化大革命”初期，江青集团首先从文艺系统开刀，制造了“文艺黑线专政论”，全部否定新中国成立后 17 年文艺系统的成绩，指责新中国成立后 17 年文艺系统是“文艺黑线专政”。然后，相继制造出“教育黑线专政论”“卫生黑线专政论”“科技黑线专政论”“公安黑线专政论”等“黑线专政论”

① 中共中央文献研究室编:《邓小平年谱》1975～1997(上),中央文献出版社 2004 年版,第 349～350 页。

的大帽子，全盘否定中华人民共和国建立后17年各个系统的成就。其中，“教育黑线专政论”给中国教育事业造成毁灭性破坏。

1971年4月15日至7月31日，全国教育工作会议在北京举行。这个整整开了三个半月的“马拉松”会议的最终结果，就是形成了《全国教育工作会议纪要》，提出了“两个估计”和“教育黑线专政论”——它像一个精神枷锁，一下子牢牢套在了中国教育界和中国知识分子的头上，窒息了中国的教育事业。

本来，在全国教育工作会议上，如何评价新中国教育事业和新中国知识分子，与会代表有着“肯定”和“否定”的两种意见。因此，《全国教育工作会议纪要》曾经起草了十几稿，会议开了100天。其间，中共中央决定，《全国教育工作会议纪要》由姚文元负责修改、张春桥定稿。7月26日，中共中央讨论并通过了张春桥定稿的《全国教育工作会议纪要》。8月16日，《全国教育工作会议纪要》经毛泽东同意后，作为中共中央文件印发全国。

《全国教育工作会议纪要》全盘否定了新中国成立后到“文化大革命”前17年的教育工作。强调：“长期以来，在教育战线上，始终存在着两个阶级、两条路线的激烈斗争，即无产阶级和资产阶级争夺教育战线领导权的斗争。这个斗争不是孤立地进行的。它是整个社会阶级斗争的一个重要组成部分。在我国新民主主义革命取得基本胜利，在全国范围内建立了无产阶级专政，开始了社会主义历史阶段以后，这条战线上的斗争更加尖锐起来。”

《全国教育工作会议纪要》颠倒是非，混淆黑白，对新中国成立后到“文化大革命”前17年的教育工作提出了“两个估计”。

《全国教育工作会议纪要》的“第一个估计”：“历史事实证明，解放后17年，在毛主席革命路线照耀下，教育战线的广大共产党员、共青团员、革命干部和革命知识分子对刘少奇修正主义教育路线，对旧教育制度进行了多次抵制和斗争，教育方面，也有一些进步。但是，由于刘少奇一伙网罗一小撮叛徒、特务、走资派，把持教育部门的领导权，疯狂地推行反革命修正主义教育路线，毛主席的无产阶级教育路线基本上没有得到贯彻执行，教育制度、教学方针和方法几乎全是旧的一套。”“在无产阶级专政的国家内，教育战线这种资产阶级专了无产阶级政的严重现象，引起了广大工农兵的强烈不满。”这就是江青集团把中国教育系统打成“教育黑线专政论”的源头。

《全国教育工作会议纪要》的“第二个估计”：“原有教师队伍中，比较熟悉马克思主义，并且站稳无产阶级立场的，是少数；大多数是拥护社会主义，愿意为人民服务的，但是世界观基本上是资产阶级的；对我们的国家抱着敌对情绪的知识分子是极少数。经过无产阶级文化大革命，知识分子的大多数在政治上、思想上有了不同程度的进步，涌现出一批决心把无产阶级教育革命进行到底的积极分子。因此，必须继续抓紧对原有教师的再教育，引导他们走同工农兵相结合的道路，自觉地改造世界观，着重解决为谁服务和怎样服务的问题。”这就是江青集团把人民教师打成“世界观基本上是资产阶级的”的源头。

张春桥、姚文元“操刀”定稿的“两个估计”，核心是全盘否定新中国教育事业和新中国知识分子。

“第一个估计”认为“文化大革命”前17年，在教育战线是资产阶级专了无产阶级的政，是“教育黑线专政”。

“第二个估计”认为新中国知识分子的大多数“世界观基本上是资产阶级的”，是资产阶级知识分子。

同时，《全国教育工作会议纪要》还将“全民教育”“天才教学”“智育第一”“洋奴哲学”“知识私有”“个人奋斗”“读书无用”，等等，称之为中华人民共和国成立后17年资产阶级统治学校的精神支柱。

从此，“两个估计”“教育黑线专政论”成为长期压在中国教育事业和中国知识分子头上的沉重精神枷锁，无人敢于否定，无人敢于撼动。

江青集团在制造“教育黑线专政论”前后，还挥舞大棒，在全国各个系统、各个领域制造了一系列的“黑线专政论”。例如：

在文艺系统，江青集团制造了“文艺黑线专政论”，全部否定中华人民共和国成立17年文艺系统的辉煌成就。

在卫生系统，江青集团制造了“卫生黑线专政论”，全部否定中华人民共和国成立17年卫生系统的辉煌成就。

在公安系统，江青集团制造了“公安黑线专政论”，全部否定中华人民共和国成立17年公安系统的辉煌成就。

如此等等，不一而足。江青集团就是这样，通过全部否定中华人民共和国成立17年各个系统、各个方面的辉煌成就，为发动“文化大革命”，打倒一切、全面内战，制造内乱、篡党夺权，制造根据。

甚至在军队系统，江青集团还企图制造“军队黑线专政论”，全部否定中华人民共和国成立后17年人民军队的辉煌成就，但是，遭到中央军委几位副主席的坚决反对。所以江青集团制造“军队黑线专政论”的图谋未能得逞。

以文艺系统为例。由于江青集团在“文化大革命”中无中生有地捏造了一个“文艺黑线专政论”——指控中国文艺界“文化大革命”前17年一直是执行“修正主义文艺黑线”“资产阶级文艺黑线”，“是资产阶级专了无产阶级的政”，据此，把中国文艺界一下子打入“十八层地狱”之中，把中国文艺界的著名人物一律打成了“文艺黑线人物”，把中国文艺界的著名作品一律打成了“文艺黑线作品”，肆意批判，彻底否定。弄得中国文艺界在“文化大革命”的整整10年中，“万马齐喑”，“噤若寒蝉”，一片肃杀之气。对于江青集团无中生有地肆意制造“文艺黑线专政论”，全部否定中华人民共和国成立后17年文艺系统的辉煌成就，周恩来总理和中国文艺界一直极为反感。

粉碎“四人帮”后，全国各个系统各个领域的广大干部、人民群众强烈要求彻底否定江青集团制造的“教育黑线专政论”和“两个估计”，彻底否定江青集团制造的“文艺黑线专政论”“卫生黑线专政论”“科技黑线专政论”“公安黑线专政论”等“黑线专政论”，拨乱反正，正本清源，恢复历史的本来面目。

粉碎“四人帮”后，最早大胆提出、明确否定“教育黑线专政论”和“两个估计”的是邓小平。在1977年8月召开的科教工作座谈会上，科学工作者和教育工作者强烈要求彻底推翻“教育黑线专政论”和“两个估计”。针对大家的呼声，邓小平指出：绝大多数知识分子是愿意为社会主义服务，并且作出了贡献的。

科教工作座谈会结束时，邓小平明确表示，新中国17年“主导方面是红线”，并且说：“应当肯定，17年中，绝大多数知识分子，不管是科学工作者还是教育工作者，在毛泽东思想的光辉照耀下，在党的正确领导下，辛勤劳动，努力工作，取得了很大成绩。”

9月，邓小平在同教育部负责人谈话中又说："两个估计"是不符合实际的。他要求，教育部要为广大知识分子说话，不要背着"两个估计"的包袱，并且指示要对《全国教育工作会议纪要》进行批判，划清是非界限。

根据邓小平的要求，教育部组织了一个写作组，撰写批判"两个估计"的文章。但是，虽然邓小平说了"两个估计"应该批判，但《全国教育工作会议纪要》毕竟是毛泽东同意的，要批判"两个估计"，实际上涉及如何评价毛泽东的教育思想问题。因此，写作组成立之初，开始撰写批判文章的时候，仍然心有余悸，不敢解放思想，不敢突破思想禁区，不敢彻底否定"两个估计"。

正在这个时候，教育部有的同志忽然想起此时正在受审查的教育部高教司原负责人的笔记本中，有听迟群传达毛泽东1971年夏天同谢静宜谈教育问题的详细笔记。写作组得知这个信息后，立刻行动，迅速通过中央有关部门，查阅了迟群和谢静宜的笔记本，找出了毛泽东的那段关于教育工作的谈话。写作组仔细阅读后，发现毛泽东在谈话中对新中国17年的教育战线并非全面否定。

毛泽东同谢静宜谈话的要点是：

（一）17年的估价不要讲得过分。在无产阶级专政下执行了错误的路线，不是大多数人，是一少部分人。

（二）多数知识分子还是拥护社会主义制度的。执行封、资、修路线的还是少数人。

"一年土、二年洋、三年不认爹和娘"，还是认得的，就是爱面子，当人的面不认，背地还是认的，只不过有资产阶级思想，过后还是要认的。工农子弟一进学校就"一年土、二年洋、三年不认爹和娘"，谁在统治学校，不就不言而喻了吗？至于世界观也是说得很清楚的了。

（三）高教60条。总的还有它对的地方嘛，难道没有一点对的地方吗？错误的要批，批它错误的东西。

人家是教师，还要尊重他嘛。一讲不对就批评，哪能都讲对呀，讲不对没关系，讲错了没关系，大家共同研究，怎么能一下子都讲对，不可能嘛。[①]

① 教育部大批判组：《教育战线的一场大论战——批判"四人帮"炮制的"两个估计"》，《人民日报》1977年11月18日。

教育部写作组直接看到了毛泽东关于教育工作谈话的“最高指示”，如获至宝，大喜过望。有了毛泽东的“指示”原件这把“尚方宝剑”，写作组才写出了《教育战线的一场大论战——批判“四人帮”炮制的“两个估计”》一文。

教育部对撰写邓小平直接交办的推翻“两个估计”这篇文章十分重视，多次召开会议，认真研究，反复讨论。同时，征求了中央有关部门负责人和一些理论工作者的意见，还请胡乔木帮助审查。

胡乔木长期从事思想理论工作和中央文件起草工作，胸有成竹，高屋建瓴，经过慎重思考，在教育部写作组撰写的《教育战线的一场大论战——批判“四人帮”炮制的“两个估计”》送审稿上加写了一段话：“这里，我们受权向全党和全国人民郑重地宣告：就在1971年夏季‘四人帮’把17年抹得一团漆黑的时候，我们的伟大领袖和导师毛主席针锋相对地批驳了他们的谬论。”

胡乔木增加的内容，虽然文字不多，却有着画龙点睛的功力，具有高度的政治性、思想性和巨大的冲击力，将这篇文章的水平提高到一个崭新的高度。

彻底否定“四人帮”炮制的“两个估计”，邓小平已经有了明确指示，教育部仍然需要找到毛泽东关于教育工作谈话的“最高指示”才敢于大胆撰稿。由此可见，“两个估计”的精神枷锁对于教育系统的精神禁锢已经达到何等深入的程度，教育系统的拨乱反正何等困难、何等艰巨、何等任重道远。

第九十五章

“我看虽写得不算很好，但可用”

1977 年秋天，根据邓小平的要求，教育部组织撰写的《教育战线的一场大论战——批判“四人帮”炮制的“两个估计”》文稿，经过反复修改和征求意见，向中央报送了送审稿。

11 月 1 日，邓小平审阅了这篇文章的修改稿，并作出指示：“我看虽写得不算很好，但可用，先念、东兴、方毅同志审改后送请华主席审定。”

随后，华国锋和有关中央领导同志都审定了这篇文稿，批准发表。

11 月 18 日，在邓小平精心指导下组织撰写的《教育战线的一场大论战——批判“四人帮”炮制的“两个估计”》，以“教育部大批判组”的名义，在《人民日报》公开发表。

该文开篇就说：“教育战线是我们党同‘四人帮’长期争夺的一条重要战线。对文化大革命前 17 年教育战线形势如何估计，对知识分子状况如何估计，这是事关路线、事关全局的大问题。”

该文揭露了“两个估计”造成的严重恶果：“他们把毛主席的教育革命的光辉思想歪曲篡改得面目全非，极大地挫伤了广大干部、教师的革命积极性，使他们长期戴上了精神枷锁，使教育事业的发展受到破坏，教育质量严重下降，拖了‘四个现代化’的后腿。”

“问题的严重性还在于，在粉碎‘四人帮’以后的今天，它仍然束缚着教育工作者和知识分子的革命积极性，阻碍着教育革命为实现四个现代化早出人才、多出人才的进程。不破不立，不塞不流，不止不行。教育战线要拨乱反正，必须高举毛主席的伟大旗帜，彻底推翻‘四人帮’的‘两个估计’，澄清路线是非，还历史以本来面目。”

该文用大量事实说明，“两个估计”中的“第一个估计”“完全是违背客观事实的一派胡言”。中华人民共和国成立28年来，“毛主席的革命路线在各条战线始终占主导地位，教育战线也不例外”。“文化大革命”前，我国高等学校由新中国成立初的200多所，发展到400多所；各级各类学校的学生人数达到1.3亿人；学生的家庭成分，大学生中工农家庭出身的已占64.6%，剥削阶级家庭出身的只占9.4%；中学生中工农家庭出身的已占77.9%，剥削阶级家庭出身的只占5.2%。教育质量不断提高，为国家各条战线输送了大批又红又专的人才。“所有这一切，都是贯彻执行毛主席的教育革命路线的结果。”

该文旗帜鲜明地揭露了“四人帮”“第二个估计”与“第一个估计”紧密相连的险恶目的：“他们既然把17年教育战线诬蔑成‘资产阶级专了无产阶级的政’，随之而来的，就把广大教师和学校培养的学生，诬蔑成是‘资产阶级知识分子’，是‘臭老九’。”

这篇文章通过引用和阐发毛泽东关于知识分子在中国革命和建设事业中地位与作用的一系列论述，说明“第二个估计”“蓄意歪曲和篡改毛泽东思想”，“四人帮”把广大知识分子和地、富、反、坏、右、叛徒、特务、走资派放在一起，称为“臭老九”，“把本来是革命的动力，当成革命的对象。这就从根本上搞乱了阶级阵线，颠倒了敌我关系”，“是蓄意破坏社会主义”。

该文彻底否定了江青集团肆意强加给教育系统的“教育黑线专政论”，明确指出：“对于28年来的教育工作，必须采取分析的态度，实事求是的态度。”“对于符合毛主席教育路线的成绩和经验，都要明确肯定，继续坚持，发扬光大，决不要被‘四人帮’曾经使用过的那些帽子和棍子吓唬住。对他们无理设置的一些所谓‘禁区’，要敢于冲破。对被他们颠倒了的一些是非，要勇于重新颠倒过来。”只有这样，教育革命的步子才能真正迈开，教育工作才能适应当前社会主义革命和建设迅速发展的需要，适应四个现代化的需要。

这篇文章大义凛然，义正词严，立场坚定，观点明确，彻底推倒了压在中国教育事业和中国知识分子头上的“教育黑线专政论”和“两个估计”，大快人心，大得人心。

随后，全国各大报刊纷纷发表文章，揭露“教育黑线专政论”和“两个估计”对教育工作造成的严重危害，为新中国成立17年的教育工作正名，为知识分子正名。

“教育黑线专政论”和“两个估计”阴谋的揭穿，彻底砸碎了“四人帮”强加在广大教育工作者和广大知识分子头上的精神枷锁，使教育事业获得了“第二次解放”，人们普遍感到，教育事业大有希望的时代就要来到了。

——原来就坚决反对“教育黑线专政论”和“两个估计”，坚决同“四人帮”作斗争的同志，终于可以意气风发，斗志昂扬，为新中国教育事业的发展贡献力量了。

——原来受到沉重压抑、戴过帽子、挨过棍子的同志，终于可以解脱精神上的束缚，在教育事业的征途上，甩开膀子大干快上了。

——那些曾经心有余悸、东张西望、左顾右盼、徘徊不前的同志，再也不用谨小慎微、动摇观望了。

1978 年春天，根据教育系统拨乱反正的迫切要求，由中共中央召开一次全国性教育工作会议的时机已经成熟。

在筹备全国教育工作会议期间，中共中央主管科学教育工作的邓小平于 4 月 13 日同有关方面负责人谈话，明确提出了召开这一次全国教育工作会议的指导思想。

他强调：这次会议一定要开好。“四人帮”对教育工作的干扰破坏很厉害，现在中心的问题是把各级教育领导班子配起来。大学生人数要大量增加。大学生的比例也有个结构问题，要研究。我们还有很多领域没有开辟，比如旅游事业，就业的路宽得很。要研究一下资本主义国家的社会结构，肯定有些我们是不要的，但是为工农业服务的，有些领域我们现在是没有的。研究社会结构，开辟什么新的领域，与教育很有关系。培养人，中心是把基础打好，然后干哪一行都行。

他指出：学校要整顿，整顿后可以多招些学生。教师要按时晋级，待遇也应该改变。大学办点工厂，为教育科研服务。现在教育队伍总的情况是，数量不够，还有大量的不合格，教师社会地位太低。其实小学教师历来都是有地位的，中外都是如此。守纪律很重要，要从小学抓起。从小学起，树立起新风气，就可以影响整个社会风气。①

---

① 中共中央文献研究室编:《邓小平年谱》1975 ~ 1997(上),中央文献出版社 2004 年版,第 296 ~ 297 页。

4 月 19 日，中共中央政治局召开会议，讨论全国教育工作会议文件。邓小平在会上指出：全国教育工作会议实际上是清理过去教育的问题，把一些带政策性、方针性的问题肯定下来，看看教育有些什么特殊问题需要研究。教育经费的使用，要很好地讨论一下方针和原则，更多注意用到重点和提高方面。我们是大国，但人才和钱都是有限的。为了早出人才，师资、钱、材料都要用到重点和提高上。宁肯有一部分放慢一点，宁肯牺牲某一方面，也要用到重点和提高上，不是平均用到普及上。大学要多花一点钱，解决青黄不接问题，解决提高问题。中学现在数量不少，质量不高。要装备好北大、清华。我们要有规划，要适合现代化。现在师资缺乏，非走电化教学这条路不可。①

随着教育界拨乱反正的深入，经中共中央批准，1978 年 4 月 22 日至 5 月 16 日，全国教育工作会议在北京召开。这是一次规模很大的会议，出席会议的有全国各省、自治区、直辖市，中央直属机关和中央国家机关，中国人民解放军各总部、各军兵种、军事院校、北京军区的负责人以及主管文教工作的负责人。

全国部分大学、中学、小学的负责人，部分七二一工人大学、共产主义劳动大学、五七大学的负责人，中等专业学校、技工学校、城乡业余教育、幼儿园、盲聋哑学校等各方面的代表，以及北京市各有关部门和大学、中学、小学的代表，也出席了会议。

全部会议代表共 6000 多人。

这是中华人民共和国成立以来一次规模空前的教育盛会。

全国教育工作会议开幕后，邓小平在会上发表重要讲话。他一开始就说，粉碎“四人帮”以来，教育系统出现了许多新气象。成绩应当充分肯定。但是，教育工作有许多问题要解决，有许多事情要做。接着，邓小平重点阐述了四个问题：

第一，关于提高教育质量，提高科学文化的教学水平，更好地为社会主义建设服务问题。邓小平指出，我们的学校是为社会主义建设培养人才的地方。

---

① 中共中央文献研究室编：《邓小平年谱》1975～1997（上），中央文献出版社 2004 年版，第 297～298 页。

必须培养具有高度科学文化水平的劳动者，必须造就宏大的又红又专的工人阶级知识分子队伍，这些要求本身就是无产阶级政治的要求。学校应该永远把坚定正确的政治方向放在第一位，但这并不是说要把大量的课时用于思想政治教育。我们要在科学技术上赶超世界先进水平，不但要提高高等教育的质量，而且首先要提高中小学教育的质量，按照中小学生所能接受的程度，用先进的科学知识来充实中小学的教育内容。

第二，关于学校要大力加强革命秩序和革命纪律，造就具有社会主义觉悟的一代新人，促进整个社会风气的革命化问题。邓小平指出，“四人帮”对教育事业的破坏，不仅造成科学文化的教育质量惊人下降，而且严重地损害了学校的思想政治教育，败坏了学校纪律，腐蚀了社会主义社会的革命风气。从事教育工作的同志，各个有关部门的同志，整个社会的家家户户，都来关心青少年思想政治的进步，把被“四人帮”破坏了的优良革命传统恢复和发扬起来。今后，不仅大中学校招生要德智体全面考核，择优录取，而且各部门招工用人也要逐步实行德智体全面考核的办法，择优尽先录用。这样做，对于提高整个职工队伍的政治质量和科学文化素养，对于满足不同工种、职业的特殊要求，对于在青少年中以至在整个社会上造成人人向上、奋发有为、不甘落后的革命风气，都将发挥巨大的促进作用。

第三，关于教育事业必须同国民经济发展的要求相适应的问题。邓小平指出，我们的国民经济是有计划按比例发展的，我们培养训练专门家和劳动后备军，也应该有与之相适应的周密的计划。我们不但要看到近期的需要，而且必须预见远期的需要；不但要依据生产建设发展的要求，而且必须充分估计到现代科学技术的发展趋势。他还说，为了加速造就人才和带动整个教育水平的提高，必须考虑集中力量加强重点大学和重点中小学的建设，尽快提高它们的教学水平和教学质量。

第四，关于尊重教师的劳动，提高教师的质量问题。邓小平指出，我们已经建立了一支人民教师队伍。全国有教师九百万人，绝大多数教职员工热爱党热爱社会主义，勤勤恳恳地为社会主义教育事业服务，为民族、为国家、为无产阶级立了很大功劳。为人民服务的教育工作者是崇高的革命的劳动者。要提高人民教师的政治地位和社会地位。不但学生应当尊重教师，整个社会都应该尊重教师。我们提倡学生尊敬师长，同时也提倡师长爱护学生。尊师爱生，教学相长，这是师生之间革命的同志式的关系。对于优秀的教育工作者，应当大张旗鼓地予以表扬和奖励。要研究教师首先是中小学教师的工资制度。要采取适当的措施，鼓励人们终身从事教育事业。特别优秀的教师，可以定为特级教师。①

邓小平的重要讲话，如同春雷阵阵，语惊四座，拨乱反正，大得人心，引起强烈反响。

许多代表说，邓小平的这些重要论述，有力地回答了被“四人帮”搞乱了的大是大非问题，也回答了教育工作怎样为实现新时期的总任务作出贡献的问题。这是一个马克思主义的回答。

有的代表说，邓小平的这个重要讲话，给我们打开了眼界，解放了思想，明确了方向，增强了信心，今后就可以理直气壮地搞好教育工作了。

有的代表说，邓小平的这个重要讲话，对于我们起到了明确方向、增加信心、鼓舞斗志的作用；对于那些心有余悸、前怕狼后怕虎、左顾右盼、犹豫不定的同志，会起到振聋发聩的作用；对十年动乱中制造“政治地震”的那些“震派人物”或深受“四人帮”思想体系毒害不思悔改的人，是一个当头棒喝。

出席全国教育工作会议的代表，经过认真讨论邓小平的会议讲话，一致认为，这个讲话对教育系统亟待解决的许多重要问题进行了马克思主义的阐述，明确解决了教育系统需要解决的若干重大问题，是马克思主义的重要文献。

会议研究了《1978 至 1985 年全国教育事业规划纲要（草案）》《全国普通高等学校暂行工作条例（草案）》《全日制中学暂行工作条例（草案）》《全日制小学暂行工作条例（草案）》。会议认为，要很好地担负起中共中央、国务院赋予教育系统的任务，就要全面地贯彻落实邓小平在讲话中提出的各项要求，必须依靠全党的共同努力来办好教育。

会议要求，教育系统要狠抓干部政策和知识分子政策的落实工作，对于“文化大革命”时期制造的冤假错案，该平反的必须平反，该昭雪的必须昭雪，该安排工作的必须安排工作，务必使每个冤案、假案、错案都得到正确的

---

① 《邓小平文选》第 2 卷，人民出版社 1994 年版，第 103 ~ 109 页。

解决，使每个受迫害的同志的问题都得到妥善处理。要加强教师队伍的建设，提高师资水平，调动全体教师的积极性。

会议提出，当前教育工作的中心环节是要狠抓提高教育质量。提高教育质量的一个重要的战略措施，就是办好大学、中学、小学的重点学校。不仅要办重点学校，还可以办重点班，非重点学校也可以办重点班。这样才能早出人才，快出人才，并且带动整个教育质量的提高，尽快地赶超世界先进水平。

在拨乱反正深入发展的形势下，1979 年 3 月 19 日，中共中央作出撤销 1971 年 8 月 13 日转发的《全国教育工作会议纪要》的决定。这个决定，批判了“文化大革命”中否定新中国成立 17 年以来教育战线上伟大成绩的“两个估计”，（新中国成立后 17 年“毛主席的无产阶级教育路线基本上没有得到贯彻执行”，“资产阶级专了无产阶级的政”；大多数教师的“世界观基本上是资产阶级的”），肯定了广大教育工作者是认真执行了党的教育方针和路线的，摘掉了加在广大教师头上的“资产阶级知识分子”的帽子，解除了“四人帮”强加在广大教育工作者身上的精神枷锁，调动了广大教育工作者从事教育工作的积极性。

第九十六章

“我说这是马克思主义的文章，是驳不倒的”

马克思在《关于费尔巴哈的提纲》中说：“人的思维是否具有客观的真理性，这并不是一个理论的问题，而是一个实践的问题。人应该在实践中证明自己思维的真理性，即自己思维的现实性和力量，亦即自己思维的此岸性。关于离开实践的思维是否具有现实性的争论，是一个纯粹经院哲学的问题。”① 马克思的这段话提出了一个辩证唯物主义与历史唯物主义的基本观点——“实践是检验真理的标准”。

“世界潮流，浩浩荡荡。顺之则昌，逆之则亡。”1978 年，全党全国人民强烈要求彻底否定“文化大革命”的呼声势不可当，拨乱反正向各个领域延伸。中国共产党为拨乱反正，为恢复马克思主义思想路线、政治路线和组织路线而进行的艰巨斗争面临着重大突破。

这种形势，催生了一场具有重要现实意义和深远历史意义的思想解放运动。

这是一场在中国现代历史上具有划时代意义的伟大思想解放运动，它以磅礴的气势和汹涌澎湃的大潮荡涤着“文化大革命”在思想界残留的种种错误观点，指出了 20 世纪 70 年代末中华民族前进的方向，使解放思想、改革开放成为最响亮的时代主题。

这场思想解放运动的锋芒所向，直指“两个凡是”。早在“两个凡是”刚刚提出来的时候，邓小平就旗帜鲜明地指出：“‘两个凡是’不符合马克思主义。”1978 年 5 月 10 日，中央党校主办的内部刊物《理论动态》发表理论文章《实践是检验真理的唯一标准》，揭开了思想解放运动的序幕。

这篇文章由中央党校副校长胡耀邦组织撰写，在发表前经过胡耀邦两次审

① 《马克思恩格斯选集》第 1 卷，人民出版社 1972 年版，第 16 页。

阅。根据胡耀邦的部署，5 月 11 日，《光明日报》公开发表《实践是检验真理的唯一标准》，署名“特约评论员”。该文论述了马克思主义的实践第一的观点，强调检验真理的标准只能是社会实践，理论与实践的统一是马克思主义的一个最基本的原则，任何理论都要不断接受实践的检验等马克思主义的基本道理，并阐明了革命导师是用实践检验真理的榜样，实际上批评了“两个凡是”的错误方针。

当天，新华社转发《实践是检验真理的唯一标准》。5 月 12 日，《人民日报》和《解放军报》同时转载《实践是检验真理的唯一标准》。

《理论动态》《光明日报》、新华社、《人民日报》和《解放军报》相继发表《实践是检验真理的唯一标准》，用强大的阵容、空前的规模、冲天的气势，系统阐述实践是检验真理的唯一标准，这是前所未有的。

《实践是检验真理的唯一标准》，是从根本理论上对“两个凡是”的否定。

因此，这篇文章在全党全国引起了强烈反响。

这篇文章的发表，引发了关于实践是检验真理的唯一标准问题的大讨论。这场讨论虽然受到坚持“两个凡是”错误方针的同志的压制，但由于邓小平等多数中央领导人的积极领导和支持，讨论在全国范围内逐步展开。

从 6 月到 11 月，中央党政军各部门，全国绝大多数省、市、自治区和人民解放军各大军区的主要负责同志，都发表文章或讲话，一致认为，坚持实践是检验真理的唯一标准这一马克思主义的原则，具有重大的现实意义。这场讨论，冲破了长期以来“左”倾错误思想的束缚，为中共十一届三中全会的召开，作了充分的理论准备和思想准备。

当胡耀邦在邓小平支持下，以思想战线为突破口，率先向“两个凡是”发起进攻，为彻底否定“文化大革命”而斗争时，得到了中央军委秘书长罗瑞卿旗帜鲜明的坚决支持。胡耀邦与罗瑞卿是革命战争年代的老战友，在长期的革命战争中，结下了深厚的情谊。

罗瑞卿在十年动乱中首先被打倒，对“文化大革命”的严重危害有切肤之痛。这使他能够较早地对“文化大革命”发生并持续 10 年之久的原因进行深刻的反思，站在思想解放潮流的最前列。当《光明日报》发表《实践是检验真理的唯一标准》后，罗瑞卿当即指示《解放军报》全文转载，给予有力支持。他明确表示：“这是一篇坚持马列主义、毛泽东思想的好文章。它提出的是一个牵一发而动全身的大问题。不解决这个问题，我们就不能坚持好党的实事求是的思想路线，我们的事业就不能前进。”他还强调：“要注意在军队中肃清‘两个凡是’的影响。《解放军报》要积极支持和直接参加这场讨论。”

邓小平是这场思想解放运动的“总设计师”、领导者、支持者和推动者。

《实践是检验真理的唯一标准》发表后，邓小平采取了坚决支持的立场。此时，在罗瑞卿的具体指导下，正在筹备全军政治工作会议。在筹备过程中，邓小平得知有的人不同意会议文件中某些符合实际的新提法后，当即指出，这是一种思潮，我一定要讲话。

6 月 2 日，邓小平在中国人民解放军全军政治工作会议上发表重要讲话。

邓小平强调指出：“我们党有很多同志坚持学习马列主义、毛泽东思想，坚持把马列主义的普遍真理同革命实践相结合的原则，这是很好的，我们一定要继续发扬。但是，我们也有一些同志天天讲毛泽东思想，却往往忘记、抛弃甚至反对毛泽东同志的实事求是、一切从实际出发、理论与实践相结合的这样一个马克思主义的根本观点，根本方法。不但如此，有的人还认为谁要是坚持实事求是，从实际出发，理论和实践相结合，谁就是犯了弥天大罪。他们的观点，实质上是主张只要照抄马克思、列宁、毛泽东同志的原话，照抄照转照搬就行了。要不然，就说这是违反了马列主义、毛泽东思想，违反了中央精神。他们提出的这个问题不是小问题，而是涉及怎么看待马列主义、毛泽东思想的问题。”①

邓小平进一步阐明，由社会实践中产生的思想，是否正确地反映了客观外界的规律，只有放到社会实践中去，经过实践的检验，才能证明它“究竟是正确的还是错误的，此外再无别的检验真理的办法”②。

邓小平在讲话中，对《实践是检验真理的唯一标准》表示明确肯定和支持。他以高屋建瓴之势，旗帜鲜明地批评了“两个凡是”的错误方针，坚决

---

① 《邓小平文选》第 2 卷，人民出版社 1994 年版，第 114 页。

② 《邓小平文选》第 2 卷，人民出版社 1994 年版，第 117 页。

地肯定和支持了关于真理标准问题的讨论，引起强烈反响，有力地推动了思想解放的时代潮流奔腾向前。后来，邓小平在一次谈话中说，《实践是检验真理的唯一标准》，我说这是马克思主义的文章，是驳不倒的。我在全军政治工作会议上讲了，同意这个观点和文章。邓小平以后多次提到在全军政治工作会议上的这篇讲话，说明这是他经过深思熟虑而采取的反对“两个凡是”、支持真理标准问题讨论的重大举措。

中央军委原副主席迟浩田回忆说：1977 年 7 月，在全国人民的翘首企盼中，小平同志再次复出。当时，“文革”延续下来的“左”倾思潮仍困扰着全党，禁锢着人们的思想。在中国面临向何处去的重大历史关头，小平同志顶着政治风险，旗帜鲜明地批判“两个凡是”的错误方针，首先推动党的思想路线的拨乱反正。他曾直率地给我们交底说，如果按照“两个凡是”的标准，我就别出来工作了，什么事都干不成。他提出，应当准确地完整地理解毛泽东思想体系。这一重要论断，拨开了笼罩在思想理论界的重重迷雾，在党内外引起强烈的反响，要求恢复实事求是优良传统的呼声越来越高。1978 年 5 月，《实践是检验真理的唯一标准》文章发表后，党内引起了激烈的争论。在此关键时刻，小平同志最早站出来明确表示支持这场讨论。他启发我们说，你们要联系实际想一想，大家经常讲，理论是行动的指南，这是不够的，还得强化实践是检验真理标准的意识。6 月 2 日，小平同志在全军政治工作会议上发表重要讲话，深刻地阐述了实事求是、一切从实际出发的基本观点，尖锐地批驳了“两个凡是”的错误，号召要“打破精神枷锁，使我们的思想来个大解放”。我在会场上边听边记，有的话如春风拂面，让人耳目一新；有的话如雷声贯耳，顿感精神为之一振。在真理标准讨论遇到强大压力和重重阻挠的时候，小平同志如此旗帜鲜明地肯定和支持这场讨论，指出实践标准与“两个凡是”根本对立的实质，为真理标准讨论的发展指明了方向。我和与会的同志交流时都觉得，小平同志的讲话简练干脆，平实严谨，鞭辟入里，切中要害，使我们积郁在心头的疑虑很快被廓清了。①

6 月 3 日，《人民日报》和《解放军报》以《邓副主席精辟阐述毛主席实

---

① 迟浩田:《治国兴伟业　统军开新篇——深切缅怀敬爱的小平同志》,《求是》2004 年第 16 期。

事求是光辉思想》的醒目标题，详细报道了邓小平在全军政治工作会议上的重要讲话。

6月6日，《人民日报》和《解放军报》全文发表邓小平的这篇讲话，大大促进了全党全军全国人民对邓小平讲话的学习，促进了思想解放运动进一步深入。

邓小平在全军政治工作会议上的讲话发表后，罗瑞卿极为重视，指示《解放军报》要根据邓小平讲话精神，组织编发一篇有分量的评论员文章，阐述邓小平讲话的基本思想。在此期间，《解放军报》收到中央党校一位理论工作者的文稿《马克思主义的一个最基本的原则》。该文比较系统地从理论上回答了对于坚持实践是检验真理的唯一标准的原则所提出的种种责难。

《解放军报》负责人看了文稿后，觉得十分符合邓小平讲话的精神，就将文稿送给罗瑞卿审阅。罗瑞卿看了清样后，对这篇文章表示坚决支持。他连声赞好，认为这篇文章很有针对性，指示《解放军报》负责人对该文“要精心修改，使内容更充实，理论水平更高，什么时候改好，什么时候发表，不要抢时间”。

在当时的情况下，发表这篇文章是具有一定风险的。为此，罗瑞卿特意嘱咐《解放军报》负责人同作者商量，建议在这篇文章中多引用毛泽东和邓小平的论述，做到“立论更稳，无懈可击”。为了修改好这篇文章，他同《解放军报》负责人通了5次电话。他还给《人民日报》打电话，部署同时转载此文，通知《光明日报》也同时转载。

这篇文章定稿后，罗瑞卿给《解放军报》负责人打电话说：“发表这篇文章可能有人反对，准备驳。不要紧，出了问题首先由我负责。要打板子打我的。”他的话，反映了一位真正的马克思主义者为了坚持真理无所畏惧的可贵品质。

6月24日，这篇文章以“特约评论员”名义在《解放军报》发表，产生重大影响，受到广大干部、群众的好评，进一步推动了思想解放运动的发展。

7月21日，邓小平同中共中央宣传部部长张平化谈话。他就真理标准问题的讨论指出：不要再下禁令、设禁区了，不要再把刚刚开始的生动活泼的政治局面向后拉。[①]

---

① 中共中央文献研究室编:《邓小平年谱》1975～1997(上),中央文献出版社2004年版,第345页。

7月22日，邓小平同中共中央组织部部长胡耀邦谈话，明确肯定和支持真理标准问题的讨论。他指出：《实践是检验真理的唯一标准》这篇文章是马克思主义的。争论不可避免，争得好。引起争论的根源就是“两个凡是”。[①]

9月，邓小平访问朝鲜回国后，在东北地区视察工作，沿途向各省的党政军负责同志宣传、阐述恢复和发展党的实事求是思想路线的重要性。

邓小平乘专列抵达辽宁省钢铁基地本溪市时，在车站接见了中共本溪市委、国务院派驻本溪工作组、本溪驻军、本溪钢铁公司和本溪矿务局负责人。邓小平说：“你们本溪特别是本钢企业的潜力很大。不仅你们这里潜力大，全国各个地方大大小小的企业、各个方面的潜力都很大。要挖掘潜力，改变落后面貌。你们要到发达国家去看看，过去我们对国外的好多事情不知道，也不可能知道，知道还有罪，崇洋媚外。你们应当去看看人家是怎么搞的。长期把自己锁在本乡本土，不了解外界，不与外界交往，闭关自守，只能把我们的国家搞得贫穷落后，愚昧无知。”

9月16日，邓小平在听取中共吉林省委工作汇报后发表重要谈话，十分尖锐地指出：怎么样高举毛泽东思想旗帜，是个大问题。现在党内外、国内外很多人都赞成高举毛泽东思想旗帜。什么叫高举？怎么样高举？大家知道，有一种议论，叫做“两个凡是”，不是很出名吗？凡是毛泽东同志圈阅的文件都不能动，凡是毛泽东同志做过的、说过的都不能动。这是不是叫高举毛泽东思想的旗帜呢？不是！这样搞下去，要损害毛泽东思想。毛泽东思想的基本点就是实事求是，就是把马列主义的基本原理同中国革命的具体实践相结合。毛泽东同志在延安为中央党校题了“实事求是”四个大字，毛泽东思想的精髓就是这四个字。毛泽东同志所以伟大，能把中国革命引导到胜利，归根到底，就是靠这个。马克思、列宁从来没有说过农村包围城市，这个原理在当时世界上还是没有的。但是毛泽东同志根据中国的具体条件指明了革命的具体道路，在军阀割据的时候，在敌人控制薄弱的地区，领导人民建立革命根据地，用农村包围城市，最后夺取了政权。列宁领导的布尔什维克党是在帝国主义世界的薄

① 中共中央文献研究室编：《邓小平年谱》1975～1997（上），中央文献出版社2004年版，第345～346页。

弱环节搞革命，我们也是在敌人控制薄弱的地区搞革命，这在原则上是相同的，但我们不是先搞城市，而是先搞农村，用农村包围城市。如果没有实事求是的基本思想，能提出和解决这样的问题吗？能把中国革命搞成功吗？①

邓小平在谈话中，还提出要及时根据历史的发展、时代的前进，在新的历史条件下发展毛泽东思想的问题。他说：中华人民共和国建立以后，毛泽东同志运用实事求是这一真理领导我们继续前进。当然，有好多东西当时还不具备提出来的条件。我们高举毛泽东思想的旗帜，就要在每一时期，处理各种方针政策问题时，都坚持从实际出发。我们现在要实现四个现代化，有好多条件，毛泽东同志在世的时候没有，现在有了。中央如果不根据现在的条件思考问题、下决心，很多问题就提不出来、解决不了。比如毛泽东同志在世的时候，我们也想扩大中外经济技术交流，包括同一些资本主义国家发展经济贸易关系，甚至引进外资、合资经营等等。但是那时候没有条件，人家封锁我们。后来“四人帮”搞得什么都是“崇洋媚外”“卖国主义”，把我们同世界隔绝了。毛泽东同志关于三个世界划分的战略思想，给我们开辟了道路。我们坚持反对帝国主义、霸权主义、殖民主义和种族主义，维护世界和平，在和平共处五项原则的基础上，积极发展同世界各国的关系和经济文化往来。经过几年的努力，有了今天这样的、比过去好得多的国际条件，使我们能够吸收国际先进技术和经营管理经验，吸收他们的资金。这是毛泽东同志在世的时候所没有的条件。外国人也可能骗我们，也可能欺负我们落后。比如，一套设备，给你涨点价，或者以次充好，都是可能的。但是总的说来，我们有了过去没有的好条件。如果毛泽东同志没有说过的我们都不能干，现在就不能下这个决心。在这样的问题上，什么叫高举毛泽东思想的旗帜呢？就是从现在的实际出发，充分利用各种有利条件，实现毛泽东同志提出、周恩来同志宣布的四个现代化的目标。如果只是毛泽东同志讲过的才能做，那我们现在怎么办？马克思主义要发展嘛！毛泽东思想也要发展嘛！否则就会僵化嘛！②

在吉林谈话中，邓小平从辩证唯物主义与历史唯物主义的高度阐述了马克

---

① 《邓小平文选》第2卷，人民出版社1994年版，第126～127页。

② 《邓小平文选》第2卷，人民出版社1994年版，第127～128页。

思主义的实践第一的基本观点，批判了思想僵化的观点。他说：所谓理论要通过实践来检验，也是这样一个问题。现在对这样的问题还要引起争论，可见思想僵化。根本问题还是我前边讲的那个问题，违反毛泽东同志实事求是的思想，违反辩证唯物主义、历史唯物主义的原理，实际上是唯心主义和形而上学的反映。世界天天发生变化，新的事物不断出现，新的问题不断出现，我们关起门来不行，不动脑筋永远陷于落后不行。现在在世界上我们算贫困的国家，就是在第三世界，我们也属于比较不发达的那部分。我们是社会主义国家，社会主义制度优越性的根本表现，就是能够允许社会生产力以旧社会所没有的速度迅速发展，使人民不断增长的物质文化生活需要能够逐步得到满足。按照历史唯物主义的观点来讲，正确的政治领导的成果，归根结底要表现在社会生产力的发展上，人民物质文化生活的改善上。如果在一个很长的历史时期内，社会主义国家生产力发展的速度比资本主义国家慢，还谈什么优越性？我们要想一想，我们给人民究竟做了多少事情呢？我们一定要根据现在的有利条件加速发展生产力，使人民的物质生活好一些，使人民的文化生活、精神面貌好一些。

最后，邓小平强调指出：什么叫高举？这是我们要回答的问题。现在中央提出的方针、政策是真正的高举。下这样大的决心，切实加速前进的步伐，是最好的高举。离开这些，是形式主义的高举，是假的高举。①

在吉林谈话中，邓小平进一步指出了“两个凡是”的错误实质，批评了思想僵化现象，分清了什么是真高举，什么是假高举。这是邓小平在真理标准问题讨论关键时刻的又一次极为重要的谈话。

在辽宁，邓小平在听取中共辽宁省委工作汇报时指出：“两个凡是”的观点是不正确的，如果毛泽东同志在世也肯定不能同意。

在听取沈阳军区党委关于揭批“四人帮”运动和战备情况的汇报时，邓小平明确提出了搞好揭批“四人帮”运动的五条标准：第一，最大的问题是恢复实事求是的思想路线，我们军队的传统就是一切事情从实际出发，就是老老实实。第二，看思想是不是真正统一了，要清除派性，加强团结，统一思

---

① 《邓小平文选》第2卷，人民出版社1994年版，第127～128页。

想。第三，看军队在地方、在人民群众中的观感是不是变了。第四，就是纪律，一切行动听指挥，上下形成一个整体。第五，领导班子整顿好，与“四人帮”有牵连的人和事都搞清楚了。

邓小平强调：“揭、批、查一定要抓紧，一个‘小螃蟹’也不能漏。”

在这次讲话中，他用了很长时间阐述坚持实事求是的思想路线问题。

听取沈阳军区党委的汇报后，邓小平分别接见了地方和军队的地、师职以上领导干部，尔后到长春、哈尔滨、大庆等地调查研究。一路上，邓小平对各地的领导同志反复强调，要冲破“两个凡是”的束缚，坚持实事求是的思想路线。

他说，怎么样高举毛泽东思想旗帜，是个大问题。毛泽东思想的基本点就是实事求是，就是把马克思主义的普遍真理同中国共产党的具体实践相结合。我们高举毛泽东思想的旗帜，就要在每一时期，处理各种方针、政策问题时，都坚持从实际出发。如果只是毛泽东同志讲过的才能做，那我们现在怎么办？马克思、列宁从来没有讲过农村包围城市，毛泽东同志提出来了，这就是他的伟大之处。马克思主义要发展，毛泽东思想也要发展嘛，否则就会僵化。他一再指出，理论要通过实践来检验，实践是检验真理的唯一标准，违反毛泽东同志实事求是的思想，违反辩证唯物主义、历史唯物主义的原理，实际上就是唯心主义和形而上学的反映。

邓小平的东北讲话，高屋建瓴，鞭辟入里，振聋发聩，发人深省。陪同邓小平进行东北调研的同志和东北地区的党政军领导干部都认为，邓小平高瞻远瞩，在头绪纷繁、百废待兴的情况下，他首先敏锐地抓住正确对待毛泽东和毛泽东思想，恢复和坚持马克思主义思想路线问题，纲举目张。这样，解放干部、平反冤假错案、发展工农业生产等错综复杂的问题就可以迎刃而解。

邓小平的东北谈话传达后，各省、市、自治区的主要领导人纷纷表态，支持真理标准问题讨论。从 1978 年 9 月下旬到 11 月，就有 21 个省、市、自治区党委负责人发表支持真理标准问题讨论的谈话，出现了关于真理标准问题大讨论的可喜局面。

12 月 13 日，邓小平在中央工作会议闭幕会上指出，解放思想是当前的一个重大政治问题。他分析了党内干部中存在的僵化半僵化状态，精辟地指出：“目前进行的关于实践是检验真理的唯一标准问题的讨论，实际上也是要不要解放思想的争论。大家认为进行这个争论很有必要，意义很大。从争论的情况来看，越看越重要。一个党，一个国家，一个民族，如果一切从本本出发，思想僵化，迷信盛行，那它就不能前进，它的生机就停止了，就要亡党亡国。这是毛泽东同志在整风运动中反复讲过的。只有解放思想，坚持实事求是，一切从实际出发，理论联系实际，我们的社会主义现代化建设才能顺利进行，我们党的马列主义、毛泽东思想的理论也才能顺利发展。从这个意义上说，关于真理标准问题的争论，的确是个思想路线问题，是个政治问题，是个关系到党和国家的前途和命运的问题。”①

在改革开放之初，邓小平又提出进行真理标准问题讨论补课的重要性。他指出：“真理标准问题的讨论是基本建设，不解决思想路线问题，不解放思想，正确的政治路线就制定不出来；制定了也贯彻不下去。我们的政治路线就是搞社会主义现代化建设。”② 于是，又在全国范围内广泛开展了真理标准问题讨论的补课，使马克思主义关于“实践是检验真理的唯一标准”的基本观点更加深入人心，有力地推动了思想解放运动的深入发展，为开辟改革开放和社会主义现代化建设新道路奠定了坚实可靠的思想基础。

在中共十一届五中全会上，邓小平说：“关于真理标准问题的讨论，现在越来越显示出它的重要性。这个讨论是针对‘两个凡是’的，意思是不要把马列主义、毛泽东思想当作教条。三中全会的提法，叫研究新情况，解决新问题。”“我们搞四个现代化，不开动脑筋，不解放思想不行。什么叫解放思想？我们讲解放思想，是指在马克思主义指导下打破习惯势力和主观偏见的束缚，研究新情况，解决新问题。”③

对于真理标准问题讨论的重要历史意义，邓小平在同朝鲜劳动党中央委员会总书记金日成的一次谈话中，作过高度评价。

邓小平说：“粉碎‘四人帮’后，当时主持中央工作的同志坚持‘左’的政治路线，又提出了错误的思想路线，叫做‘两个凡是’。我说过，如果毛主席在世，他也不会承认‘两个凡是’，因为那不是马列主义、毛泽东思想。如

① 《邓小平文选》第2卷，人民出版社1994年版，第143页。
② 《邓小平文选》第2卷，人民出版社1994年版，第191页。
③ 《邓小平文选》第2卷，人民出版社1994年版，第279页。

果按照‘两个凡是’，我就不能出来工作，更不用谈别的问题了。我是在粉碎‘四人帮’之后九个月，即一九七七年七月才出来工作的，到那时我才能参加中央的会议。我出来以后，提出毛泽东思想的精髓是实事求是，从此开始了实践是检验真理的唯一标准问题的讨论。当时有一些人抵制这个讨论。一九七八年六月我在全军政治工作会议上讲了一篇话。以后我从你们那里访问回来，在东北三省沿途又讲这个思想路线问题。经过差不多一年的讨论，到一九七八年底我们召开了十一届三中全会，批评了‘两个凡是’，提出了‘解放思想，开动脑筋’的口号，提倡理论联系实际，一切从实际出发，肯定了实践是检验真理的唯一标准，重新确立了实事求是的思想路线。只有解决好思想路线问题，才能提出新的正确政策，首先是工作重点的转移，还有农村政策、对外关系政策，以及相应的一整套建设社会主义的政策。”①

① 《邓小平文选》第3卷，人民出版社1993年版，第9～10页。

国家出版基金项目
NATIONAL PUBLICATION FOUNDATION

高山仰止

邓小平与现代中国

【下 卷】

薛庆超 著

山东人民出版社·济南
国家一级出版社 全国百佳图书出版单位

目　录

（下卷）

奠定中日关系、中美关系基石。“只握手，不拥抱。”

“我建议利用这个机会宣布中苏关系从此实现正常化”

解放思想，拨乱反正，改革开放，开辟新路。
“关于党的政治路线，就是一心一意地搞四个现代化”

“建设有中国特色的社会主义。”新老交替。经济特区。

“一个国家,两种制度。”“小平,您好”

确定新时期战略方针:“我赞成就是‘积极防御’四个字。”

“中国人民解放军减少员额一百万”

“我向中央请求辞去现在担任的中共中央军事委员会主席职务”，邓小平南方谈话震撼中国、震撼世界

附　录

第九十七章

“仲勋英雄一世，坎坷一生”

中共十一届三中全会前后平反冤假错案过程中，涉及“文化大革命”以前的一些案子。如何对待这些案子，敢不敢平反这些案子，考验着中央领导集体。邓小平以大无畏的辩证唯物主义与历史唯物主义的精神和马克思主义的政治勇气，果断地处理和解决了一系列“文化大革命”以前的冤假错案，打开了思想解放的新境界。

其中，为习仲勋冤案平反就是一个突出的例子。土地革命战争年代，习仲勋是刘志丹的亲密战友。他早年投身革命，参与创建以照金为中心的陕甘边革命根据地和以南梁为中心的陕甘边革命根据地，历任陕甘边革命委员会主席，中共陕甘边特委代理书记、军委书记，陕甘边苏维埃政府主席。当“左”倾教条主义在陕甘边革命根据地占据主导地位时，习仲勋和刘志丹等人遭到逮捕和关押，陕甘边革命根据地出现严重危机。

中共中央和毛泽东率领红一方面军长征到达陕甘，立即释放了刘志丹、习仲勋等同志，挽救了刘志丹、习仲勋等人的生命，挽救了陕甘边革命根据地。所以，刘志丹、习仲勋和陕甘干部坚决拥护中共中央和毛泽东的领导。

抗日战争中，习仲勋主持关中地区党政军工作，为陕甘宁边区镇守“南大门”。他还担任过绥德地委书记。毛泽东赞扬他“党的利益在第一位”。

解放战争时期，习仲勋是彭德怀的亲密战友。彭德怀任中国人民解放军副总司令、西北野战军司令员兼政治委员，习仲勋任西北局书记、西北野战军副政治委员，与彭德怀统帅彭习大军，并肩指挥作战，连续取得青化砭、羊马河、蟠龙“三战三捷”等一系列重大胜利，最后完成解放西北的历史使命。

习仲勋是贺龙的亲密战友。贺龙任陕甘宁晋绥联防军司令员期间，习仲勋任陕甘宁晋绥联防军政治委员。他们同心协力，团结一致，支援前线，克难攻坚。

1949 年 2 月起，习仲勋任西北军区暨第一野战军政委、西北局书记，西北军政委员会副主席、代主席，主持西北地区党政军工作。

中国共产党在长期革命战争中形成了群众路线的理论和实践。这就是一切为了群众，一切依靠群众，从群众中来，到群众中去，将马克思主义关于人民群众是历史的创造者的基本原理系统地运用在党的全部活动中，形成党在一切工作中的群众路线。这是党长时期在敌我力量悬殊的艰难环境里进行革命活动的无比宝贵的历史经验的总结。毛泽东强调，只要我们依靠人民，坚决地相信人民的创造力是无穷无尽的，因而信任人民，和人民打成一片，那就任何困难都有可能克服，任何敌人最终都压不倒我们，而只能被我们所压倒。他还指出，领导群众进行一切实际工作时，要取得正确的领导意见，必须从群众中来、到群众中去，实行领导和群众相结合，一般号召和个别指导相结合。这就是说，把群众的意见集中起来，化为系统的意见，又到群众中坚持下去，在群众的行动中考验这些意见是否正确。如此循环往复，使领导的认识更正确、更生动、更丰富。这样，毛泽东就把马克思主义认识论同党的群众路线统一起来了。党是工人阶级的先锋队，党是为人民的利益而存在和奋斗的，但是党永远只是人民的一小部分；离开人民，党的一切斗争和理想不但都会落空，而且都要变得毫无意义。党要把革命事业和社会主义事业推向前进，就必须坚持群众路线。习仲勋就是坚持、实践和发展党的群众路线的楷模。

以后，习仲勋到中央工作，历任中共中央宣传部部长兼政务院文教委员会副主任、政务院秘书长、国务院秘书长、国务院副总理兼秘书长。1962 年 8 月，在中共八届十中全会上，因为小说《刘志丹》事件，他同其他同志一起，被打成“习仲勋反党集团”。当时，周恩来在中央会议上提出，不能把习仲勋定性为“敌我矛盾”，他还是我们的同志。周恩来建议，可以把习仲勋安排到中央党校附近，找个安静的地方，让他住在那里学习。中央接受了周恩来的意见。过了一段时间，习仲勋被流放到洛阳的一个工厂劳动改造。“文化大革命”中，习仲勋受到残酷迫害，长期被审查、关押、监护。他始终保持坚定的理想和信念。

对此，习仲勋的夫人，抗日战争时期参加革命的老干部齐心回忆说：

1963年，也就是仲勋同志受隔离审查期间，组织上安排他在中央党校（独居在“西宫所”）学习。他认真阅读马列、毛主席著作，自觉改造世界观，并利用空余时间在后院空地上种了一大片玉米、蓖麻和蔬菜等，收获多半交公。但仲勋同志并不安于优越，他曾对我说：“革命不是为了当官，种地同样可以革命。”他准备回农村做个农民。

为此，仲勋同志上书毛主席要求到农村去。主席让中组部长安子文回复他说，农村太艰苦，还是到工厂去。1965年，组织上安排仲勋到洛阳矿山机械厂担任副厂长。在仲勋看来，这是他向工人阶级学习、熟悉工厂工作的宝贵时机。我当时正在北京海淀区搞“四清”，只请了一天假，回家给他拆洗了被褥，就这样为他送行。不想，从此一别就是7年。回想起来真是一言难尽……

紧接着便是“文化大革命”，所以，仲勋同志受迫害的时间加起来长达16年之久。“文革”中，仲勋同志不畏权势，不仅自己坚持真理，而且为其他受株连的同志澄清事实，突出表现了他坚强不屈的性格。

1966年冬天，正在与工人们谈话的仲勋被冲进工厂的红卫兵围了起来。工人们见状，想保护仲勋，也把仲勋围了起来。为了防止武斗，仲勋对工人们讲：“你们打伤了红卫兵是我的责任，红卫兵打伤了你们也是我的责任。”然后又对红卫兵们说：“要走就快走。”于是，仲勋被带到西安，批斗后被关入西北大学。当他看到了一些打砸抢的行为后，劝阻说：“难道革命就是为了抢几部汽车吗？”并希望他们自觉地维护正常秩序，不要妨碍生产，并上书毛主席，对“文革”中出现的一些问题提出了多项建议。因此，仲勋深得一些群众的信赖、保护和关照。

仲勋被押到富平老家批斗时，那里的乡亲们却说，我们不是来批斗习仲勋的，多时不见，我们是想来看看他，要不是他在困难时期拨粮食给我们，我们早就饿死了。那次，乡亲们还自发地给仲勋做了一顿家乡饭。这种来自故乡的亲情，令他终生难忘。

康生仍然不肯放过仲勋，阴谋把他拉到兰州和延安进行批斗，然而最终还是被身处逆境中的周总理制止住了。但此时仲勋的身体已有些支撑不住了。1967年4月5日，他写信给周总理：“我的反面作用起完了，现在只是陪人挨斗了。”1968 年 1 月 3 日，周恩来采取特殊保护方式，用飞机将仲勋从西安接回北京，交给卫戍区监护。

在仲勋同志受审查和受迫害的日子里，我和孩子们也都受到了株连。“文革”中我因没有和习仲勋划清界限一直在受审查，被列入康生的 500 人黑名单。仅在“五七干校”劳动就有 7 年之久。3 个大一点的孩子尚未成年就去兵团或插队，留在身边的小儿子远平在普及高中时，被剥夺了升学的权利，还是在老战友的帮助下才当上了车工学徒。

这段时间对我和孩子们来说，可以说是一场严峻的考验。值得庆幸的是，我们全家人都很坚强。

1972 年冬，姐姐给我写来一封信，信中说我们的母亲将不久于人世，希望能见上一面，请求干校批准我回京探亲。我得到了准许。同时，我的孩子们也因此有了机会从各地返京，在姐姐家中团聚了。我和孩子们商量，决定给总理写信，要求见一见习仲勋。

我们在信中提出了几点请求：（1）我和孩子们已经多年未见到仲勋了，请求总理帮我们母子早日见到他；（2）我们在北京已无住房，要求解决住房问题；（3）存款早已冻结，希望解冻一部分存款维持生活。周总理很快对我们的要求作了批复，不仅安排我们一家人相见，还解冻了一部分存款，并指示有关单位为我们一家解决住处。当我们获悉总理的批复后，全家人高兴得不得了，犹如在绝望中看到了一线希望。

我们终于见到了关押中的仲勋同志，我早有思想准备，心里一次次地嘱咐自己“一定要坚强”，但是令我没有想到的是，当仲勋同志见到我和孩子们时他竟然流了泪，他连连地说：“这是高兴的。”由于多年的分离，他分不清桥桥和安安，更认不得已经长成小伙子的儿子们。在临回干校前，我又要求会见了仲勋一次，并借此机会将他穿破的旧衣服全部更换了一下。从那以后，我每年都可以回京探望仲勋同志，和孩子们也有团聚的机会了。

1975 年春，仲勋被解除监护，组织上派我跟他一同去洛阳，是河南省公安厅的两位同志把我们接去的。他被安置在耐火厂的宿舍区，在两间房子里，度过了三年的流放生活。没有想到的是，这段时间是仲勋感到最为舒畅的日子。因为他又有了和广大工农群众在一起的机会。虽然深受冤屈，仲勋却深深地感受到了来自人民的温暖，他的心灵获得了莫大的安慰，更坚定了他在有生之年回报党和人民的信念。

这时的仲勋已经年过花甲，况且在单间牢房里被关押了近八年的时间，因此恢复身体健康是他所面临的第一道关口。我由衷地佩服仲勋所具有的超人毅力。不管遇到什么样的天气，每天早上，他都要去郊区散步两小时。上午和工人们一同在浴池洗澡，然后读书看报，下午又到郊区水库散步。

时间长了，他和看护水库的邓老头儿及郊区的农民交上了朋友，每每凑到一起的时候，他们总是谈笑风生，好像有说不完的话。其中有一位是附近农村大队支书李政的父亲，他过去以挑货郎担为生，与仲勋同志结下的友谊最深。仲勋特爱和看水库的邓老头开玩笑，每次一见面，总像个淘气的孩子一般跟老人开玩笑：“怎么我刚才在南村果园见到你啦!”那老人听了以后真是哭笑不得，因为他有些迷信，心里忌讳这么说，好像见鬼了。但是他又很矛盾，既想早见到仲勋同志，又害怕他说那句话。可是仲勋同志偏偏一见到他就说，像个顽皮的小老弟，让老人对他无可奈何。为此，我和女儿桥桥经常伴在一旁偷笑。有时候早上散步时，我们还到老货郎李老头家里去，如果赶上他家吃早饭，我们就吃上几碗红薯大米粥，那米粥的香甜至今令我难以忘却。

在和工人同志的交往中，我们也是深受感动的。当人们发现我们的子女因往返看父亲缺少路费时，耐火厂的老工人师傅们便默默地拿出自己微薄的工资主动地借钱给我们。矿山机器厂的老工人宋福堂（1965 年，仲勋下放该厂当过副厂长，在下车间劳动时拜的师傅）曾请我到他家里去吃鲜美的猪肉韭菜饺子，还捧出山东老家的大花生招待我，在那个时候，再没有什么比这更温暖的了。如今，每当我回想起那些曾视我们如亲人的工农朋友们，心底里总是充满了感激之情。①

---

① 齐心:《与丈夫习仲勋相伴 58 年》,中国共产党新闻网 · 党史频道。

粉碎“四人帮”后，被流放在洛阳的习仲勋看到了平反冤案的希望。他在洛阳致信中央领导人，热烈庆贺粉碎“四人帮”的伟大胜利，“决心养好身体，更好地继承毛主席的遗志，紧紧地团结在党中央的周围，无条件地听从党中央的指挥，把余生全部贡献给党，力争为人民多做一些工作”。最后，他署名为“一个仍未恢复组织生活的毛主席的党员习仲勋”。

此时此刻，习仲勋和许多老同志一样，盼望着拨乱反正的早日到来。他虽然身在洛阳，却心向北京，密切关注着国内外形势的变化，急切地盼望着十几年来的沉冤能够尽快洗雪。但是，如果按照“两个凡是”，“习仲勋反党集团”是毛泽东批准的“铁案”，因此，“习仲勋反党集团”根本不可能翻案。

不久，邓小平再次复出。习仲勋从邓小平恢复中央党政军领导职务中看到了希望。中共十一大后，他从洛阳致信邓小平、王震和胡耀邦，反映在“文化大革命”中的遭遇，特别是被监护后的状况，恳切请求中央重新认真审查他的问题，作出结论，早日恢复党的组织生活。

1977 年 8 月 24 日，习仲勋给中共中央写信，热烈祝贺中共十一大和十一届一中全会胜利召开，表示听从中央的安排，为党做些工作，为实现四个现代化，为共产主义事业献出自己的一切。

这时，习仲勋的夫人齐心及家人看到一些受过迫害的老干部纷纷恢复工作，更加为习仲勋的问题仍然未能解决而心急如焚。她在女儿的陪伴下，多次往返于北京、洛阳之间，找中央领导同志诉说习仲勋蒙冤的情况。

在习仲勋恢复工作问题上，王震做了有效的工作。

当齐心来到中央组织部找胡耀邦申诉习仲勋冤案时，胡耀邦当即接见，专门听取齐心的意见。胡耀邦十分关切地询问了习仲勋在洛阳的生活和身体状况，对习仲勋在 1962 年蒙冤、遭受到各种磨难，深表同情。

胡耀邦当即表示，凡是冤假错案都要实事求是地坚决平反昭雪，不论谁说的，谁定的，习仲勋同志的案子当然也不例外。他还说，现在是充分行使人民赋予我们的权力的时候，但也是容易出错的时候，既要大胆果断，也要谦虚谨慎，遵守党规党法，才能把事情办好。胡耀邦从资历、经验、工作能力、水平、威信等方面对习仲勋的革命历史作了充分肯定。

齐心见到叶剑英时，叶帅明确表示，坚决支持习仲勋出来工作。

齐心迅速把同叶剑英、王震、胡耀邦的谈话情况告诉了习仲勋。习仲勋感到，平反自己冤案的时机已经来到，长期笼罩在心头的阴霾一扫而光，在久经磨难以后，终于迎来了希望的曙光。

对此，习仲勋的夫人齐心回忆说：

> 在得知小平同志主持中央工作之后，仲勋同志恢复工作的心情十分急切。党的“十一大”召开之后，仲勋便给党中央写了一封信，提出想在有生之年继续为党工作的请求。与此同时，我在女儿桥桥的陪伴下，多次往返于北京、洛阳之间，我们多次找过王震同志，他非常关心仲勋的“问题”，结果，还是王老第一个出面为仲勋恢复名誉说了话。随后我们也找到了胡耀邦同志和叶帅。
>
> 我第一次见到耀邦同志时，他从资历、经验、工作能力、水平、威信等几方面称赞了仲勋同志，而叶帅则是坚决支持仲勋出来工作。①

在邓小平、叶剑英等大力支持下，胡耀邦干脆果断，雷厉风行，立即行动，由中央组织部迅速查清了习仲勋的冤案，决定恢复其工作。

1978 年 2 月，祖国大地春光初现，古城洛阳牡丹含苞欲放。饱经历史沧桑的习仲勋否极泰来，人生历程出现历史性转折。2 月中旬，中共中央办公厅通知河南省委，指定由一位省委书记负责，速将在河南洛阳的习仲勋接回省委，护送进京。河南省委迅即派省委组织部和保卫处有关人员于当天晚上赶赴洛阳，把习仲勋接到河南省委。

2 月 22 日，习仲勋乘坐火车离开古都洛阳，到达河南省会郑州，受到河南省委书记王辉（当时为省委第一书记制）等同志的热情欢迎。习仲勋情不自禁地与王辉紧紧拥抱，激动地说：“这是我 16 年来第一次和人拥抱，我感到自己又回到了党的怀抱。”

根据河南省委的预先安排：习仲勋白天在中州宾馆休息，晚上坐火车回北京。习仲勋说：“王辉同志，我不需要休息，我建议你能带我坐车到郑州大街

---

① 齐心:《与丈夫习仲勋相伴 58 年》,中国共产党新闻网 · 党史频道。

小巷转一转，而后我们两人好好谈谈，我和外界完全隔断联系多年了，要到人民群众当中去，呼吸新鲜空气。”

刚刚获得“解放”的习仲勋，参观了结束“文化大革命”、开始恢复生机的郑州市区、百货公司等地方。他来到纪念京汉铁路工人大罢工二七殉难烈士的二七纪念塔，拾级而上，在塔顶举目远眺，俯视中州名城，绿城郑州景色尽收眼底。

习仲勋抚今追昔，心潮起伏，浮想联翩，感慨万千。他说：“二七烈士的鲜血没有白流。我们永远不会忘记烈士，没有烈士，哪有今天的新中国啊!”

参观郑州市劳动公园（原为碧沙岗公园，“文化大革命”时期改名为劳动公园，后来恢复碧沙岗公园的原名）时，习仲勋深情地说：这里是碧沙岗，劳动公园是冯玉祥将军为西北军阵亡将士修的，里面也掩埋着不少进步人士，也有许多没有留下姓名的共产党员，他们是真正的无名英雄。

回到中州宾馆，习仲勋同有关同志谈起十年动乱时期，有一段时间被关在七八平方米的一间小房子，坚持每天两次转圈散步的情况。转圈开始从一数到一万，然后再退着走，从一万数到一。他说：“我为了要为党和人民再做工作，就要走，不要退，锻炼毅力，也锻炼身体，我对共产党是充满信心的，我认为党中央对我总会有个正确结论。”

习仲勋为党为人民准备继续工作而表现出的钢铁般的意志和决心，令人感动。当天晚上，习仲勋登上北上列车，翌日抵达北京，被特邀出席政协第五届全国委员会第一次会议。

在千磨万击，历经劫难，苦苦等待了十几年后，习仲勋终于走出苦难，回到中国政治舞台上。1978 年 2 月 24 日至 3 月 8 日，习仲勋作为特邀委员出席政协第五届全国委员会第一次会议。

会议期间，叶剑英见到习仲勋时，亲切问候：仲勋同志，你倍受磨难，身体竟还这么好!

会上，选举邓小平为第五届全国政协主席，习仲勋为全国政协常委。

与此同时，第五届全国人民代表大会第一次会议在北京举行，习仲勋列席会议。

习仲勋与叶剑英是老同志、老战友、老朋友、老相识。他对叶剑英渊博的知识、卓越的能力、超人的才能、深邃的智慧，非常敬佩。他对叶剑英政治上的远见卓识，工作中的勤奋严谨，为人的谦虚宽厚，生活的节俭朴实，一直十分仰慕。①

在此期间，叶剑英作为中共中央副主席、中央军委副主席，代表中央亲切会见了习仲勋。习仲勋回忆说：当时叶剑英同志年事已高，工作日夜繁忙，还抽空接见了我。他见我身体很好，非常高兴，紧紧握着我的手，鼓励我要向前看，以后多为党做工作。他那宽广的胸怀、恢宏的气度，对同志亲切、谦和、真挚和深情厚谊，使我感动得热泪盈眶。一个共产党员，还有什么比能为党多做工作而感到幸福和自豪的呢！②

在离开中国政治生活16年后、在几乎与现代中国社会隔绝16年后，能够回到全国政协会议、全国人大会议，能够见到德高望重的中共中央副主席、中央军委副主席叶剑英，习仲勋心情十分激动。他衷心祝贺叶帅在党和国家关键时刻，代表中国共产党和中国人民的根本利益，坚决果断地粉碎江青集团。他认为，叶剑英在粉碎“四人帮”这一伟大历史性事件中所起的决定性作用，将永远铭刻在中国共产党历史上，永垂青史。

中共中央和叶剑英对于安排饱经沧桑的习仲勋的工作早有打算。当时，中共中央政治局委员、全国人大常委会副委员长、广州军区第一政委、广东省委第一书记、广东省革命委员会主任韦国清，因在北京政务、军务繁忙，无暇兼顾广东工作。

而广东地处中国南方，战略地位非常重要。十年动乱使得广东问题极为复杂，大量冤假错案亟待平反。因此，中共中央和叶剑英决心派习仲勋这位担任过西北党政军主要负责人和国务院副总理的“老资格”坐镇广东，主持广东省工作。

叶剑英与华国锋、邓小平等人商定后，中共中央正式决定派习仲勋到广东担任党政重要领导职务。习仲勋听到中央组织部部长胡耀邦关于中央派自己到广东“把守南大门”的消息，深感责任重大，决心不辜负中央的重托。

---

① 习仲勋:《痛悼敬爱的叶帅》,《人民日报》1986年10月31日。

② 习仲勋:《痛悼敬爱的叶帅》,《人民日报》1986年10月31日。

习仲勋到广东赴任之前，华国锋、叶剑英、邓小平、李先念、汪东兴等中央领导人都接见了习仲勋，对其到广东工作寄予很大期望，反复强调做好广东工作的重大意义。①

齐心回忆说：仲勋于1978年2月22日作为全国政协特邀委员出席了五届全国政协会议（恢复了党籍），同年4月初便被恢复了工作。在小平同志和仲勋谈话之后，中央决定派仲勋同志去广东工作，“把守南大门”（耀邦同志原话）。②

习仲勋向中央表态时，谦逊地提出希望继续保留韦国清中共广东省委第一书记职务，自请担任省委第二书记。习仲勋回忆此事时说：“我已有16年没有工作了，一出来工作就来到了祖国的‘南大门’广东，觉得任务很重，心里不大踏实。当时，中央几位领导同志，特别是小平、剑英同志都找我谈话，要我大胆工作，来了要放手干。”③

中共中央领导人对于习仲勋的高度信任和热情鼓励，使他深为感动、深受鼓舞，他决心不辱使命，做好广东的工作。

当时担任广东省委书记（当时为省委第一书记制）的吴南生回忆说：1978年3月18日至31日，中共中央在北京召开全国科学大会，我代表省委参加这次会议。当时我和中央政治局委员、中共广东省委第一书记、广东省革命委员会主任韦国清都坐在人民大会堂主席台上。

有一天，韦国清对我说：“等一会儿开完会后还有一个小会，中共中央组织部部长胡耀邦同志有事找我们谈一谈。”会后，我和韦国清来到人民大会堂的一个休息室，胡耀邦已经来了。

胡耀邦说：“中央决定让习仲勋到广东担任省委第二书记，这次是叶（剑英）帅提名，大家也都同意。”当时省委第一书记还是韦国清，他准备回广州主持召开中共广东省第四次党代表大会，习仲勋的职务也要在会议上通过。

---

① 《习仲勋在中国共产党广东省第四次代表大会上的讲话》，1978年4月6日。

② 齐心：《与丈夫习仲勋相伴58年》，中国共产党新闻网·党史频道。

③ 《习仲勋同志视察深圳、珠海时的讲话》，1987年2月15日、19日，载中共广东省委办公厅编印《中央对广东工作指示汇编（1986～1987）》上册，第262～263页。

1978年春天起，习仲勋历任中共广东省委第二书记、第一书记，广东省省长，广州军区第一政治委员、党委第一书记，在中共十一届三中全会上被增选为中央委员。

齐心回忆说：

仲勋恢复工作后，我由在清华读书的儿子近平陪同先去河南洛阳办理手续，后又在万里同志邀请下随广东省黄静波副省长去安徽取经，学习农村经济政策。当万里同志谈到仲勋在广东面临的形势时，十分关切。尤其是当他得知仲勋随行没有带一名干部的时候，急得拍了大腿。这一次，万里同志让我看了发挥农民积极性的农村经济政策情况。

仲勋去广东工作，是肩负着党政军各方面领导及同志们的深切期望的，对此，他深知责任重大。所以，在广东工作期间，他夜以继日，每天都要到凌晨2点左右才肯休息。值得一提的是，仲勋在广东近三年的工作，还得到了叶帅的亲切关怀和许世友同志的大力支持。

仲勋由于受命仓促，中央领导同志决定让我们的女儿桥桥陪同爸爸前往广东。当时广东所面临的形势是很严峻的。“以粮为纲，一网打尽”的极左路线使农业的优势难以发挥，素有“水果之乡”美誉的广东，缺少水果，副食品极缺；因为“割资本主义尾巴”，老百姓连“三鸟”（鸡鸭鹅）都不敢多养；菜篮子里多是单一的“无缝钢管”（空心菜）。作为经济基础的农业尚且如此，工业状况就可想而知了。由于长期受“左”的路线的干扰，原本是广东省一大优势的“毗邻港澳，华侨众多”等，已变为劣势，海外关系变成了“黑关系”，这样一来，受损的就不仅仅是经济了，因此，在沿海一带，外逃风一浪高过一浪。同年4月6日，仲勋去广东，他一下飞机便赶赴中共广东第四次代表大会闭幕会会场，出席会议。

我在去广东之前，耀邦和李昭同志请我们去他家吃了一顿饭，并嘱托我转告仲勋同志，要调动干部的积极性，抓好副食，特别是青菜。廖承志同志也约我去过家里，专门和我谈关于广东省的华侨政策问题，要肃清“海外黑关系”等极左遗毒造成的不良影响。他曾提到海关把得过紧，有的华侨进关连衬衫多几件也不行，这样怎么行？总之，领导们都很关心仲勋到广东的工作。

这一年的盛夏，最怕热的仲勋竟顶着酷暑一连跑了23个县。我心里明白，仲勋是在拼命，但是，作为他的妻子，我很能理解他的心情，他是想把失去的16年时光夺回来，多为党和人民做些实事。为了不负中央的重托，让广东人民尽快过上好日子，充分利用广东毗邻港澳的优势，仲勋和广东省委、省政府一班人，在大刀阔斧地抓紧落实政策工作，平反"文革"中的冤假错案和历史遗留问题的同时，积极推行改革开放。在农业上，从化试办了"责任田"，工业上肯定了清远县的扩大企业自主权的经验。在党的十一届三中全会召开后，为了让广东能够大干快上，他向中央为广东省要来了"先走一步"的政策。1979年7月19日，中发50号文件出台了，中央批准了出口特区在珠海、深圳试办，由此为广东经济特区的形成奠定了基础。

我常说，仲勋英雄一世，坎坷一生。他胸怀宽广坦荡，为党的事业历尽艰辛，但他从不计较个人的恩怨得失。"文革"结束恢复工作后，他为广东改革开放"先走一步"建立经济特区是付出了心血的。①

习仲勋在广东，坚决支持"实践是检验真理的唯一标准"的讨论，拥护党的解放思想、实事求是的思想路线，大刀阔斧地拨乱反正，全力平反冤假错案，妥善解决历史遗留问题，落实各项政策，增强了团结，稳定了局势。

在此期间，习仲勋坚决贯彻执行中央关于把工作重点转移到经济建设上来的重大决策，率先向中央提出充分利用国内外的有利形势，发挥广东的特点和人文地缘优势，让广东在改革开放中先走一步的请求，得到了邓小平的赞同。1979年7月，中共中央、国务院正式批准广东在改革开放中实行特殊政策、灵活措施和创办经济特区，为广东的改革开放奠定了基础，使广东成为中国改革开放的窗口、综合改革的试验区，为国家实行对外开放政策提供了宝贵经验。

习仲勋到中央工作后，依然情系特区，心系特区。他多次到深圳调研，并

---

① 齐心：《与丈夫习仲勋相伴58年》，中国共产党新闻网·党史频道。

指出：“小平种的这个试验田（指经济特区），现在长的苗又壮又肥，这条路是对的，一定要走下去。”当经济特区遭到种种非议时，他非常淡定，勇于担当，十分坚定地对中共深圳市委书记李灏说：“不要听人今天说这个、明天说那个，深圳是中国特色社会主义的榜样。”1987 年 2 月，习仲勋面对改革开放和现代化建设在广东取得的辉煌成就，感慨万千，指出：“党中央为广东开放、搞活经济制定的特殊政策和灵活措施产生了这样大的威力，使广东发生了这样历史性的、巨大的变化，变得出乎意料的好，真使人感慨万千。这都是执行党的十一届三中全会以来路线、方针、政策的结果。”“正如邓小平同志所讲的那样，实践证明我们的开放、改革政策是完全正确的，我可以作为历史变化的见证人。”习仲勋还说：我离京前曾向中央报告，这次去广东的目的是一看二听三了解。到深圳看了后，我又加了一条“四学习”。因为这里的确有许多新事物、新经验值得学习，是过去想都没有想到的。办经济特区这个试验是成功的，其“窗口”作用将会越来越充分地显示出来。“实践证明，党中央和小平同志的决策是完全正确的。”

中共中央高度评价习仲勋主政广东期间的历史贡献，指出，他为贯彻党的十一届三中全会路线、推动广东在全国率先改革开放勇当先锋和闯将。他坚决支持实践是检验真理的唯一标准的大讨论，拥护党中央关于解放思想、实事求是的思想路线，大刀阔斧地拨乱反正，全力平反冤假错案，妥善解决历史遗留问题，落实各项政策，增强了团结，稳定了局势。他团结省委一班人，坚决贯彻执行党的十一届三中全会作出的关于把全党工作重点转移到社会主义现代化建设上来和实行改革开放的重大决策，率先向党中央提出充分利用国内外的有利形势，发挥广东的特点和人文地缘优势，让广东在改革开放中先走一步的请求，得到了邓小平同志的赞同。1979 年 7 月，党中央、国务院正式批准广东在改革开放中实行特殊政策、灵活措施和创办经济特区，为广东的改革开放奠定了基础，使广东成为中国改革开放的窗口、综合改革的试验区和排头兵，为国家实行对外开放政策提供了宝贵经验。在这个历史进程中，习仲勋同志表现出了无产阶级革命家的远见卓识和解放思想、实事求是、开拓创新的革命胆略，为广东的改革开放事业和经济特区建设作出了重大贡献。他始终心系广东的发展。1989 年 12 月，习仲勋同志到广东视察调研时强调，不管遇到什么困难，都要坚持改革的方向，改革不能踏步不前，更不能走回头路，希望广东充分发挥改革开放综合试验区先走一步的作用，争取各项工作走在全国的前列。①

1980 年，在第五届全国人大第三次会议上，习仲勋被补选为全国人大常委会副委员长，1981 年任中央书记处书记，1982 年当选为中央政治局委员、中央书记处书记，1988 年当选为第七届全国人大常委会副委员长，为中国的改革开放和现代化建设作出重要贡献。中共中央认为："习仲勋同志主持中央书记处日常工作，为拨乱反正、加强新时期党的建设、开创统一战线工作新局面作出了卓越贡献。1981 年 3 月，习仲勋同志参加中共中央书记处工作。同年 6 月，在党的十一届六中全会上，他被增选为中央书记处书记。1982 年 9 月，在党的十二届一中全会上当选为中央政治局委员、书记处书记，负责中央书记处的日常工作。他参与了一系列重大决策的研究、制定，处理了许多重大和复杂疑难问题。习仲勋同志直接参与领导党和国家领导体制和干部制度改革，在拨乱反正，推动组织、干部、人事制度改革，实现干部的新老交替、精简机构、加强领导班子建设等方面，倾注了大量心血。他认真负责参与领导整党工作，为统一思想、整顿作风、加强纪律、纯洁组织，努力把党建设成为社会主义现代化事业的坚强领导核心作出了积极贡献。"②

在中国实行改革开放和现代化建设的历史进程中，习仲勋表现出解放思想、开拓创新的雄伟胆略和气魄，为开拓中国特色社会主义道路作出重大贡献。他实事求是，与人为善，尤其善于团结广大干部、团结少数民族、团结宗教界和社会各界代表人物一道工作。有一次，习仲勋和人民日报社负责人在中南海散步，突然若有所思地说："我这个人呀，一辈子没有整过人，一辈子没有犯'左'的错误！"正因为如此，习仲勋一直受到广大党员、干部和群众的衷心爱戴。

① 《李建国在纪念习仲勋同志诞辰 100 周年座谈会上的讲话》，《人民日报》2013 年 10 月 16 日。

② 《李建国在纪念习仲勋同志诞辰 100 周年座谈会上的讲话》，《人民日报》2013 年 10 月 16 日。

第九十八章

陈云提出需要中央解决的六个重大历史问题

《关于建国以来党的若干历史问题的决议》指出：1976 年 10 月粉碎江青反革命集团的胜利，从危难中挽救了党，挽救了革命，使我们的国家进入了新的历史发展时期。从这时开始到十一届三中全会之前的两年中，广大干部和群众以极大的热情投入各项革命和建设工作。揭发批判江青反革命集团的罪行，清查他们的反革命帮派体系，取得了很大成绩。党和国家组织的整顿，冤假错案的平反，开始部分地进行。工农业生产得到比较快的恢复。教育科学文化工作也开始走向正常。党内外同志越来越强烈地要求纠正“文化大革命”的错误，但是遇到了严重的阻碍。这固然是由于十年“文化大革命”造成的政治上思想上的混乱不容易在短期内消除，同时也由于当时担任党中央主席的华国锋同志在指导思想上继续犯了“左”的错误。①

实现新中国成立以来的历史性转折是历史前进的必然要求。1978 年 11 月 10 日至 12 月 15 日，中央工作会议在北京召开。参加会议的有省、市、自治区和大军区的主要负责人，中央党、政、军各部门和群众团体的主要负责人 210 多人。

在中央工作会议开幕之前，中共中央政治局常务委员会举行会议，议定中央工作会议的主题。华国锋提出农业问题、今后两年国民经济计划安排问题和召开国务院务虚会问题等三项议题。

邓小平在会上提出，“只有解决好思想路线问题，才能提出新的正确政策”。为此，邓小平建议，中央工作会议在讨论华国锋提出的三项议题之前，首先讨论全党工作重点的转移问题。

---

① 《关于建国以来党的若干历史问题的决议》，1981 年 6 月 27 日中国共产党第十一届中央委员第六次全体会议一致通过。

中共中央政治局常务委员会同意了邓小平的意见。

1978 年 11 月 10 日，中央工作会议正式开幕。

华国锋首先讲话，并宣布会议的三项议题：

> 一、讨论如何进一步贯彻执行以农业为基础的方针，尽快把农业生产搞上去的问题，讨论《关于加快农业发展速度的决定》和《农村人民公社工作条例（试行草案）》两个文件。
>
> 二、商定 1979 年、1980 年两年国民经济计划的安排。
>
> 三、讨论李先念在国务院务虚会上的讲话。

按照以上三项议题，这次中央工作会议与以往的中央工作会议一样，只是一次研究、讨论经济问题的会议，预定半个月结束。

在宣布三项议题之后，根据邓小平在中共中央政治局常务委员会上的提议和中央政治局常委会的一致意见，华国锋又代表中央政治局常委提出：

“在讨论上面这些议题之前，先讨论一个问题，这就是在新时期总任务总路线指引下，从明年 1 月起把全党工作重点转移到社会主义现代化建设上来的问题。

“这是新形势的需要，列宁和毛主席都曾提出过按照形势的需要，实现这种转移。

“这是关系全局的问题，是我们这次会议的中心。”

按照华国锋的意见，这次中央工作会议先用两三天时间讨论一下邓小平提出的全党工作重点转移问题，然后就转入预定的农业问题、国民经济计划安排问题等具体经济问题的讨论。

然而，正是邓小平关于讨论全党工作重点转移的意见和中央工作会议对这个问题的热烈讨论，开启了汹涌澎湃的思想解放洪流的闸门，指明了这次会议新的方向，使这次会议为中共十一届三中全会、为实现中国共产党在社会主义时期的历史性转折、为举世瞩目的当代中国改革开放和社会主义现代化建设的伟大起点，奠定了重要基础。

由此，这次中央工作会议与中共十一届三中全会密不可分地联系在一起，成为中国历史上一个划时代的里程碑。

根据邓小平的意见，中央工作会议首先就全党工作重点转移到社会主义现代化建设上来的问题，进行了认真的讨论。

有一些老同志提出，与全党工作重点转移到社会主义现代化建设上来相适应，还应当解决历史上的一些重大是非问题，以发展安定团结的政治局面，保证全党的工作重点顺利转移。

20 世纪 20 年代入党的老资格革命家陈云在东北组的发言中说：

> 中央政治局常委、中央政治局一致主张，从明年起把工作着重点转到社会主义建设上来。实现四个现代化是全党和全国人民的迫切愿望。我完全同意中央的意见。安定团结也是全党和全国人民关心的事。干部和群众对党内是否能安定团结，是有所顾虑的。

陈云指出，华主席说，对于那些在揭批“四人帮”运动中遗留的问题，应由有关机关进行细致的工作，妥善解决。我认为这是很对的。但是，对有些遗留的问题，影响大或者涉及面很广的问题，是需要由中央考虑和作出决定的。对此，中央应该给以考虑和决定。

接着，陈云以坚定有力的语言明确地提出了需要中央工作会议讨论和解决的六个重大历史遗留问题：

> 一、薄一波同志等六十一人所谓叛徒集团一案。他们出反省院是党组织和中央决定的，不是叛徒。
>
> 二、一九三七年七月七日中央组织部关于所谓自首分子的决定这个文件，是我在延安任中央组织部长（一九三七年十一月）以前作出的，与处理薄一波同志等问题的精神是一致的。我当时还不知道有这个文件，后来根据审查干部中遇到的问题，在一九四一年也写过一个关于从反省院出来履行过出狱手续，但继续干革命的那些同志，经过审查可给以恢复党籍的决定。这个决定与“七七决定”精神是一致的。这个决定也是中央批准的。我认为，中央应该承认“七七决定”和一九四一年的决定是党的

决定。对于那些在“文化大革命”中被错误定为叛徒的同志应给以复查，如果并未发现有新的真凭实据的叛党行为，应该恢复他们的党籍。此外，据我所知，在抗日战争时期和解放战争时期，在敌我边际地带有一个所谓“两面政权”问题。当时党组织决定一些党员在敌伪政权中任职，掩护我党我军的工作。这些党员，在“文化大革命”中也大多被定为叛徒。这是一个涉及数量更大的党员的政治生命问题，也应该由党组织复查，对并无背叛行为的同志应该恢复党籍。

总之，“七七决定”、一九四一年决定中所涉及的同志和在“两面政权”中做了革命工作的同志，对他们做出实事求是的经得起历史检验的结论，这对党内党外都有极大的影响。不解决这些同志的问题，是很不得人心的。这些同志都已是六七十岁的人了，现在应该解决他们的问题。

三、陶铸同志、王鹤寿同志等是在南京陆军监狱坚持不进反省院，直到七七抗战后由我们党向国民党要出来的一批党员，他们在出狱前还坚持在狱中进行绝食斗争。这些同志，现在或者被定为叛徒，或者虽然恢复了组织生活，但仍留着一个“尾巴”，例如说有严重的政治错误。这些同志有许多是省级、部级的干部。陶铸一案的材料都在中央专案组一办。中央专案组是“文化大革命”时期成立的，他们做了许多调查工作，但处理中也有缺点错误。我认为，专案组所管的属于党内部分的问题应移交给中央组织部，由中央组织部复查，把问题放到当时的历史情况中去考察，作出实事求是的结论。像现在这样，既有中央组织部又有专案组，这种不正常的状态，应该结束。

四、彭德怀同志是担负过党和军队重要工作的共产党员，对党贡献很大，现在已经死了。过去说他犯过错误，但我没有听说过把他开除出党。既然没有开除出党，他的骨灰应该放到八宝山革命公墓。

五、关于“天安门事件”。现在北京市又有人提出来了，而且还出了话剧《于无声处》，广播电台也广播了天安门的革命诗词。这是北京几百万人悼念周总理，反对“四人帮”，不同意批邓小平同志的一次伟大的群众运动，而且在全国许多大城市也有同样的运动。中央应该肯定这次运动。

六、“文化大革命”初期，康生同志是中央文革的顾问。康生同志那时随便点名，对在中央各部和全国各地造成党政机关瘫痪状态是负有重大责任的。康生同志的错误是很严重的，中央应该在适当的会议上对康生同志的错误给以应有的批评。

我提出以上六点，请同志们批评指正。①

陈云在发言中郑重提出的6个问题，实际上涉及纠正“文化大革命”中及以前的“左”倾错误的重大问题，因此得到与会同志的热烈拥护。

在讨论中，与会同志还提出了“一月风暴”“二月逆流”“批邓、反击右倾翻案风”等许多在“文化大革命”中被颠倒了的重大是非问题。

根据与会同志的要求和历史发展的需要，中央政治局常务委员会决定，应当放手让大家讲话，使与会同志能够敞开思想，畅所欲言，敢于讲心里话，讲实在话，这样才能更好地总结工作，肯定成绩，批评错误，分清是非。

于是，许多老同志根据实事求是的原则，在发言中指出了“文化大革命”的错误，并对粉碎江青集团以来华国锋、汪东兴等继续犯的“左”倾错误展开了批评，对今后工作的一些重大决策，提出了许多积极的建议。

根据与会同志特别是老一辈无产阶级革命家在会上提出的问题，中央政治局常务委员会进行了认真的研究和讨论，提出了解决问题的意见；对于与会同志普遍关注的平反冤假错案、解决历史遗留问题，作出了明确的回答。

1978年11月25日，中央工作会议举行第三次全体会议。华国锋、叶剑英、邓小平、李先念、汪东兴出席会议。华国锋主持会议并代表中央政治局讲话。

华国锋说，这次会议发扬民主，开得生动活泼。大家各抒己见，畅所欲言。这样敞开思想讨论问题，是很好的。从明年1月起，把全党工作的着重点转移到社会主义现代化建设上来，大家一致赞成，认为中央这个决定是正确的，适时的。经过这次会议讨论，全国范围的大规模的揭批“四人帮”的群众运动要在今年内结束，这个问题就这样定下来了。

---

① 《陈云文选》第3卷，人民出版社1995年版，第232～234页。

他说，当然，不是一刀切，有的地区和单位结束运动的时间可以晚一些。揭批“四人帮”群众运动结束以后，还会有一些遗留的问题，也要努力解决好，做到善始善终。但是，这都不影响全党工作着重点的转移。

华国锋还谈了农业问题和这次会议对关于农业问题的两个文件的讨论情况，认为把这两个文件搞好，有利于统一思想，尽快地把农业搞上去，推动农业现代化的建设。

第九十九章

中共中央郑重解决"天安门事件"等遗留问题

在1978年11月25日中央工作会议第三次全体会议上，根据与会同志的热烈讨论和提出的许多意见与建议，经中央政治局和中央政治局常务委员会慎重研究，由华国锋代表中央政治局常务委员会，宣布了对与会同志提出的有关冤假错案和历史遗留问题的处理意见。

华国锋说，在讨论全党工作着重点转移这个问题的时候，同志们提出了"天安门事件"和"文化大革命"中在中央和地方遗留下来的比较重要的若干问题。这些问题，中央政治局常委过去多次议过，准备加以解决。这几天，中央又研究了大家的意见。现在，我代表中央政治局讲以下几个问题：

（一）关于"天安门事件"问题。粉碎"四人帮"以后不久，中央就着手解决在"天安门事件"和这一类事件中革命群众被迫害的问题。随着揭批"四人帮"运动的深入，这方面的问题大都陆续得到解决。但是，问题解决得还不彻底，还没有为"天安门事件"的性质平反。中央认为，"天安门事件"完全是革命的群众运动，应该为"天安门事件"公开彻底平反。今年11月14日，中央政治局常委批准北京市委宣布：1976年清明节，广大群众到天安门广场沉痛悼念敬爱的周总理，愤怒声讨"四人帮"，完全是革命行动。对于因悼念周总理、反对"四人帮"而受到迫害的同志要一律平反，恢复名誉。江苏、浙江、河南等省的省委，对同类事件，也作了类似的处理。

（二）实践证明，"反击右倾翻案风"是错误的。中央政治局决定：中央1975年发的23、24、26、27号文件，1976年发的2、3、4、5、6、8、10、11号文件全部予以撤销。贯彻执行这些文件的党委和个人是没有责任的，责任由中央承担（华国锋在11月25日中央工作会议全体会议上一共讲了八个问题，在以后正式传达的华国锋讲话中增加为九个问题，其中的第二个问题即为定稿中新增加的一个问题——作者注）。

（三）关于所谓“二月逆流”问题。所谓“二月逆流”，完全是林彪一伙颠倒是非，蓄意诬陷，其目的是为了打倒当时反对他们的几位老帅和副总理，进而打倒周总理和朱委员长。在“九一三”林彪反革命武装政变彻底破产以后，1971年11月14日，毛主席接见了成都地区座谈会的人员，周总理和叶帅参加了这次接见。当叶帅走进会场时，毛主席说：“你们再不要讲他‘二月逆流’了。‘二月逆流’是什么性质？是他们对付林彪、陈伯达、王、关、戚。”毛主席多次讲过：“这件事搞清楚了，不要再讲‘二月逆流’。”这就是说，毛主席在那时候，就已经为“二月逆流”翻了案。现在，中央决定，由于这个案件受到冤屈的所有同志，一律恢复名誉；受到牵连和处分的所有同志，一律平反。过去各种文件、材料中关于所谓“二月逆流”的不实之词，都应该作废。

（四）关于薄一波同志等“六十一人案件”问题。现已查明，这是一起重大错案。1975年，小平同志主持中央工作时，在一次政治局会议上曾提出，六十一人的问题必须解决，把登“反共启事”的责任归咎于他们是不公道的。当时由于“四人帮”的捣乱和破坏，这个问题没有得到解决。今年1月间，中央常委就议过要为这一案件平反的问题；六七月间，中央要组织部对这一案件进行复查，向中央写出报告，来解决这个问题。中央组织部于今年11月3日向中央提出报告，其中说：“大量事实证明：薄一波同志等在反省院的表现是好的，他们履行敌人规定的手续，登‘反共启事’出反省院，是执行党组织的指示，根据登‘反共启事’出反省院的问题，定六十一人为叛徒集团，是不正确的。”中央讨论了这一问题，决定为这一重大错案平反。关于这个问题，中央还要发一个正式文件。

（五）关于彭德怀同志的问题。彭德怀同志是我们党的一位老党员，曾经担任过党政军的重要领导职务，对党和人民作过重大贡献。他在历史上也犯有大大小小的错误，但是，经过审查，怀疑他里通外国是没有根据的，应予否定。彭德怀同志已于1974年11月29日病逝，他的骨灰应该安放到北京八宝山革命公墓第一室。

（六）关于陶铸同志的问题。陶铸同志也是我们党的一位老党员，在几十年的工作中，对党对人民是有贡献的。经过复查，过去把他定为叛徒是不对的，应予平反。陶铸同志已于1969年11月30日病逝，他的骨灰应该安放到北京八宝山革命公墓第一室。

（七）关于杨尚昆同志的问题。……经过复查，过去把他定为阴谋反党、里通外国是不对的，应予平反。中央决定，恢复杨尚昆同志的党的组织生活，分配工作。

以上讲的，是中央对几个重要案件的处理。至于同志们提出的其他几个在党内担任过重要职务的人的平反问题，不可能都在这次会议上一一予以解决。中央决定，中央专案一办、三办（包括原中央专案二办）和“五一六”专案联合办公室都要结束工作，全部案件移交中央组织部。未了案件，由中央组织部根据中央处理上述案件的精神，抓紧复查，作出相应的结论。各级党委设立的专案组也应逐步结束工作。他们审查的案件，属于党内问题的，移交给党的纪律检查委员会或党的组织部；属于敌我矛盾的，移交给政法部门。今后不再采取成立专案组审查干部的办法。

（八）关于康生同志和谢富治同志的问题。康生同志和谢富治同志有很大的民愤，党内干部和群众对他们进行揭发和批判是合情合理的。有的同志提议设立专案组审查他们的问题。中央意见，不设立专案组，有关揭发他们的材料，可以送交中央组织部审理。

（九）关于一些地方性重大事件的问题。最近，有的地方提出了某些重大事件需要重新处理，比如，武汉的“七二〇”事件，河南“七二五”问题，四川的产业军问题等等。中央决定，这类地方性的重大事件，一律由各省、市、自治区党委根据情况实事求是地予以处理。中央发过文件的，要将处理意见先报中央批准（湖北省委关于为“七二〇”事件平反的请示报告，已经中央批准）。处理这些问题时，可以开群众大会，可以发文件。但不要登报，也不在电台广播。这些问题，涉及“文化大革命”运动中曾经分裂为两派的广大群众，一定要慎重周到地处理好，防止重新引起派性斗争。毛主席早就讲过：在工人阶级内部，没有根本的利害冲突。在无产阶级专政下的工人阶级内部，更没有理由一定要分裂成为势不两立的两大派组织。我们要本着毛主席教导的精神，积极引导群众向前看，消除资产阶级派性，做好团结工作。

还有两个问题要讲一讲。一是在三支两军中有些同志犯了支一派压一派的错误。这个问题要放在当时的历史条件下来看。三支两军是中央决定的，总的责任由中央承担。由于林彪、“四人帮”的干扰，加上情况复杂，有些同志犯这种性质的错误是难免的，不要追究个人责任了。至于少数人严重违法乱纪，贪污盗窃，情节恶劣，可以另案处理。二是在周总理逝世以后的悼念活动中，治丧委员会办公室发过一个电话通知，通知中说，各省、市、自治区不要派人来京参加追悼活动，各地不组织吊唁、开追悼会、戴黑纱等活动。这个通知是在“四人帮”当道的情况下政治局通过的，执行这个通知的常委和个人是没有责任的。

在代表中央政治局宣布了对以上问题的处理决定以后，华国锋说，在我们党的工作着重点即将转移到社会主义现代化建设上来的时候，我们在这次会议郑重地处理上面这些问题，是完全必要的。中央的方针是既要解决问题，又要稳定局势。按照这个方针处理好这些问题，就能有利于安定团结，有利于搞社会主义现代化建设。这对于恢复和发扬毛主席培育的我们党的实事求是、联系群众、团结—批评—团结的优良传统，也具有重大意义。现在，巩固和发展安定团结的大好局面，是全党全军全国各族人民的强烈愿望。国际上也十分注意我们的国内局势是不是能够保持稳定。要发展经济，要改善人民生活，要做好反侵略战争的准备，要加快社会主义现代化建设，安定团结是关键。维护全党全国的安定团结，事关大局，一定要搞好。在这方面，高级干部要起模范作用，要善于引导群众向前看，认真做好党内外群众的思想工作。我们一定要调动一切积极因素，化消极因素为积极因素，团结一切可以团结的力量。团结起来，为了一个共同目标，建设社会主义现代化强国。让我们全党一心，举国一致，高举毛主席的伟大旗帜，为实现这个伟大目标而努力奋斗。

12 月 13 日，中央工作会议举行闭幕会。华国锋、叶剑英、邓小平分别讲话。

邓小平首先作了《解放思想，实事求是，团结一致向前看》的讲话。

叶剑英在讲话中，高度评价中央工作会议取得的重大成果是把全党工作的着重点转移到了社会主义现代化建设上来。在会议整个过程中，恢复和发扬了党的群众路线、民主集中制、实事求是的优良作风，通过畅所欲言，充分讨论，解决了全党和全国人民共同关心的一系列重大历史问题和现实问题。他着重强调：要顺利地进行社会主义现代化建设，首先要有好的领导班子，特别是中央要有好的领导班子。要实现社会主义现代化建设，必须认真实行民主集中制，发扬民主，加强法制。为适应现代化建设的要求，要勤奋学习，解放思想。

在谈到解放思想问题时，叶剑英指出，中国经历了两千多年的封建社会，资本主义在我国没有得到过充分的发展，我们的社会主义是从半殖民地半封建的社会基础上开始建设的。所以我们解放思想的重要任务之一，就是要注意克服封建主义思想残余的影响。列宁说过：不仅要宣传科学社会主义思想，而且要宣传民主主义思想。我们要破除封建主义所造成的种种迷信，从禁锢中把我们的思想解放出来。

在谈到我们党有勤于学习的传统时，叶剑英指出，许多同志起初不会打仗，后来在实践中学会了打仗，起初不会搞政权建设，后来也是在实践中学会了搞政权建设。现在，我们面临向社会主义现代化进军的新长征，又有许多新的东西需要我们去把它学会，特别是要学会按照社会主义经济发展的客观规律办事，学会科学的经济管理方法。学会了这些，我们才能很好地领导生产。这些是不是很难呢？的确是不容易。但是，只要我们勤奋学习，并且在全党全民中大大地发扬学习的风气，我们就一定能够学懂我们本来不懂的东西，学会我们本来不会的本领。①

华国锋的讲话主要有五个部分。第一部分主要是对会议进行评价和总结。他说，中央政治局同志和全体到会同志一致认为，我们这次会议，自始至终坚持民主集中制的原则，运用团结—批评—团结的方法，充分发扬民主，大家畅所欲言，集思广益，经过到会同志的共同努力，开得很好，很成功。会议在四

① 《叶剑英选集》，人民出版社 1996 年版，第 493 ~ 502 页。

个方面取得了重大成果：

（一）一致赞同中央政治局关于从明年1月起，把全党工作的着重点转移到社会主义现代化建设上来的重大决策。决定在今年内结束全国范围的大规模的揭批“四人帮”的群众运动。

（二）解决了为“天安门事件”彻底平反和“文化大革命”遗留下来的几个比较重要的问题。确定了进一步解决好这类问题的方针政策和做好群众思想工作的办法。

（三）讨论修改了关于农业问题的两个文件。原则上确定了明后两年国民经济计划的安排。

（四）酝酿讨论了中央政治局关于人事问题和中央纪律检查委员会人选的意见。

然后，华国锋在讲话的第二部分，谈了他对“两个凡是”问题、真理标准讨论问题、召开理论务虚会问题的看法，作了自我批评。

在讲到“两个凡是”问题时，华国锋说：我在去年3月中央工作会议上的讲话中，从当时刚刚粉碎“四人帮”的复杂情况出发，从国际共产主义运动历史上捍卫革命领袖旗帜的正反两方面的经验出发，专门讲了在同“四人帮”的斗争中，我们全党，尤其是党的高级干部，需要特别注意坚决捍卫毛主席的伟大旗帜的问题。在这一思想指导下，我讲了“凡是毛主席作出的决策，都必须维护；凡是损害毛主席形象的言行，都必须制止”。当时的意图，就是要把毛主席和“四人帮”严格分开，在放手发动群众，开展揭批“四人帮”的伟大斗争中，绝不能损害毛主席的伟大形象。这是刚粉碎“四人帮”的时候，我思想上一直考虑的一个重要问题。后来发现，第一句话，说得绝对了，第二句话，确实是必须注意的，但如何制止也没有讲清楚。当时对这两句话考虑得不够周全。现在看来，不提“两个凡是”就好了。在这之前，2月7日中央“两报一刊”还发表过一篇题为《学好文件抓住纲》的社论。这篇文章的主题，是要动员全党、全军、全国各族人民，认真学好有关文件，掌握思想武器，深入揭批“四人帮”。但在我的上述思想指导下，这篇社论中也讲了“两个凡是”，即“凡是毛主席作出的决策，我们都坚决维护；凡是毛主席的指示，我们都始终不渝地遵循”。这“两个凡是”的提法就更加绝对，更为不妥。以上两处关于“两个凡是”的提法虽不尽相同，但在不同程度上束缚了大家的思想，不利于实事求是地落实党的政策，不利于活跃党内的思想。我的讲话和那篇社论，虽然分别经过政治局讨论和传阅同意，但责任应该主要由我承担。在这个问题上，我应该作自我批评，也欢迎同志们批评。

在讲到真理标准讨论问题时，华国锋说，对这个问题，我想先简要地讲一些有关情况。今年（1978 年）5 月 11 日《光明日报》发表、5 月 12 日《人民日报》和《解放军报》转载的《实践是检验真理的唯一标准》这篇文章，由于我当时刚访问朝鲜回来，有许多事情亟待处理，没有顾上看。六七月间，中央常委几位同志先后给我谈过他们听到的有关这方面的一些情况，这个时候，我才知道对这篇文章有些不同的看法。中央政治局常委开会时，议过这个问题，认为这篇文章的主题是好的，但没有专门去研究。后来，报纸上登这方面的文章多了，国内外反映也多了，叶帅考虑到国务院务虚会议开得很好，提议把搞理论工作的同志召集到一起，也开个务虚会，大家把不同意见摆出来，在充分民主讨论的基础上，统一认识，把这个问题解决一下。中央常委同志都赞成这样办。由于我想常委都在家时开会解决这个问题，因小平等同志出访，在这次中央工作会议之前这个会没有来得及开。今年 11 月 25 日，中央常委接见北京市委和团中央主要负责同志，听取他们汇报“天安门事件”平反后群众的反应和北京市街头大字报的情况，联系谈到这个问题时说：“对一些具体问题，要实事求是地、按照实践是检验真理的唯一标准这个原则去解决。现在报上讨论真理的标准问题，讨论得很好，思想很活泼，不能说那些文章是对着毛主席的，那样人家就不好讲话了。但讲问题，要注意恰如其分，要注意后果。有些事情，不能提毛主席，也不宜提，提了不利。报纸要十分慎重。迈过一步，真理就变成谬误了。”这是中央常委的意见。

在讲到召开理论务虚会问题时，华国锋说，在这次会议上，同志们对“实践是检验真理的唯一标准”问题，摆出了许多情况，提出了不少问题，对一些同志提出了不少批评意见，为召开理论务虚会创造了有利条件。由于这次中央工作会议的议题多，时间有限，这方面的问题不可能花很多的时间来解决。中央政治局同志的意见，还是按照叶帅的提议，专门召开一次理论务虚会，进一步把这个问题解决好。中央相信，有这一次中央工作会议和党的十一届三中全会的精神作指导，这个问题一定能够解决好。中央希望，理论战线和宣传部门的同志，在分清是非、统一思想的基础上，进一步团结起来，紧跟党中央的战略部署，为把党的工作着重点转移到社会主义现代化建设上来，努力做好宣传理论工作，发挥更大的作用。

华国锋在讲话的第三部分谈了关于加强党的团结、提高领导水平问题，在讲话的第四部分谈了关于即将召开的中共十一届三中全会的主要议题安排问题，在讲话的第五部分谈了关于少宣传个人问题。

中央工作会议举行闭幕会后，由于要学习、讨论华国锋、叶剑英、邓小平在闭幕会上的讲话，会议又接着开了两天。

与会同志普遍对华国锋、叶剑英、邓小平的讲话表示拥护，对这次会议的民主气氛和解决了一系列重大问题表示充分的肯定，并对今后的工作提出了许多很好的意见和建议。

12 月 15 日，中央工作会议在讨论和解决了一系列重大问题后胜利结束。

第一百章

“现在国际上就看我们有什么人事变动，加人可以，减人不行”

1977年7月邓小平恢复工作初期，按照中共中央的工作分工，主管科学工作、教育工作和军队工作。他以大刀阔斧、雷厉风行、勇于负责、干脆利落的风格，迅速解决了一系列亟待解决的重大问题，为实现全党工作重点转移做了大量工作。

从1978年中央工作会议开始，邓小平成为中共中央领导集体的核心、中国改革开放的“总设计师”。

在粉碎江青集团、结束十年动乱两年，“两个凡是”仍然禁锢着相当一部分人的头脑的情况下，中共中央政治局根据中央工作会议和党内外广大干部、群众的强烈要求，正式决定为“文化大革命”中及其以前的一系列冤假错案彻底平反，尤其是为震惊中外的“天安门事件”平反，在国内、国际都引起了强烈反响，都需要做大量的思想工作和释难答疑的工作。

为此，在中央工作会议期间，邓小平一方面参与会议的主持、领导与决策，一方面以极大的精力和政治智慧，回答、解决和处理伴随着拨乱反正进程而出现的一系列新情况、新问题。

1978年11月25日下午，邓小平和华国锋、叶剑英、李先念、汪东兴听取中共北京市委第一书记，北京市革命委员会主任林乎加，中共北京市委第三书记，北京市革命委员会副主任贾庭三和共青团中央书记处第一书记韩英，共青团中央书记处书记胡启立汇报“天安门事件”平反后广大干部、人民群众的反应和北京市街头出现的大字报的情况。

听完上述汇报后，邓小平指出：“天安门事件”平反后，群众反映强烈，大家很高兴，热烈拥护，情况是很好的。当然也出现一些问题。我们的工作要跟上去，要积极引导群众，不能和群众对立。我们一定要高举毛主席的伟大旗帜。毛主席的旗帜是全党全军全国各族人民团结的旗帜，也是国际共产主义运动的旗帜。现在，有的人提出一些历史问题，有些历史问题要解决，不解决就会使很多人背包袱，不能轻装前进。有些历史问题，在一定的历史时期内不能勉强去解决。有些事件我们这一代人解决不了的，让下一代人去解决，时间越远看得越清楚。有些问题可以讲清楚，有些问题一下子不容易讲清楚，硬要去扯，分散党和人民的注意力，不符合党和人民的根本利益。现在报上讨论真理标准问题，讨论得很好，思想很活泼，不能说那些文章是对着毛主席的，那样人家就不好讲话了。但讲问题，要注意恰如其分，要注意后果。迈过一步，真理就变成谬误了。毛主席的伟大功勋是不可磨灭的。我们不能要求伟大领袖、伟大人物、思想家没有缺点错误，那样要求不是马克思主义者的态度。外国人问我，对毛主席的评价，可不可以像对斯大林评价那样三七开？我肯定地回答，不能这样讲。党中央、中国人民永远不会干赫鲁晓夫那样的事。

邓小平还指出：现在中央的路线，就是安定团结，稳定局势，搞社会主义现代化。国际上也十分注意我们国内局势是不是能够保持稳定。引进新技术，利用外资，你稳定了，人家才敢和你打交道。安定团结是实现四个现代化的必要政治条件，不能破坏安定团结的局面。这是中央的战略部署，这是大局。我们处理任何问题，都要从大局着眼，小局服从大局，小道理服从大道理。不搞什么新运动，不要提中央没有提的什么运动。要引导群众向前看。平反工作，中央和各地都在抓紧处理，都是有领导、有步骤地进行的。林彪、“四人帮”破坏造成的一些遗留问题，都可以逐步解决。解决这些问题是为了创造一个安定团结的稳定局势，把各种积极因素调动起来。

邓小平的谈话，既强调了为“天安门事件”平反的正确性，又强调要高举毛泽东的伟大旗帜，同时还强调安定团结的重要性，充满了唯物辩证法，具有极强的针对性和说服力。

当时，中国大规模的拨乱反正和平反冤假错案也引起了国际舆论和国际社会的广泛关注。国际上对华友好的政党、团体对此尤其关心。日本是中国的近邻，主张中日友好的日本民主社会党专门组织了访华团，到中国实地观察了解中国政治形势的新发展和新变化。

1978年11月26日上午，邓小平专门拨冗会见由日本民主社会党中央委员会委员长佐佐木良作率领的日本民主社会党第二次访华团，并就日本客人提出的关于中国国内形势问题发表意见。

在谈到“天安门事件”问题时，邓小平明确指出：过去对“天安门事件”的评价是不对的，北京市委肯定“天安门事件”是广大群众悼念周总理、反对“四人帮”，是革命行动，这是我们中央批准的，实际上就是我们中央表示的态度。不久前，《人民日报》发表了一篇评论员文章《实事求是，有错必纠》，国际上反响很大。这篇文章主要是针对“天安门事件”讲的。有错必纠是毛主席历来提倡的。对“天安门事件”处理错了，当然应该纠正。如果还有别的事情过去处理不正确，也应该实事求是地加以纠正。勇于纠正错误，这是有信心的表现。当然，解决这样复杂的问题总要有一个过程，现在时机成熟了。有人有一个错觉，以为重新评价“天安门事件”又要乱，其实不会，人民是可以信任的。过去“四人帮”不让发表不同意见，结果激起了1976年清明节人民的义愤。“天安门事件”确实没有任何组织，完全是群众自发的啊！反映了人民的觉悟水平、政治水平。群众是最希望安定团结局面的。现在不但中央的领导，地方的领导也一样，都一心一意要搞四个现代化。搞四个现代化没有安定团结的局面是不行的。

在谈到“文化大革命”问题时，邓小平说：我们处理这些问题就是要把过去的问题了结一下，使全国人民向前看。所有错案、冤案，人民和干部不满意的事，一起解决。了结了这些问题，大家心情就舒畅了，一心一意向前看，搞四个现代化。对这个问题，可以说我们全党是百分之百的一致。

在谈到自力更生和接受外援的关系时，邓小平说：毛主席历来有两句话，自力更生，力争外援。“四人帮”把第二句话丢掉了，而且说，什么东西中国人都能搞出来，吸收外国的东西就是崇洋媚外，所以，把事情搞糟了。但是，人们没有理解为什么毛主席强调自力更生。我们长期以来没有条件接受外国的援助。从新中国成立以后到1972年以前，有什么条件？那时你日本给过我们援助吗？美国能给我们吗？欧洲能给我们吗？我们不强调自力更生怎么办？就是那时，毛主席也是讲两句话，不是一句话。所以，“四人帮”不粉碎，我们就没有这个条件，国际条件有了，国内条件没有。对这个问题要有历史分析。

现在我们的方针是，尽量吸收国际先进经验，引进资金和技术，加速我们的发展。这个方针现在才能实行，在这方面我们全党全民是一致的。当然，引进外国的技术和资金，这也要量力而行，处理妥当。

邓小平的这一席话，直截了当、光明磊落地回答了日本客人关于中国“天安门事件”平反、“文化大革命”评价、接受外国经济援助等十分敏感的问题，深刻地、完整地、科学地阐述了中国共产党在这些问题上的原则和立场，在国际上引起了很好的反响。

对此，日本著名报纸《读卖新闻》专门发表《在中国发了芽的社会主义民主》，评论说：中国（共产）党的副主席邓小平 26 日会见民社党访华团时，就现在进行的评价“文化大革命”问题坦率地讲述了“党中央的见解”。这种会见的讲话内容通过新华社详细地报道出去，完全是没有前例的。邓小平在讲话中，第一次表明了党领导的基本态度，即对于现在北京贴出的大字报中批评毛泽东和否定“文化大革命”的内容表示反对，但是，通过大字报表明意见的权利是受宪法保障的“正常的事情”，不打算压制。这些讲话，可以说表明了党领导机构的想法，即“文化大革命”中的错误要进行纠正，要排除神化毛泽东和把毛泽东思想绝对化，努力搞好“四个现代化”。党领导机构对于大字报的态度使人感到，这说明中国正在注意培育中国独特的这种社会主义民主方式。①

正确处理中美关系是中国外交政策的重要组成部分，在毛泽东生前由毛泽东直接掌握，周恩来和邓小平具体执行。毛泽东逝世，邓小平复出后，中美关系始终由邓小平直接掌握。1978 年 11 月 27 日上午，邓小平在会见美国专栏作家罗伯特·诺瓦克时，回答了有关国际形势和中美关系等方面的问题。

在谈到中美关系问题时，邓小平指出：如果站得高一点看，不管中国政治家或美国政治家，都认为两国关系早点实现正常化好，越早越好。如果说《中日和平友好条约》的签订，首先是亚洲、太平洋地区和平、安全和稳定的因素的话，我想中美关系正常化，对全球的和平、安全和稳定比中日条约的意义更大。在谈到中国实现四个现代化面临的主要障碍时，邓小平指出：障碍是

---

① 《参考消息》1978 年 12 月 2 日。

技术力量不够，管理水平太低。但我们相信中国人不蠢，可以学会。我们正在采取一些措施，派尽可能多的人去各国学习。

在回答中国现在是否也正在考虑对政治制度进行某些改革，比如采用西方那种竞选制度、干部通过选举产生等问题时，邓小平指出：整个制度我们同西方不一样，你们叫议会制，我们是人民代表大会制，这个制度不会改变。我们现在制度中存在的上层建筑不适应生产力发展的状况要改变。工人参加管理的方式要改进，要用经济规律来管经济。我相信，现在的制度如果搞得好，在某些方面加以适当改革，我们这个制度比你们那个制度做起事来要便利得多。我们过去有些东西是学苏联的，那些东西看来是落后了。

在回答中国是否采用南斯拉夫工人自治的形式问题时，邓小平指出：国家与国家的情况有很多不一样，各有各的特点，各有各的发展体制。当然，我们要研究他们的经验，但是不能简单地吸收别人的经验，要根据自己的条件来决定。根本的一点，是要承认自己落后，承认现在很多方法不对头，需要改，要承认这一点，并且找出适当的方法。

在谈到对毛泽东、毛泽东思想的评价时，邓小平指出：中国人民都知道，没有毛泽东主席就没有新中国。这个历史是抹不掉的。毛主席从来就提倡把马列主义的真理同中国革命的具体实践相结合，不是照抄照搬某句话。毛主席历来反对本本主义。我们对待毛泽东思想也是一样。你们大概注意到了，我们提倡要完整地、准确地掌握和运用毛泽东思想。因为有些问题毛主席在世时不可能提出。按照马列主义的原理，我们不能要求任何伟大的人物、伟大的领袖每句话在任何时候都是适用的。

在回答一些大字报批判了一些人是否是一个信号，说明不久将要把他们开除出中共中央政治局时，邓小平指出：不会。对一个人的评价不能只看他一段时间的表现。我们现在开的会主要是议论如何实现四个现代化的问题，但现在也确实想把过去有些冤案、错案和群众不满意的东西清理一下。群众对有些犯了错误的同志，可以进行批评。这些批评我看基本上是对的。我们对有些问题也要清理一下，比如说，北京市委宣布“天安门事件”是革命行动，而不是反革命事件。这是我们党中央的意见，全国人民的意见。这个问题清理一下就过去了，目的就是引导全国人民向前看。搞四个现代化，这是我们会议的中心问题。

邓小平还指出：凡是错误的都要纠正。有些人一提到纠正就怕，好像一提纠正就是针对毛主席的。这个看法就错了。现在，有人对我们进行的“实践是检验真理的唯一标准”这个理论问题的讨论有议论。我认为，有这些争论是好事，千篇一律倒是僵化的表现。你们的报纸有多少不同的议论！我们过去的报纸办得太单调，所以现在一有争论就有人以为是“权力之争”了。这是过去简单化形成的这么一种印象。

邓小平的这次谈话，涉及中美关系问题、中国实现现代化问题、中国的政治制度问题、中国经济体制改革的方向问题、对毛泽东思想的评价问题、中国一些城市出现大字报问题、“实践是检验真理的唯一标准”的讨论问题……范围广阔，内涵丰富，几乎包含了所有国际社会关注的问题，是一次向全世界阐述中国政策的重要谈话。

“周公吐哺，天下归心。”这是中国古代形容周朝著名政治家周公的一句成语。在中央工作会议期间，邓小平日理万机，席不暇暖，国际国内、党内党外，会上会下，各种事情、各类文件、各方面的问题，就像潮水一般向他涌来。

邓小平胸有成竹，举重若轻，驾轻就熟，要言不烦，深思熟虑，多谋善断，将所有问题一一妥善解决。

1978 年 11 月 27 日晚上，邓小平和华国锋、叶剑英、李先念、汪东兴听取中共中央工作会议各组召集人彭冲（当时任中共中央政治局委员、全国政协副主席、中共上海市委第三书记、上海市革命委员会第二副主任）、王恩茂（当时任中共中央委员、中共吉林省委第一书记、吉林省革命委员会主任、吉林省军区第一政治委员）、秦基伟（当时任中共中央委员、中共中央军委委员、中国人民解放军北京军区第一政治委员）、段君毅（当时任中共中央委员、中共河南省委第一书记、河南省革命委员会主任、中国人民解放军河南省军区第一政治委员）、汪锋（当时任中共中央委员、中共新疆维吾尔自治区委第一书记、新疆维吾尔自治区革命委员会主任、新疆维吾尔自治区政协主席、中国人民解放军新疆军区第一政治委员）、安平生（当时任中共中央委员、中共云南省委第一书记、云南省革命委员会主任、中国人民解放军昆明军区第一政治委员）的汇报。

在华东组提出“文化大革命”初期捏造的“二月兵变”需要澄清时，邓小平指出：我那时就说，这个事不可能。当时我是总书记，但调两个团到北京也不行。那时规定，调一个连，归大军区管，调一个营，归军委、总参谋部管。

在华东组提出对“一月风暴”的评价问题迟讲不如早讲时，邓小平指出：“一月风暴”问题，势必要解决，还是早一点讲好。

在西南组提出为“天安门事件”“六十一人叛徒集团”“二月逆流”和彭德怀、陶铸冤案等问题平反，势必涉及对毛主席的评价问题，建议中央应有一个统一的说法时，邓小平指出：毛主席那时身体不好，连华国锋同志也不能见到他。

在大家提出邓小平 11 月 26 日同日本民主社会党委员长佐佐木良作谈话的 19 条内容可否向干部传达，并根据谈话精神向群众做工作时，邓小平强调：那个谈话的概括基本正确。毛主席的伟大功勋是不可磨灭的。没有毛主席，就没有新中国。毛主席的伟大，怎么说也不过分，不是拿语言可以形容得出来的。毛主席不是没有缺点错误的，我们不能要求伟大领袖、伟大人物、思想家没有缺点错误，那样要求就不是马克思主义者。毛主席讲马克思、列宁写文章就经常自己修改嘛。对毛主席的缺点错误，这个问题是不能回避的，在党内还是讲一讲好。外国人问我，对毛主席的评价，可不可以像对斯大林评价那样三七开？我肯定地回答，不能这样讲。党中央、中国人民永远不会干赫鲁晓夫那样的事。

在中南组提出康生的问题时，针对《五一六通知》附件之二讲《二月提纲》是背着康生搞的这一说法，邓小平指出：康生是《二月提纲》的组织人之一。

在谈到对中央几个有错误的领导人如何处理的问题时，邓小平指出：现在国际上就看我们有什么人事变动，加人可以，减人不行，管你多大问题都不动，硬着头皮也不动。这是大局。好多外国人要和我们做生意，也看这个大局。

当时，中国正处于伟大的历史转折时刻，为了给中国的改革开放和现代化建设创造一个良好的国际环境，使国际社会了解中国的政策和中国对若干重大问题的不容动摇的原则立场，邓小平做了大量工作，付出了极大的心血。

1978 年 11 月 29 日，邓小平会见日本公明党中央委员会委员长竹入义胜率领的日本公明党第七次访华团。在谈到日本福田赳夫首相在日本自民党总裁选举中失利一事时，邓小平说：我们不会忘记他在缔结《中日和平友好条约》问题上下的决心。

邓小平指出：我现在还有一个愿望，就是想到华盛顿去，不晓得能否实现。美国人总是说，你为什么不到华盛顿去？那里有台湾的大使馆，我怎么能去呢？中美关系实现正常化了，中国领导人就可以去了。这要看美国政府、卡特总统的决心。只要两国领导人站在更高的立场上，把这个问题当作政治问题来解决，就比较容易达成一致。我们注意到美国政府和美国人民都有这个愿望，对我们来说，当然希望越快越好。

邓小平还指出：北京正在召开的最高领导人会议（即中央工作会议），主要是讨论四个现代化问题。要搞四个现代化，就要创造一个良好的政治气氛，求得一个安定团结的政治局面，使党内外广大群众心情舒畅。对过去有些事情，群众不满意的，也确实有错的，要按照毛主席实事求是、有错必纠的方针，把它纠正过来，把那些冤案、错案了结了。大的就是“天安门事件”这样的问题，错了就改嘛，改了就完了。对有些人，过去搞得不对的，搞过头了的，要改过来，比如对彭德怀同志的评价。这样去引导全党、全国人民一心一意奔向四个现代化。实际上，我们现在议的就是怎么样万众一心搞四个现代化，中心议题就是这个。

在中央工作会议上，邓小平还在中共中央政治局常务委员会召集的部分中国人民解放军大军区司令员和省委第一书记参加的“打招呼会议”上指出：历史问题只能搞粗，不能搞细。一搞细就要延长时间，这就不利。要以大局为重。外国人对其他事没兴趣，主要看中国安定不安定。

中央工作会议期间，邓小平面对党内外、国内外提出的一系列“热点”问题，不回避，不拖延，不拒绝，不绕圈子，一一正面予以回应。

不论应对任何问题，邓小平都坚持辩证唯物主义与历史唯物主义的立场、观点和方法，妥善回答，科学阐释，在党内外、国内外都产生了积极的效果和很好的反响。

尤其是国际舆论界，十分关注中国的政治动态，对于邓小平在中央工作会议期间会见外国客人的谈话，均给予了客观报道和积极评价，使中国共产党有效地赢得了在国际舆论中的主动权、主导权和话语权。

第一百〇一章

“解放思想，实事求是，团结一致向前看”

在1978年11月10日至12月15日的中央工作会议期间，邓小平亲拟了一个闭幕会上的讲话提纲，首先是“对会议的评价”；然后一共列了七个方面的问题：一、解放思想，开动机器；二、发扬民主，加强法制；三、向后看为的向前看；四、克服官僚主义，人浮于事；五、允许一部分先好起来；六、加强责任制，搞几定；七、新的问题。

邓小平亲拟这份提纲后，召集中共中央组织部部长胡耀邦等人，具体商谈起草讲话稿的问题。按照这个提纲，谈了讲话稿所要写的几个部分的问题，对需要阐明的思想、观点、方针、政策都一一作了进一步阐述。

邓小平提出讲话稿的题目后，问道：这个题目好不好？

胡耀邦等人都认为很好，觉得题目很新鲜。

邓小平将讲话稿提纲交给他们，指示他们负责重新起草稿子。

胡耀邦等找了国务院政治研究室有关同志执笔起草。

初稿送给邓小平后，他再次召集胡耀邦等同志一面念，一面逐字逐句地修改，形成了正式的讲话稿。

12月13日，中央工作会议举行闭幕会，邓小平作了《解放思想，实事求是，团结一致向前看》的重要讲话。

邓小平强调：这次会议解决了全党的工作重心转移问题。中央提出了把全党工作的重心转到实现四个现代化上来的根本指导方针，解决了过去遗留下来的一系列重大问题，必将使全党、全军和全国各族人民提高斗志，增强信心，加强团结。现在，我们可以有把握地说，全党、全军和全国各族人民在党中央的正确领导下，在新的长征中，一定会不断取得新的胜利。

这次会议开得很好，很成功，在党的历史上有重要意义。我们党多年以来没有开过这样的会了，这一次恢复和发扬了党的民主传统，开得生动活泼。我们要把这种风气扩大到全党、全军和全国各族人民中去。

这次会议讨论和解决了许多有关党和国家命运的重大问题。大家敞开思想，畅所欲言，敢于讲心里话，讲实在话。大家能够积极地开展批评，包括对中央工作的批评，把意见摆在桌面上。一些同志也程度不同地进行了自我批评。这些都是党内生活的伟大进步，对于党和人民的事业将起巨大的促进作用。

然后，邓小平围绕“解放思想，实事求是，团结一致向前看”这个主题，阐述了关于拨乱反正、正本清源、解放思想、改革开放、进行社会主义现代化建设的基本思想、观点。

邓小平提出改革开放和社会主义现代化建设必须解放思想的观点。

邓小平认为，在经历了“文化大革命”的十年动乱以后，“解放思想是当前的一个重大政治问题”。他分析了造成一些同志思想僵化或半僵化的历史原因，提出了思想僵化对于党的事业的严重危害，要求全党要坚持马克思主义的实事求是的思想路线。他指出：

解放思想，开动脑筋，实事求是，团结一致向前看，首先是解放思想。只有思想解放了，我们才能正确地以马列主义、毛泽东思想为指导，解决过去遗留的问题，解决新出现的一系列问题，正确地改革同生产力迅速发展不相适应的生产关系和上层建筑，根据我国的实际情况，确定实现四个现代化的具体道路、方针、方法和措施。

在我们的干部特别是领导干部中间，解放思想这个问题并没有完全解决。不少同志的思想还很不解放，脑筋还没有开动起来，也可以说，还处在僵化或半僵化的状态。这并不是因为他们不是好同志。这种状态是在一定历史条件下形成的。

不打破思想僵化，不大大解放干部和群众的思想，四个现代化就没有希望。

实事求是，是无产阶级世界观的基础，是马克思主义的思想基础。过去我们搞革命所取得的一切胜利，是靠实事求是；现在我们要实现四个现代化，同样要靠实事求是。不但中央、省委、地委、县委、公社党委，就是一个工厂、一个机关、一个学校、一个商店、一个生产队，也都要实事求是，都要解放思想，开动脑筋想问题、办事情。

在党内和人民群众中，肯动脑筋、肯想问题的人愈多，对我们的事业就愈有利。干革命、搞建设，都要有一批勇于思考、勇于探索、勇于创新的闯将。没有这样一大批闯将，我们就无法摆脱贫穷落后的状况，就无法赶上更谈不上超过国际先进水平。我们希望各级党委和每个党支部，都来鼓励、支持党员和群众勇于思考、勇于探索、勇于创新，都来做促进群众解放思想、开动脑筋的工作。

邓小平指出，“民主是解放思想的重要条件”。

“解放思想，开动脑筋，一个十分重要的条件就是要真正实行无产阶级的民主集中制。我们需要集中统一的领导，但是必须有充分的民主，才能做到正确的集中。”只有真正实行民主集中制，充分发扬民主，创造民主的条件，善于听取和集中人民群众的意见，才能使大家解放思想，开动脑筋。

我们要创造民主的条件，要重申“三不主义”：不抓辫子，不扣帽子，不打棍子。在党内和人民内部的政治生活中，只能采取民主手段，不能采取压制、打击的手段。宪法和党章规定的公民权利、党员权利、党委委员的权利，必须坚决保障，任何人不得侵犯。

前几天对“天安门事件”进行了平反，全国各族人民欢欣鼓舞，大大激发了人民群众的社会主义积极性。群众提了些意见应该允许，即使有个别心怀不满的人，想利用民主闹一点事，也没有什么可怕。要处理得当，要相信绝大多数群众有判断是非的能力。一个革命政党，就怕听不到人民的声音，最可怕的是鸦雀无声。

人民群众提出的意见，当然有对的，也有不对的，要进行分析。党的领导就是要善于集中人民群众的正确意见，对不正确的意见给以适当解释。对于思想问题，无论如何不能用压服的办法，要真正实行“双百”方针。一听到群众有一点议论，尤其是尖锐一点的议论，就要追查所谓“政治背景”、所谓“政治谣言”，就要立案，进行打击压制，这种恶劣作风必须坚决制止。

邓小平认为，为了尽快把经济建设搞上去，不仅要发扬政治民主，还要发扬经济民主。他说：现在我国的经济管理体制权力过于集中，应该有计划地大胆下放，否则不利于充分发挥国家、地方、企业和劳动者个人四个方面的积极性，也不利于实行现代化的经济管理和提高劳动生产率。应该让地方和企业、生产队有更多的经营管理的自主权。我国有这么多省、市、自治区，一个中等的省相当于欧洲的一个大国，有必要在统一认识、统一政策、统一计划、统一指挥、统一行动之下，在经济计划和财政、外贸等方面给予更多的自主权。

邓小平提出“必须使民主制度化、法律化”。

为了保障人民民主，必须加强法制。必须使民主制度化、法律化，使这种制度和法律不因领导人的改变而改变，不因领导人的看法和注意力的改变而改变。他说：“处理遗留问题为的是向前看。”

我们的原则是“有错必纠”。凡是过去搞错了的东西，统统应该改正。有的问题不能够一下子解决，要放到会后去继续解决。但是要尽快实事求是地解决，干脆利落地解决，不要拖泥带水。对过去遗留的问题，应当解决好。不解决不好，犯错误的同志不做自我批评不好，对他们不作适当的处理不好。但是，不可能也不应该要求解决得十分完满。要大处着眼，可以粗一点，每个细节都弄清不可能，也不必要。

邓小平提出要正确评价革命领袖。

回想在 1927 年革命失败以后，如果没有毛泽东同志的卓越领导，中国革命有极大的可能到现在还没有胜利，那样，中国各族人民就还处在帝国主义、封建主义、官僚资本主义的反动统治之下，我们党就还在黑暗中苦斗。所以说没有毛主席就没有新中国，这丝毫不是什么夸张。当然，毛泽东同志不是没有缺点、错误的，要求一个革命领袖没有缺点、错误，那不是马克思主义。

邓小平提出要正确评价“文化大革命”。

“文化大革命”已经成为我国社会主义历史发展中的一个阶段，总要总结，但是不必匆忙去做。要对这样一个历史阶段做出科学的评价，需要做认真的研究工作，有些事要经过更长一点的时间才能充分理解和作出评价，那时再来说明这一段历史。

邓小平提出在新的历史条件下“研究新情况、解决新问题”。

要向前看，就要及时地研究新情况和解决新问题，否则我们就不可能顺利前进。各方面的新情况都要研究，各方面的新问题都要解决，尤其要注意研究和解决管理方法、管理制度、经济政策这三方面的问题。

邓小平提出“要特别注意克服官僚主义”，及时进行改革。

官僚主义是小生产的产物，同社会化的大生产是根本不相容的。要搞四个现代化，把社会主义经济全面地转到大生产的技术基础上来，非克服官僚主义这个祸害不可。现在，我们的经济管理工作，机构臃肿，层次重叠，手续繁杂，效率极低。政治的空谈往往淹没一切。这并不是哪一些同志的责任，责任在于我们过去没有及时提出改革。但是如果现在再不实行改革，我们的现代化事业和社会主义事业就会被葬送。

邓小平提出“要学会用经济的方法管理经济”。

自己不懂就要向懂行的人学习，向外国的先进管理方法学习。不仅新引进的企业要按人家的先进方法去办，原有企业的改造也要采用先进的方法。今后看一个经济部门的党委善不善于领导，领导得好不好，应该主要看这个经济部门实行了先进的管理方法没有，技术革新进行得怎么样，劳动生产率提高了多少，利润增长了多少，劳动者的个人收入和集体福利增加了多少。各条战线的各级党委的领导，也都要用类似这样的标准来衡量。这就是今后主要的政治。离开这个主要的内容，政治就变成空头政治，就离开了党和人民的最大利益。

邓小平提出在管理制度上“要特别注意加强责任制”。

现在，各地的企业事业单位中，党和国家的各级机关中，一个很大的问题就是无人负责。名曰集体负责，实际上等于无人负责。一项工作布置之后，落实了没有，无人过问，结果好坏，谁也不管。所以急需建立严格的责任制。列宁说过：“借口集体领导而无人负责，是最危险的祸害”，“这种祸害无论如何要不顾一切地尽量迅速地予以根除”。任何一项任务、一个建设项目，都要实行定任务、定人员、定数量、定质量、定时间等几定制度。我们在实行党委领导下的厂长负责制的时候，要切实做到职责分明。

邓小平提出要允许一部分地区、一部分企业、一部分工人农民收入先多一些，生活先好起来。

在经济政策上，要允许一部分地区、一部分企业、一部分工人农民，由于辛勤努力成绩大而收入先多一些，生活先好起来。一部分人生活先好起来，就必然产生极大的示范力量，影响左邻右舍，带动其他地区、其他单位的人们向他们学习。这样，就会使整个国民经济不断地波浪式地向前发展，使全国各族人民都能比较快地富裕起来。

邓小平强调，实现四个现代化是一场深刻的伟大的革命。要克服保守主义和本本主义。几百个中央委员，几千个中央和地方的高级干部，要带头钻研现代化经济建设。

古代刘勰在《文心雕龙》中指出：“一言之辩，重于九鼎之宝；三寸之舌，强于百万之师。”邓小平的讲话，既是对中央工作会议的重要总结，又为即将召开的中共十一届三中全会提出了重要指导思想，

邓小平的讲话，论述了中国改革开放和社会主义现代化建设需要解决的一系列基本问题，标志着邓小平理论的形成，是一篇马克思主义的重要文献。它集中地反映了邓小平在粉碎“四人帮”后对中国社会主义建设道路问题思考的成熟，是中国共产党面向历史发展和全国人民期望发表的一个崭新的政治纲领。

邓小平提出中国共产党实现工作重点转移、实行改革开放，震撼了中国，也震撼了世界。1978 年 12 月出版的法国《观点》杂志把中国国务院副总理邓小平列为当年的新闻人物——因为邓小平“把中国对世界开放”了，并赢得了美国对中国的承认。

法国《观点》杂志还把邓小平称为“不倒的第二号人物，不倒的重返政坛的人”①。

1979 年 1 月上旬，邓小平被美国著名的《时代》周刊评为“1978 年度世界风云人物”。

《时代》周刊 1979 年第 1 期《序言》指出：“一个崭新中国的梦想者——邓小平向世界打开了‘中央之国’的大门。这是人类历史上气势恢宏、绝无仅有的一个壮举！”

① 《参考消息》1978 年 12 月 25 日。

第一百〇二章

“在这个集体中，实际上可以说我处在一个关键地位”

邓小平曾经指出：“任何一个领导集体都要有一个核心，没有核心的领导是靠不住的。第一代领导集体的核心是毛主席。因为有毛主席作领导核心，‘文化大革命’就没有把共产党打倒。第二代实际上我是核心。因为有这个核心，即使发生了两个领导人的变动，都没有影响我们党的领导，党的领导始终是稳定的。”①

中国现代历史的发展，经过一定阶段曲折中前进的过程，终于达到一个历史发展的关键点。经过1978年中央工作会议的充分准备，12月18日至22日，中国共产党第十一届中央委员会第三次全体会议在北京举行。出席会议的中央委员169人，候补中央委员112人，各地方和中央有关部门的负责人列席了会议。

由于此前召开了36天的中央工作会议，对十一届三中全会要研究的预定内容作了充分准备，所以这次全会只开了5天，便顺利解决了所有重大问题。长期担任全国政协副主席、中共中央党史研究室主任的胡绳认为：这时候，党内党外，人们都纷纷地用各种不同的形式，表示出了一种愿望、一种强烈的愿望。这个愿望就是要求彻底纠正“文化大革命”那种错误，要求摒弃过去那些不符合实际需要的各种做法。十一届三中全会就是在这时候举行的。在这次全会前，还开了一个多月的中央工作会议。在中央工作会议的最后一天，邓小平同志就作了一个很重要的讲话，这个讲话的题目就叫《解放思想，实事求是，团结一致向前看》。这个讲话，也就是为几天后举行的十一届三中全会提出了一个指导方针。在他的领导下，几天后举行的十一届三中全会明确提出把党和国家工作重点转移到经济建设上来，而且把发展生产力作为压倒一切的中心任务，要对经济管理体制和经营管理方法做出认真的改革，来充分发挥国家

① 《邓小平文选》第3卷，人民出版社1993年版，第310页。

和地方、企业、劳动者个人的各个方面积极性，按照客观经济规律办事。那么，我们的国民经济就能够高速度地稳定地向前发展。

中共十一届三中全会结束了1976年10月以来党的工作在徘徊中前进的局面，开始全面地认真地纠正“文化大革命”中及其以前的“左”倾错误。其主要成果是：

坚决批判了“两个凡是”的错误方针，充分肯定了必须完整地准确地掌握毛泽东思想的科学体系；

高度评价了关于真理标准问题的讨论，确定了解放思想、开动脑筋、实事求是、团结一致向前看的指导方针；

果断地停止使用“以阶级斗争为纲”这个不适用于社会主义社会的口号，作出了把工作重点转移到社会主义现代化建设上来的战略决策；

提出了要注意解决好国民经济重大比例严重失调的要求，制定了关于加快农业发展的决定；

着重提出了健全社会主义民主和加强社会主义法制的任务；

审查和解决了党的历史上一批重大冤假错案和一些重要领导人的功过是非问题；

增选了中央领导机构的成员。

这些在领导工作中具有重大意义的转变，标志着中国共产党重新确立了马克思主义的思想路线、政治路线和组织路线。

关于1975年邓小平主持中央工作期间的功过是非，全会指出：“1975年，邓小平同志受毛泽东同志委托主持中央工作期间，各方面工作取得很大成绩，全党全军和全国人民是满意的。邓小平同志和中央其他领导同志一道，按照毛泽东同志的指示，对‘四人帮’的干扰破坏进行了针锋相对的斗争。‘四人帮’硬把1975年的政治路线和工作成就说成是所谓‘右倾翻案风’，这个颠倒了的历史必须重新颠倒过来。”

关于1976年春天发生在北京天安门广场的“天安门事件”，全会指出：“1976年4月5日的‘天安门事件’完全是革命行动。以‘天安门事件’为中心的全国亿万人民沉痛悼念周恩来同志、愤怒声讨‘四人帮’的伟大革命群众运动，为我们党粉碎‘四人帮’奠定了群众基础。全会决定撤销中央发出的有关‘反击右倾翻案风’运动和‘天安门事件’的错误文件。”

根据与会同志的意见和要求，全会决定：

“增选陈云同志为中央政治局委员、政治局常务委员、中央委员会副主席。”

“增选邓颖超、胡耀邦、王震三同志为中央政治局委员。”

“全会考虑到第十一次全国代表大会以来党的生活实际变化和目前党的工作的迫切需要，决定采取临时措施，增补黄克诚、宋任穷、胡乔木、习仲勋、王任重、黄火青、陈再道、韩光、周惠九同志为中央委员，将来提请党的第十二次代表大会对这一增补手续予以追认。”

全会决定设立中央纪律检查委员会，“选举陈云同志为中央纪律检查委员会第一书记，邓颖超同志为第二书记，胡耀邦同志为第三书记，黄克诚同志为常务书记，王鹤寿等同志为副书记，并选举了中央纪律检查委员会的常务委员和委员”①。

中共十一届三中全会制定的马克思主义思想路线和政治路线，必须有马克思主义组织路线来保证。会后，中央政治局 1978 年 12 月 25 日召开会议，研究新增选的一位中央委员会副主席和三位中央政治局委员的具体工作分工问题。会议决定：

陈云副主席分管中央纪律检查委员会、中共中央调查部、公安部、最高人民检察院、最高人民法院、民政部等纪检系统、政法系统和民政系统的工作。

邓颖超分管中华全国总工会、中国共产主义青年团、中华全国妇女联合会等群众团体和群众组织的工作。

王震按照过去分工，分管国防工业各部门，即第三机械工业部、第四机械工业部、第五机械工业部、第六机械工业部的工作。

胡耀邦分管中央日常工作和宣传工作。

中央政治局会议根据中央工作会议和十一届三中全会上许多老一辈无产阶级革命家和与会同志的建议与意见，对中央机关和中央国家机关的一些主要负

① 《中国共产党第十一届中央委员会第三次全体会议公报》,1978 年 12 月 22 日通过。

责人进行了组织调整，以利于更好地贯彻执行十一届三中全会的路线、方针和政策。会议决定：

设立中央秘书长、副秘书长，协助中央领导同志处理中央日常工作。任命胡耀邦为中央秘书长兼中央宣传部部长，胡乔木为中央副秘书长兼中央毛泽东主席著作编辑出版委员会办公室主任，姚依林为中央副秘书长兼中央办公厅主任。

任命宋任穷为中央组织部部长，胡耀邦不再兼任中央组织部部长职务。

免去张平化的中央宣传部部长职务，调任中央党校副校长（以后又调任国家农业委员会副主任）。

调陕西省委第一书记王任重任国务院副总理兼国家农业委员会主任，待提请全国人大常委会讨论通过后公布。

会议决定：调中央党校副校长马文瑞任中共陕西省委第一书记。任命冯文彬为中央办公厅第一副主任。任命杨德中为中央办公厅警卫局局长兼中央警卫师师长、党委书记。任命金明为商业部部长，姚依林不再兼任商业部部长职务。任命刘澜涛为中央统一战线工作部第一副部长、中国人民政治协商会议全国委员会秘书长，建议在1979年举行的中国人民政治协商会议第五届全国委员会第二次会议上增选为全国政协副主席。

会议决定：免去汪东兴的所有兼职（中央办公厅主任、党委书记，中央办公厅警卫局局长、党委书记，八三四一部队负责人，中央毛泽东主席著作编辑出版委员会办公室主任、党委书记等领导职务）。

这次中共中央政治局会议，是中国共产党组织路线拨乱反正的重要步骤，会议通过的各项决定，对于保证全面贯彻落实中共十一届三中全会确定的路线、方针、政策具有重要意义。

中共十一届三中全会形成以邓小平为核心的第二代中央领导集体。邓小平曾经指出：“党的十一届三中全会建立了一个新的领导集体，这就是第二代的领导集体。在这个集体中，实际上可以说我处在一个关键地位。”①

---

① 《邓小平文选》第3卷，人民出版社1993年版，第309页。

邓小平在第二代中央领导集体的核心地位，既是中国共产党历史发展的必然结果，也是由于他在中国新民主主义革命时期、社会主义革命和建设时期、实现党的历史转折时期的重要作用自然形成的，是历史检验和实践检验的结果。

此后，邓小平虽然从来没有担任过中国共产党中央委员会主席，也没有担任过中共中央最高领导人实行总书记制以后的中国共产党中央委员会总书记，但是，邓小平是全党全国人民公认的中共第二代中央领导集体的核心、举世公认的“当代中国改革开放的总设计师”、中国改革开放和社会主义现代化建设新道路的开拓者。

邓小平的这种党内外、国内外公认的崇高的历史地位，是由其长期的革命实践，丰富的历史经验，卓越的政治智慧，恢宏的世界眼光，精辟的理论阐述，具有前瞻性的改革开放意识和深邃的治国思想所决定的……

在以邓小平为核心的中共第二代中央领导集体领导下，引导中国实现伟大历史转折的高速列车终于在 1978 年的年底启动了。中国共产党和中国人民由此开辟了改革开放和社会主义现代化建设的崭新道路。

邓小平曾经指出：从毛刘周朱开始，中国共产党才真正形成了一个稳定的成熟的领导集体。以前的领导都是很不稳定，也很不成熟的。从陈独秀起，一直到遵义会议，没有一届是真正成熟的。在这中间有一段时间，说是要强调工人阶级领导，就勉强拉工人来当领导。我们党的历史上，真正形成成熟的领导，是从毛刘周朱这一代开始。这一代的前期是好的，后期搞“文化大革命”，变成一场灾难。华国锋只是一个过渡，说不上是一代，他本身没有一个独立的东西，就是“两个凡是”。第二代是我们这一代……我们这个第二代，我算是个领班人，但我们还是一个集体。对我们这个集体，人民基本上是满意的，主要是因为我们搞了改革开放，提出了四个现代化的路线，而且真正干出了实绩。[①]

中国共产党在思想、政治、组织等领域的全面拨乱反正，是从中共十一届

① 《邓小平文选》第 3 卷，人民出版社 1993 年版，第 298～299 页。

三中全会开始的。

社会主义中国的改革开放，是由这次全会揭开序幕的。

中国特色社会主义新道路，是以这次全会为起点开辟的。

当代中国的马克思主义——邓小平理论，是在这次全会前后开始逐步形成和发展起来的。

对于以中共十一届三中全会为标志的中国现代历史转折，国际舆论表示了极大关注，普遍给予极高的评价。

日本时事社以《为实现“四个现代化”重整阵容》为题评论说：

中国共产党第十一届中央委员会第三次全体会议（三中全会）恢复了原副主席陈云的职务，在党内排列顺序是第五位。此外，增选的政治局委员新成员有邓颖超、胡耀邦和王震，保证了“安定团结”。中国从此结束了批判“四人帮”的工作，为从明年开始正式实现“四个现代化”而调整了阵容。

三中全会的主要议题是总结批判“四人帮”运动，从明年起，把党的工作重点转移到经济建设。会上，除重新研究了毛泽东主席的功过外，还把确立民主和法制定为推进经济建设的重要前提条件。与此同时，还决定了要根据“实事求是”的精神巩固安定团结的基本路线。

关于毛泽东主席的功过，新闻公报把这位主席称作“毛泽东同志”，改变了历来的称呼。明确表示要打破把毛主席“神化”的做法，而且指出，今后应该在全面地、正确地评价毛泽东思想的基础上，科学地、“实事求是”地评价毛泽东主席。

对于毛泽东主席和毛泽东思想的功过，群众已经通过大字报和讨论集会提出了要求重新评价的意见。可以认为，党的中央委员会决心正式地进行事实上的重新评价，是根据为了推进“四个现代化”必须解放思想这样的判断。可以说，这是中国共产党历史上具有极大的划时代意义的决定。

联系到批判“四人帮”运动的结束，三中全会确定了“大规模的急风暴雨式的群众运动已经基本结束”的方针。这就是明确了要停止“文化大革命”时期的那种通过群众运动进行斗争的方式，今后要严格区别敌我矛盾和人民内部矛盾，思想和路线问题的对立要通过辩论解决。因此，这也是华国锋政权当前最重视的关系到安定团结的政策转变。①

日本的《日本经济新闻》12月26日发表《中国推进现代化体制的起步与今后》的社论，认为：

中国在经历了1976年秋天的“十月政变”已整整过了两年之后，终于宣告结束了动荡与混乱，开始了推进现代化的国内部署。从18日到22日为时5天的中国共产党第十一届中央委员会第三次全体会议的召开，以及23日晚上发表的归纳了这次全会讨论的结果的新闻公报，从这一意义上来说，具有不可忽视的重要性。

对于三中全会，用一句话可以归纳为是要实现政治社会方面的民主化与经济产业方面的效率化。将这次中央工作会议和三中全会作最大的概括，可以认为是想要在自由而明朗的气氛下增加生产、改善生活。同宣告揭批林彪集团以及“四人帮”帮派体系的政治运动的结束相呼应，宣告将一切精力总动员起来去实现农业、工业、国防、科技四个现代化，不仅反映了以华国锋、叶剑英、邓小平等人组成的中央领导的意愿，也反映了一般大众的意愿。这一点在（全会决定的）新的人事安排上也得到了反映。

这次的三中全会的特征是：第一，根据不应当要求以毛泽东为首的领导人“绝对不会犯错误”这一点，为重新审查过去的一切处分打开了道路。彭德怀、陶铸、薄一波、杨尚昆等人的名誉被恢复了。第二是明确宣告，作为防止重演错案、冤案的办法，为了保障“在法律面前人人平等”，在一切领域要加强法制化。第三是明确表明，在正式推进为了现代化的经济建设时，在提出从重视经济效率出发重新改编产业组织的同时，也明确提出了要尽可能纠正可能随着急剧的工业化政策和高速成长而带来的弊病的抑制性措施。

对于在向中国提供经济合作上多少有点过于热衷的日本产业界来说，今后究竟应当如何对待这件事呢？不能光把注意力集中在谋求打开（日本经济）不景气的突破口这一点上，而应当在提供农业方面的技术合作、充实（中国的）社会资本以及资金计划的确定等方面，表明细致而周到的合作姿态。同时，我们还想再次提醒一下。（日本）政府应当抓紧决定在金融和石油方面

① 《参考消息》1978年12月25日。

（同中国合作）的想法。①

南斯拉夫《战斗报》12 月 26 日以《“极左”在中国结束》为题报道说：

中国共产党中央委员会全体会议不久前结束，就其意义和就全会所作出的决议来说，这次会议比去年 8 月举行的第十一次中国党代会又向前迈进了一步。仅这一事实就使人们注意到了中国变化之迅速。

如果把全会公报全面分析一下，可以看到，党对过去的某些错误承担了大部分责任。换句话说，下面一种认识占了上风，即错误不只是某些人造成的，更不能把他们当成中国革命迄今发展情况的唯一罪人。

团结，这一立场具有深远的意义。首先它保证了使过去的路线，或者说使关于中国的社会发展的思想，现在能够得以迅速改变。其次，它保证了一系列历史遗留问题的解决。纠正了对某些人作的错误结论，使他们在政治上恢复了名誉，并参加了工作。在这一基础上形成了新的团结，而这样又加强了国内的稳定。

放弃了“以阶级斗争为纲”，即以“阶级斗争”为全部政治工作的基础这个用了几乎 20 年的口号。据认为，关于加剧社会主义条件下阶级斗争的论点给中国造成了许多损失，并且表明在社会主义发展的条件下，把工作重点放到次要地位，会导致宗派主义和派别斗争。现在出现了“大转变”。全部活动的中心是“社会主义现代化”。这一术语意味着中国的实质性的复兴——经济上、政治上、组织上和理论上的复兴。实现这一目标的方法是建立在法律秩序上的社会主义民主。

《人民日报》指出，这样的转变由于各种原因而没有实现。1956 年毛泽东曾发表了他的名著《论十大关系》，试图推动这一转变。报纸强调指出，“因此，我国在经济建设中的经验非常少”，报纸还说，共产党员们应该研究其他社会主义国家的经验，其中还提到了南斯拉夫的经验。

民主，社会上的民主问题对中国向社会主义发展的道路具有实质性意义。这条道路现在有了较为人道的形式。中国在全会结束后发表的文章中写道，“一个革命政党，就怕听不到人民的声音，最可怕的是鸦雀无声”。报纸援引

① 《参考消息》1978 年 12 月 28 日。

中共中央的决定说，“只有发扬民主，才能安定团结”。

所有这些可以说这次中共中央全会确实非常重要。北京街头没出现任何标语和游行，而在以前这种情况时，上百万群众又要在街上敲锣打鼓表示支持领导的决定了。

仅此变化就足以说明所作出的决议的严肃性和由口头转为行动的决心了。[①]

① 《参考消息》1978年12月28日。

第一百〇三章

“十一届三中全会解决了这个问题，这是一个重要的转折”

中共十一届三中全会实现了社会主义时期具有深远历史意义的伟大转折，形成以邓小平为核心的第二代中央领导集体，确定以经济建设为中心，成为中国现代史上的一座历史丰碑。

新民主主义革命时期的遵义会议形成以毛泽东为核心的中共第一代中央领导集体，成为领导中国革命走向胜利的重要保证。

社会主义时期的中共十一届三中全会形成以邓小平为核心的中共第二代中央领导集体，成为领导中国改革开放和现代化建设走向胜利的重要保证。

长期担任全国政协副主席和中共中央党史研究室主任的著名历史学家胡绳认为：中国的民主革命时期曾经有过一个会议，叫作遵义会议，这具有划时代的意义。十一届三中全会在社会主义时期的地位，可以说，跟民主革命时期的遵义会议可以对比、可以相同。1935 年遵义会议是在党的工作、军事工作、军队都处于非常困难艰难的时期举行的。遵义会议确定了以毛泽东同志为代表的党的领导。遵义会议只过了 14 年，中国革命就得到了辉煌的彻底的胜利。在作为一个历史转折点这个意义上说，十一届三中全会有点类似于遵义会议。在社会主义的万里长征中间，我们经历了各种挫折、曲折，终于在十一届三中全会找到了一个转折点，这以后我们找到了符合中国实际的社会主义建设道路，就好像在遵义会议以后找到符合中国实际的民主革命道路一样。后来，胡绳正是根据这个观点提出，中共中央党史研究室撰写《中国共产党历史》，各个历史时期的划分，在中国共产党社会主义革命和建设时期历史与中国共产党改革开放和现代化建设新时期历史之间，要以中共十一届三中全会为标志划界——即以中共十一届三中全会作为中国共产党改革开放和现代化建设新时期历史的起点。由胡绳“原创”提出的这个观点，已经成为中共中央党史研究室和历史学界的共识。

中共十一届三中全会闭幕后，全党全国立即掀起学习、宣传、贯彻、落实十一届三中全会精神的热潮。1978 年 12 月 25 日，在解放思想、拨乱反正中一直居于历史发展潮流前列的《人民日报》，专门发表了《把全党工作的着重点转移到现代化建设上来》的社论。社论概括了中共十一届三中全会的主要精神，阐述了全党工作重点转移的重要意义：

“（中共十一届）三中全会决定从明年起，把全党工作的着重点转移到社会主义现代化建设上来。这是我们党在进行新长征中的一个重大战略决策。

“把全党工作的着重点转移到现代化建设上来，是我国历史进程发展的客观要求，反映了全国 8 亿人民和全党 3600 万名党员的迫切愿望，对于实现农业、工业、国防和科学技术现代化，在生产发展的基础上显著地改善人民生活，进一步发展和巩固我国社会主义的经济制度和政治制度，做好反侵略战争的准备，都具有重大的意义。

“这两年来，全党工作的中心放在揭批林彪、‘四人帮’的群众运动上，是完全正确的。……现在，经过了三大战役，从根本上扭转了林彪、‘四人帮’造成的严重局面，扫除了阻挡我们前进的最大障碍，就全国来说，揭批林彪、‘四人帮’的群众运动已经基本上完成自己的历史性任务，可以胜利结束了，全党工作的着重点可以转移到现代化建设上来了。从国际形势来看，也要求我们抓紧时机，大大加快社会主义建设的步伐。

“把中心转移到现代化建设上来，动员全党全军全国各族人民同心同德，鼓足干劲，全力以赴，为把我国建设成现代化的社会主义强国而奋斗，这是当前和今后一个长时期内最大的政治。”

对于中共十一届三中全会在社会主义时期具有历史转折意义的重要作用，邓小平作了高度评价。他指出：“我们干革命几十年，搞社会主义三十多年，截至一九七八年，工人的月平均工资只有四五十元，农村的大多数地区仍处于贫困状态。这叫什么社会主义优越性？因此，我强调提出，要迅速地坚决地把工作重点转移到经济建设上来。十一届三中全会解决了这个问题，这是一个重要的转折。”[①]

中国共产党在十一届三中全会前后领导和支持了关于实践是检验真理唯一标准的大讨论。这场讨论冲破个人崇拜和“两个凡是”的束缚，重新确立了解放思想、实事求是的思想路线。这是思想路线的拨乱反正。

中国共产党在十一届三中全会上毅然抛弃“以阶级斗争为纲”这个不适用于社会主义社会的“左”的错误方针，把党和国家的工作中心转移到经济建设上来。这是政治路线的拨乱反正。

中国共产党在确定工作中心转移的同时，作出实行改革开放的伟大决策，并针对拨乱反正过程中出现的错误思潮，旗帜鲜明地强调必须坚持社会主义道路、坚持人民民主专政、坚持中国共产党的领导、坚持马克思列宁主义毛泽东思想。“一个中心、两个基本点”的思想开始形成，奠定了新时期党的基本路线的基础。

从中共十一届三中全会开始，以邓小平为核心的中央领导集体，承担起艰巨的使命，实现了历史性转折，开创了中国社会主义事业发展的新时期。

全党全国贯彻落实中共十一届三中全会提出的解放思想、开动脑筋、实事求是、团结一致向前看的方针，必须解决一系列思想问题、理论问题和实践问题。为此，中共中央宣传部和中国社会科学院于1979年年初在北京召开理论工作务虚会。

这次会议的目的是：总结理论、宣传工作的基本经验教训，重点讨论工作重点转移后的理论工作，继续扫清前进道路上的思想障碍，研究和解决层出不穷的新问题。

理论工作务虚会前一阶段的会议，着重总结粉碎“四人帮”两年来理论、宣传方面的基本经验教训，研究全党工作重点转移后理论、宣传工作的根本任务。

与会同志对“两个凡是”的错误方针和思想僵化现象进行了尖锐批评，对多年来被歪曲的一些重大理论问题，例如关于社会主义时期阶级斗争的一些

---

① 《邓小平文选》第3卷，人民出版社1993年版，第10～11页。

提法、关于无产阶级专政下继续革命的口号等，进行了深入讨论。会上，对于一系列人们关注的理论问题，进行了拨乱反正、正本清源。

理论工作务虚会后一阶段的会议由中共中央主持召开。

3 月 30 日，邓小平代表中共中央在理论务虚会上作了《坚持四项基本原则》的重要讲话。他首先指出：过去搞民主革命，要适合中国情况，走毛泽东同志开辟的农村包围城市的道路。现在搞建设，也要适合中国情况，走出一条中国式的现代化道路。要使中国实现现代化，至少有两个重要特点是必须看到的：一是底子薄；二是人口多，耕地少。①

邓小平认为："我们要在中国实现四个现代化，必须在思想政治上坚持四项基本原则。这是实现四个现代化的根本前提。"邓小平强调，这四项基本原则是：第一，坚持社会主义道路；第二，坚持无产阶级专政；第三，坚持共产党的领导；第四，坚持马列主义、毛泽东思想。②

邓小平逐一分析了坚持四项基本原则的重要性和必要性，郑重指出："每个共产党员，更不必说每个党的思想理论工作者，决不允许在这个根本立场上有丝毫动摇。如果动摇了这四项基本原则中的任何一项，那就动摇了整个社会主义事业，整个现代化建设事业。"③

邓小平强调，宣传和贯彻四项基本原则，是一项十分重大的任务，既是重大的理论任务，又是重大的政治任务。

邓小平在理论务虚会上的讲话，是一个极为重要的指导性文献。随后，在全体共产党员、全体共青团员，全军指战员，各机关、企业和事业的全体职工，大中学校的师生员工和农村生产大队以上干部中进行了认真传达，并采取各种不同方法组织学习讨论。

理论务虚会后，一些地区和部门进行了真理标准问题讨论的补课，并且有领导地逐步把端正思想路线的思想教育工作深入到基层。这样，在中共十一届三中全会提出的解放思想、实事求是的马克思主义思想路线指引下，按照邓小平在理论务虚会上提出的把解放思想同坚持四项基本原则统一起来的讲话精

---

① 《邓小平文选》第 2 卷，人民出版社 1994 年版，第 163 ~ 164 页。

② 《邓小平文选》第 2 卷，人民出版社 1994 年版，第 164 ~ 165 页。

③ 《邓小平文选》第 2 卷，人民出版社 1994 年版，第 173 页。

神，思想理论工作在改革开放和社会主义现代化建设实践中不断向前发展。

至此，从中共十一届三中全会开始的以经济建设为中心，坚持四项基本原则，坚持改革开放的基本路线形成。

这时，十年动乱时期造成的对中国国民经济的危害日益明显地暴露出来。为此，1979 年 4 月 5 日至 28 日，中央召开工作会议，主要讨论经济调整问题。根据中共中央的决策，李先念代表中央在讲话中分析了经济形势，论述了调整经济的必要性，提出了“调整、改革、整顿、提高”的方针。这是对经济工作指导思想和国民经济工作拨乱反正的重要举措，收到了很好的效果。

以中共十一届三中全会的历史转折为起点，中国共产党掌握了拨乱反正的主动权，有步骤地解决了中华人民共和国成立以来的许多历史遗留问题和新形势下出现的新问题，使中国在政治上和经济上都出现了很好的形势。广大干部和群众从十年动乱中盛行的个人崇拜和教条主义的精神枷锁中解放出来，党内外思想活跃，出现了努力研究新情况、解决新问题的生动景象。

中共十一届三中全会在领导工作中具有重大意义的转变，标志着中国共产党重新确立了马克思主义的思想路线、政治路线和组织路线。在中共第二代中央领导集体的领导下，开始了坚决的、全面的、依靠群众和实事求是的拨乱反正。从此，党掌握了拨乱反正的主动权，坚持解放思想、实事求是；坚决实现全党全国工作重点转移；始终不渝地坚持以经济建设为中心，中国社会主义事业乘风破浪向前发展。

“咬定青山不放松，植根原在破岩中。千磨万击还坚劲，任尔东西南北风。”总结了自身丰富经验与教训的中国共产党，始终不渝、一以贯之、坚定不移地沿着十一届三中全会开辟的中国特色社会主义道路前进，就一定能够实现中华民族的伟大振兴。

根据全党全国实现工作重点转移的要求，中共中央作出一系列重要决策，认真地解决国内政治生活中长期遗留下来的一系列重大问题：

1979 年 1 月 11 日，中共中央作出关于地主、富农分子摘帽问题的决定。决定指出：考虑到我国农村完成土地改革和实现农业集体化以后，地主、富农分子已经经过了 20 多年乃至 30 年的劳动改造，他们当中的绝大多数已经成为自食其力的劳动者。因此，除极少数仍然坚持反动立场者外，凡是多年遵守政府法令，老实劳动，不做坏事的地主、富农分子以及反革命分子、坏分子，经过群众评审，县级人民政府批准，摘掉帽子，给予农村人民公社社员待遇。按照这个决定，绝大多数地主、富农分子以及反革命分子、坏分子被摘掉了帽子，调动了他们劳动生产的积极性。

根据中共十一届三中全会精神，这一期间，逐步落实了干部政策、知识分子政策、民族政策、宗教政策、侨务政策、原国民党起义投诚人员的政策，等等。这一系列工作，妥善解决了大量党内矛盾和人民内部矛盾，促进了全国安定团结局面的发展，调动了全国人民建设社会主义的积极性，为改革开放和社会主义现代化建设奠定了稳固的政治基础和社会基础，受到社会各界的广泛好评和热烈拥护。

第一百〇四章

北京市委宣布："天安门事件"是"革命行动"

辩证唯物主义和历史唯物主义认为，人民群众不仅是社会物质财富的创造者，而且是社会精神财富的创造者。毛泽东认为："人民，只有人民，才是创造历史的真正动力。"

1976年春天，由于江青集团掀起的"反击右倾翻案风"运动，批判邓小平，影射周恩来，引起天怒人怨。于是，广大人民群众在清明节前后，以北京天安门广场为中心，掀起一场声势浩大的纪念周恩来、拥护邓小平、声讨江青集团的群众运动——四五运动。这场震撼全国人民心灵的自发的具有广泛参与性的群众运动，从北京天安门广场一直波及全国许多大中小城市，最后遭到"四人帮"的严厉镇压。这就是"天安门事件"的来龙去脉。

粉碎江青集团后，广大人民群众强烈要求为"天安门事件"彻底平反，把颠倒了的历史再颠倒过来。

邓小平较早提出为"天安门事件"平反问题。早在粉碎江青集团刚刚7个多月的时候，邓小平就明确指出："'两个凡是'不行。按照'两个凡是'，就说不通为我平反的问题，也说不通肯定一九七六年广大群众在天安门广场的活动'合乎情理'的问题。"①

当时许多人都认为，"天安门事件"很快就能够得到平反，因为人民群众在"天安门事件"中的主要矛头就是对着"四人帮"、声讨"四人帮"、反对"四人帮"的。现在，"四人帮"终于被粉碎了，顺理成章，"天安门事件"也就可以平反了。

然而，为"天安门事件"平反的事情并不是那么简单。为此，人民日报

① 《邓小平文选》第2卷，人民出版社1994年版，第38页。

社专门整理材料，撰写出《“四人帮”在天安门广场事件中的阴谋活动》的专题报告，报送中共中央。

中央主管宣传工作的耿飚看到这份材料后，高兴地说，“天安门事件”可以平反了。但是，粉碎“四人帮”一年多过去了，人民日报社报送上去的这份材料却犹如石沉大海。尽管中央已经采取措施解决了“天安门事件”中的一些问题，许多无辜被捕者得到释放和平反，但“天安门事件”的性质没有改变，因而平反是不彻底的，不少地方有关这方面的人和事的平反，都留有“尾巴”。

1978年的中央工作会议和中共十一届三中全会，实际上是一种会上与会下、会内与会外、与会人员与全党全国人民，广泛呼应，同心同德，万众一心，共同实现历史转折的会议。在中央工作会议期间，陈云首先提出应当为“天安门事件”平反。这一提议，充分反映了全党全国人民的共同愿望和要求。消息传开，会内反应热烈，会下讨论激烈，广大干部和人民群众翘首以待，群情振奋。

经中共中央批准，1978年11月召开的中共北京市委常委扩大会议宣布：1976年清明节广大群众到天安门广场沉痛悼念敬爱的周总理，完全是出于对周总理的无限爱戴、无限怀念和深切哀悼的心情；完全是出于对“四人帮”祸国殃民的滔天罪行深切痛恨，它反映了全国亿万人民的心愿。广大群众沉痛悼念敬爱的周总理，愤怒声讨“四人帮”，完全是革命行动。

北京市委的这一举措，引起强烈轰动。

但是，新华社社长、《人民日报》总编辑和《光明日报》总编辑等认为：北京市委这个宣布没有直接点出为“天安门事件”平反，这一点是个不足。于是，他们聚集在一起，研究在力所能及的范围内，采取一种补救办法。经过一番思索，得出一致意见：由新华社专发一条中共北京市委常委扩大会议宣布“天安门事件”是革命行动的新闻，鲜明地提出：“对于因悼念周总理、反对‘四人帮’而受到迫害的同志要一律平反，恢复名誉。”

中共北京市委常委扩大会议宣布的内容中没有这一提法，因而这样做就要冒一定的风险。事关重大，他们又请来一些人一起再次商量。大家觉得这样做，在理论上是站得住的，在实践上也是可行的。因为北京市委宣布1976年的"天安门事件""完全是革命行动"，把"四人帮"妄加的"反革命"罪名颠倒了过来，这当然是平反了。

于是，1978年11月15日新华社发出消息时，特地认真作了标题，主题强调北京市委宣布"天安门事件"是"革命行动"，副题补充说明"受到迫害的同志一律平反，恢复名誉"。内容是：

经中共中央政治局常委批准，中共北京市委宣布：1976年清明节，广大群众到天安门广场沉痛悼念敬爱的周恩来总理，愤怒声讨"四人帮"，完全是革命行动。因参加此事件而被捕的388人中没有一个人是反革命。对于因悼念周总理、反对"四人帮"而受到迫害的同志，一律平反，恢复名誉。

11月16日，《人民日报》和首都以及地方报纸都在头版显著位置刊登了这个重大新闻。

这个消息发表后，广大读者反应非常好，认为表达了绝大多数人的共同愿望。

1978年11月15日新华社发出消息，11月16日中共中央机关报《人民日报》在第一版显要位置用大字标题刊登《天安门事件完全是革命行动》，公开为"天安门事件"平反。

这个特大新闻，立即震动了国际舆论界。

世界各主要新闻媒体争先恐后，纷纷争相报道，并且加以详细评述。

路透社北京11月15日电：中国共产党已经正式承认，两年前在中国首都发生的骚乱是正确的，宣布那次流血的骚乱"完全是革命的行动"。新华社今晚说，这一决定是中国共产党北京市委员会在最近举行的常委扩大会议上宣布的。那次骚乱近来受到了越来越多的赞扬。

法新社香港11月15日电：中国当局终于决定完全改变对1976年4月"天安门事件"所作的结论，说北京市中心发生的那次暴乱"完全是革命的"。1976年4月第一周里广大群众在传统的清明节去天安门广场向中国已故的周恩来总理表示"无限爱戴"和对"四人帮"的"深切痛恨"。北京市委说，"群众"深切悼念敬爱的周恩来总理和愤怒声讨"四人帮""完全是革命的"

行动。北京市委还说:“对于因为悼念周总理和反对‘四人帮’而受到迫害的同志要一律平反,恢复名誉。”虽然被捕的人有很多在清洗了“四人帮”之后已经获释,但是只有一部分人恢复了名誉。在宣布这一新的结论的同时,北京的《人民日报》号召中国共产党的各级党委抓紧做好给遭受林彪和“四人帮”迫害的所有人平反的工作。这家党报今天头版刊登一篇文章说,即使是1966至1976年“文化大革命”以前的错案也应该纠正。《人民日报》强调说,毛主席发动的历次政治运动主流是好的,但是,应该承认,由于错误路线的干扰,也出现了一部分错案。

合众国际社香港11月15日电:中国今天正式宣布,它正在加紧为在已故的毛泽东主席统治时期被开除出共产党和不让参加公共生活的数以十万计的人恢复名誉。香港收听到的新华社的消息报道,《人民日报》在第一版刊登的一篇评论说,中共中央最近决定,给在1957年由于各种反党的严重错误而被打成资产阶级右派的人全部摘掉右派分子的帽子。这家通讯社在另一则消息中报道,北京市委肯定了1976年4月份天安门广场上的暴乱,在这场暴乱中,数百名忠诚的党员被捕。

美联社东京11月15日电:官方的新华社今天报道,中国的为据说是政治犯恢复名誉的运动将追溯到1957年。观察家说,目前开展的为被解职或降级的官员平反和为死去的人恢复名誉的运动,是为激发人民热情支持政府全力以赴要以2000年以前实现中国现代化而做的努力的一部分。日本共同社从北京报道,这项决定用于在“百花齐放”运动后被贬辱的十多万中国人。[①]

共同社北京11月16日电《欢迎北京市委的英明决定》:在正式宣告“天安门事件”是“革命行动”之后,16日在北京市主要大街长安街贴出了大字庆祝口号:“伟大的天安门的革命群众万岁!”在地下编辑和出版了《天安门诗文选》的北京第二外国语学院童怀周也立即贴出大字报,颂扬以新书记林乎加为首的北京市委的英明决定,说“这个决定表明揭批‘四人帮’斗争进入了新的阶段”。但是大字报号召要继续斗争,说:“天安门事件虽然终于恢复了名誉,但是斗争决没有结束。我们要紧紧地团结在华主席为首的党中央周

① 《参考消息》1978年11月17日。

围，对'四人帮'一伙发动更猛烈的进攻。"

时事社东京11月16日电：天安门前出现欢迎标语。北京16日消息：16日傍晚，在北京天安门前贴出了两条欢迎为"天安门事件"平反的大标语。这两条标语是"热烈欢呼为天安门事件昭雪平反!"，"伟大的四五精神（指发生天安门事件的四月五日）永放光芒!"署名都是童怀周。所谓的童怀周，是成为即将于12月中旬出版的《天安门诗抄》的底本的地下出版诗集的作者的名字，它是北京第二外国语学院汉语教研室一名教师的笔名。

共同社北京11月16日电：据新华社昨晚报道的一则消息说，中国已正式推翻了它对1976年天安门骚乱事件的评价，宣布这次骚乱是革命行动。新华社说，这是中共北京市委最近举行的常委扩大会议的正式公告宣布的。北京市委的公告说："1976年清明节广大群众到天安门广场沉痛悼念我们敬爱的周总理，愤怒声讨'四人帮'，完全是革命行动。"公告说："对于因悼念周总理、反对'四人帮'而受到迫害的同志要一律平反、恢复名誉。"在清洗"四人帮"之后，已零星地释放了一些在这次事件中被捕的人，但是，正式评价这次事件为革命行动和要求对被捕的人一律平反、恢复名誉，这还是第一次。

英国《卫报》11月17日刊登约翰·吉廷斯发自北京的一篇报道，题为《天安门事件"是正当的"》：中国终于宣布，1976年4月发生的闻名的"天安门事件"是"革命行动"，是完全正当的行动。这是新任命的北京市委书记林乎加昨天宣布的。天安门广场对面的紫禁城城楼下方贴出了两条欢迎这一决定的红纸黑字大标语。昨天，一辆汽车行驶在长安街上，出售示威群众所写的悼念周恩来的诗集。北京市委已经保证要整顿城市环境卫生，优先解决住房不足"这个最迫切的问题"。此外，市委还保证"整顿"市委各主要部门，这会使北京市人民感到高兴，因为，由于住房、食品供应和交通条件恶化，他们感到北京市多年来处于很不景气的状态。

日本《朝日新闻》11月17日报道该报记者近藤发自北京的消息：16日傍晚天安门前张贴出了热烈欢迎的大标语。记者（近藤特派记者）用快速照相机拍照这种情景时，许多市民拥了过来，面带笑容地说："这次的决定太好啦。"1976年"天安门事件"时，本报记者田所竹彦也是在这个天安门广场，却被打伤，想起当时的情况，感到时代完全变了。

路透社北京11月17日电：中国今天正式宣布，两年前，在成千上万的人在北京采取激烈行动的同时发生在南京的事件，同首都当时的骚乱一样，也是革命行动。南京事件的详细情况没有报道，不清楚当时是否有人流血。这是第一次正式宣布这次事件，尽管北京当时听到了关于这次事件的传说。现在，中国各地都在发表当时悼念周恩来的人所写的、被当局没收了的诗词，还上演了一出描写与“天安门事件”有关的普通人的戏，以这种方式颂扬“天安门事件”。江苏和北京都说必须为所有参加这些事件的人——“因悼念周恩来总理和反对‘四人帮’而受到‘四人帮’迫害的同志”——平反。

共同社北京11月17日电：17日，中国的各家报纸都介绍了预定不久即将出版的《天安门诗抄》的内容，其中还包括《扬眉剑出鞘》这首有名的诗。在“天安门事件”发生后不久，当时由新华社、《人民日报》等官方宣传机关曾将这首诗扣上影射攻击党中央领导同志的罪名。这首诗的一开始是“欲悲闻鬼叫，我哭豺狼笑，洒泪祭雄杰，扬眉剑出鞘”。这一部分和当时发表的内容大致相同。作者是山西省的一位共青团员，他把这首诗贴到了天安门广场的人民英雄纪念碑上，公安局把它作为反革命案件，顽固地追查这首诗的作者。①

中共北京市委为“天安门事件”公开平反后，根据北京市公安局提供的材料，1976年因参加“天安门事件”而被捕的300多名干部、群众中，没有一个是反革命分子。这些无辜被捕的同志全部彻底平反，恢复名誉。

历史的检验证明，1976年清明节前后，首都广大人民群众到天安门广场人民英雄纪念碑前，沉痛悼念周恩来，愤怒声讨“四人帮”，完全是正义行动。“四人帮”为了达到打倒老一辈无产阶级革命家、篡夺党和国家最高领导权的目的，指令在抓捕中要追“后台”，要把重点放在高级干部的子女和与党政军负责人有关系的人身上。被捕的干部、群众十分清楚“四人帮”的这个政治阴谋。他们被捕后，顽强地坚持斗争，表现了大无畏的英勇气概和宁死不屈的气节。

---

① 《参考消息》1978年11月19日。

1978 年 5 月开始，北京市公安局组织专门力量，对这一案件进行全面复查。经过大量调查证明，这是一起重大冤案。充分事实说明：在这个事件中被捕关押的 388 人中，没有一个人是反革命分子。北京市公安局和有关部门在为这些因悼念周恩来、声讨"四人帮"而被捕的同志进行平反时，都在结论中充分肯定他们的行动，为他们彻底恢复了名誉。

中共十一届三中全会认真讨论了"文化大革命"中的一些重大政治事件，包括 1976 年的"天安门事件"。全会决定，撤销中央发出的有关"天安门事件"的错误文件。全会指出："1976 年 4 月 5 日的'天安门事件'完全是革命行动。以'天安门事件'为中心的全国亿万人民沉痛悼念周恩来同志、愤怒声讨'四人帮'的伟大革命群众运动，为我们党粉碎'四人帮'奠定了群众基础。"

第一百〇五章

“彭德怀同志是国内和国际著名的军事家和政治家”

在中国共产党和人民军队的历史上，彭德怀是一位出身贫寒、性格坚强、个性突出、战功显赫、宁折不弯、艰苦朴素的著名人物。他早年投身革命，领导平江暴动，创建中国工农红军第五军和红三军团。曾经担任红五军军长、红三军团总指挥、红一方面军副总司令、中央革命军事委员会副主席、红军北上抗日先遣支队司令员等职务。

抗日战争时期，彭德怀担任八路军副总指挥和第十八集团副总司令。在此期间，邓小平先后担任八路军政治部副主任、八路军第一二九师政治委员等职务。在中国革命的艰苦岁月，在炮火连天的抗日战场，在太行山区的日日夜夜，邓小平曾经与彭德怀一起，研究工作，部署部队，布置工作，开辟新区，并肩战斗，指挥作战，开辟了太行、太岳、冀鲁豫等一系列抗日民主根据地。

新中国成立后，彭德怀历任中国人民解放军副总司令、中国人民志愿军司令员兼政治委员、中央军委副主席兼总参谋长（兼职未公开）、国务院副总理兼国防部部长、中共中央政治局委员等职务，主持军事工作。邓小平历任中央秘书长、中央政治局委员、中央政治局常委、中央委员会总书记，主持中央书记处工作。

在长期的中国革命和建设事业中，彭德怀、邓小平都为中国共产党和中华民族建立了不朽的历史功绩。

彭德怀的冤案起源于对“大跃进”运动和人民公社化运动的评价问题。在1959年夏天的庐山会议上，面对“大跃进”运动和人民公社化运动对国民经济造成的严重困难局面，彭德怀忧心如焚，奋不顾身，仗义执言，面折廷争。一方面通过小组会议发言，阐述自己的意见；一方面通过给毛泽东写信，对 1958 年以来发生的“左”倾错误及其沉痛教训提出一些中肯的意见和建议。

为此，彭德怀等人被打成所谓的“反党集团”。同时，全党全军全国凡是与彭德怀有相同意见的领导干部和人民群众，均被打成“右倾机会主义分子”，遭到撤职、查办、批判、斗争，有的甚至被开除党籍、军籍、公职，投入监狱。

彭德怀落难后，从北京中南海搬到了北京西郊挂甲屯的一所院子——吴家花园居住，实际上是接受无休无止的政治审查。虽然他还是中共中央政治局委员，但形同软禁，一举一动都被哨兵登记上报；个别部队高级干部或亲友前来看望，都会被登记在册，受到所在单位追究。于是，彭德怀只好靠读书、写交代材料和种地打发日子。他把院子里的土地深翻一遍，精耕细作，种上庄稼和蔬菜，聊以度日。

彭德怀的侄女等人回忆说：

平时，伯伯对于自己的劳动成果，总是如数家珍一样一处一处地察看着，见它们长得好，美得不行。要是碰见旁边有人，总是乐滋滋地告诉道：“今年白菜又是大丰收。老窝瓜也争气，一条藤上结好几个，有碗一样大了，估计不会掉啦。那棵苹果树也活了，看来，我当个社员还够格。”接着，就掰起手指，像个老农一样和别人算计开了：一厘地的萝卜能收多少斤，一分地的白菜能产多少，三分地的红薯又能收多少斤……总共加起来能顶多少菜多少粮，能给国家减轻多少负担！

每当这时候，他就开心地笑了，脸上那一道一道皱纹也舒展开来。是呀，伯伯，您在劳动时，不只是想到要锻炼身体，不只是想到自己能吃到新鲜蔬菜，您在忧国忧民，为祖国能度过困难时期贡献出您一份力量哪。您对自己没有工作，还吃着人民的饭，穿着人民的衣，感到内疚。记得有一两回，您对我们说：“我们国家目前这样困难，要是能让我去一个生产队蹲点，把一个生产队抓好，也能对国家作出点贡献！”

伯伯，听了您的话，我们心里难受，我们深知您的心情沉重。正因为您有这种想法，才豁出全身力气拼命去干的！而且，您早就成了附近生产队的老“顾问”了。您晚上散步，经常去看生产队里的地，和社员聊天。生产队里没电了，您要人把院子里的电线接出去；生产队的地干了，打开院子里的水龙头，让水往生产队的地里流，您和人民一直心心相印，血肉相连。

在这种思想指导下，您自动地将伙食标准一压再压，口粮每月只许自己吃十八斤，国家分配给您的东西，总是只买一小部分。我们劝您多注意身体，您却说道：“解决国家困难，我只能有这两条办法，一条生产，一条节约，我不能白吃人民的东西。”伯伯，您就在这样没有工作的情况下，还和人民共着甘苦，和祖国共着命运，怎不叫您的后辈深深地感动呢！①

庐山会议以后的历史发展证明，彭德怀的意见是完全正确的。随后，在1962年的中央工作会议——“七千人大会”上，提出了对1958年以来被打成“右倾机会主义分子”的领导干部甄别平反问题。刘少奇、邓小平主张“一揽子解决”。然而，在甄别平反问题上党内也有不同看法。会后，根据“七千人大会”的精神，中共中央发出《关于加速进行党员、干部甄别工作的通知》。在5月中央会议上，主持甄别平反工作的邓小平请大家注意这个文件的重要性，并提出“一揽子”甄别平反的方法。邓小平说：全国县以下，首先是农村，来一个一揽子解决。就是说，过去搞错了的，或者基本上搞错了的，统统摘去帽子。这样快一些。

这次会后，短短几个月内，为几年来主要是在“反右倾”斗争中被错误批判和处分的绝大多数人进行了甄别平反。此时，有些应该平反但尚未平反的人，要求平反。6月16日，彭德怀给中共中央、毛泽东写了长篇申诉信（即“八万言书”），说明庐山会议后强加给他的“组织反党小集团”“里通外国”等罪名，均属无中生有，要求甄别平反。毛泽东认为，这些都属于“翻案风”。他说：近来刮平反之风不对，1959年“反右倾”不能一风吹。他在同华东、中南两大区负责人谈话时又说：我对彭德怀这个人比较清楚，不能给彭德

① 彭梅魁等：《泪水沾湿的回忆——怀念我们的伯伯彭德怀》，《文汇报》1979年1月23日。

怀平反。在中共八届十中全会上，他还提出：中国的右倾机会主义还是改个名字好，叫做中国的修正主义。①

1965 年，中央决定任命彭德怀担任三线建设总指挥部副总指挥。同年 9 月 23 日，毛泽东等中央领导同志专门会见了彭德怀。但是，彭德怀到设在四川成都的三线建设总指挥部工作前后，江青正在暗中策划组织撰写矛头直接指向彭德怀，影射攻击刘少奇、邓小平的《评〈新编历史剧海瑞罢官〉》。康生在彭德怀专案审查委员会上的讲话中，要求进一步“审查”彭德怀。有关方面规定，彭德怀在西南地区三线建设总指挥部工作期间，不得视察三线建设中的军事工厂等。在西南期间，彭德怀的一言一行均被秘密记录在案，实际上形同流放，政治上受“审查”的待遇并无任何改变。

“文化大革命”爆发后，彭德怀受到红卫兵的冲击。一开始，他对一批一批前来揪斗他的红卫兵摆事实、讲道理，一些红卫兵明白了事实真相后悄然离去。然而，江青集团却必欲置彭德怀于死地而后快。在江青集团的指使下，北京一些高等院校受其操纵的群众组织——北京航空学院“北航红旗”、北京地质学院“地院东方红”等，派专人到四川成都，将彭德怀揪回北京，关押在北京卫戍区看管的监狱。

从此，彭德怀经常被揪出去，遭到轮番批斗，动手殴打，游街示众，百般凌辱。

十年动乱，使彭德怀受尽了人身折磨和精神折磨，终于身患不治之症，含冤辞世。

最早提出为彭德怀平反的是中共中央军委副主席聂荣臻。聂荣臻的女儿聂力回忆说：1975 年 5 月 7 日，周恩来的夫人邓颖超到聂荣臻家看望，聂荣臻提出：彭老总已经逝世，他有很大的战功，为人刚直。一位共和国的元帅，红卫兵把他从四川押回北京时，在火车上就遭受到残酷折磨。后来竟然被打断了几根肋骨，令人非常气愤。请你转报恩来同志，建议为彭老总平反昭雪。②

---

① 中共中央文献研究室:《〈关于建国以来党的若干历史问题的决议〉注释本》,人民出版社 1985 年版,第 362 页。

② 聂力:《山高水长——回忆父亲聂荣臻》,上海文艺出版社 2006 年版,第 367 页。

粉碎“四人帮”后，老一辈无产阶级革命家和彭德怀的老同志、老战友、老部下及亲属强烈要求为彭德怀彻底平反。根据真理标准问题大讨论后形势的发展，根据1978年中央工作会议上陈云等与会同志的呼声，中共中央认为，为彭德怀平反昭雪的时机已经成熟。

中共十一届三中全会后，中共中央全力以赴，夜以继日，紧张工作，有条不紊地处理了一大批历史积案。彭德怀冤案就是其中的一个典型案例。

大刀阔斧、雷厉风行的邓小平亲自负责为彭德怀平反的工作。有关部门把起草的为彭德怀平反的悼词报送邓小平，请他审定。邓小平审定后，认为悼词对彭德怀的评价较低，亲自动手进行了关键性的修改，使对彭德怀的评价更加符合历史实际。

1978年12月24日，中共十一届三中全会闭幕后的第二天，中共中央隆重举行彭德怀追悼大会。

邓小平代表中共中央指出：

> 彭德怀同志是我党的优秀党员、老一辈无产阶级革命家，是平江起义的主要领导者、红三军团的创立者，是我们党、国家和军队的杰出领导人，曾担任过党政军的许多重要职务。他在林彪、“四人帮”的迫害下，于1974年11月29日在北京逝世，终年76岁。今天，党中央本着实事求是的精神，认真落实党的政策，给彭德怀同志作出了全面的、公正的评价，为他恢复了名誉。
>
> 彭德怀同志在近半个世纪的革命斗争中，在伟大导师毛泽东同志的领导下，南征北战，历尽艰险，为中国革命战争的胜利，为人民军队的成长壮大，为保卫和建设社会主义祖国，作出了卓越的贡献。他的一生，是革命的一生，是忠于党、忠于人民的一生。他的不幸逝世，是我党我军的重大损失。
>
> 彭德怀同志具有很强的组织领导能力和军事指挥才能。第二次国内革命战争时期，他曾担任中国工农红军师长、军长、三军团总指挥，中共中央军事委员会副主席；长征后期担任过以毛泽东同志为政治委员的陕甘支队司令员；到达陕北以后，担任过红军前敌总指挥。抗日战争时期，担任

八路军副总司令，中共中央北方局代理书记。解放战争时期，担任中国人民解放军副总司令、第一野战军司令员兼政治委员。中华人民共和国成立以后，担任中共中央西北局第一书记，西北军政委员会主席，中共中央军事委员会副主席，中央人民政府革命军事委员会副主席，中国人民志愿军司令员兼政治委员，国防委员会副主席，国务院副总理兼国防部长；1965年，担任建设大三线的副总指挥。他曾任党的第六届、第七届、第八届中央委员会委员、政治局委员。他还当选为第一届和第二届全国人民代表大会代表。

彭德怀同志是湖南省湘潭县人，出身贫寒，当过苦工。大革命时期，他曾在国民革命军任营长、团长。大革命失败后，他坚持反对新军阀，秘密组织士兵委员会，支持工会、农会和学生会的革命活动。在严重的白色恐怖下，彭德怀同志毅然决然地选择了马克思列宁主义的道路，于1928年4月光荣加入中国共产党。

1928年7月，在中国革命处于低潮的时刻，彭德怀同志领导了著名的平江起义，编为红军第五军，坚持湘鄂赣的游击战争，开辟了湘鄂赣根据地。到同年11月间，红五军主力奔赴井冈山。从此，他在毛泽东同志领导下，坚持井冈山斗争，参加反“围剿”作战和震惊中外的长征，指挥过许多重要的战役和战斗。长征到达陕北后，他还参与指挥了红军胜利的东征。

抗日战争时期，彭德怀同志协助朱德同志率领八路军，挺进敌后，在艰苦的岁月里，开辟了华北广大的抗日根据地，为赢得伟大的抗日战争的胜利，作出了卓越贡献。

解放战争时期，彭德怀同志坚决贯彻执行毛泽东同志的伟大战略决策，在敌我力量悬殊、十分艰难的条件下，指挥部队驰骋疆场，英勇奋战，消灭了蒋胡军，解放了大西北。

新中国刚成立，美帝国主义把侵略朝鲜的战火烧到鸭绿江边。彭德怀同志当此严重时刻，坚决执行党中央、毛泽东同志的指示，肩负中国人民的重托，担任中国人民志愿军司令员，率领中华英雄儿女，抗美援朝，保家卫国，同朝鲜人民和人民军并肩战斗，直到胜利，光荣地履行了无产阶级国际主义义务。彭德怀同志回国后，致力于我国国防建设和经济建设事业，不辞辛苦，成绩卓著。

彭德怀同志热爱党，热爱人民，忠诚于伟大的无产阶级革命事业。他作战勇敢，耿直刚正，廉洁奉公，严于律己，关心群众，从不考虑个人得失。他不怕困难，勇挑重担，对革命工作勤勤恳恳，极端负责。

彭德怀同志是国内和国际著名的军事家和政治家，一直受到广大党员和群众的怀念和爱戴。我们要学习彭德怀同志的革命精神和高贵品质，高举毛泽东思想的伟大旗帜，在党中央领导下，团结一致，同心同德，在马列主义、毛泽东思想指导下，解放思想，开动机器，为实现新时期的总任务，为加快建设社会主义的现代化强国而奋勇前进。

“千年的文字会说话。”彭德怀蒙难期间，为了留下自己一生的真实记录，免得背着“历史黑锅”离去，在“软禁”中秘密写下一批历史回忆资料，交给侄女彭梅魁保存。

为了实现彭德怀的愿望，保存好这批彭德怀手稿，彭梅魁费尽心机。手稿时而被秘密保存在彭梅魁北京的家中，时而被埋藏在彭德怀老家湖南省湘潭县乌石寨的彭家老屋里，时而被带回北京，时而被彭梅魁带在身上。1976 年北京、天津、唐山一带发生地震时，彭梅魁一家搬到防震棚里躲地震时，彭梅魁就把彭德怀的手稿装在一个旧书包里背着，昼夜不离身，睡觉时就把书包带缠在手腕上。

1978 年春天，彭梅魁从报纸上看到黄克诚复出的消息，欣喜万分，几经周折，找到了黄克诚。黄克诚感慨万端：“1974 年，我也因病住进 301 医院，和你伯伯住的是一个医院。彭总因癌症逝世，我竟完全不知情！他们多会封锁消息啊！后来我听说，你伯伯因为剧痛难忍，把被子都咬烂了。一代英雄啊，如此萧然辞世！虽然死生是常事，苦乐也是常情，但彭德怀这样死，实在令人痛惜！”

彭梅魁详细向黄克诚讲述了彭德怀晚年经历的磨难和临终的情况。她说，伯伯弥留之际，说话已经十分艰难，还断断续续嘱咐我，要我代他去看望黄伯伯，并转交他遗留的书籍，书稿上写着“送给我的好友黄克诚”。黄克诚听后，极为悲痛地说：“我也很想念彭老总，粉碎‘四人帮’恢复工作以来，有很长一段时间，我做梦经常同他在一起。”

谈过往事之后，彭梅魁告诉黄克诚秘藏彭德怀手稿的来龙去脉。黄克诚大为感叹，称赞彭梅魁有勇有谋，做了一件大好事。

彭梅魁问：“这些手稿是上交中央，还是自己保存？”黄克诚说：“自己保存难，容易损坏，我看还是上交党中央好。现在中央很忙，以后找个适当的机会再交吧。”

中共中央为彭德怀平反昭雪后，已经担任中共中央委员、中共中央纪律检查委员会常务书记的黄克诚认为，上交彭德怀手稿的时机已经成熟。于是，彭梅魁致信中共中央秘书长胡耀邦，并请黄克诚将这封信和彭德怀手稿交给了胡耀邦。

中共中央接收彭德怀这批手稿后，并没有交给中央档案馆保存起来了事。有关方面组织人员对彭德怀的这批手稿进行了认真整理。然后，以《彭德怀自述》作为书名，由人民出版社公开出版，向全国发行，达到223.2万册，在国内外引起空前强烈的反响和轰动，使中国人民受到极大的心灵震撼。

第一百〇六章

“我总觉得对陶铸的结论过重，建议由中组部复查”

中共十一届三中全会后，以邓小平为核心的第二代中央领导集体果断平反昭雪的第二位著名人物，是第八届中共中央政治局常委陶铸。

陶铸20世纪20年代参加中国共产党，既有长期从事白区地下工作的经历，也有在革命根据地从事革命战争的经验；既有长期在中央机关工作的历史，也有长期独当一面主持一个省、一个大区全面工作的政绩。他政治敏锐，工作积极，作风深入，雷厉风行，属于文武全才、不可多得的人物。

“文化大革命”初期，经邓小平提名，毛泽东首肯，中共中央中南局第一书记陶铸被选调中央，任中共中央书记处常务书记、国务院副总理、中共中央宣传部部长，在中共八届十一中全会上当选为中共中央政治局常委。

但是，陶铸虽然身居党政要职，却同许多老一辈无产阶级革命家一样，并不知道“文化大革命”到底是干什么的。因此，当他看到江青集团肆意煽动“打倒一切、全面内战”，动辄批斗高级领导干部时，便挺身而出，与江青集团进行了殊死的斗争，直到付出生命的代价。

陶铸到中央工作不久，便遇上了推动“文化大革命”深入发展的中共八届十一中全会。会前，江青私下找到陶铸，让陶铸在会上打头阵，向刘少奇、邓小平开火。陶铸以刚到中央、不了解情况为理由，予以拒绝。陶铸还为一些具体问题与江青发生过激烈的争论。此时的江青已经今非昔比，动辄点名训斥一些地位很高的领导干部，如同“老子训斥儿子”一般。但陶铸长期担任广东省委第一书记、中南局第一书记，自然不能容忍江青对自己颐指气使，尤其看不惯江青那种不可一世、称王称霸、老子天下第一的“文化大革命新贵”派头，两个人的矛盾便日益激化起来。

于是，陶铸与江青控制的中央文化革命小组的矛盾日益尖锐，在中共中央开会时，中央文化革命小组便指责陶铸犯了很严重的方向、路线错误。江青暗中策划，攻击陶铸推行“刘邓反革命路线”，说陶铸是“没有刘邓的刘邓路线代理人”。

就在这时候，武汉一派群众组织——“武汉赴广州专揪王任重造反兵团”的代表，来到北京后以绝食为手段，要求陶铸接见。此前，这些人已经打听到了一些江青和中央文化革命小组对陶铸不满的内情。因此，在陶铸接见过程中，这些人对陶铸的态度极为恶劣，令陶铸难以忍受，双方发生严重冲突。这些人企图当场揪走陶铸，陶铸的警卫人员履行职责，保护陶铸，带枪入场制止这些人的行为。这些人劫持陶铸不成，就造谣说，陶铸用武力镇压群众，反过来又给陶铸扣上了“一大罪状”。

陶铸之所以冒着与群众组织发生冲突的危险，“死保”被江青、康生点名判定为“特务”的王任重，是因为王任重长期担任湖北省委第一书记、中南局第二书记，是陶铸的“老搭档”，在多年的相处中比较熟悉和了解。此时，王任重亦调中央工作，担任中央宣传部部长，因为既与江青有矛盾又受到来自武汉的群众组织的纠缠不休，被迫避往广州养病。武汉来的群众组织要“专揪王任重”，陶铸要“死保”王任重。一个不达目的，誓不罢休；一个坚持原则，寸步不让，双方的矛盾便日益白热化了。就这样，陶铸“引火烧身”，把武汉群众组织的这股邪火引向了自己。

陶铸是在“文化大革命”中号召“向党内一小撮走资本主义道路的当权派和社会上的牛鬼蛇神展开总攻击”的 1967 年被打倒的。这一年的 1 月 4 日，江青、康生、陈伯达在北京接见“武汉赴广州专揪王任重造反兵团”时的讲话中，事先未经中央同意，采取突然袭击的手段，诬陷担任中央政治局常委、中央书记处常务书记的陶铸，到中央之后没有执行毛主席的革命路线，实际上是刘邓路线的忠实执行者，是资产阶级反动路线在中央新的代表人物，是“中国最大的保皇派”。于是，陶铸在劫难逃，被打入十八层地狱之中。

陶铸就这样被打倒了，并被扣上一系列十恶不赦的罪名，遭到残酷迫害。许多人一直不明白江青集团何以对刚刚调到中央工作不久的陶铸施此毒手。其实稍加分析即可清楚：江青集团要把 1967 年作为“全国全面展开阶级斗争的一年”，向“党内走资本主义道路的当权派”“展开总攻击”；而陶铸却到处“灭火”，到处为被揪斗的高级干部“打保票”，到处保护领导干部，因而触怒了江青集团，必欲将陶铸打倒而后快。江青集团这样做的目的，就是为深入推动“文化大革命”扫除障碍。

随后，陶铸被戴上“中国党内第三号走资本主义道路的当权派”“中国最大的保皇派”“大叛徒”等帽子，受到“残酷斗争、无情打击”，多次批斗，长期关押。最后，他在安徽合肥的监禁地悲惨辞世。

“文化大革命”中，陶铸夫人曾志被强行押到广东农村流放，陶铸女儿陶斯亮从军医大学被分配到西北地区。一代风流、一代英豪，竟然被十年动乱摧残得家破人亡，妻离子散。

粉碎“四人帮”后，陶铸的夫人和女儿为给陶铸申冤，撰写了几十万字的申诉材料，送上去后都犹如石沉大海，无人理睬。只有陈云告诉她们母女，要坚信陶铸的冤案终究会翻过来。听到“邓小平要出山了”的消息后，她们母女找到邓小平，讲述了陶铸被打倒的真相，递上了要求为陶铸平反的材料。当时，邓小平尚未恢复工作，所以对要求给陶铸平反问题没有表示任何态度。

邓小平恢复工作后，立即让胡耀邦把有关陶铸的材料从中央专案组调到中央组织部复查，雷厉风行地解决为陶铸平反问题。1978 年 4 月下旬，陈云建议复查陶铸问题，并指出：“陶铸是坚持到国共合作，七七抗战后由我们党向国民党监狱中要出来的。因陶铸问题牵累到一大批省级部长级干部，弄清陶铸问题，非常必要。”邓小平迅速批示：“我总觉得对陶铸的结论过重，建议由中组部复查。”11 月下旬，邓小平审改《关于陶铸同志问题的报告》，并在最后一段增写：“总的说来，陶铸同志在监狱斗争是坚决的，几十年的工作，对党对人民是有贡献的，过去定为叛徒是不对的，应予平反。对他的结论，应请中央组织部拟出，报中央审定。”12 月，中共中央为陶铸平反。

对于陶铸平反问题，中共中央组织部原副部长、陶铸夫人曾志说：我就晓得他们比较好。所以我就敢去找他（邓小平）。找他嘛，去见了他，后来我就给他讲陶铸的问题，他就听了。听了以后没表示态度，一点态度都没表示。因为他那时候还没正式出来呀，他也不好怎么表示，虽然他兼了几职啊，他还没正式上任呢。可是我的女儿呢，陶斯亮呢，对这个事情，她就很着急。为什么小平同志一点不表示啊，这么冷淡啊？就感觉得很失望。后来，别人抄给我一个批示，这个批示是小平同志批的，他这么写的，陶铸同志他是我们党的一位老党员，在几十年的工作中间对党对人民是有贡献的。经过复查，过去把他定为叛徒是不对的，应予平反。后来很快就解决了。所以我们的女儿后来也说，小平同志很深沉啊，当时那个时候，他自己不能讲话，他一句话都不讲，要解决问题的时候，就很干脆，马上就给你解决，所以最早平反的就是陶铸和彭老总嘛。

陶铸去世后，陶铸女儿因为思念父亲，一次又一次地写下了怀念陶铸的书信，因无处可发，又恐招灾惹祸，不得不一次又一次烧毁……

中共十一届三中全会前夕的中央工作会议期间，拨乱反正的历史潮流激荡着每一个中华儿女的心灵，陶铸女儿奋笔疾书，一吐为快，写下了“一封终于发出的信”。

陶铸女儿的这一封“终于发出的信”，于1978年12月10日在《人民日报》公开发表，立即在国内外引起强烈反响。中国各报刊纷纷转载。周恩来总理的夫人、老一辈无产阶级革命家邓颖超饱含热泪，多次听工作人员阅读这封信……

本来，在十年动乱中，江青集团操纵舆论工具，已经把陶铸描绘成了十恶不赦的大坏蛋——“党内第三号走资本主义道路的当权派”“大叛徒”“政治扒手”“中国最大的保皇派”、制造“换头术”，如此等等，不一而足。而陶铸女儿致父亲在天之灵的信，却犹如一颗“原子弹”，把江青集团恶意诽谤陶铸的所有谎言和罪名炸得粉碎，使广大人民群众重新认识了一个活生生的真实的陶铸。

中共十一届三中全会闭幕后的第二天，中共中央隆重举行陶铸追悼大会。

中共中央副主席陈云致悼词，高度评价陶铸为“毛泽东同志的好学生”。陈云指出：

陶铸遭受林彪、“四人帮”的残酷迫害，于1969年11月30日含冤去世，终年61岁。陶铸的不幸逝世，是党和国家的重大损失。

陶铸生前同林彪、“四人帮”反党集团进行了坚决的斗争。陶铸在党的八届十一中全会上，当选为中共中央政治局常委，兼任中共中央书记处常务书记、国务院副总理、中共中央宣传部部长。在毛泽东的领导下，他协助周恩来总理处理党和国家日常事务。他坚决抵制林彪、“四人帮”的倒行逆施，积极保护老干部和革命群众，贯彻执行抓革命、促生产的方针，成为林彪、“四人帮”篡党窃国的障碍。

1967年1月，“四人帮”采取突然袭击的卑鄙手段，捏造罪名，诬陷陶铸是什么“中国最大的资产阶级保皇派”“复辟资本主义的急先锋”“叛徒”等，在精神上和肉体上对陶铸进行了残酷的折磨和摧残。

陈云强调：陶铸的一生，是鞠躬尽瘁、全心全意为人民服务的一生。我们要学习他对党忠诚，无私无畏，威武不屈，为共产主义奋斗终生的高贵品质；学习他襟怀坦白，光明磊落，坚持真理，英勇斗争的革命情操；学习他密切联系群众，善于发扬民主，敢于独立思考，多谋善断，勇于负责的优良作风；学习他艰苦朴素，忘我工作，严格要求自己，对党和人民高度负责的革命精神。

中共十一届三中全会决定为彭德怀、陶铸平反昭雪，会后中共中央迅速为彭德怀、陶铸举行追悼会，实际上是为全党全国树立起平反冤假错案的“标杆”，让同类案件照此办理。

在平反冤假错案问题上，邓小平有一种勇于担当、勇于负责的精神，体现着知难而进、无私无畏的品格。他从中共八大开始，长期担任中共中央政治局常委、中共中央总书记，熟悉干部、了解干部、关心干部、爱护干部。从1977年7月中共十届三中全会通过《关于恢复邓小平同志职务的决议》、邓小平恢复工作起，到中共十一届三中全会的大规模拨乱反正，他在平反冤假错案问题上作出大量干脆、明确的批示，解决了大批“文化大革命”期间被打倒的、受迫害的、遭诬陷的党政军领导干部和各方面人士的平反问题，为凝聚党心、军心和民心做了大量工作。例如：

1977年7月25日，邓小平阅林伯渠女儿林利、林秉元申诉信，就林伯渠逝世后受到诬蔑、诽谤及林伯渠的子女亲属遭受迫害、打击一事，函告华国锋、叶剑英，阅后“请东兴同志考虑”。

1977年8月10日，邓小平在万毅要求恢复工作的申诉信上批示：“既无政治历史问题，就应作恰当安排，他过去有贡献。”11月，万毅得到平反，任中国人民解放军总后勤部顾问。

1977 年 8 月 10 日，邓小平将刘少奇子女请求尽快结束对王光美的审查，批准王光美和子女团聚的来信，批转汪东兴酌处。1979 年 3 月，中共中央结束对王光美的审查。

1977 年 8 月 13 日，邓小平就老舍夫人胡絜青请求尽快给老舍作结论一事，批示：“对老舍这样有影响有代表性的人，应当珍视。由统战部或北京市委作出结论即可，不可拖延。”1978 年 6 月 3 日，北京市在八宝山革命公墓为老舍举行骨灰安放仪式，邓小平送了花圈。

1977 年 9 月 1 日，邓小平对王兴要求为父亲王若飞恢复名誉的申诉信批示：“王若飞同志在晋绥被捕和出狱问题，肯定是没有问题的。”1978 年年初，胡耀邦代表中共中央宣布为王若飞平反。

1977 年 11 月 2 日，邓小平在邮电部原副部长成安玉要求平反的信上批示：“如所述属实，没有其它（他）问题，应予甄别作出结论。请中组部处理。”1978 年 10 月，成安玉恢复邮电部副部长职务。

1977 年 11 月 4 日，邓小平在戎子和要求分配工作的信上批示：“戎的历史和入党后的情况都是清楚的，在政治上没有可怀疑的地方（入党时对他在阎锡山处的情况是了解的）。他有些缺点，但作了长期的财经工作。我建议他可当一个全国政协委员。”1978 年 2 月，戎子和任全国政协委员，5 月任财政部顾问。

1977 年 12 月 4 日，邓小平审阅中央组织部《关于阎红彦同志审查结论的报告》，并批示：“我的意见，阎（红彦）的骨灰以移来北京，专放八宝山为好，届时可举行简单仪式（例如一二百人），必要时我可参加。”1978 年 1 月 24 日，邓小平出席阎红彦骨灰安放仪式。

1977 年 12 月 25 日，邓小平在王其梅妻子王先梅申诉信上批示：“请东兴同志批交组织部处理。王其梅从抗日战争起做了不少好事。他的历史问题不应影响其子女家属。建议组织部拿这件事做个样子，体现毛主席多次指示过的党的政策。”1978 年 9 月，中共中央为王其梅平反并落实政策。

1978 年 2 月 27 日，邓小平在张际春子女要求修改对张际春审查结论的来信上批示：“张际春同志死得很惨，他在文化大革命前主持国务院文教办公室工作，没做什么坏事，职权有限，我认为结论修改一下是必要的。建议东兴同志处理。”1979 年 1 月，中共中央为张际春平反。

1978 年 4 月 28 日，邓小平对《情况汇编》反映一位 1957 年被划为右派的教授要求安排工作一事批示：“请教育部了解一下，右派帽子都已摘掉，如他确有一技之长，可以给以任教的机会。”

1978 年 6 月 25 日，邓小平在关于所谓“六十一人叛徒集团案”的申诉材料上批示：“这个问题总得处理才行，这也是一个实事求是的问题。”12 月，中共中央批准中央组织部《关于“六十一人案件”的调查报告》，对这一错案平反。

1978 年 7 月 29 日，王若飞儿子王兴来信反映自己的母亲李培之在“文化大革命”中遭诬陷，被监护审查八年，1975 年解除监护时完全精神失常，请求组织给予生活方面的照顾。邓小平批示：“李培之同志确是精神病，应予照顾，所提要求不高，建议由中组部处理。”

1978 年 12 月 3 日，邓小平对中国人民解放军总参谋部关于为徐海东举行追悼会的请示报告批示：“应该如此，先告中组部，华主席、叶、李、汪副主席核阅，中组部办。”

1978 年 12 月 24 日，邓小平出席彭德怀、陶铸追悼会，并为彭德怀致悼词。同日，在要求为刘少奇平反的人民来信上批示：“政治局各同志阅，中组部研究。”

1979 年 1 月 12 日，邓小平在中国人民解放军海军关于为萧劲光平反的报告上加写：“在那次会议（1972 年 7 月至 1973 年 2 月召开的海军扩大的四届五次全会）上萧劲光同志是受‘四人帮’迫害的。”并将该报告批送华国锋、叶剑英、李先念、陈云。5 月中共中央为萧劲光平反。

1979 年 2 月 15 日，邓小平出席苏振华追悼会，并致悼词。

1980 年 2 月 29 日，中共十一届五中全会彻底为刘少奇平反、恢复名誉。5 月 17 日，刘少奇追悼会召开，邓小平致悼词。

1980 年 3 月 5 日，邓小平对李雪峰要求解决党籍问题的信批示：“请中纪委处理。”并将来信批送华国锋、李先念、陈云等阅。1983 年，李雪峰恢复党籍和工资待遇。

1980 年 3 月 20 日，邓小平出席李立三、贾拓夫追悼会。

1980 年 9 月 27 日，邓小平就原国民党高级将领黄琪翔夫人郭秀仪来信要求将黄琪翔骨灰移放到适当地方批示：“请统战部研究处理。”并将信批送叶剑英、李先念等。

1980 年 10 月 21 日，邓小平对刘澜涛报送程潜夫人郭翼清对湖南落实政策方面问题的反映材料批示：“此件转湖南省委，应适当允诺他们的要求（对唐生智家也要注意）。”

1981 年 6 月 6 日，邓小平阅彭德怀夫人浦安修要求撤销 1959 年中共八届八中全会关于以彭德怀为首的反党集团的决议、将彭德怀彻底平反的来信，并批示，印发中央政治局、书记处各同志。中共十一届六中全会通过的《关于建国以来党的若干历史问题的决议》指出：庐山会议后期，毛泽东同志错误地发动了对彭德怀同志的批判，进而在全党错误地开展“反右倾”斗争。八届八中全会关于所谓“彭德怀、黄克诚、张闻天、周小舟反党集团的决议是完全错误的”。[①]

---

① 中共中央文献研究室编:《邓小平年谱》1975 ~ 1997(上),中央文献出版社 2004 年版。

第一百〇七章

“把那件事的责任归咎于他们是不公道的”

在“文化大革命”时期，江青集团经常以“叛徒”“叛徒集团”“抓叛徒”的名义，把大批党政军领导干部彻底打倒。“六十一人叛徒集团案”就是江青集团在十年动乱中制造的一个震动国内外的重大错案。在“六十一人案”中，江青集团把坚贞不屈的革命者薄一波、刘澜涛、安子文、杨献珍、赵林、李楚离、廖鲁言、徐子荣、胡锡奎、刘锡五、王其梅等同志打成“叛徒”。

其实，“六十一人案”的来龙去脉中共中央早就清清楚楚。1936 年春天，刘少奇作为中共中央代表，从延安被秘密派到华北地区，主持中共中央北方局，开展党的工作，领导华北地区的抗日救亡运动。刘少奇在开展工作中，深深感到极为缺乏干部。

于是，北方局组织部部长柯庆施就向刘少奇建议，可以让被关押在国民党政府北平草岚子监狱中的一批同志，履行“签字”手续出狱，以解燃眉之急。同时，如果不及时营救这些同志，不论是日军侵占了华北，还是蒋介石集团把这些同志转押到南京去，他们都有可能全部被杀害。

刘少奇同意柯庆施的提议，北方局立即上报中共中央请示。中共中央“负总责”的张闻天代表中央决定，同意北方局的意见。北方局立即将这个决定转致中共北平市委书记李葆华，要求立即执行。李葆华和徐冰委派孔祥祯，通过秘密渠道，向北平草岚子监狱中的秘密党支部转达了这个决定。但草岚子监狱党支部一致拒绝执行。

1936 年夏天，柯庆施等人再次写信，让孔祥祯辗转送给草岚子监狱党支部：“你们知道谁给你们写这封信的？他就是中共中央代表胡服同志。”

胡服，是刘少奇在国民党统治区从事地下工作时的化名之一。草岚子监狱党支部得知让他们办理“手续”出狱是“中共中央代表胡服同志”的指示，这才高度重视，坚决照办。

从1936年9月开始，草岚子监狱党支部让监狱中的同志陆续履行手续，离开了监狱。当这一批同志办理“手续”出狱后，柯庆施对薄一波说：你们出来时还拿架子，三请诸葛亮……

“六十一人案”的代表人物是薄一波。1943年中国共产党准备召开第七次全国代表大会，薄一波作为晋冀鲁豫代表团副团长到了延安，在毛泽东的窑洞中汇报工作时，也汇报了这段往事。

毛泽东指出：你们把监狱变成了学校，通过学习革命理论，武装了自己的头脑，为党保存了一大批革命同志，这就是胜利。

中共七大选举中央委员时，毛泽东亲自提名薄一波为中央委员候选人。1953年夏天，当薄一波在全国财经会议上受到错误批判后，毛泽东在会议总结中加写了：“应该指出，薄一波同志过去对敌斗争是勇敢的。”

十年动乱爆发后，本来清清楚楚的“六十一人”出狱一事，突然一下子成了“特大问题”。当时的中共中央政治局常委、中央文化革命小组顾问康生，为了彻底整垮中共中央副主席、中华人民共和国主席刘少奇的政治需要，蓄意把水搅浑，下令在已经很庞杂的“彭真、罗瑞卿、陆定一、杨尚昆专案组”中，悄悄增加了一个与刘少奇密切相关的“一九三六年专案”，简称“三六专案”，进行秘密调查。

由于康生等人的大肆煽动，各地纷纷成立了所谓的“抓叛徒战斗队”，把过去所有被敌人逮捕过但已有过正确结论的同志的旧案统统翻了出来，无中生有，制造了一批又一批的冤假错案。“六十一人叛徒集团案”即为其中之一。

由于江青、康生等人的诬陷，1967年3月16日，中共中央发布了《关于薄一波、刘澜涛、安子文、杨献珍等人自首叛变问题的初步调查》的文件。随之，过去在南京、苏州、济南、太原、新疆等地国民党政府监狱中囚禁过的老同志，以及做过地下工作的老干部，几乎全都被罗织罪名，栽赃陷害，一网打尽，全都打成了“叛徒集团”。

从此，薄一波等六十一人被正式确定为“六十一人叛徒集团”。这些曾经为革命出生入死的老同志悉遭残酷迫害，他们的家属、子女、亲友、老部下和老同志，也受到株连、审查与迫害。

江青、康生蓄意制造“六十一人案”，在全国掀起“抓叛徒”浪潮，用心极为险恶：一是借此证明“刘少奇不仅有一条反革命修正主义政治路线，而且有一条反革命修正主义组织路线”（康生的话），说明“刘少奇招降纳叛、结党营私，有一个隐藏在党内的以刘少奇为头子的资产阶级司令部”。二是利用十年动乱的机会，借不明历史真相的“群众组织”之手，自下而上地打倒在新民主主义革命时期从事地下工作出生入死，在社会主义时期担负重要领导职务的大批领导干部，剪除异己。三是彻底清除刘少奇作为“中国共产党白区工作正确路线的代表”的“一贯正确”的形象和历史地位，同时彻底打倒刘少奇曾经领导过、依靠过的北方局系统的领导干部，以达到彻底清除刘少奇的政治基础、组织基础和干部基础的目的。四是以刘少奇包庇“六十一人叛徒集团”为突破口，诬蔑刘少奇领导白区工作的历史、理论和实践，进而将刘少奇打成“叛徒、内奸、工贼”，彻底打倒。

其实，关于“六十一人”问题，康生完全清楚。抗日战争时期，康生担任中共中央书记处书记、中央情报部部长兼中央社会部部长、中央整风运动总学习委员会副主任，长期负责审查干部工作。对于“六十一人”问题的来龙去脉，康生是最主要的知情人。

老干部曾彦修回忆说：

1947年2月，中央组织了一个土改工作试点团，前往晋西、冀中、山东渤海区等地做土改试点工作。团长（是）康生（陈伯达开始也做了个把月副团长就带着团员田家英跟随少奇同志率领的中央工委到河北平山县去了）。团员有老同志张琴秋，李立，曹轶欧，廖鲁言、陶××夫妇，高文华、贾连夫妇，徐冰、张晓梅夫妇（在山东时加入的），张越霞等。一个中年人张勃川。几个青年人为于光远、凌云（兼工作团秘书）、史敬棠、曾彦修。毛岸英刚从苏联回来半年多，也随团学习。……

1948年初，工作团绝大部分团员到达山东渤海区惠民地区阳信县某村渤海区党委驻地时，已快过春节了。就先没有立即下农村，而是等农村过完初五之后再下去。区党委于除夕宴请康生及工作团。但区党委组织部长刘格平是回族，他可是老得不得了的革命家，据人名词典载，刘在1922年就参加了社会主义青年团。他不能参加一般性宴会，于是在春节那天在他家中邀请康生及工作团按清真习惯吃晚饭。说是晚饭，下午三时即入座了，因为要预留饭后散步时间。

晚饭后，照例由康生带领大家在村外散步。散步时，康生问大家知道刘格平这个人不？个别老同志知道，其余同志都不知道。康生向我们介绍了一下刘格平同志的历史，然后对我们说（大意）：这个同志很固执，缺乏灵活性，他是个老党员，当然是个马克思主义者了……康生又对大家说：“这个同志很特别，他比别人多坐八年牢，党要他出来，他坚决不出来。这是怎么回事呢？”康生继续说：少奇同志1936年春到平津重组北方局后，眼看革命形势日益高涨，抗日运动风起云涌，学生运动尤其经久不衰。可是，我们党的老干部绝大多数都在北平敌人（指宋哲元政权）狱中。那时平津危急，华北危急，敌人（指日本侵略者）一旦占领平津，这些同志就会全部牺牲。而且，蒋介石只要讲一句把这些犯人送到南京去，宋哲元就会立即欢送，以减少自己的麻烦。所以，情况是很危急的。少奇同志等研究后，觉得不能坐等日、蒋来屠杀这些同志，只能作为例外，履行“假自首”手续后，就能全部出狱。于是，北方局请示中央，经中央研究同意后复示同意。但具体出狱经过仍很复杂，这个指示传到狱中后，当时以薄一波为首的六十一人都不同意出狱。“后来又催促多次，说再不执行就是违反中央指示了。”……

康生又告诉我们，“后来狱中同志有点相信了，但不放心，决定先出来一个人，看看是否敌人的诡计，并约定暗号，放出的这位同志回去探监时，如果是真的就带去什么东西，讲什么暗语；如果是假的，又是如何如何等”。康生说，“结果这位先出来的同志了解确是中央的决定。于是这些人才出来”。康生又说，“可是刘格平决定不出来，把监牢继续坐下去”。至于刘格平同志是在日本投降后出狱的，还是抗战末期日寇败局已成，敌伪监狱当局已十分混乱的情况下，而由狱外同志救援出狱的，康生好像也没有说得很具体，只是说刘格平同志“比别人多坐了八年牢”。

康生还特别对我们解释了敌人占领了北平后为什么又没有杀刘格平的

问题。康生说，“敌人占领了北平后，汉奸们以为共产党员都在1936年夏天一次‘集体自首’全部出狱了，就把刘格平当成普通刑事犯继续收监下去未予理会了，因此，他活了下来”。康生对刘格平坚持不出狱的态度如何呢？此点，光远同志和我特别核对过：康生当时决未表示赞美，意思是说刘格平这个人太迂了，但原话我们记不得了，不能确定是否用过这个“迂”字。

上述经过，党中央自有全部详细资料，那才是合法的材料。我这里之所以记这么一些，只是为了一点：此事的原原本本，康生是比谁都清楚的。他长期任中央社会部部长，也有责任弄清此事。

所以，康生发动当时南开大学的“抓叛徒”造反兵团，首先出来抓“薄一波等六十一人叛徒集团”，进而在全国几乎把一切地下党员都看成“叛徒”，完全是一个极大的一网打尽地下党员的阴谋。而且，薄一波同志等六十一人出狱的经过，长期在延安党中央重要机关工作过的一些党员同志也早就大略知道了，我就是如此，不过这次是从康生口中亲自详述就是了。我怎么可能会早有耳闻呢？因为我接触过不少从南京、苏州监狱在抗战一两个月后才出狱的同志们说，我们在蒋介石的直接统治下，蒋不可能像华北地方势力宋哲元那样释放我们，因此南方不可能采取这一方式出狱。①

1975年邓小平主持中央工作期间，曾经在中共中央政治局会议上说：六十一人的问题必须解决，把那件事的责任归咎于他们是不公道的。江青当场表示反对。由于“四人帮”捣乱，“六十一人案”的问题没能得到及时解决。

粉碎“四人帮”后，薄一波等人及其亲属子女强烈要求平反这个重大错案。1977年11月11日，当年曾经向北平草岚子监狱党支部转达北方局指示的孔祥祯向中央写信：

“为了给国民党统治时期的监狱送信一事，我受了八年监禁、两年下放，

① 曾彦修（曾任中共中央中南局华南分局宣传部副部长、人民出版社社长）回忆文章：《关于康生有意制造所谓“六十一人叛徒”假案问题的补充说明》，《广东党史》2000年第3期，第14～15页。

身已瘫痪，现尚未痊愈。幸由叶副主席批准我今年回京，现在北京医院治疗。在我九死一生之际，常有一事，使我耿耿于怀，日夜难忘者，即对北平军人反省院一批干部出狱的事实，不能使组织上和群众彻底明了当时的情况，实在心常戚戚。为何这样说呢？因为张闻天早死，柯庆施去世，徐冰身亡，殷鉴早殒；而亲身经历其事者，只我一人，我若不说，谁还能详细说出来这件事情的经过呢？”

孔祥祯强调：“这不是我个人的问题，而是事关几十个干部政治生命的大事，若不及早报告中央，一时个人命尽，真会使我死不瞑目，遗憾九泉了！”

孔祥祯在信中，把1936年北方局提出，中央批准，柯庆施布置给李葆华和徐冰，徐冰又通过他两次给北平草岚子监狱党支部传达中央指示，薄一波等六十一人出狱的经过，作了详细的说明。

但是，“文化大革命”中建立起来的中央专案组和当时的中央组织部部长拒绝为“六十一人案”复查和平反。

正在这时候，胡耀邦担任了中央组织部部长。他认为，必须迅速掀掉扣在薄一波等人头上的“六十一人叛徒集团”的“大黑锅”。对此，中央专案组的某些人大为震怒、大发脾气：“现在的翻案风如此猖獗，都翻到我们的头上来啦，这还了得？”

第一百〇八章

“六十一人的问题要解决，由中组部进行复查”

粉碎“四人帮”后中国政治形势的发展，在叶剑英、邓小平支持下胡耀邦出任中共中央组织部部长，使“六十一人叛徒集团案”中遭到长期诬陷的老同志及其家人，看到了为“六十一人叛徒集团案”平反昭雪的希望。

就在这时，与“六十一人叛徒集团案”密切相关的一封申诉信，经过邓小平、汪东兴的批示转到了中共中央组织部。申诉人王先梅是“六十一人叛徒集团案”中王其梅的遗孀。王其梅在“文化大革命”前任中共西藏自治区委员会书记、西藏军区副政委，1967年8月被迫害辞世。“文化大革命”期间，王其梅的几个孩子在分配工作、参加政治活动等方面，都因王其梅“六十一人叛徒集团案”问题未解决而屡遭磨难。

1977年12月8日，王先梅向邓小平写了申诉信。

12月25日，邓小平指示：“请东兴同志批交组织部处理。王其梅从抗日战争起做了不少好事。他的历史问题不应影响其子女家属。建议组织部拿这件事做个样子，体现毛主席多次指示过的党的政策。”

汪东兴批示：“请耀邦同志阅办。毛主席从来有指示，应区别对待，不能歧视。”

新任中共中央组织部部长胡耀邦看到邓小平和汪东兴阅批的王先梅申诉信后，立即找了几位同志研究，决定：应把这个问题的解决，当作彻底平反“六十一人叛徒集团案”的突破口。

接着，胡耀邦委派中共中央组织部两位同志找到王先梅，传达了邓小平和汪东兴两位副主席的指示和胡耀邦的嘱咐。

1978年2月18日，《人民日报》发表为王先梅及其子女落实政策的消息和《王先梅同志写给中央领导同志的信（摘要）》，并发表《落实干部政策的一个重要问题》的评论员文章，在社会上引起广泛反响。这对于平反“六十一人叛徒集团案”是一个非常有力的推动和促进。

同年 4 月，张玺（曾任中共河南省委书记、国家计划委员会副主任等职务，1959 年逝世。虽然已经逝世，“文化大革命”时期他仍然被打成“六十一人叛徒集团案”成员）的夫人陈伯仲考虑到“四人帮”已经被粉碎一年多了，“六十一人叛徒集团案”尚未得到公正处理，现在应当是解决这一问题的时候了。

于是，张玺的夫人陈伯仲分别给中共中央主席华国锋，副主席叶剑英、邓小平、李先念、汪东兴，中共中央组织部部长胡耀邦、副部长曾志、陈野苹写信，反映张玺因“六十一人叛徒集团案”蒙受的不白之冤，全家在“文化大革命”中因此案而受到的株连，希望为“六十一人叛徒集团案”伸张正义，要求为“六十一人叛徒集团案”彻底平反。

6 月 25 日，邓小平在这封信上批示：“这个问题总得处理解决，这也是实事求是问题。”“六十一人的问题要解决，由中组部进行复查，向中央写个报告。”

胡耀邦采取有力措施，把中共中央组织部干部审查局及研究室的一些同志请到办公室，要求大家以实事求是的精神复查“六十一人叛徒集团案”。

胡耀邦说：按照党的一切工作都要实事求是的原则，就是对伟大领袖晚年搞错了的事，也应该予以纠正。有些人硬扛着“两个凡是”牌子不放，坚持一错到底。针对这种态度，我们能不能这样说：“凡是不实之词，凡是不正确的结论与处理，不管是什么时候、什么情况下搞的，不管是哪一级什么人定的、批的，都要实事求是地改正过来。简单地说：就是用‘两个不管’的矛，去对付‘两个凡是’的盾！请大家议议行不行？”

大家一致认为，应该这么办，这既符合辩证唯物主义与历史唯物主义精神，又简明有力。

胡耀邦认为：作为专案工作的一个重要环节，那个“结论”所依据的有关材料，都是中央专案组已经整理好了的。真正有重要价值的实事求是的东西，恰恰是戴着有色眼镜的人们最不屑一顾的。他们可算是做到了“各尽所能”地“各取所需”，把被立案的人置于“永世不得翻身”之地而后快。事实上，一个重大的案子，究竟是何原因搞起来的，这必须查清楚。在搞的过程中，“文化大革命”时期的中央专案组当然也作过一些调查，但那是“各取所需”的调查。他们所需要的，如获至宝；他们认为不合“口径”的，就不会写到结论上去。而这没被写到结论上去的一些真实情况，如果光看那个“结论”是看不出其一丝痕迹的。所以，我们要“另起炉灶”，就必须下功夫对能够提供原始材料的地方和人都走访一遍，看看这些事情的来龙去脉究竟是怎么回事。这样，才能还历史事实之本来面貌，才能分清哪些是当事人自己应该承担的责任，哪些责任应是组织领导方面承担的。这样，才能真正地是非分明，对党对同志高度负责。

胡耀邦强调：此案关系重大。为减少阻力，先不宜声张，要审慎、精细、踏踏实实地调查研究，珍惜每份资料，争分夺秒，争取三个月复查完毕，写上复查结论，在召开中共十一届三中全会时拿出来。

胡耀邦最后说：如果不把“两落实”（指落实干部政策，落实知识分子政策）抓得紧紧的、搞得美美的，我们的党和国家就不会扬眉吐气。而落实干部政策、平反冤假错案的最大突破口，就是对薄一波、刘澜涛、安子文、杨献珍这些同志的特大错案的平反昭雪……

根据中共中央组织部部长胡耀邦的委托，办理这个案子的贾素萍一行首先探望了薄一波。一见面，贾素萍便十分热情地伸出手：“薄一波同志，您好！”

薄一波听到久违了的“薄一波同志”，顿时感动得涕泪交流。贾素萍说：“今天我们先来看看您，联系一下。”“请您根据自己的健康状况，找个时间，我们再来听取您的意见和要求。您看怎么样？”

薄一波兴奋而急切地说：“我的身体很好，不必另约时间，今天就谈，行不行？”

接着，薄一波一口气谈了 7 个多小时……

此后，贾素萍一行到处奔走，从北京到各地，找到与“六十一人案”有关的同志，逐一进行调查研究和情况交流。孔祥祯在交谈中说：“过去红卫兵和专案组的人多次来，口称调查，可是比审讯还凶。我说的都是真实情况，他们全不信，还要逼着我在他们写好的诬陷的结论上签字，我不干，他们就整我，把我的双脚都整残废了。他们后来再找我‘调查’时，我就不再同他们谈一句话，给他们吃闭门羹！这次你们来了，我衷心欢迎……”

中共中央组织部的同志走访了“六十一人案”中所有受迫害而仍健在的同志，研究了所有申诉材料，查阅了中组部保存的这些同志档案中的各人有关出狱经过的自述，调阅了大量敌伪档案，走访了1936年担任北平市委书记的李葆华、中共“七大”期间熟知七大代表资格审查情况的中央组织部干部科科长王鹤寿和晋冀鲁豫代表团副团长王从吾，并请他们都写了书面证明材料。

原中共中央东北局第一书记宋任穷撰写的一份证明材料证明，周恩来总理在“文化大革命”初期曾让他这样回答“揪叛徒战斗队”的红卫兵：“赵林（中共吉林省委书记）的出狱问题中央是知道的”，不能让小将们在这个问题上胡乱发难。

老同志刘英是当年中共中央“负总责”的张闻天的夫人。她写了一份材料，回忆了张闻天作为中央主要负责人，是如何与毛泽东、任弼时等中央领导同志研究批准了刘少奇的那个建议，并给刘少奇回电的。

与此同时，根据胡耀邦的指示，曾经听过康生1948年春节向中央土改工作试点团的同志讲述“六十一人案”成员出狱来龙去脉的于光远和曾彦修，联名向胡耀邦和中共中央反映康生是确知“六十一人案”的中央领导人之一，又是蓄意利用“六十一人案”把一大批高级干部打成“叛徒”的“始作俑者”。曾彦修回忆道：“于光远和我二人联名送上的康生谈话材料，得到了上面的重视，因为它太直接有力了，把康生在这件事情上有意制造冤案的狰狞面目彻底揭穿了。所以，这份材料的全文被中央附在了平反决定的后面，我看见过这个红头文件。”

在此期间，凡是有关“六十一人案”的材料，胡耀邦都逐一阅读，认真研究，精心批示，然后转给有关中央领导同志。在一些关于“六十一人案”的调查材料上，胡耀邦批示，“这份材料很有用”，“这份材料很说明问题”，“送中央常委阅”，“根据这些充分的复查材料，可以起草报告提纲了”。

经过慎重缜密的大量调查研究，胡耀邦主持中共中央组织部于1978年11月20日向中央报送了《关于“六十一人案”的调查报告》。这个报告指出：

我们认为，“文化大革命”中提出的所谓薄一波等“六十一人叛徒集团”是不存在的，是一个错案。遵照伟大领袖毛主席关于“有反必肃，有错必纠”的一贯教导，我们对这一重大案件的结论和处理意见是：

（一）薄一波等同志在敌人的反省院对敌斗争的表现是好的。出狱时他们在敌人拟好的“反共启事”上按手印，并发表在当时平津的报纸上，是执行党组织的指示。当时北方局的决定并不只是刘少奇个人的意见，参与决定这个问题的还有柯庆施等当时北方局的领导同志。1936 年，张闻天同志是中央的总书记。他的批复应该看作是代表中央的。许多同志说明，毛主席（事后）曾向他们表示中央知道他们出狱的经过，这一点应该认为是可信的。中央和北方局根据当时华北民族斗争和阶级斗争形势以及薄一波同志等在反省院的表现，指示他们可以履行敌人规定的手续出狱，以便为党工作，这是组织上当时在特定的历史条件下采取的特殊措施。现在没有理由也没有必要去重新审议当事人和北方局指示；即使认为这些指示有什么不妥，那么责任也只在于指示者，而不应归咎于指示的执行者。

（二）对那些根据党组织的指示，在敌人拟好的“反共启事”上捺手印并登报后出狱，在“文化大革命”中被错误处理的同志，应该恢复其党籍，恢复其原工资级别，酌情安排适当工作。因这一问题而使其家属、亲友受到株连和错误处理的，也应改正过来。已经去世的，应做好善后工作。

（三）在这批党员中，有被捕后，在入反省院以前敌人审讯时，有自首变节行为，或有其他政治错误，对这种人，应根据其问题的性质情节轻重，另作结论。至于薄一波、安子文等同志说的，在六十一人中，有少数人不是根据中央和北方局的指示而是自愿发表“反共启事”出狱的，对这种人，应当加以鉴别，另作结论。

（四）……

1978 年 12 月 16 日，中共中央发出《中央同意中央组织部〈关于“六十一人案”的调查报告〉的通知》，要求各级党委向所属全体党员和党外群众广泛传达。

中共中央为“六十一人案”平反后，中共中央组织部继续做了大量细致复杂的工作。

在“六十一人案”中，“文化大革命”中被迫害致死的有 12 人，仍然在世等到中共中央为“六十一人案”平反昭雪的仅剩 26 人。

中共中央组织部的同志分别看望了在京的 16 位老同志，逐一传达中央为“六十一人案”平反的决定，给他们看文件，检查身体，安排治病，发布票、粮票，照顾他们的生活。

“六十一人案”中的廖鲁言、徐子荣、胡锡奎、王其梅、侯振亚、刘慎之等 12 人在“文化大革命”中已经被迫害致死。中共中央组织部于 1979 年 1 月为原来在北京的廖鲁言等 5 位同志开了平反昭雪追悼会，悼词事先征求其家属及同难人的意见，家属住房、子女工作等各项生活照顾都一一予以解决。

对于“六十一人案”中的外地的已故同志，中共中央组织部与其所在地联系，在当地为他们召开了平反追悼会。

对于“六十一人案”中的张玺，重新举行了骨灰安放仪式。

同时，恢复中共中央组织部原部长安子文、中共中央组织部原副部长李楚离、中共中央高级党校原校长杨献珍、中共中央西北局原第一书记刘澜涛等同志的党籍，解决了他们看文件、住医院、住房、补发工资等生活问题。

至此，“六十一人案”中的所有问题，全部得到干净、利落、彻底、妥善的解决。

第一百〇九章

中央组织部复查453 名副省长、副部长以上干部结论

在中共中央文献研究室编纂的《邓小平年谱》1975～1997 中，记载着“文化大革命”结束后，大规模平反冤假错案的许多问题。其中，记载着向邓小平汇报这方面工作时，说过去一些事情做错了。他立即指出，做错了就改，包括我自己定的事情，只要错了也要改。这种非常坦诚、非常坦率的态度，体现着他一贯坚持实事求是的政治家品格。

邓小平解决问题、处理问题，历来有“举重若轻”的特点，具有雷厉风行、干脆利落、快刀斩乱麻的工作作风。他早就主张，对于党内斗争中积累的问题和积压的案子，要“一揽子解决”，不搞拖泥带水，不留似是而非的“尾巴”，不给党内同志制造“思想包袱”。

毛泽东曾经指出：“政治路线确定之后，干部就是决定的因素。”中国共产党历来高度重视干部管理工作。干部审查工作则是干部管理工作的重要组成部分，决定着干部的政治生命、升降任免、如何使用，直至各种政治待遇以及生活待遇。

“文化大革命”破坏了所有的党规党法，也严重破坏了干部审查工作，造成大量冤假错案。“文化大革命”时期成立的中央专案组，囊括了所有受到审查的高级干部的档案材料。

1978 年6 月中共中央确定，把中央专案组掌握的“文化大革命”时期的原中央专案材料，全部移交中央组织部。

但是，中央专案办公室主要负责人一直掌握着这些材料不交，说：专案办公室没有“四人帮”干扰。他的意思很明白，就是这些受到审查的高级干部不能复查平反。

在1978 年11 月的中央工作会议上，陈云提出：“专案组所管的属于党内

部分的问题，应移交给中央组织部，由中央组织部复查。”“像现在这样，既有中央组织部又有专案组，这种不正常的状态，应该结束。”

在中共十一届三中全会上，许多同志尖锐地批评了中央专案办公室主要负责人的错误做法。全会指出：“过去那种脱离党和群众的监督，设立专案机构审查干部的方式，弊病很大，必须永远废止。”于是，中共中央决定，撤销中央专案机构，将所有档案全部移交中央组织部。

1978年12月19日，根据中共中央关于干部审查工作和所有专案材料一律移交中央组织部的决定，在中共十一届三中全会期间，过去负责这方面工作的中共中央副主席汪东兴、中央政治局委员纪登奎和吴德，召集中央专案组和中央组织部讨论专案工作和专案材料的交接工作。中央组织部部长胡耀邦和副部长陈野苹等有关方面负责人参加了会议。

中共中央决定，中央专案审查小组第一办公室、第三办公室、“五一六”联合专案办公室，自即日起全部撤销。所有专案工作，一律交由中央组织部办理。在所有专案工作移交过程中，不准销毁任何材料。接着，各专案办公室立即停止办理案件。已经送交中央档案馆的专案材料，全部调出，统一交给中央组织部。

胡耀邦与陈野苹等人深入研究了接收工作的各项部署，决定中央组织部抽调干部成立三个组：一组是案件组，负责清理三个专案办公室的案件；二组是材料组，负责清理保管和借阅材料；三组是文书组，负责文书档案处理工作。两个月内接收中央专案组专案材料17349卷，共计391363件，涉及受审查人员669人。其中，十年动乱以前的10名中央政治局委员、10名中央书记处成员、71名中央委员和候补中央委员、7名国务院副总理，在十年动乱时期均被列入专案审查名单。真是骇人听闻，触目惊心。

中央组织部承担十年动乱时期的全部专案复查工作后，在中共十一届三中全会确立的马克思主义组织路线指引下，对于过去受到审查和被列入专案审查名单的大批领导干部，迅速予以甄别平反，相继做出正确结论，使他们重新走上领导岗位。平反冤假错案工作的迅速进行，为改革开放和现代化建设奠定了重要基础。

1978年年底，针对复查中央专案组经手的案件，胡耀邦郑重指出，现在中央组织部承担了全部专案复查工作，这个任务光荣又艰巨啊！我们要坚持实事求是的原则，以对党对人民高度负责的态度，抓紧做好这件工作；特别是对那些仍在外地监督劳动的领导干部的案件，更要及早复查清楚做出结论。他强调，如果在外地的，可以先接回北京来治病嘛！有些人可以先分配工作，后做复查结论嘛！他还提出，要采取全党办案的原则，走群众路线，把案件交给干部所在单位进行复查，提出意见，然后送中央组织部审理，再报请中央审批，这样可以大大加快复查工作的进度。

1979 年 1 月 4 日，胡耀邦在一份材料上批示："平反冤假错案，正是为了稳定和发展形势，不是翻烙饼。把过去做错了的事情坚持改正过来，这是忠于实事求是的原则，具有革命胆识的表现，体现了我们共产党人对革命、对人民高度负责的精神，这是和右倾机会主义毫不相干的。如果在大是大非面前，不尊重事实，不坚持原则，知错不改，将错就错，那才是怯弱的机会主义态度。"从这个批示的闪光思想中，一个共产党人对党对人民高度负责的赤子之心跃然纸上。

中共十一届三中全会后，胡耀邦任中央秘书长兼中央宣传部部长，由宋任穷接任中央组织部部长。

宋任穷回忆说：刚到中央组织部时，在落实干部政策工作上，首先遇到的是接收并复查平反原中央专案审查小组第一办公室、第三办公室和"五一六"联合专案办公室移交给中央组织部的大量案件。

这些专案材料的接收工作是宋任穷到中央组织部任职前开始的，宋任穷任职后继续进行。日常领导工作由陈野苹负责。中央组织部接收原中央专案组移交的专案材料 17349 卷、391363 件，涉及受审查人员共计 669 人。据中央专案组 1975 年的一个《报告》，上述被审查的人员，定为"问题性质严重或敌我矛盾"的就有 320 人，占被审查人员的 47.8%。据统计，被列入中央专案审查的，中央、国家机关副部长及省、市、自治区副省长（包括军队中相当这一级的干部）以上干部 213 人，其中中共第八届中央政治局委员 10 人，中央书记处成员 10 人，中央委员和候补中央委员 71 人（不包括省、市审查的），国务院副总理 7 人。

过去，中央专案组的情况是被严密封锁的，很少有人了解全貌。在一次中央组织部办公会上，听取了专案材料接收组对上述情况的全面汇报后，大家无不感到震惊和愤慨。中央组织部领导同志和承办这项工作的职能部门昼夜不停地投入了复查平反工作。

但是，这么多的大案、要案，加上受他们株连的家属、亲友和工作人员，也要随着他们本人冤案的复查平反一并加以解决，案件的数量之多，工作量之大，情况之复杂是空前的。在这种情况下，要想在短时间内把这些案件实事求是地作出复查平反结论，只靠中央组织部的力量显然是不可能的。

有鉴于此，中央组织部采取了以下措施：

首先是把被中央专案组下放到外地仍在监督劳动的领导同志全部接回北京和有关单位。中共十一届三中全会以后，中央组织部在这个问题上，有了更大的主动权。会后，回到北京的有彭真、张洁清夫妇。原被关押的王光美也被接了出来。其他同志也由各单位陆续接了回来。

其次，对一部分同志采取了先分配工作，后作复查平反结论的办法，使这些领导同志尽早走上工作岗位。

再次，是按照全党办案和群众路线的原则，采取转请本人原单位进行复查，然后送中央组织部审理，转报中央审批的办法，这样就大大加快了复查平反的进度。

实践证明，这些措施取得了良好的效果。从1979年到1980年，由中央组织部直接作出结论并报中央批准的有445人，其中包括彭真、陆定一、陶铸、刘澜涛、习仲勋、安子文、钱瑛、胡乔木、帅孟奇、赵毅敏、林枫、谭震林、李立三、王任重等一大批高级领导干部。

从原中央专案组的材料和有关同志对专案组的揭发材料中，可以清楚地看出江青集团打击迫害老干部的罪行。据不完全统计，“文化大革命”中，原中央专案组先后共关押和监护的干部有1124人，被隔离在单位、干校或外地的，不计其数，实际上受株连被关押、审查的人员远远超过了移交名单上的数字。有数以万计的无辜干部、群众受到株连，有不少证人和家属因受株连，也被投入监狱，深受牢狱之苦。

“文化大革命”前，全国共有副省长、副部长以上干部1253人，“文化大革命”中受到冲击的有1011人，占81%。其中，由各地各部门立案审查，被诬为“叛徒”“特务”“反革命修正主义分子”“资产阶级司令部代理人”“执行修正主义路线”的有453人，占总数的36%（不包括由原中央专案组直接审查的）。

中央组织部受中央委托，从1978年开始到1980年12月底，先后对453名副省长、副部长以上干部的结论进行了复查或审理。“文化大革命”中被定为敌我矛盾的85人，全部平反，恢复名誉；过去有历史问题结论，“文化大革命”中又加码定性处理的，大多数维持了“文化大革命”前的结论。经过落实政策，这些同志中身体好、能工作的都走上了领导岗位，身体不好的做了适当的安置，含冤逝世的进行了昭雪，因这些同志的冤假错案受到株连的同志、家属子女，做了消除影响的工作。①

中共十一届三中全会前后的拨乱反正，尤其体现了邓小平大刀阔斧、干脆利落的工作作风和处理问题“一揽子解决”的特点。这一时期中共中央发出的大批平反文件中，留下了大量邓小平言简意赅的批示：

关于吴晗问题，他作出批示：“吴晗应该平反。”②

关于中央宣传部问题，他作出批示：“看来宣传部的事应该解决一下，建议将此件印发政治局各同志。”③

关于为徐海东举行追悼会问题，他作出批示：“应该如此，先告中组部……中组部办。”④

关于陆定一来信问题，他作出批示：“建议印发政治局各同志。”⑤

关于要求为刘少奇平反的人民来信问题，他作出批示：“政治局各同志阅，中组部研究。”⑥

关于人民解放军总参谋部拟召开平反大会问题，他作出批示：“同意

① 《宋任穷回忆录》(续集)，解放军出版社1996年版，第62～85页。
② 中共中央文献研究室编：《邓小平年谱》1975～1997(上)，中央文献出版社2004年版，第444页。
③ 中共中央文献研究室编：《邓小平年谱》1975～1997(上)，中央文献出版社2004年版，第446～447页。
④ 中共中央文献研究室编：《邓小平年谱》1975～1997(上)，中央文献出版社2004年版，第447页。
⑤ 中共中央文献研究室编：《邓小平年谱》1975～1997(上)，中央文献出版社2004年版，第456页。
⑥ 中共中央文献研究室编：《邓小平年谱》1975～1997(上)，中央文献出版社2004年版，第458页。

上报。”①

…… ……

在邓小平的有力推动下，据不完全统计，从中共十一届三中全会前夕1978年11月中央工作会议期间到1981年9月，中共中央大力开展拨乱反正而发出的为各类冤假错案平反的文件就有40多份。

平反冤假错案是拨乱反正的一个重大突破口。突破一点，带动全局。此举大获成功，大见成效，深得人心，赢得全党干部、全国人民的衷心拥护。对此，无论怎样高度评价都不过分。

平反冤假错案是拨乱反正的重要组成部分。在此以前，对于冤假错案以“两个凡是”为基本原则来对待和处理，甚至置之不理、不管不问；开展平反冤假错案后，一切以“两个不管”作为基本原则来对待和处理。

平反冤假错案是思想解放的重要步骤。在此之前，凡是毛泽东批示过的案子、凡是毛泽东决定了的案子，都不能触动，更不能纠正。在平反冤假错案中，彭德怀的案子、陶铸的案子、“六十一人案”“右派”等大案，凡是实践证明错了的，都可以彻底纠正。“领袖是人不是神。”在平反冤假错案的历史进程中，人们在十年动乱中长期受到禁锢的思想逐步得到解放。

平反冤假错案是改革开放的重要前提、坚实基础和必要条件。平反冤假错案清除了改革开放的重重障碍，奠定了改革开放的坚实基础。

马克思、恩格斯在《共产党宣言》中提出：在无产阶级建立政权以后，“代替那存在着阶级和阶级对立的资产阶级旧社会的，将是这样一个联合体，在那里，每个人的自由发展是一切人的自由发展的条件”②。在十年动乱之后，平反冤假错案凝聚了人心，化解了一切消极因素，调动了一切积极因素，实现了中华民族空前的大团结，使中国共产党更加团结、更加坚强，成为领导全国人民开创改革开放和现代化建设道路的领导核心。

① 中共中央文献研究室编:《邓小平年谱》1975～1997(上),中央文献出版社2004年版,第459页。

② 《马克思恩格斯选集》第1卷,人民出版社1972年版,第273页。

第一百一十章

“中组部、中纪委合作查清刘少奇一案”

在湖南长沙岳麓山上著名的岳麓书院里，镌刻着八个巨幅大字：“惟楚有材，于斯为盛。”“惟楚有材”，出自《左传》的“虽楚有材，晋实用之”。“于斯为盛”，出自《论语》的“唐虞之际，于斯为盛”。

相传，清代嘉庆十七年至二十二年（1812～1817年），袁名曜执掌岳麓书院，有人请其为岳麓书院题写大门对联。他立即撰写出上联“惟楚有材”，然后要求诸位学生应对下联。众人沉思之际，才思敏捷的贡生张中阶至此，应声对出下联“于斯为盛”。一副古代名联就此撰成，誉满三湘，泽被四水。楚国者，湖南也，自古以来人才辈出，岳麓书院更是英才荟萃，成长茂盛。

中国革命史上，湖南诞生了毛泽东、刘少奇、任弼时、彭德怀、罗荣桓、黄克诚、粟裕、陈赓、谭政等一大批党政军领导人物。中国革命领导人群星闪烁，真正印证了“惟楚有材，于斯为盛”的名联。

中国共产党成立后，刘少奇是最早的党员之一。他是湖南人，名副其实的毛泽东的湖南老乡。他的家乡宁乡县花明楼与毛泽东的家乡湘潭县韶山冲，相距很近，只有一山之隔。

刘少奇青年时代参加了五四运动，1920年加入中国社会主义青年团，1921年加入刚刚创立的中国共产党。早期主要从事工人运动和党的地下工作，参加领导过安源煤矿和铁路工人大罢工、五卅大罢工、省港大罢工及武汉工人夺回英租界的英勇斗争。在中国共产党第五次代表大会上，当选为中央委员。

大革命失败后，刘少奇在严重的白色恐怖下，到上海、天津、东北、华北等地，从事党的地下工作，参加了顺直省委（即河北省委）的领导，担任过满洲省委书记。在中共六届四中全会上，当选为中央政治局委员。随后，任中共中央职工部部长、全国总工会党团书记。

1932年冬天，刘少奇进入中央革命根据地，先后担任全国总工会委员长和福建省委书记。参加了长征，担任过红八军团、红五军团中央代表和红三军团政治部主任。在决定中国革命命运的遵义会议上，刘少奇坚定地支持以毛泽东为代表的正确路线。

1936年春天，刘少奇任北方局书记，在华北地区正确地执行抗日民族统一战线政策，巩固和发展了“一二·九”运动的胜利成果。

抗日战争初期，刘少奇深入敌后，按照中央和毛泽东提出的开展独立自主的敌后游击战争的战略方针，放手发动群众，开展抗日救亡运动，卓有成效地领导了山西抗日新军和华北抗日根据地的创建工作。1938年冬天，刘少奇南下任中原局书记，组织和建立华中抗日根据地。皖南事变后，他临危受命，任新四军政治委员、华中局书记，同陈毅等一起，迅速改变了新四军的困难处境，恢复和壮大了华中地区的革命力量。

刘少奇是中国共产党的主要领导人之一。1943年，他从华中回到延安，任中央书记处书记和中央军委副主席。在中国共产党第七次代表大会上，当选为中央政治局委员和中央书记处书记。1947年春天，国民党军队进攻延安，毛泽东和周恩来、任弼时、彭德怀留在陕北指挥全国解放战争和保卫陕甘宁边区的战斗。在这种情况下，刘少奇受中央和毛泽东的委托，担任中共中央工作委员会书记，转移到华北，和朱德一起，负责中央的日常工作。

新中国成立时，在第一届中国人民政治协商会议上，刘少奇当选为中央人民政府副主席。在第一届全国人民代表大会第一次会议上，当选为全国人民代表大会常务委员会委员长。在中国共产党第八次全国代表大会上，当选为中国共产党中央委员会副主席。在第二届全国人民代表大会第一次会议上，当选为中华人民共和国主席。刘少奇担任中华人民共和国主席，直到逝世为止。

20世纪60年代“文化大革命”初期，由于对党内和国内形势作了违反实际的估计，认定党内存在一条与中央路线相对立的“反革命修正主义路线”，存在一个“资产阶级司令部”，把中共中央副主席、中华人民共和国主席刘少奇当作“党内反革命修正主义集团的总头目”和“全国最大的走资本主义道路的当权派”；并且离开民主集中制原则，采取错误的方针和方法，在全国范围内，对刘少奇进行了公开的、错误的批判和斗争，撤销了刘少奇中共中央副主席的职务和实际上撤销了他的中华人民共和国主席的职务。并且蓄意对刘少奇进行政治陷害和人身迫害，把一大批党政军领导干部诬陷为“刘少奇的代理人”，统统打倒。

“文化大革命”爆发后于1966年12月18日成立的刘少奇专案组，在江青的直接控制和指挥下，一方面，采取弄虚作假、断章取义、逼供信等恶劣手段，拼凑虚构的、牵强附会的材料，伪造证据，报送中央；另一方面，又扣压了解真相的人的证词和被迫提供伪证的人多次更正的材料，于1968年9月，提出了一份所谓《关于叛徒、内奸、工贼刘少奇罪行的审查报告》。

这份报告和附件《罪证》，是由中共八届十二中全会在党中央工作和党内生活处于极不正常的状况之下通过的。中共八届十二中全会公报还宣布了中央“把刘少奇永远开除出党，撤销其党内外的一切职务，并继续清算刘少奇及其同伙叛党叛国的罪行”的决议。

1968年11月下旬，上述公报、审查报告和附件，发至全党，口头传达到群众。这就造成了全国最大的冤案。刘少奇本人，早在1966年冬天即被隔离和批斗。在整个隔离、批斗过程中，被完全剥夺申辩的权利。

1969年10月，刘少奇于重病中被强行从北京押送到开封“监护”。同年11月12日，刘少奇被迫害含冤逝世。

粉碎“四人帮”后，党内外许多人向中央建议，对刘少奇案件进行复查。中共十一届三中全会前后，广大干部、群众纷纷提出解决刘少奇的冤案问题，要求为刘少奇彻底平反。

1978年12月24日，一封要求为刘少奇平反的人民来信转到了邓小平处。

邓小平迅即批示：“政治局各同志阅，中组部研究。”

1979年2月5日，交通部原部长孙大光给中央政治局委员、中央秘书长胡耀邦并中央写信，建议重新审议刘少奇的问题。

胡耀邦和中央副秘书长兼中央办公厅主任姚依林商议后，将孙大光的来信正式上报中央主席华国锋和副主席叶剑英、邓小平、李先念、陈云、汪东兴。

据中共中央纪律检查委员会《中央纪委书记办公会议纪要》记载：1979

年2月22日“中纪委办公会议决议：刘少奇问题，群众来信要求予以平反，小平同志要中纪委研究。这两人（另一个人指瞿秋白）的问题如何研究，另定”。

2月23日，陈云批示：“中央常委各同志已传阅完毕，中央办公厅应正式通知中组部、中纪委合作查清刘少奇一案。”

3月27日，中央纪委办公会议研究决定：“刘少奇的问题，经鹤寿同志与任重同志商量，按陈云同志的意见，由中央组织部和中央纪委共同处理。”

于是，由中共中央纪律检查委员会和中共中央组织部组织力量，抽调干部，组成刘少奇案件复查组，开始对刘少奇冤案进行复查工作。

在刘少奇一案复查过程中，邓小平、陈云、胡耀邦等多次作出重要指示和批示，听取复查情况汇报。

有关方面经过7个多月的调查研究，以刘少奇案件复查组名义，撰写了《关于刘少奇案件的复查情况报告》，逐一否定了原《关于叛徒、内奸、工贼刘少奇罪行的审查报告》中强加给刘少奇的所有罪名。

在北京的中共中央政治局委员、候补委员听取了刘少奇案件复查组的专题汇报。

汇报结束后，邓小平、胡耀邦、徐向前等肯定了复查工作的成绩。

邓小平、陈云、邓颖超、胡耀邦等审阅《关于刘少奇案件的复查情况报告》后，表示同意。

随后，《关于刘少奇案件的复查情况报告》经中共中央纪律检查委员会第一书记陈云审定后，准备提交中共十一届五中全会讨论。

邓小平提议：可考虑将这一报告作为中央对刘少奇案件的平反决定。

1980年2月初，中共中央政治局讨论并同意《关于为刘少奇同志平反的决议（草案）》，决定提交中共十一届五中全会审议。

中共十一届五中全会的一个重要内容，就是为中华人民共和国主席刘少奇彻底平反。

在中共十一届五中全会各组召集人汇报会上，当汇报到讨论中提出为刘少奇平反的决议要不要写刘少奇也犯过错误的问题时，邓小平说：今天倒是议了一个重要原则问题。实事求是可不容易。写上这样的语句不会给人们说这是贬低少奇同志，不可能这样理解。少奇同志与一般人不同，在给他作的平反决议中如果没有这样的内容，会给人一个印象，就是所有错误都是毛主席一个人的。这不是事实。我们犯的错误比少奇同志犯的错误多，总要承认他也有错误就是了。这也是个党风问题。

在中共十一届五中全会第三次会议上，邓小平谈到为刘少奇平反时说：

> 为少奇同志平反的决议讲，“文化大革命”前，党犯过一些错误，少奇同志和其他同志一样，也犯过一些错误。我看这样讲好，符合实际。不要造成一个印象，好像别人都完全正确，唯独一个人不正确。这个话我有资格讲，因为我就犯过错误。一九五七年反右派，我们是积极分子，反右派扩大化我就有责任，我是总书记呀。一九五八年大跃进，我们头脑也热，在座的老同志恐怕头脑热的也不少。这些问题不是一个人的问题。我们应该承认，不犯错误的人是没有的。拿我来说，能够四六开，百分之六十做的是好事，百分之四十不那么好，就够满意了，大部分好嘛。我们既然说毛泽东同志都会犯错误，少奇同志就没有错误呀？其他同志就不犯错误呀？平反的决议这样评价少奇同志，可以使党内党外、国内国外进一步认识到，中国共产党是实事求是的，是敢于面对现实讲真话的。否则不合乎事实。没有不犯错误的人，只是错误有大小轻重的区别。[①]

中共十一届五中全会认为，前中共中央副主席、国家主席，伟大的马克思主义者和无产阶级革命家刘少奇，几十年来一贯忠于党和人民，把毕生精力献给了无产阶级革命事业，在我国新民主主义革命、社会主义革命和社会主义建设中，建立了不可磨灭的功绩。在“文化大革命”初期，由于对党内和国内形势作了违反实际的估计，提出了党内存在一条反革命修正主义路线，随后又提出了存在一个以刘少奇为首的所谓“资产阶级司令部”，这些论断是完全错

① 《邓小平文选》第2卷，人民出版社1994年版，第277～278页。

误和不能成立的。“文化大革命”中捏造材料，蓄意对刘少奇进行政治陷害和人身迫害，并把一大批党政军领导干部诬陷为“刘少奇的代理人”，统统打倒，造成了极其严重的后果。这是我党历史上最大的冤案。中央对此作了大量切实的调查研究。反复核对材料，大量的证据证明过去强加给刘少奇的罪名完全是诬陷不实之词，必须推倒。

全会经过严肃、认真的讨论，一致通过《关于为刘少奇同志平反的决议》。决议指出，根据复查的结果，原审查报告给刘少奇强加的“叛徒、内奸、工贼”三大罪状，以及其他各种罪名，完全是蓄意陷害。中共八届十二中全会据此作出“把刘少奇永远开除出党、撤销其党内外一切职务”的决议是错误的。过去对于刘少奇的诬蔑、诬陷、伪造的材料以及一切不实之词都应完全推倒。

全会决定：撤销八届十二中全会公报中强加给刘少奇的罪名和对他处理的决议，恢复刘少奇作为伟大的马克思主义者和无产阶级革命家、党和国家主要领导人之一的名誉。过去因刘少奇问题受株连的人和事，都应实事求是地进行复查和澄清，凡属冤假错案一律平反。

中共十一届五中全会后，为刘少奇平反的各项工作紧张进行，报纸、杂志、电视台、广播电台发表了大量纪念和评价刘少奇历史贡献的回忆录、研究文章和历史材料。

1980 年 5 月 17 日，中国共产党中央委员会在北京隆重举行刘少奇追悼大会。中国共产党中央委员会副主席邓小平高度评价刘少奇为共产主义事业英勇奋斗的一生，恢复了刘少奇在中国革命和建设历史上的应有地位。邓小平指出：

我们怀着无比沉痛的心情，悼念伟大的马克思主义者和无产阶级革命家刘少奇同志。刘少奇同志为共产主义事业战斗了一生。他是受到全党和全国各族人民爱戴的、久经考验的、卓越的党和国家领导人。

“文化大革命”时期，林彪、江青一伙出于阴谋篡党夺权的反革命目的，利用我们党的缺点和错误，蓄意诬陷和残酷迫害刘少奇同志。一九六九年十一月十二日，刘少奇同志在河南开封不幸病故。这是我党和我国人民巨大的损失。党中央经过周密的调查研究，根据确凿的证据，在党的十一届五中全会上，彻底推倒了强加在刘少奇同志身上的种种罪名，郑重地为他平反昭雪，恢复名誉。我们党采取的这种实事求是、有错必纠的原则立场，受到了全党全军全国各族人民的衷心拥护。

刘少奇同志几十年如一日，为党的巩固和发展，为新民主主义革命的胜利，为社会主义革命和社会主义建设事业的胜利，为反帝反殖和国际共产主义运动的开展，进行了不懈的斗争，建立了不朽的功绩，赢得了全党全军全国各族人民的爱戴和尊敬。

刘少奇同志是我们党的马克思主义理论家。他一贯重视理论和实践的统一，勤于调查研究和总结经验，并且善于把实践经验提到理论高度。他对我们党的建设，对我国工人运动和党的白区的工作，在实践上和理论上，都有重要的建树。他在这几方面提出的理论观点和思想原则，是党和人民几十年英勇奋斗的经验结晶，是毛泽东思想科学体系的组成部分。

刘少奇同志为把我们党建设成为马克思列宁主义的党，为捍卫党在思想上和组织上的纯洁，为巩固和发展党的队伍，为维护党的团结和统一，为确立党的生活的基本准则，为加强党和群众的联系，付出了毕生的精力。他首先提出“毛泽东思想”的概念，并在党的第七次全国代表大会上进行了有力的宣传。他的《论共产党员的修养》一书和其他关于党的建设的著作，教育了全党的广大党员，是我们党的宝贵的精神财富。

刘少奇同志长期以来，是我国工人运动的主要领导者和组织者之一。他善于把党的政治任务同工人群众的切身利益紧密结合起来，组织群众进行有效的斗争。他在我国早期职工运动中竭力倡导的重视工会组织作用、提高职工群众觉悟、关心广大工人切身利益的思想，至今仍然具有指导意义。

一九二七年大革命失败后，全国笼罩着白色恐怖。面对国民党的反革命镇压，党内一部分干部的盲动反抗情绪有所滋长。刘少奇同志主张在群众工作中尽可能地利用公开合法手段，利用敌人内部矛盾，争取同盟者，并且注意根据群众的觉悟程度，采取适当的斗争方式，以保存和发展党在白区的革命力量。他的这些正确主张当时虽然受到压制和诋毁，但是抗日战争前夕他关于白区工作的经验总结，却受到了全党的重视，并且在抗日战争和解放战争的白区工作中起了重要的作用。

刘少奇同志在新民主主义革命时期党内几次重大政治路线斗争中，坚持了正确的立场。他曾经同李立三的“左”倾冒险主义、王明的“左”倾机会主义、张国焘在长征中分裂党的罪恶活动以及王明在抗日初期的右倾机会主义，作过坚决斗争。历史事实证明，刘少奇同志不愧为坚定的成熟的无产阶级革命家。

建国以后，刘少奇同志作为党和国家的主要领导人之一，积极参与制定和贯彻执行社会主义革命和社会主义建设的路线、方针、政策。他坚持社会主义道路，坚持无产阶级专政，坚持共产党的领导，坚持马克思列宁主义、毛泽东思想。在我国生产资料所有制的社会主义改造基本完成以后，他代表党中央在党的第八次全国代表大会所做的报告中，主张把党的工作着重点转移到经济建设上来，集中力量提高社会生产力。在六十年代初经济困难时期，他深入了解实际情况，倾听群众呼声，深切关怀国家的安危和人民的疾苦，坚决支持调整、巩固、充实、提高的正确方针，并作了卓有成效的努力。

在刘少奇追悼大会即将结束时，邓小平走到刘少奇的夫人王光美身旁，用他那扭转乾坤的手臂，紧紧握着王光美的手，充满真挚感情地说：“是好事，是胜利！”

为刘少奇彻底平反，充分表达了全党全军全国各族人民的共同心愿，有力地表明中国共产党是一个勇于坚持真理、修正错误的党，是一个实事求是、光明磊落的党。为刘少奇平反昭雪，体现了党的优良传统，使全党和全国人民深刻记取党的民主集中制原则和国家的民主、法制受到破坏的沉痛教训，用一切努力来维护、巩固、完善社会主义民主和社会主义法制，使类似刘少奇和其他党内外的冤案永远不致重演。

奠定中日关系、中美关系基石。“只握手，不拥抱。”“我建议利用这个机会宣布中苏关系从此实现正常化”

第一百一十一章

“我是一个无神论者，但我尊重你们的风俗习惯”

中共中央在粉碎“四人帮”后，就着手对各方面的工作进行重大调整，对外工作也开始重要调整。改善与南斯拉夫的关系，就是其中较早的一例。当时的南斯拉夫领导人铁托，1892 年 5 月 25 日生于克罗地亚库姆罗韦茨村的一个贫苦农民家庭。1905 年毕业于初等学校，学习钳工，成为五金工人。1910 年加入社会民主党，投身工人运动。1913 年被征入奥匈帝国军队服役，其间获全军击剑比赛亚军。第一次世界大战爆发后，因从事反战宣传遭受禁闭处分。1915 年铁托随军与俄军作战，负伤被俘，到达俄国。在俄国期间学会俄语，经历俄国发生的二月革命和十月革命等重大历史事件，参加国际纵队对高尔察克部队的作战。1920 年铁托回到南斯拉夫，9 月加入南斯拉夫共产党，历任区委委员、萨格勒布市五金工会书记和萨格勒布市委书记。1920 年起多次被南斯拉夫当局逮捕。1934 年获释后，当选南斯拉夫共产党中央委员、中央政治局委员，从事秘密工作。1935 年年初赴莫斯科，任共产国际巴尔干书记处成员和南斯拉夫报告员。1937 年 12 月主持南斯拉夫共产党中央工作。

1938 年年初，铁托任南斯拉夫共产党中央临时总书记，大力推进党的组织建设，改进党的工作，密切党和群众的联系，加强党的团结，将南斯拉夫共产党逐步建设成为群众性的、组织严密的、强有力的工人阶级政党。1940 年 10 月，在南斯拉夫共产党第五次代表会议上铁托当选为中央委员会总书记。在第二次世界大战期间，南斯拉夫共产党建立人民解放军，领导全国反法西斯战争，与德国军队浴血奋战，铁托多次指挥反法西斯战争的重大战役。1945 年 5 月 15 日，南斯拉夫人民取得反法西斯战争胜利。1945 年 11 月，铁托任南斯拉夫人民共和国部长会议主席。1952 年 11 月，当选为南斯拉夫共产主义者联盟总书记。1953 年起，铁托任南斯拉夫社会主义共和国总统和南斯拉夫武装部队最高统帅。后来，在南斯拉夫共产主义者联盟第十次全国代表大会上当选为南斯拉夫共产主义者联盟主席，任期无限。同时，被南斯拉夫社会主义联邦共和国议会选为终身总统。

南斯拉夫在20世纪四五十年代经历了与苏联为首的社会主义阵营的蜜月时期、破裂时期和恢复时期。中国与南斯拉夫的关系也经历了蜜月时期、破裂时期和恢复时期。毛泽东生前曾经说过：铁托是铁。十年动乱结束后，中国打开对外工作新局面是从南斯拉夫开始的。中国共产党与南斯拉夫共产主义者联盟之间已经中断关系将近20年，在正式恢复两党关系之前，党内需要做一系列“转弯子”工作。1978年3月，中共中央对外联络部常务副部长李一氓率领党的工作者代表团访问南斯拉夫，李一氓为团长，乔石为副团长。这次访问取得十分有益的积极成果。中共中央对外联络部向上报送了《关于中南两党恢复关系问题的宣传提纲》，中共中央向全党转发，由此完成了“转弯子”工作。其中，乔石提出思路，起草报告，起了很重要的作用。1977年5月，中共中央委员会主席华国锋致电南斯拉夫总统铁托，祝贺其85岁寿辰。随后，中国与南斯拉夫恢复两党关系。南斯拉夫共产主义者联盟是1958年国际共产主义运动中第一个被我们指责为“现代修正主义”并中断了两党关系的党。中国与南斯拉夫恢复两党关系是中国对外工作一次重要的拨乱反正。

曾经长期在中共中央办公厅翻译组工作的阎明复、朱瑞真经历了中国与南斯拉夫关系的曲折发展过程。他们作为历史见证人回忆说：

> 在批判南斯拉夫的过程中，特别是到了“文化大革命”期间，中国国内发生了很多极端的做法。但是，在铁托的领导下，南斯拉夫人却表现得较为理智。据当时中国驻南斯拉夫使馆临时代办康冀民回忆，20世纪50年代，中国在克罗地亚共和国首府萨格勒布市修建了一所展览馆，展览馆是绿琉璃瓦大屋顶，有明显的中国建筑风格，很气派。展览馆正门上方用中文和塞尔维亚文刻写了“中华人民共和国展览馆”匾额，很醒目。就在南中关系跌落到谷底，南斯拉夫民众对中国报刊上接二连三地发表攻击南斯拉夫的文章，尤其是对1963年中苏大论战中发表的《南斯拉夫是社会主义国家吗?》感到不解和愤慨。他们难以容忍强加给他们的罪名，

报告铁托，要求把“中华人民共和国展览馆”的匾额砸掉，铁托未予同意，他说：“这是历史。”20世纪70年代，康冀民在南斯拉夫工作期间，还曾前往参观，不但“中华人民共和国展览馆”的中外文匾额原封未动，该展览馆也依然完整无缺。

1977年邓小平复出后，为恢复中南关系作出了贡献。1977年8月底，铁托以总统的身份访华。邓小平当时刚刚恢复工作。邓小平在中南两党会谈时，坦率地对铁托说：“过去我们两家吵架，主要是我们方面不对，但也不能说你们讲的、做的都正确，过去的事情一风吹，一切向前看，你同意不同意？”

铁托那时84岁，虽已年迈，但反应敏捷。对邓小平的这种表态，铁托并没有完全预料到，他和随行的南斯拉夫共产主义者联盟中央执行委员会书记多兰茨低语几句后，便说：“十分高兴听到中方对两党关系问题的意见，赞同邓小平同志向前看的思想。认为这个问题的解决，不仅仅对南中两国关系而且对国际工人运动具有重大的政治意义。”

按照日程安排，铁托离京去杭州。在送往机场的路上，邓小平对多兰茨说：“有一件事想委托你，你回国后请代我同卡德尔同志握握手。因为有一次在布加勒斯特，齐奥塞斯库同志建议我同他握手，但由于苏联共产党中央总书记勃列日涅夫在场，我没有理他。这次请你一定代我和他握手。”

多兰茨书记听后非常感动，一时说不出话来了，两眼热泪盈眶。他紧握邓小平的手说：“我和卡德尔很熟，我们经常在一起，我出访前还同他谈过话，我们在中国讲的他都同意，你委托我的事，我一定办到。”邓小平就这样把解冻的火把传到了南斯拉夫国内。

中南两党关系的恢复，是中共对外关系的重大突破。在这一重大决策中，邓小平对历史问题“一风吹”“一切向前看”的思想无疑起了重要作用。他对“文化大革命”中在对外关系方面极左路线的纠正，使中共摆脱了在世界上和国际共运中的孤立状态。

今天，昔日的“南斯拉夫共产主义者联盟”早已不复存在。作为这一历史事件的目睹者，所以旧话重提，是希望以史为鉴，彻底摒弃一切

“左”的影响，为构建和谐社会扫清障碍。[①]

中国实行改革开放前后，从1978年10月起，邓小平多次出国访问，实地考察。他既考察亚洲的发展中国家，也考察经济发达的日本，还考察了资本主义世界的“龙头老大”——美国。世界各国经济发展的最新动态，使他更清楚地看到中国现代化进程的艰难和希望。他认为：要使中国实现工业、农业、国防和科学技术的“四个现代化”，至少有两个重要特点是必须看到的：第一是中国的起点低，底子薄；第二是中国的人口多，耕地少。中国式的现代化，必须从中国的特点出发。

中国是一个社会主义国家，一贯坚持和平共处五项原则，愿意在和平共处五项原则基础上，与社会制度不同的国家建立友好关系，确保中国改革开放和现代化建设有一个良好的国际环境。在20世纪70年代中国同东南亚国家建交过程中，当时由于周恩来总理病重，邓小平多次主持接待这些国家领导人和各类代表团。他同外国领导人谈话时，能够很快抓住要领，以简洁的语言表达深刻的思想，是举世公认的明确果断、干脆利落、要言不烦、举重若轻的国际外交家。1978年，邓小平对东南亚国家进行了一系列访问。这是根据当时国际形势、东南亚形势和印度支那半岛形势，进行中国国际战略的重要布局。

1978年1月，邓小平应邀对缅甸进行正式友好访问。这是“文化大革命”结束后中国重要领导人首次出访，因而具有非常重要的意义。1月26日上午，邓小平前往缅甸，在专机上，仍然抓紧时间看书——《昨天的战争》。下午到达仰光机场后，受到缅甸领导人和各界人士的热烈欢迎。邓小平在机场发表书面讲话：“中缅两国山水相连，自古以来就是友好邻邦。近年来，我们两国的友好关系又有了新的发展，这完全符合两国人民的利益和共同愿望。我们这次来缅甸访问，正像两国领导人历次访问一样，是为进一步巩固和加强我们两国人民的传统友谊和两国的友好关系。我衷心感谢吴奈温总统、吴貌貌卡总理、缅甸政府和缅甸人民给予我们的隆重热烈欢迎，并愿借此机会，向缅甸政府和缅甸人民转达中国政府和中国人民的亲切问候和良好祝愿。祝中缅两国人民

① 阎明复、朱瑞真:《二十世纪国际共运史的一桩公案(二)》,《百年潮》2006年第7期。

‘胞波’般的传统友谊和两国友好关系不断巩固和发展！祝缅甸联邦社会主义共和国繁荣昌盛，人民幸福！”从机场到宾馆的6英里路上，数万名群众身着民族服装夹道欢迎。傍晚，邓小平前往总统府拜会缅甸联邦社会主义共和国总统兼国务委员会主席吴奈温。吴奈温总统设晚宴招待邓小平。宾主进行亲切友好谈话。

1月27日上午，邓小平在吴貌貌卡总理陪同下到昂山墓献花圈。参观大金塔时，邓小平题词：“中缅两国人民世世代代友好下去！”绕塔一周，邓小平用木棒在大钟上敲了三下，祝愿中缅友好万古长青。当天上午，邓小平从大金塔去总统府新楼同缅甸总统吴奈温会谈，向他通报中国国内情况，并就一些重大国际问题交换意见，双方观点比较一致。

1月30日早晨，邓小平通过参观缅甸，有感而发，同中国外交部的同志谈到如何发展中国旅游事业时说，中国地方大，名胜古迹多，要多开放一些城市，搞好旅游景区的建设，多办一些旅游公司。中国外交部程瑞声说，1976年我陪同新加坡总理李光耀访问中国时，李光耀曾对我说，中国发展旅游业潜力很大，每年至少可赚20亿美元，当时我不太相信。邓小平说，好好搞它几年，肯定能达到，还可以超过。由此可以看出，邓小平对中国改革开放已经了然于胸。

当天上午，邓小平乘专机返回仰光。下午，在中国驻缅甸大使馆会见华侨代表。当晚，邓小平举行告别宴会。宴会前，邓小平就中国对缅甸经济援助问题同吴奈温总统进行重要谈话。邓小平说，我们给缅甸的援助不多，由于“四人帮”的破坏，我们经济还有些困难，现在难以提供大规模的援助，但小的还是可以搞的，缅甸不要客气，有什么要求可以提出来，我们能搞的就搞，不能搞的就坦率地说明，今后双方可以通过外交途径具体商谈，或者由缅甸派代表团去中国商谈。吴奈温总统表示，援助不在于数量多少，而在于是否真心诚意，中国援助缅甸是真心诚意。这次谈话为中国恢复对缅甸的经济援助铺平了道路。

1月31日，邓小平从仰光回国。在成都停留三天，一方面休息，一方面听取中共四川省委第一书记的工作汇报，并作重要指示。这次工作汇报，给邓小平留下深刻的印象。邓小平说：老家伙的任务，首先是找接班人。接班人不能是火箭上来的干部。找接班人，老家伙要有自觉性。①

2月3日至6日，邓小平乘专机前往尼泊尔访问。《新尼泊尔》周报撰文说，邓小平副总理飞越喜马拉雅山来到尼泊尔，这是已故的周恩来总理为发展尼中关系而热切希望的，这一愿望由邓小平副总理实现了。在尼泊尔期间，邓小平与比斯塔首相多次会谈，拜会了比兰德拉国王，出席了群众大会，参加了各种活动。这次访问取得圆满成功。

泰国是中国的邻国之一。中国和泰国建交后，一直和睦相处，成为践行和平共处五项原则的典范。1978年11月5日至9日，应泰国总理江萨·差玛南的邀请，中国国务院副总理邓小平访问泰国。这是1975年中国与泰国建交以来，中国领导人首次访问泰国。邓小平副总理的专机在泰国首都曼谷降落，受到泰国领导人和社会各界热烈欢迎。随行人员回忆说，我们下了飞机一看，机场内外人山人海。上有80多岁的老人，下有8岁的孩子，在机场等候。从机场到曼谷市中心邓小平下榻的饭店，一路上数万名群众自动夹道欢迎。饭店门前更是挤得水泄不通。人们以能看到邓小平一眼而心满意足。

下午，邓小平首先拜会泰国国王和王后。然后，拜会泰国总理江萨·差玛南。当晚，泰国总理江萨·差玛南为邓小平访问泰国举行宴会。曼谷总理府最大的礼堂集中了泰国几乎所有政要和社会名流共1000多人，热烈拥挤的人群使礼堂里连站立的空位都没有，真是盛况空前。

11月6日上午，邓小平与泰国总理江萨·差玛南举行小范围会谈和正式会谈，就国际形势、印度支那形势和双边关系问题交换意见。

在此期间，泰国政府副总理颂朴·何达吉向邓小平提出一个除了预定的政治会谈等议程外，事前没有安排的议程："我们王储明天剃度，您能不能来参加这次剃度仪式？因为这对泰国人民来说，是一个非常重大的事情。"

颂朴·何达吉副总理提出的这个请求，对于中国代表团来说，是一个前所未有、从来没有预料到的新问题。中国代表团成员都知道，中国共产党坚持无神论，在邓小平访问泰国之前，过去的一些中国代表团到泰国访问，从来不进寺庙、不拜佛、不接荷花、不烧香，都是远远地参观一下。因为无论何人如果触犯

① 中共中央文献研究室编:《邓小平年谱》1975～1997(上),中央文献出版社2004年版,第262页。

了这个禁忌，回国后都不好交代。中国代表团泰语翻译立即将颂朴·何达吉副总理的请求翻译给邓小平。谁也没想到，邓小平毫不犹豫，立刻同意。他对颂朴·何达吉副总理说：“我是一个无神论者，但我尊重你们的风俗习惯，我可以参加。”

11 月 6 日下午，邓小平率领中国代表团参加在曼谷玉佛寺举行的泰国王储玛哈哇集拉隆功亲王剃度仪式。当邓小平走向玉佛寺圣殿时，寺院内的男女老少纷纷拥上前去，向邓小平献荷花，并同他握手。邓小平连声用泰语对欢迎群众说：“库坤（感谢）！库坤（感谢）！”在场群众无比兴奋，连连欢呼。

泰国王储玛哈哇集拉隆功亲王剃度仪式开始。高僧在前面念经，泰国国王普密蓬亲自为王储削发和洒圣水。天气十分炎热，玉佛寺没有空调，邓小平汗流浃背，衬衫湿透，坚持参加了剃度仪式的每一个程序。

当剃度仪式即将结束时，主持人向邓小平走来，交给他一件袈裟，诚恳地说，“请您为王储赠送袈裟”。虽然这又是一项事前没有安排的议程，但邓小平久经外交磨炼，反应非常敏捷，立即为王储赠送袈裟，并向王储表示祝贺。这时，泰国王太后西娜卡琳德拉热情地握住邓小平的手，亲切问候：“您太忙了，一定累了吧？”邓小平回答：“谢谢！总理阁下照顾得很周到。祝您长寿！”

剃度仪式结束后，泰国国务部长颂蓬汶耶库对邓小平说：“您参加今天的仪式，为泰国人民做了一件大好事。泰国全国人民都在电视上看到了您。当泰国老百姓蜂拥前来迎接您时，您可以看出他们是如何从心底里欢迎您。”

邓小平出席泰国王储剃度仪式，对中泰双方都产生了重要影响。邓小平回到宾馆住地，非常高兴。他不顾疲惫，十分感慨地对中国外交部部长黄华和翻译李茂说：“我今天参加的这个仪式，效果比参加几次重要政治会议还要好，而且有意义。”李茂回忆，邓小平是一个说话非常简洁，从不拖泥带水的人，以往参加活动后也不会跟随行人员谈什么想法。可见当时，小平同志心里是非常高兴的。

邓小平出席泰国王储剃度仪式的第二天，曼谷 20 多家泰文、中文、英文报纸都以整版篇幅，详细报道邓小平访问泰国的每一个日程，介绍中国取得的重大成就，阐述泰中关系发展的美好前景。其中一份报纸的大标题就叫《邓小平赢得了泰国人民的心》。这充分说明，邓小平这次访问泰国，取得圆满成功。

第一百一十二章

“尽管他个子不高，却是人中之龙”

1978 年 11 月 10 日至 12 日，邓小平访问马来西亚。马来西亚前总理马哈蒂尔当时是副总理（马哈蒂尔 1981 年至 2003 年担任总理，是马来西亚在位时间最长的领导人）。他回忆道：“当时我是副总理，邓小平对马来西亚十分好奇，我们之间就发展问题进行了长时间的会谈。他对各个方面的细节都十分感兴趣。”

马哈蒂尔说，邓小平向他询问了有关马来西亚发展的许多问题，这使我意识到，邓小平正在认真学习其他国家的经验，以便于他在中国进行改革。他表示，要在拥有如此庞大人口的国家进行改革绝非易事，邓小平不希望中国依然落后于其他国家，竭尽所能地去改变中国人的观念。

马哈蒂尔表示十分欣赏邓小平的“猫论”——这句源自四川俗语的“不管白猫黑猫，抓到老鼠就是好猫”的话现已广为流传。马哈蒂尔说自己在 2001 年 10 月亚太经合组织峰会上也曾引用过这句话。他认为，这反映出邓小平务实和不为传统所束缚的理念，这在今天仍然有重要的现实意义。

马哈蒂尔认为，邓小平是历史上伟大的改革家之一。他说，邓小平对中国的政策进行了大刀阔斧的改革，由此开始的一系列改革措施造就了今天中国作为世界第二大经济体的地位，同时也使中国在工程、建筑、科学等各个领域取得了巨大进步。他强调，中国的发展能够取得今天的成就，邓小平功不可没。

1978 年 11 月 12 日至 14 日，邓小平访问新加坡。新加坡总理李光耀是新加坡华人，祖籍广东省梅州市大埔县高陂镇党溪村，毕业于新加坡莱佛士学院，是新加坡人民行动党创始人之一。李光耀执政期间，积极推动经济改革与经济发展，采取一系列措施加强社会治理体系建设，推动开发裕廊工业园区，创立公积金制度，成立廉政公署，进行教育改革等，使新加坡迅速发展成为亚洲发达国家之一，因而被誉为“新加坡国父”。

新加坡虽然是一个小国，但新加坡领导人李光耀在治理国家、发展经济等方面积累了丰富经验，在东南亚问题、国际问题方面，具有相当高的影响和话语权，被誉为“小国家的大人物”。

邓小平这一次访问新加坡，确实有一些需要协商的东南亚问题和国际问题同李光耀会谈。在新加坡期间，邓小平与李光耀多次会谈，双方就国际形势、特别是东南亚地区形势广泛深入地交换了意见。邓小平强调，东南亚的形势变化很难预料，亚洲安全体系在亚洲特别是东南亚是有市场的。中国政府当然要正面地、明确地表明我们的立场。[①]

新加坡领导人李光耀在《李光耀回忆录：我一生的挑战》中，详细记述了与中国领导人邓小平会谈的情况：

> 1978 年 11 月，这位高龄 74 岁，矮小精悍、敏捷硬朗的长者，身穿米色毛装，从巴耶利巴机场的一架波音 707 客机上走下来。他脚步轻快，检阅了仪仗队之后，同我一起乘车到总统府的宾馆去。那是我们总统府里的迎宾别墅。当天下午，我们在内阁会议室进行正式会谈。我看过人民大会堂里摆放着痰盂，所以也安排把一个蓝白色的瓷痰盂摆在邓小平的座位旁。我读过资料知道他有使用痰盂的习惯。虽然总统府里有个规定，冷气房里不准抽烟，我还是特地在显眼的地方为他摆了个烟灰缸。这都是为中国历史上一个伟大的人物而准备的。我也确保内阁会议室里的排气风扇都开着。我在 1976 年到北京访问时，他没法跟我会面，当时他遭受排挤，“靠边站”。邓花了两个半小时谈苏联对世界构成的威胁。他说，所有反对战争的国家和人民必须组织联合阵线，同声反抗战争贩子。
>
> 邓小平邀请我再到中国访问。我说，等中国从“文化大革命”中恢复过来我就去。邓说，那需要很长的时间。我不同意。我认为他们真要追上来，甚至会比新加坡做得更好，根本不会有问题；怎么说许多新加坡人

① 中共中央文献研究室编：《邓小平年谱》1975～1997（上），中央文献出版社 2004 年版，第 427 页。

都不过只是福建、广东等地目不识丁、没有田地的农民的后裔，北京有的却尽是留守中原的达官显宦、文人学士的后代。

邓小平强调，中国人心口如一。中国人从不隐瞒自己的看法，说一句是一句。韩战期间，中国发表声明说，一旦美国逼近鸭绿江，中国就不能坐视不理。美国人却不加理会。在外交政策上，中国人怎么想就怎么说。邓小平是我所见过的领导人当中给我印象最深刻的一位。尽管他个子不高，却是人中之龙。虽已年届 74 岁，在面对不愉快的现实时，他随时准备改变自己的想法。

晚餐时，我请邓小平抽烟，但邓指着夫人说，医生要她帮他把烟戒掉。他正在设法少抽。整个晚上他没抽烟，也不用痰盂。后来听人说，邓看过报道，知道我对香烟敏感。

邓离开以前，我再到总统府别墅会见他，谈了整 20 分钟。他很高兴能在相隔 58 年之后旧地重游。新加坡的改变实在太大了，他向我祝贺。邓说，他一直希望能在去会见马克思（逝世）之前，到新加坡和美国走一趟。新加坡仍是个殖民地时，他跟它有过一面之缘，他在第一次世界大战后前往法国马赛念书和工作途中路经这里。美国，则因为中国和美国必须对话。

几个星期后，有人把北京《人民日报》刊登的有关新加坡的文章拿给我看。报道的路线改变了，纷纷把新加坡形容为一个花园城市，说这里的绿化、公共住房和旅游业都值得考察研究。

中国对新加坡的观感改变第二年，也就是 1979 年 10 月，再进一步改变。当时，邓小平在一次演讲中说："我到新加坡去考察他们怎么利用外资。新加坡从外国人所设的工厂中获益。首先，外国企业根据净利所交的 35% 税额归国家所有；第二，劳动收入都归工人；第三，外国投资带动了服务业。这些都是（国家的）收入。"邓在 1978 年所看到的新加坡，为中国人要争取的最基本的成就提供了一个参考标准。

邓小平出访东南亚期间，中国外交部翻译室施燕华曾经担任翻译工作。在中国青年出版社出版的《我的外交翻译生涯》中，施燕华认为，邓小平是一位亲切而慈祥的老人。她回忆道：

作为翻译，我有较长时间随同邓小平，体验到了他亲切、幽默的一面。在马来西亚的答谢宴会上，我坐在邓小平后面，没有饭吃。邓小平看到我没东西吃，说：“小施，你没东西吃啊?”便把他面前的面包递给我。过了一会儿，又把他的苹果递给我，弄得我很不好意思。

邓小平心很细，有时宴会桌上有我的座位，但因双方谈话很热烈，我就顾不上吃饭了。到一定时候，邓小平就会对外宾做一个体育比赛中“暂停”的手势，说：“我们现在暂停，让翻译吃点东西。”他不吃甜食，常把他那份推到我面前，说：“女娃子爱吃甜的。”

在新加坡，有一顿午饭没有宴请，我陪邓小平夫妇在下榻的总统府国宾馆用餐。吃饭时，警卫员拿来一小瓶“朝天椒”。邓小平打开瓶子问我：“给你一点吧，这辣子好吃。”我赶紧回答：“我不能吃辣的。”邓小平拈出一只“朝天椒”往嘴里一塞，吃得很有滋味的样子，然后笑着对我说：“吃吧，不辣不革命!”①

1978年邓小平访问东南亚国家，取得丰硕成果。东南亚各国认为，邓小平在公开讲话和正式会谈中，多次重申中国支持东南亚国家维护独立、主权，反对外国控制、干涉的正义斗争，支持东南亚各国和平、自由和中立的政策，支持东南亚各国加强区域性合作和维护本国资源与权益的努力。邓小平与东南亚国家领导人进行了亲切、诚挚、坦率、友好的会谈，就加速推进相互间科学、技术、贸易、经济、文化等方面的合作与交流，进行了富有成效的商谈，有的已经达成协议。这次访问为中国与东南亚国家发展各方面关系奠定了坚实的基础。

对邓小平的外交思想、外交战略和外交风格，长期从事外交工作，从中国外交部基层干部逐步上升到外交部部长的李肇星深有感触。他回忆说：

---

① 施燕华:《我的外交翻译生涯》,中国青年出版社2013年版。

1984年春，我奉命从驻莱索托王国使馆调回，任当时外交部新闻司司长马毓真的助手，兼部发言人。这开始了我自1964年进入外交部以来最忙碌、心理负担最重的一段日子。对新的工作不熟悉，知识面不够，缺乏相关经验。这之前，我只在非洲常驻过九年，在“五七”干校、解放军农场劳动三年，并在外交学会、全国总工会、共青团中央、文化部以及刘伯承元帅任院长的解放军南京高等军事学院做过翻译。

为尽快熟悉工作，我经常工作到很晚，不知道什么是假日和周末。但好像真是有付出就有回报：从那时起，我开始不断有机会为小平同志工作，能经常当面聆听他对外宾的谈话，直接学习他如何为祖国交朋友，维护人民利益。

1984年秋的一天，我第一次参加小平同志会见外宾的活动，担任会见的发言人，即负责写会见的吹风稿，然后向中外记者宣读；说得更明白点，大体相当于为国家通讯社起草新闻稿的初稿。

第一次近距离见到小平同志，给我留下了非同寻常的印象。说非同寻常，不是说他看上去与常人有什么不同或是架子大，而是说他对自己的事业那么充满信心，对外国朋友那么真诚、坦率，谈吐深入浅出，有针对性，分寸感强，对自己身边的同志又那么随和。

记得他比外宾提早大约十分钟来到人民大会堂福建厅。时任外交部副部长的韩叙赶忙说：“小平同志，我想把会见的有关情况向您汇报一下。”小平同志说：“不用了。”韩叙又拿出一份简报，小平同志说：“不看了。”接着就坐在那里沉思。我一时无事，便望着他，觉得他安详的神态与前额上的皱纹、微闭的双目，正慢慢凝为一体，融入时空，成为一座对人民谦恭、对邪恶仇恨的经典雕塑。

待外宾进入会见厅，这尊“雕塑”立即活跃起来，话匣子一经打开，便滔滔不绝，引人入胜。时间不长，内容却似乎比一般人用二三倍的时间谈得还要丰富。

我抓紧时间写我的吹风稿，我想在会见结束前成文，以便呈送小平同志审阅。这是我的前任留给我的宝贵经验。会谈结束前的六七分钟，我写好了草稿，然后紧紧盯着小平同志，心想千万不能让他不看、不听我的稿子就走了。我的前任们说过，等他离开后再找他就难了。不一会儿，小平同志和外宾握手告别。

外宾走后，我顾不上初次与小平同志说话的拘谨，径直走到他面前：“小平同志，我已写完了消息草稿，想给您念念，请您审批。”小平同志似乎很容易听懂了我的山东普通话，微微笑了笑，摆摆手，用浓重的四川话说道：“消息稿？不用念了。责任制嘛，这是你的事。”接着又说：“感谢外交部的同志，你们工作得不错。不拉手了，再见。”没想到，第一次担任小平同志的发言人就这样平平常常地结束了。

消息稿经在场的外交部领导审阅后，于当天晚上在中央电视台《新闻联播》中播出，第二天被各大报章刊载。我心里却一直忐忑不安。有时，没有消息就是好消息。直到一整天没有听到什么反应，我才放了心。小平同志没有直接阅改草稿，但从他对自己部下的部下那么放手、信任中，我得到了鼓舞，工作更努力了。看来，慢慢学，认真点儿，发言人也不是不能当的。

一次，一位非洲国家的领导人访华。小平同志对他说，你们说向我们学习，这是友好的话。但中国的做法只能供你们参考，你们要走自己的路。我看，你们现在不能搞社会主义。客人听后先是一阵惊讶，之后又感慨万千，说一位领导中国走社会主义道路的领袖，建议他们不要搞社会主义，而是走自己的发展道路。这是一种怎样的情怀?！这才是真正的朋友！在场的中国同志在感到意外之后，也深受教育。的确，友谊贵在坦诚。

实事求是是要付出代价的，小平同志“三起三落”，在某种意义上就是由于坚持实事求是。为了人民，为了事业，小平同志做到了。小平同志讲这段话的时候我不在场，但后来我到过那个非洲国家。它的面积只有三万多平方公里，有我国海南省那么大，人口是海南的三分之一，百分之九十的工业品靠进口，百分之六十的粮食靠进口，主要靠出口劳动力和资源为生。如果劝这样一个友好国家立刻按中国的样子去搞社会主义，说不定会害了人家。小平同志如此高屋建瓴，又脚踏实地；话说得这么深刻，又这么浅显，令我永远难忘。

我们工作人员喜欢听小平同志讲话，外宾也喜欢。原因之一是，他说话直奔主题，简单明了。我不记得他的哪一次会见，包括翻译时间在内，超过一个小时。但谈话内容浩繁，让人觉得像在大学里一口气上了好几节课，需要好多时间复习、消化。

…… ……

外交艺术似乎高深莫测，但小平同志的对外谈话总是通俗易懂，让一般老百姓也能对国家的外交方略心领神会。

对于中国的不结盟政策，小平同志在1984年5月29日会见巴西总统菲格雷时这样说："中国的对外政策是独立自主的，是真正的不结盟。中国不打美国牌，也不打苏联牌，中国也不允许别人打中国牌。"

1986年春季的一天，小平同志会见新西兰总理朗伊。在谈世界和平这样重大的问题时，同样生动形象。他说："谁搞和平，我们就拥护；谁搞战争和霸权，我们就反对。我们同美苏两个超级大国都改善关系，但他们哪件事做得不对，我们就批评，就不投赞成票。我们不能坐到别人的车子上去。我们这种独立自主的外交政策，最有利于世界和平。"

我最后一次见到小平同志，是他在人民大会堂宴请美国前总统尼克松。他那天兴致特别高，谈话既像以往那样深刻，又有前所未有的幽默。

他对尼克松说，外交部最近搞了礼宾改革，规定吃饭不上茅台。我已经退下来了，今天咱们都是老百姓，可以不听他们的喽。

席间，小平同志说，中国人民取得现在的成绩不容易。我们还要艰苦奋斗好几代人，才能使中国富强起来。我出生的那个年代，老家很穷，家里条件不好，后来到法国勤工俭学，干活累，吃得又不好，所以个子长得小。尼克松频频点头、微笑。小平同志又爽朗地说，个子小也没关系，小个子有小个子的好处，天塌下来有大个子顶着。

小平同志和尼克松告别后，转过身来亲切地对钱其琛部长和外交部的年轻同志说：我接待外宾的任务完成了吧？今后我就不再见外宾了，好不好？

钱其琛同志说："外交部这些同志都很高兴在您身边工作，但从来没跟您合过影。以后恐怕机会更少了。这次他们能不能和您一起合张影？"

我们激动地等待小平同志的回答。一听他说“好嘛”，就热烈地鼓起掌来。我这才意识到，我总共参加过小平同志三四十次会见外宾的活动，这是第一次与他合影留念。照完相后，他说：“外交部的同志们这么好，我感谢你们。这次拉拉手吧。”说完，和我们一一握手，一一说再见。这是我第一次，也是最后一次同这位伟人握手。①

① 参见李肇星：《从未名到未名：李肇星感言录》，青岛出版社 2008 年版。

第一百一十三章

“几年来一直希望有机会来东京访问，现在终于实现了”

中国改革开放，其中重要的内容，就是对内改革，对外则主要是对资本主义国家实施开放政策。当时邓小平曾强调：目前，我国人民正在执行新时期的总任务，决心在20世纪内把我国建设成为社会主义的现代化强国。我们的任务是艰巨的，我们首先要靠自己的努力，同时我们也要学习外国的一切先进经验和先进技术。

日本是中国的近邻，属于发达国家，拥有比较先进的科学技术和管理经验。中国和日本建立外交关系后，中国与日本两国关系发展很快，出现了十分积极的良好势头。中国确定改革开放，立即受到日本舆论界的高度评价。日本政界、财经界、企业界跃跃欲试，非常看好中国巨大的投资市场和改革开放环境。中国作为一个发展中国家，开展现代化建设，必须实行对外开放，引进资本主义国家的资金、先进科学技术和成熟的管理经验，为我所用。所以，进一步发展与日本的关系非常重要。

1978 年 9 月，邓小平会见日本新闻界一批客人。与日本新闻界的谈话中，他对到20 世纪末中国实现四个现代化的目标作出了新的解释。他说，就是到这个世纪末，我们实现了四个现代化，我们也还是不富，我们的水平比你们差得远。国际舆论认为，邓小平已经清醒地看到了中国与世界现代化进程的差距。1 个月后，邓小平应邀对日本进行了为期 8 天的访问。

1978 年 10 月，中华人民共和国国务院副总理邓小平访问日本。

这是中华人民共和国成立后，中国领导人第一次访问日本。邓小平访问日本体现了中国政府对中日关系的高度重视，理所当然受到中日两国和全世界的极大关注。邓小平这一次访问日本的主要目的，是出席中日和平友好条约批准书互换仪式。在日本期间，邓小平同日本首相福田赳夫进行了深入会谈，会见了日本政界、财界的要人，参观考察了日本的 4 个著名工厂，并专门拜访了对中国与日本建立外交关系作出重要贡献的日本前首相田中角荣。

日本社会各界和主流媒体对邓小平的日本之行极为重视。在邓小平抵达日本之前，舆论界出现了“邓小平热”，各种报纸、杂志纷纷刊登邓小平的照片，介绍其非凡的生平事迹。日本著名报纸《朝日新闻》和《每日新闻》发表了欢迎邓小平访问日本的社论。

10 月 22 日下午，邓小平乘专机抵达日本。日本外相园田直打破以往大臣不往机场迎宾的惯例，亲临机场迎接。到了机场后，他说：“我要进入机舱向邓副总理当面致意。”再次推翻了原定由首席接待员、日本驻华大使佐藤正二和中国驻日本大使符浩二人进入机舱，引导邓小平一行走下舷梯与园田直外相夫妇见面的安排。园田直外相笑着解释：“原则性是重要的，但灵活性也一样重要。”

日本外相园田直走进机舱，迎接邓小平。他首先对邓小平说：“你带来了难得的艳阳天。”当邓小平和园田直外相走下飞机时，机场鸣礼炮 19 响。邓小平同前来迎接的有关人员一一握手后，在园田直外相的陪同下乘车前往日本迎宾馆。

10 月 23 日，日本首相福田赳夫举行盛大迎宾仪式，欢迎邓小平一行。上午 10 时，邓小平由安倍官房长官陪同，前往日本首相官邸，拜会福田赳夫首相。福田赳夫在一楼迎接邓小平并致以问候：“昨晚休息得好吗?”“因为没有时差，休息得好，谢谢!”邓小平答道。庄重的气氛立刻随之活跃起来。大家含笑致谢。

邓小平说：“几年来一直希望有机会来东京访问，现在终于实现了。十分高兴和首相结识，这次是第一次见面，可是相知已久。有机会见面交换意见，是十分有益的。”

福田赳夫说：“近一个世纪日中关系的不正常状态终于宣告结束了。中日和平友好条约是为了建立日中两国的永久和平友好关系，这是邓小平副总理下决断的结果。”

接着，邓小平和福田赳夫共同回顾了缔结《中日和平友好条约》的进程。

邓小平高度评价说：《中日和平友好条约》的签订，对中国、对日本甚至对世界，都是一件大事。虽然有一部分人反对，但几乎全体中国人民、全体日本人民都欢迎这个条约，因为条约反映了他们的愿望。

福田赳夫对邓小平的话表示赞成，他说："在任何国家都一样，作决断时总是有人要反对的。这次的条约，在日本原来持慎重态度的人也都表示支持，除极少一部分人外，几乎所有的日本人都表示欢迎和赞成。调查了一下世界舆论，世界各国除一小部分外，都赞成这个条约。"

这时，邓小平极为风趣地说："少数人反对总是有的。中国国内也有，一年半前还有'四人帮'嘛。"

邓小平作为一位政治家的不同凡响的"政治幽默"，引得在场的人一片笑声。

日本新闻媒体评论说：邓小平真是妙语连珠，不能不使人为之倾倒。

福田赳夫接着说：我们虽说是第一次见面，可是好像很久以前就见过似的，希望我们毫无拘束地随便交换意见。我自己只对战前中国的情况熟悉，战后由于种种情况和工作忙，没有机会访华，很希望有机会到中国访问。邓小平听了回答说：本来我是想在会谈时再说的，既然首相阁下提出来了，现在我就代表中国政府邀请首相在方便的时候访问中国。福田赳夫首相十分愉快地接受了邓小平的邀请。

福田赳夫在谈到邓小平将要到日本关西地区访问时说：那里有很多从中国传来的文化遗物，有些已经在中国失传了。当谈到中国的汉字时，福田赳夫说：中国汉字的变化很大，看报纸就看不大懂了。日本一直沿用原来的汉字。

邓小平说："从汉字可知，两国的友谊是悠久的。"这时，福田赳夫首相在一张纸条上写了"赳赳武夫，公侯干城"八个字，递给邓小平，十分自豪地说："我的名字就是《诗经》里面的，也可以说是中国的名字。"邓小平说："汉字简化了就不好办了，就看不懂古文了。"

上午10点30分，《中日和平友好条约批准书》换文仪式在日本首相官邸一楼大厅举行。

在乐队高奏的乐曲声中，邓小平、福田赳夫以及中国外交部部长黄华、日本外相园田直，踏着红地毯进入会场。

签约仪式开始后，全体起立，奏中日两国国歌。随后，园田直和黄华用毛笔在日文和中文写成的《中日和平友好条约批准书》上交叉签字。

《中日和平友好条约》正式生效。

签字仪式结束后，邓小平在祝酒词中指出：让我们为中日两国人民世世代代友好，为迎接中日关系更加光辉灿烂的前景，为亚洲和世界和平而共同努力。

中午，日本天皇会见邓小平，并举行“同中国和睦”午宴，宴请邓小平一行。邓小平在与日本天皇的谈话中，在预先商定的内容之外，提到了中日两国和平问题，强调了要“向前看”的态度。他所说的“过去的事已成过去”这句话，深深地感动了日本天皇。日本天皇讷讷而言，说：“在两国悠久的历史中，也有不幸事件。”日本《每日新闻》在报道这则消息时指出，日本天皇这番话是外务省和宫内厅预先拟定的发言提纲中所没有的。天皇这次说了提纲上没有的话，以前是没有过的。

下午，邓小平与福田赳夫举行第一次会谈，就国际形势和亚洲形势问题交换意见。会谈开始后，福田赳夫首先代表日本政府和国民表明，日中两国要建立持久的名副其实的睦邻友好关系。福田赳夫表示：特别是20世纪以来，连续发生不幸的事情，我感到非常遗憾，并进行反省，今后不应再重演。战后日本已改变姿态，决心不再做军事国家。福田赳夫介绍了日本的“全方位和平外交”政策，表示不敌视世界上任何国家，要为同一切国家都友好而努力。但是，这并不意味着“全方位等距离外交”。他说：要坚持《日美安全条约》，并确信《中日和平友好条约》不仅能贡献于亚洲太平洋地区以和平，而且能贡献于世界和平。

邓小平阐述了中国政府关于发展中日关系的基本原则：我们两国有两千多年友好交往的历史。在两国友好的长河中，不幸的历史只有几十年时间，这不过是很短的插曲。《中日和平友好条约》的签订，不仅在事实上，而且在法律上、政治上，总结了我们过去的关系。更重要的是，从政治上更进一步肯定了我们两国友好关系要不断地发展。在这次访问中，我们多次讲到两国要世世代代友好下去。我们两国之间的关系发展不是权宜之计。

邓小平还指出：“坦率地说，在现在这个动荡的局势中，单就东方来说，中国需要同日本友好，日本也需要同中国友好。尽管你们交的是个穷朋友，但是这个穷朋友还是有一点用处的。”邓小平讲到这里时，福田赳夫连连表示：“不是，不是。”表示日本不认为中国是个穷朋友。

邓小平还阐述了对国际形势的看法。

会谈结束后，当记者问到福田赳夫对邓小平的印象时，他说：“非常了不起。总之，非常了解世界形势，虽然同对方立场不同。”

下午，邓小平会见前来拜会的日本众议院议长保利茂。

当天晚上，福田赳夫在首相官邸设宴欢迎邓小平一行。

在国宴前，邓小平处处表现出大政治家的风度。当他发现各国记者被“划地为界”，不准走出特准活动区之外，拍照相当困难时，十分敏锐地察觉到记者的困难，特别拉了日本首相福田赳夫及夫人，与夫人卓琳一起走到记者活动区前面，向记者们微笑致意，让记者们都能拍到非常满意的正面照片。在两国歌曲《樱花樱花》和《洪湖水浪打浪》的乐曲声中，宾主谈笑风生，宴会充满了亲切友好的气氛。

福田赳夫首先致祝酒词，回顾了日中两国两千多年友好交流的悠久历史。他强调：“在漫长的历史中，我们两国关系的发展是无法分开的，到了本世纪，经历了不幸的苦难。”讲到这里，他脱开讲稿说：“这的确是遗憾的事情。”然后，又接着念讲稿说：“这种事情是绝不能让它重演的。这次的《日中和平友好条约》正是为了做到这一点而相互宣誓。”

邓小平在祝酒词中强调：“中日两国尽管社会制度不同，但是两国应该而且完全可以和平友好相处。”“《中日和平友好条约》明确地规定，中日两国不谋求霸权，同时反对任何其他国家或国家集团建立这种霸权的努力。这是国际条约中的一项创举。”“《中日和平友好条约》的这项规定首先是中日两国自我约束，承担不谋求霸权的义务，同时也是对当前威胁国际和世界和平的主要根源霸权主义的沉重打击。”

第一百一十四章

“这样的问题放一下不要紧，放 10 年也没有关系”

1978 年 10 月邓小平访问日本期间，广泛会见日本政要和各界人士，详细阐述中国独立自主的和平外交政策，充分体现了中国新时期外交新风格和中华民族不忘老朋友、结交新朋友的传统美德。

曾任全国政协委员、中国驻日本大使馆政务参赞、中国人民对外友好协会副会长、中日友好协会副会长的王效贤，多次在邓小平会见日本政府首脑时担任翻译，参与了邓小平访问日本期间的翻译工作。这位历史亲历者回忆说：

在日本，小平同志同福田首相进行了两次会谈，气氛友好、融洽，从共同关心的国际形势、地区形势、两国关系谈到统一简化汉字的问题。福田提到，中日两国古代的汉字是统一的，但是近代你们有了你们的简化汉字，我们有了我们的简化汉字，带来了很大的不便，因此我们能不能双方考虑统一简化汉字的问题。小平同志也觉得这个问题提得很好，就答应了。以后，两国有关部门、学者就此问题谈了很多，但始终没实现。日本也是汉字，只不过加个假名，读法不一样。总的方针双方都赞成，但是具体的，你统一到我这儿，还是我统一到你那儿，没形成一致意见。

福田首相当时有句话，我印象很深。他说：“建交时是架起一座木桥，缔约时是架起一座钢桥，日文是‘铁桥’，意味着两国关系的进一步巩固和加强。”这是他对缔约的评价。双方一致表示：尊重条约的精神，坚守规定的各项内容，为巩固和发展两国永恒的友好关系作出努力。双方谈得很好。

有个插曲，福田宴请小平同志时拿出荔枝，小平同志一看到荔枝，就问这荔枝产自哪里，福田说：“在我们的南方，就是冲绳，那里也产荔枝。”小平同志吃了一个说：“你们这荔枝不好吃，我们广东的荔枝好吃，广东到5月初的时候有种糯米荔枝。明年到5月的时候，我一定给你送糯米荔枝来，你尝尝我们的荔枝怎么样。”两个人在宴会上谈笑风生。第二年，小平同志还特意指示外交部，要他们从广东运些荔枝送到日本去。①

1978年10月24日，邓小平广泛会见日本政要和社会各界著名人士。

10月25日上午，邓小平和日本首相福田赳夫举行第二次会谈。

首先，福田赳夫对邓小平在日本访问期间的充沛精力表示赞叹：“你真是一位超人，一点倦色都没有。”邓小平笑着说：“我多次说过，高兴时就不觉得疲倦。”

会谈开始后，双方就朝鲜问题、中国的台湾问题和中日关系问题交换了意见。

关于台湾问题，邓小平强调：“我们实现台湾回归祖国也要充分考虑到台湾的现实。日本方式也是尊重台湾现实的一种表现。美国总希望我们承担义务，不使用武力解放台湾。我们说，什么时间、用什么方式解决台湾问题，是中国的内政，美国无权干涉。实际上我们承担了不使用武力的义务，反而会成为和平统一台湾的障碍，使之成为不可能。那样，台湾当局就会有恃无恐，尾巴翘到一万公尺高。”

关于中日关系问题，邓小平指出，中日双方由于各自的环境不同，对一些问题有不同看法是完全可以理解的。比如你们叫尖阁列岛，我们叫钓鱼岛的问题，就是有一些看法不同，可不在会谈中谈。我同园田直外相讲过，我们这一代人不够聪明，找不到解决的合理的办法，我们下一代会比较聪明，大局为重。最后，邓小平说，对于中日关系，总结过去，放眼未来。

会谈结束时，邓小平向福田赳夫赠送了中国传统的“文房四宝”——湖笔、徽墨、宣纸、端砚等。福田赳夫说：“感谢送给我珍贵的礼品。尤其是送

① 董振瑞、益蕾：《回忆70年代末邓小平访问日本和会见大平正芳——王效贤访谈录》，《党的文献》2007年第2期。

给我端砚和文具。我很喜欢写字，虽然写得不好，相信将来会写得好些。”

10月25日中午，日本经济界举行欢迎邓小平的午餐会。邓小平指出，中国人民决心在20世纪内把中国建设成为社会主义的现代化强国。我们的任务是艰巨的。我们首先要靠自己的努力，同时我们也要学习外国的一切先进经验和先进技术。中日两国是一衣带水的友好邻邦，在经济、技术领域存在着广泛的交流和合作的余地。我们双方已有良好的合作基础，《中日和平友好条约》的缔结为这种交流和合作开辟了更加广阔的前景。

下午，邓小平出席在日本记者俱乐部举行的由时事社、共同社、路透社、合众国际社、美联社、法新社、德新社400多名各国记者参加的记者招待会。

邓小平在讲话中指出，《中日和平友好条约》明确规定反对霸权主义的条款，在当今的国际形势下具有重要的意义。在回答记者提问时，他说：反对霸权主义是《中日和平友好条约》的核心。在回答中日关系问题时，他指出：中日双方在经济方面合作的余地很大。我们要向日本学习的地方很多，也会借助于日本的科学技术甚至资金。

在记者招待会上，邓小平笑容满面，机敏幽默，时而妙语连珠，时而侃侃而谈，充分展示了政治家、外交家的超人魅力和个人风采。

当一位日本记者提出“尖阁列岛”即“钓鱼岛”的归属问题时，记者招待会活跃的气氛一下子紧张起来，大家的眼睛都注视着一直谈笑风生的邓小平，看他如何回答这个难题。

邓小平面对“难题”，神态自若，再次从容地阐述了对这个问题的看法：

“尖阁列岛”，我们叫钓鱼岛，这个名字我们叫法不同，双方有着不同的看法，实现中日邦交正常化时，我们双方约定不涉及这一问题。这次谈《中日和平友好条约》的时候，双方也约定不涉及这一问题。倒是有些人想在这个问题上挑些刺，来阻碍中日关系的发展。我认为两国政府把这个问题避开是比较明智的。这样的问题放一下不要紧，放10年也没有关系。我们这代人智慧不够，这个问题谈不拢，我们下一代人总比我们聪明，总会找到一个大家都能接受的方式来解决这个问题。

20世纪卓越的政治家、外交家邓小平，用杰出的政治智慧，举重若轻，寥寥数语，就化解了日本记者提出的外交“难题”，赢得了日本政界、国际外交界和日本主流媒体与世界主流媒体的广泛赞誉。

中国有句古话：“饮水不忘掘井人。”邓小平深受中国古代优秀传统文化的浸润。他说：“饮水不忘掘井人，对于为恢复和发展中日友好关系作过贡献的老朋友，中国人民是永远不会忘记的。”

邓小平在日本访问期间，特意会见了日本前首相田中角荣。田中角荣1972年出任日本首相，是日本现代史上第一个没有受过大学教育的首相，被称为“庶民宰相”。1972年9月访问中国，签署《日中联合声明》，与中国建交，实现中日邦交正常化。毛泽东主席曾会见田中角荣，并赠送他一套中国古代经典著作《楚辞集注》。田中角荣1974年因涉嫌洛克希德案下台，1976年宣布退出自由民主党。

中国人民永远记得田中角荣为中日建交作出的贡献。王效贤回忆说：小平同志说，访日期间一定要见田中，他虽处政治逆境，但毫不影响他对实现中日邦交正常化所作的历史性贡献，我们不能忘记这位老朋友。有记者说，中国这不是干涉日本内政吗？小平同志说，这不是干涉日本内政，我是要评价田中对中日友好作出的杰出贡献。田中知道这个情况后，非常感动。①

10月24日上午，邓小平在全国人大常委会副委员长廖承志、中国外交部部长黄华和副部长韩念龙以及中国驻日本大使符浩等陪同下，前往田中家里拜会这位为中日建交立下功劳的政治家。田中和夫人、曾随田中访华的二阶堂进，以及田中的女儿、女婿和外孙、外孙女全家在大门口迎接邓小平一行。日本国会40多位田中派的国会议员西村英一、木村武雄、久野忠治、山下元利等也在大门口夹道欢迎，场面非常隆重，充满热烈的中日友好气氛。

田中角荣对中国人民怀有深厚的感情。他深情地回忆了在北京与周恩来总理会见的情景，说：“我会见过世界上很多政治家，但是给我印象最深的是周

---

① 董振瑞、益蕾：《回忆70年代末邓小平访问日本和会见大平正芳——王效贤访谈录》，《党的文献》2007年第2期。

总理，他是一位伟大的政治家，同他会见，使人感到心和心都联结在一起了。”“当年周总理对我说，政治家要言必信，行必果，我是这样努力做了。”

田中角荣谈到同邓小平会见的心情时说：“今天会见邓副总理，使我感到有同当年会见周总理一样的气氛。”

王效贤回忆说：在一间不大的会客室里，田中和小平同志进行了亲切的会谈。1972年田中访华时，小平同志还没有出来工作。他们虽是第一次见面，却一见如故。小平同志介绍了我们改革开放的构想，还说，我们始终记着田中前首相和大平前外相为中日邦交正常化所作的努力。田中说，两国缔结日中和平友好条约，昨天交换了批准书，今天我又能在东京见到您，这不仅是我个人的大喜事，也是全日本国民的大喜事。我等了6年，这一天终于来到了。和平友好条约的签订，证明了日中建交的正确，今后我们要进一步发展两国关系。两人非常高兴，谈了很多。田中特意陪小平同志观赏了他家院内的一株“雪椿”（山茶花的一种），并在树旁合影留念。那是中日建交后田中亲手栽植的，以示对中日建交永志不忘。当时雪椿树已经长得很高了，伸展到整个院子。①

邓小平特意送给田中角荣一个端砚作为礼物，上面刻着周恩来1917年东渡日本留学前夕写的一首壮丽诗篇：

大江歌罢掉头东，
邃密群科济世穷。
面壁十年图破壁，
难酬蹈海亦英雄。

田中角荣十分喜爱书法，也爱好收藏端砚，得到了这件镌刻着周恩来诗篇的珍贵礼物，十分高兴。

王效贤回忆说：小平同志邀请田中再次访问中国，田中也一直向往着能有那么一天。不久以后，田中病了，患脑血管病留下语言障碍的后遗症，但就是

① 董振瑞、益蕾：《回忆70年代末邓小平访问日本和会见大平正芳——王效贤访谈录》，《党的文献》2007年第2期。

在病中他也没有放弃这一愿望。他尤其关注中国在小平同志领导下的改革开放，虽说话不便了，他还天天看报，自己用左手，用红铅笔把报纸上有关中国改革开放的消息圈起来，让他女儿给剪下来，一直没间断，并期待着再次同小平同志会面。

那是1992年8月27日，也就是两国人民同庆邦交正常化20周年前夕，田中偕同夫人以及女儿真纪子夫妇、孙儿、孙女一家7人来到中国。当时小平同志已经退休，不再会见外国客人。我们再三请示，后来小平同志委托长子邓朴方向田中致意，并将一张亲自签名的当年的二人会谈合影送给田中留念。邓朴方表达了小平同志非常欢迎田中的心意，田中向中国残疾人福利基金会捐赠了50辆印有“田中角荣赠　日中邦交正常化20周年纪念”字样的轮椅。①

① 董振瑞、益蕾:《回忆70年代末邓小平访问日本和会见大平正芳——王效贤访谈录》,《党的文献》2007年第2期。

第一百一十五章

“一亿日本国民成了邓小平迷”

1978 年 10 月邓小平在日本访问期间，处处表现出一位著名政治家、外交家的政治魅力、雄才大略、外交魄力和智慧才干。日本朝野上下，好评如潮。

日本首相福田赳夫在会见记者时，每当谈到邓小平，总是赞不绝口，充满钦佩。

日本外相园田直则称赞邓小平，是“一位老练的政治家，使我深深感到他领导 9 亿人口的中国的魄力”。

邓小平以高超的外交风采，折服了日本各界。邓小平在同日本 5 位在野党领导人交谈时，风趣而随和地谈起秦始皇 2000 年前派徐福到日本求长生不老药的往事，说自己这次也是来求长生不老之药的。

邓小平幽默风趣地说：“听说日本有长生不老之药，这次访问日本的目的是：第一，交换《中日和平友好条约批准书》；第二，对日本的老朋友所做的努力表示感谢；第三，寻找长生不老之药。”在座的日本朋友听了，不觉开怀大笑，邓小平又接着说：“也就是寻求日本丰富经验而来的。”

为邓小平访问日本担任翻译工作的王效贤回忆说：他非常幽默。在会见日本参众两院议员时，他跟河野洋平握手，说你这个名字象征着太平洋和平，太平洋就是要和平，中日要友好。①

邓小平访问日本期间表现出来的政治家的巨大魅力，使得因为邓小平访问日本而出现的“邓小平热”非常热烈。日本舆论普遍认为，正当中国举国上下致力于实现“四个现代化”的时刻，邓小平访问日本，是有着深刻意义的一件大事。

---

① 董振瑞、益蕾：《回忆 70 年代末邓小平访问日本和会见大平正芳——王效贤访谈录》，《党的文献》2007 年第 2 期。

邓小平在日本期间，参观了日产汽车公司的座间工厂、新日本钢铁公司君津钢铁厂、松下电器公司茨木工厂、日本造币局。参观的行业包括了重工业、轻工业、货币部门。上述行业，都是日本国民经济的重心，自 20 世纪 60 年代起，日本这些行业迅猛发展，仅仅花了 10 多年就有力地促进了日本的现代化。

当时的亲历者王效贤回忆：邓小平很遵守时间。在日本的日程安排得非常紧，他是以只争朝夕的精神观察和学习日本的。每次去参加活动，小平同志总是第一个在宾馆大厅等候，时间一到立刻出发。他说："我们定日程，是上午一个日程，下午一个日程，晚上一个日程，人家安排日程是以分秒计算的，我们不能慢吞吞的。"①

在日本，邓小平参观了三项"世界之最"：世界上最大的钢铁厂——新日本钢铁公司君津钢铁厂，世界上最快的气垫船，世界上最快的炮弹型火车。

10 月 26 日上午，邓小平乘坐高速气垫船从东京出发，前往东京湾南部的新日本钢铁公司君津钢铁厂。这艘气垫船行驶 40 分钟，就走完了汽车需要两个半小时才能走完的路程。途中，邓小平听取了新日本钢铁公司董事长稻山嘉宽的情况介绍。

邓小平到了新日本钢铁公司君津钢铁厂后，参观了与即将建成的上海宝山钢铁厂高炉（这个厂的设备是由新日本钢铁公司出售的）同样规格的第三高炉，以及具有世界第一流生产水平的第四高炉。还参观了热轧厂，这套工厂设备，武汉钢铁公司准备向新日本钢铁公司引进。

10 月 26 日下午，邓小平一行在日本外相园田直陪同下，由东京乘坐新干线超特快列车去日本文化古城京都访问。列车以每小时 210 公里的高速飞驰。

日本记者"抓住机遇"，纷纷拥到邓小平的车厢，请他谈谈乘坐日本新干线列车的感想。邓小平的回答非常富有哲理。他坦率地说："就感觉到快，有催人跑的意思，我们现在正适合坐这样的车。""我们现在也很需要跑。"

日本敏锐的中国问题研究专家发现，邓小平以极大的兴趣参观日本的工厂和企业，非常仔细地考察日本经济。日本著名中国问题专家竹内实说：邓小平

---

① 董振瑞、益蕾：《回忆 70 年代末邓小平访问日本和会见大平正芳——王效贤访谈录》，《党的文献》2007 年第 2 期。

副总理的访问“宛如台风经过一样，日程安排显示了他的精力十分充沛”。竹内实还说：“邓小平访问日本期间反复讲四个现代化，从这种不同寻常的热心来看，他在深入思考。”

当时的亲历者王效贤回忆：小平同志在日本只待了7天时间，参观了4个工厂。10月28日，他参观了素有“经营管理之神”之称的松下电器公司所属茨木工厂。83岁高龄的松下幸之助亲自在工厂大门外迎接，并陪同小平同志参观。参观结束后他同松下进行了一次推心置腹的谈话，还在工厂纪念册上题词：中日友好，前程似锦。

他表示，我们确实是抱着一种请教的态度同你们见面的，过去中国既无外债，也无内债，也很自豪。今后我们要搞现代化了，在自力更生的基础上，准备吸收外国的技术和资金。没有电子工业，现代化无法实现，因此我希望你们的电子工业到我们那去。松下对此很感兴趣，表示愿意访华。

1979年6月，松下访华。小平同志对松下说：“我们需要引进先进技术帮助我们提高，否则我们的现代化只能跟在别人屁股后面走。”松下表示：“我下决心一定要支持中国电子工业的现代化。”

参观神奈川县座间市日产汽车制造厂时，小平同志了解到这里的劳动生产率比长春第一汽车厂高出几十倍，他感慨地说：我懂得什么是现代化了。

之后，小平同志还参观了大阪造币工厂和新日本钢铁公司的君津制作所。因为我们已经开始建宝钢了，宝钢的工人在新日本钢铁公司实习，他跟在场的工人一一握手，还开玩笑说：“如果我们宝钢建设不好，有了缺点，那不是学生的责任，是老师的责任。”他讲话轻松幽默，大家都笑了。①

邓小平抵达日本京都参观访问时，美丽的京都烟雨弥漫。邓小平一行冒雨登上岚山，凭吊周恩来当年写下壮丽诗篇的地方。1919年，青年周恩来怀着追求救国真理、学习富强祖国理论的伟大抱负来到日本京都求学。在京都大学读书期间，听河上肇先生讲授马克思主义政治经济学。其间，曾两次在雨中游

---

① 董振瑞、益蕾：《回忆70年代末邓小平访问日本和会见大平正芳——王效贤访谈录》，《党的文献》2007年第2期。

览岚山，写下了《雨中岚山——日本京都》的诗篇。

邓小平踏着周恩来当年的足迹游览岚山，意义深长。岚山拔地而起，陡峭而险峻，青松翠绿，烟雨蒙蒙，碧山如洗。回顾周恩来当年的革命活动，人们的襟怀更加广阔。陪同邓小平游览岚山的京都府知事说："今天下起雨来，真是美中不足。"邓小平十分爽朗地说："天气正好，我们就像周总理当年在雨中漫游岚山一样。""雨中岚山，别有风味。周总理写诗就是写的雨中岚山。我很喜欢这个地方。"

在日本整个访问期间，邓小平那种独具一格的大政治家、大外交家的风格受到日本各界的普遍好评。日本政界、财界人士对邓小平的政治家风度表示折服和赞赏。谦逊、雄辩、诙谐、自信、热情、奔放、充满智慧这些推崇邓小平的语言，在日本报纸上比比皆是。

一位日本人士说："在电视上看到他的言谈举止，觉得他坦白、诚恳、幽默，正是中国谋求现代化所需要的领导人。"

日本京都大学学生竹田说："我在电视中看到邓副总理那样精力充沛，讲话很有风趣也很亲切，感到他是推动着中日历史车轮前进的大政治家，我非常敬佩他！"

王效贤回忆说：从我们的接触中，我认为小平同志还有以下几个特点：他很平易近人，从不摆架子。他到奈良去的时候，这边是知事市长欢迎宴会，那边是一对夫妇结婚，小平同志一定要去看看人家结婚。他走过去和新婚夫妇握手，并祝福人家。报纸对此作了报道，引起很大轰动，说他体验平民的生活，还祝福人家。这些小地方，给人印象非常深刻。①

后来，曾任日本驻华大使的中江要介在《邓小平让中国富起来》的回忆文章中，还记录了邓小平1978年访问日本的一个细节：中江要介陪同邓小平访问途中，问邓小平对日本什么事情感兴趣？邓小平说：中国老百姓冬天使用煤球，时常发生一氧化碳中毒的事情，想知道日本有没有不产生一氧化碳的煤球。

邓小平这次访问日本，给日本人民留下了十分深刻的印象。日本报纸纷纷

---

① 董振瑞、益蕾：《回忆70年代末邓小平访问日本和会见大平正芳——王效贤访谈录》，《党的文献》2007年第2期。

形容邓小平访问日本开启了两国关系的新篇章，认为邓小平“精力十分充沛，工作十分周到，访问十分成功”。整个日本在邓小平访问期间掀起了“邓旋风”，兴起了“邓热潮”，“一亿日本国民成了邓小平迷”。

完全可以说，邓小平访问日本取得圆满成功。邓小平认为，这次访问日本，圆满完成各项友好访问活动，中日双方互换了《中日和平友好条约批准书》，庄严宣布《中日和平友好条约》生效，共同完成了一件具有重大意义的历史任务。访问中，亲身感受到广大日本国民对中国人民的深厚情谊，高兴地看到日本人民在经济建设和科学技术方面取得的巨大成就。他表示深信，在《中日和平友好条约》的基础上，中日双方的友好合作关系必将取得更加广阔的发展。

1978 年 10 月邓小平访问日本，奠定了中日关系长期稳定发展的基石，对于中国实行改革开放政策具有重要意义。此后，中国与日本两国高层人士和政要互访频繁，经济贸易陡然增加，两国之间，有许多城市结为友好城市。后来的日本首相大平正芳还决定，从日本政府的官方发展援助中拨款，向中国提供长期低息日元贷款，从 1979 年开始实施，当年的数额为 500 亿日元。

1978 年邓小平访问日本期间，虽然日程安排十分紧张，仍然特意拜会了当时的日本自由民主党干事长大平正芳。1979 年 2 月 6 日至 7 日，邓小平访问美国归国途中，大平正芳已经担任日本首相，邓小平专程到日本会见了他。邓小平盛赞大平正芳是日本屈指可数的可以信赖的政治家，两位老朋友重逢，都十分高兴，非常亲热，紧握的双手迟迟不肯松开。邓小平再次访问日本期间，同新任日本首相大平正芳举行了会谈，就中日经济关系、印度支那问题和亚洲太平洋地区形势问题交换意见，并在许多问题上达成共识。

1979 年 12 月，日本首相大平正芳应中国政府邀请正式访问中国，邓小平单独会见了他。这是他们第三次见面。1988 年邓小平会见来访的日本首相竹下登时说：“我希望我们之间能以首相的来访为起点，建立起一个不亚于田中、大平时代的新关系。我讲田中、大平时代两国的关系较好，是因为两国相互信任。要进一步发展两国关系，必须建立在相互信任的基础上。”①

① 董振瑞、益蕾：《回忆 70 年代末邓小平访问日本和会见大平正芳——王效贤访谈录》，《党的文献》2007 年第 2 期。

第一百一十六章

“干干脆脆就是三条：废约、撤军、断交”

中华人民共和国成立后，美国长期奉行敌视中国、遏制中国的政策。朝鲜战争时期，中国人民志愿军与以美国为首的“联合国军”进行了激烈的较量。朝鲜战争结束后，中美之间一方面进行着长期对抗，一方面建立了中美华沙会谈机制，一直保持着中美两国接触的通道。

20 世纪 60 年代末期至 70 年代初期，国际形势发生剧烈变化。中国与苏联逐渐由盟国走向兵戎相见，珍宝岛事件后，苏联在中苏边境地区和中蒙边境地区陈兵百万，对中国形成巨大的军事威胁。这时，美国一方面在同苏联争夺全球霸权中力不从心，一方面又深陷越南战争的泥潭而难以自拔，亟须谋求新的国际战略。为此，美国总统尼克松上台后，通过各种渠道，利用各种方式，多次明确表示改善中美关系的强烈愿望。毛泽东高瞻远瞩，及时抓住机遇，推动中美关系由对抗逐步走向对话。中美关系由此发生历史性巨变。

1970 年 12 月 18 日，毛泽东会见美国作家、友好人士埃德加·斯诺。在谈到中美关系时，毛泽东指出：

> 我欢迎尼克松上台。为什么呢？他的欺骗性也有，但比较少一点，你信不信？他跟你来硬的多，来软的也有。他如果想到北京来，你就捎个信，叫他偷偷地，不要公开，坐上一架飞机就可以来嘛。谈不成也可以，谈得成也可以嘛。何必那么僵着？但是你美国是没有秘密的，一个总统出国是不可能秘密的。他要到中国来，一定会大吹大擂，就会说其目的就是要拉中国整苏联，所以他现在还不敢这样做。整苏联，现在对美国不利；整中国，对于美国也不利。
>
> 现在我们的一个政策是不让美国人到中国来，这是不是正确？外交部

要研究一下。左、中、右都让来。为什么右派要让来？就是说尼克松，他是代表垄断资本家的。当然要让他来了，因为解决问题，中派、左派是不行的，在现时要跟尼克松解决。

他早就到处写信说要派代表来，我们没有发表，守秘密啊！他对于波兰华沙那个会谈不感兴趣，要来当面谈。所以，我说如果尼克松愿意来，我愿意和他谈，谈得成也行，谈不成也行，吵架也行，不吵架也行，当做旅行者来谈也行，当做总统来谈也行。总而言之，都行。我看我不会跟他吵架，批评是要批评他的。我们也要作自我批评，就是讲我们的错误、缺点了，比如，我们的生产水平比美国低，别的我们不作自我批评。

尼克松要派代表来中国谈判，那是他自己提议的，有文件证明，说愿在北京或者华盛顿当面谈，不要让我们外交部知道，也不要通过美国国务院。神秘得很，又是提出不要公开，又是说这种消息非常机密。

一九七二年美国要大选，我看，这年的上半年尼克松可能派人来，他自己不来。要来谈是那个时候。他对那个台湾舍不得，蒋介石还没有死。台湾关他什么事？台湾是杜鲁门、艾奇逊搞成这样的，然后又是一个总统，那个里面他也有一份就是了。然后又是肯尼迪。尼克松当过副总统，他那时跑过台湾。他说台湾有一千多万人。我说亚洲有十几亿人，非洲有三亿人，都在那里造反。

中美两国总要建交的。中国和美国难道就一百年不建交啊？我们又没有占领你们那个长岛。①

毛泽东关于中美关系的重要谈话由斯诺公开发表后，美国总统尼克松很快就认真阅读，并作了具体回应。

在此期间，中国与美国先后建立了“巴基斯坦渠道”和“罗马尼亚渠道”等联系方式，沟通联系，互通信息，就改善和发展中美两国关系等问题的具体事宜进行磋商。

为了使中美两国各个方面逐步适应中美关系的变化，中美两国领导人深思

① 《毛泽东外交文选》，中央文献出版社、世界知识出版社 1994 年版，第 592 ~ 594 页。

熟虑，亟待有利时机。就在这时，中国领导人发起的“乒乓外交”应运而生。

1971 年春天，第 31 届世界乒乓球锦标赛在日本名古屋举行。开赛前夕，周恩来总理专门召集中国体育界有关人士开会，要求他们在这次参加比赛期间，要“接触许多国家的代表队”，“我们也可以请他们来比赛”。同时，他还要求在座的人，在这方面要“动动脑筋”。

第 31 届世界乒乓球锦标赛期间，有一天，美国乒乓球队运动员科恩要求搭乘中国乒乓球队乘坐的汽车，受到中国乒乓球队运动员庄则栋的热烈欢迎。

庄则栋主动和科恩握手、交谈，并赠送他一块中国杭州织锦留作纪念。

中美两国乒乓球队运动员的偶然接触，立即被在场的各国记者报道出来，迅速成为震动世界的爆炸性新闻。

在此期间，美国乒乓球队向中国乒乓球代表团提出访问中国的要求。

4 月 3 日，中国外交部和国家体育运动委员会就是否邀请美国乒乓球队访华问题向中央请示。经过 3 天的反复考虑，毛泽东决定邀请美国乒乓球队访华。

次日，美国国务院接到驻日本大使馆《关于中国邀请美国乒乓球队访华的报告》，立即向白宫报告。尼克松总统在深夜得知这个消息后，立即发电报给美国驻日本大使，同意中国的邀请。

事后，尼克松总统说：“我从未料到对中国的主动行动会以乒乓球队访问北京的形式得到实现。”

1971 年 4 月 10 日，美国乒乓球代表团和一小批美国新闻记者抵达北京，成为自 1949 年以来第一批获准进入中国境内的美国人。

4 月 14 日，周恩来总理在北京人民大会堂接见美国乒乓球队。他说：“你们在中美两国人民的关系上打开了一个新篇章。我相信，我们友谊的这一新开端必将受到我们两国多数人民的支持。”

1972 年 4 月 11 日，中国乒乓球队回访美国，受到美国总统尼克松的接见和各个方面的热烈欢迎。

中美两国乒乓球队互访轰动了国际舆论，成为举世瞩目的重大事件，被世界媒体称之为“乒乓外交”。

“乒乓外交”的实质是“人民外交”。中国领导人通过“乒乓外交”将中国人民和美国人民的关系提升到一个崭新的阶段。中国人民开始更加深入地了解美国社会和美国人民，美国人民也开始更加深入地了解中国社会和中国人民。

以中国领导人发起的“乒乓外交”为开端，从此结束了中美两国20多年来人员交往隔绝的局面，使中美和解随即取得历史性突破。

1972年2月21日，美国总统尼克松第一次访问中国。中美关系终于走向正常化的发展道路。

毛泽东、周恩来在会见尼克松的时候，都提出要谈中美关系正常化问题，但由于中美两国都有自己的考虑而没有实现。中国认为，要实现中美关系正常化，美国首先必须结束越南战争，然后才能谈中美两国建交的问题。中国提出，只要越南战争没有停止，越南人民还在遭受灾难和牺牲，远东局势的缓和和中美建交问题都是不可能的。只有先解决越南问题，才能谈解决台湾问题以及中美关系问题。

美国总统尼克松认为，当时苏联对美国威胁最大，如果中国同苏联站在一起，美国就不是对手，如果美国能够把中国拉到自己一边，美国就可以在世界上摆脱苏联的压力，在美国与苏联的斗争中就可以处于有利地位。

最后，中美签订《上海公报》。

1973年1月，美国与越南签订了结束战争恢复和平的《巴黎协定》。中美两国正式建交的条件已经水到渠成。同年尼克松连任美国总统后，派遣国家安全事务特别助理、国务卿基辛格到中国，同中国领导人就中美关系及越南战争后的国际形势进行讨论，彼此交换了意见。

美国的承诺是：在尼克松第二任总统的头两年，大量削减美国驻台湾的美军；后两年则以类似日本的方式，实现中美关系完全正常化，即同台湾当局断交，与中国建交，只同台湾保持民间往来。

这一年5月，作为中美建交前的过渡措施，中美两国在对方首都建立联络处，享有外交特权。中国任命黄镇担任第一任驻美国联络处主任，美国派戴维·布鲁斯担任第一任驻中国联络处主任。

然而，正在中美关系逐步迈向正常化时，美国总统尼克松由于“水门事件”，黯然下台。下台后的尼克松，十分落魄。但是，毛泽东没有忘记尼克松“这位老朋友”。中国外交部翻译室施燕华回忆说：尼克松被迫辞职后，周总理发去电报慰问，希望尼克松再次访华。1975 年年底，中国邀请了他的小女儿朱莉夫妇访华。这两个年轻人没有什么政府职务，毛主席却破格会见了他们。问起尼克松的身体情况，毛主席一口一个总统，戴维忍不住插话说：“他已经不是总统了。”毛主席像是赌气地说：“我乐意这么叫他。”当戴维说在美国，反对尼克松的人很多，还有人强烈要求审判他时，毛主席说：“我马上邀请他到中国来访问。”然后加重语气说：“马上。”1976 年 2 月 21 日，中国政府派出波音 707 专机到南加州的拉克斯接尼克松一行。派专机是有原因的：尼克松辞职后最后一次乘坐“空军一号”飞往加利福尼亚，白宫方面有人要向他索取费用。中国方面知道后，就决定派专机接送。这架波音 707 同“空军一号”是同一个机型。尼克松坐上去颇有当总统的感觉。他感慨地说：“离任以后我才发现谁是真正的朋友。”①

美国副总统福特接替尼克松担任总统后，虽然表示对华政策不变，但并没有采取有效的实际行动。1975 年 12 月，福特总统访华的时候，向中国领导人表示，由于美国国内形势的需要，中美邦交正常化要推迟到 1976 年美国大选后，也就是他第二次担任美国总统以后。

但是，在 1976 年美国大选中福特未能当选为美国总统。

鉴于中美关系在中国对外政策中具有非常重要的地位，在毛泽东时代，中美关系一直由毛泽东直接掌握。毛泽东是开始中美关系正常化进程的开拓者、主导者和领导者。周恩来是毛泽东关于中美关系的战略决策的实施者。

邓小平第二次复出后，中美关系就一直由邓小平直接掌握并进行战略决策。每当中美关系发展的关键时刻，总是由邓小平出面作出一言九鼎的重要讲话，引发事物发展变化或出现新的转机。

所以，邓小平不仅是新时期当代中国改革开放的“总设计师”，而且也是新时期中美关系正常化和中美关系健康发展的“总设计师”。

---

① 施燕华：《我的外交翻译生涯》，中国青年出版社 2013 年版。

1977 年卡特就任美国总统后，首先把注意力放在同苏联进行限制战略武器会谈上。当美国与苏联的谈判受挫后，卡特总统开始重视对华关系，于 1977 年 8 月派美国国务卿万斯访问中国。

万斯在同中国领导人正式会谈时提出：“如果我们能够找到一个基础，既不会损害中国人自己和平解决台湾问题的前景，又可使非正式接触继续下去，则总统准备使美中关系正常化。”万斯进而提出，根据《上海公报》承认只有一个中国的原则，美国准备承认中华人民共和国是中国唯一的合法政府，美国与台湾的“共同防御条约”将“逐渐消失”，而不是“废除”。万斯强调，重要的是中国不反驳美国关于和平解决台湾问题的声明，也不重申用武力解放台湾。万斯带来的美国方案，集中起来就是要中国保证不用武力解放台湾，把台湾与美国之间的“大使馆”降格为联络处，美国外交官在非正式安排下继续留在台湾，而让中美之间的联络处升格为正式外交使团。

中国领导人邓小平当即拒绝了这一方案，指出美国的立场从《上海公报》后退了，“如果要解决，干干脆脆就是三条：废约、撤军、断交。为了照顾现实，我们还可以允许保持美台间非官方的民间往来。至于台湾同大陆统一的问题，还是让中国人自己来解决”。

1978 年 5 月，美国总统卡特派遣国家安全事务助理布热津斯基访华。布热津斯基一到北京就说，总统派我来是谈中美关系正常化问题的。“我来到中华人民共和国，是因为卡特总统和我都相信，美国和中国有着共同的利益和相似的长远的战略关系。最重要的是我们在反对全球和地区霸权主义方面有共同的立场。因此，我们要改善与中华人民共和国的关系，这不是一种暂时的策略，而是建立在共同的战略目标基础之上的。我们曾经是盟国，我们在面对共同的威胁的时候应该再次合作。因为，当代世界的主要特征之一是，苏联崛起为全球大国，这个特征使我们团结起来。”

布热津斯基对邓小平说，美国方面准备就实现双方关系正常化开始“积极的会谈”。他表示美国将信守《上海公报》，遵循只有一个中国、解决台湾问题是你们自己的事这条原则。但他又说，美国还有一些历史遗留问题要解决，即使实现了美中关系正常化，“我们对台湾的安全义务还要继续下去”。

第一百一十七章

“中美建交反映了时代潮流，也是历史的必然”

美国总统卡特的国家安全事务助理布热津斯基，对1978年5月的中国之行感触很多。他特别对邓小平印象更为深刻，认为邓小平“个子小，气魄却大，立即使我心折。他富有才智，机警、精明，理解很快，相当幽默，强硬而直率”。

邓小平的外交风采，给布热津斯基留下终生难忘的深刻印象。布热津斯基在回忆录中写道：

> 1978年5月20日中午，我抵达北京……在机场，我受到外交部部长黄华及其夫人，以及其他中国官员的隆重而极其友好的欢迎。还在飞机上的时候，我们就已在猜测很讲究礼仪的中国人会给我什么样的礼遇。由外交部部长亲自来迎接，这是一个信号，说明中国人决定对这次访问给予与国务卿来访同样的规格……
>
> 真正的协商和确实重要的交换意见主要是在与邓小平副总理和华国锋总理的会谈时进行的。5月21日下午4时零5分至6时30分，我在人民大会堂会见邓。会见后不久，如上所述，他把我带到一家饭店，在那里我们继续讨论，气氛更加无拘无束，一直讨论到很晚。邓个子小，气魄却大，立即使我心折。他富有才智，机警、精明，理解很快，相当幽默，强硬而直率。和他谈话以后我更加理解他何以能经受住政治生涯中的所有挫折，但更重要的是，他的目的感和干劲使我印象深刻。他是一位知道自己需要什么、能和谁打交道的政治领袖。
>
> 在会见中国外长时，双方代表团在长桌两边相向而坐，但在这次会见中，邓与我却并排坐在扶手椅中，邓在我左边……

会见是从邓的一句关怀的话开始的，邓说：“你一定很累了。”我回答说：“我感到振奋。”这句话准确地表达了我的情绪。在继续寒暄几句之后，邓就言归正传了：“中国方面直截了当地说出他们的观点和见解。毛泽东主席是个军人。周恩来也是军人，我也一样。”我回答说：“军人说话直率，但美国人也有说话直率的名声。希望你没有发现美国人或美国有什么不好理解。”然后，我便一头栽入我在与外长会谈时回避了的话题，即关系正常化问题。我对邓说，总统要我转告他，“我们准备不仅就国际形势，不仅就我们并行不悖的行动可能有助于推进同样的目标或抗拒同样的危险等方面认真进行会谈，而且准备开始就两国更直接的关系问题进行更加积极的会谈”。

邓持怀疑态度。他说：“现在的问题仍旧是下决心。如果卡特总统在这个问题上下了决心，我想解决这个问题就比较容易了。”他又说，“为了实现正常化，你认为应该做到什么呢?”我在回答时试图让邓了解到我们对盟国的义务，也了解到我们在国内面临的困难，特别是在台湾问题上的困难。我谈得相当长。我说：

“在私下谈论以及在这小范围内保密的情况下，我还可以说，总统本人准备在实际可行的情况下尽快解决这个问题。我们无意人为地延迟解决……因此，总统准备在国内承担解决两国之间突出问题的政治责任。他承认这是我们的责任，而不是我们的问题。在两国关系中，我们将继续遵循《上海公报》，遵循只有一个中国、解决台湾问题是你们自己的事这条原则。

“然而，与此同时，我们还有某些国内问题和某些历史遗留下来必须加以克服的问题。这些问题复杂、困难，在某些方面相当带有感情色彩。这就是我们为什么必须在和平解决台湾问题方面找到能够让我们表达我们的希望和期待的某种程式的原因，尽管我们承认这是你们的国内事务，我们是按照《上海公报》的精神这样做的。

“总之，我们认为重要的是，让人们知道美国是可以信任的，尽管我们正在继续并加紧从台湾的军事撤退，美国在远东的军事存在将以不致造成我们共同的敌手可能加以利用的不稳定状态这种方式继续下去。在解决正常化问题以及在规定我们与台湾人民在此历史转折时期的全面关系时，都必须将这一情况牢记在心。”

在整个过程中，我们试图使交换意见成为朋友间的真诚对话。我即席发言，将全球性、战略性和双边问题交织在一起，逐渐接近正常化问题，以便探索中国的灵活性，然后，再回到不致引起重大争论的全球问题上来。在这样做的时候，我向邓讲清楚，在这个“历史转折时代”（我有意使用这个含义模糊的字眼来描述台湾在以某种方式最终重新统一之前所处的分隔状态），即使在正常化以后，我们对台湾的安全义务还要继续下去。

在进一步交换若干意见后，我继续说：“我受命向你证实：美国接受中国的三个基本点，并再次重申上届美国政府向你们做出的五点（承诺），我愿意再次重复自我来到北京已说过好几次的话，即美国在这个问题上决心已下。”

我接着提议下个月双方就正常化问题开始高度机密性磋商。邓立即代表中国接受这个建议。尽管他忍不住最后挖苦了一下：“我想，关于这个问题，就谈这些。我盼望着卡特总统下决心的那一天。让我们换一个话题吧。”

…… ……

要是从上面这番概述便得出结论，认为我们交换意见时言语尖刻或互相攻击，那就错了。交换意见过程中确有争吵，但整个趋势是积极的。邓关于正常化的评论也不像外长那么僵硬，他并没有作实质性让步，但伍德科克和我都感到可能有某些灵活性。邓没有驳斥我关于美国和台湾的某些说法，自那以后，我们更有这种感觉。我们的讨论一直持续到晚上，尽管我们的谈话更多有个人性质。我们在谈到各自的家庭时，邓不住地往我的盘子里堆放引人开胃的美味佳肴，我们频频举杯祝酒，邓对他有兴趣访美作了一些含蓄的暗示。他还作了一项神秘莫测的评论，大意是说他自己作为高级领导人只有3年的时间了，他这样说时，似乎在强调美中关系的进展有某种迫切性。我告诉他，我希望能在华盛顿我的家中回请他一次，以答谢这次宴请，邓微笑着接受了。①

① 参见［美］布热津斯基：《实力与原则》，邱应觉、梅仁毅等译，世界知识出版社1985年版。

1978 年 5 月美国总统卡特派遣国家安全事务助理布热津斯基访华期间，直接掌控中美关系发展全局的邓小平，与布热津斯基进行了坦率的秘密会谈，双方在一系列问题上达成共识。

从此，在邓小平的直接指导下，中美关系正常化进程进入了新的阶段。

随后，经过中美双方的一系列谈判，中美正式建交的条件已经成熟。

中美达成建立外交关系的协定后，为了防止走漏消息，双方约定提前正式宣布中美建交的联合公报。

华盛顿时间 1978 年 12 月 15 日晚上 9 时，中美两国同时宣布一个震撼世界的重大新闻：中华人民共和国和美利坚合众国正式建立外交关系。

中华人民共和国和美利坚合众国关于

建立外交关系的联合公报[①]

（一九七九年一月一日）

中华人民共和国和美利坚合众国商定自一九七九年一月一日起互相承认并建立外交关系。

美利坚合众国承认中华人民共和国政府是中国的唯一合法政府。在此范围内，美国人民将同台湾人民保持文化、商务和其他非官方关系。

中华人民共和国和美利坚合众国重申《上海公报》中双方一致同意的各项原则，并再次强调：

——双方都希望减少国际军事冲突的危险。

——任何一方都不应该在亚洲—太平洋地区以及世界上任何地区谋求霸权，每一方都反对任何其他国家或国家集团建立这种霸权的努力。

——任何一方都不准备代表任何第三方进行谈判，也不准备同对方达成针对其他国家的协议或谅解。

——美利坚合众国政府承认中国的立场，即只有一个中国，台湾是中国的一部分。

——双方认为，中美关系正常化不仅符合中国人民和美国人民的利

① 以下简称《中美建交联合公报》——作者注。

益，而且有助于亚洲和世界的和平事业。

中华人民共和国和美利坚合众国将于一九七九年三月一日互派大使并建立大使馆。

在美国，中美建交的联合公报是由卡特总统亲自宣读的。随后，卡特总统发表了简短的谈话，指出《中美建交联合公报》是一个“历史性协议”。他说：“中国人口占世界人口的四分之一，中国人民是有才能的人民，中国在国际事务中起着重要的作用，而且这种作用在未来的岁月中只会越来越重要。”

中美建交和《中美建交联合公报》的发表，是中美两国关系中具有历史意义的转折。中美关系从此进入了一个新的阶段。邓小平出席了美国驻中国联络处主任伍德科克为中美建交举行的招待会。

在祝酒时，邓小平说：“中美建交反映了时代潮流，也是历史的必然，我相信随着时间的推移，中美建交对于发展中美两国关系和维护世界和平的深远影响必将越来越充分地显示出来。”

1978 年 12 月 31 日，根据中美双方达成的协议，美国驻台湾“大使馆”、台湾驻美国“大使馆”和 14 个“领事馆”全部关闭。美国在台湾驻扎的美军 3 万余人于次年 4 月底前全部撤离。

在中美关系正常化这一重大历史转折过程中，邓小平自始至终牢牢掌握着中美关系进程的主动权。他对中美关系了如指掌，对中美关系中存在的各种问题非常清楚，在中美关系正常化谈判过程中，始终准确地掌握着情况，驾驭着形势的发展。根据形势变化，他从国际政治和国际战略的角度审时度势，当机会出现的时候，能够当机立断，紧紧抓住机遇，把中美关系推进一大步。他在处理问题中表现出高度的原则性和灵活性。当美国提出按照日本方式办理的时候，他当即识破了其阴谋，迫使美国完全接受了中国关于中美建交的三项原则；在中美建交谈判的关键时刻，需要作出一定妥协的时候，他能够针对美国坚持要向台湾出售武器的问题，提出：“先避开售台武器的问题，留待建交以后再解决，但是要把坚决反对美国售台武器的立场讲清楚。办事情总不能毕其功于一役。”

当时，邓小平认为，早日实现中国与美国关系正常化，有利于中国刚刚开始实施的改革开放政策，有些问题只能分阶段解决。所以，中美建交不久，邓小平就提出，要与美国会谈售台武器问题。经过 1981 年至 1982 年的艰巨谈判，中美双方终于达成《“八一七”公报》。

总之，在推进中美关系正常化进程中，邓小平的外交思想、外交战略和外交风格得到了充分体现。

第一百一十八章

“我们无所不谈，上至天文，下至地理”

“运筹帷幄之中，决胜千里之外。”在世界政治舞台上，邓小平折冲樽俎，久经“沙场”。20世纪50年代和60年代，他多次参与中国与苏联的谈判；20世纪70年代后期和80年代，他具体掌控和主导着中美关系、中日关系、中苏关系的走向。他是一位享誉全球的世界级政治家。

凡是熟悉邓小平的人，都普遍认为，邓小平“就像一个预言家”。在重大国际活动中，邓小平善于倾听对方的发言，但一旦自己开口，“一看就是20年，一谈就是50年，一展望就是70年，一憧憬就是100年。20世纪末达到小康水平，21世纪中叶达到中等发达国家水平，50年不变，100年不变”，等等。邓小平的一举手、一投足，令人钦佩，使人神往，足以改变国际政治的战略格局。

中国实行改革开放的战略决策，必须具有与之相适应的国际战略。这就是彻底否定“文化大革命”时期“打倒帝国主义、打倒现代修正主义、打倒各国反动派”的“四面出击”“八方树敌”的外交战略，把和平与发展作为国际战略的主题，使整个国际战略为改革开放的中心服务。

美国是世界资本主义国家的首领，一举一动足以影响世界上所有资本主义国家的政策走向。牵住了美国的“牛鼻子”，就掌握了中国同整个资本主义世界发展关系的主动权。在当代世界，建立长期稳定发展的中美关系，既符合中国改革开放的战略决策，也符合中国与美国的共同利益，有利于整个世界的和平、稳定和发展。

根据中国改革开放的整体战略全局，中国与美国正式建立外交关系时，接受了美国政府对邓小平访问美国的邀请。

1979年1月28日（中国春节正月初一）上午，邓小平前往美国访问。

这是中华人民共和国成立后，中国领导人第一次访问美国。

邓小平的主要议程，是同美国方面讨论中美建交后的两国关系问题，以及中国从美国引进先进的科学技术问题、中美经济贸易问题、中美文化交流问题等。陪同邓小平访问的主要有：中国国务院主管科技工作的副总理方毅、中国外交部部长黄华和副部长章文晋，以及外交、科学技术、对外贸易、文件起草等方面的人员。

当天下午，邓小平乘专机抵达美国华盛顿附近的安德鲁斯空军基地。当邓小平神采奕奕地走下飞机时，受到美国副总统蒙代尔、美国国务卿万斯及许多美国政要和华人华侨代表的热烈欢迎。一位美国记者非常惊讶地表示：“这是破格的”，“是超国家元首级待遇！”

因为通常即使是一位外国元首对美国进行正式访问，美国也只派一名高级礼宾官员到机场迎接，国务卿只是在华盛顿市中心华盛顿纪念碑附近迎候由机场乘直升机到来的贵宾。邓小平此次访问美国的身份虽然是中国政府副总理，但是美国的接待规格之高、之重是大大超常了。显然，美国政府完全了解邓小平在中国领导层的“核心”地位，因此才以接待国家政府首脑的规格安排对邓小平的各种礼遇。

当天晚上，邓小平出席美国总统国家安全事务助理布热津斯基举行的家宴。席间，布热津斯基幽默地问道：“中国人和法国人有个共同点，就是都认为自己的文明优于其他国家，是这样吗?”邓小平思维敏捷，笑着回应：“我们可以这样说，在东方，中国的饭菜最好；在欧洲，法国的饭菜最好。”中国外交部国际司副司长冀朝铸是邓小平访问美国期间的英语翻译，他回忆说：在从北京飞行 17 个小时后，包括在阿拉斯加加油，我们就到了华盛顿。然后就直抵美国国家安全顾问布热津斯基博士的家里。在他家里的自助晚餐上，有 20 多人出席。房间较小，椅子也很少，我就一直站在邓小平身边。我比较高，而邓比较矮，所以平日游览时，我就尽量使身体放低些，好使邓听到我的话。晚宴以后，我的两腿就像木头一样不听使唤了。①

---

① 冀朝铸口述，苏为群整理：《从“洋娃娃”到外交官》，北京大学出版社 2000 年版。

1月29日上午10时，美国总统卡特在白宫举行盛大欢迎仪式。1000多名欢迎者挥舞着中美两国国旗，向卡特总统和邓小平副总理欢呼。白宫大草坪上，按照接待国宾的规格，鸣放礼炮19响。

卡特总统发表热情洋溢的讲话："我们非常希望你们和你们国家的人民来我们国家参观访问，我们也非常希望我们国家的人民去你们国家参观访问。中国有句老话，百闻不如一见。长期以来，中国人民和美国人民一直不能见面。我们感到高兴的是，这样的时代已经一去不复返了……对于我们两国来说，今天是团聚和开始新的历程的时刻，是久已关闭的窗户重新打开的时刻。"

邓小平致辞："中美关系正常化的意义远远超出两国关系的范围。位于太平洋两岸的两个重要国家发展友好合作关系，对于促进太平洋地区和世界的和平，无疑地将是一个重要因素。中美关系正处在一个新的起点，世界形势也在经历着新的转折。中美两国是伟大的国家，中美两国人民是伟大的人民。两国人民的友好合作，必将对世界形势的发展产生积极深远的影响。"

邓小平访问美国期间，与卡特总统进行了多次会谈。1月29日上午，第一次会谈在白宫的椭圆形办公室举行。正式会谈前，有几句寒暄。

卡特总统说："1949年4月，我作为一名年轻的潜艇军官曾经在青岛待过。"邓小平立即回应："我们的部队当时已经包围了那个城市。"

布热津斯基插话："那你们早就见过面啰?"邓小平笑道："是的。"

布热津斯基曾写道：要追随卡特总统的脚步绝非易事，和他一起工作的那段时间确是一段美好时光。在那段时间里发生了很多关键的事情：中美关系由完全敌对逐渐向全面合作发展，当然这期间也不乏一些剑拔弩张的时刻。他还说：邓小平着实难以应对。我还记得有一次在白宫会面，当时卡特总统一直催邓小平更快实现中国公民自由出境甚至移民。总统甚是咄咄逼人，而邓小平却采取迂回态度，但就在某个时刻，邓小平就那么简单地对总统说："那好，就明年，我们撤出一千万人，你敢不敢接?"这还真算得上是以眼还眼，以牙还牙。①

① ［美］布热津斯基:《中美在意识形态领域没有根本冲突》,《南方周末》2013年12月12日。

在中美领导人会谈中，邓小平明确指出：我们的看法是，整个世界局势是不安宁的。如果要创造一个有利于和平、安全、稳定的世界，就应认真对待国际局势。就中国来说，我们不希望打仗，我们的目标是实现四个现代化，这就需要有一个比较长的和平环境。

这次会谈结束后，邓小平在休息室里遇到一大群记者。记者们蜂拥而上，纷纷询问他同卡特谈论了一些什么问题。邓小平以其独特的诙谐，语气幽默地回答：“我们无所不谈，上至天文，下至地理。”一时间，记者们的所有提问都被邓小平这句饱含政治智慧的话挡得严严实实。但是，他们对于能够亲自领略邓小平的灵敏反应、高度幽默和政治智慧，还是非常高兴的。

中午，美国国务卿万斯举行午宴欢迎邓小平。在祝酒中，邓小平强调，中美关系正常化是中美两国人民的共同胜利，因为它符合两国人民的共同愿望和利益，而且对于世界的和平和稳定十分重要。

下午，邓小平与卡特总统再次进行会谈。

晚上，美国总统卡特举行欢迎宴会。美国的国宴菜谱通常由 4 道至 5 道菜组成，主要以美式菜肴为主，有时为了照顾来访外宾的特殊口味，也会增加一些有异域风情的菜肴。这次卡特总统迎接邓小平访问美国的国宴菜单是：第一，烘焙海鲜，1976 年保罗梅森比诺干白葡萄酒；第二，烤小牛肉，印度黄米饭，西兰花，1976 年 Simi Rose 赤霞珠葡萄酒；第三，蔬菜沙拉，特拉普奶酪；第四，汉斯·可耐尔干香槟；第五，栗子慕斯，松露巧克力。

邓小平访问美国期间，美国方面不知道怎么了解到邓小平喜欢吃小牛肉。于是，几乎每顿饭都要摆上“小牛肉”这道菜，以至于后来有人问邓小平：“您这次来美国最大的印象是什么?”邓小平幽默地回答：“小牛肉啊，小牛肉，顿顿都是小牛肉。”

在卡特总统举行的欢迎宴会上，邓小平祝酒时指出，中国人民和美国人民的友好合作，不仅有利于两国的发展，也必将成为维护世界和平和促进人类进步的强大因素。

历史亲历者冀朝铸回忆说：邓小平到达的第二天，由卡特总统主持，为他举行了国宴，被邀请的人都是卡特的内阁成员、国会议员和其他知名人士。国宴上还有一个乐队演奏传统音乐。宴会进行到一半时，乐队就走到第一桌的邓小平和夫人面前，演奏小夜曲。卡特就站起来，致欢迎辞并祝酒，邓小平也回礼。我（冀朝铸）为他们两人翻译，我被安排在第一桌，坐在邓小平旁边。

在第一桌就座的还有美国著名的思想进步的女演员雪莉·麦克兰，她对中国很友好。她和邓小平谈得很热烈，谈了好多问题。她提到几年前曾访问过中国的农村，有件事使她很感动。她遇到一位正在田里种西红柿的教授，她问教授，是否觉得在偏远的乡下干这种体力活儿是种损失，因为这样完全脱离了他在大学里的科研工作。那位教授说，正相反，他非常高兴和贫下中农在一起，从贫下中农那里他可以学到很多东西。

本来邓小平和麦克兰边说边笑，谈得很高兴，但邓小平听完麦克兰的话后，马上很严肃地说："那位教授在撒谎。"这使麦克兰大吃一惊。卡特当时也正在听邓和麦克兰的谈话，他马上理解了邓小平话的意思，就点了点头表示同意。

邓小平说，在"文化大革命"中甚至在"文化大革命"前，数以百万计的知识分子被下放到农村，有时一去几年，接受贫下中农再教育。这实际上是对人才资源的极大浪费，给人们造成了很大的痛苦，摧残了人们的健康，甚至生命。而我，由于周总理的关怀，成为少数幸运者之一，没有受到太大的迫害，但即使这样，我也下放农村劳动达三年。

邓小平是党内少数试图制止这种极左做法的领导人之一，为此他十年之内两次被打倒。他十分清楚那位教授的话只能是撒谎，是在掩盖他的真实感情和想法。

而麦克兰像那个时代的不少善意的外国人一样，被我们对"文革"的宣传所迷惑。"文革"正式结束在 1976 年秋季，但直至 1978 年党的十一届三中全会拨乱反正，推行实事求是的思想路线和改革开放的政策后，"文革"的极左路线和恶劣做法才受到了彻底批判。①

当天晚上举行的欢迎宴会结束后，美国总统卡特又陪同邓小平前往肯尼迪艺术中心观看美中贸易全国委员会举办的盛大文艺表演。卡特总统对邓小平

① 冀朝铸口述，苏为群整理：《从"洋娃娃"到外交官》，北京大学出版社 2000 年版。

说：“观看我国一些最杰出人才的美妙演出，是开辟科学、贸易和文化交流渠道的最好不过的办法。”美国政府接待国宾的通常做法，是国宴后在白宫宴会厅，或东厅，或玫瑰园举行小型音乐演出。但是这一次卡特总统决定将演出改在规模宏伟的肯尼迪艺术中心举行。晚会组织者找到一家石油公司出资25万美元赞助。这家赞助商非常看好中国这个具有巨大发展潜力的市场，着意乘邓小平访美之际抢占先机。

在肯尼迪艺术中心，邓小平指出，艺术是使各国人民增进了解、消除隔阂的最好办法。规模空前的盛大文艺演出开始了。这次晚会的组织者事前经过“调查研究”，知道邓小平特别喜欢足球和篮球，特意从加利福尼亚请来一队职业篮球选手，在演出中走上舞台表演他们的篮球技艺，这在肯尼迪艺术中心还是第一次。著名钢琴演奏家鲁道夫·塞金敲响了琴键，歌唱家兼六弦琴演奏家约翰·丹佛的歌喉使全场观众如醉如痴。约翰·丹佛在演唱时用中文说了“家”“家庭”和“家族”，表达对中国人民的友好感情。

如此众多的著名表演家、歌唱家、艺术家集中表演，这在美国并不多见。演出的每一个节目之间，邀请了著名人士穿插报幕，其中包括华裔建筑大师贝聿铭。美国第一个进入太空的宇航员已经做了参议员，也被请来报幕。每次报幕前，报幕人都要先讲发展中美两国关系的必要性和重要性，然后才正式报幕。表演的节目如此精彩、如此隆重，在美国的国宾接待中是前所未有的。

最后，由大约200名不同肤色不同民族的美国小学生用中文合唱《我爱北京天安门》。为了表演这个节目，他们练习了整整两个星期。他们的合唱把这场晚会推向了高潮。这个节目充分显示了美国总统作为东道主的异乎寻常的友好姿态。

这是一次名人荟萃、佳作迭出、别开生面的演出，效果很好。一位美国女士激动地告诉记者：“今晚的这种场面在华盛顿的外交场合是少见的。”

演出结束后，邓小平夫妇走上舞台，热情地拥抱和亲吻了参加演出的美国孩子，受到全场观众的热烈欢迎。卡特总统在日记中写道：“在肯尼迪中心看了一场精彩表演。表演结束后，邓和我还有他的夫人卓琳女士，罗莎林和艾米走上舞台同演员见面，当他在拥抱美国演员，特别是唱了一支中国歌曲的儿童时，确实全场感情激动。他吻了许多演员，报纸后来说许多观众流下了眼泪。”①

卡特总统在日记中深有感触地评价说：“一直强烈反对同中国建交的参议员拉克索尔特在看了这场演出后说，我们被他们打败了，谁也没法对唱中国歌的孩子们投反对票。邓和他的夫人看来真的爱人民，他确实令在场的观众和电视观众倾倒。”②

卡特总统在日记中认为：“也许因为他充满活力和个子矮小，邓那天晚上成了艾米和别的儿童最喜欢的人，而且看来这种感情是两方面的。”③

邓小平访问美国期间，1 月 30 日上午，与美国总统卡特举行第三次会谈，重点讨论双边关系问题。在谈到台湾问题时，邓小平强调：我们讲过的话是负责的，中国人不会把自己的手捆起来。会谈中，双方同意成立联合经济委员会、签订中美航空协定和海运协定。

邓小平与卡特总统会谈结束后，同记者见面时说：这次访问，使我更加坚信，中美两国和两国人民在各个领域——政治、经济、科技、文化方面的合作有广阔的发展前途。

当天中午，邓小平来到美国国会大厦，出席美国参议院外交委员会举行的午宴，同美国参议员谈话。邓小平在谈到台湾问题时说，在中美关系正常化进程中，关键是台湾回归祖国的问题。“人们担心的是将使用什么办法来解决台湾问题，中国将采取什么政策来解决台湾问题。我肯定你们已经注意到，我们不再用‘解放’台湾这个提法了。”

邓小平接着指出，只要台湾回归祖国，我们将尊重那里的现实和现行制度。我们一方面尊重台湾的现实，另一方面一定要使台湾回到祖国的怀抱。在尊重台湾现实的情况下，我们要加快台湾回归祖国的速度。此外，他还就朝鲜问题和东南亚局势表明了中国的原则立场。

冀朝铸回忆说：在访美期间，邓小平的风格是友好而坚持原则，从不在原则问题上让步，但永远准备寻求双方的共同点。他和周恩来总理一样，工作都

---

① ［美］吉米·卡特：《忠于信仰——一位美国总统的回忆录》，卢君甫等译，新华出版社 1985 年版。
② ［美］吉米·卡特：《忠于信仰——一位美国总统的回忆录》，卢君甫等译，新华出版社 1985 年版。
③ ［美］吉米·卡特：《忠于信仰——一位美国总统的回忆录》，卢君甫等译，新华出版社 1985 年版。

非常严谨。在和美国国会议员见面时，有些议员如杰西·汉姆斯参议员，就提出一些挑衅性的问题，如台湾问题。邓小平对这些问题都态度庄重而坚定地予以答复，强调台湾一直是中国的一部分，我们的政策是争取用和平的方式解决台湾问题，但我们永远不放弃使用武力。因为没有一个中国的政府能放弃台湾，宣布说台湾不是中国的一部分。但总的来说，包括电视采访和其他美国记者对邓小平的采访，气氛都是友好而不失礼貌的。①

邓小平出席美国参议院外交委员会午宴、同美国参议员谈话后，又来到美国众议院国际关系委员会，与74名美国众议员一起参加茶话会。他对美国众议员们说，访问美国的目的之一，就是“加深两国人民之间的了解”。“不仅中美两国人民的利益，而且世界人民的利益都要求我们这两个大国能够永远友好下去。诸位先生和我一样，肩负着促进世界和平与安全的重任，我们愿意与诸位一起为尽到我们的责任而努力。”

邓小平在美国参议院和众议院的谈话，高瞻远瞩，内涵深刻，坦率诚恳，说服了许多原来对发展中美关系有各种顾虑、持不同意见的议员，使进一步发展中美两国关系中的一些基本问题得到澄清和消除。当然，也有一些议员尽管说不出不同意中美关系正常化的理由，却还在抱着“冷战思维”和固定成见说“不同意”，固执地反对中美关系发展的历史进程，只好由他们自己自说自话去了。

当晚，邓小平出席美国外交政策协会等6个团体联合举行的招待会，阐述中国对世界形势、中美关系和台湾问题的立场和政策。

邓小平在美国访问期间，整个日程安排得十分紧张。1月31日早上，邓小平在国宾馆与美国政府的内阁部长和总统的高级助手一起共进早餐。接着，在国宾馆举行的一个仪式上接受美国费城坦普尔大学名誉法学博士学位。然后，会见美国前总统尼克松。随后，参观林肯纪念堂，并献花圈。最后，参观美国宇航博物馆。

冀朝铸评论说：在整个访美期间，美方对邓小平的接待都是极为热情的。《时代》周刊把邓小平作为封面人物，隔一段时间后又再次把邓小平的照片放

① 冀朝铸口述，苏为群整理：《从“洋娃娃”到外交官》，北京大学出版社2000年版。

在封面。这是《时代》杂志绝无仅有地在一年之内两次把同一个人选为封面人物。很多报纸也都发表社论称赞邓小平。《纽约时报》甚至还发表了一篇关于我的文章，说我是“离不开的冀先生”，他们主要不是夸奖我的翻译技巧，而是说美国缺少像我这样效率高的译员，只好依靠我沟通双方。虽然美国很快就致力于培养它自己的中文翻译，但直至20年后的今天，当克林顿总统访华时，美方的译员还是一再受到批评，说翻译很不好，技巧不高等等。说句公道话，我的情况跟所有译员都不同，我虽然是百分之百的中国人，但我是在美国长大，在美国接受的教育，而后又常年在中国工作，我不仅能用两种语言听、说，还能用两种语言思考。换过来，就很难找到一个在中国长大、在中国受教育的美国人。①

邓小平访问美国期间，有一位记者问及他的个人经历，他十分幽默而且非常自信地回答：

“如果给政治上东山再起的人设立奥林匹克奖的话，我有希望获得该奖的金牌。”

美国著名中国问题专家、约翰·霍普金斯大学高级国际问题研究院中国研究系主任兰普顿教授说：“1979年邓小平访美时，我在俄亥俄州一所大学教书。邓小平的访问改变了美国人对中国的看法。当时美国人除了从尼克松访华中知道一些中国的情况外，并不了解中国。邓小平访问了不少地方，在得克萨斯州，他戴上牛仔帽，还吃了烧烤。他的个人魅力，尤其是他那种直来直去的谈话方式，深受美国人喜爱。”

兰普顿认为：邓小平把中美关系作为外交战略的重点，通过改善两国关系，使双方都获得利益。当时建立和发展中美关系的主要障碍是台湾问题。邓小平也无法解决这个问题，因为解决这个问题需要很长时间。但是，他把台湾问题暂时先放在一边，加强了与美国在其他领域的合作，尤其是经济贸易合作，也就是中国说的求同存异。实践证明他的战略对中美两国都有益。从美国

---

① 冀朝铸口述，苏为群整理：《从“洋娃娃”到外交官》，北京大学出版社2000年版。

方面看，在冷战时期，美国与中国有不少瓜葛。后来美中关系的改善，实际上是为美国减轻了负担。“我认为美中和平从来不是抽象的，而是非常具体的。和平为两国带来了巨大利益。”从中国方面看，“文化大革命”重创中国的经济、文化和科技，邓小平复出后，一直在考虑如何弥补损失，赶上世界先进国家。他改变了过去的锁国政策，向世界许多国家派出了留学生。美中关系的建立和改善，有利于中国实现上述目标。因为在中国派出的留学和考察人员中，有一半到了美国。他们从美国学到的东西，在中国现代化建设中发挥了积极作用。再就是经济贸易方面的互利。两国关系的改善，使中国出口商品的 30% 到 40% 进入了美国，中国从中获得了很大利益，美国消费者也得到了实惠。

第一百一十九章

“邓小平是勇敢又有幽默感的人，他十分清楚他要的是什么”

1979 年年初邓小平访问美国期间，2 月 1 日抵达美国总统卡特的家乡——佐治亚州首府亚特兰大。可能是出自卡特总统的授意，为了使邓小平能更多地接触一些州长，美国方面特意将亚特兰大附近 17 个州的州长都请来参加佐治亚州专门为邓小平举行的宴会，其中一位州长来自阿拉斯加，一位州长来自夏威夷。这是前所未有的礼遇。这无疑是为了显示——在美国，支持发展中美友好关系具有地域上的广泛性和基础性。

2 月 2 日，邓小平来到得克萨斯州休斯敦市访问，这是美国西部的一座重要城市。邓小平在休斯敦的主要活动是参观著名的航天中心。参观过程中，美国一位宇航员带领邓小平参观了宇宙空间实验室。这位宇航员 5 年前曾在月球上工作了两天，在宇宙空间实验室一次就工作和生活了 59 天。他为邓小平讲解了宇航员在太空飞行中怎样进食、睡觉和沐浴。接着，邓小平来到崭新的航天飞机模型座舱，在宇航员的指导下戴上耳机，亲自体验了模拟的航天飞机着陆情景。

当天晚上，美国方面为邓小平安排了一次竞技表演。当邓小平来到竞技场时，2000 多名观众向邓小平发出热烈的欢呼声。盛情的主人奔上贵宾席，向中国客人每人赠送了一顶当地产的牛仔帽。邓小平笑着接过牛仔帽，毫不犹豫地戴在头上。全场顿时响起一阵又一阵的热烈掌声。精彩的骑牛表演，吸引了全场观众，令人倾倒。

骑牛表演结束后，邓小平接受竞技场主人的邀请，走下贵宾席，登上一辆仿制的 19 世纪的公共马车，绕场一周。邓小平在马车上，拿着牛仔帽向四周的观众挥动致意。广大观众纷纷鼓掌，掌声雷动，全场气氛进入高潮。邓小平走下马车后，抱起一个美国小孩亲了又亲。广大观众对于这一举动，报以特别热情的鼓掌和欢呼。

邓小平在美国期间会见了举世闻名的美国“石油大王”哈默。哈默曾在俄国十月革命后率先进入俄国，首先同苏维埃俄罗斯社会主义联邦共和国做生意，进行经济贸易活动，并受到列宁的接见，以此闻名于世。当然，哈默也没有吃亏，经济贸易本来就是互惠的行为。哈默由此掘到了人生的“第一桶金”。

邓小平对这位“石油大王”说：“中国许多人都知道哈默先生，你是列宁的朋友啊。苏联困难的时候，你帮助过他们。我们欢迎你到中国访问。”

哈默说：“我很愿意到中国去，可是我年纪大了，坐民航飞机受不了，中国又不让私人飞机降落。”邓小平说：“这个很简单，你来之前先来个电报，我们会作出安排的。”

经邓小平批准，3 个月后，哈默乘私人飞机来到北京。中国有关方面与哈默签订了关于开展经济贸易合作方面的协定。1984 年，在山西省北部的长城脚下，当时国内最大的中美合资企业安太堡露天煤矿开工。合资方就是美国西方石油公司董事长哈默先生。当哈默坐着他的私人飞机降落在北京首都机场后，中共中央顾问委员会主任邓小平在人民大会堂会见了由董事长哈默博士率领的美国西方石油公司和美国科威特公司代表团。双方首先谈起了各自的年龄。哈默说自己已经 86 岁了。邓小平说：86 岁，你比我大 6 岁还多一点。哈默介绍：这是我的夫人。邓小平说：您好。邓小平表示：哈默来中国搞合资，这是一件好事情。邓小平强调，中美共同开发安太堡露天煤矿，是中国同外国达成的最大的合资协议，这是一件好事情，我们最近决定进一步实行开放政策，你们带了个好头。哈默说：由于邓主任的关心，事情进展顺利，第一期工程建成后，原煤年产 1500 万吨。邓小平说：这是我们奉行开放政策的结果，而且大家都赞成这种政策。哈默说：我将继续推进中美合作，开辟新的合作领域。

邓小平在美国访问的最后一站是西雅图。著名的美国联合航空公司总经理和波音飞机公司董事长希望中国能大量购买波音飞机公司生产的飞机，非常热烈地欢迎邓小平。邓小平应邀参观了波音747飞机装配厂和一架巨型喷气式客机。参观结束时，他表示看到了一些很新颖的东西。

2月5日，邓小平乘专机飞返中国。途中，与随行人员谈到中国的对外开放战略时，邓小平干脆利落地说：对外开放就是对美国开放。真是要言不烦，一语中的。美国是资本主义国家的“首领”，抓住了美国的“牛鼻子”，就等于抓住了中国实施对外开放战略的“主要矛盾”，可以达到“一招制敌，全局皆赢”的奇效。

邓小平这次访问美国期间，中美两国领导人就双方共同关心的问题和国际形势进行了讨论，签署了中美科技合作协定和文化协定以及两国在教育、农业、空间方面合作的谅解换文，在高能物理方面合作的协议，建立领事关系的协议等，圆满地实现了预期的目的。

邓小平访问美国，确立了中美关系的走向，是一次实施中国对外开放战略、重构世界战略格局的非常成功的访问。正如邓小平离开美国时致电卡特总统所说的那样：这次访问增进了双方的相互了解，加强了中美两国人民之间的友谊，中美两国关系将会在新的历史条件下得到重大的发展。这对于我们两国、对于整个世界，都具有重要的意义。

邓小平展示的人格魅力和政治智慧，在美国掀起了一股经久不息的“中国热”。在临别演说中，邓小平说：“太平洋再也不应该是隔开我们的障碍，而应该是联系我们的纽带。”

在美国之行中，邓小平以其卓有成效的政治家、外交家的无与伦比的个人魅力，以其高瞻远瞩的宏伟气魄和开朗坦荡的广阔胸怀，以其敏锐的政治智慧和风趣幽默的谈话，折服了上至美国总统下至寻常百姓的美国社会。

邓小平美国之行是中国新时期的重要外交行动，完全达到预期目的，奠定了中国与美国关系长期稳定发展的重要基础。它永远铭刻在中美关系的史册中，成为现代国际关系史上的重要里程碑。

中共十一届三中全会前后，在外交工作方面，根据中央确立的反对霸权主义、维护世界和平的方针，中国在和平共处五项原则的基础上同各国发展友好合作关系，取得重要成就。1978年10月至1979年2月，邓小平两次访问日本，一次访问美国，形成了联合反霸的外交格局。1978年12月16日，中美两国发表联合公报，决定自1979年1月1日起，建立正常的外交关系。整个世界战略格局为之发生重大变化。

中国始终不渝地坚持反对霸权主义、维护世界和平的方针，赢得了世界上多数国家和人民的支持，为改革开放和社会主义现代化建设创造了有利的国际环境，在国际事务中发挥着愈来愈重要的作用。中国正在以崭新的姿态、负责任大国的形象，融入世界发展潮流，成为维护整个世界和平与发展的重要因素。

2014年，在中美建交35周年之际，即将90高龄、“中国人民的老朋友”——美国前总统吉米·卡特又一次来到中国。由于他曾与中国领导人邓小平共同决定中美正式建交，在美国被喻为“中美关系的领路人”。当年卡特决定与中国建交，在美国曾面临着排山倒海的压力。但是，卡特坚信，美国与中国建交的决定是他“一生中最正确的决定之一”。卡特喜欢以“我的老朋友”来形容邓小平。谈及对邓小平的印象，卡特认为“邓小平是勇敢又有幽默感的人，他十分清楚他要的是什么”。

卡特在访华期间，一再提到他与邓小平的往事，包括他至今珍藏着的邓小平第一次送给他的礼物，以及当时邓小平希望美国接受5000名中国留学生的往事。卡特情不自禁地回忆说：“有天夜里，我在白宫睡觉，凌晨三点，我的科学顾问从中国北京打电话给我。凌晨三点打电话吵醒总统一定是发生大事了，我还以为出了什么错，”卡特继续回忆，“结果我的科学顾问说，他当时就在邓小平旁边，邓小平有问题要问我。他说，邓小平问我是否能派遣5000名中国学生赴美国留学。我回答，送1万人来美国！然后挂了电话。”他笑着做出挂电话的手势。卡特是第一个开放中国学生赴美国留学政策的美国总统。35年过去了，根据美国学生与交流访问学者项目发布的最新报告，当前在美国的中国留学生已经达到27万人，占美国全体国际留学生的28%，是美国最大的留学生群体。

20世纪80年代中期在中国外交部翻译室工作的高志凯，目睹了邓小平亲自掌控中美关系的情况。他回忆说：“我一共陪邓小平见了20多次外宾。”通过为邓小平会见外宾当翻译，同邓小平有许多近距离接触，特别是对于邓小平重视中美关系，具有特殊的感受。

高志凯说："20 世纪 80 年代，他会见的大多是比较重要的国家元首和政府首脑，尤其是美国来的。邓小平认为中美关系非常重要，当时苏联还在，遏制苏联是全局性问题，中美关系是重中之重。除了美国国务卿、国防部长等人，美国来的内阁成员、部长级别的人他都愿意见。考虑到中美关系的重要性和敏感度，我不仅不能翻错，而且不能重问。"如果是普通会谈，翻译如果没听明白，可以停下来再问一次，但做邓小平的翻译不行。

高志凯最深的印象是邓小平非常务实："我陪他见外宾，从没听他引用过一句唐诗。他没有花里胡哨的地方，不爱虚荣，也不展示浮夸的东西。他说一不二，丁是丁，卯是卯，但用的都是大白话。"

在担任邓小平会见外宾的陪同翻译期间，高志凯甚至听到过曾留学法国（勤工俭学）、留学苏联莫斯科中山大学的邓小平讲过英语。那是他会见美国国防部部长温伯格期间，由于宾主相谈，看法一致，达成共识，气氛甚欢，使会见超过了预定的时间，一向严肃的邓小平不时发出爽朗的笑声。这次会谈结束后，他亲自把温伯格送到人民大会堂的福建厅门口。这可是难得的"超级礼遇"了。邓小平与温伯格握手告别时，用英语说了一句"再见"。

勤于思考的高志凯认为："紧迫感与危机感让他选择改革开放。"邓小平 1977 年再次被历史推上中国的政治舞台，"他有紧迫感和危机感，这是我亲身感受到的。当时还在冷战时期，国际局面复杂，中国要从孤立的国际环境中杀出一条血路来，那就是改革开放"。高志凯离开外交部多年后，曾去邓小平"文革"时期被下放的江西南昌郊区的那个工厂，在当年邓小平站着用锉刀做工的工作台前驻足了很久。"1969 年到 1973 年，他在那里干了 3 年多，做着最卑微的工作，没有人相信他能复出。而我给他当翻译的时候，却是他最鼎盛的时期。""他吃过苦，有过磨难，经历过大起大落，才更加珍惜回来的机会，觉得自己时间不多了。他知道中国必须走上一条正确的路，但这条路在哪里，又有多少风险？"

视野开阔的高志凯也去过邓小平复出前，叶剑英与他谈话的地图室，"东、西、北三面墙挂着三幅顶天立地的军事地图。从上面看，当时的中国真的是被包围了，美军、苏军，中苏、中蒙边界全是苏联军队。而中国一贫如洗，还在以阶级斗争为纲”。

改革开放使中国发生历史性巨变，面对中国经济飞速发展的形势，基辛格有一次对高志凯说，自己一直在思考一个问题，“如果当时出来的不是邓小平，而是别的领导人，中国是不是也能走到今天这样的局面?”高志凯回答道，邓小平是独一无二的。通过近距离的观察，高志凯更深入地体会到邓小平改革开放的决策：“我觉得，中国的改革开放就是邓小平拿锉刀一下一下锉出来的。”

美国哈佛大学费正清研究中心原主任、精通中国事务的美国学者、被誉为“中国通”的傅高义，是《邓小平时代》的作者。他认为：1979 年，邓小平成功访美，标志着中断了 30 年的中美交往重新恢复，短短几年内，中美交流的范围和规模就远远超过 1949 年以前的水平。邓小平的访问像可以燎原的星星之火，对中美两国人民产生了巨大的感召力，不仅改变了美国人对中国的印象，更使中国民众了解了现代生活方式。当前，中国的经济正在赶超美国，中国的自信不断上升。有人认为，鸦片战争以来，中国一直“被动”，现在应该“激动”。其实，这是不成熟的看法。邓小平说过，“我们要谦虚，不要骄傲”。国家力量大是好事，但不要骄傲，应保持谦虚。

第一百二十章

“我出国访问的历史使命虽已完成……我可以破例”

中国进入改革开放和现代化建设新时期前后，按照邓小平的世界战略和外交部署，相继解决了与东南亚国家、与日本的关系问题，以及与美国建立外交关系等问题。到20世纪80年代初期，邓小平将改善中国与苏联的关系问题提上了议事日程。

1917年列宁领导俄国取得十月革命的成功后，建立了世界上第一个社会主义国家——苏联（起初国名为苏维埃俄罗斯社会主义联邦共和国，简称“苏俄”；后来国名为苏维埃社会主义共和国联盟，简称“苏联”）。第二次世界大战后，一系列人民民主国家和社会主义国家建立，形成以苏联为首的社会主义阵营。于是，世界上出现了以苏联为首的社会主义阵营和以美国为首的资本主义阵营的严重对立和尖锐斗争。

中国革命的胜利，极大地改变了两大阵营之间的力量对比，极大地改变了整个世界的形势。中华人民共和国成立后，立即成为以苏联为首的社会主义阵营的重要组成部分。苏联迅速宣布与中华人民共和国建立外交关系，社会主义阵营各国紧接着与中华人民共和国建立外交关系。

随后，中华人民共和国中央人民政府主席毛泽东、政务院总理周恩来访问苏联，经过艰巨谈判，中国政府与苏联政府签订《中苏友好同盟互助条约》。从此，中国奉行“对苏联一边倒”的外交政策，实行对苏联和东欧社会主义国家的“对外开放”。斯大林逝世，赫鲁晓夫上台后，中国与苏联关系曾经出现过一段非常密切的“蜜月”时期。

然而，20世纪50年代后期，中国与苏联关系逐渐恶化，以“中苏两党关于国际共产主义运动总路线的大论战”为开端，双方互相攻击，互相批判，一直发展到1969年的珍宝岛事件，中苏两国发生边境武装冲突，兵戎相见，双方关系达到历史上的最低点。

中共十一届三中全会后，中国将全党和全国的工作重点转到以经济建设为中心的轨道上。邓小平指出，进行社会主义现代化建设，没有国际和平的环境不行。只有创造一个较长时期的国际和平环境，我们才能集中精力搞建设。因此，必须调整同一些重要国家的关系。

在邓小平的直接推动下，中美关系实现了正常化，中日两国签订了和平友好条约，根据“一国两制”的伟大构想，中国开始同英国谈判香港问题。通过一系列国际战略的重要调整，解决了一系列重要国际问题，对于中国来说，真正有待解决的重大国际问题就只有中苏关系问题了。

邓小平是一位具有世界眼光的国际政治家，经过对国际形势和中国周边环境的冷静观察和科学分析，从国家安全和现代化建设的需要出发，依据形势的发展变化，进一步调整国际战略，从根本上改善同苏联的关系，通过实现中苏两国关系正常化，打开外交新局面。

20 世纪 80 年代初，国际形势发生重大变化。1979 年 12 月苏联入侵阿富汗后，从对外扩张的顶点衰落下来，同美国争夺世界霸权更加力不从心，被迫实行战略性调整。其中一个重大步骤就是缓解同中国的关系。1982 年 3 月 24 日，苏联领导人勃列日涅夫在塔什干发表讲话，明确承认中国是社会主义国家，突出强调中国对台湾的主权，表示愿意改善对华关系，建议磋商双方都可以接受的改善关系的措施。这在客观上为中国调整对苏联的政策提供了有利的契机。

根据邓小平的指示，中国外交部发言人对勃列日涅夫的塔什干讲话作出积极反应，发表了一个简短的声明：“我们注意到了 3 月 24 日苏联勃列日涅夫主席在塔什干发表的关于中苏关系的讲话。我们坚决拒绝讲话中对中国的攻击。在中苏两国关系和国际事务中，我们重视的是苏联的实际行动。”中国外交部发言人强调，要“听其言、观其行”。

中国外交部这一极其简略的表态，引起了国际上的广泛注意。

邓小平具有缜密的战略思维，并善于灵活运用策略，“该出手时就出手”。1982 年夏天的一天，他专门召集几位中央领导同志和外交部主要负责人开会。

邓小平提出，要采取一个大的行动，向苏联传递信息，争取中苏关系有一个大的改善。但必须是有原则的，条件是苏联得做点事情才行。这就是苏联要主动解决“三大障碍”，即消除对中国安全的威胁。当时苏联在中国北部的中苏边境、中蒙边境地区大军压境，武装侵入中国的西邻阿富汗，在中国南部支持越南侵占柬埔寨和对中国边境进行挑衅，成为改善中苏关系正常化的三个主要障碍。

在这次会上，有的中央领导同志提出究竟用什么方式，如何向苏联传递信息的问题。邓小平说，为了不引起外界的无端猜测，可由外交部苏联东欧司司长作为代表视察使馆工作前往莫斯科，并同时前往华沙。

8 月 10 日，中国外交部苏联东欧司司长于洪亮启程赴莫斯科。中国驻苏联大使把苏联外交部副部长伊利切夫请到中国驻苏联大使馆，于洪亮向伊利切夫背诵了根据邓小平指示起草的 1000 多字的《说帖》。在《说帖》中，中国方面指出，中苏两国关系不正常状况已经存在许多年了，中苏两国人民都不愿意看到这种状况长久继续下去。双方应当作出努力，使中苏关系走上正常轨道，并逐步建立起睦邻友好关系。中国方面建议双方坐下来平心静气地讨论，通过共同努力，设法排除妨碍发展两国关系的严重障碍，从有助于改善两大邻国关系的一两个实质问题着手，推动其他方面关系的发展。

伊利切夫曾经长期从事中苏意识形态方面的论战，思想僵化，思维凝固，虽然仔细地听着中国方面的《说帖》，却并未察觉中国方面信息的真实含义，仍然沿用过去的老调表态一番。苏联外交部第一远东司司长贾丕才思想敏锐，头脑灵活，非常敏感地捕捉到中国方面信息中的新内涵，称这件事可能起到某种推动作用，表示要“报告政治局和最高领导”。

于洪亮转达完口信后，立即奔赴中国驻波兰大使馆，表明此行目的不在莫斯科，也是为了避开外国记者，同时给苏联准备回答的时间。

苏联方面认真研究了中国方面的《说帖》。8 月 20 日，于洪亮回国途经莫斯科时，苏联方面作出正式答复，表示愿在任何时间、任何地点、在任何级别上同中国讨论苏中双边关系问题，以便“消除关系正常化的障碍”。这时，中美之间已就《“八一七”公报》达成协议并公开发表。中国在中美关系、中苏关系和世界战略格局中处于最为有利的地位。

于洪亮回国后，邓小平找外交部副部长钱其琛和于洪亮去家里，听取有关传递信息的汇报，并决定同意重开中苏谈判。1982 年 9 月 1 日中共十二大开幕前，中苏双方已商定由两国副外长级的政府特使就两国关系正常化问题举行政治磋商。钱其琛担任中国政府特使，苏联政府的特使是伊利切夫。第一轮磋商于 1982 年 10 月在北京举行。这标志着两国间只对抗、不对话状态的结束，预示着两国关系将由长期对抗转向缓和。中苏关系开始走向一个新的起点。

1982 年 11 月 10 日，苏联领导人勃列日涅夫突然病逝，苏联决定 15 日举行葬礼。为了抓住时机做苏方的工作，邓小平立即指示派国务委员兼外交部部长黄华作为中国政府特使赴莫斯科参加葬礼。这是中苏高级接触中断多年后采取的非同寻常的举措。邓小平还特意找了吴学谦和胡乔木，对这次“葬礼外交”中同苏联新领导人谈什么、怎样做、如何报道都作了具体部署。

这时，黄华已经乘民航班机离开北京前往莫斯科，中国外交部来不及向他转达邓小平的指示，就决定以黄华离京前对新华社记者发表谈话的形式公布中方的态度。黄华在莫斯科下飞机后，才从中国驻苏联大使馆的同志那里知道“他在北京机场作了这样一篇谈话”。

根据邓小平的意见，黄华的谈话对勃列日涅夫的评价既不要简单批判一顿，也不能只说好话。黄华在谈话中，用明确而又巧妙的语言说到 20 世纪 50 年代后期起两国关系开始恶化，是指赫鲁晓夫；说到 20 世纪 60 年代后期以后这种恶化达到了严重的地步，是指勃列日涅夫。照顾到这次活动是吊唁，都没有点名。对勃列日涅夫不久前关于改善中苏关系的讲话则表示赞赏，这是寄希望于苏联新领导人。

11 月 15 日，中国政府特使黄华见到苏联新任领导人安德罗波夫，当面转达中国领导人对他当选为苏联共产党中央总书记的祝贺，表示真诚希望在双方的共同努力下，中苏两国关系会逐步恢复正常。16 日，黄华主动约见苏联外交部部长葛罗米柯。根据邓小平的指示，我方强调要使两国关系得到真实的改善，苏联必须采取实际步骤，消除妨碍中苏关系正常化的障碍，在几个重要问题上做一两件事，例如促使越南从柬埔寨撤军等。

从此，根据邓小平的果断决策，中苏两国启动了关系正常化的进程。这是一场马拉松式的谈判。两国政府特使就消除两国关系正常化的障碍问题进行了长达7年、共12轮的政治磋商。在此期间，中苏双方在各个领域的交往逐步恢复。其间，苏联共产党中央总书记安德罗波夫、继任的苏联共产党中央总书记契尔年科相继逝世，中国国务院副总理万里、副总理李鹏分别率中国政府代表团出席葬礼，保持了高层对话。中苏两国外交部部长在联合国大会期间5次会晤，讨论两国关系正常化问题。

1984年12月，20世纪50年代曾经担任苏联驻中国专家总顾问的阿尔希波夫以中国人民的老朋友、苏联副总理的身份访华。以此为开端，两国实现副总理级官员的正式互访。

对于如何打开中苏关系僵局，中苏两国各有考虑。

苏联主张从停止“敌对宣传”，增加经贸工作、旅游以及互派留学生开始。

中国主张“从消除三大障碍开始”，正如邓小平所说的，“三大障碍不消除，中苏关系不可能有根本改善”。

1985年，戈尔巴乔夫上台，担任苏联共产党中央总书记，启动改革进程，调整内外政策。他多次表示，希望苏中关系能得到重大改善，强调发展政治关系，提高对话级别。但在消除三大障碍的关键问题上，特别是越南从柬埔寨撤军这一问题上，苏联却没有松动。

邓小平抓住时机，大胆突破。1985年10月9日，邓小平会见罗马尼亚领导人时，请他带口信给戈尔巴乔夫：“解决中苏关系正常化问题、消除三大障碍，首先应从越南从柬埔寨撤军做起。如果苏联同我们达成谅解，让越南从柬埔寨撤军，而且能办到的话，我愿意同戈尔巴乔夫会见，举行高级会晤。我出国访问的历史使命虽已完成，但为这个问题，我可以破例。”

邓小平高瞻远瞩，出手不凡。这一举措，对苏联领导人戈尔巴乔夫震动很大，推动其加快了消除影响中苏关系正常化的三大障碍的进程。1985年11月6日，苏联正式答复中国说，邓小平请罗马尼亚领导人带给戈尔巴乔夫的口信收到了。11月23日，苏联表示，苏中举行最高级会晤和恢复党的关系的时机已经成熟，建议两国最高领导人在远东地区的苏联或中国境内举行会晤，讨论苏中关系正常化问题。

1986 年 7 月，戈尔巴乔夫在海参崴发表讲话，表示苏联愿意在任何时候和任何级别上同中国最认真地讨论建立睦邻局势的补充措施问题，同意按主航道划分阿穆尔河（黑龙江）边界走向，同时宣布苏联将分阶段从阿富汗撤军，并正在同蒙古讨论撤出大部分苏军问题。对苏联的这种反应，中国给予积极评价，但同时指出，它同消除三大障碍距离尚远。

高屋建瓴，抓住要害，是邓小平的一个特点。1986 年 9 月 2 日，邓小平利用接受美国记者华莱士电视采访的时机，特意强调，让越南从柬埔寨撤军是改善中苏关系的关键。越柬问题使中苏关系实际上处于热点和对峙，是中苏关系正常化的主要障碍。如果戈尔巴乔夫在越柬问题上走出扎扎实实的一步，消除了这个障碍，我愿意破例地到苏联任何地方同戈尔巴乔夫见面。

邓小平接受美国哥伦比亚广播公司《60 分钟》节目记者华莱士电视采访时，关于中苏关系问题的谈话如下：

华莱士：邓主任，您对戈尔巴乔夫最近在海参崴的讲话有何看法？

邓小平：戈尔巴乔夫在海参崴的讲话有点新东西，所以我们对他的新的带积极性的东西表示了谨慎的欢迎。但戈尔巴乔夫讲话也表明，他的步子迈得并不大。在戈尔巴乔夫发表讲话后不久，苏联外交部官员也讲了一篇话，调子同戈尔巴乔夫的不一样。这就说明，苏联对中国的政策究竟怎么样，我们还要观察。

华莱士：您以前有没有见过戈尔巴乔夫？

邓小平：没有。

华莱士：您是否想见见他？因为他说过，他愿意同你们在任何时候、任何级别上谈任何问题。您愿意同他进行最高级会晤吗？

邓小平：如果戈尔巴乔夫在消除中苏间三大障碍，特别是在促使越南停止侵略柬埔寨和从柬埔寨撤军问题上走出扎扎实实的一步，我本人愿意跟他见面。

华莱士：越南人今天发表讲话，表示愿意和中国谈判，以便结束中越之间的困难局面。

邓小平：越南这种表示至少有一百次了。我们也明确告诉他们，前提是越南从柬埔寨撤出全部军队。柬埔寨问题由柬埔寨四方商量解决。

华莱士：所以，就邓小平和戈尔巴乔夫举行最高级会晤来说，球在戈尔巴乔夫一边。

邓小平：要越南从柬埔寨全部撤军。对这个问题，苏联是能够有所作为的。因为如果苏联不帮助越南，越南一天仗都打不了。戈尔巴乔夫在海参崴讲话一直回避这个问题。所以我说，苏联在消除中苏关系三大障碍上迈的步子并不大。

华莱士：看来，中国同资本主义的美国的关系比同苏联共产党人的关系更好一些，这是为什么？

邓小平：中国观察国家关系问题不是看社会制度。中美关系是看中国和美国关系的具体情况来决定。中苏关系是看中国和苏联关系的具体情况来决定。

华莱士：邓主任，刚才我的节目制作人要我再问一下邓主任是否愿意会见戈尔巴乔夫。

邓小平：我刚才说了，如果苏联能够帮助越南从柬埔寨撤军，这就消除了中苏关系的主要障碍。我再说一次，越南入侵柬埔寨问题是中苏关系的主要障碍。越南在柬埔寨驻军也是中苏关系实际上处于热点的问题。只要这个问题消除了，我愿意跟戈尔巴乔夫见面。我可以告诉你，我现在年龄不小了，过了八十二了，我早已经完成了出国访问的历史任务。我是决心不出国的了。但如果消除了这个障碍，我愿意破例地到苏联任何地方同戈尔巴乔夫见面。我相信这样的见面对改善中苏关系，实现中苏国家关系正常化很有意义。

华莱士：具体地说，哪一件事应该放在第一位做呢？

邓小平：三大障碍主要是越南侵柬，因为中苏实际上处于热点和对峙，不过方式是通过越南军队同中国对峙。

华莱士：是指越南在柬埔寨的军队吗？

邓小平：是的。①

---

① 《邓小平文选》第3卷，人民出版社1993年版，第167～169页。

邓小平对华莱士纵论中苏关系后，中国方面于 9 月 7 日在国际上发表了邓小平的这一谈话内容，美国哥伦比亚广播公司对全球播出了这一谈话的实况采访，在国际上产生了很大影响，形成了推动中苏关系发展的强烈冲击波。

邓小平的这次谈话，把中国在中苏关系问题上的严正立场公布于世，实际上是对戈尔巴乔夫海参崴讲话的公开答复。苏联方面和戈尔巴乔夫十分重视，立即对邓小平的谈话进行了深入研究。

第一百二十一章

“我建议利用这个机会宣布中苏关系从此实现正常化”

20 世纪 80 年代，在邓小平的亲自掌控和具体指导下，中国与苏联的政治磋商取得重要进展。苏联方面在柬埔寨问题上的态度逐渐发生变化，并同中国方面达成谅解，为中国与苏联两国关系正常化创造了前提和条件。

这时，邓小平指示，现在可以进行中苏外长的互访。外长访问标志着两国关系已开始“半正常化”。1988 年 12 月，中国外交部部长钱其琛访问苏联。这是自 1957 年以后中国外长第一次访问苏联，取得有益的成果。中苏双方深入讨论了柬埔寨问题，就中苏高级会晤问题交换了意见。

接着，1989 年 2 月，苏联外长进行回访，继续为中苏高级会晤作准备。双方主要讨论关于解决柬埔寨问题的声明和举行高级会晤的时间，以便达成“一揽子协议”后同时发表。但当中方同意苏方建议的戈尔巴乔夫 5 月中旬访华的时间后，苏方在柬埔寨问题上的态度突然变卦。

当苏方代表到达上海，准备会见邓小平时，苏方只想确认高级会晤的时间而不愿发表已达成协议的关于越柬问题的共同声明。在邓小平会见苏联外长前，钱其琛向邓小平汇报了苏方在柬埔寨问题上立场后退的情况，并建议关于中苏高级会晤的日期也暂不公布，由双方继续商谈。邓小平表示，中苏高级会晤日期不能变，语气非常坚决。同时又说，我今天不谈访问日期，这由你们去谈。

邓小平会见苏联外长时，苏联外长对邓小平说：“戈尔巴乔夫建议 5 月 15 日至 18 日访华，昨天我同钱其琛外长谈了这个问题。”苏联外长的用意显然是尽管柬埔寨问题未谈妥，先请邓小平确认高级会晤的日期。邓小平马上作出反应说，“你们两位外长的谈话还没结束，希望你们继续工作，日期由你们商定，我听你们的”。

在这次谈话中，邓小平再次强调早日解决柬埔寨问题的重要性。苏联外长想绕过柬埔寨问题，只确定高级会晤日期的意图没有得逞。苏方不得不同意与中方继续商讨柬埔寨问题。苏联外长采取走边缘的手法，从上海回到北京的飞机上谈判仍未停止，到北京后，双方继续相持不下。苏联外长原定的离京时间一推再推，也解决不了问题。

钱其琛一直在机场守着等待送行。天黑以后，双方在机场休息室最后会晤，苏方同意留下人员同中方继续谈判。直到第二天，双方就共同声明措辞达成一致，才连同公布了戈尔巴乔夫的访华日期。

中苏举行高级会晤是轰动世界的大事。在礼仪、热度等方面如何把握分寸，事关重大，也是一个极为敏感的政治问题。邓小平对此考虑得很细。他说，全世界都注视着中苏高级会晤，在接待戈尔巴乔夫来访的礼仪等安排上不要太热，要适度。见面时只握手，不拥抱。邓小平还叮嘱说，此点在同苏联方面谈具体礼宾安排时向他们打个招呼。

“只握手，不拥抱”，邓小平准确地概括了中苏两国关系的性质，科学地定位了中苏未来的相互关系。

为了贯彻邓小平“只握手，不拥抱”的重要指示，中国外交部礼宾司负责人向先期来华进行准备工作的苏联外交部礼宾司司长提出，中苏两位领导人见面时，按照中国的礼俗，“只握手，不拥抱”，请其将这个建议转告戈尔巴乔夫本人。

1989 年 5 月 15 日至 18 日，戈尔巴乔夫应邀访华。5 月 16 日，当戈尔巴乔夫上车去会见邓小平之前，中国外交部又叮问了苏联方面，是否已向戈尔巴乔夫讲清“只握手，不拥抱”，苏联方面对此作了肯定回答。当戈尔巴乔夫走到北京人民大会堂会见厅时，中苏两国领导人热烈握手，但没有拥抱。

这说明，苏联方面工作人员已向戈尔巴乔夫打了招呼。“只握手，不拥抱”这一简单明了而含意深刻的 6 个字，不只是礼仪问题，实际上蕴含着深刻的政治含义和长远的战略考虑，它准确地界定了中苏关系的性质，又为两国关系的长远发展确立了方向，充分体现了邓小平高瞻远瞩、举重若轻的战略家风范。

邓小平的这句话表明，即便是握手这一简单的礼仪形式，也具有高度的政治性。

“只握手，不拥抱”，恰如其分地反映了中苏关系不冷也不热的状况。

中苏关系经历了错综曲折、充满变化的复杂时期。

高级会晤谈什么、怎样谈？邓小平早就开始思考、运筹。他明确指出，高层会晤不谈过去的事，有些事实只作为回忆讲一讲，但不作为问题提出来，着重探讨建立新的关系。中苏关系正常化和高级会晤的中心任务是“结束过去、开辟未来”。

5 月 16 日，邓小平同戈尔巴乔夫会见时，一见面就说：我希望同你见面已经三年了。

戈尔巴乔夫也说：能够和你见面，感到非常高兴。

中国领导人邓小平同苏联最高苏维埃主席团主席、苏联共产党中央委员会总书记戈尔巴乔夫的正式会晤开始。

邓小平高屋建瓴，气魄非凡，一开始就明确指出：

“中国人民真诚地希望中苏关系能够得到改善。”

“我建议利用这个机会宣布中苏关系从此实现正常化。”①

回顾中苏关系的风雨历程，邓小平说：“多年来，存在一个对马克思主义、社会主义的理解问题。从一九五七年第一次莫斯科会谈，到六十年代前半期，中苏两党展开了激烈的争论。我算是那场争论的当事人之一，扮演了不是无足轻重的角色。经过二十多年的实践，回过头来看，双方都讲了许多空话。马克思去世以后一百多年，究竟发生了什么变化，在变化的条件下，如何认识和发展马克思主义，没有搞清楚。绝不能要求马克思为解决他去世之后上百年、几百年所产生的问题提供现成答案。列宁同样也不能承担为他去世以后五十年、一百年所产生的问题提供现成答案的任务。真正的马克思列宁主义者必须根据现在的情况，认识、继承和发展马克思列宁主义。”②

在谈到中苏高级会晤的目的时，邓小平干脆利落，说：“我们这次会见的

---

① 《邓小平文选》第 3 卷，人民出版社 1993 年版，第 291 页。
② 《邓小平文选》第 3 卷，人民出版社 1993 年版，第 291 页。

目的是八个字：结束过去，开辟未来。”①

戈尔巴乔夫表示，在不太久远的过去，在苏中关系的有些方面，苏联有一定的过错和责任，并赞同讲过去就到此为止。

邓小平在这次中苏高级会晤中阐述的“开辟未来”，是指中苏两国关系正常化后建立一个什么样的国家间关系，明确今后两国新型关系的具体内涵和应当遵循的准则。邓小平深刻总结了几十年来中苏关系的历史教训，强调无论是结盟，还是对抗，都是不成功的，中苏关系还是要以和平共处五项原则为基础。

中苏高级会晤结束时，双方发表联合公报，指出，中苏关系正常化不针对第三国，不损害第三国的利益。这样就形成了既不同于20世纪50年代的那种结盟状态，更不同于20世纪六七十年代那种对抗状态，而是不结盟、不对抗、不针对第三国的、睦邻友好的正常的国家关系。中苏关系、中俄关系的历史发展表明，这种完全新型的国家间关系不仅符合两国人民的根本利益，而且也有利于维护世界的和平与稳定。

通过这次中苏高级会晤，中苏两国结束了几十年来的不正常状态，郑重声明将在互相尊重主权和领土完整、互不侵犯、互不干涉内政、平等互利、和平共处的国与国之间关系的普遍原则基础上发展相互关系。

中苏高级会晤结束后，邓小平在人民大会堂福建厅设宴款待戈尔巴乔夫和主要随行人员。中苏两位领导人都十分高兴，频频举起盛满茅台酒的酒杯，祝贺中苏关系从此正常化。

中苏高级会晤和邓小平的宴请结束后，戈尔巴乔夫离开人民大会堂返回钓鱼台国宾馆，一路上一直带着笑容，情绪极高。

实现中苏关系正常化，是戈尔巴乔夫执政期间的一个重大举措。如今，邓小平与戈尔巴乔夫的高级会晤已经实现，夙愿已偿，戈尔巴乔夫心情格外舒畅，兴致勃勃。于是，在访华期间戈尔巴乔夫三次主动要求下车，同中国人民群众见面。

第一次，是戈尔巴乔夫从人民大会堂返回钓鱼台国宾馆的路上。当车行到

---

① 《邓小平文选》第3卷，人民出版社1993年版，第292页。

白云观（北京的地名）时，戈尔巴乔夫看到街道两旁挤满了人，人们向他鼓掌，招手致意。这时，他要求停车，走出汽车同群众打招呼，一边走，一边鼓掌，一边握手。这时，忙坏了中苏警卫人员，担心安全出问题，劝他回到车内。但他执意不肯，在车外停留了约五分钟。

第二次，是戈尔巴乔夫结束在北京访问、奔赴上海时，由钓鱼台国宾馆赴首都机场途中，在垂阳柳（北京的地名）附近下车约五分钟，同中国人民群众见面。

第三次，是戈尔巴乔夫抵达上海后，奔赴西郊宾馆途中，在上海动物园附近下车约五分钟，同中国人民群众见面。

邓小平与戈尔巴乔举行北京会晤后，中国方面临时决定将记者招待会由北京人民大会堂改到钓鱼台国宾馆举行，已经在人民大会堂的中外记者需要赶赴钓鱼台。

这样记者招待会就得推迟举行一个半小时。戈尔巴乔夫提出，请中国外交部礼宾司司长陪他在钓鱼台国宾馆内散散步，休息一下，欣赏一下钓鱼台的美丽风景。

在陪同戈尔巴乔夫一个小时的散步中，中国外交部礼宾司司长向他介绍了钓鱼台的历史、简况等。戈尔巴乔夫对钓鱼台的建筑风格和优美环境称赞不已，说苏联每年也接待不少国宾，也应建一个像这样的国宾馆。

后来，戈尔巴乔夫把话题自然地转到对邓小平的印象。他说：刚才同邓小平的谈话，留下极为美好、深刻的印象。邓小平犹如我的老师，在给我讲课，又好像是我的长辈，我仔细听了他对中苏关系今后发展的高见。

戈尔巴乔夫还说，邓小平对中俄历史很清楚，对中苏近 20 年的问题了如指掌，我感到十分惊讶，又很钦佩。85 岁高龄的人，精神这样好，记忆力惊人，分析问题条理清楚，在世界伟人中也是少见的，真不愧是一位伟大的领袖。①

① 据当时中国外交部礼宾司司长鲁培新：《结束过去，开辟未来》，载张兵《别样风雨》，新华出版社 2007 年版，第 261 ~ 262 页。

随后，戈尔巴乔夫在当天举行的记者招待会上表示，我和邓小平等中国领导人都认为：“苏中高级会晤标志着两国关系进入了一个新阶段，两国关系将建立在国与国之间交往的普遍原则以及和平共处的原则基础之上。我们的出发点是，苏中关系正常化不针对第三国，不损害第三国利益，它同当今世界的发展趋势有机地结为一体。”

20世纪90年代前后，国际形势急剧变化，一直发展到苏联共产党自行宣布解散、“超级大国”苏联宣布解体，国际共产主义运动陷于低谷。中国如何应对？世界拭目以待。

曾任中共中央对外联络部研究室主任、当代世界研究中心研究员吴兴唐回忆说：

从20世纪80年代末开始，苏联和东欧发生剧变，苏联解体，苏共解散。对此，中联部积极向中央提出政策建议，中央政治局也要中联部提出分析报告。20世纪90年代初的一天，晚上8点多钟，郁文给我打电话说：“老乔，请你来一趟。”乔石要我就苏东剧变及我们应采取的立场这个问题谈一谈。我介绍了我所知道的一些主要观点，也谈了自己的看法。我说：“有不少人，特别是一些老干部来信说，对苏共解散十分气愤，要求我们党公开批判戈尔巴乔夫，批判社会党，坚决反对美国的‘和平演变’。”

乔石说：“苏联剧变有很复杂的原因，有内因和外因，但内因是主要的。有帝国主义推行‘和平演变’的因素，但我看主要是苏联内部的原因。我们可以在内部批判戈尔巴乔夫，但不要公开点名。我在一次会议上建议不要点名批判，否则就是在搞公开论战了，论战会引起很多麻烦，我们要吸取过去的教训。主要是要把自己的事情办好。我们的改革开放政策要继续下去。对外无论发生什么变化，国家关系还是要坚持和平共处五项原则。”

最后，他说，今天只是交换看法，不要外传。1993年夏，时任中共中央总书记江泽民会见外宾。会见前我陪中联部领导作例行汇报，江泽民告诉我们：“你们的材料，我和政治局的同志都看了，很好。再也不能搞论战，搞政治运动了，否则就要亡党亡国。”1999年春，在乔石卸任全国人大常委会委员长职务一年之后，我到他家拜访了他。乔石说：“我现在是‘无官一身轻’，只参加一些礼仪性活动。闲来写写字，听听音乐，散散步，同家人多接触。但我多年来养成一个习惯，就是脑子里不断地思考一些问题。”他告诉我，自己想研究党史。我问，是否想写一本党史？他说：“这是不可能，也是做不到的。过去毛主席想自己写本党史，后来又请董老写党史，都没有做成。”他还告诉我：“我有一个不成熟的想法，就是从马克思到列宁再到毛泽东，他们都是伟大的革命领袖，但他们对革命往往带有一点理想主义色彩，总想很快把革命搞成，却往往并不符合实际情况。还是要准确地研究世界，研究当代资本主义和当代社会主义的发展。过去中联部在这方面做了许多工作。”①

国际形势和历史发展证明，邓小平高瞻远瞩，把握历史时机，实现中苏关系正常化，意义非常重大。在邓小平外交思想指导下确立的中苏关系正常化框架，成为苏联解体后中国与俄罗斯迅速建立睦邻友好关系的基础，进而发展为建设性伙伴关系，直至确立平等信任、面向21世纪的战略协作伙伴关系。

1992年12月，俄罗斯总统叶利钦对中国进行国事访问。这是叶利钦当选俄罗斯总统后第一次访华，对两国关系具有重要影响。

这次叶利钦访问中国，使中俄关系有了新的发展。中俄两国发表《关于中华人民共和国和俄罗斯联邦相互关系基础的联合声明》，宣布两国互视友好国家。

21世纪之初，2001年7月15日至25日，中华人民共和国主席江泽民对俄罗斯、白俄罗斯、摩尔多瓦、乌克兰和马耳他进行国事访问。江泽民主席访问俄罗斯期间和俄罗斯总统普京在莫斯科签署了共25条、有效期为20年的《中华人民共和国和俄罗斯联邦睦邻友好合作条约》。条约总结了发展中俄关系的主要方针，将两国世代友好、永不为敌的和平思想和永做好邻居、好朋友、好伙伴的坚定意愿以法律形式加以确定，规定了两国今后在政治、经济、贸易、科技、文化和国际事务中合作的原则和方向。

---

① 吴兴唐:《乔石和中联部》,《中国新闻周刊》2014年3月31日。

解放思想，拨乱反正，改革开放，开辟新路。“关于党的政治路线，就是一心一意地搞四个现代化”

第一百二十二章

“安徽这个‘老大难’要派一个得力的干部去”

中国是一个举世闻名的农业大国，农业问题直接关系到十几亿人口的吃饭问题。中国共产党历来非常重视农村问题和农民问题。中国革命之所以能够取得胜利，就在于把马克思主义基本原理与中国具体实际相结合，开创了具有中国特色的农村包围城市、武装夺取政权的道路。在中国革命的不同历史阶段，中国共产党分别采取了“打土豪分田地”“减租减息”“土地改革”等农村政策，颁布过《井冈山土地法》《兴国土地法》《中国土地法大纲》等农村政策的法规法令。这些重要举措，赢得了中国农民的坚决支持和拥护，是中国革命取得胜利的重要因素。

中华人民共和国成立后，中央人民政府迅速颁布了《中华人民共和国土地改革法》。全国进行了土地改革，广大翻身农民广泛传诵“土地回老家，合理又合法”的歌谣，投入农业生产，农村一派政通人和、粮食丰收的景象。但是，20 世纪 50 年代后期，人民公社化运动以后，在脱离农村生产力发展水平的情况下，不断急剧变革生产关系，导致了极为严重的后果。

尽管毛泽东极为重视农村问题，一再要求各中央局第一书记、各省省委第一书记亲自抓农业；尽管毛泽东本人多次到农村调查研究，深入基层；尽管毛泽东主持制定了一系列关于农村问题的中央文件；尽管为了解决农村问题，发动了“四清运动”“社会主义教育运动”等一系列政治运动，然而农村问题却一直没有得到很好的解决。

在中共中央第一代领导集体中，邓小平最早对农村改革提出了思路——尊重人民群众的首创精神。20 世纪 60 年代初期，人民公社的体制严重束缚农村生产力的发展，严重压抑广大人民群众的生产积极性，造成了一部分省、一部分地区的严重困难。为了解决困难，渡过难关，安徽等地相继在农村搞起了

"责任制"，河南农村实行了"借地"（即把人民公社的一小部分土地借给农民自主耕种），一般通俗地称之为"包产到户"。

对于这一来自农村干部、群众的举措，从地方到中央都有不同的看法。广大农村干部、群众认为"包产到户"是"救命政策"，符合农村现状，而上层一部分领导干部却认为是"自发资本主义倾向"，必须严厉制止，严肃批判。

为此，邓小平 1962 年 7 月 7 日专门在中国共产主义青年团三届七中全会上指出：

> 生产关系究竟以什么形式为最好，恐怕要采取这样一种态度，就是哪种形式在哪个地方能够比较容易比较快地恢复和发展农业生产，就采取哪种形式；群众愿意采取哪种形式，就应该采取哪种形式，不合法的使它合法起来。这都是些初步意见，还没有作最后决定，以后可能不算数。刘伯承同志经常讲一句四川话："黄猫、黑猫，只要捉住老鼠就是好猫。"这是说的打仗。我们之所以能够打败蒋介石，就是不讲老规矩，不按老路子打，一切看情况，打赢算数。现在要恢复农业生产，也要看情况，就是在生产关系上不能完全采取一种固定不变的形式，看用哪种形式能够调动群众的积极性就采用哪种形式。①

邓小平的这个讲话，实质上是中共十一届三中全会后中国农村改革的先声。他鲜明地指出了农村人民公社化运动以后，农村落后的症结，强调要尊重人民群众的首创精神，承认"包产到户""责任到田"；在农村生产方式问题上实行"百家争鸣"，不管"黄猫、黑猫，只要捉住老鼠就是好猫"。

邓小平的这个讲话，当时产生了极大的震撼力和冲击波。因此，邓小平讲话后，这个讲话的主要精神不胫而走，迅速通过各种"大道"和"小道"传遍了许多地方。

然而，邓小平这个讲话却不符合毛泽东坚持人民公社体制的思想。

与此同时，国务院副总理、中共中央农村工作部部长邓子恢于 1962 年 7

---

① 《邓小平文选》第 1 卷，人民出版社 1994 年版，第 323 ~ 324 页。

月9日、11日，连续在中央党校作《关于农业问题的报告》，主张建立严格的生产责任制，实行队（生产队）包产，组包工，田间管理包到户；对一些特殊的技术活，可以实行联系产量超产奖励的个人责任制。邓子恢的这些意见，得到许多领导同志的赞同，但是在八届十中全会上被当作刮“单干风”，受到错误的批判。

不久，9月24日至27日，中国共产党八届十中全会在北京举行。毛泽东作关于阶级、形势、矛盾和党内团结问题的讲话，把社会主义社会中仍在一定范围内存在的阶级斗争作了扩大化和绝对化的论述，指出在整个社会主义历史阶段中资产阶级都将存在，并存在资本主义复辟的危险，强调阶级斗争必须年年讲、月月讲、天天讲。还错误地批判所谓“单干风”（指包产到户）和“翻案风”，并严厉指责所谓“黑暗风”（指对当时严重困难形势作充分估计的观点）。这个讲话标志着政治思想上“左”倾错误的严重发展。八届十中全会继续坚持调整国民经济的方针。会议指出，全国人民当前的迫切任务是贯彻执行以农业为基础、以工业为主导的发展国民经济的总方针，把发展农业放在首要地位，坚决把工业部门的工作转移到以农业为基础的轨道上来。毛泽东接受刘少奇等的建议，提出：“不要因强调阶级斗争放松了经济工作，要把工作放在第一位。”这样，就使全会结束后，经济调整工作能够基本上按照原来的计划继续进行。但是，刚刚萌芽并得到刘少奇、邓小平、邓子恢等中央领导人支持的“农业生产责任制”却被视为“单干风”，受到批判，就此夭折了。

但是，真理的声音是窒息不了的。邓小平关于“黄猫、黑猫，只要捉住老鼠就是好猫”的精辟论述，由于通俗易懂，鞭辟入里，生动好记，符合广大农民群众的愿望，所以一直在中国农村广泛传播。只不过在人们口口相传的过程中，邓小平的话被变成了“不管黑猫、白猫，只要捉住老鼠就是好猫”。

“野火烧不尽，春风吹又生。”农业生产责任制的命运随着中国政治风云的变幻，像一个“幽灵”，一直或明或暗地在中国农村大地上徘徊。

列宁认为：生机勃勃的社会主义是人民群众自己创造出来的。中国的农村改革就来自农民群众自己的创造。中国农村改革中诞生的基本经营制度——家庭联产承包责任制，从其雏形“包产到户”到正式定型为家庭联产承包责任制，就是一个不断发生曲折与思想交锋的过程。在1956年至1978年间，“包产到户”在中国农村经历了“三起三落”，由此可知其顽强的生命力和历史必然性。

20 世纪 50 年代中后期，中国农村实行合作化、人民公社化后，农业实行的是集体化经营模式。人民公社体制建立在对农业产业规律的背离上，劳动者与劳动所得没有直接关系的“大呼隆式”集体经营方式，难以使农民产生持久不衰的劳动兴趣和责任感，导致了集体经济的低效率和低效益。整个农村长期粮食产量低下，农产品供给严重匮乏，农民温饱难求，城市食品严重短缺，以致影响了国民经济的整体发展，并引发了很多社会问题和政治问题。

20 世纪 70 年代中期的中国农村，正处于十年动乱之中。虽然自上而下的各级组织和领导干部天天组织广大干部、群众学习、宣传、贯彻、落实“抓革命，促生产”，但是仍然未能改变农村的落后面貌。这种状况的产生，并非农民没有生产积极性，也并非农村干部不认真工作，也不能说苍天存心不帮农民的忙，必须从农村工作的根本路线上找原因——根本问题就在于长期的极左路线扼杀了广大农民发展生产的积极性和创造性，严重束缚了农村生产力的发展。

粉碎“四人帮”后，中共中央任命万里担任中共安徽省委第一书记、安徽省革命委员会主任（即省长）、中国人民解放军安徽省军区第一政治委员。万里在安徽经过深入调查研究，发现了中国农村落后的“症结”所在——农村生产关系的发展和频繁变动超越了农村生产力的发展水平，“大锅饭”“大呼隆”的农村人民公社体制严重束缚了中国农民的生产积极性。于是，万里大胆支持农民的创造——“联产承包责任制”，引发了中国农村改革的大潮汹涌澎湃，向前发展。

万里早年投身革命，革命战争年代，长期在邓小平领导的冀鲁豫革命根据地和西南地区工作。1958 年任中共北京市委书记处书记、北京市副市长。“文化大革命”开始后，中共北京市委首当其冲，被作为“独立王国”彻底砸烂，万里亦被打倒。1973 年后，万里复出，恢复工作，任中共北京市委书记（当时为第一书记负责制）、北京市革命委员会副主任。第四届全国人大第一次会议上被任命为铁道部部长，主持铁路系统的整顿工作。1976 年“批邓、反击右倾翻案风”运动爆发后，万里再次受到批判，被打成“邓小平的黑干将”，停止工作，“靠边站”。

粉碎江青集团后，中共中央任命万里为轻工业部第一副部长。在此期间，中共中央政治局陆续调整各省的领导集体。起初，准备任命万里为中共湖北省委第一书记，由于其他原因，又决定改任万里为中共湖北省委第二书记。就在这时，中共中央政治局研究安徽省委领导集体的情况，决定调整安徽省委第一书记。鉴于“文化大革命”造成安徽内乱严重、经济落后、派性猖獗，中央决定派一个能够打开新局面的开拓型领导干部担任安徽省委第一书记。经过邓小平向中央大力推荐，中央决定调万里任安徽省委第一书记。

万里儿子万伯翱回忆说：“粉碎‘四人帮’后，万里被解放出来。1977 年夏，万里起初被分配到湖北省工作。临行前，他去看望邓小平，向老首长辞行。邓小平这时处于半解放状态，可以自由行动，但尚未公开露面。他听万里说要去湖北，迟疑了一下说：‘你不要着急走，再等一两天。’邓小平向华国锋建议，安徽这个‘老大难’要派一个得力的干部去。于是，万里就转而去了安徽。”邓小平认为：“好钢用在刀刃上。”中共中央政治局同意邓小平的意见。1977 年 6 月 18 日，中共中央主席华国锋、副主席叶剑英等同万里“集体谈话”，中央决定：任命万里为中共安徽省委第一书记、安徽省革命委员会主任、安徽省军区第一政治委员。中央要求万里到安徽上任后，首先抓好两项主要工作：揭批“四人帮”，彻底清理清查“四人帮”在安徽的帮派体系；尽快消除安徽的派性，形成安徽安定团结的新局面。从此，万里主持安徽省党政军领导工作，并在中共第十一次全国代表大会上当选为中央委员。

万里主持安徽工作后，经过广泛深入的调查研究，为改变安徽农村的落后面貌，以实事求是的精神，主持安徽省委在 1977 年 11 月 7 日下发了《关于当前农村经济政策几个问题的规定》——简称为“省委六条”。其主要内容：一是尊重生产队的自主权；二是坚持按劳分配原则；三是减轻生产队和人民公社社员负担；四是允许和鼓励人民公社社员保有自留地和开展正当的家庭副业；五是搞好经营管理，生产队可以根据不同农活建立不同的生产责任制，只要个人可以完成的农活也可以责任到人；六是生产队干部带头参加劳动。

安徽“省委六条”，是安徽进行农村改革的一份重要文献，它在严重束缚农村生产力的僵化的人民公社体制上打开了一个口子，打破了许多禁忌，成为推动农村改革的“第一声春雷”。“省委六条”颁布之后，安徽农村广大干部和群众赞不绝口，十分拥护。

在“省委六条”的推动下，1978 年夏季安徽省肥西县出现百年不遇的大旱时，肥西县委、县人民政府大胆实行“特殊政策”——允许把人民公社的一部分土地分给农民“借地度荒”、种“保命粮”。9 月 23 日，肥西县山南公社小井庄村率先实行“包产到户”。这一非常举措很快在附近 10 万农户中蔓延开来，大有“星星之火，可以燎原”之势。但是，各种各样的阻力、非议同时产生，对于“包产到户”众说纷纭，莫衷一是。万里坚持“实践第一”，坚持让实践说话，两次来到江淮地区丘陵之间偏僻的小井庄村，主持召开了全国农村第一次“包产到户”座谈会，并给予充分肯定。

“穷则思变”，“变则畅通”。然而，改革就意味着对旧事物的否定，因此改革必然伴随着争议。纵观中外历史，这已经成为所有历史改革中的“潜规则”，古今中外，概莫能外。

就在这时，“小岗变法”应运而生。

1978 年前的小岗村，有 115 人、550 多亩耕地，人均耕地超出了安徽省的平均值，却是安徽省凤阳县有名的“吃粮靠返销、用钱靠救济、生产靠贷款”的“三靠村”，在 1966 年至 1978 年间吃国家返销粮 23 万斤。当时全村 20 户农民中的成年男性大都当过生产队干部，“算盘响，换队长”“轮流坐庄”已成为小岗村特有的规律。到生活最艰苦的 1977 年年底，小岗村社员已是一无所有，“不论户大户小，户户外流；不论男人女人，只要能蹦蹦跳跳的都讨过饭”。面对这种严重的状况，绝大多数人并未认识到问题的症结在于体制问题，而认为主要在于“经营管理”和某些政策及干部作风问题。

1978 年 11 月 24 日，安徽省凤阳县小岗村生产队的 18 户农民举行秘密会议，作出一个大胆决定——“分田单干，包产到户”。这在当时确确实实是一个具有坐牢危险的举动。为此，小岗村的 18 户农民，用中国最传统的方式起草了一个契约：“我们分田到户，每户户主签字盖章，如以后能干，保证完成每户的全年上缴和公粮，不再向国家伸手要钱要粮；如果不成，我们干部坐牢杀头也甘心。社员也保证，把我们的小孩养活到十八岁。”

然后，到会的每个人郑重地在“契约”上摁下自己的手印，他们甚至做了“坐牢杀头”的最坏打算。这一出于“填饱肚子”的原始冲动而引发出来的尝试，使小岗成为中国农村改革的发源地，并进而开启了中国波澜壮阔的改革开放大潮。他们的创造可以用小岗村农民极为概括的语言来说明：“交足国家的，留够集体的，剩下都是自己的。”

在这种朴素的语言里，广大农民仍然想着“交足国家的”，然后“留够集体的”，最后“剩下都是自己的”。中国农民总是将国家利益放在第一位，将集体利益放在自己前面。这就是中国农民极为质朴的精神境界。他们历来认为，自古以来交皇粮是天经地义的事情。

第一百二十三章

“在这个问题上要解放思想，不要怕”

“榜样的力量是无穷的。”安徽凤阳小岗村农民的做法不胫而走——被人们称为“小岗变法”。农村改革风起云涌，“包产到户”破浪前行。

但是，传统的力量、习惯的力量，反对农村改革。不求改革、安于现状的思维定式，害怕改革。于是，“小岗变法”很快引发了极大争议。有的地方，农民大力效法，领导干部积极引导；有的地方，农民积极改革，领导干部消极应付甚至反对。

中共安徽省委第一书记万里坚决站在广大农民一边，对“小岗变法”表示坚决支持。当时，万里与一位长期从事农村工作的老干部之间曾经发生过一次很有代表性的争论：

老干部说：“包干到户，不同于田间管理责任制，没有统一经营，不符合社会主义所有制的性质，不宜普遍推广。”

万里质问道：“包干到户，是群众要求。群众不过是为了吃饱肚子，有什么不符合社会主义的，为什么不可行?”

这时，中共中央极为重视农村问题。1978 年 2 月 3 日，《人民日报》以《一份省委文件的诞生》为题，报道了安徽省落实农村经济政策的经验。6 月 13 日，《人民日报》又报道了四川省落实农村经济政策的经验。安徽省委和四川省委在大量调查研究的基础上，分别在 1977 年 11 月和 1978 年 2 月制定的《关于当前农村经济政策几个问题的规定》和《关于目前农村经济政策几个主要问题的规定》中，提出了尊重生产队的自主权，鼓励实行生产责任制，减轻生产队和社员的负担；坚持按劳分配，保证社员分配兑现；开展多种经营；慎重对待基本核算单位由生产队向大队过渡的问题；允许和鼓励社员经营少量的自留地和正当的家庭副业。这些具有创新意义的农村政策得到广大农民的拥护，并很快见到效果。

历史的呼唤，实践的要求，局部地区农村改革的成功经验，推动着农村改革的发展。

1978年的中央工作会议上，第一次提出了农村改革问题。历史证明，面对中国农业落后、农村问题成山、农民生活水平长期得不到明显改善的“症结”，只靠频繁发动政治运动，不断变革生产关系，努力提高农民思想觉悟，以及“文化大革命”中的“农业学大寨”那一套办法，根本解决不了中国的农业问题。因此，在1978年的中央工作会议上，许多同志提出了农村改革的迫切性和必要性等问题。

11月16日，中共中央组织部部长胡耀邦在中央工作会议西北组就农业问题发表讲话。他就尽快发展农业和讨论《关于加快农业发展若干问题的决定（讨论稿）》《农村人民公社工作条例（试行草案）》发表意见说：“文件还不大解决问题，可能有两个原因：一是对一些问题还没吃透，二是思想上还有框框。思想框框是否又有两个：一是人民公社的许多问题是毛主席生前定的，二是怕否定‘文化大革命’。如果思想上有框框，必然要阻碍我们吃透农业上的一些根本问题。”有些农村体制如“政社合一”，就应该改变。

他认为，“文化大革命”使我们国家元气大伤，劳动力的体质差了，积极性也差。如今农业要发展，主要还是要靠农民和基层干部的积极性。劳动者的积极性永远是第一位的。而林彪、“四人帮”使几亿农民和几百万干部的积极性受到毁灭性的打击。如果笼统地说“集体经济就是好”，那是抽象的分析的方法；集体经济如果办得不好就不能充分发挥农民的积极性，那就根本没有什么优越性。

他强调，要解放思想，突破框框，正视我国农业现在存在的问题，实事求是地提出解决问题的政策措施来。他说，我们不要用“我们中国以不到世界上百分之七的耕地养活世界上五分之一人口”的话来安慰自己，“养活”有各式各样的养活；糠菜半年粮是“养活”，丰衣足食、营养充足、体质好也是“养活”，现在我国农民养活自己的水平太低了，似乎好好歹歹吃饱肚子就行了，这怎么能行呢？接着，他讲了一个关于“吃饭”的笑话：新中国成立初期，同一位老同志一起去苏联访问。苏联共产党的领导人请他们一行吃西餐。

侍者端出第一道菜时，那位同志不吃，想等饭上来后再吃，最后没有饭，饿了一顿。这个故事引得大家哄堂大笑。

他用这个故事说明，由于闭塞，不少人连对“吃饭”这个概念的认识也很狭窄。他进而指出，有些人以为解决“吃饭”问题就只有靠粮食，不知道发展多种食品的重要性；只知道“以粮为纲”，而不注意农林牧副渔全面发展、多种经营。

因为出席中央工作会议的各个小组对两个农业文件意见纷纷，许多人都说要大改，还有一部分人主张重新起草，主持会议的华国锋也犹豫起来了。胡耀邦说：“不搞不好，不开个大会作出决定，对大干不利。这样搞，可以统一一下口径，而且可以广泛征求意见，对明年大干有好处。”

华国锋和其他中共中央政治局常委接受了胡耀邦的意见。在11月25日的大会上，华国锋说：“对《关于加快农业发展速度的决定》，有的同志主张小改，有的同志主张大改，有的同志主张重写。中央意见，还是能搞出个稿子为好。”

对于加快农业发展，胡耀邦具有经过长期深思熟虑后得出的成熟思想。这就是一方面抓好粮食生产，一方面抓好多种经营，让农民既能生产出足够的商品粮，满足国家和农民的粮食需要，同时又能通过多种经营挣得足够的现金，迅速提高农民的生活水平。

在中央工作会议一次讨论修改《关于加快农业发展若干问题的决定》文稿的会上，胡耀邦说：我恳求你们（指文件起草工作人员）在决议上写上两句话，“祖国大地处处是生机，国家、集体、个人一齐上”。我们九百六十万平方公里大地上，阳光、气候、土壤都不差，有平地，有山地，有草原，有水源，处处都是生机啊，可以搞粮食，可以搞经济作物，可以搞油料。听说青海省种油料，一亩地可以产三四百斤。许多地方可以种糖料。还有多少水源啊！我们国家的草原有四十三亿亩，比美国还大。我们的国家多么可爱，处处有生机。他说，过去是我们的方法不对头，应当提倡国家、集体、个人一齐上。有些问题要国家来抓，比如中央、省市直接掌握各种生产基地，粮食基地、渔业基地、油料基地、棉花基地、花生基地。搞粮食基地，搞友谊农场的办法，只需二十万农业劳动力，一人种一千亩地，一亩地收四百斤，这两亿亩地一年就可以搞八百亿斤粮食。我们有了八百亿斤粮食，为什么还要每年每家每户去征购，张三家二十斤，李四家五十斤。每年呀，十二个月有八个月在忙搞粮食，我们二十几年来就干的这个事情。说什么领导农业生产，主要的经验是向农民抓粮食，布置搞粮食。国家不搞那个基地，不搞渔业，不搞畜产品，养牛、羊、鸡，结果只好向农民派购，你这一家搞十个鸡蛋，他那一家搞十个鸡蛋，拿了个筐筐去，搞得农民怨声载道。假使我们国家掌握了八百亿斤粮食，那些个都不要，或者大部分不要，留给农民自己，留给你养鸡去，养鸭去，喂猪去，熬糖去，行不行？公社、大队、生产队办养猪场、养鸡场，社员房前屋后种树，种苹果，养毛驴，养羊，行不行？我看行。让农民集体和个人搞多种经营，东方不亮西方亮嘛。

中央工作会议和中共十一届三中全会总结了新中国成立以来农业发展的经验和教训，在此基础上，深入讨论并原则同意《中共中央关于加快农业发展若干问题的决定（草案）》和《农村人民公社工作条例（试行草案）》，制定了加强农业的措施。

会后，《人民日报》相继报道了四川省广汉县、贵州省开阳县、云南省元谋县、安徽省和广东省普遍实行农业生产责任制的情况。与此同时，全国其他地区也陆续实行了各种形式的农业生产责任制。

1979 年 7 月，安徽正在兴起的农村改革大潮如火如荼。这时，邓小平来到安徽黄山脚下，一定要亲自攀登黄山。安徽省委办公厅警卫处原处长周爱义说：小平同志和我们从观瀑楼过来后，散步到这个地方。到这以后就准备上去。小平同志问这是什么地方？朱福生同志讲：这叫桃源亭。小平同志说，这是指什么讲的，是不是指后面的桃花峰讲的？朱福生说：是，是指桃花峰讲的。小平同志到这个地方后一口气就上去了，这台阶还是比较陡的，他一口气就走上去了。在这里站了一会儿，小平同志问前面的高山是什么地方？我们就介绍，前面是天都峰，非常高。今天是有雾，看不清楚。在讲“山非常高”的时候，毛毛就讲，哟，山这么高，爸爸，我们明天能上得去？小平同志听了后，笑了笑，说：气可鼓，不可泄，明天我们一定要上去。

黄山旅游局原局长朱福生说：当时在这个地方上山的时候，大家都跟他说，邓老，这一段比较陡，你是不是坐一段抬子（滑竿）。他说，不要，坐什么抬子嘛。他说，爬山就爬山嘛，爬山有一条经验，把裤管一定要卷上来，卷到膝盖上边来，这样走起路来就比较利索。他一边说护士就帮他卷，他自个儿也卷。他这一卷，我们工作人员就随着他，也把（裤管）卷起来。看到我们都卷了，很多游客也都卷起来。这样，沿着这条路上来的游客绝大部分都把裤管卷了起来。

已经75岁的邓小平徒步登上黄山光明顶，体现着一种精神、一种决心、一种气魄、一种胆略：

——这就是改革开放的精神；
——这就是改革开放的决心；
——这就是改革开放的气魄；
——这就是改革开放的胆略。

邓小平从黄山下来，受到中共安徽省委常委们的热烈欢迎。大家纷纷问候："小平同志，爬山几天很累了吧？"他很高兴地讲："黄山这一课，证明我完全合格。"在会见安徽省委常委时，邓小平作了一系列重要指示，要求安徽省委解放思想，根据实际情况，实事求是地发展山区经济，发展黄山的旅游事业。要增加山区人民的收入，改善山区人民群众的生活。这个地区可以先富起来，一部分人也可以先富起来。要把黄山的牌子打出去。

1980年，是中国改革开放和现代化建设发展史上的重要一年。农村改革率先突破后，持续发展，初见成效。新事物、新创造、新经验层出不穷。邓小平敏锐地关注着中国人民在改革开放中的新做法、新创举，及时总结、概括、升华到理论、政策层面，指导新的实践。

1980年3月19日，邓小平就起草《关于建国以来党的若干历史问题的决议》、编制长期规划等问题，同中共中央总书记胡耀邦等谈话。在讲到农业问题时指出：要讲经济效果，增加社队收入，使一些社队和农户首先富起来。现在农村情况很好，要继续抓下去。有一条原则要确定下来，一些地区，凡是适于种糖萝卜的要尽量多种糖萝卜；适于种甘蔗的，也要尽量多种甘蔗。宁愿进口粮食，来解决那些地方农民的吃粮问题。这样划算得多。这是邓小平提出的“因地制宜、适当集中”的思想。

1980年4月2日，邓小平同中共安徽省委第一书记万里谈话，充分肯定安徽的做法。同年5月31日邓小平在另一次谈话中又一次称赞安徽凤阳县绝大多数搞了大包干，也是一年翻身，改变面貌。他说：“有的同志担心，这样搞会不会影响集体经济。我看这种担心是不必要的。”

4月初，邓小平同胡耀邦等谈长期规划问题。在谈到农业问题时说：对地广人稀、经济落后、生活穷困的地区，像贵州、云南、西北的甘肃等省份中的这类地区，我赞成政策要放宽，使他们真正做到因地制宜，发展自己的特点。西北就是要走发展畜牧业的道路，种草造林，不仅要发展现有的牧场，还要建设新牧场。农村要鼓励种树，要发展多种副业，发展渔业、养殖业。政策要放宽，要使每家每户都自己想办法，多找门路，增加生产，增加收入。有的可包给组，有的可包给个人。这个不用怕，这不会影响我们制度的社会主义性质。

邓小平认为：在这个问题上要解放思想，不要怕。在这些地区要靠政策，整个农业近几年也要靠政策。政策为农民欢迎了，即使没有多少农业投资，只要群众的积极性发挥了，各种形式的经济、副业发展了，农业增产的潜力大得很，发展余地大得很。农业问题，计划不要抠得太细，不一定要那么多投资，还是多从政策上考虑问题。总之，最重要的就是要从提高经济效果、增加人民收入等方面考虑问题，要按这个精神搞长期规划。

5月，邓小平在会见英国前首相卡拉汉时，谈到农业机械化问题。他指出：农业机械化的道路一定要走，剩余的劳动力要转到其他行业去。可以搞多种经营，搞林、牧、副、渔。还可以搞农田基本建设，修建大型水利工程。

5月20日，邓小平同中央有关同志谈编制长期规划问题时指出：在农业问题上，我们采取现在的政策，效果很好，农业的发展速度比我们原来设想的快。在一些地区和一些问题上，政策应该更加放宽一些。地广人稀的地区，多年来靠调进粮食，现在要发挥他们的积极性，自己想办法解决自己的问题。

5月底，邓小平在同中央有关同志谈话时指出：农村政策放宽以后，一些适宜搞包产到户的地方搞了包产到户，效果很好，变化很快。有的同志担心，这样搞会不会影响集体经济。我看这种担心是不必要的。我们总的方向是发展集体经济。实行包产到户的地方，经济的主体现在也还是生产队。可以肯定，只要生产发展了，农村的社会分工和商品经济发展了，低水平的集体化就会发展到高水平的集体化，集体经济不巩固的也会巩固起来。关键是发展生产力，要在这方面为集体化的进一步发展创造条件。具体来说，要实现以下四个条件：第一，机械化水平提高了（这是说广义的机械化，不限于耕种收割的机械化），在一定程度上实现了适合当地自然条件和经济情况的、受到人们欢迎的机械化。第二，管理水平提高了，积累了经验，有了一批具备相当管理能力的干部。第三，多种经营发展了，并随之而来成立了各种专业组或专业队，从而使农村的商品经济大大发展起来。第四，集体收入增加而且在整个收入中的比重提高了。有人说，过去搞社会主义改造，速度太快了。我看这个意见不能说一点道理也没有。总的说来，现在农村工作中的主要问题还是思想不够解放。除表现在集体化的组织形式这方面外，还有因地制宜发展生产的问题。从当地具体条件和群众意愿出发，这一点很重要。

第一百二十四章

“我想把这种状态叫‘小康’。那时中国人就可以吃饱穿暖了”

经过农村改革的实践检验，1980 年中共中央在著名的 75 号文件中明确指出：“集体经济是我国农业向现代化前进的不可动摇的基础，但过去人民公社脱离人民的做法必须改革。在现在条件下，群众对集体经济感到满意的，就不要搞包产到户。对集体经济丧失信心，因而要求包产到户的，可以包产到户，并在一个较长的时期内保持稳定。”

震撼世界的中国农村改革，实际上是从改革农村人民公社政社合一的经济体制和政治体制开始的，是从怎样更好地解决中国农村的吃饭问题开始的，是从中国农民走上家庭联产承包责任制之路开始的。广大农民说得好：“农村改革，一‘包’就灵。”“交足国家的，留足集体的，剩下全是自己的。”通过农村改革彻底解决中国人的吃饭问题，这是中国共产党对中华民族的伟大历史贡献。

据说，20 世纪 80 年代，正在监狱中服刑的“四人帮”主要成员姚文元仍然保持着每天阅读《人民日报》的“职业习惯”，当看到报纸上报道春节期间广大农村喜气洋洋闹春节、庆丰收，广大农民敞开肚子过春节、吃饱饭时，竟然“杞人无事忧天倾”起来，担心农民敞开肚子吃饭，很快就会把粮食吃光。于是，姚文元请监狱负责人转告中央：还是要艰苦奋斗，“对粮食要有计划，不能这样敞开肚皮吃”。没想到，监管他的人民警察哈哈大笑，说：现在中国不是你们当权那个时候了，老百姓日子好过多了，你还是好好改造自己吧。“山中方一日，世上已千年。”姚文元是做梦也想不到中国农村、中国农业和中国农民通过农村改革发生的历史性巨变的。农村发展日新月异，迅猛异常，早已把各种历史的陈迹远远地抛在后面。

当中国农村改革初见成效的时候，“中国改革开放的总设计师”邓小平开始思考一个长远发展战略——建成小康社会问题。

中国古代西周时期，“小康”一词已经出现。《诗经》上的《大雅·民劳》中，就有“民亦劳止，汔可小康”。西周时期的人们认为，小康是人们的社会生活比较安定的意思。中国古代社会的儒家把人类社会的发展水平分为“小康”和“大同”等不同的发展阶段，他们认为“小康”是比“大同”较为初级的一种社会形态。

中国古代经典著作《礼记·礼运》上说：“今大道既隐，天下为家。各亲其亲，各子其子，货力为己。大人世及以为礼，城郭沟池以为固。礼义以为纪，以正君臣，以笃父子，以睦兄弟，以和夫妇，以设制度，以立田里，以贤勇知，以功为己，故谋用是作，而兵由此起。禹汤文武成王周公，由此其选也。此六君子者，未有不谨于礼者也。以著其义，以考其信，著有过，刑仁讲让，示民有常。如有不由此者，在势者去，众以为殃。是谓‘小康’。”

中国古代思想家在这里描绘的未来社会，就是在夏禹、商汤，周代的周文王、周武王、周成王和周公治理下出现的盛世景象。

中国进入改革开放和现代化建设新时期前后，邓小平将“小康”赋予了崭新的时代内涵。中共十一届三中全会后，中国开始了建设四个现代化的进程。邓小平认为，要在中国实现现代化，必须从中国的国情出发。1979 年 3 月，邓小平会见英中文化协会执委会代表团时第一次提出“中国式的现代化”。两天后，他在中央政治局会议上说，我同外国人谈话，用了一个新名词——“中国式的现代化”。到 20 世纪末，我们大概只能达到发达国家 70 年代的水平。邓小平提出“中国式的现代化”，标志着对中国现代化发展战略有了准确定位。

1979 年 12 月，日本首相大平正芳率领日本代表团访问中国。大平正芳是著名的经济发展战略问题专家。20 世纪 60 年代初他所设计的日本经济发展十年倍增规划实施成功，日本迅速成为世界经济强国。大平正芳向邓小平提出：中国在 20 世纪末实现四个现代化究竟意味着什么？邓小平回答：国民生产总值达到 1 万亿美元，算个小康水平。

有一天，邓小平特意会见来华访问的日本首相大平正芳，就中国实现现代化问题与大平正芳进行谈话，提出了在中国实现“小康”的发展目标。

这是邓小平第一次提出将中国全面建成“小康社会”的伟大构想。

邓小平首先向大平正芳详细介绍了中国要搞农业、工业、国防和科学技术“四个现代化”的设想。大平正芳听得非常专注，然后问邓小平：“你们搞‘四个现代化’的远景是什么？”

邓小平沉思片刻，想了想说：日本现在的国民生产总值是1万亿美元。你们有1亿人口，人均就是1万美元。中国现在的人均国民生产总值是250美元，我们设想到20世纪末达到1000美元，也就是20年翻两番，人均水平达到你们现在的十分之一。而我们的人口是你们的10倍，也就是说，到那个时候从总量来说就和你们现在差不多了。有了这个总量，就可以做一点我们想做的事情了，也可以对人类作出比较多一点的贡献。我想把这种状态叫“小康”。那时中国人就可以吃饱穿暖了。

邓小平接着说，当然到那个时候，你们就不是1万亿美元了。要赶上你们，那还是50年以后的事，甚至更长。所以说，我们要实现的“四个现代化”，是中国式的“四个现代化”。即使达到了20世纪末翻两番的目标，我们的国民生产总值人均水平也还是很低的，当然这也得付出很大的努力。①

邓小平对“小康”含义多次阐述，就是“不穷不富，日子比较好过”。这实际上就是从温饱到现代化的中间阶段。1987年邓小平完整提出“三步走”发展战略——到20世纪80年代末，人均国民生产总值达到500美元；20世纪末达到1000美元；21世纪中叶达到中等发达国家水平。邓小平的这些新观点、新理念和新思想，为中国共产党科学确立现代化建设的总体规划及实施步骤提供了指导思想，对推进中国改革开放和现代化建设健康发展具有重要指导意义。

从1979年夏天开始，邓小平先后到安徽、上海、山东、天津等地视察工

---

① 董振瑞、益蕾：《回忆70年代末邓小平访问日本和会见大平正芳——王效贤访谈录》，《党的文献》2007年第2期。

作，调查研究。一路上，他一边调研，一边与有关省、市领导同志算账——关于尽快实现经济发展的账。邓小平回到北京后，根据各地经济发展实际情况和自己的亲身感受，在10月中央政治局会议上提出一个新观点。他说：我们开了一个大口，在20世纪末实现四个现代化。后来改了个口，叫中国式的现代化，就是把标准放低一点。邓小平关于“中国式的现代化”的提法引起世界舆论的关注。

虽然“小康”这个词出自《礼记》的《礼运篇》，但它描述的是西周初期的社会景象。然而，孔子却把这个社会作为终生追求的理想社会。“小康”是孔子认为的初级阶段的理想社会，“大同”则是孔子认为的最高境界。自从孔子提出小康概念，历经两千多年，中国古代没有一个朝代能实现真正的小康。

如何在中国实现“小康”发展目标？只有邓小平第一次回答并解决了这个问题。实现小康目标——邓小平提出了一个引领中国经济和社会发展的新概念。国务院研究室原主任王梦奎解读说：根据我学习小平同志著作的体会，他的所谓“小康”，就是温饱到现代化的中间阶段。用他的说法就是不富裕，日子好过，但是还不富裕。就是不穷不富这么一个阶段，或者也可以说是温饱有余，而富裕不足的阶段。这个阶段将会延续几十年的时间，一直到实现现代化为止。那么小平同志对在20世纪末实现小康的发展目标，他有多种提法，比如说“实现小康”，比如说“翻两番”，就是20世纪末国民生产总值比1980年翻两番，比如说“人均八百美元”。我认为这三个提法实际上是一回事。

广大人民群众对“小康”的一般性解读是：我们每个人生活搞得好，吃的不愁，吃得也好，穿的也不错，做生意嘛，就是搞得活跃。

邓小平说：我们地大物博，这是我们的优越条件。现在全国人口有9亿，其中百分之八十是农民，这就成为中国现代化建设必须考虑的特点。

从中共十一届三中全会启动中国改革开放的历史性大潮到20世纪80年代彻底废除农村人民公社体制，中国共产党经过艰苦曲折的探索，终于对“什么是中国特色社会主义”“什么是中国农村发展的正确道路”有了正确的认识。农村改革初期，邓小平就号召全党，解放思想、勇于探索。1980年4月，他指出，不解放思想不行，甚至包括什么叫社会主义这个问题也要解放思想。邓小平认为，不要光喊社会主义的空洞口号，社会主义不能建立在贫困的基础上。1980 年 5 月，邓小平指出：“社会主义的经济政策到底对不对，归根到底要看生产力是否发展，人民收入是否增加，这是压倒一切的标准，空讲社会主义不行，人民不相信。”他说，我们在一个长时期内忽视了发展社会主义社会的生产力。从 1957 年起，我们的生产力的发展非常缓慢，拿农村来说，至 1966 年的 10 年间，农民的收入没有增长多少，多数地区的农民还处在贫困状态。“文化大革命”时期情况更加困难，如果按照社会主义的标准来要求，这是很不够的。因此，邓小平坚决支持农村改革，大力推动农村实行家庭联产承包责任制，最终彻底废除人民公社体制。

在农村改革中，安徽、四川等省坚持“实践第一”，一马当先，典型示范，取得经验。其他省、自治区、直辖市根据各自具体情况，按照自己特点，积极赶上，很快形成万马奔腾之势。在改革开放的时代大潮推动下，中国农村改革犹如“星火燎原”，由点到面，迅猛展开，率先突破，创造了举世瞩目的奇迹。

中国改革开放和现代化建设迅猛发展，使中国经济、政治等各个方面都出现了前所未有的大好形势。为了把改革开放进一步引向深入，邓小平 1980 年夏天前往四川、湖北、河南等省调查研究，提出了一系列对于中国改革开放和现代化建设具有长远指导意义的重要思想，实现小康目标就是其中的重要内容之一。

邓小平在湖北视察第二汽车制造厂（简称“二汽”）期间、前往河南途中和在河南期间与中共河南省委负责同志谈话中提出的许多重要思想、观点，逐步发展成为中国特色社会主义理论的重要内容。

1980 年 7 月 6 日，邓小平在四川省游览峨眉山万年寺、双桥清音、古功德林、清音阁等景点后强调：山区农民居住分散，生活很苦，政策要放宽，让山区尽快富起来。

从峨眉山返回成都途中，邓小平听取中共四川省委负责人关于四川省工作的汇报，对四川省委这些发展农业的政策表示赞成。邓小平对四川省委提出，加快山区经济发展，实行退耕还林还草，发展多种经营，让农民休养生息。他鼓励四川省要解放思想，大胆地放手干。

7 月 10 日，邓小平视察成都市双流县簇桥人民公社。他仔细参观农村的沼气池，询问沼气池的建设和管理情况，还看望两户农民家庭。当听说建一个沼气池只花 40 多元钱时，邓小平说：很好，这是个方向，可以因地制宜解决农村能源问题。发展沼气要有一个规划，要有明确的奋斗目标和方向。沼气也要搞三化，即标准化、系列化、通用化，不这样不好管理，也保证不了质量。他还指出：社队企业还要因地制宜地从各方面打主意，搞多种经营，如种植业、养殖业、加工工业，乃至出口外贸产品等，都要在可能的条件下多搞一点。

邓小平在参观结束后，同四川省委负责人谈话时，再次强调：沼气很好，是个方向问题，可以用来发电带动加工工业，也可以解决农民的燃料问题。争取四川首先实现沼气化。杨超（四川省委书记）说这样需要三亿元投资，我看三亿元不多，国家可以补助一部分，银行贷款一部分，省里出一部分。沼气办好了，每年每一户人家可以增加几十元钱的收入。沼气可以创造就业机会，一个大队需要一个沼气技术员，四川是五万多个大队，可以增加就业人员五万多人，有关沼气其他方面还可安置许多人。这是一件大事，大家要重视。

第一百二十五章[①]

“河南有一定的代表性，河南地处中原，是‘中原标准’”

1980 年 7 月中旬的一天，中共河南省委第一书记段君毅接到中共湖北省委第一书记陈丕显打来的电话，通知说邓小平在四川调查研究后，要前往湖北二汽（厂址在湖北省十堰市）和河南，让段君毅和河南省委有所准备。

段君毅接到电话后，立即向河南省委作了汇报，并于 7 月 21 日，和河南省委第二书记胡立教一起，前往湖北。由于段君毅在“文化大革命”前曾长期担任国家第一机械工业部部长，主管过二汽的定点、选址、建立等问题，对二汽的负责同志和二汽的历史都比较熟悉，所以他到了二汽以后，二汽党委向老部长段君毅汇报了二汽现在的发展情况和主要工作情况。二汽党委负责同志在汇报到二汽重视抓好中青年干部的选拔问题时，谈到了一位青年干部。他叫王兆国，39 岁，哈尔滨工业大学毕业，上学期间加入中国共产党，大学毕业后到二汽工作，担任过二汽车桥厂技术员、车桥厂团委副书记，二汽团委书记，二汽党委常委兼车厢厂党委书记，1979 年任二汽副厂长、党委书记（当时为第一书记制）。该同志在“文化大革命”中表现是好的，在“四人帮”掀起“反击右倾翻案风”的恶浪中，仍然坚持抓生产，敢于抵制“四人帮”一伙的倒行逆施，政治素质好，年纪轻，懂业务，懂技术，会管理，经历过从基层到总厂的各个“台阶”，是一位有培养前途的青年干部。段君毅听了很感兴趣，在详细了解二汽各项工作后，对王兆国的情况有较深的印象。

7 月 22 日上午，邓小平乘火车到达十堰。下车后，不顾一路风尘仆仆，

---

① 本章的内容，根据作者多次访问段君毅（历任中共河南省委第一书记、中共北京市委第一书记、中共中央顾问委员会常务委员）、刘杰（历任中共河南省委常务书记和河南省省长、中共河南省委书记、中共中央顾问委员会委员）的记录整理。同时，核对了当时中共河南省委常委会议关于邓小平谈话的传达稿。经中共中央党史研究室审定，最早发表于中共中央党史研究室主编、中共党史出版社出版的《再造中华辉煌》一书。

立即前往二汽视察，由段君毅、陈丕显等负责同志陪同，参观了总装车间等主要生产车间。一路上，邓小平或步行，或乘车，精神饱满，兴致勃勃，与同行的段君毅、陈丕显等同志谈笑风生，对二汽的工业发展水平和远景规划充满了信心。视察途中，段君毅一边走，一边向邓小平介绍二汽在定点、选址、建厂、生产、工人队伍、技术人员队伍、领导班子等方面的情况。在乘车行进时，段君毅谈到了二汽党委汇报的王兆国的情况。邓小平听了，非常有兴趣，又十分详细地听段君毅介绍了王兆国在“文化大革命”中、在二汽工作中各方面的表现，同时，又向湖北省委负责同志询问了王兆国其他方面的情况。

邓小平视察二汽后，回到住地，在与段君毅、胡立教等各方面负责同志谈话时说：这次我出来（指此次出来做调查研究），最感兴趣的是年轻干部，1966年哈工大毕业的王兆国，副厂长，39岁，又有业务能力，又顶“四人帮”，这样的青年干部要很好地培养。

邓小平还说：二汽有个分厂副书记32岁，我见了很高兴，我们现在的任务就是办好这件事（指选拔青年干部），这比什么都有意义。

在谈话中，邓小平还说：“现在任何一个老同志和高级干部，合乎不合乎党员标准和干部标准，就看他能不能认真选好合格的接班人。”“老同志现在的责任很多，第一个责任是什么？就是认真选好接班人，选得合格，选得好，我们就交了账了，这一辈子的事就差不多了。”

邓小平还指出，到党的十二大，要组织好三个委员会：一是中央委员会，这是核心；二是中央顾问委员会；三是中央纪律检查委员会。他认为，中央委员会委员中要有一大批优秀的中青年干部，50岁以下的同志要占中央委员会总人数的50%左右，要注重选拔人才、培养人才，一定要把选拔青年干部的工作做好。同时，要安排好老干部，待遇不降低，不仅中央要设顾问委员会，省里也可以搞顾问委员会。

在谈到如何把德才兼备的干部标准具体化时，邓小平强调：从这次出来看，有的是人才。政治标准通过“文化大革命”已经分清楚了，标准就是不是“四人帮”体系。

邓小平在这次视察中，实际上通过发现和选拔王兆国这个青年干部，为全党树立一个榜样：一是下面确实有人才；二是主要领导干部要亲自到下面去发现和选拔人才；三是选拔青年干部的政治标准就是不是“四人帮”的体系，只要不是“四人帮”的体系，又具有一定的专业知识、实践经验和管理能力，这样的青年干部就可以选拔和培养。而不应用一些过了时的“条条”“框框”束缚住我们选拔青年干部的思想，挡住我们选拔青年干部的视野，明明基层有大批的青年人才，可一些领导干部却总是看不到这些人才，总觉得缺少人才，不懂得或不善于到基层去发现和选拔青年干部。

7 月 22 日晚，邓小平由段君毅、胡立教陪同，乘火车前往河南。

在列车行进过程中，邓小平一边听取段君毅、胡立教对河南工业、农业、财贸等方面工作的汇报和介绍，一边就一些他长期考虑的具体问题进行调查，直接了解来自省里和基层的实际情况。

邓小平指出：“这次出来到几个省看看，最感兴趣的两个问题，一个是选拔青年干部问题；一个是如何实现农村‘奔小康’，达到人均 1000 美元问题。”

段君毅、胡立教汇报了中共十一届三中全会以来河南农村的发展变化和各项农村主要经济指标后，邓小平问道：“你们的账是怎么算的？”

段君毅、胡立教回答说：“我们在火车上算的。”“河南农业按照每年 8% 递增，我们就可以提前两年达到人均 1000 美元。”接着，段君毅、胡立教以河南新乡县七里营公社的刘庄村为例，就农村经济发展中农业、乡镇工业、副业在农业总产值中所占的比重和具体数字，向邓小平算了算河南农村何时才能达到小康水平的“账”。

邓小平听了以后，又让他们反复核算，再三要求一定要算准确。他说，如何实现农村奔小康，达到人均 1000 美元，我作了一些调查，让江苏、广东、山东、湖北、东北三省等省份，一个省一个省“算账”，我对这件事最感兴趣，8 亿人口能够达到人均 1000 美元的小康水平，这就是一件很了不起的事情。你们河南地处中原，你们“算账”的数字是“中原标准”“中州标准”，有一定的代表性。

当段君毅、胡立教在“算账”中，谈到在黄河中游的河南境内修建小浪底大型水库，可以防止黄河中下游洪水灾害，在发电、灌溉、水利等方面产生巨大的经济效益时，邓小平摆摆手说：“小浪底水库现在还没有建成，不能算进去。”

当段君毅、胡立教谈到在保证完成国家调拨粮食任务的情况下，大力发展农村经济作物、增加农民收入时，邓小平说：农业可靠……他关心地询问河南有什么大的基本建设项目没有，胡立教说：没有。

当段君毅、胡立教谈到河南正在发展棉花生产，争取通过科学种田，不断提高棉花产量，使全省棉花平均亩产由50斤提高到70斤时，邓小平说：“70斤太少了。”段君毅、胡立教说：通过发展棉花种植，几十个纱厂就可以带起来，增加农民收入。邓小平说：小纱厂的产品质量有没有保证？一定要保证产品质量。

一路上，邓小平最感兴趣的话题是如何使中国农村尽快发展起来，如何使中国农民尽快实现人均1000美元，达到小康水平。每当谈到一个具体问题时，他总是饶有兴趣地扳着指头，从现在的数字到发展远景，一项一项地详细“算账”。

在谈到农民住房问题时，邓小平指出，过去对于发展建材工业不重视，不把盖房子当生产，当消费是不对的，四川的老太太有了钱，一是娶媳妇，一是盖房子，建筑工业大有发展前途，包括城市和农村，发展建材生产只搞砖瓦不行，要搞现代的、轻型的。为了实现人均1000美元的目标，要敢想、敢干，敞开思想，找门路。

在谈到农民的燃料问题时，邓小平指出，农村发展沼气要列入计划，使用沼气不仅节约能源、节约时间，而且减少疾病，又清洁卫生，20天发酵消灭血吸虫，还能秸秆还田，提高肥效。但是发展沼气一哄而起不行，要有计划、有步骤，一批一批地搞。

怎样早日使中国人民达到人均1000美元的“小康”水平，是邓小平长期考虑的一个大问题。经过此次对一些省份情况和发展远景的调查，邓小平对这个问题的考虑更加成熟。

列车在鄂东北、豫西南的大地上奔驰。邓小平——这位当年与刘伯承一起指挥刘邓大军千里挺进大别山，在这里南征北战，领导中原人民推翻“三座大山”压迫的中原局第一书记兼中原野战军政治委员，如今作为改革开放的“总设计师”，又在这块当年被烈士的鲜血染红的中原大地上，筹划着如何带领人民群众尽快摆脱贫穷落后状态，早日走上经济发展、生活富裕的道路。

7 月 23 日凌晨 6 时，邓小平乘坐的专列，沿着铁路专用线驶入郑州北郊一个绿树环绕、浓荫遮天的大院。这个环境幽静的地方是中共河南省委第三招待所（现在的黄河迎宾馆）。

当邓小平迈步走下火车的时候，早已等候在这里的中共河南省委常务书记、省长刘杰和省委常委们迎上前去，代表河南人民向邓小平表示热烈的欢迎。

早饭后，省委第一书记段君毅，省委第二书记胡立教，省委常务书记、省长刘杰就河南的主要工作向邓小平作了简要汇报。

汇报结束后，省委负责同志请邓小平给大家讲话。

邓小平说：现在取消“终身制”是个大问题，干部终身制，老当第一书记谁敢提意见。提拔青年干部，光靠推荐不行，要下去发现人才。

干部要考核，两年一考核，不称职就下来。厂长工资待遇要提高，教授不一定比校长地位低。

十一届三中全会后思想解放还不够，要解放到本世纪末。

…… ……

邓小平强调指出：

四川政策老太太高兴，赞成联产责任制，政策威力大，有了正确的农村政策，农业生产就发展得快，但科学种田问题还没有很好解决。实现人均 1000 美元，调查了河南、湖北、江苏、广东、东北三省、山东 8 个省，在中国 8 亿人口中，河南有一定的代表性，河南地处中原，是“中原标准”。

上午 10 时左右，邓小平提出要出去走走，去看看黄河花园口。

然后，省委负责同志陪同邓小平登上一部中型轿车，驶往郑州北郊的黄河花园口大堤。

汽车一直驶到黄河大堤附近停了下来，邓小平健步登上大堤。他久久凝视着一望无际、滚滚东流的滔滔黄河，抚今追昔，思绪万千。

1938 年 6 月 9 日，就是在这个地方，蒋介石命令国民党军队炸开了黄河花园口大堤，企图以黄河之水阻止日军西犯。结果，不但未能阻止住日军的进攻，反而使黄河改道向东南泛滥，将河南、安徽、江苏数百万人民置于史无前例的黄河泛滥的灾难之中。

此后，花园口以下的黄河故道无水。抗日战争中，中国共产党领导黄河故道两岸军民浴血奋战，打击日本侵略者，创建了冀鲁豫等抗日民主根据地。冀鲁豫抗日民主根据地从抗日战争到解放战争，一直隶属于邓小平领导的晋冀鲁豫解放区管辖，段君毅长期担任冀鲁豫边区行署主任。

当年的老上级和老部下站在黄河大堤上，情不自禁地回忆起当年那漫天烽火的战争岁月。

1947 年 6 月，在刘伯承、邓小平领导下，晋冀鲁豫野战军集结在黄河北岸的冀鲁豫地区。6 月 30 日，人民解放军突然在张秋镇到临濮集 300 华里的地段上强渡黄河，使国民党妄图“以黄河可抵 40 万大军”阻挡人民解放军的计划彻底破产。晋冀鲁豫野战军强渡黄河后，迅即发起鲁西南战役。接着，千里跃进大别山，揭开了人民解放战争战略进攻的序幕。从此，晋冀鲁豫野战军被人们呼之为“刘邓大军”。刘邓大军胜利达到千里跃进大别山的战略目标后，将矛头直接插入国民党统治的心脏地区，大大加速了中国革命胜利的进程。

邓小平和段君毅等省委负责人边走边谈。在一个黄河大坝上，邓小平问起了黄河的汛期流量和防洪措施等具体情况。省委负责同志一一作了详细汇报。邓小平又走下黄河大坝，一直走到黄河主航道旁，仔细观看黄河主流的流量，询问了黄河泥沙的情况和防止黄河泥沙淤积的具体措施。

在返回住地的路上，邓小平谈到黄河时说，维持黄河的现状，仍有相当大一部分地区和人口在特大洪水出现时有危险，因此，还是要搞小浪底水库，解决黄河中下游的汛期防洪问题。他还幽默地说：“花园口不可不看，但看一次就够了。”

回到省委第三招待所后，邓小平亲切会见了省委全体常委和省军区负责人，与大家简短谈话后，在 8 号楼前一起合影留念。接着，邓小平又同接待他的全体工作人员合影留念。

时近中午，段君毅、胡立教、刘杰等省委负责同志陪邓小平共进午餐。餐桌上，邓小平兴致盎然，谈笑风生。当省委负责人请邓小平品尝著名的黄河鲤鱼时，邓小平说：陈老总（指陈毅）是既会吃又会做，我是只会吃不会做，毛主席是不会吃也不会做。邓小平幽默风趣的谈话，给省委负责人留下了深刻的印象。

下午3时30分，邓小平与省委负责同志话别后，乘专列离开郑州，返回北京。

邓小平离开河南后，河南省委迅速贯彻落实邓小平一系列重要谈话精神。

当天下午，河南省委常委举行会议。段君毅、胡立教、刘杰分别向省委常委详细传达了邓小平在湖北二汽、在专列上、在河南期间的重要谈话精神。省委常委在认真学习、讨论邓小平谈话的基础上，制定了尽快贯彻落实邓小平谈话的具体措施。

在邓小平“中原谈话”精神指引下，“中原标准”已经按照“总设计师”的构想变成活生生的现实。

第一百二十六章

“关于党的政治路线，就是一心一意地搞四个现代化”

中共十一届三中全会后，在政治上、思想上、组织上拨乱反正的同时，开始把全党工作重点转到社会主义现代化建设上来。1979 年 4 月召开的中央工作会议提出，对整个国民经济实行“调整、改革、整顿、提高”的方针，坚决纠正前两年经济工作中的失误，认真清理过去在这方面长期存在的“左”倾错误影响。第五届全国人大第二次会议批准了政府工作报告中提出的 1979 年国民经济计划，全国的国民经济调整工作正式展开。1980 年 12 月，中央工作会议决定在经济上实行进一步调整，政治上实现进一步安定团结，实现了经济工作指导思想的拨乱反正。

为了总结新中国 30 年的历史经验和教训，1979 年 9 月下旬，中共十一届四中全会在北京召开。会前，邓小平就中央组织起草叶剑英在庆祝中华人民共和国成立 30 周年大会上的讲话稿问题，作了多次谈话，指出了指导思想、基本思路和应该注意的问题。他强调：要讲我们有了正面经验，也有了反面经验。经过总结两方面的经验，教育了人民，教育了我们党，说明马克思列宁主义、毛泽东思想是我们前进的指南。正是因为这样，我们党就站住了，我们社会主义制度也站住了。在中共十一届四中全会上，讨论通过了叶剑英代表中共中央、全国人大常委会和国务院在庆祝新中国成立 30 周年大会上的讲话。全会认为，这个讲话高度评价了毛泽东、周恩来、朱德等老一辈无产阶级革命家的历史功绩，全面回顾了新中国 30 年走过的道路，批判了林彪集团和江青集团的罪行，初步总结了新中国成立 30 年来的经验和教训，指出了今后前进的方向。全会增补了 10 名中央委员，准备在中共十二大予以追认。全会选举赵紫阳、彭真为中央政治局委员。全会提出了今后的奋斗目标，强调在进行四个现代化建设的同时，还要建设高度的社会主义精神文明和高度的社会主义民主。这对统一全党和全国各族人民的认识有重大意义。

进入20世纪80年代，邓小平于1980年1月在全国政协和中共中央召集的干部会议上讲话，分析党和国家面临的形势和任务，提出了全党全国20世纪80年代要做的三件大事：在国际事务中反对霸权主义，维护世界和平；实现祖国统一；加紧经济建设。他认为，中国进行现代化建设必须具备四个前提：第一，要有一条坚定不移、贯彻始终的政治路线。现代化建设是当前最大的政治。第二，要有一个安定团结的政治局面。第三，要有一股艰苦奋斗的创业精神。第四，要有一支坚持走社会主义道路、具有专业知识和能力的干部队伍。邓小平的讲话，以明确的思路、深邃的思想、坚定的信念，为全党全国人民树立起20世纪80年代的长远奋斗目标。

为了在20世纪80年代的新形势下进一步加强和改善党的领导，提高党的战斗力，从组织上保证中共十一届三中全会确立的政治路线、思想路线的顺利贯彻执行，1980年2月23日至29日，中国共产党举行了十一届五中全会。

全会认为，为了加强对社会主义现代化事业的领导，党的各级领导机构必须努力吸收那些能够坚定地执行党的路线、具有独立工作能力而又年富力强的同志参加领导工作。这不仅是为了适应现代化事业的繁重工作的需要，而且是为了保证党的路线、方针和政策的长期连续性，保证党的集体领导的长期稳定性的需要。

全会经过充分讨论，决定增加中央政治局常委人数，选举胡耀邦、赵紫阳为中央政治局常委。决定成立中央书记处，作为中央政治局和政治局常务委员会领导下的经常工作机构，并选举胡耀邦为中央委员会总书记，选举万里、王任重、方毅、谷牧、宋任穷、余秋里、杨得志、胡乔木、胡耀邦、姚依林、彭冲为中央书记处书记。

全会认为，补选政治局常委和建立中央书记处，这是党的重要决策。它表明党和国家的社会主义事业生机蓬勃，人才辈出。加强中央领导机构，对于发展和巩固全国安定团结、生动活泼的政治局面，顺利进行社会主义现代化建设，起到了积极的促进作用。

陈云在讲话中具体阐述了建立中央书记处的重要意义、中央书记处的工作范围和工作方法。

在谈到成立中央书记处是党的一项重要措施时，陈云指出：这个事情非常紧迫，非常必要。现在从中央到县委，大部分人头发都已经白了。所以，有它的紧迫性，有它的必要性。现在我们主动地来选择人才，还有时间，再等下去，将来就没有时间了。党的交班和接班的问题，在国际共产主义运动中间，在我们中国党内，有过痛苦的教训，这一点，我不说大家也知道。

在谈到中央书记处的工作范围时，陈云认为：叶剑英同志讲应该扩大，我觉得这个意见对，但这个问题可以考虑留到下次中央全会讨论。书记处要管党、政、军、民各方面的工作，是一个工作班子。现在提出书记处 13 个人的候选名单，有的同志认为还要扩大一点。我认为，这个名单增加一点可以，不增加也好。这次提出的这 13 个人的名单，在现在的情况之下，是比较合适的。平均年龄是 65 岁，也不算年轻，再过 5 年就 70 岁了。但是，要求更年轻一些，我看现在办不到。所以，书记处和全党的一个重要任务，是要在各级选择合格的年轻干部。这些被选进的人，党性要强，要有干劲，要有一定的工作经验。还要培养一批技术干部到各级领导机关里来，这样才能搞“四化”。

在谈到中央书记处的工作方法时，陈云强调：我认为应该采取办公会议的方式，就是叶剑英同志所讲的集体领导的方式。集体办公，大家都在一起，要办的事，或者开会决定，或者几个人商量，立即办，不要拖延。那就要身体相当好，年纪轻一点的。像基辛格那样，在中东搞穿梭外交，我是一次也穿不了。集体办公，碰到问题就解决。像现在这样传阅画圈圈的办法，要误事的，误“四化”的大事。当然，今后还是要画圈圈的，有些文件可以画圈圈。要认真实行集体领导制度。民主集中制，是既要有民主，又要有集中。党的任何一级组织，允许不同意见存在，我看这不是坏事。有不同意见，大家可以谨慎一些，把事情办得更合理一些。允许有不同意见的辩论，这样可以少犯错误。一个人讲了算，一言堂，一边倒，我认为不好。这是讲民主方面。但是，又必须要有集中，少数服从多数，全党服从中央，否则什么事情也做不了，一事无成。没有民主不好，没有集中也办不了事。[①]

---

① 《陈云文选》第 3 卷，人民出版社 1995 年版，第 270 页。

中共十一届五中全会讨论了《中国共产党章程（修改草案）》。党章修改草案对党员条件规定了严格的要求，同时对党的民主集中制作了比较完善的规定。党章修改草案总结历史经验，适应社会主义现代化建设时期的需要，对党的干部制度作了一系列新的规定，包括废止干部职务实际上存在的终身制。

全会讨论并一致通过《关于党内政治生活的若干准则》（以下简称《准则》）。《准则》共有十二条。一是坚持党的政治路线和思想路线。二是坚持集体领导，反对个人专断。三是维护党的集中统一，严格遵守党的纪律。四是坚持党性，根绝派性。五是要讲真话，言行一致。六是发扬党内民主，正确对待不同意见。七是保障党员的权利不受侵犯。八是选举要充分体现选举人的意志。九是同错误倾向和坏人坏事作斗争。十是正确对待犯错误的同志。十一是接受党和群众的监督，不准搞特权。十二是努力学习，做到又红又专。

全会认为这十二条准则总结了党几十年来处理党内关系的经验教训，特别是“文化大革命”十年间同林彪集团、江青集团斗争的经验教训，是对党章的必不可少的补充，它对发扬党内积极因素、克服消极因素，增强党性，端正党风，遵守党纪，加强和改善党的领导，发挥党员的先锋模范作用，都具有重要的意义。全会要求全党各级组织和每个党员，都要遵照执行这个《准则》。

中共十一届五中全会根据党内外广大群众的意见，决定批准汪东兴、纪登奎、吴德、陈锡联的辞职请求，免除或提请免除他们所担负的党和国家的领导职务。

中共中央副主席、中央纪律检查委员会第一书记陈云在讲话中，专门谈了汪东兴、纪登奎、吴德、陈锡联的辞职问题。他说：关于四个同志辞职的问题。我同意他们提出的辞职。他们检讨的内容，是表示一个同志对自己的错误现在的认识程度。他只能认识到这样的程度，不够，就把这个问题记录在案嘛，不要急。

陈云认为：我们应该全面地考察一个干部。所谓全面是什么呢？我们看到这个同志犯了什么错误，也应该看到他在党内做过什么好事，这是一个方面。第二个方面，必须看到当时党内的整个情况，这些同志是在当时的情况之下犯的错误。就犯错误的同志来说，不要自己觉得委屈了。我说，应该想一想。想什么问题呢？想这样一个问题：我是否可以不犯这样的错误。有的同志看了犯错误的同志的检讨，不满意，可以提出批评，被批评的同志应该听批评的意见。

陈云指出：但我不赞成对犯错误的同志扭住不放。过去有这样一个时期，检讨没有完没有了，批判没有完没有了，从来都不说可以过关，直到最后会开不下去，大家散会了，完不了也只好暂时算完了。我不赞成这样对犯错误的同志扭住不放。这种检讨没有完没有了的情况，我认为不是党的好作风。党接受了他们的辞职以后，在政治上要分配他们做工作，在生活上要照顾他们的需要。①

中共十一届三中全会后，中央在处理犯错误同志的问题上，更加成熟和稳妥。

一是采取了个人提出辞职的方式，由党的中央全会和全国人大常委会按照党的组织程序和国家法律程序进行免职，而不是像“文化大革命”时期那样突然宣布撤销党内外一切职务。

二是有什么问题就由个人认识什么问题，不搞“文化大革命”时期那种层层揭发，批判斗争，上挂下联，肃清流毒，批倒批臭。

三是充分肯定犯错误的同志历史上对革命和建设事业作出的贡献，不搞“文化大革命”时期那种彻底否定。

四是对犯错误的同志仍然安排适当的职务和适合于他们做的工作，不搞“文化大革命”时期的“打翻在地，再踏上一只脚，使他永世不得翻身”。

五是对犯错误的同志的生活待遇，仍然进行恰当的安排，不搞“文化大革命”时期那种扫地出门、无人置理。

因此，中共十一届五中全会后，汪东兴、纪登奎、吴德、陈锡联不再担任党和国家重要领导职务，但是中央分别给他们安排了适当的工作，保留了适当的政治待遇和生活待遇。

---

① 《陈云文选》第3卷，人民出版社1995年版，第271～272页。

中共十一届五中全会在较短的时间内解决了事关全局的若干重大问题，令人振奋。2 月 29 日，邓小平在中共十一届五中全会第三次会议上讲话，对全会进行总结：

这次全会很重要，开得非常好。真正做到了大家畅所欲言，真正体现了中央委员会的集体智慧和集体领导，在党的生活中树立了很好的风气。应该在全党各级领导机构中把这种风气推广发扬下去。

这次会议解决的加强党的领导、改善党的领导的问题，包括加强中央常委领导的问题，建立中央书记处的问题，提出党章修改草案和制定党内政治生活若干准则的问题等，是十分重要的。我们党是执政党。应该说，党的领导在相当一个时期受了损害。恢复我们党在全国各族人民中、在国际上的地位和作用，是摆在我们面前需要解决的非常重要的问题。

这次全会为解决这个问题所通过的几个决定和文件，都是正确的。会议真正体现了我们党的实事求是的作风。刘少奇同志的平反是一件很大的事，我们解决得很好。这件事情可不可以早一点办呢？恐怕不行。但是，现在再不解决，就可能犯错误。全会建议全国人民代表大会修改宪法第四十五条，取消其中关于“四大”，即大鸣、大放、大字报、大辩论的规定，这在保障国家政治生活的安定方面，也是一个很重要的问题。总之，这次会议提出讨论的问题都非常重要，都解决得很好。

党的政治路线，就是一心一意地搞四个现代化。这件事情，任何时候都不要受干扰，必须坚定不移地、一心一意地干下去。许多问题，不搞四个现代化解决不了。国民经济的发展，国民收入的增加，人民生活的逐步提高，国防相应地得到巩固和加强，都要靠搞四个现代化。

要实现安定团结、生动活泼的政治局面，必须解决历史的遗留问题，弄清大是大非。我们已经解决了大量的这类问题，但是还有相当多的问题需要继续解决。解决历史遗留问题，如三中全会所说，是为了团结一致向前看。不能在旧账上纠缠，要把大家的思想和目光引到搞四个现代化上面来。如果不能得到团结一致向前看的结果，就说明我们的工作有缺陷。所以我们总是说，重大历史问题的解决宜粗不宜细。

马克思、恩格斯创立了辩证唯物主义和历史唯物主义的思想路线，毛泽东同志用中国语言概括为“实事求是”四个大字。实事求是，一切从实际出发，理论联系实际，坚持实践是检验真理的标准，这就是我们党的思想路线。

这次全会在组织路线方面作出了一系列非常重要的决策。但是，就全党来说，没有解决的重要问题还不少，我们要有清醒的估计。例如，我们现在的体制就很不适应四个现代化的需要。当前最重要的还是选好接班人。

中共十一届五中全会是继十一届三中全会和四中全会后又一次重要会议。全会的主题是坚持党的领导，改善党的领导，提高党的战斗力，这是社会主义现代化建设得以顺利进行的重要保证。五中全会通过的各项决议和作出的重要决策，对于加强和改善党的领导，从组织上保证党的政治路线、思想路线的贯彻执行，具有重要现实意义和深远历史意义。五中全会为刘少奇平反，严肃而又恰当地处理了犯严重错误的同志，反映了全党和全国人民的愿望。

第一百二十七章

“总设计师”举办“火锅宴”。习仲勋解决“逃港风”

北京人民大会堂是邓小平经常会见外国领导人和各界著名人士的地方，也是他经常举行国宴招待外国宾客的地方。然而，1979 年 1 月 17 日，邓小平却在人民大会堂福建厅举行了一次非同寻常的“火锅宴”，特意宴请了 5 位“红色资本家”，一边吃一边谈。

邓小平与 5 位“红色资本家”一起，看起来是一次“火锅宴”、一次吃饭，实际上是通过“火锅宴”的特殊形式，畅谈政治发展，畅谈经济改革，畅谈改革开放，畅谈更好地发挥每一个“红色资本家”在改革开放大潮中的聪明才智……

这次邓小平特意邀请的 5 位不寻常的客人，人人都有非同寻常的从事市场经济的经历，个个都有在市场经济的汪洋大海中遨游的丰富经验。这 5 位不寻常的客人是：

胡厥文，全国人大常委会副委员长，中国民主建国会主任，84 岁，民族资产阶级代表人物，属于上海原民营机械工业领军人物。

胡子昂，全国政协副主席，全国工商联负责人，82 岁，民族资产阶级代表人物，属于四川原民营钢铁工业领军人物。

荣毅仁，全国政协副主席，全国工商联负责人，63 岁，民族资产阶级代表人物，属于上海原民营纺织工业领军人物。

周叔弢，天津政协副主席，天津工商联负责人，88 岁，民族资产阶级代表人物，属于天津原民营水泥工业领军人物。

古耕虞，全国政协常委，中国对外贸易部顾问，74 岁，民族资产阶级代表人物，属于民营“猪鬃行业”的领军人物，曾被称为世界“猪鬃大王”。

邓小平与自己特邀的 5 位不寻常的客人相比，在年龄上显得更为年轻一些。当时他74岁，神清气爽，容光焕发，步履轻松，神态刚毅。在人民大会堂福建厅，邓小平作为“东道主”，首先与5位“红色资本家”亲切握手，互致问候，招呼大家一一就座。

福建厅里的沙发，这次摆放得很讲究，也很有“人情味”。它们不是摆成圆形或者半圆形，而是3个沙发与3个沙发相对摆放，方便6个人面对面进行交谈。

邓小平开门见山，说：“现在搞建设，门路要多一点，可以利用外国的资金和技术，华侨、华裔也可以回来办工厂。”“落实政策以后，工商界还有钱，有的人可以搞一两个工厂，也可以投资到旅游业赚取外汇，手里的钱闲起来不好。”“总之，钱要用起来，人要用起来。”……

邓小平与5位“红色资本家”的谈话中，第一次提出要吸引外国资金，第一次提出希望原工商业者利用落实政策的资金创办民营企业。这是一个全面扩大改革开放的大思路，提出的是一个富有远见卓识的大政策，打开的是一个发展民营经济的大视野，开拓的是一条尽快发展中国经济的大道路。

5位“红色资本家”感到邓小平是在非常真诚地听取意见，机会难得，气氛融洽，感情真挚，场合特殊。大家“抓住机遇”，敞开思想，放开胆量，无拘无束，无忧无虑，畅所欲言。大家的漫谈愈来愈深入，不知不觉，到了中午时分。邓小平说：“先到此为止好不好？请大家一起吃顿便饭——涮羊肉。”

这时，人民大会堂工作人员在福建厅大厅的屏风后面摆上了两个长条桌，端上来6个铜火锅放在长条桌上，每个火锅周围放着已经切好的几盘新鲜羊肉和一些小菜。邓小平热情招呼5位“红色资本家”入席，共同品尝人民大会堂的“涮羊肉”。

这是一次别开生面的“火锅宴”。邓小平与5位“红色资本家”边吃边谈，涉及的内容愈来愈广泛。席间，古耕虞交给邓小平一个关于改进外贸工作的长篇建议，并用家乡话进一步向邓小平阐发自己的具体主张。

“邓小平与五老火锅宴”是一个标志性事件。它代表着中国共产党在新时期的伟大创新，打破了吸引外国资金、发展个体经济与民营经济的传统“禁区”，使中国特色社会主义的内容更加丰富，道路更为宽阔，发展更为快捷。

20世纪70年代末期和80年代初期，社会主义中国开始逐步建立经济特区，以吸引外国资本，建立外资企业，产品面向国际市场，这是一个伟大创造。这一创举，同邓小平改革开放的思想和决策、同当时主持广东工作的习仲勋的历史贡献紧密联系在一起。

1978年春天，习仲勋——这位早年的陕甘边区苏维埃政府主席、解放战争时期和中华人民共和国成立初期的西北局书记，1962年北戴河会议上被错误批判、长期流放洛阳，时隔16年后，重新“出山”。

根据中共中央决定，习仲勋主持广东工作，执掌祖国的“南大门”。他一踏上广东的土地，就以一往无前的精神，深入群众，深入农村，深入基层，调查研究，大胆实践，拨乱反正，迅速打开了广东各项工作的新局面。在邓小平、叶剑英大力支持下，习仲勋勇于开拓，大胆创新，全力推进广东改革开放，主导建立深圳等经济特区。

习仲勋到达广东后，非常重视调查研究，这是他的一贯风格。他第一次到地、市、县调查研究，就来到了发生“逃港”（“逃亡香港”，简称“逃港”）现象最为严重的宝安县。

当时陪同习仲勋到宝安调研的《南方日报》副总编辑张汉青回忆说：“那是七八月份，可在田头、田地里并没有看到农忙（景象），只有一些老年妇女、小孩，还有边防部队派来帮助收割的战士，精壮劳力都跑了。习老看了非常不好受。”

在一个专门关押“逃港”人员的收容站里，习仲勋问一个外逃的人：“社会主义那么好，我们自己当家做主人，你们为什么要跑到香港那边给人当奴仆，受人剥削？”

对方老老实实回答：“我们穷，分配很低。到香港容易找工作。”

经过实地调查研究，习仲勋找到了广东“逃港”现象屡禁不止的根源所在——经济极端贫困，人民群众的生活条件没有得到根本改善。如果这一点不解决，经济发展上不去，“逃港”就会一直持续下去。

“逃港”现象，看起来是一个政治问题，根源却是一个经济发展水平问题。

这次调查研究，对习仲勋的思想触动很大。此后，他为彻底解决广东发生的偷渡外逃问题，开展了一系列工作。他认为，要对外开放，发展生产，改善人民生活，尽快缩短广东与香港的差距。只有这样，才能稳定人心，有效刹住偷渡外逃的风气。

中共十一届三中全会之前，首先召开中央工作会议。在此期间，习仲勋提到，希望中央能给予广东更大的支持，允许广东吸收香港、澳门以及华侨资金，开展“三来一补”等等。

改革开放首先是思想解放。习仲勋就是一个思想十分解放的领导干部——敢想、敢说、敢干。正是有了这种思想水平和工作作风，广东才能在改革开放中先走一步。

20 世纪 70 年代世界经济与政治的发展，使改革开放逐渐成为时代潮流。1978 年上半年，根据中共中央和国务院决定，有关方面分别派出不同类型的代表团到不同国家进行考察。其中有：

国家计划委员会和对外贸易部派出的港澳经济贸易考察组；

以国务院副总理谷牧为团长的中国政府代表团出访西欧；

由中共中央对外联络部副部长李一氓率领的中国共产党代表团前往考察南斯拉夫。

这些考察活动，是中国改革开放前夕，对一些资本主义国家和社会主义国家进行的一次具有战略性、前瞻性、统筹性的实地考察。

7 月中旬，担负不同考察工作任务的代表团先后回到北京，向中共中央和国务院提交了关于西欧五国的经济考察报告、关于港澳的经济考察报告、关于对南斯拉夫共产主义者同盟的考察报告。

关于西欧五国的经济考察报告改变了过去对资本主义国家经济建设经验的排斥态度，认为西欧国家有许多经济建设的经验值得借鉴。

关于港澳的经济考察报告着重介绍了港澳大力发展经济贸易的成功做法。

赴南斯拉夫考察团的报告中提到：同样是社会主义基本经济制度，可以有多种模式。

这些考察报告，解放思想，实事求是，真实地反映了 20 世纪 70 年代后期的世界经济发展状况，为中国制定和实施对外开放战略、创办经济特区提供了十分宝贵的经验和活生生的新鲜资料，提出了许多大胆的建议。

历史证明，这些考察活动对于中国正在酝酿的改革开放具有非常积极的启发意义。

同年7月至9月，中共中央副主席、国务院副总理李先念主持召开了一次专门讨论经济工作的国务院务虚会，与会者在充分发扬民主的气氛下，对如何改革经济工作提出了许多意见和建议。

在谈到改革开放时，李先念说：“目前国际形势对我们有利，自力更生绝不是闭关自守、不学习外国的先进事物。为了加快我们掌握世界先进技术的速度，必须加快从国外引进先进技术的速度，必须积极从国外引进先进技术设备。”

与会者李灏回忆说：这次经济务虚会虽然没有谈论真理标准问题，也没有涉及平反冤假错案的问题，但是，就是这个会议，让人们的思考转向了经济管理、体制和企业活力等问题上，是中央工作会议之前的一个十分重要的会议。

一位著名经济学家评价说：这次国务院务虚会起了开阔视野、启发人们思想的作用。可以说我们党能够正视经济体制中的现实，重视改革的必要性，发轫于这次务虚会。

1978年11月10日，中央工作会议在北京召开。刚刚恢复工作不久的中共广东省委第一书记习仲勋，在会上作了《广东的建设如何大干快上》的工作汇报，根据他到广东上任后调查研究了解到的情况和省委的意见，提出了一系列利用广东与香港、澳门相邻的优势，尽快发展广东的建议。

12月，中共十一届三中全会确立了改革开放的历史性决策。

会后，1979年年初，习仲勋和广东省委领导成员吴南生一起，向正在广州调研的叶剑英汇报了广东省委贯彻落实中共十一届三中全会精神的情况，希望充分利用外资和广东与港澳相邻的有利条件，搞补偿贸易，搞加工，搞合作经营及广东先行一步的意见。

叶剑英听了十分高兴，指示广东省委：好啊，你们赶快向小平同志汇报。

1979年4月，习仲勋参加中央工作会议。

会上，习仲勋向中央建议：“不仅经济体制，整个行政体制上也要考虑改革。中国这么大，各省有各省的特点，有些应根据各省的特点来搞。”

4月8日，习仲勋在中南组发言：现在中央权力过于集中，地方感到办事难，没有权，很难办。

习仲勋提出："广东邻近港澳，华侨众多，应充分利用这个有利条件，积极开展对外经济技术交流。这方面，希望中央给点权，让广东先走一步，放手干。"

习仲勋等人还就如何发挥广东优势，吸引爱国华侨、港澳同胞和外商来大陆投资办企业等问题，向中央汇报了广东省委的设想——准备在邻近香港、澳门和沿海地区划出一些地方，设置类似海外的出口加工区。

中央政治局常委非常重视习仲勋和广东省委的建议。4月下旬的一天，习仲勋又向中央政治局常委作了汇报，他郑重提出，希望中央给点权，让广东能够充分利用自己的有利条件，在"四个现代化"中先走一步。

习仲勋还说：如果广东实行特殊政策（此处习仲勋用了一个"特殊名词"），可能几年就搞上去了，但是在现在的体制下，就不容易搞上去。

习仲勋代表广东省委，正式向中央提出广东要求创办贸易合作区的建议。

广东省委的设想得到中央的明确支持。

邓小平十分赞同广东富有新意的设想。

在此期间，习仲勋和杨尚昆还一起专门向邓小平汇报了广东省委的设想。

邓小平听了汇报后，沉思了一会儿，思考着怎么回答广东省委的请示。

对于单独划出来的深圳这一块地方究竟叫什么名字好？

——出口加工区？

——贸易区？

——工业区？

邓小平反复斟酌。

最后，邓小平果断地说："深圳，就叫特区吧！"

习仲勋听了连声叫好，说："特区，好！"

邓小平又说："对！办一个特区，过去陕甘宁边区就是特区嘛！"

当谈到特区配套建设资金时，邓小平说："中央没有钱，你们自己去搞，杀出一条血路来！"

就这样，经过广东省委长期酝酿，中共中央慎重研究，邓小平一锤定音，经济特区终于应运而生。

在中共广东省委1979年5月3日下午《省委常委会议记录》和同年5月26日《习仲勋同志在省委四届三次常委扩大会议上的讲话》两个文件中，习仲勋曾两次传达了邓小平“要杀出一条血路来”的名言。

习仲勋在1992年7月为《改革开放在广东——先走一步的实践与思考》所写的《序言》中写道：“1979年4月的中央工作会议期间，……党中央对广东的工作极为关心和支持，批准了广东省委关于在改革经济管理体制方面让广东先走一步的要求，同意广东搞一个新的体制。在这次会议上，我知道邓小平同志对改革开放的决心很大，说这次‘要杀出一条血路来’，充分表达了我们党搞中国式的社会主义现代化的决心。”

从中共广东省委《省委常委会议记录》中还可以发现：半年后，1979年10月17日下午，习仲勋传达中共十一届四中全会和省、市、自治区党委第一书记座谈会精神时说：“广东搞特殊政策问题，临走前向小平谈了，他同意要快一点、宽一点。台湾统一了还不是特区？香港回归了还不是特区？1937年陕甘宁就是特区。”

1979年5月中旬，中共中央、国务院委派副总理谷牧率领一个由中央有关部委组成的工作组到达广东省，对兴办特区的有关问题进行实地考察。

经过深入调查研究，谷牧和中央工作组会同广东省委组织了文件起草小组，并由广东省委、福建省委分别给中央写请示报告。6月6日正式拟定《中共广东省委关于发挥广东优势条件，扩大对外贸易、加快经济发展的报告》。

然后，谷牧和中央工作组到达福建，帮助福建省委拟定《中共福建省委、省革委会关于利用侨资、外资，发展对外贸易，加速福建社会主义建设的请示报告》。

广东省委、福建省委给中央的请示报告被带回北京后，中央很快作出决定，批准广东改革开放先行一步的方案。7月19日，中共中央正式发出《中共中央、国务院批转广东省委、福建省委关于对外经济活动和灵活措施的两个报告》。

中央文件中明确规定：“出口特区”先在深圳、珠海两市试办，待取得经验后，再考虑在汕头、厦门设置。拟组织一个协调小组，随时了解闽、粤两省执行政策的情况，适时协调有关方面的关系，适时解决矛盾，使这个对外经济活动的新的特殊的政策得到顺利执行。

兴办经济特区，无论在中国还是在世界上的其他社会主义国家，都是一项前无古人的事情。在改革开放的初始阶段，一切都需要“摸着石头过河”，中共中央极为慎重，之所以把深圳、珠海经济特区叫作“出口特区”，主要是为了区别于资本主义国家和地区兴办的“出口加工区”。

8 月，国务院正式设立国家进出口管理委员会。这是一个由国务院进出口领导小组办公室改建的具体负责综合协调国家对外开放工作的机构。由谷牧兼任国家进出口管理委员会主任，周建南任常务副主任，江泽民任副主任兼秘书长。

国家进出口管理委员会党组统筹协调外贸部、外经部、中国银行、海关总署、外汇总局、商检总局等 9 个单位的工作。周建南认为：这是一个非常难得的集体，大家虽然来自四面八方，但却是齐心齐力，干实事的。

国家进出口管理委员会建立后，无常规可循，无经验可以借鉴，唯有深入实际，调查研究，从实践中总结经验，创造经验。

1980 年 3 月，受中央委托，谷牧在广州主持召开广东、福建两省会议，检查总结中央关于特殊政策、灵活措施和试办特区的具体执行情况。广东省负责人、福建省负责人和国务院有关部门及中共港澳工作委员会负责人参加会议。

这次会议经过交流经验，充分讨论，认真研究，集思广益，采纳广东提出的建议，并报中央同意，将“出口特区”改为“经济特区”。

1980 年 5 月，中共中央、国务院发出《关于〈广东、福建两省会议纪要〉的批示》的正式文件，对广东和福建的对外开放活动予以肯定。8 月 26 日，经过反复论证，数易其稿，第五届全国人大常委会第十五次会议审议批准建立深圳、珠海、汕头、厦门四个经济特区，并批准公布国务院提请审议的《广东省经济特区条例》。

随后，国务院相继批准深圳、珠海、汕头、厦门四个经济特区的位置和区域范围。中国经济特区正式诞生。

1980年秋天，在联合国有关机构资助下，中国政府派出了一个考察外国经济特区的考察组，江泽民任负责人，成员由全国人大常委会立法工作委员会有关同志、国务院有关部门的同志、广东和福建两省以及深圳和厦门两个特区负责干部组成。

江泽民一行先后到亚洲的斯里兰卡、马来西亚、新加坡、菲律宾，北美洲的墨西哥，欧洲的爱尔兰等六个国家的九个出口加工区、自由贸易区进行了悉心考察。他们途经日内瓦时，还邀请联合国有关组织的十多位专家进行了两天的专题讨论。

考察组在上述国家的实地考察中，对于所见所闻及有关材料进行了深入思考和研究，对外国的经济性特区归纳了五条基本经验：一是立法比较健全，可操作性较强；二是有总体开发规划，从小到大进行建设；三是管理体制灵活，地方和企业有很大自主权；四是注重人才培训，管理人员素质较高；五是有优惠政策，便于吸引外国投资。考察组回国后，在对各国经济特区进行研究的基础上，对中国如何建设经济特区提出了较为系统、全面的政策性建议，受到中央和国务院的重视。

1981年国务院在北京召开广东、福建两省和经济特区会议，谷牧主持会议。这次会议之前，进行了充分的准备工作——周建南专程到深圳、珠海等地进行了20天的调查研究，掌握了大量的第一手资料；江泽民率领的考察组归国后整理了大量详细的有关外国经济特区的考察材料。这些工作和材料为会议的顺利召开奠定了坚实的基础。

这次会议从中国国情出发，对中国兴办经济特区的指导思想、基本方针、重要政策和具体措施，进行了深入讨论，提出了系统意见。会议在认真研究的基础上，对经济特区的若干重大政策问题统一了认识，形成了《广东、福建两省和经济特区工作会议纪要》，会后上报中共中央、国务院。

实践证明，这次会议制定的关于经济特区问题的方针、政策、措施，对于中国在自身完全没有先例和经验的基础上创办经济特区，具有规定政策、明确方向、提出方法的深远意义，为经济特区的创办和发展奠定了基础。

中共中央、国务院充分肯定广东、福建两省和经济特区会议的研究成果，迅速批准了《广东、福建两省和经济特区工作会议纪要》，作为中共中央文件发给全党。

兴建经济特区是推进中国对外开放的一个重大突破口。以创建深圳、珠海、汕头、厦门四个经济特区为开端，全国形成了从经济特区到沿海开放城市到内地的多层次、有重点、点面结合的对外开放格局，有力地推动了改革开放和现代化事业的迅速发展。

第一百二十八章

“党和国家领导制度的改革”

“我们进行社会主义现代化建设，是要在经济上赶上发达的资本主义国家，在政治上创造比资本主义国家的民主更高更切实的民主，并且造就比这些国家更多更优秀的人才。

“达到上述三个要求，时间有的可以短些，有的要长些，但是作为一个社会主义大国，我们能够也必须达到。

“所以，党和国家的各种制度究竟好不好，完善不完善，必须用是否有利于实现这三条来检验。”①

这是邓小平代表中国共产党对于政治体制改革作出的庄严政治宣示。

1980 年 7 月，中共中央发出关于坚持“少宣传个人”的几个问题的指示，要求“多歌颂工农兵群众，多歌颂党和老一辈革命家，少宣传个人”。随后，在《关于党内政治生活的若干准则》第二条就此作了一些正式规定。实践证明，这个方针是正确的，执行这个方针总的来说是有成绩的。

但是，也有一些问题，主要是对老一辈革命家的歌颂仍有一些过于突出个人，不够实事求是之处；纪念文章多了一些；一部分纪念文集重复积压；特别是许多纪念方法严重地流于形式，有的甚至为了收集个人文物，成立专门小组，跑遍全国。

这些不适当的纪念方法不但造成铺张浪费，脱离群众，而且本身就带有个人创造历史的色彩，不利于在党内外进行马克思主义教育和扫除封建主义遗毒。

为了纠正这种情况，中共中央决定：

---

① 《邓小平文选》第 2 卷，人民出版社 1994 年版，第 322～323 页。

（一）从现在起，除非中央有专门决定，一律不得新建关于老一辈革命家个人的纪念堂、纪念馆、纪念亭、纪念碑等建筑。正在建设的和虽已建成但尚可改造的，应尽可能改建为其他社会经济文化福利设施。毛、周、刘、朱等少数领导人和一些革命先烈的纪念设施，以及革命历史的纪念设施，应当有，应当管理好，但是必须严格控制，防止多建滥建。各地已设者均应向中央报告，以便作出统一规定，并一律不许任意增设。其中历史价值很少而又严重脱离群众的，如一时不能改建，宁可先行封闭。各地如有有历史意义而适宜集中保存的革命文物，应集中到中央或省市一级的博物馆纪念馆，以利长期保存。至于现尚在世的中央领导同志的故乡、母校和曾经活动的场所，一律不得进行任何形式的纪念布置，已有的布置一律撤销，并须将撤销情况向中央报告。

（二）关于老一辈革命家和其他革命英雄的斗争史，以及革命战争、革命运动、革命工作的历史，写成不事夸张的回忆录发表或保存，对于教育后代和研究历史，都是必要的。但出版个人传记或个人文集，则应比较慎重。今后这类传记和文集，有全国影响的应经中央宣传部核准，属于地方范围的应经省一级宣传部核准，不要随便编辑出版，或为此随便成立各种组织，未经中央或省核准而成立的组织应当撤销。对于重要人物或重要历史问题的宣传，报刊或出版社应注意遵照中央有关指示。

（三）报纸上要多宣传马列主义、毛泽东思想，多宣传社会主义优越性和工、农、兵、知识分子为四个现代化奋斗的成就，多宣传党的政策方针决议，少宣传领导人个人的没有重要意义的活动和讲话。

（四）毛主席像、语录和诗词在公共场所过去挂得太多，这是政治上不庄重的表现，有碍国际观瞻，今后要逐步减少到必要限度。其他领导人像和题词也按同样原则处理。毛主席像章要尽量收回利用，以免浪费大量金属材料。

生产力决定生产关系，经济基础决定上层建筑。这是马克思主义的基本原理。

马克思主义认为，生产力发展了，生产关系必然要随之向前发展。

马克思主义认为，经济基础发生变化了，上层建筑必然要随之发生变化。

中国实行改革开放后，生产力获得空前发展，经济基础发生巨大变化。

实践证明，进行改革开放和社会主义现代化建设，单有正确的经济方针是不够的，还必须有政治民主化的保证。逐步建设高度民主的社会主义政治制度，是社会主义的根本任务之一。如果没有政治民主化的发展，便不能更好地发挥和调动全国人民的社会主义建设积极性，便不能迅速把中国经济搞上去。

为此，在改革开放和社会主义现代化建设蓬勃发展的进程中，邓小平明确提出了改革党和国家领导制度的重要任务。

1980 年 8 月 18 日至 23 日，中共中央在北京举行政治局扩大会议，主要讨论党和国家领导制度的改革以及有关问题。

会上，邓小平作了《党和国家领导制度的改革》的长篇讲话。

邓小平首先论述了关于国务院负责人人选的调整及做出这样考虑的原因：

> 国务院领导成员的变动，将是五届人大三次会议的主要议题之一。
>
> 这次变动，包括华国锋同志不兼任总理，由赵紫阳同志接替；
>
> 李先念、陈云、徐向前、王震同志和我不兼任副总理，由精力较强的同志担任；
>
> 王任重同志因任党内重要职务，也不再兼任副总理。
>
> 陈永贵同志请求解除他的副总理职务，中央决定同意。
>
> 人大常委会副委员长和政协副主席的人选，经过与有关方面协商，也准备建议做一些变动。
>
> 以上这些变动，是中央政治局常委反复研究过的。
>
> 这次作为中央的正式建议，提交人大会议和政协会议讨论、决定。①

关于国务院负责人人选的调整，中央做这样的考虑，原因是什么呢？邓小平指出：

> 一是权力不宜过分集中。权力过分集中，妨碍社会主义民主制度和党

---

① 《邓小平文选》第 2 卷，人民出版社 1994 年版，第 320 ~ 321 页。

的民主集中制的实行，妨碍社会主义建设的发展，妨碍集体智慧的发挥，容易造成个人专断，破坏集体领导，也是在新的条件下产生官僚主义的一个重要原因。

二是兼职、副职不宜过多。一个人的知识、经验、精力有限，左右上下兼职过多，工作难以深入，特别是妨碍选拔更多更适当的同志来担任领导工作。副职过多，效率难以提高，容易助长官僚主义和形式主义。

三是着手解决党政不分、以党代政的问题。中央一部分主要领导同志不兼任政府职务，可以集中精力管党，管路线、方针、政策。这样做，有利于加强和改善中央的统一领导，有利于建立各级政府自上而下的强有力的工作系统，管好政府职权范围的工作。

四是从长远着想，解决好交接班的问题。老同志是党和国家的宝贵财富，责任重大，而他们现在第一位的任务，是帮助党组织正确地选择接班人。这是一个庄严的职责。让比较年轻的同志走上第一线，老同志当好他们的参谋，支持他们的工作，这是保持党和政府正确领导的连续性、稳定性的重大战略措施。①

中共中央的这些考虑，就是为了对党和国家的领导制度进行必要的改革。

中共十一届五中全会决定成立中央书记处，中央已经迈出第一步。

中央书记处成立以来，工作很有成效。中央政治局和中央政治局常务委员会，全党上下，都非常满意。

这次国务院领导成员的变动，是改善政府领导制度的第一步。

为了适应社会主义现代化建设的需要，为了适应党和国家政治生活民主化的需要，为了兴利除弊，党和国家的领导制度以及其他制度，需要改革的很多。

需要不断总结历史经验，深入调查研究，集中正确意见，从中央到地方，积极地、有步骤地继续进行改革。

---

① 《邓小平文选》第2卷，人民出版社1994年版，第321页。

在这次讲话中，邓小平着重论述了改革党和国家领导制度的重要性：

“改革党和国家领导制度及其他制度，是为了充分发挥社会主义制度的优越性，加速现代化建设事业的发展。”他说：

> 我们要充分发挥社会主义制度的优越性，当前和今后一个时期，主要应当努力实现以下三个方面的要求：
>
> （一）经济上，迅速发展社会生产力，逐步改善人民的物质文化生活；
>
> （二）政治上，充分发扬人民民主，保证全体人民真正享有通过各种有效形式管理国家、特别是管理基层地方政权和各项企业事业的权力，享有各项公民权利，健全革命法制，正确处理人民内部矛盾，打击一切敌对力量和犯罪活动，调动人民群众的积极性，巩固和发展安定团结、生动活泼的政治局面；
>
> （三）为了实现以上两方面的要求，组织上，迫切需要大量培养、发现、提拔、使用坚持四项基本原则的、比较年轻的、有专业知识的社会主义现代化建设人才。①

关于改革开放、现代化建设和政治体制改革的目标，邓小平确定了清晰的努力方向：

第一，在经济上赶上发达的资本主义国家；

第二，在政治上创造比资本主义国家的民主更高更切实的民主；

第三，造就比资本主义国家更多更优秀的人才。②

邓小平论述了在改革党和国家领导制度中应当革除的一些弊端，肃清封建主义和资产阶级思想影响的问题。

他着重指出：“主要的弊端就是官僚主义现象，权力过分集中的现象，家长制现象，干部领导职务终身制现象和形形色色的特权现象。”③

---

① 《邓小平文选》第2卷，人民出版社1994年版，第322页。

② 《邓小平文选》第2卷，人民出版社1994年版，第322页。

③ 《邓小平文选》第2卷，人民出版社1994年版，第327页。

他强调："只有对这些弊端进行有计划、有步骤而又坚决彻底的改革，人们才会信任我们的领导，才会信任党和社会主义，我们的事业才有无限的希望。"①

中国共产党成立后，领导中国人民进行了长期的新民主主义革命，"推翻封建主义的反动统治和封建土地所有制，是成功的，彻底的。但是，肃清思想政治方面的封建主义残余影响这个任务，因为我们对它的重要性估计不足，以后很快转入社会主义革命，所以没有能够完成"②。

因此，邓小平提出了肃清政治思想上的封建余毒和反对资产阶级思想侵蚀的任务："现在应该明确提出继续肃清思想政治方面的封建主义残余影响的任务，并在制度上做一系列切实的改革，否则国家和人民还要遭受损失。"③

他强调，在思想政治方面肃清封建主义残余影响的同时，决不能丝毫放松和忽视对资产阶级思想和小资产阶级思想的批判，对极端个人主义和无政府主义的批判。④

最后，邓小平提出了逐步进行党和国家领导制度改革的重大措施：

第一，中央将向五届人大三次会议提出修改宪法的建议。要使我们的宪法更加完备、周密、准确，能够切实保证人民真正享有管理国家各级组织和各项企业事业的权力，享有充分的公民权利，要使各少数民族聚居的地方真正实行民族区域自治，要改善人民代表大会制度，等等。关于不允许权力过分集中的原则，也将在宪法上表现出来。

第二，中央已经设立了纪律检查委员会，正在考虑再设立一个顾问委员会，连同中央委员会，都由党的全国代表大会选举产生，并明确规定各自的任务和权限。

第三，真正建立从国务院到地方各级政府从上到下的强有力的工作系统。今后凡属政府职权范围内的工作，都由国务院和地方各级政府讨论、决定和发

---

① 《邓小平文选》第2卷，人民出版社1994年版，第333页。
② 《邓小平文选》第2卷，人民出版社1994年版，第335页。
③ 《邓小平文选》第2卷，人民出版社1994年版，第335页。
④ 《邓小平文选》第2卷，人民出版社1994年版，第336页。

布文件，不再由党中央和地方各级党委发指示、作决定。政府工作当然是在党的政治领导下进行的，政府工作加强了，党的领导也加强了。

第四，有准备有步骤地改变党委领导下的厂长负责制、经理负责制，经过试点，逐步推广、分别实行工厂管理委员会、公司董事会、经济联合体的联合委员会领导和监督下的厂长负责制、经理负责制。还有党委领导下的校长、院长、所长负责制等等，也考虑有准备有步骤地加以改革。

第五，各企业事业单位普遍成立职工代表大会或职工代表会议。职工代表大会或职工代表会议有权对本单位的重大问题进行讨论，作出决定，有权向上级建议罢免本单位的不称职的行政领导人员，并且逐步实行选举适当范围的领导人。

第六，各级党委要真正实行集体领导和个人分工负责相结合的制度。要明确哪些问题应当由集体讨论，哪些问题应当由个人负责。重大问题一定要由集体讨论和决定。①

在这次会上，邓小平强调：“改革党和国家的领导制度，不是要削弱党的领导，涣散党的纪律，而正是为了坚持和加强党的领导，坚持和加强党的纪律。”②

他指出：“改革并完善党和国家各方面的制度，是一项艰巨的长期的任务，改革并完善党和国家的领导制度，是实现这个任务的关键。”③

他认为：“党的三中全会以来，我们已经做了很多工作，解决了很多问题，取得了很多成绩。我们已经有了一个很好的前进阵地。现在提出改革并完善党和国家领导制度的任务，以适应现代化建设的需要，时机和条件都已成熟。”④

中共中央政治局扩大会议经过认真讨论，一致通过邓小平《党和国家领导制度的改革》的讲话。

邓小平的这个讲话，成为党和国家领导体制改革的重要纲领。

---

① 《邓小平文选》第2卷，人民出版社1994年版，第339～341页。

② 《邓小平文选》第2卷，人民出版社1994年版，第341页。

③ 《邓小平文选》第2卷，人民出版社1994年版，第342页。

④ 《邓小平文选》第2卷，人民出版社1994年版，第342～343页。

这次中央政治局扩大会议，对于推动党和国家领导制度的改革，发挥了重大作用。

8月底至9月上旬，第五届全国人民代表大会第三次会议在北京召开。

会议讨论了制定发展国民经济长远规划和继续推进经济改革等问题。

同时，这次会议的一个重要议题是同意中国共产党中央委员会提出的对国务院部分组成人员进行调整的建议，决定：

接受华国锋辞去国务院总理职务的请求；

接受邓小平、李先念、陈云、徐向前、王震、王任重辞去国务院副总理职务的请求；

接受陈永贵解除国务院副总理职务的请求；

接受聂荣臻、刘伯承、张鼎丞、蔡畅、周建人辞去第五届全国人民代表大会常务委员会副委员长职务的请求。

会议决定：

赵紫阳任国务院总理；

增补杨静仁、张爱萍、黄华为国务院副总理；

补选彭冲、习仲勋、粟裕、杨尚昆、班禅额尔德尼·却吉坚赞为全国人大常委会副委员长；

补选杨尚昆为全国人大常委会秘书长。

会议强调，要实现各级领导人员的革命化、年轻化、知识化、专业化，切实改革国家管理制度中的缺陷和弊端。

会议还决定，修改《中华人民共和国宪法》。

成立以叶剑英为主任委员，宋庆龄、彭真为副主任委员的《中华人民共和国宪法》修改委员会。

这次会议，在推进国家领导体制改革和经济体制改革、废除干部领导职务实际存在的终身制，强调进一步发展社会主义民主和法制等方面，迈出了重要的一步，以民主的大会、改革的大会载入史册。

这一时期，中国共产党在加强党的领导，加强社会主义民主与法制，进一步调整国民经济等方面做了许多工作。

1980 年 10 月 16 日，中共中央批转中央纪律检查委员会《关于康生问题的审查报告》和《关于谢富治问题的审查报告》。

中共中央决定：鉴于康生、谢富治在“文化大革命”期间直接参与了林彪集团和江青集团的阴谋活动，犯下了严重的罪行，决定开除他们的党籍，撤销他们的悼词，并向全党公布。

1980 年 11 月 20 日至 1981 年 1 月 25 日，中华人民共和国最高人民法院特别法庭公审林彪集团和江青集团案的主犯。

特别法庭经过 42 次法庭调查和辩论，有 49 名证人和被害人出庭作证，对 873 件各种证据进行了审查。

大量的物证、书证、鉴定结论、证人的证言以及被害人的陈述，充分证明林彪集团和江青集团案主犯所犯的罪行，事实清楚，证据确凿。

鉴于林彪集团和江青集团案的林彪、江青、康生、张春桥、姚文元、王洪文、陈伯达、谢富治、叶群、黄永胜、吴法宪、李作鹏、邱会作、林立果、周宇驰、江腾蛟 16 名主犯中，林彪、康生、谢富治、叶群、林立果、周宇驰 6 人已经死亡，中华人民共和国最高人民检察院特别检察厅依照《中华人民共和国刑事诉讼法》第十一条规定，决定对他们不再追究刑事责任。此外，特别检察厅决定，对江青等 10 名主犯以外的本案其他人犯，另行依法处理。

1981 年 1 月 25 日，中华人民共和国最高人民法院特别法庭进行宣判：

判处江青死刑，缓期二年执行，剥夺政治权利终身；

判处张春桥死刑，缓期二年执行，剥夺政治权利终身；

判处王洪文无期徒刑，剥夺政治权利终身；

判处姚文元有期徒刑二十年，剥夺政治权利五年；

判处陈伯达有期徒刑十八年，剥夺政治权利五年；

判处黄永胜有期徒刑十八年，剥夺政治权利五年；

> 判处吴法宪有期徒刑十七年，剥夺政治权利五年；
> 判处李作鹏有期徒刑十七年，剥夺政治权利五年；
> 判处邱会作有期徒刑十六年，剥夺政治权利五年；
> 判处江腾蛟有期徒刑十八年，剥夺政治权利五年。

特别法庭判决书确认，林彪集团和江青集团的犯罪活动，前后共达10年之久，殃及全国各个地区各个领域，使中国人民民主专政制度和社会主义的社会秩序受到特别严重的危害，使国民经济和其他各项事业遭到严重破坏，给各族人民带来极大的灾难。

判决书在详细列举江青等10名主犯的犯罪事实和应负的刑事责任时指出：

> 江青是林彪集团和江青集团的首要分子。江青对她所组织、领导的集团在十年动乱中危害中华人民共和国、颠覆政府、残害人民的罪行，都负有直接或间接的责任，对国家和人民危害特别严重，情节特别恶劣。
>
> 张春桥同江青一起组织、领导阴谋集团，在十年动乱中，张春桥是向人民民主政权实行夺权的肇事者和自始至终的煽动者、策划者，对国家和人民造成了极其严重的危害。

这次审判，进一步清算了林彪集团和江青集团阴谋篡党夺权、搞武装叛乱、企图谋害毛泽东主席、残酷迫害广大干部和人民群众的罪行。

这是一次历史性审判。

历史本身就是审判官。

第一百二十九章

“天安门上的毛主席像，是否要永远保留下去”

“在接受长达四个小时，分两天进行的采访中，邓小平副总理回答了问题，他是参加了长征的老革命，在领导自己的国家过程中曾经三落而又三起；毛泽东逝世之后，出现了令人难以置信的转折点。他是这一逆转的智囊和开拓者。邓小平同意正式接受我采访的消息，新华通讯社在报刊上和电视上都作了报道。8 月 21 日星期四和 8 月 23 日星期六，他在北京的人民大会堂接见了我。任何一个问题，即便是最棘手和最蛮横的问题他都能从容而坦诚地，甚至是直率地加以应对。他常常微笑着，有时大笑着来回答，用才思横溢，而又坚毅刚强的目光时而扫我一眼，并竖起耳朵对我说：‘身体方面，我有点耳背。’他是一个历史人物，有着独一无二，而又无法复制的经历，就是从人情方面来说，也是如此。实际上，在这次严肃而不苟言笑的会见中，甚至还出现过诙谐幽默的时刻，但正文中没有记载。”这是享誉全球的意大利著名女记者、女作家——奥琳埃娜·法拉奇发表的采访邓小平的文章中的一段话。

中共十一届三中全会后，中共中央坚持解放思想，拨乱反正，改革开放，实事求是，有力地推动了中国向着现代化的方向前进。同时，按照马克思主义关于群众、阶级、政党、领袖的学说，科学地对待领袖人物，受到全党全国人民的热烈拥护。中国的这些新变化、新发展、新做法、新举措，也引起国际社会的极大关注。各种各样的猜测、议论出现在反映着不同观点的外国报刊上。

为了向全世界说明中国共产党评价革命领袖和新时期若干重大问题的原则、立场，具有丰富政治经验和卓越政治智慧的邓小平采取了一个特殊的方式——通过世界上的著名记者奥琳埃娜·法拉奇传播中国的政治主张。

法拉奇是意大利的女记者、女作家。她少年时代曾与父亲一起参加意大利反法西斯运动，1946 年开始从事新闻工作，1949 ~ 1953 年任意大利《晨报》

记者，1954~1976年任《时代》周刊和《欧洲人》周刊特派记者。作为作家，法拉奇著有《好莱坞的七宗罪》《无益的性》《自私的人》《假如太阳死去》《对历史的采访》《给一个未出生孩子的信》和《人类》等书。

作为记者，法拉奇是《纽约时报》《泰晤士报》《晚邮报》《生活》周刊等重要国际性报刊的撰稿人，同时在美国哈佛大学、耶鲁大学、芝加哥大学任教。她以采访世界政坛名人闻名于世，相继采访过基辛格、勃兰特、南尼、苏亚雷斯、侯赛因、亚马尼、霍梅尼、卡扎菲、阿拉法特和瓦文萨等著名政治人物。曾获圣文森特新闻奖以及其他多种奖励，并获美国哥伦比亚大学荣誉文学博士学位。法拉奇坦言，她对采访对象的评论、印象都会毫不留情地写在前言中。她说基辛格“傲慢、诡秘、多疑”。基辛格曾说，接受法拉奇的采访，是他一生中所做的“最愚蠢的事”。

中国开始实行改革开放政策后，法拉奇对中共十一届三中全会以来中国的改革开放和现代化建设十分关注，尤其是对中国在新时期采取的一系列重大举措非常重视。作为一个以采访世界著名政治家著称的新闻记者，法拉奇对采访“当代中国改革开放总设计师”邓小平产生了浓厚的兴趣。她搜集了邓小平的资料，看了外国人写的邓小平传记，对邓小平的生平有所了解。

1980年年初，法拉奇通过正式渠道向中国驻意大利大使馆提出采访邓小平的申请。大使馆立即将这一申请报告中国外交部。最初，外交部对此比较犹豫。

当时的中国外交部新闻司负责人回忆说：

法拉奇以善于抓时机采访国际政坛风云人物闻名于世。她走笔天下，曾采访过20多位国家元首和政要，阅历丰富，又有很强的个性，被认为是一个很难对付的记者。

她专门选择自己感兴趣的采访对象，一旦确定，事先总要进行充分准备，查阅大量有关资料，准备提出的问题。她提的问题往往十分尖锐，也可以说是刁钻刻薄，有时简直是挑衅性的。基辛格博士接受过她的采访，对她的印象颇为不佳。对这样一位记者要求采访邓小平同志，我们是很犹豫的，开始并未马上同意她来采访。

当年，意大利总统佩尔蒂尼应邀将于9月访华，意大利方面也推荐法拉奇来华，更增加了她申请采访的理由。她说，先来采访邓小平先生，并像往常一样向全世界发表邓的讲话，有助于意大利总统访华的成功。

经过有关方面研究，中国外交部批准了法拉奇的采访申请，并由外交部新闻司组织安排具体事宜。同意法拉奇采访申请的重要原因，是邓小平确实有话要说。

当时正值中共十一届三中全会召开一年多时间，全党全国人民在以邓小平为核心的第二代中央领导集体领导下，解放思想，实事求是，拨乱反正，把工作重点转移到经济建设上来，实行改革开放，加快现代化建设，已经初见成效。

在这样的历史背景下，邓小平决定会见法拉奇。法拉奇采访邓小平之前，做了长时间精心准备，并要求中国外交部翻译施燕华用英语进行翻译。施燕华感到奇怪，法拉奇是意大利人，为何要用英语来翻译？法拉奇向施燕华解释了用英文翻译的原因：已与世界上 10 家报刊签了合同，对邓小平的采访将全文刊登在世界著名的 10 家报刊上，例如：美国的《华盛顿邮报》《纽约时报》，法国的《世界报》，英国的《泰晤士报》，德国的《镜报》，南斯拉夫的《政治报》等。从效果和时间考虑，她要求用英文翻译，否则她还要从意大利文译成英文，很耽误时间。

中国外交部翻译施燕华回忆说：1980 年 8 月 21 日，邓小平在人民大会堂 118 厅会见了法拉奇。这次采访的安排很特殊，过去邓小平会见外国记者时，中国记者都有“特权”，他们可以摄像、录音，而且可以发表，有时甚至在外国记者之前。但法拉奇提出她要独家报道，不让任何其他新闻机构的人参加，包括中国记者。所以，这次会见时，中国摄影记者只拍了几分钟就退场了。当时在场的只有邓小平、外交部新闻司司长钱其琛、法拉奇和我，还有一个记录员，共 5 个人。

法拉奇首先提出的问题是国际国内最关注的中国共产党对毛泽东的评价问题。

以中国如何评价毛泽东为开端，一场展示国际著名政治家政治智慧、敏捷思维和思想风采的采访在北京人民大会堂开始了。整个采访高潮迭起，邓小平妙语连珠。

法拉奇：天安门上的毛主席像，是否要永远保留下去？

邓小平：永远要保留下去。过去毛主席像挂得太多，到处都挂，并不是一件严肃的事情，也并不能表明对毛主席的尊重。尽管毛主席过去有段时间也犯了错误，但他终究是中国共产党、中华人民共和国的主要缔造者。拿他的功和过来说，错误毕竟是第二位的。他为中国人民做的事情是不能抹杀的。从我们中国人民的感情来说，我们永远把他作为我们党和国家的缔造者来纪念。

法拉奇：对西方人来说，我们有很多问题不理解。中国人民在讲起“四人帮”时，把很多错误都归咎于“四人帮”，说的是“四人帮”，但他们伸出的却是五个手指。

邓小平：毛主席的错误和林彪、“四人帮”问题的性质是不同的。毛主席一生中大部分时间是做了非常好的事情的，他多次从危机中把党和国家挽救过来。没有毛主席，至少我们中国人民还要在黑暗中摸索更长的时间。毛主席最伟大的功绩是把马列主义的原理同中国革命的实际结合起来，指出了中国夺取革命胜利的道路。应该说，在六十年代以前或五十年代后期以前，他的许多思想给我们带来了胜利，他提出的一些根本的原理是非常正确的。他创造性地把马列主义运用到中国革命的各个方面，包括哲学、政治、军事、文艺和其他领域，都有创造性的见解。

但是很不幸，他在一生的后期，特别在“文化大革命”中是犯了错误的，而且错误不小，给我们党、国家和人民带来许多不幸。你知道，我们党在延安时期，把毛主席各方面的思想概括为毛泽东思想，把它作为我们党的指导思想。正是因为我们遵循毛泽东思想，才取得了革命的伟大胜利。当然，毛泽东思想不是毛泽东同志一个人的创造，包括老一辈革命家都参与了毛泽东思想的建立和发展，主要是毛泽东同志的思想。

但是，由于胜利，他不够谨慎了，在他晚年有些不健康的因素、不健康的思想逐渐露头，主要是一些“左”的思想。有相当部分违背了他原来的思想，违背了他原来十分好的正确主张，包括他的工作作风。

这时，他接触实际少了。他在生前没有把过去良好的作风，比如说民主集中制、群众路线很好地贯彻下去，没有制定也没有形成良好的制度。这不仅是毛泽东同志本人的缺点，我们这些老一辈的革命家，包括我，也是有责任的。我们党的政治生活、国家的政治生活有些不正常了，家长制或家长作风发展起来了，颂扬个人的东西多了，整个政治生活不那么健康，以至最后导致“文化大革命”。“文化大革命”是错误的。

法拉奇：你说在后一段时期毛主席身体不好，但刘少奇被捕入狱以及死在狱中时，毛主席身体并不坏。过去还有其他错误，大跃进难道不是错误？照搬苏联的模式难道不是错误？对过去这段错误要追溯至何时？毛主席发动“文化大革命”到底想干什么？

邓小平：错误是从五十年代后期开始的。比如说，大跃进是不正确的。这个责任不仅仅是毛主席一个人的，我们这些人脑子都发热了。完全违背客观规律，企图一下子把经济搞上去。主观愿望违背客观规律，肯定要受损失。但大跃进本身的主要责任还是毛主席的。

当时，经过几个月的时间，毛主席首先很快地发觉了这些错误，提出改正这些错误。由于其他因素，这个改正没有贯彻下去。一九六二年，毛主席对这些问题进行了自我批评。但毕竟对这些教训总结不够，导致爆发了“文化大革命”。

搞“文化大革命”，就毛主席本身的愿望来说，是出于避免资本主义复辟的考虑，但对中国本身的实际情况作了错误的估计。首先把革命的对象搞错了，导致了抓所谓“党内走资本主义道路的当权派”。这样打击了原来在革命中有建树的、有实际经验的各级领导干部，其中包括刘少奇同志在内。

毛主席在去世前一两年讲过，文化大革命有两个错误，一个是“打倒一切”，一个是“全面内战”。只就这两点讲，就已经不能说“文化大革命”是正确的。毛主席犯的是政治错误，这个错误不算小。另一方面，错误被林彪、“四人帮”这两个反革命集团利用了。他们的目的就是阴谋夺权。所以要区别毛主席的错误同林彪、“四人帮”的罪行。

法拉奇：但我们大家都知道，是毛主席选择了林彪，就像西方的国王选择继承人那样，选择了林彪。

邓小平：这就是我刚才说的不正确的做法。一个领导人，自己选择自己的接班人，是沿用了一种封建主义的做法。刚才我说我们制度不健全，其中也包括这个在内。

法拉奇：你们对“四人帮”进行审判的时候，以及你们开下一届党代会时，在何种程度上会牵涉到毛主席？

邓小平：我们要对毛主席一生的功过作客观的评价。我们将肯定毛主席的功绩是第一位的，他的错误是第二位的。我们要实事求是地讲毛主席后期的错误。我们还要继续坚持毛泽东思想。毛泽东思想是毛主席一生中正确的部分。毛泽东思想不仅过去引导我们取得革命的胜利，现在和将来还应该是中国党和国家的宝贵财富。

所以，我们不但要把毛主席的像永远挂在天安门前，作为我们国家的象征，要把毛主席作为我们党和国家的缔造者来纪念，而且还要坚持毛泽东思想。我们不会像赫鲁晓夫对待斯大林那样对待毛主席。

法拉奇：这是否意味着在审判“四人帮”和开下一届党代会时，毛主席的名字不可避免地会提到？

邓小平：是会提到的。不光在党代会，在其他场合也要提到。但是审判“四人帮”不会影响毛主席。当然，用“四人帮”，毛主席是有责任的。但“四人帮”自己犯的罪行，怎么判他们都够了。

法拉奇：据说，毛主席经常抱怨你不太听他的话，不喜欢你，这是否是真的？

邓小平：毛主席说我不听他的话是有过的。但也不是只指我一个人，对其他领导人也有这样的情况。这也反映毛主席后期有些不健康的思想，就是说，有家长制这些封建主义性质的东西。他不容易听进不同的意见。

毛主席批评的事不能说都是不对的。但有不少正确的意见，不仅是我的，其他同志的在内，他不大听得进了。民主集中制被破坏了，集体领导被破坏了。否则，就不能理解为什么会爆发“文化大革命”。

法拉奇：在中国有这么一个人，他在任何时候都没有被碰到过，这就是周恩来总理。这个情况如何解释？

邓小平：周总理是一生勤勤恳恳、任劳任怨工作的人。他一天的工作时间总超过十二小时，有时在十六小时以上，一生如此。我们认识很早，在法国勤工俭学时就住在一起。对我来说他始终是一个兄长。我们差不多同时期走上了革命的道路。他是同志们和人民很尊敬的人。

“文化大革命”时，我们这些人都下去了，幸好保住了他。在“文化大革命”中，他所处的地位十分困难，也说了好多违心的话，做了好多违心的事。但人民原谅他。因为他不做这些事，不说这些话，他自己也保不住，也不能在其中起中和作用，起减少损失的作用。他保护了相当一批人。

法拉奇：我看不出怎样才能避免或防止再发生诸如“文化大革命”这样可怕的事情。

邓小平：这要从制度方面解决问题。我们过去的一些制度，实际上受了封建主义的影响，包括个人迷信、家长制或家长作风，甚至包括干部职务终身制。

我们现在正在研究避免重复这种现象，准备从改革制度着手。我们这个国家有几千年封建社会的历史，缺乏社会主义的民主和社会主义的法制。现在我们要认真建立社会主义的民主制度和社会主义法制。只有这样，才能解决问题。

法拉奇：你是否能肯定，今后事情的发展更为顺利？你们是否能够达到你们的目的？因为我听说，所谓“毛主义分子”仍然存在。我说的“毛主义分子”是指“文化大革命”的支持者。

邓小平：不能低估“四人帮”的影响。但要看到，百分之九十七、九十八的广大人民对“四人帮”的罪行是痛恨的。这表现在“四人帮”横行、毛主席病重、周总理去世时，一九七六年四月五日天安门广场爆发的反抗“四人帮”的群众运动。

粉碎“四人帮”以后，特别是最近两年，我们党的三中全会、四中全会、五中全会体现了人民的意志和人民的要求。我们正在考虑从制度上解决问题。已经提出了许多问题，特别是强调要一心一意搞四化建设，这是得人心的。

人民需要一个安定团结的政治局面，对大规模的运动厌烦了。凡是这样的运动都要伤害一批人，而且不是小量的。经常搞运动，实际上就安不下心来搞建设。所以我们可以确信，只要我们现在走的路子是对的，人民是拥护的，像“文化大革命”那样的情况就不会重复。①

① 《邓小平文选》第2卷，人民出版社1994年版，第344～353页。

第一百三十章

“那次采访对我来说是一次考验，不知道通过了没有”

1980 年 8 月 21 日，邓小平在北京人民大会堂接受外国著名记者法拉奇的采访。在整个采访过程中，法拉奇提问尖锐，开门见山，直奔主题，锋芒毕露，咄咄逼人。邓小平沉着回答，高屋建瓴，气魄恢宏，言辞犀利，内涵丰厚，胸有成竹，老成持重。

为邓小平和法拉奇做翻译的施燕华回忆说：开始翻译的时候我是有些犯嘀咕，而且我们领导也说，要是她有些问题问得太出格的话，让我翻译时措辞上稍微给缓一缓。后来我发现用不着，因为邓小平也挺喜欢这种针锋相对、单刀直入的提问方式，两人的交流，气氛还是很好的。我觉得没问题，就大胆地忠实翻译。

邓小平与法拉奇一问一答，不知不觉，时间悄然过去。时近中午，邓小平谈兴正浓，言犹未尽。他突然提出，是不是再谈一次？法拉奇求之不得，连忙回应：“好极了！”原来法拉奇到北京后，就提出过最好谈两次，中国外交部没有同意。施燕华回忆说：邓小平与法拉奇谈到 12 点多时，邓小平提出还可以再谈一次，约她再谈，她高兴得不得了，就这么蹦了起来。

中国外交部新闻司具体安排法拉奇这次采访邓小平的有关事宜。本来，中国外交部考虑到邓小平工作繁忙，抽出半天接受法拉奇的采访已属不易，不可破例同意她的要求。中国外交部也没有向邓小平反映她希望谈两次的要求。这时，邓小平主动提出再谈一次，是因为法拉奇所提的问题，正是国内广大干部、群众普遍关心，国际上非常关注的重大问题。

8 月 23 日上午，邓小平再次会见法拉奇，就法拉奇提出的有关中国形势、国际形势、中国共产党与其他国家共产党的党际关系和对外开放等问题，畅谈了独到见解。法拉奇不断提出问题，邓小平从容、淡定，侃侃而谈。法拉奇听得非常入神，不停地记着笔记。

法拉奇：很显然，只有在毛主席逝世以后才能逮捕“四人帮”，到底是谁组织的，是谁提出把“四人帮”抓起来的？

邓小平：这是集体的力量。我认为首先有四五运动的群众基础。“四人帮”这个词是毛主席在逝世前一两年提出来的。一九七四年、一九七五年，我们同“四人帮”进行了两年的斗争。“四人帮”的面貌，人们已看得很清楚。

尽管毛主席指定了接班人，但“四人帮”是不服的。毛主席去世以后，“四人帮”利用这个时机拼命抢权，形势逼人。“四人帮”那时很厉害，要打倒新的领导。

在这样的情况下，政治局大多数同志一致的意见是要对付“四人帮”。要干这件事，一个人、两个人的力量是办不到的。

粉碎“四人帮”后，建毛主席纪念堂，应该说，那是违反毛主席自己的意愿的。五十年代，毛主席提议所有的人身后都火化，只留骨灰，不留遗体，并且不建坟墓。毛主席是第一个签名的。我们都签了名。中央的高级干部、全国的高级干部差不多都签了名。现在签名册还在。粉碎“四人帮”以后做的这些事，都是从为了求得比较稳定这么一个思想考虑的。

法拉奇：那末毛主席纪念堂不久是否将要拆掉？

邓小平：我不赞成把它改掉。已经有了的把它改变，就不见得妥当。建是不妥当的，如果改变，人们就要议论纷纷。现在世界上都在猜测我们要毁掉纪念堂。我们没有这个想法。

法拉奇：为什么你想辞去副总理职务？

邓小平：不但我辞职，我们老一代的都不兼职了。华国锋主席也不兼国务院总理的职务了，党中央委员会推荐赵紫阳同志为候选人。我们这些老同志摆在那里，他们也不好工作。我们存在一个领导层需要逐渐年轻化的问题。我们需要带个头。

过去没有规定，但实际上存在领导职务终身制。这不利于领导层更新，不利于年轻人上来，这是我们制度上的缺陷。这个缺陷在六十年代还看不出来，那时我们还年轻。这不是一个人的问题，是整个制度的问题，更多地是关系到我们的方针、四个现代化能否实现的问题。所以我们说，老同志带个头，开明一点好。

法拉奇：我看到中国有其他的画像。在天安门我看到有马、恩、列，特别还有斯大林的画像。这些像，你们是否还要保留？

邓小平：要保留。“文化大革命”以前，只在重要的节日才挂出来。“文化大革命”期间才改变了做法，经常挂起。现在我们恢复过去的做法。

法拉奇：四个现代化将使外国资本进入中国，这样不可避免地引起私人投资问题。这是否会在中国形成资本主义？

邓小平：归根到底，我们的建设方针还是毛主席过去制定的自力更生为主、争取外援为辅的方针。不管怎样开放，不管外资进来多少，它占的份额还是很小的，影响不了我们社会主义的公有制。吸收外国资金、外国技术，甚至包括外国在中国建厂，可以作为我们发展社会主义社会生产力的补充。当然，会带来一些资本主义的腐朽的东西。我们意识到了这个问题，但这不可怕。

法拉奇：那末，你是否认为资本主义并不是都是坏的？

邓小平：要弄清什么是资本主义。资本主义要比封建主义优越。有些东西并不能说是资本主义的。比如说，技术问题是科学，生产管理是科学，在任何社会，对任何国家都是有用的。我们学习先进的技术、先进的科学、先进的管理来为社会主义服务，而这些东西本身并没有阶级性。

法拉奇：我记得几年前，你谈到农村自留地时说过，人是需要一些个人利益来从事生产的，这是否意味着共产主义本身也要讨论呢？

邓小平：按照马克思说的，社会主义是共产主义第一阶段，这是一个很长的历史阶段，必须实行按劳分配，必须把国家、集体和个人利益结合起来，才能调动积极性，才能发展社会主义的生产。共产主义的高级阶段，生产力高度发达，实行各尽所能，按需分配，将更多地承认个人利益、满足个人需要。

法拉奇：你谈到还有其他人对毛泽东思想作出了贡献，这些人是谁？

邓小平：老一辈的革命家。比如说，周恩来总理、刘少奇同志、朱德同志等等，还有其他许多人都作了贡献。很多老干部都有创造，有见解。

法拉奇：你为什么不提自己的名字？

邓小平：我算不了什么。当然我总是做了点事情的，革命者还能不做事？

法拉奇：你说“四人帮”是少数，全国很多人反对他们。他们这些少数人怎么可以控制中国，甚至整老一辈的革命家？是否他们当中有一个是毛主席的夫人，他们的关系太好，你们不敢动她？

邓小平：有这个因素。我说过，毛主席是犯了错误的，其中包括起用他们。但应该说，他们也是有一帮的，特别是利用一些年轻人没有知识，拉帮结派，有相当的基础。

法拉奇：毛主席对江青的错误是否视而不见？江青是否像慈禧一样的人？

邓小平：江青本人是打着毛主席的旗帜干坏事的。但毛主席和江青已分居多年。

法拉奇：我们不知道。

邓小平：江青打着毛主席的旗帜搞，毛主席干预不力，这点，毛主席是有责任的。江青坏透了。怎么给“四人帮”定罪都不过分。“四人帮”伤害了成千上万的人。

法拉奇：对江青你觉得应该怎么评价，给她打多少分？

邓小平：零分以下。

法拉奇：你对自己怎么评价？

邓小平：我自己能够对半开就不错了。但有一点可以讲，我一生问心无愧。你一定要记下我的话，我是犯了不少错误的，包括毛泽东同志犯的有些错误，我也有份，只是可以说，也是好心犯的错误。不犯错误的人没有。不能把过去的错误都算成是毛主席一个人的。所以我们对毛主席的评价要非常客观，第一他是有功的，第二才是过。毛主席的许多好的思想，我们要继承下来，他的错误也要讲清楚。①

---

① 《邓小平文选》第2卷，人民出版社1994年版，第344～353页。

邓小平会见法拉奇的两次谈话，共计4个小时。法拉奇在采访中提出的所有国际国内问题，包括对毛泽东评价这样的敏感问题，都得到了邓小平直截了当，既切中要害又内涵睿智、富有幽默感的答复。

邓小平会见法拉奇4个小时的采访记录，本身就是一篇很长的文章。法拉奇不愧为一位严肃的记者，在采访过程中，有的地方她并没有完全听懂，为节省时间，当场没有进一步询问，因此，采访邓小平结束后，要求翻译帮助她整理记录稿。

当时在中国外交部工作、为邓小平做翻译的施燕华回忆说：

> 采访后接连三个下午，我冒着烈日到民族饭店法拉奇住的小房间。我们一起听录音，她听到不明白的地方，就停机问我：“这是什么意思?”现场翻译时，我来不及琢磨文字，全凭当时的灵感，不免有许多中式英语，西方人不易理解。凡是遇到她不懂的地方，我就多费点口舌，把意思解释清楚。然后我们俩就绞尽脑汁想一个比较好的英语表述代替原来的翻法。我给她的建议都认真考虑，吸取一部分好的，再提出改进的翻法。有时我觉得她的建议有损原意，就坚决不同意，她也想不出更好的翻法，只好让步。我从这样的切磋中学到了很多东西，特别是在翻译过程中，不仅要严谨，还要有适当的灵活，用外国人熟悉的表达方式。法拉奇对我的态度很佩服，说：“我跟你一样，主张精确，我准备一字不改地把这次谈话记录发表出去。我太喜欢这个人（邓小平）了，我要如实反映，不加减任何东西。他的话本身就说明问题。”
>
> 第一次采访后，法拉奇回到房间特别兴奋，她抽着烟，在房间里边踱步边对我说：“我喜欢他！我喜欢他!”整理完记录，我们闲聊了一阵。她说：“邓小平是个伟人。他对一切问题了如指掌，每个问题都回答得很精彩。他像我的父亲，我问什么问题他都能容忍。他还如此幽默，使人感到亲切。我喜欢他的风格。我看了很多材料，原来一直不明白邓小平为什么二起二落（实际上是三起三落），受了那么多迫害，最后还能起来，真不容易。现在我明白了，通过跟他接触，我感觉到他有很坚强的性格，他

始终坚定地按自己的信念去做，所以才能有今天。”①

法拉奇对于这次采访的成功，喜出望外。法拉奇的采访记录，经过中国外交部在采访中担任翻译的同志准确校核，很快于8月31日和9月1日在美国《华盛顿邮报》上分两次全文发表，世界上很多国家的报纸纷纷转载，引起巨大轰动，堪称世界新闻史上的经典之作。

由中共第二代中央领导集体的核心人物、中国改革开放和现代化建设的总设计师邓小平，直接向西方记者开诚布公地阐述中共十一届三中全会以来在国际国内问题上的路线、方针、政策，被国际舆论认为是“极为例外的事”，是“非常年代的一个非常举动”。世界各国对中国正在进行的改革开放有了进一步的深刻认识，对邓小平也有了进一步的深入了解。

国际舆论普遍认为，这次采访“是邓小平历史性的、出色的答记者问”，“无论从谈话的内容，还是从谈话的风格来看，都是世界上少有的”。有的外电评论说：“邓小平第一次宣布，在明年的党代会上，将不会像批判斯大林那样，全面批判毛泽东。但是总结大跃进以后的总路线，今后的中国将与毛路线诀别，进行四个现代化。”

法拉奇认为：“（这次采访是）一次独一无二、不会再有的经历，在我的‘历史采访者’中，我很少发现如此智慧、如此坦率和如此文雅的。邓小平是一位出类拔萃的人物，中国的领导人中有位邓小平是非常幸福的！”法拉奇接受美国电视台采访时说：“我所采访的世界领导人中，没有一个人能像邓这样坦率、深入地谈论历史问题，他超越了个人恩怨谈历史问题，是谈得很深的。”法拉奇坦承，对邓小平的采访，是她事业中最成功的一次。同年9月，法拉奇给邓小平写了一封感谢信，其中写道：“采访您是我的夙愿。我曾经担心语言障碍会妨碍这一愿望的实现，现在看来，这一担心是多余的。”

在国内，邓小平会见法拉奇的谈话，首先以中央文件的形式在党内中高级干部中进行了通报。随后，广大干部、党员、群众通过新闻媒体等渠道了解了谈话的主要内容。

---

① 施燕华：《我的外交翻译生涯》，中国青年出版社2013年版。

大家普遍认为，邓小平的谈话，科学地评价了毛泽东和毛泽东思想，实事求是地总结了新中国成立以来的历史经验和教训，深刻阐述了人民群众在推动历史前进中的重要历史作用，回答了一系列国际国内关心的重大问题，标志着党对这些问题认识上的高度成熟、思想上的高度统一和处理上的干脆果断，是用马克思主义的辩证唯物主义和历史唯物主义回顾历史，研究问题，总结经验，汲取教训，认识现实，前瞻未来的典范。

后来，意大利共产党中央委员会总书记纳塔 1985 年 10 月 16 日访问中国期间，曾提到邓小平在会见意大利记者法拉奇时对许多重要问题所做的阐述引起了巨大轰动。

邓小平说：“那次采访对我来说是一次考验，不知道通过了没有？那是我同外国记者谈话最长的一次，谈了六七个小时。法拉奇采访过世界上很多政治家，基辛格就是其中的一个。基辛格对我说，法拉奇是很难对付的一名记者，我在见法拉奇之前，还咨询过基辛格。”邓小平坦诚而富有感染力的话，深深感染了意大利来宾。

第一百三十一章

起草“历史决议”,“中心的意思应该是三条”

中共十一届三中全会开启了全党全国人民思想解放的闸门。中国共产党按照马克思主义的辩证唯物主义与历史唯物主义的立场、观点和方法，既实事求是地肯定和评价领袖人物在中国革命、建设历史上的重要作用，也高度重视肯定和评价人民群众在创造历史、推动历史前进中的重要地位，并为此做了一系列工作。

中国拨乱反正和改革开放的迅猛发展，促使着人们思想上的解放。“文化大革命”和它以前的“左”倾错误，影响很深很广，危害非常严重。在深入揭发批判林彪集团、江青集团的同时，必须对“文化大革命”和它以前的“左”倾错误进行全面清理。这就不能不涉及毛泽东晚年所犯的错误。

毛泽东对中国革命作出了不朽的贡献，因而在党和人民中享有崇高威望。对于党的错误，包括毛泽东所犯的错误在内，有没有马克思主义的勇气进行自我批评，能不能历史地、正确地进行这种自我批评，是能否拨乱反正的关键问题。

刚刚粉碎江青集团的时候，党对全面清理“左”倾错误的思想准备还很不够，加上当时中央主要负责同志在一系列重大问题上继续犯着“左”的错误，党还不具备正确评价新中国历史、总结经验教训的能力。

随着对新中国成立后若干历史问题的认识更加深入，全党全国人民总结历史经验与教训的愿望更加迫切，正确评价新中国历史、总结经验教训的时机已经成熟。根据中共十一届三中全会关于“文化大革命”“实际过程中发生的缺点、错误，适当的时候作为经验教训加以总结，统一全党和全国人民的认识，是必要的，但是不应匆忙地进行”的精神，根据中共十一届四中全会上一些同志提出要搞类似六届七中全会通过的《关于若干历史问题的决议》总结新中国建立后历史经验和教训的建议，根据叶剑英在庆祝中华人民共和国成立三十周年大会上提出的“中共中央认为，对过去三十年特别是‘文化大革命’十年的历史，应当在适当的时候，经过专门的会议，作出正式的总结”的要求，中共十一届四中全会后，中共中央正式组织了《关于建国以来党的若干历史问题的决议》起草小组，起草工作逐步展开。

《关于建国以来党的若干历史问题的决议》的起草工作，在中共中央政治局、中共中央书记处领导下，由邓小平、胡耀邦主持进行。邓小平自始至终对起草工作给予极大关注，多次予以精心指导。从 1980 年 3 月到 1981 年 6 月中共十一届六中全会，邓小平多次对中央负责同志和历史决议起草小组的负责同志谈对历史决议稿的起草意见和修改意见。

1980 年 3 月，历史决议起草小组经过材料准备、酝酿讨论，将起草的决议提纲送给邓小平等征求意见。邓小平看了后，在同中央负责同志的一次谈话中指出：我看了起草小组的提纲，感到铺得太宽了。要避免叙述性的写法，要写得集中一些。对重要问题要加以论断，论断性的语言要多些，当然要准确。

邓小平认为，起草《关于建国以来党的若干历史问题的决议》，中心的意思应该是三条：

第一，确立毛泽东同志的历史地位，坚持和发展毛泽东思想。这是最核心的一条。不仅今天，而且今后，我们都要高举毛泽东思想的旗帜。十一届五中全会为刘少奇同志平反的决定传达下去以后，一部分人中间思想相当混乱。有的反对给刘少奇同志平反，认为这样做违反了毛泽东思想；有的则认为，既然给刘少奇同志平反，就说明毛泽东思想错了。这两种看法都是不对的。必须澄清这些混乱思想。对毛泽东同志、毛泽东思想的评价问题，党内党外和国内国外都很关心，不但全党同志，而且各方面的朋友都在注意我们怎么说。

要写毛泽东思想的历史，毛泽东思想形成的过程。延安时期那一段，可以说是毛泽东思想比较完整地形成起来的一段。毛泽东思想中关于新民主主义革命的理论，包括党的建设的理论和处理党内关系的原则，在延安整风前后，都比较完整地形成了。六届七中全会通过的若干历史问题决议，主要是批判三次“左”倾路线，对照着讲以毛泽东同志为代表的正确路线，没有专门讲毛泽东思想的全部内容。现在这一次，要正确地评价毛泽东思想，科学地确立毛泽东思想的指导地位，就要把毛泽东思想的主要内容，特别是今后还要继续贯彻执行的内容，用比较概括的语言写出来。“文化大革命”的十年，毛泽东同志是犯了错误的。在讲到毛泽东同志、毛泽东思想的时候，要对这一时期的错误进行实事求是的分析。

第二，对新中国成立三十年来历史上的大事，哪些是正确的，哪些是错误的，要进行实事求是的分析，包括一些负责同志的功过是非，要做出公正的评价。

第三，通过这个决议对过去的事情做个基本的总结。还是过去的话，这个总结宜粗不宜细。总结过去是为了引导大家团结一致向前看。争取在决议通过以后，党内、人民中间思想得到明确，认识得到一致，历史上重大问题的议论到此基本结束。当然，议论过去，将来也难以完全避免，但只是在讨论当前工作的时候，联系着谈谈过去有关的事情。现在要一心一意搞四化，团结一致向前看。做到这点不那么容易。决议要力求做好，能使大家的认识一致，不再发生大的分歧。这样，即使谈到历史，大家也会觉得没有什么不同意见可说了，要说也只是谈谈对决议内容、对过去经验教训的体会。①

邓小平强调，总的要求，或者说总的原则、总的指导思想，就是这么三条。其中最重要、最根本、最关键的，还是第一条。②

过去常说“十次路线斗争”，现在应该怎么看？邓小平谈了看法：

> 彭德怀同志那一次不能算了。
>
> 刘少奇同志这一次也不能算了。
>
> 这就减去了两次。
>
> 林彪、江青是反革命集团。
>
> 陈独秀，还有瞿秋白同志、李立三同志这三个人，不是搞阴谋诡计的。

① 《邓小平文选》第2卷，人民出版社1994年版，第291～293页。

② 《邓小平文选》第2卷，人民出版社1994年版，第293页。

罗章龙另立中央，分裂党。

张国焘是搞阴谋诡计的。

高岗是搞阴谋诡计的。

林彪、江青更不用说了。

揭露高饶的问题没有错。至于是不是叫路线斗争，还可以研究。这个事情，我知道得很清楚。毛泽东同志在一九五三年底提出中央分一线、二线之后，高岗活动得非常积极。他首先得到林彪的支持，才敢于放手这么搞。那时东北是他自己，中南是林彪，华东是饶漱石。对西南，他用拉拢的办法，正式和我谈判，说刘少奇同志不成熟，要争取我和他一起拱倒刘少奇同志。

我明确表示态度，说刘少奇同志在党内的地位是历史形成的，从总的方面讲，刘少奇同志是好的，改变这样一种历史形成的地位不适当。

高岗也找陈云同志谈判，他说：搞几个副主席，你一个，我一个。这样一来，陈云同志和我才觉得问题严重，立即向毛泽东同志反映，引起他的注意。高岗想把少奇同志推倒，采取搞交易、搞阴谋诡计的办法，是很不正常的。

所以反对高岗的斗争还要肯定。高饶问题的处理比较宽。当时没有伤害什么人，还有意识地保护了一批干部。总之，高饶问题不揭露、不处理是不行的。现在看，处理得也是正确的。

但是，高岗究竟拿出了一条什么路线？我看，确实没有什么路线。

所以，究竟叫不叫路线斗争，也难说。你们再斟酌一下。①

对于历史决议起草小组提出的其他问题，邓小平也谈了自己的看法：

一九五七年反右派斗争还是要肯定。三大改造完成以后，确实有一股势力、一股思潮是反社会主义的，是资产阶级性质的。反击这股思潮是必要的。我多次说过，那时候有的人确实杀气腾腾，想要否定共产党的领

① 《邓小平文选》第2卷，人民出版社1994年版，第293～294页。

导，扭转社会主义的方向，不反击，我们就不能前进。错误在于扩大化。统战部写了个报告给中央，提出错划的都要改正，没有错划的不能改正。但是，对于没有错划的那几个原来民主党派中的著名人士，在他们的结论中也要说几句：在反右派斗争前，特别是在民主革命时期，他们曾经做过好事。对他们的家属应该一视同仁，在生活上、工作上、政治上加以妥善照顾。①

邓小平提出，起草《关于建国以来党的若干历史问题的决议》，总起来说，对历史问题，还是要粗一点、概括一点，不要搞得太细。对有些同志在有些问题上的错误意见，要硬着头皮顶住。重要的问题要加以论证。要尽快搞出个稿子来。②

经过一段时间的深思熟虑，邓小平对如何评价新中国诞生后党的若干重大问题有了更加深入的看法。1980 年 4 月 1 日，他在与中央负责同志的谈话中，全面分析了 20 世纪 50 年代后期和 60 年代的历史状况，提出了评价若干重大问题的基本思路。

邓小平指出：

总之，建国后十七年这一段，有曲折，有错误，基本方面还是对的。社会主义革命搞得好，转入社会主义建设以后，毛泽东同志也有好文章、好思想。讲错误，不应该只讲毛泽东同志，中央许多负责同志都有错误。

“大跃进”，毛泽东同志头脑发热，我们不发热？

刘少奇同志、周恩来同志和我都没有反对，陈云同志没有说话。

在这些问题上要公正，不要造成一种印象，别的人都正确，只有一个人犯错误。这不符合事实。中央犯错误，不是一个人负责，是集体负责。在这些方面，要运用马列主义结合我们的实际进行分析，有所贡献，有所

① 《邓小平文选》第 2 卷，人民出版社 1994 年版，第 294 页。
② 《邓小平文选》第 2 卷，人民出版社 1994 年版，第 294 页。

发展。[1]

在这次谈话中，邓小平还对《关于建国以来党的若干历史问题的决议》的整体框架进行了设计。

他认为，整个设计，可不可以考虑，先有个前言，回顾一下建国以前新民主主义革命这一段，话不要太多。然后，建国以来十七年一段，“文化大革命”一段，毛泽东思想一段，最后有个结语。结语讲我们党还是伟大的，勇于面对自己的错误，勇于纠正自己的错误。决议中最核心、最根本的问题，还是坚持和发展毛泽东思想。党内党外、国内国外都需要我们对这一问题加以论证，加以阐述，加以概括。[2]

根据中共中央要求，历史决议起草小组经过一段时间的努力，于 1980 年 6 月拟出了一个《关于建国以来党的若干历史问题的决议》草稿，送给中央领导同志征求意见。

邓小平认真地审看后，直言不讳地提出了否定性意见。

6 月 27 日，邓小平约见中央负责同志。他说：“决议草稿看了一遍。不行，要重新来。我们一开始就说，要确立毛泽东同志的历史地位，坚持和发展毛泽东思想，现在这个稿子没有很好体现原先的设想。一九五七年以前的几部分，事实差不多，叙述的方法、次序，特别是语调，要重新斟酌、修改。要说清楚关于社会主义革命和社会主义建设，毛泽东同志有哪些贡献。他的思想还在发展中。我们要恢复毛泽东思想，坚持毛泽东思想，以至还要发展毛泽东思想，在这些方面，他都提供了一个基础。要把这些思想充分地表达出来。这段时间他的一些重要文章，如《论十大关系》、《关于正确处理人民内部矛盾的问题》、《一九五七年夏季的形势》等，都要写到。这都是我们今天要继续坚持和发展的。要给人一个很清楚的印象，究竟我们高举毛泽东思想旗帜、坚持毛泽东思想，指的是些什么内容。”[3]

---

① 《邓小平文选》第 2 卷，人民出版社 1994 年版，第 296 页。

② 《邓小平文选》第 2 卷，人民出版社 1994 年版，第 296 页。

③ 《邓小平文选》第 2 卷，人民出版社 1994 年版，第 297 页。

同时，邓小平提出了具体的修改意见和修改中应重点解决的问题。

他说，“整个文件写得太沉闷，不像一个决议。看来要进行修改，工程比较大。重点放在毛泽东思想是什么、毛泽东同志正确的东西是什么这方面。错误的东西要批评，但是要很恰当。单单讲毛泽东同志本人的错误不能解决问题，最重要的是一个制度问题。毛泽东同志说了许多好话，但因为过去一些制度不好，把他推向了反面。毛泽东同志晚年在理论和实践上的错误，要讲，但是要概括一点，要恰当。主要的内容，还是集中讲正确的东西，因为这符合历史。是不是结语写一段我们还要继续发展毛泽东思想。这中间还要批评‘两个凡是’的观点。毛泽东同志的错误在于违反了他自己正确的东西。‘两个凡是’的观点就是想原封不动地把毛泽东同志晚年的错误思想坚持下去。所谓按既定方针办，就是按毛泽东同志晚年的错误方针办。封建主义残余影响的问题要讲一讲，也要讲得恰当。毛泽东同志多次不赞成歌功颂德，提出不以个人名字给地方、企业命名，不祝寿、不送礼。我们现在的中央所坚持的这一套，就是毛泽东思想，当然我们也有具体化的内容”①。

根据邓小平的要求和中共中央书记处提出的意见，历史决议起草小组又重新起草了一个稿子，并进行了反复修改，形成了一个可以提供给高级干部讨论的讨论稿。

为了使历史决议真正成为中国共产党集体智慧的结晶，代表并反映全党的理论水平、思想水平和对新中国成立以来历史的认识水平，中共中央于1980年10月组织党内4000名高级干部对讨论稿进行讨论。

在讨论中，充分发扬民主，号召大家以对党对人民对历史负责的态度提出对讨论稿的意见和建议。大家畅所欲言，众说纷纭，有些意见很好。有的同志提出，讨论稿的篇幅还是太长，要压缩。可以不说的去掉，该说的就可以更突出。在分组讨论中，很多组要求把粉碎“四人帮”以后这段补写上去。

在讨论对毛泽东历史地位的评价问题时，中国人民解放军副总参谋长兼国防科委主任张爱萍的意见比较具有代表性。张爱萍说：

---

① 《邓小平文选》第2卷，人民出版社1994年版，第297～298页。

古代对伟人评价的标准往往看其三立：立德、立功、立言。

唐代孔颖达解释：“立德，谓创制垂法，博施济众；立功，谓拯厄除难，功济于时；立言，谓言得其要，理足可传。”

我认为毛泽东立言最佳，他的思想，他的理论，不仅指导中国革命取得了胜利，而且已成为世界马克思列宁主义经典著作，他著作中的有些理论，今后以至永远都将发挥其指导作用；

立功亦佳，没有毛泽东的领导，中国革命的胜利很可能要推迟若干年，他在领导中国人民推翻三座大山、建立起新中国上，在中国老一辈无产阶级革命家中，是头功、首功；

立德较次，次就次在建国后他发动的几次政治运动的极左上，特别是他倡导的“文化大革命”。这些“左”的思想是自20世纪50年代初由群言堂变为一言堂逐步形成的。其根源于根深蒂固的封建意识和一次次的造神运动，特别是居心叵测的大阴谋家林彪把造神运动推到了顶峰，也把毛泽东这样的伟大领袖推到云中雾中，林彪、江青集团趁机兴风作浪，为中国人民酿造了一场巨大的灾难。

但就毛泽东同志的一生来看，他对中国革命的功绩远远大于他的过失。

但是，在讨论中也出现了一些不正确的看法。

有的人认为，“文化大革命”的发动与持续十年之久，完全在于毛泽东的个人品质。

有的人提出，历史决议中只写马克思主义就行了，列宁主义可以不写，毛泽东思想也可以不写。……

对于党内4000名高级干部对历史决议讨论稿的讨论情况，邓小平极为重视。

反映讨论中重要意见和建议的所有简报，邓小平都仔细阅读。

10月25日，邓小平针对讨论中出现的一些问题，向中央负责同志阐明了看法：

关于毛泽东同志功过的评价和毛泽东思想，写不写、怎么写，的确是个非常重要的问题。我找警卫局的同志谈了一下，他们说，把我前些日子和意大利记者法拉奇的谈话向战士们宣读了，还组织了讨论，干部、战士都觉得这样讲好，能接受。

不提毛泽东思想，对毛泽东同志的功过评价不恰当，老工人通不过，土改时候的贫下中农通不过，同他们相联系的一大批干部也通不过。毛泽东思想这个旗帜丢不得。丢掉了这个旗帜，实际上就否定了我们党的光辉历史。

总的来说，我们党的历史还是光辉的历史。虽然我们党在历史上，包括建国以后的三十年中，犯过一些大错误，甚至犯过搞“文化大革命”这样的大错误，但是我们党终究把革命搞成功了。中国在世界上的地位，是在中华人民共和国成立以后才大大提高的。只有中华人民共和国的成立，才使我们这个人口占世界总人口近四分之一的大国，在世界上站起来，而且站住了。还是毛泽东同志那句话：中国人民从此站起来了。国内的人民也罢，国外的华侨也罢，对这点都有亲身感受。

也只有在中华人民共和国成立以后，才真正实现了全国（除台湾外）的统一。旧中国军阀混战时期不必说了，就是国民党统治时期，国家也没有真正统一过，像对山西、两广、四川等地，都不能算真正统一。没有中国共产党，不进行新民主主义革命和社会主义革命，不建立社会主义制度，今天我们的国家还会是旧中国的样子。我们能够取得现在这样的成就，都是同中国共产党的领导、同毛泽东同志的领导分不开的。恰恰在这个问题上，我们的许多青年缺乏了解。

对毛泽东同志的评价，对毛泽东思想的阐述，不是仅仅涉及毛泽东同志个人的问题，这同我们党、我们国家的整个历史是分不开的。要看到这个全局。这是我们从决议起草工作开始的时候就反复强调的。决议稿中阐述毛泽东思想的这一部分不能不要。这不只是个理论问题，尤其是个政治问题，是国际国内的很大的政治问题。如果不写或写不好这个部分，整个决议都不如不做。当然，究竟怎么个写法好，还要认真研究大家的意见。

不说毛泽东思想全面地发展了马克思列宁主义，不说它是马克思主义的新阶段，这些都对。但是应该承认，毛泽东思想是马克思列宁主义在中国的运用和发展。我们党在运用马克思列宁主义解决中国实际问题的过程中，的确有很多发展。这是客观的存在，历史的事实。不管怎么写，还是要把毛泽东同志的功过，把毛泽东思想的内容，把毛泽东思想对我们当前及今后工作的指导作用写清楚。三中全会以后，我们就是恢复毛泽东同志的那些正确的东西嘛，就是准确地、完整地学习和运用毛泽东思想嘛。基本点还是那些。从许多方面来说，现在我们还是把毛泽东同志已经提出、但是没有做的事情做起来，把他反对错了的改正过来，把他没有做好的事情做好。今后相当长的时期，还是做这件事。当然，我们也有发展，而且还要继续发展。

七大规定毛泽东思想为全党的指导思想。我们党用毛泽东思想教育了整整一代人，使我们赢得了革命战争的胜利，建立了中华人民共和国。“文化大革命”的确是一个大错误。但是我们党还是粉碎了林彪、“四人帮”两个反革命集团，结束了“文化大革命”，一直发展到今天。这些事情，还不是毛泽东思想教育的一代人干的？我们现在讲拨乱反正，就是拨林彪、“四人帮”破坏之乱，批评毛泽东同志晚年的错误，回到毛泽东思想的正确轨道上来。总之，不把毛泽东思想，即经过实践检验证明是正确的、应该作为我们今后工作指南的东西，写到决议里去，我们过去和今后进行的革命、建设的分量，它的历史意义，都要削弱。不写或不坚持毛泽东思想，我们要犯历史性的大错误。

现在有些同志把许多问题都归结到毛泽东同志的个人品质上。实际上，不少问题用个人品质是解释不了的。即使是品质很好的人，在有些情况下，也不能避免错误。红军时代中央革命根据地打AB团，打AB团的人品质都不好？开始打AB团的时候，毛泽东同志也参加了，只是他比别人觉悟早，很快发现问题，总结经验教训，到延安时候就提出“一个不杀、大部不抓”。在那种异常紧张的战争环境中，内部发现坏人，提高警惕是必要的。但是，脑子发热，分析不清，听到一个口供就相信了，这样就难于避免犯错误。从客观上说，环境的确紧张。从主观上说，当然也有个没有经验的问题。

毛泽东同志在“文化大革命”中也不是想把所有老干部都整倒。如对贺龙同志，林彪从一开头就是要整的，毛泽东同志确实想过要保。虽然谁不听他的话，他就想整一下，但是整到什么程度，他还是有考虑的。至于后来愈整愈厉害，不能说他没有责任，不过也不能由他一个人负责。有些是林彪、“四人帮”已经造成既成事实，有些是背着他干的。不管怎样，一大批干部被打倒，不能不说是毛泽东同志晚年的一个最大悲剧。

毛泽东同志到了晚年，确实是思想不那么一贯了，有些话是互相矛盾的。比如评价“文化大革命”，说三分错误、七分成绩，三分错误就是打倒一切、全面内战。这八个字和七分成绩怎么能联系起来呢？

对于错误，包括毛泽东同志的错误，一定要毫不含糊地进行批评，但是一定要实事求是，分析各种不同的情况，不能把所有的问题都归结到个人品质上。毛泽东同志不是孤立的个人，他直到去世，一直是我们党的领袖。对于毛泽东同志的错误，不能写过头。写过头，给毛泽东同志抹黑，也就是给我们党、我们国家抹黑。这是违背历史事实的。[①]

邓小平的意见，反映了中共中央对正确评价毛泽东和毛泽东思想的清醒认识，具有高度的政治性、指导性和前瞻性。

---

① 《邓小平文选》第2卷，人民出版社1994年版，第298～302页。

第一百三十二章

“把毛主席的功过敲定，一锤子敲定”

1980年到1981年，中共中央对于起草和讨论历史决议过程中出现的各种意见、各方面对毛泽东的各种各样的议论，一直非常重视。

中共中央副主席陈云先后两次约见历史决议起草小组负责人，详谈如何看待毛泽东的错误问题。陈云提出：

> 一、毛主席的错误问题，主要讲他的破坏民主集中制，凌驾于党之上，一意孤行，打击同他意见不同的人。着重写这个，其他的可以少说。
>
> 二、整个党中央是否可以说，毛主席的责任是主要的。党中央作为一个教训来说，有责任，没有坚决斗争。假如中央常委的人，除毛主席外都是彭德怀，那么局面会不会有所不同？应该作为一个党中央的集体，把自己的责任承担起来。在斗争时困难是非常困难，也许不可能（“反冒进”不是一次实践吗？中央同志全都参加了，毛来了一个反“反冒进”，结果搞得鸦雀无声了）。
>
> 三、毛主席的错误，地方有些人，有相当大的责任。毛主席老讲北京空气不好，不愿呆在北京，这些话的意思，就是不愿同中央常委谈话、见面。他愿意见的首先是华东的柯庆施，其次是西南，再其次是中南。
>
> 党内状况的形成，不是一个人，是个复杂的过程。①

按照邓小平、陈云的基本思想，历史决议起草小组对讨论稿进行了新的修改，到1981年3月又拿出了新的一稿。这时，主持历史决议起草工作的胡耀

---

① 《胡乔木谈中共党史》，人民出版社1999年版，第138页。

邦提出，鉴于历史决议涉及对新中国成立以来许多重大问题的评价问题，应当多征求一下老一辈无产阶级革命家的意见。

1981 年 3 月 18 日，邓小平接见历史决议起草小组负责人。他说：

决议稿的轮廓可以定下来了。

建国头七年的成绩是大家一致公认的。我们的社会主义改造是搞得成功的，很了不起。这是毛泽东同志对马克思列宁主义的一个重大贡献。今天我们也还需要从理论上加以阐述。当然缺点也有。从工作来看，有时候在有的问题上是急了一些。

“文化大革命”前的十年，应当肯定，总的是好的，基本上是在健康的道路上发展的。这中间有过曲折，犯过错误，但成绩是主要的。那个时候，党和群众心连心，党在群众中的威信比较高，社会风尚好，广大干部群众精神振作。所以，尽管遇到困难，还是能够比较顺利地渡过。经济上发生过问题，但总的说还是有发展。

充分肯定成绩，同时也要讲到反右派斗争、“大跃进”、庐山会议的错误。

总的说来，我们还是经验不够，自然也有胜利之后不谨慎。当然，毛泽东同志要负主要责任。这一点，他曾经作了自我批评，承担了责任。

这些事情写清楚了，再写“左”的思想的发展，以至于导致“文化大革命”的爆发。

关于“文化大革命”这一部分，要写得概括。胡乔木同志的意见，我是赞成的。“文化大革命”同以前十七年中的错误相比，是严重的、全局性的错误。它的后果极其严重，直到现在还在发生影响。

说“文化大革命”耽误了一代人，其实还不止一代。它使无政府主义、极端个人主义泛滥，严重地败坏了社会风气。但是，这十年中间，也还有健康的方面。

所谓“二月逆流”，不是逆流，是正流嘛，是同林彪、“四人帮”的反复斗争嘛。

胡耀邦同志主张决议稿写出后多听听老干部、政治家，包括黄克诚、李维汉等同志的意见，这很对，我赞成。①

3 月 24 日，邓小平去看望陈云。陈云对修改决议稿又提了两条意见：

一是专门加一篇话，讲讲解放前党的历史，写党的六十年。六十年一写，毛泽东同志的功绩、贡献就会概括得更全面，确立毛泽东同志的历史地位，坚持和发展毛泽东思想，也就有了全面的根据。

二是建议中央提倡学习，主要是学习马克思主义哲学，重点是学习毛泽东同志的哲学著作。陈云同志说，他学习毛泽东同志的哲学著作，受益很大。毛泽东同志亲自给他讲过三次要学哲学。他在延安的时候，把毛泽东同志的著作认真读了一遍，这对他后来的工作关系极大。现在我们的干部中很多人不懂哲学，很需要从思想方法、工作方法上提高一步。《实践论》《矛盾论》《论持久战》《战争和战略问题》《论联合政府》等著作，选编一下。还要选一些马恩列斯的著作。总之，很需要学习马克思主义哲学就是了。也要学点历史。青年人不知道我们的历史，特别是中国革命、中国共产党的历史。3 月 26 日，邓小平将陈云的意见转告历史决议起草小组负责人，并让他把陈云的这些意见报告胡耀邦。他要求历史决议中关于毛泽东同志对马克思主义哲学的贡献，要写得更丰富，更充实。结束语中也要加上提倡学习的意思。②

3 月 31 日，历史决议起草小组根据邓小平、陈云等同志的意见，形成了第三个历史决议讨论稿，送给中共中央政治局成员、中共中央书记处成员和几十位老一辈无产阶级革命家、老干部、老同志，征求他们的意见。收到历史决议讨论稿的同志都非常重视修改工作，有的把修改意见直接写在讨论稿上，有的单独写成了书面修改意见，有的约起草小组的同志面谈。

如何正确评价“文化大革命”，是历史决议起草过程中的一个难点问题。

---

① 《邓小平文选》第 2 卷，人民出版社 1994 年版，第 302～303 页。

② 《邓小平文选》第 2 卷，人民出版社 1994 年版，第 303～304 页。

怎样把“文化大革命”与“文化大革命”时期区分开来，颇费斟酌。

为了把历史决议的这一部分写好，邓小平于4月7日会见了历史决议起草小组的负责同志，专门谈了对“文化大革命”中的一些疑难问题的看法：

决议稿已经经过几轮的讨论。讨论中间有许多好意见，要接受。也有些意见不能接受，比如，说八届十二中全会、九大是非法的。

如果否定八届十二中全会、九大的合法性，那我们说“文化大革命”期间党还存在，国务院和人民解放军还能进行许多必要的工作，就站不住了。

八届十二中全会时周恩来同志有个说明，说十位中央委员去世，从候补中央委员中补上十位，这样，中央委员出席的就是五十位，过半数了。这就是讲的合法性。

不管八届十二中全会也好，九大也好，按照毛泽东同志在延安时对一九三一年上海临时中央和以后由临时中央召开的六届五中全会是否合法这个问题的决策（那个决策是英明的），说它们是非法的不好。

有的同志说，“文化大革命”中党不存在了。不能这样说。党的组织生活停止过一段时间，但是党实际上存在着。否则，怎么能不费一枪一弹，不流一滴血，就粉碎了“四人帮”呢？

“文化大革命”中间，我们还是有个党存在。如果现在否定了八届十二中全会和九大的合法性，就等于说我们有一段时间党都没有了。这不符合实际。

“文化大革命”期间，外事工作取得很大成绩。尽管国内动乱，但是中国作为大国的地位，是受到国际上的承认的。中国的国际地位有提高。

一九七一年七月基辛格访华。同年十月，联合国三分之二以上的国家投票赞成恢复中华人民共和国在联合国的合法席位，使美国很难堪。一九七二年二月尼克松访华，上海公报签字。九月恢复中日外交关系。

一九七四年四月，我去出席联大第六届特别会议，代表我国政府发表讲话，受到热烈欢迎，讲完以后，许多国家的代表前来热情握手。这都是事实。①

1981 年春天，根据这次征求到的意见，历史决议起草小组继续修改，形成了第四个历史决议讨论稿。

这一稿的特点是按照陈云的建议，在开篇增写了对新中国成立以前 28 年历史的回顾，实际上是对中国共产党领导的 28 年新民主主义革命历史的简明扼要的叙述、概括和总结。

然后，对新中国成立以后 32 年的历史进行了提纲挈领的“基本估计”。

接着，对基本完成社会主义改造的 7 年、开始全面建设社会主义的 10 年、“文化大革命”的 10 年、历史的伟大转折四个历史阶段进行了分析和评价。

继之，是对毛泽东历史地位和毛泽东思想的评价。

最后，是对中国共产党领导社会主义建设经验与教训的高屋建瓴的总结。

1981 年 5 月，《关于建国以来党的若干历史问题的决议》的起草工作已经进行一年多了，其间大的修改、小的修改不知道有多少次，经过不晓得多少稿。特别是 1980 年 10 月组织党内 4000 名高级干部讨论，提了很多好的重要的意见；在 4000 人讨论和最近 40 多位同志讨论的基础上，历史决议起草小组又进行修改，反复多次。

参与起草的同志下了苦功夫，又拿出一个稿子来。这是一个经过了精心推敲，吸收了众多意见，凝聚了老一辈无产阶级革命家和全党集体智慧的较为成熟的稿子。

为了使其更加成熟、更加完善，中共中央政治局举行有 70 多人参加的扩大会议，专题讨论历史决议第四个讨论稿。

5 月 19 日，邓小平在中央政治局扩大会议上，谈了对这个稿子较为满意的意见：

> 这个决议，过去也有同志提出，是不是不急于搞？不行，都在等。从国内来说，党内党外都在等，你不拿出一个东西来，重大的问题就

① 《邓小平文选》第 2 卷，人民出版社 1994 年版，第 304 ~ 305 页。

没有一个统一的看法。

国际上也在等。人们看中国，怀疑我们安定团结的局面，其中也包括这个文件拿得出来拿不出来，早拿出来晚拿出来。

所以，不能再晚了，晚了不利。

当然，需要一个好的稿子。

现在这个稿子，在我看来，起码是有一个好的基础。

这个稿子是根据一开始就提出的三项基本要求写的。

现在的稿子，是合乎三项基本要求的。

为了要早一点拿出去，再搞四千人讨论不行了，也不需要，因为四千人的意见已经充分发表出来了，而且现在的修改稿子也充分吸收了他们的意见。现在的方法，就是开政治局扩大会议，七十几个人，花点时间，花点精力，把稿子推敲得更细致一些，改得更好一些，把它定下来；定了以后，提到六中全会。设想就在党的六十周年发表。

纪念党的六十周年，不需要另外做什么更多的文章了。也还需要有些纪念性质的东西，但主要是公布这个文件。

要说有缺点，就是长了一点。我们总是想把它缩短到两万字以内，最后要求两万五千字，现在是两万八千字。现在看来，多三五千字没有关系，勉强缩短也不必要。当然，如果大家讨论当中能够在一些地方压缩点篇幅，那更好了。

这个文件是在四千人讨论和最近四十多位同志讨论的基础上修改的，好多好的意见这里面吸收了。比如陈云同志提出，前面要加建国以前的二十八年。这是一个很重要的意见，现在前言有了。还有其他许多重要的意见，大家一看就晓得哪些是根据大家提的意见修改的。当然，也有些意见没有接受。

总之，中心是两个问题，一个是毛泽东同志的功绩是第一位，还是错误是第一位？

第二，我们三十二年，特别是“文化大革命”前十年，成绩是主要的，还是错误是主要的？是漆黑一团，还是光明是主要的？

还有第三个问题，就是这些错误是毛泽东同志一个人的，还是别人也有点份？这个决议稿中多处提到我们党中央要承担责任，别的同志要承担点责任，恐怕这比较合乎实际。

第四，毛泽东同志犯了错误，这是一个伟大的革命家犯错误，是一个伟大的马克思主义者犯错误。①

邓小平指出的“也有些意见没有接受”是指哪些意见呢？

主要是指在历史决议文稿讨论过程中出现的这样一些意见。例如：

说毛泽东自新中国成立以后就离开了马克思列宁主义；

从1957年以来，就存在一条贯彻始终的“左”倾路线；

1956年到1966年“文化大革命”以前这个10年间，成绩不是主要的，错误是主要的；

“文化大革命”整个是一场反革命，毛泽东发动“文化大革命”就是要整人，从整人开始，以整人结束；

“文化大革命”的错误归结起来就是毛泽东个人的品质，毛泽东前期是共产主义者、马克思主义者，后期就不是了；

“文化大革命”的错误及其以前的错误，应统统由毛泽东一个人负责，等等。

这些意见，历史决议起草小组按照邓小平的指示，没有接受。

在5月中共中央政治局扩大会议上，历史决议起草小组负责人作了关于历史决议中若干理论问题的“几点说明”，较为详尽地阐述了大家关注的若干理论问题：

关于历史决议稿未用或极少用错误路线、机会主义路线、路线斗争和路线等术语问题；

关于批评无产阶级专政下继续革命和不再用以阶级斗争为纲的口号问题；

关于高度民主和社会主义民主问题；

关于中国已进入社会主义社会问题；

---

① 《邓小平文选》第2卷，人民出版社1994年版，第305～307页。

关于“文化大革命”的原因问题；

关于毛泽东在哲学方面的贡献问题；

关于决议稿全文对党在历史上的成绩讲得较充分、对错误讲得较简要问题，等等。

经过整整10天的讨论，这次以讨论《关于建国以来党的若干历史问题的决议》讨论稿为主题，在热烈紧张、畅所欲言、集思广益的气氛中，中央政治局扩大会议圆满达到预期目的。

会议期间，一方面是与会同志的热烈讨论，一方面是历史决议起草小组按照邓小平和中央政治局扩大会议提出的意见，紧张地进行着一遍又一遍的修改，尽可能把大家提出的好的意见都吸收到历史决议文稿中去。

这样，就形成了历史决议的第五个讨论稿。

此稿经中央政治局会议原则通过，准备提交中共十一届六中全会审议。

在这个历史决议文稿中，系统地总结了中国新民主主义革命、社会主义革命和建设的历史经验；以一个马克思主义政党应有的科学态度和政治勇气提出并深入分析了新中国成立后32年出现的挫折与失误，汲取了历史教训；既彻底否定了“文化大革命”和“无产阶级专政下继续革命的理论”，又高度评价了毛泽东的重要历史地位和毛泽东思想的长远指导意义，是一个用马克思主义的辩证唯物主义和历史唯物主义研究历史，分析问题，总结经验，汲取教训，统一思想，前瞻未来的典范之作。

历史决议文稿圆满实现邓小平的要求：“确立毛泽东同志的历史地位，坚持和发展毛泽东思想。这是最核心的一条。”

历史决议文稿圆满实现陈云的要求：一定要在我们这一代人还在的时候，把毛主席的功过敲定，一锤子敲定。一点一点讲清楚。这样，党的思想才会统一，人民的思想才会统一。如果我们不这样做，将来就可能出赫鲁晓夫，把毛主席真正打倒，不但会把毛主席否定，而且会把我们这些作含糊笼统决议的人加以否定。因此，必须对这个问题讲得很透彻。①

① 转引自《胡乔木谈中共党史》，人民出版社1999年版，第75页。

第一百三十三章

“我看是相当认真、严肃，也相当仔细了”

1981年夏天，随着中共十一届三中全会以来形势的不断发展，全党全国人民迫切要求总结新中国成立以来32年的经验教训，以适应新时期新任务的需要；党内外同志越来越强烈地要求纠正“文化大革命”的错误，彻底否定“文化大革命”的错误理论和实践；特别是要求科学地阐明毛泽东的历史地位，坚持和发展毛泽东思想。

因此，实事求是地正确分析和科学评价新中国成立32年来历史上的重大问题和中央一些负责同志的功过是非，统一全党全国人民的思想，从而一心一意进行社会主义现代化建设，团结一致向前看，是一个亟待解决的重要任务。

于是，根据形势发展和历史前进要求，中共中央决定召开十一届六中全会。正式会议之前，举行中共十一届六中全会预备会议。6月22日，邓小平代表中共中央在预备会上作了重要讲话，着重阐述《关于建国以来党的若干历史问题的决议》对党的历史上一些重大问题的评价。

首先，邓小平对提出交给中共十一届六中全会讨论的历史决议讨论稿进行了肯定：

> 总的来说，这个决议是个好决议，现在这个稿子是个好稿子。
>
> 我们原来设想，这个决议要举毛泽东思想的伟大旗帜，实事求是地、恰如其分地评价“文化大革命”，评价毛泽东同志的功过是非，使这个决议起到像一九四五年那次历史决议所起的作用，就是总结经验，统一思想，团结一致向前看。
>
> 我想，现在这个稿子能够实现这样的要求。
>
> 这个决议写了一年多了，中间经过四千人的讨论，以后是几十人的讨

论，政治局扩大会议的讨论，这次六中全会预备会的讨论是第四轮了。

我看是相当认真、严肃，也相当仔细了。①

在谈到《决议》对毛泽东的评价时，邓小平解释了《决议》不提“路线错误”和“路线斗争”的原因。他说：

核心问题是对毛泽东同志的评价，稿子的分寸是掌握得好的。

比如提不提毛泽东同志的错误是路线错误，就有个分寸问题。

我们不提路线错误，是考虑到路线斗争、路线错误这个提法过去我们用得并不准确，用得很多很乱。

过去我们讲党的历史上多少次路线斗争，现在看，明显地不能成立，应该根本推翻的，就有刘少奇、彭、罗、陆、杨这一次和彭、黄、张、周这一次，一共两次。

高饶事件的基本结论是维持了，但也不好说是什么路线斗争。

说罗章龙是路线错误，老实说也没有说中。罗章龙是搞派别斗争，是分裂党，另立中央。

高饶事件也是类似那么一个性质，当然还不是另立中央。

瞿秋白的错误不到半年，李立三只三个月。

过去评价历史上的路线斗争并不准确，这是我们不主张提路线斗争的一个理由。

还有一个理由，过去党内长期是这样，一说到不同意见，就提到路线高度，批判路线错误。所以，我们要很郑重地来对待这个问题，这是改变我们的党风的问题。

对十一大，不要说什么路线错误。

对“文化大革命”，我们也不说是路线错误，按它的实质分析就是了，是什么就是什么。

实际上，现在这次决议对“文化大革命”错误性质的分析，超过了

---

① 《邓小平文选》第2卷，人民出版社1994年版，第307页。

过去所谓路线错误的概念。

当然，不提路线斗争并不是说路线两个字就一概不能用了。比如三中全会确立了正确的思想路线、政治路线、组织路线，这样的提法以后还可以用。不但路线，总路线也可以用，现在我们就讲实现四个现代化是新时期的总路线。这次决议也用了路线这两个字，不是没有用。有些场合拿路线两个字来表达比较顺当，比较自然，而且一讲就明白。

但是，党内斗争是什么性质就说是什么性质，犯了什么错误就说是什么错误，讲它的内容，原则上不再用路线斗争的提法。这次决议开个先例，以后也这么办。①

对于毛泽东的评价，邓小平强调，要实事求是、恰如其分。他说：

为什么我们这次要强调恰如其分？就是在前一段时间里，对毛泽东同志有些问题的议论讲得太重了，应该改过来。

这样比较合乎实际，对我们整个国家、整个党的形象也比较有利。过去有些问题的责任要由集体承担一些，当然，毛泽东同志要负主要责任。我们说，制度是决定因素，那个时候的制度就是那样。

那时大家把什么都归功于一个人。有些问题我们确实也没有反对过，因此也应当承担一些责任。

当然，在那个条件下，真实情况是难于反对。

但是，不能回避“我们”，我们承担一下责任没有坏处，还有好处，就是取得教训。这是从中央领导角度上说的，地方上没有责任。

我和陈云同志那时是政治局常委，起码我们两个负有责任。其他的中央领导同志也要承担一些责任。合不合乎实际？也合乎实际。这样站得住脚，益处大。

对毛泽东同志的评价，原来讲要实事求是，以后加一个要恰如其分，

---

① 《邓小平文选》第2卷，人民出版社1994年版，第307～308页。

就是这个意思。[1]

对华国锋如何评价，也是一个人们比较关注的问题。

邓小平说：

讨论当中提到粉碎“四人帮”以后头两年的问题，曾经有同志提出，是不是提华国锋同志的名字？

后来我们大家斟酌，认为不提名字还是不行。这次决议应该同去年十一月政治局会议的通报相衔接。现在这个决议稿子里面的许多措辞比通报要温和得多，更柔和一些，分量也减轻一些，我看这样比较好。

为什么？因为这是叫若干历史问题决议，那个是政治局会议的决议。若干历史问题决议，这是要放到历史里面去的一个文件。

当然，政治局的文件也要放到历史里面去的，但是这个历史决议是更庄重的一个文件，我想，分量更恰当一些，没有坏处。

但是，华国锋同志的名字在这里需要点，因为合乎实际。

如果不点名，就没有理由变动华国锋同志的工作。首先是这个问题。

政治局决议正确不正确，华国锋同志的工作应该不应该变动？要回答这个问题。

同时，按现在的政治动态来说，也有必要。大家都知道，现在“四人帮”的残余和一些别有用心的人，打谁的旗帜？过去是打“四人帮”的旗帜，现在打谁的旗帜？就是打华国锋的旗帜，就是拥护华国锋。所以，这种动态很值得注意。

当然，我们应该说，我跟好多同志也说过，这些事华国锋同志本人没有责任，他自己并没有搞什么活动。但是，这种社会动态值得注意。

所以，我们这个决议里面写上华国锋同志的名字，指出他的错误，对于全党、对于人民有益，有好处，对华国锋同志本人也有极大的好处。[2]

---

① 《邓小平文选》第2卷，人民出版社1994年版，第308～309页。

② 《邓小平文选》第2卷，人民出版社1994年版，第309～310页。

邓小平在讲话中还谈到一些其他问题，比如“文化大革命”原因中提不提小资产阶级思想影响？

邓小平说：

决议中不涉及没有坏处。如果有必要反对小资产阶级思想影响，将来搞其他文件再说，来得及。这里不涉及这个问题。这里要批判的是另一个问题，就是对列宁关于小生产每日每时地大批地产生资本主义和资产阶级这一段话的误解或教条化，搬错了。我们这次讲“文化大革命”的原因，不涉及小资产阶级，也不必照样搬用过去的提法，说每一个错误的根源就一定是三个，一定都有社会根源、思想根源、历史根源。我们这次有个新的讲法，也好。①

会议期间，与会的中共中央委员、候补中央委员在讨论历史决议讨论稿中，提出了许多新的修改意见，历史决议起草小组根据这些意见，对决议讨论稿进行了新的修改，吸收比较重要的实质性意见将近 100 条。

在此期间，中共中央为了把历史决议文稿放到更加广泛的范围内听取意见，于 6 月 22 日至 25 日在北京召开了在京各民主党派、无党派人士和全国政协部分老同志座谈会。

在会上，向德高望重、具有丰富政治经验和广泛社会代表性的 130 名中国各民主党派的代表人物和无党派民主人士及老同志征求对历史决议讨论稿的看法、建议和修改意见，以博采众长，广纳善言。

对于他们提出的好的修改意见，历史决议起草小组均予以采纳和吸收。例如：

历史决议讨论稿中提到，“‘文化大革命’所打倒的‘走资派’，是党和国家各级组织中的领导干部，即社会主义事业的骨干力量”。

在讨论中，许多民主人士和知识分子提出，“文化大革命”把知识分子当作所谓“资产阶级反动学术权威”统统打倒，这也是重要的问题。

---

① 《邓小平文选》第 2 卷，人民出版社 1994 年版，第 310 页。

有鉴于此，历史决议讨论稿中增写了“‘文化大革命’对所谓‘反动学术权威’的批判，使许多有才能、有成就的知识分子遭到打击和迫害，也严重地混淆了敌我”。

诸如此类的吸纳和修改，还有很多。

通过在党内党外、各个方面有代表性的著名人士中广泛征求意见，不断对历史决议讨论稿进行修改、增删、推敲，大家共同感到，历史决议文稿已经较为完备和成熟，可以提交中共十一届六中全会讨论通过了。

第一百三十四章

“我们这次全会解决的两个问题，解决得非常好”

“潮平两岸阔，风正一帆轻。”解放思想、拨乱反正极大地推动着党的事业发展。1980年11月10日至12月5日，中共中央政治局连续召开9次会议，主要议题是讨论、批准向中共十一届六中全会提出的人事更动方案。

在8月18日到23日举行的中共中央政治局扩大会议后，参加这一会议的不少同志向中央领导同志提出，华国锋不适宜继续担任中国共产党中央委员会主席和中央军委主席。在讨论《关于建国以来党的若干历史问题的决议》（讨论稿）的过程中，中共中央直属机关、中央国家机关、军队系统，都有多数同志提出要对新中国成立以来历史的第四阶段进行认真的总结，指出华国锋在粉碎“四人帮”至1980年这四年特别是这四年的前两年工作中的一些重要错误，很多同志要求对他所担任的职务进行调整。中共中央政治局常务委员会认真地考虑了这一问题，对华国锋进行了批评和帮助，并认为改变他的现任职务是必要的。

在这次中央政治局会议的第一次会上，华国锋提出辞去中央主席、军委主席和党内的其他职务，并对粉碎“四人帮”以来的工作做了一些检查和解释。其他同志在发言中对他在过去四年工作中的错误以及他在这次会议上的发言提出了批评意见。

大家在发言中指出：华国锋在粉碎“四人帮”这一事件中是有功劳的，这应当肯定；但对这一事件应作历史分析，不应把功劳只归于个人。

鉴于上述情况，中央政治局认为华国锋继续担任现职是不适当的。

在最后一天的会上，华国锋表示欢迎大家对他的批评。他再次提出辞去现任职务，并要求在中共十一届六中全会以前，不再主持中共中央政治局、中央政治局常务委员会和中央军委的工作。中央政治局认为他确实需要集中力量考虑自己的问题，因而接受了他不再主持目前工作的意见。中央政治局并且表示，希望中共十一届六中全会将继续选举华国锋为中央政治局常委、中央委员会副主席。

中共中央政治局会议指出，华国锋犯了“左”的错误和其他错误，但不要说成是路线错误。路线、路线错误、路线斗争等提法没有明确的科学含义，使用这些提法过去在党内造成很不好的后果，以后要尽量少用。中共中央还指出，过去各级组织中的一些同志受过华国锋的一些错误影响，这是难免的，希望各级组织一概不要“上挂下联”，追究责任。

中共中央政治局最后通过三项决议：

> （一）向中共十一届六中全会建议，同意华国锋辞去中央主席、军委主席的职务。
>
> （二）向中共十一届六中全会建议，选举胡耀邦为中央委员会主席，邓小平为军委主席。
>
> （三）在中共十一届六中全会前，暂由胡耀邦主持中共中央政治局和中央政治局常务委员会的工作，由邓小平主持中央军委工作。

中央政治局着重指出，（一）（二）两项都只是对中共十一届六中全会的建议，全会如何作出决定，这是全会的权力。全会当然会审慎地考虑这些问题，并严格按照党内民主原则来进行讨论、表决和选举。

1981 年 6 月 27 日至 29 日，在正确总结新中国成立 32 年来经验教训的时机已经充分成熟的情况下，中国共产党十一届六中全会在北京召开。出席会议的中央委员 195 人，候补中央委员 114 人，列席 53 人。

中共十一届六中全会的议题是：

> 1. 审议和通过《关于建国以来党的若干历史问题的决议》；
> 2. 改选和增选中央主要领导成员。

在此之前，6 月 15 日至 25 日举行的预备会议，对上述两项议题进行了充分的讨论。

全会一致通过《关于建国以来党的若干历史问题的决议》（以下简称《决议》）。

《决议》共分为八个部分：

建国以前二十八年历史的回顾；
建国三十二年历史的基本估计；
基本完成社会主义改造的七年；
开始全面建设社会主义的十年；
“文化大革命”的十年；
历史的伟大转折；
毛泽东同志的历史地位和毛泽东思想；
团结起来，为建设社会主义现代化强国而奋斗。

《决议》深刻总结了新中国成立后的历史经验与教训：

“中国共产党在中华人民共和国成立以后的历史，总的说来，是我们党在马克思列宁主义、毛泽东思想指导下，领导全国各族人民进行社会主义革命和社会主义建设并取得巨大成就的历史。社会主义制度的建立，是我国历史上最深刻最伟大的社会变革，是我国今后一切进步和发展的基础。”但是，“由于我们党领导社会主义事业的经验不多，党的领导对形势的分析和对国情的认识有主观主义的偏差，‘文化大革命’前就有过把阶级斗争扩大化和在经济建设上急躁冒进的错误。后来，又发生了‘文化大革命’这样全局性的、长时间的严重错误。这就使得我们没有取得本来应该取得的更大成就”。特别是“一九六六年五月至一九七六年十月的‘文化大革命’，使党、国家和人民遭到建国以来最严重的挫折和损失”。

《决议》对“文化大革命”进行了彻底否定：

历史已经判明，“文化大革命”是一场由领导者错误发动，被反革命集团利用，给党、国家和各族人民带来严重灾难的内乱。

《决议》高度评价了毛泽东在中国革命中的历史地位：

毛泽东同志是伟大的马克思主义者，是伟大的无产阶级革命家、战略家和理论家。他虽然在“文化大革命”中犯了严重错误，但是就他的一生来看，他对中国革命的功绩远远大于他的过失。他的功绩是第一位的，错误是第二位的。他为我们党和中国人民解放军的创立和发展，为中国各族人民解放事业的胜利，为中华人民共和国的缔造和我国社会主义事业的发展，建立了永远不可磨灭的功勋。他为世界被压迫民族的解放和人类进步事业作出了重大的贡献。

《决议》对毛泽东思想作了科学阐述：

以毛泽东同志为主要代表的中国共产党人，根据马克思列宁主义的基本原理，把中国长期革命实践中的一系列独创性经验作了理论概括，形成了适合中国情况的科学的指导思想，这就是马克思列宁主义普遍原理和中国革命具体实践相结合的产物——毛泽东思想。在一个半殖民地、半封建的东方大国里进行革命，必然遇到许多特殊的复杂问题。靠背诵马克思列宁主义一般原理和照搬外国经验，不可能解决这些问题。主要在本世纪二十年代后期和三十年代前期在国际共产主义运动中和我们党内盛行的把马克思主义教条化、把共产国际决议和苏联经验神圣化的错误倾向，曾使中国革命几乎陷于绝境。毛泽东思想是在同各种错误倾向作斗争并深刻总结这方面的历史经验的过程中逐渐形成和发展起来的。它在土地革命战争后期和抗日战争时期得到系统总结和多方面展开而达到成熟，在解放战争时期和中华人民共和国成立以后继续得到发展。毛泽东思想是马克思列宁主义在中国的运用和发展，是被实践证明了的关于中国革命的正确的理论原则和经验总结，是中国共产党集体智慧的结晶。我党许多卓越领导人对它的形成和发展都作出了重要贡献，毛泽东同志的科学著作是它的集中概括。

《决议》对毛泽东晚年的情况进行了实事求是的分析：

对于“文化大革命”这一全局性的、长时间的“左”倾严重错误，毛泽东同志负有主要责任。但是，毛泽东同志的错误终究是一个伟大的无产阶级革命家所犯的错误。……他在犯严重错误的时候，还多次要求全党认真学习马克思、恩格斯、列宁的著作，还始终认为自己的理论和实践是马克思主义的，是为巩固无产阶级专政所必需的，这是他的悲剧所在。他在全局上一直坚持“文化大革命”的错误，但也制止和纠正过一些具体错误，保护过一些党的领导干部和党外著名人士，使一些负责干部重新回到重要的领导岗位。他领导了粉碎林彪反革命集团的斗争，对江青、张春桥等人也进行过重要的批评和揭露，不让他们夺取最高领导权的野心得逞。这些都对后来我们党顺利地粉碎“四人帮”起了重要作用。他晚年仍然警觉地注意维护我国的安全，顶住了社会帝国主义的压力，执行正确的对外政策，坚决支援各国人民的正义斗争，并且提出了划分三个世界的正确战略和我国永远不称霸的重要思想……

《决议》对1975年邓小平主持中央日常工作和“天安门事件”作了正确的评价：

一九七五年，周恩来同志病重，邓小平同志在毛泽东同志支持下主持中央日常工作。召开了军委扩大会议和解决工业、农业、交通、科技等方面问题的一系列重要会议，着手对许多方面的工作进行整顿，使形势有了明显好转。但是毛泽东同志不能容忍邓小平同志系统地纠正“文化大革命”的错误，又发动了所谓“批邓、反击右倾翻案风”运动，全国因而再度陷入混乱。一九七六年一月周恩来同志逝世。周恩来同志对党和人民无限忠诚，鞠躬尽瘁。他在“文化大革命”中处于非常困难的地位。他顾全大局，任劳任怨，为继续进行党和国家的正常工作，为尽量减少

“文化大革命”所造成的损失，为保护大批的党内外干部，作了坚持不懈的努力，费尽了心血。他同林彪、江青反革命集团的破坏进行了各种形式的斗争。他的逝世引起了全党和全国各族人民的无限悲痛。同年四月间，在全国范围内掀起了以天安门事件为代表的悼念周总理、反对“四人帮”的强大抗议运动。这个运动实质上是拥护以邓小平同志为代表的党的正确领导，它为后来粉碎江青反革命集团奠定了伟大的群众基础。

《关于建国以来党的若干历史问题的决议》，运用马克思主义的辩证唯物论和历史唯物论，对建国32年来党的重大历史事件特别是“文化大革命”作出了正确结论，科学地分析了在这些事件中党的指导思想的正确和错误，分析了产生错误的主观因素和社会原因，实事求是地评价了毛泽东在中国革命和建设事业中的历史地位，充分阐述了毛泽东思想作为中国共产党的指导思想的伟大意义，肯定了中共十一届三中全会以来逐步确立的适合中国情况的建设社会主义现代化强国的正确道路，进一步指明了中国社会主义事业和党的工作继续前进的方向，是一个拨乱反正、继往开来的马克思主义纲领性文献。

中共十一届六中全会根据形势的发展和党的工作的需要，一致同意华国锋辞去中共中央主席和中央军委主席的请求。

全会通过无记名投票，对中共中央主要领导成员进行了改选和增选，选举结果是：

一、胡耀邦为中央委员会主席；

二、赵紫阳为中央委员会副主席；

三、华国锋为中央委员会副主席①；

四、邓小平为中央军事委员会主席；

五、中央政治局常务委员会由中央主席和中央副主席组成，他们是：胡耀邦、叶剑英、邓小平、赵紫阳、李先念、陈云、华国锋；

---

① 中共十一届六中全会后，华国锋于1981年6月至1982年9月任中共中央副主席。此后，华国锋是中共第十二届至第十五届中央委员，中共十六大、十七大特邀代表。

六、习仲勋为中央书记处书记。

这次对中共中央主要领导成员的改选和增选，对于加强中央在马克思主义基础上的集体领导和团结一致，保证中共十一届三中全会以来党的正确路线和方针政策的充分实现，将起重要的作用。

6月29日，邓小平在中共十一届六中全会闭幕会上作重要讲话：

我确信，我们这次全会解决的两个问题，解决得非常好。

第一个，就是关于建国以来党的若干历史问题的决议，真正是达到了我们原来的要求。这对我们统一党内的思想，有很重要的作用。当然，胡耀邦同志说，统一思想还要一年的工作。但是，今后作为一个共产党员来说，要在这个统一的口径下来讲话。思想不通，组织服从。相信这个决议能够经得住历史考验。

第二个，就是人事问题。我们这次把胡耀邦同志选作党的主席，刚才他作了一个简短的讲话，我想，这一段话也证明，我们这个选择是正确的。当然，赵紫阳同志也提到比较更重要的地位。

我们这次会议对这么两个重大问题采取重大的决策，作出重大的选择，我们相信，这个重大的决策，重大的选择，是正确的。所以，我们这次全会的意义是非常大的。公报已经表明了这一点。我们这次会议真正是胜利地完成了自己的任务。①

中共十一届六中全会号召，在马克思列宁主义、毛泽东思想的伟大旗帜下，全党、全军、全国各族人民紧密团结在党中央周围，再次下定愚公移山的决心，同心同德，排除万难，为把我们的国家逐步建设成为现代化的、高度民主的、高度文明的社会主义强国而努力奋斗。

中共十一届六中全会是继十一届三中全会之后，又一次具有十分重大历史

---

① 《邓小平文选》第2卷，人民出版社1994年版，第383页。

意义的会议，是总结经验、团结前进的会议，是党和国家拨乱反正、继往开来的一个新的里程碑。它在指导思想上，基本上完成了由十一届三中全会开始的思想上、政治上拨乱反正的任务；在组织上基本上完成了由十一届三中全会开始的党的最高领导机关的改组工作，即组织上的拨乱反正工作。

“建设有中国特色的社会主义。”新老交替。经济特区。“一个国家，两种制度。”“小平，您好”

第一百三十五章

“我们的现代化建设，必须从中国的实际出发”

中共十一届三中全会后，经过全党全国各族人民的艰苦努力，在指导思想上完成了拨乱反正的艰巨任务，在各个方面各个领域实际工作中取得拨乱反正的重大胜利，实现了历史性的伟大转变。其主要标志是：

在思想上，坚决冲破长期存在的教条主义和个人崇拜的严重束缚，重新确立马克思主义的实事求是的思想路线，使各个工作领域获得了生气勃勃的创造力量。恢复了毛泽东思想的本来面目，在新的历史条件下坚持和发展了毛泽东思想。

在政治上，结束了长时期的社会动乱，实现了安定团结、生动活泼的政治局面。社会主义民主和法制逐步健全，各民族的平等团结关系获得加强，爱国统一战线有了进一步扩大。由于出现这样的政治局面，中共十一届三中全会后成为新中国最好的历史时期之一。

在组织上，党和国家的各级领导集体逐步得到调整、整顿和加强。从总体上看，党和国家各级组织的领导权已经基本上掌握在忠于党和人民的领导干部手中。

在经济上，全党全国果断地把工作重点转到经济建设上来，坚决清除经济工作中长期存在的“左”倾错误，认真贯彻执行“调整、改革、整顿、提高”的正确方针。中国经济已经度过最困难的时期，走上稳步发展的健康轨道。

在社会上，教育、科学、文化工作走上正轨并得到一定发展，呈现出初步的繁荣景象。党同知识分子的关系，有了很大改善。工人、农民和知识分子这三支基本社会力量相互之间的团结状况良好。

在国防上，为建设现代化、正规化人民军队作出重大努力。人民解放军在加强军事训练和思想政治工作、改进军政关系和军民关系、守卫边境和保卫祖国安全、积极参加社会主义建设等方面，都取得显著成就。人民军队的军事素质和政治素质在新的历史条件下有了新的提高。

在此期间，党在领导中国人民完成历史性转变的过程中经受了考验和改造，为端正党风作了大量工作，逐步恢复优良传统，在新的实践中锻炼得更加成熟、更加坚强。

党在制定和实施一系列方针政策的过程中，力求符合客观实际，防止在注意一种错误倾向的时候忽视另一种错误倾向。在历史大转变的时刻，由于旧思想、旧习惯的严重影响，由于对新事物缺乏经验，加上其他社会政治因素的作用，人们思想上的片面性是很容易发生的。在一段时间内，对党的解放思想的方针，对毛泽东和毛泽东思想的评价，对社会主义现阶段阶级斗争形势的估计等重大原则问题，在一部分党员和党的干部中出现过不同倾向的错误认识。

有些同志不能完全摆脱过去"左"倾错误的影响，有意无意地要回到"以阶级斗争为纲"的老路上去。另外一些同志则偏离马克思主义轨道，发展到了怀疑甚至否定党的领导和社会主义道路的地步。党在这些重大原则问题上，始终保持坚定的立场，及时地开展了反对"左"的倾向和右的倾向的思想斗争。

党中央一方面系统地清理"文化大革命"期间提出的"无产阶级专政下继续革命"即还要实行所谓"一个阶级推翻一个阶级的革命"的错误理论，防止导致"阶级斗争扩大化"的错误继续发生；大力推进社会主义民主和社会主义法制建设；恢复和发展党的统一战线工作。另一方面，重申以坚持党的领导为中心的四项基本原则，对破坏社会主义建设的各种犯罪活动进行坚决打击。在处理许多实际问题的时候，都尽力按马克思主义的科学性和全面性的要求办事。因此，在较短的时间内，妥善处理了许多相当复杂的思想问题和社会政治矛盾。

经历了十年动乱之后，积累的问题非常之多，应兴应革的事项头绪纷繁，新的工作的开展又不可避免地要遇到新的问题。这就要求党分清轻重缓急，有秩序地进行工作，逐步解决各种问题。

在经济工作中，中共十一届三中全会首先抓住农业这一环，着重克服过去指导上长期存在的"左"倾错误，恢复和扩大农村人民公社和生产队的自主权，恢复自留地、家庭副业、集体副业和集市贸易，逐步实行各种形式的“联产计酬生产责任制”，同时提高了粮食和其他部分农产品的收购价格，随后又解决了多种经营的方针问题，从而使农业面貌很快发生显著变化，由原来的停滞不前变得欣欣向荣。这对于带动整个经济形势以及政治形势的好转，都起了重大作用。随着农业状况的改善，又在调整工业结构中着重解决轻工业和重工业的比例失调问题，调整重工业的服务方向，使轻工业得到迅速发展。

同时，还调整了积累和消费的比例，压缩了过大的基本建设规模。这样既改善了国民经济的内部比例，也改善了人民生活。解决别的方面的问题，基本上也是采取这种抓住中心环节以带动其他的方法。

能取得上述许多方面的成就，归根到底，是由于坚持了马克思主义理论和实际相结合的科学原理，坚持了马克思主义的人民创造历史的科学原理。坚决相信人民，依靠人民，顺应了人民的要求和历史发展的潮流。

粉碎江青集团之后，人民对党寄以很高的希望。人民要求拨乱反正，要求安定团结，要求集中力量进行社会主义现代化建设，要求社会主义物质文明和精神文明的提高。中国共产党正是集中了人民的意志，制定了正确的路线、方针和政策，才把中国社会主义事业重新引上康庄大道。人民对党的信任和支持，是中国社会主义事业不断取得胜利的关键。

在中国近现代史上，中国共产党领导中国新民主主义革命期间，发生过两次历史性转变：一次是由北伐战争的失败到土地革命战争的兴起，一次是由第五次反“围剿”的失败到抗日战争的兴起。在那两次转变中，当党和人民的力量遭到惨重损失，中国革命陷于危机的时候，国内外敌人都曾认定革命事业必将彻底失败，革命队伍里也曾有不少人动摇悲观。但是，党并没有被巨大的困难所压倒。在以毛泽东为代表的一大批杰出人物领导下，党以超乎寻常的革命胆略和革命毅力，顽强地继续战斗，独创性地寻求适合中国特点的革命道路，终于扭转危险的形势，使革命事业获得新生，开创了胜利发展的新局面。

从结束十年动乱到开辟改革开放新路这一次转变，与过去那两次相比，历史条件有了很大不同。中国共产党已经是全国政权的领导核心，国家已经经过长时期的社会主义革命和建设。人民的力量比过去革命战争时期强大得多。社会主义事业虽然由于“文化大革命”而受到巨大损失，但仍具有不可战胜的强大生命力。在中共中央领导下，经过全党上下的努力，经过全党全国人民团结奋斗，终于实现了又一次历史性的伟大转变。

从粉碎江青集团特别是中共十一届三中全会后，经过全党全国各族人民的艰苦努力，在指导思想上完成了拨乱反正的艰巨任务，各个方面的实际工作取得拨乱反正的重大胜利，实现了历史性转折。为了总结过去6年的历史性成就，进一步肃清十年动乱的消极后果，全面开创社会主义现代化建设新局面，确定继续前进的正确道路、战略步骤和方针政策，中国共产党第十二次全国代表大会于1982年9月1日至11日在北京召开。参加这次大会的正式代表1600人（出席开幕式1545人），候补代表160人（出席开幕式145人），代表着全国3965万名党员。

中国共产党第十二次全国代表大会有三项主要议程：

（一）审议第十一届中央委员会的报告，确定党为全面开创社会主义现代化建设新局面而奋斗的纲领；

（二）审议和通过新的《中国共产党章程》；

（三）按照新的党章的规定，选举新的中央委员会和中央纪律检查委员会，选举中央顾问委员会。

邓小平主持开幕式并致开幕词，他强调：完成这次代表大会的任务，我们党对于社会主义现代化建设的指导思想就会更加明确，党的建设就能够更加适合新的历史时期的需要，党的最高领导层就能够实现新老合作和交替，成为更加朝气蓬勃的战斗指挥部。

通过回顾党的历史，邓小平指出，1945年在毛泽东同志主持下召开的党的第七次全国代表大会，是建党以后民主革命时期我们党最重要的一次代表大会。那次大会总结了我国民主革命20多年曲折发展的历史经验，制定了正确的纲领和策略，克服了党内的错误思想，使全党的认识在马克思列宁主义、毛泽东思想的基础上统一起来，达到了全党的空前团结。那次代表大会，为新民主主义革命在全国的胜利奠定了基础。

邓小平在总结党的历史经验时说，1956 年召开的党的第八次全国代表大会，分析了生产资料私有制的社会主义改造基本完成以后的形势，提出了全面开展社会主义建设的任务。八大的路线是正确的。但是，由于当时党对于全面建设社会主义的思想准备不足，八大提出的路线和许多正确意见没有能够在实践中坚持下去。八大以后，我们取得了社会主义建设的许多成就，同时也遭到了严重挫折。

对于中共十二大的历史地位，邓小平指出，中共十二大将是七大以来一次最重要的会议。现在这次代表大会和八大时的情况有了很大的不同。正如七大以前，民主革命二十多年的曲折发展，教育全党掌握了我国民主革命的规律一样，八大以后社会主义革命和建设二十多年的曲折发展也深刻地教育了全党。从十一届三中全会以来，我们党在经济、政治、文化等各方面的工作中恢复了正确的政策，并且研究新情况、新经验，制定了一系列新的正确政策。和八大的时候比较，现在我们党对我国社会主义建设规律的认识深刻得多了，经验丰富得多了，贯彻执行我们的正确方针的自觉性和坚定性大大加强了。我们有充分的根据相信，这次代表大会制定的正确的纲领，一定能够全面开创社会主义现代化建设的新局面，使我们党兴旺发达，使我们的社会主义事业兴旺发达，使我们的国家和各民族兴旺发达。

邓小平在党的全国代表大会上第一次提出了“建设有中国特色的社会主义”的崭新命题：

> 我们的现代化建设，必须从中国的实际出发。无论是革命还是建设，都要注意学习和借鉴外国经验。但是，照抄照搬别国经验、别国模式，从来不能得到成功。这方面我们有过不少教训。把马克思主义的普遍真理同我国的具体实际结合起来，走自己的道路，建设有中国特色的社会主义，这就是我们总结长期历史经验得出的基本结论。
>
> 中国的事情要按照中国的情况来办，要依靠中国人自己的力量来办。独立自主，自力更生，无论过去、现在和将来，都是我们的立足点。中国人民珍惜同其他国家和人民的友谊和合作，更加珍惜自己经过长期奋斗而得来的独立自主权利。任何外国不要指望中国做他们的附庸，不要指望中

国会吞下损害我国利益的苦果。我们坚定不移地实行对外开放政策，在平等互利的基础上积极扩大对外交流。同时，我们保持清醒的头脑，坚决抵制外来腐朽思想的侵蚀，决不允许资产阶级生活方式在我国泛滥。中国人民有自己的民族自尊心和自豪感，以热爱祖国、贡献全部力量建设社会主义祖国为最大光荣，以损害社会主义祖国利益、尊严和荣誉为最大耻辱。

在提出党和国家今后的三大任务和四项工作时，邓小平强调以经济建设为核心是解决国际国内问题的基础。他指出：

（20世纪）80年代是我们党和国家历史发展上的重要年代。加紧社会主义现代化建设，争取实现包括台湾在内的祖国统一，反对霸权主义、维护世界和平，是我国人民在80年代的三大任务。这三大任务中，核心是经济建设，它是解决国际国内问题的基础。今后一个长时期，至少是到本世纪末的近二十年内，我们要抓紧四件工作：进行机构改革和经济体制改革，实现干部队伍的革命化、年轻化、知识化、专业化；建设社会主义精神文明；打击经济领域和其他领域内破坏社会主义的犯罪活动；在认真学习新党章的基础上，整顿党的作风和组织。这是我们坚持社会主义道路，集中力量进行现代化建设的最重要的保证。

最后，邓小平指出：

我们一定要兢兢业业地做好自己的工作，加强同全国各族人民的团结，加强同全世界人民的团结，为把我国建设成为现代化的，高度文明、高度民主的社会主义国家，为反对霸权主义，维护世界和平，推进人类进步事业，而努力奋斗。①

① 《邓小平文选》第3卷，人民出版社1993年版，第1～4页。

第一百三十六章

“我们打开了一条一心一意搞建设的新路”

1982年举行的中共十二大，系统总结了中共十一大以来特别是十一届三中全会以来的工作和各个领域取得的巨大成就，分析了面临的政治和经济形势，提出了促进社会主义经济全面高涨、努力建设高度的社会主义精神文明、努力建设高度的社会主义民主、坚持独立自主的对外政策、把党建设成为领导社会主义现代化事业的坚强核心等新任务，是一次全面开创社会主义现代化建设新局面的大会。

大会在系统总结历史经验和改革开放以来新鲜经验的基础上，提出了中国共产党在新时期的总任务：团结全国各族人民，自力更生，艰苦奋斗，逐步实现工业、农业、国防和科学技术的现代化，把中国建设成为具有高度文明、高度民主的社会主义现代化强国。

胡耀邦在报告中回顾了党史上三次历史性转变：第一次是由大革命的失败到土地革命战争的兴起。第二次是由第五次反“围剿”的失败到抗日战争的兴起。这两次转变都是民主革命时期发生的。第三次是以中共十一届三中全会为起点，开始全面地系统地纠正“文化大革命”及其以前的“左”倾错误，拨乱反正。十一届六中全会通过《关于建国以来党的若干历史问题的决议》，标志着党在指导思想上完成拨乱反正的任务。同时，在各方面的实际工作中取得了拨乱反正的重大胜利，实现了历史性转变。中共十二大对这次历史性转变进行了总结，提出要全面开创社会主义现代化建设新局面。

叶剑英在讲话中，引用唐朝诗人李商隐的诗句，说明后来者居上，年轻的会超过年老的这一历史发展和社会进步的基本规律，表达了老一辈革命家对中青年干部的殷切期望。

李商隐原诗是：

十岁裁诗走马成，冷灰残烛动离情。
桐花万里丹山路，雏凤清于老凤声。

唐朝李商隐离开京城长安前往外地赴任，他的连襟韩瞻的儿子韩偓年仅10岁，当即赋诗相送。韩偓面对残烛冷灰，触动离别情绪，写下感情真挚的诗篇，李商隐称赞韩偓才思敏捷、才华出众，是前程未可限量的“雏凤”。“雏凤”鸣声清亮，比老凤鸣声更为悦耳动听。

与会的中青年干部听了叶剑英的讲话，都非常感动。52岁的福建省常务副省长胡平（当选为第十二届候补中央委员）对于叶帅引用的“雏凤清于老凤声”的诗句，尤为感动。胡平认为：“开创新局面，仍要靠老同志指点。”他说，叶帅对我们中青年干部寄予无限希望，我不禁想起郑板桥的一首诗：

新竹高于旧竹枝，全凭老干为扶持。
明年再有新生者，十丈龙孙绕凤池。

陈云的讲话，着重阐述在新的历史时期解决干部队伍新老合作与交替问题的重要意义。

大会审议通过了《关于十一届中央委员会报告的决议》《关于中央纪律检查委员会工作报告的决议》，审议和通过了新的《中国共产党章程》。

为了加强新时期党的建设，大会对十一大党章作了许多有根本意义的修改。清除了十一大党章中仍肯定“无产阶级专政下继续革命的理论”等“左”的错误，继承和发展了党的七大和八大党章的优点，并根据新时期执政党的特点，提出了许多新的要求。

新党章强调从中央到基层的各级组织都必须严格遵守民主集中制和集体领导的原则，明确规定“禁止任何形式的个人崇拜”。

新党章对改善党的中央和地方组织的体制，加强党的纪律和纪律检查机关，加强基层组织建设，都作了许多新的规定。

新党章规定：

党中央不设主席只设总书记，总书记负责召集中央政治局、政治局常委会议和主持中央书记处的工作；

中央和省一级设顾问委员会，以发挥许多富有政治经验的老同志对党的事业的参谋作用；

党的各级纪律检查委员会由同级党的代表大会选举产生，并对中央以下的同级党委及其成员实行党章规定范围内的监督，对中央委员会成员违犯党纪的行为可以向中央委员会检举；

党的各级组织都必须重视党的建设，经常讨论和检查党的宣传工作、教育工作、组织工作、纪律检查工作、群众工作和统一战线工作。

这些规定，有利于加强党的集体领导，提高党的战斗力和加强党与群众的联系。

在这次党章修改之前，党制定了《关于党内政治生活的若干准则》，在党的实际生活中起了很好的作用。这个准则作为党章的重要补充，将继续保持它的全部效力。

中共十二大经过充分的反复酝酿和无记名投票的民主选举，选出由 210 名中央委员和 138 名候补中央委员组成的第十二届中央委员会。中央领导层实现新老交替。

这次选举的准备工作从 1982 年 3 月开始，中央成立了一个专门小组进行这项工作，曾经反复征求有关方面的意见，同各个省、自治区、直辖市党委反复酝酿，深入研究，积极物色、选拔适合到中央领导机构工作的优秀干部，为此做了很多工作，还召开了专门的讨论会，然后提出中央委员会、中央顾问委员会和中央纪律检查委员会的候选人名单。

大会期间，大会主席团提交代表们讨论候选人名单时，严格遵守民主程序，并不是一经提出，就正式成为候选人，而是让代表们充分酝酿，对个别不适合的人选作了一定的调整，把一些新人充实进来，然后全体代表进行预选。

与会代表可以选主席团提名的人选，也可以另选自己想选的人，也可以不选候选人中的任何一个人。经过预选超过半数的，才正式形成候选人名单，提交大会正式进行无记名投票选举。

因此，整个选举工作，既在事前作了充分酝酿又在选举过程中实行充分的民主，按照民主程序办事，实行了民主集中制，以高瞻远瞩、深思远虑、集思广益、充分酝酿的精神，做到统筹兼顾，全面安排，在酝酿提名时，光明正大，公道正派。

第十二届中央委员会的特点是，既保留了一批 71 岁以上，德高望重，在国内外、党内外有威望的久经考验的老一辈革命家，例如邓小平、叶剑英、陈云、李先念、彭真、邓颖超、徐向前、聂荣臻、王震、乌兰夫、宋任穷、杨尚昆等同志，作为党的最高领导核心的中流砥柱，同时又充实了大批中青年干部作为生力军。这些中青年干部德才兼备，精力旺盛，具有从事社会主义现代化建设的经验和知识。

在第十二届中央委员会 348 名成员（中央委员 210 人，候补中央委员 138 人）中，新当选的有 211 人，占总数的 60.63%；十一届中央委员、候补中央委员 333 人中留任的只有 137 人，占总数的 39.37%，这表明新老交替在党的最高领导层具有突出的体现。

从年龄看，第十二届中央委员会中，60 岁以上的 177 人（其中 71 岁以上的 16 人），占总数的 50.9%；60 岁以下的 171 人，占总数的 49.1%，其中 55 岁以下的 112 人，占 32.1%，50 岁以下的 49 人，占 14%。

从学历来看，第十二届中央委员会中，具有大专学历的 122 人，占总数的 35.1%，同十一届中央委员相比，专业技术人员从 9 人（占 2.7%）增为 59 人，占总数的 17%。

在新的中央委员会中，少数民族 31 人，占总数 8.9%；妇女 24 人，占总数 6.9%。

新的中央书记处书记、候补书记 11 人，平均年龄 60 岁，比原来书记处成员的年龄降低 5 岁（原来平均 65 岁）。

总之，第十二届中央委员会充分体现了革命化、年轻化、知识化、专业化，充分体现了新老交替。

大会还选出由 172 人组成的中央顾问委员会和由 132 人组成的中央纪律检查委员会。

李先念致闭幕词，号召全党紧密地团结在党中央周围，振奋精神，埋头苦干，达到大会确定的目标。

9 月 12 日至 13 日，举行中共十二届一中全会。选举胡耀邦、叶剑英、邓小平、赵紫阳、李先念、陈云为中央政治局常务委员会委员。选举胡耀邦为中央委员会总书记。

全会决定邓小平为中央军事委员会主席，叶剑英、徐向前、聂荣臻为副主席，杨尚昆为常务副主席。

全会批准邓小平为中央顾问委员会主任，薄一波、许世友、谭震林、李维汉为副主任。

全会批准陈云为中央纪律检查委员会第一书记，黄克诚为第二书记，王鹤寿为常务书记，王从吾、韩光、李昌、马国瑞、韩天石为书记。

中共十二大制定的纲领为全面开创社会主义现代化建设新局面指明了方向。

新选出的中央领导机构是领导全党和全国人民深入改革开放和现代化建设的领导集体。

中共十二大是中共七大以来一次最重要的会议。它作为在政治上确定党在新时期的方针任务、在组织上实现新老合作与交替的大会，作为全面开创社会主义现代化建设新局面的大会，获得圆满成功。

邓小平对中共十二大的积极成果非常满意。随后，邓小平在一次谈话中，用十分简洁的语言，概括地总结了中国共产党确立实事求是思想路线、开创改革开放和社会主义现代化建设新道路的历程。

在这次谈话中，邓小平首先介绍了刚刚闭幕的中共十二大的情况：我们刚刚召开了党的第十二次全国代表大会。十二大以后，我国政治形势更加稳定，可以更好地一心一意搞建设了。十二大提出的奋斗目标，是二十年翻两番。二十年是从 1981 年算起，到本世纪末。大体上分两步走，前十年打好基础，后十年高速发展。战略重点，一是农业，二是能源和交通，三是教育和科学。搞好教育和科学工作，我看这是关键。没有人才不行，没有知识不行，“文化大革命”的一个大错误是耽误了十年人才的培养。现在要抓紧发展教育事业。

然后，邓小平介绍了粉碎“四人帮”后，中国共产党与“两个凡是”的斗争、中共十一届三中全会实现历史性转折、实事求是思想路线确立的过程：

> 粉碎“四人帮”后，当时主持中央工作的同志坚持“左”的政治路线，又提出了错误的思想路线，叫做“两个凡是”。我说过，如果毛主席在世，他也不会承认“两个凡是”，因为那不是马列主义、毛泽东思想。
>
> 如果按照“两个凡是”，我就不能出来工作，更不用谈别的问题了。我是在粉碎“四人帮”之后九个月，即1977年7月才出来工作的，到那时我才能参加中央的会议。
>
> 我出来以后，提出毛泽东思想的精髓是实事求是，从此开始了实践是检验真理的唯一标准问题的讨论。当时有一些人抵制这个讨论。1978年6月我在全军政治工作会议上讲了一篇话。以后我从你们那里访问回来，在东北三省沿途又讲这个思想路线问题。
>
> 经过差不多一年的讨论，到1978年底我们召开了十一届三中全会，批评了“两个凡是”，提出了“解放思想，开动脑筋”的口号，提倡理论联系实际，一切从实际出发，肯定了实践是检验真理的唯一标准，重新确立了实事求是的思想路线。只有解决好思想路线问题，才能提出新的正确政策，首先是工作重点的转移，还有农村政策、对外关系政策，以及相应的一整套建设社会主义的政策。

在这次谈话中，邓小平阐述了社会主义必须大力发展生产力、迅速地坚决地把工作重点转移到经济建设上来的重要性和紧迫性：

> 我在东北三省到处说，要一心一意搞建设。国家这么大，这么穷，不努力发展生产，日子怎么过？我们人民的生活如此困难，怎么体现出社会主义的优越性？“四人帮”叫嚷要搞“穷社会主义”、“穷共产主义”，胡说共产主义主要是精神方面的，简直是荒谬之极！

我们说，社会主义是共产主义的第一阶段。落后国家建设社会主义，在开始的一段很长时间内生产力水平不如发达的资本主义国家，不可能完全消灭贫穷。所以，社会主义必须大力发展生产力，逐步消灭贫穷，不断提高人民的生活水平。否则，社会主义怎么能战胜资本主义？

到了第二阶段，即共产主义高级阶段，经济高度发展了，物资极大丰富了，才能做到各尽所能，按需分配。不努力搞生产，经济如何发展？社会主义、共产主义的优越性如何体现？

我们干革命几十年，搞社会主义三十多年，截至1978年，工人的月平均工资只有四五十元，农村的大多数地区仍处于贫困状态。这叫什么社会主义优越性？

因此，我强调提出，要迅速地坚决地把工作重点转移到经济建设上来。十一届三中全会解决了这个问题，这是一个重要的转折。从以后的实践看，这条路线是对的，全国面貌大不相同了。

最后，邓小平对中共十一届三中全会以来的历程进行了概括和总结：从十一届三中全会到十二大，我们打开了一条一心一意搞建设的新路。①

中共十二大确定了全面开创社会主义现代化建设新局面的奋斗目标，首要任务是要把现代化经济建设继续推向前进。为此，中共中央确定了经济建设的战略目标、战略重点、战略步骤和一系列正确方针。从1981年到20世纪末的20年，中国经济建设总的奋斗目标是，在不断提高经济效益的前提下，力争使全国工农业的年总产值翻两番，即由1980年的7100亿元增加到2000年的28000亿元左右。实现了这个目标，全国国民收入总额和主要工农业产品的产量将居于世界前列，整个国民经济的现代化过程将取得重大进展，城乡人民的收入将成倍增长，人民的物质文化生活可以达到小康水平，中国的经济实力和国防实力将大为增强。通观全局，实现上述经济发展目标，最重要的是要解决好农业问题，能源、交通问题和教育、科学问题。

尤其值得注意的是，中共十二大正式把20世纪末实现“小康”作为中国

① 《邓小平文选》第3卷，人民出版社1993年版，第9～11页。

经济发展的战略目标。提出小康目标，实际上是对过去设想的“要在20世纪末全面实现四个现代化”的目标作了重要修改。

邓小平既是一位政治家，又是一位实践家，还是一位实干家。中共十二大正式确定小康目标后，1983年2月邓小平就来到中国经济最具有活力和最发达的江苏南部地区，实地调查研究小康目标是否符合实际的情况。中共苏州地委原书记戴心思说：小平同志到苏州的时候，正好是我们党的十二大开过不久。那个时候，苏州和全国一样，大家都在议论“翻两番、奔小康”的问题。那个时候一谈就是这个问题，因为十二大刚刚开过，小平同志对江苏和苏州这个地方，他最关心的问题就是能不能翻两番，什么时候能够奔上小康？他很关心这个问题。他问现在苏州农村的现状究竟是什么样子？你们对“翻两番”有没有信心？因为当时有一种议论，好像基础差的地方翻番比较容易，因为基数低，翻番比较容易。基础好的地方，好像块头大，翻番比较难。当时江苏省委的一些领导同志和我们苏州市、苏州地区的一致看法，就觉得不一定。可能基础好的地方翻番比较快。因此当时我们就估计苏州这个地方翻两番肯定不要到2000年。

邓小平在苏州得到了关于实现小康目标的十分满意的回答。他离开苏州，又来到杭州。中共浙江省委原书记铁瑛说：他来（杭州），一是好多年没到杭州过年，在这里过年。另外主要是想在这里研究一下到2000年是不是可以达到翻两番，怎么样个翻法？他说，我在苏州，苏州的同志、江苏的同志向我汇报了一下，说他们（苏州市）现在已经接近800元美金，浙江当时是3800万人口，我们全省的平均，给他算了算，达到450元美金，我们说可以翻，不但可以翻两番，而且还可以（翻更多）。当时没敢多说，至少可以翻两番半。他听了以后很高兴，而且他讲，江苏、浙江恐怕是要多翻一点，不止翻两番，要多翻一点。因为什么呢？宁夏、青海、甘肃这些地方比较后进，如果江苏、浙江只翻两番，他们怎么办？意思是达不到。他就让我们要多翻一点，这样可以拉到翻两番，全国翻两番。

在江苏南部地区，邓小平亲眼看到、亲身感受到苏州农村的巨大变化，对实现经济发展翻两番的目标更加充满信心。在返回北京的列车上，有人问：这次苏南之行感受如何？邓小平高兴地说：到处喜气洋洋。这说明，中共十二大提出的到2000年中国工农业年总产值要比1980年翻两番的奋斗目标完全可以实现。

第一百三十七章

“这个集体一建立，我就一直在安排接班的问题”

中共十一届三中全会后，邓小平从党和国家的发展前途着眼，身体力行，大力推动干部队伍的革命化、年轻化、知识化和专业化，废除领导职务的终身制。这是他领导改革开放一直致力于解决的一个战略问题。

中共十一届三中全会确立以邓小平为核心的第二代中央领导集体。从此，实现中央领导层和各级领导集体的新老交替，成为邓小平经常考虑的一个问题。他说：“党的十一届三中全会建立了一个新的领导集体，这就是第二代的领导集体。在这个集体中，实际上可以说我处在一个关键地位。这个集体一建立，我就一直在安排接班的问题。”①

李鹏就是邓小平推动干部队伍革命化、年轻化、知识化和专业化期间选拔的青年领导干部之一。李鹏生于 1928 年 10 月，四川成都人，1945 年 11 月加入中国共产党，1941 年 3 月参加工作，苏联莫斯科动力学院水力发电系毕业，大学文化，高级工程师。

曾经担任过国务院总理、全国人大常委会委员长的李鹏回忆说：1980 年 12 月 31 日下午，电力工业部刘澜波部长邀他到家里。刘澜波部长首先说，中央已决定一批老同志任国务院顾问，李鹏是其中之一。另外准备更换一批部长，电力工业部部长由李鹏担任。在谈话中，李鹏向刘澜波再三说明，电力工业部许多老同志都是自己的老上级，自己资历浅，难孚众望，不能胜任，请他把自己的想法转告中央。1981 年 2 月 14 日下午，李鹏再一次到刘澜波处。刘澜波说，电力工业部人事情况有变化。电力工业部有几位同志联名给中央写信，不同意李鹏当部长，理由是李鹏太年轻，虽然是一个可以培养的对象，但马上当部长在部里难以服众。刘澜波还说，有同志反映说 1975 年四五运动时，北京电管局也有民兵参

① 《邓小平文选》第 3 卷，人民出版社 1993 年版，第 309 页。

加，还在水电部介绍过经验。李鹏当时想，自己上不上也没有什么关系，但这种说法完全是颠倒黑白的，实在令人感慨万千。①

李鹏在回忆录中写道："1976 年 4 月 5 日前后，我和朱琳几乎天天都到天安门悼念周恩来。"不久，这件事查清了。据北京电热厂厂长李振奇说，在四五运动中，他们是受朝阳区民兵组织者的委派，带热电厂民兵去天安门的，是作为预备队去维持秩序的。2 月 19 日晚，电力工业部部长刘澜波给李鹏打电话说：中央已经决定李鹏担任部长。1981 年 7 月 2 日，中央在怀仁堂召开中共省、市、自治区委员会书记座谈会，议题是提拔中青年干部问题，李鹏参加了这次会议。陈云在会议上说："李鹏是从苏联学习回来的，搞电 30 多年，这次提拔当部长还有争论。我看到的名单，第一次不是李鹏，第二次才是李鹏，是刘澜波同志力争的。"②

李鹏回忆说：我是 1981 年担任电力部部长的，当时可以说在中国的政坛上还是引起了一番轰动，因为算是最年轻的吧。我们原来的老部长刘澜波同志推荐我，当时我才 51 岁，算是相对年轻了。小平同志在一次宣布这件事情的会议上，曾经表扬了刘澜波同志是开明人士，党内的开明人士。因为当时在我们党内风气还是论资排辈的，比我资格老的还有很多。

有长期的实际工作经验，而且具有一定的理论水平的同志当时在电力部还有好几位，如果是论资排辈，排不上我。所以小平同志在干部大会上，我记不得了，好像是七一的大会上，还是在这前后，他公开表扬了刘澜波同志为开明人士，是我们党内的开明人士。③

从这个具体的事情，就说明当时他已经看出来干部要年轻化，是高瞻远瞩的，考虑到了中国的革命事业和建设事业后继有人的问题，经过小平同志的提倡，干部的四化逐渐深入人心，并且形成制度，我想这是保证我们的事业能够一代代相传很重要的一个战略步骤。④

后来，李鹏相继担任国务院副总理、代总理、总理、第九届全国人大常委

---

① 《李鹏回忆录(1928 ~ 1983)》,中央文献出版社、中国电力出版社 2014 年版。

② 《李鹏回忆录(1928 ~ 1983)》,中央文献出版社、中国电力出版社 2014 年版。

③ 《邓小平文选》第 2 卷,人民出版社 1994 年版,第 384 ~ 388 页。

④ 《李鹏回忆录(1928 ~ 1983)》,中央文献出版社、中国电力出版社 2014 年版。

会委员长。中共第十二届、第十三届、第十四届、第十五届中央委员，第十二届五中全会增选为中央政治局委员、中央书记处书记，第十三届、第十四届、第十五届中央政治局委员、常委。

乔石也是邓小平推动干部队伍革命化、年轻化、知识化和专业化期间选拔的青年领导干部之一。他是浙江定海人，1924 年 12 月生于上海。1940 年 8 月加入中国共产党，历任上海南方中学、上海光华附中地下党支部委员、书记，上海地下党中学区委干事。中学毕业后，在华东联合大学文学系、淮南华中局城市工作部调训班学习。1945 年至 1949 年，历任上海地下党学委中学区委组织委员、中学分委副书记兼组织委员，上海同济大学地下党总支部书记，上海地下党学委总交通，上海地下党新市区委副书记，上海市北一区学委书记等职，组织发动上海青年学生投身抗日和反美反蒋斗争，组织指挥同济大学“一·二九”争民主、反迫害运动，是上海学生运动重要领导人之一。1949 年 7 月起，历任中共杭州市委青委宣传部部长、组织部部长、市委青委书记，中共中央华东局青委统战部副部长。1954 年至 1962 年，历任鞍山钢铁建设公司工程技术处副处长、处长，酒泉钢铁公司设计院院长兼钢铁研究院院长，酒泉钢铁公司陕西工程管理处党委书记等职。1962 年 2 月至 1963 年 4 月，在中共中央高级党校理论班学习。随后，到中共中央对外联络部工作，任研究员、副局长、局长。“文化大革命”时期受到残酷迫害。他坚持党性原则，实事求是，顽强斗争，两次被下放“五七”干校。

中共十一届三中全会前后，乔石任中共中央对外联络部副部长、部长。中共第十二届中央书记处候补书记。他认真贯彻中央对外工作方针和政策，按照“独立自主、完全平等、互相尊重、互不干涉内部事务”的原则，广泛同各国共产党、社会党、民族主义政党及其他政党和政治组织交流合作，为对外工作拨乱反正、开创新局面作出积极贡献。1983 年 6 月，他兼任中共中央办公厅主任。他强调中央办公厅直接为中央服务，要紧随全党工作中心的战略转移，推进各项改革，建立健全工作机构，梳理整顿各项业务，使各项工作更好地服从和服务党的路线、方针、政策，更好地服从和服务改革开放和现代化建设大局。

对于乔石在中央对外联络部期间的工作情况，与乔石夫妇非常熟悉的吴兴唐在《乔石和中联部》中回忆说：

1983年7月，乔石卸任中共中央对外联络部部长，调任中央办公厅主任、中组部部长。我还记得，离任时，他在中联部礼堂向全体干部作了一次深情的讲话：“我60年代中期从中央党校学习后就分配到中联部工作。20年来，我在中联部学到了很多东西。特别是在耿飚和李一氓的领导下，提高了业务水平、工作能力和思维能力。1982年把我选进中央书记处当候补书记，别人以为官做大了，很得意吧，其实，老实说，事先我没有思想准备。我想这一辈子也就在中联部干点具体的事，有空闲看看书，写写字，生活得简单点。我感到，职务越高，工作担子越重，越复杂，任务越艰巨，心里总是没有底。但我相信，在中联部打下了很好的基础，特别是中联部有勤奋工作的风气。我对中联部永远是感恩的。”说到动情处，乔石声音哽咽，眼中噙着泪花。他性格稳重，比较内向，处事低调，平时言语不多，因而被外界认为有一层神秘感，但这次讲话使我看到了他内心的激情。

当时，中联部的部、局、处领导大都是“革命前辈”，有丰富的革命经历，有的在党内和社会上都有很高的知名度。而我和我同龄的这一代多是“三门干部”，即走出家门进校门，走出校门进机关门。我们对“革命前辈”都很尊重，但接触并不多。同时，除职务差别外，还有行政级别差距。当时，行政7级、8级、9级为部级，10级至13级为中层干部。乔石1963年进中联部之初，当属中层干部。我是1960年进中联部的，是最低一级，为24级，沿用延安时的称呼，叫“干事”。尽管有这种种差距，但我有幸见证了乔石在中联部的整个历程。可以说，在中联部健在的老人中，我可能是对他的情况最熟悉的人之一了。

1963年乔石在中共中央高级党校理论班进修一年后，分配到中联部五处（即西亚非洲处，当时“处”相当于“局”），担任副局级研究员，处长为吴学谦。新中国成立前，吴学谦曾担任中共地下党上海学生运动委员会书记。20世纪80年代到90年代，从上海学生运动领导人中，走出了连续四任中联部部长：乔石、钱李仁、朱良、李淑铮。

乔石的夫人郁文也随他一起调入了中联部，在十一处（即编译处）担任处级研究人员。郁文出身于书香门第，解放前是上海左翼报纸《联合晚报》的记者。在报社工作期间，她认识了乔石，后来一起从事学生运动工作，解放初期结婚。

十一处负责编辑中联部的内刊《动向》。各部门的稿件先送到十一处，经过编辑后，报中联部领导同志签发，最后送中央。当时我在中联部一处（即苏联东欧处）德语组，经常去送稿子，因而与郁文熟悉起来。郁文和我还是宁波同乡。后来，我母亲从老家来北京，乔石的母亲也是宁波人，两位老人也熟识了。

我和乔石的接触不多。当时中联部是保密单位，部长王稼祥的口头禅是一句苏联谚语：“不说话是金，少说话是银。”因为工作的特殊性，再加上性格使然，乔石话很少，但跟上上下下的关系都很好。除此之外，乔石做卡片是中联部一绝。当时，积累资料主要靠做卡片，我也有一大柜子的卡片，一格一格的，像开中药铺。乔石的业务很强，做的卡片非常细致，除直接涉及业务的之外，马恩列斯和毛泽东的著作，也都摘抄整理成卡片，而且字写得很好。

中联部老干部多，其中不少是搞地下工作出身，因此，“文革”期间受到了很大的冲击。乔石等都被关进中联部的“南小楼”隔离审查，之后下放“五七”干校。1971 年 1 月，耿飚调任中联部部长，在他的努力下，中联部被打倒的干部逐步“解放”，乔石等人都被调回来了。1973 年 4 月，中联部成立了“研究组”（后改为研究室），乔石是负责人之一，郁文随原来的十一处并入了这个部门。

1978 年 2 月，乔石被任命为中联部副部长。当时主持中联部工作的是常务副部长李一氓。李一氓是参加过北伐和南昌起义的老资格革命家，也是文化人，兴趣广泛，思想开放。他很器重乔石，认为他为人稳重，有理论修养。乔石对李一氓也十分尊重，并且受他的影响很大。两个人都很喜欢和擅长书法。乔石的书法有自己独到的风格，在中联部内外都很出名，这种修养，使他少了官气多了儒雅。

“文革”后，在中联部打开政党工作新局面，特别是中国共产党与南斯拉夫共产主义者联盟恢复关系方面，乔石提出工作思路，起草研究报告，发挥了非常重要的作用。1982 年 4 月，中联部部长姬鹏飞离任，副部长吴学谦调任外交部第一副部长（当年11月任部长），乔石继任中联部部长。“文革”前，同中共有政党关系的外国共产党和工人党有80多个，“文革”期间，主管中联部的康生推行“支左反修”，和中共保持联系的政党只剩10个。80年代前期是中共政党外交的转折时期。邓小平连续多次会见外国政党领导人，胡耀邦提出开创党的对外联络工作的新局面，中央书记处前所未有地几次讨论中联部的工作。1982年9月中旬，乔石在中共十二届一中全会上当选为中央书记处候补书记，但仍兼中联部部长。

当时，中央政治局委员大多数年事已高，党和国家的重大决策一般都由中共中央总书记胡耀邦领导中央书记处做出，报中央政治局后，再负责贯彻实施。中央书记处成员中，候补书记乔石和郝建秀是最年轻的，胡耀邦戏称他们是拼命三郎“石秀”。胡耀邦很欣赏乔石，认为他有干劲，理论修养好。两人的性格正好相反，一个外向，一个内向；一个讲话充满激情，一个比较寡言少语。我觉得用中国的老话说，应该叫“相辅相成”吧。记得听乔石说过，他要一直保持低调，不说大话，不说空话，不说过头话，不走极端。①

吴兴唐回忆说：

乔石动我到中联部研究室工作。1983年5月，我在中国驻联邦德国大使馆工作了将近5年后回国。我面临的工作选择有三个：一是去中国国际交流协会，二是去苏联东欧研究所，三是到中联部研究室。当时，中联部研究室主任为李骥，副主任为郁文。我一回国，郁文就找我谈话，希望我到研究室工作。我有点犹豫，她看出来了，就约我到家里去谈谈。她和乔石住在中联部宿舍区一幢两层小楼的楼上。我去后对她说，研究室工作对我来说完全是一项新的工作，任务艰巨，并且要坐冷板凳，也要放弃所学的外语，恐怕难以适应。

郁文说，现在中央要求打开党的对外工作新局面，对研究室来说都是

① 吴兴唐:《乔石和中联部》,《中国新闻周刊》2014年3月31日。

新的工作，大家都在边干边学，但她相信我一定能胜任。乔石详细询问了德国社会民主党的基本主张、群众基础和各类活动实施情况。我一一作了介绍后，他说：“你了解不少情况，还有自己的见解。你在使馆这几年的工作对研究工作是有用的。中联部研究室是进行综合性研究，对你来说也可以说是新的工作，但可以触类旁通。我赞成你到研究室工作。”乔石问郁文：“研究室人员中有从使馆回来的吗？”郁文答：“还没有。”乔石指着我说：“那你现在是第一人。”

这次谈话不断被红机子保密电话打断。乔石接了几次电话后对我说，请你再谈谈德国现代企业制度的情况。我说，德国实行的是社会市场经济，现代企业制度最重要的特点是实行比较成熟的有法律规范的股份制。我谈了陪同中国社会科学院副院长、著名国际问题专家宦乡在德国考察的情况。考察结束后，宦乡得出一个简单而重要的结论：没有西门子的西门子。意思说，西门子家族在西门子公司的股份已微乎其微，西门子公司的大部分股份既有政府的，也有社会的。

吴兴唐回忆了乔石给他布置“第一份功课”：一个星期之后，接到中联部干部局通知，我被任命为研究室时事政策处处长。这个处有七八个人，从事形势与政策研究，负责为部起草报送中央的形势分析报告和对外政策建议，还要为部领导起草重要讲话。上班第一天，郁文就把我叫到她的办公室说：“老乔要我把中苏论战的几份材料给你看看。老乔和其他几位部领导认为，对十年‘文革’中央已作出决议，而对此前的中苏论战尚未进行全面的研究和清理。中联部是当时中苏论战的主要参与单位之一，我们有责任整理一下，搞得好也想上报中央。现在已经搞了一年多，形成了几份部内讨论稿，你可以看看，也可提出意见和看法。”这是回中联部后的“第一份功课”，我必须认真做好。我用了三天时间，查阅了有关资料，书面提出了几条意见。最主要的一条是，十年论战是十年“文革”的“温床”。最近两年，我写了两篇关于中苏十年论战的文章（注：其中之一《中苏大论战中的中联部》，发表于《中国新闻周刊》2013 年第 8 期），也是源于乔石布置的这“第一份功课”。

吴兴唐回忆了乔石对“国际主义”和“超越意识形态”问题的看法。他说："苏联长期用无产阶级国际主义名义来控制别国党，干涉别国内政，名声很不好。我们也为此吃过大亏，要研究一下，慢慢淡化和不提'国际主义'为好。"他又说，对于意识形态，应该"超越"而不"回避"，可以"求同存异"。吴兴唐还谈到乔石于1981年9月成立的中国国际交流协会。"成立这个协会，还能为民主党派领导人创造一个平台，便于他们和中共一起参加同外国政党的交流，以更好地体现多党合作。""作为创办者之一，乔石一直十分关心交流协会的工作。担任党和国家领导人后，他多次会见交流协会的重要外宾。在一次会见后，他对我说（我1993年年底调任交流协会任总干事），交流协会要多请民主党派领导人和各方面专家同外宾座谈。他们有切身体会，谈经济问题、宗教问题、台湾问题都谈得很好，让外国人能听得进去。"①

1984年4月，乔石兼任中共中央组织部部长。他坚决贯彻落实中央干部队伍革命化、年轻化、知识化、专业化的方针，把干部队伍建设特别是各级领导班子建设作为贯彻落实党的组织路线的核心任务。他注重启用和培养中青年干部，有步骤地调整各部委和省、市一级党政领导及骨干企业的领导，使一批优秀中青年干部走上各级领导岗位。他大力推动干部队伍第三梯队建设，建立健全后备干部制度，组织开展新中国成立以来首次全国范围内后备干部集中选拔，推进新老干部合作与交替。他高度重视组织工作和干部人事工作改革，密切关注经济改革和对外开放对组织工作、干部人事工作提出的新要求，在落实废除领导干部职务终身制、干部管理体制改革、党员教育管理改革等方面取得重要突破。他扎实推进整党工作，积极落实干部政策特别是知识分子政策，有力推动组织战线拨乱反正，为全面加强党的建设作出了积极贡献。

1985年7月，乔石任中共中央政法委员会书记，在中共十二届五中全会上增选为中央政治局委员、中央书记处书记。1986年4月任国务院副总理。他认真贯彻中央政法工作方针政策，在推进民主法制建设、依法管理、加强社会治安综合治理、保障社会安定等方面倾注了大量心血。他明确提出政法工作必须同党的中心任务紧密结合，必须更加自觉、更加主动地服从和服务于改革开放和经济建设大局，更好地肩负起保卫和促进社会主义现代化建设历史重

---

① 吴兴唐:《乔石和中联部》,《中国新闻周刊》2014年3月31日。

任。1991 年中央社会治安综合治理委员会成立，乔石任主任。他推动出台一系列加强社会治安综合治理的政策法规，建立全国自上而下完整的社会治安综合治理组织领导体系，为形成新形势下广泛依靠群众解决社会治安问题的新路子作出了贡献。

1987 年 11 月，乔石在中共十三届一中全会上当选为中央政治局委员、常委，中央书记处书记，并当选中央纪律检查委员会书记。1989 年 3 月兼任中共中央党校校长。邓小平南方谈话后，乔石积极支持、宣传邓小平改革开放的思想主张，强调中共十一届三中全会以来的基本路线和方针政策完全正确，“没有改革开放，就没有中国的今天”，“只要我们坚持深化改革，扩大开放，坚定不移地沿着有中国特色的社会主义道路走下去，就一定能克服前进中的困难，使中国的经济在 90 年代跨上一个新台阶”，“社会主义只有经过改革开放，才能不断完善和发展，搞封闭是没有出路的”。他旗帜鲜明，表达进一步解放思想、努力扩大改革开放的坚定立场，高度重视学习贯彻南方谈话精神，强调要从“思想上的再一次大解放”的高度深入学习贯彻南方谈话精神，解放思想，更新观念。

1992 年 10 月，乔石在中共十四届一中全会上再次当选为中央政治局委员、常委。1993 年 3 月，乔石在第八届全国人大一次会议上当选为全国人民代表大会常务委员会委员长。乔石是中共第十二届、第十三届、第十四届中央委员，第十二届中央书记处候补书记，第十二届五中全会增选为中央政治局委员、中央书记处书记，第十三届中央书记处书记，第十三届、第十四届中央政治局委员、常委。

第一百三十八章

“选拔接班人这件事情不能拖”

中国进入改革开放和现代化建设新时期，邓小平经常强调，老干部的责任就是要认真选好接班人。改革开放初期，整个干部队伍除了要清理那些政治上严重不纯的人外，还存在着另外两个突出问题：一个是领导干部的年龄老化，各省、市、自治区党委和人民政府领导集体成员的平均年龄在61岁以上；一个是领导干部的文化水平不高，各省、市、自治区党委和人民政府的领导成员，具有大专以上文化水平的只占17.7%。

这种情况引起政治经验丰富、具有远见卓识的邓小平的高度重视。他十分感慨地说，现在不懂行的人太多了，“万金油”式的干部太多了。要实现中共十一届三中全会确立的以经济建设为中心的政治路线，需要有一批政治坚定、坚决执行改革开放路线、年富力强、有专业知识的领导干部。因此，调整和解决组织路线就成为党的建设的重要内容。

根据中共中央决定，1979年9月，中央组织部召开全国组织工作座谈会。主要内容是：围绕组织工作适应全党工作重点的转移和保证改革开放与社会主义现代化建设的需要，着重研究解决中共十一届三中全会以后党的建设特别是干部队伍建设中的几个重要问题，如落实干部政策、调整领导班子、开展党员教育、组织干部培训以及改革干部制度等。

中共中央政治局委员、中共中央秘书长胡耀邦在会上传达了中央和邓小平关于组织工作和干部工作的重要指示。他指出，新时期党的组织路线，就是使党的组织工作、干部工作促进和确保改革开放和社会主义现代化建设的顺利发展；组织工作的重点要放到提高全党同志推进改革开放和社会主义现代化建设的坚定性、积极性和创造性上；为了适应全党工作重心的转移和保证改革开放与社会主义现代化建设的需要，要把培养选拔中青年干部、改革干部制度作为当前最迫切的任务来抓。

当时，在需要培养接班人的问题上，大多数老同志都没有异议。但在培养接班人这个问题的轻重缓急上，老同志的认识却并不一致。有的老同志虽然也认为这是一个战略性任务，但是对于要退休、要让位，思想准备不够。思想准备不够的原因在于，有的老同志认为，从参加革命的那一天起，就决心革命到底，现在让自己半途而废，中途退出革命，心里难以接受。有的老同志对于培养选拔中青年干部没有意见，但是他们认为中青年干部年纪轻，经验不足，社会阅历少，缺乏激烈的复杂的斗争的考验。因此，对中青年干部不放心、不敢放手，总是顾虑重重，总想“扶上马，送一程”。还有的老同志认为，“文革”中受到林彪集团和江青集团的“残酷斗争、无情打击”，长期受到批判，长期受到迫害，在“文革”中整整靠边站了10年，粉碎了“四人帮”，正盼望着全力以赴、痛痛快快、甩开膀子好好大干一场，却让就此退下去，离开领导工作岗位，思想上想不通。

针对这种情况，邓小平于1979年11月2日在中央机关副部长以上干部会上作了《高级干部要带头发扬党的优良传统》的报告。在讲到“认真选拔接班人”问题时，邓小平从培养、选拔大批合格人才与实现四个现代化的关系的角度，高屋建瓴地阐述了这个问题的紧迫性。邓小平说：

> 现在我们国家面临的一个严重问题，不是四个现代化的路线、方针对不对，而是缺少一大批实现这个路线、方针的人才。道理很简单，任何事情都是人干的，没有大批的人才，我们的事业就不能成功。所以，现在我们搞四个现代化，急需培养、选拔一大批合格的人才。这是一个新课题，也是对老同志和高级干部提出的一个责任，就是要认真选好接班人。老干部现在大体上都是六十岁左右的人了，六十岁出头的恐怕还占多数，精力毕竟不够了，不然为什么有些同志在家里办公呢？为什么不能在办公室顶八小时呢？我们在座的同志中能在办公室蹲八小时的确实有，是不是占一半，我怀疑。我们老同志的经验是丰富的，但是在精力这个问题上应该有自知之明。就以我来说，精力就比过去差得多了，一天上下午安排两场活动还可以，晚上还安排就感到不行了。这是自然规律，没有办法。粉碎

“四人帮”以来，我们把老同志都陆续请回来了，并且大体上恢复了原来的或者相当于原来的职务。这样，我们的干部就多起来了。把老同志请回来是完全必要的，是非常正确的。现在我们面临的问题，是缺少一批年富力强的、有专业知识的干部。而没有这样一批干部，四个现代化就搞不起来。我们老同志要清醒地看到，选拔接班人这件事情不能拖。否则，搞四个现代化就会变成一句空话。

在谈到要特别注意选拔年轻干部时，邓小平特意举了一个例子。他说：

也许再过五年，大学毕业生里会出现一批人才，他们的年龄都在三十岁以下，对这些人我们要注意提拔。但是从现在的状况来说，重点应该放在选拔中年干部，要选拔他们当中合乎三个条件的人接班，老同志要让路。我们要破格选拔人才，不要按老规矩办事，要想到这是百年大计。先不说百年大计，十年大计首先要想嘛。一九七五年我就想到过这个问题，那个时候毛主席要我来主持中央工作，王洪文就跑到上海去跟人说，十年后再看。当时我跟李先念同志谈过这个事情，十年后我们这些人变成什么样子了？从年龄来说，我们斗不过他们呀，在座的同志也斗不过他们。如果坚持“四人帮”思想体系的人将来掌权，你们也斗不过他们，你们能活多久啊？即使生命还在，脑袋也不管用了，这是自然规律。

邓小平还指出：“我们说资本主义社会不好，但它在发现人才、使用人才方面是非常大胆的。它有个特点，不论资排辈，凡是合格的人就使用，并且认为这是理所当然的。从这方面来看，我们选拔干部的制度是落后的。论资排辈是一种习惯势力，是一种落后的习惯势力。”

在中共十一届五中全会上，邓小平指出：“以后的人事安排要慢慢年轻化。我们这些人是安排后事的问题，不再放到第一线了。当然，这也要根据实际情况和实际可能。我自己定了个奋斗目标，时间定在一九八五年，就是要办一件事，精心地选拔身体比较好的、比较年轻的同志上来搞事情。这次全会开始注意这件事，但没有做完，还要继续做。”

1980年8月18日，邓小平在《党和国家领导制度的改革》的讲话中指出，关键是要健全干部的选举、招考、任免、考核、弹劾、轮换制度。任何领导干部的任职都不能是无限期的。在改革开放和社会主义现代化建设的进程中，必须建立与之相适应的精干高效的强有力的党政工作机构。1982年1月，邓小平在中央政治局讨论机构精简问题时作了《精简机构是一场革命》的重要讲话。指出，精简机构是一场革命。当然，这不是对人的革命，而是对体制的革命。这场革命不搞，让党和国家的组织继续目前这样机构臃肿重叠、职责不清，许多人员不称职、不负责，工作缺乏精力、知识和效率的状况，是不可能得到人民赞同的。这场革命不搞，让老人、病人挡住比较年轻、有干劲、有能力的人的路，不只是四个现代化没有希望，甚至于要涉及亡党亡国的问题，可能要亡党亡国。他强调，这一次精简机构，不但要注意“出”的问题，还特别要注意“进”的问题。进，最关键的问题是选比较年轻的。他指出，实现干部的革命化、年轻化、知识化、专业化，是革命和建设的战略需要。

会后，根据精简机构和实现干部“四化”的要求，中央一级党、政、军机关的精简工作逐步开展，并获得初步成果。国务院机构经过初步改革后，原有部委由52个减为41个，部委一级干部减少67%，司局一级干部减少43%。同时，中共中央直属机关也进行了机构改革和配备领导班子的工作。先后公布了国务院和中共中央直属机关部分干部的任职名单。各级领导班子在坚持革命化的前提下，开始转向精干、效能和年轻化、知识化、专业化。

为了成功实现中央领导的新老交替，邓小平总结了毛泽东在接班人问题上的深刻教训，明确提出要废除领导职务终身制，实现干部队伍的革命化、年轻化、知识化、专业化。他自己以身作则，率先垂范。1980年年底，中共中央政治局经过多次开会讨论后认为，华国锋在过去四年中做过一些有益的工作，但是显然缺乏作为中央主席和中央军委主席所必需的政治能力与组织能力，“鉴于以上情况，中央政治局认为华国锋同志继续担任现职是不适当的”。“许多同志曾提议邓小平同志担任中央主席兼军委主席，因为这是众望所归。邓小平同志认为，由他担任中央主席不适宜。从三中全会以来，中央一直致力于让比较年富力强而且能坚持正确政治方向的同志担负领导工作。他认为在60多岁的同志中，胡耀邦同志担任中央主席比较适当。至于军委主席，暂时没有其他适当的人选，他可以担任一段时间，以便培养新的比较年轻的同志将来接替。”

中央政治局一致同意了邓小平的意见。在中共十一届六中全会上，胡耀邦当选为中国共产党中央委员会主席。在中国共产党第十二次全国代表大会上，胡耀邦当选为中国共产党中央委员会总书记。邓小平担任中央政治局常委、中央军委主席。

1982 年上半年，中央机关和国家各部委的机构改革，是中央为实现干部队伍“四化”有秩序有步骤地实现新老交替的又一重大决策。这次改革，使中央一级党政机构和工作人员的编制大大缩减，使部级、司级领导班子的平均年龄普遍下降 4 岁至 6 岁，其中新提拔的中青年干部分别占到部级、司级领导班子成员总数的 16% 至 32%。许多老同志荐贤举能，扶持那些资历和经验都不及自己的年轻同志上来，自己甘当助手，或退居二三线，担负起传、帮、带的任务。

早在筹备中共十二大时，邓小平就提出，我想请在座的同志们考虑，下届的中央委员会，是不是可以选五十个五十岁以下的人。代表大会的代表应该有相当数量的五十岁以下的人。如果做不到这两点，我们那个代表大会就不是成功的代表大会。再往后，我们的代表大会代表、中央委员会委员还应当更年轻一些。这是我们事业兴旺发达的重要标志之一。①

这个设想在中共十二大和十二届一中全会上得到圆满实现。一大批德才兼备、年富力强的同志当选为第十二届中央委员和候补中央委员。在 348 名中央委员和候补中央委员中，新当选的有 211 人，具有大专学历以上的有 120 人。

中共十二届一中全会结束后，邓小平、陈云等特意来到北京人民大会堂新疆厅，同新当选的几十位年轻的中央委员和候补中央委员亲切见面。

新当选的中共中央委员有：

江泽民，55 岁，中国电子工业部部长；

李鹏，53 岁，中国水利电力部第一副部长；

李瑞环，47 岁，中共天津市委书记；

---

① 《邓小平文选》第 2 卷，人民出版社 1994 年版，第 281 页。

…… ……

在新当选的候补中央委员中，最年轻的是胡锦涛，39 岁，担任甘肃省建设委员会副主任。

中共中央领导人接见新当选的中央委员和候补中央委员，体现了对年轻的中央委员和候补中央委员的深切期望，对社会主义事业后继有人的深切期待。党和国家的希望寄托在这些年富力强、充满朝气与活力的新一代中央委员和候补中央委员身上。

中共十二大成功实现中央领导层新老交替，成功建立充满生机与活力的干部队伍。会后，中共中央通过精简各级领导集体和废除领导职务终身制，大力推进干部队伍“革命化、年轻化、知识化、专业化”。中共中央在《关于省级领导班子配备的几点原则意见的通知》中指出，党委和政府领导班子中，要有熟悉工业、农业、文化、教育、科学技术等各方面的人才，具有大专文化程度的要占三分之一左右。规定进省、直辖市、自治区一级领导班子的对象要着重从 55 岁以下的优秀干部中挑选，年满 60 岁的一般不要作为选拔对象。对地（市）、县的机构改革也作了明确规定。

中共中央为全面实现干部队伍的“革命化、年轻化、知识化、专业化”，做了大量卓有成效的工作，制定了 1983～1990 年《关于领导班子“四化”建设的八年规划》，发布了《关于建立省级后备干部制度的意见》《关于加快选拔中青年干部的意见》《关于领导班子若干问题的规定》《全国干部培训规划要点》等一系列文件，并狠抓落实。

第一百三十九章

“顾问委员会是个过渡，这个过渡是必要的”

中共十二大决定，建立中央顾问委员会。这是中国共产党解决领导干部新老交替的一个创举。通过这一机构，可以使中国共产党中央委员会年轻化，并使一些老同志在退出领导工作第一线之后继续发挥一定的作用。一大批老一辈无产阶级革命家和久经战火考验的老干部进入中央顾问委员会，为全党树立了实行新老交替的榜样。

建立中央顾问委员会，这是中共中央长期研究的结果。粉碎“四人帮”后，特别是经过拨乱反正，在“文化大革命”时期被打倒、遭到迫害的大批老干部得到平反，重新走上领导岗位。老干部在革命战争年代和社会主义建设时期经历过风风雨雨，经过革命和建设的多方面磨炼，保持着优良的革命传统，革命性强，经验丰富，是党和国家的宝贵财富。但是，出现了“年龄偏高，领导班子老化，当时属于中央管理部门的干部中，65 岁以上的占 26.7%，61～64 岁的占 23.8%，两项合计，占总人数的一半以上；56～60 岁的占 27%，45 岁以下的仅占 1.6%。其中省、市、自治区党委常委和政府领导班子成员的平均年龄在 61 岁以上，30% 为 61～64 岁，只有 3% 在 45 岁以下”①。

中共中央十分重视这个问题。特别是邓小平高瞻远瞩，敏锐地意识到需要实现各级领导干部的革命化、年轻化、知识化、专业化，应当实行新老交替。1977 年 12 月，邓小平在中央军委全体会议上说：“现在我们的领导干部年龄都比较大了，五年以后，五十岁以下的人，打过仗的就很少了。所以，我们这些老同志，要认真选好接班人，抓紧搞好传帮带。”② 他后来还说：“‘文化大革命’结束，我出来后，就注意这个问题。我们发现靠我们这老一代解决不

---

① 《宋任穷回忆录》（续集），解放军出版社 1986 年版，第 104 页。

② 《邓小平文选》第 2 卷，人民出版社 1994 年版，第 75 页。

了长治久安的问题，于是我们推荐别的人，真正要找第三代。”①

但大部分老干部在十年动乱期间被迫离开工作岗位多年，恢复工作不久就让他们下去，思想上一时接受不了。为此，邓小平 1978 年 6 月在全军政治工作会议上指出：“培养接班人，这件事关系到军队建设和未来反侵略战争的大局，非解决不可。年轻干部只要选得准，搞好对他们的传帮带，加强学校的培养，是能够接好班的。我们老同志在这个问题上，眼光要放得远一些，要积极发挥骨干作用，选好接班人，带好接班人。这件事做好了，我们才有资格去见马克思，见毛主席，见周总理。”②

1979 年 7 月，邓小平在接见海军党委常委扩大会议全体同志时再次强调：

政治路线确立了，组织路线问题是一个很重要的问题。老同志的任务是选拔赞成党的政治路线的人来具体贯彻来接班。我们把许多冤假错案处理后，好多同志回到原来的岗位或担负起相当原来职务的工作，这在前一段是必要的。

但现在各级领导班子（包括军队）岁数太大，精力不够。要预防帮派分子卷土重来，现在林彪、“四人帮”思想体系反对党的政治路线、思想路线的还大有人在，他们基本认为中央现在搞的是倒退，是右倾机会主义。

邓小平说：“他们一遇机会就会出来翻腾的。一九七五年我主持中央工作，王洪文就说，十年后再看。现在也有十年后再看的问题。我们对林彪、‘四人帮’的影响不能低估，不能想得太天真了。要想得远一点。”“（老同志）一定要趁着我们在的时候挑选好接班人，把那些表现好的同志用起来，培养几年，亲自看他们成长起来。选不准的，还可以换嘛。解决组织路线问题，最大的问题，也是最难、最迫切的问题，是选好接班人。”

但是“庙只有那么大，菩萨只能要那么多，老的不退出来，新的进不去，这是很简单的道理。因此，老同志要有意识地退让。要从大处着眼，小道理要服从大道理，不要一涉及自己的具体问题就不通了”。③

11 月 2 日，邓小平在中央机关副部长以上干部会议上强调，认真选好接班人，这是一个战略问题，是关系到我们党和国家长远利益的、带根本性的问

① 《邓小平文选》第 3 卷，人民出版社 1993 年版，第 380 页。

② 《邓小平文选》第 2 卷，人民出版社 1994 年版，第 123 页。

③ 《邓小平文选》第 2 卷，人民出版社 1994 年版，第 191～193 页。

题。有正确的思想路线和政治路线，如果组织问题不解决好，正确的政治路线的实行就无法保证，我们向党和人民就交不了账。[①] 他还说“前几年，我提出搞顾问制度，但并没有完全行通，许多人不愿意当顾问”。现在“看来，顾问制度还是一个出路，应该保留”。[②]

根据中共中央指示，中央组织部起草了《关于设置顾问的决定》，经中央批准后正式下发全党。该决定指出：在县级以上的单位设顾问，并作为一种制度长期坚持下去。顾问的主要工作是调查研究、了解情况，帮助党政领导出主意、当参谋，完成党政领导委托办理的工作。把党的好传统、好作风和自己的知识经验传授给年轻一代。[③]

1980 年 8 月 18 日，邓小平在《党和国家领导制度的改革》的报告中说：“从长远着想，解决好交接班的问题。老同志是党和国家的宝贵财富，责任重大，而他们现在第一位的任务，是帮助党组织正确地选择接班人。这是一个庄严的职责。让比较年轻的同志走上第一线，老同志当好他们的参谋，支持他们的工作，这是保持党和政府正确领导的连续性、稳定性的重大战略措施。”[④]“中央已经设立了纪律检查委员会，正在考虑再设立一个顾问委员会（名称还可以再考虑），连同中央委员会，都由党的全国代表大会选举产生，并明确规定各自的任务和权限。这样，就可以让一大批原来在中央和国务院工作的老同志，充分利用他们的经验，发挥他们的指导、监督和顾问的作用。同时，也便于使中央和国务院的日常工作班子更加精干，逐步实现年轻化。”[⑤]

1981 年 7 月，邓小平在各省、市、自治区党委书记座谈会上说：“前一段时间，中央曾经设想，将来除了新的中央委员会以外，再设两个委员会，一个是顾问委员会，一个是纪律检查委员会，容纳一批老同志。中央委员会成员比较年轻一点，这是为后事着想。”[⑥] 1982 年 1 月 13 日，邓小平在中共中央政治

① 《邓小平文选》第 2 卷，人民出版社 1994 年版，第 222～223 页。
② 《邓小平文选》第 2 卷，人民出版社 1994 年版，第 226 页。
③ 《宋任穷回忆录》（续集），解放军出版社 1986 年版，第 152 页。
④ 《邓小平文选》第 2 卷，人民出版社 1994 年版，第 321 页。
⑤ 《邓小平文选》第 2 卷，人民出版社 1994 年版，第 339 页。
⑥ 《邓小平文选》第 2 卷，人民出版社 1994 年版，第 385 页。

局讨论中央机构精简问题会议上的讲话中说：“所有老干部都要认识，实现干部队伍的革命化、年轻化、知识化、专业化，是革命和建设的战略需要，也是我们老干部的最光荣最神圣的职责；是我们对党的最后一次历史性贡献，也是对我们每个人党性的一次严重考验。”早解决没条件。现在，经过粉碎“四人帮”和十一届三中全会一直到六中全会，创造了这个条件。现在可以把这个问题提到议事日程上来，这是一场对体制的革命。“这场革命不搞，让老人、病人挡住比较年轻、有干劲、有能力的人的路，不只是四个现代化没有希望，甚至于要涉及亡党亡国的问题，可能要亡党亡国。”①

2月20日，中共中央颁布《关于建立老干部退休制度的决定》，规定老干部退居二线，包括当顾问和荣誉职务，不属于离休退休。那些身体好、又有比较丰富的领导经验和专业知识、因年龄或名额限制不宜进入领导班子的老干部，可以安排担任有一定职责的顾问。

1982年7月，邓小平在中共中央政治局扩大会议上讨论党章修改草案时，对中顾委的性质、设立原因、时限作了说明：

> 设顾问委员会，是一种过渡性质的。鉴于我们党的状况，我们干部老化，但老同志是骨干，处理不能太急，太急了也行不通。还有，我们多年来对中青年干部的提拔就是少，就是没有注意这方面的工作嘛。而且还得承认，确实是障碍重重，这个障碍有些是有意识的，有些是无意识的，两种情况都有。所以，我们需要有一个顾问委员会来过渡。
>
> 顾问委员会，应该说是我们干部领导职务从终身制走向退休制的一种过渡。我们有意识地采取这个办法，使得过渡比较顺利。也许经过三届代表大会以后，顾问委员会就可以取消了。如果两届能够实现，就要十年，那时我们在座的有几个还在？要是两届的话，现在六十岁的就是七十岁，七十岁的就是八十岁，八十岁的就是九十岁。
>
> 所以，顾问委员会是个过渡，这个过渡是必要的，我们选择了史无前例的这种形式，切合我们党的实际。但是在这个过渡阶段，必须认真使干

① 《邓小平文选》第2卷，人民出版社1994年版，第396～397页。

部队伍年轻化，为退休制度的建立和领导职务终身制的废除创造条件。……我们现在采取过渡形式是适当的，但是在过渡时期当中，比如说过渡时期是两届，十年，我们必须认真解决这个问题。①

1982年9月，中共十二大正式设立中央顾问委员会，并选举产生172名中央顾问委员会委员。一大批原来在中央、国务院、军队系统和各省、市、自治区党委以及政府担任重要领导职务，并在党内外享有崇高威望的老同志：薄一波、许世友、谭震林、李维汉、王平、王首道、伍修权、刘澜涛、江华、李井泉、萧克、萧劲光、何长工、宋时轮、陆定一、陈锡联、段君毅、耿飚、姬鹏飞、黄火青、粟裕、程子华、傅钟等率先垂范，退出第一线领导岗位，进入中央顾问委员会，树立了新老干部交替与合作的典范。

邓小平任中国共产党历史上第一届中央顾问委员会主任。

薄一波、许世友、谭震林、李维汉任中央顾问委员会副主任。

"老骥伏枥，志在千里。烈士暮年，壮心不已。"中央顾问委员会委员平均年龄为73.3岁，其中81岁以上的有14人，年龄最小的为63岁。每个人至少有40年以上的党龄，在党内外有较高声望，有比较丰富的领导工作经验，历史上贡献突出，而且在体力上还能胜任一定工作。分别经历过党的创建时期、大革命时期、土地革命时期的老同志，占总数的95%以上。其中有64人是第十一届中央委员会成员，占总数的37%。他们在党内历史悠久，德高望重，阅历丰富，以往为党的事业赴汤蹈火、万难不辞，这时虽然年龄大了，体力差了，但仍将起着重要作用。中央顾问委员会委员、年逾八旬的成仿吾赋诗抒怀："拨乱反正人同愿，创新局面世所期。老夫贡献虽渐少，敢与中青迈步齐。"

中共十二大通过的党章，对中央顾问委员会的性质、任务、成员的条件，包括选举产生的程序、任期，均已作了明确的规定。

党章规定：中央顾问委员会是党的中央委员会的政治上的助手和参谋。中

① 《邓小平文选》第2卷，人民出版社1994年版，第413~414页。

央顾问委员会的成员必须具有 40 年以上的党龄（到 1982 年），对党有过较大贡献，有较丰富的领导工作经验，在党内外有较高威望。

同时规定：中央顾问委员会每届任期和中央委员会相同。它的常务委员会和主任、副主任，由中央顾问委员会全体会议选举，并报中央委员会批准。中央顾问委员会主任必须从中央政治局常务委员会中产生（中共十三大通过的党章对此款作了修改）。

党章还规定：中央顾问委员会委员可以列席中央委员会全体会议。它的副主任可以列席中央政治局全体会议；在中央政治局认为必要的时候，中央顾问委员会的常务委员也可以列席中央政治局全体会议。

对中央顾问委员会的任务，党章规定：中央顾问委员会在中央委员会的领导下进行工作，对党的方针、政策的制定和执行提出建议，接受咨询，协助中央委员会调查处理某些重要问题；在党内外宣传党的重大方针、政策；承担中央委员会委托的其他任务。党章的明确规定，使中央顾问委员会的各项工作有了依据。

中共中央顾问委员会建立后，邓小平作重要讲话。他指出，中央顾问委员会是个新东西，是根据中国共产党的实际情况建立的，是解决党的中央领导机构新老交替的一种组织形式。目的是使中央委员会年轻化，同时让一些老同志在退出第一线之后继续发挥一定的作用。

关于顾问委员会的性质和历史作用，邓小平说，从某种意义上说，顾问委员会是一种过渡性质的组织形式。我们的国家也好，党也好，最根本的应该是建立退休制度。十一届三中全会以后不久，我们就讲要废除党和国家领导职务实际上存在的终身制。这个问题，世界上许多国家恐怕都比我们解决得好。我们干部老化的情况不说十分严重，至少有九分半严重。这个问题不解决，我们的国家、我们的党就缺乏活力。现在着手来解决，采取顾问委员会这种过渡的形式，比较合乎我们的实际情况，比较稳妥，比较顺当。应当说，这一次在解决新老交替问题上迈出了相当大的一步。如果花两个五年的时间，通过这种过渡的形式，稳妥地顺当地解决好这个问题，把退休制度逐步建立起来，那就是很大的胜利。这对于我们国家以后的发展，是办了一件很好的事情。所以，可以设想，再经过十年，最多不要超过十五年，取消这个顾问委员会。十年、两届还是需要的，一届恐怕不好，太急促了。顾问委员会今天刚成立，就宣布准备将来取消，这就明确了这个组织的过渡性。我们尊重生活和历史的辩证法。

中央顾问委员会怎样做工作？邓小平指出，总的说就是要按照新的党章办事。党章规定，中央顾问委员会是中央委员会的政治上的助手和参谋。中顾委委员可以列席中央全会，顾委副主任可以列席政治局会议，必要时顾委常委也可以列席政治局会议。这就是说，中顾委副主任和常务委员在我们党的生活中的资格，是相当于中央政治局委员。

中央顾问委员会承担哪些任务？邓小平根据新的党章规定，指出，中央顾问委员会在中央委员会领导下工作，任务有四条：一是对党的方针政策的制定和执行提出建议，接受咨询；二是协助中央委员会调查处理某些重要问题；三是在党内外宣传党的重大方针政策；四是承担中央委员会委托的其他任务。

针对中央顾问委员会的特点，邓小平提出三项要求：

> 就是不要妨碍中央委员会的工作。我们老同志要自觉，我们都是老上级、老领导，牌子大、牌子硬啊，比中央委员会的成员牌子硬啊。以后中央委员会的成员越来越年轻，越来越是我们的后辈。我们的态度正确，对推动他们的工作、帮助他们的工作，很有好处。如果搞得不适当，也会带来不好的影响。不仅不要妨碍中央委员会的工作，包括中央政治局、书记处的工作，也不要妨碍下面各级的工作。比如我们的同志到哪个省去了解情况，我看不要随便发表意见，首先要认真调查研究，学习下面的实际经验。发现确实有需要解决的问题，也应该采取帮助省委或者帮助某个基层组织的办法，让他们自己去解决。要注意起传帮带的作用，而不是去发号施令。我们这些老资格，讲话是有人听的，是有分量的，所以要慎重。
>
> 顾问委员会的成员要联系群众。除了身体不好的同志，凡是还能做点工作的，可以联系一个基层单位，比如联系一个工厂，一个学校，一个科

学研究机关，一个地委或者县委，甚至一个农村基层组织，深入地了解情况。这样就可以对党中央更好地起到参谋和助手的作用。到联系的单位，还可以做一个报告员，同群众见见面，同党员见见面，把我们国家的事情，我们党在每个时期采取的方针政策，国际的情况和我们的对外政策，及时地给他们讲讲。作报告本身就是传帮带。可以讲现在的问题，也可以讲历史。讲历史我们可是有资格，都是革命几十年的人，革命故事多得很。

就是在保持党的优良作风方面以身作则。搞精神文明，关键是以身作则。我们这些老同志下去，人家是非常尊重的，生活上是会照顾的，我们自己要注意不要过分麻烦人家。①

邓小平这个讲话，对中央顾问委员会的工作具有重要指导意义。

中央顾问委员会做了大量工作。主要有：

制定了《关于中央顾问委员会工作任务和工作方法的暂行规定》。在暂行规定中，从中央顾问委员会的实际情况出发，确定了中顾委的工作方针是“宜少不宜多，宜虚不宜实；量力而行，尽力而为”。

将在京的100多名中顾委委员分别编为6个支部。党的全国代表会议后，改编为7个小组，统一学习，统一过组织生活。但中顾委委员的生活、供给关系一律不变，由原所在单位负责。

建立中顾委委员学习制度。中顾委委员原则上每两周过一次组织生活，或学习党的文件，或交流思想和心得，或开展批评与自我批评。中顾委委员一直较好地坚持这一制度，会上都能做到知无不言、言无不尽，党内生活很活跃。住在京外地区的中顾委委员，分别编成华东、中南、东北华北、西南西北4个组，每年集中学习一次，平时参加所在省、市、自治区党委组织的学习。

建立请示汇报制度。中顾委委员在学习讨论中反映的重要情况、提出的建议和意见，都编成简报，及时向中央反映。对讨论中涉及的重大问题，以专题

① 《邓小平文选》第3卷，人民出版社1993年版，第5～7页。

形式向中央报告。

建立报告会制度。根据形势的需要，不定期地组织报告会，请中央和国务院各部门主要负责同志来向中顾委委员作报告，使大家及时了解国内外形势和出现的新情况、新问题，以及准备采取的措施和对策。

建立调查研究制度。除了身体不好的同志外，中顾委委员可以根据自己的情况，深入实际，调查研究。可以到自己过去长期工作的系统和地区进行调查研究，也可以选择一两个基层单位进行蹲点调查。中顾委委员的调查报告，由中顾委办公厅刊登于内部刊物《通讯》，印送中央和有关部门参阅。中央和国务院有关部门对中顾委委员反映的情况和意见都很重视。

根据邓小平的指示，中顾委建立了一个短小精干、有办事效率的工作机构。

中央顾问委员会大力宣传党的路线、方针、政策，支持中央委员会的工作，与中央保持高度一致，在整顿党的组织、社会主义精神文明建设、“一国两制”等重大问题上积极发挥顾问作用，为实现新老交替，推动干部“四化”，保证改革开放的顺利进行，发挥了应有的作用。

邓小平对中央顾问委员会的工作极为重视。1984 年 10 月，邓小平在中顾委第三次全体会议上指出：

“现在我们的中央是个成熟的中央，各种问题都处理得比较妥善，有条不紊。”现在制定的方针政策战略是正确的行之有效的，现行政策的连续性是可靠的。

“我的工作方法是尽量少做工作。它的好处是：第一，可以多活几岁。第二，让年轻一些的同志多做工作，他们精力充沛，比我做得更好……去年我只做了一件事：打击刑事犯罪分子。今年做了两件事：一件是进一步开放沿海十四个城市，还有一件是用‘一国两制’的方式解决香港问题。”

邓小平强调，《关于经济体制改革的决定》中第九条尊重知识和人才问题是最重要的，尤其人才问题：

“我们老同志在这个问题上要多顾多问。这方面可要解放思想呀，不解放思想不行啦！要说服老一点的同志把位子腾出来，要不然年轻干部没有位子呀。”

“请年纪大一些的同志腾出位子来不容易呀，但是这件事我们必须办，这条路我们必须走。两年前我就说过，我希望带头退休。顾问委员会一成立，我就说这是过渡形式，归根到底还是要建立退休制度。因为位子就那么多，还要精兵简政，老的不腾出位子，年轻的上不了，事业怎么能兴旺发达。”

“选拔年轻干部是我们顾问委员会的一个重要责任。”

按照邓小平的精心“设计”，1985 年举行的中国共产党全国代表会议加快了新老交替的历史进程，先后有 141 名老一代领导干部退出中央政治局、中央委员会、中央顾问委员会。全国范围内有 180 多万名老干部退休，330 万名年轻干部被提拔到各级领导岗位。

在党的全国代表会议上，又有 56 位同志被增选为中央顾问委员会委员。

经过增选和调整，以及有些同志已经逝世，中央顾问委员会主任、副主任和常务委员的名单如下：

主任：邓小平

副主任：王震、薄一波（常务）、许世友、宋任穷

常务委员：（按姓氏笔画为序）王平、王震、王首道、邓小平、伍修权、刘澜涛、江华、许世友、李一氓、李德生、萧克、宋任穷、宋时轮、陆定一、陈锡联、段君毅、耿飚、姬鹏飞、黄镇、黄火青、程子华、薄一波

邓小平任中央顾问委员会主任一直到 1987 年，他是中国共产党历史上设立顾问委员会这一新老交替过渡形式的开拓者和领导者。

中共十四大召开时，鉴于中共中央和各级领导集体的新老交替已经成为正常制度，中央顾问委员会和各级顾问委员会（顾问小组）已经圆满完成历史使命，中央决定撤销中央顾问委员会，各级顾问委员会（顾问小组）也随之撤销。

第一百四十章

经济特区“现在办得不错，中外承认”

中国“改革开放的总设计师”邓小平，目光远大，襟怀宽广，始终站在国际大局与国内大局相互联系的高度审视中国和世界的发展问题，思考和制定中国的发展战略。中国改革开放初期，首先建立经济特区就充分体现了这一点。

认识来源于实践，实践出真知。这是马克思主义的基本原理。中国创办经济特区的实践充分证明了这一点。中共十一届三中全会前后，中共中央委派习仲勋、杨尚昆主持广东工作，打开了广东拨乱反正、解放思想、改革开放、先行一步的崭新局面。

1979 年 4 月，在中央工作会议期间，广东省领导人就如何发挥广东优势，吸引爱国华侨、港澳同胞和外商来大陆投资办企业等问题，向中央汇报了准备在邻近香港、澳门和沿海地区划出一些地方，设置类似海外的出口加工区的设想。

邓小平听完汇报后，郑重地对广东省领导人说：“还是办特区好，过去陕甘宁就是特区。中央没有钱，你们自己去搞，杀出一条血路来。”随后，中央授权广东在对外经济活动中，实行特殊政策和灵活措施。

1979 年 7 月和 1980 年 5 月，中共中央、国务院正式下达文件，允许广东省和福建省实行特殊政策和灵活措施，决定在深圳、珠海、汕头、厦门设置“经济特区”。1980 年 8 月，全国人大常委会第 15 次会议批准《广东省经济特区条例》，深圳经济特区正式宣告成立。

中央根据工作需要将习仲勋、杨尚昆调回中央承担更重要的工作后，中共中央决定任仲夷任中共广东省委第一书记、梁灵光任中共广东省委书记兼广州市委第一书记（后任广东省人民政府省长）。广东省的改革开放以更加猛烈的势头继续向前发展。

从中国正式宣告建立经济特区之日起，各路建设大军从四面八方开到经济特区。深圳、珠海、汕头、厦门沸腾起来。建设经济特区“五通一平”的基础设施初具规模后，外商纷至沓来，“中外合作”“中外合资”“外资”“独资”企业与日俱增。经过数年建设，一座座新兴的、生机勃勃的现代化城市初步形成。中国的改革开放使经济特区如日中天，名声大振，中外闻名。

改革开放初期，中央给广东、福建两省特殊政策、灵活措施，广东确实发展比较快捷，但是也遭到一些“左”的影响和旧思想的束缚，阻力很大。那时，广东海陆丰等地出现了一股走私贩私的风潮，很多人认为这是改革开放办经济特区带来的。有的人说，广东变了，广东是在走资本主义复辟道路。社会上出现了一股抵制广东的风气，周边一些地方甚至在进出广东的路口设岗、设卡、放哨，说要堵住广东的走私风，堵住广东的资本主义入侵。

同时，经济特区的建立和发展，一方面引起国内外各阶层人士的广泛关心、深切理解和热情支持，另一方面也遭到一些持不同意见的人对这个新生事物的怀疑甚至指责。有的人拿传统观念和思维方式来衡量改革开放中的经济特区，这也挑剔，那也指责；有的人横挑鼻子竖挑眼，说什么“辛辛苦苦几十年，一夜变成解放前”；有的人说，经济特区是走资本主义道路，土地卖给资本家，工人进工厂接受资本家的剥削；有的人说，经济特区之所以有今天，是靠国家给予的优惠政策，“剥削”内地，赚内地的钱；更有甚者说，经济特区除了五星红旗是社会主义的，其他已经全部资本主义复辟了。如此等等，不一而足。

1980 年 10 月，中共中央调任仲夷主持广东工作。这和任仲夷最早表态支持真理标准问题讨论，思想解放，得到邓小平等中央领导同志认可有关。任仲夷同意这种看法。他在回顾到广东上任前邓小平等中央领导同志的谈话时说：

不少人估计，因为我思想解放，中央才挑选我来执掌祖国的南大门广东。我想可能是这样。在辽宁，我认为我干的几件事是有较大影响的：一是冲破重重阻力，为被“四人帮”迫害致死的张志新等一大批冤假错案平反昭雪。我曾请华国锋为张志新烈士题词，当时华国锋没有表态，但胡耀邦同志给予了充分的肯定和支持。这件事在海内外引起强烈的反响。二是上面所说的发表《理论上根本的拨乱反正》一文，旗帜鲜明地支持和参与“实践是检验真理的唯一标准”讨论。在1978年年底召开的中央工作会议上，我又对“两个凡是”进行了大胆的抨击，对辽宁广大干部群众解放思想起到了较好的作用。三是我倡议为国营企业“松绑”，提出在农村要敢于“抓富”，我在全省城乡广泛开展“敢不敢富、能不能富、让不让富、会不会富”的致富大讨论，广泛开展了生产力标准的大讨论，取得了很好的效果。恢复了过去被视之为“资本主义尾巴”的自由农贸市场。还有一个很重要的原因，当广东提出搞经济特区没多久时，我曾向华国锋提议，将大连建设成北方的经济特区。华国锋表示赞同，并派谷牧到辽宁考察。后因中央只同意在广东、福建搞特区而搁置。这些都可能是调我到广东的原因，但这都是自己的估计。

1980年10月的一天，胡耀邦对我说，你曾要求在大连办特区，这不可能，但中央决定调你到一个有特区的地方去工作，就是广东。我向耀邦同志提出，广东省委第一书记、省长习仲勋，第二书记兼广州市委第一书记杨尚昆两位领导能否留一位在广东继续做“一把手”。耀邦同志说，他们两位都不能留，另有任用。没过多久，习仲勋同志在广东打电话到沈阳，催我快点到广东上任。我向他提出，你留在广东，我当你的副手。习仲勋同志说，还是你当第一把手。原来，当时中央已决定调习仲勋、杨尚昆两位同志回北京工作，并决定由我和国家轻工业部部长梁灵光接替他们。

1980年10月31日至11月6日，中央领导人叶剑英、邓小平、李先念、胡耀邦、赵紫阳、万里、韦国清、姚依林、谷牧等先后接见了我和梁灵光，并对广东的工作作了具有指导意义的重要谈话。

我和梁灵光驱车抵达小平同志的住处。小平同志和我们交谈了一个多小时。他高瞻远瞩地对我们说：“特区不是仅仅指深圳、珠海那几块地方，是指广东、福建两个省。单搞那一点地方不行，中央讲的是两个省。你们要充分发挥这个有利条件。对于搞特区，你们要摸出规律，搞出个样子来。”

小平同志的用意很清楚，搞好特区不仅对广东、福建两省，而且对全国的发展都具有重要的战略意义。我和梁灵光表示，中央要求广东成为全国四化建设的先驱和排头兵，要求我们发挥创造力和闯劲，要求我们以很大的魄力去打开局面，我们一定尽力而为，尽最大的努力，以达到中央这些要求。

小平同志继续说：广东的情况很复杂，老案不要再提了，搞不清楚。过去的事情就算了。当然，历史问题完全不提也不行，但要粗一点，彼此照顾一下，不要再纠缠了。只能用这个办法，要引导大家向前看。我明白这一番话的含义。50年代，当时广东的主要负责人曾发动过两次“反地方主义”斗争，错伤了大批的地方领导干部，在海内外造成了不良的影响，广东就更是大伤元气，广大干部精神上的创伤久久未能平复。

小平同志非常重视政策，他说一个地区工作好不好靠政策，政策对头，工作就好做，政策不对头，工作就做不好。这给我留下了很深刻的印象。

谈完正事之后，我们跟他闲聊起文学艺术问题。我们谈到怎样看待首都机场大型壁画的裸体女问题。我还说现在的文艺作品八股味相当重，举了电影的例子，给他说了一段顺口溜：“生产队长犯错误，老支书来帮助，请来老农民诉苦，最后抓住个大特务。”他听后哈哈大笑。

离开中南海，我和梁灵光仍在思考着小平同志的讲话，相互交换意见，并取得一致的看法：处理历史问题，要按照中央提出的宜粗不宜细的原则办事。

改天，胡耀邦会见了我和梁灵光。耀邦同志才思敏捷，热情洋溢。他说：“毛主席曾讲过成都武侯祠一副关于如何治蜀的对联。我现在写给你们，‘能攻心，则反侧自消，从古知兵非好战；不审势，即宽严皆误，后来治蜀要深思’。我把下联换了一个字赠给你们，即‘不审势，即宽严皆误，后来治粤要深思’。”我深深感到这一字之换的分量。我领会，这副对联的上联讲的是争取民心的重要；下联是讲政策必须从实际出发，审时度势，通权达变，才能将南粤治好。

我们到了万里副总理的办公室。万里同志语重心长地对我们说：你们要解放思想，放手把经济搞上去，闯出一条新路。你们犯了错误也不要紧，国务院负责。你们先走一步，犯错误对全国来说也是有意义的，可以吸取教训。你们要把广东的经济搞得更好一些，各部的规定不符合广东情况的，你们可以不执行。万里同志还说：要强调稳、准、快，中心是发展经济，改善人民生活，把经济搞上去。他一再强调，抓好了这个中心，"怎么说怎么有理"。

我和梁灵光在到广东上任之前，中央那么多领导人接见我们，作了那么多的重要指示，这是我以前从来没有遇到过的，可见中央对广东改革开放先走一步和试办经济特区是多么重视和关心。我深感自己肩上的担子十分重。①

回顾广东改革开放的历程，任仲夷认为，中央赋予广东改革开放先走一步的重任，广东省委和广大干部、党员、群众"摸着石头过河"，做了一些改革开放的有益的探索。

改革开放，特别是创办经济特区，是前无古人的事业。

任仲夷回忆：我感到小平同志思想解放，胆子很大，决心很大，魄力很大。他说得很明确，特区不仅是指深圳、珠海、汕头、厦门那几个地方，而是指广东、福建两个省。根据他的思想来检查我们的工作，我们胆子还是太小了，思想还是不够解放。如果我们当时胆子更大一点，思想更解放一点，今天广东的形势可能会更好。他提出对广东实行特殊政策、灵活措施，我的理解就是一切要从广东的实际出发，根据具体情况，相机办事。在政治上和总的政策上，一定要和中央保持一致，不能违背。但在具体操作过程中，要因地、因时、因情况制宜。

特别在改革开放之初，国家和地方的很多政策、规定都还是陈规旧矩，要想迈出改革开放的脚步，必须善于变通。我认为，中央给广东、福建特殊政策、灵活措施，就是允许这两个省在改革开放工作中，在执行某些政策规定

---

① 卢荻：《伟人的胆识和胸怀——记任仲夷回忆邓小平》，《百年潮》2008 年第 10 期。

时，有灵活“变通”的权力。特别在搞特区问题上，更是如此。不然叫什么特区呢？

特区嘛，就是应该特殊点。我在辽宁时就提倡“变通”，在广东更强调“变通”。什么叫“变通”？“变通”就是依据不同情况，作非原则性的变动。就是说在不违反原则的前提下，根据实际情况灵活处理，把事情办通，甚至办得更好。毛主席所说的一切从实际出发，因地制宜，小平同志说的“不管黑猫白猫，抓住老鼠就是好猫”，我看也是这个意思。“变通”绝非“变相”。“变通”是因地制宜，是为了更好地执行党和国家的政策，为人民办好事。所谓“变相”，就是借口变通，为了个人利益或局部利益，搞“上有政策，下有对策”，违反党和国家的政策去办坏事。动机和目的不同，结果不同，是非分明。

刚到广东履新不久，1980 年 11 月 23 日，我主持召开省委工作会议后，即和梁灵光驱车前往深圳、珠海经济特区视察。通过深入的调查研究和认真地对领导班子情况进行考察，我和梁灵光发现深圳领导班子不够协调，与邓小平提出“杀出一条血路来”的要求尚有差距。我长期在省、市地方第一线工作，深知精兵强将的作用。我回到广州之后，和省长刘田夫以及梁灵光等人商量，决定对深圳市领导班子马上进行调整。

我们认为，吴南生在兼任深圳市委第一书记、市长期间，为深圳特区制定了发展蓝图，打下了基础，但他是省委书记，应调回省委，让他加强对广东三个经济特区的指导工作。我们经过挑选，认为调广州市委第二书记梁湘出任深圳市委第一书记兼市长最为合适。实践证明，这一次对深圳领导班子的大调整，是正确的。

自从中央提出在广东、福建实行特殊政策和灵活措施以来，两省各项工作取得了可喜的成绩。但始终有人对两省实行特殊政策忧心忡忡，一怕滑向资本主义道路，二怕乱了国民经济全局，三怕犯错误。中央某些部门对广东的做法显然是持怀疑态度，它们生怕广东越了轨，因此顾虑重重。国务院各部委不少文件都加上一句“广东、福建不例外”。

1981 年 5 月，国务院在北京召开广东、福建两省和经济特区工作会议。我和福建的负责人项南以及到会的同志们坦诚交换意见，一致认为，中央还没有给我们真特殊、真灵活、真先走的东西。因此，我和项南在会上提出，能不能定出几条杠杠：第一，不走资本主义道路；第二，坚持四项基本原则；第三，坚决完成中央规定的任务；第四，不做特殊党员；第五，执行统一对外政策。在这几条大原则下，中央就不要管死我们，放手让我们去闯。

休会期间，两省的同志和中央部委的同志开玩笑说，在这几条大杠杠下，你们把我们忘掉好了，不要老说我们“不例外”。会议在谷牧主持下开得很成功。大家在许多问题上达成共识，较好地协调和解决了中央有关部门和两省条块之间的关系，进一步松绑放权，以利于两省真特殊、真灵活、真先走。

我到广东一年多的时候，1982 年年初，小平同志来广东。他预先就打了招呼，他这次来广东是来休息的，不听汇报，不谈工作。我独自一个人去看望他，并趁此机会向他汇报了工作，时间约有一个半小时。小平同志虽说不听汇报，不谈工作，但他还是很高兴、很耐心，而且很仔细地听了我的汇报。

我实事求是地向他汇报了我来广东后的工作情况，特别是深圳、珠海特区的情况。我说中央对广东实行特殊政策、灵活措施，办特区效果很好，取得了不少成绩，也谈了遇到的困难和问题。他只是听我讲，很少说话，但在我汇报过程中，他也简单明确地讲了他的意见。我记得最清楚的是，他说了这么一句话：这说明中央确定的政策还是正确的。如果你们认为好，就坚持搞下去。他不说“上面认为好”，而是说“你们认为好，就坚持搞下去”，这是对我们省委最大的信任和支持。

当我汇报到想逐步放开物价的时候，他说，统购统销恐怕还要有一点。我体会他这话给我们留有很大的余地。他可能是为了把这工作搞得更稳一点，如果我们认为可以取消统购统销的话，完全可以放开市场。时隔一年后，广东的物价就几乎全部放开了，广东，特别是深圳、珠海特区是最早突破计划经济的束缚搞市场经济的。当然，只能说是开始实施……

1983 年 6 月 25 日，谷牧又传来小平同志的指示，经济特区“现在办得不错，中外承认，不存在抹掉不干的问题”。这对我和广东省委是最大的支持、鼓舞和鞭策。①

---

① 卢荻：《伟人的胆识和胸怀——记任仲夷回忆邓小平》，《百年潮》2008 年第 10 期。

第一百四十一章

“美国宾馆的总统房比这里的差得远了”

“前途是光明的，道路是曲折的。”中国经济特区的创建与发展过程充分证明了这一点。珠海经济特区的创业者梁广大回忆说：1983 年，我刚到珠海的那段时间，极左思想回潮，对经济特区的非议很多。说经济特区是资本主义的典型，除了五星红旗还是红的以外，其他全都变色了，甚至把经济特区视为当年清政府的租界，扬言要取缔经济特区。由于长期在高度集中的计划经济体制内工作，干部都习惯于等上级财政拨款，习惯于拨多少钱办多少事，或者伸手向上级要，没有市场意识，想都没想过贷款或借钱搞发展。可是，国家也很穷，哪有钱拨给地方呢？经济特区的建设发展面临巨大困惑，气氛非常紧张，珠海的干部不敢跟外商打交道，担心运动一来说与资本家勾勾搭搭，每逢有外商前来洽谈投资事宜，干部都不积极接待，而且互相推诿，后来只好派工。

在一段时间里，对经济特区的评价，众说纷纭，褒贬不一，给经济特区造成很大的精神压力。对经济特区的建立与发展，是肯定还是否定？经济特区实行的一系列改革开放政策，是对了还是错了？经济特区还要不要继续办下去？人们面临着种种疑问，在期待着回答。

1984 年 1 月，中国经济特区和改革开放面临着关键时刻——在这关系中国经济特区能否继续深入发展、中国改革开放事业能否继续深入发展的历史性关头，中国“改革开放的总设计师”邓小平决定，实地看一看经济特区的发展，听一听经济特区建设者们的声音。

这对于中国经济特区的进一步发展，对于中国改革开放的进一步发展，都具有重要意义。

1984 年早春，南方大地鲜花盛开，春意盎然。中共中央政治局常委、中央顾问委员会主任邓小平，乘专列前往中国第一个改革开放的经济特区——深圳经济特区。

1 月 24 日早上，列车到达广州。当广东省负责人到车上看望邓小平时，邓小平深情地说："办特区是我倡议的，中央定的，是不是能够成功，我要来看一看。"

中午，邓小平乘专列抵达深圳火车站。他红光满面，步履稳健地走下火车，和迎候的深圳市领导人一一握手。下午，邓小平听取深圳市委书记、市长的工作汇报。深圳市委负责人谈到，办特区几年来，工农业产值、财政收入增长幅度很快，特别是工业产值，1983 年比 1982 年翻了一番。邓小平插话说，那就是一年翻了一番喽？深圳市委负责人说，是翻了一番，比经济特区前的 1978 年增长了 10 倍多，财政收入也增长了 10 倍。邓小平满意地点了点头。

深圳市委负责人的工作汇报进行了 40 分钟，邓小平始终聚精会神，不时插话询问。汇报结束时，深圳市委负责人说，请小平同志给我们作指示。

邓小平说，这个地方正在发展中，你们谈的这些我都装在脑袋里，我暂不发表意见。说完，邓小平把手一挥："到外面看看去。"

下午 4 时 40 分，邓小平等来到深圳楼层最高的国商大厦，居高临下，俯瞰市容。邓小平在大厦顶端缓缓走了一圈，环视正在建设中的罗湖新城区。60 多幢 18 层以上的高楼大部分正在建设之中，四周工地上到处是吊机伸出的长长巨臂，运输建筑材料的载重汽车穿梭其间……

邓小平仔细听取和询问了罗湖新城区的规模、设计、施工等情况。市委负责人告诉他，罗湖区计划兴建 100 多幢高楼，是目前全国高楼群最集中的地方。市委负责人指着对面正在兴建的国贸大厦说，这幢楼要建 53 层，是目前国内最高的建筑物，建筑占地面积达 2 万平方米，那里的建设者们曾创下三天一层楼的速度。听到这些情况，80 岁高龄的邓小平脸上浮现出满意的微笑。

1 月 25 日上午 9 时，邓小平来到上步工业区中航电脑公司，参观了车间设备，详细听取了电脑技术和软件开发的情况介绍，观看了人和电子计算机下象棋的表演。邓小平说，有一位美籍华人学者告诉我，美国搞电脑软件编制的都是一批娃娃、学生，他还建议我们要积极培训青少年哩！邓小平还指出：全中国有那么多娃娃、学生，搞软件是完全有条件的。

上午 10 时 30 分，邓小平来到位于深圳河畔的一个渔民村。这是广东一个著名的农村先进典型。邓小平参观了村党支部书记的别墅式住宅及渔民村的住宅新区——一共32幢按照同一个标准盖起来的180平方米、二层楼高、六室二厅的小楼。村民介绍说，这是改革开放后，在邓小平提出的改革开放政策指引下，依靠集体力量于1981年统一兴建的。看到这些喜人变化，邓小平非常高兴，拉着村党支部书记坐在一起，拍照留念。

参观完村党支部书记的家后，邓小平问：“你现在什么都有了吧?”

村党支部书记回答说：“都有了，我们渔民村有今天，全靠邓伯伯，我们十分感谢邓伯伯。”

邓小平立即说：“这是党中央的政策，应该感谢党中央。”

村党支部书记汇报说：“去年全村纯收入达47万元，人均年收入5970元，平均每月439元。”

听到这里，邓小平十分高兴地说：比我的工资还高啊！全国广大农村都达到这样的水平，大概还要奋斗若干年，因为我们的人口多。

一直到天近中午，邓小平才离开渔民村，与村民们挥手告别。

1月26日上午，邓小平乘车前往蛇口。经过即将兴建的深圳大学地段时，市委负责人指着深圳湾畔的一片荒地向邓小平介绍说：“深圳大学将建在这里，第一批学生在今年9月正式入学。”邓小平问：“能行吗?”市委负责人答道：“能行。”邓小平点了点头，表示满意。

上午9时30分，邓小平来到濒临深圳湾海滨的招商局蛇口工业区。工业区董事长袁庚向邓小平汇报了蛇口工业区的建设情况：1979年的蛇口是一片荒滩，路面坑坑洼洼……如今道路四通八达，厂房林立，一个现代化工业区已初具规模。建设这样一个工业区，没有花国家一分钱，中央的改革开放政策在蛇口确实发挥了巨大威力。

谈到这里，袁庚说：“再谈5分钟结束汇报。”邓小平说：“没关系。”

袁庚继续汇报说，这几年蛇口工业区冒了点风险，进行了一系列的改革，如人事劳动制度实行了招聘制和合同制，工业区领导班子实行民主选举和企业经理聘用制。袁庚一边汇报，一边把一位36岁的工业区党委副书记介绍给邓小平。

邓小平高兴地让他在身旁坐下，询问了他的学历、年龄、工资收入和生活消费等情况。然后说，要鼓励青年人挑重担，多干实际工作。

听完汇报，邓小平走到窗前，指着蛇口港码头问：“码头是什么时候建成的？能停多少吨位的船？”袁庚一一作了回答。邓小平听了，称赞道：“你们搞了个港口，很好。”

蛇口工业区的汇报结束后，邓小平参观了中外合资企业华益铝材厂。在轧制铝薄板的机器前，厂长指着一批包装好的产品说，这是准备发往美国的铝薄板。邓小平高兴地走上前去，细细看了木箱上的英文字，又拿起自动冲床刚冲压出来的圆片，称赞说：“很薄，很光。”随后，邓小平登上微波山，俯瞰整个蛇口工业区，并向企业负责人了解资金和设备引进、产品销路、职工收入和人才培训等情况。

10 时 30 分，袁庚请邓小平等到“海上世界”做客。这是由中国远洋总公司购进的退役客轮改装的海上游乐中心。邓小平登上九层高的明华轮后，陪同人员请他到“总统房”休息，被邓小平谢绝了。他登上顶层甲板，兴趣盎然地极目远眺着繁忙的蛇口工业区、碧波荡漾的深圳湾、伶仃洋上的一艘艘海轮……思索着进一步发展经济特区、推进中国改革开放的宏图大计。午餐时，刚刚视察了深圳经济特区和蛇口工业区的邓小平显得格外兴奋，一连饮了三杯茅台酒，并应明华轮主人的请求，挥毫写下“海上世界”四个大字。

视察深圳经济特区，目睹深圳经济特区的巨大发展变化，使邓小平坚信：中国改革开放的政策是完全正确的，建立经济特区的决策是完全正确的。

随后，邓小平为深圳经济特区题词：“深圳的发展和经验证明，我们建立经济特区的政策是正确的。”

1 月 26 日下午，邓小平等圆满结束对深圳经济特区暨蛇口工业区的视察，来到珠海。珠海经济特区按照党中央、国务院关于试办经济特区的一系列指示精神，积极推进体制改革，坚持走市场经济发展道路，进行城市规划、环境保护、土地管理、人口管理、人事制度等改革，对珠海一系列重大基础建设和城市发展产生重大影响。

珠海市委书记吴健民、市长梁广大等迎上去，紧紧握着邓小平的手说：“小平同志，您好！”前往中山温泉宾馆的路上，市委书记、市长向邓小平简要汇报了珠海经济特区的基本情况，如何抓规划，如何创造投资环境，如何利用外资建九洲港，如何打水井解决饮水问题，如何引进外资等等。

1 月 28 日上午 9 时，邓小平到山上散步，一直登上山顶。下山时，道路崎岖不平，随行人员建议原路返回，邓小平斩钉截铁地说：“我从来不走回头路。”邓小平的话，斩钉截铁，掷地有声，反映出义无反顾地推进改革开放的非凡胆识和气魄。

邓小平的妹妹邓先群后来说，邓小平喜欢散步，很多问题的解决办法都是在散步时思考出来的。当时他在登山时，正是改革开放备受争议的时候。但是他一直坚持认为，不管前面有多少困难，像下山的路一样充满困难，都不能走回头路，要继续走下去，改革开放才能胜利。

同日，邓小平在中山温泉宾馆会见港澳知名人士霍英东和马万祺。邓小平说：“特区是我提倡搞的，不晓得成功不成功?”霍英东说：“这政策是对头的。”邓小平接着说：“看来这路走对了。”

1 月 29 日，珠海市委负责人陪同邓小平参观。一路上，一边走一边向邓小平汇报珠海的工作。邓小平极少插话，只是仔细地听着。当汇报到珠海经济特区创办 5 年间引进的投资项目时，邓小平问：“为什么在特区的项目那么少?”“因为特区的范围划得小，才 15 平方千米多一点，特区投资环境的条件，在建设中只能逐步完善。开始引进的项目，多放在各个公社中去了。”邓小平听后，沉思起来，没有发表意见。

在拱北，汽车缓缓行驶，邓小平参观了拱北工业区、通往澳门的口岸，巡视了珠海度假村、九洲港口、直升飞机场以及南山工业区。他看得很仔细、很认真，有时还询问有关情况。看着珠海市纵横交错的大道，鳞次栉比的高楼大厦、厂房，川流不息的车辆……邓小平十分欣慰地笑了，对珠海的规划格局表示赞赏。

毛纺厂是珠海特区最早引进的工厂，是珠海市引进工业方面最早的一次尝试。邓小平由厂长陪同，按照每个工序，仔细地参观了洗毛、混合、梳毛、走锭、纺纱、合股、成件、包装等各个工序。

参观毛纺厂后，邓小平精神抖擞，毫无倦意，又到电子厂参观。年轻的厂长陪着邓小平，沿着整条作业线，一边走一边看，一边详细介绍。参观过程中，电子厂一位副总工程师介绍说，目前国外对电脑软件的生产十分重视，电脑软件产品供不应求，中国人多，市场大，只要大胆引进样机，然后加以学习、消化、创新，完全可以做到大量生产电脑软件，满足国内需要，还可以出口，作为一种智力输出。邓小平点点头，表示同意。他说："搞软件生产，咱们中国有这个条件。"邓小平还兴致勃勃地观看了电子厂的产品展览，仔细地听了综合介绍。

当邓小平同电子厂负责人握手告别，准备上车时，楼上的许多职工都挤到窗口，激动地招手目送邓小平离去。邓小平也兴奋地通过车窗向人们招手，久久不停……此情此景，充分体现了人民群众对邓小平的真诚崇敬和爱戴，也充分体现了邓小平对人民群众的无限真情。

中午，邓小平在珠海宾馆用餐。马万祺专程从澳门赶来作陪。席间，吴健民对邓小平说："中国举办特区，同充分利用港澳，是难以分开的一个统一的问题。深圳和珠海，感受尤深。这也许算是中国的特色。"

待到吃得差不多了，水果也上来了，珠海的负责同志就说：小平同志，帮我们写几个字，鼓励鼓励我们吧。邓小平思索了一会儿，健步走向摆着宣纸、笔墨的写字台，挥笔写下"珠海经济特区好"七个苍劲有力的大字。

珠海人认为，邓小平站得高，看得远，高瞻远瞩。他从经济特区的发展曙光，看到了整个中国改革开放的光明前景。

"珠海经济特区好"的题词，既是对中国经济特区的又一次肯定，也是对珠海经济特区工作的结论。通过对珠海经济特区的参观和了解，邓小平对珠海经济特区取得的巨大成就十分满意。这样，中央就可以更有把握、更有理由坚信：创办经济特区的决策是正确的，经济特区的实践是成功的。

邓小平视察珠海，对于珠海经济特区来说，是一个十分难得的历史机遇。珠海市紧紧抓住这一机遇，把珠海经济特区建设推进到一个辉煌时期：以"七通一平"为中心的基础工程在经济特区内全面展开，第一个 11 万伏变电站宣告竣工，4000 部程控电话投入使用，珠海第一家发电厂进入定点筹建阶段。全年用于基础设施投资达 2. 38 亿元，相当于经济特区以往 4 年投资总和的 2. 7 倍。良好的投资环境引来中外投资客商。这一年，珠海引进外资项目 600 多个，工业占了 528 项。从汽车维修中心的设备，到家用电器厂的收录机、电视机生产线，即使在港澳也均属先进水平。全市工农业生产总值达 4 亿多元，比1983年增长1倍多。珠海工业的迅猛发展，带来市场繁荣，旅游业也随之兴旺起来。珠海旅游业利润比1983年增长4倍。

珠海人认为，邓小平第一次视察珠海经济特区，挥笔题词“珠海经济特区好”，解决了经济特区“收”还是“放”的问题，坚定了珠海人改革开放的决心，推动经济特区进入发展高潮。

2008年4月24日，中共中央政治局委员、广东省委书记汪洋在珠海专题调研时指出：“珠海从昔日的边陲小镇发展成为今天初具规模的现代化海滨花园城市，折射出中国特色社会主义的光芒，展示了科学发展的美好前景，充分证明中央建立经济特区的决策是完全正确的。”珠海经济特区的创业者梁广大认为：“珠海的发展可以看成是全国发展的一个缩影，没有小平就没有特区，就没有珠海的今天。”

1月29日下午，邓小平从珠海前往广州。路经顺德时，听取了顺德县委书记的工作汇报。当县委书记汇报到农副渔业时，邓小平说：“塘鱼产量高，值钱，各种糠皮可以喂，我在泰国看到很便宜。”“日本每个人有100斤鱼，所以体质好。”“山和水能解决大问题，我们的山利用得还可以，水不行。”

1月31日上午，邓小平在广州参观白天鹅宾馆。他称赞这是搞得较好、最赚钱的大饭店。看了总统房后，他说：“美国宾馆的总统房比这里的差得远了。”他还说，美国宾馆的总统房，就那么几间房子，要900多美元。他问白天鹅宾馆负责人：“这个多少钱？合美元是多少？”听完介绍后，邓小平说：“按这么算，这里的总统房值3000美元。”

2月2日是农历1984年春节，邓小平高兴地同广东干部、群众一起欢度春节，共同庆祝改革开放的伟大成就，一起展望经济特区发展的美好前景。

曾经担任中共广东省委第一书记的任仲夷说：1984年春，小平同志第一次视察了深圳、珠海、厦门，并分别为三个特区题词，充分肯定了兴办特区的决策和实践。邓小平同志这次视察，谷牧说：“给那些有关兴办经济特区是是非非的议论，基本上画上了句号。”①

---

① 卢荻：《伟人的胆识和胸怀——记任仲夷回忆邓小平》，《百年潮》2008年第10期。

第一百四十二章

“开放的政策不是收的问题，而是开放得还不够”

1984年2月7日，邓小平等由广东乘火车来到沿海城市——福建省厦门市。2月8日，邓小平乘坐“鹭江”号游艇，一边听取中共福建省委和厦门市委领导同志汇报工作，一边游览厦门独特的自然风光。此时，海阔天高，风平浪静。

中共福建省委书记项南汇报说，厦门特区现在实际上只有2.5平方公里，实在太小，太束缚手脚了，最好能把特区范围扩大到厦门全岛。

邓小平一边听汇报，一边察看地图，思索一阵后，说：“我看可以。”

项南接着说：“现在台湾同胞到大陆都不是直来直去，要从香港或者日本绕道而来，这太麻烦。如果把离台湾、金门最近的厦门变成自由港，实行进出自由，这对两岸中国人的交往，会起到很大的促进作用。”邓小平回答：“可以考虑。”

自由港的政策应该包括哪些内容？邓小平问道。省、市领导同志议了一下，由项南回答说，主要内容有三点：人员自由往来、货物自由进出、货币自由兑换。

邓小平乘游艇环岛一周后，登上号称“海上花园”的鼓浪屿，漫步在街道上。鼓浪屿的人民群众和游客惊喜地注视着“总设计师”一行。邓小平同游览的人民群众一道，攀登日光岩。

邓小平缓步登上日光岩，在半山腰停住脚步，眺望着厦门岛上鳞次栉比的高楼大厦、鹭江岸边停靠的一艘艘货轮和水天一色的万里碧空，陷入了沉思……

由日光岩返回的路上，邓小平问项南：厦门机场为什么要叫国际机场？项南回答：“搞经济特区，就应该与海外建立更为广泛的联系，叫‘国际机场’就是为了与日本、新加坡、菲律宾和美国通航，只有飞出去才能打开局面。”

邓小平听了，挥着手臂说：“就是应当飞出去嘛！”

这天，邓小平还视察了建设中的东渡港口，到海军码头看望了厦门水警区指战员。

2 月 9 日，邓小平会见厦门大学的校、系、部门负责同志和著名教授、学者、先进工作者，受到厦门大学师生的热烈欢迎。与大家见面时，邓小平微笑着同前排的同志握手，向后排的同志挥手致意。然后，与大家合影。

随后，邓小平前往湖里工业区。这里就是初期的厦门经济特区，仿佛是一个大工地。举目望去，除了特区管理委员会的综合楼外，工业区内成形的建筑物只有特区的第一家外资企业——印华地砖厂的厂房和两座通用厂房，尚未投入生产。

邓小平明显地看到了厦门与深圳的距离。在厦门经济特区远景规划模型旁边，邓小平一边听汇报，一边思考问题。厦门与台湾一水之隔，在对台湾关系中占据着极其重要的地理位置。深圳毗邻香港，吸引了不少港资，厦门的开发必然会引来台资，对于实现“一国两制”的构想具有重要意义。

当厦门市市长兼厦门经济特区管理委员会主任请邓小平题词时，邓小平早已成竹在胸，提笔一挥而就：“把经济特区办得更快些更好些。”

看了邓小平的题词，福建省和厦门市的领导干部都意识到了自己承担的责任。一种坚决办好厦门经济特区，追赶和超越深圳经济特区、珠海经济特区的强烈激情跃上心头。

邓小平对厦门经济特区的视察和题词，对于厦门的改革开放是一个强有力的推动。3 月 5 日，国务院特区办公室的同志到厦门传达了邓小平关于发展厦门经济特区的重要讲话。3 月 26 日，中共中央、国务院召开的沿海部分城市座谈会采纳邓小平的建议，决定将厦门经济特区的范围扩大到厦门全岛，并实行自由港的某些政策。在福建省的领导下，厦门制订了扩大经济特区的实施方案。1985 年 6 月 29 日，国务院正式批准这个实施方案，要求厦门经济特区应建设为“以工业为主，兼营旅游、商业、房地产业的综合性、外向型的经济特区”，并逐步实行自由港的某些政策，凡世界上通行的自由港及其管理体制、机构以及措施，均可供厦门经济特区借鉴或采用。

1984 年 2 月 11 日，邓小平抵达上海。听取上海市委负责人的工作汇报时，邓小平说：“我这次看了几个特区，看了几个饭店。现在看，开放的政策不是收的问题，而是开放得还不够。现在我们的建筑体制，特别是住宅的建设，住房商品化，一下子还改不过来。我们的建筑施工速度慢得很，像蜗牛爬。我看深圳蛇口因为采取责任制，建筑速度很快，几天一层楼。建筑队伍还是那些人，只是办法改了一下。我们的一些制度要改革，吃大锅饭不行。”

在谈到财政问题时，邓小平说：“现在一个大的问题是中央财政收入少，大项目上不去。要恢复到中央掌握百分之七十，地方百分之三十，方针已经定了，说是三年做到，可不可以两年就搞成。这个问题解决了，一些大的项目就可以上得快一些。这是历年来的一个矛盾。我做总书记时就是这样办的。”

2 月 15 日上午，邓小平由上海市委第一书记陈国栋、第二书记胡立教等领导同志陪同，前往上海宝山钢铁总厂（现为宝山钢铁公司）。进入宝钢后，他与冶金部副部长、宝钢工程总指挥黎明等一一握手，十分亲切地说：你们辛苦了！

黎明向邓小平汇报了宝钢一期工程的进展情况和宝钢二期工程的前期准备工作，邓小平建议抓紧时机，尽快决策。这时，陈国栋说：“宝钢只有一期工程，经济效益不好，看来二期工程非上马不可。”

邓小平从整个国民经济发展全局出发，当即果断决策：“宝钢二期工程肯定要上马，问题是什么时候上马。”接着，邓小平向宝钢指挥部、宝钢总厂的主要领导同志详细询问，宝钢二期工程上马，如果决定立即干，哪一年可以干完？1984、1985 两年，每年要多少投资？投资高峰在哪一年？

参加座谈的同志回答了宝钢二期工程如果决定立即上马，从 1984 年到 1988 年分年度所需的投资数额。邓小平说：“原来国家计委考虑宝钢二期工程在‘七五’期间上马，如果 1985 年只要两亿元，还可以上马快一些，不要耽误时间。”

在听取汇报中，邓小平思路清晰，谈笑风生，对宝钢的建设情况比较满意。

邓小平视察宝钢之后，2 月 24 日在与中央有关领导同志谈到经济特区等工作时，专门针对宝钢二期工程建设要不要提前上马的问题指出：

“从长远看，宝钢二期工程是否能想想办法，争取早些上马。如果到‘七五’上马，要推迟两年建成，这样很不利。”

“宁肯借点债，付点利息，也要争取时间。”

“这事要确定下来，今年就干，争取时间。”

邓小平的这一决策，把宝钢二期工程建设的时间提前了两年，从而使宝钢二期工程提前两年投产，提前发挥投资效益，为中国钢铁工业和国民经济的发展作出了贡献。

听取黎明的工作汇报后，邓小平应邀为宝钢题词：“掌握新技术，要善于学习，更要善于创新。”然后，邓小平和宝钢指挥部、宝钢总厂主要领导干部及劳动模范代表等合影留念。

随后，邓小平兴致勃勃地视察了宝钢纵横13平方千米的厂区。在延伸到江中1600米的宝钢主原料码头上，眺望着滚滚东流的长江，邓小平关切地询问了码头水深、航道疏浚，以及能够停泊几万吨级的货轮等情况，并很有兴趣地观看了卸船机的高效率工作。

邓小平一边看一边对宝钢领导同志说：“我们要把日本的技术都学过来。”

在高炉工地，邓小平指着从日本引进的4063立方米大高炉，详细询问目前世界上最大的高炉是多少立方米，在哪个国家，并关切地问在场施工的职工是哪个省市、哪个建筑公司的。

当听说承建高炉的是冶金部第十九冶金建设公司，许多职工是四川人时，邓小平亲切地说：“是我们家乡的，同志们辛苦了。”亲切的乡音博得了职工们一阵又一阵经久不息的热烈掌声。邓小平也频频招手，向广大建设者热情致意。整个高炉工地沉浸在“总设计师”关怀群众、群众热爱“总设计师”的亲密气氛中。

在宝钢自备电厂视察时，邓小平健步登上12米高的中央控制室，通过电视屏幕观看了两台35万千瓦发电机组的正常运转情况。在观看时，邓小平关切地问，这两台机组发的电，宝钢自身够用吗？当了解到电厂年发电量49亿度，宝钢每年自用约36亿度，多余的电都输入华东电网时，邓小平满意地点了点头。

邓小平视察宝钢后，宝钢工程指挥部党委立即召开会议，认真学习邓小平“掌握新技术，要善于学习，更要善于创新”的题词精神。在邓小平视察和题词的鼓舞下，宝钢迅速发展成为中国钢铁工业的重要基地。

“科教兴国”是邓小平的一贯思想。2 月 16 日元宵节这天，上午 9 时 30 分，邓小平在上海西郊宾馆亲切会见上海交通大学的负责同志，并与上海交通大学的领导干部、教授和学生代表一起合影。

当天下午，王震来到上海交通大学视察，代表邓小平向师生们表示亲切问候。他说：“邓小平同志对你们的管理改革工作非常关心、非常支持。对你们在改革中取得的成效表示满意。”邓小平的亲切接见是对上海交通大学改革的最大支持和肯定，是对该校广大师生员工的巨大鼓舞和鞭策。

同一天，邓小平在上海参观微电子技术应用汇报展览会。两位小学生当场做程序设计表演，他们熟练地按动键盘，电脑屏幕上立即出现了“热烈欢迎”的中文和英文。

接着，出现了一个闪烁着一双大眼睛的机器人，唱起了“我爱北京天安门，天安门上太阳升……”

歌声刚刚消逝，一枚镌刻着“中国制造”的巨大火箭，呼啸着冲向蓝天，屏幕上显示出：“中国，飞向宇宙！”

看着两个小学生的娴熟操作，邓小平满意地点着头。他微笑着问一位同学：“你叫什么名字？”“李劲。”“多大了？”“13 岁。”

邓小平亲切地抚摸着李劲的头，对身边的领导干部们说：“计算机的普及要从娃娃做起。”

根据邓小平这一指示，全国凡是有条件的地方，都在小学、初中、高中普遍开设了电子计算机课程。时至今日，在电子计算机的应用和普及程度上，中国已经成为一个大国。

追根溯源，人们永远铭记着邓小平具有前瞻性的谆谆教导：“计算机的普及要从娃娃做起。”

第一百四十三章

“时间就是金钱，效率就是生命”

1984 年年初，邓小平前往南方，深入群众，深入实际，深入基层，历时 27 天，视察改革开放蓬勃发展的广东、福建、上海等地，特别是深圳、珠海、厦门等经济特区，实地调查研究，亲身感受了经济特区的巨大发展和崭新面貌。

在这次视察中，邓小平广泛听取各地党政领导人的汇报，到一些商业大厦、贸易中心、渔民村庄、通讯大楼、工厂、宾馆、飞机场、旅游中心、海关、码头、大学、工业区和渔民家庭实地考察，与厂长、经理、工人、工程师、教授、学生、渔民进行直接交谈，还会见了港澳同胞、归国华侨和留居大陆的台湾同胞。

视察过程中，邓小平乘坐旅行车，轻装简从。有时下车步行很远，并兴致勃勃地登上 10 多米高的电厂中央控制实验室参观。

中国创办经济特区的直接决策者邓小平视察经济特区，充分肯定经济特区的实践和经验，犹如春风吹拂大地，雨露滋润禾苗，极大地鼓舞了经济特区的广大干部和群众。

邓小平结束视察回到北京后，对于推进改革开放、发展经济特区，更加精神振奋，满怀信心。

1984 年 2 月 24 日，邓小平同中央负责同志谈了此次调查研究经济特区的情况和思考：

最近，我专门到广东、福建，跑了三个经济特区，还到上海，看了看宝钢，有了点感性认识。今天找你们来谈谈办好经济特区和增加对外开放城市的问题，请大家讨论一下。

我们建立经济特区，实行开放政策，有个指导思想要明确，就是不是收，而是放。

这次我到深圳一看，给我的印象是一片兴旺发达。深圳的建设速度相当快，盖房子几天就是一层，一幢大楼没有多少天就盖起来了。那里的施工队伍还是内地去的，效率高的一个原因是搞了承包制，赏罚分明。深圳的蛇口工业区更快，原因是给了他们一点权力，五百万美元以下的开支可以自己作主。他们的口号是“时间就是金钱，效率就是生命”。

特区是个窗口，是技术的窗口，管理的窗口，知识的窗口，也是对外政策的窗口。从特区可以引进技术，获得知识，学到管理，管理也是知识。特区成为开放的基地，不仅在经济方面、培养人才方面使我们得到好处，而且会扩大我国的对外影响。听说深圳治安比过去好了，跑到香港去的人开始回来，原因之一是就业多，收入增加了，物质条件也好多了，可见精神文明说到底是从物质文明来的嘛！

厦门特区地方划得太小，要把整个厦门岛搞成特区。这样就能吸收大批华侨资金、港台资金，许多外国人也会来投资，而且可以把周围地区带动起来，使整个福建省的经济活跃起来。厦门特区不叫自由港，但可以实行自由港的某些政策，这在国际上是有先例的。只要资金可以自由出入，外商就会来投资。我看这不会失败，肯定益处很大。

除现在的特区之外，可以考虑再开放几个港口城市，如大连、青岛。这些地方不叫特区，但可以实行特区的某些政策。我们还要开发海南岛，如果能把海南岛的经济迅速发展起来，那就是很大的胜利。

中国发展经济从何着手？有位日本朋友提了两点建议。第一点，先把交通、通讯搞起来，这是经济发展的起点。第二点，实行高收入高消费的政策。后面这一点，我们国家情况有所不同，现在全国没有条件实行高收入高消费的政策。但如果将来沿海地区搞好了，经济发展了，有了条件，收入就可以高一点，消费就可以增加一点，这是合乎发展规律的。要让一部分地方先富裕起来，搞平均主义不行。这是个大政策，大家要考虑。①

---

① 《邓小平文选》第3卷，人民出版社1993年版，第51～52页。

在邓小平视察广东、福建、上海期间，中共中央政治局委员王震全程陪同。

回到北京后，王震专门指出：

邓小平同志去过三次深圳特区，这一次是第四次了。每次看到的情况，不论是经济建设还是人民群众精神面貌的变化，都令人兴奋。一九七九年，深圳蛇口还是一片荒滩和荒山，路面坑坑洼洼，找点用水都困难。现在，高层建筑林立，交通四通八达，电讯、供水、供电、供气、防洪和处理污水设备都已具备一定规模，一个现代化的新城已在我国南海前沿崛起。

深圳蛇口的开发建设能有这样快的速度，除国家的支持外，重要原因是实行了对外开放的政策，管理体制进行了改革，企业内部实行了责任制，企业拥有较大的独立经营自主权等。……

邓小平同志视察时看到几个经济特区兴旺发达的景象，很高兴。他几次谈到，现在看来，办经济特区的路子走对了。我们要把经济特区建设成为技术的窗口、管理的窗口、知识的窗口、对外政策的窗口，使它在我国现代化建设中发挥更大的作用。他应几个特区领导人之请分别题了词。

在深圳特区的题词是：“深圳的发展和经验证明，我们建立经济特区的政策是正确的。”

在珠海的题词是：“珠海经济特区好。”

在厦门经济特区，他又欣然挥笔落墨：“把经济特区办得更快些更好些。”

我陪同小平同志视察了三个经济特区，对经济特区有了感性的认识。中央的指导思想很明确，这就是：不是收而是放，而且是开放得还很不够！这几个经济特区引进了新技术，引进了先进的经营管理方法，引进了新的科学知识，在实践中创造了高效率、高效益，造就出一批技术人才和经营管理人才，这对我们的国家是非常有益的。这样的好事，何乐而不为？

对外开放政策是毛泽东、周恩来同志在世时就确定下来的一项国策。五十年代，毛泽东同志在《论十大关系》一文中提出，外国资产阶级的一切腐败的东西，我们要坚决抵制和批判，但这并不妨碍我们去学习资本主义国家先进的科学技术和企业管理方法中合乎科学的方面。列宁在苏联建国初期，也提出过引进必需的设备和技术，通过租让和借款吸收外资，用以建立起大生产的基础。列宁说："这个工作进行得越快越有利"，因为通过这个途径，"我们赢得了时间，而赢得了时间就是赢得了一切"。

不过，正像邓小平同志一九七八年九月在一篇文章中所说："毛泽东同志在世的时候，我们也想扩大中外经济技术交流，包括同一些资本主义国家发展经济贸易关系，甚至引进外资、合资经营等等。但是那时候没有条件，人家封锁我们。后来，'四人帮'搞得什么都是'崇洋媚外'、'卖国主义'，把我们同世界隔绝了。""有好多条件，毛泽东同志在世的时候没有，现在有了。中央如果不根据现在的条件思考问题、下决心，很多问题就提不出来，解决不了。"

小平同志在视察中，针对实际情况，提出在对外开放问题上要进一步解放思想。

在深圳，他曾谈到深圳要办个大学，这个大学可以由华侨或外国实业家用西方科学与管理方法来办，大学的规模要比深圳现有的大学大。

在上海，小平同志还谈到深圳、珠海经济特区吸收外资兴办饭店的情况，提出上海也可以这样办，可以多搞几个，加快速度。

在我国沿海若干地区，采取某些特殊政策，欢迎外商投资，搞合资的或外商独资经营的企业，这是总结了我国以及世界各国发展对外经济关系的历史经验作出的一项影响深远的重大决策，是我国长期不变的战略方针，既适应了世界各国发展经济技术合作和贸易往来、互相取长补短的客观需求，也将对加速我国社会主义现代化进程发挥巨大作用。

有些好心的同志担心，随着对外开放政策的进一步放宽，是否会形成资产阶级腐朽思想的一些"污染源"。

其实，对这个问题，邓小平同志早就有过正确论述。我们已经注意到了这一点，这并不可怕。我们一向有两手：一手是坚持对外开放和对内搞活经济的政策；一手是坚决打击经济犯罪，抵制精神污染。①

① 《王震谈陪同邓小平视察经济特区观感》,《瞭望》1984 年第 16 期。

邓小平 1984 年视察南方，在中国改革开放史上具有重要地位。根据南方视察中的所见、所闻，邓小平审时度势，作出了大力推进改革开放步伐的重大决策。

邓小平的这次南方视察，从某种程度上来说，是公开进行的。他广泛接触了广东、福建、上海的各级领导干部、职工、人民群众、大学师生，香港、澳门及华侨中的知名人士，人民解放军指战员，深深感受到了人民群众中蕴藏着巨大的改革开放的积极性、主动性和创造性。

邓小平视察经济特区引起全世界新闻媒体的密切关注。经过中外新闻媒体的广泛报道，整个世界都以惊奇的目光注视着邓小平视察经济特区的行踪。当邓小平像马克思赞扬巴黎公社、列宁肯定俄国十月革命意义一样，热情肯定中国的经济特区时，世界各大新闻传播媒介敏锐地感到：

中国的对外开放已经成为不可抗拒的历史性潮流；

中国的改革开放和现代化建设将大大加快历史性进程；

中国将在世界经济发展中扮演愈来愈重要的历史性角色。

根据邓小平关于要进一步扩大开放的指导思想，1984 年 4 月，中央决定进一步开放上海、广州、天津、大连等 14 个沿海港口城市，从而形成了中国对外开放的前沿阵地。1985 年 2 月，中央决定把长江三角洲、珠江三角洲和闽南厦门、泉州、漳州三角地区开辟为经济开放区，将中国对外开放向前推进了一大步。

1988 年 4 月，第七届全国人大二次会议审议了关于建立海南经济特区的议案，决定建立海南省，将海南岛确定为经济特区。1987 年 9 月 26 日，中共中央、国务院在《关于建立海南省及其筹建工作的通知》中指出：考虑到海南发展的重要性和必要性，国务院提议将海南行政区从广东省划出，成立海南省。第六届全国人大常委会第二十二次会议经过讨论，一致赞成这一提议，决定提请第七届全国人大一次会议审议、批准，并授权国务院着手进行海南省的筹建工作。中共中央、国务院据此特作如下通知：（一）海南建省后，其地方行政体制的设置，要从海南的实际情况出发，符合改革的要求。（二）为有利于海南的统一开发建设，中央和广东在海南的企业、事业单位，原则上下放给海南省。（三）海南建省后，有关财政基数的划分问题，应按照兼顾广东和海南的利益、基本不增加中央财政负担的原则办理。（四）海南建省后，各级机构的设置和人员编制的确定，要符合经济体制和政治体制改革的要求。（五）海南的开发建设，必须立足于海南的资源优势，充分挖掘内部潜力，同时大力吸引外资，特别是要注意引进港澳的资金，逐步建立起具有海南特色的外向型经济结构。为此，国务院将给海南省更多的自主权，规定更为优惠的政策，使海南省成为我国最大的经济特区。（六）成立海南建省筹备组。在筹备建省期间，海南行政区党委、政府的工作，在筹备组领导下进行。

第一百四十四章

“头一次看到这样的称呼，我很喜欢”

1984 年，中国的改革开放已经进行了五年，邓小平推进改革开放的理论与实践、邓小平展示的思想与情怀、邓小平的伟大功绩与历史地位，赢得了中国人民发自内心的真诚敬仰和热爱。作为中共中央政治局常委、中央军委主席和中央顾问委员会主任，邓小平始终不渝地把自己与人民群众密切联系在一起，自觉地把自己放在人民群众“同志”的位置。

1984 年 4 月，武汉一位职工向邓小平写信反映问题，开头写道：“小平同志：我这样的称呼，似乎不太礼貌，若有不妥之处，请给予责备。”

邓小平阅毕，在信上圈阅后，写道：“头一次看到这样的称呼，我很喜欢，酌量处理。”

其实，在中国共产党成立初期，1921 年中国共产党一大制定的《党纲》就明确规定：“凡承认本党党纲和政策，并愿成为忠实的党员者，经党员一人介绍，不分性别，不分国籍，均可接收为党员，成为我们的同志。”

随着中国共产党的发展壮大，在中国共产党内以及与外国共产党之间，均称“同志”。中华人民共和国成立后，共产党员、革命干部、人民群众，不论地位高低，普遍互相称呼“同志”。

1951 年，毛泽东在审阅李达撰写的书稿《实践论解说》时，将其中的“毛主席”全部划掉，改为“毛泽东同志”。1958 年 11 月，毛泽东在与刘建勋、韦国清的通信中，将标题的“主席”改为“毛泽东同志”。1959 年 8 月 3 日，毛泽东致信刘少奇、周恩来、彭真、杨尚昆等，建议党内一律用“同志”称呼，不要以职务相称。1965 年 12 月 14 日，中共中央通知全党，党内一律称“同志”。

“文化大革命”结束后，《中共十一届三中全会公报》明确指出：“全会重申了毛泽东同志的一贯主张，党内一律互称‘同志’，不要叫官衔。”

在外国，“万岁”是一个欢呼性的口号。人们在苏联的电影中，经常看到每当苏联军队的官兵发起冲锋时，指挥员和士兵们一起高呼着“乌拉”的口号，向前冲锋。在苏联军队中，呼喊“乌拉”，包含着欢呼、奋起、万岁等多重含义。

而在中国，“万岁”却是一个高度政治性的口号。中华人民共和国成立后，只有对毛泽东主席才能高呼“毛主席万岁”，对其他人则绝对不能这样做。

有一次，周恩来总理会见外宾。一位非常敬佩周恩来的外宾决心破除这一不成文的规定，当面对周恩来说：“周恩来总理万岁。”周恩来能听懂外语，听了这位外宾的话，对着这位外宾和翻译，连连摆手，制止这位外宾继续往下说，示意翻译不要将外宾的话翻译成中国话。

中共十一届三中全会后，邓小平成为领导中国共产党和中国人民改革开放的核心人物。但是，他却一直十分谦逊。

邓小平一直拒绝“伟大领袖”的称谓，选择了中国人民和国际舆论称呼他为“当代中国改革开放的总设计师”这样一个平民化的称谓。

邓小平一直拒绝高呼他“万岁”。他始终认为，自己是人民群众的一员，是“中国人民的儿子”。

邓小平一直拒绝社会主义国家普遍存在的领导人物“终身制”，选择建立中央领导人新老交替和退休制度，在国际共产主义运动中第一次成功解决了中央领导人新老交替问题。

1984年庆祝新中国成立35周年，有许多令人瞩目的“经典之作”。其中，最令全中国、全世界为之注目的，是北京大学的大学生自发打出来的一个横幅——“小平您好”。

北京每次举行国庆大典和重大活动，都设立专门的总指挥部，对北京所有参加国庆游行的群众队伍有严格的统一要求。有关方面制定的国庆游行纪律规定，参加国庆游行的人员除了花束、彩带外，其他东西一律不准携带。国庆游行队伍呼喊的口号，要按照中央发布的统一口号确定。任何单位和个人不得擅自违背这些规定。

但是，1984 年 10 月 1 日的国庆游行队伍中，却出现了一个“违反纪律”的现象。

在雄伟庄严的阅兵式结束、浩浩荡荡的受阅部队通过金水桥前之后，天安门城楼前的大道上出现一个短暂的空间。很快，穿着节日盛装的群众游行队伍开始了。

上午 11 时，首都各界群众组成的方队由东向西，进入天安门广场，开始欢庆游行。走在前面的是国旗方队、国徽方队、伟人像方队——高举着巨幅五星红旗，高抬着国徽模型和毛泽东、刘少奇、朱德、周恩来的雕塑头像，阔步通过天安门城楼观礼台前。

20 世纪 80 年代的中国，刚刚进入改革开放时代，政治气氛十分活跃。关于真理标准问题的大讨论，彻底打破了“文化大革命”时期的思想禁锢，拨乱反正、解放思想、改革开放、开拓创新，成为时代的最强音。思想解放带来了社会面貌的巨大变化。在改革开放精神的指引下，从“文化大革命”中走出来的中国人民有了更多的工作自由、人身自由和生活自由，被“文化大革命”束缚了多年的生产力更是一下子迸发出来。

马克思主义高度重视人的自由和人的解放。马克思认为，思想解放和人身自由是最大的解放。1984 年的中国社会，万象更新，欣欣向荣，蓬勃向上，充满活力。所以，国庆 35 周年阅兵庆典不仅是国威军威的展示，也成为人民群众展示改革开放激情的广阔舞台。天安门广场上，所有的人都沉浸在兴奋的海洋中，沉浸在思想解放的海洋中，沉浸在改革开放的海洋中，沉浸在改革开放带来的新生活中。邓小平与中国人民同呼吸、共命运。

青年是祖国的未来，对于改革开放等新生事物具有天然的敏锐的认识。参加国庆游行活动的北京大学学生，就是邓小平果断决定恢复大学招生考试后考入大学的受益者，对邓小平具有一种朴素的感情。改革开放的时代洪流，为大学生们提供了充分展现思想智慧、独特的社会责任和政治参与机会的历史性机遇。

1984 年代表北京大学参加国庆游行大学生方队的是 1981 级学生——邓小平果断决定恢复大学招生考试后考入大学的第五届学生。暑假期间，他们就开始了紧张的队列训练，进行呼喊口号和跳集体舞等练习，并参加了天安门广场游行的彩排活动。9 月 30 日晚上，生物系的几名大学生在北京大学的学生宿舍里，一边制作国庆游行中使用的花束，一边议论着国庆活动。他们七嘴八舌，高谈阔论，边干边议，思维活跃。

议论中，几位大学生决定写点什么东西，在国庆游行队伍中打出来。他们知道游行队伍具有严格的纪律，但还是想做点什么事情，以此来表达大家对拨乱反正、改革开放的心情。

有的大学生提议："明天的游行，我们能不能偷偷带点什么进去，最好是能展现我们个性的东西。"于是，几位大学生围绕改革开放、国家形势等议论起来。最后，大家议定，写一幅标语来表达我们的感情和想法。

究竟写什么内容好呢？要既符合国家改革开放的形势，又能十分贴切地准确地表达青年大学生们的心声。

有的大学生说："振兴中华"；

有的大学生提出："教育要改革"；

有的大学生认为："加快改革开放步伐"。

几位大学生各抒己见，高招迭出，一个一个口号提出来，又一个一个被大家所否定。

经过一番议论，大家最后把注意力集中到邓小平身上。"有人提议表达一下对邓小平同志的感情，因为当时改革开放有几年了，成效显著。我们是改革开放的受益人，没有改革开放，我们也上不了大学。我们想表达对邓小平同志的爱戴之情。"①

有的大学生提出，写"邓主席万岁"。

但是，这种带有"文化大革命"时期色彩的口号立即被大家否定了。

有的大学生说，写"小平同志万岁"。

这个建议也被大多数大学生否定了。

经过一番集体议论，大家决定，为表达对邓小平的直接问候，写"尊敬

① 郭建崴(横幅"小平您好"的制作者之一)：《"小平您好"横幅出台内幕》，新华网，2008 年 7 月 21 日。

的邓小平同志您好”。

然而，有的大学生又觉得这句话的句子长了点。

有的大学生建议，就写“邓小平同志您好”。

大家愈议论胆量愈大，又决定省略姓氏，干脆直呼“小平同志您好”。

说干就干，是青年人的特点。

于是，有人挥毫疾书，“小平同志您好”，六个大字立刻展现在大家面前。

几个大学生把写在绿色纸上的“小平同志您好”贴在床单上，仔细端详，发现床单不够长。

有的大学生提议：“把‘同志’两个字也省去吧。”

但有的大学生担心说：“直接称呼国家领导人的名字，是不是有些不敬?”

这个提议的大学生直截了当地说：“这是对领袖的问候，没有别的意思，不至于上纲上线吧!”

于是，几个大学生写下了“小平您好”四个独出心裁、足以传世的大字。

最后，这几位大学生把“小平您好”四个大字用订书机订在一条床单上。用支撑自己宿舍蚊帐的竹竿作为床单两端的支撑，制作了一条简单明快、简洁大方、朴实无华、直截了当地抒发大学生和中国人民心意的“小平您好”的横幅。

忙完之后，大家立即休息。

此时已经是1984年10月1日凌晨2时，离参加国庆庆典的集合时间只有2个小时了。

稍加休息后，10月1日凌晨4时，这几位大学生把用床单制作的“小平您好”的横幅和高举横标的竹竿悄悄地带到了游行队伍中。

根据国庆庆典活动指挥部的统一部署，10月1日上午11时开始，天安门广场的群众游行队伍一个接着一个通过天安门广场。科技方队之后是教育方队，第30个群众游行方队通过天安门城楼观礼台时，出现了一个令人激动和振奋的场面。

以大学生为代表的青年队伍，展示着青春勃发、朝气蓬勃的精神风貌。

当北京大学学生的国庆游行队伍经过天安门城楼的时候，起初秩序井然，步伐整齐。

然而，当北京大学的学生方队走到天安门城楼金水桥东的华表时，正在行进的大学生人群中突然有几位大学生一下子打开了一条由床单做成的横幅：

绿色大纸上面用浓重的墨汁赫然书写着四个大字——“小平您好”。

“小平您好”，这一时代的最强音，突然展示在游行队伍中。

旧床单，绿纸，不甚工整的四个大字，竹竿挑起的自制横幅。

朴实，朴素，质朴无华。

绿色，天然，发自内心。

这条举世瞩目的横幅，是用旧床单拼接起来，用撑蚊帐的竹竿撑起来的。

它与整个北京国庆游行队伍中有组织、有准备的横幅相比，可谓简陋之极、朴素之极。

但是，这条简陋横幅上书写的“小平您好”四个大字，却表达了中国人民的心声，代表着中国人民对邓小平领导的改革开放的发自内心的真诚拥护。

“小平您好”横幅的突然出现，立即引起天安门城楼上、观礼台上、游行队伍和长安街两侧北京人民群众的极大关注。

可以毫不夸张地说，“小平您好”横幅的突然出现，也引起全世界的极大关注。

“小平您好”标志着人民群众对邓小平的爱戴，标志着人民群众对改革开放的拥护，标志着人民群众对“总设计师”的信赖。

后来，从录像中发现，当北京大学的大学生打出“小平您好”的横幅时，站在天安门城楼上的中共中央总书记胡耀邦最先看到（胡耀邦曾经长期担任中国共产主义青年团中央委员会第一书记，可能格外注意国庆游行中的青年方队，所以从天安门城楼上最早看到“小平您好”的横幅），他连忙用手指着这条横幅让邓小平看。

邓小平看到“小平您好”这条横幅后，会心地笑了。

是呵，世界上还有什么能比青年学生、人民群众发自内心的真诚祝愿更宝贵的呢！

“金杯、银杯，不如青年学生的口碑。”

“金杯、银杯，不如人民群众的口碑。”

这一事实充分说明，“改革开放的总设计师”，中国人民真心拥护您。中共十一届三中全会后，以邓小平为核心的中央领导集体，把全党全国的工作重心转移到经济建设上来，解放思想，拨乱反正，改革开放，给中国带来翻天覆地的巨大变化。对于这种变化，中国人民有非常真切的感受。大学生群体作为时代骄子，对于这种感受的体验更加真切。正因为有这种真切的感受，“小平您好”这条横幅出现在大学生游行队伍中就不足为奇了。

北京大学学生精心策划、突然展示的“小平您好”，是一条未经审定的标语横幅，当然也震惊了负责庆典现场安全的便衣警察，警察立刻准备上前制止，但还没有来得及采取行动，全场已经沸腾起来。

“小平您好”的横幅，虽然是在违反国庆游行队伍纪律的情况下打出来的，但却是多年国庆庆典中出现的“经典之作”。

当时，“小平您好”的横幅，像一股强大的电流激活了整个天安门广场，引起一阵又一阵的欢呼声。中央电视台新闻记者的摄像机在拍摄北京大学的游行队伍之后，紧接着拍摄清华大学的游行队伍。所以在“小平您好”横幅出现的时候，摄像记者已经将摄像机镜头转向清华大学方队，当突如其来的欢呼声传出后，立即又把镜头转向北京大学方队，抢拍全面展开的横幅。

虽然“小平您好”的横幅展开的时间仅有一分钟，很多摄影记者根本没有来得及反应过来是怎么一回事，高举横幅的学生在带队老师的催促下已经跑过检阅地段收起了横幅，但是，这一瞬间是如此辉煌灿烂，已经永久地载入了历史。

历史现象总会被历史丰碑铭记。有些短暂出现的事物标志着永恒的历史阶段。一位手疾眼快的《人民日报》摄影记者抢拍下了“小平您好”这一经典历史场景。从此，《小平您好》成为一幅忠实记录历史的经典性照片，获奖无数。

据说，邓小平生前非常喜欢这幅照片。

从《小平您好》照片上看，天安门广场一片欢腾，所有的人都沉浸在改革开放带来的兴奋之中。第二天，《小平您好》的照片就开始出现在国内外各大报刊，传遍了全世界，成为新中国35周年最珍贵的历史记忆、最感人的历史照片。

应当感谢北京大学学生的质朴创意和勇敢决定。“小平您好”横幅的感人场面，已经成为经典的历史画面，化为永恒的时代记忆。“小平您好”四个字，浓缩了中国人民深厚而真挚的感情，就像对家人、对亲朋、对好友的问候，真实地表达了人民群众对邓小平朴素、深厚、真挚的爱戴之情。

“小平您好”的亲切问候和由衷共识，赢得了全国人民的热烈呼应，反映了民心所在，说明改革开放政策得到了人民群众的认同。由此也明白无误地阐释了许多价值理念。在中国社会，标语、口号的变化往往反映着人心脉动，代表着政治走向。“小平您好”的出现，也更加坚定了邓小平将改革开放进行到底的信心和决心。

1984 年 10 月 2 日，邓小平会见参加国庆活动的 60 多位外籍华人科学家时指出：好多年没有举行庆祝仪式了。举行庆祝仪式有点作用，就是教育人民，是一种鼓舞的作用。可以说是对十一届三中全会这五年来我们的指导思想和实际政策的一种检阅，对人民解放军的检阅也是一部分，开拓新的局面，鼓舞士气。①

① 中共中央文献研究室编：《邓小平年谱》1975～1997 年（下），中央文献出版社 2004 年版，第 996 页。

第一百四十五章

“胆子要大，步子要稳，走一步，看一步”

中国的改革从农村发源，到1984年，农村家庭联产承包责任制已全面推开，农业生产连年大幅增产，人民群众的衣食温饱已基本解决，工业企业扩权试点取得可喜成绩。在这种形势下，全面进行以城市为重点的整个经济体制改革的条件已基本成熟。

国务院负责人认为，经济体制改革必须首先从打破僵化的、无所不包的计划体制入手。因此，他于1984年9月9日致信胡耀邦、邓小平、李先念、陈云，提出关于经济体制改革中三个问题的意见：

第一，计划体制问题。各项改革都牵涉到计划体制，这是经济体制的核心。社会主义经济是以公有制为基础的有计划的商品经济。计划要通过价值规律来实现，要运用价值规律为计划服务。

第二，价格改革问题。价格是最重要的经济调节手段，现在价格体系极不合理。我们调整价格，主要是由于商品比价不合理，是结构性调整物价，而不是通货贬值。除了调整价格体系外，还有一个改革价格管理体制的问题。理顺经济的主要标志是建立合理的价格体系。价格改革难度最大，是整个经济体制改革成败的关键。

第三，国家领导经济的职能问题。计划体制的改革，价值规律的运用，都要求国家的经济职能产生相应的变化。近期改革的主要内容应是政企分开。各级政府主管经济的部门，都要逐步简政放权，逐步减少对企业正常经济活动的干预，学会运用经济手段来进行宏观控制。

9月10日，邓小平在国务院负责人的信上批示：“我赞成。”

9月13日，陈云复信国务院负责人指出：这三个问题，都是当前我国经济工作面临的重要问题，也是对这几年城市经济改革经验的总结。

陈云表示完全同意，并指出：关于计划体制，合乎我国目前的实际情况；关于价格改革，现在确实是有利时机，应当稳步进行；关于政企分开，这样做很必要。

10月4日，国务院批转国家计划委员会《关于改进计划体制的若干暂行规定》（以下简称《暂行规定》），并发出通知：为了适应对内搞活经济、对外实行开放的需要，我国现行计划体制必须进行改革。要根据“大的方面管住管好，小的方面放开放活”的精神，适当缩小指令性计划的范围，扩大指导性计划和市场调节的范围。对关系国计民生的重要经济活动，实行指令性计划；对大量的一般经济活动，实行指导性计划；对饮食业、服务业和小商品生产等方面，实行市场调节。《暂行规定》就计划体制改进、改革工作包括的生产计划、固定资产投资计划、利用外资外汇计划、物资分配计划、商业外贸计划、劳动工资计划、国民经济的平衡等12个方面作出了规定。

1984年10月20日，中共十二届三中全会在北京举行。这次全会召开前，在讨论究竟研究什么问题时，邓小平说，十一届三中全会在政治、经济的改革上起了很好的作用，十二届三中全会最理想的是搞个改革的文件，搞个对全党起到巨大鼓舞作用的文件。

根据邓小平的意见，中共中央总书记胡耀邦向中央建议，要专门搞一个关于经济体制改革的决定。关于经济体制改革的决定从1984年6月开始起草。起草小组先写提纲，但讨论多次也跳不出“计划经济为主，市场调节为辅”的模式，对商品经济的意见不统一。胡耀邦对没有跳出计划经济圈子的提纲不满意。1984年8月以后，新的起草小组开始工作。但仍有人反对把商品经济写入中央决定，主要是害怕把社会主义跟资本主义混同起来，会变成资本主义。一位起草小组成员想了一个主意，建议用中国经济体制改革研究会和中国经济体制改革研究所的名义，召开一个理论研讨会，通过理论界的意见影响起草小组的意见。研讨会请了20位学者、专家参加会议。大家的意见比较一致，认为发展商品经济是必然的途径，社会主义经济必须要经过商品经济的阶段。起草小组将研讨会结果反映给有关领导同志后，9月11日，中央召集约1500人讨论《中共中央关于经济体制改革的决定》征求意见稿，最终决定把“有计划的商品经济”写进这个决定中去。

中共十二届三中全会一致通过《中共中央关于经济体制改革的决定》。

全会把“大力发展社会主义商品经济”载入《中共中央关于经济体制改革的决定》，这是经济体制改革的一个重大突破，经历了一个从酝酿到正式写入中央决定的过程。

《中共中央关于经济体制改革的决定》明确提出：

进一步贯彻执行对内搞活经济、对外实行开放的方针，加快以城市为重点的整个经济体制改革的步伐，是当前我国形势发展的迫切需要。

改革的基本任务是建立起具有中国特色的、充满生机和活力的社会主义经济体制，促进社会生产力的发展。

经济体制改革的中心环节是增强企业活力；建立自觉运用价值规律的计划体制，发展社会主义商品经济；建立合理的价格体系，充分重视经济杠杆的作用；实行政企职责分开，正确发挥政府机构管理经济的职能；建立多种形式的经济责任制，认真贯彻按劳分配原则；积极发展多种经济形式，进一步扩大对外的和国内的经济技术交流；起用一代新人，造就一支社会主义经济管理干部的宏大队伍；加强党的领导，保证改革的顺利进行。

改革计划体制，首先要突破把计划经济同商品经济对立起来的传统观念，明确认识社会主义计划经济必须自觉依据和运用价值规律，是在公有制基础上的有计划的商品经济。商品经济的充分发展，是社会经济发展的不可逾越的阶段，是实现我国经济现代化的必要条件。只有充分发展商品经济，才能把经济真正搞活，促使各个企业提高效率，灵活经营，灵敏地适应复杂多变的社会需要，而这是单纯依靠行政手段和指令性计划所不能做到的。

20 世纪 80 年代初，中国安定团结的政治局面日益巩固，经济调整工作取得重大成绩，国民经济持续增长，第六个五年计划的主要指标提前完成，国家财政状况逐步好转，全党全国人民对社会主义现代化建设的信心大为增强，加快经济体制改革的愿望更加强烈。全面改革经济体制的条件已经具备，有必要也有可能比较系统地提出和阐明改革中的一系列重大问题，统一和提高全党特别是领导干部的认识，使改革更加卓有成效地进行，使社会主义优越性进一步得到发挥。

改革是为了建立充满生机的社会主义经济体制。马克思主义创始人曾经预言，社会主义必然能够创造出更高的劳动生产力，使生产力以更高的速度向前发展。中华人民共和国成立后所发生的深刻变化，已经初步显示出社会主义制度的优越性。但是，这种优越性还没有得到应有的发挥。之所以如此，除了历史的、政治的、思想的原因外，就经济方面来说，一个重要的原因，就是在经济体制上形成了一种同社会生产力发展要求不相适应的僵化的模式。其主要弊端是：政企职责不分，条块分割，国家对企业统得过多过死，忽视商品生产、价值规律和市场的作用，分配中平均主义严重。这就造成了企业缺乏应有的自主权，企业吃国家“大锅饭”、职工吃企业“大锅饭”的局面，严重压抑了企业和广大职工群众的积极性、主动性和创造性，使本来应该生机盎然的社会主义经济在很大程度上失去了活力。

为了从根本上改变束缚生产力发展的经济体制，必须认真总结中国的历史经验，认真研究中国经济的实际状况和发展要求，同时必须吸收和借鉴世界各国包括资本主义发达国家的一切反映现代化、社会化生产规律的先进经营管理方法。

按照把马克思主义基本原理同中国实际相结合的原则，按照正确对待外国经验的原则，进一步解放思想，走自己的路，建立中国特色的充满生机和活力的社会主义经济体制，促进社会生产力的发展，这是经济体制改革的基本任务。

社会主义社会的基本矛盾仍然是生产关系和生产力、上层建筑和经济基础之间的矛盾。改革经济体制，是在坚持社会主义制度的前提下，改革生产关系和上层建筑中不适应生产力发展的一系列相互联系的环节和方面。这种改革，是在党和政府的领导下有计划、有步骤、有秩序地进行的，是社会主义制度的自我完善和发展。

改革的进行，只应该促进而绝不能损害社会的安定、生产的发展、人民生活的改善和国家财力的增强。社会主义的根本任务就是发展社会生产力，就是要使社会财富越来越多地涌现出来，不断地满足人民日益增长的物质和文化需要。必须下定决心，以最大的毅力，集中力量进行经济建设，实现工业、农业、国防和科学技术的现代化，这是历史的必然和人民的愿望。在进行改革的过程中，应该紧紧把握马克思主义的这个基本观点，把是否有利于发展社会生产力作为检验一切改革得失成败的最主要标准。

在邓小平指导下举行的中共十二届三中全会，分析了中国的经济和政治形势，总结了中国社会主义建设正反两方面的经验，特别是城乡经济体制改革的经验。大会一致认为：必须按照把马克思主义基本原理同中国实际结合起来，建设中国特色社会主义的总要求，进一步贯彻执行对内搞活经济、对外实行开放的方针，加快以城市为重点的整个经济体制改革的步伐，更好地开创社会主义现代化建设的新局面。按照《中共中央关于经济体制改革的决定》，在全国进行全面经济体制改革。

中共十二届三中全会后召开的中央顾问委员会第三次全体会议，一致拥护《中共中央关于经济体制改革的决定》。

10 月 22 日，邓小平作重要讲话，高度评价《中共中央关于经济体制改革的决定》。他说：前天中央委员会通过这个决定的时候我讲了几句话，我说我的印象是写出了一个政治经济学的初稿，是马克思主义基本原理同中国社会主义实践相结合的政治经济学，我是这么个评价。

邓小平还说：这次经济体制改革的文件好，就是解释了什么是社会主义，有些是我们老祖宗没有说过的话，有些新话。我看讲清楚了。过去我们不可能写出这样的文件，没有前几年的实践不可能写出这样的文件。写出来，也很不容易通过，会被看作“异端”。我们用自己的实践回答了新情况下出现的一些新问题。邓小平指出，最重要的是第九条，概括地说就是“尊重知识，尊重人才”八个字。

邓小平强调：我们要向世界说明，我们现在制定的这些方针、政策、战略，谁也改变不了。我们现行政策的连续性是可靠的。

在这次讲话中，邓小平再次阐述了按“一国两制”解决香港和台湾问题的方针和到本世纪末工农业年总产值翻两番的重大意义。他着重指出：翻两番、把经济搞上去才是真正治本的途径。我们的开放政策不会变。不开放，再来个闭关自守，五十年要接近经济发达国家的水平，肯定不可能。无论怎么样开放，公有制经济始终还是主体，得益处的大头是国家，是人民。

接着，中共中央纪律检查委员会第四次全体会议在北京举行，主要议题是学习中共十二届三中全会决定，讨论纪检工作如何保证中央决定的贯彻执行。会议审议通过中纪委常委会提交的《加强纪律检查工作，保证经济体制改革顺利进行》的报告，讨论了《关于加强纪检机关建设的意见》。

改革开放需要良好的社会环境。10月31日，中共中央批转中央政法委员会《关于严厉打击严重刑事犯罪活动第一战役总结和第二战役部署的报告》。该报告指出：一年来的实践证明，在社会治安不正常的情况下，采取组织战役、统一行动、集中打击的办法，依法从重从快惩处严重的刑事犯罪分子，不但十分必要而且非常见效。中央要求在这场斗争中把严厉打击同综合治理的其他措施配合起来，使斗争不断向纵深发展。

按照《中共中央关于经济体制改革的决定》，全面推进经济体制改革逐步展开。

对于如何推进经济体制改革的行动方针，邓小平多次强调：

“现在我们正在做的改革这件事是够大胆的。”

“改革是中国的第二次革命。”

“我们的方针是，胆子要大，步子要稳，走一步，看一步。”①

① 《邓小平文选》第3卷，人民出版社1993年版，第113页。

第一百四十六章

“前提是：香港是中国的一部分”

20 世纪 80 年代，中国的改革开放，国家实力的发展与强大，国际形势的调整与变化，将选择适当的时机和合适的方式及时解决香港、澳门、台湾问题，提到了中国共产党和中国政府面前。

如何恰当地解决香港、澳门、台湾问题，需要考虑香港、澳门、台湾的历史与现状。邓小平经过精心思考，提出用“一国两制”的方式解决香港问题、澳门问题与台湾问题。

这是中国共产党为实现中华民族统一采取的一个历史性政策，也是一个符合中华民族根本利益和香港民众、澳门民众、台湾民众根本利益的空前创举。

为此，邓小平胸怀全局，深谋远虑，宁静致远，运筹帷幄，提出一系列崭新政策和重大举措。1978 年，中国国务院成立港澳事务办公室，负责处理香港、澳门事务。1978 年 11 月，邓小平接见美国《华盛顿邮报》记者时表示：“和平统一实现以后，台湾可以保持非社会主义的经济和社会制度。”也就是可以保持资本主义制度不变。这是“一国两制”构想的萌芽。

中共十一届三中全会上，中共第二代中央领导集体提出了“实现祖国统一”的奋斗目标。1979 年 1 月邓小平访问美国期间，对美国参议院和众议院议员说：“我们不再用‘解放台湾’这个提法了，只要台湾回归祖国，我们将尊重那里的现实和现行制度。”

同年 3 月，邓小平会见香港总督麦理浩时说：我知道，人们开始担心香港将来的前途和地位问题。对这个问题，我们有一贯的立场。我们历来认为，香港主权属于中华人民共和国，但香港又有它的特殊地位。到 1997 年还有 18 年，18 年时间并不长，我们可以到时根据具体情况来讨论怎样从政治上解决这个问题。当然，前提是：香港是中国的一部分，这个问题本身不能讨论。可以肯定的一点，就是将来解决这个问题时，我们也会尊重香港的特殊地位。

在谈到人们担心的投资问题时，邓小平说：中国政府的立场不影响他们的投资利益，说清楚一点，就是在20世纪和21世纪初相当长的时期内，香港还可以搞它的资本主义，我们搞我们的社会主义。就是到1997年香港的政治地位改变了，也不影响他们的投资利益。

邓小平的这个谈话中，已经包含着用“一国两制”方式解决香港问题的新思想、新办法。

1980年5月，邓小平在回答来访的英国工党领袖卡拉汉提出的中英双方在适当的时机应该商讨香港问题时，明确表态：“我赞成你的意见，但现在还不到时机。我们国内还有许多比这更重要的问题要应付。我还是那句老话，投资者可以放心大胆地在香港投资，将来不论采取什么样的处理方法，我们都不会让投资者的利益有所损失。”

这是邓小平对“一国两制”构想的新的阐释。

1981年4月，邓小平会见来访的英国外交大臣卡灵顿时，重申了1979年对香港总督麦理浩讲过的解决香港问题的构想，通报了将要宣布的对台湾的方针要点，并且建议英国方面研究中国对台湾的新政策。这预示着“一国两制”的具体模式将要出台。

为了完成祖国统一大业，中共中央经过认真研究，适时作出新的重大战略决策，提出了实事求是的解决办法。1981年9月30日，全国人民代表大会常务委员会委员长叶剑英对新华社记者发表谈话，全面阐述和平解决台湾问题的九条方针，正式提出“国家实现统一后，台湾可作为特别行政区，享有高度的自治权”的具体模式。这对于解决香港问题具有重要启示。叶剑英指出：

> （一）为了尽早结束中华民族陷于分裂的不幸局面，我们建议举行中国共产党和中国国民党两党对等谈判，实行第三次合作，共同完成祖国统一大业。
>
> （二）海峡两岸各族人民迫切希望互通音讯、亲人团聚、开展贸易、增进了解。我们建议双方共同为通邮、通商、通航、探亲、旅游以及开展学术、文化、体育交流提供方便，达成有关协议。

（三）国家实现统一后，台湾可作为特别行政区，享有高度的自治权，并可保留军队。中央政府不干预台湾地方事务。

（四）台湾现行社会、经济制度不变，生活方式不变，同外国的经济、文化关系不变。私人财产、房屋、土地、企业所有权、合法继承权和外国投资不受侵犯。

（五）台湾当局和各界代表人士，可担任全国性政治机构的领导职务，参与国家管理。

（六）台湾地方财政遇有困难时，可由中央政府酌情补助。

（七）台湾各族人民、各界人士愿回祖国大陆定居者，保证妥善安排，不受歧视，来去自由。

（八）欢迎台湾工商界人士回祖国大陆投资，兴办各种经济事业，保证其合法权益和利润。

（九）统一祖国，人人有责。我们热诚欢迎台湾各族人民、各界人士、民众团体通过各种渠道、采取各种方式提供建议，共商国是。

叶剑英强调，我们希望国民党当局坚持一个中国、反对“两个中国”的立场，以民族大义为重，捐弃前嫌，同我们携起手来，共同完成统一祖国大业，实现振兴中华的宏图，为列祖列宗争光，为子孙后代造福，在中华民族历史上谱写新的光辉篇章！

在此前后，中共中央进一步落实了在大陆的台湾同胞和去台人员亲属的政策。

1982 年 1 月，邓小平会见来访的美国华人协会主席时说：“九条方针是以叶剑英委员长名义提出来的，实际上就是‘一个国家，两种制度’。两制是可以允许的，他们不要破坏大陆的制度，我们也不要破坏他那个制度。不只是台湾问题，还有香港问题，大体也是这几条。”

接着，邓小平谈到香港问题：如果香港到期，中国连香港都不收回，人民不理解，恐怕全世界的华人也不理解。但是，如果把香港作为一个自由港破坏了，对我们国家也没有好处，起码三年、五年，甚至十年内没有好处，也要作为特殊问题来处理。那里的制度不变，但那个地方的主权是中国的。

同年 10 月，邓小平在谈到叶剑英委员长宣布的九条方针时，说："九条"实际上就是一个国家，两种制度。

根据中共中央制定、叶剑英全面阐述的和平解决台湾问题的九条方针，中国政府抓紧制定对香港的具体政策。经中共中央和国务院批准，成立了由新华社香港分社成员参加的专门小组，进行调查研究，起草对香港的基本方针、政策（即后来的"十二条"）。

为此，邓小平多次约请香港各界知名人士到北京，听取他们的意见。

1982 年 4 月，邓小平同来访的英国前首相希思会谈时重申：九条方针同样适用于香港。在这次会谈中，达成了一致的看法：现在是考虑处理香港问题的时候了。双方一致同意香港在 1997 年应该有一个平稳的交接。

邓小平说：香港的主权是中国的，还有"新界"，包括整个香港，过去是不平等条约，实际上是废除的问题。邓小平还说：我们是多年的老朋友了。如果中国到时候不把香港的主权收回来，我们这些人谁也交不了账。至于说到投资问题，中国要维护香港作为自由港和国际金融中心的地位，也不会影响外国人在那里的投资，在这个前提下由香港人管理香港。

同年 6 月，邓小平会见香港《大公报》负责人费彝民、工商界知名人士王宽诚等人时，明确表示：中国要在 1997 年恢复行使香港主权，同时采取妥善措施保持香港的安定和繁荣，让香港继续发挥自由港的作用。当时，中共中央和中国政府关于解决香港问题的方针是正确的，是充分考虑到香港的历史与现状的，是合情合理的。

为了使香港同胞和海外各方面侨胞更多地了解国内各方面的情况，邓小平亲力亲为，广交朋友，做了大量工作。

全国侨联原主席庄炎林回忆，与邓小平最初的交集是解放前，"那时我在上海做地下工作，小平同志要组织大军解放大西南，而我是招生办事处主任，召集一大批人前往福建，大致三千人"。中国改革开放后，由于工作性质，庄炎林与邓小平有了更多的接触。当时，为引进侨资，合作发展，庄炎林在大政方针方面得到邓小平的直接指导，在许多具体问题上获得他的有力支持。关于建立第一个中外合资饭店——建国饭店，曾有不同意见，甚至有一些人故意捣乱。有关方面或者置之不理，或者制止不力。庄炎林赶快通过上级请示邓小平。邓小平严厉批复：“有理也不得取闹，何况无理。”

这时，香港船王包玉刚决定在北京无偿捐资兴建一个饭店，但是希望能够以其父亲包兆龙的名字命名为“兆龙饭店”。这个计划遭到一批人的强烈反对。有的人提出，我们现在自力更生，干吗接受国外资金？有的人指责，命名为“兆龙饭店”是为资本家树碑立传。庄炎林通过国务院华侨事务办公室向邓小平请示，希望得到邓小平的支持。果然，邓小平明确表示，这是好事，对国家、人民都有利，用人家父亲的名字也体现了人家的孝心。庄炎林回忆：“所以，后来‘兆龙饭店’四个字由小平同志题写，他还出席了开张仪式。”

第一百四十七章

“我不得不决定向中国交还主权和治权”

20世纪80年代初期，中共中央和中国政府将解决香港问题提上议事日程。1982年9月，被国际舆论称为“铁娘子”的英国首相撒切尔夫人，刚刚取得英国与阿根廷为历史遗留问题而爆发的马尔维纳斯群岛之战的胜利，携此余威，飞往中国，与中国领导人谈判香港问题。

但是，撒切尔夫人到达北京后，很快就认识到，中国不是阿根廷，香港也不是马尔维纳斯群岛。此时此刻，撒切尔夫人面对的已经不是鸦片战争中积贫积弱的旧中国，而是日益强大的中华人民共和国。撒切尔夫人回忆说：

> 1982年9月22日早晨，我在从东京飞赴北京时，一再考虑一个问题，那就是中国根本不承认英国与清政府1842年就香港岛签订的《南京条约》，这是中国领导人提出的先决条件。我们事先也商量过了，决定把谈判立场建立在英国至少对一部分香港领土拥有主权的基础上，如果中国承认了这一点，我们就可以在此立下脚，然后把主权让出，以换取对香港继续管治的权利。我曾经多次与政界和商界人士讨论过，觉得这是一个大家比较满意的解决办法。但往谈判桌上一坐，我才发现，那不过是我们的一厢情愿。
>
> 9月23日上午抵达北京，第二天正式会谈在人民大会堂举行。我发表了一篇事先已准备好的声明，阐述英国的立场。我指出，中国关注的核心点既然是香港的主权与继续保持繁荣，那么如果我们突然宣布对香港的行政管理作重大改变，大量资金肯定会外流，香港的崩溃不可避免。所以，我们两国应把保持香港的繁荣与稳定放在首位，就未来的管制安排达成协议，如果这些安排能赢得香港人民的信任，如果英国国会满意这些安

排，我们再开始考虑主权问题。

我满以为这篇务实的言论会有很强的说服力，所以我在最后试图说服赵紫阳同意我们发表一篇内容不涉及承担责任的联合声明，宣布我们的共同目标是维护香港的繁荣，然后再举行实质性会谈。

但我很快发现，我所有原来的估计都开始泡汤了。赵紫阳一开口就声明了中国的立场——中国不会就主权作出让步，并决定在1997年而不是稍后一点，收回整个香港的主权。虽然赵紫阳态度温和，但丝毫也不让步。他说，如果需要在主权与繁荣两者间作出取舍，中国会以主权为先。①

9月24日，邓小平在北京人民大会堂会见英国首相玛格丽特·撒切尔一行。

邓小平首先对撒切尔夫人访问中国表示欢迎。

撒切尔夫人说：我作为现任英国首相访华，见到你很高兴。

邓小平说：是呀，英国首相我认识好几个，但我认识的现在都下台了。欢迎你来呀。

撒切尔夫人说：知道你是刚从外地回来。

邓小平说：我是陪同朝鲜民主主义人民共和国主席金日成去了四川。

邓小平与撒切尔夫人互致问候后，新闻记者们随之离开北京人民大会堂福建厅。

然后，邓小平立即切入中英双方会谈的主题。他明确指出：

我们对香港问题的基本立场是明确的，这里主要有三个问题。一个是主权问题；再一个问题，是一九九七年后中国采取什么方式来管理香港，继续保持香港繁荣；第三个问题，是中国和英国两国政府要妥善商谈如何

① ［英］玛格丽特·撒切尔：《唐宁街岁月——撒切尔夫人自传》，国际文化出版公司2009年版。

使香港从现在到一九九七年的十五年中不出现大的波动。①

这时，撒切尔夫人提出：必须遵守有关香港问题的三个条约。条约虽然写在纸上，但任何手段都不可能消除它存在的事实。

听了撒切尔夫人充满英国老牌殖民主义气息的话，邓小平针锋相对地指出：

> 关于主权问题，中国在这个问题上没有回旋余地。
>
> 坦率地讲，主权问题不是一个可以讨论的问题。现在时机已经成熟了，应该明确肯定：一九九七年中国将收回香港。就是说，中国要收回的不仅是新界，而且包括香港岛、九龙。中国和英国就是在这个前提下来进行谈判，商讨解决香港问题的方式和办法。
>
> 如果中国在一九九七年，也就是中华人民共和国成立四十八年后还不把香港收回，任何一个中国领导人和政府都不能向中国人民交代，甚至也不能向世界人民交代。如果不收回，就意味着中国政府是晚清政府，中国领导人是李鸿章！我们等待了三十三年，再加上十五年，就是四十八年，我们是在人民充分信赖的基础上才能如此长期等待的。
>
> 如果十五年后还不收回，人民就没有理由信任我们，任何中国政府都应该下野，自动退出政治舞台，没有别的选择。所以，现在，当然不是今天，但也不迟于一、二年的时间，中国就要正式宣布收回香港这个决策。我们可以再等一、二年宣布，但肯定不能拖延更长的时间了。
>
> 中国宣布这个决策，从大的方面来讲，对英国也是有利的，因为这意味着届时英国将彻底地结束殖民统治时代，在世界公论面前会得到好评。所以英国政府应该赞成中国的这个决策。中英两国应该合作，共同来处理好香港问题。②

---

① 《邓小平文选》第3卷，人民出版社1993年版，第12页。
② 《邓小平文选》第3卷，人民出版社1993年版，第12～13页。

当谈到保持香港的繁荣问题时，撒切尔夫人认为，香港只有在英国的管辖下才能繁荣。

对此，邓小平指出：

保持香港的繁荣，我们希望取得英国的合作，但这不是说，香港继续保持繁荣必须在英国的管辖之下才能实现。香港继续保持繁荣，根本上取决于中国收回香港后，在中国的管辖之下，实行适合于香港的政策。香港现行的政治、经济制度，甚至大部分法律都可以保留，当然，有些要加以改革。

香港仍将实行资本主义，现行的许多适合的制度要保持。我们要同香港各界人士广泛交换意见，制定我们在十五年中的方针政策以及十五年后的方针政策。这些方针政策应该不仅是香港人民可以接受的，而且在香港的其他投资者首先是英国也能够接受，因为对他们也有好处。

我们希望中英两国政府就此进行友好的磋商，我们将非常高兴地听取英国政府对我们提出的建议。这些都需要时间。为什么还要等一、二年才正式宣布收回香港呢？就是希望在这段时间里同各方面进行磋商。

现在人们议论最多的是，如果香港不能继续保持繁荣，就会影响中国的四化建设。我认为，影响不能说没有，但说会在很大程度上影响中国的建设，这个估计不正确。如果中国把四化建设能否实现放在香港是否繁荣上，那末这个决策本身就是不正确的。人们还议论香港外资撤走的问题。只要我们的政策适当，走了还会回来的。所以，我们在宣布一九九七年收回香港的同时，还要宣布一九九七年后香港所实行的制度和政策。①

撒切尔夫人强调：“如果中国宣布收回香港，将会给香港带来灾难性的影响。”

对此，邓小平胸有成竹，当即指出：

---

① 《邓小平文选》第3卷，人民出版社1993年版，第13～14页。

至于说一旦中国宣布一九九七年要收回香港，香港就可能发生波动，我的看法是小波动不可避免，如果中英两国抱着合作的态度来解决这个问题，就能避免大的波动。我还要告诉夫人，中国政府在做出这个决策的时候，各种可能都估计到了。我们还考虑了我们不愿意考虑的一个问题，就是如果在十五年的过渡时期内香港发生严重的波动，怎么办？

那时，中国政府将被迫不得不对收回的时间和方式另作考虑。如果说宣布要收回香港就会像夫人说的“带来灾难性的影响”，那我们要勇敢地面对这个灾难，做出决策。希望从夫人这次访问开始，两国政府官员通过外交途径进行很好的磋商，讨论如何避免这种灾难。

我相信我们会制定出收回香港后应该实行的、能为各方面所接受的政策。我不担心这一点。我担心的是今后十五年过渡时期如何过渡好，担心在这个时期中会出现很大的混乱，而且这些混乱是人为的。这当中不光有外国人，也有中国人，而主要的是英国人。

制造混乱是很容易的。我们进行磋商就是要解决这个问题。不单单是两国政府，而且包括政府要约束厂商及各行各业，不要做妨碍香港繁荣的事。不仅在这十五年的过渡时期内香港不要发生大的波动，一九九七年中国接管以后还要管理得更好。①

最后，邓小平表示，我们建议达成这样一个协议，即双方同意通过外交途径开始进行香港问题的磋商。前提是一九九七年中国收回香港，在这个基础上磋商解决今后十五年怎样过渡得好以及十五年以后香港怎么办的问题。②

经过激烈的政治交锋，撒切尔夫人表示同意邓小平的意见。

中英双方会谈结束后，撒切尔夫人心事重重，神色凝重，在迈步走下人民大会堂前的台阶时，不觉失神栽倒在倒数第二级台阶下，以致皮鞋、手袋也被摔到了一边。

---

① 《邓小平文选》第3卷，人民出版社1993年版，第14页。

② 《邓小平文选》第3卷，人民出版社1993年版，第14～15页。

中国方面的工作人员和英国驻华大使见状，连忙将她扶了起来。幸好她即将走到平地，摔得不重，有惊无险。

这时，有人为她拾起掉在一边的手袋，并拍去了沾在上边的灰尘。虽然撒切尔夫人颇为狼狈，但她起身后仍然神态自若，接过别人递过来的手袋时还不忘道谢。

随后，她轻挽裙摆，钻入停在台阶下的轿车内，向中外记者挥手微笑，充分显示出“女强人”处变不惊的“铁娘子”本色。

以后，撒切尔夫人回忆说：

> 我早就听说邓小平是实事求是的人，跟他一打交道，我还发现他是一个非常执着的人，他的态度很坚决。他说，香港主权根本不在讨论之列，稍后中国会正式公布收回香港的决定。这一点出乎我的意料。
>
> 和邓小平的谈判进行得相当艰难，我连最初的基本目标都没有能够达到，但也不能算彻底失败。我毕竟说服邓小平发表了一个简短的声明，宣布两国正在共同本着维持香港繁荣稳定的目标展开谈判。
>
> 1983 年 1 月 28 日早上，我们获悉中国建议在 6 月份单方面宣布他们对香港前途的方案。我认为如果谈判没有进展，不如尽早在香港推进民主进程，让香港人民为自己做主，全民投票选定他们能接受的制度等等。但是，当时我的同事们对此都不感兴趣，我也一筹莫展。然而，就此撒手不管这件事了又于心不甘，因此，我在那年 3 月以私人名义写了一封信给中国国务院负责人，信的内容比先前作了重大的让步。
>
> 尽管作了这次让步，却仍然没能动摇中国的立场，夏季的 3 轮会谈没有丝毫进展，9 月 22 日和 23 日的会谈再次陷入僵局，这个信号导致香港人心不稳，大量资金外流，港币汇价大跌。至此，我不得不决定向中国交还主权和治权，除此之外，没有别的选择。①

① ［英］玛格丽特·撒切尔：《唐宁街岁月——撒切尔夫人自传》，国际文化出版公司 2009 年版。

第一百四十八章

“我们解决问题的办法要使三方面都能接受”

1982 年 9 月 24 日邓小平会见英国首相撒切尔夫人时阐述的中国对香港问题的基本立场，成为解决香港问题的重要指导思想。这次会谈后，根据双方达成的协议，中英两国开始通过外交途径就解决香港问题进行商谈。

1983 年 7 月中英两国开始第一轮谈判。但是，在前四轮的谈判中，由于英方仍然坚持 1997 年英国继续管治香港的立场，致使会谈毫无进展。1983 年 9 月英国前首相希思来访时，邓小平请他转告撒切尔夫人：英国想用主权来换治权是行不通的，劝告英方改变态度，以免出现到 1984 年 9 月中国不得不单方面公布解决香港问题方针、政策的局面。10 月撒切尔夫人来信提出，中英双方可在中国建议的基础上探讨香港的持久性安排。

于是，中英会谈重新开始。1984 年 9 月，中英双方经过 22 轮谈判，终于达成协议。中英双方同意用联合声明的形式，采用如下表达方式。中国政府声明：“中华人民共和国政府决定于 1997 年 7 月 1 日对香港恢复行使主权。”英国政府声明：“联合王国政府于 1997 年 7 月 1 日将香港交还中华人民共和国。”中国政府宣布，中华人民共和国政府对香港恢复行使主权后，将设立香港特别行政区；保持香港原有的资本主义制度和生活方式，五十年不变。9 月 26 日，中英双方草签《中英联合声明》和三个附件。

至此，为时两年的中英两国政府关于香港问题的谈判圆满结束。

1984 年 10 月 22 日，在中共中央顾问委员会第三次全体会议上，邓小平全面阐述了关于用“一国两制”方式解决香港问题、台湾问题的基本思路。邓小平说：

“一国两制”是从中国的实际提出的，中国面临一个香港问题，一个台湾问题。解决问题只有两个方式：一个是谈判方式，一个是武力方式。用和平谈判的方式来解决，总要各方都能接受，香港问题就要中国和英国，加上香港居民都能接受。什么方案各方都能接受呢？就香港来说，用社会主义去改变香港，就不是各方都能接受的。所以要提出“一国两制”。

两年前撒切尔夫人来谈，当时她坚持历史上的条约按国际法仍然有效，一九九七年后英国要继续管理香港。我跟她说，主权问题是不能谈判的，中国一九九七年要收回整个香港。至于用什么方式收回，我们决定谈判。我说谈判要两年，太短了不行，但是不迟于两年必须解决这个问题，到时候中国要正式宣布一九九七年收回香港。结果真的是谈了两年。

开始她提出谈判的题目就是一个归属问题。我说是三个问题：第一个是主权问题，总要双方就香港归还中国达成协议；第二个是一九九七年我们恢复行使主权之后怎么样管理香港，也就是在香港实行什么样的制度的问题；第三个是十五年过渡期间的安排问题，也就是怎样为中国恢复行使主权创造条件。她同意谈这些问题。

两年谈判，差不多一年多的时间是拖在归属和主权问题上，她没有让。当时我还跟她说，如果在十五年的过渡期间香港发生意外的事情，发生动乱，中英双方根本谈不拢，中国将重新考虑收回香港的时间和方式。所以，解决香港问题，我们的调子就是那时定下来的，以后实际上就是按这个调子走的。

香港问题为什么能够谈成呢？并不是我们参加谈判的人有特殊的本领，主要是我们这个国家这几年发展起来了，是个兴旺发达的国家，有力量的国家，而且是个值得信任的国家，我们是讲信用的，我们说话是算数的。粉碎“四人帮”以后，主要是党的十一届三中全会以后，五年多的时间确实发生了非常好的变化。我们国家的形象变了，国内的人民看清了这一点，国际上也看清了这一点。

我们可以自豪，当然自豪同骄傲是两回事，骄傲不得，说大话也不行，毕竟我们还落后。但是，我们确实很有希望，从香港问题的解决就反映出来了。当然，香港问题能够解决好，还是由于“一国两制”的根本方针或者说战略搞对了，也是中英双方共同努力的结果。

香港问题的解决会直接影响到台湾问题。解决台湾问题要花时间，太急了不行。现在我们的方针还是以国民党当政者为谈判的对手。这一点，台湾的人有一种反映，说我们不重视台湾人民。最近国务院总理在国庆招待会上的讲话中，在“台湾当局”后面加了一句“和各界人士”，这是我加的。就是说，台湾问题接触面要宽，除了以国民党当局、以蒋经国为对手外，要广泛开展工作面。我们过去做了一些，现在更要有计划地安排。

在台湾问题上，美国的政策就是把住不放，这个我们看准了。两三年来，我们一直批评美国的霸权主义，批评他把台湾当作他的一艘“永不沉没的航空母舰”。美国也有一部分人赞成台湾和我们统一，但不占主导地位。卡特在位的时候，承诺从台湾撤军，同时又通过了一个《与台湾关系法》，这个《与台湾关系法》就是干涉中国内政。所以，一个台湾方面的工作，一个美国方面的工作，都要花时间。

用“一国两制”的方式解决台湾问题，美国应该是能够接受的，台湾也应该是能够接受的。蒋经国提出用“三民主义”统一中国，这现实吗？你那个“三民主义”在中国搞了二十二年，一九二七年到一九四九年，中国搞成了什么样子？“中国人站起来了”，是什么时候站起来的？是一九四九年。使中国人站起来的，不是蒋介石，而是共产党，是社会主义。

“一国两制”的方式，你不吃掉我，我不吃掉你，这不很好吗？最近一个外国人问我，解决台湾问题的政策是不是同对香港的一样？我说更宽。所谓更宽，就是除了解决香港问题的这些政策可以用于台湾以外，还允许台湾保留自己的军队。

我们坚持谋求用和平的方式解决台湾问题，但是始终没有放弃非和平方式的可能性，我们不能作这样的承诺。如果台湾当局永远不同我们谈判，怎么办？难道我们能够放弃国家统一？当然，绝不能轻易使用武力，因为我们精力要花在经济建设上，统一问题晚一些解决无伤大局。但是，不能排除使用武力，我们要记住这一点，我们的下一代要记住这一点。这是一种战略考虑。①

1984年12月，英国首相撒切尔夫人在外交大臣杰弗里·豪的陪同下再度来到北京，对中国进行正式访问，并签署《中英联合声明》。

12月19日，邓小平再次会见撒切尔夫人。仍然是在北京人民大会堂，邓小平笑容满面地与撒切尔夫人握手，高兴地说：“我们两国的领导人就香港问题达成协议，为各自的国家和人民做了一件非常有意义的事情。香港问题已经有近一个半世纪的历史，这个问题不解决，在我们两国和两国人民之间总是存在着阴影。现在这个阴影消除了，我们两国之间的合作和两国人民之间的友好前景光明。”②

撒切尔夫人对邓小平的这一评价表示赞同，说：回顾我两年多以前初次在这里同你见面以来，我们已经取得了多么大的成就，双方的了解也加深了。

她高度评价邓小平提出的“一国两制”构想。认为：从历史的观点看，“一国两制”是最富天才的创造，这个构想看起来是个简单的想法，但却是充满想象力的构想，是解决香港问题的关键，是我们达成协议的关键。

邓小平说：

如果“一国两制”的构想是一个对国际上有意义的想法的话，那要归功于马克思主义的辩证唯物主义和历史唯物主义，用毛泽东主席的话来讲就是实事求是。这个构想是在中国的实际情况下提出来的。中国面临的实际问题就是用什么方式才能解决香港问题，用什么方式才能解决台湾问题。只能有两种方式，一种是和平方式，一种是非和平方式。而采用和平方式解决香港问题，就必须既考虑到香港的实际情况，也考虑到中国的实际情况和英国的实际情况，就是说，我们解决问题的办法要使三方面都能接受。

如果用社会主义来统一，就做不到三方面都接受。勉强接受了，也会

① 《邓小平文选》第3卷，人民出版社1993年版，第84～87页。

② 《邓小平文选》第3卷，人民出版社1993年版，第101页。

造成混乱局面。即使不发生武力冲突，香港也将成为一个萧条的香港，后遗症很多的香港，不是我们所希望的香港。所以，就香港问题而言，三方面都能接受的只能是“一国两制”，允许香港继续实行资本主义，保留自由港和金融中心的地位，除此以外没有其他办法。

“一国两制”构想的提出还不是从香港问题开始的，是从台湾问题开始的。一九八一年国庆前夕叶剑英委员长就台湾问题发表的九条声明，虽然没有概括为“一国两制”，但实际上就是这个意思。两年前香港问题提出来了，我们就提出“一国两制”。

我们提出这个构想时，人们都觉得这是个新语言，是前人未曾说过的。也有人怀疑这个主张能否行得通，这就要拿事实来回答。现在看来是行得通的，至少中国人坚信是行得通的，因为这两年的谈判已经证明了这一点。这个构想在解决香港问题上起了不说是决定性的作用，也是最重要的作用。这是三方面都接受了的构想。

再过三十年，再过五十年，会更加证明“一国两制”是行得通的。人们担心中国在签署这个协议后，是否能始终如一地执行。我们不仅要告诉阁下和在座的英国朋友，也要告诉全世界的人：中国是信守自己的诺言的。

一位日本朋友问我，你们为什么还有一个“五十年”，即一九九七年后还要保持香港现行的资本主义制度五十年不变？你们根据的是什么，是否有个什么想法？我对他说，有。这也是从中国的实际出发的。中国现在制定了一个宏伟的目标，就是国民生产总值在两个十年内，即到本世纪末翻两番，达到小康水平。就是达到了这个目标，中国也不算富，还不是一个发达国家。所以这只能算是我们雄心壮志的第一个目标。中国要真正发达起来，接近而不是说超过发达国家，那还需要三十年到五十年的时间。

如果说在二十世纪内我们需要实行开放政策，那末在二十一世纪的前五十年内中国要接近发达国家的水平，也不能离开这个政策，离开了这个政策不行。保持香港的繁荣稳定是符合中国的切身利益的。所以我们讲“五十年”，不是随随便便、感情冲动而讲的，是考虑到中国的现实和发展的需要。

同样地，到二十世纪末和下一世纪前五十年也需要一个稳定的台湾。台湾是中国的一部分，中国可以在一个国家的前提下实行两种制度，这就是制定我们国家政策的一个想法。如果懂得了这点，知道我们的基本观点，知道我们从什么出发提出这个口号、制定这个政策，就会相信我们不会变。我还对日本朋友说，如果开放政策在下一世纪前五十年不变，那末到了后五十年，我们同国际上的经济交往更加频繁，更加相互依赖，更不可分，开放政策就更不会变了。

我还想请首相告诉国际上和香港的人士，“一国两制”除了资本主义，还有社会主义，就是中国的主体、十亿人口的地区坚定不移地实行社会主义。主体地区是十亿人口，台湾是近两千万，香港是五百五十万，这就有个十亿同两千万和五百五十万的关系问题。主体是很大的主体，社会主义是在十亿人口地区的社会主义，这是个前提，没有这个前提不行。

在这个前提下，可以容许在自己身边，在小地区和小范围内实行资本主义。我们相信，在小范围内容许资本主义存在，更有利于发展社会主义。我们对外开放二十来个城市，这也是在社会主义经济是主体这个前提下进行的，不会改变它们的社会主义性质。相反地，对外开放有利于壮大和发展社会主义经济。①

撒切尔夫人听了邓小平的阐述后表示，坚信“一国两制”的构想是行得通的。

这次会谈，自始至终充满了愉快的气氛。

1984 年 12 月 19 日下午 5 时 30 分。

中国北京人民大会堂。

中国政府和英国政府关于香港问题联合声明的正式签字仪式隆重举行。

中国国务院总理和英国首相撒切尔夫人分别在长桌本国国旗一侧就座，各自代表本国政府在联合声明上签字。

---

① 《邓小平文选》第 3 卷，人民出版社 1993 年版，第 101 ~ 103 页。

邓小平出席签字仪式。

当中英两国领导人交换《中英联合声明》文本时，大厅里爆发出热烈掌声。

随后，中英两国领导人分别发表讲话。

撒切尔夫人说：这是一个具有历史意义的时刻，邓小平主席能够出席各自政府签署的关于香港前途的联合声明，在香港的生活史上，在英中关系的历程中，以及国际外交史上，都是一个里程碑。联合声明为从现在起到 1997 年和 1997 年以后继续保持香港的稳定、繁荣和发展提供了坚实的基础。

撒切尔夫人赞扬中国领导人对双方谈判采取的高瞻远瞩的态度，并盛赞“一国两制”。她说，“一国两制”的构想是没有先例的，它为香港的特殊历史环境提供了富有想象力的答案。

谈到《中英联合声明》时，撒切尔夫人说，这是香港人民以后赖以向前发展的基础，香港会成为一个比现在更加繁荣的地方。今天，我们荣幸地同中国朋友一起，参加一个独特的仪式，我们应该有一种创造历史的感觉，应该有一种自豪感，并对未来充满信心。

中英两国领导人讲话结束后，邓小平手举香槟酒杯，高兴地走到撒切尔夫人面前，和撒切尔夫人碰杯，共祝中英双方完成了一件影响深远、具有历史意义的大事。

后来，在庆祝《中英联合声明》签订 10 周年的时候，撒切尔夫人又一次来到中国。

她说：《中英联合声明》签订的基础就是邓小平的“一国两制”。

中国和英国于 1984 年签订关于香港问题的联合声明后，中国又和葡萄牙于 1987 年签订了关于澳门问题的联合声明。

第一百四十九章

“这是一个具有创造性的杰作”

1984 年 12 月 19 日中英关于香港问题的联合声明正式签字后，香港回归祖国进入过渡时期，制定香港特别行政区基本法成为过渡时期的重要工作。

1985 年 7 月 1 日，香港特别行政区基本法起草委员会成立。

在香港特别行政区基本法起草过程中，邓小平倾注大量心血。他多次会见香港特别行政区基本法起草委员会全体成员，阐述起草香港特别行政区基本法的原则和意义。

1987 年 4 月 13 日至 17 日，香港特别行政区基本法起草委员会在北京举行第四次全体会议，通过《关于中华人民共和国香港特别行政区区旗、区徽图案的征集和审定办法》。

4 月 16 日，邓小平会见出席会议的全体委员，进一步阐明“一国两制”方针。他说：我们的“一国两制”能不能真正成功，要体现在香港特别行政区基本法里面。“一国两制”也要讲两个方面：一方面，社会主义国家里允许一些特殊地区搞资本主义，不是搞一段时间，而是搞几十年、成百年。另一方面，也要确定整个国家的主体是社会主义。否则怎么能说是“两制”呢？不讲两个方面，“一国两制”几十年不变就行不通了。他强调：一个是政局稳定，一个是政策稳定，两个稳定。

关于基本法的起草，邓小平提出了原则性建议：基本法不宜太细，宜粗不宜细，应原则一些；香港不搞社会主义制度，但也不宜全盘照搬西方的资本主义制度，英国的代议制和美国的“三权分立”，都不适合于香港，香港应有适合自己特点的模式；不赞成立即实行普选，即使搞普选，也应该逐步过渡，一步一步来；对香港特别行政区，中央政府要管一点。

邓小平深情地对大家说：我快 83 岁了，到今年 8 月就 83 岁了。要体现这个“基本法”。这个“基本法”也为澳门、台湾作出一个示范，所以这个法是很重要的一个法，世界上、历史上没有这样的法，是件新事物啊，再花三年时间把它搞得非常妥当，我相信我还看得到。

在一些重要场合，邓小平还多次说：

“我活到1997年，就是要在中国收回香港之后，到香港自己的土地上走一走，看一看。”

“哪怕坐着轮椅也要到这块中国的土地上走一走。”

邓小平的话，情真意切，饱含着对香港的深厚感情，饱含着对中华民族的深厚感情。

香港特别行政区基本法起草委员会通过《中华人民共和国香港特别行政区基本法（草案）》后，1990年2月7日上午，党和国家领导人在人民大会堂亲切会见出席香港特别行政区基本法起草委员会第九次全体会议的50位委员。

当邓小平、江泽民、杨尚昆、李鹏、万里等步入人民大会堂会见大厅时，群情振奋，掌声四起。在热烈的掌声中，邓小平与站在前排的委员一一握手。有几位香港特别行政区基本法起草委员会委员和邓小平是老朋友，邓小平很高兴地和他们互相招手致意。

看到邓小平身体非常健康，一位来自香港的委员由衷地对他说：“祝你健康长寿!”

邓小平笑着回答：“谢谢!”

这一天，邓小平显得精力非常充沛，十分周到地与站在后排的几位香港特别行政区基本法起草委员会委员的夫人们握手，受到夫人们的热烈欢迎。

邓小平——这位举世公认的“当代中国改革开放的总设计师”，为了中华民族的统一，精心设计并提出了“一国两制”构想。香港特别行政区基本法的起草，就是根据邓小平“一国两制”的构想而制定的。基本法在起草过程中，一直得到邓小平的关注。

随后，邓小平发表即席讲话：你们经过将近五年的辛勤劳动，写出了一部具有历史意义和国际意义的法律。说它具有历史意义，不只对过去、现在，而且包括将来；说国际意义，不只对第三世界，而且对全人类都具有长远意义。这是一个具有创造性的杰作。我对你们的劳动表示感谢！对文件的形成表示祝贺！

以邓小平为核心的中共第二代中央领导集体，深思熟虑，提出用“一国两制”的科学构想解决香港问题，开创了和平统一祖国的新思路。

根据邓小平“一国两制”的伟大构想，按照中国政府与英国政府签订的有关文件，1997年7月1日中国对香港恢复行使主权。

1997年6月30日，中华人民共和国主席江泽民率领中国政府代表团抵达香港，出席香港政权交换仪式。这是中华人民共和国最高领导人第一次踏上香港的土地。

1997年6月30日午夜至7月1日凌晨，中英两国政府香港政权交接仪式在香港会议展览中心新翼五楼大会堂隆重举行。

6月30日23时42分，交接仪式正式开始。中华人民共和国主席江泽民、国务院总理李鹏、国务院副总理兼外交部部长钱其琛、中央军委副主席张万年、香港特别行政区首任行政长官董建华，英方查尔斯王子、首相布莱尔、外交大臣库克、离任港督彭定康、国防参谋长查尔斯·格思里，同时步入会场登上主席台主礼台。

1997年7月1日零时，中华人民共和国国旗和中华人民共和国香港特别行政区区旗在香港升起。

7月1日零时4分，中华人民共和国主席江泽民在交接仪式上讲话：

> 中华人民共和国国旗和中华人民共和国香港特别行政区区旗，已在香港庄严升起。此时此刻，世界各国人民都把目光投向香港。根据中英关于香港问题的联合声明，两国政府如期举行了香港交接仪式，宣告中国对香港恢复行使主权。中华人民共和国香港特别行政区正式成立。这是中华民族的盛事，也是世界和平与正义事业的胜利。
>
> 一九九七年七月一日这一天，将作为值得人们永远纪念的日子载入史册。经历了百年沧桑的香港回归祖国，标志着香港同胞从此成为祖国这块土地上的真正主人，香港的发展从此进入一个崭新的时代。
>
> 历史将会记住提出“一国两制”创造性构想的邓小平先生。我们正是按照“一国两制”伟大构想指明的方向，通过外交谈判成功地解决了香港问题，终于实现了香港回归祖国。

值此庄严的时刻，我向中英两国所有为解决香港问题作出贡献的人士，向世界上所有关心和支持香港回归的人们，表示感谢！

值此庄严的时刻，我向回到祖国怀抱的六百多万香港同胞，表示亲切问候和良好祝愿！

香港回归后，中国政府将坚定不移地执行“一国两制”、“港人治港”、高度自治的基本方针，保持香港原有的社会、经济制度和生活方式不变，法律基本不变。

香港回归后，中央人民政府负责管理香港的外交事务和防务。香港特别行政区依据基本法享有行政管理权、立法权、独立的司法权和终审权。香港居民依法享有各项权利和自由。香港特别行政区将循序渐进地发展适合香港实际情况的民主制度。

香港回归后，将继续保持自由港的地位，继续发挥国际金融、贸易、航运中心的作用，继续同各国各地区及有关国际组织发展经济文化关系。所有国家和地区在香港的正当经济利益将受到法律保护。

我希望，世界上一切在香港有投资与贸易利益的国家和地区，继续为促进香港的繁荣稳定作出努力。

香港同胞具有光荣的爱国主义传统。香港今日的繁荣，归根到底是香港同胞创造的，也是同祖国内地的发展和支持分不开的。我相信，有全国人民作坚强后盾，香港特别行政区政府和香港同胞一定能够管理和建设好香港，保持香港长期繁荣稳定，创造香港更加美好的未来。①

7月1日零时12分，香港政权交接仪式结束。

7月1日，中华人民共和国香港特别行政区政府成立。1时30分，中华人民共和国香港特别行政区成立暨特区政府宣誓就职仪式，在香港会议展览中心新翼七楼隆重举行。

中国国务院副总理、全国人民代表大会香港特别行政区筹备委员会主任委员钱其琛主持仪式。

---

① 《江泽民文选》第1卷，人民出版社2006年版，第651～652页。

香港特别行政区首任行政长官董建华第一个宣誓就职，国务院总理李鹏监誓。

接着，香港特别行政区第一届政府23名主要官员，香港特别行政区第一届行政会议14名成员，香港特别行政区临时立法会59名议员，香港特别行政区终审法院常设法官、高等法院法官36人，分批走上主席台宣誓就职。

随后，李鹏总理讲话，代表中央人民政府对香港特别行政区政府的成立表示热烈祝贺，并且宣布：从1997年1月1日起，《中华人民共和国香港特别行政区基本法》开始实施。香港特别行政区第一任行政长官董建华作题为《追求卓越，共享繁荣》的讲话。

当日上午，中华人民共和国香港特别行政区成立庆典在香港会议展览中心新翼举行。中华人民共和国主席江泽民在庆典上发表讲话，对香港特别行政区的成立表示热烈的祝贺，向回到祖国大家庭的600多万香港同胞表示亲切问候，并郑重重申：“一国两制”“港人治港”、高度自治，50年不变，是中央政府一项长期的基本方针。

中国政府正式恢复对香港行使主权，既是中华民族的盛事，也是世界和平与正义事业的胜利。经历了百年沧桑的香港回归祖国，标志着香港同胞从此成为祖国这块土地上的真正主人，香港的发展从此进入一个崭新的时代。

中国政府正式恢复对香港行使主权后，贯彻“一国两制”“港人治港”“高度自治”的方针，由董建华担任香港特别行政区第一任行政长官。

1999年12月20日，澳门回归祖国，由何厚铧担任澳门特别行政区第一任行政长官。

邓小平关于“一国两制”的伟大构想，首先在香港，接着在澳门，变成了活生生的现实。

香港、澳门回归祖国是中国政府用“一国两制”方式实现祖国统一的重要成果，标志着中国人民在完成祖国统一大业上迈出了重要一步。

确定新时期战略方针："我赞成就是'积极防御'四个字。""中国人民解放军减少员额一百万"

第一百五十章

“小平同志工作太忙，决定不再兼任总参谋长”

粉碎“四人帮”后，中共十届三中全会决定，恢复邓小平中共中央副主席、国务院副总理、中央军委副主席、中国人民解放军总参谋长职务。从此，邓小平重新主导军队工作和国防建设。

当时的中国人民解放军副总参谋长迟浩田回忆说：1977 年 11 月初，我刚被任命为副总参谋长，即和时任军委秘书长的罗瑞卿等同志一起，向身兼总参谋长的邓小平同志汇报工作。这是我第一次近距离地接触小平同志。他亲切地鼓励我说：“我就是要选个年轻人，给我们这些老家伙当‘替死鬼’。你要大胆地工作，不要有畏难情绪，天塌不下来。”他还指着高个头的罗瑞卿同志，幽默地说：“天就是塌下来，有‘罗长子’顶着。”如此坦率的谈话，令我终生难忘![①]

1977 年 12 月，中央军委举行全会，提出加强军队建设的十项任务，通过加强部队教育训练、改革兵役制度等九项决议，这是在新形势下对 1975 年军委扩大会议精神的继续、深化和发展。邓小平对“文化大革命”时期搞“山头”、搞“小圈子”深恶痛绝。他在中央军委全体会议上，反复警示军队的同志，要坚持党性，反对派性。多次强调：我们要反对那些搞帮派、搞宗派主义的行为，要反对任人唯亲。

邓小平恢复中央军委副主席兼中国人民解放军总参谋长职务后，以极大的勇气和魄力首先抓好两件大事。

一是在军队大力进行指导思想的拨乱反正工作。迟浩田回忆说：我主抓总参谋部的政治工作，亲自受领了小平同志的许多指示，这对于正确理解他的意图，做好各项工作极为有利。总参谋部任务繁重，情况复杂，小平同志是第一书记，我们把握一条原则：大事多请示，小事不干扰，扎扎实实地干，一件事一件

---

① 迟浩田:《治国兴伟业　统军开新篇——深切缅怀敬爱的小平同志》,《求是》2004 年第 16 期。

事地办，在落实他的指示方面走在前列。《实践是检验真理的唯一标准》文章发表后，由于军队系统还没有部署学习，有的同志提出，是不是等一等再说。我们考虑，这场讨论意义重大，全党为之瞩目，总参应尽早组织学习和讨论。我们先动起来，可能有人会指责我们不请示，但这不要紧，在这种情况下，就是要有点胆量和气魄。小平同志非常支持我们的想法。就这样，总参最早在全军进行了真理标准问题的大讨论，并把它作为根本性的思想建设来抓。我们提出，军事领域同其他领域一样，也不能搞“两个凡是”。要通过真理标准的讨论，肃清林彪、“四人帮”在军事领域的影响，积极主动地为党中央、中央军委当好参谋。正是由于我们对这个问题抓得比较早、比较自觉，从而为总参谋部在中央军委的领导下大胆冲破“两个凡是”的束缚，打开军事工作的新局面，起到了极为重要的作用。而所有这一切，与小平同志的教导、启发和强有力的支持是分不开的。在小平同志的正确引领和坚强推动下，真理标准问题大讨论迅速在全国展开，打破了思想僵化的坚冰，冲破了“两个凡是”的束缚，使我们党迎来了自延安整风以来的又一次思想大解放，也使中国这艘巨轮乘风破浪，驶向了现代化建设的新航程。这场大讨论，内涵丰富，影响深远。饮水思源，尤觉不易，我们更加钦佩小平同志深邃的政治远见和巨大的理论勇气。①

二是在军队大力进行平反冤假错案的工作。迟浩田回忆说：十年浩劫，造成了大量的沉冤积案，如果不实事求是地拨乱反正，就不可能实现安定团结。一生中三次受到不公正待遇的小平同志，对此有切肤之痛，指示要设法加快平反冤假错案，并亲自过问批办了许多有重大影响的案件。在小平同志的领导下，我们党大刀阔斧地平反了成千上万桩冤假错案。如此大规模、集中地落实政策，荡涤冤狱，为中外历史上所罕见，昭示了中国共产党人敢于直面问题、勇于修正谬误的胆略和魄力。总参谋部的平反冤假错案工作是在小平同志的直接领导下进行的。1978 年 4 月，总参党委决定开展以查斗志、查纪律、查作风，整顿“软、散、懒”，整顿官僚主义，整顿文风为主要内容的“三查三整”活动。小平同志对这项工作非常重视，专门召集我们谈话，强调要通过“三查三整”，解决总参谋部在“文革”中存在的原则问题，查清林彪、“四人

① 迟浩田:《治国兴伟业　统军开新篇——深切缅怀敬爱的小平同志》,《求是》2004 年第 16 期。

帮”在总参谋部的阴谋、罪行和有关联的重大问题，分清重大是非；要打掉派性，整顿好领导班子。针对我们最初提出的“四个不要涉及”，小平同志明确表示，这是不对的。如果揭摆问题不能涉及死了的、调走的、不在位的和患重病的，那怎么能搞清问题呢？不管涉及谁，重大问题都要搞清楚。他给我们鼓劲说：“分清是非，没有一股子劲是不行的，甚至包括得罪一些人，不得罪人不行。”他还要求加强对“三查三整”的领导，指定我协助杨勇同志抓好这项工作。我们用小平同志的指示统一思想，深入发动群众揭摆问题。总参党委从自身做起，带头整顿，所属各部、局党委也针对本单位存在的问题，开展批评与自我批评，总结经验教训，制定整改措施。在“三查三整”中，我们注意严格区分两类不同性质的矛盾，对有关的人和事作出了实事求是的结论，这对纯洁各级领导班子和干部队伍起到了重要作用，也为接下来的甄别、平反工作打下了良好的基础。“文革”期间，由于以人划线，层层站队，总参谋部派性严重，冤假错案多，要落实政策，平反昭雪，涉及面宽，难度较大。小平同志对此非常关心，他对我们说：“总参的冤假错案不少，你们要积极主动，抓紧平反。要不等不靠，看准了就干起来。也可能与此有些牵连的人会想不通，但等这些人想通了，就什么事都耽误了。”听了他的话，我们有了主心骨，感到力量倍增，马上组织专门班子展开工作。对总参谋部的所有案件，凡实践证明是诬陷不实的，结论不正确的，不管什么案件，不管什么时间，不管谁批准的，都一律改正过来。冤案要昭雪，假案要平反，错案要纠正，全错了的全平，部分错了的部分平，绝不留尾巴。那段时间，总参谋部办公楼每天晚上灯火通明，大家加班加点，从堆积如山的“专案”材料中逐条核实鉴别，经过艰苦细致的工作，到 1978 年年底，相继为 1500 余人落实了政策，为 430 余人平反昭雪。最令我难忘的是，总参谋部在北京工人体育馆召开的万余人参加的平反大会。为了体现对蒙冤受屈同志的真挚情感，杨勇同志和我商量后确定，把曾经受到林彪、“四人帮”残酷迫害的张爱萍、李达、孙毅等老将军和贺龙元帅的夫人薛明等同志请上主席台，我当场宣布了 11 个平反决定，共为 52 位军以上领导干部平反昭雪，恢复名誉。这是大快人心之举，会场上掌声雷动，许多人喜极而泣。总参谋部平反冤假错案在全军数量最多，行动最快，声势最大，引起了巨大震动。会后，一位高层领导问我：“你们这样做，是怎么考虑的？会带来什么后果？”我当即回答：“我们所做的这一切工作，都是经过总参党委讨论的，都请示了我们的第一书记邓小平同志。”试想，如果没有小平同志的英明决断，没有他为我们掌舵、撑腰，我们能做出这样的惊人之举吗？[①]

从中共十一届三中全会开始，邓小平成为第二代中央领导集体的核心，鉴于担负的中共中央副主席、国务院副总理、中央军委副主席兼中国人民解放军总参谋长等中央党政军领导职务的日常工作日益繁重，1979 年邓小平提出免兼中国人民解放军总参谋长的职务。

邓小平提出免兼中国人民解放军总参谋长，由谁来接替总参谋长的职务呢？中央军委反复征求方方面面的意见，特别是老同志、老帅们的意见，考虑了各种因素，初步提出三个接替总参谋长的人选：杨勇、杨成武、杨得志，被人们称为中国人民解放军“三杨”。

杨勇是湖南省浏阳县人。早年加入中国共产主义青年团、中国工农红军和中国共产党。长征中参加过全县、金沙江、大渡河、土城、娄山关、四渡赤水等著名战斗。抗日战争时期长期战斗在冀鲁豫地区。解放战争时期，任晋冀鲁豫野战军第 1 纵队司令员等，连战皆捷。抗美援朝期间，任中国人民志愿军副司令员兼参谋长、司令员。回国后，任副总参谋长兼北京军区司令员、新疆军区司令员、中国人民解放军副总参谋长、中共中央军委常委和副秘书长等职务。1955 年被授予上将军衔。

杨成武是福建省长汀县人。早年念过中学。1928 年加入中国共产主义青年团。1929 年加入红军。1930 年加入中国共产党。长征中任红四团政委，指挥一系列战斗。全国抗日战争时期，在著名的黄土岭战斗中，指挥部队将日军一部压缩在一条山沟里，歼灭日军 900 多人，缴获大批物资和武器弹药，取得黄土岭大捷。历任晋察冀军区第一军分区司令员兼政治委员等职务，率部抗击日军“五路合击”，指挥部队参加百团大战。抗战胜利后，任冀中纵队司令员。1948 年 11 月，任华北野战军第三兵团司令员、第二十兵团司令员。率部进军绥远，解放集宁、包头，参加平津战役和太原战役。中华人民共和国成立

① 迟浩田：《治国兴伟业　统军开新篇——深切缅怀敬爱的小平同志》，《求是》2004 年第 16 期。

后，任天津警备区司令员、京津卫戍区副司令员和司令员。抗美援朝战争期间，任中国人民志愿军第二十兵团司令员，率部参加一系列战役。1958 年参与组织指挥炮击金门，1959 年参与组织西藏平叛作战，1960 年至 1961 年参与组织中缅堪境警卫作战，1962 年参与组织中印边境自卫反击作战和 60 年代中期开始的抗美援越战争。十年动乱时期，1968 年 3 月，正在担任中国人民解放军代总参谋长，被秘密关押。1971 年 1 月被释放。后来长期担任中国人民解放军副总参谋长等职务。1955 年被授予上将军衔。

杨得志是湖南省株洲县人。少年学打铁，在江西萍乡安源煤矿当工人。1928 年加入中国共产党。历任红军某部警卫排排长，特务连连长，炮兵连连长、团长。长征中率团强渡天险乌江，组织“十七勇士”强渡大渡河，为部队打开通路。东征战役后，任红二师师长，率部参加西征和山城堡战役。全国抗日战争中，率部参加平型关战役。全国解放战争时期，指挥部队在清风店地区全歼国民党第三军1.7 万人，随后解放石家庄。1979 年2 月，指挥西南边疆自卫还击战，取得重大胜利。1955 年被授予上将军衔。

杨勇、杨成武、杨得志都是红军干部、八路军将领、中国人民解放军著名战将。过去，毛泽东、周恩来等曾多次提到过这三位中国人民解放军的高级将领，并以“三阳开泰”来形容。“三阳开泰”的成语，出自《宋史·乐志》：“三阳交泰，日新惟良。”根据《周易》，正月为泰卦，三阳生于下；冬去春来，阴消阳长，有吉亨之象。因此，中国传统文化常将“三阳开泰”用于岁首祝福，以称颂岁首或寓意吉祥。

《张震回忆录》中写道：1979 年 11 月，军委一位领导找我谈话，说小平同志工作太忙，决定不再兼任总参谋长。最近，小平同志征求了几位老同志的意见，认为杨勇打仗不错，团结同志，工作负责，“文革”中受过迫害，拟由他接任总长。但考虑到杨勇一直当指挥员，对参谋业务不太熟悉，决定调你任第一副总长，协助他工作。

《迟浩田传》中写道：由于杨勇在总参谋部“三查三整”活动中坚持原则，得罪了一些人，有些人不愿意看到杨勇接任总参谋长，于是流言蜚语又多起来，一些匿名信也寄到了中央军委等部门。面对出现的种种新情况，中央军委对总参谋长人选又有了新考虑。

《耿飚传》（下卷）中写道：1979年11月30日到12月5日，中央军委常委、秘书长耿飚和总政治部主任韦国清专程到广州向在那里休假的中共中央副主席、中央军委副主席叶剑英汇报总参谋长人选问题。叶剑英在听了耿飚与韦国清的汇报后，十分重视总参谋长接替人选问题，并为此专门写了一封信，让耿飚和韦国清回京带给邓小平。12月6日，耿飚和韦国清回到北京后向邓小平汇报了广州之行的情况。邓小平为了确定总参谋长的继任人选，12月14日、19日到两位老帅徐向前、聂荣臻家中，研究、沟通总参谋长人选及其他事宜。

经过邓小平和几位老帅的反复协商，最后确定下来新的总参谋长人选是当时的中国人民解放军昆明军区司令员杨得志。

在老帅和有关领导同志之间研究、协商、沟通将杨得志作为总参谋长人选时，大家认为，杨得志是著名战将，从基层成长为高级将领，担任过济南军区司令员、武汉军区司令员、昆明军区司令员，有丰富的作战经验，为人正直，能团结同志，善于联系群众，领导作风民主，是比较合适的总参谋长人选。于是，中央军委确定杨得志任总参谋长。

1980年1月，中国人民解放军总参谋部领导成员调整，杨成武、张才千、李达不再担任副总参谋长，张震、刘华清任副总参谋长。杨成武继续担任福州军区司令员，张才千调任武汉军区司令员，李达任中央军委顾问。2月，邓小平会见杨得志，传达中央军委决定他接任总参谋长的决定。

2月20日，中国人民解放军总参谋部召开各部局正职以上领导干部大会。中央政治局委员、中央军委秘书长耿飚主持会议，并宣布中共中央决定：邓小平免兼中国人民解放军总参谋长、总参谋部党委第一书记；杨得志任中国人民解放军总参谋长、总参谋部党委第一书记、中央军委副秘书长、军委办公会议成员。

第一百五十一章

中国共产党中央军事委员会主席

中共十一届三中全会标志着新中国成立以来具有深远意义的伟大转折，此后，人民解放军建设进入新的发展时期。1980 年年初，为了适应人民解放军现代化建设需要，必须进一步加强军事院校建设。军事院校在历次政治运动中遭受严重破坏，1958 年“反教条主义”，刘伯承等一批将帅受到批判，许多从事军事院校教育工作的同志受到不公正对待，积极性受到严重挫伤。“文化大革命”时期，林彪集团大量关闭军事院校。因此，对于新时期恢复军事院校，许多军队干部顾虑重重，担心再次批判“教条主义”。如果不从根本上分清是非，军事院校建设就没法前进。

中国人民解放军总参谋长杨得志、副总参谋长杨勇、副总参谋长张震带着这些问题，向邓小平汇报、请示工作。邓小平讲了当年批判“教条主义”的一些情况，明确指出：1958 年“反教条主义”是错误的。那时我是领导小组组长，迫于毛主席的决定，进行了批判，但我还是保护了一些人，特别是刘帅。邓小平还说：“反教条主义”主要是整刘帅，最后还是我向毛主席提出来要保刘帅的。当时，有人对我说，二野打仗主要靠你。我向毛主席讲，没有一个好的司令（员），我这个政委怎么行呢?①

根据邓小平的谈话精神，在第十一次全军院校会议上，对新中国成立以来军事院校建设中的几个重大问题进行了拨乱反正，批判了林彪集团和江青集团破坏军事院校建设的罪行，彻底纠正了“反教条主义”的错误，给许多忠诚人民军队教育事业、长期从事军事院校工作的同志恢复了名誉，为新时期军事院校的恢复与发展、进一步加强军事院校建设，奠定了良好的基础。

---

① 中共中央文献研究室编:《邓小平年谱》1975 ~ 1997(上),中央文献出版社 2004 年版,第 678 页。

一位名叫乌利·弗兰茨的德国人在《邓小平传》中写道："邓小平更新了中国。对此，他长久奋斗，大概是从他政治生命开始以来。他经受住了三次政治上的失意和成百次阴谋的袭击，然而每一次都向他的目标更进一步。这同其他事一样，归功于他的能力。不管是东方还是西方，我不知道本世纪哪一位政治家能像邓一样走过那样错综复杂、崎岖不平、然而又是成绩卓著的历程。"①

1981 年 6 月，从中共十一届六中全会开始，邓小平任中共中央军委主席，成为中华人民共和国成立后第三任中国共产党中央军事委员会主席。

中华人民共和国成立后第一任中国共产党中央军事委员会主席是毛泽东。

毛泽东毕业于湖南省立第一师范学校。五四运动前后，在长沙组织新民学会等进步团体，主编《湘江评论》，开始研究和接受马克思主义。1920 年创建湖南共产党早期组织。1921 年 7 月出席中国共产党第一次全国代表大会。任中共湘区委员会书记，领导湖南等地工人运动。

中共三大上，毛泽东当选为中央委员、中央局委员，会后任中央组织部部长。第一次国共合作时期，当选为国民党第一届和第二届候补中央执行委员，曾任国民党中央宣传部代理部长。1926 年任中共中央农民运动委员会书记，主张大力开展工农运动，坚决反对陈独秀的右倾错误。中共五大上当选为候补中央委员。

大革命失败后，毛泽东在"八七"会议上提出"政权是由枪杆子中取得的"著名论断，当选为中共临时中央政治局候补委员。会后，发动湘赣边界秋收起义，创建中国工农革命军，领导向井冈山进军，开创中共第一个农村革命根据地。1928 年与朱德领导的南昌起义和湘南起义部队会师，创建中国工农红军第四军，任党代表、前敌委员会书记。

1929 年毛泽东与朱德率红四军进军赣南和闽西，逐步创建中央革命根据地。相继任红一军团总政治委员、总前委书记，红一方面军总政治委员、总前委书记，中华苏维埃共和国临时中央政府主席等职。

毛泽东深入总结和提出红军战略战术的一系列基本原则，与朱德等领导红军连续粉碎国民党军队对中央革命根据地的第一、第二、第三次"围剿"。中

---

① ［德］乌利·弗兰茨:《邓小平传》,天力、李强译,甘肃人民出版社 1989 年版,《前言》。

共六届五中全会上当选为中央政治局委员。

以王明为代表的“左”倾教条主义统治中央时期，毛泽东受到排斥。长征中，毛泽东在遵义会议上被增选为中央政治局常委，确立在红军和中央的领导地位。领导党和红军，战胜国民党军队的围追堵截、恶劣的自然环境和张国焘分裂主义，到达陕甘地区，结束长征，打开中国革命新局面。

全国抗日战争爆发后，任中共中央政治局常委和洛川会议上建立的中国共产党中央军事委员会书记（亦称主席），领导八路军、新四军和人民抗日武装力量，建立了许多抗日民主根据地，坚持抗日战争，提出了抗日持久战的理论。1942 年领导全党开展整风运动。

1943 年 3 月任中共中央政治局主席、中共中央书记处主席。1945 年在中共第七次全国代表大会上，当选为中共中央主席、中央军委主席，毛泽东思想被确定为全党指导思想。

从中共七届一中全会起，直至 1976 年 9 月 9 日逝世，毛泽东一直担任中国共产党中央委员会主席、中国共产党中央军事委员会主席。

全国解放战争时期，毛泽东指挥人民解放军进行了辽沈战役、淮海战役、平津战役等一系列重大战役，提出“十大军事原则”，领导中国人民推翻了国民党政府的统治。

中华人民共和国成立后，毛泽东任中华人民共和国中央人民政府主席、中国人民政治协商会议全国委员会主席、中国人民革命军事委员会主席、中共中央军委主席、中华人民共和国主席等职。领导全党全国人民恢复国民经济，完成各项民主改革，进行抗美援朝战争，主持制定过渡时期总路线，实现了对农业、手工业、资本主义工商业的社会主义改造。主持制定第一部《中华人民共和国宪法》。领导全党对开创中国社会主义建设道路进行了艰辛探索。

中华人民共和国成立后第二任中国共产党中央军事委员会主席是华国锋。

华国锋 1921 年 2 月 16 日出生于山西省交城县一个制革工人家庭，原名苏铸，因革命工作需要，改名为华国锋。在学生时代，关心国家的前途和命运，发愤苦读，成绩优异。全国抗日战争爆发后，目睹日本侵略者占领家乡的暴行，立志抗日救国。1938 年 6 月，参加山西牺牲同盟救国会（牺盟会）交城抗日游击队，从此走上革命道路，同年10月加入中国共产党。

1940年2月，华国锋受中国共产党组织委派回家乡交城县开展工作，先后任交城县牺盟会秘书，交城县抗日救国联合会主任兼分区农民部部长，中共交城县委宣传部部长兼抗日救国联合会主任。他积极宣传中国共产党的抗日主张，广泛发动群众，建立抗日群众组织，领导群众减租减息，开展大生产运动，组织抗日武装力量，在极端艰苦的条件下坚持敌后抗战，为发展壮大当地抗日武装力量和开展党的工作作出了贡献。

全国抗日战争胜利后，华国锋历任中共交城县委书记、晋绥八地委组织部副部长、阳曲县委书记，带领当地军民同阎锡山反动政权进行了顽强斗争，先后参加了汾孝战役、开栅保卫战、黄崖战斗、古交战斗等。他在指挥战斗中，采取武装打击和政治攻势相结合的方式消灭、瓦解国民党军队，取得显著成绩，被中共晋绥分局作为经验推广。他坚决贯彻中共中央关于土地问题的指示精神，领导了交城、阳曲等地的土地改革，纠正了土地改革中“左”的偏差。他深入农村，放手发动群众，开展反奸清算、清匪反霸斗争，极大地调动了广大农民革命和生产积极性，为建立和巩固新生的人民民主政权作出了很大贡献。

1949年年初，华国锋任晋中南下支队一地委宣传部部长，随军南下。同年2月至1956年3月，历任中共湖南省湘阴县委书记，湘潭县委书记，湘潭地委副书记、专员，湘潭地委书记。他深入农村调查研究，总结基层经验，运用典型示范和逐步推广的方法，积极领导开展农村互助合作运动，同时抓好粮食收购、销售和管理工作，使当地农业较大幅度增产增收。1956年3月，调任湖南省人民委员会文教办公室主任、中共湖南省委文教部部长。1957年8月，任中共湖南省委统战部部长。其间，他在贯彻“百花齐放、百家争鸣”的“双百方针”、促进湖南文化教育事业发展、扩大统一战线等方面，开展了卓有成效的工作。1958年7月，当选为湖南省副省长，主管农村工作。1959年9月，任中共湖南省委书记处书记，同年12月任湖南省政协副主席。他参与领导全省农村工作和农田水利基本建设，强调“贵在鼓劲”和科学精神，成绩显著。

“文化大革命”初期，华国锋受到冲击并被批斗。1967年7月以后，任湖南省革命委员会筹备小组副组长，湖南省革命委员会副主任、主任，湖南省革命委员会党的核心小组副组长、组长。1969 年 4 月，在中共九大上当选为中央委员。1970 年 11 月，当选为中共湖南省委第一书记，并任湖南省军区第一政治委员、省军区党委第一书记。华国锋在湖南工作 20 余年，对湖南各族人民怀有深厚感情，致力于新湖南建设，为改变湖南面貌、造福三湘人民付出了心血和汗水。他以身作则，深入工农业生产第一线，工作细致认真，与干部群众同甘共苦、艰辛创业，被毛泽东评价为“讲老实话，是老实人”。他重视经济建设，关心群众生活，主持兴修了洞庭湖排涝、韶山灌区等大型水利工程，致力于发展煤炭、钢铁等基础工业，积极支持发展地方工业，支持发展杂交水稻，对湖南的工农业生产和经济社会发展发挥了重要作用。“文化大革命”期间，他为维护全省的稳定和维持生产秩序做了大量工作。

1971 年 1 月，华国锋调国务院工作，任国务院业务组副组长，之后列席中共中央政治局会议。“九一三”事件中，在周恩来直接领导下，参与处理林彪集团问题的工作。同年 10 月，兼任广州军区政治委员、军区党委书记。1973 年 7 月，任国务院计划生育领导小组组长。同年 8 月，在中共十届一中全会上当选为中央政治局委员，协助周恩来主抓农业工作，使全国粮食生产保持比较稳定的增长。他还在进口成套化纤化肥技术设备，输油输气管道建设，保证市场供应和物价稳定等方面做了大量工作。

1975 年 1 月，华国锋任国务院副总理兼公安部部长，同年 2 月，在国务院常务会议上被确定为常务副总理之一。在主管政法和科学等方面工作期间，他认真贯彻中央关于落实干部政策的精神，在分管的部门解放了大批干部。他注重科学技术工作的发展和高科技人才的培养，并领导和支持高端国防项目的研制攻关工作。

1976 年 1 月 8 日，周恩来逝世。2 月，根据毛泽东提议，中央政治局通过，华国锋为国务院代总理，主持中央日常工作。同年 4 月，根据毛泽东提议，中央政治局通过，任中共中央第一副主席、国务院总理。1976 年 7 月 28 日，河北省唐山市发生 7. 8 级强烈地震，他立即召开紧急会议，成立中央抗震救灾指挥部，研究实施一系列抗震救灾措施。8 月 4 日，亲临灾区指导抗震救灾工作，慰问灾区群众，转达中共中央、国务院对灾区人民的关怀，鼓励灾区人民抗震救灾、重建家园。

1976年9月9日，毛泽东逝世，全国人民沉浸在巨大的悲痛之中。在党和国家的几位主要领导人相继逝世后，华国锋同“四人帮”篡党夺权的阴谋活动进行了坚决斗争，并提出要解决“四人帮”的问题，得到了叶剑英、李先念等中央领导同志的赞同和支持。同年10月，他和叶剑英等同志代表中央政治局，执行党和人民的意志，采取断然措施，一举粉碎“四人帮”，挽救了党，挽救了社会主义事业，党和国家事业的发展翻开了新的一页。华国锋在粉碎“四人帮”这场关系党和国家命运的斗争中起了决定性作用。党和人民不会忘记他作出的重要贡献。

粉碎“四人帮”后，华国锋担任了中共中央主席、中央军委主席和国务院总理等职务。在此期间，他先后主持了中共十届三中全会、中共十一大、中共十一届三中全会等重要会议。在老一辈无产阶级革命家的支持下，拨乱反正，恢复党和国家政治生活的正常秩序，动员组织广大干部、群众积极投入经济建设各项工作，揭发批判“四人帮”的罪行，清查他们的帮派体系，取得了很大成绩。他根据广大干部、群众的要求，开始复查、平反冤假错案。他强调要千方百计把经济搞上去，使工农业生产得到比较快的恢复和发展。在他的推动下，教育、科学、文化工作开始走向正常，外交工作取得了新的进展。华国锋在领导揭批“四人帮”和动员全党全国各族人民建设社会主义现代化强国方面作出了很大努力。①

中华人民共和国成立后第三任中国共产党中央军事委员会主席是邓小平。

邓小平早年投身革命，曾受中国共产党派遣和冯玉祥邀请，在西北军从事党的工作和政治工作，参加北伐战争。大革命失败后，领导百色起义，创建红七军、红八军，任红七军、红八军政治委员。1933年任红军总政治部秘书长，主编《红星》报。长征中，历任中共中央秘书长，红一军团政治部宣传部部长，红一军团政治部副主任、主任。长征结束后，任红军前敌总指挥部政治部副主任、主任。

---

① 中共中央审定的《华国锋同志生平》,《人民日报》,2008年9月10日。

全国抗日战争爆发后，邓小平历任八路军政治部副主任、八路军第一二九师政治委员。从邓小平率部开辟太行抗日民主根据地、晋冀鲁豫抗日民主根据地起，长期担任一个战略区的主要负责人，与刘伯承一起，指挥了一系列重大战役、战斗，积累了丰富的政治工作和军事工作经验，形成了独具一格的军队领导工作艺术，成为中外闻名的人民军队重要领导人之一。

1952 年，邓小平调到中央工作。历任中共中央秘书长、国务院副总理、中国共产党中央委员会总书记，长期兼任中国共产党中央军事委员会常务委员。十年动乱中，邓小平受到迫害。1973 年恢复工作，先后任国务院副总理、中共中央政治局委员、中央军委委员，参与指挥中国人民解放军西沙群岛自卫反击作战。1975 年 1 月任中共中央副主席、国务院副总理、中央军委副主席、中国人民解放军总参谋长，与叶剑英一起，组织、领导对军队进行全面整顿，召开中央军委扩大会议，提出新的军队建设指导思想，调整军队各大单位领导干部，为粉碎江青集团奠定坚实基础。中共十一届六中全会上，邓小平任中共中央军委主席，成为中华人民共和国成立后第三任中国共产党中央军事委员会主席。

邓小平任中国共产党中央军事委员会主席。这是人心所向，众望所归，得到全党、全军、全国的热烈拥护。邓小平作为中国人民解放军统帅，始终关注着国际风云变幻和中国的国家安全。他经过大量调查研究，对新时期军队建设提出了许多重要思想，使军队和国防建设指导思想实现战略性转变。邓小平提出：

> 要把军队建设成为强大的现代化、正规化的革命军队；
> 军队以现代化建设为中心，把教育训练摆在战略地位上；
> 裁军 100 万人，走中国特色精兵之路；
> 为保证国家安全，维护祖国统一，要不断增强国防实力；
> 军队要服从和服务于国家经济建设的大局，自觉地在这个大局下行动，积极支持和参与国家经济建设，等等。

邓小平新时期军队和国防建设思想，是中国人民解放军革命化、现代化、正规化建设的重要指导思想。

第一百五十二章

“既然是积极防御，本身就包括持久作战”

中华人民共和国成立后，根据人民解放军长期革命战争的经验、新中国面临的国际形势和国内形势、新中国面临的主要敌人，确定了军事战略方针。这就是毛泽东在20世纪60年代确定的“积极防御，诱敌深入，打人民战争，打歼灭战”的方针，其核心是“诱敌深入”。

20世纪80年代，和平和发展成为时代的主题。时代发展了，国际形势发生了巨大变化，国内形势也发生了巨大变化。中国的国家安全面临着新形势、新特点、新挑战和新任务。世界各国特别是美国等已经率先把大量科学技术特别是高科技、新技术运用于军事和国防领域之中。军事样式、武器装备、作战方式、作战特点都发生了巨大变化。很显然，中国长期坚持的“诱敌深入”的军事战略方针已经适应不了新形势的要求。

中共十一届三中全会后，全党和国家工作的重点由“以阶级斗争为纲”转到以经济建设为中心上来。为适应党和国家工作重点转移的新形势，邓小平首先从抓军队的战略方针入手进行军队建设。

但是，无论是修改毛泽东亲自制定的军事战略方针，还是提出新的军事战略方针，都需要具有极大的政治勇气、理论勇气和政治家的胆略。“实践是检验真理的唯一标准。”实践的发展、客观环境的要求，促使中国的军事战略方针必须进行修改。这就迫切需要统一全军特别是高级干部的思想。

1980年秋天，中国人民解放军军事科学院的果树果实累累。一天，经历过各个革命战争时期的著名将领宋时轮院长将长期从事军事战略和军事历史研究的专家李际均叫到办公室，十分郑重地说：“新中国成立30年了，我们还实行‘积极防御、诱敌深入’的战略方针，落脚在‘诱敌深入’上，这是不行的。”宋时轮院长请李际均深入研究人民军队的战略方针问题，为中央军委提供一份有创见的研究报告。

李际均接受了这个重大课题。他从机要档案部门查阅了50本红军、八路军、新四军、中国人民解放军在战争年代的电报汇编，通过精心研究，反复思考，果然有了新的发现。20世纪30年代，红军在中央革命根据地第三次反“围剿”前，毛泽东提过几次属于战略层次的“诱敌深入”，其他大量的都是战役、战术层面的“诱敌深入”。李际均有了充分的、确凿的历史依据，得出了初步的结论，立即向宋时轮院长作了汇报。

宋时轮院长决定，军事科学院要向中央军委提出修改军事战略方针的建议，并把起草《关于战略方针问题的建议》报告初稿的任务交给了李际均。

李际均废寝忘食，呕心沥血，起草了《关于战略方针问题的建议》报告初稿，交给了宋时轮。军事科学院经过认真研究，向中央军委提出了修改军事战略方针的建议。

在此期间，中国人民解放军总参谋部1980年10月在北京举办全军高级干部防卫作战研究班，重点研究新形势下的军事战略方针问题。与会的高级干部围绕会议主题，进行了热烈的研讨，提出了许多具有创新意义的意见。

10月15日，邓小平在高级干部防卫作战研究班全体会议上讲话。他针对“我们未来的反侵略战争，究竟采取什么方针”的问题，明确指出：“我赞成就是‘积极防御’四个字。积极防御本身就不只是一个防御，防御中有进攻。”他强调：“既然是积极防御，本身就包括持久作战。”①

邓小平提出中国新时期的军事战略方针，不是偶然的，是根据国际形势、国内形势发展变化提出来的，是深思熟虑的结果。中国新时期的军事战略方针最突出的特点是：由过去的“诱敌深入”“关门打狗”，转变为“层层抗击”“坚固防守”。

为了把新军事战略方针具体化，邓小平进一步指出：“实行积极防御的战略方针，要制订各种计划，要结合训练，要根据这次会议，搞出一个作战预案来，包括全局，包括每一个战略区域。”邓小平的讲话，是在新的历史时期新的形势下，对于军事战略和军队工作指导思想的重大拨乱反正，提出了军队工

① 中共中央文献研究室编：《邓小平年谱》1975～1997年（上），中央文献出版社2004年版，第681页。

作的新思路，由此开创了军队和国防建设的新局面。

根据邓小平的战略思想和意图，中央军委组织全军高级干部进行了学习贯彻新军事战略方针的战役集训。同时，为了更好地深化全军高级干部对邓小平战略思想和新军事战略方针的认识，中央军委决定：由北京军区筹划和组织一次实兵演习，着力从理论和实践的结合上探讨未来战争初期防御战役的重要问题。

根据中共十一届三中全会以来工作重点转移的要求，中共中央批准人民解放军进行一次规模空前的方面军一级的战役实兵演习。这次军事演习将在华北举行，主要由北京军区所属部队参加，是中华人民共和国成立后人民解放军举行的规模最大、投入兵力最多、现代化程度较高的一次实兵演习。

根据中共中央、中央军委提出的新时期军事战略方针和建设现代化、正规化人民军队的要求，中国人民解放军总参谋部、总政治部、总后勤部于1980年年底联合下达指示，正式委托北京军区于1981年秋季组织实兵演习。

北京军区迅速开始了紧张的演习准备工作。

1981年1月14日，中国人民解放军副总参谋长张震等率总参谋部军事训练部的有关同志到北京军区，研究筹划军事演习需要考虑和解决的有关问题。

总参谋部和北京军区经过反复研究论证，拟定了三个演习方案。

1981年春节，北京军区司令员秦基伟代表北京军区指战员给邓小平拜年时，把北京军区的演习设想当面向邓小平作了汇报。

2月25日，中央军委领导同志和总参谋部负责同志在中央军委所在地，听取了北京军区关于军事演习准备情况的正式汇报。

3月6日，张震受总参谋部领导同志的委托，就组织军事演习的总体设想和具体方案，向邓小平写信请示，汇报了按照不同方案拟调动军兵种部队的规模和人数，请邓小平审定决策。

3月10日上午，中国人民解放军总参谋长杨得志和副总参谋长张震专门向邓小平汇报北京军区组织战役演习方案和中央军委办公会议的意见。杨得志向邓小平汇报说，演习拟了三个方案。第一方案，按北京军区汇报的××多万人的方案；第二方案，压缩到×万人左右；第三方案，只搞图上作业。第三个方案考虑的根据，主要是考虑到调整时期要动用这样多的部队，动用这样多的钱，比较困难。在来之前，中央军委办公会议也研究了一下，认为规模小一点好，节约一点好。到底怎样确定好，请邓副主席指示。

听了汇报后，邓小平说：由于演习，在政治上会不会引起苏联有什么反应，不要考虑。这与海军编队在海上演习不同。海上演习可能引起人家猜想，我们只是在陆地上搞演习，与海上演习就不一样了。苏联也搞嘛！苏联每年要搞多少次，规模也不小，也没有政治上的反应。我们过去也搞过嘛！搞这么一次实兵演习有好处，我们的部队可以实际锻炼一下，也可以看看部队训练的成果。这样大规模的演习，我们好久没有搞了，只在旅大，在辽东半岛，叶帅主持搞了一次。还有一个，搞这么一个演习也是给军队打打气。要搞合成军，天上地下该有吧！这次演习，有地面部队，有空军协同，只是没有海军。这样的演习对军队有鼓舞作用，经过训练再搞实兵演习，可以提高部队实战水平。多年没有搞了，还是搞一次。军委常委不是都同意吗？

接着，邓小平又说：部队阅兵式、分列式也好久没有搞了，不能说阅兵式、分列式是形式主义，对部队作风培养都有教育意义。现在有的部队懒懒散散不像个样，我想适当的时间要搞一次阅兵。阅兵对军队在人民中的观瞻有好处，现在人民不知道军队在搞什么，经过阅兵式、分列式，把军队摆一摆给人民看，这样更加强了军民关系，也使军民关系更好些，对加强军队训练有作用。演习时各军区首长、各军兵种首先要组织一些干部来看。总参要抓。这笔钱还是要花。要搞好一点，要把军队的气鼓一下，要把军队训练得像个军队的样子。

张震请示说：“如果这样搞，要用一笔经费，要动用储备物资。”

邓小平说：“好吧！就这样。”

最后，邓小平在张震呈送的请示信上批示：“同意第一方案，力求节约。”

中共中央、中央军委关于举行人民解放军华北军事演习的决策，得到了国务院的大力支持。国务院专门给有关的省人民政府下发通知，要求给予演习部队大力支持和援助。

中共中央副主席、中央军委副主席叶剑英元帅听了汇报后说：“这是一件大事情，这样抓很好。这对锻炼部队、提高我军在现代条件下组织指挥各军兵种协同作战的能力，探讨以现有装备如何战胜优势装备的敌人，将会产生巨大的精神和物质力量。这次演习，军委副主席邓小平同志亲自指挥，对我军的现代化建设将是一个巨大的推动。”

中央军委副主席徐向前元帅、聂荣臻元帅也都认为，搞这次演习很有必要，并预祝演习取得成功。

3月12日，中央军委召开会议，中央军委秘书长、国防部部长耿飚，中央军委副秘书长、中国人民解放军总参谋长杨得志，副总参谋长张震，中国人民解放军各军兵种负责人，北京军区司令员秦基伟等高级将领出席。张震在会上传达了邓小平对于演习问题的批示和具体指示。杨得志作了坚决贯彻落实邓小平关于演习问题重要指示的讲话，宣布了演习代号。有关方面负责同志在发言中纷纷表示，一定要按照邓小平副主席的重要指示，把这次军事演习搞好。

3月18日，北京军区召开演习准备工作会议，中央军委副秘书长、总参谋长杨得志，中央军委副秘书长、副总参谋长杨勇到会并讲话。杨得志要求北京军区认真贯彻邓小平副主席的重要指示，搞好军事演习的各项工作，创造一流成绩，以实际行动向全国人民展示新时期人民军队的崭新形象。

根据邓小平的指示和中央军委新的军事战略方针的要求，北京军区组织这次演习的基本设想是：

敌国为达到其政治、军事和领土扩张的目的，派遣“蓝军”以突然袭击的方式，向中国发起全面进攻，首先以核武器和远程航空兵对中国防御纵深内的重要目标实施猛烈轰击，然后坦克、装甲车集群在空军掩护下，突入中国“红军”防御阵地，企图夺取战略要地。

“红军”发现“蓝军”大规模入侵的征候后，快速组织动员，进入紧急状态，以最短的时间完成战役展开，坚守防御，顽强抗击，掩护国家转入战时体制，粉碎“蓝军”的进攻企图。

基于这种设想，演习设置了模拟“蓝军”坦克师进攻，空降、反空降实兵对抗，步兵师坚固阵地防御，集团军首长机关带部分实兵战役反突击4个课题。

在演习的筹划准备和实施过程中，北京军区坚持贯彻和体现邓小平的重要思想，力求使演习情况设置复杂、合理，使部队得到近似实战的锻炼。

一是贯彻和体现积极防御的思想。在防御部署上，把口子，守要点，以点制面，点面结合，充分利用有利地形和完善的工事，长期坚守。在火力配系上，突出打坦克、打飞机，组成立体交叉火网；在战役战术上，着重演练防御中的攻势行动，层层打击，防守反击。

二是贯彻和体现与强敌作战的思想。为战胜拥有优势火力和大量坦克的“蓝军”，北京军区设置了模拟“蓝军”坦克师宽正面、大纵深、高速度、多波次的进攻，通过提高对抗的强度和难度，探索与强大敌人作战的方法和手段，增强敢打必胜的信心。

三是贯彻和体现打现代战争的思想。邓小平曾指出：“现在是合成军队作战，空中也有，地面也有，水里也有”，部队训练要“包括现代战争知识，诸军兵种联合作战的内容”。为了贯彻邓小平的思想，北京军区着重演练了多军种、多兵种联合作战。参加演习的部队，空军有歼击机、轰炸机、强击机、运输机和直升机等，地面部队有摩托化步兵、坦克兵、炮兵、工兵、通信兵、防化兵等。演习中各军兵种积极配合，密切协同，提高部队现代战争条件下的整体作战能力。

四是贯彻和体现苦学苦练的思想。邓小平强调，部队要提倡苦学苦练，要从苦练当中学本领。军队的好传统、好作风，也要从苦练当中恢复和培养起来，从战士到干部都要苦练，干部包括领导干部，都要在苦练中增长指挥能力和管理能力。针对这次演习规模大、时间紧、任务重的特点，北京军区党委提出了“标准要高，要求要严，工作要细，效果要好”的要求，号召参加演习部队发扬苦学苦练的精神，在演习过程中摔打锻炼。演习训练正值夏季，参演部队住民房，睡帐篷，顶烈日，战酷暑，晴天一身汗，雨天一身泥。不少部队训练时间长、强度大，演习一天要跑 80 多里，翻越 400 多条深沟高坎。受阅部队每天训练 10 多个小时，累计行程 30 多公里。演习训练中，大家以苦为荣，知难而进，磨炼了意志，培养了作风，提高了本领，保证了演习任务的圆满完成。

第一百五十三章

“检验了部队现代化、正规化建设的成果”

中华人民共和国首都北京曾经有两个区——东城的宣武区、西城的崇文区，非常生动地宣示了中华民族自古以来崇文、尚武的民族传统。

1981 年秋天的华北大地，秋色宜人，天高云淡，风清气爽。

9 月 14 日至 9 月 18 日，中国人民解放军历史上规模最大的军事演习在华北某地激烈进行。

整个演习，历时 5 天，演习场面宏大，战场环境逼真，攻防对抗激烈，使参加演习的部队得到近似实战的锻炼，大振国威，大振军威。

中央军委主席邓小平自始至终对这次演习十分重视，多次听取情况汇报，亲自确定演习方案，提出明确的指导思想和要求。其间，他亲临军事演习现场，检验演习成果，检阅演习部队，发表重要讲话。

通过这次军事演习，人民解放军指战员深切感到，中共中央在新时期高度重视军队工作，邓小平是当之无愧的人民解放军新时期改革和建设的总设计师。

华北军事演习期间，中共中央、国务院、中央军委的主要领导同志来到演习现场，与各省、直辖市、自治区负责同志一同参观演习，检阅人民解放军的军事训练成果。

9 月 18 日，是华北军事演习的最后一天。

上午 9 时 30 分，中共中央负责人和中央党政军领导同志登上参观台。

一发信号弹腾空而起，最后一天的军事演习正式开始。

歼击机机群编队起飞，夺取战区局部制空权……

轰炸机机群对“蓝军”重要目标实施轰炸，倾泻下一团团炸弹……

强击机机群跟进俯冲，发射出一串串空地导弹……

强大的地面炮兵群向“蓝军”实施火力急袭，火光闪处，一个个目标被摧毁，巨大的声浪震得山鸣谷应，犹如山呼海啸……

多管火箭炮发射出一群一群的火箭弹，直扑“蓝军”的预备队……

反坦克炮如有神助，颗颗炮弹准确地击中一波又一波的“蓝军”坦克集群……

当看到大家对反坦克导弹打坦克集群倍感兴趣时，坐在邓小平后侧的北京军区司令员秦基伟当仁不让地当起了“解说员”。他向中央领导同志介绍说，中东战争时期，那么多的坦克，就是靠这个家伙打的，是很厉害的。“红箭－73”是我们起的名字……

“红军”坦克、装甲车隆隆出动，协助步兵，向“蓝军”纵深展开冲锋……

“红军”空降兵横空出世，湛蓝的天空飘下一朵朵降落伞，落地后收拢伞包，随即成战斗队形，抢占战略要地，显示出不凡的身手……

步坦协同，空地一体，“红军”向“蓝军”发起全线反击……

演习区域内，战机轰鸣，铁甲隆隆，硝烟弥漫，火光冲天，爆音迭起，震耳欲聋。参观台上，邓小平和其他党、政、军领导同志兴致勃勃，连连鼓掌。当看到“红军”战略预备队在航空兵、炮兵的支援下，对“蓝军”进行气势磅礴的反突击时，邓小平激动地站了起来，连声说：“打得好，打得好！”

整个军事演习，组织严密，准备充分，诸军兵种密切协同，“红”“蓝”两军对阵“激战”，较好地体现了现代战争的特点，达到了预期目的。演习充分显示了人民解放军指战员继承和发扬优良的革命传统和战斗作风，具有严格的组织纪律、出色的指挥艺术和熟练的战术技术素养，武器装备也有了很大改善。演习持续了5天，中共中央负责人和中央党政军领导同志观看了演习的全过程，对演习给予高度评价。

9月19日，人民解放军华北军事演习的阅兵场上，秋高气爽，阳光灿烂，金风轻拂，群山苍翠。胜利完成军事演习任务的陆军、空军以及部分海军部队，代表全军指战员，举行隆重的阅兵仪式，准备接受党和国家领导人、中央军委主席邓小平的检阅。

在高高的检阅台背面，耸立着一幅巨型的中国人民解放军军旗图案，金色的“八一”在阳光的照耀下闪烁着夺目的光辉。上午9时整，党和国家领导人、中国共产党中央军事委员会主席邓小平等登上检阅台。这时，已在检阅台和参观台上的人民解放军总参谋部、总政治部、总后勤部，各军区、军兵种、军事院校，党和国家机关各部门，各省、市、自治区的领导同志向他们热烈鼓掌。

在雄壮的军乐声中，中国共产党中央军事委员会主席邓小平乘一辆红旗牌阅兵敞篷汽车，在受阅部队总指挥、北京军区司令员秦基伟的陪同下，缓缓行驶，检阅了陆、海、空三军部队。

当邓小平向全体指战员发出“同志们好”“同志们辛苦了”的亲切问候时，受阅部队响亮地回答“首长好”“为人民服务”。排山倒海般的阵阵声浪，回荡在群山之巅和万里云空。

阅兵式完毕，邓小平站在敞篷阅兵车上，向受阅的陆、海、空三军讲话：

演习部队的全体指战员同志们：

你们胜利地完成了这次演习任务。我代表党中央、国务院、中央军委向同志们致以热烈的祝贺和亲切的慰问！

这次演习，检验了部队现代化、正规化建设的成果，较好地体现了现代战争的特点，摸索了现代条件下诸军兵种协同作战的经验，提高了部队军政素质和实战水平。这对全军的建设、战备和训练是一个有力的推动。演习达到了预期目的，是成功的。这充分表明，我们党缔造的、用毛泽东思想武装起来的人民军队，军政素质是好的，是有优良的战斗作风和严格的组织纪律的，是有战斗力的。我们完全相信，有这样一支好的军队，又有广大人民群众的支持，一定能够打败任何侵略者。

当前，我国正处在继往开来的重要历史时期。由于党的正确路线、方针、政策得到了有力贯彻，全党、全军和全国各族人民在政治上更加安定团结，各条战线出现了越来越好的形势。国际上，反霸斗争更加发展，霸权主义更加孤立。但必须看到，超级大国的争夺日益加剧，苏联霸权主义加速推进全球战略部署，严重地威胁着世界的和平和我国的安全。对此，我们必须保持高度的警惕。

我军是人民民主专政的坚强柱石，肩负着保卫社会主义祖国、保卫四化建设的光荣使命。因此，必须把我军建设成为一支强大的现代化、正规化的革命军队。

我们一定要坚持四项基本原则，加强政治思想建设，努力使部队成为贯彻执行党的路线、方针、政策的模范。

我们一定要在国民经济不断发展的基础上，改善武器装备，加速国防现代化。

我们一定要进一步密切军政、军民关系，增强军队内部团结，加强民兵建设，继承和发扬人民军队的光荣传统。

我们一定要加强军政训练，进一步增强部队的军政素质，努力提高现代条件下诸军兵种协同作战的能力。

我们一定要谦虚谨慎，戒骄戒躁，进一步开展“四有、三讲、两不怕”活动，加强作风培养，使部队具有严格的组织纪律。

我们一定要扎扎实实做好反侵略战争的准备，为保卫世界和平，为保卫祖国领土的安全，为争取台湾早日回归祖国，实现祖国统一的神圣大业作出新的贡献。①

中央军委主席邓小平发表的重要讲话，围绕建设一支强大的现代化、正规化人民军队这个主题，具体地提出了军队要抓好政治思想建设，继承和发扬人民解放军光荣传统，改善武器装备，加强军政训练，加速国防现代化建设，扎扎实实做好反侵略战争准备等方面的要求。

这个讲话，第一次形成了人民解放军新时期建设总目标的完整表述，对于加强军队的革命化、现代化、正规化建设，具有重要指导意义。

邓小平讲话后，演习部队举行庄严盛大的分列式。陆军、海军、空军 53 个方队，在火红的“八一”军旗引导下，在庄严的军乐声中，满怀着对党对人民的赤诚和胜利的喜悦，精神抖擞、威武雄壮地依次通过检阅台，接受中共中央、国务院、中央军委领导同志的检阅。

鲜红的“八一”军旗在陆海空三军仪仗队的护卫下，作为受阅部队的先

---

① 《邓小平文选》第 2 卷，人民出版社 1994 年版，第 394 ~ 395 页。

导，通过检阅台。党和国家领导人，全军各大单位的负责同志，以及参观的各界代表，肃然起立，庄严地向军旗行举手礼和注目礼。

受阅部队的最前面是陆、空军军校和海军某训练团学员组成的方队。“治军先治校。”军事院校是培养军队各方面人才的一个重要途径。要把人民解放军建设成一支强大的现代化、正规化革命军队，必须大力办好军事院校，通过军事院校正规教育，培养和造就大批懂得现代战争，能够带兵打仗的又红又专的指挥员、政治工作人员和技术人员。但是，在十年动乱中，军事院校遭到了林彪、“四人帮”的破坏，大批军事院校被关闭、停办、撤销，军事教育队伍被解散，造成严重后果。中共十一届三中全会后，中共中央和中央军委采取紧急措施，迅速恢复和筹建了各级各类军事院校。参加检阅的某陆军学校在短短三年间已发展成为当时人民解放军规模较大的一所初级指挥学校，为各部队培养和输送了5400多名初级指挥员。海军某舰队训练团，自组建以来，培训了大批技术骨干，为海军现代化建设作出了贡献。空军某飞行学校，是培养飞行员的“摇篮”，参加这次受阅的学员，在接受了严格的飞行理论教育和正规的飞行训练以后，将成为空军飞行部队的新一代飞行员，驾驶战鹰，翱翔在祖国的万里蓝天，为保卫祖国作出贡献。

演习部队一个一个装备精良、训练有素的方队，代表着人民解放军的辉煌历程。这是一些战功卓著的英雄部队，有创建于红军时期，参加过反“围剿”和长征的老部队；有在抗日战争中，参加百团大战的部队；有在解放战争中，保卫延安，奔袭清风店，进军大西北的部队；有在抗美援朝二次战役中，为扭转战局作出重大贡献的部队。严整威武的阵容，显示了人民解放军钢铁般的组织纪律性，无坚不摧、无险不克的坚强战斗意志，坚决、彻底、干净、全部地消灭一切来犯之敌的强大力量。

人民解放军在建设现代化、正规化革命军队道路上迈出的雄伟步伐，使主席台和参观台上的党和国家领导人爆发出一阵又一阵的热烈掌声。党和国家领导人与邓小平等全神贯注，聚精会神，检阅着通过主席台的一个个演习方队，一面向部队敬礼致意，一面高兴地交换着赞扬的目光和话语。

最后接受检阅的是由空军航空兵151名飞行员驾驶的歼击机、轰炸机、强击机组成的6个飞行梯队。当航空兵部队的庞大机群，编着整齐的队形，浩浩荡荡，一批一批地呼啸着掠过阅兵场上空的时候，发出雷霆般的轰鸣。检阅台和参观台上的全体同志，翘首仰望飞翔在万里晴空中的“空中雄鹰”，高兴地向英雄的航空兵鼓掌致意。这时，高速歼击机飞行员进行了精彩的特技飞行表演。9 架特技表演的彩色战鹰，作了各种高难度的特技飞行，表现了航空兵高超的战术技术水平。同时，扩音喇叭里传出解说员激动的声音：“有这样的勇士守蓝天，人民请放心，祖国春常在。”检阅台上的人们都为人民空军的不断发展壮大，感到由衷的喜悦和兴奋。

中国人民解放军在华北某地举行的一次现代条件下的军事演习胜利结束了！

这是一次按照现代战争要求，在军事指挥、政治工作、后勤保障等方面都获得丰硕成果的一次演习；是经过充分准备，精心组织，准确协同，各方面工作有条不紊的一次十分成功的演习。它标志着人民解放军在提高合成军队协同作战能力、运用现代作战手段对付敌人方面，迈出了新的一步。参加演习的陆、空军和部分海军部队、军事院校，接受了党和国家领导人的检阅，以教育训练和战备工作的优异成绩，向党和人民作了汇报。阅兵场上，三军将士军容严整、军威雄壮、礼节周到、士气高昂，充分体现了新时期人民军队的精神风貌。看了阅兵和演习，人们普遍感到耳目为之一新，精神为之一振。这次华北军事演习的意义和产生的影响是重大而深远的。对此，当时的北京军区政治委员作了概括：

这次军事演习，增强了战胜霸权主义的信心和勇气。这次演习规模宏大，诸军兵种协同作战，运用了先进的指挥手段和一批新式武器装备，充分体现了人民解放军现代化建设的水平，展示了中国强大的军事力量。演习不仅教育和鼓舞了全国人民，而且在国际上引起了强烈反响，对霸权主义产生了一定的威慑。外国一些评论说，中国人民解放军“是一支精良的军队”；华北军事演习是“一次精彩的演习”，“是人民解放军最盛大的一次显示力量”。

这次军事演习，提高了高中级干部指挥现代战争的能力。这次演习立意高，课题新，是按现代战争的样式设计的，参加演习的既有陆军的各个兵种，也有空军的航空兵、空降兵；既有一线坚守部队，也有战略预备队；既有一般技术的武器装备，也有高技术的武器装备；既有真枪实弹的硬杀伤，也有通信电子的软对抗，呈现出立体多维的现代战争特点。在演习中，高中级干部练指挥，练协同，演防御，打进攻，得到了全面的锻炼。更重要的是，使高中级干部开阔了眼界，提高了对现代战争特点和规律的认识，强化了打现代战争的意识，也为部队的作战训练提供了指导和借鉴。

这次军事演习，加快了军队精兵合成的步伐。如何把军队搞精干，是邓小平领导军队建设后一直思考的重要问题。他反复强调，要消肿，要改革编制体制。1980年他就提出要搞合成军、合成师。他指出："首先搞一两个合成军。现在普遍搞不可能，没有这个条件。但是，有一两个集团军作基础，就可以进行合成军的训练，免得战时临时组成，指挥员都不会指挥。练兵也可以接触坦克，接触对空武器，接触导弹，这样就有了现代化作战的知识，我们军队的素质就可以提高。"这次华北大演习，在兵力编成上就是按照邓小平组建集团军的设想来实施的，并设计和演练了集团军反突击课题。从一定意义上说，这次演习，是对改革编制体制、组建集团军的一次有益的研究和实践。在此基础上，1985年人民解放军编制体制进行重大改革，在裁军百万的同时，陆军野战军全部改建为集团军，使军队向精兵、合成、高效方面迈进了一大步。

这次军事演习，促进了军队正规化建设。阅兵式、分列式是部队正规化建设的重要方面，通过阅兵式、分列式训练，对于部队作风纪律的养成，达到令行禁止、整齐划一具有重要作用。但过去由于受林彪、"四人帮"的干扰破坏，阅兵式、分列式被当做形式主义、教条主义予以废止。邓小平在作出演习决策的同时，特别强调要搞一次阅兵式、分列式。为落实邓小平的指示，陆、海、空三军受阅部队进行了认真刻苦的训练，圆满完成了接受党和人民检阅的任务。从此，阅兵式、分列式作为一项制度得到恢复。部队、院校每逢开训、开学、重大节日活动等，都要组织阅兵式、分列式，促进了部队正规化建设。

这次军事演习，密切了军政军民关系。演习部队在进行紧张训练的同时，积极做好群众工作，为群众办好事，办实事。当地政府和人民群众像当年支前一样，为部队排忧解难，支持部队搞好演习。尤其是军地双方创造性地率先开展军民共建文明村活动，为拥军优属、拥政爱民注入了新的内容和活力。这一新的形式和做法，得到了党中央、国务院和中央军委的肯定，并在全国、全军进行了推广。

这次军事演习，是中国人民解放军在华北地区举行的规模最大的一次军事演习，是在国家和军队处于继往开来的重要历史时期进行的，在人民解放军建设史上写下了精彩的篇章，对于全面检验部队的作战能力和军事政治素质，加强部队的革命化、现代化和正规化建设，具有重要意义。

它有力地宣示了人民解放军在新的历史时期肩负的保卫社会主义祖国、保卫改革开放和社会主义现代化建设的光荣使命，全面提高了现代条件下人民解放军诸军兵种的协同作战能力，明确了人民解放军在新形势下的奋斗目标。

中共中央领导人检阅华北军事演习部队的第二天，新华社报道，中国成功发射了一组空间物理测验卫星。这是中国首次用一枚运载火箭发射三颗卫星，是一项重大的成就，它标志着中国的国防建设达到了一个新水平。

第一百五十四章

改革开放新时期北京首次举行阅兵式

1984年是中华人民共和国成立35周年。1984年也是中国实行改革开放的第六年。10月1日，首都北京举行盛大集会、阅兵式和群众游行，隆重庆祝中华人民共和国成立35周年，展示改革开放与现代化建设的伟大成就，检阅改革开放新时期的中国人民解放军。

从1984年春天开始，新中国成立35周年庆典阅兵的准备工作拉开帷幕——中国改革开放后的人民解放军将首次向世界“亮相”。一直披着神秘面纱的中国战略导弹部队将首次进入北京天安门广场，向全中国、全世界展示中国军事战略核反击能力的支柱——中程导弹、远程导弹和洲际导弹，展示人民军队特别是第二炮兵（现为火箭军）部队的整体风貌和军事风采。

为此，第二炮兵党委决定，将大型导弹从南方森林深处、北方大山腹地调往京畿之地。3月20日，从南国边陲红土地调来的第一个导弹专列抵达南苑机场，随后大型导弹武器装备和操作分队，陆续抵达首都。接受检阅的导弹战车30辆，携带的中程导弹、远程导弹和洲际导弹，都是第一次向全中国和全世界展示。

10月1日，凌晨5时，首都北京东长安街上，中国人民解放军地面受阅部队的坦克、步兵战车、装甲车，榴弹炮、滑膛炮、加农榴弹炮、多管火箭炮、自行高射炮，指挥车、运输车和导弹发射车，排列整齐，威武雄壮，已经全部聚集到北京天安门广场附近。

上午9时40分，“中国改革开放的总设计师”——中国共产党中央军事委员会主席邓小平，与中国共产党中央委员会总书记胡耀邦、中央党政军领导人、全国各界人民代表和各国来宾，在雷鸣般的掌声中登上北京天安门城楼。

这时，天安门城楼和天安门广场上，红旗招展，五彩缤纷，冠盖如云，格外壮丽。

10时整，庆祝中华人民共和国成立35周年大会正式开始。激昂雄壮的《中华人民共和国国歌》响彻云霄，28响礼炮惊天动地，激荡着云空。

中央军事委员会主席邓小平身着藏青色中山装，乘红旗牌黑色敞篷阅兵车，驶出天安门，越过金水桥，进入阅兵位置。中共十一届三中全会以来，邓小平创造性地回答了新形势下军队建设亟待解决的重大理论问题和实践问题，提出了加强质量建设、走中国特色精兵之路的重要指导原则，为人民军队革命化、现代化、正规化建设指明了方向。

邓小平是当之无愧的中华人民共和国武装力量最高统帅。阅兵总指挥、北京军区司令员秦基伟乘车迎上前去，向邓小平报告："受阅部队准备完毕，请检阅。"

中国人民解放军军乐队奏起阅兵进行曲，检阅车缓缓地向东驰去，驶过一列列接受检阅的部队。80岁的邓小平神采奕奕，兴致勃勃，沉着自信，威严如山，在阅兵总指挥秦基伟的引导下，开始检阅中国人民解放军。

邓小平首先检阅由陆、海、空三军组成的仪仗队，接着依次检阅各个受阅方队。

"同志们好！"邓小平主席向各个受阅方队亲切致意。

"首长好！"受阅部队官兵响亮地回答。

"同志们辛苦了！"邓小平主席亲切问候各个受阅方队。

"为人民服务！"受阅部队官兵声威雄壮，豪气干云，意气风发，斗志昂扬。

在检阅过程中，邓小平向各个受阅方队频频挥手，向人民解放军将士亲切致意。受阅部队官兵则向邓小平行注目礼。军乐声声，战旗猎猎。各个受阅部队方阵像高山一样挺拔，像大海一样壮阔，像钢铁长城一样坚不可摧。

这一天，全世界的目光聚焦在北京天安门广场上的受阅部队，关注着中国军事力量的发展壮大。特别令人瞩目的是，受阅部队全部换上了新式军服，所有官兵统一身着"八五"式军服第一次公开亮相。新式大檐帽和新的肩章使受阅部队焕然一新，新式军帽帽徽由原来的红色五角星换成了带有麦穗和齿轮的"八一"红星样式，原来领章上的两面"红旗"镶上了黄边，缀上了银星。

这种新式军装是一种变革，寓意同中国正处于变革之中一样，中国人民解放军同样正处于变革之中。

军事统帅邓小平庄严屹立，检阅车徐徐开动，驶过具有排山倒海之势、雷霆万钧之力的全部受阅队伍。受阅部队的口号声震撼着十里长安街，如同大海的波涛，惊雷阵阵。

10 时 18 分，阅兵式结束。

10 时 19 分，邓小平在天安门城楼上发表重要讲话："中国人民解放军全体指战员同志们！全国同胞们，同志们和朋友们！在伟大的中华人民共和国成立 35 周年的这个光荣时刻，我向为进行社会主义现代化建设、为完成祖国统一大业、为保卫祖国安全而奋斗的同志们、同胞们、朋友们，致以最热烈的节日祝贺！"

邓小平高度评价新中国成立以来，特别是中共十一届三中全会以来取得的举世公认的伟大成就，提出了今后的任务。他指出：中共十二大提出的宏伟目标是能够达到的。当前的主要任务，是要对妨碍我们前进的现行经济体制，进行有系统的改革；同时，要对全国现有的企业，进行有计划的技术改造；要大大加强科学技术研究工作和各级教育工作；要真正尊重知识，真正发挥知识分子的作用。

邓小平重申了中国的对外政策和统一祖国的坚强决心。他精辟地论述了新中国成立 35 年来社会主义建设的伟大成就和中国在新时期的内政外交政策，要求中国人民解放军的全体指战员"务必时刻保持警惕，不断提高自己的军事政治素质，努力掌握和提高应付现代战争的知识与能力"。

"中国改革开放的总设计师"邓小平讲话完毕后，气势恢宏的中国人民解放军受阅部队分列式正式开始。

中国人民解放军鲜艳的"八一"军旗迎风飘扬，42 个受阅方队精神饱满，浩浩荡荡，兵强马壮，装备精良，阔步前进，步履铿锵。

18 个徒步方队军威严整，身材矫健，斗志昂扬，气吞山河，犹如大海的波涛。

24 个战车分队金戈铁马，铁流滚滚，气盖昆仑，威震九天，显示出钢铁般的力量。

人民空军 94 架战斗机飞过天安门城楼上空，展示着人民解放军强大的空中力量。

就在这时，庆祝新中国成立 35 周年阅兵的重要场面出现在全中国、全世界面前——中国战略导弹部队受阅方队从神秘的高山峻岭中走出来，出现在世界上最大的城市中心广场——北京天安门广场上，赢得世界舆论一片惊叹之声。

改革开放，给中国人民解放军注入了新的生机，增添了新的力量，插上了腾飞的翅膀。这次盛大阅兵，深刻反映了中共十一届三中全会以来中国人民解放军在革命化、现代化、正规化建设上所取得的巨大成就，充分展示了中国人民解放军武器装备已经提高到一个新水平，直观生动地表现了人民军队优良的军事素质、政治素质和一往无前的英雄气概。

中国人民解放军——这支来自南昌起义、秋收起义、广州起义、平江起义和众多武装起义的人民军队，在中国改革开放和现代化建设的进程中，正在不断向正规化、现代化进军。

中华人民共和国成立 35 周年庆典，是实行改革开放政策以来的第一次大型庆祝活动，是对改革开放成就的一次重大检阅，对于鼓舞和振奋民族精神具有重要意义。

因此，经济特区的形象也出现在国庆游行的行列中。

在中央确立改革开放方针的时候，“总设计师”邓小平就思考着一个问题：改革开放要寻找一个突破口，要确定一个进行实验的地方。因此，当广东省委第一书记习仲勋向中央汇报工作，邓小平与习仲勋交谈过程中，就谈到把深圳作为一个改革开放实验区的问题。对于这个实验区叫什么名字呢？邓小平早已深思熟虑：“就叫特区吧！”随后，中央发出文件，确定设立深圳、珠海、汕头、厦门四个经济特区。经济特区作为改革开放中的新生事物，在初期阶段总是成为国内外舆论关注的焦点。

到了 1984 年国庆大典的时候，经济特区已经走过的历程表明，设立经济特区的实验是成功的。但是，“左”的观点对经济特区的指责也一直与经济特区的成长相伴相随。在国庆大典之际，向全国人民展现经济特区的崭新面貌，就成为经济特区干部、群众的共同心愿。中央顺乎民意，让深圳经济特区和蛇口工业区各布置了一辆彩车，参加国庆大典。

这样，在庆祝新中国成立35周年的游行队伍里，出现了引人注目的深圳“鲲鹏展翅”彩车和蛇口工业区“航船破浪前进”彩车，受到国内外的广泛关注。

上午10时29分，中国人民解放军受阅部队举行分列式，接受最高统帅邓小平和人民的检阅。

由陆、海、空三军指战员组成的中国人民解放军仪仗队，护卫着鲜红的“八一”军旗，率先进入天安门广场。三军仪仗队正式组建于1952年3月，主要担负着迎接外国元首、政府首脑、军队高级将领来访和重大庆典、重要活动的仪仗司礼任务。这是人民军队著名英烈张思德生前所在的部队，现在成为代表国家、军队迎送国宾的专业仪仗队。他们继承张思德全心全意为人民服务的精神，兢兢业业地做好专业工作，不断为军旗增辉添彩。

迎风飘扬的“八一”军旗，带着南昌起义的硝烟、万里长征的征尘、抗日烽火的弹痕、三大战役的辉煌、雄师渡江的波涛。

在这面军旗下，聚集着无数优秀的中华儿女。

在这面旗帜上，浸染着无数烈士、英雄的鲜血。

经过无数的浴血奋战，人民军队保卫着五星红旗从天安门广场升起。

经过无数的艰难考验，人民军队保卫着新中国走过壮丽行程。

改革开放新时期，在三军仪仗队护卫下，“八一”军旗引导着中国武装力量的方阵，自豪地从雄伟的天安门前通过。

军事院校方队、步兵方队、水兵方队、空降兵方队、女卫生兵方队、武装警察方队和男女民兵方队，依次进入天安门广场。

这些徒步方队，迈着整齐而刚健的步伐，像一座座威严的大山，构建成伟大祖国的钢铁长城。铿锵有力的足音，来自万里长征的脚步声；勇往直前的英姿，来自解放战争中强渡长江的身影。这次国庆阅兵，著名团队、劲旅雄师，一齐上阵，许多有荣誉称号的部队都派出了自己的代表。

其中有参加过秋收起义、平江起义和井冈山反“围剿”斗争的红军连队；有参加过平型关战斗和百团大战的英雄部队；有在解放战争中血战泉城的“济南第一团”；有把红旗插在太原城头的“大功团”“猛虎连”；有在渡江战役中突破长江天险、首先踏上长江南岸的“渡江先锋营”。还有进军大西南、参加成都战役的刘邓大军的老部队。新一代带着新的使命来接受人民的检阅。长江后浪推前浪，江山代有英雄出。老一代铸造辉煌，新一代继往开来。在这些英雄部队中涌现出成千上万的英雄、模范和人民功臣。

6个军事院校方队分别是军事学院、海军学院、空军学院、炮兵学院、装甲兵学院和石家庄陆军学校，他们是全军军事院校的代表。学员们身着新式军服，朝气蓬勃，通过天安门城楼前。在这些院校里，培养着人民军队新一代的高级和中级指挥员。受阅方队中，有三分之一的人在军事训练、自卫还击作战中建立过功勋。

5个步兵方队雄赳赳、气昂昂地进至天安门前，由肩枪齐步走变为端枪正步走，整齐划一，表现了人民解放军优良的军事素质。绿色军装象征着青春和生命，行进的铁流犹如平坦的草原和连绵的青山，给人蓬勃向上的视觉享受。

水兵方队由来自万里海疆的北海舰队组成。英俊魁梧的水兵，身穿白上衣、蓝裤子，手握冲锋枪，分外威武整齐。从天安门城楼向下看，水兵方队像大海波浪一样汹涌向前，一片白色中，队列的点与线如浪花起伏翻滚，代表着海军新一代乘风破浪，胜利前进。

接着，是空军空降兵方队、女兵方队、武装警察方队、男民兵方队和女民兵方队。

空降兵方队头戴绿色钢盔、身着伞兵服开进广场。这个部队的“八一”跳伞队，曾经在国际跳伞的许多比赛中为我军和国家争得荣誉。在新时代强大的合成军中，空降兵是一个现代化的新兵种。参加阅兵的伞兵由“黄继光连”和“上甘岭特功八连”组成。英雄史诗，代代相传。老一代军人英勇杀敌，功勋卓著；新一代军人刻苦训练，建功立业。

女兵方队第一次出现在阅兵的序列中。年轻的女兵们来自北京军区军医专科学校。她们头戴大檐军帽，佩戴红十字袖章，英姿飒爽，青春阳光。人民军队历史上各个时期都有相当数量的女军人和女兵连队，冲锋陷阵，转战南北，为中华民族和中国人民的解放事业立下不朽功勋。在人民军队现代化建设进程中，女军人在各个领域发挥了重要作用。在陆海空三军中，从驾机叱咤蓝天的女飞行员到操纵火箭上天的女科研人员，从野战医院的女医生到战略导弹发射场上的女操作员，她们默默地为人民军队现代化建设贡献着智慧和汗水。特别值得强调的是，女兵方队中还有满族、蒙古族、回族、壮族、彝族、鄂温克族、达斡尔族官兵，代表着各个民族的姐妹。当女兵方队迈着矫健的步伐经过天安门前时，所有的目光都聚集在她们身上，天安门城楼上下爆发出阵阵热烈的掌声。

第一百五十五章

“相当数量的中国国产导弹大放异彩”

1984年国庆节，中国共产党中央军事委员会主席邓小平检阅中国人民解放军陆海空三军，成为举世瞩目的盛事。中国各种先进的战略导弹向世界“亮相”，更是引起极大的轰动。

这一天，18个徒步方队走过天安门城楼之后，绵延数公里的24个机械化部队方队，分4路进入天安门广场。钢铁巨流，滚滚向前，马达隆隆，犹如大海波涛。这24个方队由陆海空三军428辆战车组成，其中有反坦克导弹、火箭炮、大口径榴弹炮和加农炮、自行加农榴弹炮、自行火炮、火箭布雷车、步兵战车、装甲输送车、新式坦克、装甲自行火炮、地空导弹、岸舰导弹、潜地导弹、战略导弹等摩托化机械化方队。

反坦克导弹方队的16辆反坦克导弹车上，每辆装载着3枚反坦克导弹。火箭炮方队是由两种火箭炮组成的。前一个方队是40管的122毫米自行火箭炮，后一个方队是30管的130毫米自行火箭炮。牵引火炮方队由新型122毫米榴弹炮和130毫米加农炮组成，一共32门火炮，均以国产大型汽车牵引。火箭布雷车方队由16辆火箭布雷车组成，每辆车装载8枚火箭布雷弹。步兵战斗车和装甲输送车方队，由1个轮式装甲输送车方队和3个履带装甲输送车方队组成。第2和第3个装甲输送车方队中，每辆车的最后两名战士，每人肩扛一具导弹发射筒。

40管火箭炮方队出现在天安门广场，令人震撼。这支部队是人民解放军最早的一支炮兵团队。在1949年参加北平入城式和开国大典阅兵时，装备的全部是缴获来的美式榴弹炮、日式野炮。1959年新中国成立10周年阅兵时，使用的是进口的捷克牵引车拉着苏式加农炮。20世纪60年代，换上了国产的大口径加农榴弹炮。此时此刻，装备着全部国产的40管火箭炮。这支部队装备的变化，是中国人民解放军现代化进程的缩影。

6 个坦克方队由 108 辆坦克组成。前 4 个方队共 84 辆坦克，全部为草绿色；后 2 个方队的坦克涂有土黄和草绿色迷彩。这些坦克都是中国自行研制的新型坦克。

装甲自行火炮方队由自行榴弹炮、自行火箭炮和自行加农榴弹炮各 16 门组成。

海军导弹方队由 3 种不同类型的导弹组成。第 1 排车上装载着 4 枚舰舰导弹，第 2 排车上装载着 4 枚潜艇水下发射的“巨浪”潜地导弹，第 3 排车上装载着 4 枚岸防导弹。中国拥有辽阔的万里海疆，必须建立强大的海军导弹部队来护卫。当这些银光闪闪、威风凛凛的导弹车驶过天安门前时，激动的人群不断地向着海军指战员们鼓掌致意。

空军地对空导弹方队由 32 辆导弹车牵引的 8 排 32 枚地空导弹组成。这支部队自 1959 年组建以来，先后击落入侵的 U－2 型飞机、无人驾驶高空侦察机 7 架。1964 年，国防部授予其中的导弹二营以“英雄营”称号。在这支部队里，先后有 282 人荣立一等功。就在这次阅兵的半年前，曾经迎头痛击侵入广西上空的敌机，有效保卫了中国领空的安全。

空军防空导弹部队通过天安门广场时，空中第一梯队 9 机编队，由领队驾驶着“轰 6 型”轰炸机领航，向天安门上空飞来，8 架“歼教 5 型”歼击机分列两旁护卫。天安门广场上万众翘首，护卫机拉出 8 条绚丽的彩烟，红色、绿色、蓝色、黄色等等，犹如彩练当空挥舞。由“轰 6 型”组成第二梯队的 18 架轰炸机，紧随其后。航空兵 94 架由喷气式轰炸机、强击机和歼击机组成的 4 个空中梯队，代表几十万名空军将士，飞过天安门上空。

与此同时，战略导弹方队的 9 辆大型牵引车，载着中国设计制造的战略导弹首次公开展现在人们面前，庞大的体积特别引人注目。铁流前进，雄风震天。地面、空中轰隆而过的现代化兵器，展示国威，振奋军威，将阅兵分列式推向高潮。

在大型牵引车载着中国自行设计制造的“东风”五号战略导弹经过天安门广场接受检阅时，空中第三梯队的 32 架“强 5 型”强击机分编为 4 个中队，一阵轰鸣低空掠过天安门上方。接着，第四梯队的 35 架“歼 7 型”歼击机分编为 5 个中队组成多个品字形，在战略导弹部队通过天安门广场的同时，飞越天安门上空，在浓重的雾霭中时隐时现。

此时，北京周围各机场和受阅航线上云低雾浓，能见度只有 100 多米，参加受阅的各型飞机，都是高速喷气式，编队大，距离小。飞行员们以高超的技术，准确、安全地完成了受阅任务。英勇的战鹰穿云破雾，呼啸而来，排空而去。

威武的战略火箭方队是机械化部队的最后一个行列。一辆辆巨型牵引拖架载着中国自行设计制造的不同型号战略导弹、运载火箭，接受检阅。

中国战略火箭部队的建立和发展，标志着国防现代化已经提高到一个新水平。注视着强大的机械化、现代化武装力量，每个中国人的心头都会涌起激动的热流。天安门城楼上、观礼台上、广场上和长安街两侧，爆发出一阵又一阵热烈的掌声。

这次阅兵是新中国成立以来规模最大、装备最新、机械化程度最高的一次。

庆祝新中国成立 35 周年的阅兵取得圆满成功。10 月 5 日，邓小平向参加国庆阅兵的陆海空三军、人民武装警察部队和民兵发布嘉奖令。指出，这次阅兵，以崭新的风貌，严整的军容，雄壮的气势，显示了国威、显示了军威，“深刻反映了党的十一届三中全会以来，中国人民解放军在革命化、现代化、正规化建设上所取得的巨大成就，充分展示了我军武器装备已经提高到一个新水平，生动表现了人民军队优良的军政素质和一往无前的英雄气概。亿万人民看到了人民解放军的强大阵容，看到了我国巩固的国防，极大地振奋了民族精神，鼓舞了爱国热情，增长了实现四化的志气”。

10 月 27 日，国务院、中央军委发布嘉奖令，对参加国庆受阅武器装备研制生产的国防科技工业部门的全体同志进行表彰。

庆祝新中国成立 35 周年阅兵，是在中国经过“文革”的内乱之后，全面改革和现代化建设取得巨大成就的形势下举行的，是改革开放后第一次国防力量大检阅。

这次阅兵，展现了人民军队是一支具有优良传统的现代之师、合成之师，绝大多数武器装备都是前所未有的。参加受阅的部队中，海军、空军以及装甲兵、炮兵的方阵大大增加，表明高技术军种、兵种在数量和质量上都有很大发展。46 个受阅方阵中，步兵方阵只有 5 个；4 个空中梯队中，最大的机群为 9 机编队。

接受检阅的各种飞机、火炮、坦克、导弹等先进武器装备种类多达 28 种，全部由中国自行研制，70% 属首次亮相，其中有 19 种武器装备是全新的，如火箭炮、火箭布雷车、大口径榴弹炮和加农炮、装甲输送车等。这些国产现代化兵器，有的已具备世界先进水平，早年的“万国牌”武器装备已全部换为“中国制造”武器装备，早年的“小米加步枪”已被反坦克导弹、火箭炮等现代化兵器所取代，反映出国防现代化建设的崭新成就。

开国大典阅兵时的最后一个方队是骑兵方队，国庆 35 周年阅兵的最后一个方队是战略导弹方队。开国大典上威风凛凛的骑兵部队，在国庆 35 周年阅兵 8 个月后的百万大裁军中作为一个兵种从人民解放军的序列中消失了。这个令人鼓舞的变化，标志着人民解放军现代化、正规化建设进入了一个崭新的阶段。

此次阅兵式上，受阅机械化部队压轴的是海军导弹部队方队、空军地空导弹部队方队和战略导弹部队方队，各种型号的导弹纷纷“亮相”。如此强大的导弹阵容，震撼世界。大型牵引车载着中国自己设计制造的战略导弹，首次公开展现在人们面前，一枚枚海军导弹、空军导弹和战略导弹，令世界为之震撼。

在此之前，中国第一颗原子弹爆炸成功时，有一些西方大国嘲笑中国是“有弹无枪”。此次阅兵，英国《泰晤士报》称：“中国今天第一次将它的导弹家庭展现在世界面前。”“一个沉睡的东方巨人醒了，美苏两国在决定世界事务时，不得不考虑中国战略导弹部队的存在。”美联社报道说：“中国战略导弹部队首次展示了它的实力，给人留下了深刻的印象，它显示出中国有相当高的制造水平。它的出现，足以防御任何形式的战争。”

国庆阅兵盛况，引起国内外强烈反响。阅兵成效显而易见，正是这次阅兵强化了改革开放的成果。全国人民感到，有这样的军队，中国社会主义现代化建设就有了可靠的保障。人们高度赞扬这次国庆阅兵所展现的军队建设新成就和精神风貌，在组织时机、阅兵规模、受阅内容、对外影响等方面都具有重要意义，极大地振奋了民族精神和爱国热情，产生了重要的国际影响。

阅兵当日，新华社等新闻媒体向全世界报道了这一盛况。《人民日报》发表《三军雄风冠神州——首都国庆阅兵侧记》的长篇通讯，并配发《邓小平在检阅部队》《女兵方队通过天安门》《战略导弹部队通过天安门》《坦克方队通过天安门》《装甲兵方队通过天安门》《游行队伍》等图片。《解放军报》以多版专题报道了这次国庆阅兵。

国庆35周年阅兵副总指挥兼阅兵办公室主任、北京军区参谋长周衣冰认为：“国庆35周年大阅兵，是小平同志主持中央军委工作以来，我军革命化、现代化、正规化建设丰硕成果的一次展示，更是为向国防现代化进军吹响的嘹亮号角。”邓小平亲自批准了北京军区为大阅兵定下的“世界一流，国际前茅”的目标。

“当年的这次阅兵是新中国成立后规模最大、装备最新、机械化程度最高的一次，也是对中国人民解放军革命化、现代化、正规化建设成果的一次全面检阅，显示了人民军队保卫祖国四化建设、维护世界和平的决心和力量。”

受阅的29种装备全部是我国自行研制的，其中19种是新装备，尤其是“巨浪”潜地导弹和“东风”五号战略导弹格外引人注目。

陆海空三军、武装警察部队和民兵共18527人参加了检阅。地面方队队形整齐，横看、竖看、斜看线条分明；空中飞行梯队在当天机场和受阅航线云低雾重、能见度差的情况下，克服气象条件按时起飞，准时到达。

北京天安门广场的盛大阅兵，引起全世界的广泛关注。早在年初，日本时事社援引“中国消息灵通人士”的话，透露了中国将举行国庆阅兵的消息，称此举将“激发人民的爱国心和团结心”。10月1日，国际媒体密集报道了中国国庆阅兵的盛况。

美联社报道说：“中国用调子高亢的自赞、丰富多彩的游行和邓小平的首次阅兵庆祝新中国成立35周年。”

日本媒体十分关注阅兵式上的新式武器，报道说：“相当数量的中国国产导弹大放异彩。”

英国《每日电讯报》报道说："中国元朝蒙古族皇帝忽必烈于1274年首先在战场上使用火箭和燃烧弹，如今外国武官深夜在北京街头乱转，希望能在彩排时看到武器。"该报说，当时一名苏联官员还曾受到在路障旁守卫导弹的警察盘问，想装成英国人混过去，"很明显，处在孤立状态的莫斯科越来越担心中国向五角大楼购买武器"。

美国纽约《美洲华侨日报》报道说："北京阅兵大振国威军威，全球炎黄子孙激动不已。"

第一百五十六章

“军队要提高战斗力……不‘消肿’不行”

中国实行改革开放，坚持走和平发展的道路，是对世界和平与发展的最大贡献，也是对人类社会发展与进步的最大贡献。20 世纪 80 年代，随着 20 世纪 70 年代末以来国际国内形势发生的新变化，中国共产党对战争与和平问题形成了新的认识：战争的危险依然存在，但和平力量的发展超过了战争力量，争取一个较长时期的和平是可能的。

基于对战争与和平问题的判断，为适应党和国家工作重点的转移，中共中央、中央军委决定，军队建设指导思想实行战略性转变，即从准备“早打、大打、打核战争”的临战状态，转移到和平时期的建设轨道上来，军队要在服从和服务于国家经济建设的前提下，有计划有步骤地进行现代化建设。

军队进行现代化建设，必须合理地确定军队的员额，进行科学的编组。如何合理地确定军队的员额，并实行科学的编组，是军队建设中经常遇到的一个重大问题。这个问题如果解决得不好，既加重国家负担，又影响部队的战斗力。这个问题如果解决得好，部队编组科学、精干，就可以在有限的员额军费内，最大限度地提高部队的战斗力。

在革命战争时期，中国工农红军以三个方面军开辟了大块的革命根据地，八路军以三个主力师发展到 100 多万人的人民武装力量，中国人民解放军以四个野战军和若干地方部队打败了国民党军队，夺取了全中国，就是很好的证明。

中华人民共和国成立后，就进行过裁军工作，当时的名称叫“精简整编”。1952 年根据中央军委关于精简整编部队的决定，中国人民解放军从 1 月起进行精简整编。通过这次精简整编，压缩了兵员定额，减少了军费开支，精简了机关，充实了基层，并向各地各个方面输送了一大批骨干，为加强国家的工业、农业和其他地方工作，增添了力量。但1959年林彪主持中央军委工作后，军队员额逐年增加。“文革”期间，军队员额更加膨胀。到了20世纪70年代，军队总人数超过抗美援朝战争时期的最高数额。从客观情况看，在此期间，中国的国家安全面临着较大的威胁，也是军队员额不断增加的一个重要原因。

1975年邓小平主持中央工作期间，在军委扩大会议上一针见血地指出，军队存在着“肿”的问题。他提出，军队要整顿，整顿军队必须首先“消肿”。这次会议确定，军队整顿的中心是思想作风和组织建设问题。但是，由于“四人帮”的干扰，1975年整顿军队的工作刚刚开始，就被迫停顿下来。

中共十一届三中全会之后，在和平与发展成为世界主题的新形势下，必须进一步加强军队和国防建设。同时，军队和国防建设必须服从和服务于国家改革开放、以经济建设为中心的大局。根据邓小平的这一思想，新时期中国人民解放军的裁军工作开始启动。

当时的中国人民解放军总参谋长杨得志回忆说：

> 我是1980年2月调任总参谋长的。那时，我军建设正处于一个历史的转折时期。军事工作的改革，首先是从体制编制开始的，它是军事工作改革的先导。我们知道，军队现代化，重要的标志之一就是武器装备的现代化。但在“文化大革命”期间至80年代初，我国的军队十分庞大臃肿，本来我们的军费就有限，有很大一部分又都用到了吃、穿上去了，特别是机关，机构重叠，人浮于事，文牍主义、官僚主义严重，工作效率很低。
>
> 这种臃肿不堪的状况如不加以改革，军队现代化就是一句空话。1975年和1977年，军队虽然进行了两次精简整编，但由于没有从根本上改革体制编制，军队的“消肿”问题始终没有彻底解决。我刚上任，正赶上1980年3月中央军委召开常委扩大会议，集中讨论军队精简整编问题。
>
> 在这次会上，军委邓小平副主席再一次强调，军队要提高战斗力，提高工作效率，不“消肿”不行。他还说，减少军队人员，把省下来的钱用于更新装备，这是我们的方针。会议提出，要大力精简机关，压缩非战

斗人员和保障部队。

根据这次军委会议精神，总参谋部有关业务部门组织力量，做了大量的调查研究和论证工作，拟制出全军精简整编方案。1980 年 7 月，中央军委通过了这一方案，并提出要求：从 1980 年第 4 季度开始全军进行精简整编，力争至 1981 年基本完成，1982 年扫尾。

当时，军委的决心很大，小平同志严肃地指出，谁不执行，就把头头调开。总参谋部也向各大单位打了招呼，要求保证完成精简任务，不能有丝毫折扣。吸取以往减了又增的教训，总参谋部特别做了规定：加强对编制的集中统一管理，全军总定额要稳定在精简的规定数额内，不能突破，为下一步把体制编制搞得更科学、更精干打好基础。

精简整编全面展开后，为督促检查全军进展情况，总参谋部组织了大批人员到军区、舰队、军区空军、二炮基地等单位，进行调查研究，广泛听取意见。在此基础上拟制了山岳师和集团军编制方案，将部分野战师由满员师改为简编师；将担负内卫执勤任务的部队移交公安部门；撤销了基建工程兵，其所属部队按系统对口集体转业到地方。同时，还研究了总部机关体制改革问题。①

1981 年 11 月，中国人民解放军总参谋部党委召开专门会议，遵照中央军委主席邓小平关于炮兵、装甲兵、工程兵由兵种改为总参谋部业务部的指示，研究具体调整方案。

1982 年 2 月，总参谋部、总政治部、总后勤部成立兵种整编小组，派出工作组帮助炮兵、装甲兵、工程兵进行整编。

按照中央军委的要求，1982 年年底，全军整编任务基本如期完成。

军委炮兵机关，改为总参谋部炮兵部；

军委装甲兵机关，改为总参谋部装甲兵部；

军委工程兵机关，改为总参谋部工程兵部；

---

① 杨得志：《军队要“消肿”》，载《中国人民解放军征程亲历记 · 精兵之路》，解放军出版社 2007 年版。

铁道兵与铁道部合并；

基建工程兵撤销。

这次军队体制改革、精简整编，自始至终严格按照中央军委要求进行，贯彻了精简机关和勤务保障部队的原则，增加战斗部队员额，调整干部与战士的比例，提高编成合成水平，加强民兵、预备役建设。

这次全军整编，压缩了定额，裁减了人员，为进一步改革积累了经验。

紧接着，中央军委决定在上次精简整编基础上，进一步进行总部机关的体制改革。

当时的中国人民解放军总参谋长杨得志回忆说：

1981 年 10 月，党中央针对我国当时党政军普遍存在的机构臃肿的问题，作出重大决定：机关体制必须改革，要采取革命的办法，不能采取改良的办法。军队总部机关虽然刚刚进行了精简整编，但我们认识到，体制改革工作不是一次、两次能够完成的，而是一个实践、认识，再实践、再认识的过程。

中央军委决定在上次精简整编基础上，进一步进行总部机关的体制改革，并提出，“要拆庙，要搬菩萨，要减人”。根据这一精神，我们在抓好全军精简整编工作的同时，继续抓紧进行总部机关自身的精简整编，采取革命的办法，该拆的拆，该合的合，该减的减，以真正达到精简、统一、效能、节约和反对官僚主义的五项目的。

总参谋部党委研究后，组织力量抓紧拟制了总部机关精简整编的初步方案。1982 年 1 月上旬、中旬，我和杨勇、伍修权、何正文、刘华清等几位副总参谋长及军务部的领导干部，先后三次参加了军委办公会议，专门讨论总部机关的精简问题。

总参谋部党委根据军委办公会议精神，对总部机关精简整编方案作了进一步研究、修改，以我和杨勇同志的名义向中央军委呈报。

邓主席审阅了我们的报告后批示：“这个方案不是比较令人满意的方案，但可作为第一步，立即进行。这一步完成后，再研究进一步方案。”

为了加强对体制改革、精简整编工作的具体领导，总参谋部于 1981

年11月向中央军委请示成立军委体制改革、精简整编领导小组。1982年2月，经军委批准，领导小组很快成立起来，我任组长，杨勇副总参谋长、总政治部梁必业副主任、总后勤部洪学智部长任副组长。小组成员均为三总部领导同志。领导小组下设办公室，何正文副总参谋长兼办公室主任，工作人员以总参谋部军务部为主，总参谋部、总政治部、总后勤部等有关部门派人参加。

这一时期，改革体制编制、精简整编成为我们的一件头等大事，军委办公会议、总参谋部党委会议或专门会议，多次研究全军精简整编方案和总参谋部本身的精简整编实施方案。

1982年4月，总参谋部党委会听取了军务部关于压缩军队定额、改革体制编制方案的汇报。会议对陆、海、空三军的定额和比例，陆军师的数量，炮兵师的编制，省军区、军分区、人民武装部的设置，全军院校编制员额，工程兵部队的建制，文工团、体育工作大队的数量，技术侦察部队的编制等，逐一进行了充分讨论，提出了压缩军队定额、改革体制编制方案，上报中央军委。

1982年7月，中央军委召开座谈会，着重研究体制改革问题。会议确定，军队体制改革包括四个方面的内容：一是军队的整体组织结构，二是领导、指挥关系，三是各级职权的划分，四是部队的编组。会议还提出了军队体制改革、精简整编的原则。军委邓主席，叶剑英、聂荣臻副主席，杨尚昆秘书长，在会上都作了重要指示。

通过学习、领会他们的指示和会议精神，我们归纳为以下几条内容：

第一，从意义上说，体制改革、精简整编是坚持社会主义道路，搞好四个现代化建设的首要保证；第二，从目的上说，是提高工作效率、提高战斗力，准备打仗，是有利于选拔人才、培养人才；第三，从原则上说，要坚持精兵；第四，从做法和要求上说，既要有革命精神，又要有科学态度，处理问题要慎重，考虑问题要周到，行动要坚决；第五，从领导上说，要坚持民主集中制原则，领导和群众相结合。

我在1982年9月总参谋部党委扩大会议上提出，这些内容，就是我们进行体制改革、精简整编的指导思想，我们要把思想统一到这上面来，坚决贯彻落实军委座谈会精神，完成好这次体制改革、精简整编任务。

经过反复调查研究，科学论证，多次补充、修改，总参谋部拟制出《关于军队体制改革精简整编方案》。①

1982 年 9 月 15 日，根据国际形势的发展和国民经济的调整情况，为了加速人民解放军的革命化、现代化和正规化建设，中央军委发出军队体制改革精简整编方案。按照这个方案，全军雷厉风行，迅速实施，狠抓落实，成效显著。

① 杨得志:《军队要“消肿”》,载《中国人民解放军征程亲历记 · 精兵之路》,解放军出版社 2007 年版。

第一百五十七章

“裁减军队，提高军队素质”

在“中国改革开放总设计师”邓小平的强有力推动下，20世纪80年代前期的5年，中国人民解放军的精简整编和体制改革工作，大体分三个阶段进行：第一阶段是1980年，第二阶段是1982年，第三阶段是1985年的裁军100万人。

中共中央军委原副主席张震，当时作为中国人民解放军副总参谋长亲历其事。他回忆说：

> 1979年10月，我还在总后勤部工作。一天到小平同志家里开会，研究1980年的军费预算，提出的初步方案为204亿元，大家均无不同意见。只有国务院李先念副总理表示，国家财政难以负担，因为当时国家的现代化建设刚刚起步，到处都需要钱。于是，军委又开会研究，认为军队要顾全大局，压缩军费预算，不能养这么多人，最后确定保留450万人。
>
> 1980年3月，在北京召开了中央军委常委扩大会议，集中讨论军队精简整编问题。这个会议我也参加了。会议讨论通过了《中央军委关于精简整编的方案》，决定减少部队数量，提高部队质量，主要是大力精简机构，改革不合理的编制体制，裁并重叠机构，压缩非战斗人员和保障部队。
>
> 小平同志在会议结束时讲了话。他一针见血地指出：“我们存在的一个最大问题，就是军队很臃肿。真正打起仗来，不要说指挥作战，就是疏散也不容易。”“我们国家现在支付的军费相当大，这不利于国家建设；军队人员过多，也妨碍军队装备的现代化。减少军队人员，把省下来的钱用于更新装备，这是我们的方针。”
>
> 他特别点出三总部的问题，尖锐地说：“三大总部为什么机构这样

大？过去，每提出一项新的任务都要增加机构，增加人员，从来没有说要减少人员。大家对公文旅行、解决问题慢，意见很多，这些也都和体制问题有关。”

小平同志的讲话，引起了我的思考。我理解，小平同志是把精简整编和改革军队体制问题联系起来考虑，为军队“消肿”明确了方向。

在这次会议上，与会同志对军队体制编制的问题进行了广泛讨论，也提出了一些大胆的设想，涉及军队体制编制上的一些重大问题，但由于缺乏经验，加上各方面的条件不够成熟，认识上没有完全统一起来，所以，这次精简整编主要是减人，对体制编制未做大的变动。

这一步迈出之后，军委仍在考虑军队的精简整编和体制改革问题。1981 年 10 月 20 日，在总参党委会议上，杨得志、杨勇同志传达了党中央和中央军委关于改革体制、精简机关的指示精神，其中包括对军队体制编制调整的一些设想，特别是传达了小平同志关于军队精简整编一定要用革命的办法，用改良的办法根本行不通的重要思想。这样，精简整编、改革体制，就成为 1982 年全军的一项重要工作。我感到，这次精简整编不同以往，突出了体制改革，动作要大得多，改革的力度也大得多。

总参谋部作为全军体制编制的主管部门，立即开展工作，调查研究，听取意见，拟制方案。……那一段时间几乎过几天就要开会，研究这方面的工作……

1982 年，在军队体制改革、精简整编中，改革高层领导体制的一大举措，就是将军委炮兵、装甲兵、工程兵机关缩编、降格，合并到总参谋部，作为一个直属业务部门，分别称为总参炮兵部、总参装甲兵部、总参工程兵部。

为了保证这一工作的顺利进行，杨总长提议，三总部组织联合工作组，由我牵头，到 3 个兵种了解情况、帮助工作。同时他还明确，3 个兵种改为总参业务部门后，由我分管 3 个兵种部的工作。

这项工作十分艰巨。炮兵、装甲兵和工程兵 3 个兵种成立 30 多年来，为我军建设作出了很大贡献，摊子大，干部多，特别是老同志多。现在要降格、合并，有大量的思想和组织工作要做。我与参加三总部工作组的总政治部朱云谦副主任、总后勤部胥光义副部长一起，研究整编工作的具体部署。一致认为：这是一项重大的改革措施，牵涉面宽，又是全军大单位改革的先行，对全军体制改革影响甚大，必须坚决执行军委指示，但具体工作要做细，步子要稳妥，使编外的愉快，编内的安心。

我们同时建议：在军委办公会议领导下，由我和朱云谦、何正文、胥光义、陈彬组成一个小组，负责研究3个兵种整编中的具体问题。这一意见，得到了军委的批准。

为了把工作做细，我们多次同炮兵司令员宋承志、政治委员金如柏，装甲兵司令员黄新廷、政治委员莫文骅，工程兵司令员谭善和、政治委员王六生等同志谈心，有的还不止谈一次，充分听取他们的意见。同时，也专门听取3个兵种一些副职领导干部的意见，召开机关干部座谈会，共商改为总参业务部后的任务、体制、编制和机构设置等问题，一起研究领导班子配备和超编干部管理的意见。

起初曾设想，3个兵种部定为兵团级，但后来又考虑，下一步将实行军衔制，准备取消兵团这一级，为了与之相协调，最后确定3个兵种部都为正军级。

经过几个月的工作，各方面的意见取得了一致。1982年4月，我们向军委呈报了具体方案……

3个兵种部成立后，有大量的干部需要安排，还有许多善后事宜要处理。为此，又组成了3个兵种机关精简整编善后工作小组，由一位原任的副职领导同志当组长。他们做了大量深入细致的思想工作，对编余干部做了妥善安置。今天回过头来看，这一整编工作进展得比较顺利，除了军委的正确领导之外，主要是3个兵种的同志都有很高的觉悟，处处以军队建设的大局为重，执行军委的决定很坚决。这也是我们军队的好传统。

在1982年的体制改革、精简整编工作中，我还受军委的委托，参与了一些有关撤销基建工程兵和将铁道兵并入铁道部的具体工作。主要是听取了两个兵种领导同志的意见，及时上报给军委。根据国家体制和军队体制改革的要求，国务院、中央军委1982年8月作出了撤销基建工程兵的决定。1982年12月国务院、中央军委又决定，从1984年1月起，铁道兵并入国务院铁道部。

军委、总部机关的精简，是1982年全军体制改革、精简整编工作的一个重点。小平同志明确指出：军委和各总部，不简化看来不行。领导太繁杂，不但下边不好办，就是我们处理问题、画圈圈都难。当时，军委交代了一个原则，三总部机关要精简15%至20%。为了搞好总参的精简整编，成立了总参机关精简整编领导小组，何正文同志任组长，迟浩田同志任副组长。

制订军委、总部的精简整编方案，难度最大。总参听取了各方面的意见，经过反复讨论，拟订了一个精简18.2%的初步方案。方案上送后，我们几个总参领导干部心里都不踏实，感到与小平同志的要求还是有一定的距离。果然，3月22日，小平同志亲笔批示："这个方案不是比较令人满意的方案，但可作为第一步，立即进行。这一步完成后，再研究进一步方案。"

总参党委又进行了反复研究，最后确定军委、总部机关精简21.7%。这一调整意见上报后，小平同志即表示同意按这个意见办。

在这次体制改革、精简整编中，海军、空军、二炮和各大军区的编制体制也相应作了调整，员额有所减少。1982年5月，我还奉命去沈阳、济南军区，与军区主要领导同志研究军区机关、部队的精简整编问题。①

邓小平主持中央军委工作后，在国防和军队建设上，作出一系列重大决策，其中在世界上影响最大的决策，就是百万大裁军。1984年11月1日，北京已经进入冬天，寒气逼人。中央军委座谈会在北京举行。会议正式开始前，来自中国人民解放军总参谋部、总政治部、总后勤部、海军、空军、第二炮兵、国防科学技术工业委员会、11个大军区和军队各大单位的主要负责人和高级将领，聚集在京西宾馆。会议室里，气氛热烈，生机盎然。大家欢聚一堂，兴高采烈，欢声笑语，议论着彼此感兴趣的话题。特别是1984年10月1日庆祝中华人民共和国成立35周年举行的大阅兵和北京大学的大学生在游行

① 张震：《张震回忆录》下卷，解放军出版社2003年版。

队伍中打出的“小平您好”横幅，标志着人民军队的空前强大，表明中国的改革开放空前成功，表达了青年学生对邓小平同志的真挚感情。

中央军委座谈会开始后，与会高级将领才知道，这次会议的主题是研究裁军问题。通过座谈，与会高级将领都赞成将全军员额减少到300万人的裁军方案。大家认为，这次裁军100万人，是在国际上美苏争霸、军备竞赛愈演愈烈的背景下进行的。中国单方面的大规模裁军，必将在国际上引起普遍赞扬。美国、苏联等国家都在谈裁军，可是只有中国言行一致，这与某些国家口是心非形成鲜明对照。按照这个裁军方案裁军，一是有必要，二是没有风险，好处多得很。

在中华人民共和国成立后相当长的一段时间里，总是认为新的世界大战很快就要打起来，把“早打、大打、打核战争”作为国防和军队建设的指导思想，中国人民解放军的几百万军队盘马弯弓，枕戈待旦，始终处于临战状态。军队不同程度地存在着机关臃肿、机构重叠、人浮于事、干部老化等问题。邓小平尖锐地批评说，这样下去，别说打仗，就是“跑反”都跑不赢。他以敏锐的眼光洞察国际风云，分析国际形势，作出世界大战在短时期内打不起来的科学论断，并进一步指出，既然看准了这一点，我们就犯不着花更多的钱用于国防开支，要腾出更多的钱来搞建设，要硬着头皮把经济搞上去，一切都要服从这个大局。他曾对军队的一些老同志讲，让我当军委主席，可以，但是要减军费，军队要支持国家经济建设。正是基于对战争与和平问题的科学分析，基于对中国人民解放军现状和未来发展的深入思考，基于对国家改革和经济建设全局的深刻把握，邓小平果断地作出裁军100万人的战略决策。这一重大举措，标志着中国人民解放军建设指导思想的战略性转变，是人民军队建设史上一个重要的里程碑。

中央军委座谈会期间，中央军委主席邓小平到会讲话。他以“裁减军队，提高军队素质”为主旨，以这次刚刚进行的国庆阅兵为例子，阐发自己关于新时期裁军的基本思想。他说：这次阅兵国际国内反映都很好。但我说有个缺陷，就是八十岁的人来检阅部队，本身就是个缺陷。“这表明我们军队高层领导老化，这种状态不改变不行。”一个80岁的人检阅部队，这种情况，在世界各国军队中恐怕是没有的，只此一家。他表示，这种情况不允许，就是要在我当军委主席期间，争取解决我们高层领导的老化问题。这是个得罪人的事情，“我来得罪吧，不把这个矛盾交给新的军委主席。我希望在座的同志也不要把矛盾留给后来人”。

关于军队“消肿”问题，邓小平指出：“这个话讲了快十年了。消肿一直是我们军队的一个很大的问题。”这里涉及对国际形势的判断。即使战争要爆发，我们也要消肿。肿，就是表现在我们指导战争的能力不高。他问大家：“虚胖子能打仗吗？”

邓小平继续说：拳击运动员身体很重，但是不虚，虚就不能进行拳击。我讲过，我们的肿真正打起仗来，就是跑反也跑不赢。确实如此啊。“如果真正打起仗来，像我们现在这种臃肿状态的高层领导机构，根本不可能搞好指挥。”

邓小平结合自己参加、指挥和领导革命战争几十年的实践经验，说，打仗靠指挥灵便，现在有什么灵便啊？所以，“一个从节省开支看，一个从提高军队素质看，都必须消肿。就是战争比较早地到来，也得消肿。不消肿就不能应付战争”。消肿提了多少年了，但效果不大。现在减人，是为了更多地节省开支，把人头开支节约下来，改善我们的装备，更重要的是提高军队素质。战争不来是这样，战争快来也是这样，都要提高军队素质。所以要提出进一步裁减，减少 100 万人。因为减少 100 万人也能足够应付意外的事件。

关于我们军队肿在哪里，邓小平指出：主要不是肿在作战部队，“主要是肿在各级领导机构，第一是三总部。总政治部人少一点，但也有点肿，也得减，减的有限就是了，主要是总参谋部、总后勤部。军兵种也不能说不肿”。国防科学技术工业委员会现在那么大的机构，这还不叫肿啊？再就是我们的大军区，每个都是“麻雀虽小，肝胆俱全”，人多得不得了。所以说，“消肿主要是总部、军兵种和大军区。减一百万人，恐怕大多数人要从这里减”。而减了以后这些机构的效率肯定会提高。那时候，我们军队蓬蓬勃勃的兴旺气象就会真正出现。

关于裁军方案的实施，邓小平希望，用两年、三年的时间实现这个决策。最好不要超过三年，拖长了不利。一年半、两年能够完成就很好。因为“我们军队有个特点，就是行动快，有这个传统嘛”。当然，精简还要联系到人事制度的改革，就是刚才说的，提一批年轻同志到领导岗位，老同志让出一些位置来，没有这条不行。有一条可以肯定，就是要撤掉一些大军区，保留六个七个。在军队多次整编的基础上，再裁减员额100万人。

这是一个气魄宏伟、决心果断的决策。根据裁军方案，中国人民解放军指战员总数将从中华人民共和国成立后的最高点上裁军一半。当时的济南军区政委迟浩田回忆说：我清晰地记得，在1984年11月1日的军委扩大会议上，小平同志伸出一个手指，用极平静的语言宣布了裁军100万人这个震惊世界的消息。他的讲话，句句透出力拔千钧、气吞山河之势，屏息倾听的高级将领由愕然到释然，很多人洋溢着兴奋的神色。我当时就预感到，这一精兵强军之举，必将对我国经济发展和我军现代化建设产生深远影响。①

中国宣布裁军百万，这是中国人民解放军编制体制的革命性变革，是全方位的立体震荡，裁减人员之多、难度之大、涉及面之广前所未有。邓小平预见到可能出现的复杂局面和重重阻力，在军委扩大会上，他以恢宏的气度直言：“这是得罪人的事情哪！我来得罪吧，不把这个矛盾交给新的军委主席。”在确定精简方案时，有人推测，昆明军区的部队曾在邓小平率领下征战南北，从华北打到中原，从淮海打到西南，是邓小平的“老部队”“老底子”，可能会保留下来。但中央军委下达的裁军方案，却把昆明军区撤掉了。

中央军委将昆明军区撤掉的重大举措，在军内外引起很大震动。人们由此看到了邓小平裁军100万人的坚定决心和无私胸怀，也看到了中国人民解放军现代化的希望。全军上下，心悦诚服；军内军外，竭诚配合。有人非常感慨地说，邓小平是中央军委主席，如果迁就照顾自己率领过的“老部队”“老底子”，这次裁军100万人就不会裁得这么痛快、这么迅速。

在1985年百万大裁军时还有许许多多的令人感动的细节。

在某军区政治部干部部的档案室，存放着一份裁军期间的谈心记录，记录着转业对象、中国人民解放军第一七八师后勤部政委的心里话：“18岁到部队，过了半辈子，现在叫我脱军装，心里很难受，但‘共产党员’四个字不能忘，组织叫留不提走，组织叫走不提留。”

当时，中央军委主席邓小平在百万大裁军时提出中国人民解放军总参谋

---

①　迟浩田：《治国兴伟业　统军开新篇——深切缅怀敬爱的小平同志》，《求是》2004年第16期。

部、总政治部、总后勤部要“三总部带头”。这时的中国人民解放军总参谋长杨得志是这次百万大裁军的主要负责人之一，他的一个女儿所在的部队被纳入裁军范围。有人说，可以帮忙将杨得志的这个女儿调动一下，调整到其他保留的部队。杨得志表态非常坚决：连自己女儿都走“关系”，别人还怎么裁？于是，中国人民解放军总参谋长杨得志的这个女儿随着所在部队一起裁军。

中国人民解放军副总参谋长何正文是这一次百万裁军的具体承办者。他的 4 个子女都在部队工作，处于发展阶段。他却动员子女全部转业，自己也很快退出现役。这在三总部机关激起强烈反响，给全军带来了很好的示范效应。

迟浩田回忆说：当时，我任济南军区政委，主要任务是搞好原济南军区和武汉军区的合并精简工作，对小平同志的战略意图有深切的感悟。大家虽然都懂得精简整编的大道理，然而一旦撤到自己的头上，感情上就难以接受。特别是要裁减那些有功勋、有荣誉的老部队，工作就更难做。比如，军委决定撤销某军时，该军领导就搬出战史向我“申诉”说，这支部队从南昌起义时就立下战功，战争年代横扫大江南北，为什么要撤掉？他们想不通，强烈要求军委重新考虑。有人甚至直接找军委领导，含着眼泪要求保留所在部队。面对这种情况，我们坚定地用小平同志的战略思想和大局意识教育部队，让广大官兵认识到精简整编决策的科学性，积极维护新编制的严肃性，增强贯彻落实整编方案的坚定性，从而保证了精简调整任务的圆满完成。①

① 迟浩田：《治国兴伟业　统军开新篇——深切缅怀敬爱的小平同志》，《求是》2004 年第 16 期。

第一百五十八章

“中国人民解放军减少员额一百万”

20 世纪 80 年代中期，随着形势的发展，邓小平根据对国际战略形势的深刻观察，作出世界大战可以在较长时间得以避免的科学判断。中共中央、中央军委决定对国防和军队建设指导思想实行战略性转变，把从准备“早打、大打、打核战争”的临战状态转移到和平时期长远建设的轨道上来。

1985 年 3 月 4 日，邓小平会见日本一个访华团时，从政治角度和经济角度对国际形势做了深刻分析。他说：“现在世界上真正大的问题，带全球性的战略问题，一个是和平问题，一个是经济问题或者说发展问题。和平问题是东西问题，发展问题是南北问题。概括起来，就是东西南北四个字。南北问题是核心问题。”

邓小平认为：很难说经济发达国家这十一二亿人口的继续发展能够建筑在第三世界三十多亿人口继续贫困的基础上。他强调：“虽然战争的危险还存在，但是制约战争的力量有了可喜的发展。”“第三世界的力量，特别是第三世界国家中人口最多的中国的力量，是世界和平力量发展的重要因素。”

邓小平明确提出：“和平和发展是当代世界的两大问题。”① 这是邓小平对国际形势作出的最新判断。这是一个实事求是的、科学的、准确的判断。

据此，中国政府作出中国人民解放军减少员额一百万的战略决策。这是中国人民解放军在新的历史时期作出的一次重大改革。

1985 年 5 月 21 日，中央军委主席邓小平听取中央军委常务副主席杨尚昆关于中国人民解放军各大军区领导班子配备问题的汇报。5 月 22 日，邓小平听取杨尚昆汇报军队精简方案。国防部部长和人民解放军总参谋长、总政治部主任、总后勤部部长参加汇报工作。

---

① 《邓小平文选》第 3 卷，人民出版社 1993 年版，第 105～106 页。

5 月 23 日至 6 月 6 日，中央军委扩大会议在北京举行。这次会议的主要议题是：讨论贯彻中国政府关于军队减少员额一百万的战略决策，并研究制定落实这一决策的措施和步骤。会议确定：搞好军队体制改革和精简整编，是军队今后两年的中心任务。

6 月 4 日，邓小平在中央军委扩大会议上发表重要讲话。他说："我们下这样大的决心，把中国人民解放军的员额减少一百万，这是中国共产党、中国政府和中国人民有力量、有信心的表现。它表明，拥有十亿人口的中华人民共和国，愿意并且用自己的实际行动对维护世界和平作出贡献。减少一百万，实际上并没有削弱军队的战斗力，而是增强了军队的战斗力。"①

邓小平高瞻远瞩，分析了国际形势、中国的国际地位和对外政策。他说：

"粉碎'四人帮'以后，特别是党的十一届三中全会以后，我们对国际形势的判断有变化，对外政策也有变化，这是两个重要的转变。"

"第一个转变，是对战争与和平问题的认识。过去我们的观点一直是战争不可避免，而且迫在眉睫。"

"这几年我们仔细地观察了形势，认为就打世界大战来说，只有两个超级大国有资格，一个苏联，一个美国，而这两家都还不敢打。"

"世界很大，复杂得很，但一分析，真正支持战争的没有多少，人民是要求和平、反对战争的。还要看到，世界新科技革命蓬勃发展，经济、科技在世界竞争中的地位日益突出，这种形势，无论美国、苏联、其他发达国家和发展中国家都不能不认真对待。由此得出结论，在较长时间内不发生大规模的世界战争是有可能的，维护世界和平是有希望的。根据对世界大势的这些分析，以及对我们周围环境的分析，我们改变了原来认为战争的危险很迫近的看法。"

"第二个转变，是我们的对外政策。过去有一段时间，针对苏联霸权主义的威胁，我们搞了'一条线'的战略，就是从日本到欧洲一直到美国这样的'一条线'。现在我们改变了这个战略，这是一个重大的转变。"

"我们中国不打别人的牌，也不允许任何人打中国牌，这个我们说到做到。这就增强了中国在国际上的地位，增强了中国在国际问题上的发言权。"

---

① 《邓小平文选》第 3 卷，人民出版社 1993 年版，第 126 页。

“只要坚持这样的判断和这样的政策，我们就能放胆地一心一意地好好地搞我们的四个现代化建设。”“先把经济搞上去，一切都好办。现在就是要硬着头皮把经济搞上去，就这么一个大局，一切都要服从这个大局。”①

根据中共中央、中国政府、中央军委关于人民解放军裁军一百万人的战略决策，中央军委常务副主席杨尚昆7月10日在中央军委扩大会议上讲话，阐述军队精简整编的意义、方针、原则和前景。杨尚昆指出：我国政府决定减少军队一百万员额是重大的战略决策，实现这一决策对维护世界和平、促进国家四化建设和军队现代化建设具有十分重大的意义。经过精简整编，人民解放军将建设成为机构精干、指挥灵便、装备精良、训练有素、反应快速、效率很高、战斗力很强的军队。

这次中央军委扩大会议结束后，中央军委主席邓小平正式宣布：

中国政府决定，中国人民解放军减少员额一百万。

1985年6月8日，中共中央、国务院、中央军委发出通知，要求地方政府对于军队裁军一百万予以大力协助。

对于1985年裁军一百万员额，当时的中国人民解放军总参谋长杨得志回忆说：

体制编制的改革，继续向深度和广度发展。1984年，中央军委要酝酿进一步精简整编方案时，邓主席提出全军员额再精简一百万。这是一个具有伟大气魄的决策。根据这一决策，我们重新认识了体改和精简的意义，认识到这一革命性的决定，是军队实现现代化的必经之路。

总参谋部党委会议经过充分研究后，责成总参军务部组织力量，从1984年上半年开始，对全军体制改革、精简整编进行深入的调查研究，综合论证，征求各方面的意见，进行前期的准备工作。到9月下旬，完成了方案的第一稿。11月，军委召开座谈会。在会上，我对精简一百万的方案提出了初步设想，请各大单位对方案评头论足。到会同志经过座谈讨论，基本赞成这个设想，但也提出很多意见。

---

① 《邓小平文选》第3卷，人民出版社1993年版，第126～129页。

会后，总参谋部做了大量工作，为修改、完善方案，就开了42次党委会，14次专题会。经过反复论证，多方协商，屡经修改，1984年下半年完成了《军队改革体制精简整编方案》。这是一个比较大的工程。邓主席多次指出，军队“消肿”的关键是改革体制。以前的几次精简整编，体制虽作了些变动，但变动不大，人减下来，过一阵子又回升。如1982年那次精简，我们在军队总定额以外，留了几万人的机动数，整编完成后不到一个月，不仅机动数没有了，还超了好几万。有的单位要求增加的人数，比原来减的人数还多。

这次接受了以往的教训，着力进行体制上的改革，从大军区调整，部队编成，机关精简，减少干部，三大学院合并，到人民武装部划归地方建制，边防部队移交给公安部门等，都是力争从根本上解决问题。应该说，我们是完成了一项历史性的任务。为实施这一方案，总参各部门，特别是军务部的同志，做了大量工作；总参党委的每个成员也付出了很多精力，老班子里的张震、何正文副总长，谭旌樵、刘凯总长助理等都做了大量工作。徐惠滋、何其宗副总长调来以后，也投入了这一工作。我们都还记得，1982年的那个精简整编方案，邓主席看完后感到不够满意，说可以作为第一步。1984年这个方案，党中央、中央军委都比较满意，邓主席也作了充分肯定。他说，精简一百万，是一件好事，不是消极的，是积极的，军队的组织机构精干了，工作效率提高了，战斗力加强了。在1985年5月底召开的军委扩大会议上，这一方案得以顺利通过。①

1985年5月中央军委扩大会议通过《军队改革体制精简整编方案》后，立即颁发全军执行。中国人民解放军总参谋部根据中央批准的方案，很快修改了编制标准，颁发了新的编制表，审批了全军各大单位的实施方案，并组织人员下去了解掌握各大单位改革和精简的进展情况，认真研究解决精简整编中出现的问题，及时向中共中央、中央军委报告，使军队改革体制、精简整编工作

---

① 杨得志:《军队要“消肿”》,载《中国人民解放军征程亲历记·精兵之路》,解放军出版社2007年版。

得以顺利进行。

在减少一百万军队员额过程中，许多有战功的部队被裁掉，许多单位包括一些大军区被撤销、合并，大批干部、战士转业、复员。凡此种种，工作难度很大，意见分歧也很大。面对这些艰巨任务，中国人民解放军总参谋部反复强调，要用邓小平的指示统一思想，坚定地走精兵之路，从军队建设的大局出发考虑问题。同时要求军务部门广泛听取意见，深入调查论证，各种方案要切实可行，处理问题要十分慎重。

在改革体制、精简整编过程中，总参谋部严格控制编制定额，及时总结推广先进经验，教育帮助进展缓慢的单位。从 1985 年至 1987 年，在全国人民支持下，经过艰苦努力，精简整编工作取得了显著成绩：

> 11 个大军区合并为 7 个；
>
> 撤并军以上机构 30 多个，师、团级单位减少了 4000 多个；
>
> 精简了机关，总参谋部、总政治部、总后勤部机关和各大军区机关都在原有基础上精简将近一半，海军、空军、第二炮兵和国防科学技术工业委员会机关也都作了较大精简；
>
> 撤销了部分军事院校；
>
> 将军事学院、政治学院、后勤学院合并为国防大学，裁减了大批机关、勤务人员；
>
> 县和县级市人民武装部划归地方建制，实行地方和军队双重领导；
>
> 组建了合成集团军；
>
> 减少了军官数量，改变了官兵比例不合理的状况；
>
> 减少了各级副职；
>
> 开始实行士官制度，机关、部队的 76 种职务由军官改为士官担任。

在中共中央、中央军委领导下，特别是在国务院和各级党委、人民政府的大力支持下，经过各个方面的共同努力，中国实现裁军一百万，人民解放军胜利完成改革体制、精简整编任务。

改革和精简的目标，是提高全军的战斗力。所以，军队员额减少了一百万，并没有削弱全军的战斗力，反而增强了战斗力。因为军队战斗力的强弱，不仅决定于军队人数，更重要的是取决于官兵素质、武器装备优劣，以及体制编制是否科学合理。

这次改革、精简完成后，全军加强了集中统一指挥，体制编制更加趋向合理，在精兵、合成、平时与战时结合、提高效能等方面向前迈进了一大步。

同时，军队员额大幅度减少一百万，相对减轻了国家的经济负担，增强了国家经济建设力量，加快了经济建设进度，使军队的长远建设有了更加坚实的基础。

1985 年开始的这次裁军，是中国人民解放军历史上的第八次裁军。从邓小平在中央军委扩大会议上宣布中国人民解放军裁减员额一百万，到顺利完成这一目标，历时三年。在编制体制和人员大变动中，全军指战员坚决服从中共中央、中央军委的命令，妥善处理各种关系，保持部队工作的连续性，保证训练、战备工作正常进行。

到 1987 年年底，经过体制改革和精简整编，人民解放军在精兵、合成、高效等方面提升到一个新水平。通过这次裁军，实现了四个方面的新进展：

一是陆军的军改编成集团军，将独立的装甲兵、炮兵、工兵等兵种部队编入集团军，并充实扩编了通信兵、防化兵等兵种，增编了电子对抗部队、伪装部队等专业兵种，集团军编成内的各兵种的火力、突击力和机动作战能力都大大超过了原陆军的军。二是陆军淘汰了骡马，实现了摩托化和半机械化。三是改革体制，裁并机构。直属中央军委和大军区的炮兵司令部、装甲兵司令部、工程兵司令部、防化兵部，分别缩编合并为总参谋部和大军区司令部所属的业务部；11 个大军区合并为 7 个。四是改变隶属关系，部队结构更加合理，指挥更加协调。

中国人民解放军实现百万大裁军后，陆军的专业兵种数量第一次超过步兵，炮兵成为陆军中的第一兵种，装甲兵成为陆军的主要突击力量，陆军航空兵、海军陆战队、陆军防空导弹部队等一大批新的兵种纷纷诞生，骑兵、司号兵等不适应现代战争的兵种和专业被取消。中国人民解放军以革命化、现代化、正规化的崭新面貌，承担着保卫祖国安全、维护世界和平的神圣使命。

进入 21 世纪，中国综合国力已实现历史性跨越，和平发展已具备坚实的基础，中国的国防和军队建设正向着革命化、现代化、正规化的方向加速推进。邓小平独具慧眼，在新军事革命初见端倪的时候，下决心对军队动大手术，使中国人民解放军的发展赶上了新军事变革时代潮流，走上了质量强军的建设道路。历史证明，邓小平不仅是中国改革开放的“总设计师”，也是中国国防和军队建设的“总设计师”。

中共十八大以后，中共中央总书记、中央军委主席习近平继承和发展邓小平的国防和军队建设思想，对国防和军队改革作出一系列重要论述，采取一系列重大举措。其实，人民军队发展的历史，本身实际上就是一个不断改革、不断完善、不断与时俱进的进程。例如，最早井冈山时期建立红四军，在中央革命根据地时期逐渐发展为红一军团、红三军团、红五军团等，然后各地相继建立红一方面军、红二方面军、红四方面军等等。红军整个军队的编制、军队的构成不断地根据形势发展变化而变化。在长征中红军部队还进行了多次改编，遵义会议后红一方面军各军团也进行了整编。缩编后，红一军团辖两个师，即第一师、第二师，共六个团。有的军团进行缩编后，军团以下就取消了师，直接是团。红三军团取消师，缩编为四个团；红五军团取消师，缩编为三个团。在向陕北进军的途中，又把红一军团、红三军团改编为中国工农红军陕甘支队，把红三军团并入红一军团，根据形势发展的需要对军队编制、军队结构不断地进行发展。全国性抗日战争爆发后，红一方面军、红二方面军、红四方面军统一改编为八路军三个师——第一一五师、第一二〇师、第一二九师。大批高级干部降职使用，因为整个部队的体制、军制、编制大大地缩小了，从过去的三个方面军变成三个师，方面军一级的干部、军团一级的干部、军一级的干部都要大量地职务下降，团长有可能当连长，师长有可能当营长，这很正常。还有一些干部到党校学习，到抗大学习，储备起来。八路军三个师东渡黄河，开赴华北前线，很快实行战略展开，又发展起来，建立了八路军晋冀鲁豫军区、晋察冀军区、晋绥军区、山东军区等等。解放战争开始后，建立中国人民解放军东北军区和东北野战军、华北军区和华北三个兵团、西北军区和西北野战军、中原军区和中原野战军、华东军区和华东野战军等等，人民军队的发展进入崭新的阶段。中华人民共和国成立后实行大军区设置：华北军区、西北军区、东北军区、华东军区、中南军区、西南军区。大军区设置也不断发展变化，有时八大军区，有时十一大军区，经过不断调整，形成七大军区。

因此，军队改革是随着形势、任务的变化不断地变化的，内涵和外延都在不断变化。中共十八大以后，在全面深化军队改革过程中，对军队改革进行全面部署、顶层设计，结合人民军队面临的形势和任务进行改革，非常重要，也非常必要。现代化战争需要现代化的军队，现代化的军队是由现代化的武器装备、现代化的人和具有现代化知识的干部来组成。

2015 年 11 月 24 日至 26 日，中央军委改革工作会议上，习近平指出，人民军队发展史，就是一部改革创新史。在党的领导下，我军从小到大、从弱到强、从胜利走向胜利，一路走来，改革创新的步伐从来没有停止过。我军之所以始终充满蓬勃朝气，同我军与时俱进不断推进自身改革是紧密联系在一起的。现在，我国进入由大向强发展的关键阶段，国防和军队建设处在新的历史起点上，放眼世界，纵观全局，审时度势，应对国际形势深刻复杂变化，坚持和发展中国特色社会主义，协调推进“四个全面”战略布局，贯彻落实强军目标和军事战略方针，履行好军队使命任务，都要求我们必须以更大的智慧和勇气深化国防和军队改革。对深化国防和军队改革，广大干部群众高度关注、积极支持，全军官兵热烈期盼、坚决拥护。总的看，深化国防和军队改革主客观条件比较有利，面临难得的机遇。

要正确认识和全面把握深化国防和军队改革的总体要求。

要明确深化国防和军队改革是一场整体性、革命性变革。

中央军委改革工作会议后，军队改革工作全面推进、具体实施。2015 年 12 月 31 日，中国人民解放军陆军领导机构、中国人民解放军火箭军、中国人民解放军战略支援部队成立大会在北京八一大楼隆重举行。

中国人民解放军成立陆军领导机构、火箭军、战略支援部队，是中共中央和中央军委着眼实现中国梦强军梦作出的重大决策，是构建中国特色现代军事力量体系的战略举措，必将成为人民军队现代化建设的一个重要里程碑，载入人民军队史册。

陆军是中国共产党最早建立和领导的武装力量，历史悠久，敢打善战，战功卓著，为党和人民建立了不朽功勋。陆军对维护国家主权、安全和发展利益具有不可替代的作用。火箭军是中国战略威慑的核心力量，是中国大国地位的战略支撑，是维护国家安全的重要基石。战略支援部队是维护国家安全的新型作战力量，是中国军队新质作战能力的重要增长点。

中共十八大后的军队改革是中共中央、中央军委和习近平领导下一次全新的改革，整个人民军队的面貌将朝着实现世界一流现代化军队的道路迈开前进步伐。这次军队改革首先从最高统帅部进行改革，由中国人民解放军总参谋部、总政治部、总后勤部、总装备部改革为中国共产党中央军事委员会下面设若干部、委、局。这是一种革命性的变革，它适应了新军事变革和新技术革命对军队建设提出的挑战，适应了高科技条件下现代战争对军队建设提出的挑战。军队改革的方向就是建立高度集中统一的最高统帅部，中国共产党中央军事委员会下面若干部、委、局作为中央军委的工作部门，撤销大军区，设立战区，建立陆军部和战略支援部队，对军师团营的编制和结构也将改革、变化。全面深化军队改革，要求军队各级指挥员进一步提升现代化知识、指挥现代化战争知识，熟悉现代化战场知识，应对现代化战争复杂局面知识，在中国共产党、中国人民和中华民族需要的时候就可以挺身而出，发挥重要作用。通过这一次军队改革，中国人民解放军将以世界一流的现代化的高科技的能够应对各种复杂局面能够完成多样化作战任务的全新形象展现在中国人民和世界人民面前。

“我向中央请求辞去现在担任的中共中央军事委员会主席职务”，邓小平南方谈话震撼中国、震撼世界

第一百五十九章

“我们制定的目标更重要的还是第三步”

1986年9月2日，邓小平接受美国哥伦比亚广播公司《60分钟》节目记者迈克·华莱士的电视采访。改革开放和现代化建设已经使中国发生了巨大的历史性变化。邓小平在这次谈话中，充满自信，精力充沛，有问必答，潇洒自如，妙语连珠，阐述和回答了迈克·华莱士提出的一系列重大问题。

华莱士：里根总统和夫人对我的节目很有兴趣，差不多每个星期天都看这个节目，在我的采访节目播出时，他们一定会观看。不知你有什么话对里根总统说？

邓小平：在里根总统和夫人访问中国时，我们认识了。我们相互间的谈话是融洽的和坦率的。我愿意通过你们的电视台，转达我对里根总统和夫人的良好祝愿。我希望在里根总统执政期间，中美关系能有进一步的发展。

华莱士：目前中美双方是否存在大的分歧问题？

邓小平：有。如果说中苏关系有三大障碍，中美关系也有个障碍，就是台湾问题，就是中国的海峡两岸统一的问题。美国有一种议论说，对中国的统一问题，即台湾问题，美国采取“不介入”的态度。这个话不真实。因为美国历来是介入的。在五十年代，麦克阿瑟、杜勒斯就把台湾看作是美国在亚洲和太平洋的“永不沉没的航空母舰”，所以台湾问题一直是中美建交谈判中最重要的问题。

华莱士：美国在处理美台关系时是否未能按照它承担的义务去做？

邓小平：我认为美国应该在这个问题上采取更明智的态度。

华莱士：什么态度？

邓小平：很遗憾地说，在卡特执政的后期，美国国会通过了《与台湾关系法》，这就变成了中美关系的一个很大的障碍。刚才我说，希望里根总统执政期间，能够使中美关系得到进一步发展，其中就包括美国在中国统一问题上能有所作为。我相信，美国特别是里根总统，在这个问题上是能有所作为的。

华莱士：他们在这个问题上能有哪些作为呢？

邓小平：可以鼓励、劝说台湾首先跟我们搞“三通”：通商、通航、通邮。通过这种接触，能增进海峡两岸的相互了解，为双方进一步商谈统一问题创造条件。

华莱士：台湾有什么必要同大陆统一？

邓小平：这首先是个民族问题，民族的感情问题。凡是中华民族子孙，都希望中国能统一，分裂状况是违背民族意志的。其次，只要台湾不同大陆统一，台湾作为中国领土的地位是没有保障的，不知道哪一天又被别人拿去了。第三点理由是，我们采取“一国两制”的方式解决统一问题。大陆搞社会主义，台湾搞它的资本主义。这对台湾的社会制度和生活方式不会改变，台湾人民没有损失。至于比较台湾和大陆的发展程度，这个问题要客观地看。差距是暂时的。拿大陆来说，我们建国三十七年来，有些失误，耽误了，但根据大陆的现行政策，发展速度不会慢，距离正在缩小。我相信大陆在若干年内至少不会低于台湾的发展速度。道理很简单，台湾资源很缺乏，大陆有丰富的资源。如果说台湾已发挥了自己的潜力，大陆的潜力还没有发挥，肯定会很快发挥出来的。而且就整体力量来说，现在大陆比台湾强得多。所以单就台湾国民平均收入比大陆现在高一些这一点来比较，是不全面的。

华莱士：中国谈到，搞现代化，发展经济，需要西方的资金，但现在西方投资者抱怨同中国做生意太难，存在一些问题，房租太高，谈合同争吵不休，各种税收名目繁多，劳动力太贵，贪污、受贿，还存在着官僚主义。您是否了解这些情况？

邓小平：我了解，是有这种现象。因为同西方做生意这对我们来说是一件新事物，有一些差错是难免的。外国投资者有这些意见，我能理解。

投资不赚一点钱，那不可能，那谁愿意来？我们正在采取一些有效措施改变这种状况，相信问题可以逐步得到解决。解决了这些问题，还会有新的问题产生，还要加以解决。作为领导来说，要摸清情况，采取措施，包括教育干部。

华莱士：现在中国领导提出致富光荣的口号，资本主义国家很多人对此感到意外，这个口号同共产主义有什么关系？

邓小平：我们经历了“文化大革命”。关于共产主义，“文化大革命”中有一种观点，宁要穷的共产主义，不要富的资本主义。我在一九七四年、一九七五年重新回到中央工作时就批驳了这种观点。正因为这样，当然还有其他原因，我又被打下去了。当时我告诉他们没有穷的共产主义，按照马克思主义观点，共产主义社会是物质极大丰富的社会。因为物质极大丰富，才能实现各尽所能、按需分配的共产主义原则。社会主义是共产主义第一阶段，当然这是一个很长很长的历史阶段。社会主义时期的主要任务是发展生产力，使社会物质财富不断增长，人民生活一天天好起来，为进入共产主义创造物质条件。不能有穷的共产主义，同样也不能有穷的社会主义。致富不是罪过。但我们讲的致富不是你们讲的致富。社会主义财富属于人民，社会主义的致富是全民共同致富。社会主义原则，第一是发展生产，第二是共同致富。我们允许一部分人先好起来，一部分地区先好起来，目的是更快地实现共同富裕。正因为如此，所以我们的政策是不使社会导致两极分化，就是说，不会导致富的越富，贫的越贫。坦率地说，我们不会容许产生新的资产阶级。

华莱士：在广东珠江三角洲，我看到现在农民生活得很好，有摩托车、彩电，自己盖新房。你们采取措施，鼓励他们致富。他们把一部分收入交给国家，其余部分归自己。这跟我们的制度差不多，我们的人交完税，其余的就归自己。

邓小平：我们的制度是以公有制为主体的，还有其他经济成分。现在在农村受到赞扬的有些万元户，一万元不过二三千美元，还是一年的收入，能够算富吗？我们就算富了，那能有多少？比起发达国家来，人均国民收入还是很低的。

华莱士：邓主任刚才谈到“文化大革命”，在那时候您和您的家人遭遇如何？

邓小平：那件事，看起来是坏事，但归根到底也是好事，促使人们思考，促使人们认识我们的弊端在哪里。毛主席经常讲坏事转化为好事。善于总结“文化大革命”的经验，提出一些改革措施，从政治上、经济上改变我们的面貌，这样坏事就变成了好事。为什么我们能在七十年代末和八十年代提出了现行的一系列政策，就是总结了“文化大革命”的经验和教训。

华莱士：到现在为止，还没有看到在中国的任何公众场合挂您的照片，这是为什么？

邓小平：我们不提倡这个。个人是集体的一分子。任何事情都不是一个人做得出来的。所以就我个人来说，我从来不赞成给我写传。我这个人，多年来做了不少好事，但也做了一些错事。“文化大革命”前，我们也有一些过失，比如“大跃进”这个事情，当然我不是主要的提倡者，但我没有反对过，说明我在这个错误中有份。如果要写传，应该写自己办的好事，也应该写自己办的不好的事，甚至是错事。

华莱士：还有两个问题。您说过，您要活到一百岁，然后可以去见马克思，到那时候，马克思旁边可能还坐着毛泽东，他们可能对您说些什么？

邓小平：我是个马克思主义者。我一直遵循马克思主义的基本原则。马克思主义，另一个词叫共产主义。我们过去干革命，打天下，建立中华人民共和国，就因为有这个信念，有这个理想。我们有理想，把马克思主义基本原则同中国实际相结合，所以我们才能取得胜利。革命胜利以后搞建设，我们也是把马克思主义的基本原则同中国实际相结合。我们搞四个现代化建设，人们常常忘记是什么样的四个现代化，是社会主义的四个现代化。这就是我们今天做的事。

华莱士：每个人都会问这样的问题：在过去几年中，邓小平干得不错，现代化搞得不错，经济在发展，人们不像以前那样担心害怕，但邓小平以后情况会怎样？是否会回到以前的状况？

邓小平：肯定不会。因为确定现行政策会不会发生变化的主要根据是，现行政策对不对，对国家来说对不对，对人民来说对不对，人民的日子是不是逐步好过一些。我相信人民的眼睛是雪亮的。现行政策只要一改变，人民生活肯定会下降。如果人民认为现行政策是正确的，谁要改变现行政策，谁就要被打倒。

华莱士：毛泽东逝世已经十年，他对现在的一些事会怎么看？现在的领导人主张致富光荣，主张个人幸福，允许私人办企业，准备搞政治改革，人民有了言论自由，这一切同毛泽东的主张都不一样，毛泽东会怎么看？

邓小平：有些不一样，但有些原则还是一样的。现在毛泽东思想还是我们的指导思想。我们有一个《关于建国以来党的若干历史问题的决议》，解答了这些问题。

华莱士：但我还是不清楚。邓小平领导下的中国和毛泽东领导下的中国是不一样的。看来中国现在在进行一场新的革命，至少是试图进行一场新的革命。

邓小平：这个话是对的，我们也讲现在我们搞的实质上是一场革命。从另一个意义来说，我们现在做的事都是一个试验。对我们来说，都是新事物，所以要摸索前进。既然是新事物，难免要犯错误。我们的办法是不断总结经验，有错误就赶快改，小错误不要变成大错误。

华莱士：最后一个问题。您是中国的第一号领导人物，您准备在主要领导人和主要顾问的位子上再留多长时间？

邓小平：我提倡废除终身制，而且提倡建立退休制度。你也知道，我同意大利记者法拉奇谈话时说，我干到一九八五年就行了，现在超过一年了。我正在考虑什么时候退休。就我个人来说，我是希望早退休。但这个问题比较困难，在党内和人民当中很难说服。我相信，在我有生之年退休，对现行政策能继续下去比较有利，也符合我个人向来的信念。但这件事还要做更多的说服工作。最终我是一个共产党员，要服从党的决定。我是一个中华人民共和国的公民，要服从人民的意愿。我还是希望能够说服人民。

华莱士：您当时告诉法拉奇准备一九八五年退休，您准备对华莱士作什么表示呢？

邓小平：坦率地告诉你，我正在说服人们，我明年在党的十三大时就退下来。但到今天为止，遇到的是一片反对声。①

中国大力推进改革开放，引发了中国的历史性巨变，古老的中国焕发了青春活力，发生着日新月异的深刻变革。全党同志和全国人民解放思想，拨乱反正，以经济建设为中心，坚持四项基本原则，坚持改革开放，坚决而有步骤地推进全面改革，不断深化对外开放，中国的经济、政治、思想、文化、国防、外交等各个领域都取得了显著成就。其中，经济建设尤为突出。1986 年同 1978 年相比，国民生产总值、工农业总产值、国家财政收入和城乡居民平均收入水平都大体翻了一番。中共十一届三中全会以来成为中华人民共和国成立后经济发展最为旺盛、国力增长最为迅速、人民生活得到改善最多的时期，开辟了中国共产党历史发展的新阶段。

为了更加明确认识中国正处于社会主义初级阶段，在此基础上进一步开创符合中国国情的中国特色社会主义道路，进一步深化改革、扩大开放，1986 年 9 月，中共十二届六中全会决定：1987 年 10 月在北京召开中国共产党第十三次全国代表大会。

中共十二届六中全会闭幕不久，与邓小平、李先念、陈云等曾经共同战斗了几十年的刘伯承、叶剑英等老一辈无产阶级革命家相继辞世。

此时，在中共中央政治局常委中，邓小平、李先念和陈云均年事已高。

中央领导集体必须实现新老交替，确保中国共产党开创的革命、建设和改革开放事业后继有人，继往开来……

为此，1986 年 10 月 30 日上午，邓小平和李先念来到陈云家中，三位革命老人进行了一次长时间的谈话。三位 20 世纪的革命老人聚会，殊为难得。工作人员“抓住机遇”，为三位革命老人“抓拍”了几张具有“历史意义”的照片，留下了“历史性记忆”。

随即，三位革命老人开始畅谈。这次谈话的时代意义和历史意义非同

① 《邓小平文选》第 3 卷，人民出版社 1993 年版，第 169 ~ 175 页。

寻常。

据负责陈云警卫工作的赵天元回忆：我刚走到值班室，电铃响了，我又赶紧转回，打开办公室门，看到李（先念）主席已起身往门口走，见我进来，三位老人都高声说：“烟，拿烟。”我赶忙向邓小平的秘书张宝忠要烟……谈话结束，邓小平和李主席走后，我看见烟灰缸里有六个过滤嘴烟头，邓小平在80分钟内抽完了六支香烟。

在三位革命老人中，只有邓小平一人抽烟。陈云、李先念都为邓小平找烟，说明三位革命老人的谈话内容非常重要。这次谈话的内容绝对秘密，其他人无人知晓，为三位革命老人服务的工作人员也不了解任何内情。

1987年1月16日，中共中央政治局扩大会议在北京举行。参加这次会议的有：中央政治局委员18人，中央政治局候补委员2人；中央书记处书记4人；中央顾问委员会负责人17人；中央纪律检查委员会负责人2人；以及其他有关同志。胡耀邦在会上请求中央批准他辞去中央总书记职务。会议一致同意接受他的辞职请求，继续保留其中央政治局委员和中央政治局常委的职务；赵紫阳被推选为中共中央代理总书记。会议号召全党继续执行中共十一届三中全会以来的路线、方针和各项政策，坚持四项基本原则，反对资产阶级自由化，坚持以经济建设为中心，集中力量发展社会生产力，实行全面改革，实行对外开放、对内搞活经济的政策，搞好其他各项工作，带领全国各族人民努力圆满实现第七个五年计划的任务。

会后，中共中央发出《关于当前反对资产阶级自由化若干问题的通知》。指出：搞资产阶级自由化，即否定社会主义制度、主张资本主义制度，核心是否定共产党的领导。反对资产阶级自由化的斗争关系到党和国家的命运，关系到社会主义事业的前途。进行这场斗争也是对广大党员进行一次坚持四项基本原则，全面、正确地理解和贯彻执行中共十一届三中全会以来的路线、方针、政策的教育。反对资产阶级自由化思潮的斗争贯穿于改革开放的整个过程中，因此它是长期的。但是这场斗争严格限于党内，而且主要在政治思想领域内进行，着重解决根本政治原则和政治方向问题。进行这场斗争，要始终坚持以正面教育为主、团结绝大多数的方针，不搞政治运动。

中共中央特别指出：坚持四项基本原则，坚持改革、开放、搞活，是党的十一届三中全会以来的路线的两个基本点，两者互相联系，缺一不可。

中共十一届三中全会确立以经济建设为中心的基本路线后，邓小平始终坚持，一以贯之，不论出现任何风浪，都不能动摇经济建设这个中心。在历史发展的关键时刻，邓小平总是以关键性的重要讲话，为改革开放指明方向，推动历史向前发展。

1987年2月6日，邓小平同几位中共中央负责人谈话，指出：

> 为什么一谈市场就说是资本主义，只有计划才是社会主义呢？计划和市场都是方法嘛。只要对发展生产力有好处，就可以利用。它为社会主义服务，就是社会主义的；为资本主义服务，就是资本主义的。好像一谈计划就是社会主义，这也是不对的，日本就有一个企划厅嘛，美国也有计划嘛。我们以前是学苏联的，搞计划经济。后来又讲计划经济为主，现在不要再讲这个了……
>
> 十三大报告要在理论上阐述什么是社会主义，讲清楚我们的改革是不是社会主义。要申明四个坚持的必要，反对资产阶级自由化的必要，改革开放的必要，在理论上讲得更加明白。十三大报告应该是一篇好的著作。①

根据邓小平的谈话精神，筹备中国共产党第十三次全国代表大会的工作正式开始。不久，邓小平《建设有中国特色的社会主义（增订本）》出版发行。所收文稿，由原来的22篇增加到44篇，其中有些是首次公布的内部谈话。全部文稿都经邓小平本人审定。新增文稿大大充实了坚持四项基本原则、坚持改革开放的内容。这部文集的出版，为中国共产党第十三次全国代表大会的主题奠定了坚实的理论基础和政治基础。

3月21日，中共中央代理总书记将《关于草拟十三大报告大纲的设想》

---

① 《邓小平文选》第3卷，人民出版社1993年版，第203页。

报告邓小平：

小平同志：

十三大报告正在草拟大纲。三月十八日，我邀集一波、尚昆、万里、乔木、启立同志座谈。大家都认为，这个文件，关系重大，一定要写好，要把三中全会以来我们建设有中国特色的社会主义的路线写清楚，写出分量来。

初步考虑，报告主要写七个部分。

一、讲三中全会以来，包括十二大以来，我国出现了哪些历史性的变化。

二、讲三中全会以来的路线，是从我国国情出发的马克思主义的路线。着重指出我国正处在社会主义的初级阶段，这是我们所以必须采取现在这样的方针政策而不能采取别的方针政策的基本根据。

三、由此而来的经济建设的发展战略。

四、由此而来的发展社会主义商品经济的任务，和我国经济体制改革的方向。

五、由此而来的建设社会主义民主政治的任务，和我国政治体制改革的原则。

六、由此而来的加强和改善党的领导的任务，包括执政党的领导体制、党内民主和对党的领导人的监督、党的干部、党的风气。

七、由此而来的在理论和思想指导上避免“左”、右两种倾向的必要性，着重阐明三中全会以来路线的两个基本点是坚持四项基本原则和坚持改革开放搞活，指出在新的实践中必须进行创造性的理论探索。

全篇拟以社会主义初级阶段作为立论的根据。这里所说的“社会主义初级阶段”，不是一般地泛指无产阶级取得政权以后的初级阶段，而是特指由中国的历史条件和社会条件所决定的、必须经历而不能逾越的初级阶段。

中国进入社会主义，不是脱胎于资本主义，而是脱胎于半殖民地半封建社会，由此产生了生产力、生产关系、上层建筑的一系列特点。中国又是一个发展中的大国，不仅与发达国家不同，而且与其他许多发展中国家不同。这就决定了中国的社会主义建设不能照搬其他国家的模式，必须从自己的国情出发，走自己的路。

确认中国处于社会主义初级阶段，一是明确指出我们是社会主义，不能倒回去搞资本主义，全盘西化是害国害民的；二是明确指出我们是初级阶段的社会主义，只能循序渐进，不能急于求成，也不能“急于求纯”，必须允许以公有制为主体的多种经济成分长期存在，必须允许以按劳分配为主体的多种分配原则长期存在，必须致力于发展社会主义商品经济，促进社会主义统一市场的形成和发育，正确处理计划调节和市场调节的关系。同时，进行政治体制改革，建设社会主义民主政治，也必须在我们党的领导下有秩序地逐步地展开。

看来，以社会主义的初级阶段立论，有可能把必须避免“左”、右两种倾向这个大问题说清楚，也有可能把我们改革的性质和根据说清楚。如能这样，对统一党内外认识很有好处，对国外理解我们政策的长期稳定性也很有好处。

“初级阶段”这个提法，在党的文件中已三次出现（历史问题决议、十二大报告、精神文明决议），但都没有发挥。

如您同意，报告的起草工作就准备循着这个思路加以展开，预计五月初可拿出一个粗线条的稿子来，推敲到七月，再在北戴河提请中央审议。

当否，请指示！

邓小平3月25日批示：“这个设计好。”

随后，中共中央代理总书记又将邓小平3月25日批示和《关于草拟十三大报告大纲的设想》转报中央政治局常委及书记处。

在此期间，中央媒体公开发表了“陈云在杭州植树”的一则消息。原来，陈云从1986年10月份公开出席刘伯承、叶剑英等人的追悼会后，再未公开露面。关注中国政治动向的世界主要媒体，尤其是香港媒体，纷纷作出各种猜测，预测中共中央领导集体将在中共十三大前后发生哪些变化。

1987年3月中旬，陈云从北京悄然来到杭州。为了打消香港等媒体有关陈云“重病在身”的无聊猜测，4月4日上午10时，陈云从杭州的住地乘车，来到杭州西郊“西湖新十景”之一的云栖，与杭州的干部和群众一起植树。

陈云来到“云栖竹径”碑亭旁，放眼四顾，无限春光。他兴致勃勃，脱下大衣，取下帽子，准备好好大干一场。警卫人员提醒：“天凉，可以戴上帽子。”陈云这次来参加植树，实际上具有深刻的“政治含义”——“辟谣”。通过“陈云植树”，说明陈云身体健康。所以，他说：“戴帽子照相看不清楚。”

“陈云植树”后，中央媒体立即发表了消息。当一位老同志到杭州看望陈云时，两个人立刻兴奋地谈起了前几天植树的事。这位老同志说：“我在电视里看你种树，使劲还挺大哩。”

陈云笑着说：“台湾报纸说我‘半身不遂’，香港报纸说我是‘重病在身，卧床不起’。老汉走路还可以嘛，还可以种树嘛。”

这时，根据邓小平的“设计”，中国共产党第十三次全国代表大会的筹备工作和其他各项工作都在顺利进行。

1987年4月26日，邓小平在会见捷克斯洛伐克总理时指出：搞社会主义，一定要使生产力发达，贫穷不是社会主义。我们坚持社会主义，要建设对资本主义具有优越性的社会主义，首先必须摆脱贫穷。现在虽说我们也在搞社会主义，但事实上不够格。只有到了21世纪中叶，达到了中等发达国家的水平，才能说真的搞了社会主义，才能理直气壮地说社会主义优于资本主义。现在我们正在向这个路上走。

4月30日，邓小平在会见西班牙社会党副总书记、西班牙政府副首相时提出了三步走的战略目标。在介绍了第一步和第二步的目标之后，邓小平指出：我们制定的目标更重要的还是第三步，在21世纪用30年到50年再翻两番，大体上达到人均4000美元。做到这一步，中国就达到中等发达的水平。这是我们的雄心壮志。目标不高，但做起来可不容易。邓小平还说：搞改革完全是一件新的事情，难免会犯错误，但我们不能怕，不能因噎废食，不能停步不前。胆子还是要大，没有胆量搞不成四个现代化。但处理具体事情要谨慎小心，及时总结经验。小错误难免，避免犯大错误。

7月1日，中共中央决定重新发表邓小平1980年8月18日在中央政治局扩大会议上的讲话《党和国家领导制度的改革》。《人民日报》发表社论《把政治体制改革提到日程上来》，《红旗》杂志1987年第13期发表社论《指导我国政治体制改革的纲领性文件》。这表明，在经济体制改革发展到一定阶段时，政治体制改革将逐步提到日程上来。

8月，邓小平会见意大利共产党领导人时说：今年10月我们党要召开十三大。十三大归根到底是改革开放的大会。十三大要阐述中国社会主义是处在一个什么阶段，就是处在初级阶段，是初级阶段的社会主义。社会主义本身是共产主义的初级阶段，而我们中国又处在社会主义的初级阶段，就是不发达的阶段。一切都要从这个实际出发，根据这个实际来制定规划。

为了进一步加快改革、扩大开放，有关方面推出一系列重大举措。

国务院法制局负责人9月7日指出，国家正在着手制定若干经济法规，使改革决策做到法律化、制度化。政府准备在总结经验的基础上，起草制定几个有关承包、租赁、股份方面的条例。政府还准备制定反摊派和反垄断的法规，以及反贪污、反索贿、反受贿等方面的法规。10月19日，《人民日报》报道：中国经济法制体系正在形成。中国新制定的500多项法律和法规中，经济立法占70%以上。经济审判工作逐步实现规范化、制度化、科学化。

9月下旬，全国计划会议和全国经济体制改革工作会议在北京召开。会议的中心议题是安排1988年国民经济和社会发展计划，讨论经济体制改革方案。会议提出的宏观调控目标和准备采取的主要措施是：大力增加农副产品和轻纺产品的生产和供应，保持国内市场和人民生活的稳定；保证必要的重点建设，压缩一般性建设，停建一批无效益的项目和楼堂馆所；从紧安排各项财政支出；从紧安排各项银行贷款，严格控制货币发行；进一步转变计划观念，推进计划体制的改革。会议确定1988年我国经济体制改革的主要任务是：按照发展社会主义商品经济的总目标，把经济体制改革同经济发展、同政治体制改革紧密结合起来，以企业经营机制、投资体制、物资体制和外贸体制改革为重点，同时进一步发展和完善各种市场，加强和改善宏观管理。既要推动微观经济机制的转换，又要促进宏观调控能力的增强，以利于增加供给，抑制需求，调整结构，提高效益，稳定物价，改善经济环境，促进国民经济持续稳定增长。

同月，中共中央、国务院发出《关于建立海南省及其筹建工作的通知》，考虑到海南发展的重要性和必要性，国务院提议将海南行政区从广东省划出，成立海南省。第六届全国人大常委会第二十二次会议经过讨论，一致赞成这一提议，决定提请第七届全国人大第一次会议审议、批准，并授权国务院着手进行海南省的筹建工作。

第一百六十章

“我们现在所干的事业是一项新事业，马克思没有讲过”

1987 年 10 月 20 日，中共十二届七中全会在北京举行。全会决定：10 月 25 日在北京召开中国共产党第十三次全国代表大会。全会讨论并通过了中国共产党中央委员会向十三大的报告和《中国共产党章程部分条文修正案》。

全会讨论并原则同意《政治体制改革总体设想》，并决定将其主要内容写入十三大报告。

全会确认 1987 年 1 月 16 日中央政治局扩大会议关于接受胡耀邦辞去中央委员会总书记职务的决定和推选代理中央委员会总书记的决定。

1986 年 10 月开始准备中共十三大人事安排工作时，邓小平与李先念、陈云共同约定，到中共十三大时一起退下来，不只是退出中共中央政治局常务委员会，而且要一退到底，退出中央政治局、中央委员会，统统退。

然而，在中共十二届七中全会上，大家一致认为：邓小平同志不能退。

为此，邓小平多次阐述自己的基本想法：我的身体看起来比较好，脑筋也是清楚的，但毕竟是 83 岁了。不知道什么时候身体会忽然不好，不能过问事情。假如我不能够退，我们“三老”共同约定的也就不好办。中央不能作表率，大家也想不通。老的不退，新的就上不来，椅子就这么几把。你占着这个位置，你坐着，他就没有位置，就只好站着。新的上不来，我们党就会老化，都成了七老八十的人，在这种状况下是危险的。到那时候，我们一退下来，年轻人一下子上不来，经验不够，锻炼不够，对执行中共十一届三中全会以来的路线有很大的不利。我们退下来，不仅有利于保持（中共十一届）三中全会以来正确路线的连续性、稳定性，而且还有利于我们真正地实行退休制度。

在这种情况下，中央人事安排小组经过议论和研究，提出了让邓小平“半退”的办法，即先退一点，过一段时间再全退。

在“改革开放总设计师”邓小平精心指导下，经过充分筹备，中国共产党第十三次全国代表大会于1987年10月25日至11月1日在北京举行。

全国人大常委会党外副委员长、全国政协党外副主席、各民主党派、全国工商联负责人和无党派爱国民主人士、少数民族和宗教界人士96人列席大会。中外记者（其中包括1名台湾记者）400多名采访大会。这在此前的历届代表大会上，均属首次。

会前，邓小平会见外宾时曾说，十三大主要有两个内容：

第一，把政治体制改革提到议事日程上来；

第二，使党的领导层更年轻化一些。

“十三大实际上应该叫做改革、开放的大会，要加快改革步伐，深化改革。”

“十三大要作的报告将从理论上阐述改革和开放的重要性、必要性。这是十三大的主题。政治体制改革要做的第一件事是使党和国家的领导层逐步年轻化。十三大报告中一个很重要的部分，是讲了到建国一百年时的经济发展战略，就是下个世纪中叶，二十一世纪五十年代，中国将发展到一个中等发达国家的水平。”①

中国共产党第十三次全国代表大会的主要议程是：

听取和审查第十二届中央委员会的报告；

听取和审查中央顾问委员会、中央纪律检查委员会的报告；

审议并通过《中国共产党章程部分条文修正案》；

选举第十三届中央委员会；

选举新一届中央顾问委员会、中央纪律检查委员会。

邓小平主持大会开幕式。

赵紫阳作了《沿着有中国特色的社会主义道路前进》的工作报告，主要内容是：一、历史性成就和这次大会的任务；二、社会主义初级阶段和党的

---

① 中共中央文献研究室：《十三大以来重要文献选编》（上），人民出版社1993年版，第1～2页。

基本路线；三、关于经济发展战略；四、关于经济体制改革；五、关于政治体制改革；六、在改革开放中加强党的建设；七、争取马克思主义在中国的胜利。

这次大会的中心任务是加快和深化改革。

改革开放是振兴中国的唯一出路，是人心所向，是大势所趋，不可逆转。

大会第一次系统地阐述了社会主义初级阶段理论，指出中国目前正处在社会主义初级阶段。根据这个理论，明确提出了党在社会主义初级阶段的基本路线。这条基本路线，可以概括为“一个中心，两个基本点”，即以经济建设为中心，坚持四项基本原则，坚持改革开放。它是党的十一届三中全会以来路线的继续、丰富和发展，是符合中国国情的精辟的理论阐释。

据此，大会提出了发展经济战略、经济体制改革、政治体制改革、改革开放中的党的建设、坚持和发展马克思主义等诸方面的基本方针。此外，规定了六个方面的长远性指导方针。

大会明确提出把是否有利于发展生产力，作为党在社会主义初级阶段考虑一切问题的出发点和检验一切工作的根本标准。根据中国国情和邓小平的设计，提出中国实现现代化要分三步走的经济发展战略部署。

关于经济体制改革，大会提出，要围绕转变企业经营机制这个中心环节，分阶段地进行计划、投资、物资、财政、金融、外贸等方面体制的配套改革，加快建立和培育社会主义市场体系，逐步建立起有计划的商品经济新体制的基本框架。社会主义有计划商品经济的体制，应该是计划与市场内在统一的体制。计划和市场的作用都是覆盖全社会的。新的经济运行机制，从总体上来说应当是“国家调节市场，市场引导企业”的机制。

大会强调，中国特色社会主义是马克思主义基本原理同中国现代化建设相结合的产物。马克思主义与实践的结合，在中国经历了两次历史性飞跃。

第一次飞跃，发生在新民主主义革命时期，中国共产党人经过反复探索，在总结成功和失败经验的基础上，找到了有中国特色的革命道路，把革命引向胜利。

第二次飞跃，发生在十一届三中全会以后，中国共产党人在总结新中国成立三十多年正反两方面经验的基础上，在研究国际经验和世界形势的基础上，开始找到一条建设中国特色社会主义道路，开辟了社会主义建设的新阶段。

大会认为，十一届三中全会以来，党在对社会主义再认识的过程中，在哲学、政治经济学和科学社会主义等方面，发挥和发展了一系列科学理论观点。包括：关于解放思想，实事求是，以实践作为检验真理的唯一标准的观点；关于建设社会主义必须根据本国国情，走自己的路的观点；关于在经济文化落后的条件下，建设社会主义必须有一个很长的初级阶段的观点；关于社会主义社会的根本任务是发展生产力，集中力量实现现代化的观点；关于社会主义经济是有计划的商品经济的观点；关于改革是社会主义社会发展的动力的观点；关于社会主义民主政治和社会主义精神文明是社会主义重要特征的观点；关于坚持四项基本原则同坚持改革开放的总方针这两个基本点相互结合、缺一不可的观点；关于用“一个国家、两种制度”来实现国家统一的观点；关于执政党的党风关系到党的生死存亡的观点；关于按照独立自主、完全平等、互相尊重、互不干涉内部事务的原则，发展同外国共产党和其他政党的关系的观点；关于和平与发展是当代世界的主题的观点；等等。

这些观点，构成了建设中国特色社会主义理论的轮廓，初步回答了中国社会主义建设的阶段、任务、动力、条件、布局和国际环境等基本问题，规划了前进的科学轨道，是指引我们事业前进的伟大旗帜。

中共十三大对党章部分条文作了修改。讨论并通过了《关于十二届中央委员会报告的决议》《关于党章部分条文修正案的决议》《关于中央顾问委员会工作报告的决议》《关于中央纪律检查委员会工作报告的决议》。

大会首次采用差额选举的方式选出由175名中央委员和110名候补中央委员组成的中国共产党第十三届中央委员会，选举出由200人组成的新一届中央顾问委员会和69人组成的新一届中央纪律检查委员会。

11月2日，中共十三届一中全会在北京举行，选举产生中央政治局。选举赵紫阳、李鹏、乔石、胡启立、姚依林为中央政治局常务委员会委员，赵紫阳为中央委员会总书记。

根据中央政治局常务委员会的提名，通过胡启立、乔石、芮杏文、阎明复为中央书记处书记，温家宝为候补书记。

决定邓小平为中央军委主席，赵紫阳为第一副主席，杨尚昆为常务副主席。

批准陈云为中央顾问委员会主任。

批准乔石为中央纪律检查委员会书记。

从中共十三届一中全会开始，邓小平实现“半退”，既不再担任中央政治局常委、中央政治局委员、中央顾问委员会主任的职务，也不再担任中央委员会和中央顾问委员会委员，只留任中共中央军委主席和中华人民共和国中央军委主席职务。

在中共十三大上，李先念、陈云也实行了“半退”，两人都退出中国共产党中央委员会。

陈云由中央纪律检查委员会第一书记改任中央顾问委员会主任。

李先念在中共十三大后由国家主席改任全国政协主席（国家主席由杨尚昆接替）。

彭真、邓颖超、徐向前、聂荣臻“四老”不约而同地提出“全退”，不再担任任何职务。彭真在第七届全国人大第一次会议上辞去全国人大常委会委员长职务（后来，全国人大常委会委员长由万里接替）。

邓颖超在第七届全国政协第一次会议上辞去全国政协主席职务（后来，全国政协主席由李先念接替）。

徐向前、聂荣臻辞去中央军委副主席职务。

邓小平对中共十三大取得的成果十分满意。中共十三大闭幕不久，邓小平会见日本社会党委员长土井多贺子时，畅谈了对十三大的看法：十三大报告是中国共产党集体智慧的结晶。他说：“我们党的十三大报告是集体创作，集中了几千人的智慧，有许多内容并不是我提出来的。当然，其中也有我的看法和意见，但大部分是集体的意见。一九七八年党的十一届三中全会以来的路线、方针和政策的制定，我是出了力的，但不只是我一个人。所以，不能把九年来的成绩都写到我个人的账上，可以写我是集体的一分子。过分夸大一个人的作用并不有利。”①

邓小平强调，中共十三大有两个特点：“党的十三大的特点，一个是阐述了中国社会主义初级阶段的理论，在这个理论指导下，坚定地贯彻党的十一届三中全会以来的路线、方针和政策；另一个是更新了中央领导班子，保证我们的改革开放政策能够连续贯彻下去，并且加快步伐。在十三大以前，国际舆论和国内的人民还有些担心我们的改革开放政策是不是会连续下去，十三大回答了这个问题，我国人民和国际朋友都放心了。”②

“话又说回来，我们现在所干的事业是一项新事业，马克思没有讲过，我们的前人没有做过，其他社会主义国家也没有干过，所以，没有现成的经验可学。我们只能在干中学，在实践中摸索。我们现在所干的事业，就是努力把中国变成一个现代化的社会主义国家。在经济上要达到中等发达国家的水平，还需要五六十年的时间，如果从中华人民共和国建立算起要用上百年的时间。”③

“我们要坚持建党几十年来最好时期的传统，就是要艰苦奋斗，谨慎办事，兢兢业业。还要看到我们的路是漫长的，还会遇到许多困难，错误也是难免的。关键在于不断地总结经验，使我们党的生活民主化，使我们国家的政治生活民主化。这样就能听到更多人的意见，特别是人民群众的意见。④

中共十三大的筹备、召开和政治报告，都是在邓小平精心指导下进行的，凝聚着全党的集体智慧和邓小平的心血。所以，邓小平多次说：“十三大政治报告是经过党的代表大会通过的，一个字都不能动。这个我征求了李先念、陈云同志的意见，他们赞成。”⑤

---

① 《邓小平文选》第 3 卷，人民出版社 1993 年版，第 258 页。

② 《邓小平文选》第 3 卷，人民出版社 1993 年版，第 258 页。

③ 《邓小平文选》第 3 卷，人民出版社 1993 年版，第 258 ~ 259 页。

④ 《邓小平文选》第 3 卷，人民出版社 1993 年版，第 259 页。

⑤ 《邓小平文选》第 3 卷，人民出版社 1993 年版，第 296 页。

第一百六十一章

“大家希望我当总书记、国家主席，我都拒绝了”

正确认识中国社会所处的历史阶段，是建设中国特色社会主义的首要问题，是制定和执行正确的路线和政策的根本依据。中国在20世纪50年代末之所以会出现“大跃进”那样的严重教训，根本原因就是超越了中国的发展阶段，急于求成，幻想“跑步进入共产主义”。

中共十三大明确指出：中国正处在社会主义初级阶段。这个论断包括两层含义。

> 第一，我国社会已经是社会主义社会。我们必须坚持而不能离开社会主义。第二，我国的社会主义社会还处在初级阶段。我们必须从这个实际出发，而不能超越这个阶段。在近代中国的具体历史条件下，不承认中国人民可以不经过资本主义充分发展阶段而走上社会主义道路，是革命发展问题上的机械论，是右倾错误的重要认识根源；以为不经过生产力的巨大发展就可以越过社会主义初级阶段，是革命发展问题上的空想论，是“左”倾错误的重要认识根源。
>
> 我国原来是一个半殖民地半封建的大国。从上个世纪中叶以来的一百多年间，经过各派政治力量的反复较量，经过旧民主主义革命的多次失败和新民主主义革命的最终胜利，证明资本主义道路在中国走不通，唯一的出路是在共产党领导下推翻帝国主义、封建主义和官僚资本主义的反动统治，走社会主义道路。
>
> 但是，也正因为我们的社会主义是脱胎于半殖民地半封建社会，生产力水平远远落后于发达的资本主义国家，这就决定了我们必须经历一个很长的初级阶段，去实现别的许多国家在资本主义条件下实现的工业化和生

产的商品化、社会化、现代化。

经过三十多年来社会主义的发展，我国当前的情况是怎样的呢？一方面，以生产资料公有制为基础的社会主义经济制度、人民民主专政的社会主义政治制度和马克思主义在意识形态领域中的指导地位已经确立，剥削制度和剥削阶级已经消灭，国家经济实力有了巨大增长，教育科学文化事业有了相当发展。另一方面，人口多，底子薄，人均国民生产总值仍居于世界后列。突出的景象是：十亿多人口，八亿在农村，基本上还是用手工工具搞饭吃；一部分现代化工业，同大量落后于现代水平几十年甚至上百年的工业，同时存在；一部分经济比较发达的地区，同广大不发达地区和贫困地区，同时存在；少量具有世界先进水平的科学技术，同普遍的科技水平不高，文盲半文盲还占人口近四分之一的状况，同时存在。

生产力的落后，决定了在生产关系方面，发展社会主义公有制所必需的生产社会化程度还很低，商品经济和国内市场很不发达，自然经济和半自然经济占相当比重，社会主义经济制度还不成熟不完善；在上层建筑方面，建设高度社会主义民主政治所必需的一系列经济文化条件很不充分，封建主义、资本主义腐朽思想和小生产习惯势力在社会上还有广泛影响，并且经常侵袭党的干部和国家公务员队伍。这种状况说明，我们今天仍然远没有超出社会主义初级阶段。

在中国这样落后的东方大国中建设社会主义，是马克思主义发展史上的新课题。我们面对的情况，既不是马克思主义创始人设想的在资本主义高度发展的基础上建设社会主义，也不完全相同于其他社会主义国家。照搬书本不行，照搬外国也不行，必须从国情出发，把马克思主义基本原理同中国实际结合起来，在实践中开辟有中国特色的社会主义道路。在这个问题上，我们党作过有益探索，取得过重要成就，也经历过多次曲折，付出了巨大代价。

从五十年代后期开始，由于“左”倾错误的影响，我们曾经急于求成，盲目求纯，以为单凭主观愿望，依靠群众运动，就可以使生产力急剧提高，以为社会主义所有制形式越大越公越好。我们还曾经长期把发展生产力的任务推到次要地位，在社会主义改造基本完成后还“以阶级斗争为纲”。许多束缚生产力发展的、并不具有社会主义本质属性的东西，或者只适合于某种特殊历史条件的东西，被当作“社会主义原则”加以固守；许多在社会主义条件下有利于生产力发展和生产商品化、社会化、现代化的东西，被当作“资本主义复辟”加以反对。由此而形成的过分单一的所有制结构和僵化的经济体制，以及同这种经济体制相联系的权力过分集中的政治体制，严重束缚了生产力和社会主义商品经济的发展。这种情况教育我们，清醒地认识基本国情，认识我国社会主义所处的历史阶段，是极端重要的问题。

我国社会主义的初级阶段，不是泛指任何国家进入社会主义都会经历的起始阶段，而是特指我国在生产力落后、商品经济不发达条件下建设社会主义必然要经历的特定阶段。我国从五十年代生产资料私有制的社会主义改造基本完成，到社会主义现代化的基本实现，至少需要上百年时间，都属于社会主义初级阶段。这个阶段，既不同于社会主义经济基础尚未奠定的过渡时期，又不同于已经实现社会主义现代化的阶段。

我们在现阶段所面临的主要矛盾，是人民日益增长的物质文化需要同落后的社会生产之间的矛盾。为了解决现阶段的主要矛盾，就必须大力发展商品经济，提高劳动生产率，逐步实现工业、农业、国防和科学技术的现代化，并且为此而改革生产关系和上层建筑中不适应生产力发展的部分。

总起来说，我国社会主义初级阶段，是逐步摆脱贫穷、摆脱落后的阶段；是由农业人口占多数的手工劳动为基础的农业国，逐步变为非农产业人口占多数的现代化的工业国的阶段；是由自然经济半自然经济占很大比重，变为商品经济高度发达的阶段；是通过改革和探索，建立和发展充满活力的社会主义经济、政治、文化体制的阶段；是全民奋起，艰苦创业，实现中华民族伟大复兴的阶段。

从社会主义初级阶段的实际出发，应当确立具有长远意义的指导方针：

必须集中力量进行现代化建设。社会主义社会的根本任务是发展生产力。在初级阶段，为了摆脱贫穷和落后，尤其要把发展生产力作为全部工作的中心。是否有利于发展生产力，应当成为我们考虑一切问题的出发点和检验一切工作的根本标准。必须始终不渝地发扬艰苦奋斗精神，勤俭建国，勤俭办一切事业。

必须坚持全面改革。社会主义是在改革中前进的社会。在初级阶段，特别在当前时期，由于长期形成的僵化体制严重束缚着生产力的发展，改革更成为迫切的历史要求。改革是社会主义生产关系和上层建筑的自我完善，是推进一切工作的动力。

必须坚持对外开放。当代国际经济关系越来越密切，任何国家都不可能在封闭状态下求得发展。在落后基础上建设社会主义，尤其要发展对外经济技术交流和合作，努力吸收世界文明成果，逐步缩小同发达国家的差距。闭关自守只能越来越落后。

必须以公有制为主体，大力发展有计划的商品经济。商品经济的充分发展，是社会经济发展不可逾越的阶段，是实现生产社会化、现代化的必不可少的基本条件。在所有制和分配上，社会主义社会并不要求纯而又纯，绝对平均。在初级阶段，尤其要在以公有制为主体的前提下发展多种经济成分，在以按劳分配为主体的前提下实行多种分配方式，在共同富裕的目标下鼓励一部分人通过诚实劳动和合法经营先富起来。

必须以安定团结为前提，努力建设民主政治。社会主义应当有高度的民主，完备的法制和安定的社会环境。在初级阶段，不安定因素甚多，维护安定团结尤为重要。必须正确处理人民内部矛盾。人民民主专政不能削弱。社会主义民主政治的建设，既因为封建专制主义影响很深而具有特殊的迫切性，又因为受到历史的社会的条件限制，只能有秩序有步骤地进行。

必须以马克思主义为指导，努力建设精神文明。要根据十二届六中全会关于精神文明建设的决议，按照“有理想、有道德、有文化、有纪律”的要求，提高整个民族的思想道德素质和科学文化素质。我们的现代化建设和改革开放，对社会主义精神文明建设是巨大的促进，同时也对它提出了很高的要求。要努力形成有利于现代化建设和改革开放的理论指导、舆论力量、价值观念、文化条件和社会环境，克服小生产的狭隘眼界和保守习气，振奋起全国各族人民献身现代化事业的巨大热情和创造精神。

在社会主义初级阶段，我们党的建设有中国特色的社会主义的基本路线是：领导和团结全国各族人民，以经济建设为中心，坚持四项基本原则，坚持改革开放，自力更生，艰苦创业，为把中国建设成为富强、民主、文明的社会主义现代化国家而奋斗。

坚持社会主义道路、坚持人民民主专政、坚持中国共产党的领导、坚持马克思列宁主义毛泽东思想这四项基本原则，是我们的立国之本。坚持改革开放的总方针，是十一届三中全会以来党的路线的新发展，它赋予四项基本原则以新的时代内容。坚持四项基本原则和坚持改革开放这两个基本点，相互贯通，相互依存，统一于建设有中国特色的社会主义的实践。

以经济建设为中心，坚持两个基本点，这就是我们的主要经验，这就是党在社会主义初级阶段的基本路线的主要内容。

在社会主义初级阶段，发展社会生产力所要解决的历史课题，是实现工业化和生产的商品化、社会化、现代化。我国的经济建设，肩负着既要着重推进传统产业革命，又要迎头赶上世界新技术革命的双重任务。完成这个任务，必须经过长期的有步骤分阶段的努力奋斗。

党的十一届三中全会以后，我国经济建设的战略部署大体分三步走。第一步，实现国民生产总值比一九八〇年翻一番，解决人民的温饱问题。这个任务已经基本实现。第二步，到本世纪末，使国民生产总值再增长一倍，人民生活达到小康水平。第三步，到下个世纪中叶，人均国民生产总值达到中等发达国家水平，人民生活比较富裕，基本实现现代化。然后，在这个基础上继续前进。

在中国共产党第十三次全国代表大会上，有一个全世界新闻媒体都非常关注的“重大新闻”——邓小平实现“半退”，不再担任中央政治局常委、中央政治局委员、中央委员，只担任中国共产党中央军事委员会主席。

中国进入改革开放新时期后，邓小平始终不渝、坚持不懈地推进干部队伍的“革命化、年轻化、知识化、专业化”建设，为建立充满生机与活力的干部队伍、保证改革开放和现代化建设的顺利发展，作出重要的开拓性贡献。从中共十一届六中全会开始，邓小平按照关于实现中央领导集体新老交替的基本思想，逐步实施，逐步推进，率先离开中央主要领导岗位，为新老交替奠定重要基础，带了一个好头。

虽然 1987 年和 1989 年曾发生过两次更换中共中央总书记的重大人事变动，但是邓小平采取了辩证唯物主义与历史唯物主义的科学态度。他说：“虽然两个接班人都没有站住，但在当时，按斗争的经验、按工作的成就、按政治思想水平来说，也只能作出那样的选择。”① 而且，不论发生任何风浪，邓小平关于实现中央领导集体新老交替的决心始终坚定不移，一以贯之，毫不动摇，全力推进。

在中国共产党的历史上，邓小平是认真总结新老交替历史经验与教训的典范，是认真研究、开拓创新、身体力行中国共产党新老交替的榜样。中共十一届三中全会后，邓小平深刻总结毛泽东在选择接班人问题上的经验教训，在新老交替问题上进行了独具魄力的大胆创新。他通过深刻论述，勇敢实践，开辟了新路——第一次提出废除领导职务终身制，第一次提出实行干部队伍革命化、年轻化、知识化、专业化，第一次提出建立顾问委员会，第一次自己主动从中央领导岗位上退下来。

邓小平的这些重要举措，为中央新老交替作出开创性贡献，奠定了顺利进行新老交替的坚实基础。在中国共产党历史上，邓小平是推进新老交替的先行者、开拓者、创造者，为实现中央领导层的新老交替，开创了先例，树立了榜样，立下了规矩，创造了经验。

中国共产党在改革开放新时期很好地解决了中央领导层的新老交替问题，对国际共产主义运动是一个重大贡献。

1988 年 9 月 5 日，邓小平会见东欧一个社会主义国家的总统时说：“我有一个观点，如果一个党、一个国家把希望寄托在一两个人的威望上，并不很健康。那样，只要这个人一有变动，就会出现不稳定。十一届三中全会以后，大家希望我当总书记、国家主席，我都拒绝了。”②

邓小平强调：“在党的十三大上，我和一些老同志退出了领导核心。这表明，中国的未来要靠新的领导集体。”③

---

① 《邓小平文选》第 3 卷，人民出版社 1993 年版，第 309 页。
② 《邓小平文选》第 3 卷，人民出版社 1993 年版，第 272 页。
③ 《邓小平文选》第 3 卷，人民出版社 1993 年版，第 272 页。

第一百六十二章

“第二代是我们这一代，现在换第三代”

20 世纪 80 年代末期至 90 年代初期，国际形势急剧变化。“任凭风浪起，稳坐钓鱼船。”“不管风吹浪打，胜似闲庭信步。”政治家的基本特质，就是对于认准了的事情绝不动摇，坚持到底，扭住不放。1989 年春夏之交，中国发生政治风波。邓小平敏锐地注视着事态的发展变化，坚定不移地、毫不动摇地推进改革开放和社会主义现代化建设。

针对国际国内形势的发展，1989 年 5 月 31 日，邓小平同两位中央负责同志谈话：改革开放政策不变，几十年不变，一直要讲到底。国际国内都很关心这个问题。要继续贯彻执行十一届三中全会以来的路线、方针、政策，连语言都不变……

为了继续推进中共十一届三中全会开创的改革开放和现代化建设事业，邓小平作了认真思考和果断决策。他认为：

要改换领导层。新的中央领导机构要使人民感到面貌一新，感到是一个实行改革的有希望的领导班子。这是最重要的一条。这是向人民亮相啊！人民是看实际的。如果我们摆一个阵容，使人民感到是一个僵化的班子，保守的班子，或者人民认为是个平平庸庸体现不出中国前途的班子，将来闹事的情形就还会很多很多，那就真正要永无宁日。这次事情总的说还没有完啊！目前学生还没有上课，就是上了课，也还会上街。肯定的一点是，不论工人也好，农民也好，知识分子也好，学生也好，还是希望改革的。这次什么口号都出来了，但是没有打倒改革的口号。不过，某些人所谓的改革，应该换个名字，叫作自由化，即资本主义化。他们“改革”的中心是资本主义化。我们讲的改革与他们不同，这个问题还要继续争论的。总之，有一个新的改革的面貌，是确定新班子成员的一个十分重要的问题。不是九分九，而是十分重要的问题。我们要看到这个大局。①

中共中央新的领导集体建立后，主要应该抓哪些工作？邓小平指出：

要扎扎实实做几件事情，体现出我们是真正反对腐败，不是假的。本来我们就是要反对腐败的。对腐败的现象我也很不满意啊！反对腐败，几年来我一直在讲，你们也多次听到我讲过，我还经常查我家里有没有违法乱纪的事。腐败的事情，一抓就能抓到重要的案件，就是我们往往下不了手。这就会丧失人心，使人们以为我们在包庇腐败。这个关我们必须过，要兑现。是一就是一，是二就是二，该怎么处理就怎么处理，一定要取信于民。腐败、贪污、受贿，抓个一二十件，有的是省里的，有的是全国范围的。要雷厉风行地抓，要公布于众，要按照法律办事。该受惩罚的，不管是谁，一律受惩罚。②

抓住机遇，改革开放，是邓小平的一贯主张。他强调：

一个好班子，搞改革开放的班子，就要明白地做几件开放的事情。凡是遇到机会就不要丢，就是要坚持，要干起来，要体现改革开放，大开放。我过去说过要再造几个“香港”，就是说我们要开放，不能收，要比过去更开放。不开放就发展不起来。我们本钱少，但可以通过开放，增加就业，搞税收，利用地皮得点钱，带动发展各行各业，增加财政收入，获得益处。以香港为例，对我们就是有益处的。如果没有香港，起码我们信息就不灵通。总之，改革开放要更大胆一些。③

作为经历了中国革命、建设和改革开放各个历史时期的老一代领导人，邓小平对于新的中央领导集体有许多期望。他说：

---

① 《邓小平文选》第3卷，人民出版社1993年版，第296～297页。
② 《邓小平文选》第3卷，人民出版社1993年版，第297页。
③ 《邓小平文选》第3卷，人民出版社1993年版，第297页。

今天请你们来，让大家来考虑一下这个论点对不对。一个是组成具有改革开放形象的中央领导班子，使人民放心，这是取信于民的第一条。第二条是真正干出几个实绩，来取信于民。要惩治腐败，并体现我们不但不会改变改革开放的政策，而且要继续深化改革、扩大开放。要拿事实给人民看，这样人民的心里才会平静下来。不然就会今天一个上街，明天一个上街。如果不从更深的角度来考虑这个问题，那末一个月、两个月、三个月的平静都靠不住。要看到这个大局。①

中国共产党半个多世纪的历史充满了丰富的实践经验，充满了深邃的历史智慧，充满了使人启迪的政治智慧。邓小平深刻回顾中国共产党历史和中共中央领导集体的发展过程说：

我们政治局、政治局常委会、书记处的同志，都是管大事的人，考虑任何问题都要着眼于长远，着眼于大局。许多小局必须服从大局，关键是这个问题。人都有缺点，我们在座的人都有缺点，别人一样也有缺点。各有各的缺点，各有各的弱点。当然缺点有大有小，有多有少。没有缺点的人是没有的。

毫无疑问，就从政的经验、斗争的经验来说，我们的班子有弱点，这是事实。从毛刘周朱开始，中国共产党才真正形成了一个稳定的成熟的领导集体。以前的领导都是很不稳定，也很不成熟的。从陈独秀起，一直到遵义会议，没有一届是真正成熟的。在这中间有一段时间，说是要强调工人阶级领导，就勉强拉工人来当领导。

我们党的历史上，真正形成成熟的领导，是从毛刘周朱这一代开始。这一代的前期是好的，后期搞“文化大革命”，变成一场灾难。

华国锋只是一个过渡，说不上是一代，他本身没有一个独立的东西，就是“两个凡是”。

第二代是我们这一代，现在换第三代。要真正建立一个新的第三代领

① 《邓小平文选》第3卷，人民出版社1993年版，第298页。

导。这个领导要取信于民，使党内信得过，人民信得过。不是说对班子里的每个人都满意，而是对这个集体满意。人们对班子里的每个人都可能会有这样那样的意见，但对整个集体表示满意就行了。

我们这个第二代，我算是个领班人，但我们还是一个集体。对我们这个集体，人民基本上是满意的，主要是因为我们搞了改革开放，提出了四个现代化的路线，而且真正干出了实绩。

第三代的领导也一样要取信于民，要干出实绩。关门可不行啊，中国不可能再回到过去那种封闭时代。那种封闭的方式也造成了灾难啊，例如“文化大革命”。在那种状态下，经济不可能发展，人民生活不可能改善，国家力量也不可能增强。现在世界的发展一日千里，每天都在变化，特别是科学技术，追都难追上。①

中共第三代中央领导集体建立时，面临着复杂的国际形势和国内繁重的改革、发展和稳定任务。邓小平提出殷切希望和要求，作为自己的政治交代：

第三代的领导要取信于民，要得到人民对这个集体的信任，使人民团结在一个他们所相信的党中央领导集体周围。反对资产阶级自由化，坚持四项基本原则，这不能动摇。这一点我任何时候都没有让过步。中国不搞四个坚持能行吗？人民民主专政能不用吗？坚持不坚持人民民主专政，坚持不坚持马克思主义，坚持不坚持社会主义，坚持不坚持共产党的领导，这是个根本问题。

我们组成的这个新的领导机构，眼界要非常宽阔，胸襟要非常宽阔，这是对我们第三代领导人最根本的要求。我们的第一代领导人前期是胸襟宽阔的，我们第二代基本上也是胸襟宽阔的，对第三代领导以及以后的领导都应该有这样的要求。进入新的政治局、书记处特别是常委会的人，要从改革开放这个角度来选。

新的领导机构要坚持做几件改革开放的事情，证明你们起码是坚持改

① 《邓小平文选》第3卷，人民出版社1993年版，第298～299页。

革开放，是真正执行十一届三中全会以来的改革开放政策的。这样人民就可以放心了。现在我们起用人，要抛弃一切成见，寻找人民相信是坚持改革路线的人。要抛弃个人恩怨来选择人，反对过自己的人也要用。过去毛主席就曾经长期敢于用反对过他的人。考虑人的角度，也要深化，这也是一种改革，是思想上的改革，思想上的解放。

我诚恳地希望，在选人的问题上，要注意社会公论，不能感情用事。要用政治家的风度来处理这个问题。我们现在就是要选人民公认是坚持改革开放路线并有政绩的人，大胆地将他们放进新的领导机构里，要使人民感到我们真心诚意要搞改革开放。人都是有缺点的，进了班子后还可以继续改进。

一个是现在要用人们公认的改革者，再一个是新的领导机构应该做几件改革开放的事情给大家看。三个月内，半年内，形象就可以树立起来了。学生不过是提出继续进行改革的要求，而我们是真干。这样就合拍了，隔阂就自然消除了。这样的隔阂，不是写文章、辩论就可以消除的。这次出这样的乱子，其中一个原因，是由于腐败现象的滋生，使一部分群众对党和政府丧失了信心。因此，我们首先要清理自己的错误，对群众的一些行动要谅解一些，处理时要适度，涉及面不要太广。

进入中央最高层的每个成员，都要不再是过去的自己，不再停留在过去的水平上，因为责任不同了。每个人从自身的角度，包括自己的作风等方面，都要有变化，要自觉地变化。领导这么一个国家不容易呀！责任不同啊！最重要的问题是要胸襟开阔。要从大局看问题，放眼世界，放眼未来，也放眼当前，放眼一切方面。

还有一个问题，党内无论如何不能形成小派、小圈子。我们这个党，严格地说来没有形成过这一派或那一派。三十年代在江西的时候，人家说我是毛派，本来没有那回事，没有什么毛派。能容忍各方面、团结各方面是一个关键性的问题。自我评论，我不是完人，也犯过很多错误，不是不犯错误的人，但是我问心无愧，其中一点就是从来不搞小圈子。过去我调任这样那样的工作，就是一个人，连勤务员都不带。小圈子那个东西害死人呐！很多失误就从这里出来，错误就从这里犯起。你们是要在第一线顶着干工作的，所以我今天要讲这一点。

新的领导班子一经建立了威信，我坚决退出，不干扰你们的事。希望大家能够很好地以江泽民同志为核心，很好地团结。只要这个领导集体是团结的，坚持改革开放的，即使是平平稳稳地发展几十年，中国也会发生根本的变化。关键在领导核心。我请你们把我的话带给将要在新的领导机构里面工作的每一个同志。这就算是我的政治交代。①

1989年6月9日，邓小平公开发表重要讲话，重申中共十一届三中全会以来制定的路线、方针、政策，中共十三大概括的“一个中心、两个基本点”的基本路线，改革开放和现代化建设十年来的发展战略和方针政策，包括改革开放，都是对的，要坚定不移地干下去，不能动摇。

邓小平强调：“以后我们怎么办？我说，我们原来制定的基本路线、方针、政策，照样干下去，坚定不移地干下去。”②

这是邓小平向党内外、国内外表明坚定不移地改革开放的决心。他强调：

党的十一届三中全会制定的路线、方针、政策，包括我们发展战略的“三部曲”，正确不正确？是不是因为发生了这次动乱，我们制定的路线、方针、政策的正确性就发生问题？我们的目标是不是一个“左”的目标？是否还要继续用它作为我们今后奋斗的目标？这些大的问题，必须作出明确、肯定的回答。我们第一个翻一番的目标已经完成了，第二个翻一番的目标计划用十二年完成，再往后五十年，达到一个中等发达国家的水平。这就是我们的战略目标。对此，我想我们做出的不是一个“左”的判断，制定的也不是一个过急的目标。因此，对第一个问题的回答，应当说，我们所制定的战略目标，现在至少不能说是失败的。在六十一年后，一个十五亿人口的国家，达到中等发达国家的水平，是了不起的事情。实现这样一个目标，应该是能够做到的。不能因为这次事件的发生，就说我们的战略目标错了。

---

① 《邓小平文选》第3卷，人民出版社1993年版，第299～301页。
② 《邓小平文选》第3卷，人民出版社1993年版，第307页。

如何看待中国共产党第十三次全国代表大会确定的改革开放和现代化建设新时期党的基本路线，邓小作出了旗帜鲜明的回答：

> 党的十三大概括的“一个中心、两个基本点”对不对？两个基本点，即四个坚持和改革开放，是不是错了？我最近总在想这个问题。我们没有错。四个坚持本身没有错，如果说有错误的话，就是坚持四项基本原则还不够一贯，没有把它作为基本思想来教育人民，教育学生，教育全体干部和共产党员……
>
> 改革开放这个基本点错了没有？没有错。没有改革开放，怎么会有今天？这十年人民生活水平有较大提高，应该说我们上了一个台阶，尽管出现了通货膨胀等问题，但十年改革开放的成绩要充分估计够……
>
> 重要的是，切不要把中国搞成一个关闭性的国家。实行关闭政策的做法对我们极为不利，连信息都不灵通。现在不是讲信息重要吗？确实很重要。做管理工作的人没有信息，就是鼻子不通，耳目不灵。再是绝不能重复回到过去那样，把经济搞得死死的。我提出的这个建议，请常委研究。这也是个比较急迫的问题，总要接触的问题。
>
> 这是总结我们过去十年。我们的一些基本提法，从发展战略到方针政策，包括改革开放，都是对的。要说不够，就是改革开放得还不够……①

最后，邓小平谆谆告诫：“要坚定不移地执行党的十一届三中全会以来制定的一系列路线、方针、政策，要认真总结经验，对的要继续坚持，失误的要纠正，不足的要加点劲。总之，要总结现在，看到未来。”②

---

① 《邓小平文选》第 3 卷，人民出版社 1993 年版，第 305 ~ 307 页。
② 《邓小平文选》第 3 卷，人民出版社 1993 年版，第 308 页。

第一百六十三章

“任何一个领导集体都要有一个核心”

在中国共产党历史上，遵义会议形成以毛泽东为核心的第一代中央领导集体，领导全党和全国各族人民，经过长期奋斗，夺取新民主主义革命胜利，建立中华人民共和国，把一百多年来受尽外国侵略欺凌的半殖民地半封建的旧中国，变成了独立自主的社会主义新中国，进而建立社会主义基本制度，解放和发展生产力，对社会主义建设道路进行了艰辛探索。

中共十一届三中全会形成以邓小平为核心的第二代中央领导集体，领导全党和全国各族人民开始又一次伟大革命，实行改革开放，进一步解放和发展生产力。要经过长期奋斗，把中国由不发达的社会主义国家变成富强民主文明的社会主义现代化国家，使社会主义的优越性在中国充分体现出来。

改革开放这场新的革命，是在过去革命取得成功和社会主义建设取得巨大成就的基础上进行的，是在中国共产党领导下有秩序有步骤地进行的。它不是要改变社会主义制度的性质，而是社会主义制度的自我完善和发展。它不是对原有经济体制细枝末节的修补，而是经济体制的根本性变革。

邓小平明确指出：“党的十一届三中全会建立了一个新的领导集体，这就是第二代的领导集体。在这个集体中，实际上可以说我处在一个关键地位。”①

粉碎“四人帮”后，特别是中共十一届三中全会后的历史，清楚地反映出第二代中央领导集体的历史功绩：

粉碎“四人帮”的胜利从危难中挽救了党和国家，但“文化大革命”遗留下来的政治、思想、组织和经济上的混乱还极其严重。中共十一届三中全会和全会形成的以邓小平为核心的中央领导集体，承担起艰巨的使命，实现伟大的历史性转折，开创了改革开放新时期。

---

① 《邓小平文选》第3卷，人民出版社1993年版，第309页。

在中共十一届三中全会前后领导和支持关于真理标准问题的讨论，冲破个人崇拜和“两个凡是”的束缚，确立解放思想、实事求是的马克思主义思想路线。

在中共十一届三中全会上毅然抛弃“以阶级斗争为纲”的“左”的错误方针，把党和国家工作中心转移到经济建设上来，确立以经济建设为中心的马克思主义政治路线。

中共十一届三中全会作出实行改革开放的伟大决策。会后，强调必须坚持社会主义道路、坚持人民民主专政、坚持中国共产党的领导、坚持马克思列宁主义毛泽东思想。

由此，“一个中心、两个基本点”的思想开始形成，奠定新时期基本路线的基础。

强调必须以正确的组织路线来保证正确的思想路线和政治路线的实现。根据历史转折的新要求，加强党的组织建设，逐步调整和充实各级领导班子，提出干部队伍革命化、年轻化、知识化、专业化的方针，废除干部领导职务实际存在的终身制，实行新老干部的合作与交替。

对重大历史是非作了认真清理。采取一系列措施，平反冤假错案，落实有利于增强党的团结和调动一切积极因素的各项政策。作出《关于建国以来党的若干历史问题的决议》，根本否定“文化大革命”和“无产阶级专政下继续革命”的理论，同时维护毛泽东的历史地位，肯定毛泽东思想的指导作用。国内局势的发展和国际局势的变化，越来越显示出这个重大决策的勇气和远见。

在拨乱反正基本完成的基础上，召开党的第十二次全国代表大会。提出“把马克思主义的基本原理同我国的具体实际结合起来，走自己的道路，建设有中国特色的社会主义”，确定分两步走，在20世纪末实现国民生产总值翻两番的目标。随后又提出第三步到21世纪中叶基本实现社会主义现代化的战略。举起了引导全国各族人民迈向21世纪的伟大旗帜。

新时期最鲜明的特点是改革开放。改革开放从中共十一届三中全会起步，十二大后全面展开。经历了从农村改革到城市改革，从经济体制改革到各方面体制的改革，从对内搞活到对外开放的波澜壮阔的历史进程。

改革从农村开始，这是符合中国国情的战略决策。实行家庭联产承包，是中国农民的伟大创造。中共中央尊重群众愿望，积极支持试验，几年功夫在全国推开。废除人民公社，又不走土地私有化道路，而是实行家庭联产承包为主，统分结合、双层经营，解决了中国社会主义农村体制的重大问题。八亿农民获得对土地的经营自主权，加上基本取消农产品的统购派购，放开大部分农产品价格，从而使农业生产摆脱长期停滞的困境，农村经济向着专业化、商品化、社会化迅速发展，广大城乡人民得到显著实惠，带动了整个改革和建设事业。乡镇企业异军突起，是中国农民的又一个伟大创造。它为农村剩余劳动力从土地上转移出来，为农村致富和逐步实现现代化，为促进工业和整个经济的改革和发展，开辟了一条新路。

适应改革从农村向城市发展的新形势，中共十二届三中全会通过《关于经济体制改革的决定》。提出我国社会主义经济是公有制基础上的有计划商品经济，突破把计划经济同商品经济对立起来的传统观念，是对马克思主义政治经济学的新发展，为全面经济体制改革提供了新的理论指导。接着，相继决定对科技体制和教育体制进行改革，并进一步提出政治体制改革的目标和任务。

兴办深圳、珠海、汕头、厦门四个经济特区是对外开放的重大步骤，是利用国外资金、技术、管理经验来发展社会主义经济的崭新试验，取得了很大成就。实践证明，经济特区姓“社”不姓“资”。在兴办经济特区之后，又相继开放沿海十几个城市，在长江三角洲、珠江三角洲、闽东南地区、环渤海地区开辟经济开放区，批准海南建省并成为经济特区。对外开放不断扩大，两亿人口的沿海地带迅速发展，有力地推动了全国的改革开放和经济建设。

改革和建设的顺利进行，需要强有力的思想和政治保证。提出一系列“两手抓”的战略方针，强调一手抓改革开放，一手抓打击犯罪；一手抓经济建设，一手抓民主法制；一手抓物质文明，一手抓精神文明。中共十二届六中全会专门作出决议，指出精神文明建设必须是推动社会主义现代化建设的精神文明建设，是促进全面改革和实行对外开放的精神文明建设，是坚持四项基本原则的精神文明建设。

1987 年召开的中共十三大的主要历史功绩，是比较系统地论述了中国社会主义初级阶段理论，明确概括和全面阐发了“一个中心、两个基本点”的基本路线，高度评价十一届三中全会以来开始找到建设中国特色社会主义道路的伟大意义，强调这是在马克思主义与中国实践相结合的过程中，继找到中国新民主主义革命道路、实现第一次历史性飞跃之后的第二次历史性飞跃。

中共十三大后，全党全国人民沿着中国特色社会主义道路继续前进。在国际国内复杂艰难的情况下，团结和领导全国各族人民，克服种种困难，实现社会稳定、政治稳定和经济发展。中国经济从 1984 年到 1988 年经历了一个加速发展的飞跃时期，展现了农业和工业、农村和城市、改革和发展相互促进的生动局面，整个国民经济提高到一个新水平。

同时，在前进中也出现了一些问题，主要是物价波动大了一点，重复建设比较严重。党决定用一段时间治理经济环境，整顿经济秩序，以利于更好地推进改革和建设。1989 年春夏之交发生了一场政治风波，党和政府依靠人民，保证了改革开放和现代化建设继续前进。中央明确宣告，党的基本路线和十三大的决策是正确的，绝不因为发生这场政治风波而动摇。

以邓小平为核心的中共第二代中央领导集体，解放思想，拨乱反正，改革开放，开辟新路，创造了中华民族新的辉煌。

1989 年春天，邓小平开始考虑建立中共第三代中央领导集体问题。关于这方面的考虑成熟后，6 月 16 日，邓小平同几位中央负责同志进行谈话，指出：

> 我们中国共产党现在要建立起第三代的领导集体。在历史上，遵义会议以前，我们的党没有形成过一个成熟的党中央。从陈独秀、瞿秋白、向忠发、李立三到王明，都没有形成过有能力的中央。
>
> 我们党的领导集体，是从遵义会议开始逐步形成的，也就是毛刘周朱和任弼时同志，弼时同志去世后，又加了陈云同志。到了党的八大，成立了由毛刘周朱陈邓六个人组成的常委会，后来又加了一个林彪。这个领导集体一直到“文化大革命”。
>
> 在“文化大革命”以前很长的历史中，不管我们党犯过这样那样的错误，不管其成员有这样那样的变化，始终保持了以毛泽东同志为核心的

领导集体。这就是我们党第一代的领导。

党的十一届三中全会建立了一个新的领导集体，这就是第二代的领导集体。在这个集体中，实际上可以说我处在一个关键地位。这个集体一建立，我就一直在安排接班的问题。虽然两个接班人都没有站住，但在当时，按斗争的经验、按工作的成就、按政治思想水平来说，也只能作出那样的选择。况且人是在变化的。

任何一个领导集体都要有一个核心，没有核心的领导是靠不住的。第一代领导集体的核心是毛主席。因为有毛主席作领导核心，“文化大革命”就没有把共产党打倒。第二代实际上我是核心。因为有这个核心，即使发生了两个领导人的变动，都没有影响我们党的领导，党的领导始终是稳定的。

进入第三代的领导集体也必须有一个核心，这一点所有在座的同志都要以高度的自觉性来理解和处理。要有意识地维护一个核心，也就是现在大家同意的江泽民同志。开宗明义，就是新的常委会从开始工作的第一天起，就要注意树立和维护这个集体和这个集体中的核心。

只要有一个好的政治局，特别是有一个好的常委会，只要它是团结的，努力工作的，能够成为榜样的，就是在艰苦创业反对腐败方面成为榜样的，什么乱子出来都挡得住。从这次事件看出，工人阶级靠得住，农民靠得住，解放军靠得住，知识分子是工人阶级一部分，也是靠得住的，但是如果中央自己乱了阵脚，那就难说了。这是最关键的问题。国家的命运、党的命运、人民的命运需要有这样一个领导集体。

我在跟李鹏、姚依林同志谈话时说过，新的领导一经建立有秩序的工作以后，我就不再过问、不再干预大家的事情。我说过，这是我的政治交代。当然，你们有事要找我，我不会拒绝，但是不能像过去一样。

我不希望在新的政治局、新的常委会产生以后再宣布我起一个什么样的作用。为什么这样？这不是因为我谦虚或别的什么。现在看起来，我的分量太重，对国家和党不利，有一天就会很危险。国际上好多国家把对华政策放在我是不是病倒了或者死去了上面。我多年来就意识到这个问题。一个国家的命运建立在一两个人的声望上面，是很不健康的，是很危险的。不出事没问题，一出事就不可收拾。

新的领导一建立，要一切负起责任，错了也好，对了也好，功劳也好，都是你们的事。这样你们可以放手工作，对于新的集体自我锻炼也有好处。何况过去那种办法并不算很成功。现在我八十五岁了，到了这个年龄，该有自觉性。主要是大局的问题，如果个人的因素影响到局势的稳定，影响到事情的健康发展，解决起来就会发生困难。如果有什么事情，我完全可以在旁边帮帮忙，但是绝不要正式再搞个什么头衔了。[①]

中共第三代中央领导集体建立初期，主要应该抓哪些工作？主要应该抓什么工作？对此，邓小平提出了鲜明意见：现在需要聚精会神地做几件使人民满意、高兴的事情，同时要赶快注意那些对我们前进不利的事情。[②] 邓小平认为：

第一，经济不能滑坡。凡是能够积极争取的发展速度还是要积极争取，当然不要求像过去想的那么高。现在主要是我们基础工业薄弱，缺少电和原材料。而在原材料的分配中，小企业吃了大企业，结果国家损失大。这次解决经济滑坡的问题，要清理一下急需解决哪些问题。应该解决的问题要加快解决，要用快刀斩乱麻的办法解决，不能拖。当断不断，要误事。看准了的，积极方面的，有利于发展事业的，抓着就可以干。要在今后的十一年半中争取一个比较满意的经济发展速度。如果再翻一番，没有水分的翻一番，那时候人民就会看到我们的国家、我们的社会主义事业是兴旺发达的。党中央、国务院应当是有权威的，有能力的。没有权威不行啊。我建议组织一个班子，研究下一个世纪前五十年的发展战略和规划，主要是制定一个基础工业和交通运输的发展规划。要采取有力的步骤，使我们的发展能够持续、有后劲。我曾经讲过，经过这次事件，我们只要认真总结过去，考虑未来，我们的发展也许不但更稳、更好，而且可

① 《邓小平文选》第 3 卷，人民出版社 1993 年版，第 309 ~ 311 页。
② 《邓小平文选》第 3 卷，人民出版社 1993 年版，第 312 页。

能会更快一点。这件坏事变成好事的可能性是有的。农业问题也要研究，最终可能是科学解决问题。科学是了不起的事情，要重视科学。

第二，做几件使人民满意的事情。主要是两个方面，一个是更大胆地改革开放，另一个是抓紧惩治腐败。开放方面的工作主要是国务院来做。要把进一步开放的旗帜打出去，要有点勇气。现在总的是要允许吃亏，不怕吃亏，只要对长远有益就可以干。要多做几件有利于改革开放的事情。外资合作经营要搞，各地的开发区可以搞。多吸引外资，外方固然得益，最后必然还是我们自己得益。税收方面可以收一些税，为外资服务的行业可以搞一些，我们自己也可以在那里搞一些有利可图的企业，这样就可以搞活。现在国际上担心我们会收，我们就要做几件事情，表明我们改革开放的政策不变，而且要进一步地改革开放。在政治体制改革方面，最大的目的是取得一个稳定的环境。我跟美国人讲，中国的最高利益就是稳定。只要有利于中国稳定的就是好事。坚持四项基本原则任何时候我都没有让过步。美国人骂娘，造谣，没什么了不起。消除机构臃肿，加强法制，这些都是改革。惩治腐败，至少抓一二十件大案，透明度要高，处理不能迟。在这次事件中，没有反对改革开放的口号，口号比较集中的是反对腐败。当然，这个口号在某些人来说是一个陪衬，其目的是用反腐败来蛊惑人心。但对我们来说，要整好我们的党，实现我们的战略目标，不惩治腐败，特别是党内的高层的腐败现象，确实有失败的危险。新的领导要首先抓这个问题，这也是整党的一个重要内容。你这里艰苦创业，他那里贪污腐败，怎么行？惩治腐败的问题，请你们专门议一下。①

邓小平要求中央领导集体：“我们一手抓改革开放，一手抓惩治腐败，这两件事结合起来，对照起来，就可以使我们的政策更加明朗，更能获得人心。”② 邓小平深切告诫：“常委会的同志要聚精会神地抓党的建设，这个党该抓了，不抓不行了。”③

① 《邓小平文选》第3卷，人民出版社1993年版，第312～314页。
② 《邓小平文选》第3卷，人民出版社1993年版，第314页。
③ 《邓小平文选》第3卷，人民出版社1993年版，第314页。

1989年6月23日至24日，中国共产党第十三届中央委员会第四次全体会议在北京召开。出席这次全会的中央委员170人，候补中央委员106人。列席会议的中央顾问委员会委员184人，中央纪律检查委员会委员68人，有关方面负责同志29人。全会之前，中央政治局于6月19日至21日举行扩大会议，为四中全会的召开作了必要的准备。

全会对中央领导机构的部分成员进行了必要的调整：选举江泽民为中央委员会总书记；增选江泽民、宋平、李瑞环为中央政治局常务委员会委员；决定增补李瑞环、丁关根为中央书记处书记。全会强调，要继续坚决执行党的十一届三中全会以来的路线、方针和政策，继续坚决执行党的十三大确定的“一个中心、两个基本点”的基本路线。四项基本原则是立国之本，必须毫不动摇、始终一贯地加以坚持；改革开放是强国之路，必须坚定不移、一如既往地贯彻执行，绝不回到闭关锁国的老路上去。

这次全会对于保证十一届三中全会以来党的路线、方针、政策的连续性，产生深远影响。全会重申，我国坚持独立自主的和平外交政策不变，我国将在和平共处五项原则的基础上继续同世界各国发展友好关系，对维护世界和平继续作出贡献。

6月24日，新当选的中共中央总书记江泽民在中共十三届四中全会上作重要讲话。他首先表示，这次中央全会推选我担任政治局常委、总书记，我没有这个思想准备，又缺乏中央全面工作的经验，深感担子很重，力不从心。现在全会已经作出决定，我感谢同志们的信任，决心同大家一道，刻苦学习，加强调查研究，尽心尽力做好工作，不辜负老一辈革命家和同志们的期望。

江泽民指出，我们党已经制定和形成了一条建设有中国特色社会主义的路线和一系列基本政策。概括地说，就是小平同志多次指出、最近再次强调的，以经济建设为中心，坚持四项基本原则，坚持改革开放。这是我们有信心做好工作的根本的、坚实的基础。这次中央领导核心作了一些人事调整，但是，党的十一届三中全会以来的路线和基本政策没有变，必须继续贯彻执行。在这个最基本的问题上，我要十分明确地讲两句话：一句是坚定不移，毫不动摇；一句是全面执行，一以贯之。

江泽民强调，小平同志几次讲话都表示了对新的中央领导的殷切期望。我深深感到要把今后的工作做好，一定要首先在党内充分发扬民主，依靠中央领导集体的智慧和力量，依靠全党同志和人民群众的支持和监督。同时有一个很有利的条件，就是邓小平同志等老一辈革命家健在，一般日常的工作，我们绝不打扰他们，但遇到很重大的问题，我们还是可以随时向小平同志请教，听取其他老一辈革命家的意见。他们在长期革命斗争和建设实践中积累起来的治党、治国、治军的丰富经验，形成的崇高威望，是党的宝贵财富，对我们新的领导集体的工作仍然十分重要。

江泽民认为，最近，小平同志的几次重要讲话，以及其他几位老同志的讲话，对于今后党的各项工作具有现实的指导意义和深远的历史意义。按照中央和小平同志确定的“三步走”的发展战略，积极稳妥地发展国民经济，始终是我们现代化建设的中心任务。在经济发展中，要十分重视发挥教育和科学技术的作用。国家的昌盛，人民的富裕，说到底是经济实力问题。国际间的竞争，说到底也是经济实力的竞争。经济发展了，国力强大了，我们才能有力量抵御任何自然的和社会的风浪，顶住任何外来的威胁和压力，才能实现民族振兴，对人类作出更大贡献。

江泽民表示，当前，经济工作的迫切任务，是遵循十三届三中全会确定的方针，继续抓好治理、整顿和深化改革。国务院已经制定和将要制定的各项措施，各级党委都要坚决支持和保证贯彻执行。在发展多种经济成分的同时，我们要千方百计地搞好搞活大中型国营企业。这是我们社会主义经济的骨干和基础。要全心全意依靠工人阶级。离开他们的积极性、创造性和主人翁责任感，一切都无从谈起。十年来的改革开放，改变了中国的经济和社会生活面貌，为中国社会主义事业注入了蓬勃的生机和活力。我们要继续更有效地进行改革开放，把这个工作搞得更快更好。改革开放的总设计师和指导者是邓小平同志。邓小平同志提出的改革开放路线，我们要坚持贯彻执行。

中共十三届四中全会形成的中央政治局常务委员会由江泽民、李鹏、乔石、姚依林、宋平、李瑞环组成。这次全会标志着中共第三代中央领导集体的形成。新的中央领导集体建立后，全面坚持党的基本路线，继续抓住经济建设这个中心，努力纠正“一手比较硬，一手比较软”的现象，加强思想政治工作和党的建设，继续推动改革开放。

在国际局势剧变的情况下，新的中央领导集体按照邓小平确定的“稳住阵脚，韬光养晦，冷静观察，沉着应付，决不当头，有所作为”的方针，坚持把注意力集中在办好中国自己的事情上，相继作出关于加强廉政建设的决定，关于进一步治理整顿、深化改革的决定，关于加强党同人民群众联系的决定，关于上海浦东开发开放的决策，关于国民经济和社会发展十年规划和“八五”计划的建议，关于搞好国营大中型企业的决定，关于进一步加强农业和农村工作的决定。实践证明，新的中央领导集体在历史关键时刻作出的这些重大决策是完全正确的。

第一百六十四章

"我说过，这是我的政治交代"

在中共中央领导集体和各级领导集体建立新老交替制度，是邓小平的一个卓越的历史贡献。邓小平是一位具有远见卓识的政治家。为党和国家的前途着想，邓小平早就坚决主张废除领导职务终身制。为此，他身体力行，以身作则，多次表达退休的愿望。

邓小平在废除领导职务终身制问题上率先垂范，为全党全国树立了楷模。1979 年 11 月，邓小平在中央党政军机关副部长以上干部会上提出，要建立有利于提拔年轻干部的制度，重要的是要建立退休制度。他表示："我自己就有这个想法，如果党允许我今天退休，我马上就退休。这是真话，不是假话。从整个事业看，我现在还不可能退休，我想大家也不会赞成。但是，就我个人的心情来说，确实感到这个问题太重要了。我们要向前看，我们这个事业是千秋万代的事业啊！"①

1980 年 8 月，邓小平会见意大利记者法拉奇时，曾经透露了打算退休的愿望。

法拉奇问道：为什么你想辞去副总理职务？

邓小平回答：不但我辞职，我们老一代的都不兼职了。华国锋主席也不兼国务院总理的职务了，党中央委员会推荐赵紫阳同志为候选人。我们这些老同志摆在那里，他们也不好工作。我们存在一个领导层需要逐渐年轻化的问题。我们需要带个头。

过去没有规定，但实际上存在领导职务终身制。这不利于领导层更新，不利于年轻人上来，这是我们制度上的缺陷。这个缺陷在六十年代还

---

① 《邓小平文选》第 2 卷，人民出版社 1994 年版，第 227 页。

看不出来，那时我们还年轻。这不是一个人的问题，是整个制度的问题，更多地是关系到我们的方针、四个现代化能否实现的问题。所以我们说，老同志带个头，开明一点好。①

匈牙利人巴拉奇·代内什在《邓小平》一书中引用的法拉奇在国际媒体上发表的邓小平会见意大利记者谈话中提到退休问题时，这样讲道："我将很快辞去副总理的职务。我想到1985年我只当顾问。请你注意，我现在76岁，到（19）85年是81岁，人过80岁脑子就不能像以前那样活动（跃），此外，老年人容易保守，所以最好是让我们只起顾问的作用。"②

"我有几个同时代的人也是如此……因为他们不愿意我辞职。我说，好吧，让我们看一看，当我到81岁时将会怎么样。但是，我又补充说，还是在81岁前退下来的好，还是应该从这一点出发，为了做个榜样我也应该这样做。人们对一直到临死那天还在位的老人们已经厌烦了，对搞终身制的领导人已经厌烦了！没有哪一本书上写着应该由老年人统治，和领导人应该成为终身的领导人。"③

1980年8月，在中央政治局扩大会议上，邓小平郑重提出要废除领导干部职务终身制。他身体力行，率先垂范，在第五届人大第三次会议上，辞去国务院副总理职务。

1981年7月，邓小平在中共省、市、自治区委员会书记座谈会上说，解决干部年轻化这样一个大问题，我们老干部要开明，要带头。不开明可不行呀！"我和陈云同志交过心的，老实说，就我们自己来说，现在叫我们退，我们实在是心里非常愉快的。当然，现在还不行。"④

1984年10月，在中顾委第三次全体会议上，针对国际上"邓某人不在了政策要变"的担心，邓小平敞开心扉，同老同志谈心、交心说："这是个很大的问题，我是意识到这个问题的。所以，我的工作方法是尽量少做工作。"⑤

---

① 《邓小平文选》第2卷，人民出版社1994年版，第350页。
② ［匈牙利］巴拉奇·代内什：《邓小平》，解放军出版社1988年版，阚思静等译，第288~289页。
③ ［匈牙利］巴拉奇·代内什：《邓小平》，解放军出版社1988年版，阚思静等译，第289页。
④ 《邓小平文选》第2卷，人民出版社1994年版，第388页。
⑤ 《邓小平文选》第3卷，人民出版社1993年版，第84页。

“两年前我就说过，我希望带头退休。”[1]

邓小平表示：“我希望逐步过渡到完全不做工作但身体还是好的，那样我就完成任务了。”[2]

1986年3月，邓小平会见丹麦首相时说：“你是我今年以来会见的第一位外国朋友。前不久，香港传说我病了，今天可以辟谣了。”说罢，他爽朗地笑了，在场的人也都笑了。邓小平说，这几年来我有意识地少做工作，让别人多做。中国的现行政策并不仅仅体现在我一个人身上。我好久没有露面就是这个原因。

1986年9月，邓小平接受美国哥伦比亚广播公司《60分钟》节目记者迈克·华莱士的电视采访。

华莱士：您是中国的第一号领导人物，您准备在主要领导人和主要顾问的位子上再留多长时间？

邓小平：我提倡废除终身制，而且提倡建立退休制度。你也知道，我同意大利记者法拉奇谈话时说，我干到一九八五年就行了，现在超过一年了。我正在考虑什么时候退休。就我个人来说，我是希望早退休。但这个问题比较困难，在党内和人民当中很难说服。我相信，在我有生之年退休，对现行政策能继续下去比较有利，也符合我个人向来的信念。但这件事还要做更多的说服工作。最终我是一个共产党员，要服从党的决定。我是一个中华人民共和国的公民，要服从人民的意愿。我还是希望能够说服人民。

华莱士：您当时告诉法拉奇准备一九八五年退休，您准备对华莱士作什么表示呢？

邓小平：坦率地告诉你，我正在说服人们，我明年在党的十三大时就退下来。但到今天为止，遇到的是一片反对声。[3]

筹备中共十三大时，邓小平、李先念、陈云共同约定，召开中共十三大时一齐退下来。在中共十二届七中全会上，大家一致认为：邓小平同志不能退。

---

① 《邓小平文选》第3卷，人民出版社1993年版，第92页。
② 《邓小平文选》第3卷，人民出版社1993年版，第84页。
③ 《邓小平文选》第3卷，人民出版社1993年版，第174~175页。

于是，中央人事安排小组提出让邓小平“半退”。

1987 年 11 月举行中共十三大时，邓小平不再担任中央委员会和中央顾问委员会的任何职务，只留任中共中央军委主席。后来，邓小平谈道：“十三大搞了个半退，但我一直认为那时全退最好。”①

1988 年 4 月 16 日，邓小平会见菲律宾总统科拉松·阿基诺，谈到了自己“半退”的事情。上午 10 时，当科拉松·阿基诺来到北京人民大会堂福建厅时，邓小平健步走上前来，握着她的手说：“欢迎你，我很高兴见到你。”接着，邓小平问：“你的女儿呢？”

当科拉松·阿基诺的两个女儿从随行人员中走到邓小平跟前时，邓小平微笑着问：“你们可不可以叫我邓爷爷啊？”

科拉松·阿基诺的两个女儿都点了点头。邓小平高兴地说：“那我们就认亲了。”

这时，聚集在人民大会堂福建厅门口的记者记录下了这一动人场面。

会晤开始后，邓小平问科拉松·阿基诺：“我能抽烟吗？”

科拉松·阿基诺说：“我不能对你说不能抽，因为我不是你这个国家的领导人。但在我们菲律宾内阁开会时是不能抽烟的。”科拉松·阿基诺的话音刚落，大厅内爆发出一阵笑声。

邓小平接着说：“在七届人大的一次会议上，我违反了一个规则。我习惯地拿出一支香烟，一位代表给我递了一张条子，提出了批评。我马上接受，没办法。”说完，邓小平爽朗地笑了。

邓小平在这里对菲律宾总统阿基诺夫人讲述的是一个鲜为人知的故事：就在几天前的 1988 年 4 月 7 日，是第一次“世界无烟日”。4 月 8 日下午，第七届全国人大第一次会议选举国家领导人。邓小平出席大会，并在主席台上就座。大会期间，他参加选举国家领导人的投票后，回到主席台上的座位时，习惯地点燃一支香烟，抽了起来。

---

① 《邓小平文选》第 3 卷，人民出版社 1993 年版，第 315 页。

出席大会的全国人大代表中，有一位是来自广东的著名粤剧演员红线女①。

红线女看见邓小平抽烟后，便对旁边的人大代表说：“世界无烟日刚过，全中国全世界都大力宣传抽烟危害健康，小平同志为什么烟瘾这么大，开大会还抽烟呢?”

这位心直口快的红线女决定：马上向邓小平提意见，告诉他抽烟危害健康。

于是，红线女当即写了一张“请小平同志不要吸烟”的“条子”，由一排一排的人民代表交替向前递了过去。经过一番“接力传递”，这张字条很快就传到了大会主席台上。

当天主持大会的中共中央政治局常委宋平接过这个折叠的纸条一看，上面写着：“请交小平同志!”宋平立即把这个字条递给邓小平。邓小平打开一看，乐了，笑了。只见上面写的是九个大字：“请小平同志不要吸烟。”

邓小平从善如流，立即把正在抽着的香烟掐灭。此后，大会主席台上再也没有任何一个人吸烟了。此事，成为一个花絮、一段佳话。

邓小平在这次会见科拉松·阿基诺的过程中，向她介绍了中国的发展和建设情况。他强调指出，中国希望世界和平，希望地区和平，特别希望同亚洲国家、东盟国家发展友好关系，成为更好的朋友。

邓小平衷心希望中菲两国都抓紧利用和平的国际环境发展自己的经济。他说不仅希望菲律宾繁荣、稳定、富强，而且希望东盟国家都能发展起来。

科拉松·阿基诺介绍了菲律宾的发展情况后说：“我看到中国的改革取得

---

①　红线女，原名邝健廉，享誉国内外的著名粤剧表演艺术家。在粤剧舞台上的艺术生涯长达半个世纪，承前启后，博采众长，勇于创新，以出众才华、杰出成就，在当代粤剧艺坛独树一帜。红线女的艺术实践，为粤剧发展史增添了新篇，创造了影响深远的“红腔”唱腔艺术和“红派”表演艺术。曾经获得许多国际国内重大艺术奖项：1957 年在莫斯科世界青年联欢节上演唱《昭君出塞》，获东方古典歌曲竞赛金质奖章；1985 年获得联合国亚洲表演艺术协会授予的“杰出艺人奖”和联合国交响乐协会授予的“表演艺术奖”；2001 年，荣获美国纽约州文化事务部、纽约林肯艺术中心、纽约美华艺术协会联合颁发的“粤剧终身成就奖”；2002 年，荣获国务院文化部颁发的首届“造型艺术表演艺术创作研究奖”，荣获广东省人民政府颁发的“粤剧艺术杰出贡献奖”；2004 年，导演、改编剧本、配音配唱、总监制的世界首部粤剧动画电影《刁蛮公主戆驸马》获得第十届华表奖优秀美术片奖。

了很大成功，希望从中学到东西。”

在会谈中，科拉松·阿基诺对邓小平说：“你看上去非常健康。”

邓小平回答说：“我 84 岁了。去年，我提出完全退休，大家不赞成。我现在是半退休。”

科拉松·阿基诺说：“我很高兴你没有完全退休。否则，我不可能有这样好的机会同你见面。”

邓小平笑着说：“即使我退休了，我也会同你见面的。因为中菲两国和两国人民是好朋友，而且还有着特殊的亲戚关系。”

邓小平对科拉松·阿基诺说：“你当选为菲律宾总统后，处境比较困难，但你处理得很好，使菲律宾由动乱走向比较稳定。我相信你会干得很好。中国希望有一个稳定、繁荣、富强的菲律宾。”

邓小平还说：“我们之间有一些疙瘩不难解决。特别是你在国内非常繁忙的情况下抽出时间来访问中国，我们非常感谢。”

科拉松·阿基诺谈到菲律宾局势时说：“经历了 5 次政变后，我仍旧是菲律宾总统。这一事实可以告诉全世界，我们的局势是稳定的。”

在会谈中，邓小平和科拉松·阿基诺高度评价和平共处五项原则，认为这一原则十分重要，经得起时间的考验，富有生命力。双方一致表示将积极努力，进一步发展两国的友好合作关系。

中国共产党第十三次全国代表大会后，邓小平坚持不再过问日常工作，并一直期待着尽早完成新老交替，实现从领导岗位完全退下来的愿望。邓小平认为，自己已经做成的事不少，但“还没有能实现的，就是废除领导职务终身制”。

1988 年 9 月，邓小平会见捷克斯洛伐克总统胡萨克时说：“近十年来的成功也是集体搞成的。我个人做了一点事，但不能说都是我发明的。其实很多事是别人发明的，群众发明的，我只不过把它们概括起来，提出了方针政策。我们这个领导集体是坚持三中全会制定的路线、方针、政策的，我们相信，现行方针政策一定会继续下去。就我个人来说，对这一点有信心，也感到愉快。”①

---

① 《邓小平文选》第 3 卷，人民出版社 1993 年版，第 272 ~ 273 页。

邓小平还说：“很多外国记者要来采访我，搞我的什么传，我都婉拒了。我认为，过分夸大个人作用是不对的。人总是要死的。哪一天我不在了，好像中国就丢了灵魂，这种看法不好。我在有生之年还可以做一些事，但希望自己从政治舞台上慢慢地消失。”①

1989 年 3 月，邓小平会见乌干达总统穆塞韦尼时说：“我现在一般不参加日常事务，非洲朋友远道而来，应该见面，表示欢迎。这次全国人大会议我都没有参加，我请假了，主要是保养身体，想多活两年。更重要的是自己完全从舞台上退下来，让别人工作，这是我多年来的目标。”

邓小平接着说：因为我们党的十三大已选出了新的领导人，我们一些老人退出了政治局常委，我算一个。因为有一个新的政治局了，就不要让新的领导人感觉到头上总有那么一层盖住他们的力量，这个不好，这一方面我们老人要自觉。

穆塞韦尼说：老年人经验丰富，年轻人仍需要他们指导。

邓小平说：年轻人精力充沛，知识也比我们多一点，比我们老人干得好。他谈到中国最近十年的发展情况时说，1978 年到 1988 年，“中国有了可喜的成就，经济发展和人民的生活水平都上了一个台阶。发展中也出现了新的失误，但主要的还是我们的成就，这是我们的根本观点”②。

在谈到中国最近十年发展中的失误时，邓小平说，我们最近十年的发展是很好的。我们最大的失误是在教育方面，思想政治工作薄弱了，教育发展不够。“最重要的一条是，在经济得到可喜发展、人民生活水平得到改善的情况下，没有告诉人民，包括共产党员在内，应该保持艰苦奋斗的传统。坚持这个传统，才能抗住腐败现象。”③

邓小平以敏锐的目光注视着国际关系与世界形势。1988 年 12 月 21 日，邓小平会见印度总理拉·甘地。他清晰地指出：我的意思是说，我们从今天开始，从你的访问开始，我们要恢复我们的友谊，成为好的朋友，国家的朋友，人民的朋友，领导人之间的朋友。中间有相当一段时间的情况是彼此不愉快

① 《邓小平文选》第 3 卷，人民出版社 1993 年版，第 273 页。
② 《邓小平文选》第 3 卷，人民出版社 1993 年版，第 288 页。
③ 《邓小平文选》第 3 卷，人民出版社 1993 年版，第 290 页。

的，忘掉它。

在这次会见中，邓小平提出了反复思考的一个问题——“建立国际政治新秩序”问题。他以国际政治家从动荡复杂的国际形势中观察世界的政治远见敏锐地预见到，第二次世界大战后形成的以美国与苏联为首的两极国际政治格局行将结束。在 20 世纪 80 年代末期新旧交替的历史时期，各国都在考虑相应的新政策。邓小平对拉·甘地说：中国与印度共同倡导的“和平共处五项原则”是最经得住考验的，应当用它们作为指导国际关系的准则，建立国际政治新秩序和国际经济新秩序。邓小平还说，国际社会虽然提出要解决南北问题，但讲了多少年，南北差距还是在扩大。应当把发展问题提到全人类的高度来认识。

1989 年 6 月，在中共第三代领导集体建立前后，邓小平就多次对中央负责同志说：“新的领导一经建立有秩序的工作以后，我就不再过问、不再干预大家的事情。我说过，这是我的政治交代。当然，你们有事要找我，我不会拒绝，但是不能像过去一样。”①

① 《邓小平文选》第 3 卷，人民出版社 1993 年版，第 310 页。

第一百六十五章

“我向中央请求辞去现在担任的中共中央军事委员会主席职务”

中共十三届四中全会后，新的中央领导集体卓有成效地开展工作，国内政局逐渐平稳。在这种形势下，邓小平经过慎重考虑，决定趁着自己身体还健康的时候辞去现任职务，实现退休的夙愿。他认为，这对党、国家和军队的事业是有益的。

为此，邓小平致信中共中央政治局，请求中央批准他辞去中共中央军事委员会主席职务的请求，并表示也将向全国人民代表大会提出辞去中华人民共和国中央军事委员会主席。

这封信全文如下：

中央政治局：

我向中央请求辞去现在担任的中共中央军事委员会主席职务。

一九八〇年我就提出要改革党和国家的领导制度，废除干部领导职务终身制。近年来，不少老同志已相继退出了中央领导岗位。一九八七年，在党的第十三次全国代表大会召开以前，为了身体力行地废除干部领导职务终身制，我提出了退休的愿望。当时，中央反复考虑我本人和党内外的意见，决定同意我辞去中央政治局常委、中央政治局委员、中央顾问委员会主任的职务，退出中央委员会和中央顾问委员会；决定我留任党和国家的军委主席的职务。此后，当中央的领导集体就重大问题征询我的意见时，我也始终尊重和支持中央领导集体多数同志的意见。但是，我坚持不再过问日常工作，并一直期待着尽早完成新老交替，实现从领导岗位完全退下来的愿望。

党的十三届四中全会选出的以江泽民同志为首的领导核心，现已卓有成效地开展工作。经过慎重考虑，我想趁自己身体还健康的时候辞去现任职务，实现夙愿。这对党、国家和军队的事业是有益的。恳切希望中央批准我的请求。我也将向全国人民代表大会提出辞去国家军委主席的请求。

作为一个为共产主义事业和国家的独立、统一、建设、改革事业奋斗了几十年的老党员和老公民，我的生命是属于党、属于国家的。退下来以后，我将继续忠于党和国家的事业。我们党、我们国家和我们军队所取得的成就是几代人努力的结果。我们的改革开放事业刚刚起步，任重而道远，前进中还会遇到一些曲折。但我坚信，我们一定能够战胜各种困难，把先辈开创的事业一代代发扬光大。中国人民既然有能力站起来，就一定有能力永远岿然屹立于世界民族之林。

邓小平

一九八九年九月四日①

同一天，邓小平与中共中央政治局常委江泽民、李鹏、乔石、姚依林、宋平、李瑞环等同志谈话，商量退休的时间和方式。这次谈话一开始，邓小平就直截了当地说："今天主要是商量我退休的时间和方式。"②

关于退休的时间，邓小平认为以在中共十三届五中全会正式作出决定为好。他说：

退休是定了，退了很有益处。如果不退休，在工作岗位上去世，世界上会引起什么反响很难讲。如果我退休了，确实不做事，人又还在，就还能起一点作用。因为在国际上了解我这个人的不少，从某种程度上讲，这是影响他们同中国的关系的因素之一。这是没有办法的事情。考虑到中国的安全，现在退比发生了事情退或者在职位上去世有利。

退的决心我已经下了好几年了。我曾多次提出，是真心的。现在看

① 《邓小平文选》第3卷，人民出版社1993年版，第322～323页。

② 《邓小平文选》第3卷，人民出版社1993年版，第315页。

来，想要等一个多么适当的时候再退，是等不到的，每次都总有一点因素说退不得。十三大搞了个半退，但我一直认为那时全退最好。领导班子还是要注意年轻化，要选马克思主义者。我们自己培养起来的、政治上好的、有马列主义修养的人还是有的。选人不完全是从党的系统里面选，视野要开阔一点。总之，要有些年轻的人，否则难以为继。这次常委中有老的，有比较年轻的。

当时我说，无论如何要给国际上、给人民一个改革开放的形象，这十分重要。现在看来，对我们四中全会选出的人，对新的领导班子这一段的活动，国际国内的反映至少是很平静，感到是稳妥的，证明我们这个新的领导班子是能够取得人民的信任和国际上的信任的。如果再加上我们这些人退出去，人家再看上两三个月或半年，我们的局面真正是稳定的，是一个安定团结的政治局面，中国还在继续发展，继续执行原有的路线、方针、政策，到那时，我们这些人的影响就慢慢消失了。消失了好！这次事件一出来，我考虑马上退不行。

现在过了三个月，如果到五中全会正式作出决定，差不多还要一个半月，有了四五个月，政治局面就比较平静了，这是个时机。我过去多次讲，可能我最后的作用是带头建立退休制度。我已经慢慢练习如何过退休生活，工作了几十年，完全脱离总有个过程。

下次党代表大会不搞顾问委员会了，还是搞退休制度。我退休的时间是不是就确定在五中全会。犹豫了这么几年了，已经耽误了。人老有老的长处，也有老的弱点。人一老，不知哪一天脑筋就不行了，体力到一定程度也要衰退。自然规律是不可改变的，领导层更新也是不断的。退休成为一种制度，领导层变更调动也就比较容易。这个事情就这样定下来吧。这是第一个问题。①

关于退休的方式，邓小平认为越简单越好。他说：

---

① 《邓小平文选》第3卷，人民出版社1993年版，第315～316页。

退的方式，我同杨尚昆同志谈过，越简单越好。不要形成个惯例，对退的人都歌功颂德一番，那实在没有必要。你一生是什么样子，你在党内搞了几十年，人们都是看到的，有个客观评价。

我反复考虑，简化可能比较有利，而且从我开始简化更有利。来个干净、利落、朴素的方式，就是中央批准我的请求，说几句话。我多次讲，一个国家的命运寄托在一两个人的威望上是很不正常的。而利用退休又来歌功颂德一番，也没有什么好处。还有些形式，比如追悼会，开得那么多，花的人力物力不少，也可以简化一下。都是革命几十年的人，确实都有功劳，也总有一些失误，但一讲都是功劳。

我多次拒绝外国人要我写自传。如果自传只讲功不讲过，本身就变成了歌功颂德，吹嘘自己，那有什么必要？至于一些同志回忆自己的历史，写一些东西，那很有益处。聂荣臻同志写的那一段亲自经历的事，很真实。有人也写了自己的错误，比如李维汉同志。但有些自传还是宣扬自己的多，这种事情值不得赞扬。

对我的评价，不要过分夸张，不要分量太重。有的把我的规格放在毛主席之上，这就不好了。我很怕有这样的东西，名誉太高了是个负担。我退休方式要简化，死后丧事也要简化，拜托你们了。①

邓小平正式退休时，有一个中共中央军事委员会主席一职和中华人民共和国中央军事委员会主席一职交给谁来接替的问题。这是一个非常重大的问题。对于这件事，邓小平已经深思熟虑，了然于胸。

当谈到“我退休时的职务交代”时，邓小平郑重指出：军委要有个主席，首先要确定党的军委主席，同时也是确定国家军委主席。党要管军队，因为军队始终是党领导的，这次动乱中看得更清楚。军队是党领导的军队，当然也是国家的军队。五中全会上我辞职后，要有新的军委主席，军委也应该有些变化。我们的传统是军队听党的话，不能搞小集团，不能搞小圈子，不能把权力集中在几个人身上。军队任何时候都要听中央的话，听党的话，选人也要选听

① 《邓小平文选》第3卷，人民出版社1993年版，第316～317页。

党的话的人。军队不能打自己的旗帜。我提议江泽民同志当军委主席。①

然后，邓小平对新的中央领导集体具体谈了对几个重大问题的意见：首先，希望新的中央领导集体给国际国内树立一个好的形象，一个安定团结的形象；中国一定要有一个具有改革开放形象的领导集体。邓小平说：总之，以后中央的工作我不过问，除非特别大的问题。让新的中央，特别是政治局和政治局常委会独立思考，独立工作。今天常委的同志都在，我希望你们给国际国内树立一个好的形象，一个安定团结的形象，而且是一个安定团结的榜样。

我们是一个大国，只要我们的领导很稳定又很坚定，那末谁也拿中国没有办法。中国一定要有一个具有改革开放形象的领导集体，这点请你们特别注意。改革开放放弃不得。如果固守成规，照过去的老框框一模一样地搞，没有一些试验、一些尝试，包括受一些挫折、有一些失败的尝试，肯定达不到我们的战略目标。

我们一定要真正地搞改革开放，不能关起门来搞。我们在两三年内要好好地调整。过去失误的，例如通货膨胀，弥补起来。最近我看到学生的现象是可喜的，他们真正在反思，是个大教育啊。问题是很多，但能进行反思就是一个最大的教育，比读什么书都重要。

我们要抓紧四项基本原则的教育，马克思主义基本理论的教育，搞几年风气就会变的。对文艺战线再加以整顿，整顿书刊市场照现在的部署坚持下去，会变的。我们的目标是“四有”。五十年代，广大党员和人民讲理想，讲纪律，讲为人民服务，爱党，爱国家，爱社会主义，这样的社会风气和道德面貌不是很好吗？三年困难时期，党和人民不是团结奋斗，渡过了难关吗？多好的老百姓啊！我们要恢复和发扬这个传统。我们这个军队也好啊！尽管现在换了一些年轻人，军长我一个都不认识，但是这个军队确实保持了好传统。②

第二，新的中央领导集体“要形成集体领导”，“江泽民同志应该成为你们这个集体的核心”。邓小平说：你们这个班子要搞好，关键是要形成集体领导。你们应该是一个合作得很好的集体，是一个独立思考的集体。要相互容

---

① 《邓小平文选》第3卷，人民出版社1993年版，第317页。

② 《邓小平文选》第3卷，人民出版社1993年版，第317～318页。

忍，相互谦让，相互帮助，相互补充，包括相互克服错误和缺点。现在很需要一个这么好的集体，比过去更加需要。这个集体要有个核心。在历史上，我们有毛主席这个核心。这几年我们出现了两个领导人更迭以及通货膨胀这样的问题，因为有个核心，解决起来就比较容易。江泽民同志应该成为你们这个集体的核心。关于工作方法，我提一点：属于政策、方针的重大问题，国务院也好，全国人大也好，其他方面也好，都要由党员负责干部提到党中央常委会讨论，讨论决定之后再去多方商量，贯彻执行。

第三，中央的权威必须加强。邓小平说：前一段我提出党中央的权威必须加强。陈云同志讲，各路诸侯太多，议而不决，决而不行，各自为政。这个批评是正确的。中央的话不听，国务院的话不听，这不行。特别是有困难的时候，没有中央、国务院这个权威，不可能解决问题。有了这个权威，困难时也能做大事。不能否定权威，该集中的要集中，否则至少要耽误时间。对于不听中央、国务院的话的，处理要坚决，可以先打招呼，不行就调人换头头。“文化大革命”后期，毛主席把八大军区司令对调，这是因为懂得领导军队的艺术，就是不允许任何军队领导干部有个团团，有个势力范围。军队就有这个传统，经常调过来调过去。战争年代形成过山头，当时我们靠马克思主义觉悟，靠共产党员的组织纪律性，没有形成什么派。就是那样，山头主义也有影响，所以专门反了一次山头主义。地方也有这个问题，搞久了也可以调动一下。

第四，关于对国际形势的看法问题。邓小平说：国际形势有一个战争问题。美苏两家打不起来，就没有世界大战。小的战争不可避免，现在不发达国家之间的战争，实际上是发达国家的需要。发达国家欺侮落后国家的政策没有变。中国自己要稳住阵脚，否则，人家就要打我们的主意。世界上希望我们好起来的人很多，想整我们的人也有的是。我们自己要保持警惕，放松不得。要维护我们独立自主、不信邪、不怕鬼的形象。我们绝不能示弱。你越怕，越示弱，人家劲头就越大。并不因为你软了人家就对你好一些，反倒是你软了人家看不起你。我们怕什么？战争我们并不怕。我们分析世界大战打不起来，真打起来也不怕。谁敢来打我们，他们进得来出不去。中国有抵御外敌入侵的丰富经验，打垮了侵略者，我们再来建设。

第五，关于如何正确对待苏联、东欧剧变问题。邓小平说：国际局势还有一个方面，就是社会主义国家动乱。东欧、苏联乱，我看也不可避免，至于乱到什么程度，现在不好预料，还要很冷静地观察。在这些国家动乱的时候，中国要真正按计划实现第二个翻番，这也就是社会主义的一个成功。到下个世纪五十年，如果我们基本上实现现代化，那就可以进一步断言社会主义成功。当然我们不要吹，越发展越要谦虚。但是中国稳住了，而且实现了发展目标，社会主义就显示出优越性。帝国主义肯定想要社会主义国家变质。现在的问题不是苏联的旗帜倒不倒，苏联肯定要乱，而是中国的旗帜倒不倒。因此，首先中国自己不要乱，认真地真正地把改革开放搞下去。没有改革开放就没有希望。这十年的成绩哪里来的？是从改革开放得来的。中国只要这样搞下去，旗帜不倒，就会有很大影响。当然，发达国家会对我们戒心更大。不管怎么样，我们还是友好往来。朋友还要交，但心中要有数。不随便批评别人、指责别人，过头的话不要讲，过头的事不要做。我看总的局势是这样，唯一的办法是我们自己不乱。我们的基础好，是几十年打出来的，这个威势一直要传到后代，保持下去，这是本钱。别人的事情我们管不了，只讲一个道理：中国的社会主义是变不了的。中国肯定要沿着自己选择的社会主义道路走到底。谁也压不垮我们。只要中国不垮，世界上就有五分之一的人口在坚持社会主义。我们对社会主义的前途充满信心。①

在谈话中，邓小平提出了应对国际局势，特别是应对苏联、东欧等社会主义国家正在发生的一系列剧烈变化的根本指导方针。这是一个既有现实针对性又具有长远指导意义的战略方针。

邓小平说：总之，对于国际局势，概括起来就是三句话：

第一句话，冷静观察；

第二句话，稳住阵脚；

第三句话，沉着应付。

不要急，也急不得。要冷静、冷静、再冷静，埋头实干，做好一件事，我们自己的事。②

---

① 《邓小平文选》第3卷，人民出版社1993年版，第318～321页。

② 《邓小平文选》第3卷，人民出版社1993年版，第321页。

最后，邓小平充满信心地指出：到本世纪末翻两番有没有可能？我希望活到那个时候，看到翻两番实现。三步走的关键在第二步，第二步为第三步打基础。要搞几个大项目，表示我们的信心。改革开放政策稳定，中国大有希望。[①]

① 《邓小平文选》第3卷，人民出版社1993年版，第321页。

第一百六十六章

“关于同意邓小平同志辞去中共中央军事委员会主席职务的决定”

邓小平是国际国内著名的政治家，一举一动足以影响世界局势。为了使国际上关心中国的国家和友好人士对自己宣布正式退休有所准备、不致感到十分突然，1989 年 9 月 16 日，邓小平特意选择会见美国籍华裔学者李政道教授的机会，向世界转达自己“希望完全退下来”的信息。在会见过程中，邓小平对李政道说：

> 我的身体还好，头脑还清楚，记忆力还不错。在北戴河每天游泳一个小时，我不喜欢室内游泳池，喜欢在大自然里游泳，自由度大一些，有股气势。我在练习怎样适应完全退下来以后的生活。几十年了，一直在繁忙的工作中，就是后来事情管得不多了，脑子里也放不下问题，总在活动。
>
> 请你相信，中国在十年改革开放中制定的各项方针政策不会改变。十三大制定的路线不能改变，谁改变谁垮台。过去两个总书记都没有站住，并不是选的时候不合格。选的时候没有选错，但后来他们在根本问题上，就是在坚持四项基本原则的问题上犯了错误，栽了跟头。四个坚持中最核心的是党的领导和社会主义。四个坚持的对立面是资产阶级自由化。坚持四项基本原则，反对资产阶级自由化，这些年来每年我都讲多次，但是他们没有执行。在这次动乱中赵紫阳暴露了出来，明显地站在动乱一边，实际上在搞分裂。好在有我在，处理不难，当然也不是我一个人的作用。①

---

① 《邓小平文选》第 3 卷，人民出版社 1993 年版，第 324 页。

因为不久前，香港传说“邓小平被刺”“邓小平病危”，以致引发股票市场波动，所以，在这次谈话中，邓小平特意以香港传说他“被刺”“病危”，以致引发股票市场波动为例，向李政道明确表示：“我历来不主张夸大一个人的作用，这样是危险的，难以为继的。把一个国家、一个党的稳定建立在一两个人的威望上，是靠不住的，很容易出问题。所以要搞退休制。我已经八十五岁了，多年来我提出退休，每次都遭到大家的反对。十三大的时候先搞半退，只当军委主席。有些老同志，彭真、邓大姐、徐帅、聂帅，已经全退了。我全退需要中央同意，我在做这方面的工作。最近香港传说我被刺了，病危了，引起股票市场波动。这说明早退好些，希望在较短的时间里实现。我主要就是希望完全退下来，但是动乱我要管。”①

在这次谈话中，邓小平还指出：

> 现在我可以肯定，经过动乱，中国的四个现代化和改革开放事业可以搞得更好。动乱给我们上了一堂大课。多年来，我们的一些同志埋头于具体事务，对政治动态不关心，对思想工作不重视，对腐败现象警惕不足，纠正的措施也不得力。腐败现象很严重，这同不坚决反对资产阶级自由化有关系。这次动乱后，大家的头脑清醒了。如果不坚持四项基本原则，动乱就平息不了。这次动乱不平息，我们今天哪能在这里谈话？这次平息反革命暴乱，人民解放军作出了牺牲，不容易，真是不容易。如果那些搞暴乱的人得逞，就要发生内战。内战要是打起来，胜利肯定是我们这一方，但不知要死多少人，伤害多少人的感情，那才是伤筋动骨呢！这次不果断处理不行。平息暴乱中尽量避免伤害人民，特别是学生，这是我们的方针。不采取坚决措施平息暴乱，后果难以设想。
>
> 西方世界确实希望中国动乱。不但希望中国动乱，也希望苏联、东欧都乱。美国，还有西方其他一些国家，对社会主义国家搞和平演变。美国现在有一种提法：打一场无硝烟的世界大战。我们要警惕。资本主义是想最终战胜社会主义，过去拿武器，用原子弹、氢弹，遭到世界人民的反

---

① 《邓小平文选》第3卷，人民出版社1993年版，第325页。

对，现在搞和平演变。别国的事情我们管不了，中国的事情我们就得管。中国不搞社会主义不行，不坚持社会主义不行。如果没有共产党的领导，不搞社会主义，不搞改革开放，就呜呼哀哉了，哪里能有现在的中国？用二十多年流血斗争赢得的人民共和国，用几十年艰苦奋斗特别是十年来改革开放赢得的社会主义建设成就，中国人民不会把它轻易丢掉。如果丢掉这些成果，如果搞资本主义，首先发生的就是无法解决十一亿人都有饭吃的问题。没有饭吃，中国人干吗？我们搞革命就是要解放穷人。现在可以说，中国解决了温饱问题，当然也还有百分之十左右的人口比较贫困，但不是绝对的贫困。总的来说，他们的生活也比过去好一些了，国家和社会正在帮助他们努力摆脱贫困。总之，我们有我们的责任，要对世界上五分之一的人负责，要发展经济，使他们生活得更好。

我这里主要讲两点。第一，中国目前局势是稳定的。经过动乱以后，新的领导班子将坚持过去十年的改革开放政策，保持安定团结的局面，坚持一个中心、两个基本点。当然，在发展进程中不会没有曲折，没有缺点。但我们相信，坚持这个方针政策的人，最终会取得胜利。第二，中国人吓不倒。我们不想得罪人，我们要扎扎实实干自己的事，但谁要干涉或吓唬我们，都会落空。中国人有自信心，自卑没有出路。过去自卑了一个多世纪，在中国共产党领导下站起来了。庞然大物吓唬人，中国人不怕。抗日战争打了八年，抗美援朝打了三年，我们有以少胜多、以弱胜强的传统。也有人怕，方励之那些人怕，因此做尽损害自己国家的事，但这种人不多。我相信，在外国的侵略和威吓面前，我们的人民不会怕，我们的子孙也不会怕。请你告诉美国所有对我们友好的和不友好的人，在判断中国局势的时候，这两点是必须看清楚的根本的两点。

我们最大的失误在教育，对年轻娃娃、青年学生教育不够。控制通货膨胀可以很快见效，而教育的失误补起来困难得多。参加过游行、绝食的许多人思想转变过来，要好多年，不是一两个月的补课就行的。不能责怪参加绝食、游行、签名的人，只追究用心不良、触犯刑律的带头的人。对学生，包括参加过绝食的学生，主要是教育。请你转告你认识的人，包括在国外参加过游行、签名的人，中国不在意这个问题，请他们放下包袱。

要说失误，我们确实有失误，许多思想工作没有做，好多话没有讲清楚。有人站在动乱一方，支持他们，如赵紫阳，这更不能怪别人。我们要冷静反思，回顾过去，着眼未来，重视总结经验和教训，认真处理面临的问题。这样，就能使坏事变成好事，从事件中得到益处，绝大多数的人会清醒过来，学生思想也会清醒过来。

总之，有一点是肯定的，那就是中国一定要发展，改革开放一定要继续，生产力要以适当的速度持续增长，人民生活要在生产发展的基础上一步步改善。前一段消费过热，我们给人民打了招呼，要过几年紧日子。我们要反对腐败，搞廉洁政治。不是搞一天两天、一月两月，整个改革开放过程中都要反对腐败。我们前进的步伐会更稳健，更扎实，更快。我很相信这一点。①

邓小平这次谈话，向国际社会发出了将要退休的明确信息，引起世界各国的广泛关注。

1989 年 11 月 6 日，中国共产党第十三届中央委员会第五次全体会议在北京召开。根据邓小平的请求和中共中央政治局的安排，这次全会把邓小平退休问题作为主要议题之一。

当天，全会印发了军委主席邓小平 9 月 4 日与中央政治局常委江泽民、李鹏、乔石、姚依林、宋平、李瑞环，以及杨尚昆、万里等同志的谈话要点。邓小平主动提出辞去中央军委主席职务；提名江泽民任军委主席，杨尚昆兼任军委副主席，刘华清任军委副主席，杨白冰任军委秘书长。邓小平说：“党要管军队，因为军队始终是党的。”“军队是党的军队，当然也是国家的军队。”“我们军队要成为一个听党的话的军队。我们的传统是军队不能搞集团，不能搞小圈子，不能权力集中在几个人身上，军队任何时候都要听中央的话，听党的话，选人也是要选听党的话的人。军队不能打自己的旗帜，所以，既然变动军委主席，也要考虑军委组成人员和工作机构问题，连同我的问题一同解决比

① 《邓小平文选》第 3 卷，人民出版社 1993 年版，第 325 ~ 327 页。

较好。我提议江泽民当军委主席。江泽民同志过去与军队联系少一些，但也不是没有联系，他当主席比较顺。”

关于今后军委的工作，邓小平指出：“主席要有助手，就是副主席、秘书长。有两三个助手，他这个主席就好当了。有事可以找人办，否则什么事情都要主席出面那受不了。军队工作也是很多的呀！尚昆这届不退，现在一下变动太多不好，稳定军队是很重要的。刘华清当副主席，杨白冰当秘书长。刘华清身体好，知识面比较宽，解放后一直搞国防工业，搞科技装备，在苏联还学了几年。他懂科学，搞卫星、导弹都参加过，是荣臻同志的主要助手。选这么个人当军委副主席，恐怕比只看资格好。我们军队中老干部四方面军的占大多数，这个副主席要是四方面军的。刘华清是四方面军的，某种程度上说是比较年轻力壮一点的，身体好，是能听党的话的。当然，听党的话的人多得很，但是他几个条件都具备，我比较倾向这次加一个副主席，搞一个新秘书长，作为泽民同志的主要助手。”

中共十三届五中全会认真讨论了邓小平的辞职信。开始，中央政治局常委考虑，目前我国的建设和改革正处在关键时刻，又面临着复杂的国际形势，很需要小平同志继续为我们掌舵，恳切希望他迟一点退下来。但邓小平一再说明，现在退下来更有利。中央政治局常委和政治局的同志认真研究，又经过十三届五中全会讨论，统一了认识，大家认为小平同志高瞻远瞩，应该尊重他的意愿，同意他的请求。

全会讨论并通过《中国共产党十三届五中全会关于同意邓小平同志辞去中共中央军事委员会主席职务的决定》。全会认为，邓小平从党和国家的根本利益出发，在自己身体还健康的时候辞去现任职务，实现他多年来一再提出的从领导岗位上完全退下来的夙愿，表现了一个伟大的无产阶级革命家的广阔胸怀。与会全体同志对邓小平身体力行地为废除干部领导职务终身制做出的表率，表示崇高的敬意。

全会高度评价邓小平对我们党和国家建立的卓著功勋。邓小平是我国各族人民公认的享有崇高威望的杰出领导人，在党所领导的革命和建设的各个历史时期都作出了重大贡献。特别是党的十一届三中全会后，邓小平成为我们党第二代领导集体的核心。十年来，在我们党和军队工作的各个方面，在经济建设和改革开放方面，在努力实现和平统一祖国和外交活动方面，邓小平都是当之无愧的总设计师。在以他为核心的领导集体的坚强领导下，我国人民在社会主义现代化建设中取得了举世瞩目的成就，在社会主义新中国的历史上开创了一个新的时期。几十年来的革命实践表明，邓小平不愧是杰出的马克思主义者，坚定的共产主义者，卓越的无产阶级革命家、政治家、军事家，我们党、国家和军队久经考验的领导人。

全会强调指出，邓小平根据马克思列宁主义同中国实际相结合的原则提出的一系列观点和理论，特别是建设中国特色社会主义基本理论，是毛泽东思想的重要组成部分，是毛泽东思想在新的历史条件下的继承和发展，是中国共产党和中国人民的宝贵精神财富。全会要求全党一定要认真学习邓小平的著作，使它今后在我国社会主义现代化建设的伟大进程中发挥重大的指导作用。

全会在充分酝酿的基础上，决定江泽民为中共中央军事委员会主席，杨尚昆为中共中央军事委员会第一副主席，刘华清为中共中央军事委员会副主席，杨白冰为中共中央军事委员会秘书长；决定增补杨白冰为中共中央书记处书记。

全会通过中央政治局根据邓小平提议议定的中央军委人事安排：

主席：江泽民，副主席：杨尚昆、刘华清，委员：杨白冰、秦基伟、迟浩田、赵南起。

在中央军委成员中，江泽民是中共中央总书记，杨尚昆是中华人民共和国主席，刘华清是专职军委副主席，杨白冰兼任中国人民解放军总政治部主任，秦基伟兼任中华人民共和国国防部部长，迟浩田兼任中国人民解放军总参谋长，赵南起兼任中国人民解放军总后勤部部长。

新的中央军委组成后，江泽民在军委第一次会议上明确分工，指出，军队的事情要讲效率，不能延误时机，重大问题要提交中央常委会讨论，军委常务会议由刘华清主持。刘华清当即表示：要尽职尽责、努力工作，做好江主席的助手。有问题时，先向杨副主席请示，重大问题及时报告江主席。

1990 年 3 月至 4 月，第七届全国人民代表大会第三次全体会议在北京召开，会议批准邓小平辞去中华人民共和国中央军事委员会主席职务。曾任中央军委副主席的迟浩田评价说：小平同志正气凛然，高风亮节。越是在关键的时候，越能显现出他卓越的政治智慧和伟大政治家的勇气。他坚持真理，坚持原则，不信邪，不怕鬼，不怕得罪任何人，敢于打破情面，果断处理纠正了党内、军内出现的一些错误倾向。他在临退下来时的讲话，虽然简短，但掷地有声，感人肺腑。他说：我要退休了，讲几句话。我们的军队要始终忠于党，忠于人民，忠于国家，忠于社会主义。希望大家在以江泽民同志为核心的党中央的领导下，把我们军队建设得更好。他讲完这几句话后，说了一声“拜拜”，夹起包就走了。我作为总参谋长也在场，对小平同志这种伟人风范深为叹服，感佩之至。这体现了他是一个真正无私无畏的人，一个真正脱离了低级趣味的人，一个真正顾全大局的人。①

迟浩田回忆说：我在总参谋部和军委工作期间，出访过100多个国家，接触过许多国家政要和朋友，他们对小平同志高度称赞，有人说：“邓小平是改变了中国面貌的一代伟人。”还有人大发感慨：“你们有邓小平，可我们没有。”他们对小平同志的敬佩之情，对我国改革开放大好形势的充分肯定，溢于言表。我听后，深为我们拥有小平同志这位改革开放的总设计师而感到无比自豪，这是我们党之大幸、国之大幸和民之大幸。小平同志曾经这样说过：如果没有毛泽东同志，我们中国人民至少还要在黑暗中摸索更长的时间。我们今天可以说，正因为有了邓小平理论的正确指引，我们才找到了中国特色社会主义道路，才迎来了改革开放、蓬勃发展的繁荣盛世，才赢得了如此崇高的国际地位，中华民族也必将走向更加光辉灿烂的未来。②

---

① 迟浩田：《治国兴伟业　统军开新篇——深切缅怀敬爱的小平同志》，《求是》2004年第16期。
② 迟浩田：《治国兴伟业　统军开新篇——深切缅怀敬爱的小平同志》，《求是》2004年第16期。

第一百六十七章

“退休以后，我最终的愿望是过一个真正的平民生活”

1989年11月8日，中国改革开放和现代化建设的“总设计师”、中国共产党第二代中央领导集体的核心邓小平正式退休。邓小平的小女儿、细心的萧榕记载了这一天邓小平的活动，留下了宝贵的历史见证：

1989年11月8日。清晨，天还未亮，飘飘洒洒的细雨就已润湿了深秋的大地。

爸像往常一样，按时起了床。像往常一样，准时而又规律地吃了早饭，坐下来看书、看报、看文件。

最小的孙儿因患感冒而未去幼儿园，我带他去看爷爷。

爸问我，还下雨吗？

我告诉他，开始下雪了。

爸一听，马上起身，先把窗户大大打开，进而索性开门走出室外。

外面的空气寒冷而又湿润，雨水中果然夹杂着点点雪花，纷纷落落、飘飘扬扬随风而下。

爸望着雨和雪，感慨地说：“这场雨雪下得不算小呀，北京正需要下雪啊！”

大概是所谓的“温室效应”吧，今年秋来得迟，冬也到得晚。虽已是11月份，天气仍然不冷。今天这场雨雪虽不很大，但毕竟是北京今冬的第一场雪。

9点多钟，办公室主任王瑞林来了，向爸讲述了正在召开的党的中央全会的一些情况，当然，重点汇报了这次全会上关于爸退休的议程、日程的安排和讨论情况。他告诉爸，经过阅读有关文件和讨论，与会的同志们逐渐理解了爸请求退休的决心和意义，许多同志在发言中讲了很多相当动感情的肺腑之言，今天下午全会将进行表决，晚上由新闻公布。

爸听后十分高兴，说：“总之，这件事情可以完成了！”

中午吃饭的时候，我们一家人围坐在桌旁，席间的话题自然离不开爸退休这个题目。

姐姐说，咱们家应该庆祝一下。

哥哥说，我捐献一瓶好酒。

妈妈说，如果身体好，我也想去参加下午的照相活动。

爸则说：“退休以后，我最终的愿望是过一个真正的平民生活，生活得更加简单一些，可以上街走走，到处去参观一下。”

大孙女眠眠笑着说：“爷爷真是理想主义！”

下午3时，中国共产党第十三届中央委员会第五次会议进行表决，通过了爸辞去中共中央军事委员会主席的请求。

4时许，爸驱车前往人民大会堂，和参加本次中央全会的全体与会者一起照相。

在休息厅里，刚刚从五中全会会场内出来的中央各位领导同志，看到爸进来，纷纷走过来和爸握手。刚刚当选为中共中央军事委员会主席的江泽民同志一步趋前，紧紧握住爸的手。他建议，几位领导同志一起，和爸照一张相。

当江泽民、杨尚昆、李鹏、姚依林、乔石、宋平、李瑞环、王震、薄一波、万里、宋任穷、胡乔木等12位同志簇拥着爸一字排好后，记者们一拥而上，闪光灯噼啪闪烁地拍下了这一历史性时刻。

这些就是我们党和国家的领导人，他们有的银丝红颜，有的乌发满头，他们紧紧地站在一起。

当爸一行人走进大厅时，掌声骤起。爸走过中纪委委员的行列，走过中顾委委员的行列，走过全体中央委员的行列。

爸笑容满面地站在麦克风前，他说：“感谢同志们对我的理解和支持，全会接受了我退休的请求。衷心感谢全会，衷心感谢同志们。”

随后，爸与参加和列席全会的全体同志合影留念。

在离开大会堂的时候，江泽民同志一直把爸送到门口，他紧握住爸的手说："我一定鞠躬尽瘁，死而后已。"

夜幕渐渐降临，而我们家却是一片灯火通明。全家人忙忙碌碌了整整一下午，到了吃饭的时间，四个孙子孙女一齐跑去请爷爷。他们送给爷爷一个他们亲手赶制的贺卡，上面贴着四朵美丽的蝴蝶花，代表他们四个孙辈。卡上端端正正地写道："愿爷爷永远和我们一样的年轻！"他们四个人轮流上前亲爷爷，才 3 岁的小孙子小弟亲了爷爷一脸的口水，逗得全家人哈哈大笑。

在餐厅里，桌子上摆满了在我们家工作了 30 多年的杨师傅精心设计的丰盛宴席，淡蓝色的墙壁上高高地贴着一排鲜红的字：

1922～1989——永远。

爸望着这一排字，脸上浮现出了深沉的笑容……①

美国前国务卿亨利·基辛格是中国人民的老朋友。20 世纪 70 年代初，他奉美国总统尼克松之命首次访问中国，以后又多次访问中国。

曾经多次见到过邓小平的基辛格认为："领导人最重要的是勇气。领导人或政治家的任务，是把国民从现在引向未知的世界。能否上升到最高负责人地位的重要标志是看其能否描绘出光明的未来。

"我在历史中读到的伟大的领导人，都曾在其人生的经历中有过沉思的时期。在此期间，了解自己，学习社会。戴高乐总统曾亡命他国，邓小平曾被监禁。

"邓小平是中国推行改革的领袖。他着手共产党领袖从未搞过的改革，解放了农村经济，把粮食进口国变成了粮食富余国。虽然他作为老一代的革命家，不允许共产党的地位下降，但他还要将经济改革搞下去。"②

1989 年 11 月 10 日，邓小平在北京人民大会堂又一次会见美国前国务卿基

---

① 萧榕（即邓小平的小女儿邓榕）：《邓小平退休第一天》，《中国老年》1993 年第 10 期。

② 《基辛格、中曾根谈 21 世纪领导人素质》。

辛格。

这是邓小平辞去中央军委主席后会见的第一位外国朋友。

在北京人民大会堂，已经85岁的邓小平精力充沛、精神矍铄。

当基辛格走进福建厅时，邓小平高兴地迎上去紧握着他的手，站着说了好几分钟的话。

邓小平说：“博士，你好。咱们是朋友之间的见面，你大概知道，我已经退下来了。”

基辛格说：“我昨天听到了消息，但你仍将始终有很大的影响力。”

邓小平说：“你不反对吧？”

基辛格说：“我赞成。”

邓小平说：“中国需要建立一个废除领导职务终身制的制度。中国现在很稳定，我也放心。”

基辛格说：“我相信，你在中国的未来也将起重大的作用，正像你过去起的作用一样。”

邓小平说：“因为我是中国公民，还是共产党员。公民有权利有义务，党员也有权利和义务。我的作用就是一个普通公民，一个普通党员，需要的时候，他就起到自己的权利和义务两个方面的作用。你现在不是不当国务卿了吗？还不是照样为国际事务奔忙？”

基辛格说：“我也只是作为一个普通公民。同时，我知道，你是中国改革的总设计师。”

邓小平在客人入座后说：“我是退休后第一次见客人。”

基辛格说：“你看起来精神很好。”

邓小平笑着说：“身体还可以，但毕竟过了85岁了，自然规律没法子违背。不过，我的头脑还清楚。”

基辛格说，我同你相识已有15年了，现在还记得和你这些年来进行的多次会谈。他对邓小平说：“你是做的比说的多的少数几个政治家之一。你使中国发生了历史性的变化。”

11月10日至12日，中央军委扩大会议在北京举行。这次会议是在中共十三届五中全会决定军委领导成员调整之后召开的，主题是研究和部署1990年的军队工作。

11月12日，邓小平会见参加会议的军队高级干部，并指出：最近一段时间，我讲的话很多了，没有新的话要讲了。但是，在我离开军委领导岗位的时候，也应该跟大家讲点话。我的话很短。我确信，我们的军队能够始终不渝地坚持自己的性质。这个性质是，党的军队，人民的军队，社会主义国家的军队。这与世界各国的军队不同。就是与别的社会主义国家的军队也不同，因为他们的军队与我们的军队经历不同。我们的军队始终要忠于党，忠于人民，忠于国家，忠于社会主义。我确信，我们的军队能够做到这一点，几十年的考验证明军队能够履行自己的责任。

邓小平指出，再一点就是，军委领导更换了人。我认为，确定以江泽民同志为核心的党中央，是我们全党做出的正确的选择。江泽民同志是合格的军委主席，因为他是合格的党的总书记。希望大家在以江泽民同志为核心的党中央的领导下，在以他为主席的中央军委的领导下，把我们军队建设得更好，为捍卫我们国家的独立和主权，捍卫我们国家的社会主义事业，捍卫我们党的十一届三中全会以来制定的一系列路线、方针、政策，做出更多更大的贡献。

邓小平表示：我虽然离开了军队，并且退休了，但是我还是关注我们党的事业，关注国家的事业，关注军队的前景。①

11月13日，邓小平在北京人民大会堂会见以日本经济团体联合会会长斋藤英四郎为最高顾问、日中经济协会会长河合良一为团长的1989年度日中经济协会访华团。

这是一个历史性的时刻。邓小平精力充沛，容光焕发，首先十分高兴地与日中经济协会访华团的日本客人一一握手。会见开始后，邓小平对客人们说，我们都是老朋友，欢迎你们。多年来，你们在中日合作方面做了很多工作，尽了很大努力，非常感谢你们。特别是在我告别政治生涯的时候，我应该讲这些感激的话……

---

① 《邓小平文选》第3卷，人民出版社1993年版，第334～335页。

当着几十位日本客人、几十位中外记者，邓小平向他们，也是向全中国、向全世界宣布：“日中经济协会代表团将是我会见的最后一个正式的代表团，我想利用这个机会，正式向政治生涯告别。”

邓小平这几句话，干脆利落，简单明快，朴实平和。几十位在场的中外记者获得一条重要信息：今天，邓小平将正式告别60多年的政治生涯。

邓小平说：“退就要真退，这次我就要百分之百地退下来。我退下来，也是想让党、政府、军队的领导人能够放手工作。我相信他们能够把工作做好。”当邓小平说这句话时，深邃的目光中透露出坚定自信的神情。

邓小平表示，我今后不再代表集体、党和国家见客人，要体现真正退休。今后有些老朋友来中国，可能不见不礼貌。我可以去客人住地拜访，谈友谊，谈非政治性的事情。要让党、政、军领导放手工作，我不插手。这对他们的成长和工作很有必要。

整个会见充满亲切、友好的气氛。最后道别时，斋藤先生双手紧握邓小平的手，深情地说：“为了中国的繁荣、亚洲的繁荣，为了中日两国人民的友好情谊，希望您健康长寿！”

会见结束时，几位经常采访邓小平会见外宾的记者，异口同声地请求：“邓主席，与我们这几位中国记者合个影吧！”“好！和记者们合影要轻松多了。”邓小平答应得干脆、痛快，引起一片欢笑。

几位人民大会堂工作人员也挤了过来，说：“我们也要和邓主席合个影。”邓小平愉快地满足了大家的要求。

邓小平宣布“正式向政治生涯告别”后，仍然以丰富的政治经验，异乎寻常的政治智慧，崇高的政治威望，对党和人民的真挚感情，在党和国家政治生活中发挥着重要作用。

12月1日，邓小平在北京会见以樱内义雄为团长的日本国际贸易促进协会访华团主要成员。邓小平说：“我们国家的领导人换了代，现在事情归新一代领导人管了。他们主持全局已经五个多月了，可以看出，中国的发展战略和一系列方针政策，并没有因为我退下来而有任何变化。我们一直坚持党的十一届三中全会以来的路线和各项方针政策，不但这一届领导人要坚持，下一届、再下一届都要坚持，一直坚持下去。为什么这些方针政策不能变呢？因为十年来的实践证明，这一套方针政策是完全正确的，如果放弃改革开放，就等于放弃我们的根本发展战略。”① “我虽然退休了，但还是关注着中日两国关系的发展。”②

在 1989 年春夏之交北京出现政治风波以后，中美关系降到建交以来的最低点。12 月 10 日，邓小平会见美国总统特使、总统国家安全事务助理斯考克罗夫特。邓小平说：

你这次访问是非常重要的行动。中美两国之间尽管有些纠葛，有这样那样的问题和分歧，但归根到底中美关系是要好起来才行。这是世界和平和稳定的需要。尽快解决六月以来中美之间发生的这些问题，使中美关系得到新的发展，取得新的前进，这是我们共同的愿望。

我已经退休了，本来这样的事情不是我分内的事，但是我的朋友布什总统的特使来，我不见也太不合情理了。中国在国际上有特殊的重要性，关系到国际局势的稳定与安全。如果中国动乱，问题就大得很了，肯定要影响世界。这不是中国之福，也不是美国之福。

中国威胁不了美国，美国不应该把中国当作威胁自己的对手。我们没有做任何一件伤害美国的事。一九七二年到现在的十七年中，世界局势总的比较稳定，中美关系的发展是形成这样好的局势的一个原因，占的分量不轻。中美不能打架，我说的打架不是打仗，而是笔头上和口头上打架，不要提倡这些。

我多次讲过，美国的制度中国不能搬，美国制度究竟好不好，美国人自己说，我们不干预。两国相处，要彼此尊重对方，尽可能照顾对方，这样来解决纠葛。只照顾一方是不行的。双方都让点步，总能找到好的都可以接受的办法。恢复中美关系要双方努力，不要拖久了，拖久了对双方都不利。请特使转告布什总统，在东方的中国有一位退休老人，关心着中美关系的改善和发展。③

---

① 《邓小平文选》第 3 卷，人民出版社 1993 年版，第 347 页。
② 《邓小平文选》第 3 卷，人民出版社 1993 年版，第 349 页。
③ 《邓小平文选》第 3 卷，人民出版社 1993 年版，第 350～351 页。

曾任中国外交部副部长、中国驻美国大使的朱启祯回忆说：在（1989 年下半年中美关系降到建交以来最低点）这种情况之下，也是小平同志出来掌舵，确定当时对美国的一个总方针。一个方面就是对美国方面强调：国与国之间的关系应该遵循不干涉内政的原则，而且这个原则都在双方公报中间表明了的，所以中国绝对不会接受任何国家干涉中国的内政。另外一个方面是我们绝对不会乞求美国来取消制裁。因此中美关系的改善应该由美国采取主动，如果我们要乞求美国取消制裁，我们中国就站不住，我们就要丧失我们的国格。第三个思想就是任何两国之间的关系，都要首先考虑到自己本国的战略利益，同时要尊重对方利益，而不应该让价值观念和社会制度的差异来干扰两国之间的关系。

邓小平这次会见美国总统特使和“中美关系终归要好起来才行”的重要谈话，引起美国总统和美国政府的高度重视。从此，在 1989 年春夏之交经历了一段曲折的中美关系，又翻开新的一页。

第一百六十八章

“中国要警惕右，但主要是防止‘左’”

人类历史发展的路径总是曲折的。1985 年 3 月，在世界上第一个社会主义国家——苏联，经历了长期的“停滞时期”后，中央领导层推出“青年干部”戈尔巴乔夫出任苏联共产党中央委员会总书记，他提出“新思维”的口号，开始改革，掀起了苏联的改革浪潮，试图彻底摒弃过去的政治体制，建立“人道的”“民主的”社会主义。到了 20 世纪 80 年代末 90 年代初，国际局势风云突变——东欧各国发生剧变，苏联国内混乱不堪。1991 年 12 月 25 日，苏联总统戈尔巴乔夫宣布辞职，将国家权力移交给俄罗斯总统叶利钦。戈尔巴乔夫讲话结束后，飘扬在克里姆林宫上空的苏联国旗悄然降下。苏联宣告解体。国际共产主义运动遭受重大挫折。至此，苏联共产党和苏联最高苏维埃自我解散，苏联从现实和法律上不再存在。在政治斗争中获胜的叶利钦所领导的俄罗斯联邦继承苏联主要综合国力和国际地位。

苏联总统戈尔巴乔夫宣布辞职时，回顾担任苏联最高领导人近七年来的经历，承认这些年来进行的种种改革都失败了，国家失去了前途。这时，全世界都在注视着中国，社会主义中国面临着严峻考验。国务院原副总理钱其琛回忆说：当时邓小平同志及时提出了冷静观察、稳住阵脚、沉着应付、有所作为的战略方针。自己的事情办好了以后，不管国际形势如何变化，我们一定要牢牢抓住经济建设这个中心不动摇。我们都要在和平共处五项原则的基础上，很从容地发展同所有国家的关系。我们要保持警惕，谁也不怕，谁也不得罪。朋友要交，心中要有数。不扛大旗，不当头。过头的话不说，过头的事不做。

20 世纪 90 年代世界局势发生急剧变化，苏联和东欧一些社会主义国家相继改变颜色，苏联解体，东欧剧变，被世界上的一些媒体称之为“苏东波”。关于苏联解体的主要原因，一直众说纷纭。李肇星任中国外交部部长时，有一次遇到苏联的第一任总统、同时也是苏联的最后一位总统戈尔巴乔夫，立即“抓住机遇”，向戈尔巴乔夫当面请教这个问题。李肇星回忆道：2004 年，我作为胡锦涛的特使，代表中国政府参加美国前总统里根的葬礼，葬礼结束后，巧遇戈尔巴乔夫。我很客气地对戈尔巴乔夫说：“我很荣幸与阁下见面，不想失去今天这个请教机会。多年来，包括我在内的许多中国朋友一直特别想知道，为什么那么大的苏联，那么强的社会主义大国，在短短的几年内就解体了？主要原因是什么?”为了避免让对方尴尬，我特意补充了一句：“这个问题不太外交，您可以回答，也可以不回答。”戈尔巴乔夫犹豫了片刻，面色凝重地说：“关于这个问题，我想告诉你的是，在各国领导人当中，我最敬佩的是邓小平先生。而我们那里没有个邓小平。”说完，戈尔巴乔夫再也没有往下说什么。他这句话有什么含义？只能让人们去猜测了。①

相对于苏联改革浪潮中的无序、混乱、经济一团糟，邓小平主导的中国改革开放，对苏联人民来说，具有更为重要的示范意义。李肇星回忆道：有一次，我和我的苏联陪同聊天，他总是把话题转到改革上。他说，苏联老百姓对邓小平改革开放政策给中国老百姓带来的实际利益了解得并不充分，但传到这里的消息已经足以让人羡慕了。我说，我们改革 10 年步子的确迈得不小，但也遇到了一些困难。他不让我说下去，拍拍我的手说：关键是你们手里已经拿到了实实在在的东西。苏联改革的决心也很大，而且越来越大。在大城市，在思想理论方面，改革的气氛很浓。问题是，普通工人和农民还没有得到什么明显的实惠，而实惠是最贴近人心的东西。在苏联改革之初，中国外交部一位领导听中共中央总书记胡耀邦说过：戈尔巴乔夫先搞政治体制改革，不知道这个冒失鬼最后结果会是什么样子。不改善老百姓的生活就触及上层建筑，搞得好不容易，搞不好很危险。果不其然，改革没几年，苏共的执政党地位就摇摇欲坠。在戈尔巴乔夫执政仅仅 5 年后，苏联就从地球上消失了，真是“其兴也勃焉，其亡也忽焉”。

邓小平引领中国改革开放过程中，从农村起步，以经济体制改革领先，真抓实干，“摸着石头过河”。其实，“摸着石头过河”就是摸经验、摸规律、摸

① 李肇星：《说不尽的外交》，中信出版社 2014 年版，第 71 ~ 72 页。

路径。而苏联改革急于求成，一下子全面铺开，看起来惊天动地、热热闹闹，实际上是一下子把即成“大楼”彻底砸烂，而新的“大楼”却没有建立起来。李肇星回忆道：我曾利用各种机会向 30 多位外国领导人请教他们对苏联解体原因的看法，得到的回答涉及上层腐败、信仰异化、言行不一、法制不健全、经济体制僵化、贫富悬殊、民族政策不好、与美国争霸失败等等。一位多次访问过苏联的美国前国务卿说，苏联比美国经济落后，但苏共领导人拥有的豪华轿车和别墅比美国总统多。戈尔巴乔夫 1991 年 5 月对到访的江泽民总书记说：苏联在坚持社会主义的前提下，对所有制、政治和民族等政策进行了全面改革。俗话说，不要惊动睡觉的人。而我们恰恰把睡觉的人都惊动了，把魔鬼从瓶子里放出来了。这说明，戈尔巴乔夫当时可能已经意识到自己推行的改革出了问题，但他已无力回天。一位中国专家说，戈尔巴乔夫上台以后，看到苏联社会问题成堆，便对社会各方面进行改革，这个思路是对的。但改革逐渐背离了原来“完善社会主义”的宗旨和轨道，最后葬送了社会主义。①

苏联解体，东欧剧变，对中国影响最大。在国内，一些批评经济特区的调门又高起来，一些指责经济特区的舆论又多起来。集中抨击经济特区搞“两极分化”，指责中国不少人温饱都没有解决，而经济特区的工资却那么高，这就是“两极分化”，不是社会主义发展方向；说经济特区姓“资”不姓社，搞的是资本主义市场经济那一套，是典型的资本主义；指责经济特区只抓经济建设，不抓阶级斗争，是搞和平演变。这些批评和指责，不仅对经济特区的干部和群众具有极大的压力，而且影响到境外的投资商。由于他们感到有压力，不敢贸然投资，有的索性撤资，离开中国的经济特区。

国务院发展研究中心原主任孙尚清认为：我们中国的改革开放进入 80 年代末 90 年代初的时候，经济的发展中间遇到了一些新问题，主要是经济结构不合理，还有一个就是当时物价上涨的幅度过高，物价上涨幅度过高对改革开放和人民生活还有经济增长都是不利的，所以中央及时提出要进行治理整顿，目的是为了更好地深化改革和扩大开放，使我们的国民经济能进入一种良性发展的循环，走上持续的快速的健康发展的道路。在国际方面来看呢，那个时

① 李肇星：《说不尽的外交》，中信出版社 2014 年版，第 76 页。

候，就是80年代末90年代初国际经济发展的重心明显地向亚洲太平洋地区转移，特别是向东南亚地区转移，而我们中国呢，是东南亚地区经济快速增长和西方那种衰退成为鲜明对比的这种形势的一个重要的组成部分。从当时的国际经济和国内治理整顿以后的经济态势来看，我们是进入了一个千载难逢的历史性的发展机遇，那么当时谁能够抓住这个机遇呢？1992年1月，邓小平像往年那样，去了南方。

在国际国内新形势下，中国将向何处去？中国将走什么样的道路？中国改革将会走向何方？人们期待着回答。世界期待着回答。

“先天下之忧而忧，后天下之乐而乐。”1992年年初，邓小平离开北京，前往深圳、珠海、上海等地，开始具有重要意义的南方之行。1月17日，邓小平乘坐的专列从北京开出，向着南方奔驰。邓小平——这位已经88岁的“改革开放的总设计师”，以宽阔的胸怀、睿智的头脑、超人的雄才大略，开启了中国改革开放的历史性进程。他具有前瞻性的远见卓识，马克思主义的创造精神，不屈不挠的刚毅性格，赢得了中国人民和世界人民的广泛赞誉。

在专列上，邓小平沉思着。国际风云变化莫测，海湾战争、南斯拉夫内战接连爆发；东欧演变，动荡不已，苏联剧变，迅速解体；美苏两极体系彻底瓦解，世界力量对比失衡；南北差距进一步扩大，不少发展中国家经济陷入困境，整个世界更加动荡。

中国正在改革开放中稳步前进。1991年，中国人民战胜了江淮流域的特大洪灾，农业生产夺得了历史上又一个大丰收；第七届全国人大第四次会议审议通过中共中央提出的中国经济和社会发展的“十年规划”和“八五计划”，中国人民继20世纪80年代解决温饱问题之后，又向着小康目标迈出坚实的一步；中央制定进一步搞好国营大中型企业的有力措施，国家主体经济出现新的生机与活力；治理整顿宣告结束，改革开放将迈出新的步伐；“科技是第一生产力”的论断深入人心，依靠科技进步促进经济发展已成为中国人民的共识。

中国坚持独立自主的外交方针，坚持和平共处五项原则，加强同各国的友好往来，改善周边关系，争取到了一个较为良好的国际环境。

1992年，将要召开中国共产党第十四次全国代表大会，这将是继往开来的一次重要的大会；“八五计划”进入第二年，结束治理整顿后的国民经济将迈向新的台阶；距离2000年已不足10年，实现第二步目标的任务更加迫切；香港回归祖国指日可待，沿海地区的经济发展愈益显得重要。

总之，无论从国际环境还是国内形势来看，中国都面临着一个新的发展和壮大自己的大好机遇。回顾过去，分析现状，展望未来，纵观世界，思考中国前途——当代中国改革开放的总设计师邓小平有着一系列的新思想、新观点、新举措……

1月18日，邓小平的专列穿过华北平原，越过中原大地，过黄河，跨长江，抵达此次视察南方的第一站——湖北省。湖北，古称荆楚，历代志士仁人指点江山、近现代革命者叱咤风云的地方。

邓小平此次南行，目的地是广东。因此，出发前没有向沿途各省打招呼，也不想惊动地方负责人出来迎送。这一天，邓小平停车武昌，是因为有话要讲。有关方面提前把电话打到湖北省委，把省委书记关广富、省长郭树言请到车站。专列在武昌停下后，等候在车站的省委书记关广富、省长郭树言等急忙迎上去欢迎邓小平。专列在武昌停留了20分钟。邓小平在站台上一边散步，一边向关广富、郭树言做了言简意赅的重要谈话。

邓小平精神饱满，步履稳健，首先兴致勃勃地听取关广富关于湖北在治理整顿期间坚持深化改革、扩大开放的汇报，并高兴地说，治理整顿这几年，改革开放做了不少的事。没有改革开放，治理整顿就不会这么顺利。

然后，邓小平谆谆告诫聆听谈话的省委负责同志：

“发展才是硬道理。”“能快就不要慢。”

“不坚持社会主义，不改革开放，不发展经济，不改善人民生活，只能是死路一条。”

办事情正确与否“主要看是否有利于发展社会主义的生产力，是否有利于增强社会主义国家的综合国力，是否有利于提高人民的生活水平”。“低速度就等于停步，甚至等于后退。”

对于社会上流传的“左”的言论和表现，邓小平提出了严肃的批评，一针见血地说：

右可以葬送社会主义，“左”也可以葬送社会主义。中国要警惕右，但主要是防止“左”。必须坚持四项基本原则，反对资产阶级自由化。要坚持两手抓，两手都要硬。

邓小平语重心长地说：“中国的事情关键在人，关键在党。”他对培养年轻干部提出了要求：“我们这些老人关键是要不管事，让新上来的人放手干。”

谈到苏联、东欧剧变时，邓小平语重心长地对湖北省委负责同志说，一些国家出现严重曲折，不要惊慌失措，不要认为马克思主义就消失了。“我坚信，世界上赞成马克思主义的人会多起来的，因为马克思主义是科学。”

邓小平还说：现在有一个问题，就是形式主义多。电视一打开，尽是会议。会议多，文章太长，讲话也太长，而且内容重复，新的语言并不很多。重复的话要讲，但要精简。形式主义也是官僚主义。要腾出时间来多办实事，多做少说。毛主席不开长会，文章短而精，讲话也很精练。周总理四届人大的报告，毛主席指定我起草，要求不得超过5000字，我完成了任务。5000字，不是也很管用吗？我建议抓一下这个问题。

邓小平在武昌火车站就要与湖北的同志分别了。湖北省委负责同志都依依不舍，不约而同地说：“我们大家都希望您老人家在湖北多待些时间。”邓小平满面笑容地说：“等你们更发展了，再来。”随后，他缓步登上专列，向南方驰去。

第一百六十九章

“改革开放的胆子要大一些”

1992年1月21日，根据邓小平武昌谈话精神，中共中央办公厅、国务院办公厅，起草了《关于减少领导同志过多事务性活动的建议》。中共中央总书记江泽民、国务院总理李鹏当即批示同意，要求迅速下发，立即落实。

江泽民说：“此事群众反映十分强烈，要引起各级领导机关，首先是中央领导机关的重视。去年开了中央工作会议和八中全会，当前，关键是要狠抓各项工作的落实。各级党政领导机关要转变作风，进一步密切联系群众，始终不渝地贯彻执行党的‘一个中心、两个基本点’的基本路线，扎实工作，为实现第二步战略目标努力奋斗。”

李鹏说：“最近一个时期国务院系统各种会议及其他事务性活动安排过多，有的会议时间过长，耗费了各级领导不少精力，应引起高度重视。国务院自己更要做出表率，大力精简和严格控制各种会议，提倡各级领导干部把精力放在调查研究，解决实际问题上去。”

经中央领导同志批示同意，《关于减少领导同志过多事务性活动的建议》立即发往全国。要求：大力压缩和改革各种剪彩、奠基、首发式、首映式活动。今后除在国内外具有重大政治影响的项目外，各地各部门不要组织各种剪彩、奠基、首发式、首映式活动，并从严控制和压缩所属单位组织此类活动；确需组织的，要力求节约，并在形式上加以改革，例如，剪彩可用彩线、纸带代替绸布或采用其他简朴的形式。

严格控制邀请中央领导同志参加表彰颁奖仪式。党政机关举办的表彰颁奖活动应体现其严肃性、权威性，应有严格的标准，并加以控制，既不能过多过滥，也不能随便提高规格。该由哪一级表彰就由哪一级出面，该在什么范围宣传就在什么范围宣传。中央领导同志一般不出席部门或地方的表彰颁奖仪式。

严格执行邀请党中央、国务院领导同志出席会议、活动的有关规定。今后，凡是部门、地方举办的会议、活动确需中央领导同志出席的，必须严格按照规定，由省、部机关办公厅报中央办公厅或国务院办公厅办理。

改进领导同志参加会议、活动的新闻报道。对领导同志的内事活动的新闻报道，要从实际需要出发，除由中央组织或中央批准组织的有重大影响的会议和活动、中央主要领导同志下基层的活动，可经审定进行报道外，中央领导出席部门会议和活动，一般不作报道。宣传报道的内容要改进，重点应放在宣传党的方针政策、国家的建设成就、先进人物事迹等方面。不要把领导同志出席作为报道与否或报道规格的标准。应减少一般性会议、活动的报道。

地方领导同志出席会议、活动也要从实际出发，不要层层效仿。不要把地方领导同志是否出席本系统的会议、活动作为地方重视某项工作的标准。

1992 年 1 月 18 日下午 4 时，邓小平的专列行驶到湖南长沙车站。列车停留 10 分钟。中共湖南省委书记熊清泉等上车迎接。邓小平目光炯炯，神采奕奕，与熊清泉等一一握手，互致问候。熊清泉邀请邓小平下车散步，观光车站。邓小平高兴地答应，随即健步下车。长沙车站站台宽广、漂亮，在 20 世纪 70 年代仅次于北京车站。

熊清泉介绍说，车站是 1975 年邓小平主持中央工作，进行全面整顿期间设计，中共十一届三中全会时竣工通车的。

“这件事，我知道。那年，万里当铁道部长。”邓小平极目远望，思维敏捷。

在陪同邓小平散步的同时，熊清泉简要地汇报了湖南工作。1991 年湖南气候反常，多灾并发，春有倒春寒，冬有大冰冻，北有洪涝，南有大旱，再加上蝗虫肆虐，风灾袭击，损失相当大。在中共中央和国务院领导下，全省党政军民千余万人参加抢险抗灾，危急关头都有共产党员站在前列，从而在大灾之年夺得了大丰收，粮、棉、油刷新新中国成立以来湖南最高历史纪录，农业产品商品产值首次突破 200 亿元。

听到这里，邓小平十分满意地说：“不错嘛！这样大的灾害，不说第三世界国家受不了，就是发达国家也受不了。只有我们中国，依靠共产党的坚强领导，依靠社会主义制度的优越性，才能战胜这么大的灾害。”

熊清泉又把湖南改革开放的战略、方针、目标作了简略汇报。邓小平高兴地说："构想很好。实事求是，从湖南实际出发就好嘛！要抓住机会，现在就是好机会。"邓小平的谈话，给湖南人民增添了希望与力量。

针对湖南前几年改革开放晚、步子慢的情况，邓小平严肃指出："改革开放的胆子要大一些，经济发展要快一点，总要力争隔几年上一个台阶。"这既是要求，又是期待，更是鞭策。

时间很快过去，就要开车了。熊清泉恳请邓小平返回时在长沙住一段时间。邓小平微笑道："不麻烦了。"迎送邓小平的同志们祝愿邓小平健康长寿。邓小平回答："大家都长寿。"又高兴地向大家招手："来，一起照个照。"摄影师举起照相机。一声咔嚓，拍下来了一个个温馨的笑脸。

1992年1月19日上午，邓小平的专列徐徐开进深圳经济特区的火车站。此时，正是经济特区十分困难的时候。当邓小平第二次到经济特区视察时，他已经是一位退休老人。有的人以为他只是带着一家人到南方过冬和休息。实际上，邓小平的心里永远装的都是国家大事，经常思考的都是中国的发展问题。

这时，国际局势对社会主义中国十分不利，国内关于经济特区的种种非议再次泛起，整个国内外气氛都不利于经济特区建设，直接影响到改革开放宏伟大业向纵深发展。

对此，邓小平心急如焚。无论搞革命、搞经济建设，还是搞改革开放，都需要首先进行试点、试验。然后，通过试点、试验，取得经验，汲取教训，以点带面，全面展开。在改革开放新时期，深圳、珠海就是邓小平在中国进行改革开放的"试验田"。

深圳经济特区、珠海经济特区是中国最早的经济特区，最成功的经济特区，最具有创新精神的经济特区，创造改革开放经验最多的经济特区，因而也是争议最大的经济特区。只有实地调查研究以后，邓小平才能对下一步经济特区的发展和中国改革开放的发展作出新的决策。

在深圳迎宾馆桂园，邓小平对深圳市委负责人说："到了深圳，我坐不住啊，想到处去看看。"在迎宾馆散步时，邓小平的女儿邓榕提起8年前为深圳题词一事，邓小平记忆犹新，吟诵道："深圳的发展和经验证明，我们建立经济特区的政策是正确的。”这句话言简意赅，包含着邓小平在经济特区初创阶段的真情实感，凝结着邓小平的心血和智慧。

曾任中共中央政治局委员、广东省委书记的谢非回忆说：1992 年，小平同志在 1 月 19 日到广东来视察，他多年没有来了，大概距离上一次是 8 年时间。他是 1984 年来过，这次来是 8 年后来。大家知道了小平同志要来，是非常高兴的。我就觉得小平同志是急着要了解情况，急着要看一看，到底有什么变化，这一点印象很深了。因为原来没有这个安排，就是要休息一下嘛，然后再按计划一步步来。可他改变了，马上就要看。在深圳参观，然后从深圳坐船到珠海。他看的过程，一边看就一边谈，他不是在一个时间谈，他整个进程都谈。他这个谈话不像老人的谈话，没有废话，没有重复的话，思维非常敏捷，语言非常准确，深入浅出，很精辟。

上午 10 时，在广东省委书记谢非、深圳市委书记李灏等陪同下，邓小平乘车参观深圳市容。邓小平看到深圳市区面貌发生的巨大变化，非常高兴，说：8 年过去了，这次来看，深圳发展得这么快，我没有想到。

邓小平一边观光深圳市容，一边同省、市负责同志交谈。他说：“对办特区，从一开始就有不同意见，担心是不是搞资本主义。深圳的建设成就，明确回答了那些有这样那样担心的人。特区姓‘社’不姓‘资’。”

邓小平刚到深圳，就将多年来一直困扰、束缚人们思想的姓“资”姓“社”问题点穿说透，令省、市负责同志振奋不已。

邓小平意犹未尽，继续说：

“从深圳的情况看，公有制是主体，外商投资只占四分之一，就是外资部分，我们还可以从税收、劳务等方面得到益处嘛！多搞点‘三资’企业不要怕。”

“有的人认为，多一分外资，就多一分资本主义，‘三资’企业多了，就是资本主义的东西多了，就是发展了资本主义。这些人连基本常识都没有。”

从火车站向皇岗口岸去的路上，邓小平对谢非等同志说：“广东 20 年赶上亚洲‘四小龙’，不仅经济要上去，社会秩序、社会风气也要搞好，两个文明建设都要超过他们，这才是有中国特色的社会主义。”

1 月 20 日上午 9 时 35 分，邓小平在省、市负责同志陪同下来到国贸大厦，登上53层的旋转餐厅，俯瞰市容。邓小平第一次到深圳视察时，国贸大厦尚在建设之中。这一次，当邓小平站在这座被人们誉为“不夜城”的建筑的大厅俯瞰市容的时候，不禁为其雄伟壮观和清新开放的气息感到喜悦和欣慰，他高兴地说：“看了以后，信心增加了。”

在国贸大厦旋转餐厅，邓小平听完李灏关于深圳市两个文明建设情况的汇报后，畅谈了自己的看法和思考：

“要坚持党的十一届三中全会以来的路线、方针、政策，关键是坚持‘一个中心、两个基本点’。不坚持社会主义，不改革开放，不发展经济，不改善人民生活，只能是死路一条。基本路线要管一百年，动摇不得。”

“为什么‘六四’以后我们的国家能够很稳定？就是因为我们搞了改革开放，促进了经济发展，人民生活得到了改善。所以，军队、国家政权，都要维护这条道路、这个制度、这些政策。”

“革命就是解放生产力，革命就是促进生产力的发展。”这是马克思主义的要义精髓。对于怎样建设社会主义、怎样促进生产力的发展，邓小平有过长期的思考和探索。1950年5月，邓小平就指出：“一切都要引导到发展生产力上来。共产党就是为发展社会生产力的，否则就违背了马克思主义理论。”1962年，邓小平又指出：“在生产关系上不能完全采取一种固定不变的形式，看用哪种形式能够调动群众的积极性就采用哪种形式。”1979年3月，邓小平强调要走出一条中国式的现代化道路。1982年在中共十二大开幕词中，邓小平提出：“走自己的道路，建设有中国特色的社会主义。”

革命是解放生产力，改革也是解放生产力。社会主义基本制度确立以后，还要从根本上改变束缚生产力发展的经济体制，建立起充满生机和活力的社会主义经济体制，促进生产力的发展。

在这次谈话中，邓小平精辟地阐述了社会主义的本质就是解放生产力，发展生产力，消灭剥削，消除两极分化，最终达到共同富裕。同时要坚持两手抓，一手抓改革开放，一手抓打击各种犯罪活动，这两只手都要硬。中国要警惕右，但主要是防止“左”。总之，中国解决所有问题的关键是要靠自己的发展。抓住时机，发展自己。发展才是硬道理。

邓小平的谈话高屋建瓴，犹如惊涛拍岸，拨云见日，廓清了许多重大理论问题，一下子扫除了人们心头上的迷雾。曾任中共广州市委常委、宣传部部长的陈建华回忆说：“我当时担任谢非同志的秘书，按照谢非同志的要求负责小平同志谈话的录音、整理工作。最初，没有安排这个任务，因为一开始说是来休息的，不作指示，不讲话，不听汇报，不题词，不见报……他到深圳后的第二天，去了国贸大厦。在那里，李灏和谢非同志分别汇报了深圳和广东的改革发展情况。简单汇报后，小平同志开始讲话。当时，很多人感到措手不及，因为没想到他要讲话，事先没有准备。小平同志讲话时，我站在他的后面。他一开始讲，我就按下了录音机的按钮，开始录音，把讲话内容完整地录下来。其他人多数都没来得及做记录。”①

1 月 21 日上午，邓小平来到深圳市华侨城中国民俗文化村和锦绣中华微缩景区。

1 月 22 日上午，邓小平等来到深圳市仙湖植物园，和前一天刚到深圳的杨尚昆见面，亲切交谈。在青山绿水间，他们一同散步，一同在临近湖水 18 米处的草坪上种下一棵生命力极强的常青树——高山榕。

下午 3 时 10 分，邓小平和杨尚昆在深圳市迎宾馆桂园接见深圳市委、深圳市人民政府、深圳市人大常委会、深圳市政协的负责同志，并同他们合影留念。

邓小平语重心长地对大家说：“改革开放胆子要大一些，敢于试验，不能像小脚女人一样。看准了的，就大胆地试，大胆地闯。深圳的重要经验就是敢闯。没有一点闯的精神，没有一点‘冒’的精神，没有一股气呀、一股劲呀，就走不出一条好路，走不出一条新路，就干不出新的事业。”

---

① 田炳信:《邓小平最后一次南巡》,广东旅游出版社 2004 年版。

第一百七十章

“抓住时机，发展自己，关键是发展经济”

1992年1月23日上午8时30分，邓小平乘车前往蛇口工业区，从这里离开深圳。临行前，邓小平同深圳市负责同志一一告别。可是刚迈出几步，邓小平突然又转过身来，对深圳市负责同志说：“你们要搞快一点！”这是邓小平对深圳人民的嘱托和希望，也是邓小平1992年视察南方发表谈话的目的和精髓。

“你们要搞快一点。”既体现出邓小平那种善于把握时机、加快发展的高度责任感、紧迫感，也反映出他对社会主义本质特点的深刻理解。邓小平一贯认为，社会主义的优越性归根到底要体现在它的生产力比资本主义发展得更快一些，更高一些。社会主义要赢得与资本主义相比较的优势，必须也可能发展得更快一些。从中国改革开放和现代化建设的实践和经验看，经济发展隔几年上一台阶，是能够办得到的。

正如邓小平所说，现在，我们国内条件具备，国际环境有利，再加上发挥社会主义制度能够集中力量办大事的优势，在今后的现代化建设的长过程中，出现若干个发展速度比较快、效益比较好的阶段，是必要的，也是能够办到的。我们就是要有这个雄心壮志！

1月23日上午，邓小平与前来深圳蛇口码头专程迎接的中共珠海市委书记梁广大等一一握手。梁广大十分激动地说：“小平同志，我们盼您来盼了很久！珠海人民盼您来盼了很久！”邓小平微笑着说：“我也希望来看看。”

邓小平登上一艘快艇，劈波斩浪，向珠海方向驶去。中共广东省委书记谢非和珠海市委书记梁广大就在桌上打开广东省地图，向邓小平汇报工作。汇报前，谢非和梁广大说，我们大家抓紧时间拣重点汇报，多留出时间请小平同志讲。

谢非先汇报，讲了10多分钟后，梁广大接着汇报珠海的情况。邓小平戴上眼镜，一边看地图，一边听，并不断插话。对广东省和珠海市的工作，邓小平给予充分肯定。梁广大回忆说：

就在小平与省领导和深圳来送行的领导及工作人员握手告别的时候，谢非同志马上拉开我到侧边说：广大同志，我有个事跟你商量一下。我说，什么事?谢非说：这几天，我看老人家好似很想讲话，但是没有说出来。我俩好好分分工，我汇报省里的情况，你汇报经济特区的情况，有什么说什么，把问题都端出来，时间不要太长，我们各不要超过15分钟，让老人家多讲讲。我说：好。

就这样，我马上转身走前几步，接小平上船，沿着船旁通道带他到一层前舱区早已准备好的小会议室……我们四个人围着小平坐下了，谢非先打开广东地图向小平汇报。谢非指着地图说，改革开放这十几年，广东的发展取得了很大成就，工农业产值多少，GDP多少，引进了多少项目，引进了多少外资企业，进出口多少，等等，但发展不平衡，珠三角快，东西两翼发展慢，他列举了一些数字，并表示今后要加大发展东西两翼。谢非汇报中，小平插话说：广东要在20年内赶上亚洲“四小龙”，不光经济上要赶超他们，“两个文明建设”也要赶超他们，这样才是有中国特色的社会主义。

接下来是我汇报。我说：自从您1984年来了以后，珠海特区发展很快。然后向他老人家介绍了珠海的工农业产值、GDP、引进的外资企业、利用外资、进出口、财政等情况，以及如何进一步加大改革开放力度、开发西区、建设机场、港口、伶仃洋大桥等等方面的设想，但是，目前仍存在不少困难，最主要的是政策变来变去，政策不稳定，执行不久又变了，不少外商对我们的改革观望等待，有的甚至不敢到来。

听了我的汇报，小平说：“现在的问题主要是‘左’，但也有右，‘左’是根本的，好似越‘左’越革命。他打着革命的旗号，有的理论家和政治家还拿着大帽子吓唬人，主要是‘左’，‘左’的东西在我们党的历史上可怕啊!”

我汇报说：社会上有人指责我们搞的是资本主义，搞的是市场经济那一套，是典型的资本主义。小平说：“搞市场经济不是资本主义独有的，不是资本主义的专利，社会主义也有市场；计划经济不等于社会主义，资本主义也有计划。计划多一点，还是市场多一点，不是社会主义和资本主义的本质区别。计划和市场都是调节经济的手段。”

我们听了这一段话，呱呱地鼓掌，他也笑了，笑得很开心。

我汇报说，有人指责我们只抓经济，不抓阶级斗争了，这样搞是搞和平演变。小平说："这是错误的。根本问题是发展经济，只有发展经济，才能从根本上防止和平演变；如果经济不发展，老百姓一比就有问题了。为什么东欧一夜之间就倒下去了，这不是很明显吗？"

我汇报说，有人指责说现在社会风气不好是改革开放带来的。小平说，不是改革开放才有黄赌毒。这里有个管理问题，我们要"两手抓"，"两手都要硬"。解放初，上海有不少妓女，各级认真抓一下，一下子就解决了。解放初期，云南不是也有两条枪吗？一条是真枪，一条是抽鸦片烟的枪，党和政府一下决心，也解决了。我们不仅要把经济建设搞上去，也要把精神文明搞得好，搞得比他们还要好。他一再强调，改革开放不能动摇，改革开放十几年发展这么快，就要靠政策啊。

我汇报说，有人指责特区发展太快，人家温饱问题还没有解决，你们这样搞行吗？小平说："这里有一个高速度和低速度的问题。低速度就等于停步。停步就等于倒退。现在周边一些国家和地区搞得比我们快，如果我们发展慢，老百姓一比较，就有问题。我们能快就要快，不要挡。有条件的地区尽可能搞快一点，才有条件帮助发展慢的地区。当然，你们正在发展，现在不增加你们的上缴，将来你们要帮助发展慢的地区。"大家热烈鼓掌。

我汇报说，现在有人指责我们搞两极分化，不是个方向。小平说："我们不是搞两极分化，让一部分人先富起来才能带动大家富。过去我们这样搞共同富裕，大家一齐来搞，搞了几十年，搞起来了吗？让一部人先富起来，才能带动后富，实现共同富裕嘛！"大家热烈鼓掌。

在听汇报时，小平还说："谁反对改革开放，谁就去睡觉！""不搞改革开放，只有死路一条。"

在快艇上，邓小平有针对性地发表了一系列讲话。

抓住时机，发展自己，关键是发展经济。现在，周边一些国家和地区，经济发展比我们快，如果我们不发展或发展得太慢，老百姓一比较，就有问题了。所以，能发展就不要阻挡。有条件的地方，要尽可能搞快点。只要是讲效益，讲质量，搞外向型经济，就没有什么可以担心的。低速度就等于停步，甚至等于后退。要抓住机会，现在就是好机会。我就担心丧失机会。不抓呀，看到的机会就丢掉了。时间一晃就过去了。

我在1985年5月就说过，现在就是要选人民公认是坚持改革开放路线并有政绩的人，大胆地放进新的领导机构里，使人民感到我们是真心诚意搞改革开放。人民是看实践。人民一看，还是社会主义好，还是改革开放好，我们的事业就会万古长青。

对改革开放，一开始就有不同意见，这是正常的。不只是经济特区问题，更大的问题是农村改革。搞农村家庭联产承包，废除人民公社制度，开始的时候只有三分之一的省干起来，第二年超过三分之二，第三年差不多全干，这是就全国范围讲的。开始搞并不踊跃呀，好多人在看。我们的政策就是允许看，比强制好得多。我们推行三中全会以来的路线、方针、政策，不搞强迫，不搞运动，愿意干就干，干多少是多少，这样慢慢就跟上来了。不搞争论，是我的一个发明。不争论是为了争取时间干。一争论就复杂了，把时间都争掉了，什么也干不成。不争论，大胆地试，大胆地闯。农村改革是如此，城市改革也应如此。

珠海市委书记梁广大，平时思考了许多问题。他认为：经济特区是我国的窗口，与香港、澳门及海外有着千丝万缕的联系。特别是香港和澳门，分别将在1997年和1999年回归祖国，成立特别行政区，实行“一国两制”。如何面对工作中出现的新问题？如何正确领会中央的精神？如何大胆开拓又能坚持原则，勇于创新又不迷失方向，并且找到最科学合理的办法解决？

于是，梁广大向邓小平请教说：港澳同胞特别关心中国改革开放政策的稳定性。创办特区的实践中，群众反映最大的是我们的政策有时这样，有时那样。有些政策“下放”不久又“收回”了，下边执行起来左右为难，不知怎么做才好。他说这番话时，邓小平听得非常认真。

邓小平说：现在，有右的东西影响我们，也有“左”的东西影响我们。但根深蒂固的还是“左”的东西。有些理论家、政治家拿大帽子吓唬人，不是右，而是“左”。“左”带有革命的色彩，好像越“左”越革命。“左”的东西在我们党的历史上可怕呀！一个好好的东西，一下子被搞掉了。

邓小平在听取工作汇报过程中，不断地插话，回答问题。他思维敏捷，声音响亮，语气坚定有力并充满信心。快艇快靠岸了。邓小平仍然兴致勃勃地一边听汇报，一边插话询问，并明确地提出自己的意见和主张。广东和珠海的负责同志都聚精会神地听着，记着，思考着，生怕漏掉任何一句话。

邓小平的谈话，澄清了很多糊涂思想，对广东和经济特区领导干部鼓舞很大。邓小平所谈的都是根本问题，事关国家大局和改革开放大局，针对性十分强，大家听得非常激动，以至船靠岸了都不知道。

第一百七十一章

“我是来看新鲜的，越新越好，越高越好”

中国人的古训是：“出头椽子先朽。”改革开放则要求：“敢为天下先。”改革开放新时期，珠海经济特区具有同深圳经济特区同样的知名度。中国进行改革开放初期，在珠海经济特区这块“试验田”里，也创造出许多崭新的经验、做法和精神。

1992 年 1 月 23 日，邓小平从蛇口乘快艇抵达珠海。邓小平登岸后，与珠海市负责同志一一亲切握手，随即上了汽车，驱车游览珠海市容。路过吉大区域时，邓小平指着景山路说：“过去这里是一条石条铺的小路，还有一座小桥（白沙河桥）。”

1992 年，吉大已成为珠海的金融、商业和旅游中心，还开发了两个工业小区。景山路也成为珠海市区最繁忙的主要交通干道之一，道路两侧的国际贸易展览中心和九洲城旅游购物中心已成为珠海旅游城中引人注目的人文景观。

从 1984 年邓小平第一次视察珠海到 1992 年的 8 年间，珠海完成固定资产投资 300 多亿元，开发城区面积 60 多平方公里。梁广大告诉邓小平，山与海是珠海的优势，珠海把保护这种自然资源优势作为城市建设规划的前提，提出了“山水共享”的城市发展方向。所以，珠海的城市建筑，坚持“既不挡海，也不遮山，保持大自然景色”的原则，形成了错落有致的空间构图，使青山绿水成为城市建筑群体的自然映衬，给来珠海投资和工作的人创造了一个良好的工作环境和生活环境。

邓小平一边听一边看，不断地点头，表示赞许。他说：这样搞很漂亮，有自己的特点。并幽默地对在场的人说：这里很像新加坡呀！这么好的地方，谁都会来。我要是外商的话，我也会来这里投资的。

邓小平乘坐的汽车由凤凰路桥转入已竣工的海湾大道。1984 年，海湾大道还是广珠公路的一部分，不足10米宽的沙石路面到处坑坑洼洼，一路荒芜，公路两侧看不到几间房屋。现在，海湾大道已成为珠海交通网络中的主干道。这条连接珠海香洲、唐家和金鼎地区的纽带，全长10多公里，宽30多米，双向6车道并两侧配有单车道，清一色的混凝土路面。上下行公路中间的绿化隔离带种植着各类造型和色彩都非常美丽得体的乔灌植物与花卉，像一条彩练伸向前方，与天相连。道路附近，农民自己兴建的乡间别墅造型别致，鳞次栉比，在青山绿水之间时隐时现。

邓小平看出来，这一带农民的生活有很大变化。他指着一座座建筑材料新颖的村民房屋问道：广东的农民收入有多少？广东省委书记谢非回答：广东农民一年人均收入1100元，珠江三角洲的农民就更富一些。

邓小平说，我看不止这个数，如果是这个收入，盖不了这么好的楼房。这个算法不准确，有很多没有算进去。

接着，邓小平又说：这1100元人民币才200多美元，在全世界来说，还是比较穷的。可以说，现在的农民，日子并不太难过。去年受了这么大的灾（指水灾），没出大问题，我们承受得了，而且解决得很好。欧洲如果出了这么大的灾，它解决得了啊？这就是社会主义的优越性。

谢非说：现在的抗灾能力已大大增强了，大部分的农民起码有一年的粮食储备。邓小平点点头。

然后，邓小平说：经过这10多年改革开放，基础已与过去不同了。现在乡镇企业的设备已很可观，都是全新的或半新的呀！过去我们的那些设备怎么能跟现在的设备比，差得远了！过去的简陋得很呀！现在工厂的设备，随便一看都不一样。这10年真是干了不少的事。深圳和你们这里就是1980年干起来的，变化真大呀！

当谈到当时全国正在进行治理整顿，珠海也开始显出成效时，邓小平对此表示肯定。他说，治理整顿我是赞成的，而且确实需要。他接着又问：珠海有外资银行没有？是分行还是办事处？

梁广大回答：有三家国外银行的分行。

邓小平满意地点点头。

1月24日上午，邓小平在广东省委书记谢非、省委副书记朱森林、副省长凌伯棠和珠海市领导同志陪同下，来到珠海特区生物化学制药厂。1991年，这家仅有80人的企业人均创税达12万元。厂长一见到邓小平，就十分激动地说：“我们全厂职工盼着您来啊，这是我们全厂职工的幸福。您是中国改革开放的总设计师，我们能够有今天，是您指引的结果。”

这位厂长是珠海市首届有突出贡献科技人员特等奖获得者，对邓小平尊重知识、尊重人才的思想有特殊的感受，紧紧握着邓小平的手，激动不已，久久舍不得松开。

邓小平微笑着说：“过奖了。”他拿起装凝血酶的小药瓶不断询问。当听说凝血酶已成功地打入了国际市场时，邓小平十分赞赏：“我们应该有自己的拳头产品，创出中国自己的名牌，否则就要受人欺负——这要靠我们科学工作者出把力，这样才能摆脱被欺负的局面。”

接着，邓小平兴致勃勃，参观了试验室、生产车间，一边走一边向生产岗位的工人和科技人员频频挥手致意。

在一个车间的门口，邓小平停住脚步，转身对厂长和陪同人员说：在科学技术方面，中国应有一席之地。你们这个厂的发展成果就是一席之地的一部分。中国应该每一年有新东西，每一天有新东西，这样才能占领阵地。尽管我岁数大了，但我感到有希望，很有希望。这10年进步很快，但今后比这10年更快。全国各行各业都要通力合作，集中力量打歼灭战。每一行业都要树立明确的战略目标，我们过去打仗就是用这种方法。

1月25日，邓小平来到亚洲仿真系统工程有限公司。当邓小平健步走进大厅时，早已等候的科技人员和公司员工，用热烈的掌声向邓小平表示欢迎和敬意。

邓小平深情地看着在场的年轻人，非常高兴地说：祝贺，祝贺你们年轻人！

公司总经理向邓小平介绍，仿真系统工程在世界上是20世纪70年代兴起的高科学技术，这类系统工程，采取模拟的方法解决航天、航海、军事、电站等复杂行业训练人员的重大课题。我们是从事高新技术的。

邓小平说，我是来看新鲜的，越新越好，越高越好，我高兴，人民高兴，国家高兴。邓小平问公司总经理：科技是第一生产力，这个论断你认为站得住脚吗?

公司总经理回答：我认为完全站得住脚，我们是用实践来回答这个问题的。

邓小平点点头：就是靠你们来回答这个问题。

公司总经理说：我们的实践，过去的、现在的和未来的实践，都会说明这个问题。

邓小平开怀地笑了：我相信这是正确的。

这个公司的员工中有75%是硕士，其中不少在美国经过培训，他们都有一个坚定的意志，决心把中国的高科技发展起来。邓小平语重心长地说：你们带头，所有出国学习的人，希望他们都回来。不管他们过去政治态度怎么样，回来我们妥善安排他们。他们要作贡献，只有回国，起码国内是相信他们的。在外国，是靠不住的。

邓小平高高兴兴地走进了公司的计算机房，认真询问科研和生产情况，以及有关知识产权的问题。一台30万千瓦模拟电机组正在微机控制下工作，让人感到正置身于大型火力发电站的控制室。邓小平显得十分兴奋，他竖起大拇指轻轻地晃动着说：我相信你们能在发展高科技方面带个头。

车间里的工作环境和设备充满现代化气息，科技人员生机勃勃——这些都让邓小平感到欣慰。他不停地看，不停地说，感慨不已：你们现在的条件比50年代好得多了。大家要记住那个年代，钱学森、李四光、钱三强那一批老科学家，在那么困难的条件下，把“两弹一星”和好多高科技搞起来。应该说，现在的科学家是很幸福的。

公司总经理说：我们是感到很幸福。

邓小平走到一台电子计算机旁。正在操作的一位上海交通大学毕业生站起来，欢迎邓小平。邓小平高兴地握住她的手，意味深长地说：要握一握年轻人的手，科学的希望还在年轻人。……

邓小平又说：对国家要爱哟！中国要发达起来，中国穷了几千年，现在是改变这种状况的时候了。

邓小平环视着在场所有的人，十分坚定地说：全国各行各业要共同努力，来证明我们可以干很多事情。现在外国已经开始怕起来，撒切尔夫人有句话，她怕中国的发展，所以她亲自来看。我们要夹着尾巴做人。

邓小平的视察就要结束了。公司的员工们站在大厅欢送。一位浙江大学毕业的硕士生向邓小平伸出了手。邓小平一边握手，一边高兴地说：“我要和大家拉一拉手。”他一边十分风趣地说着，一边面带笑容从前排转到后排，和大家一一握手。他还兴奋地说：“我很高兴，我们有这么年轻的科技队伍。”

上了车，邓小平兴致勃勃地说：我很高兴看到这样年轻的队伍，当年钱学森搞导弹的时候，给他 100 个学生，就这样带出来了。现在这个公司大专以上的科技人员就有 100 多人，学历比那时高多了。珠海这个地方就容纳了这么多高科技人才，从全国来说，就更多了。

梁广大接着说：您一贯重视科技人员，根据您的指导，我们准备在今年 3 月召开推动科技进步大会，对有突出贡献的科技人员要给轿车、房子和现金等重奖。

邓小平听了，立即伸出右手大拇指表示：我赞成！

邓小平又说：今天我们看到那么多年轻的科技工作者，有希望啊！从中国出去的科学工作者，有许多都很怀念祖国，这很好啊！要把他们吸引回来。

梁广大汇报说：去年已有不少在国外的科技人员要求来珠海工作。

谢非接着说：广东省已制定了政策，欢迎留学生回来，也允许留学生再出去。

邓小平马上表示：赞成。他说：这个好嘛！还要有点胆量。不是讲改革开放吗？开放嘛，进出就是要自由一点嘛！事实上，回来的，绝大多数都学有所用。只要安排妥当，绝大多数留学生回来后是不会出去的。

1 月 27 日上午，邓小平来到珠海市江海电子股份有限公司，十分认真地听取了公司总经理关于公司发展情况的介绍。

邓小平说：你讲得很好，特别是不要满足于现在的状况。要日日新，月月新，年年新。不断创造出新的东西出来，才有竞争力。你们做的是高度的爱国主义，是对社会主义的贡献，感谢你们全体职工。

说着，邓小平转过身对梁广大说：不是有人议论姓“资”姓“社”的问题吗？你们就是姓“社”。你们这里是很好的社会主义。顿时，周围爆发出一阵又一阵的热烈掌声……

离开江海公司，邓小平对陪同的广东省和珠海市负责人说：这个厂总体方向是正确的，因陋就简，很了不起，方向对，方法也对。看得出来，是从艰苦条件发展起来的。要挖掘人才，你们做得对。要不断创造人才，一年365天，都要做这件事。只要有人才，就可以创造出技术，事业就兴旺啊！

梁广大向邓小平汇报了珠海的国营、集体和个体企业发展情况。邓小平指出，以后分工越来越细，工艺越来越新，一家一户最终要走集体的道路，不过，农民愿意怎样就怎样，不要搞运动，他们实际上会走向这个方向，最终集体也是社会主义。梁广大汇报了珠海近几年经济发展的情况。邓小平说，看来经济发展是要热一阵子，又调整一下，上一个新的台阶。

邓小平第二次视察珠海经济特区说“这里是很好的社会主义”，澄清了一系列模糊认识和错误认识，推动了改革开放大业，指明了中国特色社会主义的前进方向。

第一百七十二章

“改革开放政策要稳定，不能变”

1992 年 1 月 28 日上午，正在珠海视察的邓小平，登上拱北口岸粤海大厦最高处的旋转餐厅。这里与澳门只有一箭之遥。随着餐厅的旋转，珠海和澳门的风光尽收眼底。中共广东省委书记谢非对邓小平说：您提出的“一国两制”构想即将变为现实。广东处在第一线，广东的情况怎样，影响很大。我们会用自己的实践证明社会主义制度的优越，但这有个过程。广东作为改革开放的前沿，10 多年的建设使这里发生了很大的变化，我们将坚定不移地沿着改革开放的道路走下去。

从珠海市区回石景山庄的路上，中共珠海市委书记梁广大汇报了珠海的财税收入情况。

邓小平语重心长地说：当时搞特区我有个失误，那就是没有把上海划进去，深圳是因为靠近香港，珠海靠近澳门，厦门靠近台湾，汕头的华侨多，我就没有考虑上海，上海人多精明啊！

在考察唐家浅水湾投资环境的路上，邓小平说：农村责任制要稳定，全国有几千万残疾人，还有老人，全靠家庭。如果推给国家和社会受不了。有的发达国家提高福利，影响国家的发展。不能随意变。孔子不是说“修身，齐家，治国，平天下”嘛！

邓小平高兴地说：在这短短的十几年内，我们国家发展得这么快，人民高兴，世界瞩目，这就足以证明三中全会以来的路线、方针、政策的正确性。谁想变也变不了。说来说去，就一句话，坚持这个路线方针不变。这次十三届八中全会开得很好，肯定农村家庭联产承包责任制不变。一变就人心不安，人们就会说中央的政策变了。像“傻子瓜子”这一类的问题不少，如果处理不当，就很容易动摇我们的方针，影响全局。城乡改革的基础政策，一定要长期保持稳定。当然，随着实践的发展，该完善的完善，该修补的修补，但总的要坚定不移。即使没有新的主意也可以，就是不要变，不要使人们感到政策变了。有了这一条，中国就大有希望。

梁广大汇报说：试办特区前，珠海有不少人外流到香港、澳门。生产队长一早起来吹开工哨才发现，队里六七十个强劳动力一夜之间全跑了。有个 260 多户人家的村子，除了老人和孩子，全都跑空了。特区创办后，珠海人的生活一天比一天好起来，过上了小康水平的富裕日子，原来外流的珠海人也纷纷回来了。那个跑空了的村子，除队长一人感到“无颜见江东父老”没回来外，其他 260 多户人家都回到珠海定居了。现在还有些澳门人到珠海来定居。

邓小平听了，十分高兴地说：这好嘛，说明社会主义能战胜资本主义。邓小平沉思片刻，又说：我坚信，世界上赞成马克思主义的人会多起来的。一些国家出现严重的曲折，社会主义好像被削弱了，但人民经受锻炼，从中吸取教训，将促使社会主义向更加健康的方向发展。因此，不要认为马克思主义消失了，没用了，失败了，哪有这回事！社会主义从总的方面来说，没犯错，我们跟着这个路线走，中国永远不会倒。不仅不会倒，而且会沿着社会主义道路飞速发展。从历史长河来说，用那么 100 年，社会主义会发展到中等水平。

说这番话的时候，邓小平语气更为坚定。

在珠海期间，每当邓小平出现在人民群众面前时，都是掌声雷动。邓小平也总是微笑着走向人民群众。广大人民群众这时常常不约而同地喊出：“小平，您好！”“邓伯伯您好！”邓小平每次都举起右手，向四面八方的人民群众挥手致意。

邓小平在珠海的 7 天时间里，珠海的城市建设和经济发展给他留下了十分深刻的印象。他对谢非说：1984 年我来过广东。当时，农村改革搞了几年，城市改革刚开始，经济特区才起步。8 年过去了，这次来看，深圳、珠海特区和其他一些地方，发展得这么快，我没想到。看了以后，信心增加了。

邓小平反复叮嘱广东省和珠海市的负责人：要坚持两手抓，一手抓改革开放，一手抓打击各种犯罪活动。这两只手都要硬。打击各种犯罪活动，扫除各种丑恶现象，手软不得。解放初期，上海有那么多妓女，后来各级认真抓，很快解决了。当时解放大西南，云南不是有两杆枪吗，一杆真枪，一杆大烟

（鸦片）枪，决心一抓，也解决了！广东20年赶上亚洲“四小龙”，不仅经济要上去，社会秩序和社会风气也要搞好，两个文明建设都要超过它们，这才是中国特色的社会主义。

邓小平强调说：在整体改革开放的过程中，必须始终注意坚持四项基本原则。十二届六中全会我提出反对资产阶级自由化还要搞20年，现在看起来不止20年。资产阶级自由化泛滥，后果极其严重。特区搞建设，花了十几年时间才有这个样子，垮起来可是一夜之间啊。垮起来容易，建设起来就很难。在苗头出现时不注意，就会出事。

1月29日下午，邓小平由广东省负责同志陪同，离开珠海，前往顺德。临行前，邓小平与宾馆的工作人员一一握手道别。年轻的宾馆经理和工作人员们看到邓小平要走，不禁热泪盈眶。

邓小平深为这种真挚情谊所感动，连连说道：“别哭，别哭，爷爷会再来的，爷爷今后再来看你们！”

1月30日，邓小平的专列沿浙赣线从湖南进入江西。专列到达新余时，邓小平在新余车站下车，亲切会见在此迎候的江西省委负责人。新余是一个有1700多年历史的新兴钢铁城市。邓小平在月台上稍事休息后，列车又继续向前方奔驰。当天下午3时40分，专列进入鹰潭车站。

在鹰潭车站，江西省委书记毛致用、省长吴官正迎候邓小平。邓小平走下车，神采奕奕，满面笑容，和他们一一握手。邓小平一边沿着月台缓步，一边亲切地和毛致用、吴官正谈话。毛致用在湖南工作期间，曾先后两次接待过邓小平，并陪同到韶山等地参观，所以比较熟悉。邓小平一见面就关心地问毛致用，你来江西几年了？毛致用说：“快四年了。”

邓小平又对吴官正说：你是从武汉来的，来几年了？吴官正答：“五年多了。”

邓小平十分关注江西的农业发展，问道：江西去年的年景怎么样？

毛致用说：“年景还好。1991年农业全面丰收，农业总产值比上年增长了5.5%，工业总产值增长14%，财政收入增长10.3%，实现收支平衡。农民人均纯收入达702元。改革的步子是这些年来迈得最大的一年。”

邓小平听了赞许说，那好。他对农民增收感到欣慰，说，农民收入702元，那不简单。

接着邓小平又问，去年遭灾了没有？毛致用回答："遭受到比较严重的旱灾，但农民积极性高，所以仍是一个丰收年。"吴官正说："现在的问题是粮食压库严重，库存有140亿斤，其中在库外露天堆放的有40亿斤。"

邓小平说，在粮食问题上，江西是作了贡献的。你们有困难可以向中央反映，你们有这个权利。对江西，中央要照顾一点。

邓小平的话，包含着对江西一段历史的肯定。那是在三年困难时期，江西人民节衣缩食，艰苦奋斗，无私地调出大批粮食支援全国。1958~1959年度外调了95亿斤大米，1959~1960年度又调出14多亿斤大米，同时还补上库存118亿斤，是当时全国仅有的两个增加库存的省份之一。此事多次受到毛泽东、周恩来和一些老一辈革命家的表扬。

这次邓小平又旧事重提，说明中央对作出了贡献的江西和江西人民是不会忘记的。中共十一届三中全会以来，邓小平把农民引上了富裕之路，江西农业生产快速发展，乡镇企业异军突起，市场经济大潮迅猛涌进封闭沉寂的土地。江西农业连年丰收，每年仍是全国调出粮食最多的省份之一，但是粮食库存也相应增加了。邓小平对江西解决粮食库存压力的关心和支持，使在场的江西省委、省政府领导深受教育和鼓舞。

邓小平对江西的情况十分了解，指出，水旱灾害一个很重要的原因是水土保持不好。要坚持把植树造林搞好，否则没希望。他问，你们植树造林怎么样？吴官正说："这几年我们每年造林600万亩左右，森林覆盖率达到40.3%。"邓小平听了，连连点头说，那好。

邓小平兴致勃勃地听取了毛致用关于江西在治理整顿期间坚持深化改革、扩大开放的情况汇报后，高兴地说，治理整顿这几年，改革开放做了不少事。

邓小平指出，没有改革开放，治理整顿就不会这么顺利。邓小平还说，改革从农村起步，刚开始时有些同志想不通，存有疑虑，有的人还害怕是搞资本主义。但我们等待，既不给他们戴帽子，也不搞批判，做出成绩让他们看。后来认识逐步统一了，几年就都执行了。那时安徽有一个搞"傻子瓜子"的，收入上百万元，许多人反应强烈，主张动他。我说动不得。这不是一个人的问题，涉及一个面，牵一发而动全身。所以，改革开放政策要稳定，不能变。1984 年以来的几年经济上得快，是一个跳跃。农民收入多了，电器也进了农户，农村盖了许多新房。要看到这个作用，没有这个跳跃，治理整顿不会这么顺利。

邓小平强调指出，稳定发展我赞成。但是，只要能快一点还是要争取快一点。胆子要更大一点，放得更开一点。不能胆子没有了，雄心壮志也没有了。有机遇能跳还是要跳。这时，邓楠插话：“这个观点，老人家鼓吹了一路。”

解放思想，抓住机遇，快一点将经济建设搞上去，这是邓小平对江西和对全国的期望。听了邓楠的话，邓小平问毛致用、吴官正：我讲得对不对？毛致用说：“您讲的非常重要，我们一定要搞快一点。”邓楠又插话说：“老人家对江西很有感情，在车上不停地讲到江西。”

邓小平深情地说，我对江西是有感情的。他指着毛致用、吴官正说，我在江西待的时间比你们长。当初，我在瑞金当过县委书记，那是几个人推举的，后来中央认可了。那时苏区的工作，兴国是第一，瑞金是第二。

邓楠对邓小平说：“您记得吧，我们以前也到过鹰潭，是从南昌用小车送来的，从鹰潭乘火车回北京。”邓楠说的是 1973 年 2 月，邓小平携全家在江西流放后返回北京的情况。

邓小平谈笑风生，气氛十分活跃，在场的人都发出会心的微笑。快分别时，毛致用、吴官正等都依依不舍，对邓小平说：“我们大家都希望您老人家在江西住一段时间。”邓小平非常高兴，满面笑容地说，等你们更发展了，再来麻烦你们。随后，邓小平与毛致用、吴官正等握手告别。专列驶出鹰潭，向上海方向疾驰而去。

第一百七十三章

“改革开放胆子要大些，敢于试，大胆地试，大胆地闯”

“东方明珠”上海，是中国最大的城市和工业中心、经贸中心、科技中心、金融中心。上海的文化、服装、时尚、品位，经常引领着中国发展的时代潮流。改革开放和现代化建设新时期以前，人们每逢到上海，都会购买上海高质量的手表、自行车、服装，甚至“大白兔”奶糖等轻工产品和纺织品。上海的发展在中国的改革开放中具有举足轻重的地位。

早年，邓小平在上海从事过地下工作，对上海有一种特殊的感情。1990年1月26日，除夕之夜，邓小平曾同上海党政军负责同志一起迎接20世纪90年代第一个春节。在上海期间，邓小平指出：“上海是我们的王牌，把上海搞起来是一条捷径。”他坦率地说：“我们说上海开发晚了，要努力干啊！”“我的一个大失误就是搞四个经济特区时没有加上上海。”邓小平从上海回到北京后，语重心长地向中央政治局的同志们说：“我已经退下来了，但还有一件事，我还要说一下，那就是上海的浦东开发，你们要多关心。”同年3月3日，他和几位中央领导同志谈话时强调：“要用宏观战略的眼光分析问题，拿出具体措施。机会要抓住，决策要及时……比如抓上海，就算一个大措施。”他还要求李鹏负责抓一下上海浦东开发和上海发展问题。中共中央、国务院随即作出开发、开放上海浦东的重大决策，并将这一重大举措作为中国改革开放的重点。

1991年1月，邓小平再次来到上海。春节前夕，中共上海市委书记兼上海市市长朱镕基陪同邓小平和夫人卓琳，相继视察上海飞机制造厂大场分厂，并仔细参观中国与美国合作的MD－82飞机总装车间。上海飞机制造厂有关负责人汇报说：通过中美合作已在上海建成一个现代化的民用航空工业基地，生产的10架飞机有5架返销美国。同时希望国家制定保护民族航空工业的政策。

邓小平一边听着汇报，一边不断提出问题，听完汇报，点点头，表示赞同。随后，他对上海和该厂的负责同志说：坚持改革开放和加强国际合作，飞机制造业是很有前途的。如果我们的飞机价格比美国便宜百分之十到百分之二十，就可以出口，特别是向第三世界出口。他还专门对朱镕基说：“可以把飞机生产与浦东开发有机地结合起来。”朱镕基等表示，非常赞成邓小平的远见，一定抓紧落实。2 月 13 日，邓小平由朱镕基等陪同，视察新中华机器厂，参观了“长征四号”运载火箭合练弹、部分军工产品和民用产品。

1992 年 2 月初，为了推动新一轮改革开放大潮，邓小平从广东经江西来到上海。中共上海市委书记吴邦国等热烈欢迎邓小平到来。他紧紧握着邓小平的手，激动地说：上海人民欢迎您来过年并指导上海的改革开放。邓小平微笑着说，我来过年，要看看南浦大桥，看看上海的经济发展情况。

2 月 3 日，除夕之夜，邓小平与杨尚昆接见上海市党政军负责人，并与各界人士欢聚一堂，共迎新春佳节。吴邦国、黄菊代表上海 1300 万人民向邓小平和杨尚昆拜年，祝他们新春快乐、健康长寿。邓小平、杨尚昆微笑着说：向你们拜年！向上海人民问好！

2 月 7 日，邓小平、杨尚昆来到已经通车的南浦大桥。站在 50 米高的桥面上，望着大桥雄姿，邓小平称赞说，南浦大桥具有国际领先水平。他指指大桥横梁上镶着的“南浦大桥”四个大字，说：看来我为大桥题的字，没有给大桥丢丑。邓小平幽默的话语使得大家都笑了起来。

随后，邓小平、杨尚昆来到正在建设的杨浦大桥工地。工人们热烈鼓掌，欢迎邓小平、杨尚昆视察工作。邓小平听取了工程负责人的汇报，观看了大桥的模型，勉励大家要精心施工，把这座世界上同类型桥梁中最大的桥建设好。

2 月 8 日晚上，邓小平、杨尚昆观看了南京路夜景，并乘船游览黄浦江。南京东路商店的霓虹灯已贯穿全街，外滩建筑群装上了新型泛光灯。到处流光溢彩，美不胜收，呈现一派“不夜城”的气象。邓小平、杨尚昆兴奋地说，南京路和外滩大放光明，上海大有变化。

2 月 10 日，邓小平视察贝岭微电子制造有限公司。这天，阳光灿烂，春意盎然。9 时许，两辆大客车徐徐进入公司大门，驶向公司的主厂房——硅片制造部，上海市仪表局党政领导同志和公司领导迎上去，邓小平和杨尚昆在吴邦国书记和黄菊市长的陪同下，走下车来。

邓小平来到接待室，一面仔细倾听公司总经理介绍贝岭的产品、技术，一面拿起加工好的硅片察看，还饶有兴趣地看了12分钟的贝岭简介录像。

总经理介绍完毕，陪同邓小平视察生产线情况。由于集成电路生产要求洁净度极高，整个硅片加工生产是在封闭的净化车间里进行的，因此邓小平是在观察窗前视察设备、生产等情况。总经理指着一台大束流离子注入机汇报说，这是经过国际巴统会批准首次引进到国内的IC生产主要设备。

邓小平听了，问道，它们姓“资”，还是姓“社”？稍停了一会儿，邓小平意味深长地说：它们姓“社”，资本主义国家的设备、技术、管理引进为我们所用，就是姓“社”。邓小平还分析了一个原来经济技术较发达的国家，由于闭关自守而导致落后，最终国家解体的历史教训。

邓小平在分析显微镜下饶有兴趣地观看了集成电路的结构。他高兴地说：电路一层一层如高楼大厦。邓小平再三叮嘱，这项技术要不断向更高水平发展。贝岭公司在国内是首家规模生产2.4~3微米集成电路的微电子企业，但与国际水平相比还有一定差距，美国、日本，以及我国台湾省都生产0.8微米的集成电路，有的还能生产更高水平的集成电路。

鉴于微电子工业对于中国经济发展具有重要意义，邓小平十分重视微电子这一高技术产业的发展。视察结束时，邓小平和公司科技人员代表合影留念。

临行前，公司大道上站着很多员工欢送邓小平。见此情景，邓小平离开硅片制造部时，没有立即上车，而是走到职工中间。人群沸腾起来，热烈的掌声一阵又一阵，员工们争着伸出手来和邓小平握手。

一位女大学毕业生说：“邓爷爷，您好！”一位硕士生说：“邓爷爷，您是我们年轻人心目中最德高望重的！”他们的话，表达了青年一代的心声，表达了贝岭全体员工对邓小平的深厚敬意，也表达了全国人民的共同意愿。

邓小平听了，回答说：这不好说吧，有一点贡献，做了一点事，很多事情没有做，也来不及做。邓小平的谦逊，使在场的人们无比感动。

邓小平亲切地询问年轻人：是什么学校毕业？青年们高兴地回答：“我是复旦大学毕业。”“我是华东师范大学毕业。”“我是上海外语学院毕业。”“我是……”邓小平感慨地说：21 世纪靠你们青年人。青年们信心十足地回答：“请您老人家放心，我们青年人会把中国建设好！”

邓小平带着满意的微笑，结束了在贝岭的视察，留给贝岭员工美好的回忆、无限的自豪和更深的思索。

2 月 12 日，春光明媚，风和日丽。邓小平和杨尚昆由市委书记吴邦国等领导同志陪同，视察上海的闵行开发区。上午 9 点钟，到达闵行紫藤宾馆，邓小平精神矍铄，兴致盎然，走进多功能大厅。在闵行开发区模型前，闵行联合发展总公司总经理简要汇报了闵行开发区几年来的发展过程和业绩。

当汇报到投资回报率，投入 1 美元创造出相当于基础设施投资的 2.8 倍时，邓小平高兴地说：这就是社会主义嘛！（这种合资开发）是有利于发展社会主义社会生产力，有利于增强社会主义国家的综合国力的。

邓小平一边听一边发表意见，说：安徽凤阳开始搞承包责任制时，也有人不理解，三年之后，大家都理解了。所以，改革开放胆子要大些，敢于试，大胆地试，大胆地闯。

2 月 13 日，邓小平、杨尚昆听取上海市的工作汇报，并对上海的改革开放、经济发展作了重要讲话。邓小平说：上海目前完全有条件搞得更快一点。上海在人才、技术和管理方面都有明显的优势，辐射面宽。上海民心比较顺，这是一股无穷的力量。上海一年就有很大的变化，三年会有更大的变化。

谈到浦东建设时，邓小平说：浦东开发晚了，这是我的失误。当时建四个经济特区主要是从地理上、外资情况上考虑，没有考虑到人的因素。上海人聪明，你们失去了一次机遇。

吴邦国等人汇报说：90 年代是上海发展的一次机遇。我们正根据您老人家的意见，根据党中央、国务院的指示抓紧工作。

这时，邓小平语重心长地说：这是你们上海最后一次机遇。这个机遇你们不要放过。现在浦东的开发是只能进、不能退，而且也没有退路。浦东开发是晚了，这是件坏事，但是也是好事，你们可以借鉴广东的经验，可以搞得好一点，搞得现代化一点，起点高一点，后来居上，我相信这一点。到 1995 年，浦东就会有大的变化，我还可以看得到。

2月18日，元宵节晚上，邓小平兴致勃勃地来到沉浸在节日气氛之中的上海第一百货商店。

当邓小平健步走下轿车时，商店党委书记和总经理一起迎上前去，紧紧握住邓小平的手。总经理对邓小平说："我代表商店3600名职工，祝您老人家健康长寿。"邓小平脸上露出了舒心的笑容。

在市委书记吴邦国等陪同下，邓小平来到三楼服装商场。一出电梯，三楼商场立即沸腾起来，人们奔走相告："邓小平同志来了！邓小平同志来了！"

邓小平一面听总经理介绍商店的基本情况，一面走进了呢绒柜台。吴邦国书记指着营业员马桂宁介绍说："这位是全国劳动模范、上海市优秀党员马桂宁同志，他在卖布的同时研究顾客心理学，还能编书呢。"

邓小平握着马桂宁的手，连声说："好！好！"马桂宁激动地对邓小平说："衷心祝您健康长寿，感谢您对我们营业员的关心与鼓励。"

吴邦国向邓小平提议说："您和马桂宁同志合个影怎么样？"邓小平欣然答应。这时，簇拥在周围的记者们纷纷举起相机，拍下这一珍贵镜头。

接着，邓小平一行沿着柜台仔细观看陈列的各类服装。总经理向邓小平介绍说：1991年一店销售额为9.6亿元，为全国同行业第一。1992年1月19日的日销售额达到777万元。我们有信心争取今年的销售额继续保持全国第一。邓小平满意地笑了。

邓小平到来的喜讯此刻已传遍了整个商店，营业员们纷纷聚集在通道两旁。邓小平走到哪里，哪里就爆发出一阵热烈的掌声。邓小平亲切和蔼地向周围的群众点头微笑，许多人激动得热泪盈眶。时装部主任激动地走到邓小平面前，握着他的手说："祝您老人家健康长寿。"

参观完三楼的服装柜台，邓小平正准备走向电梯时，看见不远处有一个文具柜台，便信步走上前去，饶有兴致地看起了里面的文具。马桂宁立即走过来当起了"临时营业员"。他热情地向邓小平一一介绍各种新款铅笔、圆珠笔和各式异型橡皮。邓小平的女儿在一旁说："您就买一点吧。"邓小平当即表示赞同，由女儿代付款买了四盒铅笔和四块口红形橡皮，准备送给孙子孙女们。

在一楼参观的过程中，邓小平始终被人群簇拥着，被掌声和笑脸包围着。20时20分，邓小平离开了商店。临上车前，邓小平向闻讯等候在南京路上的群众频频招手，人群沸腾起来，雷鸣般的掌声和欢呼声传了很远很远。

2 月 20 日，邓小平离开上海返回北京。

2 月 20 日 15 时，邓小平视察南方后，从上海返回北京途中在南京火车站停留，江苏省委书记沈达人和江苏省省长陈焕友在火车站迎候。邓小平下车后，江苏省的领导同志请邓小平到休息室休息。邓小平说，不坐了，我们一边散步，一边交谈吧。

在听取了江苏国民经济发展情况的简要汇报后，邓小平说，江苏条件比较好，应该发展得比全国平均速度快一些。说到这里，邓小平加重了语气：“现在就怕丧失时机。要抓住时机，发展得快一点。”

2 月 20 日 17 时 55 分，邓小平乘坐的专列途经安徽省时，在蚌埠火车站停留。当专列缓缓停靠站台后，邓小平稳步走下车厢，踏上他担任淮海战役总前委书记时，曾指挥中原野战军和华东野战军英勇奋战过的淮海大地。

邓小平和前来迎候的蚌埠市领导同志一一握手。然后，一边沿着月台散步，一边询问道，去年你们这里受了大灾（指 1991 年华东大水灾），至今还能看到一些受过水灾的痕迹，现在恢复得怎么样了？

蚌埠市委书记、市长等回答说，在党中央、国务院关怀下，灾区正在迅速恢复生机，特别是通过抗洪救灾，党群、干群、军民关系有了改善，人民群众由衷地说，还是社会主义好。

听到这里，邓小平说，这就是坏事变好事嘛。当听到蚌埠在中共十一届三中全会后，生产力水平得到很大发展、提前实现翻一番目标、人民生活水平明显提高时，邓小平十分高兴，频频点头。市委书记说：“这些成就是在您设计的改革方针指引下取得的，人民群众衷心地祝愿您健康长寿。”邓小平非常谦虚地说，都是靠大家干出来的，是老一辈革命家集体的功劳。

邓小平问，蚌埠是什么时候解放的？蚌埠的同志回答：1949 年 1 月 20 日，淮海战役的胜利带来了蚌埠的解放。蚌埠人民时刻铭记先辈们的光辉业绩。当话题谈到淮海战役时，邓小平感慨地说，当时仗打得艰苦，我们的武器装备很差，淮海战役的胜利，一靠毛主席指挥正确，二靠勇敢。这时，一位市委领导同志说，总前委指挥也正确。18 时 13 分，邓小平的专列向北京疾驰而去。

中共中央高度评价邓小平南方谈话在中国改革开放和现代化建设发展史上的重要地位。中共十四大指出，1992 年年初邓小平视察南方发表重要谈话，精辟地分析了当前国际国内形势，科学地总结了中共十一届三中全会以来党的基本实践和基本经验，明确地回答了这些年来经常困扰和束缚我们思想的许多重大认识问题。

中共中央指出，邓小平南方谈话强调，基本路线要管一百年，动摇不得，要求我们思想更解放一点，改革开放的胆子更大一点，建设的步子更快一点，千万不可丧失时机。以邓小平南方谈话为标志，中国的改革开放和现代化建设事业进入新阶段。

第一百七十四章

“党的基本路线要管一百年”

辩证唯物主义和历史唯物主义认为，在历史发展的关键时刻，当历史人物代表历史发展的正确方向、代表人民的根本利益作出正确决策的时候，就能够有力地推动历史潮流的前进。1992 年春天，邓小平异乎寻常的南方之行和南方谈话，震撼了整个中国，震撼了整个世界。邓小平这次南方之行，视察了许多地方，会见了大量干部，接触了大量群众和各界人士，整个行程基本上是公开进行的。香港、澳门等地的新闻媒体进行了全程跟踪报道。

香港与深圳仅一桥（罗湖桥）之隔，香港的记者既有“地利”之便，又得风气之先，他们密切注视着邓小平在南方期间的一举一动，紧紧跟进，精心策划。香港媒体在邓小平南方之行期间进行连续报道，在世界上引起极大轰动。

在香港《文汇报》《大公报》1992 年 1 月、2 月的主要版面上，都突出地报道了邓小平的行踪及谈话内容，并配发大量社论和评论。

1 月 22 日，香港《文汇报》报道：《邓小平在深圳视察，对特区发表意见》。

同日，香港《大公报》报道：《邓小平昨游民俗村》。

1 月 23 日，香港《文汇报》报道外电评论：《邓小平访深圳，显示推进改革》。

同日，香港《大公报》报道：《邓小平和杨尚昆在深圳参观植物园动手植树》。

1 月 24 日，香港《文汇报》报道：《邓小平抵达珠海，杨尚昆先返广州》。

同日，香港《大公报》报道：《邓小平结束深圳之行，称特区之路走对了》。

1月25日，香港《文汇报》报道：《邓小平昨视察珠海》。

同日，香港《文汇报》报道：《邓小平强调搞经济，广东要起龙头作用》。

同日，香港《文汇报》报道：《邓小平求才若渴，鼓励进军高科技》。

同日，香港《大公报》报道：《邓小平在珠海访问》。

1月26日，香港《大公报》报道：《邓小平谈广东经济　称龙头要起好作用》。

同日，香港《大公报》报道：《邓小平论改革新思路　办法要不同于前十年》。

1月27日，香港《大公报》报道：《邓小平杨尚昆珠海见面》。

1月28日，香港《文汇报》报道：《邓小平访特区，显示中国要开放》。

同日，香港《大公报》报道：《邓小平杨尚昆在珠海参观电子公司游市容》。

同日，香港《大公报》报道：《邓小平鼓励大胆改革，称谁不改革只有下台》。

1月29日，香港《文汇报》报道：《邓小平展望沿海地区发展中国式社会主义之希望》。

1月31日，香港《文汇报》报道：《邓小平路经广州，勉扎实多干实事》。

2月1日，香港《文汇报》报道：《邓小平促改革升温，指示停顿就是倒退》。

同日，香港《大公报》报道：《邓小平促粤扩大开放，称不改革就没有高速度》。

2月10日，香港《文汇报》报道：《风景这边独好——中国加快改革开放》。

2月13日，香港《文汇报》报道：《梁广大谈邓小平访珠海　称邓公盼加快发展步伐》。

2月14日，香港《文汇报》报道：《“邓旋风”带来的鼓舞——邓小平珠海之行追记》。

同日，香港《大公报》报道：《朱镕基引邓小平讲话要把科技搞上去》。

2月17日，香港《文汇报》报道：《邓称三中全会路线要讲百年，盼广东廿年赶上四小龙》。

2 月 18 日，香港《文汇报》报道：《中共各部传达邓小平谈话强调经建是当前最大政治》。

同日，香港《大公报》报道：《首都传达重要讯息，周南北上参加会议——邓小平春节南游时谈话受到广泛注意》。

2 月 20 日，香港《文汇报》报道：《基本路线要讲百年》。

同日，香港《大公报》报道：《〈深圳特区报〉今发评论，披露邓小平讲话精神》。

“春江水暖鸭先知”，香港的兴衰与祖国大陆紧密相联。邓小平南方之行的信息首先在香港报纸上出现，显示了香港民众对祖国改革开放的强烈关注，对邓小平南方谈话精神的欢欣鼓舞，对中华民族伟大复兴的殷切期待。

对邓小平南方之行，美国、日本、俄罗斯等国家以及国际舆论界像香港舆论界一样，同样显示出高度重视。

1992 年 1 月 24 日，美国《纽约时报》发表《一年来邓小平首次公开露面》，报道邓小平视察深圳的消息。

美国《纽约时报》在 2 月 5 日、12 日、24 日、25 日和 29 日陆续发表系列文章，对邓小平视察中国南方进行连续报道和深度分析。

2 月 5 日，美国全国公共电台《早间新闻》播出《邓小平从封闭中重新出现》，报道邓小平视察中国南方的消息，并敏感地捕捉到邓小平南方谈话即将引起中国的巨大变化。

美国媒体在《邓小平从封闭中重新出现》中认为：“自从 1 月份邓小平突然重新出现、悄悄访问中国南方几个城市开始公开露面的传闻散开后，香港一直充斥着中国正在发生大的变化的传言和报告”，“邓小平的再次露面和及其支持改革的承诺让一些分析家非常疑惑”，“邓小平说资本主义可以为社会主义国家所用，这让我们摸不着头脑，不知道中国是怎么回事”。

2 月 24 日，《纽约时报》发表《中国正在“软化”其经济路线》，对邓小平等中国领导人推进改革开放的原因予以分析：“邓小平上个月到中国南方深圳特区进行视察，呼吁更迅速的变革……这种潮流的明显变化部分原因是因为邓小平和其他领导人认定中国要避免苏联垮台命运的最好方式是使人民更富裕。”

日本《朝日新闻》就邓小平南方谈话发表社论，认为邓小平南方谈话又为改革开放政策注入了一股活力。

日本《新闻周刊》、日本共同社等有影响的主流新闻媒体都刊载文章，对邓小平南方谈话进行报道和评析。

日本《世界日报》就邓小平南方谈话发表文章认为，“华南经济圈”将成为第五“小龙”。

俄罗斯《消息报》就邓小平南方谈话发表《改革将持续一百年》的文章，高度评价邓小平南方谈话的重要意义。

《消息报》发表文章认为，中共中央政治局决定“牢牢把握党的基本路线，一百年不动摇，抓住机遇，加快改革开放，把经济搞上去”，对于这一决定的意义怎么估计也不为过。

泰国《新中原报》就邓小平南方谈话发表社论，认为改革开放是中国的希望所在，“中国如能在改革开放上迈出更大的步伐，是大有希望的”。

菲律宾《世界日报》就邓小平南方谈话发表文章认为，邓小平南方谈话表明中国走出了成功之路。该报在《上海重振雄风》一文中提出，开发浦东是个石破天惊的决策。上海“重振雄风不只是重振旧日雄风，而是要创出一个前所未有的新上海，可以称雄于21世纪的新世界”。

新加坡《联合早报》就邓小平南方谈话发表《中国改革开放进程的转折点》的社论，指出“中国重新恢复改革开放势头必将对国际社会，特别是亚太地区的经济发展与和平稳定产生积极的作用”。

同时，围绕邓小平南方谈话，欧洲共同体国家和世界主要新闻媒体，都做了大量客观报道。改革开放使中国面向整个世界展开了具有五千多年以上有文字可考的古老历史的东方大国的宽广胸怀。

“一石激起千层浪。”整个世界都在研究邓小平南方谈话对未来中国改革开放走向的巨大影响以及由此给整个世界带来的巨大影响……

1992年春节前后，邓小平南方谈话的内容已经通过不同渠道在中国大地广泛传播开来。从首都北京到边远的乡村，广大干部、知识分子等各界人士见面后都迫不及待地互相交流着自己了解到的邓小平南方谈话的内容，分享着拥护邓小平南方谈话的喜悦心情。

“位卑未敢忘忧国。”浓厚的民族意识、浓厚的政治意识、浓厚的忧患意识，这正是中华民族数千年的文明得以不间断地传承、数千年的历史得以不间断地延续、数千年的大一统得以牢固凝聚的渊源所在。

随着时间的推移，“民间”的街谈巷议、人们口头传播的“口述信息”，渐渐地被公开发表的正式信息所证实。2 月 24 日，中共中央机关报《人民日报》发表《改革的胆子再大一点》的社论，提出：“在风云变幻的国际形势下，关键是要把我们自己的事情办好。这已成为全国上下的共识。”“把自己国内的事情办好，最重要的是把经济搞上去。要把经济搞上去，就必须实行改革开放。在当前，改革开放的胆子应该再大一点，改革开放的步伐可以再快一点。这样，经济发展的步子就可能更快一些。”

1992 年 2 月 28 日，中共中央整理的邓小平在武昌、深圳、珠海、上海等地的谈话要点，发至中国的县团级党委，要求传达到全体党员。中共中央认为，邓小平的谈话，不仅对当前的改革和建设、对开好中共十四大，具有十分重要的指导作用，对整个社会主义现代化建设事业，具有重大而深远的意义。

中共中央整理的邓小平在武昌、深圳、珠海、上海等地的谈话要点如下：

> 一九八四年我来过广东。当时，农村改革搞了几年，城市改革刚开始，经济特区才起步。八年过去了，这次来看，深圳、珠海特区和其他一些地方，发展得这么快，我没有想到。看了以后，信心增加了。
>
> 革命是解放生产力，改革也是解放生产力。推翻帝国主义、封建主义、官僚资本主义的反动统治，使中国人民的生产力获得解放，这是革命，所以革命是解放生产力。社会主义基本制度确立以后，还要从根本上改变束缚生产力发展的经济体制，建立起充满生机和活力的社会主义经济体制，促进生产力的发展，这是改革，所以改革也是解放生产力。过去，只讲在社会主义条件下发展生产力，没有讲还要通过改革解放生产力，不完全。应该把解放生产力和发展生产力两个讲全了。
>
> 要坚持党的十一届三中全会以来的路线、方针、政策，关键是坚持“一

个中心、两个基本点”。不坚持社会主义，不改革开放，不发展经济，不改善人民生活，只能是死路一条。基本路线要管一百年，动摇不得。只有坚持这条路线，人民才会相信你，拥护你。谁要改变三中全会以来的路线、方针、政策，老百姓不答应，谁就会被打倒。这一点，我讲过几次。如果没有改革开放的成果，“六·四”这个关我们闯不过，闯不过就乱，乱就打内战，“文化大革命”就是内战。为什么“六·四”以后我们的国家能够很稳定？就是因为我们搞了改革开放，促进了经济发展，人民生活得到了改善。所以，军队、国家政权，都要维护这条道路、这个制度、这些政策。

在这短短的十几年内，我们国家发展得这么快，使人民高兴，世界瞩目，这就足以证明三中全会以来路线、方针、政策的正确性，谁想变也变不了。说过去说过来，就是一句话，坚持这个路线、方针、政策不变。改革开放以来，我们立的章程并不少，而且是全方位的。经济、政治、科技、教育、文化、军事、外交等各个方面都有明确的方针和政策，而且有准确的表述语言。这次十三届八中全会开得好，肯定农村家庭联产承包责任制不变。一变就人心不安，人们就会说中央的政策变了。农村改革初期，安徽出了个“傻子瓜子”问题。当时许多人不舒服，说他赚了一百万，主张动他。我说不能动，一动人们就会说政策变了，得不偿失。像这一类的问题还有不少，如果处理不当，就很容易动摇我们的方针，影响改革的全局。城乡改革的基本政策，一定要长期保持稳定。当然，随着实践的发展，该完善的完善，该修补的修补，但总的要坚定不移。即使没有新的主意也可以，就是不要变，不要使人们感到政策变了。有了这一条，中国就大有希望。

改革开放胆子要大一些，敢于试验，不能像小脚女人一样。看准了的，就大胆地试，大胆地闯。深圳的重要经验就是敢闯。没有一点闯的精神，没有一点“冒”的精神，没有一股气呀、劲呀，就走不出一条好路，走不出一条新路，就干不出新的事业。不冒点风险，办什么事情都有百分之百的把握，万无一失，谁敢说这样的话？一开始就自以为是，认为百分之百正确，没那么回事，我就从来没有那么认为。每年领导层都要总结经验，对的就坚持，不对的赶快改，新问题出来抓紧解决。恐怕再有三十年的时间，我们才会在各方面形成一整套更加成熟、更加定型的制度。在这个制度下的方针、政策，也将更加定型化。现在建设中国式的社会主义，经验一天比一天丰富。经验很多，从各省的报刊材料看，都有自己的特色。这样好嘛，就是要有创造性。

改革开放迈不开步子，不敢闯，说来说去就是怕资本主义的东西多了，走了资本主义道路。要害是姓“资”还是姓“社”的问题。判断的标准，应该主要看是否有利于发展社会主义社会的生产力，是否有利于增强社会主义国家的综合国力，是否有利于提高人民的生活水平。对办特区，从一开始就有不同意见，担心是不是搞资本主义。深圳的建设成就，明确回答了那些有这些那样担心的人。特区姓“社”不姓“资”。从深圳的情况看，公有制是主体，外商投资只占四分之一，就是外资部分，我们还可以从税收、劳务等方面得到益处嘛！多搞点“三资”企业，不要怕。只要我们头脑清醒，就不怕。我们有优势，有国营大中型企业，有乡镇企业，更重要的是政权在我们手里。有的人认为，多一分外资，就多一分资本主义，“三资”企业多了，就是资本主义的东西多了，就是发展了资本主义。这些人连基本常识都没有。我国现阶段的“三资”企业，按照现行的法规政策，外商总是要赚一些钱。但是，国家还要拿回税收，工人还要拿回工资，我们还可以学习技术和管理，还可以得到信息、打开市场。因此，“三资”企业受到我国整个政治、经济条件的制约，是社会主义经济的有益补充，归根到底是有利于社会主义的。

计划多一点还是市场多一点，不是社会主义与资本主义的本质区别。计划经济不等于社会主义，资本主义也有计划；市场经济不等于资本主义，社会主义也有市场。计划和市场都是经济手段。社会主义的本质，是解放生产力，发展生产力，消灭剥削，消除两极分化，最终达到共同富裕。就是要对大家讲这个道理。证券、股市，这些东西究竟好不好，有没有危险，是不是资本主义独有的东西，社会主义能不能用？允许看，但要坚决地试。看对了，搞一两年对了，放开；错了，纠正，关了就是了。关，也可以快关，也可以慢关，也可以留一点尾巴。怕什么，坚持这种态度就不要紧，就不会犯大错误。总之，社会主义要赢得与资本主义相比较的优势，就必须大胆吸收和借鉴人类社会创造的一切文明成果，吸收和借鉴当今世界各国包括资本主义发达国家的一切反映现代社会化生产规律的先进经营方式、管理方法。

走社会主义道路，就是要逐步实现共同富裕。共同富裕的构想是这样提出的：一部分地区有条件先发展起来，一部分地区发展慢点，先发展起来的地区带动后发展的地区，最终达到共同富裕。如果富的愈来愈富，穷的愈来愈穷，两极分化就会产生，而社会主义制度就应该而且能够避免两极分化。解决的办法之一，就是先富起来的地区多交点利税，支持贫困地区的发展。当然，太早这样办也不行，现在不能削弱发达地区的活力，也不能鼓励吃“大锅饭”。什么时候突出地提出和解决这个问题，在什么基础上提出和解决这个问题，要研究。可以设想，在本世纪末达到小康水平的时候，就要突出地提出和解决这个问题。到那个时候，发达地区要继续发展，并通过多交利税和技术转让等方式大力支持不发达地区。不发达地区又大都是拥有丰富资源的地区，发展潜力是很大的。总之，就全国范围来说，我们一定能够逐步顺利解决沿海同内地贫富差距的问题。

对改革开放，一开始就有不同意见，这是正常的。不只是经济特区问题，更大的问题是农村改革，搞农村家庭联产承包，废除人民公社制度。开始的时候只有三分之一的省干起来，第二年超过三分之二，第三年才差不多全部跟上，这是就全国范围讲的。开始搞并不踊跃呀，好多人在看。我们的政策就是允许看。允许看，比强制好得多。我们推行三中全会以来的路线、方针、政策，不搞强迫，不搞运动，愿意干就干，干多少是多少，这样慢慢就跟上来了。不搞争论，是我的一个发明。不争论，是为了争取时间干。一争论就复杂了，把时间都争掉了，什么也干不成。不争论，大胆地试，大胆地闯。农村改革是如此，城市改革也应如此。

现在，有右的东西影响我们，也有“左”的东西影响我们，但根深蒂固的还是“左”的东西。有些理论家、政治家，拿大帽子吓唬人的，不是右，而是“左”。“左”带有革命的色彩，好像越“左”越革命。“左”的东西在我们党的历史上可怕呀！一个好好的东西，一下子被他搞掉了。右可以葬送社会主义，“左”也可以葬送社会主义。中国要警惕右，但主要是防止“左”。右的东西有，动乱就是右的！“左”的东西也有。把改革开放说成是引进和发展资本主义，认为和平演变的主要危险来自经济领域，这些就是“左”。我们必须保持清醒的头脑，这样就不会犯大错误，出现问题也容易纠正和改正。

抓住时机，发展自己，关键是发展经济。现在，周边一些国家和地区经济发展比我们快，如果我们不发展或发展得太慢，老百姓一比较就有问题了。所以，能发展就不要阻挡，有条件的地方要尽可能搞快点，只要是讲效益，讲质量，搞外向型经济，就没有什么可以担心的。低速度就等于停步，甚至等于后退。要抓住机会，现在就是好机会。我就担心丧失机会。不抓呀，看到的机会就丢掉了，时间一晃就过去了。

我国的经济发展，总要力争隔几年上一个台阶。当然，不是鼓励不切实际的高速度，还是要扎扎实实，讲求效益，稳步协调地发展。比如广东，要上几个台阶，力争用二十年的时间赶上亚洲“四小龙”。比如江苏等发展比较好的地区，就应该比全国平均速度快。又比如上海，目前完全有条件搞得更快一点。上海在人才、技术和管理方面都有明显的优势，辐射面宽。回过头看，我的一个大失误就是搞四个经济特区时没有加上上海。要不然，现在长江三角洲，整个长江流域，乃至全国改革开放的局面，都会不一样。

从我们自己这些年的经验来看，经济发展隔几年上一个台阶，是能够办得到的。我们真正干起来是一九八〇年。一九八一、一九八二、一九八三这三年，改革主要在农村进行。一九八四年重点转入城市改革。经济发展比较快的是一九八四年至一九八八年。这五年，首先是农村改革带来许多新的变化，农作物大幅度增产，农民收入大幅度增加，乡镇企业异军突起。广大农民购买力增加了，不仅盖了大批新房子，而且自行车、缝纫机、收音机、手表“四大件”和一些高档消费品进入普通农民家庭。农副产品的增加，农村市场的扩大，农村剩余劳动力的转移，又强有力地推动了工业的发展。这五年，共创造工业总产值六万多亿元，平均每年增长百分之二十一点七。吃、穿、住、行、用等各方面的工业品，包括彩电、冰箱、洗衣机，都大幅度增长。钢材、水泥等生产资料也大幅度增长。农业和工业，农村和城市，就是这样相互影响、相互促进。这是一个非常生动、非常有说服力的发展过程。可以说，这期间我国财富有了巨额增加，整个国民经济上了一个新的台阶。一九八九年开始治理整顿。治理整顿，我是赞成的，而且确实需要。经济“过热”，确实带来一些问题。比如，票子发得多了一点，物价波动大了一点，重复建设比较严重，造成了一些浪费。但是，怎样全面地来看那五年的加速发展？那五年的加速发展，也可以称作一种飞跃，但与“大跃进”不同，没有伤害整个发展的机体、机制。那五年的加速发展功劳不小，这是我的评价。治理整顿有成绩，但评价功劳，只算稳的功劳，还是那五年加速发展也算一功？或者至少算是一个方面的功？如果不是那几年跳跃一下，整个经济上了一个台阶，后来三年治理整顿不可能顺利进行。看起来我们的发展，总是要在某一个阶段，抓住时机，加速搞几年，发现问题及时加以治理，尔后继续前进。从根本上说，手头东西多了，我们在处理各种矛盾和问题时就立于主动地位。对于我们这样发展中的大国来说，经济要发展得快一点，不可能总是那么平平静静、稳稳当当。要注意经济稳定、协调地发展，但稳定和协调也是相对的，不是绝对的。发展才是硬道理。这个问题要搞清楚。如果分析不当，造成误解，就会变得谨小慎微，不敢解放思想，不敢放开手脚，结果是丧失时机，犹如逆水行舟，不进则退。

从国际经验来看，一些国家在发展过程中，都曾经有过高速发展时期，或若干高速发展阶段。日本、南朝鲜、东南亚一些国家和地区，就是如此。现在，我们国内条件具备，国际环境有利，再加上发挥社会主义制度能够集中力量办大事的优势，在今后的现代化建设长过程中，出现若干个发展速度比较快、效益比较好的阶段，是必要的，也是能够办到的。我们就是要有这个雄心壮志！

经济发展得快一点，必须依靠科技和教育。我说科学技术是第一生产力。近一二十年来，世界科学技术发展得多快啊！高科技领域的一个突破，带动一批产业的发展。我们自己这几年，离开科学技术能增长得这么快吗？要提倡科学，靠科学才有希望。近十几年来我国科技进步不小，希望在九十年代进步得更快。每一行都树立一个明确的战略目标，一定要打赢。高科技领域，中国也要在世界占有一席之地。我是个外行，但我要感谢科技工作者为国家作出的贡献和争得的荣誉。大家要记住那个年代，钱学森、李四光、钱三强那一批老科学家，在那么困难的条件下，把两弹一星和好多高科技搞起来。应该说，现在的科学家更幸福，因此对他们的要求会更多。我说过，知识分子是工人阶级的一部分。老科学家、中年科学家很重要，青年科学家也很重要。希望所有出国学习的人回来。不管他们过去的政治态度怎么样，都可以回来，回来后妥善安排。这个政策不能变。告诉他们，要作出贡献，还是回国好。希望大家通力合作，为加快发展我国科技和教育事业多做实事。搞科技，越高越好，越新越好。越高越新，我们也就越高兴。不只我们高兴，人民高兴，国家高兴。对我们的国家要爱，要让我们的国家发达起来。

要坚持两手抓，一手抓改革开放，一手抓打击各种犯罪活动。这两只手都要硬。打击各种犯罪活动，扫除各种丑恶现象，手软不得。广东二十年赶上亚洲“四小龙”，不仅经济要上去，社会秩序、社会风气也要搞好，两个文明建设都要超过他们，这才是有中国特色的社会主义。新加坡的社会秩序算是好的，他们管得严，我们应当借鉴他们的经验，而且比他们管得更好。开放以后，一些腐朽的东西也跟着进来了，中国的一些地方也出现了丑恶的现象，如吸毒、嫖娼、经济犯罪等。要注意很好地抓，坚决取缔和打击，决不能任其发展。新中国成立以后，只花了三年时间，这些东西就一扫而光。吸鸦片烟、吃白面，世界上谁能消灭得了？国民党办不到，资本主义办不到。事实证明，共产党能够消灭丑恶的东西。在整个改革开放过程中都要反对腐败。对干部和共产党员来说，廉政建设要作为大事来抓。还是要靠法制，搞法制靠得住些。总之，只要我们的生产力发展，保持一定的经济增长速度，坚持两手抓，社会主义精神文明建设就可以搞上去。

在整个改革开放的过程中，必须始终注意坚持四项基本原则。十二届六中全会我提出反对资产阶级自由化还要搞二十年，现在看起来还不止二十年。资产阶级自由化泛滥，后果极其严重。特区搞建设，花了十几年时间才有这个样子，垮起来可是一夜之间啊。垮起来容易，建设就很难。在苗头出现时不注意，就会出事。

依靠无产阶级专政保卫社会主义制度，这是马克思主义的一个基本观点。马克思说过，阶级斗争学说不是他的发明，真正的发明是关于无产阶级专政的理论。历史经验证明，刚刚掌握政权的新兴阶级，一般来说，总是弱于敌对阶级的力量，因此要用专政的手段来巩固政权。对人民实行民主，对敌人实行专政，这就是人民民主专政。运用人民民主专政的力量，巩固人民的政权，是正义的事情，没有什么输理的地方。我们搞社会主义才几十年，还处在初级阶段。巩固和发展社会主义制度，还需要一个很长的历史阶段，需要我们几代人、十几代人，甚至几十代人坚持不懈地努力奋斗，决不能掉以轻心。

正确的政治路线要靠正确的组织路线来保证。中国的事情能不能办好，社会主义和改革开放能不能坚持，经济能不能快一点发展起来，国家能不能长治久安，从一定意义上说，关键在人。

帝国主义搞和平演变，把希望寄托在我们以后的几代人身上。江泽民同志他们这一代可以算是第三代，还有第四代、第五代。我们这些老一辈的人在，有分量，敌对势力知道变不了。但我们这些老人呜呼哀哉后，谁来保险？所以，要把我们的军队教育好，把我们的专政机构教育好，把共产党员教育好，把人民和青年教育好。中国要出问题，还是出在共产党内部。对这个问题要清醒，要注意培养人，要按照“革命化、年轻化、知识化、专业化”的标准，选拔德才兼备的人进班子。我们说党的基本路线要管一百年，要长治久安，就要靠这一条。真正关系到大局的是这个事。这是眼前的一个问题，并不是已经顺利解决了，希望解决得好。“文化大革命”结束，我出来后，就注意这个问题。我们发现靠我们这老一代解决不了长治久安的问题，于是我们推荐别的人，真正要找第三代。但是没有解决问题，两个人都失败了，而且不是在经济上出问题，都是在反对资产阶级自由化的问题上栽跟头。这就不能让了。我在一九八九年五月底还说过，现在就是要选人民公认是坚持改革开放路线并有政绩的人，大胆地放进新的领导机构里，使人民感到我们真心诚意搞改革开放。人民，是看实践。人民一看，还是社会主义好，还是改革开放好，我们的事业就会万古长青！

要进一步找年轻人进班子。现在中央这个班子年龄还是大了点，六十过一点的就算年轻的了。这些人过十年还可，再过二十年，就八十多岁了，像我今天这样聊聊天还可以，做工作精力就不够了。现在中央的班子干得不错嘛！问题当然还有很多，什么时候问题都不会少。我们这些老人关键是不管事，让新上来的人放手干，看着现在的同志成熟起来。老年人自觉让位，在旁边可以帮助一下，但不要作障碍人的事。对于办得不妥当的事，也要好心好意地帮，要注意下一代接班人的培养。我坚持退下来，就是不要在老年的时候犯错误。老年人有长处，但也有很大的弱点，老年人容易固执，因此老年人也要有点自觉性。越老越不要最后犯错误，越老越要谦虚一点。现在还要继续选人，选更年轻的同志，帮助培养。不要迷信。我二十几岁就做大官了，不比你们现在懂得多，不是也照样干？要选人，人选好了，帮助培养，让更多的年轻人成长起来。他们成长起来，我们就放心了。现在还不放心啊！说到底，关键是我们共产党内部要搞好，不出事，就可以放心睡大觉。十一届三中全会确立的这条中国的发展路线，是否能够坚持得住，要靠大家努力，特别是要教育后代。

现在有一个问题，就是形式主义多。电视一打开，尽是会议。会议多，文章太长，讲话也太长，而且内容重复，新的语言并不很多。重复的话要讲，但要精简。形式主义也是官僚主义。要腾出时间来多办实事，多做少说。毛主席不开长会，文章短而精，讲话也很精练。周总理四届人大的报告，毛主席指定我负责起草，要求不得超过五千字，我完成了任务。五千字，不是也很管用吗？我建议抓一下这个问题。

学马列要精，要管用的。长篇的东西是少数搞专业的人读的，群众怎么读？要求都读大本子，那是形式主义的，办不到。我的入门老师是《共产党宣言》和《共产主义 ABC》。最近，有的外国人议论，马克思主义是打不倒的。打不倒，并不是因为大本子多，而是因为马克思主义的真理颠扑不破。实事求是是马克思主义的精髓。要提倡这个，不要提倡本本。我们改革开放的成功，不是靠本本，而是靠实践，靠实事求是。农村搞家庭联产承包，这个发明权是农民的。农村改革中的好多东西，都是基层创造出来，我们把它拿来加工提高作为全国的指导。实践是检验真理的唯一标准。我读的书并不多，就是一条，相信毛主席讲的实事求是。过去我们打仗靠这个，现在搞建设、搞改革也靠这个。我们讲了一辈子马克思主义，其实马克思主义并不玄奥。马克思主义是很朴实的东西，很朴实的道理。

我坚信，世界上赞成马克思主义的人会多起来的，因为马克思主义是科学。它运用历史唯物主义揭示了人类社会发展的规律。封建社会代替奴隶社会，资本主义代替封建主义，社会主义经历一个长过程发展后必然代替资本主义。这是社会历史发展不可逆转的总趋势，但道路是曲折的。资本主义代替封建主义的几百年间，发生过多少次王朝复辟？所以，从一定意义上说，某种暂时复辟也是难以完全避免的规律性现象。一些国家出现严重曲折，社会主义好像被削弱了，但人民经受锻炼，从中吸收教训，将促使社会主义向着更加健康的方向发展。因此，不要惊慌失措，不要认为马克思主义就消失了，没用了，失败了。哪有这回事！

世界和平与发展这两大问题，至今一个也没有解决。社会主义中国应该用实践向世界表明，中国反对霸权主义、强权政治，永不称霸。中国是维护世界和平的坚定力量。

我们要在建设有中国特色的社会主义道路上继续前进。资本主义发展几百年了，我们干社会主义才多长时间！何况我们自己还耽误了二十年。如果从建国起，用一百年时间把我国建设成中等水平的发达国家，那就很了不起！从现在起到下世纪中叶，将是很要紧的时期，我们要埋头苦干。我们肩膀上的担子重，责任大啊！①

---

① 《邓小平文选》第3卷，人民出版社1993年版，第370～383页。

第一百七十五章

“南方谈话是邓小平思想的精华”

1992年年初的邓小平南方谈话，犹如春雷滚滚，震撼中国，也震撼了世界。日本的渡边利夫教授和小岛朋之教授在《毛泽东与邓小平》的研究著作中认为，南方谈话是邓小平思想精华的集中体现，是邓小平理论成熟的标志。“南方谈话是邓小平思想的精华。邓小平思想的核心似乎完全凝聚在这一段讲话中。……邓小平的思想也可以在其晚年的思想与行动中看到精髓。”

为了迅速贯彻落实邓小平南方谈话，1992年3月9日至10日，中共中央政治局在北京召开全体会议，讨论中国改革和发展的若干重大问题。会议完全赞同邓小平南方谈话，认为对中国改革和建设、对开好中共十四大，具有十分重要的指导作用，对中国整个社会主义现代化建设事业具有重大而深远的意义。

会议强调：必须坚定不移地贯彻执行党的“一个中心、两个基本点”的基本路线，抓住当前的有利时机，加快改革开放的步伐，集中精力把经济建设搞上去，沿着有中国特色的社会主义道路继续前进。

会议认为：解放和发展生产力，是我们党领导人民建设社会主义的根本任务。为此，必须始终不渝地坚持以经济建设为中心，坚持四项基本原则，坚持改革开放。牢牢把握党的“一个中心、两个基本点”的基本路线，一百年不动摇，国家就能长治久安，中国就大有希望。改革开放胆子要大一些，勇于创新，敢于试验。必须进一步解放思想，坚持实事求是。不仅要在社会主义条件下发展生产力，而且要通过改革解放生产力。按照邓小平关于“三个有利于”的标准，看准了的，就大胆地试，大胆地闯。计划和市场，都是经济手段。要善于运用这些手段，加快发展社会主义商品经济。

会议指出：抓住当前的有利时机，努力发展自己，特别是把经济建设搞上去，对巩固和发展社会主义，有着特殊重要的意义。我们要认清形势，把握机遇，真抓实干，讲求效益，加快经济发展速度，力争几年上一个台阶。科学技术是第一生产力，加快经济发展，必须依靠科技和教育。

会议提出：当前要特别注意抓住改革和建设中牵动全局的重大问题，深入调查研究，确定今后一个时期的战略思想和政策主张，并认真组织实施。各级领导要力戒形式主义和官僚主义。

会议要求：全党同志特别是各级领导干部，要认真学习邓小平关于建设有中国特色社会主义的一系列重要论述，进一步提高全面贯彻执行党的基本路线的自觉性。要警惕右，但主要是防止“左”。

这次中共中央政治局全体会议，是一次把中国改革开放和现代化建设推进到新阶段的重要会议。3 月 13 日，《人民日报》发表社论《认真学习，深刻领会，狠抓落实》，再次号召全党，特别是各级领导干部，要认真学习邓小平关于建设中国特色社会主义的一系列重要论述。

此后，中共中央有关负责同志在阐述邓小平南方谈话精神时，明确肯定必须以经济建设为中心工作的宗旨，强调坚持党的基本路线一百年不变的思想。

当时担任乔石秘书的陈冀平回忆说：1992 年 1 月 16 日，乔石视察广东，并于 1 月 20 日至 1 月 24 日在珠海主持召开全国政法工作会议。对于这次会议该如何开、自己在会上应该谈些什么，他一直在思考。他让我找出改革开放以来邓小平的一系列讲话，仔细研究。他告诉我：“我这次的会议，还是要讲中国特色社会主义理论和改革开放的思想，不要简单地就政法工作谈政法工作，要把政法工作放在改革开放里头去谈。”就在会议期间，1 月 18 日至 2 月 21 日，邓小平视察南方，发表了改变中国改革进程的南方谈话。了解到讲话精神后，乔石兴奋地跟我说：“我这个会好开了！”在讲话中，他谈到邓小平的谈话，提出：“必须认真学习和坚决贯彻邓小平同志的‘一手抓改革开放，一手抓打击经济犯罪’的指示。”①

在中共中央党校 1992 年 3 月的春季开学典礼上，中共中央政治局常委乔石代表中共中央，向来自全国各地领导岗位上的学员发表讲话指出：这一期党

① 徐天:《改革者乔石》,《中国新闻周刊》2015 年第 6 期。

校开学，赶上一个很好的时机，就是小平同志一二月份到南方一些省、市视察，发表了非常重要的谈话。小平同志的谈话，有很强的针对性，对当前的各项工作，有极重要的现实意义，对今年将召开的中共十四大和建设有中国特色社会主义的整个事业，有十分重大而深远的意义。

乔石强调说：小平同志的这次重要讲话，像一股强劲的春风，吹遍了祖国大地。消息迅速传到全国各地，在全党引起了强烈的反响，人民群众闻讯也是欢欣鼓舞，国际上和境外的反应也是积极的。我相信，通过全面地、切实地学习贯彻这次谈话，必将极大地促进我国社会主义建设和改革的前进步伐，对我们在 90 年代实现第二步战略目标的努力以至下个世纪的继续奋进，注入了强大的活力。

乔石特别指出：小平同志在南方谈话中明确指出，现在影响我们的，有右的东西，也有“左”的东西，但根深蒂固的还是“左”的东西。拿大帽子吓唬人，好像越“左”越革命。我们要警惕右，但主要是防止“左”。搞动乱就是右的，把改革开放说成是引进和发展资本主义，认为和平演变的主要危险来自经济领域，就是“左”。右和“左”都可以葬送社会主义，并不是只有右会葬送社会主义，“左”也会葬送社会主义。

陈冀平还回忆说：这年 3 月，兼任中共中央党校校长的乔石在党校开学典礼上发表了讲话。准备这次讲话时，他告诉陈冀平，南方谈话的精髓在于实事求是、一切从中国的实际出发，中央党校的校训也是实事求是。因此，党校的这次讲话，“我不讲别的，就讲实事求是”。讲话中，他还专门谈了“左”和“右”的问题，提出：“‘右’可以葬送社会主义，‘左’也可以葬送社会主义。要防止‘左’的问题。”其时，邓小平南方谈话尚未公开，追问“姓‘社’姓‘资’”的声音仍甚嚣尘上。在珠海的全国政法工作会议和中央党校开学典礼上，乔石都旗帜鲜明地呼应了邓小平南方谈话。后来，邓小平评价乔石的党校讲话说：“很久没看到这么好的讲话了。”“对邓小平同志的思想，我认为乔石同志理解得比较深。”①

紧接着，贯彻落实邓小平南方谈话精神的重要举措连连出台。

---

①　徐天：《改革者乔石》，《中国新闻周刊》2015 年第 6 期。

在全国人大七届五次会议上，国务院总理李鹏作《政府工作报告》时宣布：

> 我国目前的经济状况表明，治理整顿的主要任务已经基本完成，治理整顿作为经济发展的一个特定阶段可以如期结束。在今后现代化建设的长过程中，出现若干个发展速度比较快、效益比较好的阶段，是必要的，也是能够办到的。我们要抓紧时机，集中力量，进一步加快国民经济的发展。1992年经济工作的重点是，抓紧调整结构和提高效益，特别是要在搞好农业和国营大中型企业方面取得更大的成绩。
>
> 要认真总结经验，进一步解放思想，大胆创新，把改革开放的步子迈得更大一些。1992年经济体制改革的重点是企业改革，所有国营大中型企业都要在转换和完善经营机制上下硬功夫。着重进行的与企业改革相配套的改革，主要是物价和流通体制改革，财政金融和计划体制改革，以及住房和社会保障制度改革。要进一步扩大对外开放的范围，注重效益的提高，把对外开放提高到一个新的水平。上海浦东新区是今后十年开放开发的重点。大会通过关于兴建长江三峡工程的决议，决定批准将兴建长江三峡工程列入国民经济和社会发展十年规划，由国务院根据国民经济发展的实际情况和国家财力、物力的可能，选择适当时机组织实施。

李鹏的《政府工作报告》，十分明确地贯彻和体现了邓小平南方谈话精神。

3月10日，上海市向中外记者宣布：为了进一步支持上海浦东新区的开发开放，中央在1992年年初又给予上海扩大五类项目的审批权和增加五个方面的资金筹措权。同月，国务院批准海南省吸收外商投资开发建设洋浦经济开发区，吸收外商投资开发经营洋浦地区的30平方千米土地。建设洋浦开发区，是海南经济特区建立以来吸收外资规模最大的一个项目。同年8月18日，海南省将洋浦地区30平方千米土地的使用权出让给熊谷组（香港）有限公司。海南省有偿出让使用权的这块土地是经中国政府批准的最大的外商投资开发经营的成片土地。

邓小平南方谈话传达到全体中共党员和广大干部、群众后，反响十分强烈。人们普遍认为，邓小平的南方谈话，犹如春雷，将各种阴霾一扫而光。这充分说明，改革开放是人心所向，坚持党的基本路线一百年不动摇是广大干部、群众的共同心愿。

老干部经历了社会主义时期的发展与挫折，经历了改革开放新时期的开拓与辉煌。一位老干部在一个理论讨论会上激动地说：“我终于盼来了小平同志的讲话，他总是在关键时刻说出最需要说出的话，发展生产力这个中心任何时候都不能丢啊！”

改革开放使知识分子从“臭老九”变为工人阶级的一部分，他们衷心拥护并竭尽全力为促进改革开放贡献力量。一位知识分子在谈到邓小平南方谈话时认为：“小平同志一直坚持‘扭住’经济建设这个中心不放。中国的文字博大精深，含义丰富。为什么小平不用‘抓住’而用‘扭住’呢？据我查证《辞海》，‘抓住’只是一般的‘捉住’，而‘扭住’除了有抓住的含义外，还有一层更深的意思，即不顾别人的反对，强行‘拧住’‘揪住’。小平的南方谈话，坚持生产力标准，廓清迷雾，正本清源，就是这种‘扭住’的典范。”

从事理论研究的同志，总是善于站在理论、历史的现实交汇的制高点上观察问题，认识问题，研究问题。一位学者在谈到邓小平南方谈话的精神实质时说：“在中华人民共和国历史发展的重大关头，在反‘左’的斗争中，邓小平曾先后四次发表重要讲话，中心都是扭住生产力不放，这对中国社会产生了至为深远的影响。60年代初，在国民经济严重困难时刻，为了拯救民众于生死，他提出了一个著名的论断，‘不管白猫黑猫，抓住老鼠就是好猫’，这是生产力中心论的先声；70年代中期，在‘以阶级斗争为纲’的岁月里，他提出‘三项指示为纲’，力图把发展经济置于指导纲领的位置上去；在反对‘两个凡是’的斗争中，他提出实事求是，解放思想，把我国建设成为社会主义现代化强国的原则；在经过十年改革开放，又经过三年治理整顿，国际形势在重大动荡后出现新格局，而国内改革又面临困难，有人主张走老路的重要时刻，今天，邓小平又讲话了！这次讲话，为中国社会今后的发展，从根本原则上起到正本清源的指导作用。今后，中国人民的根本任务，就是扭住生产力不放，把现代化建设搞上去。”

1992 年 4 月 1 日，中共中央总书记江泽民在北京钓鱼台国宾馆会见日本驻华记者并接受采访。

当日本记者问到邓小平南方谈话时，江泽民强调说：邓小平同志是我国改革开放的总设计师，深受全国各族人民的爱戴，享有崇高的威望。他一直关心着我国人民的根本利益和国家的发展前途。不管是否在位，邓小平同志的建设具有中国特色社会主义的理论和许多高瞻远瞩的决策思想，对我国的改革和发展，始终具有现实的和长远的指导作用。他不久前视察我国南方时的重要谈话，对我们的工作给予了肯定和支持，并提出了十分重要的意见。我们政治局进行了认真讨论，完全赞同，正组织全党同志全面、深刻地领会，紧密联系实际，认真贯彻落实其精神。

国务院按照邓小平南方谈话精神，4 月底发出关于批转国家体改委、国务院生产办公室《关于股份制企业试点工作座谈会情况的报告》（以下简称《报告》）的通知，指出股份制企业试点工作是一项政策性强、涉及面广的重要改革，因此必须加强领导，既要大胆试验，又要稳步推进，严格按照规范化的要求进行。

《报告》提出下一步进行股份制试点的指导思想是：坚决试，不求多，务求好，不能乱。严格按照基本规范进行试点，试出效果来。《报告》提出：向社会公开发行股票、股票上市交易的股份制企业的试点，目前仅限于上海、深圳两市；向社会公开发行股票、股票不上市交易的股份制企业的试点，目前限定在广东、福建、海南三省；其他地方主要进行法人持股的股份制企业和企业内部职工持股的股份制企业的试点。

据《报告》公布的材料，中国的股份制企业是随着社会化生产程度的提高和社会主义商品经济的发展而诞生和发展起来的，是经济体制改革的产物。20 世纪 80 年代初期，一些企业突破地区、部门和所有制的界限，相继组建各种形式的联合体。企业之间的横向联合，逐步从单纯的生产技术协作发展到以资金、技术、设备等投资入股。还有一些企业，以股份的形式集资开发项目或组建新的企业。1984 年以后组建的股份制企业，规模有了较大的发展。1984 年 11 月，由上海电声总厂发起成立的上海飞乐音响公司，向社会公开发行股票，成为新中国成立后第一家较规范的股份制有限公司。1986 年 9 月，中国工商银行上海信托投资公司静安证券部挂牌进行股票的柜台交易，成为新中国首次进行的股票市场交易。1987 年以后，各地股份制企业的试点迅速增多。1989 年中国经济进入治理整顿阶段，股份制企业组建和试点工作的重点转为完善和提高。到 1992 年年初，全国共有各种类型的股份制企业 3220 家（不含乡镇企业中的股份合作制企业和中外合资、国内联营企业），其中企业之间法人持股和内部职工持股的试点企业约占股份制企业总数的 95% 以上。

中共中央坚决贯彻落实邓小平南方谈话精神，重大举措不断出台。经过一段时间精心研究，中共中央政治局 1992 年 5 月 16 日召开会议，通过《中共中央关于加快改革，扩大开放，力争经济更好更快地上一个新台阶的意见》。

中央政治局指出：抓紧有利时机，加快改革开放步伐，力争经济更好更快地上一个新台阶，是当前全党的战略任务。

关于加快改革的步伐，中央政治局提出，为保证和促进企业经营机制的转换，必须加快配套改革的步伐：一是转变政府职能，二是建立和完善社会劳动保障体系，三是培育和发展市场体系。

关于进一步扩大对外开放，中央政治局提出，要以上海浦东开发为龙头，进一步开放长江沿岸城市；逐步开放沿边城市，形成周边的对外开放格局等。

关于搞好政府机构改革、加强宏观调控能力，中央政治局提出了基本思路：加强国家计委宏观调控的职能，减少其具体事务；成立国家经贸委，协调日常经济工作；成立国务院农业和农村工作办公室，协调农口及有关部门的工作；等等。

为了在宣传工作中贯彻邓小平南方谈话，中共中央政治局常委李瑞环在 5 月 21 日听取中共中央宣传部、中国职工思想政治工作研究会负责人关于筹备第七次年会的汇报时，就宣传贯彻邓小平重要谈话发表意见。

李瑞环认为：邓小平年初的重要谈话，坚持、丰富和发展了建设有中国特色的社会主义的理论和路线，回答了当前国际、国内许多重大的根本的问题，既有深刻重大的理论意义，又有鲜明的现实针对性，在国内外产生了强烈的反响。我们要认真刻苦地学习，全面准确地领会，真心实意地贯彻。

李瑞环强调：对邓小平的南方谈话，任何三心二意或含含糊糊，动摇或背离，都会给我们的事业带来灾难性的后果。当前，学习好、宣传好、贯彻好这个谈话的精神，是全党的大事，也是宣传战线的大事，理所当然也是企业思想政治工作的大事。

李瑞环指出：思想政治工作只能落实到经济上、业务上，要坚持以经济建设为中心，紧密结合经济工作一道去做，不能搞空头政治和“两张皮”。思想政治工作不能游离于经济建设这个中心之外，更不能搞“自我中心”。

第一百七十六章

“忽如一夜春风来，千树万树梨花开”

学习、贯彻、落实邓小平南方谈话精神，首先必须把全党高级干部的思想统一到邓小平南方谈话上来。这是贯彻落实邓小平南方谈话的重要保证。为此，1992 年 6 月 9 日江泽民代表中共中央在中央党校省部级干部进修班作了《深刻领会和全面落实邓小平同志的重要谈话精神，把经济建设和改革开放搞得更快更好》的重要讲话。

江泽民指出：邓小平南方谈话和 5 月 22 日在首都钢铁公司的谈话，贯穿了一个鲜明的中心思想，这就是：必须坚定不移地全面贯彻执行党的“一个中心、两个基本点”的基本路线，解放思想，实事求是，放开手脚，大胆试验，排除各种干扰，抓住有利时机，加快改革开放步伐，集中精力把经济建设搞上去，不断地把有中国特色的社会主义事业全面推向前进。

关于深刻领会和全面落实邓小平谈话精神，江泽民讲了九个问题，即：关于抓住当前有利时机，加快改革开放和经济建设的发展；关于改革也是革命也是解放生产力；关于大胆向资本主义国家学习和借鉴有用的东西；关于加快经济体制改革；关于推进政治体制改革；关于坚持“两手抓”的方针；关于解放思想、实事求是和要警惕右但主要是防止“左”；关于加强党的建设和提高党的领导水平；关于全面落实邓小平重要谈话精神的初步部署和要求。江泽民在谈到计划与市场问题时，列举了关于对计划与市场和建立新经济体制的几种不同的提法。他说：我个人的看法，比较倾向于使用“社会主义市场经济”这个提法。江泽民的讲话为中共十四大的召开作了重要准备。

6 月 16 日，中共中央、国务院作出《关于加快发展第三产业的决定》（以下简称《决定》）。指出，第三产业的加快发展是生产力提高和社会进步的必然结果。加快发展第三产业，可以促进市场充分发育，提高服务的社会化、专业化水平，增强社会保障能力，有利于劳动、工资、价格、企业经营机制和流通体制等一系列改革的顺利实施，有利于进一步扩大开放、更多地吸引外资，有利于精简机构、提高效率，逐步改变机关、企事业单位办社会的状况，为改革开放在更广阔的领域向纵深发展创造更好的条件。加快发展第三产业，还是优化国民经济结构的有效途径，缓解就业压力的主要出路。《决定》提出，加快发展第三产业的目标是：争取用十年左右或更长一些时间，逐步建立起适合我国国情的社会主义统一市场体系、城乡社会化综合服务体系和社会保障体系。《决定》还提出了加快发展第三产业的重点和主要政策、措施。同年 11 月，全国加快第三产业发展工作会议在北京召开。

6 月，国务院决定开放长江沿岸芜湖、九江、岳阳、武汉、重庆 5 个内陆城市。至此，中国长江沿岸 10 个主要中心城市已全部对外开放。8 月，国务院决定从进出口贸易、固定资产投资规模和建设项目审批权、借用外资、金融、财政和中央统一管理的事务等 6 个方面进一步放宽、放活对海南的政策。

6 月 30 日，国务院常务会议通过《全民所有制工业企业转换经营机制条例》。提出，企业转换经营机制的目标是：使企业适应市场的要求，成为依法自主经营、自负盈亏、自我发展、自我约束的商品生产和经营单位，成为独立享有民事权利和承担民事义务的企业法人。该条例共七章五十四条，对于企业转换经营机制的原则、企业经营权、企业自负盈亏的责任、企业的变更和终止、企业和政府的关系、法律责任等都作了明确的规定。

同年 8 月，召开了以学习和研究贯彻实施该条例为主要内容的全国转换企业经营机制工作会议；同时传达江泽民的重要批示："通过多年来的实践说明，搞好国有大中型企业并非易事。但必须坚决把这件事办好。在当前学习、贯彻邓小平同志南方重要谈话精神的大好形势下，国务院制定了这份条例。务望各级党政部门继续解放思想，转变政府职能，真正把企业的自主权落实好。"李鹏在会上强调：当前和今后一段时间里，各级党政领导要把主要精力放在转换企业经营机制方面，以转换企业经营机制为重点，带动其他方面的改革。9 月 28 日，中共中央、国务院发出《关于认真贯彻执行〈全民所有制工业企业转换经营机制条例〉的通知》。

7 月 22 日，中共中央政治局会议通过《中共中央关于加强政法工作，更好地为改革开放和经济建设服务的意见》。提出，今后一个较长时期政法工作的指导思想是：坚定不移地贯彻党的“一个中心、两个基本点”的基本路线，坚持“两手抓、两手硬”，强化人民民主专政职能，狠抓社会治安综合治理，努力搞好法律服务，切实维护社会稳定，保障与促进改革开放和经济建设的顺利进行。要把是否有利于解放和发展生产力、把经济建设搞得更好，是否有利于加快改革开放和坚持四项基本原则，是否有利于维护政治安定和社会稳定，作为政法工作的出发点、最终目的和检验我们一切工作的根本标准。该意见还提出，政法工作要增强五个意识：服务意识、改革意识、防“左”意识、社会主义民主和法制意识、群众路线意识。

9 月 3 日，中共中央政治局会议通过《中共中央关于加强和改进宣传思想工作，更好地为经济建设和改革开放服务的意见》和《中共中央关于加强党的建设，提高党在改革和建设中的战斗力的意见》。这是中共中央为贯彻落实邓小平重要讲话而制定的两个专门文件。前一个文件提出，当前宣传思想战线面临的主要任务，就是要认真学习、深入贯彻邓小平重要谈话和中央政治局全体会议精神，解放思想，统一认识，振奋精神，全面宣传“一个中心、两个基本点”的基本路线，更好地为经济建设和改革开放服务。后一个文件指出，党建工作要认真贯彻邓小平重要谈话和中央政治局全体会议精神，毫不动摇地坚持党的基本路线，牢固树立以经济建设为中心的思想，从严治党，搞好党的自身建设，密切党同人民群众的联系，使党的各级组织和广大共产党员始终站在改革和建设的前列，充分发挥党在建设有中国特色社会主义伟大事业中的领导核心作用。

“忽如一夜春风来，千树万树梨花开”，邓小平的南方谈话，极大地改变了中国的面貌。从珠江流域、长江流域到黄河流域，从华东沿海到西部边陲，在古老的焕发了青春的中国大地上，新一轮的改革开放大潮犹如万里长江，汹涌澎湃，奔腾向前……

在中国改革开放和现代化建设新时期，经济特区一直保持着蓬勃旺盛的生机与活力，发挥着改革开放“试验田”的重要作用。中共十八大后，中共中央总书记习近平离开北京到外地考察的第一站就选择了广东。他作为中共中央总书记第一次到南方调研期间，沿着邓小平当年南方谈话的路线，对广东和经济特区进行了实地考察。

习近平总书记说，30 年过去了，广东、深圳的实践充分说明，邓小平同志的决定是英明的、正确的。邓小平同志不愧为中国改革开放的总设计师，不愧为中国特色社会主义道路的开创者。改革开放的决定是正确的，我们今后仍然要走这条正确的道路。这是富国之路、富民之路，要坚定不移地走下去，而且要有新开拓，要上新水平。

在深圳考察期间，习近平反复强调，改革开放是我们党的历史上一次伟大觉醒，正是这个伟大觉醒孕育了新时期从理论到实践的伟大创造。实践证明，改革开放是当代中国发展进步的活力之源，是我们党和人民大踏步赶上时代前进步伐的重要法宝，是坚持和发展中国特色社会主义的必由之路。

第一百七十七章

“这次大会开得很好，希望大家继续努力”

1992 年邓小平南方谈话和中共中央关于进一步加快改革开放步伐的各项决策，为举行中国共产党第十四次全国代表大会奠定了坚实的思想基础、理论基础和政治基础。

邓小平对召开中共十四大极为关注。在中共十四大政治报告起草过程中，邓小平看了送审稿，作了肯定评价，并对进一步修改报告稿发表了意见。他说：改革开放中许许多多的东西，都是由群众在实践中提出来的。报告中讲我的功绩，一定要放在集体领导范围内，绝不是一个人的脑筋就可以钻出什么新东西来，是群众的智慧，集体的智慧。我的功劳是把这些新事物概括起来，加以提倡。要写得合乎实际。

1992 年 10 月 5 日至 9 日，中共十三届九中全会在北京举行。全会决定同月 12 日在北京召开中国共产党第十四次全国代表大会。全会讨论并通过了中央委员会向党的十四大的报告和《中国共产党章程（修正案）》，一致决定将这两个文件提请党的十四大审议。全会同意中央政治局关于对赵紫阳在 1989 年政治风波中所犯错误继续审查情况的汇报，同意维持党的十三届四中全会对赵紫阳所犯错误的结论并结束审查。中国共产党中央顾问委员会第九次全体会议和中央纪律检查委员会第九次会议也分别于 10 月 9 日召开。

10 月 12 日至 18 日，中国共产党第十四次全国代表大会在北京举行。江泽民作《加快改革开放和现代化建设步伐，夺取有中国特色社会主义事业的更大胜利》的报告。

中国共产党第十四次全国代表大会，是在中国加快改革开放和现代化建设的新形势下召开的一次代表大会。

邓小平年初视察南方的重要谈话，极大地鼓舞了全党同志和全国各族人民。广大干部和群众思想更加解放，精神更加振奋，上下团结一致，到处热气腾腾，进一步展现出中华民族实现伟大理想的壮丽前景。

改革开放14年中国共产党领导人民进行的改革开放实践，形成了党的基本理论、基本路线，进行了一系列战略决策。改革开放“开始了一场新的革命”。这场新的革命的实质和目标，“是要从根本上改变束缚我国生产力发展的经济体制，建立充满生机和活力的社会主义新经济体制，同时相应地改革政治体制和其他方面的体制，以实现中国的社会主义现代化”。

中共十四大报告认为，回顾14年走过的道路，我们在工作中也发生过失误和偏差，现在还面临着很多困难和问题，人民群众还有不少意见和一些不满意的地方。但是总起来说，全党全国人民公认的事实是：这14年是真正集中力量进行社会主义现代化建设的14年，是人民生活水平提高最快的14年，开创了历史的新局面，取得举世瞩目的成就，党赢得了广大人民群众的拥护。

我们党所以能够取得这样的胜利，根本原因是在14年的伟大实践中，坚持把马克思主义基本原理同中国具体实际相结合，逐步形成和发展了建设有中国特色社会主义的理论。从《共产党宣言》发表以来一百几十年间，俄国十月革命、中国革命和其他一些国家革命的胜利，证明无产阶级领导人民夺取政权是能够成功的。至于如何建设社会主义，也取得了巨大成就和宝贵经验，但是总的来说，还需要很好地探索。近几年，国际上发生的急剧变化，使这个问题更加引人深思。中国共产党历来坚持独立自主地进行革命和建设，历来认为中国社会主义的命运归根到底取决于我们自己，取决于党的理论和路线，取决于党同人民的团结奋斗。14年来，社会主义在中国的新局面和新成就，更使我们从历史的比较和国际的观察中认识到，我们党建设有中国特色社会主义的理论是正确的，是符合最广大人民的利益和要求的。这个理论，第一次比较系统地初步回答了中国这样的经济文化比较落后的国家如何建设社会主义、如何巩固和发展社会主义的一系列基本问题，用新的思想、观点，继承和发展了马克思主义。

中共十四大报告系统阐述了建设中国特色社会主义理论的主要内容：

在社会主义的发展道路问题上，强调走自己的路，不把书本当教条，不照搬外国模式，以马克思主义为指导，以实践作为检验真理的唯一标准，解放思想，实事求是，尊重群众的首创精神，建设有中国特色的社会主义。

在社会主义的发展阶段问题上，作出了我国还处在社会主义初级阶段的科学论断，强调这是一个至少上百年的很长的历史阶段，制定一切方针政策都必须以这个基本国情为依据，不能脱离实际，超越阶段。

在社会主义的根本任务问题上，指出社会主义的本质是解放生产力，发展生产力，消灭剥削，消除两极分化，最终达到共同富裕。强调现阶段我国社会的主要矛盾是人民日益增长的物质文化需要同落后的社会生产之间的矛盾，必须把发展生产力摆在首要位置，以经济建设为中心，推动社会全面进步。判断各方面工作的是非得失，归根到底，要以是否有利于发展社会主义社会的生产力，是否有利于增强社会主义国家的综合国力，是否有利于提高人民的生活水平为标准。科学技术是第一生产力，经济建设必须依靠科技进步和劳动者素质的提高。

在社会主义的发展动力问题上，强调改革也是一场革命，也是解放生产力，是中国现代化的必由之路，僵化停滞是没有出路的。经济体制改革的目标，是在坚持公有制和按劳分配为主体，其他经济成分和分配方式为补充的基础上，建立和完善社会主义市场经济体制。政治体制改革的目标，是以完善人民代表大会制度、共产党领导的多党合作和政治协商制度为主要内容，发展社会主义民主政治。同经济、政治的改革和发展相适应，以“有理想、有道德、有文化、有纪律”为目标，建设社会主义精神文明。

在社会主义建设的外部条件问题上，指出和平与发展是当代世界两大主题，必须坚持独立自主的和平外交政策，为我国现代化建设争取有利的国际环境。强调实行对外开放是改革和建设必不可少的，应当吸收和利用世界各国包括资本主义发达国家所创造的一切先进文明成果来发展社会主义，封闭只能导致落后。

在社会主义建设的政治保证问题上，强调坚持社会主义道路、坚持人民民主专政、坚持中国共产党的领导、坚持马克思列宁主义毛泽东思想。这四项基本原则是立国之本，是改革开放和现代化建设健康发展的保证，又从改革开放和现代化建设中获得新的时代内容。

在社会主义建设的战略步骤问题上，提出基本实现现代化分三步走。在现代化建设的长期过程中要抓住时机，争取出现若干个发展速度比较快、效益又比较好的阶段，每隔几年上一个台阶。贫穷不是社会主义，同步富裕又是不可能的，必须允许和鼓励一部分地区一部分人先富起来，以带动越来越多的地区和人们逐步达到共同富裕。

在社会主义的领导力量和依靠力量问题上，强调作为工人阶级先锋队的共产党是社会主义事业的领导核心，党必须适应改革开放和现代化建设的需要，不断改善和加强对各方面工作的领导，改善和加强自身建设。执政党的党风，党同人民群众的联系，是关系党生死存亡的问题。必须依靠广大工人、农民、知识分子，必须依靠各民族人民的团结，必须依靠全体社会主义劳动者、拥护社会主义的爱国者和拥护祖国统一的爱国者的最广泛的统一战线。党领导的人民军队是社会主义祖国的保卫者和建设社会主义的重要力量。

在祖国统一的问题上，提出“一个国家、两种制度”的创造性构想。在一个中国的前提下，国家的主体坚持社会主义制度，香港、澳门、台湾保持原有的资本主义制度长期不变，按照这个原则来推进祖国和平统一大业的完成。

建设有中国特色社会主义的理论还有其他许多内容，还要在研究新情况、解决新问题的过程中，在实践检验中继续丰富、完善和发展。

中共十四大强调必须坚持中国共产党在建设有中国特色社会主义理论指导下形成的社会主义初级阶段基本路线。这就是：领导和团结全国各族人民，以经济建设为中心，坚持四项基本原则，坚持改革开放，自力更生，艰苦创业，为把我国建设成为富强、民主、文明的社会主义现代化国家而奋斗。

“一个中心、两个基本点”，是这条基本路线的简明概括。同基本路线相适应，我们党还形成了包括经济、政治、科技、教育、文化、军事、外交等各方面的一整套方针政策。这条路线和这些方针政策也都要在实践中继续丰富、完善和发展。

中共十四大对建设有中国特色社会主义的理论进行了科学概括和定义。建设有中国特色社会主义的理论，是在和平与发展成为时代主题的历史条件下，在我国改革开放和社会主义现代化建设的实践过程中，在总结我国社会主义胜利和挫折的历史经验并借鉴其他国家社会主义兴衰成败历史经验的基础上，逐步形成和发展起来的。它是马克思列宁主义基本原理与当代中国实际和时代特征相结合的产物，是毛泽东思想的继承和发展，是全党全国人民集体智慧的结晶，是中国共产党和中国人民最可珍贵的精神财富。

中共十四大充分肯定邓小平在中国改革开放中的重要历史地位。邓小平同志是我国社会主义改革开放和现代化建设的总设计师。他尊重实践，尊重群众，时刻关注最广大人民的利益和愿望，善于概括群众的经验和创造，敏锐地把握时代发展的脉搏和契机，既继承前人又突破陈规，表现出了开辟社会主义建设新道路的巨大政治勇气和开拓马克思主义新境界的巨大理论勇气，对建设有中国特色社会主义理论的创立作出了历史性的重大贡献。

中共十四大对于坚持党的基本路线不动摇具有深刻的认识和高度的政治自觉。强调改革开放以来 14 年伟大实践的经验，集中到一点，就是要毫不动摇地坚持以建设有中国特色社会主义理论为指导的党的基本路线。这是我们事业能够经受风险考验，顺利达到目标的最可靠的保证。

坚持党的基本路线不动摇，关键是坚持以经济建设为中心不动摇。社会主义基本制度建立后，由于国内因素和国际影响，阶级斗争还将在一定范围内长期存在，在某种条件下还有可能激化，我们必须清醒地认识和正确地处理这方面的问题。但是，我国社会的主要矛盾已经不是阶级斗争，经济建设已经成为我们的中心任务。除非发生大规模外敌入侵，无论在什么情况下都不能动摇这个中心。在历史上，由于没有能够清醒对待国际国内某些事件，我们有过离开经济建设这个中心的严重教训。这 14 年，尽管国际国内发生了这样那样的重大事件，我们都没有动摇这个中心，今后还必须坚定不移地这样做。

坚持党的基本路线不动摇，必须把改革开放同四项基本原则统一起来。中国特色社会主义所以具有蓬勃的生命力，就在于它是实行改革开放的社会主义。改革开放所以能够健康发展，就在于它是有利于巩固和发展社会主义的改革开放。坚持四项基本原则，坚持改革开放，都是为了更好地解放和发展生产力。在把握“一个中心、两个基本点”的问题上，在党内特别是领导干部中要警惕右，但主要是防止“左”。右的表现主要是否定四项基本原则，搞资产阶级自由化，甚至制造政治动乱。“左”的表现主要是否定改革开放，认为和平演变的主要危险来自经济领域，甚至用“阶级斗争为纲”的思想影响和冲击经济建设这个中心。右可以葬送社会主义，“左”也可以葬送社会主义。

在党的历史上，“左”的思想根深蒂固。“左”带有革命色彩，拿大帽子吓唬人，好像越“左”越革命。在建设社会主义的进程中，从1957年起的20年间出现的错误，主要都是“左”。改革开放要探索和开辟新的道路，突破束缚生产力发展的体制和观念，阻力主要来自“左”。现在明确要警惕右但主要是防止“左”，目的在于使全党同志特别是领导干部深刻吸取历史教训，密切结合当前实际，联系自己的思想和工作，提高贯彻执行党的基本路线的自觉性和坚定性，解放思想，同心同德，把经济建设和各项事业搞上去。对思想认识问题和工作实践中的不同意见以致偏差，要实事求是地具体分析，不要随意说成是政治倾向上的“左”或右。

中国要在20世纪90年代把中国特色社会主义伟大事业推向前进，最根本的是坚持党的基本路线，加快改革开放，集中精力把经济建设搞上去。同时，要围绕经济建设这个中心，加强社会主义民主法制建设和精神文明建设，促进社会全面进步。

中国经济体制改革的目标是建立社会主义市场经济体制。我们要建立的社会主义市场经济体制，就是要使市场在社会主义国家宏观调控下对资源配置起基础性作用，使经济活动遵循价值规律的要求，适应供求关系的变化；要通过价格杠杆和竞争机制的功能，把资源配置到效益较好的环节中去，并给企业以压力和动力，实现优胜劣汰；要运用市场对各种经济信号反应比较灵敏的优点，促进生产和需求的及时调节。同时也要看到市场有其自身的弱点和消极方面，必须加强和改善国家对经济的宏观调控。

社会主义市场经济体制是同社会主义基本制度结合在一起的。在所有制结构上，以公有制包括全民所有制和集体所有制经济为主体，个体经济、私营经济、外资经济为补充，多种经济成分长期共同发展，不同经济成分还可以自愿实行多种形式的联合经营。国有企业、集体企业和其他企业都进入市场，通过平等竞争发挥国有企业的主导作用。在分配制度上，以按劳分配为主体，其他分配方式为补充，兼顾效率与公平。在宏观调控上，我们社会主义国家能够把人民的当前利益与长远利益、局部利益与整体利益结合起来，更好地发挥计划和市场两种手段的长处。国家计划是宏观调控的重要手段之一。

中共十四大提出了全党必须努力实现的十个方面关系全局的主要任务。

中共十四大选出中央委员 189 人、候补中央委员 130 人，中央纪律检查委员会委员 108 人。通过《关于十三届中央委员会报告的决议》《关于中央顾问委员会工作报告的决议》《关于中央纪律检查委员会工作报告的决议》。同意中央顾问委员会提出的不再设立中央顾问委员会的建议。

中共十四大还通过《关于〈中国共产党章程〉（修正案）的决议》。修改后的《中国共产党章程》规定：“建设有中国特色社会主义的理论，阐明了在中国建设社会主义、巩固和发展社会主义的基本问题，继承和发展了马克思主义，是引导我国社会主义事业不断前进的指针。”修改后的党章，进一步体现了与时俱进精神，更好地反映了时代特点。

中共十四大经过充分讨论，作出三项具有战略意义的重要决策：

一是抓住机遇，加快发展；

二是明确中国经济体制改革的目标是建立社会主义市场经济；

三是确立邓小平建设有中国特色社会主义理论在全党的指导地位。

中共十四大是一次肩负着加快改革开放和现代化建设步伐的重大历史使命的大会。

这次大会和邓小平南方谈话，成为中国改革开放和现代化建设进入新阶段的标志。

10 月 19 日，中国共产党第十四届中央委员会第一次全体会议在北京举行。

出席会议的有中央委员 188 人，候补中央委员 129 人。江泽民主持会议并讲话。

全会选举了中央政治局委员、候补委员，中央政治局常务委员会委员，中央委员会总书记；根据中央政治局常务委员会的提名，通过中央书记处成员；决定了中央军事委员会组成人员；批准了中央纪律检查委员会第一次全体会议选举产生的书记、副书记和常务委员会委员人选。

中央政治局常务委员会委员：江泽民、李鹏、乔石、李瑞环、朱镕基、刘华清、胡锦涛

中央委员会总书记：江泽民

中央书记处书记：胡锦涛、丁关根、尉健行、温家宝、任建新

中央军事委员会主席：江泽民

中央纪律检查委员会书记：尉健行

中共十四届一中全会闭幕后，邓小平同中央领导同志亲切会见出席中共十四大的全体代表并合影留念。在会见中，邓小平对中共十四大代表说：这次大会开得很好，希望大家继续努力。

第一百七十八章

“实事求是”“无私无畏”

邓小平一心一意为人民服务，得到全党全国人民的衷心拥护。中共十四大代表、原国家新闻出版署署长宋木文详细记载了1992年邓小平会见中共十四大代表的历史性场景：

与所有的十四大代表一样，我在大会期间一个最强烈的愿望，就是能够见到小平同志，有些省、市代表团还专门为此向中央写了信。我还有一个强烈的念头：用自己的相机拍下小平同志与代表们在一起时的情景。尽管我是初学摄影，手中这架相机的许多功能尚未掌握，甚至连胶卷也是刚刚学会装的。在大会就要结束的时候，代表们的这个共同愿望变得越来越迫切。

1992年10月19日下午，在人民大会堂宴会厅里，2000名代表按照合影的要求排好队形，开始了满怀期望又满怀猜测的等待。5年前，参加十三大的代表们就是在这里实现了见到小平同志的愿望，这更无端地增强了我的焦躁心情。我感觉到，2000名代表的情绪正在暗暗地酝酿着、激荡着。很难设想，代表们的愿望一旦落空，心情将会怎样。

这不是一般的人之常情，这是在一场伟大的历史变革之中，受益无穷的人们对这场变革的总设计师的感戴，也表达着人们对再次见到这位88岁高龄的伟大人物的期待。党的十四大，对于小平同志关于建设有中国特色社会主义的理论做出了进一步概括，并将这个理论确定为党的基本理论，把按照这一理论制定的党的基本路线写入了党章，明确用这一理论武装全党。小平同志提出的这个理论是对马克思主义最好的坚持，最好的发展，是当今中国的马克思主义。这是代表们在大会期间形成的共识。可以说，“邓小平”三个字，是整个代表大会的最强音。

快到3点了，还没有得到小平同志是否会来的确切消息。站在我右侧的贾春旺同志灵机一动，招呼负责我们小组联络工作的小郭：“你去那边看看，空着的那排座位上，有没有小平同志的名字。”小郭没有听清，我又用大一点的声音重复了贾春旺同志的话。小郭听清后，机警地转身朝那排空着的座位走去。

小郭返回的时候，人们急切地观察着她的表情。当我们看清小郭的脸上洋溢着笑容时，立即意识到：有希望了！果然，小郭说：“有‘邓小平’三个字，一侧写着‘江泽民’，另一侧写着‘李鹏’。”我们的心情一下子振奋起来，久久盼望的那个时刻就要到来了！

所有代表的目光都朝宴会厅的入口处望去。那一刻，整个宴会厅安静极了。小平同志在宴会厅的东门出现了！在江泽民、杨尚昆、李鹏等中央领导同志的陪同下，小平同志神采奕奕，步履稳健，缓缓朝着我们这边走来，边走边朝着代表们频频招手致意。大厅里顿时爆发出雷鸣般的掌声。记者们一下子围了上去，代表们则急切等待小平同志走近，再走近。

2000名代表是成半月形排列的。小平同志先是从左侧沿着代表们排好的队形走来。中央国家机关代表团就排在左侧，我们第一小组的代表又都站在第一排。我们前面，只坐着一排党内德高望重的老同志。这使我们能够更真切地看到小平同志的音容笑貌，也为我拍照提供了方便。

当小平同志走近的时候，我立即举起事先准备好了的相机。但是，小平同志前面总有一群退着走的记者，挡住了我的镜头！好不容易“云开日出”，等到一个空隙，我赶忙揿动相机的快门……因为在那一刻，所有代表的全部注意力都高度集中在小平同志身上。大家只有一个心情：再多看一看小平同志。

掌声，不息的掌声。这掌声汇成了海潮般的声浪，回荡在整个大厅。“小平您好！”“小平同志您好！”……代表们的喊声与掌声汇合在一起，气氛异常热烈，使每一个在场的人，都强烈地感受到，小平同志这位改革开放的总设计师在全党的地位，在所有党员心目中的地位。这种几乎是爆发出来的感情，与十四大取得的历史性成果给人们带来的对党和国家光明前途的希望和喜悦之情紧紧交织在一起，使代表们达到兴奋的顶点，使这次代表大会达到了高潮。

小平同志与代表们合影之后，又站起身来，沿着半月形的右侧缓缓走去。他面带微笑，边走边向代表们频频招手致意。记者们呼啦一下，又围了上去。在这时候，我也不顾一切地离开了自己的位置，带着照相机，穿过空场，挤进了摄影记者的行列。

小平同志看到照相的人这么多，会心地笑了，深情地向大家招手，还不时转过头朝身后的代表们招手。这时，记者队伍中闪出一个空隙，我立刻揿动照相机的快门。可是，偏偏在这一时刻，我没听见快门揿动时应当发出的咔嗒声。而刚才出现的那个空隙，随即又被前面的人挡住了。紧接着，我急不可待地寻找一切时机不停地按动着快门。

拍照的人越来越多。大会工作人员反复地劝告大家：“照一张就行了。同志们，照一张就行了。”然而，谁也没有理睬这种劝告，仍然一个劲儿往前挤，顽强地寻找着拍照的机会。我们当时只有一个念头：紧紧抓住这难得的历史性瞬间，一定要把这瞬间永远留下来。

小平同志绕场一周，前后达 20 多分钟。当他快要离开大厅时，又回过头来朝代表们频频招手。2000 双眼睛饱含着深情目送着小平同志离去。①

中共十四大根据邓小平南方谈话精神，确定了新的中国改革开放蓝图。

邓小平经历了中国革命、建设和改革开放的艰辛历程。同时，他有着美满的婚姻和幸福的家庭。邓小平曾说过：“家庭是个好东西。”他 16 岁离开家庭，奔赴欧洲，投身革命。冲过枪林弹雨、经历戎马生涯的人，更加注重家庭生活和家庭幸福。革命的目的，不是追求贫困，而是追求幸福。

1939 年 7 月，邓小平从华北抗日前线回到延安，参加中央召开的会议。在此期间，经几位热心战友介绍，与浦琼英——后改名卓琳，认识并相恋。

---

① 宋木文:《我摄下这个历史性的瞬间》，载《宋木文出版文集》，中国书籍出版社 1996 年版。

卓琳是云南宣威人，生于1916年，名门闺秀，早年在昆明读中学，抗战爆发前夕考入北京大学物理系。七七事变爆发后，奔赴延安，参加革命，加入中国共产党。当时的延安，男多女少，知识女性更少。北京大学出身的卓琳曾经听到延安流传着的一个故事：一位工农出身的干部和一个知识分子出身的女性结婚了。一天晚上，两个人沿着延河漫步，看着弯弯的月亮、延河的流水，触景生情，具有一点“小资情调”的年轻妻子就说，今晚的月亮多好看呀。在战火中走出来的丈夫却不以为然地说，有什么好看的，我怎么看不出来？

为此，卓琳对自己的个人问题也有着自己的看法。她曾经对记者说：“因为去延安的那些长征老干部都是工农干部，我们就怕跟一个工农干部结婚，不是看不起他们，是他们没有知识，跟他说话说不到一块儿，所以我就不敢和这些工农干部结婚。”

那时，邓小平刚刚从烽火连天的华北前线回到延安，艰苦的战争环境使他皮肤黝黑，看起来很瘦。但是，革命战争年代的恋爱、婚姻，自有革命战争年代青年人在这方面的理想和追求。

邓小平是一位经历过长征的老红军，来自华北抗日前线的八路军高级将领。这一点，是胸怀远大革命理想和抗日救国抱负的延安女性革命青年理想的恋爱、婚姻对象。

当时，在延安的女青年中，都以找到一位参加过长征的老红军或者来自抗日前线的八路军干部为荣。邓小平各方面的条件正好符合革命战争年代延安女青年的恋爱观、婚姻观的要求。

这时，卓琳正在中共中央社会部（同时是中共中央情报部）主管的陕甘宁边区保安处主办的一个保卫工作训练班学习。热心将邓小平与卓琳撮合在一起的同志和朋友很多。陕甘宁边区政府保安处处长周兴就是其中之一。卓琳在回忆周兴时谈道：“作为一名公安战线的新兵，对于部门的最高领导，我们只知其人而并不相识。记得有一天，周兴同志找我谈话。我报告后进去，第一次见到久仰盛名的领导。一眼窑洞中，简朴的办公用具，简朴的衣着，一切都是延安那种既熟悉又普通的风格。周兴同志问了我的情况，告诉我要调我到保卫部门工作。谈话简练、明确而亲切。这是我第一次认识周兴同志，当时，我并不知道，他的这次谈话和对我的调动，对我未来的生活竟然会产生那么大的影响。到了党中央的保卫部门后，我认识了小平同志，并最后与他结成终身伴侣。可以说，在众多热情关心小平同志的人中，周兴同志也是一位积极分子。”

据说，年轻的卓琳在有人给自己介绍邓小平时，第一次持拒绝态度：“我年纪还轻，我不想那么早结婚。”卓琳回忆说：“后来他自己就说，我自己找她谈谈可以不可以。我说，可以。他就找我谈，谈了两次，第一次谈了谈他的情况，第二次谈了谈他的希望。我听后，觉得这个人还可以。他是有点知识，是知识分子。第二个呢，我想，反正早晚都得结婚。我那时候已经 23 岁了，我说算了吧，凑合吧。他亲自找我谈了两次话，我才同意。同意了，我们才结婚。”

据了解情况的老同志回忆，卓琳与邓小平确定恋爱关系后，曾在延安新市场一个饭馆请客“慰劳”卓琳在保卫工作训练班的同学和中共中央社会部的同事，主菜是延安著名的陕西风味“三不沾”——将面粉、猪油、鸡蛋、白糖掺和一起，有点类似北方的“驴打滚儿”。“三不沾”吃起来的感觉是既甜软又滑腻，一不沾碗，二不沾筷，三不粘牙，因此外地来延安的知识分子将其取名“三不沾”——贴切，幽默，还比较风趣。“三不沾”便宜、简单，又有“知名度”，逐渐成为延安干部、知识分子请客的一道“名菜”。

组织安排，自由恋爱。卓琳与邓小平确定恋爱关系后，卓琳提出的唯一条件是：结婚后，要跟随邓小平一起到华北，实现自己到抗日前线的理想和抱负。根据革命战争时期的不成文惯例——恋爱、结婚，都要速战速决。于是，邓小平离开延安、返回华北前线之前，经组织批准，与卓琳在杨家岭的窑洞里举行了简单而热闹的婚礼。

当时中共中央“负总责”的张闻天与夫人刘英出席了邓小平与卓琳的婚礼。刘英回忆说：那也是很有意思的，多少年没有见到小平同志，1939 年他才从前方回来。回来的时候原来是准备开中共七大的，后来七大没有开，因为学习文件，推延了。前方需要，所以他不能等待。但是他没有一个爱人，大家就关心他，邓发等同志要帮助他找个爱人。那时女同志倒是不少。抗战时期，来了很多女同志到延安追求真理，陕北公学、女子大学的都有。所以他看中了卓琳。卓琳很年轻，也很不错，在陕北公学已经毕业了，就介绍给他。那时他要回前方去，只有赶快结婚了，结了婚才好带走。所以这个时候，中央就给他组织了一个结婚仪式。这个仪式很简单，就在杨家岭毛主席那个窑洞外面的山坡上摆了一些桌子。在那个地方很热闹，小平同志和卓琳，还有孔原和许明，两对都很高兴。虽然仪式很简单，但是到场的人都是高层次的。毛主席夫妇也到了，我同张闻天也到了，富春同志、蔡大姐也到了，还有王首道秘书长也到了。敬酒敬得一塌糊涂，孔原同志也是高兴了，喝酒喝得很多，最后就醉了，许明就埋怨他。可小平同志一点没醉。我就奇怪，小平同志平时不喝酒的，他怎么能够不醉呀？那么多酒，一杯杯的，他还很豪饮，来者不拒。大家给他敬呀，他喝那么多酒，怎么不醉呀？闻天就讲，他说有假，我说什么有假？他说是白开水。

这一年，邓小平 35 岁，卓琳 23 岁。婚后，他们就一起奔赴太行山。从此，邓小平与比自己小 12 岁的卓琳风雨同舟，患难与共。在抗日战争中，转战太行山麓；在解放战争中，驰骋大半个中国；在“文化大革命”时期的磨难中，甘苦共尝。

中华人民共和国成立后，卓琳先后在中共中央西南局、中共中央办公厅和中央军委办公厅工作，与邓小平育有二子三女，一共五个孩子。

鲜为人知的是，卓琳还是《红楼梦》研究圈子里一位著名的“《红楼梦》研究爱好者”和“热心人”。

英国原驻华大使理查德·伊文思评述说：“在共产党领导人的婚姻中，他们的婚姻比其他人的时间要长，而且是最幸福的婚姻之一。”

1961 年，中共中央总书记邓小平接见全国省、直辖市、自治区妇联主任会议全体同志。他指出：“勤俭建国、勤俭持家应经常提倡，是长期要做的工作。”“家庭和睦也是经常要做的工作。要处理好的，一是夫妻关系，二是婆媳关系，三是妯娌关系，四是父母子女关系等等。”

邓小平非常关心兄弟姐妹的成长进步，但是绝不为他们工作待遇方面的事情说话。“实事求是”“无私无畏”，这是邓小平 80 岁寿辰，他的兄弟姐妹为他祝寿时，他书赠给大家的题词。邓小平的弟弟邓垦说：“关心嘛，当然很关心了，不过具体事很少。待遇问题啊，从来没有哪个关心过我的待遇问题，他也不应该管这个事，我也没跟他讲这个事情，我没有这个印象。”

邓小平与卓琳历经革命、建设和改革各个历史时期。无论政治风云如何变幻，他们始终不渝，风雨同舟，患难与共，心心相印。他们的女儿邓榕认为：“他们虽然表面上性格差别很大，但实际上他们有非常多的共同之处。比如说，他们两个人都是非常真诚的人，他们都是很纯粹的人，他们没有那么多的心计，他们对生活的要求也比较简单。实际上他们的心底，他们的内部，有很多内在的东西，都是非常相通的，都是很融洽的。”

邓小平与卓琳的画家女儿邓林说：“我没见过我爸爸、妈妈吵架。我觉得我爸爸、妈妈他们两个，最重要的是互相特别信任，包括‘文化大革命’后来被打倒，我妈妈也绝对没有二心，一直跟着我爸爸，相濡以沫。我觉得他们两个人的关系，应该是个典范。”

邓小平和卓琳与邓小平的继母夏伯根，关系融洽，情同骨肉。夏伯根年长邓小平五岁，是嘉陵江上一个贫苦船工的女儿。邓小平是著名革命家，卓琳是富家出身、具有大学学历的知识女性，但邓小平和卓琳一直非常尊敬夏伯根。

邓小平对待自己的孩子，既随和亲切又要求严格。邓小平属于身教重于言教的父亲。由于邓小平早年离开家庭，政治生涯经历了“三落三起”，所以愈加珍视家庭，重视子女，喜欢感受家人在一起的幸福。但是，他对子女一贯严格要求，绝不迁就。

中华人民共和国成立后，邓小平担任中共中央西南局第一书记、西南军政委员会副主席、西南军区兼第二野战军政委，是西南地区党政军主要负责人。然而，他从来没有给孩子们讲过自己的职务高低，孩子们也不知道他是什么职务。1952 年，邓小平调往中央工作，飞往北京途中，一个女儿问：“在四川的时候，人家叫你首长，那到了北京以后你是什么呀？”邓小平十分幽默地回答：“脚掌。”

“文化大革命”前，邓小平家因为孩子多，经济不宽裕，几个孩子的衣服都十分朴素。年龄小的孩子穿哥哥、姐姐的旧衣服。无论哪个孩子，衣服破了，就补上一个补丁接着穿。几个大孩子上小学都是在寄宿学校，每逢节假日自己乘坐公交车从西郊回家，然后自己从中南海返回学校。上了中学，每个人都是骑自行车上学、回家，没有家里派车接送这一说。

每个学期的期末，邓小平要看看孩子们的成绩册，及时了解每个孩子的学习和各方面的情况。邓小平的一个女儿回忆说：父亲教育孩子从不说教，不讲大道理，都是在潜移默化中。例如管我们学习，就学期末看你的记分册，而且看老师的评语。对我来讲，为了学期末给他看记分册，我就得努力学习好、表现好。他看了，多是表扬，但对我们来说为了这一次（表扬）就得努力，这就是压力。我们家孩子都学习好，包括孙子孙女。另外，他不过分看重课本，而是希望我们知识广泛。他带我们出去总拿着地图，告诉我们往返路线，到什么地方了。所以我们家的孩子地理学得都好。他平常看各种演出都带着我们，因此我们家的孩子知识面比较宽，爱好广泛，什么都能说上一点。另外，他干事非常认真，遇到不清楚的字、词就查《辞海》、字典。我们从小要做的一件事，就是帮他查字典，这也就培养了我们爱查字典、查《词源》、查《辞海》、查《康熙字典》的习惯。这就是“中国改革开放总设计师”的家风。

邓小平的女儿邓林回忆：“他们在对子女的教育问题上是非常一致的，就是一定要把孩子们教出来，让孩子们有自立的本事。”

邓小平的女儿邓楠说：“我父亲是一个话很少的人，我们说九句，大概他能说一句话。所以他一般是听我们说，除非我们说的话太出格了，然后他最多就说一句‘胡说八道’。”

邓小平的女儿邓榕回忆：“我觉得我的父亲母亲都不是属于高谈阔论的那种人，对子女的教育也不是完全表面化，或者很理论化的那种教育。我觉得他们都是用他们的一点一滴，用他们一生的（经历），用他们的爱心，用他们个人的为人来教育我们。我们觉得很幸福。非常幸运，我们真的从他们身上汲取了很多精神财富，汲取了很多的营养，这是我们终身受益的。”

人们常说“隔代亲”，邓小平也不例外。每天上午 10 点左右，他会放下手中的工作，一边舒展筋骨，一边走到“老祖”（夏伯根，邓小平的继母）的房间，看看住在那里的小外孙女羊羊（邓榕的女儿，当时只有两岁多），与羊羊说上几句话，问吃、问喝，并拉着她的小手逗着玩一会儿，乐趣融融。

邓小平的家庭是“四世同堂”，上有“老祖”，下有孙子、孙女，老老少少十几口人，按照民间的说法，真可谓儿孙满堂，幸福之家。每天晚饭，是一大家人相聚最齐的时候。10 多个人，分坐两桌，子女们边吃饭边聊天，从国家大事说到社会新闻，很有一些“信息交流中心”的味道。

大家七嘴八舌，但邓小平却从不发表意见，只是默默地吃饭。他喜欢这种轻松活泼、民主融洽的气氛。有时饭桌上少了几个人，大家说话少了，他就会说：“哎呀！今天怎么这么冷冷清清呢!”看不见哪个孙子，他也会关心地问：“到哪里去啦?”

在邓小平女儿邓榕的记忆中，邓小平是个朴素真实的人，对子女来说是好父亲，对孙辈来说则是好爷爷。邓榕回忆：“他非常地爱孩子，特别喜欢孙子、孙女们围绕在他身边。这么多年父亲对我们最大的影响就在做人方面：朴实。”

邓小平虽然爱孩子，但却并非对子女没有要求。邓榕说：父亲提出家里的孙辈到了16岁都要出国学习，一来开阔眼界，二来培养独立能力。曾有孩子因为年幼离家伤心落泪，这时，父亲就会说：“不要哭，爷爷就是16岁离开家，那时比你们的条件可差多了，你们现在比我好，希望你们学成归来，不管大事小事，要为国家作贡献。”

邓榕认为：“这些对我们家里的孩子影响也很大，他们学成归国后都从事着力所能及的工作。”对社会上有段时间传出的“邓小平孙子邓卓棣是美国公民”的谣言，邓榕进行了有力的驳斥。她披露，邓卓棣确实在美国出生，但绝没有拿美国护照，而是出生后立即向中国大使馆申请护照，刚满月便被父母带回中国。“也许大家觉得生在美国就是美国公民，但这是个误解。”“后来卓棣在北大毕业后曾到美国学习，但一年后又立即回到中国，现在仍在国内工作。”邓榕表示：“我们家不会拿外国护照，我们家人也一定是中国人。”邓榕的话斩钉截铁，充分展示了作为中国人的自豪。

第一百七十九章

“生活很有规律”“心态十分平和”

粉碎“四人帮”后，邓小平恢复工作的时候，已经73岁。如果是一般老人，早已进入含饴弄孙之年。然而，尽管年事已高，历经坎坷，邓小平却依然红光满面，精力充沛，身体非常健康。

受中国人民解放军总医院和保健办公室委派，1980年8月开始到邓小平身边做专职医疗保健工作的保健医生傅志义曾经回忆过自己了解的邓小平的晚年生活和健康之道。

邓小平从不吃补品，唯一算作“补品”的，是每天吃几丸大粒维生素。在他身边工作3年，竟从来没见他患过感冒，也很少见他吃药。

每天早晨8点，邓小平一般就会醒来，按响电铃，值班护士进去给他测量血压。洗漱后，就在书房兼办公室里喝杯牛奶，吃根油条。接着就是一边喝浓茶一边批阅文件。他杯子里的茶叶放得很多，待全部泡开，要占杯子的三分之二。他喜欢喝四川、安徽出产的青茶，有时也喝西湖龙井茶。

邓小平的办事效率很高，一般在10点钟左右就会将秘书们送来的各种重要文件处理完毕。之后，如有会议或外事活动，便乘车外出；没有，就坐在沙发上看看书报，打打桥牌，活跃活跃脑子。

邓小平的生活很有规律，早点8点半，午饭12点，晚饭6点半，几十年不变。他吃饭从不挑东拣西，厨师做什么，就吃什么。他最爱吃四川家乡风味的菜肴：回锅肉、扣肉、粉蒸肉、大肥肉等，还有就是自家制作的臭豆腐、腌胡萝卜丝等。

邓小平家有个规矩——不浪费，剩菜剩饭一律下顿做成烩菜、烩饭接着吃，就是吃菜剩下的汤，都要留到下顿吃。邓小平曾风趣地说：汤最有营养。不会吃剩饭的是瓜娃子（四川方言，傻瓜之意）。

邓小平健康的身体得益于运动。每天上午，只要不外出，他总要抽出时间，在自家的院子里散步10多分钟。雪雨天不方便，他就在走廊里来回走动。他散步的习惯是在1959年养成的，那时他的腿骨折，为了恢复腿的功能开始锻炼。他几十年如一日每天散步，从不间断。他对待散步像对待工作一样认真，不偷懒，不取巧，不抄近道，不拖泥带水。他家的院子最大外缘约140米，他每天固定走18圈。他散步时，目不斜视，步履坚定，沉默无语，不用别人提醒，绝对一圈不多，一圈不少。

他还爱好游泳，且从不到人造的游泳池里游，而是爱在大海里畅游。他非常珍惜每一次下海的机会，天再冷，浪再大，他都乐此不疲。甚至下大雨，他也要下海去游，而且一游就要一个多小时。每次游泳，岸上都有人专门掌握时间，时间一到，便摇小红旗通知“撤退”。有一次，游到中途下起了大雨，岸上摇起了小红旗，催大家上岸。邓小平说：“他们摇早了，还不到时候。”接着，便坚持游下去。

年轻的时候，邓小平为了锻炼身体和意志，一年四季都洗冷水浴。年龄大了后，不能洗冷水浴，他就洗热水澡。在家也好，外出视察也好，他习惯于星期六午休后洗一个热水澡。工作人员或者医护人员常常在他的洗澡水中加一小盆豆浆，这样做，对老年人干燥的皮肤能起到较好的养护作用。

邓小平还是一个“球迷”，对足球情有独钟，对自己因年老不能亲自踢足球而感到遗憾。早年，邓小平在法国勤工俭学时，就特别喜欢欣赏足球比赛，情愿挨饿也要省下钱来，观看足球比赛。“文革”后，他恢复工作，首次公开露面就是在北京工人体育场观看足球比赛。他步入老年以后，对足球比赛的兴致仍不减当年，每逢电视中有重要的足球赛事，他都要观看。对于一些特别的比赛场次，他还要求临时调整一下生活安排，甚至暂时停下一些活动，集中精力，观看比赛。

抽烟是邓小平的一个特点。他抽烟的历史悠久，每天达到几十支。会见外宾时，往往从抽烟开始，一边抽烟，一边会谈，抽烟、会谈两不误。1979年邓小平访问美国期间，与美国总统卡特会谈之前，首先幽默地问道：“美国国会有没有通过一条会谈中禁止吸烟的法律?”卡特总统非常欣赏邓小平如此坦率的开场白，十分幽默地回答：“没有。只要我任总统，他们就不会通过这样的法律。你知道我的家乡种植大量烟草。”邓小平听了卡特总统同样十分坦率的回答，开怀大笑，随手取出一支“熊猫牌”香烟，点燃火柴，抽了起来。

1986 年 3 月 28 日，邓小平会见新西兰总理隆依。在会谈中，邓小平一面抽烟，一面谈到自己的健康问题。他还将一支香烟递给隆依，隆依婉言谢绝，表示自己已经戒烟。邓小平说：“你过去常抽烟，现在不抽了。那你现在是个好人。”接着，又说，吸烟是否真的有害，则见仁见智。隆依看到邓小平不断抽着中国著名的“熊猫牌”香烟，就十分内行地对邓小平说：“如果你抽的是熊猫牌香烟，要戒掉是不难的。”邓小平则笑着说：“有一位中国学者最近发表一篇关于抽烟的文章，指出了抽烟的坏处，不过也提到了抽烟的好处。”

有一次，邓小平接见日本友人樱内义雄。樱内义雄真诚地说：“吸烟有害健康，最好戒掉。”邓小平幽默地回答：“正因为我的健康好才抽烟，听人说抽烟还有很多好处呢!”

20 世纪 80 年代后期，随着“吸烟有害健康”成为整个人类的共识，在世界禁烟运动的推动下，联合国和许多国际会议规定“会场禁止吸烟”。中国也开展了“吸烟有害健康”的宣传活动。抽烟虽然是邓小平多年来不曾改变的嗜好，但人们都知道，抽烟有害无益。他的保健医生当然更知道这一点，认为具体问题应具体对待。对于像邓小平这样有着多年烟龄的老人，如果一下子戒了，反而会引起肌体平衡失调，危害更大。况且他当时在抽烟问题上已经做了最大克制，平时在家办公基本上不抽烟，会见外宾或参加重大国事活动，也尽量少抽烟。有时，保健医生见他一边跟外宾谈话，一边习惯地从茶几上拿起一支烟，在手里转来转去，欲吸又止，最后还是又放下了。

后来，邓小平彻底戒了烟，是在 1989 年退休后。邓小平辞去中央军委主席职务后，为了健康长寿，接受医生建议，决心戒烟。对邓小平这位具有几十年抽烟历史的人来说，戒烟是一项“艰巨的任务”。一开始，烟瘾上来时不抽烟，确实不太好受。为了坚决戒烟到底，他就吃鱼皮花生，转移注意力。坚持了一段时间，邓小平终于把几十年来抽烟的习惯，彻底戒掉。

根据邓小平身边一位工作人员回忆，邓小平最终完成“戒烟任务”，“功劳”要归于邓小平的一个小孙女。她天真无邪，每当邓小平要抽烟时，就予以干涉，告诉爷爷“抽烟危害健康”，邓小平欣然采纳她的意见，彻底戒烟。

邓小平的胞妹邓先群也说：“小平最喜欢孩子了，当年戒烟的问题，医生劝他不听，于是就把家里的小家伙动员起来劝爷爷，最后把烟戒掉了。”

根据保健医生长期悉心观察，邓小平保持身体健康的“秘诀”主要有三点：

一是生活很有规律，工作和休息的时间分配得很合理，饮食上不暴饮暴食。

二是心态十分平和，对任何事都有自己独立的思考，情绪从不受外界干扰。

三是非常富有天真心，并喜欢和孩子们在一起，享受家庭生活的乐趣，快乐多多。

邓小平胸襟开阔，对死看得很坦然，无论出现怎样的意外情况，他都遇事不惊，泰然处之，表现出很强的心理素质与人生智慧。

1982年春节过后，保健医生与工作人员随邓小平从广州乘专列回北京。一天上午，邓小平在专列的会客厅中聚精会神地看书，保健医生则坐在一旁随意地翻阅画册。当专列经过武汉长江大桥中段时，突然发出一声剧烈的撞击声。保健医生条件反射似的跳起来，迅速冲过去保护邓小平，看见他身后左上方相距不到1米远的一块玻璃被砸了个大洞。幸亏车窗是双层玻璃，里面的一层没有破。警卫处长张宝忠和其他工作人员也迅速赶来。而邓小平却处惊不乱，只是抬头向身后瞟了一眼，又没事似的继续看书。

邓小平乘专列回到北京后，有关部门对此事作了认真调查，发现仅仅是一次意外。

邓小平是举世瞩目的著名人物，他的身体状况特别受到公众的关注。保健医生在邓小平身边工作的日子里，经常看到一些别有用心的国外媒体谎报邓小平身体状况的报道。有一年夏季，邓小平在北戴河避暑。一天下午，警卫处长张宝忠拿来一张报纸给邓小平，上面刊登着外国记者捏造的“邓小平遇刺，被贴身保镖护救，保镖已身亡”的消息，而张宝忠就是这条消息中所说的“保镖”。邓小平看后微微一笑，不屑一顾，什么也没有说。

当时，大家并不知道邓小平在想什么。几年后邓小平才说：“我历来不主张夸大一个人的作用，这样是危险的，难以为继的。把一个国家、一个党的稳定建立在一两个人的威望上，是靠不住的，很容易出问题。”

保健医生还注意到，后来邓小平会见客人时，曾谈起过新闻媒体又有两次谣传：一次是1989年9月16日，邓小平在会见美籍华人科学家李政道教授时提到：“最近香港传说我被刺了，病危了，引起股票市场波动。这说明早退好些，希望在较短的时间里实现。”一次是1990年5月13日，邓小平在会见埃及老朋友穆巴拉克总统时提到：“前两三天香港报纸说我已经不在了，我很高兴你见到的是一个活人。”

许多回忆领袖的文章都爱用“通宵达旦”“日理万机”等词语来形容领袖们的工作状态。保健医生却发现邓小平是个非常注意工作效率，也特别善于处理工作与休息关系的伟人。邓小平曾对外国朋友说过：“我的工作方法是尽量少工作。”

美国记者华莱士采访邓小平时，问他每天工作多长时间，他伸出两个手指头：“两小时。”华莱士听后，颇为吃惊。邓小平的保健医生计算过，如果扣除会见外宾、开会及外出视察，他每天8点至10点坐在办公桌前，工作也就两个小时左右。

然而，实际上，邓小平的工作时间远远不只是坐在办公桌前这部分时间。据统计，保健医生在邓小平身边工作的3年时间里，邓小平先后会见外宾187次，接受外国记者采访7次，参加各种重要会议61次，参加追悼会7次，与中央负责人谈话、会见党外朋友21次，与《关于建国以来党的若干历史问题的决议》起草小组负责人谈话5次。有10次离京到全国23个城市视察，还有一些无法统计的事务，比如在北京市区参加植树活动，等等。如果把这些工作量加在一起的话，是相当惊人的。这些数字，对一位年近八旬的老人来说，不能不说是一个奇迹！

据保健医生观察，邓小平在会见外宾前一般不看什么资料，有时甚至还看点《聊斋》或武侠小说之类的书籍。每次会见外宾，大都安排在上午10点以后。时间一到，工作人员进门提醒一下，他就放下手中的书报，换上衣服梳梳头，便驱车前往会见地点。有时提前一个小时，去北京饭店理理发，吹吹风，再见客人。他的时间观念很强，总会准时出现在会客厅。

第一百八十章

“我是中国人民的儿子，我深情地爱着我的祖国和人民”

20世纪80年代初，邓小平为英国培格曼出版公司出版的英文版《邓小平文集》所作序言中写道：

> 我荣幸地以中华民族一员的资格，而成为世界公民。
>
> 我是中国人民的儿子，我深情地爱着我的祖国和人民。
>
> 我们的民族曾经创造过灿烂的古代文明，也经历过各种深重的苦难和进行过付出巨大代价的、坚忍不拔的斗争。
>
> 现在，我们正在认真地总结经验教训，在安定团结的基础上，集中力量建设高度发展的物质文明和社会主义的精神文明。
>
> 中国人民将通过自己的创造性劳动根本改变自己国家的落后面貌，以崭新的面貌，自立于世界的先进行列，并且同各国人民一道，共同推进人类进步的正义事业。
>
> 我深深地相信，中国的未来是属于中国人民的，世界的未来是属于世界人民的。

“我是中国人民的儿子，我深情地爱着我的祖国和人民。”邓小平是这样说的，也是这样做的。他把毕生的精力和心血献给了为中华民族强盛和中国人民幸福而奋斗的事业，献给了为实现共产主义理想而奋斗的事业。

1989年11月中共十三届五中全会讨论并通过《中国共产党十三届五中全会关于同意邓小平同志辞去中共中央军事委员会主席职务的决定》后，邓小平开始“退休”生活。

但是，中国人民和世界人民仍然认为邓小平是当之无愧的“中国改革开放和现代化建设的总设计师”。邓小平依然一如既往，关注着他领导中国人民开创的改革开放和现代化建设的伟大事业。

1990 年 7 月 3 日上午，邓小平来到北京亚运村。在国家奥林匹克体育中心，邓小平对陪同人员说：“我这次来看亚运体育设施，就是来看看到底是中国的月亮圆，还是外国的月亮圆？看来中国的月亮也是圆的。”

从亚运村出来，邓小平又到 52 层高的京广大厦，登上第 40 层楼，察看首都城市建设状况。临走之前，邓小平说：“现在我是个老百姓了，总想多出来走走。下次我想再看几个地方，比如逛逛公园和商店。”

1992 年春天，邓小平视察南方，发表著名的南方谈话，有力地推动了中国新一轮改革开放的进程。

1993 年 10 月 31 日，邓小平乘车观看北京市容，时间长达 1 小时 15 分。看着车窗外的一幢幢高楼，邓小平发出感叹：“北京大变样了，我都不认得了。”参观结束时，邓小平说：“我总想出来走走，逛逛公园和商店，可是他们（注：指警卫和医生）不让。”

1993 年 1 月，邓小平又一次来到上海。1 月 22 日，在会见上海党政军负责同志时，邓小平说，上海工人阶级长期以来一直是中国工人阶级的“带头羊”。希望你们不要丧失机遇。对于中国来说，大发展的机遇并不多。中国与世界各国不同，有着自己独特的机遇。比如，我们有几千万爱国同胞在海外，他们对祖国作出了很多贡献。

邓小平充分肯定上海的工作。他指出，上海人民在 1992 年做出了别人不能做到的事情。当然，走一步，回头看一下是必要的。要注意稳妥，避免损失，特别要避免大的损失。回头总结经验，改正缺点就是了。

同年 12 月 13 日，邓小平视察上海浦东，并登上杨浦大桥，放眼展望浦东建设景象和新建成的公路及立交桥。他看着热气腾腾的浦东，兴奋地吟道：“喜看今日路，胜读百年书，”并对陪同的吴邦国说，“这是出自我内心的话。”

1994 年元旦之夜，邓小平登临新锦江大酒店顶层，俯瞰灯光璀璨的上海城景色，由衷地说：“上海变了。”

1994 年 2 月 9 日下午，邓小平与上海市党政军负责人和部分老同志欢聚一堂，互致新春祝贺和问候。邓小平称赞：“你们上海的工作做得实在好。”

1993年11月，《邓小平文选》第三卷出版，这是中国各族人民盼望已久的喜讯，是党和国家政治生活中的一件大事。《邓小平文选》第三卷的出版对落实中共十四大提出的用邓小平建设中国特色社会主义理论武装全党提供了最好的教材。在《邓小平文选》第三卷编辑过程中，邓小平以89岁高龄亲自审定全部文稿，体现了对党的事业的高度负责。《邓小平文选》第三卷内容丰富，博大精深，洋溢着鲜明的时代精神和民族精神，记载着中国改革开放和现代化建设的奋斗历程，凝结着邓小平领导改革和建设事业的心血和卓越智慧。广大党员、干部和群众学习这部著作，感到非常亲切。他在果断决策中表现出非凡胆略，在朴实语言中蕴含着深邃哲理。大家认为，邓小平的理论和思想非常正确，确确实实是各项工作的根本指针。

《邓小平文选》第一、第二、第三卷相继出版，全国迅速掀起认真学习邓小平建设中国特色社会主义理论的热潮。与此同时，各种文字和版本的邓小平文选，以及介绍邓小平生平、业绩的书籍也在世界各国发行，世界舆论高度评价邓小平领导中国改革开放和现代化建设的理论与实践。

英国前首相卡拉汉说：我们怀着敬佩的心情阅读有关著作，注视着中国的一切。他（邓小平）经历了中国国内那么多思想意识形态领域的巨变，并且幸存下来了。他领导改革，给中国人民带来物质上的收获。通过几次对华访问，我看到中国（人民）的生活水平有了巨大的提高。

葡萄牙前首相平塔席戈尔说：我认为，邓小平是一个在中国历史上经历了许多不同时期的人。他拥有极大的勇气，他使中国改革开放跟随世界潮流。

世界银行前行长麦克纳马拉说：邓小平知识渊博，富有远见，他清楚他想让中国走向何方。他拥有一种情感，我认为这种情感十分重要。他认为中国的经济和社会发展都依赖于中国人民和中国自己的领导人。他说外援是好的，我们需要，但他不管是否有外援都决心达到自己的目标。他的这种依赖自身、自己国家、自己的资源、自己的人民的意愿是至关重要的，是你们成功的根本。

加拿大前总理特鲁多说：他是个革新者，他想建设一个强大的中国。他对中国的历史和文化了如指掌，他总是强调稳定的必要性，他知道开放市场会导致一些不稳定，但他是个实干的政治家，他对中国的爱和想看到中国发达强盛的愿望从未动摇过。

芬兰前首相索尔萨说：中国是世界上最大的国家之一，邓小平即使不能被誉为中国唯一的杰出领袖，也是中国最杰出的领袖之一。因此，他也是世界上最具历史意义的领导人物之一。

邓小平晚年仍然非常关心中国青少年的健康成长问题。当时的中国青少年发展基金会秘书长，回忆邓小平支持和资助“希望工程”时写道：

1990 年 5 月初，共青团中央给邓小平同志写了一封信，请他为刚刚实施不到一年的“希望工程”题名。我们盼望敬爱的小平同志以他在全国人民中的崇高威望来推动这项事业的发展。

没想到，几天以后，我们就收到了小平同志的题名。拿着那张还散发着墨香的字幅，看到小平同志挥洒苍劲的书法“希望工程”，我们激动的心情难以言喻。好多年来，小平同志亲笔书写的“希望工程”四个大字，像明灯一样高悬在我们心头，照亮我们前进的道路。它使“希望工程”有了今天的辉煌。现在，小平同志的手迹出现在“希望工程”的各种活动之中，即使是贫困地区刚刚入学还不识字的孩子和他们的文盲父母，也能认得小平同志的行书手迹。他们认定，小平同志推动的“希望工程”定将给他们带来幸福和希望。

1992 年 4 月 15 日，小平同志“希望工程”的题名在《人民日报》上发表，由此揭开了“希望工程百万爱心行动”的序幕。在活动进入高潮的时候，6 月 10 日，中国青少年发展基金会的捐款接待室来了两位军人，他们拿出了 3000 元人民币捐款，但不留捐款人的姓名。工作人员告诉他们：“留下捐款人的名字是我们的规定，不仅为我们，也是为后人留下一份责任与爱心的清单。”军人说：“如果一定要留名，就请写‘一位老共产党员’吧。”10 月 6 日，两位军人又来到中国青少年发展基金会，再次以同样的方式捐款 2000 元。

我们几经周折，终于弄清了这位“老共产党员”就是敬爱的邓小平同志。我们当即决定，这笔捐款用于小平同志早年战斗过的地方——广西百色地区，救助那里的失学儿童。受惠于小平同志捐款的百色地区的孩子们，给邓爷爷写来了一封充满感情的信，信中说：“当我们得知您以‘一位老共产党员’的名义向‘希望工程’捐款5000元人民币，又知道中国青少年发展基金会把这些钱用于救助我们百色革命老区的失学儿童，我们激动得哭了。我们的父母、老师知道了，也感动得流下了眼泪。您的工作多忙呀，可您还时刻惦记着我们这些老区山里的娃娃。我们感到，虽然您住在北京，离我们好远好远，但您的心与我们贴得好近好近。”

小平同志以一名普通党员的身份身体力行支持“希望工程”，不仅体现了这位中国人民的忠诚儿子对人民的深厚感情，对老区孩子的关怀慈爱，也反映了他一贯重视教育，对发展我国教育事业殚精竭虑的焦灼心情。我们不会忘记他的反复告诫：“我们要千方百计，在别的地方忍耐一些，甚至牺牲一点速度，也要把教育的问题解决好。”

小平同志为“希望工程”捐款的消息在祖国大地不胫而走。一位在全国人民心目中享有崇高威望的领袖的示范力量是无比巨大的。“希望工程”实施7年来，已接受海内外捐款近10亿元人民币，救助了150多万名失学儿童重返校园，修建希望小学3600多所。当贫困地区的人民群众和他们的子女受到“希望工程”的雨露惠泽时，都情不自禁地感谢共产党，感谢社会主义。

在小平同志为“希望工程”捐款两年后的1994年6月，《我的父亲邓小平》的作者邓榕同志来到中国青少年发展基金会，向“希望工程”捐款1.5万元，用以救助50名沂蒙山区的失学儿童。我在向邓榕同志表示感谢后，向她介绍说，我们搞了一场义演，特地从百色把小平同志救助的孩子接来，在人民大会堂向邓爷爷汇报学习成绩。

邓榕说，百色的孩子们给父亲写的信，老人家读了，很高兴。她还好奇地问我们是如何弄清父亲那笔捐款的，因为捐款时已说好不留姓名，只用“一位老共产党员”的名义。她风趣地问，是不是来捐款的同志“泄密”了？我也风趣地告诉她，他们守口如瓶。至于是怎么弄清楚的，这也是个秘密。

邓榕还对我们说，小平一家人都支持“希望工程”，母亲卓琳多次为“希望工程”捐款，1994 年年初她补发了 4000 多元工资，都捐给了“希望工程”，也没透露真实姓名。①

1994 年 8 月 22 日，邓小平度过 90 岁生日。在这一年国庆的夜晚，邓小平没有出席在天安门广场举行的盛大庆祝晚会，但他在离天安门广场不远的地方和家人一起观看了北京城上空怒放的焰火。

中国人民以至全世界的许多人都十分关注邓小平的身体状况。1997 年春节，江泽民等中央领导同志去医院看望正在住院的邓小平。邓小平在医院度过了一生中的最后一个春节。

邓小平是一个乐观主义者。当一位外国客人向邓小平请教保持健康的秘诀时，他笑着回答：许多客人问过我这个问题。我的回答是四个字“乐观主义”。天塌下来，不要紧，有人顶着。他还说过：我是三下三上的人，对什么问题都持乐观主义的态度，相信自己的信念总会实现。如果没有这样的信念，我是活不到今天的。

邓小平又是一个彻底的唯物主义者，历来对生死问题持达观态度。关于自己的后事，他对家人多有交代。邓小平的长女邓林这样写道：

爸爸离去是自然的规律，我们有充分的思想准备。爸爸把一切安排得那么好，关于生死，他早就开始给我们上课了。饭桌上，爸爸谈得非常轻松。他说，中国人的传统，讲究红白喜事：结婚是红喜事；人死，过了多少岁，就是白喜事。要请客吃饭，办酒席。

骨灰怎么办？

埋在果树下？不行，不行！这棵树上结的果子谁都不敢吃了。我们大家说。

扔到野外行不行，不行，不行！我们大家都不赞成。

撒到大海里怎么样？……

---

① 徐永光：《小平同志与希望工程》，《北京经济报》1997 年 2 月 28 日。

1997 年 2 月 15 日，正在医院住院的邓小平病情加重，邓小平的亲属迅即就邓小平的有关后事安排致信中共中央总书记江泽民并中共中央：

江总书记并（中共）中央：

近来小平同志病重，作为他的亲人，我们的心情十分沉重。我们知道，中央的同志们都很关心小平同志，也与我们一样，已开始考虑有关后事安排。

小平同志是彻底的唯物主义者，对于生死问题的看法向来达观，关于他的后事，近年来曾对我们多有交代。为了体现小平同志一生的追求和信念，完美地完成他人生的最后一个篇章，根据他的嘱托，我们提出如下意见：

一、不搞遗体告别仪式。小平同志历来主张丧事从简，不搞遗体告别仪式符合他的看法。

二、追悼会在火化后举行。骨灰盒以中国共产党党旗覆盖，上方悬挂体现小平同志精神面貌的彩色照片，以表达庄重肃穆的气氛。

三、家中不设灵堂。

四、捐献角膜，解剖遗体供医学研究。

五、不留骨灰。根据小平同志本人的意愿，把骨灰撒入大海。

小平同志毫无保留地把毕生奉献给了祖国和人民，我们希望，我们为小平同志所做的最后一件事，既能体现小平同志的精神本质，又能以最朴素和最庄严的方式表达我们的哀思。

以上当否，请予考虑。

卓琳暨子女

邓林　邓朴方

邓楠　邓榕

邓质方

1997 年 2 月 15 日

1997 年 2 月 19 日，当代中国改革开放的总设计师邓小平与世长辞。

2月22日，新华社播发《邓小平同志伟大光辉的一生》。

2月24日，邓小平的遗体送往八宝山火化。当天，从北京西郊中国人民解放军总医院到八宝山的路上，十多万名各族群众肃立两侧，深情送别邓小平同志。

2月25日，中共中央、全国人大常委会、国务院、全国政协、中央军委在人民大会堂隆重举行追悼邓小平同志的大会。全党全军全国各族人民决心继承邓小平同志的遗志，把邓小平同志开创的中国特色社会主义事业推向前进。

遵照邓小平及其亲属的意愿，邓小平的骨灰于3月2日撒入大海。

邓小平辞世后，中国向何处去？中国改革开放向何处去？国际国内都十分关注。对此，中国共产党作出了十分响亮的回答。

1997年9月12日至18日，中国共产党第十五次全国代表大会以“高举邓小平理论伟大旗帜、把建设中国特色社会主义事业全面推向21世纪”为主题，总结了中国改革开放近20年特别是中共十四大以来的实践经验，指出邓小平理论是马克思主义基本原理与中国实际相结合的第二次飞跃，是马克思主义在中国发展的新阶段，是指导中国人民在改革开放中胜利实现社会主义现代化的正确理论。在当代中国，只有把马克思主义同当代中国实践和时代特征结合起来的邓小平理论，而没有别的理论能够解决社会主义的前途和命运问题。

中共十五大修改后的党章规定：“邓小平理论是马克思列宁主义基本原理同当代中国实际和时代特征相结合的产物，是毛泽东思想在新的历史条件下的继承和发展，是马克思主义在中国发展的新阶段，是当代中国的马克思主义，是中国共产党集体智慧的结晶，引导着我国社会主义现代化事业不断前进。”“中国共产党以马克思列宁主义、毛泽东思想、邓小平理论作为自己的行动指南。”

第一百八十一章

“放眼世界，放眼未来，也放眼当前，放眼一切方面”

历史在发展，历史在前进，历史在铭记。2014 年 8 月 20 日，中共中央在北京人民大会堂举行座谈会，纪念邓小平诞辰 110 周年。中共中央总书记、国家主席、中央军委主席习近平发表重要讲话强调，邓小平同志为我们擘画的社会主义现代化蓝图正在一步步变成美好现实，我们伟大的祖国正在一天天走向繁荣富强，中华民族正在一步步走向伟大复兴。我们相信，在 20 世纪赢得了伟大历史性胜利的中国共产党和中国人民，必将在 21 世纪赢得更伟大的历史性胜利。

中共中央政治局常委李克强、张德江、俞正声、王岐山、张高丽出席座谈会，中共中央政治局常委刘云山主持座谈会。在京中共中央政治局委员、中共中央书记处书记，部分全国人大常委会、国务院、全国政协领导同志，中央党政军群有关部门、北京市、四川省委负责同志，各民主党派中央、全国工商联负责同志和无党派人士代表，邓小平原身边工作人员和亲属子女及家乡代表，以及出席“全国纪念邓小平同志诞辰 110 周年学术研讨会”的代表等出席会议。

习近平回顾了邓小平的丰功伟绩，总结了邓小平为中国革命、建设、改革作出的卓越贡献。邓小平同志是全党全军全国各族人民公认的享有崇高威望的卓越领导人，伟大的马克思主义者，伟大的无产阶级革命家、政治家、军事家、外交家，久经考验的共产主义战士，中国社会主义改革开放和现代化建设的总设计师，中国特色社会主义道路的开创者，邓小平理论的主要创立者。

110 年前，邓小平同志出生在四川省广安县协兴乡牌坊村。当时，中国正处于半殖民地半封建社会的黑暗之中，中国正遭受着帝国主义列强的欺凌和封建统治的压迫，社会动荡不已，人民饥寒交迫，民族危在旦夕。面对深重的民族灾难和激烈的社会矛盾，为改变中华民族的悲惨命运，中国人民和无数仁人志士进行着艰辛探索和顽强抗争。那个风雨如晦的年代，孕育了邓小平救国救民的理想和追求。他 16 岁远渡重洋勤工俭学，并在那里接受了马克思主义，加入中国共产党，从此矢志不渝为党和人民事业奋斗了 70 多年。

邓小平同志的一生，同中国共产党、中国人民解放军、中华人民共和国创建和发展的历史进程紧紧相连，同中国革命、建设、改革的历史进程紧紧相连，同中华民族抗争、独立、振兴的历史进程紧紧相连，是光辉的一生、战斗的一生、伟大的一生。

新民主主义革命时期，邓小平同志为党领导的民族独立和人民解放事业建立了卓越功勋，是中华人民共和国的开国元勋。新民主主义革命时期，邓小平同志作为毛泽东同志的亲密战友，始终坚持正确路线，以充沛的革命热情，先后担任党和军队许多重要领导职务，为创建发展新型人民军队、赢得革命战争胜利作出了重要贡献。北伐战争期间，他从苏联回国直接参加革命斗争。土地革命战争期间，他先后在上海极端险恶的环境下从事地下工作，在广西领导发动百色起义和龙州起义、创立左右江革命根据地，参加艰苦卓绝的长征，亲历标志着党的历史伟大转折的遵义会议。抗日战争和解放战争期间，他坚决执行党中央和毛泽东同志的战略决策，军政兼任、勇挑重担，不畏艰险、出奇制胜，一直处在战略全局的关键位置，处在对敌斗争的最前线。特别是先后同刘伯承、陈毅等同志一起，开辟晋冀鲁豫抗日根据地，率部千里跃进大别山，组织实施淮海战役和渡江战役，进军解放大西南，建立了赫赫战功。

在社会主义革命和建设时期，邓小平同志为胜利完成社会主义革命、探索我国社会主义建设道路作出了杰出贡献。新中国成立初期，邓小平同志主政西南，不久就参加中央领导工作，先后担任中共中央秘书长、中共中央政治局委员、政府副总理。1956 年党的八届一中全会上，他当选中共中央政治局常委、中共中央总书记，成为以毛泽东同志为核心的党的第一代中央领导集体重要成员。此后 10 年间，他负责党中央大量日常工作，为探索适合中国情况的社会主义建设道路、为克服经济困难提出许多正确主张，进行了卓有成效的工作。“文化大革命”开始后不久，他受到错误批判和斗争，被剥夺一切职务，直到 1973 年复出。1975 年他开始主持党、国家、军队日常工作，为扭转“文化大革命”

造成的严重混乱局面，开展大刀阔斧的全面整顿，同“四人帮”进行针锋相对的斗争。不久，他再次被错误撤职、批判。

在改革开放新时期，邓小平同志成为党的第二代中央领导集体的核心，为开创中国特色社会主义作出了历史性贡献。“文化大革命”结束，“中国向何处去”又成为摆在中国人民面前头等重要的问题。邓小平以他的远见卓识、丰富政治经验、高超领导艺术，强调实事求是是毛泽东思想的精髓，旗帜鲜明反对“两个凡是”的错误观点，支持和领导开展真理标准问题的讨论，推动进行各方面的拨乱反正。在邓小平同志指导下，1978 年 12 月召开的党的十一届三中全会，重新确立了解放思想、实事求是的思想路线，停止使用“以阶级斗争为纲”的错误提法，确定把全党工作的着重点转移到社会主义现代化建设上来，作出实行改革开放的重大决策，实现了党的历史上具有深远意义的伟大转折。

党的十一届三中全会以后，邓小平同志始终站在时代要求、国家发展、人民期待的高度，同中央领导集体一起，领导我们党作出一系列重大决策，把改革开放和社会主义现代化建设一步步推向前进。邓小平同志指导中国共产党系统总结新中国成立以来的历史经验，解决了科学评价毛泽东同志的历史地位和毛泽东思想的科学体系、根据新的实际和发展要求确立中国社会主义现代化建设的正确道路这样两个相互联系的重大历史课题，彻底否定了“文化大革命”的错误实践和理论，坚决顶住否定毛泽东同志和毛泽东思想的错误思潮，为党和国家发展确定了正确方向。邓小平同志紧紧抓住“什么是社会主义、怎样建设社会主义”这个基本问题，响亮提出“走自己的道路，建设有中国特色的社会主义”的伟大号召，领导中国共产党在新中国成立以来革命和建设实践的基础上，成功走出了一条中国特色社会主义新道路。邓小平同志强调必须坚持以经济建设为中心，坚持四项基本原则，坚持改革开放，领导中国共产党制定了党在社会主义初级阶段的基本路线。邓小平同志指导中国共产党正确认识中国所处的发展阶段和根本任务，制定了现代化建设“三步走”发展战略。邓小平同志突出强调“改革是中国的第二次革命”，领导中国共产党有步骤地展开各方面体制改革，勇敢打开对外开放大门。邓小平同志反复强调“两手抓、两手都要硬”，必须抓好社会主义精神文明建设和民主法制建设，实现社会全面进步。他创造性提出“一国两制”科学构想，指导实现香港、澳门平稳过渡和顺利回归，推动海峡两岸关系打开新局面。邓小平同志明确提出和平与发展是当代世界的两大问题，领导中国共产党及时调整各方面政策，为改革开放和社会主义现代化建设创造了难得历史机遇和良好外部环境。邓小平同志强调加强党的领导必须改善党的领导，必须聚精会神抓党的建设，使党的建设充满新的生机活力。正是这些重大思想理论和实践，使20世纪的中国又一次发生天翻地覆的变化。

邓小平同志对党和人民的贡献，是历史性的，也是世界性的。正是由于有邓小平同志的卓越领导，正是由于有邓小平同志大力倡导和全力推进的改革开放，中国特色社会主义才能欣欣向荣，中国人民才能过上小康生活，中华民族和中华人民共和国才能以新的姿态屹立于世界东方。

邓小平同志的贡献，不仅改变了中国人民的历史命运，而且改变了世界的历史进程。邓小平同志赢得了中国人民衷心爱戴，也赢得了世界人民广泛尊敬。

像中国共产党的其他老一辈革命家一样，邓小平同志之所以能够为祖国和人民建立彪炳史册的功勋，就在于他看清了世界和中国的发展大势，深刻了解中国人民和中华民族的深沉愿望，把握住中国发展的历史规律，紧紧依靠党和人民建立了前所未有的历史性伟业。正如江泽民同志、胡锦涛同志指出的那样：如果没有邓小平同志，中国人民就不可能有今天的新生活，中国就不可能有今天改革开放的新局面和社会主义现代化的光明前景。

邓小平同志为中华民族独立、繁荣、振兴和中国人民解放、自由、幸福奋斗的辉煌人生和伟大贡献，将永远书写在祖国辽阔的大地之上。邓小平同志始终在人民中间，也始终在人民心间。在这里，我们要说：小平您好！祖国和人民永远怀念您！

伟大的时代造就伟大的人物。邓小平同志就是从中国人民和中华民族近代以来伟大斗争中产生的伟人。邓小平同志崇高鲜明又独具魅力的革命风范，将激励全党全国人民在实现“两个一百年”奋斗目标、实现中华民族伟大复兴中国梦的征程上奋勇前进。

我们纪念邓小平同志，就要学习他对共产主义远大理想和中国特色社会主义信念无比坚定的崇高品格。信念坚定，是邓小平同志一生最鲜明的政治品格，也永远是中国共产党人应该挺起的精神脊梁。

早在苏联求学期间，邓小平同志就立志“更坚决的把我的身子交给我们的党，交给本阶级”。在此后 70 多年的革命生涯中，无论个人处境如何艰难，无论革命道路如何坎坷，邓小平同志都坚信马克思主义的科学性和真理性，坚信社会主义、共产主义的光明前景。他说：“对马克思主义的信仰，是中国革命胜利的一种精神动力。”面对革命战争的枪林弹雨，他浴血奋战、视死如归；面对新中国建设的艰难局面，他励精图治、百折不挠；面对“文化大革命”的十年动乱，他信念执着、从不消沉；面对国际国内政治风波，他冷静观察、从容应对，坚信马克思主义、坚守共产主义理想，坚持在社会主义道路上推进我国现代化事业。

1992 年，88 岁高龄的邓小平同志在南方谈话中说：“我坚信，世界上赞成马克思主义的人会多起来的，因为马克思主义是科学。它运用历史唯物主义揭示了人类社会发展的规律。”“不要惊慌失措，不要认为马克思主义就消失了，没用了，失败了。哪有这回事！”

邓小平同志对理想信念的重要性具有深刻认识，他说：“我认为，最重要的是人的团结，要团结就要有共同的理想和坚定的信念。我们过去几十年艰苦奋斗，就是靠用坚定的信念把人民团结起来，为人民自己的利益而奋斗。”

革命理想高于天。没有一大批具有坚定共产主义理想的中华儿女，就没有中国共产党，也就没有新中国，更没有中国的发展进步。要把中国发展得更好，离不开理想信念的力量。共产党人锤炼党性，首要的就是坚定共产主义远大理想和中国特色社会主义共同理想。我们要学习邓小平矢志不渝为社会主义、共产主义而奋斗的执着精神，坚定中国特色社会主义道路自信、理论自信、制度自信，坚忍不拔、风雨无阻朝着共产主义目标奋勇前进。

我们纪念邓小平同志，就要学习他对人民无比热爱的伟大情怀。热爱人民，是邓小平同志一生最深厚的情感寄托，也永远是中国共产党人应该坚守的力量源泉。

邓小平同志曾经写道：“我是中国人民的儿子，我深情地爱着我的祖国和人民。”邓小平同志从对人民的挚爱，延伸到对党、对祖国的挚爱。他说过：

“我的生命是属于党、属于国家的。”这质朴的语言，集中表达了邓小平同志对党、对祖国、对人民的大爱。

邓小平同志高度重视人民群众的地位和作用，他强调：“群众是我们力量的源泉，群众路线和群众观点是我们的传家宝。党的组织、党员和党的干部，必须同群众打成一片，绝对不能同群众相对立。如果哪个党组织严重脱离群众而不能坚决改正，那就丧失了力量的源泉，就一定要失败，就会被人民抛弃。”在他的一生中，无论身居要职还是身陷困苦，都始终与人民群众同甘共苦，努力为党和国家分忧解难。

邓小平同志孜孜以求的是增进人民福祉。他多次讲：“贫穷不是社会主义，社会主义要消灭贫穷。不发展生产力，不提高人民的生活水平，不能说是符合社会主义要求的。”他领导改革开放和社会主义现代化建设，心中想着的就是最广大人民。

邓小平同志坚持从人民创造历史的活动中吸取思想营养和前进力量。他说：“改革开放中许许多多的东西，都是群众在实践中提出来的”，“绝不是一个人脑筋就可以钻出什么新东西来”，“这是群众的智慧，集体的智慧”。他反复强调，要把人民拥护不拥护、赞成不赞成、高兴不高兴、答应不答应作为制定方针政策和作出决断的出发点和归宿。邓小平同志始终以人民利益为最高准则来开展领导工作。

爱祖国、爱人民，是最深沉、最有力量的情感，是博大之爱。我们要学习邓小平同志对祖国、对人民的深情大爱，始终为人民利益而奋斗，任何时候任何条件下都忠于祖国、忠于人民，脚踏实地践行党的宗旨，把自己的一生交给党和人民，为党和人民事业鞠躬尽瘁、死而后已。

我们纪念邓小平同志，就要学习他始终坚持实事求是的理论品质。实事求是，是邓小平同志一生最重要的思想特点，也永远是中国共产党人应该遵循的思想方法。

邓小平同志坚持党的思想路线，坚持一切从实际出发，常说自己是“实事求是派”，反复强调“拿事实来说话”，“实事求是是马克思主义的精髓。要提倡这个，不要提倡本本。我们改革开放的成功，不是靠本本，而是靠实践，靠实事求是。”“要取信于民，要干出实绩。”“领导者必须多干实事。”邓小平同志以一生的实践证明，他是一位高瞻远瞩的思想家、政治家、战略家，也是一位求实、务实、踏实的实干家。

上个世纪（20世纪）60年代初期，面对国家困难，邓小平同志提醒各级干部要“实事求是地说明情况”。当时为了推动恢复和发展农业生产，他说：“生产关系究竟以什么形式为最好，恐怕要采取这样一种态度，就是哪种形式在哪个地方能够比较容易比较快地恢复和发展农业生产，就采取哪种形式；群众愿意采取哪种形式，就应该采取哪种形式，不合法的使它合法起来。”

进入改革开放新时期，邓小平更加强调坚持彻底的求真务实精神。他说：“我读的书并不多，就是一条，相信毛主席讲的实事求是。过去我们打仗靠这个，现在搞建设、搞改革也靠这个。”他强调，要把是否有利于发展社会主义社会的生产力、是否有利于增强社会主义国家的综合国力、是否有利于提高人民的生活水平作为判断一切工作是非得失的标准。正是因为具有这种彻底的求真务实精神，邓小平同志果断从容处理了党和国家面对的一系列重大问题，指导党和人民劈波斩浪开创了党和国家事业新局面。

事实是真理的依据，实干是成就事业的必由之路。这也是“空谈误国，实干兴邦”的真谛。中国革命、建设、改革的历史反复证明，只有制定符合实际的政策措施，采取符合实际的工作方法，党和人民事业才能走上正确轨道，才能取得人民满意的成效。我们要学习邓小平同志善于运用辩证唯物主义和历史唯物主义观察世界、处理问题的思想方法和领导艺术，掌握真实情况，把握客观规律，发扬务实高效、不尚空谈的工作作风，踏踏实实把党的基本理论、基本路线、基本纲领、基本经验、基本要求贯彻落实好。

我们纪念邓小平同志，就要学习他不断开拓创新的政治勇气。开拓创新，是邓小平同志一生最鲜明的领导风范，也永远是中国共产党人应该具有的历史担当。

综观邓小平70多年的革命生涯，可以清楚地看到，他身上始终洋溢着一种革故鼎新、一往无前的勇气，一种善于创造性思维、善于打开新局面的锐气。

1975年，邓小平同志在领导全国大刀阔斧的整顿工作期间，斩钉截铁地说：“现在问题相当多，要解决，没有一股劲不行。要敢字当头，横下一条心。”1977年复出后，面对长期形成的思想禁锢状况，邓小平同志鲜明提出，不能“书上没有的，文件上没有的，领导人没有讲过的，就不敢多说一句话，多做一件事，一切照抄照搬照转”。他谆谆告诫我们：“世界形势日新月异，特别是现代科学技术发展很快。现在的一年抵得上过去古老社会几十年、上百年甚至更长的时间。不以新的思想、观点去继承、发展马克思主义，不是真正的马克思主义者。”“一个党，一个国家，一个民族，如果一切从本本出发，思想僵化，迷信盛行，那它就不能前进，它的生机就停止了，就要亡党亡国。”

邓小平同志强调：“改革开放胆子要大一些，敢于试验，不能像小脚女人一样。看准了的，就大胆地试，大胆地闯”，“走不出一条新路，就干不出新的事业”。邓小平同志第一次比较系统地初步回答了在中国这样经济文化比较落后的国家如何建设社会主义、如何巩固和发展社会主义的一系列基本问题，深刻揭示了社会主义的本质，实现了马克思主义同中国实际相结合的又一次历史性飞跃。邓小平同志的南方谈话，从理论上深刻回答了长期困扰和束缚人们思想的许多重大问题，推动改革开放和社会主义现代化建设进入新阶段。正是在邓小平同志倡导和支持下，改革大潮汇聚成时代洪流，使中国人民的面貌、社会主义中国的面貌、中国共产党的面貌发生了历史性变化。

越是伟大的事业，往往越是充满艰难险阻，越是需要开拓创新。中国特色社会主义是前无古人的伟大事业，改革开放和社会主义现代化建设还有很长的路要走。在前进道路上，我们将进行许多具有新的历史特点的伟大斗争。我们要学习邓小平敢于开拓创新的政治勇气，细心观察新的实践和新的发展，尊重地方、基层、群众首创精神，果断作出决策，把开拓创新作为一种常态，不断用发展着的马克思主义指导新的实践，又从实践中作出新的理论概括，敢破敢立、敢闯敢试，义无反顾把改革开放不断向前推进。

我们纪念邓小平同志，就要学习他高瞻远瞩的战略思维。战略思维，是邓小平同志一生最恢宏的革命气度，也永远是中国共产党人应该树立的思维方式。

邓小平同志思想敏锐、目光远大，多谋善断、举要驭繁，总是站在国内大局和国际大局相互联系的高度审视中国和世界的发展，善于从全局上思考问题，善于在关键时刻作出战略决策。进入改革开放新时期，邓小平同志洞察国内外发展大势，作出了一系列事关党和国家事业长远发展、事关社会主义前途命运的重大战略决策。

邓小平同志深刻分析当今时代特征和世界大势，指出：“现在的世界是开放的世界”，“总结历史经验，中国长期处于停滞和落后状态的一个重要原因是闭关自守。经验证明，关起门来搞建设是不能成功的，中国的发展离不开世界”。同时，邓小平同志高度珍惜并坚决维护中国人民经过长期奋斗得来的独立自主权利，告诫人们：“中国的事情要按照中国的情况来办，要依靠中国人自己的力量来办。独立自主，自力更生，无论过去、现在和将来，都是我们的立足点。”“任何外国不要指望中国做他们的附庸，不要指望中国会吞下损害我国利益的苦果。”

邓小平同志高度关注世界和平与发展问题，提出“应当把发展问题提到全人类的高度来认识，要从这个高度去观察问题和解决问题”。他关注广大发展中国家的命运，强调我们搞的是主张和平的社会主义，“中国和所有第三世界国家的命运是共同的。中国永远不会称霸，永远不会欺负别人，永远站在第三世界一边”。他强调，要反对任何形式的霸权主义，维护世界和平。

战略问题是一个政党、一个国家的根本性问题。战略上判断得准确，战略上谋划得科学，战略上赢得主动，党和人民事业就大有希望。我们要学习邓小平同志“放眼世界，放眼未来，也放眼当前，放眼一切方面”的世界眼光和战略思维，学习他善于抓住关键、纲举目张的思想方法和工作方法，站在时代前沿观察思考问题，把党和人民事业放到历史长河和全球视野中来谋划，以小见大、见微知著，在解决突出问题中实现战略突破，在把握战略全局中推进各项工作。

我们纪念邓小平同志，就要学习他坦荡无私的博大胸襟。坦荡无私，是邓小平同志一生最光辉的人格魅力，也永远是中国共产党人应该锤炼的品质修养。

邓小平同志始终以劳动人民的一员看待自己，始终以共产党员的标准要求自己，不屈不挠面对困难，有情有义对待同志，一以贯之严格自律，自始至终谦虚谨慎，为我们树立了共产党人自觉加强党性修养的光辉典范。

邓小平同志始终把党和国家前途命运放在心中最高的位置，从不计较个人得失。他说："我自从十八岁加入革命队伍，就是想把革命干成功，没有任何别的考虑。"他一生"三落三起"都是因为敢于坚持真理、修正错误，每次被错误批判打倒都豁达乐观、沉着坚韧，对未来充满希望；每次复出重新回到工作岗位都无私无畏、以顽强的意志排除各种干扰，坚定不移推动正确路线方针政策的形成和实践。"文化大革命"结束后，邓小平同志再度出来工作，依然表示："我出来工作，可以有两种态度，一个是做官，一个是做点工作。我想，谁叫你当共产党人呢，既然当了，就不能够做官，不能够有私心杂念，不能够有别的选择。"邓小平真正做到心底无私天地宽。

邓小平同志客观公正对待党的历史、对待同志、对待自己，谦逊随和，平易近人，善于同人合作共事。革命战争年代，他同刘伯承共事 13 年，形成亲密无间的革命友谊。他善于团结和使用同自己意见不同的人一道工作，从不以个人恩怨待人处事。他说："要抛弃个人恩怨来选择人，反对过自己的人也要用。"邓小平同志一贯反对特权、反对腐败，对亲属和身边工作人员总是严格要求。

邓小平同志功高至伟却从不居功自傲。他多次讲："永远不要过分突出我个人。我所做的事，无非反映了中国人民和中国共产党人的愿望。"他以唯物主义者的精神看待生死问题，对家人说："我哪天去，哪天走，不关紧要。自然规律违背不得，你们要想透这个问题。"他逝世后，按照他的遗愿，把角膜捐献给了医院，遗体供医学解剖，骨灰撒入大海，奉献了自己的一切。

共产党人拥有人格力量，才能无愧于自己的称号，才能赢得人民赞誉。我们要学习邓小平公而忘私、无私无畏的博大胸怀，加强党性修养，严于律己、宽以待人，正确对待组织，正确对待同志，正确对待自己，正确对待权力，积极践行社会主义核心价值观，为党和人民事业赤诚奉献，以身作则推动营造风清气正的党风、政风和社会风气。

邓小平同志留给我们的最重要的思想和政治遗产，就是他带领党和人民开创的中国特色社会主义，就是他创立的邓小平理论。马克思说："人们自己创造自己的历史，但是他们并不是随心所欲地创造，并不是在他们自己选定的条件下创造，而是在直接碰到的、既定的、从过去承继下来的条件下创造。"邓小平同志最鲜明的思想和实践特点，就是从实际出发、从世界大势出发、从国情出发，始终坚持我们党一贯倡导的实事求是、群众路线、独立自主。

中国特色社会主义是适合中国国情、符合中国特点、顺应时代发展要求的理论和实践，所以才能取得成功，并将继续取得成功。邓小平同志说：“特别是像我们这样第三世界的发展中国家，没有民族自尊心，不珍惜自己民族的独立，国家是立不起来的。”我们的国权，我们的国格，我们的民族自尊心，我们的民族独立，关键是道路、理论、制度的独立。

中华民族创造了具有5000多年悠久历史的辉煌文明，中国人民在中国共产党领导下创造了建设社会主义的辉煌成就，我们应该在这个基础上继续创造。我们中国自己不足、不好的东西，要努力改革。外国有益、好的东西，我们要虚心学习。但是，不能全盘照搬外国，更不能接受外国不好的东西；不能妄自菲薄，不能数典忘祖。

邓小平同志说过，中华人民共和国的成立，“中国取得了一个资格：人们不敢轻视我们”。所以，新民主主义革命的胜利成果决不能丢失，社会主义革命和建设的成就决不能否定，改革开放和社会主义现代化建设的方向决不能动摇。这是党和人民在当今世界安身立命、风雨前行的资格。中国近代以来的全部历史告诉我们，中国的事情必须按照中国的特点、中国的实际来办，这是解决中国所有问题的正确之道。

邓小平同志离开我们后，国际形势风云变幻，国内改革发展任务艰巨繁重，中国共产党团结带领全国各族人民，坚持党的十一届三中全会以来的路线方针政策不动摇，推动党和国家各项事业不断取得新的伟大成就。邓小平同志为我们擘画的社会主义现代化蓝图正在一步步变成美好现实，伟大祖国正在一天天走向繁荣富强，中华民族正在一步步走向伟大复兴。邓小平语重心长地说过：“我们搞社会主义才几十年，还处在初级阶段。巩固和发展社会主义制度，还需要一个很长的历史阶段，需要我们几代人、十几代人，甚至几十代人坚持不懈地努力奋斗”；“社会主义的本质，是解放生产力，发展生产力，消灭剥削，消除两极分化，最终达到共同富裕”。实现社会主义现代化，实现祖国完全统一，实现中华民族伟大复兴，这是毛泽东同志、邓小平同志等老一辈革命家和千百万革命先辈的深切夙愿，是全体中华儿女的共同心愿。

邓小平同志曾经嘱托全党："从现在起到下世纪中叶，将是很要紧的时期，我们要埋头苦干。我们肩膀上的担子重，责任大啊！"现在，历史的接力棒传到了我们手里，责任重于泰山。全党一定要紧密团结起来，敢于担当、埋头苦干，团结带领全国各族人民，以与时俱进、时不我待的精神不断夺取新胜利，不断完善和发展中国特色社会主义，不断为人类和平与发展的崇高事业作出新的更大的贡献。

我们相信，在20世纪赢得了伟大历史性胜利的中国共产党和中国人民，必将在21世纪赢得更伟大的历史性胜利。

在纪念邓小平诞辰110周年的时候，中国已经进入互联网时代。许多网友在互联网上发表感言，表达对邓小平的深情缅怀。有的网友认为，改革只有进行时，没有完成时。今天我们纪念邓小平就应当传承伟人的精神，推进深化改革新征程。有的网友认为，我们通过各类形式的纪念活动，重现伟人生平，追寻先贤心迹，绝不仅仅是为了纪念，而是在感悟邓小平同志的伟大。伟人已去，事业长存；继往开来，再创伟业。有的网友表示，改革开放给中国带来了翻天覆地的变化，也印证了当初小平同志的远见卓识和非凡胆魄。纪念小平同志，让我们在缅怀伟人的同时，也从中汲取更多力量和智慧，凝聚起更多共识。有的网友写道，今天我们纪念邓小平，不仅是要缅怀他的丰功伟绩，更要牢记他的谆谆教诲，学习他的智慧闪光，传承他的实事求是，铭记他的坚忍顽强，弘扬他的大公无私，践行他的责任担当。有的网友表示，改革是一场接力赛，更像一场马拉松。纪念邓小平同志，就是要更好地接过历史的"接力棒"，传承伟人的精神和品格，义无反顾地把改革开放不断向前推进。在中国共产党新闻网的献花留言栏目中，广大网友纷纷用一句话、一朵鲜花来表达对邓小平的缅怀之情："没有老人家的智慧和努力，就没有今天繁荣富强的中国。""一代伟人，开创百年伟业！全民敬仰！""没有小平同志就没有今天社会经济的发展，也没有今天的我们。""怀念伟人的丰功伟绩，更好地做好今天的工作。""邓小平是我们现在美好、幸福生活开创的领路人、指导者，留给我们的不只是生活上的变化，也是我们现在自立、自强、自信的信心来源。会永远铭记于心，会继续您的脚步，走下去。"

附录一

毛泽东六次选择接班人，人民选择了邓小平

薛庆超

马克思主义认为，人民群众是社会物质财富和精神财富的创造者，人民群众是推动历史前进的真正动力。马克思主义还认为，历史上的杰出人物在顺应历史发展潮流、顺应人民群众推动历史前进的愿望和要求的时候，能够站在历史发展潮流前列，在推动历史前进中发挥重要作用。艰苦卓绝的中国革命锻炼和造就了一批德才兼备、经验丰富的领袖人物。马克思主义基本原理与中国革命的具体实际相结合，中国优秀的历史文化和中国革命的伟大实践相融合，孕育和造就了毛泽东这样一位既具有雄才大略、理论修养，又善于高瞻远瞩、深谋远虑的中国共产党领袖人物。遵义会议确立毛泽东在中共中央的领导地位后，他作为第一代中央领导集体的核心，长达41年。在此期间，为了中国革命的顺利发展和中国社会主义事业的长治久安，毛泽东苦心孤诣，反复思考，多次选择接班人。在这个漫长的历史过程中，既有丰富的历史经验，也有沉重的历史教训。毛泽东选择接班人的历史实践，为中国共产党史、中国革命史、中国现代史和中华人民共和国史，留下了诸多发人深省、引人反思、予人启迪的经验与教训。研究与总结这一历史财富，具有重要的历史意义与深刻的现实意义。

在长期的中国革命实践中，经过对敌斗争和反对党内“左”倾错误与右倾错误的反复考验，经过主持白区工作与开创革命根据地工作的实践检验，毛泽东第一次选择刘少奇作为接班人

中国共产党在大革命失败至遵义会议前曾经频繁更换中央主要负责人。中国共产党成立后，陈独秀较长时间担任中央主要负责人。大革命失败后，在大革命后期犯过右倾错误的中共中央总书记陈独秀被撤职。“八七”会议后，主持中央临时政治局工作的瞿秋白，领导全党开始了武装反抗国民党屠杀政策和

开展土地革命的新时期。但时间不长，瞿秋白因为犯了“左”倾盲动错误而离开中央领导岗位。在莫斯科召开的中共六大，根据共产国际的指导意见，推举“产业工人”出身的向忠发任中共中央政治局常务委员会主席（一般称为“中央总书记”），但向忠发本质上属于“流氓无产者”阶层，缺乏坚定的共产主义理想信念的支撑，被国民党逮捕后立即叛变，被国民党处死。由于向忠发既缺乏政治水平和理论素养，又缺乏中央领导层的工作能力，中共六大后，实际上在中央领导机关发挥重要作用的是中共中央政治局常委、中央组织部部长兼中央军事委员会书记周恩来。在向忠发“挂名”中央主要负责人期间，周恩来曾经离开中国到莫斯科向共产国际汇报工作。在此期间，李立三实际上主持中央工作，很快就因为犯了“左”倾冒险主义错误而被撤职。从此，中共中央的领导工作由周恩来和瞿秋白主持。随后，根据共产国际的意图并在其大力支持下，王明在中共六届四中全会上成为实际的中共中央主要负责人。由于国内白色恐怖日益严重，王明任职时间不长，就前往莫斯科担任中共驻共产国际代表团团长，离开了国内的中共中央主要负责人的岗位。王明离开中国前，指定博古等人组成“临时中央”，从此博古成为中共中央主要负责人，继续推行王明的“左”倾教条主义。在遵义会议上，中共中央政治局决定，改组中央领导机关，结束“左”倾教条主义在中央的统治，撤销博古的中共中央主要负责人职务，由张闻天在中央“负总责”，确立毛泽东在党和红军中的领导地位，形成了以毛泽东为核心的中央领导集体。

刘少奇具有理论素养、实践经验和把握历史前进方向的能力。中国共产党早年频繁地更换中央主要负责人与党在幼年时期尚未成熟有直接关系。一直到遵义会议，经过近 14 年的反复考验和锻炼，中国共产党终于形成以毛泽东为核心的第一代中央领导集体，中国革命由此走上顺利发展的道路。毛泽东成为中国共产党第一代中央领导集体的核心后，在制定、贯彻、落实中国共产党的路线、方针、政策的过程中，需要一个政治上高度成熟、思想上高度一致、具有丰富实践经验和深厚理论修养的得力助手。同时，中国革命战争的特殊环境，使得不测事件随时可能发生，为了“未雨绸缪”，“防患于未然”，毛泽东最早选择刘少奇作为接班人。刘少奇早年投身中国革命，在苏联系统学习过革命理论。回国后在领导工人运动中崭露头角，是中国大革命时期著名的工人运动领袖之一。大革命失败后，刘少奇在国民党统治区从事地下工作，具有丰富的白区工作经验，因受到“左”倾教条主义者的排斥和打击，被调到中央革命根据地，仍然从事工人运动方面的工作。长征中，刘少奇任中央代表和红三军团政治部主任等职。后来，中共中央在《关于若干历史问题的决议》中，专门对刘少奇关于白区工作的理论与实践作了历史性结论：刘少奇同志在白区工作中的策略思想，同样是一个模范。刘少奇同志正确地估计到1927年大革命失败后白区特别是城市敌我力量的悬殊，所以主张有系统地组织退却和防御，“在形势与条件不利于我们的时候，暂时避免和敌人决斗”，以“准备将来革命的进攻和决斗”；主张有计划地把1924年至1927年大革命时期的党的公开组织严格地转变为秘密组织，而在群众工作中则“尽可能利用公开合法手段”，以便党的秘密组织能够在这种群众工作中长期地荫蔽力量，深入群众，“聚积与加强群众的力量，提高群众的觉悟”。对于群众斗争的领导，刘少奇同志认为应当“根据当时当地的环境和条件，根据群众觉悟的程度，提出群众可能接受的部分的口号、要求和斗争的方式，去发动群众的斗争，并根据斗争过程中各种条件的变化，把群众的斗争逐渐提高到更高的阶段，或者‘适可而止’地暂时结束战斗，以准备下一次更高阶段和更大范围的战斗”。在利用敌人内部矛盾和争取暂时的同盟者的问题上，他认为应该“推动这些矛盾的爆发，与敌人营垒中可能和我们合作的成分，或者与今天还不是我们主要的敌人，建立暂时的联盟，去反对主要的敌人”，应该“向那些愿意同我们合作的同盟者作必要的让步，吸引他们同我们联合，参加共同的行动，再去影响他们，争取他们下层的群众”。“一二·九”运动的成功，证明了白区工作中这些策略原则的正确性。[①]

刘少奇成为毛泽东主持中共中央工作的重要助手。刘少奇不仅具有白区工作秘密斗争的丰富经验，而且具有革命高潮到来时，登高一呼，全力以赴，迅速开辟革命新局面的胆略和气魄。1936年春天，刘少奇任中央代表和北方局书记，前往国民党统治区，主持北方地下工作。他深入批判白区工作中的“左”倾教条主义，实现了白区工作从纠正“左”倾教条主义到建立抗日民族

① 《关于若干历史问题的决议》,1945年4月20日中国共产党第六届中央委员会扩大的第七次全体会议通过。

统一战线的历史性转变，为开辟华北地区抗日战争局面作出重大历史贡献。1938年中共六届六中全会后，刘少奇任中央代表和中原局书记，前往中原地区，坚决贯彻中共中央“发展华中”的战略决策，开辟中原地区和华中地区抗日战争的新局面。刘少奇具有深刻的理论思维与深厚的理论素养，善于将丰富的革命实践上升为指导新的革命实践的创新理论，他的《论共产党员的修养》等一系列关于党的建设的论著和思想、观点，从思想上、理论上极大地武装了中国共产党各级组织和广大共产党员，是中国共产党的重要理论财富。在中国革命的长期实践中，经过长征、遵义会议和反对“左”倾教条主义的斗争、实现白区工作的历史性转变、白区工作会议、瓦窑堡会议、中共六届六中全会等党的历史发展关键时刻的严峻考验，通过从国内革命战争向抗日民族解放战争的转变、开辟北方地下工作、创建华北抗日民主根据地、发展中原和华中抗日战争新局面等重大历史发展的实践检验，刘少奇的思想与观点、理论与实践、言论与行动，与毛泽东的主张和意见高度契合，体现出政治上的完全一致和思想上的高度统一。所以，毛泽东决定选择刘少奇为接班人。全国抗日战争时期的1942年，毛泽东领导全党开展整风运动，以彻底肃清中国共产党党内历次“左”倾错误和右倾错误的影响，特别是肃清“左”倾教条主义在党内的影响，提高全党的马克思主义水平，实现全党在政治上、思想上、组织上的高度统一，为召开中国共产党第七次全国代表大会做好充分的理论准备、思想准备和组织准备，奠定夺取中国革命胜利的坚实基础。为此，毛泽东调在中国革命实践中与自己政治上、思想上、行动上高度一致，正在华中任中央代表、华中局书记、新四军政治委员、中央军事委员会华中军事分委员会书记的刘少奇返回延安。在刘少奇回延安的途中，毛泽东多次发出电报，赋予刘少奇检查和指导沿途各个抗日民主根据地工作的权力，严令各地党政军负责人务必确保刘少奇的绝对安全。在全党的整风运动中，1943年3月中共中央政治局会议决定，推选毛泽东为中央政治局主席、中央书记处主席（中共六大至中共八大前的中共中央书记处即中共中央政治局常务委员会）；中央书记处由毛泽东、刘少奇、任弼时组成，根据中央政治局决定的方针处理日常工作；刘少奇参加中共中央军委并任军委副主席；设立中央宣传委员会和中央组织委员会，作为中央政治局和中央书记处的助理机关，毛泽东兼任中央宣传委员会书记、刘少奇兼任中央组织委员会书记。从这时起，刘少奇已经成为中共中央第二号人物、毛泽东主持中共中央工作的重要助手、中国共产党第一代中央领导集体的重要成员。

刘少奇成为毛泽东在革命战争时期精心选择的第一个接班人。在中共七大上，刘少奇作《关于修改党的章程的报告》，第一次全面系统地对毛泽东思想作了完整概括和科学论述，为把毛泽东思想确立为中国共产党的指导思想作出重要贡献。在中共七届一中全会上，刘少奇当选为中央政治局委员、中央书记处书记，实际上已经是仅次于毛泽东的中共中央第二号人物，成为毛泽东在被确立为中国共产党领袖后选择的第一个接班人。抗日战争胜利后，共产党与国民党举行重庆谈判，毛泽东离开延安期间，刘少奇第一次担任中国共产党中央委员会代理主席；重庆谈判结束，毛泽东返回延安休息期间，刘少奇继续担任中国共产党中央委员会代理主席。中华人民共和国成立后，毛泽东准备访问苏联，中共中央政治局由毛泽东主持召开会议，正式决定：在毛泽东出访苏联期间，由刘少奇代理中共中央主席职务和中央人民政府主席职务。这是刘少奇第二次担任中国共产党中央委员会代理主席，同时代理中央人民政府主席，共3个月。1952年10月25日至11月1日，毛泽东离开北京休假，对山东、河南境内的黄河进行视察，刘少奇第三次担任中国共产党中央委员会代理主席。1953年12月，毛泽东决定到杭州主持《中华人民共和国宪法》起草工作。为此，毛泽东12月24日主持中共中央政治局扩大会议，作出决定：毛泽东不在北京期间，由刘少奇代理主持中央工作。这是刘少奇第四次担任中国共产党中央委员会代理主席。以后形成惯例，每当毛泽东休假、离开北京或出国访问，均由刘少奇主持中共中央日常工作。在中共八大上，刘少奇代表中国共产党中央委员会作政治报告，当选为中国共产党中央委员会副主席。中共八大通过的党章中专门规定："中央委员会认为有必要的时候，可以设立中央委员会名誉主席一人。"① 此前，1956年9月13日，毛泽东在中共七届七中全会第三次会议上说："我是准备了的，就是到适当的时候就不当主席了，请求同志们委我

① 中共中央办公厅编:《中国共产党第八次全国代表大会文献》,人民出版社1957年版,第834页。

一个名誉主席。名誉主席是不是不干事呢？照样干事，只要能够干的都干。”① 后来毛泽东说过，以后我就当那个名誉主席。在中共八届七中全会上，邓小平代表中央政治局作关于国家机构人事配备方案的报告，对决定提名刘少奇为中华人民共和国主席候选人作了说明：“国家主席有好几位同志可做，如朱德同志，如党内几位老同志，都可以做，但是大家考虑的结果，以刘少奇同志担任这个职务，更为适当些。国家主席不单是一个很高的荣誉职务，而是有一些相当具体麻烦的事要做。例如出国、会谈、接待等等。所以，以刘少奇同志的能力和资望，以他现在在党内所负的责任，出而兼任国家主席职务，是比较好的。”1959 年 4 月 15 日，毛泽东在最高国务会议第十六次会议上说：“为什么国家主席候选人提的是刘少奇同志，而不是朱德同志？朱德同志是很有威望的，刘少奇同志也是很有威望的，为什么是这个，不是那个？因为我们共产党内主持工作的，我算一个，但是我是不管日常事务的，有时候管一点，有时候不管。经常管的是谁呢？是少奇同志。我一离开北京，都是他代理我的工作。这已经是多年了，从延安开始就是如此，现在到北京已经是 10 年了。在延安，比如我到重庆去，代理我的工作的就是少奇同志。以他担任国家主席比较合适。是比较起来讲，不是讲朱德同志不适合，比较起来少奇同志更适合一点。同时朱德同志极力推荐少奇同志。”② 在中华人民共和国第二届全国人民代表大会第一次会议上，刘少奇接替毛泽东当选为中华人民共和国主席，并担任国防委员会主席。凡此种种，都进一步确立和巩固了刘少奇作为毛泽东接班人的地位。

中华人民共和国成立后，毛泽东在中国共产党第八次全国代表大会上选择主持过晋冀鲁豫解放区、中原局、华东局和西南局工作，具有治国理政能力的邓小平作为又一个接班人

中华人民共和国成立初期，邓小平被调到中央工作，委以重任。邓小平早年到欧洲勤工俭学，实地“调研”了资本主义国家法国的情况，在苏联莫斯科中山大学期间，系统学习了马克思主义和革命理论。回国后，立刻投

① 毛泽东:《在中共七届七中全会第三次会议上的讲话》,1956 年 9 月 13 日,《党的文献》2006 年第 1 期,第 6 页。

② 毛泽东:《在最高国务会议第十六次会议上的讲话》,1959 年 4 月 15 日。

身大革命的暴风骤雨，经历了血与火的洗礼。在中国革命实践中，历任中共中央秘书长、中国工农红军第七军政治委员兼第八军政治委员、中央革命根据地的县委书记及中心县委书记（类似地委书记）和省委宣传部部长、中共中央秘书长、红一军团政治部宣传部部长和政治部主任、八路军政治部副主任、八路军第一二九师政治委员、晋冀鲁豫军区和晋冀鲁豫野战军政治委员、中原军区和中原野战军政治委员、西南军区和第二野战军政治委员，德才兼备，军政皆优，是一位能够“上马击狂胡，下马草军书”的非凡帅才。特别是在中央革命根据地时期，邓小平坚持以毛泽东为代表的正确路线，被“左”倾教条主义者打成“邓小平、毛泽覃、谢唯俊、古柏反党集团”的头子，多次受到批判和严厉处罚，也因此与毛泽东结下了终生难忘的风雨同舟、患难与共的生死情谊。中华人民共和国成立初期，邓小平任中共中央委员、中华人民共和国中央人民政府委员、中共中央西南局第一书记、西南军政委员会副主席、西南财经委员会主席、中国人民解放军第二野战军政治委员兼西南军区政治委员，主持西南地区党政军全面工作。邓小平被调到中央工作后，毛泽东立即赋予其各种重任。根据毛泽东的推荐，邓小平相继担任政务院副总理、中共中央秘书长兼中共中央组织部部长、国务院副总理、中共中央政治局委员等重要领导职务。

邓小平具有理论创造精神和长期掌控一个重要战略区的领导才能。在马克思主义理论水平方面，邓小平具有早年在法国和苏联奠定的马克思主义理论功底，起草各种文件、工作报告、经验总结、讲话文稿等，都是自己动手，一气呵成，言简意赅，观点鲜明，深得毛泽东的好评。邓小平起草的“六六指示”等党内文件和工作报告，因富有理论联系实际的创新精神和对各个解放区的普遍指导意义，多次被毛泽东批转给各中央局、各解放区参照执行。在治党治军治国方面，从抗日战争时期到中华人民共和国成立初期，邓小平先后主持过太行分局、北方局、晋冀鲁豫中央局、中原局、华东局和西南局的工作，长期担任一个大战略区的主要负责人，独当一面，勇于任事，敢于担当，善于开拓，积累了多方面的领导经验。在军事工作方面，邓小平在土地革命战争时期已统兵一方，任红七军和红八军政治委员。从1938年开始，相继任八路军第一二九师政治委员和一个野战军的政治委员，领导过华北抗日战争、中原解放战争，与刘伯承等一起指挥过上党战役、平汉战役、挺进大别山、淮海战役、渡江战役和解放大西南等重要战役和战斗。对于邓小平的文韬武略，毛泽东作过高度评价：“无论是政治、还是军事，论文论武，邓小平都是一把好手。”除此之外，邓小平雷厉风行、办事果断、知难而进、勇挑重担、善于开创新局面的作风，也给毛泽东留有深刻印象。就年龄而言，1956 年邓小平 52 岁，在中共第七届中央政治局委员中，较为年轻。

邓小平成为中国共产党第一代中央领导集体重要成员和毛泽东选择的又一个接班人。中共八大前夕，毛泽东开始把邓小平作为又一个接班人向中央领导集体进行大力推荐。在中共七届七中全会上，毛泽东特别就中共中央秘书长邓小平即将成为中共中央总书记人选向中央委员们作了介绍：“至于秘书长改为总书记，那只是中国话变成外国话。（邓小平插话说：我还是比较安于担任秘书长这个职务。）他愿意当中国的秘书长，不愿意当外国的总书记。其实外国的总书记就相当于中国的秘书长，中国的秘书长就相当于外国的总书记。他说不顺，我可以宣传宣传，大家如果都赞成，就顺了。我看邓小平这个人比较公道，他跟我一样，不是没有缺点，但是比较公道。他比较有才干，比较能办事。你说他样样事情都办得好吗？不是。他跟我一样，有许多事情办错了，也有的话说错了；但比较起来，他会办事。他比较周到，比较公道，是个厚道人，使人不那么怕。我今天给他宣传几句。他说他不行，我看行。顺不顺要看大家的舆论如何，我观察是比较顺的。……这个人比较顾全大局，比较厚道，处理问题比较公正，他犯了错误对自己很严格。他说他有点诚惶诚恐，他是在党内经过斗争的。”① 在中共中央领导集体中，能够获得毛泽东如此高度评价的高级干部，确实为数不多。由于毛泽东的鼎力推荐，邓小平在中共八大上作了《关于修改党的章程的报告》，并当选为中央政治局常委、中央委员会总书记，成为中国共产党第一代中央领导集体的重要成员，实际上确立了作为毛泽东又一个接班人的重要地位。中共八大后，邓小平作为中共中央总书记，主持

---

① 毛泽东：《在中共七届七中全会第三次会议上的讲话》，1956 年 9 月 13 日，《党的文献》2006 年第 1 期，第 6 页。

中央书记处的工作；作为国务院副总理，协助周恩来总理处理国务院的工作；作为中央政治局常委，参与中共最高领导核心对党和国家重大事务的决策；兼任中央军委常委，参与领导国防和军事工作。同时，主管国际共产主义运动方面的重大问题，负责的工作愈来愈多，承担的责任愈来愈重。

毛泽东对处于接班人重要地位的刘少奇和邓小平多次予以高度评价。在中共八大后相当长的一段历史时期内，毛泽东对自己精心选择的刘少奇和邓小平这两位接班人是满意的，多次予以高度评价，并在国内外一些重大场合有意识地宣传刘少奇和邓小平，明确地向国际社会透露出自己把刘少奇和邓小平作为接班人看待的信息，力图使国内外更多的人了解刘少奇和邓小平。1957 年 11 月，毛泽东率领中国党政代表团访问苏联，同苏联共产党中央委员会第一书记赫鲁晓夫的一次谈话中，曾谈到自己准备辞去中华人民共和国主席职务。这时，赫鲁晓夫问道，有人接替吗？毛泽东说："有。我们党里有几位同志，他们都不比我差，完全有条件。"接着，毛泽东一一评价了中共中央几位主要领导同志。他强调指出，第一个是刘少奇。这个人在北京和保定参加了五四运动，后来到你们这里学习，1921 年转入共产党，无论能力、经验，还是声望，都完全具备条件了。他的长处是原则性很强，弱点是灵活性不够。第二个是邓小平。这个人既有原则性，又有灵活性，柔中有刚，绵里藏针，很有发展前途……在中共八届七中全会上，毛泽东在关于工作方法的讲话中，讲到权力要集中在中央政治局常务委员会和中央书记处时，富有深意地说："我这个人的名字叫毛泽东，我挂正帅，就是大元帅；邓小平为副总司令，副元帅。我们两个人，一正一副。"毛泽东还对邓小平说："你是总书记嘛！邓小平，你挂帅了，一朝权在手，就把令来行，你敢不敢呀？你是书记处的总书记，你也是常委的总书记，你也是政治局的总书记，你也是中央委员会的总书记，你也是我的总书记。"①

刘少奇和邓小平主持中央第一线领导工作期间与毛泽东发生重大分歧。20 世纪 50 年代末，中共中央领导工作分为第一线和第二线。毛泽东退居第二线，刘少奇、邓小平作为毛泽东的两位接班人，主持中共中央第一线的工

① 《人物》1994 年第 5 期。

作。刘少奇主持中共中央政治局和中央政治局常务委员会工作，对党和国家的重大问题进行决策和处理；邓小平主持中央书记处工作，对繁重的党政军日常工作进行决策和处理。在刘少奇、邓小平主持中共中央第一线工作的前期，毛泽东总的来说是满意的。但是，随着刘少奇、邓小平为了恢复在“大跃进”中伤了元气的国民经济而采取的一系列重大举措陆续出台和实施（这些措施被实践证明完全正确、完全必要），随着刘少奇、邓小平在实际工作中对“大跃进”和社会主义建设中一系列“左”倾错误的纠正，随着刘少奇、邓小平在探索中国社会主义建设道路问题上认识的深化和实践的深入，刘少奇、邓小平与退居第二线的毛泽东之间不可避免地出现了重大分歧。中共中央在《关于建国以来党的若干历史问题的决议》中指出：“这个期间，毛泽东同志在关于社会主义社会阶级斗争的理论和实践上的错误发展得越来越严重，他的个人专断作风逐步损害党的民主集中制，个人崇拜现象逐步发展。党中央未能及时纠正这些错误。林彪、江青、康生这些野心家又别有用心地利用和助长了这些错误。这就导致了‘文化大革命’的发动。”① “文化大革命”使林彪、江青有了可乘之机，他们利用“十年内乱”，把刘少奇打成“党内头号走资本主义道路的当权派”，并将其迫害致死；把邓小平打成“党内第二号走资本主义道路的当权派”，并将其流放江西。历史证明，“文化大革命”时期打倒的所谓“党内走资本主义道路的当权派”（简称“走资派”），是党和国家各级组织中的领导干部，即社会主义事业的骨干力量。党内根本不存在所谓以刘少奇、邓小平为首的“资产阶级司令部”。确凿的事实证明，“文化大革命”时期硬加给刘少奇的所谓“叛徒”“内奸”“工贼”的罪名，完全是林彪集团、江青集团的诬陷，中共八届十二中全会对刘少奇所作的政治结论和组织处理是完全错误的。中共十一届三中全会后，刘少奇、邓小平均得到中共中央的彻底平反。

---

① 《关于建国以来党的若干历史问题的决议》，1981 年 6 月 27 日中国共产党第十一届中央委员会第六次全体会议一致通过。

“文化大革命”造成“天下大乱”的混乱局面，党章党规遭到肆意践踏。在党内政治生活极不正常的情况下，中共八届十一中全会和中共九大确定林彪为唯一的接班人

中国革命战争时期，林彪逐步走上重要领导岗位。林彪早年加入中国共产党，黄埔军校毕业后，投身北伐战争。在中国共产党领导的武装斗争中，参加过南昌起义、湘南暴动和井冈山的斗争。担任红四军军长和红一军团军团长等职务期间，在创建中央革命根据地和长征中，屡立战功。全国抗日战争时期任八路军第一一五师师长，虽然只指挥打了一仗，却是“首战平型关，威名天下扬”。平型关大捷后，被阎锡山军队误伤，一直在延安和苏联养伤，从苏联回国后参加过国共谈判和全党整风运动。全国解放战争时期，任东北局书记、东北军区和东北野战军司令员、平津战役总前委书记、平津前线司令员等职务。渡江战役后，任华中局第一书记、华中军区司令员、第四野战军司令员。中华人民共和国成立后，任中南局第一书记、中南军政委员会（后改为中南行政委员会）主席、中南军区兼第四野战军司令员等职。1951 年 11 月，任中央人民政府人民革命军事委员会副主席。曾经短期主持过中央革命军事委员会的工作（因为时间较短，鲜为人知），随后长期养病。1954 年起，任国务院副总理和国防委员会副主席。在中共七届五中全会上被补选为中央政治局委员。1955 年被授予中华人民共和国元帅军衔。林彪是中共中央和毛泽东长期重点培养的一位军事干部。

20 世纪 50 年代后期林彪在党和国家政治生活中的地位急剧上升。1958 年中共八大二次会议后，中国社会主义事业出现严重曲折。中共中央在《关于建国以来党的若干历史问题的决议》中指出：由于对社会主义建设经验不足，对经济发展规律和中国经济基本情况认识不足，更由于毛泽东同志、中央和地方不少领导同志在胜利面前滋长了骄傲自满情绪，急于求成，夸大了主观意志和主观努力的作用，没有经过认真的调查研究和试点，就在总路线提出后轻率地发动了“大跃进”运动和农村人民公社化运动，使得以高指标、瞎指挥、浮夸风和“共产风”为主要标志的“左”倾错误严重地泛滥开来。从 1958 年底到 1959 年 7 月中央政治局庐山会议前期，毛泽东同志和党中央曾经努力领

导全党纠正已经觉察到的错误。但是，庐山会议后期，毛泽东同志错误地发动了对彭德怀同志的批判，进而在全党错误地开展了“反右倾”斗争。八届八中全会关于所谓“彭德怀、黄克诚、张闻天、周小舟反党集团”的决议是完全错误的。这场斗争在政治上使党内从中央到基层的民主生活遭到严重损害，在经济上打断了纠正“左”倾错误的进程，使错误延续了更长时间。主要由于“大跃进”和“反右倾”的错误，加上当时的自然灾害和苏联政府背信弃义地撕毁合同，我国国民经济在1959年到1961年发生严重困难，国家和人民遭到重大损失。[①] 这是中共中央对这一段历史的郑重结论。然而，正是在“‘左’倾错误严重地泛滥开来”的时候，出现了林彪在政治上的不断“崛起”——他先是在1958年中共八届五中全会上被增选为中央政治局常委、中央委员会副主席；继而在1959年夏天庐山会议后被确定为中央军委第一副主席，主持中央军委日常工作，同时取代彭德怀被任命为国务院副总理兼国防部部长；直到“十年内乱”中的中共八届十一中全会和中共九大上，林彪被正式确立为取代刘少奇的新的接班人。

林彪打着“高举毛泽东思想伟大红旗”的旗帜，实则用心险恶。中华人民共和国成立后的历史说明，凡是党的事业顺利发展的时候，正是林彪养病的时候；凡是林彪在政治舞台上大为活跃的时候，恰恰正是党的事业出现曲折和失误、甚至出现严重“内乱”的时候。这当然不是偶然的巧合。1959年夏天的庐山会议是“‘左’倾错误严重地泛滥开来”的一个转折点，是中国社会主义建设事业出现严重曲折的一个转折点，也是林彪政治生涯“时来运转”的一个转折点。1959年庐山会议后，国民经济遇到严重困难，全党全国人民团结一致，克服困难，共渡难关。这时，开始主持中央军委日常工作的林彪，却认为时机已到，逐渐从幕后走向前台，别有用心地大肆鼓吹“个人迷信”，宣扬“活学活用毛主席著作”，抢占“高举毛泽东思想伟大红旗”“紧跟毛主席的思想”的制高点，开始了“名曰树别人、实际上树自己”的现代造神运动。1959年9月，林彪刚刚主持中央军委工作，就在中央军委扩大会议上讲了自

① 《关于建国以来党的若干历史问题的决议》,1981年6月27日中国共产党第十一届中央委员会第六次全体会议一致通过。

己“创造”的学习“捷径”和“窍门”。他说：“我们学习马克思列宁主义怎样学呢？我向同志们提议，主要是学习毛泽东同志的著作。这是学习马列主义的捷径。”“学习毛主席著作，这是捷径。这并不是捧场，不是吹毛主席的。这是告诉你们一个学习的简便的窍门。”在1960年2月中央军委扩大会议上，林彪提出学习毛泽东著作用不着系统地学，主要是背若干警句，“我们不要背那么多，背上那么几十句，就差不多了”。本来，中国共产党历来提倡和坚持理论联系实际的马克思主义学风，号召学习毛泽东思想的科学体系，掌握毛泽东思想的立场、观点和方法，用以解决中国革命和建设中出现的各种新情况新问题，并在新的实践中坚持和发展毛泽东思想，把毛泽东思想不断推向前进。而林彪宣扬的那一套“走捷径”“找窍门”“背警句”的做法，完全不顾革命领袖论述问题的历史条件和客观环境，提倡照抄照搬，割裂和曲解毛泽东思想，对毛泽东思想的科学体系造成极大损害。

林彪“活学活用”的假象中包藏着“得一人而得天下”的真正目的。林彪从主持中央军委日常工作开始，就全力以赴地推行自己“独创”的那一套“活学活用毛主席著作”的实用主义做法，几乎时时刻刻、处处事事、每次讲话、每个题词，都打着“高举”“紧跟”的旗帜，一时间迷惑了不少人。就是对林彪那一套实用主义做法持不同意见的领导同志，也不便明确地提出反对的意见。“九一三”事件后，中共中央组织的“林彪反党集团专案组”从北京毛家湾林彪家中查获的大量材料中发现，林彪、叶群在20世纪60年代初期的笔记、卡片和藏书中，写下了大量真实反映林彪大搞“个人迷信”动机的笔记。例如，“要把大拥、大顺作为总诀，要仿恩（格斯）之于马（克思），斯（大林）之于列（宁），蒋（介石）之于孙（中山），跟着转，乃大窍门所在。要亦步亦趋，得一人而得天下”。要实行“三不”“三要”原则：“（1）不干扰人之决心（免己负责）；（2）不批评（免争领导之嫌）；（3）不报坏消息（去影射之嫌）。”“要响应，要表扬，要报好消息。”“出主意，勿倒行逆施。”要做到“三不主义”：“不负责，不建言，不得罪。”林彪认为：“谁不说假话，谁就得垮台。”“不说假话办不成大事。”林彪告诫自己要韬光养晦，“才不可露尽，气不可使尽”。从林彪这些充分反映其内心真实动机的笔记可以看出，林彪根本不是在倡导“高举毛泽东思想伟大红旗”“活学活用毛主席著作”“掀起活学活用毛泽东思想的群众运动”，分明是在精心揣摩“现代登龙术”。林彪所做的一切“高举”“紧跟”“活学活用”的假象下面包藏的政治目的十分明确，就是林彪在笔记中写的“要亦步亦趋，得一人而得天下”。

林彪成为中国共产党中央委员会唯一副主席，被确立为接班人。1966年5月“文化大革命”开始后，林彪集团与江青集团合谋，打倒了刘少奇、邓小平，整死了彭德怀、贺龙，整残了罗瑞卿，把李富春、谭震林、叶剑英、陈毅、徐向前、聂荣臻等打成“二月逆流的黑干将”，批斗了从中央到地方的大批党政军领导干部，将中国共产党在长期革命和建设时期形成的中坚力量统统戴上“党内走资本主义道路的当权派”的帽子，彻底打倒。与此同时，林彪纠集黄永胜、吴法宪、叶群、李作鹏、邱会作，形成了一个以林彪为头子，以篡夺党和国家最高权力为目的的阴谋集团，肆无忌惮地制造内乱，祸国殃民。林彪集团时而与江青集团密谋策划，沆瀣一气；时而又与江青集团尔虞我诈，争权夺利，上演了一幕幕既互相勾结又互相争斗的丑剧。在“文化大革命”造成中国共产党一系列正确的政治原则、思想原则和组织原则遭到践踏，党内政治生活极不正常的情况下，貌似一贯“高举”“紧跟”“活学活用”的林彪，在1966年的中共八届十一中全会和1969年的中共九大上成为中国共产党中央委员会唯一的副主席。在中共九大上，林彪的接班人地位被载入党章。中共九大通过的《中国共产党章程》总纲中赫然写道：“林彪同志一贯高举毛泽东思想伟大红旗，最忠诚、最坚定地执行和捍卫毛泽东同志的无产阶级革命路线。林彪同志是毛泽东同志的亲密战友和接班人。”这段话真乃旷古奇闻，创造了国际共产主义运动史上“史无前例”的记录。

林彪阴谋夺取党和国家最高权力，策动武装政变，自取灭亡。马克思认为，人们自己创造自己的历史，但是他们并不是随心所欲地创造，并不是在他们自己选定的条件下创造，而是在直接碰到的、既定的、从过去承继下来的条件下创造。[①] 中共八届十一中全会和中共九大，是“文化大革命”爆发和“左”倾错误登峰造极的标志，恰恰也是林彪成为中国共产党中央委员会唯一

① 《马克思恩格斯选集》第1卷，人民出版社1972年版，第603页。

副主席、被确立为接班人的时候，这难道不应该发人深思吗？中共中央在《关于建国以来党的若干历史问题的决议》中指出：党的九大使“文化大革命”的错误理论和实践合法化，加强了林彪、江青、康生等人在党中央的地位。九大在思想上、政治上和组织上的指导方针都是错误的。[①] 中共九大后，林彪集团加紧篡党夺权的阴谋活动，在军队秘密串联，私下召开会议，到处网罗死党，组织武装政变组织，制定武装政变纲领《五七一工程纪要》，策划发动武装政变，密谋暗杀毛泽东，准备另立中央。上述阴谋败露后，林彪和妻子叶群、儿子林立果等人乘飞机外逃，摔死在异国荒漠——蒙古的温都尔汗，粉身碎骨，自取灭亡。中共中央在《关于建国以来党的若干历史问题的决议》中对“从党的九大到1973年8月党的第十次全国代表大会”这段历史的结论是：1970年至1971年间发生了林彪反革命集团阴谋夺取最高权力、策动反革命武装政变的事件。这是“文化大革命”推翻党的一系列基本原则的结果，客观上宣告了“文化大革命”的理论和实践的失败。毛泽东同志、周恩来同志机智地粉碎了这次叛变。周恩来同志在毛泽东同志支持下主持中央日常工作，使各方面的工作有了转机。[②]

“文化大革命”的“十年内乱”，竟然使一些“政治流氓”扮演了“造反英雄”的角色。在中共十大上，来自上海的所谓“工人造反派头子”王洪文成为接班人

“文化大革命”给一些投机分子、野心分子和阴谋分子提供了可乘之机。1966年爆发的“文化大革命”，名义上是直接依靠群众，实际上既脱离了党的组织，又脱离了广大群众。这场旷日持久的所谓“群众运动”开始后，中国共产党各级组织普遍受到冲击并陷于瘫痪、半瘫痪状态，各级党政领导干部普遍受到批判和斗争，广大共产党员被停止了组织生活，各级党组织长期依靠的许多积极分子和基本群众受到排斥。“文化大革命”初期被卷入运动的大多数

---

① 《关于建国以来党的若干历史问题的决议》,1981年6月27日中国共产党第十一届中央委员会第六次全体会议一致通过。

② 《关于建国以来党的若干历史问题的决议》,1981年6月27日中国共产党第十一届中央委员会第六次全体会议一致通过。

人，是出于对毛泽东和党的信赖，但是除了极少数极端分子外，他们也不赞成对各级领导干部进行残酷斗争。后来，他们经过不同的曲折道路而提高觉悟之后，逐步对“文化大革命”采取怀疑、观望以至抵制反对的态度，许多人因此也遭到了程度不同的打击。以上这些情况，不可避免地给一些投机分子、野心分子和阴谋分子以可乘之机，其中有不少人还被提拔到了重要的甚至非常重要的地位。王洪文就是这些投机分子、野心分子和阴谋分子中依靠“打倒一切、全面内战”的混乱局面而平步青云的一个典型人物。中共中央在《关于建国以来党的若干历史问题的决议》中指出：1972 年，在批判林彪的过程中，周恩来同志正确地提出要批判极左思潮的意见，这是 1967 年 2 月前后许多中央领导同志要求纠正“文化大革命”错误这一正确主张的继续。毛泽东同志却错误地认为当时的任务仍然是反对“极右”。党的十大继续了九大的“左”倾错误，并且使王洪文当上了党中央副主席。江青、张春桥、姚文元、王洪文在中央政治局内结成“四人帮”，江青反革命集团的势力又得到加强。①

上海“工人造反派头子”王洪文任中国共产党中央委员会副主席，成为新的接班人。1971 年“九一三”事件发生，中国共产党章程确定的接班人林彪叛逃异国坠机身亡，举国震惊，举世关注。林彪叛逃事件使毛泽东受到极大的精神打击，心力交瘁，大病一场，从此身体日渐衰弱，进入暮年。但是，愈是年老体弱，毛泽东选择接班人的心情愈益迫切。在 1973 年中共十大上，又选择了 38 岁的王洪文任中国共产党中央委员会副主席，作为取代林彪的新的接班人。无论当时，还是现在，人们对王洪文从“文化大革命”爆发到中共十大的短短 7 年间，由一个名不见经传的上海第十七棉纺织厂保卫科保卫干事，跃居为中国共产党中央委员会副主席，成为毛泽东选定的接班人，都很不理解。其实，研究和探讨“王洪文现象”的实质，必须运用辩证唯物主义与历史唯物主义的科学方法。法国资产阶级革命后共和八年雾月十八日，即 1799 年 11 月 9 日，是拿破仑第一发动政变、改行帝制、实行军事独裁的日子。1851 年 12 月 2 日，拿破仑第一的侄子路易·波拿巴仿效拿破仑一世发动政变，

① 《关于建国以来党的若干历史问题的决议》，1981 年 6 月 27 日中国共产党第十一届中央委员会第六次全体会议一致通过。

实行军事独裁。1852 年 12 月 2 日，路易·波拿巴进而废除共和、改行帝制，号称拿破仑第三。描写这段历史的著作很多，但马克思认为“值得注意的只有两部：维克多·雨果著的《小拿破仑》和蒲鲁东著的《政变》”。马克思不同意那些把一切历史事变归咎于个人因素、个人行为的历史唯心主义观点，他在《路易·波拿巴的雾月十八日》中，用辩证唯物主义与历史唯物主义的立场、观点和方法，阐述评价历史事变的应有态度。马克思指出，维克多·雨果只是对政变的负责发动人作了一些尖刻的和俏皮的攻击，事变本身在他笔下却被描绘成了晴天的霹雳。他认为这个事变只是一个人的暴力行为。他没有觉察到，当他说这个人表现了世界历史上空前强大的个人主动作用时，他就不是把这个人写成小人而是写成伟人了。蒲鲁东呢，他想把政变描述成以往历史发展的结果。但是，他对这次政变所作的历史的说明，却不知不觉地变成了对政变主人公所作的历史辩护。这样，他就陷入了我们的那些所谓客观历史家所犯的错误。相反，我则是说明法国阶级斗争怎样造成了一种条件和局势，使得一个平庸而可笑的人物有可能扮演了英雄的角色。[①] 马克思还指出，像法国人那样说他们的民族遭受了偷袭，那是不够的。民族和妇女一样，即使有片刻疏忽而让随便一个冒险者能加以奸污，也是不可宽恕的。这样的言谈并没有揭穿哑谜，而只是把它换了一个说法罢了。还应当说明，为什么 3600 万人的民族竟会被三个衣冠楚楚的骗子弄得措手不及而毫无抵抗地作了俘虏呢。[②] 马克思的精辟论述和真知灼见，具有鲜明犀利的理论力量、逻辑力量和批判力量，为人们提供了剖析“文化大革命”和“王洪文现象”的锐利思想武器。“王洪文现象”——不是一桩孤立的个人行为，而是“文化大革命”这场“十年内乱”所造就的大量畸形的“历史怪胎”之一。王洪文出身农民，来自农村；当过兵，参加过中国人民志愿军抗美援朝；务过工，曾任上海第十七棉纺织厂工人和保卫科干事。在“文化大革命”初期，他怀着个人野心扯旗造反，很快“崭露头角”，成为“上海市工人革命造反总司令部”（简称“上海工总司”）的主要负责人。由于紧跟张春桥、姚文元，发动所谓的“上海一月风暴”，搞

① 《马克思恩格斯选集》第 1 卷，人民出版社 1972 年版，第 599 页。
② 《马克思恩格斯选集》第 1 卷，人民出版社 1972 年版，第 608 页。

乱上海，因而闻名全国。毛泽东发动“文化大革命”之初，本来对青年学生寄予希望，然而随着“文化大革命”的步步深入，原来“天真烂漫的红卫兵小将”一个个成了不听招呼、专打“派仗”的“混世魔王”，于是毛泽东又寄希望于“工人造反派”。这样，从上海第十七棉纺织厂“冲杀”出来的所谓“产业工人的代表”王洪文便“脱颖而出”，引起了毛泽东的注意。在当时看来，王洪文属于一个“工、农、兵”经历俱全的人物。经过一段时间的观察，王洪文由上海工人造反派主要负责人起家，历经上海市革命委员会副主任、中共上海市委书记（在“文化大革命”时期建立的中共上海市委，张春桥任第一书记、姚文元任第二书记、王洪文任市委书记实际上是第三书记）、上海警备区政治委员，逐渐被提拔到中共中央副主席的高位。

王洪文不读书、不看报、不学习文件，毛泽东又一次选错接班人。王洪文任中共中央副主席后，毛泽东曾经对他寄予厚望。从 1973 年 9 月 12 日到 1974 年 5 月 29 日，毛泽东先后 16 次让王洪文陪同，会见来访的外国国家元首、政府首脑、政党负责人等，以便在各种场合树立他的形象，提高他的知名度，增加他的政治活动经验。对于毛泽东的这种做法，一位敏锐的英国记者评述道：“38 岁的上海造反领袖王洪文，已明白无疑地成为毛的继承人。毛在中共十大之后每一次会见外国首脑，坐在他两侧的总是周和王。周已 75 岁，是毛的同辈战友。因此，毛用这种特殊的方式，向全世界表明，王是他的接班人。未来的中国，是王洪文的中国。毛显然已经吸取林彪事件的教训，不再把接班人的姓名写入中共党章。但是，毛仍明确地指定了自己的接班人。因为毛毕竟已是八十岁老翁，随时都可能发生意外。毛在生前指定接班人，为的是在他突然亡故时，可以使人口众多、派系纷争激烈的中国有一个众所公认的领袖，避免中国的内战和混乱。”一时间，王洪文——这个在“文化大革命”中发迹、在中共十大上腾飞的“政治明星”的崛起，引起了中外人士的广泛关注和评论。然而，继选错林彪之后，毛泽东又一次选错了接班人。毛泽东酷爱读书，孜孜不倦，学识渊博，手不释卷。对于经史子集、诗词歌赋、马列经典、国际政治，无不了然于胸、融会贯通。他博古通今，学贯中西，既是高瞻远瞩的革命家、政治家和战略家，又是卓有建树的理论家、哲学家和思想家，是一位集中华民族五千年文明历史于一身，融中华民族五千年灿烂文化为一体，具有深邃思想和雄才大略的领袖和导师。而王洪文擅长的是“文化大革命”中“冲冲杀杀”那一套“造反派”的看家本领。马克思、恩格斯在《共产党宣言》中指出：“流氓无产阶级是旧社会最下层中消极的腐化的部分，他们有时也被无产阶级革命卷到运动里来。但是，由于他们的整个生活状况，他们更甘心于被人收买，去干反动的勾当。”① 王洪文就是这样的“流氓无产者”。他依靠“文化大革命”起来“造反”夺权，登上了上海市的领导岗位后，不喜欢读书，不喜欢看报，不喜欢学习文件，经常和一些“造反骨干”为伍，过着呼朋唤友、吃喝玩乐的逍遥自在日子。他初到中央工作时，还能规规矩矩一段时间。长此以往，哪里过得惯整天开会、批阅文件、通宵熬夜这种苦日子，天长日久，便耐不住寂寞，露出了“庐山真面目”。平日里，王洪文喜欢抽高级香烟、喝高级名酒、穿高档衣服、坐豪华轿车、开着摩托车沿中南海兜风；还喜欢乘着吉普车到飞机场的草丛中打兔子、拿着高级钓鱼竿在钓鱼台国宾馆钓鱼、打扑克打到深夜，整个一副旧上海滩十里洋场“阔少”的模样；就是不喜欢开会、听汇报、批阅文件、读书、看报，自称一读马列著作和书报就“头痛”。当时，中共中央机关的工作人员和北京人民大会堂的服务人员由于经常目睹王洪文的所作所为，因此都极为藐视这个“文革怪胎”，对其嗤之以鼻。在“文化大革命”的特殊历史时期，像王洪文这样的具有“流氓无产者”特质的“上海工人造反派头头”，竟然能够逐渐窃据高位，这是一个沉重的历史教训，应当永远汲取。

王洪文与江青、张春桥、姚文元结成的“四人帮”被扫进“历史垃圾堆”。王洪文任中共中央副主席后，一方面知识贫乏，品质低下，思想荒谬，理论一窍不通，难以担当大任；另一方面更为严重的根本问题是，在政治上，王洪文与江青、张春桥、姚文元结成了“四人帮”。毛泽东多次批评他们，不要搞“四人帮”，不要搞“上海帮”，不要搞成“四人小宗派”。毛泽东还当面告诫王洪文，“你不要搞‘四人帮’，搞宗派是要摔跤的。摔了跤，能爬起来就好”，并列举了党史上凡是搞宗派都没有好下场的例子。但是“言者谆谆，听者藐藐”，王洪文阳奉阴违，执迷不悟，继续与江青、张春桥、姚文元勾结在一起，进行篡党夺权的阴谋活动。中共十大后，王洪文曾

① 《马克思恩格斯选集》第1卷，人民出版社1972年版，第26页。

经有过几次主持中央日常工作的经历，但每次时间不长就被更换下来。实践证明，他根本不具备一个中共中央副主席应当具备的基本素质，根本没有能力担当治国安邦的大任。别看他在上海滩“冲冲杀杀”，可以“一呼百应”，但在中共中央领导机关、在一个泱泱大国执政党副主席的位置上，便不是那么简单的了。1976 年 10 月，党和人民彻底粉碎“四人帮”，王洪文终于被押上了历史的审判台。实践证明，“文化大革命”不是也不可能是任何意义上的革命或社会进步。它根本没有“乱了敌人”而只是乱了自己，因而始终没有也不可能由“天下大乱”达到“天下大治”。在中国，在人民民主专政的国家政权建立以后，尤其是社会主义改造基本完成、剥削阶级作为阶级已经消灭以后，虽然社会主义革命的任务还没有最后完成，但是革命的内容和方法已经同过去有根本不同。对党和国家肌体中确实存在的某些阴暗面，当然需要作出恰当的估计并运用符合宪法、法律和党章的正确措施加以解决，但决不应该采取“文化大革命”的理论和方法。在社会主义条件下进行所谓“一个阶级推翻一个阶级”的政治大革命，既没有经济基础，也没有政治基础。它必然提不出任何建设性的纲领，而只能造成严重的混乱、破坏和倒退。历史已经判明，“文化大革命”是一场由领导者错误发动，被反革命集团利用，给党、国家和各族人民带来严重灾难的内乱。[①]“文化大革命”除了给王洪文一类的“流氓无产者”提供飞黄腾达的“难得机遇”外，对于各级党政军领导干部、知识分子和工农大众来说，只能是一次噩梦。因此，“文化大革命”必须彻底否定。

为了实现“安定团结”，1975 年毛泽东再次选择邓小平为接班人，任命他为中共中央副主席、国务院副总理、中央军委副主席兼中国人民解放军总参谋长，主持中央日常工作

毛泽东感到中共十大上选择的接班人王洪文难当大任。中共中央在《关于建国以来党的若干历史问题的决议》中指出：对于“文化大革命”这一全局性的长时间的“左”倾严重错误，毛泽东同志负有主要责任。他在全局上

---

① 《关于建国以来党的若干历史问题的决议》,1981 年 6 月 27 日中国共产党第十一届中央委员会第六次全体会议一致通过。

一直坚持“文化大革命”的错误，但也制止和纠正过一些具体错误，保护过一些党的领导干部和党外著名人士，使一些负责干部重新回到重要的领导岗位。他领导了粉碎林彪反革命集团的斗争，对江青、张春桥等人也进行过重要的批评和揭露，不让他们夺取最高领导权的野心得逞。这些都对后来我们党顺利地粉碎“四人帮”起了重要作用。在“文化大革命”中，我们党没有被摧毁并且还能维持统一，国务院和人民解放军还能进行许多必要的工作，由各族各界代表人物出席的第四届全国人民代表大会还能召开并且确定了以周恩来、邓小平同志为领导核心的国务院人选，我国社会主义制度的根基仍然保存着，社会主义经济建设还在进行，我们的国家仍然保持统一并且在国际上发挥重要影响。[①]“老骥伏枥，志在千里。烈士暮年，壮心不已。”经过中共十大后一段时间的实际考察，毛泽东清醒地认识到，中共十大上选择的接班人王洪文缺德无才，实在难当大任，只好考虑另外选择接班人。

邓小平担任中央党政军重要领导职务主持中央日常工作。“从天下大乱达到天下大治”，是毛泽东的一个重要思想。为了在“文化大革命”造成的“天下大乱”中实现“安定团结”的目标，20 世纪 70 年代中期毛泽东又一次选择邓小平为接班人。1972 年 8 月 14 日，毛泽东在流放江西劳动的邓小平的来信上批示：“请总理阅后，交汪主任（指中共中央办公厅主任汪东兴——笔者注）印发各同志。邓小平同志所犯错误是严重的。但应与刘少奇加以区别。(一) 他在中央苏区是挨整的，即邓、毛、谢、古（指邓小平、毛泽覃、谢唯俊、古柏——笔者注）四个罪人之一，是所谓毛派的头子。整他的材料见《两条路线》《六大以来》两书。出面整他的人是张闻天。(二) 他没有历史问题，即没有投降过敌人。(三) 他协助刘伯承同志打仗是得力的，有战功。除此之外，进城以后，也不是一件好事都没有做的。例如率领代表团到莫斯科谈判，他没有屈服于苏修。这些事我过去讲过多次，现在再说一遍。”毛泽东的批语，并不完全正确，例如“邓小平同志所犯错误是严重的”就不符合历史事实。但是，当时毛泽东的批示，却有着至高无上的重要意义。1973 年 2 月，

---

① 《关于建国以来党的若干历史问题的决议》，1981 年 6 月 27 日中国共产党第十一届中央委员会第六次全体会议一致通过。

中共中央正式通知邓小平回北京。3 月 10 日，中共中央向全党发出关于恢复邓小平同志党的组织生活和国务院副总理职务的决定。12 月 15 日，毛泽东在同中央政治局有关成员和大军区负责人的谈话中说：我们现在请了一位总参谋长（指邓小平——作者注）。他呢，有些人怕他，但他办事比较果断。”“你们的老上司，我请回来了，政治局请回来了，不是我一个人请回来的。你呢（指邓小平——作者注），人家有点怕你，我送你两句话：柔中有刚，绵里藏针。外面和气一点，内部是钢铁公司。”12 月 22 日，中共中央发出通知：“遵照毛主席的提议，中央决定：邓小平同志为中央政治局委员，参加中央领导工作，待十届二中全会时请予追认；邓小平同志为中央军事委员会委员，参加军委领导工作。”1974 年 7 月 17 日，鉴于“四人帮”捣鬼有术、治国无方，成事不足、败事有余，制造内乱、挑动内战的种种倒行逆施，毛泽东主持中共中央政治局会议对“四人帮”进行了严厉批评。接着，毛泽东又作出“文化大革命已经八年，现在以安定为好，全党全军要团结”的重要指示，反映出他“久乱思治”、期望“安定团结”的思想。这时，毛泽东和周恩来均已重病在身，于是把治国安邦的希望寄托在邓小平身上。从 1974 年 7 月毛泽东批评王洪文、张春桥、江青、姚文元为“四人小宗派”，到 1975 年 1 月第四届全国人民代表大会第一次会议闭幕，在短短半年时间内，毛泽东果断决策，推出“文化大革命”初期被打倒、恢复工作不到两年的邓小平任中共中央副主席、国务院第一副总理、中央军委副主席兼中国人民解放军总参谋长，赋予其前所未有的极大权力，将治党治国治军的领导工作、在中国实现“安定团结”的历史性重任交给了邓小平。

邓小平“以三项指示为纲”总览全局，推动全国各方面的工作。邓小平大智大勇，高屋建瓴，具有“舍得一身剐，敢把皇帝拉下马”的胆略和气魄。在毛泽东、周恩来支持下，他主持中央日常工作后，很快以高瞻远瞩的政治远见、娴熟的政治智慧、独到的理论思维，把毛泽东提出的“学习无产阶级专政理论”“还是安定团结为好”和“把国民经济搞上去”的三项指示整合在一起，响亮地提出要以“学习理论、反修防修，安定团结和把国民经济搞上去”的“三项指示为纲”，指引和推动全国各方面的工作。虽然邓小平鉴于当时的历史环境，把“学习理论、反修防修”放在首位，但实质上却是以“安定团结和把国民经济搞上去”为纲。对此，全国上下，从中央到地方，广大党员、干部和人民群众都心知肚明。除江青集团及其帮派体系以外，全党全军全国都坚决拥护“三项指示为纲”，并积极贯彻、狠抓落实。面对“四人帮”的暗中诋毁和攻击，邓小平不无幽默，十分风趣地说：“我是维吾尔族的姑娘，就是辫子多。”同时，他坚定不移地表示，要“横下一条心”，“不怕第二次被打倒”。

邓小平对被“文化大革命”搞乱了的各个领域进行了全面整顿。邓小平主持中央日常工作，是受命于危难之际。他立即行动，争分夺秒，雷厉风行，大刀阔斧地对被“文化大革命”搞乱了的各个领域进行全面整顿，主持或者指示召开了解决铁路、工业、农业、交通、科技等方面问题的一系列重要会议，与叶剑英一起主持召开了中央军委扩大会议。他在一系列讲话中强调，实现农业现代化、工业现代化、国防现代化和科学技术现代化是全党全国的大局，要围绕早日实现中国的“四个现代化”这个大局，推动全国各方面的全面整顿。他具体部署，以整顿铁路系统为突破口，将“文化大革命”造成的堵塞严重的铁路全部疏通，实现铁路运输安全畅通、多拉快跑、当好先行。接着，他对钢铁工业系统进行全面整顿，提出严格要求：把钢铁生产搞上去，最重要的是建立一个坚强的领导班子，坚决同派性作斗争，认真落实政策，建立必要的规章制度。他派出或者坚决支持一些久经考验的坚强有力的高级干部到铁道部、中国科学院、中国人民解放军国防科学技术委员会和教育部担任负责人，对铁路系统、科学院系统、国防科学技术系统、教育系统进行全面整顿，受到广大党员干部、知识分子、解放军指战员和职工的热烈拥护。同时，积极着手对文艺政策进行重大调整。他和叶剑英主持的军队整顿是全面整顿中的重要内容，对中国人民解放军领导机关和各大单位的领导集体进行了重要调整，坚决抵制江青集团妄图夺取军队领导权的图谋。

邓小平否定“文化大革命”，使全国形势有了明显好转。邓小平主持中央日常工作期间，提出全面整顿的核心是党的整顿，主要整顿各级领导班子，为此调整、改组、充实了各级党政领导集体，任用了大批“文化大革命”初期被打倒的领导干部。邓小平十分重视思想理论工作，领导起草了《关于加快工业发展的若干问题》《关于科技工作的几个问题》等文件，支持撰写理论文章《论全党全国各项工作的总纲》，采取了加快工业发展、推动科学技术发展的一系列重大措施，提出了“科学技术也是生产力”“科研要走在前面，推动生产向前发展”，实现全国“安定团结”等重要观点。邓小平主持的全面整顿是“文化大革命”期间党的正确领导与江青集团的一场重大斗争，虽然还不可能直接触及“文化大革命”的根本问题，但力图在一些重要问题上把“文化大革命”中被颠倒的路线是非、思想是非、理论是非、政策是非加以澄清，从而开始了有限度的拨乱反正。邓小平推动的全面整顿的一系列重大举措，迅速大见成效，全国形势有了明显好转，受到全党全军全国人民的衷心拥护。全国大部分地区的社会秩序趋于稳定，国民经济由停滞、下降转向回升，工农业产品产量均有较大幅度增长。全面整顿有力地推动了国民经济好转，国民经济统计数字表明，1975 年是“文化大革命”以来经济发展较好的一年。

邓小平在“反击右倾翻案风”运动中被撤销党内外一切职务。毛泽东虽然器重邓小平的才干和魄力，支持邓小平主持党和国家的日常工作，但他仍然认为“文化大革命”是正确的、必要的。他希望邓小平在肯定“文化大革命”的前提下实现全国的安定团结，把国民经济搞上去。然而，邓小平主持的全面整顿各项工作的深入展开，势必触及“文化大革命”的“左”倾错误，并且实际上逐渐发展成为对“文化大革命”的比较系统的纠正。这在实质上是逐步对“文化大革命”进行彻底否定，实质上是在逐步恢复中共八大发展社会生产力实现国家工业化的路线，实质上是在用“以经济建设为中心”逐步取代“文化大革命”时期的“以阶级斗争为纲”。邓小平主持中央日常工作、推进全面整顿的这种发展趋势，既遭到江青集团的反对，也为坚持“以阶级斗争为纲”的毛泽东所不能容忍。1975 年 11 月下旬，江青集团策动的“反击右倾翻案风”运动爆发，再度造成全国的社会混乱。中共中央在《关于建国以来党的若干历史问题的决议》中指出：1975 年，周恩来同志病重，邓小平同志在毛泽东同志支持下主持中央日常工作，召开了军委扩大会议和解决工业、农业、交通、科技等方面问题的一系列重要会议，着手对许多方面的工作进行整顿，使形势有了明显好转。但是毛泽东同志不能容忍邓小平同志系统地纠正“文化大革命”的错误，又发动了所谓“批邓、反击右倾翻案风”运动，全国因而再度陷入混乱。[1] 这一时期，全党全国越来越多的党员、干部和广大群众对长期持续的“文化大革命”运动感到困惑，对江青集团的倒行逆施更加不满，要求社会安定和发展经济的愿望愈加强烈，这就奠定了粉碎江青集团的强大群众基础、思想基础和政治基础。1976 年“4 月间，在全国范围内掀起了以天安门事件为代表的悼念周总理、反对‘四人帮’的强大抗议运动。这个运动实质上是拥护以邓小平同志为代表的党的正确领导，它为后来粉碎江青反革命集团奠定了伟大的群众基础。当时，中央政治局和毛泽东同志对天安门事件的性质作出了错误的判断，并且错误地撤销了邓小平同志的党内外一切职务”[2]。

毛泽东最后决定，华国锋任中共中央第一副主席、国务院总理，作为最终选定的接班人。这一选择为历史转机留下了余地，使党和人民粉碎“四人帮”的斗争能够较为顺利地进行

毛泽东最后既没有选择邓小平接班，也没有把党和国家的最高权力交给“四人帮”。1976 年年初，毛泽东已经到了生命的最后阶段，愈到生命的尽头，对接班人问题愈是焦灼不安。毛泽东始终坚持“文化大革命”的错误理论与实践，认为邓小平主持中央日常工作期间进行“全面整顿”、注重发展社会生产力是否定“文化大革命”、否定“以阶级斗争为纲”，导致他再一次考虑更换接班人问题。1976 年 1 月，国务院总理周恩来逝世。当时，邓小平是中共中央副主席、国务院第一副总理、中央军委副主席兼中国人民解放军总参谋长。周恩来逝世，国务院总理职务理应交给国务院第一副总理邓小平，但此时“反击右倾翻案风”运动的矛头已经明确指向邓小平。所以，邓小平担任国务院总理已经不可能了。此时，“四人帮”中老谋深算的张春桥是中共中央政治局常委、国务院第二副总理、中央军委常委兼中国人民解放军总政治部主任、南京军区第一政治委员、中共上海市委第一书记兼上海市革命委员会主任。国务院总理职务既然不可能交给第一副总理邓小平，是否会交给第二副总理张春

---

① 《关于建国以来党的若干历史问题的决议》，1981 年 6 月 27 日中国共产党第十一届中央委员会第六次全体会议一致通过。

② 《关于建国以来党的若干历史问题的决议》，1981 年 6 月 27 日中国共产党第十一届中央委员会第六次全体会议一致通过。

桥呢？全党全军全国甚至全世界都极为关注、拭目以待。张春桥在1975年年底处心积虑地策动、发起矛头对着邓小平的“反击右倾翻案风”运动，主要目的之一就是要在周恩来逝世后阻止第一副总理邓小平接任国务院总理，而张春桥自己却一直在觊觎着国务院总理的位置。然而，毛泽东最后的决策，却出乎所有人的意料，国务院总理的职务既没有交给被周恩来和全党全军全国人民寄予厚望的邓小平，也没有交给张春桥和“四人帮”中的其他任何人。

毛泽东最后下定决心将华国锋作为自己选定的接班人。据毛泽东身边工作人员回忆，国务院总理周恩来逝世后，关于让谁接任国务院总理，那些日子，毛泽东经常扳着手指头，对所有中共中央政治局委员一个一个地进行反复比较，呕心沥血，苦心积虑，难以定夺。经过反复思考，毛泽东决定把党和国家最高领导权力逐步交给曾任中共湘潭县委书记、湘潭地委书记、湖南省委书记的中共中央政治局委员、国务院副总理华国锋，将华国锋作为接班人的最终人选。于是，毛泽东提议由华国锋任国务院代总理，主持中央日常工作。从此，华国锋代替邓小平主持中央日常工作和国务院领导工作。“天安门事件”后，根据毛泽东的提议，中共中央政治局一致通过，华国锋任中共中央第一副主席、国务院总理。中共中央第一副主席的职务，中国共产党成立以来没有设立过。毛泽东提议华国锋任中共中央第一副主席，是一个史无前例的重大举措。这标志着毛泽东已经下定决心，最后选定华国锋为接班人，并通过任命华国锋为中共中央第一副主席的行动，将最后选定华国锋为接班人的决定向全党、全军、全国和全世界予以公示。毛泽东的这一决策，为以后的历史发展留下了余地，使党和人民粉碎“四人帮”的斗争能够较为顺利地进行。

毛泽东临终前郑重向接班人华国锋等人交代后事。1976年4月30日晚上，毛泽东由中共中央第一副主席、国务院总理华国锋等陪同，在中南海会见新西兰总理马尔登。这次会见结束后，华国锋抓紧时间，简明扼要地向毛泽东汇报了近段时间中央的主要工作和全国的形势。最后，华国锋说：全国总的形势很好，也有几个省的形势不大好……这时，毛泽东的病情已经非常严重，没有工作人员的搀扶，毛泽东自己甚至不能站起来。毛泽东的病情严重到通过说话来表达自己的思想也遇到很大障碍，许多话需要工作人员根据毛泽东说话的口型来进行转达。为了表示对华国锋的高度信任和大力支持，毛泽东拿起放在身边小茶几上的铅笔，十分费力地在白纸上写下了三句话："慢慢来，不要着急；照过去方针办；你办事，我放心。"当时，毛泽东的话"句句是真理""一句顶一万句"。在华国锋看来，毛泽东写给自己的这三句话，尤其是最后一句"你办事，我放心"，是将来毛泽东辞世后，自己正式成为毛泽东接班人的最有力、最重要的依据。1976年6月15日，早已重病在身，自知将不久于人世的毛泽东，在病情不断加剧的情况下，将最后选定的接班人华国锋召到病床前。毛泽东——这位早在青年时代就写下"自信人生二百年，会当水击三千里"的气魄宏大的诗句，立志要"改造中国与世界"的历史巨人，20世纪最成功的革命家，牢牢把握"中国号巨轮"前进方向的舵手，直到生命的尽头，仍然保持着敏锐的思维和清醒的头脑。他要向自己的接班人华国锋亲自交代一下后事。毛泽东对华国锋和在场的王洪文、张春桥、江青、姚文元等人说：人生七十古来稀，我80多岁了，人老总想后事，中国有句古话叫盖棺论定，我虽未盖棺也快了，总可以定论吧！我一生干了两件事，一是与蒋介石斗了那么几十年，把他赶到那么几个海岛上去了，抗战八年，把日本人请回老家去了。对这些事持异议的人不多，只有那么几个人，在我耳边叽叽喳喳，无非是让我及早收回那几个海岛罢了。另一件事你们都知道，就是发动"文化大革命"。这事拥护的人不多，反对的人不少。这两件事没有完，这笔遗产得交给下一代，怎么交？和平交不成就动荡中交，搞不好就得血雨腥风了，你们怎么办，只有天知道。[①] 可以确凿地说，毛泽东逝世的时候并没有留下任何遗嘱。如果要说毛泽东有"政治遗嘱"的话，那么毛泽东在1976年6月15日讲的上面这段话，实际上可以看作是毛泽东的"政治遗嘱"。80多岁的毛泽东在临终前已经清醒地认识到：发动"文化大革命"，这件事拥护的人不多，反对的人不少。但他既没有认识到"文化大革命"的错误，也无力去纠正"文化大革命"的错误了。他在1966年致江青的一封信中所提到的"通过天下大乱达到天下

---

① 《中国共产党执政五十年》，中共党史出版社1999年版，第456页。近年来，有人质疑毛泽东是否说过这段话。但是，笔者清楚地记得，在粉碎"四人帮"后举行的一次中央工作会议上，中共中央副主席、中央军委副主席叶剑英的讲话中公开了毛泽东的这段话。当时，叶剑英在中央工作会议上的讲话曾向全党全军全国人民进行了传达。由于这段话极具震撼力，凡是听过传达的人印象都非常深刻。笔者当时曾专门找到叶剑英的这个讲话，将毛泽东的这段话记在笔记本上。因此，笔者的笔记本中就记载了这段话。

大治”的设想，到他临终之际也没有能够实现。这次谈话两个月之后，1976年9月9日，毛泽东逝世。

中共中央政治局代表全党全国人民根本利益粉碎“四人帮”。毛泽东逝世后，华国锋主持中央党政军领导工作。1976年10月6日，中共中央政治局代表全党全国人民的根本利益，彻底粉碎江青集团。在《李先念文选》第157条注释中，对粉碎“四人帮”作了如下表述：1976年10月6日，中共中央政治局执行党和人民的意志，毅然粉碎了这个反革命集团。在这一斗争中，华国锋、叶剑英、李先念等起了重要作用。是年9月，毛泽东逝世，江青反革命集团加紧夺取党和国家最高领导权的阴谋活动，许多老同志对此深感忧虑并酝酿解决办法。9月11日，华国锋到李先念住处，商讨解决“四人帮”问题，认为同他们的斗争不可避免，并请李先念代表他去找叶剑英，请叶剑英考虑以什么方式、在什么时间解决为好。9月14日，李先念到叶剑英住处，转达了华国锋的意见，并同他研究此事。后经他们慎重考虑和反复商量，并征得当时中央政治局多数同志的同意，于10月6日对江青、张春桥、姚文元、王洪文等实行隔离审查。这一措施得到全党全军全国人民的热烈欢呼与坚决支持。中共中央在《关于建国以来党的若干历史问题的决议》中指出：“1976年9月毛泽东同志逝世，江青反革命集团加紧夺取党和国家最高领导权的阴谋活动。同年10月上旬，中央政治局执行党和人民的意志，毅然粉碎了江青反革命集团，结束了‘文化大革命’这场灾难。这是全党、全军和全国各族人民长期斗争取得的伟大胜利。在粉碎江青反革命集团的斗争中，华国锋、叶剑英、李先念等同志起了重要作用。”邓小平1980年8月在回答意大利记者法拉奇采访时，对于人民群众和集体力量在粉碎“四人帮”中的巨大作用，用辩证唯物主义与历史唯物主义观点进行了深刻阐述。法拉奇问：“很显然，只有在毛主席逝世以后才能逮捕‘四人帮’，到底是谁组织的，是谁提出把‘四人帮’抓起来的?”邓小平回答：“这是集体的力量。我认为首先有四五运动的群众基础。‘四人帮’这个词是毛主席在逝世前一两年提出来的。1974年、1975年，我们同‘四人帮’进行了两年的斗争。‘四人帮’的面貌，人们已看得很清楚。尽管毛主席指定了接班人，但‘四人帮’是不服的。毛主席去世以后，‘四人帮’利用这个时机拼命抢权，形势逼人。‘四人帮’那时很厉害，要打倒新的领导。在这样的情况下，政治局大多数同志一致的意见是要对付‘四人帮’。要干这件事，一个人、两个人的力量是办不到的。”①

华国锋任中共中央主席和中央军委主席正式接班。1976 年 10 月 6 日晚上粉碎“四人帮”后，当天深夜至次日凌晨，中共中央政治局玉泉山会议决定：华国锋任中共中央主席、中央军委主席。毛泽东生前最终选定的接班人华国锋正式接班。在中国共产党和中华人民共和国历史上，华国锋成为唯一同时担任中共中央主席、国务院总理、中央军委主席这三个党政军领导职务的最高领导人。华国锋逝世后，中共中央审定的《华国锋同志生平》指出：1976 年 9 月 9 日，毛泽东同志逝世，全国人民沉浸在巨大的悲痛之中。在党和国家的几位主要领导人相继逝世后，华国锋同志同“四人帮”篡党夺权的阴谋活动进行了坚决斗争，并提出要解决“四人帮”的问题，得到了叶剑英、李先念等中央领导同志的赞同和支持。同年 10 月，他和叶剑英等同志代表中央政治局，执行党和人民的意志，采取断然措施，一举粉碎“四人帮”，挽救了党，挽救了社会主义事业，党和国家事业的发展翻开了新的一页。华国锋同志在粉碎“四人帮”这场关系党和国家命运的斗争中起了决定性作用。党和人民不会忘记他作出的重要贡献。粉碎“四人帮”后，华国锋同志担任了中共中央主席、中央军委主席和国务院总理等职务。在此期间，他先后主持了党的十届三中全会、十一大、十一届三中全会等重要会议。他在老一辈无产阶级革命家的支持下，拨乱反正，恢复党和国家政治生活的正常秩序，动员组织广大干部群众积极投入经济建设各项工作，揭发批判“四人帮”的罪行，清查他们的帮派体系，取得了很大成绩。他根据广大干部群众的要求，开始复查、平反冤假错案。他强调千方百计把经济搞上去，使工农业生产得到比较快的恢复和发展。在他的推动下，教育科学文化工作开始走向正常，外交工作取得了新的进展。华国锋同志在领导揭批“四人帮”和动员全党全国各族人民建设社会主义现代化强国方面作出了很大努力。②

---

① 《邓小平文选》第 2 卷，人民出版社 1994 年版，第 349～350 页。

② 《华国锋同志生平》，《人民日报》，2008 年 9 月 1 日。

在中国革命和建设时期，毛泽东高度重视选拔、培养、锻炼和造就接班人问题，留下了十分丰富的历史经验和深刻的历史教训，值得认真研究，以史为鉴

唐太宗李世民说："以铜为鉴，可以正衣冠；以人为鉴，可以明得失；以史为鉴，可以知兴替。"毛泽东经常强调："历史的经验值得注意。"从中国共产党历史发展的角度，系统研究、深入总结毛泽东在选择接班人问题上的历史经验和深刻教训，可以清楚地看到：

第一，从毛泽东选择接班人的全过程来看，毛泽东对接班人问题高度重视。毛泽东最早开始重视选拔、培养、锻炼和造就接班人问题，并且进行了这方面的长期实践。在选择接班人问题上，毛泽东既有成功的经验，也有深刻的教训，并由此导致了严重的后果。众所周知，更换接班人就是导致和发动"文化大革命"的一个重要原因。毛泽东选择接班人的方法，属于个人选择、个人交班、个人接班。叶剑英在1980年2月曾经指出："我们党虽然在理论上提出了接班人的问题，但在实践中也没有解决好。毛主席他老人家对集体的交班、接班问题考虑得少，而是侧重于个人的交班、接班。'九大'把林彪当接班人写进了党章，林彪摔死了，又提出王洪文当接班人。实践证明，这样做是失败的，这个教训我们要牢牢记取。"① 最后，毛泽东没有把党和国家的最高权力交给具有丰富革命和建设经验、具有非凡领导能力、具有崇高威望、具有深厚群众基础，在主持1975年全面整顿中众望所归的邓小平；而是通过发动"反击右倾翻案风"运动，撤销邓小平党内外一切职务，把党和国家的最高权力交给了华国锋。当然，毛泽东也没有把党和国家的最高权力交给"四人帮"。

第二，从毛泽东选择接班人的全过程来看，对刘少奇的选择是完全正确的。在中国人民抗日战争时期和中华人民共和国成立初期，毛泽东选择、确定刘少奇为接班人，是一个正确的选择。刘少奇在工人运动、白区工作、开辟抗日根据地、党的建设、理论创新等方面，具有丰富的实践经验和深厚的理论造诣，在开辟北方地下工作、创建华北抗日民主根据地、发展华中抗日战争新局面等方面，

① 中共中央文献研究室主编:《三中全会以来——重要文献选编》上册,人民出版社1982年版,第389页。

都具有杰出的历史贡献。从20世纪50年代末起，刘少奇作为中国共产党中央委员会副主席、中华人民共和国主席主持中央工作期间，为挽救“大跃进”造成的国民经济困难局面，深入基层，调查研究，实事求是，力挽狂澜，采取非常措施，扭转危局，解决了一系列严峻问题，充分显示出一个真正共产党人立党为公、执政为民、克服困难、掌握全局的大智大勇。虽然江青集团利用“十年内乱”将刘少奇置于死地，但是刘少奇关于中国革命和建设的理论与实践、思想与业绩，将永远镌刻在中国共产党和中国革命与建设的史册上。

第三，从毛泽东选择接班人的全过程来看，对林彪、王洪文的选择是完全错误的。历史已经证明，采取发动“文化大革命”这样空前规模的所谓“群众运动”，期望通过所谓“群众运动”的方式和方法，来更换接班人、发现接班人、挑选接班人、培养接班人、确定接班人，带来了极为严重的后果，教训极为深刻。“文化大革命”造成的“十年内乱”打倒了中华人民共和国主席刘少奇、中共中央总书记邓小平等党政军领导人和大批久经考验的各级领导干部。在“文化大革命”中发迹并受到提拔重用的，只能是林彪、黄永胜、吴法宪、叶群、李作鹏、邱会作和王洪文、张春桥、江青、姚文元这样一些野心家、阴谋家、两面派和投机分子。然而，正是被作为接班人正式载入《中国共产党章程》的林彪，却在暗中利用“天下大乱”，阴谋发动武装政变，企图置毛泽东于死地，以篡夺党和国家的最高权力。也正是在“文化大革命”的所谓“群众运动”中，形成了王洪文、张春桥、江青、姚文元结成的阴谋集团，一次又一次地制造“天下大乱”，给党和人民造成极大的危害。如果不是“文化大革命”否定了中国共产党的一系列基本原则，如果不是“文化大革命”制造的混乱局面，如果不是“文化大革命”打倒了从中央到地方的大批坚持正确原则的领导干部，就根本不可能有林彪、王洪文地位的上升，根本不可能确立林彪、王洪文的接班人地位，根本不可能有产生林彪集团和江青集团的土壤和条件，也根本不可能发生林彪集团阴谋策划武装政变、江青集团阴谋篡夺党和国家最高权力这样震撼中国和世界的严重事件。

第四，从毛泽东选择接班人的全过程来看，对邓小平的选择是完全正确的。邓小平早年在欧洲的经历，使他既了解资本主义国家的情况，也了解社会主义国家的情况。回国后，他经历了大革命的高潮与失败。邓小平在上海中共中央机关从事过地下斗争，在广西领导过百色起义，在中央革命根据地主持过县委和中心县委工作，在“左”倾教条主义者统治中央时受到过严重打击，积累了长期领导华北、中原、华东、西南等大战略区党政军工作的全面经验，在中国革命战争中建立了重要历史功绩，形成了实事求是、大刀阔斧、雷厉风行、干脆利落、举重若轻的工作作风，一直受到毛泽东的高度评价和信任。因此，在1956年和1975年，毛泽东两次选择邓小平为接班人。但是，由于邓小平始终不渝地坚持中国共产党的实事求是的思想路线，对1959年以后“左”的错误和1966年开始的“文化大革命”都持否定态度，在实际工作中始终不渝地坚持中国共产党第八次全国代表大会确定的政治路线，因而在1966年和1976年两次受到错误的打击和迫害，被解除中央领导职务，并两次被排除在接班人之外。

第五，从毛泽东选择接班人的全过程来看，对于华国锋的选择是匆忙的。毛泽东认为，华国锋具有在县委、地委、省委主持领导工作的丰富经验，经受了“文化大革命”这样的“群众运动”的严峻考验，到中央工作后在党政军领导工作中又积累了新的经验，是一个“文化大革命”造成的矛盾重重的中央内部各方面都能够接受的人物。因此，在“天安门事件”发生后，毛泽东既没有选择周恩来等老一辈革命家支持的邓小平接班，也没有选择江青集团及其帮派势力支持的王洪文和张春桥接班，而是匆匆忙忙选择了华国锋为接班人。华国锋正式接班后，审时度势，迅速与叶剑英等一起，依靠中共中央政治局的集体力量，代表中国人民和中华民族的根本利益，坚决粉碎了江青集团，毅然决然地结束了“十年内乱”，为党和人民立了大功。但是，华国锋缺乏彻底否定“无产阶级文化大革命”、彻底否定“无产阶级专政下继续革命的理论”、彻底否定“以阶级斗争为纲”的政治远见，也缺乏解放思想、拨乱反正、革故鼎新、改革开放，开创中国特色社会主义道路的大智大勇。因此，华国锋成为结束“文化大革命”的“十年内乱”与实现当代中国历史性伟大转折、进行改革开放之间的“一个过渡人物”。邓小平认为：“华国锋只是一个过渡，说不上是一代，它本身没有一个独立的东西，就是‘两个凡是’。”①

① 《邓小平文选》第3卷，人民出版社1993年版，第298页。

中国人民选择了邓小平，中华民族选择了邓小平，中国历史发展选择了邓小平。邓小平领导中国人民开创中国特色社会主义道路，成为举世公认的“中国改革开放的总设计师”

邓小平对“两个凡是”的批评开启当代中国思想解放运动的先河。粉碎“四人帮”，人们喜洋洋，拨乱反正成为大势所趋、人心所向。但是，1977 年 2 月 7 日《人民日报》、《红旗》杂志、《解放军报》社论《学好文件抓住纲》却提出：“凡是毛主席作出的决策，我们都坚决维护；凡是毛主席的指示，我们都始终不渝地遵循。”这就是“两个凡是”的错误方针。它的实质是要把毛泽东晚年的“左”倾错误延续下来，给平反“天安门事件”、邓小平恢复工作制造障碍。邓小平在尚未恢复工作的情况下，挺身而出，旗帜鲜明，对“两个凡是”的错误方针提出严肃批评。他在 1977 年 4 月 10 日写给中共中央的信中提出：“我们必须世世代代地用准确的完整的毛泽东思想来指导我们全党、全军和全国人民，把党和社会主义的事业，把国际共产主义运动的事业，胜利地推向前进。”5 月 3 日，中共中央向全党转发邓小平的这封信，肯定邓小平的正确意见。邓小平对“两个凡是”的批评，首开当代中国思想解放运动的先河。5 月 24 日，邓小平在同中央两位同志的谈话中指出：“两个凡是”不符合马克思主义。他说：“前些日子，中央办公厅两位负责同志来看我，我对他们讲，‘两个凡是’不行。按照‘两个凡是’，就说不通为我平反的问题，也说不通肯定 1976 年广大群众在天安门广场的活动‘合乎情理’的问题。把毛泽东同志在这个问题上讲的移到另外的问题上，在这个地点讲的移到另外的地点，在这个时间讲的移到另外的时间，在这个条件下讲的移到另外的条件下，这样做，不行嘛！邓小平指出：毛泽东同志自己多次说过，他有些话讲错了。他说，一个人只要做工作，没有不犯错误的。又说，马恩列斯都犯过错误，如果不犯错误，为什么他们的手稿常常改了又改呢？改了又改就是因为原来有些观点不完全正确，不那么完备、准确嘛。毛泽东同志说，他自己也犯过错误。一个人讲的每句话都对，一个人绝对正确，没有这回事情。他说：一个人能够‘三七开’就很好了，很不错了，我死了，如果后人能够给我以‘三七开’的估计，我就很高兴、很满意了。”邓小平认为：这是个重要的理论问题，是个是否坚持历史唯物主义的问题。彻底的唯物主义者，应该像毛泽东同志说的那样对待这个问题。马克思、恩格斯没有说过“凡是”，列宁、斯大林没有说过“凡是”，毛泽东同志自己也没有说过“凡是”。邓小平强调：“我对那两位同志说：今年四月十日我给中央写信，提出‘我们必须世世代代地用准确的完整的毛泽东思想来指导我们全党、全军和全国人民，把党和社会主义的事业，把国际共产主义运动的事业，胜利地推向前进’，这是经过反复考虑的。毛泽东思想是个思想体系。我和罗荣桓同志曾经同林彪作过斗争，批评他把毛泽东思想庸俗化，而不是把毛泽东思想当作体系来看待。我们要高举旗帜，就是要学习和运用这个思想体系。”①

中共中央决定恢复邓小平的党政军重要领导职务。毛泽东在1956年和1975年两次选择邓小平为接班人，足以说明邓小平的革命经历、党政军多方面工作实践、政治军事内政外交等方面的丰富经验，在毛泽东心目中具有非同寻常的重要地位、在中国共产党中央领导集体中具有重要的地位、在中国革命和建设领导工作中具有重要的地位。粉碎江青集团后，全党全军全国人民强烈要求迅速拨乱反正、恢复邓小平的一切中央领导职务，立即请邓小平出来工作。在全党全军全国人民强烈要求邓小平出来工作的情况下，1977年7月中共十届三中全会作出《关于恢复邓小平同志领导职务的决议》，决定恢复邓小平的中共中央委员、中央政治局委员、中央政治局常委、中央副主席，国务院副总理，中央军委副主席，中国人民解放军总参谋长的职务。邓小平在会上表示：“全会决定恢复我的工作，作为一名老共产党员，还能在不多的余年里为党为国家为人民做一点力所能及的事情，在我个人来说是高兴的，我感谢全会的信任。粉碎了‘四人帮’，我实在高兴。我现在七十三岁了，想再活二十年到三十年，但自然规律不以人们的意志为转移。外国通讯社讲我七十四岁，给我加了一岁，实际是七十三岁。现在我的身体还好，‘零件’都还健全，还可以做几年工作。”“坦率地说，我自己也考虑了一下，出来工作，可以有两种态度，一个是做官，一个是做点工作。我想，谁叫你当共产党人呢，既然当了，就不能够做官，不能够有私心杂念，不能够有别的选择，应该老老实实地

① 《邓小平文选》第2卷，人民出版社1994年版，第38~39页。

履行党员的责任，听从党的安排。”邓小平在讲话中，还阐述了一系列经过深思熟虑的重要思想、观点和主张。

邓小平成为中国共产党第二代中央领导集体的核心。经过中国革命、建设的长期锻炼和考验，经过“十年内乱”的磨难和检验，烈火真金，凤凰涅槃，浴火重生，多难兴邦。中国人民把实现民族振兴和人民幸福的希望，寄托在邓小平身上。中国人民选择了邓小平，中华民族选择了邓小平，中国历史发展选择了邓小平。邓小平重新走上党和国家重要领导人岗位后，在指导和推动全党拨乱反正，确立马克思主义思想路线、政治路线和组织路线中发挥了重要作用。在1978年中央工作会议上，邓小平作《解放思想，实事求是，团结一致向前看》的重要讲话，实际上成为随后召开的中共十一届三中全会的主题报告。中共十一届三中全会实现中华人民共和国成立以来的历史性转折，形成以邓小平为核心的第二代中央领导集体。从此，邓小平带领全党全国各族人民，拨乱反正，解放思想，实事求是，开拓进取，开创改革开放和现代化新局面，开辟中国特色社会主义道路；把社会主义和市场经济结合起来，建立社会主义市场经济体制；确认中国仍然处于社会主义初级阶段，实行按劳分配为主体、多种分配方式并存的分配制度；实行对外开放，形成全方位、多层次、宽领域的对外开放格局；紧紧扭住经济建设这个中心不放，国民经济持续快速健康发展；大力发展社会生产力，综合国力和人民生活水平得到显著提高；全面展开人民解放军革命化、现代化、正规化建设，有效增强国防实力和作战能力；坚持独立自主的和平外交政策，开创外交工作新局面；提出用“一个国家、两种制度”的方式解决台湾、香港、澳门问题，迈出实现国家统一的新步伐。在苏联解体、东欧剧变的情况下，中国始终不渝地坚持走自己的道路，中国特色社会主义焕发着勃勃生机和活力。

中国人民选择邓小平是一个正确的历史性选择。中共十一届三中全会后，邓小平领导中国人民实行改革开放，是新的时代条件下开展的一场伟大革命，为中国社会主义事业注入了新的活力，为实现中华民族的伟大振兴提供了新的动力，为中国与现代文明同步前进创造了新的机遇。事实雄辩地证明，改革开放和社会主义现代化建设的成就使得人民受益、国家富强、民族振兴、举世瞩目。改革开放是发展中国特色社会主义、实现中华民族伟大振兴的必由之路。

在改革开放实践中开辟的中国特色社会主义道路，既坚持了科学社会主义的基本原理，又根据中国实际赋予其鲜明的中国特色和时代特点，在理论上实现了马克思主义中国化、时代化、大众化，在实践上走出了一条将中国古老文明与革命、建设、改革开放的实践和人类现代文明完美对接的中国道路。在邓小平开创的改革开放和社会主义现代化建设道路上，中国共产党和中国人民创造了中华民族历史上前无古人的历史辉煌。历史证明，中国人民选择邓小平、中华民族选择邓小平、中国历史发展选择邓小平，是一个正确的选择和历史性的选择。只有解放思想能够振奋中国，只有改革开放能够振兴中国，只有中国特色社会主义能够发展中国，这是历史的结论。始终不渝地坚持走中国特色社会主义道路、发展中国特色社会主义理论体系、坚持中国特色社会主义制度，中华民族的前景光辉灿烂。

附录二

从拯救中国、发展中国到振兴中国①

——中国共产党引领中华民族从苦难走向辉煌的95年

薛庆超

1921年到2016年，从开天辟地到走向复兴，近百年的中国，历经挫折与抗争、奋斗与崛起。这个初创时只有50多名党员的马克思主义政党，怎样在当时帝国主义和封建势力异常强大的国家取得执政地位？这个有着8800万党员的大党，怎样经受住长期执政、改革开放、市场经济、外部环境等诸多考验，带领中华民族走向复兴？伴随着中国的崛起，中国共产党一路曲折，却目标清晰——沿着中国道路实现中华民族伟大复兴。

中国具有悠久的古代历史和优秀的传统文化。从鸦片战争开始，逐渐沦入半殖民地半封建社会。辛亥革命推翻清朝，结束了封建帝制。但是，半殖民地半封建的社会性质并没有改变。五四运动标志着新民主主义革命的开端。中国共产党成立后，代表中华民族和中国人民的根本利益，完成新民主主义革命，建立中华人民共和国，确立社会主义制度，进行社会主义革命和建设，实行改革开放，开创中国特色社会主义道路，取得举世瞩目的辉煌成就。

中国近代沦为半殖民地半封建社会后，中国人民奋起抗争，直到辛亥革命推翻清朝，结束封建帝制。历史的发展，呼唤着中国共产党的诞生。

五四运动后，马克思主义在中国广泛传播，中国工人运动日益发展。1920

---

① 原载《光明日报》2016年6月23日。

年8月，上海共产党早期组织成立，“首次决议，推陈独秀担任书记，函约各地社会主义分子组织支部”；并拟定《中国共产党宣言》，“共产主义者的目的是要按照共产主义者的理想，创造一个新的社会”。10月，李大钊等人建立中国共产党早期组织。

在湖南，毛泽东与陈独秀、李大钊早就有各方面的联系。1918年8月，毛泽东第一次到北京，感受了新文化、新思想、新思潮的猛烈冲击。1919年12月，毛泽东为驱逐湖南军阀张敬尧第二次到北京。他的恩师杨昌济病故前致函挚友章世钊，推荐毛泽东、蔡和森：“吾郑重语君，二子海内人才，前程远大，君不言救国则已，救国必先重二子。”毛泽东在陕北会见美国记者斯诺时说：“1920年冬天，我第一次在政治上把工人们组织起来了，在这项工作中我开始受到马克思主义理论和俄国革命历史影响的指引。我第二次到北京期间，读了许多关于俄国情况的书。我热心地搜寻那时候能找到的为数不多的用中文写的共产主义书籍。有三本书特别深地铭刻在我的心中，建立起我对马克思主义的信仰。一旦接受了马克思主义是对历史的正确解释以后，我对马克思主义的信仰就没有动摇过。这三本书是：《共产党宣言》，陈望道译，这是用中文出版的第一本马克思主义的书；《阶级斗争》，考茨基著；《社会主义史》，柯卡普著。到了1920年夏天，在理论上，而且在某种程度的行动上，我已成为一个马克思主义者了，而且从此我也认为自己是一个马克思主义者了。”毛泽东在北京，曾与李大钊会见，又到上海与陈独秀会见，思想上、精神上收获极大。

毛泽东在上海曾与陈独秀讨论马克思主义和改造湖南问题，回湖南后经常与陈独秀联系。张国焘回忆说：“陈先生与在湖南长沙主办《湘江评论》的毛泽东等早有通信联络，他很赏识毛泽东的才干，准备去信说明原委，请他发动湖南的中共小组。”1920年11月，毛泽东应陈独秀函约，创建长沙共产党早期组织。毛泽东写给在法国的蔡和森的信中透露：“唯物史观是吾党哲学的根据，这是事实。”还说：关于组党一事，陈独秀等正在进行。并指出，上海共产党组织出版的《共产党》月刊“旗帜鲜明”。其间，武汉、济南、广州等地共产党早期组织、东京共产党早期组织、旅法中国共产党早期组织，相继建立。

1921年7月23日，中国共产党第一次全国代表大会在上海开幕。7月30

日晚上的会议刚开始，上海法租界巡捕房一个密探就闯入会场。共产国际代表马林建议立即休会。代表们迅速离开会场，上海法租界巡捕房的警车呼啸而来，法国籍警官带人进入室内，没有找到可疑证据。代表们转移到浙江嘉兴，在南湖游船上举行最后一天的会议，通过《中国共产党的第一个纲领》和《中国共产党的第一个决议》，选举了中央领导机构——中央局。

中国共产党建立后，发动工人运动和人民群众反帝反封建斗争，掀起大革命高潮。当国共合作的北伐战争发展到长江流域时，国民党发动“四一二”政变和“七一五”政变，屠杀共产党人和革命人民。其间，李大钊在北京被奉系军阀逮捕，英勇就义。《李大钊殉难目睹记》中写道：李大钊等二十人在京师看守所内刑场绞决。被绞之前夕，余即至看守所接洽参观。见新式行刑之绞机矗立刑场之中央。晨九时，指挥行刑官莅场查阅判决书，命提李大钊及另一受刑人到场，旋由行刑人蜂拥至前。李大钊意气轩昂，胸襟爽朗，不知其为铁窗人也。指挥行刑官告之：“此案经特刑庭判决，你等均处死刑，当已收到判决书?”答：“收到，已准备上诉。”又云：“此案系按特殊程序处理，并无上诉办法。现奉上官命令，今日执行。你等对于家属如何处分事件，可缮函代为转交。”李大钊云：“我是崇信共产主义者，知有主义不知有家，为主义而死兮也，何函为?”旋经行刑人拥登绞台左绞绳下铁盖上，面南而立，一位行刑人反接两手，缠缚全身并折绳结环，神色自若不变。最后，李大钊高呼“为主义而牺牲”毅然延颈就环。①

“我们要到敌人统治比较薄弱的农村去，发动农民群众，实行土地革命”

北伐战争发展到长江流域，国民党背叛革命。大革命失败后，中国革命向何处去?

大革命失败后，南昌起义打响武装反抗国民党反动派的第一枪。“八七”会议确定实行土地革命和武装起义的总方针。此后，秋收起义、广州起义等武装起义此伏彼起。1927年9月8日，中共湖南省委发布秋收起义命令。9月9

① 何隽:《李大钊殉难目睹记》,《革命人物》1985年第1期。何隽曾任京师高等审判庭推事。

日，毛泽东途经浏阳张家坊时，被清乡队抓住。

毛泽东回忆道：当我正在组织军队，奔走于汉冶萍矿工和农民武装之间的时候，我被一些国民党勾结的民团抓到了。那时候，国民党的恐怖达到顶点，数以百计的共产党嫌疑分子被枪毙。那些民团奉命把我押到民团总部去处死。我打算贿赂押送的人释放我，可是负责的队长却不允许。因此我决定设法逃跑。但是，直到离民团总部大约不到二百米的地方，我才找到机会。我一下子挣脱出来，往田野里跑。我跑到一个高地，下面是一个水塘，周围长了很高的草，我在那里躲到日落。士兵们在追踪我，还强迫一些农民帮助他们搜寻。有好多次他们走得很近，有一两次我几乎可以接触到他们。尽管有五六次我已放弃任何希望，认为自己一定会再次被抓住，可是不知怎么的我没有被他们发现。最后，天近黄昏了，他们放弃了搜寻。我马上翻山越岭，彻夜赶路。我没有穿鞋，脚底擦伤很厉害。路上我遇到一个友善的农民，他给我住处，后来又带领我到了邻县。我身上有七块钱，用这钱买了一双鞋、一把伞和一些食物。当我最后安全到达农民武装那里的时候，我的口袋里只剩下两个铜板了。

毛泽东的自述，惊心动魄。中国历史几乎改写。毛泽东脱险后，到达工农革命军第一师第三团，传达“八七”会议精神，要求立即武装起义。然而，秋收起义很快受挫。毛泽东主张停止进攻长沙，停止长沙暴动计划。9 月 19 日，工农革命军第一师三个团 1500 余人会师浏阳文家市。毛泽东决定：向敌人统治力量薄弱的农村、山区进军。

次日早晨，毛泽东在里仁学校向工农革命军讲话：我们现在力量很小，好比是一块小石头，蒋介石好比是一口大水缸，总有一天，我们这块小石头，要打破蒋介石那口大水缸。大城市现在不是我们要去的地方，我们要到敌人统治比较薄弱的农村去，发动农民群众，实行土地革命。当时，里仁学校围墙上爬满了听毛泽东讲话的青年和学生，其中就有逐渐成长为中共中央总书记的胡耀邦和锻炼成为中央书记处书记、中国人民解放军副总参谋长的杨勇。随后，工农革命军奔赴井冈山建立农村革命根据地。朱德领导南昌起义余部，发动湘南起义后前往井冈山，“朱毛会师井冈山”，建立红四军。彭德怀领导平江起义、建立红五军后，也前往井冈山。毛泽东、朱德、彭德怀等率领红军，开辟井冈山道路。

为了指导中国革命，1928 年中共六大在莫斯科举行。这是在国外召开的一次党代会。在中共六大路线指引下，创建了中央革命根据地、鄂豫皖革命根据地等一系列革命根据地，建立了中国工农红军主力部队和许多红军游击队，在国民党统治区发展了地下组织和其他革命组织，展开了各种形式的革命斗争。1931年11月，中华苏维埃第一次全国代表大会在瑞金召开，通过《中华苏维埃共和国宪法大纲》《中华苏维埃共和国土地法》《中华苏维埃共和国劳动法》《中华苏维埃共和国关于经济政策的决定》等决议案。《中华苏维埃共和国临时中央政府对外宣言》郑重宣告：中华苏维埃共和国临时中央政府正式成立，定都瑞金。将瑞金县改名为瑞京市，作为中华苏维埃共和国首都。邓小平任中共瑞京市委书记。

中华苏维埃共和国中央执行委员会第一次会议通过《中华苏维埃共和国选举细则》《划分行政区域暂行条例》《婚姻条例》《暂行税则》及《地方苏维埃政府暂行组织条例》等法令，选举毛泽东为中华苏维埃共和国中央执行委员会主席、中华苏维埃共和国人民委员会主席。中华苏维埃共和国是中华人民共和国的雏形。

土地革命战争中，毛泽东、朱德领导的红一方面军和中央革命根据地起了最重要的作用。各地红军和各个革命根据地连续击败国民党军多次“围剿”，革命形势日益发展。

“左”倾教条主义统治中共中央时期，红军第五次反“围剿”失败。1934年10月红一方面军开始长征，其他各路红军主力相继开展长征。中国革命处于危难时刻，迫切需要一个坚强的领导集体和核心力挽狂澜。

毛泽东在创建发展红军与革命根据地实践中，成为众望所归的核心人选。张闻天回顾说：“长征出发后，我同毛泽东、王稼祥二同志住一起。毛泽东同志开始对我们解释反五次‘围剿’中中央过去在军事领导上的错误，我很快接受了他的意见，并且在政治局内开始了反对李德、博古的斗争，一直到遵义会议。”长征中召开的通道会议、黎平会议和猴场会议，为遵义会议奠定了比较统一的思想基础和政治基础。1935年1月，红军占领遵义。中共中央政治局在遵义举行扩大会议，中央政治局委员和候补委员、中央秘书长和红军总部及各军团主要负责人等参加会议，共产国际来的军事顾问李德和翻译列席会议。

会上，秦邦宪（博古）作反对第五次“围剿”的政治报告，坚持“左”

倾教条主义错误。周恩来作军事问题报告。张闻天按照与毛泽东、王稼祥商量的意见，作了反对“左”倾军事错误的“反报告”，系统批评秦邦宪和李德在军事指挥上的错误。毛泽东的长篇发言将锋芒集中在最迫切的军事问题上，尖锐批判秦邦宪、李德的“左”倾军事路线，指出第五次反“围剿”失败的主要原因是军事指挥和战略战术的错误。王稼祥接着发言，同意毛泽东的意见，批判秦邦宪、李德军事指挥的严重错误。王稼祥第一个挺身而出，拥护毛泽东出来领导党和红军。

对此，毛泽东曾指出：遵义会议是个关键，对中国革命的影响非常之大。但是，大家要知道，如果没有洛甫（张闻天）、王稼祥两个同志从第三次“左”倾路线分化出来，就不可能开好遵义会议。同志们把好的账放在我的名下，但绝不能忘记他们两个人。当然，遵义会议参加者还有别的好多同志，酝酿也很久。朱德、周恩来、陈云、刘少奇等绝大多数同志发言中支持毛泽东的正确意见，批判错误的军事路线，要求改换领导，赞同毛泽东领导。陈云在《遵义政治局扩大会议传达提纲》中指出：“扩大会中恩来同志及其他同志完全同意洛甫及毛王的提纲和意见，博古同志没有完全彻底地承认自己的错误，凯丰同志不同意毛、张、王的意见。”①

遵义会议决定改组中央领导机构：“（一）毛泽东同志选为（中央政治局）常委。（二）指定洛甫同志（即张闻天）起草（遵义会议）决议。委托常委审查后，发到支部中去讨论。（三）常委中再进行适当的分工。（四）取消三人团，仍由最高军事首长朱（德）、周（恩来）为军事指挥者，而恩来同志是党内委托的对于军事指挥上下最后决心的负责者。”② 随后，毛泽东任中央最高军事指挥机构“三人团”成员和前敌司令部政治委员，周恩来病重后，由中央政治局常委分工主管军事工作。

遵义会议确立毛泽东在中央的领导地位，形成以毛泽东为核心的第一代中央领导集体，使红军和党中央得以在极其危急的情况下保存下来，并且之后战胜张国焘分裂主义，完成长征，打开中国革命新局面。

---

① 陈云:《遵义政治局扩大会议传达提纲》,1935 年 2 月或 3 月。原件存于中央档案馆。

② 陈云:《遵义政治局扩大会议传达提纲》,1935 年 2 月或 3 月。原件存于中央档案馆。

1935年10月，中共中央率领红一方面军到达陕甘革命根据地，同陕甘红军和先期到达的红二十五军会合。接着，红二方面军和红四方面军战胜张国焘分裂主义，长征到达陕甘地区，红军三大主力会师。红军主力撤离后，留在南方革命根据地的中共组织和红军游击队继续坚持游击战争。

“中国共产党是全民族抗战的中流砥柱”

20世纪30年代，日本加紧对中国侵略，民族危机空前严重，中国向何处去，摆在每个中国人面前。

日本侵占中国东北后，中国共产党领导的东北抗日游击战争揭开世界反法西斯战争序幕。中共中央分析国际国内形势重大变化，决定实行抗日民族统一战线政策，领导了“一二·九”运动，掀起要求停止内战、抗日救亡的高潮。1936年12月12日张学良、杨虎城发动西安事变。12月24日，经过谈判，国民党与共产党和张学良、杨虎城达成“停止‘剿共’、联合红军抗日”等6项协议。12月24日晚，周恩来会见蒋介石。他说：“蒋先生，我们有10年没见面了，你显得比从前苍老一些。”蒋介石诺诺点头，说：“恩来，你是我的部下，你应该听我的话。”周恩来回答：“只要蒋先生能够改变‘攘外必先安内’的政策，停止内战，一致抗日，不但我个人可以听蒋先生的话，就连我们红军也可以听蒋先生的指挥。”① 周恩来的话，气魄恢宏，光明磊落，字字千钧，永垂青史，充分反映了中国共产党代表中国人民和中华民族根本利益的广阔胸怀。

周恩来阐述了中国共产党建立抗日民族统一战线的方针，并强调：如果蒋介石坚持内战，自速其亡。蒋介石作了三点表示。次日周恩来致电中共中央，汇报蒋介石的最后承诺：“停止‘剿共’，联红抗日，统一中国，受他指挥。由宋（子文）、宋（美龄）、张（学良）全权代表他（蒋介石）与我解决一切（所谈如前）。他回南京后，我可直接去谈判。”②

在蒋介石承诺“决不打内战了，我一定要抗日”后，中国共产党和张学

① 申伯纯:《西安事变纪实》,人民出版社1979年版,第157~160页。

② 《周恩来选集》上卷,人民出版社1980年版,第73页。

良、杨虎城决定释放蒋介石。中国共产党促成西安事变和平解决，实现了第二次国共合作。

全国抗战爆发，中国开辟世界反法西斯战争的东方主战场。红军主力改编为八路军挺进华北，“首战平型关，威名天下扬”。全国给八路军的贺信贺电雪片一样飞到华北前线。蒋介石致电朱德、彭德怀：“25 日一战，歼寇如麻，足证官兵用命，深堪嘉慰。尚希益励所部，继续努力。”上海职业界救亡协会致电：“贵军受命抗敌，立奏奇功，挽西线垂危之局，破日寇方长之焰。捷报传来，万众欢腾。”第二战区战地动员委员会主任续范亭认为：“谨按平型关战役，八路军的大捷，其估价不仅在于双方死亡的惨重，而在于打破了‘皇军’不可战胜的神话，提高我们的士气。”

八路军频频出击，1937 年 10 月 19 日夜袭日军阳明堡机场，与日军展开近战、夜战、肉搏战，将机场停放的 25 架日本空军飞机（包括机库中待修的 1 架飞机）全部击毁，毙伤日军 100 余人。中国人民把抗战胜利希望寄托在中国共产党身上。八路军到河北平山招兵，1500 多名平山青年群起响应，参军参战。八路军总部批准成立“平山团”。“平山团”建立后，连战皆捷。1939 年 5 月，“平山团”与兄弟部队在上下细腰涧与日军激战数日，全歼被包围的日军，毙伤日军 1000 人左右，俘虏日军 11 人，缴获大批武器装备，创造抗战典型范例。晋察冀军区司令员聂荣臻签发表彰命令：“‘平山团’历来作战勇敢，素有盛名，是平山人民的优秀武装，是边区人民的优秀武装，是太行山上铁的子弟兵。”

中国共产党领导的东北抗日联军，有力地打击了日军，振奋了东北人民的抗日信心。东北抗日联军第一路军总司令兼政治委员杨靖宇，是东北人民心目中的传奇人物。他既能运筹帷幄，指挥作战，又能冲锋陷阵，双手使枪。1940 年年初，杨靖宇被日军包围，黄生发在《杨靖宇同志在重围中》中回忆：“杨司令倚着一棵古树，两手握着两支短枪，英勇地抗击着敌人。大雪在飘，寒风在啸，杨司令的脚下弹壳落满一层。从日出打到中午，他一个人几次击退了敌人的攻击，最后终因寡不敌众，杨司令壮烈殉国。”日军一名军医回忆说：“1940 年 2 月底的一天，我的上司通知我参加一次例外手术，给被杀害的东北抗日联军总司令杨靖宇作破腹探察。”“杨司令的上身中了数弹，鲜血染红了整个躯体，神情依然是那样坚毅安详，令人惊叹不止。”“手术开始以后，一个意想不到的情况出现了，杨司令的腹中空空如也，除了草根、棉絮，别无他物。这真是钢铁铸成的硬汉子，在场的日本的、朝鲜的、中国的医生眼眶都湿润了，日本东边道治安肃正总司令岸谷隆一郎，用右手扶了扶带黑框的眼镜，不得不伸出大拇指喃喃地说：‘我的对手真是一位神人！’”“事后，我听我的日本同事说，中国是一个不可征服的国家，因为她有不可欺侮的中华民族！而杨靖宇就是她的一个优秀代表。”[①] 东北抗日联军一直坚持到抗日战争胜利。

中国共产党是全民族抗战的中流砥柱。为了振奋全国人民的抗战信心，八路军发起“百团大战”。1940年7月，八路军前方总部决定组织一次大规模破袭日军交通线的战役。7月22日，朱德、彭德怀签发上报中央军委、下第一二〇师、第一二九师和晋察冀军区的预备命令。8月20日夜，华北八路军全线出击。因参战部队有105个团，故名“百团大战”。晋察冀军区三天内将正太路东段铁轨彻底破坏，攻克娘子关、井陉矿区等车站和敌人据点。第一二九师完成正太路西段破袭任务，攻占阳泉至榆次间的日伪军若干重要据点，全歼康家会据点守敌。接着展开对同蒲路的破袭。“百团大战”第一阶段，正太铁路瘫痪，同蒲、平汉等铁路一度中断。华北日军重要燃料基地井陉煤矿受到严重破坏。日军《华北方面军作战记录》承认：“百团大战”的奇袭完全出于日军“预料之外，损失惨重，需要相当时间和大量资金才能恢复”。

全国抗日战争时期，中国共产党坚持抗日民族统一战线，依靠人民群众，开展抗日游击战争，建立晋察冀、晋冀鲁豫、晋绥、山东和华中等一系列抗日民主根据地和许多游击区。八路军、新四军、华南抗日纵队和东北抗日联军成为坚持抗战的中坚力量。在日军占领区和国民党统治区，中国共产党开展了各种形式的抗日斗争。1942年全党开展整风运动，中共六届七中全会作出《关于若干历史问题的决议》。中共七大总结建党以来的经验，制定打败日本侵略者、建立新民主主义中国的政治路线，确立毛泽东思想为全党的指导思想。中国共产党在浴血奋战中迎来了中国人民抗日战争的胜利。

---

① 王诚、姚兰：《难忘的审判》，《党史纵横》2006年第2期。

“人民群众和我们站在一起，这就是我们的铁桶江山”

抗战胜利后，中国面临两条道路、两种命运的历史性抉择。国民党政府发动内战，坚持独裁。中国共产党坚持民主，把中国引向光明。

在西北战场上，国民党军20多万人进攻陕甘宁边区，西北野战军只有2万多人。人民解放军副总司令、西北野战军司令员兼政治委员彭德怀说，别看敌人貌似强大，他们脱离人民，陕甘宁边区虽然贫穷，但是人民群众和我们站在一起，这就是我们的铁桶江山。西北野战军连续“三战三捷”。青化砭战斗消灭国民党军一个旅，活捉旅长和一批国民党军官兵。西北野战军刚刚撤离战场，国民党军增援部队就开了过来。彭德怀在附近山顶上看到国民党军无论走到哪里，都有人民群众发出信号，激动地说：“什么是天罗地网，这就是天罗地网啊。”

人民解放军经过战略防御、战略进攻和战略决战中的辽沈战役、平津战役、淮海战役，歼灭了国民党赖以维持统治的精锐部队。1949年4月20日，国民党政府正式拒绝在《国内和平协定》上签字，人民解放军发起渡江战役，国民党军长江防线彻底崩溃。4月22日13时，渡江战役总前委向中央军委报告：“七、九兵团大部过江，二野主力亦已过江，粟张东集团估计有三个军已过江，至此渡江任务业已完成。”

4月23日，人民解放军先头部队进入国民党政府首都——南京。当时的美国驻华大使司徒雷登回顾说：“共产党的先头部队成功地过了长江，入了城，平静地接管了首都。他们纪律严明，士气高昂，同政府军冷漠的表情和混乱的指挥形成了鲜明的对照。”国民党政府海军第二舰队司令林遵率海军舰艇25艘，在长江江面宣布起义，加入中国人民解放军。镇江江面的国民党海军舰艇23艘，向人民解放军投降。

4月24日凌晨，人民解放军占领南京的国民党政府“总统府”，正式宣告国民党政府覆灭。后来，邓小平曾与女儿回顾往事。女儿：“你进总统府了吗?”邓小平：“进去了，是和陈（毅）伯伯一起进去的。”女儿：“那刘（伯承）伯伯呢?”邓小平：“他那个时候在西线指挥。”女儿：“你们在蒋介石的总统宝座上坐了坐吗?”邓小平微笑着说：“总要坐一坐嘛!”当晚，邓小平和陈毅就住在原国民党政府的“总统府”里。

新民主主义革命时期，中国共产党领导全国各族人民，经过长期反对帝国主义、封建主义和官僚资本主义的斗争，取得新民主主义革命伟大胜利。

“你做淘粪工人，我做国家主席……都是为人民服务”

1949年10月1日，毛泽东宣告：“中华人民共和国中央人民政府成立了。”

中华人民共和国成立后，中国人民成为国家、社会和自己命运的主人，实现了中国从几千年封建专制制度向人民民主制度的伟大跨越，实现了中国高度统一和各民族空前团结，彻底结束了旧中国半殖民地半封建社会的历史，彻底结束了旧中国一盘散沙的局面，彻底废除了列强强加给中国的不平等条约和帝国主义在中国的一切特权。

中央人民政府成员和部长人选充分体现“五湖四海”原则。第一任水利部部长傅作义曾任国民党军高级将领，为和平解放北平作出贡献。第一届全国政协会议上，由周恩来提议，大会主席团审议，傅作义任水利部部长。傅作义感动得泪流满面，说：“周恩来先生提议由我来当水利部长，主席团竟一致通过，这是我做梦也不曾想到的。在国民党蒋介石统治的旧中国，我拎上整箱的黄金美钞，想打通关节买个部长当当而不可得呀！”

中华人民共和国成立后，实现中国从几千年封建专制制度向人民民主制度的伟大跨越，实现中国高度统一和各民族空前团结。人民解放军进军西藏期间，大力宣传中国共产党的民族宗教政策。尊重西藏群众宗教信仰，保护喇嘛寺庙，未经许可不准进入寺庙，更不准住经堂；不得在寺庙附近捕鱼、打猎；不得到神山砍柴、放牧等。帮助群众解决生产和生活困难，免费治病、救灾、修桥、修路、办学校、稳定物价、供应部分民需物资等。遇到缺粮挨饿，决不拿群众一粒粮食；遇到风雪严寒，决不住喇嘛寺庙，搭帐篷宿营，确保了进军西藏胜利。

第一次全国人民代表大会制定了《中华人民共和国宪法》。中共中央召开的知识分子问题会议和“百花齐放、百家争鸣”方针，规定了对知识分子和教育科学文化工作的正确政策。中共八大指出：全国人民的主要任务是集中力量发展社会生产力，实现国家工业化，逐步满足人民日益增长的物质和文化需要。新中国成立十周年时，刘少奇会见淘粪工人时传祥说：“你做淘粪工人，我做国家主席，咱们都一样，只是革命工作分工的不同，都是为人民服务。”

前进的道路不是平坦的。1966 年 5 月至 1976 年 10 月的“文化大革命”，使党、国家和人民遭到新中国成立以来最严重的挫折和损失。历史已经判明，“文化大革命”是一场由领导者错误发动，被反革命集团利用，给党、国家和各族人民带来严重灾难的内乱。（《关于建国以来党的若干历史问题的决议》）1976 年 9 月，毛泽东逝世。10 月 6 日，中共中央政治局执行党和人民的意志，毅然粉碎江青反革命集团，结束“文化大革命”。邓小平会见外国记者时指出：“这是集体的力量。我认为首先是四五运动的群众基础。‘四人帮’这个词是毛主席在逝世前一两年提出来的。一九七四年、一九七五年，我们同‘四人帮’进行了两年的斗争，‘四人帮’的面貌人民已经看得很清楚。尽管毛主席指定了接班人，但‘四人帮’是不服的。毛主席去世以后，‘四人帮’利用这个时机拼命抢权，形势逼人。‘四人帮’那时很厉害，要打倒新的领导。在这样的情况下，政治局大多数一致的意见是要对付‘四人帮’。要干这件事，一个人、两个人的力量是办不到的。”邓小平阐述了辩证唯物主义与历史唯物主义基本原理——人民群众是推动历史前进的真正动力。

中华人民共和国成立后，中国共产党紧紧依靠人民，完成社会主义革命，确立社会主义基本制度，创造性地实现由新民主主义到社会主义的转变，使占世界人口四分之一的东方大国进入社会主义社会，实现了中国历史上最广泛最深刻的社会变革。同时，建立起独立的比较完整的工业体系和国民经济体系，培养大批经济建设人才，积累了进行社会主义建设的重要经验。

“改革开放是我党历史上一次伟大觉醒，是决定当代中国命运的关键一招”

中共十一届三中全会标志着党和国家历史的伟大转折。解放思想，拨乱反正，实事求是，改革开放，成为历史潮流。

经济特区是改革开放的“试验田”。习仲勋任中共广东省委第一书记“镇守南大门”时，遇到“逃港风”，一些经济落后地区的大批农民跑到香港“打工”去了。习仲勋与省委的同志深入农村调研。在人民公社体制下，农民的劳动价值相当低廉，到香港打工却可以得到较高收入。习仲勋和广东省委经过研究，向中央提出，划出一块地方给予特殊政策，迅速把经济和群众生活搞上去，从根本上解决“逃港风”问题。习仲勋当面向邓小平阐述这个想法。中共中央完全同意习仲勋和广东省委的意见，经济特区应运而生。

如何看待经济特区，有段时间众说纷纭。1984年邓小平到深圳、珠海、厦门经济特区，深入企业、码头、渔村调查研究，实践证明“建立经济特区的政策是正确的”。中央决定，进一步开放沿海14个城市，推动改革开放全面发展。20世纪90年代初期，国际风云剧变。邓小平视察南方，广泛接触党员、干部、知识分子、工人、企业家，问计于民，得出结论——只有中国特色社会主义才能发展中国。他提出，要沉着应对、稳住阵脚、冷静观察、韬光养晦、善于守拙、绝不当头、有所作为，立足于把我们自己的事情办好。根据邓小平南方谈话精神，改革开放大潮滚滚，中国特色社会主义蓬勃发展，中国发展成为世界第二大经济体。

20世纪80年代末以后，改革开放深入发展，以江泽民为核心的中国共产党第三代中央领导集体，成功把中国特色社会主义推向21世纪。中共十四大提出抓住机遇，加快发展，集中精力把经济建设搞上去，明确经济体制改革目标是建立社会主义市场经济体制，确立邓小平建设中国特色社会主义理论在全党的指导地位。中共十五大高举邓小平理论伟大旗帜，对改革开放和现代化建设跨世纪发展全面部署，把中国特色社会主义事业全面推向新世纪。

21世纪的新阶段，以胡锦涛为总书记的党中央在新的历史起点上坚持和发展了中国特色社会主义。中国共产党高举中国特色社会主义伟大旗帜，团结带领全党全国各族人民，紧紧抓住和用好我国发展的重要战略机遇期，战胜一系列重大挑战，经受住各种严峻考验，取得了来之不易的历史性成就，为全面建成小康社会打下了坚实基础，奋力把中国特色社会主义推进到新的发展阶段。中共十六大总结过去的基本经验，提出全面建设小康社会的奋斗目标。中共十七大总结改革开放以来经验，强调要坚定不移地高举中国特色社会主义伟大旗帜，坚持中国特色社会主义道路和中国特色社会主义理论体系，全面阐述科学发展观的科学内涵、精神实质和根本要求，提出实现全面建设小康社会奋斗目标的新要求。

“实现中华民族伟大复兴，是中华民族近代以来最伟大的梦想”

中共十八大以来，以习近平为总书记的党中央，高举中国特色社会主义伟大旗帜，坚定不移沿着中国特色社会主义道路前进，带领全党全国人民为实现中华民族伟大复兴的中国梦而奋斗。

全面建成小康社会，把“两个一百年”与社会主义初级阶段和共产主义的奋斗目标紧密地联系起来，极大地激发了全党全国人民的积极性和创造力。全面深化改革稳步推进。2012 年 12 月，习近平总书记第一次到广东考察，沿着邓小平南方谈话路线，着重强调，党的十八大向全党全国发出深化改革开放新的宣言书、新的动员令，全党全国人民要坚定不移走改革开放的强国之路。中共十八届三中全会作出全面深化改革的决定，习近平总书记亲自作了深度解读。2016 年 4 月他在安徽省凤阳县小岗村考察时强调，在这里重温改革，就是要坚持党的基本路线一百年不动摇，改革开放不停步，续写新的篇章。在全面推进依法治国进程中，习近平总书记强调，党领导人民制定宪法和法律，党领导人民执行宪法和法律，党自身必须在宪法和法律范围内活动，从而把依法治国提升到一个崭新的阶段。习近平总书记的一系列新观点、新理念、新思路，为全面从严治党指明了方向。党要管党，从严治党，扶正祛邪，反腐倡廉，党的建设开创新局面。笔者曾当面听到：中国远洋船务工程集团党委负责人说，在习近平总书记坚强领导下，我们对未来充满信心。浙江省嘉兴市一个社区的老同志说，我们坚决拥护习近平总书记和党中央把反腐败斗争进行到底。人民解放军火箭军侦察部队负责人说，习主席领导的军队反腐败和军队改革大得人心、大得党心、大得军心。陆军航空兵负责人说，在习主席领导下，人民军队将更加强大，时刻准备履行党和国家赋予的重要使命。

改革开放以来，全党全国人民总结经验，艰辛探索，终于找到实现中华民族伟大复兴的道路——中国特色社会主义。经过鸦片战争以来一百多年持续奋斗，中华民族的伟大复兴展现出光明前景。现在，我们比历史上任何时期都更接近中华民族伟大复兴的目标，比历史上任何时期都更有信心、有能力实现这个目标。中国共产党成立一百年时全面建成小康社会、中华人民共和国成立一百年时实现现代化，这是全党全国人民的共识和奋斗目标。

附录三

中原人民解放战争中的邓小平①

薛庆超

中国人民解放战争时期，邓小平先后任中共中央中原局书记和扩大的中原局第一书记等重要领导职务，与刘伯承等同志率部挺进中原，开辟中原战场，领导中原人民解放战争。历史证明，邓小平是名副其实的中原人民解放战争的“总设计师”，为中原人民解放事业作出重大贡献。

一、破釜沉舟，强渡黄河，奠定进军中原战场的基础

中共中央决定建立以邓小平为书记的中原局。中国人民解放战争开始后，经过了曲折的历程。1947 年年初，为了从根本上扭转战局，将人民解放军的战略防御转变为战略进攻，中共中央研究，派遣刘伯承司令员、邓小平政治委员率领晋冀鲁豫野战军（进入中原战场后，相继有刘邓野战军、刘邓大军、中原野战军、第二野战军等称谓），“向中原出动，转变为外线作战”。1947 年 5 月，中共中央决定以邓小平、刘伯承、李先念等 8 人组成中原局，邓小平为书记；由晋冀鲁豫野战军担负千里跃进大别山、开辟中原战场的战略任务；为了在新解放区开展地方工作，抽调和集训 1000 余名地方干部随军南下。中共中央认为，人民解放军挺进大别山，可以实现对国民党统治区的“中央突破”，“牵一发而动全身”，瞰制中原，威胁南京，进逼长江，直指武汉，震撼和动摇国民党的统治，鼓舞国民党统治区的人民民主运动，促进中国革命的新发展，推动中国革命的新高潮。

刘邓大军突破黄河天险，震动了美国和国民党军统帅部。毛泽东认为，刘

---

① 原载《河南日报》2014 年 8 月 22 日。

邓大军进军大别山，不能像北伐战争那样逐城逐地推进，而必须采取跃进的进攻样式：下决心不要后方，长驱直入，一举插进国民党军的战略纵深，先占领广大乡村，建立革命根据地，以乡村包围城市，然后再夺取城市。中共中央指定晋冀鲁豫野战军挺进大别山，以12万大军远离根据地，一举跃进到敌人的深远后方去作战。这种独特的进攻样式，在人民军队历史上是史无前例的。要实现这样的战略计划，决不是轻而易举的。毛泽东既估计到刘邓大军跃进大别山的各种有利条件，又充分估计到刘邓大军到外线作战的各种困难，提出刘邓大军可能有三个前途：一是付了代价站不住脚，转回来；二是付了代价站不稳脚，在周围打游击；三是付了代价站稳了脚。毛泽东告诫刘伯承、邓小平要作充分的思想准备，从最坏处着想，努力争取最好的前途。1947年6月30日，刘伯承、邓小平指挥晋冀鲁豫野战军主力12万人，以迅雷不及掩耳之势，强渡黄河，对国民党军从山东到陕北的“大哑铃形”阵势，实行中央突破。这一行动，极大地震动了国民党军统帅部。美国驻华大使惊呼：“这简直是惊人的事件！不亚于当年法国‘马其诺防线’被攻破！”

“我们要打出去，破坏蒋介石这个恶毒的反革命计划。”刘邓大军强渡黄河期间，刘伯承、邓小平召集各纵队司令员和政治委员阐述战略方针。邓小平说：“由于一年来我军在内线作战大量歼敌的结果，蒋介石被迫放弃他的全面进攻，而在山东和陕北两翼，集中兵力进行绝望的所谓‘重点进攻’。现在，山东敌人聚集了六十个旅，四十五万人；陕北十五个旅十四万人。正像刘司令员讲的：敌人搞的是‘哑铃战略’，把两个铁锤放在山东和陕北，我们晋冀鲁豫战场是联系东、西两战场的中间地带，正像这两个哑铃的‘把’，现在党中央交给我们的任务，就是要砍断这个‘把’，把战争从解放区引到国民党统治区域里去，和全国各个战场兄弟部队一道，在党中央的统一号令下，使我军由战略防御转入战略进攻。”刘伯承说：“山东按着敌人的脑袋，陕北按着敌人的两条腿，我们拦腰砍去。”邓小平接着说：“这一刀一定要砍好，一定要砍在敌人的要害部位。”刘伯承又说：“一年来敌我悬殊的情况已经有了很大的改变，但敌人的力量还是很大的。我们不能低估。这就决定了我们野战军实施战略进攻的方式，不是逐城推进，而是跳跃式的。我们要大胆地把敌人甩在后面，长驱直入地跃到敌人的深远后方去。你们看，大别山这个地方，就像孩子穿的‘兜肚’，是长江向南面的一个突出部。我们跃进到大别山，就可以东胁南京，西逼武汉，南抵长江，驰骋中原。这时候北面的敌人就会被吸引一部分到我们这边来，山东、陕北和其他战场的担子就可以减轻一些，他们不但可以在内线继续歼灭敌人，而且可以抽出更多的兵力打出外线。这样，我们的担子就会加重，困难就会增多。不论在跃进途中，还是到了大别山，我们都会遇到（更多困难）……”邓小平认为：“革命就是困难的事。对这次行动中的困难，大家要有足够的思想准备和组织准备。这是一个严重的斗争任务。但是，我们是在全国各战场大举战略进攻的形势下，在全国人民，特别是解放区人民热烈支援下来执行党中央规定的战略任务的。在蒋介石统治区，我们的游击队还会配合和接应我们，所以，我们的行动，决不是冒险，而是一个勇敢的行动。我们要克服一切困难，力争第三个前途，争取为跃进到大别山，并在那里站稳脚跟而斗争。跃进大别山，解放中原，这是中央的第一步棋；下一步棋，就是以中原为阵地，再来一个跃进，打过长江，解放全国。大家还可以反过来想一想，如果我们现在不打出去，情况将会怎样呢？当然，我们在内线还可以继续歼灭一些敌人，但解放区的人力、物力、财力却会渐渐消耗殆尽，我们很难持久地打下去，蒋介石就是希望把战争放在解放区里进行，这样来彻底摧毁解放区，达到消灭共产党和人民解放军的罪恶目的。”最后，邓小平坚决地表示：“我们要打出去，破坏蒋介石这个恶毒的反革命计划。”

二、挺进中原，揭开中国人民解放军战略进攻序幕

中央军委命令：以半个月行程，直出大别山。刘邓大军渡过黄河后，发起鲁西南战役，迅速歼敌4个整编师部，9个半旅，共6万余人。1947年7月，中共中央在陕北靖边县小河村举行扩大会议，总结解放战争第一年的战绩，首次提出对蒋介石的斗争，从1946年7月算起，用5年时间来解决，但不对外宣布，还是准备长期作战，5年到10年甚至15年；不像蒋介石那样，先说几个月消灭我们，不能实现又说再过几个月，到了现在又说战争才开始。7月23日，毛泽东为挺进大别山起草致刘伯承、邓小平，陈毅、粟裕、谭震林，华东局的电报：“刘、邓对羊山集、济宁两点之敌，判断确有迅速攻歼把握则攻歼之。否则，立即集中全军休整十天左右，除扫清过路小敌及民团外，不打陇

海，不打新黄河以东，亦不打平汉路，下决心不要后方，以半个月行程，直出大别山，占领大别山为中心的数十县，肃清民团，发动群众，建立根据地，吸引敌人向我进攻打运动战。我们已令陈赓纵队并指挥太行纵队、五师、三十八军共七万余人，八月下旬出豫西，建立鄂豫陕边区根据地，吸引胡宗南一部打运动战。”

中国人民解放军发起战略进攻。1947 年 8 月 7 日，邓小平和刘伯承率领晋冀鲁豫野战军，跨过陇海铁路，千里跃进大别山区。中国人民解放军战略进攻的序幕就此拉开。经过跋涉黄泛区，强渡汝河，巧渡淮河，浴血奋战，8 月 31 日邓小平与刘伯承率部到达河南省光山县。邓小平指出：“我们已到了大别山，完成了战略任务的第一步，把蒋介石逼退了一条线，从黄河逼到长江。”在大别山地区，共产党和人民军队曾“几进几出”，国民党对人民群众残酷镇压。参加过革命的男性遭到枪杀，女性被贩卖到异域他乡，“石要过刀，人要换种”。为此，中原局发出《创建巩固的大别山根据地》的指示，要求放手发动群众，扎根大别山区。邓小平将其上报中央后，毛泽东批示，转发彭德怀、东北局和华东局。刘邓大军进入大别山区后，实施战略展开。第三纵队在皖西，第二纵队和第一纵队在豫东南相继展开，第六纵队向鄂东挺进，解放固始、光山、潢川、商城等 11 座县城。9 月初，尾追刘邓大军的国民党军 23 个旅先后渡过淮河，进入大别山区，妄图将刘邓大军消灭或赶出大别山区。9 月 5 日，刘邓大军以两个纵队和一个旅，在豫南商城县城以北河凤集地区向国民党军一个师发动进攻，由于指战员不善于在水网地带作战，未能达到有效歼敌的目的，但调动了敌军其他部队回援；9 月 19 日，在商城以西歼敌一个团；9 月 25 日，在豫南光山县城附近击退敌军东援部队进攻。通过三次作战，将敌军的全部机动兵力调到大别山北麓，保障了第三纵队、第六纵队在鄂东、皖西地区展开。到 9 月底，刘邓大军解放县城 23 座，初步打开局面。

坚定不移创建大别山根据地。刘邓大军进入大别山地区，对国民党长江以南的统治形成直接威胁，迫使国民党军主力回援。围困大别山地区的敌军增加到约 20 万人，斗争极端艰苦。刘邓大军远离华北老根据地，战士多是北方人，疟疾流行，伤员难以安置，有的同志对建立大别山根据地信心不足。为此，邓小平在河南省光山县王大湾召开旅以上高级干部会议，学习中共中央关于战略进攻的指示。他指出：创建大别山根据地，是我们坚定不移的任务。党中央对我们这次行动的意义，做了充分的估计。现在我们不但保存和进一步巩固了原有解放区的基本区域，而且把战争引向蒋管区，迫使蒋介石把战线由黄河移到长江。自古以来，谁得中原谁得天下。我们在大别山站稳了脚跟，蒋介石的日子就不好过了。同志们想想，党中央这步棋下得多么英明，多么有远见。可是我们有些人只看到自己的艰苦，而看不到全国战局的这种新变化，个别人甚至产生右倾情绪和违法乱纪现象，这是绝对不能允许的。会后，邓小平多次向指战员作形势报告。他激励部队说：我们在大别山背重些，其他部队和地区就能大量歼灭敌人和深入开展工作，这对全局极为有利，我们再削弱再吃苦也要坚持住。邓小平与刘伯承领导大别山根据地军民，积极、灵活地打击敌人，不断粉碎国民党军队对大别山地区的重兵轮番“进剿”。随后，刘邓大军在大别山区，同相继进入中原战场的华东野战军主力和陈赓集团布成“品”字形阵势，牵制和吸引了敌军南线160多个旅中90个旅的兵力，把战线由黄河南北推进到长江北岸，使中原地区由国民党军进攻解放区的重要后方成为人民解放军夺取全国胜利的前进阵地。

三、中共中央加强中原局，邓小平任第一书记

*中共中央成立扩大的中原局和中原军区。*1948年4月刘邓大军从大别山区出来，进入河南中西部地区。5月9日中共中央决定：加强中原局，邓小平任第一书记，陈毅任第二书记，邓子恢任第三书记；成立中原军区，刘邓野战军及陈赓集团改为中原野战军，刘伯承任中原军区和中原野战军司令员，邓小平任中原军区和中原野战军政治委员；陈毅任中原军区第一副司令员，李先念任中原军区第二副司令员。陈毅仍任华东野战军司令员兼政治委员，以便中原野战军和华东野战军协同作战。中原局和中原军区的辖区为：秦岭以东，大海以西，黄河以南，长江以北。下辖豫西、鄂豫、豫皖苏、桐柏等7个区党委和二级军区。邓小平率部进入中原主战场后，十分兴奋，向毛泽东报告：“整个中原有四千五百万人口，现为我控制者约两千万，计有豫陕鄂七百万（有政权有工作者五百万），豫皖苏九百万（能征收的人口），但仍是敌来我往的拉锯局面，江汉三百万，桐柏二百万，其余一半人口的区域，极大部分有我游击

部队和政权活动。”“大别山斗争仍极艰苦，但是我们确实已站住了脚，敌人把我们打不出来了，而四个野战纵队抽出后，减少了人民的负担，拖出了敌人三个师（十师、二十师、五十八师），加上最近策略上的讲求，更利于大别山的坚持。”“今年麦子普遍好。夏征工作做好，就可以争取财粮供应的主动地位。豫陕鄂已确定征足一百万石至一百二十万石（十四斤斗），如果完成了此数，加上商业税收（主要是烟叶税）及银行透支（不超过发行额四分之一），即可使该区十二万人（包括党政军）全部自给，并可供给其他野战军三万人至五万人。江汉、桐柏两区已可能供给野战军一两万人。豫皖苏产粮更多，如照豫陕鄂标准计算，除本身七万人外，可供给野战军五万到八万人。如果今年麦征、税收、银行工作做得好，即可大大减轻华北负担。我们最近不断强调争取大部分自给，提倡节约。”同时，邓小平、刘伯承率中原局、中原军区和中原野战军总部进驻河南宝丰，指挥中原人民解放战争。

宛西战役、宛东战役、襄樊战役等大获全胜。1948 年 5 月初，邓小平与刘伯承等指挥中原野战军、华东野战军等部队发起宛西战役，歼敌军 9700 余人、地方武装 1.2 万余人，占领 9 座县城，解放南阳以西大片地区。5 月下旬，邓小平与刘伯承等指挥中原野战军、华东野战军等部队发起宛东战役，歼敌 1 万余人，有力策应华东野战军第一兵团南渡黄河。中共中央发来贺电：“庆祝你们最近在宛西、宛东和江汉连续三次歼敌，并解放豫陕鄂广大地区的胜利。尚望继续努力，为消灭蒋敌，解放全中原人民而战。”7 月，邓小平与刘伯承为配合华东野战军豫东作战，指挥中原野战军发起襄樊战役，歼敌 2 万余人，活捉守敌司令官康泽。此人是蒋介石特务机构、军事别动队、三青团主要头子之一。朱德总司令称此役为“小的模范战役”。中共中央致电祝贺：“庆祝你们在襄樊战役中歼敌两万余人，解放襄阳、樊城、老河口等 7 个城市，并活捉蒋匪法西斯特务头子康泽的伟大胜利。这一汉水中游的胜利，紧接着开封、睢杞两大胜利后，对于中原战局的开展帮助甚大。尤其是活捉康泽，更给全国青年受三青团特务迫害者以极大兴奋。尚望继续努力，为彻底解放中原而战！”从 1948 年春天起，中原野战军与华东野战军发起洛阳、宛西、宛东、豫东、襄樊等一系列战役，粉碎国民党军中原防御体系。

拟定“六六指示”，纠正“左”的错误。襄樊战役后，中原局在河南叶县召开旅以上干部政治工作会议，讨论整党、整军等问题。邓小平强调正确执行政策对于夺取全国胜利的重要作用，要求每一个指挥员树立政策观念。在开辟中原新解放区过程中，邓小平发表了《跃进中原的胜利形势与今后的政策策略》《贯彻执行中共中央关于土改与整党工作的指示》《关于今后进入新区的几点意见》等讲话和指示，根据中共中央方针，从中原新解放区实际情况出发，对整党、土改和工商业政策等问题，提出许多重要意见，受到中共中央和毛泽东的肯定。1948 年 6 月 6 日，邓小平为中原局起草《贯彻执行中共中央关于土改与整党工作的指示》（即“六六指示”），深刻分析中原解放区土地改革工作中所犯“急性病”的严重教训，尤其对大别山地区的土地改革提出尖锐批评。并提出要求：为了改正错误，有效地团结一切社会力量，更早地完成解放中原的任务，全区应即停止分土地，停止打土豪分浮财，停止乱没收，禁止一切破坏，禁止乱打人、乱捉人、乱杀人等现象。要求中原局各级党委和全区部队，根据新的方针和策略步骤进行和调整各方面工作。毛泽东对“六六指示”十分重视，致信刘少奇、朱德、周恩来等：“中原局指示可以发给中原以外各中央局、分局、前委……有了中原局这个文件，中央就不需要再发这类文件了。”

建立中原大学，大批培养干部。人民解放军第一次攻克河南省会开封后，河南一批文化界、教育界名流、学者，河南大学一批进步师生，积极投身革命，进入中原解放区的宝丰。邓小平当即主持中原局决定，以这批知识分子为基础，建立中原大学，为中原解放区培训干部。陈毅自告奋勇，担任中原大学筹备委员会主任委员。开学时，陈毅作报告，畅谈国内外形势，师生们听了深受鼓舞。有人提问：“将来中原大学毕了业，能当县长不能?”陈毅说：“哎呀！你这个同志口气太小了，司令员都可以干嘛！你只要能干，现在我就委任你当开封县长，你马上去上任吧！”陈毅又说：“我们的县长可不是容易当的，都是匹马单枪打出来的。需要你自己去开辟！”还有人问：“我们不愿意干的话，想走，中不中?”陈毅爽快地回答：“来者欢迎，走者欢送。天气热，我们还送你一顶草帽。”陈毅说着，把头上的草帽取下来，做了一个送给他的动作，师生们开怀大笑。后来，中原大学为中原解放区培养了大批干部。

解放郑州，夺取中原战略枢纽。1948 年 10 月 9 日，邓小平、刘伯承决心集中中原野战军四个纵队，相机攻取南阳、郑州，或尾击东进之孙元良兵团和黄维兵团，策应华东野战军在徐州地区作战。10 月 18 日，邓小平、刘伯承下达郑州战役基本命令。经激战，中原野战军与华东野战军在黄河铁桥胜利会师，解放郑州。被俘的国民党军第九十九军参谋长感慨地说："贵军以精锐而驱乌合，摧枯折腐，理所当然。"毛泽东为新华社撰写《我军解放郑州》的"急电"："我中原人民解放军于今日占领郑州。守敌向北面逃窜，被我军包围于郑州以北黄河铁桥以南地区，正歼击中。郑州为平汉、陇海两大铁路的交点，历来为军事重镇。蒋介石因徐州告急，被迫将驻郑兵团孙元良部 3 个军（按：国民党从 10 月起整编师均改称为军，整编旅均改称师）东调，郑州守兵薄弱，我军一到，拼命奔逃。现郑州东面之中牟县、北面之黄河桥均被我军切断，逃敌将迅速被歼。"接着，开封守敌弃城离去。郑州、开封解放，使豫西和豫皖苏解放区联为一体；除新乡、安阳等城市外，中原解放区和华北解放区连成一片，军事、政治、经济意义极为深远。

中国人民解放军举行"郑州入城式"。郑州战役后，中原局、中原军区遵照中共中央电示在郑州召开团以上干部会议。邓小平作淮海战役战前动员报告：东进形势与任务，开展新式整军、加强组织纪律性；重申毛泽东"军队向前进，生产长一寸，加强纪律性，革命无不胜"的指示，要求各级干部深刻理解，自觉执行。10 月 25 日，中原野战军第九纵队举行气势磅礴的"郑州入城式"。当时报纸报道："解放军战士们身穿草黄色新棉军衣，头戴此次歼敌所缴获的深绿色崭新的钢盔，步枪刺刀闪闪发亮，无数挺轻重机枪泛着青光。雄壮整齐的部队在街上穿过，威武的炮兵行列在水泥大道上隆隆前进。战士们红光满面，精神焕发，高唱雄壮的《中国人民解放军进行曲》和《三大纪律八项注意歌》。群众极为兴奋，互为投视喜悦羡慕的眼光，并不断报以掌声与欢呼。"从此，中原野战军第九纵队名声大震。这支诞生于太行山、转战于豫西、驰骋于中原的年轻部队，成为人民解放军的劲旅。抗美援朝中，"中野九纵"改编的第十五军，在上甘岭与美军交锋，威名远扬。回国后，被改编为战略预备队——空降部队。

四、决战淮海，邓小平任淮海战役总前委书记

毛泽东挥毫祝贺：中原我军占领南阳。1948 年 10 月下旬，河南省会开封守敌慑于中原野战军声威，弃城东撤，邓小平与陈毅（刘伯承另走一路）率中原野战军乘势东进。31 日，邓小平等进驻河南柘城县，在两天三夜的时间里，他与陈毅等讨论了淮海战役统一指挥问题，修改了钳制国民党邱清泉兵团、孙元良兵团、刘汝明兵团的作战方案，并与刘伯承联系，阻止黄维兵团东进徐州的行动。11 月 3 日，邓小平与陈毅到周围几个县检查工作，向豫皖苏区第三分区负责干部传达关于淮海战役的部署。在邓小平指导下，豫皖苏分局组建了支前指挥部，在豫东永城设立了总兵站，相继解放了豫东的商丘县、虞城县。19 日，邓小平电示中原野战军交通部在河南商丘建立中原军区总兵站，负责转运或分运军用物资，以保证淮海战役需要。在人民解放军震慑下，南阳的国民党第十三“绥靖区”及第二军等部队和保安部队，弃城南逃。逃跑前，国民党军抓丁拉伕，胁裹了一批青年学生，南阳人民无不切齿痛恨。中原军区部队解放南阳后，毛泽东为新华社撰写《中原我军占领南阳》：“在人民解放军伟大的胜利的攻势下，南阳守敌王凌云于 4 日下午弃城南逃，我军当即占领南阳。南阳为古宛县，三国时曹操与张绣曾于此城发生争夺战。后汉光武帝刘秀，曾于此地起兵，发动反对王莽王朝的战争，创立了后汉王朝。民间所传二十八宿，即刘秀的二十八个主要干部，多是出生于南阳一带。在过去一年中，蒋介石极重视南阳，曾于此设立所谓绥靖区，以王凌云为司令官，企图阻遏人民解放军向南发展的道路。”

“经常由刘、陈、邓三人为常委，临机处置一切，小平同志为总前委书记。”1948 年 11 月初，中共中央、中央军委决定，由中原野战军、华东野战军发起淮海战役、与国民党军刘峙集团决战，第一步歼灭刘峙集团主力于淮河以北，第二步歼灭刘峙集团余部于长江以北。这时，毛泽东认为，淮海大战的胜利将对中国革命产生重大影响。11 月 16 日，他以中央军委名义致电华东、中原等党政军负责人：“此战胜利，不但长江以北局面大定，即全国局面亦可基本上解决。望从这个观点出发，统筹一切。统筹的领导，由刘（伯承）、陈（毅）、邓（小平）、粟（裕）、谭（震林）五同志组成一个总前委，可能时，

开五人会议讨论重要问题，经常由刘、陈、邓三人为常委，临机处置一切，小平同志为总前委书记。”邓小平回忆说：“迎接淮海战役的时候，总的形势很好。东北战场取得了胜利，这对全国鼓舞很大，西北也稳住脚，中原三足鼎立。淮海战役是二野、三野联合作战，用毛主席的话说，二野三野联合作战，不只是增加一倍两倍的力量，数量变，质量变，这是一个质的变化。”

中原野战军与华东野战军赢得淮海战役重大胜利。淮海战役 1948 年 11 月 6 日开始，1949 年 1 月 10 日结束，历时 65 天，共歼灭国民党军 55 万余人，击退由南京方面来援的国民党军两个兵团，基本解放长江以北的华东、中原地区。整个战役共分三个阶段。第一阶段，人民解放军于徐州以东新安镇碾庄地区，围歼黄百韬兵团，解放碾庄以东陇海路两侧和徐州以西以北广大地区，切断津浦路徐（州）蚌（埠）段间国民党军的联系。国民党军第三绥靖区 3 个半师，共 2 万余人，在徐州东北的贾汪、台儿庄地区起义。第二阶段，人民解放军在宿县西南双堆集地区围歼黄维兵团，生俘司令官、副司令官。该兵团 1 个师起义。同时，华东野战军将由徐州西逃的杜聿明指挥的邱清泉、李弥、孙元良 3 个兵团包围于永城东北的青龙集、陈官庄地区，歼灭力图突围的孙元良兵团，孙元良只身潜逃。第三阶段，人民解放军首先进行 20 天战场休整。从 1949 年 1 月 6 日起，对青龙集、陈官庄地区的国民党军发起总攻，全歼邱清泉、李弥两个兵团，生俘杜聿明，击毙邱清泉，李弥逃脱。至此，淮海战役胜利结束。淮海前线人民解放军司令部发言人指出，“华北、华东、中原三大解放区，千百万人民全力支援”是“我军终于获得了空前伟大胜利”的重要因素。淮海战役结束后，蒋介石宣告“引退”，国民党统治集团陷入土崩瓦解状态。

五、邓小平主持中原局、总前委商丘会议，部署渡江战役

毛泽东深谋远虑，淮海战役总前委举行全体会议。早在完成淮海战役部署，开始发起平津战役时，毛泽东就开始了强渡长江、进军江南的战略思维。1948 年 12 月 12 日，毛泽东致电淮海战役总前委：“黄维歼灭后，请刘（伯承）、陈（毅）、邓（小平）、粟（裕）、谭（震林）五同志开一次总前委会议，商好在邱（清泉）、李（弥）歼灭后的休整计划，下一步作战计划及将来渡江作战计划，以总前委意见带来中央。”希望刘伯承能在 1948 年 12 月下旬

到达西柏坡会谈。在淮海战役结束后，中原野战军、华东野战军休整两个月，并大致准备好渡江作战所需的物质准备及初步完成政治动员。遵照毛泽东电示，12 月 16 日，邓小平与刘伯承、陈毅从淮海战役总前委所在地驱车前往华东野战军司令部，与粟裕等人会合。次日，淮海战役总前委举行全体会议。鉴于全歼杜聿明集团已经不成问题，会议的主题是研究淮海战役结束后两大野战军渡江作战问题和部队整编方案。与会同志根据中央军委意图和国民党军江防部署，对渡江作战的有利条件和各种困难进行全面分析，研究了华东野战军和中原野战军渡江作战的兵力编成和部署，以及渡江作战的时机和协同等问题。

中原局商丘会议，认真贯彻中央精神。1948 年 12 月底，淮海战役总前委和中原局、中原军区、中原野战军总部进驻商丘。中原局、中原军区、中原野战军司令部进驻张菜园，中原野战军政治部进驻周楼和洪庄。中原野战军各部队进驻商丘地区。根据中共中央指示，1949 年 1 月 29 日，中原局在商丘城内圣公会礼拜堂召开扩大会议，邓小平、陈毅、李先念、邓子恢、张际春、宋任穷、陈赓、李达等出席会议。中原野战军各纵队司令员、政委，豫皖苏分局负责同志和陕西、豫西、桐柏、江汉、鄂豫皖、皖西区党委与军区负责同志，郑州和开封负责同志出席会议。会议主要内容，是传达中央政治局会议精神和毛泽东等中央负责同志的报告。邓小平主持会议、陈毅传达中央精神。邓小平、陈毅向中央的报告中说："会议经过听报告、阅读文件、分组讨论和汇报作结论后，一致拥护政治局决议和毛主席的指示。特别对毛主席指示，坚持人民革命立场，揭露各种类型的丧失阶级立场、迁就资产阶级、羡慕并俯就帝国主义等奴性倾向以及因胜利到来而轻敌骄傲，对现在未来不懂得比较，无预见分析等表现，对到会的同志均有极大启示，提高了大家的警惕，并均联系部队及地方工作的实际作了有原则的检讨。这次会议在思想斗争上，政策掌握上，工作部署上，都获得了改善和提高。"会议开了 3 天，检查、总结了工作，学习了毛泽东新年献词《将革命进行到底》，为渡江作战进行了各方面准备。其间，河南著名豫剧演员陈素真率剧团演出《铡美案》等传统剧目，华东野战军文工团演出《九件衣》，受到与会人员热烈欢迎。会后，邓小平、陈毅向中共中央发去《关于中原局扩大会议的情况向中央的报告》。

总前委商丘会议，准备渡江战役。1949 年 2 月，邓小平主持淮海战役总前委在商丘召开渡江作战会议，中原局负责同志参加。讨论中央军委和毛泽东关于“把军队变为工作队”的指示，讨论渡江作战的时间，部署、加强军队教育及后勤准备等问题。会议表示，坚决响应“打过长江去，解放全中国”的号召，准备“五万三千干部、二百万军队过江”。为适应作战要求，会议建议“安徽省委必须立即建立，宋任穷、曾希圣等应即到职”。为保障中原野战军、华东野战军行动，建议“东北野战军即以三个军约二十万人迅速南下，于三月底进至武汉附近，牵制白崇禧”。会后，邓小平主持淮海战役总前委向中共中央发去《关于渡江作战方案和准备工作意见的报告》。中原局、中原军区、中原野战军总部在商丘期间，开始部署渡江战役。同时，中原野战军改编为第二野战军，华东野战军改编为第三野战军，淮海战役总前委改名为渡江战役总前委。接着，第二野战军、第三野战军发起渡江战役，解放上海、解放南京、解放江南。中国人民解放军占领国民党首都南京，标志着中国革命的伟大胜利。

附录四

四个“矢志不渝”纪念邓小平

2014 年 8 月 22 日是中国改革开放总设计师邓小平诞辰 110 周年。20 日上午，中共中央在人民大会堂举行座谈会，纪念邓小平诞辰 110 周年。中共中央总书记、国家主席、中央军委主席习近平出席并发表重要讲话。为了更好地缅怀伟人，重温邓小平理论，20 日中午，光明网特邀中共中央党史研究室宣传教育局副局长、邓小平研究专家薛庆超做客光明网，就“纪念邓小平诞辰 110 周年”的相关话题回答网友提问。

薛庆超介绍了邓小平在历史上的“三落三起”，在谈到这几个人生关键点对邓小平的影响时，他说：“正是因为政治上的反复磨难，才使得他对中国要走什么样的道路已经思考成熟。所以他开始实行拨乱反正，开辟改革开放和现代化建设新道路，开始了中国特色社会主义的壮丽征程。”

在中国，邓小平一直被称为社会主义事业发展新时期的总设计师。薛庆超表示，邓小平一直认为自己是中国人民的儿子，这一点很伟大。他通过对中国革命、建设经验教训的深刻反思与总结；对苏联情况的深刻分析与借鉴；对当代中国发展趋势的深入研究与前瞻，提出解放思想、拨乱反正、改革开放和现代化建设。首先进行大规模的平反冤假错案，团结了全国各族人民。在此基础上精心设计了中国改革开放和现代化建设的宏伟蓝图，这些他都是胸有成竹的。外国舆论称他为“改革开放的总设计师”，中国人认为他是当之无愧的。

在中国改革开放和现代化建设道路上，邓小平给我们留下了宝贵的精神财富。薛庆超说：“我们要高举中国特色社会主义旗帜，坚持中国特色社会主义道路，坚持中国特色社会主义理论，坚持中国特色社会主义制度，把邓小平开创和发展的中国特色社会主义不断推向前进。特别是‘南方讲话’，这是邓小平留给我们最宝贵的精神财富。”

对于如何纪念邓小平，薛庆超提出四点建议：

第一，要矢志不渝地坚持解放思想。马克思、恩格斯就是引领思想解放的导师。他们指出："代替那存在阶级和阶级对立的资产阶级旧社会的，将是这样一个联合体，在那里，每个人的自由发展是一切人自由发展的条件。"他们推翻旧世界、建立新世界的《共产党宣言》，是最彻底的思想解放宣言。在中国，毛泽东将俄国十月革命举行城市武装起义夺取全国政权，根据中国国情发展为农村包围城市、武装夺取政权，通过建立农村革命根据地，积聚力量，最后夺取城市。这也是思想解放。邓小平领导中国开创改革开放和现代化建设新时期是最大的思想解放，改革开放初期《解放思想，实事求是，团结一致向前看》的讲话和晚年的南方谈话，是思想解放的重要宣言。

第二，要矢志不渝地坚持实事求是。邓小平自认是"实事求是派"。20 世纪 90 年代初期，苏联解体、苏联共产党宣布解散、东欧发生剧变，国际形势发生重大变化，国际共产主义运动遭到严重挫折。如何应对这些变化？邓小平没有去发动新的"国际共产主义运动大论战"、没有把中国的主要注意力和主要精力放到意识形态问题争论上、没有让这些事物影响中国改革开放和现代化建设的前进步伐。他 88 岁又"出征"，实地考察中国改革开放的"前沿阵地"，发表南方谈话，以实事求是的精神，深刻总结中共十一届三中全会以来的基本经验，明确回答长期困扰和束缚人们思想的许多重大认识问题，推动中国特色社会主义奋勇前进。

第三，要矢志不渝地坚持改革开放。革命是解放生产力，改革也是解放生产力。基本路线要管一百年，动摇不得。邓小平的话，简明扼要，要言不烦。改革开放是中国共产党在新的时代条件下带领全国各族人民进行的新的伟大革命，是当代中国最鲜明的特色，是决定当代中国命运的关键抉择，是党和人民事业大踏步赶上时代的重要法宝。全面建成小康社会，建成富强民主文明和谐的社会主义现代化国家，实现中华民族伟大复兴的中国梦，必须在新的历史起点上全面深化改革、坚持对外开放。

第四，要是矢志不渝地坚持中国特色社会主义道路。中国共产党成立以来的理论与实践，归结起来，就是开创了三条道路：中国革命时期，开创农村包围城市、武装夺取政权的道路；中华人民共和国成立初期，开创对农业、手工业和资本主义工商业社会主义改造的道路；中国改革开放和现代化建设新时期，开创中国特色社会主义道路。广西百色农民说得好：百色过去种植的杧果，个头小，产量低，口感差，色泽暗，价格上不去，市场打不开。改革开放后，眼界开阔了，思想解放了，购买南美洲巴西优质杧果树的枝条，嫁接到百色的杧果树上，结出的杧果，个头大，产量高，口感好，色泽亮，价格上去了，在国际市场上供不应求。中国特色社会主义就像现在百色的杧果树，根深深扎在中国的土地上，主干是社会主义的，嫁接的枝条是资本主义的，结出的果实是中国特色社会主义的。广西百色农民的话，虽然“土”气，但是生动、具体、明确。实践证明，中国特色社会主义道路是实现中国现代化的唯一道路。

在访谈的最后，薛庆超在谈及中共十八大以来特别是十八届三中全会以来的理论与实践时表示：中共十八大以来，习近平总书记和中央领导集体，继承发展邓小平改革开放和现代化建设的理论与实践。习近平总书记提出的‘中国梦’代表了全党全军全国各族人民共同的心愿和追求。中共十八届三中全会审议通过《中共中央关于全面深化改革若干重大问题的决定》，习近平总书记就该《决定（讨论稿）》向全会作了说明，对全面深化改革的一系列深层次问题进行了“顶层设计”和具体规划。因此，我们说，邓小平是中国改革开放的总设计师，习近平总书记是全面深化改革的总设计师。

附录五

中国恢复高考亲历记

——纪念邓小平果断决策恢复高考40周年

薛庆超

一

“粉碎‘四人帮’，人民喜洋洋。”从1976年10月粉碎“四人帮”起，大学招生将恢复考试制度的说法就开始广为流传。这种说法，实际上反映了大势所趋，人心所向。

在此期间，关于中央恢复大学招生考试决策的情况也在广泛传播。1977年，研究大学招生问题时，教育部思想不解放，还在按照“文化大革命”时期的惯例，搞“群众推荐，组织审查，领导批准，学校录取”那一套，大学生毕业后仍然是“文化大革命”时期所谓的“新生事物”——“社来社去，厂来厂去，哪来哪去”。邓小平恢复工作后，首先自告奋勇抓教育和科技。他主持召开了一个教育工作座谈会，听取一些专家、教授对教育工作的意见。在这个座谈会上，大学的一位老教授在发言中说：旧社会上大学靠的是“钱”，“有‘钱’能使鬼推磨”；“文化大革命”前上大学靠的是分（数），“‘分分’（指学生的考试成绩），学生的命根”；十年动乱中上大学靠的是“权”，“学好数理化，不如有个好爸爸”。“四人帮”废除大学招生考试，搞“推荐上大学”那一套，严重败坏了党风和社会风气，使“走后门”的歪风大为猖獗，已经造成了极为严重的后果，必须尽快改革。其他与会同志在发言中也纷纷表示支持、赞成这位老教授的意见。邓小平听了，大为赞成。他问在座的教育部负责人，今年（1977年）大学招生的文件下发了没有？教育部负责人说，已经下发了，今年来不及了，明年再说吧。邓小平非常干脆地说，全部收回，另外重新起草一个恢复大学招生考试的文件发下去。邓小平的话，掷地有声，一言九鼎，如电闪雷鸣，弹指间扭转乾坤。恢复大学招生考试就此成为定局。当教育部重新起草的恢复大学招生考试的文件报送到邓小平那里后，邓小平仔细进行了审阅。当看到招生方法为“自愿报名，单位同意，领导批准，统一考试，地方初选，学校录取，省市自治区批准”后，他连连问道：“如果单位不同意怎么办？如果领导不批准怎么办？”一边说一边大笔一挥，去掉了“单位同意，领导批准”这8个字。（关于邓小平从善如流，一言九鼎，决定恢复大学招生考试的详细过程，本书中有经过精心考证的翔实的叙述。）

上述关于邓小平决策恢复高考的“民间传说”，尽管与真实情况略有出入，但基本符合实际情况。许多人口口相传，讲述者慷慨激昂，酣畅淋漓。民众听得如醉如痴，大呼过瘾。一时间，恢复大学招生考试的消息迅速传播到全国各地。

二

邓小平洞察一切。在恢复高考问题上，他与人民群众心连心。渐渐地，恢复高考的各种“传说”终于变成了国内各大报纸上刊登的“新闻”。1977年10月22日，《人民日报》刊登《就今年高等学校招生问题，教育部负责人答记者问》的报道，正式宣布恢复高校招生考试制度的消息。

古人在论及人生大喜时，曾用“久旱逢甘雨，他乡遇故知，洞房花烛夜，金榜题名时”来形容，其中有的比喻虽然不甚贴切，但也道出了一种深刻的人生体验。而20世纪70年代的广大知识青年在听到中央决定恢复高等院校招生考试的消息后，确实有一种“漫卷诗书喜欲狂”的感觉。

从此，我也和千千万万渴望读书、渴望学习、渴望求知、渴望成才的青年人一样，满怀期望、义无反顾地投入到这场粉碎“四人帮”后的第一次高考中去。

高等院校恢复招生考试后的报名工作终于开始了。那一天，我早早起床、吃过早饭，怀着既紧张又渴望的心情来到了南阳市一个人民公社大院。“莫道君行早，更有早行人。”只见人民公社大院里，人山人海，喧闹异常，犹如农村赶集的日子一般。从年龄上看，有拖儿带女的中年汉子，有怀抱幼儿的年轻女子，也有十七八岁稚气未退刚毕业不久的中学毕业生。我当时在年龄上属于中等。由于缺乏组织，也可能是没有估计到会有这么多青年人报名参加高考，前来报名的“人潮”不断地在公社大院里涌来涌去，一会儿涌到这个办公室门口，一会儿涌到那个办公室门口，却都没有找到主管高考的办公室。经过几度涌动，“人潮”终于在一个办公室门口排起了“长龙”，每人从工作人员手中领到一份“高等院校考生登记表”，限一周内填好交回公社。

这么多的考生，自己能考上吗？我不禁在心中为之怅然。但看到有的考生一拿到“高等院校考生登记表”，就迫不及待地以院子里的花坛为桌子，在报考志愿栏中写上了“青华大学”时，又不免有几分踏实，心中笑道，就凭你把“清华大学”写成“青华大学”的水平，就不一定能考上呀（实际上，只要考试成绩达到分数线，把“清华大学”写成“青华大学”也没有关系，照样可以录取）。

我拿到“高等院校考生登记表”后，迅速回到家里。在填写“高等院校考生登记表”中的“报考志愿”这一栏时，却颇为踌躇。就我本人的特长和爱好而言，应当报考中文系。但是，当时全国上下都在宣传“实现‘四个现代化’，关键是科学技术现代化”，在那样的氛围中，每一个有志青年最大的愿望就是为实现农业、工业、国防和科学技术现代化“四个现代化”贡献自己的一份力量。我自己也认为，学习自然科学，毕业后当个工程师，通过自己掌握的科学技术，可以直接为国家实现“四个现代化”贡献力量。而学习社会科学，毕业后对实现“四个现代化”的贡献是间接的，不是那么直接。在“文化大革命”结束以后，社会上“一边倒”的倾向是重视理工科，轻视文科（社会科学）。我的认识水平也未能超越当时的历史环境。

在刚刚粉碎“四人帮”的时候，人们普遍认为，学习文科（社会科学）容易犯错误，而学习自然科学则远离政治，比较保险。所以，实事求是地讲，在1977级大学生中，很多报考文科的，基本上都是由于报考理工科没有考上大学的把握才报考文科的。对于这一点，可能很多当时报考文科而现在成为社会各个方面领导干部、中坚力量、学科专家的人不愿坦率地承认。但我认为，一代人的经历、一代人的思想、一代人的探索、一代人的追求、一代人的奋斗、一代人的历史，还是真实地记录下来为好。

就当时而言，我的家人、亲友和同学，也都认为报考理工科好。在这种情况下，我认真思索、反复权衡自身的条件：如果报考文科，自己喜欢、也比较熟悉，考上大学的把握较大，学习起来也不太费劲；如果报考理工科，自己不喜欢、也不熟悉，考上大学的把握一点儿也没有。就当时而言，考上大学是第一目标，是主要矛盾，其他都是次要矛盾，是不值得考虑的。于是，我当机立断，没有征求任何人的意见，自己做主，第一志愿填报了河南大学地理系，第二志愿填报了郑州大学历史系，第三志愿填报了洛阳师专中文科（系）。然后把“高等院校考生登记表”交了上去。家人、亲友、同学听到我报考的是文科后，无不表示惋惜和不理解，不约而同地问：“你怎么报考文科了?”我微微一笑，不作解释。

三

紧张的高考复习开始了。所谓“复习”，其实重新学习。此时，我高中毕业已经四年，由于“文化大革命”时期“读书无用论”盛行，早就把中学课本当“废品”卖掉了。为了解决没有课本、缺乏高考复习资料的问题，许多考生就去找昔日的老师和同学帮忙。常常是一个考生找到一份某学科的高考复习资料，就用复写纸复写几份，分给其他人，资源共享。大家一旦拿到手里，就死记硬背，现在回过头看，也有不少笑话。例如，一份高考数学复习资料的第一道题是——“什么是数学？举例说明数学在阶级斗争、生产斗争和科学实验三大革命运动中的作用?”在物理、化学等学科的高考复习资料中也有类似的题目，只不过把数学变成了物理、化学等。

在高考复习中，我把重点放在自己的薄弱环节——数学上。其实不是复习，而是从头学起。我对着后来找到的旧课本上的例题，一道题、一道题地演算。一开始，我还请了一周假在家全天复习。后来一想，如果将来考不上大学怎么办？岂不让人们嘲笑！还是继续参加劳动为好。这样，即使将来考不上大学，也有个能够自圆其说的理由——没有时间复习。但是业余时间复习有个很大的不足，就是劳动了一天后太疲乏，常常在晚上复习一段时间就困了。于是就坐在床上背靠墙壁盖着被子复习，过了一段时间，瞌睡得不停地点头，于是在不知不觉中睡到第二天凌晨。所以，尽管我多次下决心要通宵复习，但是却一直没有熬过一个通宵。

在复习中，我是将文科的内容作为次要问题处理的。因为没有课本，就是阅读、背诵一些抄来的复习资料。政治科目的内容当然是当时最重要的“政治”——刚刚闭幕的中国共产党第十一届全国代表大会。许多政治科目的复习题都是从中共十一大文献中摘出的。我历来不喜欢押题，于是，将心一横，索性把中共十一大上的《政治报告》、叶剑英所作的《关于修改党章的报告》、邓小平所作的《闭幕词》，全部一字不落地背了下来。心想，无论高考中政治科目出什么题，都可以回答出来。

但是，又看了一些高考复习资料才知道，高考中的政治科目不仅包含政治，还有哲学、政治经济学、中共党史等方面的基础知识。而我们这一代人在初中、高中所学的政治，以及我们在当时所理解的政治，仅仅是高考政治科目中的一小部分，它的名字叫“时事政治”。我相信一条：没有死记硬背，就没有融会贯通。其实，中国古代、近代之所以能够出那么多的大学问家、大思想家，就是由于他们自幼在私塾中死记硬背了中国古代历史、传统文化的精粹典籍，奠定了坚实的文化底蕴（犹如农民种庄稼前在土地中施足了底肥），到了青年、中年、老年，这种死记硬背形成的潜能，便发挥出巨大的能量，并转化为新的东西喷薄而出，产生出既源远流长又与时俱进的思想火花和思想体系。中国现代之所以缺少整个学术界公认的“大家”，其原因之一就是少年时代没有人下这种刻苦读书、死记硬背的功夫。当然，这种认识是现在的看法，当年并无此悟性。

于是，我又开始背“什么是哲学”“什么是政治经济学”一类的名词解释和基本原理。语文、历史、地理等科目，都是利用点点滴滴的时间复习的。语文是我的强项，根本没有花多少时间。历史，虽然在初中、高中时学校从来没有开过这门课，但由于我平时酷爱读书，从各类书籍中了解了不少相关知识。这时，我根据复习资料系统地整理归纳了一下，又去母校请熟悉的地理老师介绍了一位历史老师辅导了一个晚上。这位历史老师大致讲了一遍以后，看我没有历史课本，就拿起自己教学用的历史课本，一边哗哗地翻着，一边用铅笔不时地在一些重要的地方画着黑线，然后说：这本课本你拿去，明天看一天，明天晚上送来，后天星期一我讲课还要用，里面画线的地方比较重要，你要记下来。我连连点头，表示谢意，拿起这本历史课本回家苦读了一天一夜。高考实践证明，历史老师“点拨”的效果是非常显著的。上大学后，我一直认为，靠自学、自修，无论读了多少书籍，学到的知识都是零碎的、片面的、非专业的，只有在老师的指导下，才能学到系统、全面、完整、专业的知识。

四

在高考复习中，我还到两个中学听过一些中学老师的系统“串讲”。讲课老师均为其所在学校公认的教学“名角”，往往是用半天时间把整个一门课有重点地、系统地通讲一遍，这需要较高的专业水平和突出重点、详略得当的讲授能力。记得曾听过政治和语文的“串讲”，教室里，讲课者滔滔不绝，妙语连珠；听课者聚精会神，听得津津有味；教师与学生完全融为一体，往往是老师将一门课的概要与精髓讲完了，学生们还不愿意离去，大家紧紧围着老师问这问那。那种如饥似渴的求知精神，是“文化大革命”时期罕见的，也是前所未有的。

复习了一段时间后，我找了一位熟悉的中学数学老师出题测试了一下自己的数学水平，结果令我十分失望。于是，我适时调整了复习策略，改为以文科为重点。我是这样想的，高考中文科共有 5 门课：政治、数学、语文、历史、地理。如果坚持以数学为重点进行复习，结果会出现数学没学好，其他 4 门科目也丢了的局面，太划不来了。如果改为以政治、语文、历史、地理为复习重点，数学次之，则会出现文科 4 门科目考得很好，只有数学一门科目考得不好的局面，五门科目的总成绩仍然会比较理想。

在高考复习中，背诵，即“背功”很重要。中国自古以来的考试，其实在很大程度上考的是考生的记忆力。所谓“融会贯通”，实际是以“死记硬背”为基础的。所谓“理解了就可以了，无须死记硬背”的说法，面对“中国式考试”，实际上是欺人之谈。

在高考复习期间，有一些亲戚、邻居的孩子与我一起复习。我发现经过 4 年的生产劳动，记忆力已经大大减退，人的大脑和记忆力，用则进，不用则退，真是一点不假。跟着我复习的几个考生都是刚刚中学毕业，他们背起复习题来比我快得多，往往是一道题我背了几遍还没背下来，他们却已经背得滚瓜烂熟，开始进入下一道题了。但是，我有一个巨大的优势，由于平时喜欢读书，见书就读，社会科学方面的，文史方面的，哲学经济学方面的，无书不读。通过博览群书，我的基础知识比较深厚，知识面较为宽广，文科的综合性知识较为丰富，并且由于平时读书很多，许多知识在潜移默化中已经印在脑海中了。

在高考复习中，我有一个巨大的精神压力，就是老师、同学、朋友、亲戚、邻居等熟人，都认为我一定能考上大学。他们是从平时看到我酷爱读书，无论任何书报杂志，见到就读，长期自费订阅《参考消息》等现象出发，得出的结论。他们不知道，高考要考的是课本知识，而我恰恰又是4年未摸过中学课本的考生。对于这一点，大家是不理解的，总认为既然喜欢读书，就一定能考上大学。然而，我对自己的本领有多大却是清清楚楚的，压力之大也是自然而然的。

五

中国经历了“文化大革命”时期的十年动乱，从1966年“文化大革命”爆发、取消高等院校招生考试，到1977年初步拨乱反正、恢复高考，已经历时整整十年。经过漫长的历史，走过曲折的道路，中国恢复高考后第一次高考的日子终于来到了。高考第一天，天寒地冻。我穿了一身什么衣服已经记不清了，只记得光脚板穿了一双黑色布面、白色塑料底的鞋子，一只鞋子的前面露着大脚趾，另一只鞋子中的大脚趾的脚趾头似露非露，颇有点“小荷初露尖尖角”的感觉。由于没有戴手套，一双手和一双脚都冻得通红。一位高中同学来找我，同我一起前往位于第一高中的考场。骑自行车临走时，我又从口袋里掏出政治科目的复习题，说：路上再背几题。于是，我们又分别浏览了一遍政治科目复习题，一路上一边骑车赶往考场，一边口中念念有词，反复默背着一道又一道政治复习题。骑自行车来到第一高中，进入校门，古柏森森，青石铺地，古老的校园，见证着历史的沧桑。考场设在一座教学楼内，白色石灰画成的警戒线环绕着考场。若干人民警察沿着警戒线站着岗，给人以非常正规、非常庄严的感觉。

俗语说得好：“临阵磨枪，不快也光。”我是尽可能分秒必争，充分利用一切点点滴滴的时间进行复习。在考场旁边，利用考试尚未开始的时间，我来到一个角落，抓紧时间，紧张地复习高考内容。其实，其他考生也没闲着，都在手持复习题，找一个角落处，口诵心记不止。“决战在今朝”，这不仅对我，而且对每个考生都是一样的。

第一场考的是政治，题目内容有名词解释、简要回答、论述题等几个部分。为了确保“胜算”，我采取了答题时“多多益善”的方法，凡是自己掌握的内容，尽可能多写一些。有一道题目，是“毛主席对马克思主义理论宝库的最大贡献是什么?”标准答案是中共十一大政治报告中的一句话——“完整地创立了无产阶级专政下继续革命的理论”。我写了这句话后，又把中共十一大政治报告中阐述“无产阶级专政下继续革命理论”的来龙去脉和主要内容中的一大段也写了上去。在来考场路上曾反复背诵的一些复习题，属于哲学原理中关于矛盾的普遍性和矛盾的特殊性方面的问题，即矛盾的普遍性是指矛盾存在于一切事物的发展过程中，每一事物的发展过程中都存在着自始至终的矛盾运动，矛盾无处不在，无时不有；矛盾的特殊性是指具体事物在其运动中的矛盾及每一矛盾的各个方面都有其特点，等等。这些哲学问题，政治试卷上竟然也有。大概是填空题：什么是矛盾的普遍性，什么是矛盾的特殊性等。于是，大喜过望，一口气写了上去。由于在回答政治试卷上每一道题时都写得太多，到后来时间已经有些紧张。最后，在回答论述题“试论四个现代化之间的关系”时，论述了以农业为基础后，以工业为主导、以国防为保障、科学技术是关键等几个方面，都只能是点到为止。大学毕业后在大学执教期间，参加高考评卷时才知道，高考标准答案就是几个要点，只要“点到”就能得分，不禁为自己高考时的做法而暗自庆幸。

总之，当时面对高考试卷，真像见到了久违的亲人，大脑如同打开了闸门的高山峡谷，汹涌澎湃的思潮卷着浪花，犹如飞瀑直下，其全神贯注之状，恐怕连天塌地陷都会不屑一顾了。一口气写了一个上午，直到宣布上午考试时间即将结束，才反复认真地检查了几遍试卷，交了上去。后来，一位与我妹妹是同学的考生对我妹妹说：“在考场上，对着考试卷子，我都感觉‘没啥可写’，可是只见咱哥一个劲儿地埋头刷刷地往试卷上写，一会儿举手要增加纸，过一会儿又举手要增加纸……”

第二场考试是数学。面对数学试卷，我也感受到“没啥可写”的滋味了。前边的几道数学题简单一点，还能够做出来。后面的数学题可以说一道比一道难，有的做了二分之一，有的只做了三分之一。心里简直凉透了。数学本来是我在高考复习中花费时间最多、付出精力最大的一个科目，甚至百分之九十的精力都用在了复习数学上，可是由于初中、高中均未学好数学，仅仅靠“短促突击”，是难以奏效的。

第三场考试是语文。对于这个科目，我在复习中下功夫最少，也没时间在这个科目上下功夫。只有凭着长期喜欢读书奠定的较为深厚基础上阵了。一般的语文知识尚且问题不大，但作文题目却使我有点紧张。本来，我在小学、初中、高中都以文科擅长，写作文从来不在话下。细看这次高考的作文题目，共两个：一个是《全面落实华主席抓纲治国的战略决策》，一个是《我的心飞到了毛主席纪念堂》。从语文考试作文命题的两个题目来看，就可以感觉到命题者的匠心独具之处：《全面落实华主席抓纲治国的战略决策》是要求考生写现实问题，跟着华国锋主席抓纲治国；《我的心飞到了毛主席纪念堂》则是要考生表达铭记毛泽东的丰功伟绩、继承毛泽东的遗志。这两个作文题，充分显示了命题者和命题单位强烈的“政治意识”。一个题目写毛泽东，一个题目写华国锋，真是“一个也不能少”。

试卷上注明，《全面落实华主席抓纲治国的战略决策》和《我的心飞到了毛主席纪念堂》这两个作文题，考生可以任选一题。前一个是议论文，后一个既可议论也可抒情。几经踌躇，我选择了写前一道题，以“四人帮”猖獗时造成的各方面严重混乱和粉碎“四人帮”后“抓纲治国”各方面初见成效作为对比，论述了“抓纲治国”的效果和重要意义。但毕竟多日不写文章，有点手生，不是一气呵成。总的来说，作文写得可以，但总觉得没有写出自己的真实水平，没有得到最大限度的充分发挥，感到有点遗憾。其实，《全面落实华主席抓纲治国的战略决策》写到一半时，就想改写《我的心飞到了毛主席纪念堂》了。因为平时读中国近现代史、中国革命史、中国共产党历史和毛泽东生平等方面的书籍很多，对毛泽东一生的理论与实践，早已了然于胸，如果以《我的心飞到了毛主席纪念堂》为题，夹叙夹议，历数毛泽东一生的奋斗历程与辉煌业绩，会是一篇很生动、很有内涵的作文。但开始写作时，仅仅考虑没有到过北京、没有看到过毛主席纪念堂，而没有选择《我的心飞到了毛主席纪念堂》这个题目。其实，全国的考生成千上万，当时真正到北京实地看到毛主席纪念堂的能有几人？恐怕是屈指可数。

第四场考试是历史和地理，即历史、地理两科合在一起考。我拿到试卷，几分钟内，势如破竹，犹如风卷残云、快刀切瓜，先把填空题、简要回答题扫荡一空，全部做完。然后十分从容地做完了所有论述题。记得在地理科目中还有一道可做可不做的附加题，大约是为了考察考生的综合知识，大致意思是发现大庆油田的科学依据是什么？我就按照自己了解的李四光的地质力学理论，说明根据一般的地质学理论，只有海相地层（远古是海洋，有微生物沉积物）才可以生成石油，陆相地层不可能生成石油，而李四光的地质力学理论打破了这一传统思维定式，得出了陆相地层也可以生成石油的结论。按照李四光的这一理论，终于发现了大庆油田。考试后给昔日的高中地理老师说起此事，他连连问道：我过去在地理课上并没有讲过这些内容，你是怎么知道的？我笑着答道：平时读书较多，自然而然就知道了。在历史科目的论述题中，有一道题是问第二次世界大战爆发前，英国、美国等西方国家是如何对法西斯德国实施“绥靖”政策的？这道题在当时有现实意义，其实质是要求考生阐述：西方国家当时拼命想把苏联霸权主义引向东方，使其把霸权主义的矛头指向中国，而西方则可以坐收渔人之利。这种“祸水东引”的“绥靖主义”做法的结果，将会与英国、美国等西方国家在第二次世界大战前的“绥靖主义”一样，只会损人不利己，搬起石头砸自己的脚。我感觉回答这道题，可以稳操胜券，因为自己对世界近现代史、俄国十月革命前后和苏联在20世纪40年代前后面临的历史特点，以及第二次世界大战前后的世界历史比较熟悉，又熟读过美国人写的《第三帝国的兴亡——纳粹德国史》（这本书在“文化大革命”时期属于“内部读物”，我费了很大功夫才从家人的朋友处借阅过来）等著作。古人言“读书破万卷，下笔如有神”，真是一点不假。回答这个问题时，我感觉写起来文思如潮，得心应手，挥洒自如，游刃有余。先从1933年希特勒在德国上台写起，又写法西斯德国重整军备，一步一步走向发动第二次世界大战的道路，而英国首相张伯伦、法国总理法拉第等西方国家首脑则对法西斯德国步步退让，奉行“绥靖政策”，幻想诱使法西斯德国进攻苏联。希特勒看到西方国家软弱可欺，遂大胆向西方国家“开刀”：第一步吞并奥地利，第二步侵占苏台德区、肢解捷克斯洛伐克，第三步进军波兰，第二次世界大战就此爆发。结论是，英国、法国、美国等西方国家对法西斯德国实行“绥靖主义”，是目光短浅，缺乏长远战略眼光，结果是搬起石头砸自己的脚，玩火自焚。最后，还结合20世纪70年代的国际形势和中国的外交政策，进行了一番理论联系实际的阐述。

高考结束了。我与所有考生一样，苦苦等待着发榜日的来临。高考以后，是一段令人永远难以忘怀的、在焦虑不安中苦苦等待的日子。其实，我家里就有人在市教育系统工作，自己却不懂得了解一下情况、探听一下信息，就只会“傻等”“苦等”“煎熬”“等着天上往下掉馅饼”。

我一向比较沉稳持重，考虑问题从来不敢以顺利的一面为出发点，总是从最困难处考虑，往最好处努力。对于高考成绩，许多考生都是按照自己的主观愿望去估计，往往因估计过高而欢天喜地，似乎就等着领取大学录取通知书了。我却没有这么乐观，在估计高考成绩时总感觉数学考得不好，总是担心数学成绩会把总成绩拉下来。每天白天参加劳动，晚上便在我家旁边的河堤上散步，心中的那种焦虑、盼望的心情，非亲身经历难以体验。等了一天又一天，盼了一夜又一夜。

终于有一天，一个全市停电的夜晚，我似乎已经睡下了，突然听到门外有人喊我的名字。我急忙起床，开门一看，原来是高中时的地理老师来了。他说：你已经被大学录取了，是哪个大学还不知道，一听到消息，我就急忙赶来给你报信，今晚全市停电，路上还从自行车上摔下来一次……

说完，地理老师不顾伤痛，又骑着自行车给其他中榜的考生报信去了。地理老师的真挚情谊，使我十分感动。他不是本地人，毕业于东北师范大学地理系，我读高中期间，地理课开了一个学期，印象中没有讲中国地理，只是将世界地理简要地讲了一遍。地理老师业务精深，一口好听的东北味儿普通话，对学生十分亲切，要求却非常严格。我在学生时代就以青年毛泽东为榜样，凡是青年毛泽东喜欢学习的课程我就格外重视。所以，我的地理课学得非常好，异乎寻常得好，同地理老师有一种亦师亦友的关系。在恢复高考的复习阶段，曾经得到地理老师的鼎力相助。所以，从考上大学到现在，每逢回家乡，我都要首先去看望地理老师，铭记师恩，难以忘怀。敬爱的老师，永远感谢您。

然而，当其他中榜的考生陆续收到大学录取通知书时，我却没有收到。尽管只是一两天的时间，也足以让人焦虑了。原来，市里教育系统的一位同志，因事到市高考招生办公室，看到有写着我的名字的录取通知书，就好心好意地说：我认识这个考生家里的人，我把这份大学录取通知书直接带给他家里人吧。但是，他把我的大学录取通知书拿到自己的办公室后，由于忙于其他事情，耽搁了一两天。

一天中午，劳动了一个上午，我骑着自行车回家，刚到桥头，弟弟突然迎面跑了过来，说："哥，你被录取了！""哪个大学？"我连忙下了自行车，急急问道。"开封师院。"弟弟回答道。

啊！这一瞬间是如此光辉灿烂！

不久，我就进入河南大学（校名曾经多次改动：国立河南大学、河南大学、河南师范学院、开封师范学院、河南师范大学、河南大学），成为粉碎"四人帮"、恢复大学招生考试后的第一届大学生。往事尽管已经过去了几十个春秋，但每当回忆起来，仍然觉得历历在目，记忆犹新。

从中国恢复高考到自己考上大学，我深深地感到：我们这一代人的命运，与中国共产党的命运、与中国人民的命运、与中华民族的命运，确确实实是息息相关。

后 记

中国古代先哲孟子在《孟子·告子》中写道：故天将降大任于斯人也，必先苦其心志，劳其筋骨，饿其体肤，空乏其身，行拂乱其所为，所以动心忍性，曾益其所不能。

我在大学时代以前，恰逢“文化大革命”时期。“文化大革命”专门毁灭文化，使中国这个拥有五千年以上有文字记载历史的文明古国处于“文化沙漠”时期。那个年代，唯一可以读到的书就是《毛泽东选集》。于是，正处于读书阶段的我，将《毛泽东选集》第一卷至第四卷和几千条注释，从头到尾、反反复复，认真阅读了几十遍，由此奠定了我大学毕业后研究中国共产党历史、中国近现代史、毛泽东生平与思想、邓小平生平与思想等的坚实基础。

“为天地立心，为生民立命，为往圣继绝学，为万世开太平。”这是中国古代文人的雄心壮志。从事党史研究和党史人物研究以来，在自己撰写并由出版社出版的著作中，反映中国现代历史的著作主要有《历史转折关头的邓小平》《壮丽人生》(四卷)、《从“文化大革命”爆发到林彪事件》《毛泽东“南方决策”》《邓小平第一次主持中央工作》《粉碎江青集团·在徘徊中前进》《中共十一届三中全会前后》《拨乱反正·改革开放》《革故与鼎新——粉碎“四人帮”与拨乱反正》《历史的选择》《中国改革的前奏》《历史的见证——“文革”的终结》《中国共产党执政史》(第三卷)、《艰难抉择——1976～1978 年中国命运大转折》《共和国关键时刻——1949～1965年之间所发生的重大事件与重大运动》等。本人筚路蓝缕，呕心沥血，撰写历史的目的，既不是为了名，也不是为了利，唯有对历史的爱好与执着。中国传统文化、中华文化、中华文明，其实说到底，就精神层面来说，就是历史。“孔子作春秋，乱臣贼子惧”，司马迁“究天人之际，通古今之变，成一家之言”，凡此种种，都为研究历史、撰写历史、真实地还原历史，树立了典范。

在本书出版之际，向中共中央宣传部领导同志和各个业务局的同志们表示真挚的感谢。因为经常参与中共中央宣传部领导、指导、牵头的纪念建党、纪念中华人民共和国成立、纪念抗日战争、纪念长征等涉及党史、党史人物等方面的工作，我对党史、党史人物的研究和撰写有了更加明确的政治把握和更加精准的历史把握。同时向国家新闻出版广电总局领导同志和其他同志们表示真挚的感谢，感谢你们将这部书确定为国家出版基金资助项目。向审读单位和审读专家表示真挚的感谢，感谢你们在审读工作中提出的宝贵意见。

向经常给予我精神鼓励和有力支持的中共中央办公厅、中共中央组织部、中共中央宣传部、中央财经领导小组办公室、中共中央文献研究室、国家发展和改革委员会、中央军委政治工作部、国防大学、军事科学院、国家博物馆、中国人民革命军事博物馆、中国人民抗日战争纪念馆、高等院校、党史学界、理论界、《人民日报》《光明日报》、中央电视台、国际广播电台、人民网、光明网等社会各界的领导同志和朋友们，表示衷心的感谢！

向经常给予我多方面巨大鼓励和有力支持的中共中央党史研究室历任领导同志，向中共中央党史研究室朝夕相处的同志和朋友们，表示衷心的感谢！

向山东出版集团、山东出版传媒股份有限公司和山东人民出版社的领导同志、本书的责任编辑和所有为本书问世付出辛劳的同志，表示衷心的感谢。山东出版传媒股份有限公司丁莉、杨刚同志，山东人民出版社胡长青社长、杨大卫总编辑，责任编辑马洁同志，还有许许多多的“无名英雄”，都为本书的出版付出了辛劳。

在本书录入资料的过程中，薛梅芳、李景林、李鹏、李颖、薛庆芳、杨国和、杨飞、张勤民、薛静、薛庆玲、王金多、王鹏飞、薛志超、马静、张玉民、刘肃纯、刘静雅、张凯、聂继红、张帆都付出了劳动。

薛庆超

2017 年 3 月 6 日